Belgique België Luxembourg 2008

Sommaire

Inhoud

Inhaltsverzeichnis

Contents

INTRODUCTION

FRANÇAIS

→ EINLEITUNG

DEUTSCH

→ INTRODUCTIE

NEDERLANDS

→ INTRODUCTION

ENGLISH

LES DISTINCTIONS 2008

→ ONDERSCHEIDINGEN 2008

→ AUSZEICHNUNGEN 2008

→ AWARDS 2008

POUR EN SAVOIR PLUS

→ WETENSWAARDIGHEDEN

→ GUT ZU WISSEN

→ FURTHER INFORMATION

VILLES *de A à Z*

→ STEDEN *van A tot Z*

→ STÄDTE *von A bis Z*

→ TOWNS *from A to Z*

Mode d'emploi

INFORMATIONS TOURISTIQUES

Distances depuis les villes principales, offices de tourisme, sites touristiques locaux, moyens de transports, golfs et loisirs...

HÉBERGEMENT

De 🏨🏨🏨🏨🏨 à 🏨:
catégorie de confort.
⌂ : maisons d'hôte.
Les plus agréables : en rouge.

LES TABLES ÉTOILÉES

- ✿✿✿ Vaut le voyage.
- ✿✿ Mérite un détour.
- ✿ Très bonne cuisine.

LES RESTAURANTS

De XXXXX à X:
catégorie de confort
Les plus agréables : en rouge.

LES MEILLEURES ADRESSES À PETITS PRIX

- Bib Gourmand.
- Bib Hôtel.

HERENTALS 2200 Antwerpen 532 015 et 716 H2 – 25 86
Voir Retable★ de l'église Ste-Waudru (St-Waldetrud
au Nord : 8 km à Lille, Haarlebeek 3, ✆ 0 14 55
Grote Markt 41, ✆ 0 14 21 90 88, toerisme@h
Bruxelles 70 – Antwerpen 30 – Hasselt 48 – Turn

De Tram, Grote Markt 45 ✆ 0 14 28 70 01, in
fermé fin décembre, 2 sem. carnaval, 24 juillet.-16 ac
– 23/48, carte 38/45 – 10 – 35 ch 85/1
• Sur le Grote Markt, bâtisse ancienne et type
bres modernes, auditoriums, taverne traditio
• Dit karakteristieke hotel aan de Grote Ma
kamers, auditoriums, sfeervol traditioneel c

XXX De Stoove, Van Cauwenberghelaan 6,
Fax 0 2 396 57 26, – mardi et mercred
fermé 20 mars-7 avril, mardi et mercred
Spéc. Bar de ligne au vin jaune. Pigeon
noir au gingembre confit, mousse de t
• Table au cadre rustique offrant les p
choix de vins du Sud de la France, cu
• Rustiek interieur, waar u van een e
genieten. Lekkere Zuid-Franse wijne

HERNE 1540 Vlaams-Brabant 533 J18 e
Bruxelles 34 – Leuven 71 – Aalst

XX Noordland, Watervoort 54,
fermé 1 sem. carnaval, 2 dern
• Enseigne rencontrant un c
bien faite, intéressant menu
• Dit retaurant heeft terech
ken, interessant keuzemen

HERSEAUX Hainaut 533 E18 e

HEURE 5377 Namur © Somm
Bruxelles 102 – Namu

Beau Séjour
Fax 0 86 75 43 22,
Rest 27, carte 22/
• Paisible demeur
quelques chamb
bourgeois où se
• Dit patriciërsh
met enkele pr
bourgeoisstijl

12 C2

, Fax 0 14 55 19 31.
s.be, Fax 0 14 22 28 56.
ablier.be, Fax 0 14 28 74 52, ≤,
. et lundi – **Rest** (fermé dimanche) Lunch 15
AU b
95/145 – ½ P 75/80.
vée dans l'esprit contemporain. Cham-
au fort cachet et terrasse sur cour.
hedendaagse stijl gerenoveerd. Moderne
terras op de binnenplaats.

396 57 25, destoove@herne.be,
CZ e
VISA
t (fermé après 22 h) 75/85, carte 80/110.
oché et laqué au miel. Fondant de chocolat
vertes.
d'un repas traditionnel simple et goûteux. Bon
vue, terrasse tournée vers la verdure.
dige maar smakelijke traditionele maaltijd kunt
n keuken, terras met uitzicht op het groen.

3 B4

3 – 3 690 h.
Mons 31 – Tournai 52
21 64 56, noordland@skynet.be, Fax 0 14 21 45 65
juillet et mardi soir– **Rest** Lunch 10 – 30, carte 25/45.
uccès et pour cause : cuisine classique-traditionnelle
choix et service aussi dynamique que prévenant.
goede naam : uitgebalanceerde klassiek-traditionele keu-
en bediening die even energiek als voorkomend is.

8 D3

C3 – voir à Mouscron.

e 4461 h. **533** Q21 et **716** I15.
Dinant 35 – Liège 54
de Givet 45, ☎ 0 86 75 43 21, hotelbeausejour@heure.be,
VISA
P –
80/90 95/120 – ½ P 70/85.
25 ch
cienne dont le parc, reposant, s'est vu loti d'une annexe regroupant
iques et assez mignonnes. Salle à manger aménagée dans le style
e un registre culinaire assez traditionnel.
at in een rustig park, waar onlangs een dependance is gebouwd
kamers die er ook nog aantrekkelijk uitzien. In de eetzaal, die in
richt, worden vrij traditionele gerechten geserveerd. Het Riviera heeft
knapbeurt achter de rug, wat ook hard nodig was.

716 I12 – voir à Zolder.

AUTRES PUBLICATIONS MICHELIN

Références de la carte MICHELIN où vous retrouverez la localité.

LOCALISER LA VILLE

Repérage de la localité sur la carte provinciale en fin de guide (n° de la carte et coordonnées).

LOCALISER L'ÉTABLISSEMENT

Localisation sur le plan de ville (coordonnées et indice).

DESCRIPTION DE L'ÉTABLISSEMENT

Atmosphère, style, caractère et spécialités.

LES HÔTELS TRANQUILLES

hôtel tranquille.
hôtel très tranquille.

ÉQUIPEMENTS ET SERVICES

PRIX

Engagements

*« Ce Guide est né avec le siècle
et il durera autant que lui. »*

Cet avant-propos de la première édition du guide MICHELIN 1900 est devenu célèbre au fil des années et s'est révélé prémonitoire. Si le guide est aujourd'hui autant lu à travers le monde, c'est notamment grâce à la constance de son engagement vis-à-vis de ses lecteurs. Nous voulons ici le réaffirmer.

Les engagements du guide MICHELIN :

La visite anonyme : les inspecteurs testent de façon anonyme et régulière les tables et les chambres afin d'apprécier le niveau des prestations offertes à tout client. Ils paient leurs additions et peuvent se présenter pour obtenir des renseignements supplémentaires sur les établissements. Le courrier des lecteurs nous fournit par ailleurs une information précieuse pour orienter nos visites.

L'indépendance : la sélection des établissements s'effectue en toute indépendance, dans le seul intérêt du lecteur. Les décisions sont discutées collégialement par les inspecteurs et le rédacteur en chef. Les plus hautes distinctions sont décidées à un niveau européen. L'inscription des établissements dans le guide est totalement gratuite.

La sélection : le guide offre une sélection des meilleurs hôtels et restaurants dans toutes les catégories de confort et de prix. Celle-ci résulte de l'application rigoureuse d'une même méthode par tous les inspecteurs.

La mise à jour annuelle : chaque année toutes les informations pratiques, les classements et les distinctions sont revus et mis à jour afin d'offrir l'information la plus fiable.

L'homogénéité de la sélection : les critères de classification sont identiques pour tous les pays couverts par le guide MICHELIN.

… et un seul objectif : tout mettre en œuvre pour aider le lecteur à faire de chaque déplacement et de chaque sortie un moment de plaisir, conformément à la mission que s'est donnée MICHELIN : contribuer à une meilleure mobilité.

Édito

Cher lecteur,

52e édition des guides MICHELIN du Benelux… mais 2e année pour les titres Belgique-Luxembourg et Nederland, qui font désormais leur chemin chacun de son côté. Nous confirmons ainsi notre volonté initiale, celle de répondre toujours mieux aux attentes de nos lecteurs en donnant plus de pages à nos sélections et un choix toujours rigoureusement testé.

Car nos critères restent inchangés : une sélection des meilleurs hôtels et restaurants dans chaque catégorie de prix, effectuée par une équipe d'inspecteurs professionnels, de formation hôtelière. Tous les ans, ils sillonnent le pays pour visiter de nouveaux établissements et vérifier le niveau des prestations de ceux déjà cités dans le guide. Au sein de la sélection, nous reconnaissons également chaque année les meilleures tables en leur décernant de ✿ à ✿✿✿. Les étoiles distinguent les établissements qui proposent la meilleure qualité de cuisine, dans tous les styles, en tenant compte du choix des produits, de la créativité, de la maîtrise des cuissons et des saveurs, du rapport qualité/prix ainsi que de la régularité. Cette année encore, de nombreuses tables ont été remarquées pour l'évolution de leur cuisine. Un « **N** » accompagne les nouveaux promus de ce millésime 2008, annonçant leur arrivée parmi les établissements ayant une, deux ou trois étoiles.

De plus, nous souhaitons indiquer les établissements « *espoirs* » pour la catégorie supérieure. Ces établissements, mentionnés en rouge dans notre liste, sont les meilleurs de leur catégorie. Ils pourront accéder à la distinction supérieure dès lors que la régularité de leurs prestations, dans le temps et sur l'ensemble de la carte, aura progressé. Par cette mention spéciale, nous entendons vous faire connaître les tables qui constituent, à nos yeux, les espoirs de la gastronomie de demain.

Votre avis nous intéresse, en particulier sur ces « *espoirs* » ; n'hésitez pas à nous écrire. Votre participation est importante pour orienter nos visites et améliorer sans cesse votre guide.

Merci encore de votre fidélité. Nous vous souhaitons de bons voyages avec le guide MICHELIN 2008.

Consultez le guide MICHELIN sur
www.ViaMichelin.com
et écrivez-nous à :
guidemichelingids@michelin.com

Classement & distinctions

LES CATÉGORIES DE CONFORT

Le guide MICHELIN retient dans sa sélection les meilleures adresses dans chaque catégorie de confort et de prix. Les établissements sélectionnés sont classés selon leur confort et cités par ordre de préférence dans chaque catégorie.

		Grand luxe et tradition
		Grand confort
		Très confortable
		De bon confort
		Assez confortable
		Maison d'hôte
sans rest.		**L'hôtel n'a pas de restaurant**
avec ch.		**Le restaurant possède des chambres**

LES DISTINCTIONS

Pour vous aider à faire le meilleur choix, certaines adresses particulièrement remarquables ont reçu une distinction : étoile(s), Bib Gourmand ou Bib Hôtel. Elles sont repérables dans la marge par , ou et dans le texte par **Rest** ou **ch**.

LES ÉTOILES : LES MEILLEURES TABLES

Les étoiles distinguent les établissements, tous styles de cuisine confondus, qui proposent la meilleure qualité de cuisine. Les critères retenus sont : le choix des produits, la créativité, la maîtrise des cuissons et des saveurs, le rapport qualité/prix ainsi que la régularité.

Cuisine remarquable, cette table vaut le voyage
On y mange toujours très bien, parfois merveilleusement.

Cuisine excellente, cette table mérite un détour

Une très bonne cuisine dans sa catégorie

LES BIBS : LES MEILLEURES ADRESSES À PETIT PRIX

Bib Gourmand
Établissement proposant une cuisine de qualité à moins de 34 € et à moins de 36 € à Bruxelles et Luxembourg (prix d'un repas hors boisson).

Bib Hôtel
Établissement offrant une prestation de qualité avec une majorité de chambres à moins de 80 € en province et à moins de 100 € dans les villes et stations touristiques importantes (prix pour 2 personnes, hors petit-déjeuner).

LES ADRESSES LES PLUS AGRÉABLES

Le rouge signale les établissements particulièrement agréables. Cela peut tenir au caractère de l'édifice, à l'originalité du décor, au site, à l'accueil ou aux services proposés.

à **Hôtels agréables**

à **Restaurants agréables**

LES MENTIONS PARTICULIÈRES

En dehors des distinctions décernées aux établissements, les inspecteurs MICHELIN apprécient d'autres critères souvent importants dans le choix d'un établissement.

SITUATION

Vous cherchez un établissement tranquille ou offrant une vue attractive ? Suivez les symboles suivants :

 **Hôtel tranquille**

 **Hôtel très tranquille**

 **Vue intéressante**

Vue exceptionnelle

CARTE DES VINS

Vous cherchez un restaurant dont la carte des vins offre un choix particulièrement intéressant ? Suivez le symbole suivant :

 **Carte des vins particulièrement attractive**

Toutefois, ne comparez pas la carte présentée par le sommelier d'un grand restaurant avec celle d'une auberge dont le patron se passionne pour les vins de petits producteurs.

Equipements & services

30 ch	Nombre de chambres
	Ascenseur
	Air conditionné (dans tout ou partie de l'établissement)
	Etablissement disposant de chambres réservées aux non-fumeurs
	Etablissement en partie accessible aux personnes à mobilité réduite
	Repas servi au jardin ou en terrasse
	Wellness centre : bel espace de bien-être et de relaxation
	Balnéothérapie, cure thermale
	Salle de remise en forme
	Piscine : de plein air ou couverte
	Sauna
	Jardin de repos – parc
	Location de vélos
	Court de tennis
	Salons pour repas privés
	Salles de conférences
	Service voiturier (pourboire d'usage)
	Garage dans l'hôtel (généralement payant)
P	Parking (pouvant être payant)
	Ponton d'amarrage
	Accès interdit aux chiens (dans tout ou partie de l'établissement)
Ouvert... / Fermé...	Période d'ouverture ou de fermeture communiquée par l'hôtelier
6801	Code postal de l'établissement (Grand-Duché de Luxembourg en particulier)

Prix

Les prix indiqués dans ce guide ont été établis en été 2007. Ils sont susceptibles de modifications, notamment en cas de variation des prix des biens et des services. Ils s'entendent taxes et service compris. Aucune majoration ne doit figurer sur votre note sauf éventuellement une taxe locale.
Les hôteliers et restaurateurs se sont engagés, sous leur propre responsabilité, à appliquer ces prix aux clients.
A l'occasion de certaines manifestations : congrès, foires, salons, festivals, événements sportifs..., les prix demandés par les hôteliers peuvent être sensiblement majorés.
Par ailleurs, renseignez-vous pour connaître les éventuelles conditions avantageuses accordées par les hôteliers.

RÉSERVATION ET ARRHES

Pour la confirmation de la réservation certains hôteliers demandent le numéro de carte de crédit ou un versement d'arrhes. Il s'agit d'un dépôt-garantie qui engage l'hôtelier comme le client. Bien demander à l'hôtelier de vous fournir dans sa lettre d'accord toutes les précisions utiles sur la réservation et les conditions de séjour.

CARTES DE PAIEMENT

	Cartes de paiement acceptées :
AE Ⓓ MC VISA	American Express – Diners Club – Carte Bancaire (Eurocard, MasterCard, Visa)

CHAMBRES

ch 🚹 90/120	Prix d'une chambre minimum/maximum pour une personne
ch 🚹🚹 120/150	Prix d'une chambre minimum/maximum pour deux personnes
ch ☕	petit déjeuner compris
☕ 10	Petit-déjeuner en sus

DEMI-PENSION

½ P 90/110	Prix minimum et maximum de la demi-pension (chambre, petit-déjeuner et un repas) par personne. Ces prix s'entendent pour une chambre double occupée par deux personnes. Une personne seule occupant une chambre double se voit souvent appliquer une majoration.

RESTAURANT

⚭	Restaurant proposant un menu simple **à moins de 26 €**
Rest *Lunch* 18	Repas servi le midi et en semaine seulement
Rest 35/60	**Prix des menus :** minimum 35 €, maximum 60 € - Certains menus ne sont servis que pour 2 couverts minimum ou par table entière
bc	Boisson comprise
Rest carte 40/75	**Repas à la carte hors boisson** Le premier prix correspond à une sélection de mets (entrée, plat, dessert) parmi les moins chers ; le second prix concerne une sélection de mets parmi les plus chers.
🍷	Vin servi au verre

Villes

GÉNÉRALITÉS

1000	Numéro postal à indiquer dans l'adresse avant le nom de la localité
✉ *4900 Spa*	Bureau de poste desservant la localité
P	Capitale de province
C *Herve*	Siège administratif communal
531 T 3	Numéro de la carte MICHELIN et coordonnées permettant de se repérer sur la carte
4 283 h	Nombre d'habitants
BX A	Lettres repérant un emplacement sur le plan de ville
18	Golf et nombre de trous
	Panorama, point de vue
	Aéroport
	Transports maritimes
	Transports maritimes pour passagers seulement
i	Information touristique

INFORMATIONS TOURISTIQUES

INTÉRÊT TOURISTIQUE

★★★	Vaut le voyage
★★	Mérite un détour
★	Intéressant

SITUATION DU SITE

Voir	A voir dans la ville
Env	A voir aux environs de la ville
Nord, Sud, Est, Ouest	La curiosité est située : au Nord, au Sud, à l'Est, à l'Ouest
② ④	On s'y rend par la sortie ② ou ④ repérée par le même signe sur le plan du Guide et sur la carte MICHELIN
2 km	Distance en kilomètres

Plans

Hôtels

Restaurants

CURIOSITÉS

Bâtiment intéressant

Édifice religieux intéressant

VOIRIE

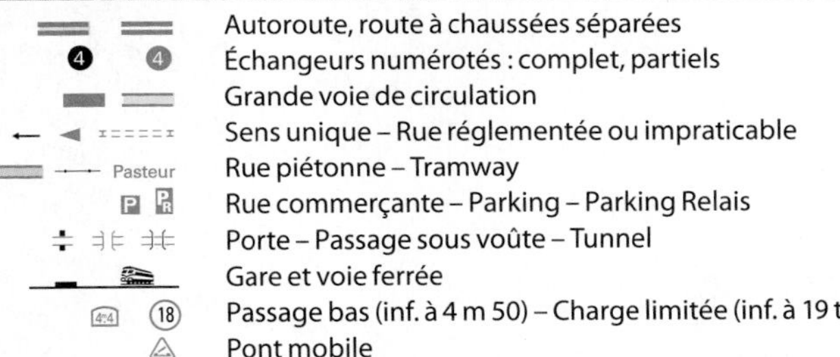

Autoroute, route à chaussées séparées

Échangeurs numérotés : complet, partiels

Grande voie de circulation

Sens unique – Rue réglementée ou impraticable

Pasteur Rue piétonne – Tramway

Rue commerçante – Parking – Parking Relais

Porte – Passage sous voûte – Tunnel

Gare et voie ferrée

Passage bas (inf. à 4 m 50) – Charge limitée (inf. à 19 t.)

Pont mobile

SIGNES DIVERS

Information touristique

Mosquée – Synagogue

Tour – Ruines – Moulin à vent – Château d'eau

Jardin, parc, bois – Cimetière – Calvaire

Stade – Golf – Hippodrome – Patinoire

Piscine de plein air, couverte

Vue – Panorama

Monument – Fontaine – Usine – Centre commercial

Port de plaisance – Phare – Embarcadère

Aéroport – Station de métro – Gare routière

Transport par bateau :

- passagers et voitures, passagers seulement

(3) Repère commun aux plans et aux cartes MICHELIN détaillées

Bureau principal de poste restante

Hôpital – Marché couvert

Bâtiment public repéré par une lettre :

H P - Hôtel de ville – Gouvernement Provincial

J - Palais de justice

M T - Musée – Théâtre

U - Université, grande école

POL. - Police (commissariat central)

Gebruiksaanwijzing

TOERISTISCHE INFORMATIE

Afstand tussen de belangrijkste steden,
toeristische diensten,
lokale toeristische sites, transportmiddelen,
golf en vrije tijd…

HOTELS

Van 🏨🏨🏨🏨🏨 tot 🏨: comfortcategorie.
⌂: gastenkamers.
De aangenaamste: in het rood.

DE STERREN

- ✿✿✿ Voortreffelijke keuken, de reis waard.
- ✿✿ Verfijnde keuken, een omweg waard.
- ✿ Een heel goede keuken in zijn categorie.

RESTAURANTS

Van XXXXX tot X: comfortcategorie.
De aangenaamste: in het rood.

DE BESTE ADRESSEN MET EEN SCHAPPELIJKE PRIJS

- Bib Gourmand.
- Bib Hotel.

HERENTALS 2200 Antwerpen **532** 015 et **716** H2 – 25 86
Voir Retable★ de l'église Ste-Waudru (St-Waldetrudis
au Nord : 8 km à Lille, Haarlebeek 3, ✆ 0 14 55
Grote Markt 41, ✆ 0 14 21 90 88, toerisme@h
Bruxelles 70 – Antwerpen 30 – Hasselt 48 – Turnh

De Tram, Grote Markt 45 ✆ 0 14 28 70 01, inf
– P AE MC VISA
fermé fin décembre, 2 sem. carnaval, 24 juillet.-16 ao
– 23/48, carte 38/45 – ☕ 10 – **35 ch** 85/11
• Sur le Grote Markt, bâtisse ancienne et typé
bres modernes, auditoriums, taverne tradition
• Dit karakteristieke hotel aan de Grote Mar
kamers, auditoriums, sfeervol traditioneel ca

De Stoove, Van Cauwenberghelaan 6, ✆
Fax 0 2 396 57 26,
fermé 20 mars-7 avril, mardi et mercredi
Spéc. Bar de ligne au vin jaune. Pigeonn
noir au gingembre confit, mousse de to
• Table au cadre rustique offrant les pl
choix de vins du Sud de la France, cuis
• Rustiek interieur, waar u van een ee
genieten. Lekkere Zuid-Franse wijner

HERNE 1540 Vlaams-Brabant **533** J18 et
Bruxelles 34 – Leuven 71 – Aalst

Noordland, Watervoort 54, ✆
– P AE MC VISA
fermé 1 sem. carnaval, 2 dern.
• Enseigne rencontrant un ce
bien faite, intéressant menu
• Dit retaurant heeft terecht
ken, interessant keuzemenu

HERSEAUX Hainaut **533** E18 et

HEURE 5377 Namur © Somme
Bruxelles 102 – Namur

Beau Séjour
Fax 0 86 75 43 22,
Rest 27, carte 22/4
• Paisible demeure
quelques chambre
bourgeois où se d
• Dit patriciërshu
met enkele prak
bourgeoisstijl is

12 C2

, Fax 0 14 55 19 31.
s.be, Fax 0 14 22 28 56.
4.
ablier.be, Fax 0 14 28 74 52, ≤,
n. et lundi – **Rest** (fermé dimanche) Lunch 15
95/145 – ½ P 75/80. AU b
ɔvée dans l'esprit contemporain. Cham-
au fort cachet et terrasse sur cour.
hedendaagse stijl gerenoveerd. Moderne
terras op de binnenplaats.
396 57 25, destoove@herne.be, CZ e
VISA
t (fermé après 22 h) 75/85, carte 80/110.
oché et laqué au miel. Fondant de chocolat
s vertes.
d'un repas traditionnel simple et goûteux. Bon
vue, terrasse tournée vers la verdure.
dige maar smakelijke traditionele maaltijd kunt
n keuken, terras met uitzicht op het groen.

3 B4

F3 – 3 690 h.
Mons 31 – Tournai 52
4 21 64 56, noordland@skynet.be, Fax 0 14 21 45 65
juillet et mardi soir– **Rest** Lunch 10 – 30, carte 25/45.
succès et pour cause : cuisine classique-traditionnelle
choix et service aussi dynamique que prévenant.
goede naam : uitgebalanceerde klassiek-traditionele keu-
en bediening die even energiek als voorkomend is.

8 D3

C3 – voir à Mouscron.

ze 4461 h. **533** Q21 et **716** I15.
Dinant 35 – Liège 54
de Givet 45, 0 86 75 43 21, hotelbeausejour@heure.be,
VISA
25 ch 80/90 95/120 – ½ P 70/85.
cienne dont le parc, reposant, s'est vu loti d'une annexe regroupant
tiques et assez mignonnes. Salle à manger aménagée dans le style
e un registre culinaire assez traditionnel.
aat in een rustig park, waar onlangs een dependance is gebouwd
e kamers die er ook nog aantrekkelijk uitzien. In de eetzaal, die in
richt, worden vrij traditionele gerechten geserveerd. Het Riviera heeft
pknapbeurt achter de rug, wat ook hard nodig was.

16 I12 – voir à Zolder.

ANDERE MICHELIN PUBLICATIES

Referenties van de MICHELIN kaart en de groene gids waar u de stad vindt.

LOCALISEREN VAN DE STAD

Positiebepaling van de plaatsnamen, per provincie, op de kaarten achteraan in de gids (nr van de kaart en de coördinaten).

LOCALISEREN VAN HET BEDRIJF

Aanduiding op het stadsplan (gegevens en aanwijzing).

BESCHRIJVING VAN HET BEDRIJF

Atmosfeer, stijl, karakter en specialiteiten.

VOORZIENINGEN EN DIENSTEN

RUSTIGE HOTELS

rustig hotel.
zeer rustig hotel.

PRIJS

Principes

'Deze gids is tegelijk met de nieuwe eeuw ontstaan en zal een even lang leven beschoren zijn.'

Dit voorwoord bij de eerste uitgave van de MICHELIN gids in 1900 is in de loop der jaren beroemd geworden en zijn voorspelling is uitgekomen. Dat de gids nu overal ter wereld wordt gelezen, is vooral te danken aan de constante kwaliteit waartoe MICHELIN zich ten opzichte van zijn lezers heeft verplicht en die op de onderstaande principes is gestoeld.

De principes van de MICHELIN gids:

Anonieme inspectie: de gerechten en de kamers worden anoniem en regelmatig door onze inspecteurs getest om het kwaliteitsniveau voor de klant te beoordelen. De inspecteurs betalen gewoon de rekening en kunnen zich daarna voorstellen om nadere inlichtingen over het etablissement in te winnen. Brieven en e-mails van lezers zijn voor ons ook een belangrijke bron van informatie.

Onafhankelijkheid: de hotels en restaurants worden onafhankelijk geselecteerd, waarbij wij uitsluitend het belang van de lezer voor ogen houden. Alle beslissingen worden collegiaal door de inspecteurs en de hoofdredacteur besproken. Met betrekking tot de hoogste onderscheidingen wordt op Europees niveau besloten. De etablissementen worden geheel kosteloos in de MICHELIN gids opgenomen.

Selectie: de MICHELIN gids biedt een keuze van de beste hotels en restaurants in elke prijsklasse en in elke kwaliteitscategorie, op basis van een strenge selectie die door alle inspecteurs op dezelfde wijze wordt toegepast.

Jaarlijkse up-date: ieder jaar worden alle praktische inlichtingen, classificaties en onderscheidingen herzien en eventueel aangepast om zo de meest betrouwbare en actuele informatie te kunnen bieden.

Eén selectieprocedure: de beoordelingscriteria zijn exact gelijk voor alle landen die de MICHELIN gids bestrijkt.

... en één doel: alles in het werk stellen om de lezer te helpen van elke reis en van elk uitstapje een waar genoegen te maken, overeenkomstig de taak van MICHELIN: bijdragen tot een betere mobiliteit.

Voorwoord

Beste lezer,

52ste editie van de MICHELIN gidsen van de Benelux...maar 2de jaar voor de titels België-Luxembourg en Nederland, die voortaan hun eigen weg gaan. Zo bevestigen wij onze oorspronkelijke wil om nog beter te beantwoorden aan de noden van de lezers, door meer ruimte te geven aan onze selectie en een keuze die altijd grondig wordt getest. Onze maatstaven blijven ongewijzigd: een selectie van de beste hotels en restaurants in elke prijsklasse, gemaakt door een team van professionele inspecteurs met een opleiding in de horecasector. Elk jaar weer reizen zij het land door om nieuwe etablissementen te bezoeken en het kwaliteitsniveau van de reeds vermelde adressen te controleren. Binnen de selectie onderscheiden wij jaarlijks de beste restaurants met ✿ tot ✿✿✿. De sterren signaleren de etablissementen met de beste keuken, in alle stijlen, waarbij rekening wordt gehouden met de keuze van de producten, de creativiteit, de bereiding, de prijs-kwaliteitverhouding en de constantheid van het kwaliteitsniveau. Ook dit jaar vielen tal van restaurants op door de ontwikkeling die hun keuken heeft doorgemaakt. De nieuwe onderscheidingen voor 2008 zijn aangeduid met een "**N**". Dit betekent dat het betreffende etablissement een nieuwkomer is in de categorie van etablissementen met één, twee of drie sterren.

Bovendien willen wij de "*veelbelovende restaurants*" signaleren. Deze etablissementen, in de lijst in rood vermeld, zijn de beste in hun categorie. Zij komen voor een hogere onderscheiding in aanmerking zodra er voor de gehele kaart sprake is van een constanter kwaliteitsniveau. Met deze speciale vermelding willen wij uw aandacht vestigen op de restaurants die in onze ogen veelbelovend zijn voor de gastronomie van morgen.

Uw mening interesseert ons, vooral wat betreft deze "*veelbelovende restaurants*". Schrijf ons dus gerust. Uw ervaringen bieden ons belangrijke informatie voor onze inspecties en helpen ons uw gids voortdurend te verbeteren.

Bij voorbaat hartelijk dank voor uw vertrouwen. Wij wensen u een goede reis met de MICHELIN gids 2008 .

Raadpleeg de MICHELIN gids op
www.ViaMichelin.com
en schrijf ons naar:
guidemichelingids@michelin.com

Indeling & onderscheidingen

DE CATEGORIEËN

De MICHELIN gids omvat de beste adressen in elke kwaliteitscategorie en in elke prijsklasse. In de verschillende categorieën, die overeenkomen met het geboden comfort, zijn de geselecteerde etablissementen in volgorde van voorkeur opgenomen.

		Zeer luxueus, traditioneel
		Eerste klas
		Zeer comfortabel
		Geriefelijk
		Vrij geriefelijk
		Andere vormen van overnachting, gastenkamers
sans rest.		**Hotel zonder restaurant**
avec ch.		**Restaurant met kamers**

DE ONDERSCHEIDINGEN

Om u zo goed mogelijk te kunnen helpen bij uw keuze, hebben sommige bijzonder opmerkelijke adressen dit jaar een onderscheiding gekregen: ster(ren), Bib Gourmand of Bib Hotel. Zij zijn herkenbaar aan het teken , of in de kantlijn en aan de aanduiding **Rest** of **ch** in de tekst.

DE STERREN: DE BESTE RESTAURANTS

De sterren onderscheiden de etablissementen die de beste keuken bieden, ongeacht de stijl. Voor de beoordeling zijn de volgende criteria toegepast: keuze van de producten, creativiteit, bereiding, prijs-kwaliteitverhouding en constantheid van het kwaliteitsniveau.

Voortreffelijke keuken, de reis waard
Het eten is altijd zeer goed, soms buitengewoon.

Verfijnde keuken, een omweg waard

Een heel goede keuken in zijn categorie

DE BIB: DE BESTE ADRESSEN MET EEN SCHAPPELIJKE PRIJS

Bib Gourmand
Een eetgelegenheid die een prima maaltijd serveert onder de € 34 en onder de € 36 in Brussel en Luxemburg (prijs excl. dranken).

Bib Hotel
Een hotel dat kwaliteit biedt, met een meerderheid van kamers onder de € 80 in de provincie en onder de € 100 in de stad en belangrijke toeristische plaatsen (prijs voor 2 personen, excl. ontbijt).

DE AANGENAAMSTE ADRESSEN

Met de rode tekens worden etablissementen aangeduid waar een verblijf bijzonder aangenaam is. Dit kan te danken zijn aan het gebouw, de originele inrichting, de ligging, de ontvangst of de geboden diensten.

tot	**Aangename hotels**
tot	**Aangename restaurants**

BIJZONDERE VERMELDINGEN

De MICHELIN inspecteurs kennen niet alleen onderscheidingen toe aan de etablissementen zelf. Zij hanteren ook andere criteria, die net zo belangrijk kunnen zijn bij de keuze van een etablissement.

LIGGING

Zoekt u een rustig etablissement of een adres met een aantrekkelijk uitzicht? Let dan op de volgende symbolen:

	Rustig hotel
	**Zeer rustig hotel**
	Interessant uitzicht
	uitzonderlijk uitzicht

WIJNKAART

Zoekt u een restaurant met een interessante wijnkaart? Let dan op het volgende symbool:

Bijzonder interessante wijnkaart

Vergelijk echter niet de wijnkaart die door de sommelier van een beroemd restaurant wordt gepresenteerd met de wijnselectie van een herberg waarvan de eigenaar een passie heeft voor de wijnen van kleine producenten.

Voorzieningen & diensten

30 ch	Aantal kamers
	Lift
	Airconditioning (in het hele etablissement of een deel ervan)
	Kamers voor niet-rokers beschikbaar
	Etablissement dat gedeeltelijk toegankelijk is voor rolstoelgebruikers
	Maaltijden worden geserveerd in tuin of op terras
	Wellness centre: mooie ruimte met faciliteiten voor een weldadige lichaamsbehandeling en ontspanning
	Balneotherapie, badkuur –
	Fitness
	Zwembad: openlucht of overdekt
	Sauna
	Tuin – park
	Verhuur van fietsen
	Tennisbaan
	Salons voor apart diner
	Vergaderzalen
	Valet service (fooi gebruikelijk)
	Garage bij het hotel (meestal tegen betaling)
	Parkeerplaats (eventueel tegen betaling)
	Aanlegplaats
	Honden worden niet toegelaten (in het hele bedrijf of in een gedeelte ervan)
Ouvert... / Fermé...	Openingsperiode of sluitings periode door de hotelhouder opgegeven
✉ *6801*	Postcode van het etablissement (in het bijzonder voor het Groothertogdom Luxemburg)

Prijzen

De prijzen in deze gids werden in de zomer 2007 genoteerd . Zij kunnen worden gewijzigd, met name als de prijzen van goederen en diensten veranderen. In de vermelde bedragen is alles inbegrepen (bediening en belasting). Op uw rekening behoort geen ander bedrag te staan, behalve eventueel een plaatselijke belasting.
De hotel- en restauranthouders hebben zich voor eigen verantwoording verplicht deze prijzen aan de gasten te berekenen.
Tijdens bijzondere evenementen, zoals congressen, beurzen, jaarmarkten, festivals en sportevenementen, kunnen de hotelhouders aanzienlijk hogere prijzen vragen.
Informeer bij de reservering van een hotel naar eventuele voordelige aanbiedingen.

RESERVERING EN AANBETALING

Sommige hotelhouders vragen uw creditcard nummer of een aanbetaling als bevestiging van uw reservering. Dit bedrag is een garantie, zowel voor de hotelhouder als de gast. Vraag de hotelhouder om in zijn bevestiging alle details te vermelden betreffende reservering en verblijfsvoorwaarden.

BETAALKAARTEN

	Kaarten die worden geaccepteerd:
AE Ⓓ MC VISA	American Express – Diners Club – bankpas (Eurocard, MasterCard, Visa)

KAMERS

ch 🚹 90/120	Prijs minimum/maximum voor een éénpersoonskamer
ch 🚹🚹 120/150	Prijs minimum/maximum voor een tweepersoonskamer
ch ☕	Ontbijt inbegrepen
☕ 10	Prijs van het ontbijt indien niet begrepen in de prijs voor een kamer.

HALFPENSION

½ P 90/110	Laagste en hoogste prijs voor halfpension (kamer, ontbijt en een maaltijd) per persoon. Deze prijzen gelden voor een tweepersoonskamer die door twee personen wordt bezet. Voor gebruik van een tweepersoonskamer door één persoon geldt doorgaans een toeslag.

RESTAURANT

🍽	Restaurant dat een eenvoudig menu serveert **onder de € 26**
Rest *Lunch* 18	Deze maaltijd wordt alleen 's middags geserveerd en uitsluitend op werkdagen
Rest 35/60	**Prijs van de menus:** laagste prijs € 35, hoogste prijs € 60 – Sommige menu's worden alleen geserveerd voor minimum 2 personen of per tafel
bc	Drank inbegrepen
Rest carte 40/75	**Maaltijd a la carte, zonder drank:** de eerste prijs betreft een keuze (voorgerecht, hoofgerecht en dessert) uit de goedkoopste gerechten; de tweede prijs betreft een keuze uit de duurste gerechten.
🍷	Wijn per glas

Steden

ALGEMEEN

1000	Postcodenummer, steeds te vermelden in het adres, vóór de plaatsnaam
✉ *4900 Spa*	Postkantoor voor deze plaats
P	Hoofdstad van de provincie
C *Herve*	Gemeentelijke administratieve zetel
531 T3	Nummer van de MICHELIN kaart en de coördinaten om de plaats gemakkelijk te kunnen vinden
4 283 h	Aantal inwoners
BX A	Letters die de ligging op de plattegrond aangeven
18	Golf en aantal holes
	Panorama, uitzicht
	Vliegveld
	Bootverbinding
	Bootverbinding (uitsluitend passagiers)
	Informatie voor toeristen – VVV

TOERISTISCHE INFORMATIE

CLASSIFICATIE

★★★	De reis waard
★★	Een omweg waard
★	Interessant

LIGGING

Voir	In de stad
Env	In de omgeving van de stad
Nord, Sud, Est, Ouest	De bezienswaardigheid ligt: ten noorden, ten zuiden, ten oosten, ten westen
② ④	Men komt er via uitvalsweg ② of ④, die met hetzelfde teken is aangegeven op de plattegrond in de gids en op de MICHELIN kaart
2 km	Afstand in kilometers

Plattegronden

Hotels
Restaurants

BEZIENSWAARDIGHEDEN

Interessant gebouw
Interessant kerkelijk gebouw

WEGEN

Autosnelweg, weg met gescheiden rijbanen. Genummerde knooppunten/aansluitingen: volledig, gedeeltelijk
Hoofdverkeersweg
Eenrichtingsverkeer – Onbegaanbare straat of beperkt toegankelijk
Pasteur Voetgangersgebied – Tramlijn – Winkelstraat
Parkeerplaats – Parkeer en Reis
Poort – Onderdoorgang – Tunnel
Station en spoorweg
4'4 (18) Vrije hoogte (onder 4,50 m) – Maximum draagvermogen (onder 19 t.)
Beweegbare brug

OVERIGE TEKENS

Informatie voor toeristen
Moskee – Synagoge
Toren – Ruïne – Windmolen – Watertoren
Tuin, park, bos – Begraafplaats – Kruisbeeld
Station – Golfterrein – Renbaan – IJsbaan
Zwembad: openlucht, overdekt
Uitzicht – Panorama
Gedenkteken, standbeeld – Fontein
Fabriek – Winkelcentrum
Jachthaven – Vuurtoren – Aanlegsteiger
Luchthaven – Metrostation – Busstation
Vervoer per boot:
- passagiers en auto's, uitsluitend passagiers
(3) Verwijsteken uitvalsweg: identiek op plattegronden en MICHELIN kaarten
Hoofdkantoor voor poste-restante
Ziekenhuis – Overdekte markt
Openbaar gebouw, aangegeven met een letter:
H P - Stadhuis – Provinciehuis
J - Gerechtshof, rechtbank
M T - Museum – Schouwburg
U - Universiteit, hogeschool
POL. - Politie (hoofdbureau)

Hinweise zur Benutzung

TOURISTISCHE INFORMATIONEN

Entfernungen zu grösseren Städten, Informationsstellen, Sehenswürdigkeiten, Golfplätze und lokale Veranstaltungen...

DIE HOTELS

Von 🏠🏠🏠 bis 🏠: Komfortkategorien.
⌂: Gasthof.
Besonders angenehme Häuser: in rot.

DIE STERNE-RESTAURANTS

✿✿✿ Eine Reise wert.
✿✿ Verdient einen Umweg.
✿ Eine sehr gute Küche.

DIE RESTAURANTS

Von XXXXX bis X: Komfortkategorien
Besonders angenehme Häuser: in rot.

DIE BESTEN PREISWERTEN ADRESSEN

Bib Gourmand.
Bib Hotel.

12 **C2**

Fax 0 14 55 19 31.
.be, Fax 0 14 22 28 56.
olier.be, Fax 0 14 28 74 52, ≤,
et lundi – **Rest** (fermé dimanche) Lunch 15
AU b
5/145 – ½ P 75/80.
ée dans l'esprit contemporain. Cham-
u fort cachet et terrasse sur cour.
nedendaagse stijl gerenoveerd. Moderne
erras op de binnenplaats.
CZ e
96 57 25, destoove@herne.be,
SA
(fermé après 22 h) 75/85, carte 80/110.
ché et laqué au miel. Fondant de chocolat
vertes.
un repas traditionnel simple et goûteux. Bon
ue, terrasse tournée vers la verdure.
ge maar smakelijke traditionele maaltijd kunt
keuken, terras met uitzicht op het groen.

3 **B4**

3 – 3 690 h.
ons 31 – Tournai 52
21 64 56, noordland@skynet.be, Fax 0 14 21 45 65
uillet et mardi soir– **Rest** Lunch 10 – 30, carte 25/45 ♀.
ccès et pour cause : cuisine classique-traditionnelle
noix et service aussi dynamique que prévenant.
oede naam : uitgebalanceerde klassiek-traditionele keu-
n bediening die even energiek als voorkomend is.

8 **D3**

3 – voir à Mouscron.
4461 h. **533** Q21 et **716** I15.
Dinant 35 – Liège 54
Givet 45, ✆ 0 86 75 43 21, hotelbeausejour@heure.be,
– P – 80/90 95/120 – ½ P 70/85.
5 ch
enne dont le parc, reposant, s'est vu loti d'une annexe regroupant
ques et assez mignonnes. Salle à manger aménagée dans le style
un registre culinaire assez traditionnel.
t in een rustig park, waar onlangs een dependance is gebouwd
kamers die er ook nog aantrekkelijk uitzien. In de eetzaal, die in
cht, worden vrij traditionele gerechten geserveerd. Het Riviera heeft
knapbeurt achter de rug, wat ook hard nodig was.

– voir à Zolder.

MICHELIN-KARTE

Angabe der MICHELIN-Karte, auf der der Ort zu finden ist.

LAGE DER STADT

Markierung des Ortes auf der Provinzkarte am Ende des Buchs (Nr. der Karte und Koordinaten).

LAGE DES HAUSES

Markierung auf dem Stadtplan (Planquadrat und Koordinate).

BESCHREIBUNG DES HAUSES

Atmosphäre, Stil, Charakter und Spezialitäten.

RUHIGE HOTELS

ruhiges Hotel.
sehr ruhiges Hotel.

EINRICHTUNG UND SERVICE

PREISE

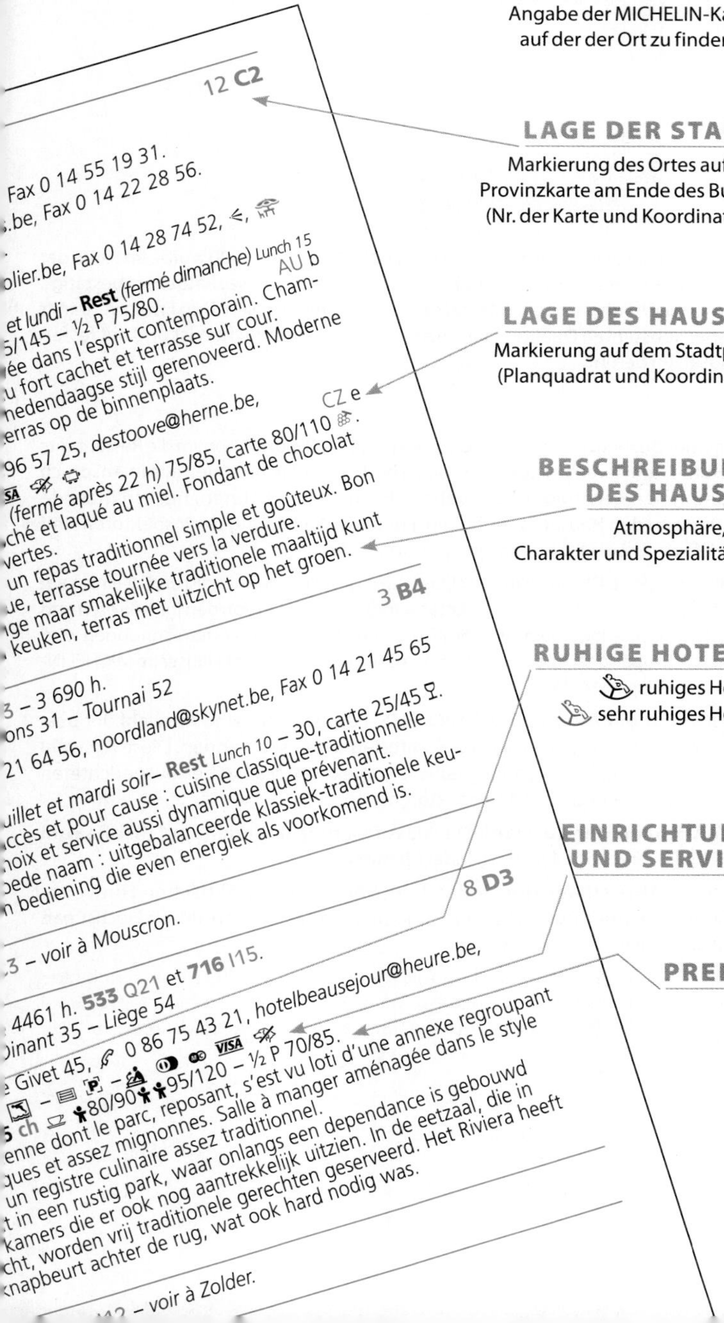

Grundsätze

„Dieses Werk hat zugleich mit dem Jahrhundert das Licht der Welt erblickt, und es wird ihm ein ebenso langes Leben beschieden sein."

Das Vorwort der ersten Ausgabe des MICHELIN-Führers von 1900 wurde im Laufe der Jahre berühmt und hat sich inzwischen durch den Erfolg dieses Ratgebers bestätigt. Der MICHELIN-Führer wird heute auf der ganzen Welt gelesen. Den Erfolg verdankt er seiner konstanten Qualität, die einzig den Lesern verpflichtet ist und auf festen Grundsätzen beruht.

Die Grundsätze des MICHELIN-Führers:

Anonymer Besuch: Die Inspektoren testen regelmäßig und anonym die Restaurants und Hotels, um deren Leistungsniveau zu beurteilen. Sie bezahlen alle in Anspruch genommenen Leistungen und geben sich nur zu erkennen, um ergänzende Auskünfte zu den Häusern zu erhalten. Für die Reiseplanung der Inspektoren sind die Briefe der Leser im Übrigen eine wertvolle Hilfe.

Unabhängigkeit: Die Auswahl der Häuser erfolgt völlig unabhängig und ist einzig am Nutzen für den Leser orientiert. Die Entscheidungen werden von den Inspektoren und dem Chefredakteur gemeinsam getroffen. Über die höchsten Auszeichnungen wird sogar auf europäischer Ebene entschieden. Die Empfehlung der Häuser im MICHELIN-Führer ist völlig kostenlos.

Objektivität der Auswahl: Der MICHELIN-Führer bietet eine Auswahl der besten Hotels und Restaurants in allen Komfort- und Preiskategorien. Diese Auswahl erfolgt unter strikter Anwendung eines an objektiven Maßstäben ausgerichteten Bewertungssystems durch alle Inspektoren.

Einheitlichkeit der Auswahl: Die Klassifizierungskriterien sind für alle vom MICHELIN-Führer abgedeckten Länder identisch.

Jährliche Aktualisierung: Jedes Jahr werden alle praktischen Hinweise, Klassifizierungen und Auszeichnungen überprüft und aktualisiert, um ein Höchstmaß an Zuverlässigkeit zu gewährleisten.

... und sein einziges Ziel – dem Leser bestmöglich behilflich zu sein, damit jede Reise und jeder Restaurantbesuch zu einem Vergnügen werden, entsprechend der Aufgabe, die sich MICHELIN gesetzt hat: die Mobilität in den Vordergrund zu stellen.

Lieber Leser

Lieber leser,

Die 52. Ausgabe des MICHELIN-Führers in Benelux ist gleichzeitig die 2. Ausgabe der Titel Belgique–Luxembourg und Nederland, die seit dem letztem Jahr separat erscheinen. Damit verfolgen wir weiterhin unser Linie: Um die Erwartungen unserer Leser optimal zu erfüllen, haben wir unsere Kollektionen erweitert und können so unsere Auswahl auf mehr Seiten darstellen.

Diese Auswahl der besten Hotels und Restaurants in allen Preiskategorien wird von einem Team von Inspektoren mit Ausbildung in der Hotellerie erstellt. Sie bereisen das ganze Jahr hindurch das Land. Ihre Aufgabe ist es, die Qualität und Leistung der bereits empfohlenen und der neu hinzu kommenden Hotels und Restaurants kritisch zu prüfen. In unserer Auswahl weisen wir jedes Jahr auf die besten Restaurants hin, die wir mit ✿ bis ✿✿✿ kennzeichnen. Die Sterne zeichnen die Häuser mit der besten Küche aus, wobei unterschiedliche Küchenstilrichtungen vertreten sind. Als Kriterien dienen die Wahl der Produkte, die fachgerechte Zubereitung, der Geschmack der Gerichte, die Kreativität und das Preis-Leistungs-Verhältnis, sowie die Beständigkeit der Küchenleistung. Darüber hinaus werden zahlreiche Restaurants für die Weiterentwicklung ihrer Küche hervorgehoben. Um die neu hinzugekommenen Häuser des Jahrgangs 2008 mit einem, zwei oder drei Sternen zu präsentieren, haben wir diese mit einem „**N**" gekennzeichnet .

Außerdem möchten wir die "*Hoffnungsträger*" für die nächsthöheren Kategorien hervorheben. Diese Häuser, die in der Sterne-Liste in Rot aufgeführt sind, sind die besten ihrer Kategorie und könnten in Zukunft aufsteigen, wenn sich die Qualität ihrer Leistungen dauerhaft und auf die gesamte Karte bezogen bestätigt hat. Mit dieser besonderen Kennzeichnung möchten wir Ihnen die Restaurants aufzeigen, die in unseren Augen die Hoffnung für die Gastronomie von morgen sind.

Ihre Meinung interessiert uns! Bitte schreiben Sie uns, insbesondere hinsichtlich der "*Hoffnungsträger*". Ihre Mitarbeit ist für die Planung unserer Besuche und für die ständige Verbesserung des MICHELIN-Führers von großer Bedeutung.

Wir danken Ihnen für Ihre Treue und wünschen Ihnen angenehme Reisen mit dem MICHELIN-Führer 2008.

Den MICHELIN-Führer finden Sie auch im Internet unter
www.ViaMichelin.com
oder schreiben Sie uns eine E-Mail:
guidemichelingids@michelin.com

Kategorien & Auszeichnungen

KOMFORTKATEGORIEN

Der MICHELIN-Führer bietet in seiner Auswahl die besten Adressen jeder Komfort- und Preiskategorie. Die ausgewählten Häuser sind nach dem gebotenen Komfort geordnet; die Reihenfolge innerhalb jeder Kategorie drückt eine weitere Rangordnung aus.

	XXXXX	**Großer Luxus und Tradition**
	XXXX	**Großer Komfort**
	XXX	**Sehr komfortabel**
	XX	**Mit gutem Komfort**
	X	**Mit Standard-Komfort**
		Andere empfohlene Übernachtungsmöglichkeiten, Fremdenzimmer
	sans rest.	**Hotel ohne Restaurant**
	avec ch.	**Restaurant vermietet auch Zimmer**

AUSZEICHNUNGEN

Um ihnen behilflich zu sein, die bestmögliche Wahl zu treffen, haben einige besonders bemerkenswerte Adressen dieses Jahr eine Auszeichnung erhalten. Die Sterne, „Bib Gourmand" bzw. „Bib Hotel" sind durch das entsprechende Symbol ✿, bzw. und **Rest** bzw. **ch** gekennzeichnet.

DIE BESTEN RESTAURANTS

Die Häuser, die eine überdurchschnittlich gute Küche bieten, wobei alle Stilrichtungen vertreten sind, wurden mit einem Stern ausgezeichnet. Die Kriterien sind: die Wahl der Produkte, die Kreativität, die fachgerechte Zubereitung und der Geschmack, sowie das Preis-Leistungs-Verhältnis und die immer gleich bleibende Qualität.

✿✿✿ **Eine der besten Küchen: eine Reise wert**
Man isst hier immer sehr gut, öfters auch exzellent.

✿✿ **Eine hervorragende Küche: verdient einen Umweg**

✿ **Ein sehr gutes Restaurant in seiner Kategorie**

DIE BESTEN PREISWERTEN HÄUSER

Bib Gourmand
Häuser, die eine gute Küche für weniger als 34 € bieten (Preis für eine Mahlzeit ohne Getränke und für weniger als 36 € in Brüssel und Luxemburg).

Bib Hotel
Häuser, die eine Mehrzahl ihrer komfortablen Zimmer für weniger als 80 € anbieten – bzw.weniger als 100 € in größeren Städten und Urlaubsorten (Preis für 2 Personen ohne Frühstück).

DIE ANGENEHMSTEN ADRESSEN

Die rote Kennzeichnung weist auf besonders angenehme Häuser hin. Dies kann sich auf den besonderen Charakter des Gebäudes, die nicht alltägliche Einrichtung, die Lage, den Empfang oder den gebotenen Service beziehen.

bis	**Angenehme Hotels**
X bis XXXXX	**Angenehme Restaurants**

BESONDERE ANGABEN

Neben den Auszeichnungen, die den Häusern verliehen werden, legen die MICHELIN-Inspektoren auch Wert auf andere Kriterien, die bei der Wahl einer Adresse oft von Bedeutung sind.

LAGE

Wenn Sie eine ruhige Adresse oder ein Haus mit einer schönen Aussicht suchen, achten Sie auf diese Symbole:

 **Ruhiges Hotel**

 **Sehr ruhiges Hotel**

Interessante Sicht

Besonders schöne Aussicht

WEINKARTE

Wenn Sie ein Restaurant mit einer besonders interessanten Weinauswahl suchen, achten Sie auf dieses Symbol:

 **Weinkarte mit besonders attraktivem Angebot**

Aber vergleichen Sie bitte nicht die Weinkarte, die Ihnen vom Sommelier eines großen Hauses präsentiert wird, mit der Auswahl eines Gasthauses, die vom Besitzer mit Sorgfalt zusammenstellt wird.

Einrichtung & Service

30 ch	Anzahl der Zimmer
	Fahrstuhl
	Klimaanlage (im ganzen Haus bzw. in den Zimmern oder im Restaurant)
	Nichtraucherzimmer vorhanden
	Für Körperbehinderte leicht zugängliches Haus
	Terrasse mit Speisenservice
	Wellnessbereich – Badeabteilung, Thermalkur
	Fitnessraum
	Freibad oder Hallenbad
	Sauna
	Liegewiese, Garten – Park
	Fahrradverleih – Tennisplatz
	Veranstaltungsraum
	Konferenzraum
	Restaurant mit Wagenmeister-Service (Trinkgeld üblich)
	Hotelgarage (wird gewöhnlich berechnet)
P	Parkplatz reserviert für Gäste (manchmal gebührenpflichtig)
	Bootssteg
	Hunde sind unerwünscht (im ganzen Haus bzw. in den Zimmern oder im Restaurant)
Ouvert.../Fermé...	Öffnungszeit/Schliessungszeit, vom Hotelier mitgeteilt
6801	Angabe des Postbezirks (bes. Großherzogtum Luxemburg)

Preise

Die in diesem Führer genannten Preise wurden uns im Sommer 2007 angegeben. Bedienung und MWSt sind enthalten. Es sind Inklusivpreise, die sich nur noch durch die evtl. zu zahlende lokale Taxe erhöhen können. Sie können sich mit den Preisen von Waren und Dienstleistungen ändern.
Die Häuser haben sich verpflichtet, die von den Hoteliers selbst angegebenen Preise den Kunden zu berechnen.
Anlässlich größerer Veranstaltungen, Messen und Ausstellungen werden von den Hotels in manchen Städten und deren Umgebung erhöhte Preise verlangt.
Erkundigen Sie sich bei den Hoteliers nach eventuellen Sonderbedingungen.

RESERVIERUNG UND ANZAHLUNG

Einige Hoteliers verlangen zur Bestätigung der Reservierung eine Anzahlung oder die Nennung der Kreditkartennummer. Dies ist als Garantie sowohl für den Hotelier als auch für den Gast anzusehen. Bitten Sie den Hotelier, dass er Ihnen in seinem Bestätigungsschreiben alle seine Bedingungen mitteilt.

KREDITKARTEN

	Akzeptierte Kreditkarten:
AE DC MC VISA	American Express – Diners Club – Mastercard (Eurocard), Visa

ZIMMER

ch 🚹 90/120	Mindest- und Höchstpreis für ein Einzelzimmer
ch 🚹🚹 120/150	Mindest- und Höchstpreis für ein Doppelzimmer
ch ☕	Frühstück inklusief
☕ 10	Preis des Frühstücks

HALBPENSION

½ P 90/110	Mindest- und Höchstpreis für Halbpension (Zimmerpreis inkl. Frühstück und einer Mahlzeit) pro Person, bei einem von zwei Personen belegten Doppelzimmer. Falls eine Einzelperson ein Doppelzimmer belegt, kann ein Preisaufschlag verlangt werden.

RESTAURANT

∞	Restaurant, das ein einfaches **Menu unter 26 €** anbietet
Rest *Lunch* 18	Menu im allgemeinen nur werktags mittags serviert
Rest 35/60	**Menupreise:** mindestens 35 €, höchstens 60 € – Einige Menus werden nur tischweise oder für mindestens 2 Personen serviert
bc	Getränke inbegriffen
Rest carte 40/75	**Mahlzeiten à la carte ohne Getränke:** Der erste Preis entspricht einer Auswahl der günstigsten Speisen (Vorspeise, Hauptgericht, Dessert); der zweite Preis entspricht einer Auswahl der teuersten Speisen.
🍷	Wein wird glasweise ausgeschenkt

Städte

ALLGEMEINES

1000	Postleitzahl, bei der Anschrift vor dem Ortsnamen anzugeben
✉ *4900 Spa*	Name des Verteilerpostamtes
P	Provinzhauptstadt
C *Herve*	Sitz der Kreisverwaltung
531 T 3	Nummer der MICHELIN-Karte mit Koordinaten
4 283 h	Einwohnerzahl
BX A	Markierung auf dem Stadtplan
18	Golfplatz mit Lochzahl
☼ ⋞	Rundblick, Aussichtspunkt
✈	Flughafen
⛴	Autofähre
⛴	Personenfähre
i	Informationsstelle

SEHENSWÜRDIGKEITEN

BEWERTUNG

★★★	Eine Reise wert
★★	Verdient einen Umweg
★	Sehenswert

LAGE

Voir	In der Stadt
Env	In der Umgebung der Stadt
Nord, Sud, Est, Ouest	Im Norden, Süden, Osten, Westen der Stadt
② ④	Zu erreichen über die Ausfallstraße ② bzw ④, die auf dem Stadtplan und der MICHELIN-Karte identisch gekennzeichnet sind
2 km	Entfernung in Kilometern

Hotels
Restaurants

SEHENSWÜRDIGKEITEN

Sehenswertes Gebäude
Sehenswerte Kirche

STRASSEN

Autobahn, Schnellstraße
Nummern der Anschlussstellen: Autobahnein- und/oder -ausfahrt
Hauptverkehrsstraße
Einbahnstraße – Gesperrte Straße, mit Verkehrsbeschränkungen
Pasteur — Fußgängerzone – Straßenbahn – Einkaufsstraße
Parkplatz, Parkhaus – Park-and-Ride-Plätze
Tor – Passage – Tunnel
Bahnhof und Bahnlinie
4'4 (18) Unterführung (Höhe bis 4,50 m) – Höchstbelastung (unter 19 t)
Bewegliche Brücke

SONSTIGE ZEICHEN

Informationsstelle
Moschee – Synagoge
Turm – Ruine – Windmühle – Wasserturm
Garten, Park, Wäldchen – Friedhof – Bildstock
Stadion – Golfplatz – Pferderennbahn – Eisbahn
Freibad – Hallenbad
Aussicht – Rundblick
Denkmal – Brunnen – Fabrik – Einkaufszentrum
Jachthafen – Leuchtturm – Anlegestelle
Flughafen – U-Bahnstation – Autobusbahnhof
Schiffsverbindungen: Autofähre – Personenfähre
(3) Straßenkennzeichnung (identisch auf MICHELIN-Stadtplänen und -Abschnittskarten)
Hauptpostamt (postlagernde Sendungen)
Krankenhaus – Markthalle
Öffentliches Gebäude, durch einen Buchstaben gekennzeichnet:
H P – Rathaus – Sitz der Landesregierung
J – Gerichtsgebäude
M T – Museum – Theater
U – Universität, Hochschule
POL. – Polizei (in größeren Städten Polizeipräsidium)

How to use this guide

TOURIST INFORMATION

Distances from the main towns, tourist offices, local tourist attractions, means of transport, golf courses and leisure activities...

HOTELS

From 🏨🏨🏨🏨🏨 to 🏨: categories of comfort.
⌂ : Ghesthouse.
The most pleasant: in red.

STARS

✿✿✿ Worth a special journey.
✿✿ Worth a detour.
✿ A very good restaurant.

RESTAURANTS

From XXXXX to X: categories of comfort
The most pleasant: in red.

GOOD FOOD AND ACCOMMODATION AT MODERATE PRICES

Bib Gourmand.
Bib Hotel.

12 C2

Fax 0 14 55 19 31.
.be, Fax 0 14 22 28 56.
olier.be, Fax 0 14 28 74 52, ≤,
et lundi – **Rest** (fermé dimanche) Lunch 15
AU b
5/145 – ½ P 75/80.
ée dans l'esprit contemporain. Cham-
u fort cachet et terrasse sur cour.
hedendaagse stijl gerenoveerd. Moderne
erras op de binnenplaats.
CZ e
96 57 25, destoove@herne.be,
(fermé après 22 h) 75/85, carte 80/110.
ché et laqué au miel. Fondant de chocolat
vertes.
un repas traditionnel simple et goûteux. Bon
ue, terrasse tournée vers la verdure.
ige maar smakelijke traditionele maaltijd kunt
keuken, terras met uitzicht op het groen.

3 **B4**

3 – 3 690 h.
ons 31 – Tournai 52
21 64 56, noordland@skynet.be, Fax 0 14 21 45 65
uillet et mardi soir– **Rest** Lunch 10 – 30, carte 25/45.
ccès et pour cause : cuisine classique-traditionnelle
hoix et service aussi dynamique que prévenant.
oede naam : uitgebalanceerde klassiek-traditionele keu-
n bediening die even energiek als voorkomend is.

8 **D3**

3 – voir à Mouscron.

4461 h. **533** Q21 et **716** I15.
Dinant 35 – Liège 54
e Givet 45, 0 86 75 43 21, hotelbeausejour@heure.be,
– – 80/90 95/120 – ½ P 70/85.
5 ch
enne dont le parc, reposant, s'est vu loti d'une annexe regroupant
ques et assez mignonnes. Salle à manger aménagée dans le style
un registre culinaire assez traditionnel.
t in een rustig park, waar onlangs een dependance is gebouwd
kamers die er ook nog aantrekkelijk uitzien. In de eetzaal, die in
cht, worden vrij traditionele gerechten geserveerd. Het Riviera heeft
knapbeurt achter de rug, wat ook hard nodig was.

I12 – voir à Zolder.

OTHER MICHELIN PUBLICATIONS

References for the MICHELIN map and Green Guide which cover the area.

LOCATING THE TOWN

Locate the town on the provincial map at the end of the guide (map number and coordinates).

LOCATING THE ESTABLISHMENT

Located on the town plan (coordinates and letters giving the location).

DESCRIPTION OF THE ESTABLISHMENT

Atmosphere, style, character and specialities.

QUIET HOTELS

quiet hotel.
very quiet hotel.

FACILITIES AND SERVICES

PRICES

Commitments

"This volume was created at the turn of the century and will last at least as long".

This foreword to the very first edition of the MICHELIN guide, written in 1900, has become famous over the years and the guide has lived up to the prediction. It is read across the world and the key to its popularity is the consistency of its commitment to its readers, which is based on the following promises.

The MICHELIN guide's commitments:

Anonymous inspections: our inspectors make regular and anonymous visits to hotels and restaurants to gauge the quality of products and services offered to an ordinary customer. They settle their own bill and may then introduce themselves and ask for more information about the establishment. Our readers' comments are also a valuable source of information, which we can then follow up with another visit of our own.

Independence: Our choice of establishments is a completely independent one, made for the benefit of our readers alone. The decisions to be taken are discussed around the table by the inspectors and the editor. The most important awards are decided at a European level. Inclusion in the guide is completely free of charge.

Selection and choice: The guide offers a selection of the best hotels and restaurants in every category of comfort and price. This is only possible because all the inspectors rigorously apply the same methods.

Annual updates: All the practical information, the classifications and awards are revised and updated every single year to give the most reliable information possible.

Consistency: The criteria for the classifications are the same in every country covered by the MICHELIN guide.

... and our aim: to do everything possible to make travel, holidays and eating out a pleasure, as part of MICHELIN's ongoing commitment to improving travel and mobility.

Dear reader

Dear reader,

This is the 52nd edition of the Michelin guide to Benelux...but the 2nd year for the titles Belgique-Luxembourg and Nederland, which are now treated as separate entities. This confirms our original wish to meet the expectations of our readers to a greater extent by allocating more pages to our selection and by more rigorous testing.

Our criteria remain unchanged: a selection of the best hotels and restaurants in each price category, chosen by a team of professional inspectors with hotel experience.

This selection of the best hotels and restaurants in every price category is chosen by a team of full-time inspectors with a professional background in the industry. They cover every corner of the country, visiting new establishments and testing the quality and consistency of the hotels and restaurants already listed in the guide.

Every year we pick out the best restaurants by awarding them from ✿ to ✿✿✿.

Stars are awarded for cuisine of the highest standards and reflect the quality of the ingredients, the skill in their preparation, the combination of flavours, the levels of creativity and value for money, and the ability to combine all these qualities not just once, but time and time again. This year again, a number of restaurants have been newly awarded stars for the quality of their cuisine. '**N**' highlights the new promotions for this new 2008 edition, announcing their arrival with one, two or three stars.

In addition, we have continued to pick out a selection of "*Rising Stars*". These establishments, listed in red, are the best in their present category. They have the potential to rise further, and already have an element of superior quality; as soon as they produce this quality consistently, and in all aspects of their cuisine, they will be hot tips for a higher award. We've highlighted these promising restaurants so you can try them for yourselves; we think they offer a foretaste of the gastronomy of the future.

We're very interested to hear what you think of our selection, particularly the *"Rising Stars"*, so please continue to send us your comments. Your opinions and suggestions help to shape your guide, and help us to keep improving it, year after year. Thank you for your support. We hope you enjoy travelling with the MICHELIN guide 2008.

Consult the MICHELIN guide at
www.ViaMichelin.com
and write to us at:
guidemichelingids@michelin.com

Classification & awards

CATEGORIES OF COMFORT

The MICHELIN guide selection lists the best hotels and restaurants in each category of comfort and price. The establishments we choose are classified according to their levels of comfort and, within each category, are listed in order of preference.

🏨🏨🏨🏨🏨	XXXXX	**Luxury in the traditional style**
🏨🏨🏨🏨	XXXX	**Top class comfort**
🏨🏨🏨	XXX	**Very comfortable**
🏨🏨	XX	**Comfortable**
🏨	X	**Quite comfortable**
⌂		**Other recommended accommodation, (guesthouse)**
sans rest.		**This hotel has no restaurant**
avec ch.		**This restaurant also offers accommodation**

THE AWARDS

To help you make the best choice, some exceptional establishments have been given an award in this year's guide: star(s), Bib Gourmand or Bib Hotel. They are marked ✿, ☺ or ☺ and **Rest** or **ch** in the text.

THE BEST CUISINE

MICHELIN stars are awarded to establishments serving cuisine, of whatever style, which is of the highest quality. The cuisine is judged on the quality of ingredients, the skill in their preparation, the combination of flavours, the levels of creativity, the value for money and the consistency of culinary standards.

✿✿✿	**Exceptional cuisine, worth a special journey** One always eats extremely well here, sometimes superbly.
✿✿	**Excellent cooking, worth a detour**
✿	**A very good restaurant in its category**

THE BIB: GOOD FOOD AND ACCOMMODATION AT MODERATE PRICES

☺	**Bib Gourmand** Establishment offering good quality cuisine for under € 34 and under € 36 in Brussels and Luxemburg (price of a meal not including drinks).
☺	**Bib Hotel** Establishment offering good levels of comfort and service, with most rooms priced at under €80 in the provinces and €100 in towns and popular tourist resorts (price of a room for 2 people, not including breakfast).

PLEASANT HOTELS AND RESTAURANTS

Symbols shown in red indicate particularly pleasant or restful establishments: the character of the building, its décor, the setting, the welcome and services offered may all contribute to this special appeal.

to Pleasant hotels

to Pleasant restaurants

OTHER SPECIAL FEATURES

As well as the categories and awards given to the establishment, MICHELIN inspectors also make special note of other criteria which can be important when choosing an establishment.

LOCATION

If you are looking for a particularly restful establishment, or one with a special view, look out for the following symbols:

 **Quiet hotel**

 **Very quiet hotel**

Interesting view

Exceptional view

WINE LIST

If you are looking for an establishment with a particularly interesting wine list, look out for the following symbol:

 **Particularly interesting wine list**

This symbol might cover the list presented by a sommelier in a luxury restaurant or that of a simple inn where the owner has a passion for wine. The two lists will offer something exceptional but very different, so beware of comparing them by each other's standards.

Facilities & services

30 ch	Number of rooms
	Lift (elevator)
	Air conditioning (in all or part of the establishment)
	Non-smokers bedrooms available
	Establishment at least partly accessible to those of restricted mobility
	Meals served in garden or on terrace
	Wellness centre: an extensive facility for relaxation and well-being
	Hydrotherapy
	Exercise room
	Swimming pool: outdoor or indoor
	Sauna
	Garden – Park
	Bike hire
	Tennis court
	Private dining rooms
	Equipped conference room
	Restaurant offering valet parking (tipping customary)
	Hotel garage (additional charge in most cases)
	Car park (a fee may be charged)
	Landing stage
	No dogs allowed (in all or part of the establishment)
Ouvert... / Fermé...	Dates when open or closed as indicated by the hotelier
6801	Postal code (Grand Duchy of Luxembourg only)

Prices

Prices quoted in this Guide were supplied in summer 2007. They are subject to alteration if goods and service costs are revised. The rates include tax and service and no extra charge should appear on your bill, with the possible exception of a local tax. By supplying the information, hotels and restaurants have undertaken to maintain these rates for our readers.
In some towns, when commercial, cultural or sporting events are taking place the hotel rates are likely to be considerably higher.
Out of season, certain establishments offer special rates. Ask when booking.

RESERVATION AND DEPOSITS

Some hotels will ask you to confirm your reservation by giving your credit card number or require a deposit which confirms the commitment of both the customer and the hotelier. Ask the hotelier to provide you with all the terms and conditions applicable to your reservation in their written confirmation.

CREDIT CARDS

	Credit cards accepted by the establishment:
AE ⓓ MC VISA	American Express – Diners Club – MasterCard (Eurocard) – Visa

ROOMS

ch 🚹 90/120	Lowest price €90 and highest price €120 for a confortable single room.
ch 🚹🚹 120/150	Lowest price €120 and highest price €150 for a double or twin room for 2 people.
ch ☕	Breakfast included
☕ 10	Price of breakfast

HALF BOARD

½ P 90/110	Lowest and highest prices for half board (room, breakfast and a meal), per person. These prices apply to a double room occupied by two people. One person occupying a double room may be asked to pay a supplement.

RESTAURANT PRICES

☺	Restaurant serving a menu **under €26**
Rest *Lunch* 18	This meal is served at lunchtime and normally during the working week
Rest 35/60	**Set meals**: Lowest price €35, highest price €60. Certain menus are only served for a minimum of 2 people or for an entire table.
bc	Wine included
Rest carte 40/75	**A la carte dishes, not including drinks:** the first price corresponds to a selection of dishes (starter, main course, dessert) among the least expensive on the menu; the second price is a selection among the most expensive items.
🍷	Wine served by the glass

Towns

GENERAL INFORMATION

1000	Postal number to be shown in the address before the town name
✉ *4900 Spa*	Postal number and name of the post office serving the town
P	Provincial capital
C *Herve*	Administrative centre of the "commune"
531 T 3	MICHELIN map and co-ordinates or fold
4 283 h	Population
BX A	Letters giving the location of a place on the town plan
18	Golf course and number of holes
	Panoramic view, viewpoint
	Airport
	Shipping line
	Passenger transport only
i	Tourist Information Centre

TOURIST INFORMATION

STAR-RATING

★★★	Highly recommended
★★	Recommended
★	Interesting

LOCATION

Voir	Sights in town
Env	On the outskirts
	In the surrounding area
Nord, Sud, Est, Ouest	The sight lies north, south, east, west
② ④	Sign on town plan and on the MICHELIN road map indicating the road leading to a place of interest
2 km	Distance in kilometres

Town Plans

Hotels
Restaurants

SIGHTS

Place of interest
Interesting place of worship

ROADS

Motorway, dual carriageway
Junction: complete, limited
Main traffic artery
One-way street – Unsuitable for traffic; street subject to restrictions
Pasteur Pedestrian street – Tramway – Shopping street
Car park – Park and Ride
Gateway – Street passing under arch – Tunnel
Station and railway
4'4 (18) Low headroom (15ft max) – Load limit (under 19 t)
Lever bridge

VARIOUS SIGNS

Tourist Information Centre
Mosque – Synagogue
Tower or mast – Ruins – Windmill – Water tower
Garden, park, wood – Cemetery – Cross
Stadium – Gof course – Racecourse – Skating rink
Outdoor or indoor swimming pool
View – Panorama
Monument – Fountain – Factory – Shopping centre
Pleasure boat harbour – Lighthouse – Landing stage
Airport – Underground station – Coach station
Ferry services:
passengers and cars, passengers only
(3) Reference number common to town plans and MICHELIN maps
Main post office with poste restante
Hospital – Covered market
Public buildings located by letter:
H P - Town Hall – Provincial Government Office
J - Law Courts
M T - Museum – Theatre
U - University, College
POL - Police (in large towns police headquarters)

- ➜ *Dénicher la meilleure table ?*
- ➜ *Trouver l'hôtel le plus proche ?*
- ➜ *Vous repérer sur les plans et les cartes ?*
- ➜ *Décoder les symboles utilisés dans le guide...*

Suivez les Bibs rouges !

Les conseils du **Bib Chef** pour vous aider au restaurant.

Les « bons tuyaux » et les informations du **Bib Astuce** pour vous repérer dans le guide... et sur la route.

Les conseils du **Bib Groom** pour vous aider à l'hotel.

Distinctions 2008

Onderscheidingen 2008

Auszeichnungen 2008

Awards 2008

Les Tables étoilées 2008
De sterrenrestaurants
Die Sterne-Restaurants

La couleur correspond à l'établissement le plus étoilé de la localité.
De kleur geeft het etablissement met de meeste sterren aan in de betreffende plaats.
Die Farbe entspricht dem besten Sterne-Restaurant im Ort.

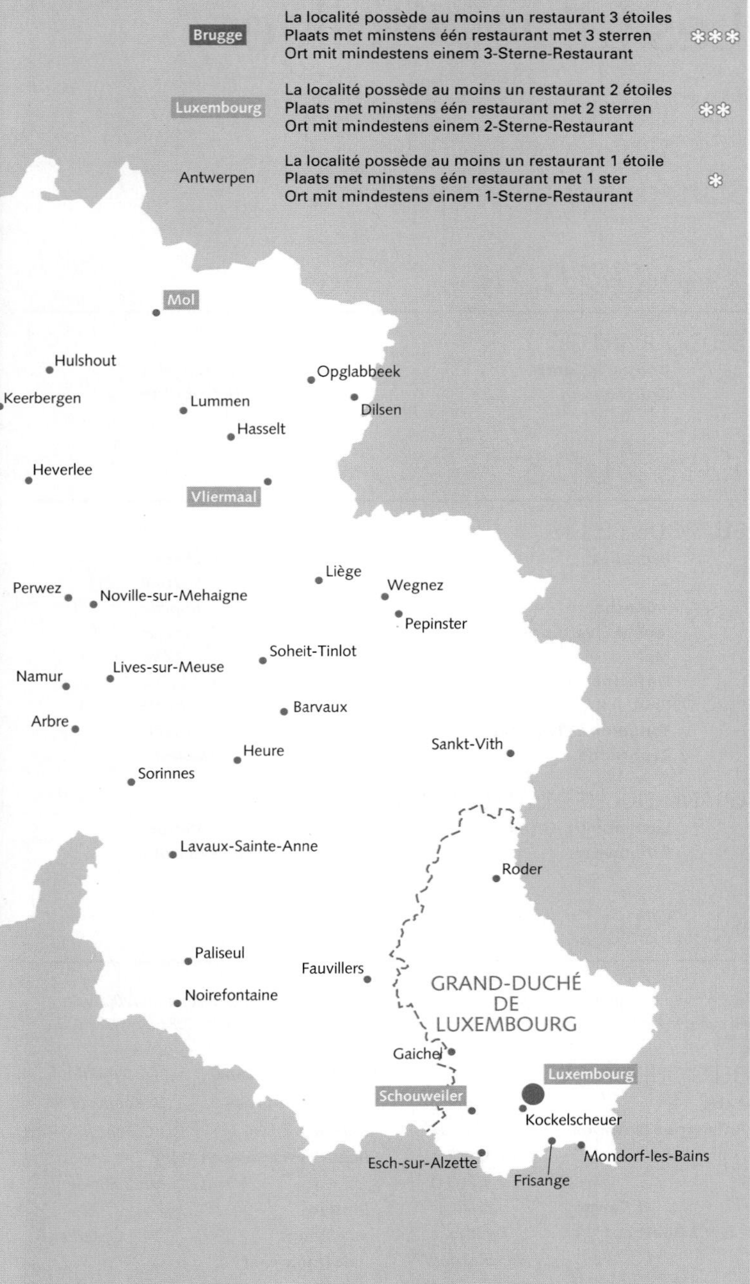

Brugge
La localité possède au moins un restaurant 3 étoiles
Plaats met minstens één restaurant met 3 sterren
Ort mit mindestens einem 3-Sterne-Restaurant
Luxembourg
La localité possède au moins un restaurant 2 étoiles
Plaats met minstens één restaurant met 2 sterren
Ort mit mindestens einem 2-Sterne-Restaurant
Antwerpen
La localité possède au moins un restaurant 1 étoile
Plaats met minstens één restaurant met 1 ster
Ort mit mindestens einem 1-Sterne-Restaurant
Mol
Hulshout
Opglabbeek
Keerbergen
Lummen
Dilsen
Hasselt
Heverlee
Vliermaal
Liège
Wegnez
Perwez
Noville-sur-Mehaigne
Pepinster
Soheit-Tinlot
Namur
Lives-sur-Meuse
Barvaux
Arbre
Sankt-Vith
Heure
Sorinnes
Lavaux-Sainte-Anne
Roder
Paliseul
Fauvillers
Noirefontaine
GRAND-DUCHÉ DE LUXEMBOURG
Gaichel
Luxembourg
Schouweiler
Kockelscheuer
Mondorf-les-Bains
Esch-sur-Alzette
Frisange

Les tables étoilées

De sterrenrestaurants
Die Sterne-Restaurants
Starred establishments

✿✿✿ 2008

BELGIQUE/BELGIË

Brugge Q. Centre	*De Karmeliet*	
Kruishoutem	*Hof van Cleve*	

✿✿ 2008

BELGIQUE/BELGIË

Bruxelles	*Comme Chez Soi*	
-	*Sea Grill*	
- Ganshoren	*Bruneau*	
Ieper à Elverdinge	*Host. St-Nicolas*	
Mol	*'t Zilte*	**N**
De Panne	*Host. Le Fox*	
Reet	*Pastorale*	
Tongeren à Vliermaal	*Clos St Denis*	
Zeebrugge	*'t Molentje*	

GRAND-DUCHÉ DE LUXEMBOURG

Luxembourg-Grund	*Mosconi*
Schouweiler	*La Table des Guilloux*

✿ 2008

→ En rouge *les espoirs 2008 pour* ✿✿
→ In red *the 2008 Rising Stars for* ✿✿
→ In rood *de veelbelovende restaurants 2008 voor* ✿✿
→ In rote *die hoffnungsträger 2008 fur* ✿✿

BELGIQUE/BELGIË

Aalst	*'t Overhamme*	
Antwerpen Q. Ancien	*'t Fornuis*	
-	*Le Petit Zinc*	
-	*Gin Fish*	
- **Q. Centre**	*Dôme*	
- Env. à Boechout	*De Schone van Boskoop*	
- Env. à Brasschaat	*Kasteel Withof*	**N**
- Env. à Stabroek	*De Koopvaardij*	**N**
Barvaux	*Le Cor de Chasse*	**N**
Beaumont à Solre-St-Géry	*Host. Le Prieuré Saint-Géry*	
Berlare aux étangs de Donkmeer	*Lijsterbes*	

N *Nouveau* → *Nieuw* → *Neu* → *New*

Blankenberge *Philippe Nuyens*
Bornem *Eyckerhof*
Braine-l'Alleud *Jacques Marit*
Brugge *Den Gouden Harynck*
- *Aneth*
- *Sans Cravate*
- Périph. à Sint-Andries *Herborist*
- Périph. à Sint-Kruis *De Jonkman* **N**
- Périph. à Sint-Michiels *Hertog Jan*
- Env. à Varsenare *Manoir Stuivenberg*

Bruxelles
- Q. Sablons *L'Écailler du Palais Royal*
- Ganshoren *San Daniele*
- Ixelles Q. Boondael *Marie*
- Ixelles Q. Bascule *Bistrot du Mail* **N**
- Schaerbeek *Senza Nome*
- Uccle *Bon-Bon*
- *Le Pain et le Vin*
- *Le Chalet de la Forêt* **N**
- Q. St-Job *Le Passage*
- Env. à Huizingen *Terborght*

Charleroi
- à Montigny-le-Tilleul *L'éveil des sens*
Deerlijk *Marcus* **N**
Dendermonde *'t Truffeltje*
Dilsen *Hostellerie Vivendum*
Dinant à Sorinnes *Host. Gilain*
Dranouter *In de Wulf*
Eghezée à Noville-sur-Mehaigne *L'Air du Temps*
Elewijt *Kasteel Diependael*
Ellezelles *Château du Mylord*
Fauvillers *Le Château de Strainchamps*
Gent Q. Centre *Jan Van den Bon*
- *C-Jean* **N**
Haaltert *Apriori*
Hasselt *Aan tafel bij Luc Bellings*
- à Lummen *Hoeve St-Paul*
Heure *Le Fou est belge*
Hulshout *Hof ter Hulst*
Izegem *La Durée* **N**
Keerbergen *The Paddock*
Knokke-Heist
- à Het Zoute *De Oosthoek*
- à Albertstrand *Jardin Tropical*
- à Heist *Bartholomeus*
Kruishoutem
- à Wannegem-Lede *'t Huis van Lede* **N**

Lavaux-Sainte-Anne *Lemonnier*
Leuven à Heverlee *Arenberg*
- *Couvert couvert*
Liège *Héliport*
Mechelen *D'Hoogh*
- *Folliez*
Namur
direction Citadelle *Cuisinémoi*
- à Lives-sur-Meuse *La Bergerie*
Ninove *Hof ter Eycken*
Noirefontaine *Aub. du Moulin Hideux*
Opglabbeek *Slagmolen*
Paliseul *Au Gastronome*
Pepinster *Host. Lafarque*
- à Wegnez *Hostellerie du Postay*
Perwez *La Frairie*
Profondeville à Arbre *L'Eau Vive*
Quaregnon *Dimitri*
Reninge *'t Convent*
Roeselare *Bistro Novo*
Sankt-Vith *Zur Post*
Sint-Martens-Latem
- à Deurle *Orangerie* **N**
Soheit - Tinlot *Le Coq aux Champs*
Vrasene *Herbert Robbrecht*
Waregem *'t Oud Konijntje*

GRAND-DUCHÉ DE LUXEMBOURG

Clervaux
- à Roder *Manoir Kasselslay*
Esch-sur-Alzette *Fridrici*
- *Favaro*
Frisange *Lea Linster*
Gaichel *La Gaichel* **N**
Luxembourg - Centre *Clairefontaine*
- *Le Bouquet Garni*
- Périph. à Kockelscheuer *Patin d'Or* **N**
Mondorf-les-Bains *Les Roses*
Schouweiler *Toit pour Toi*

LES ESPOIRS 2008 POUR ✿
DE VEELBELOVENDE RESTAURANTS 2008 VOOR ✿
THE 2008 RISING STARS FOR ✿
DIE HOFFENUNGSTRÄGER FUR 2008 ✿

Knokke-Heist à Duinbergen *Sel Gris*

N *Nouveau* → *Nieuw* → *Neu* → *New*

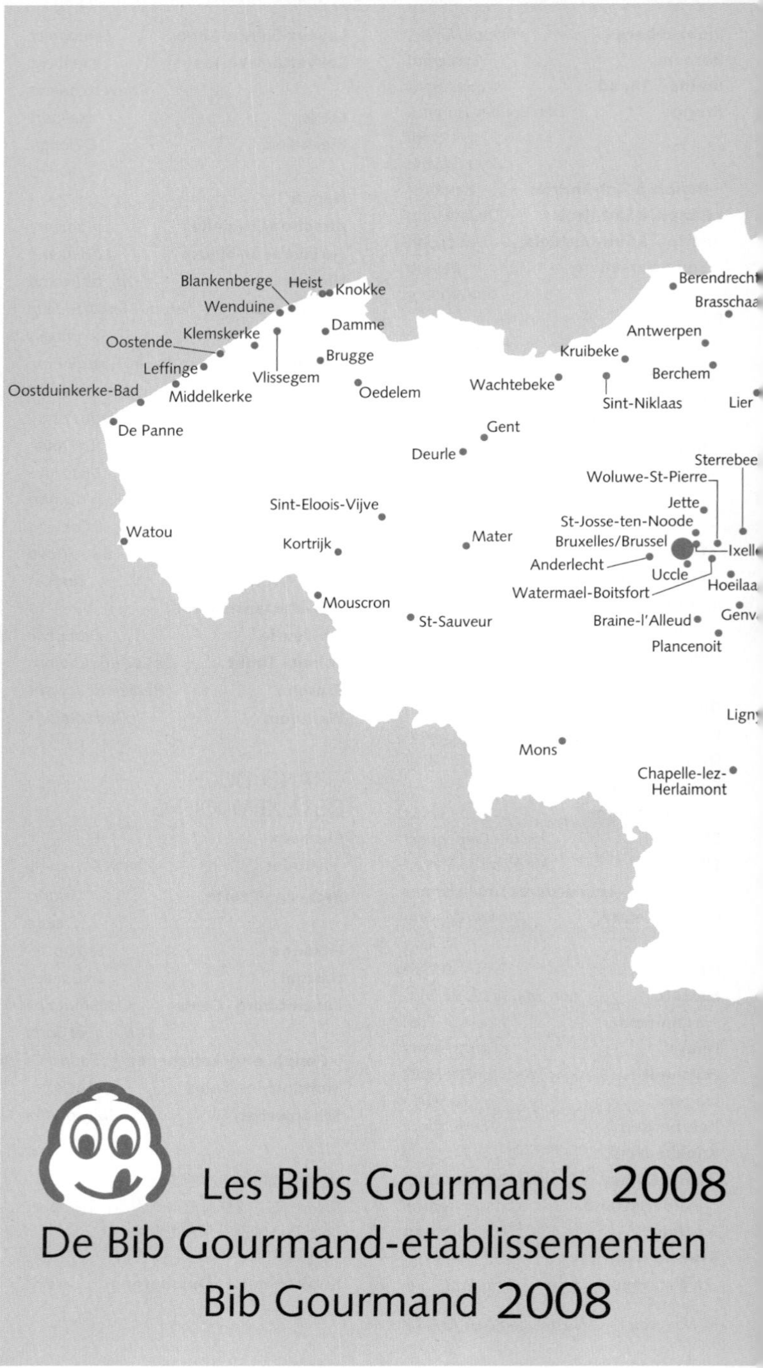

Blankenberge
Heist
Knokke
Wenduine
Klemskerke
Oostende
Damme
Vlissegem
Brugge
Leffinge
Oostduinkerke-Bad
Middelkerke
Oedelem
De Panne
Berendrecht
Brasschaa
Antwerpen
Kruibeke
Berchem
Wachtebeke
Sint-Niklaas
Lier
Gent
Deurle
Sterrebee
Woluwe-St-Pierre
Sint-Eloois-Vijve
Jette
St-Josse-ten-Noode
Watou
Mater
Kortrijk
Bruxelles/Brussel
Ixell
Anderlecht
Uccle
Hoeilaa
Watermael-Boitsfort
Mouscron
St-Sauveur
Braine-l'Alleud
Genv
Plancenoit
Lign
Mons
Chapelle-lez-Herlaimont

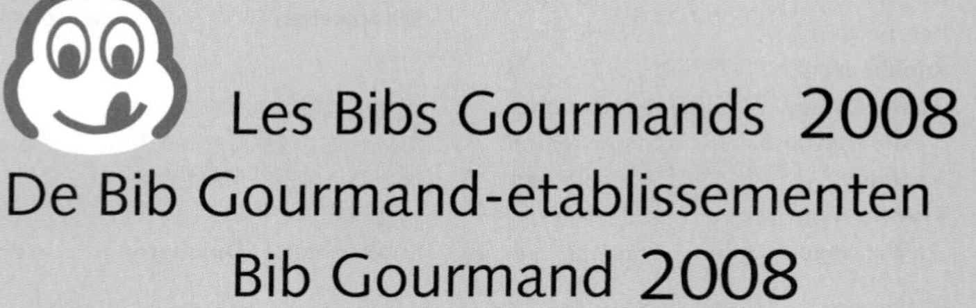

Localités possédant au moins un établissement avec un Bib Gourmand.
● Plaatsen met minstens één Bib Gourmand-etablissement.
Orte mit mindestens einem Bib Gourmand-Haus.

Bib Gourmand

Repas soignés à prix modérés
Verzorgde maaltijden voor een schappelijke prijs
Sorgfältig zubereitete, preiswerte Mahlzeiten
Good food at moderate prices

BELGIQUE/BELGIË

Anhée à Bioul *l'O à la Bouche*
Antwerpen
- Q. Ancien *Dock's Café*
- Q. Ancien *Le Zoute Zoen*
- Périph. à Berchem *De Troubadour*
- Périph. à Berendrecht *Reigershof*
- Env. à Brasschaat *Lucius*
Arlon *Zinc*
Bastogne *Wagon Léo*
Beernem à Oedelem *Alain Meessen*
Bellevaux-Ligneuville *Du Moulin*
Bertrix *Four et Fourchette*
Bilzen *'t Vlierhof*
Blankenberge *Escapade*
- *Triton* **N**
Borgloon *Ambrozijn*
Bouillon
- à Corbion *Des Ardennes*
Braine-l'Alleud *Philippe Meyers*
Brugge Q. du Centre *Saint-Amour*
- *Pergola Kaffee* **N**
- *Bistro Kok au Vin* **N**
Bruxelles *Museumbrasserie* **N**
- Q. Grand'Place *Aux Armes de Bruxelles*
- Q. Ste-Catherine *La Belle Maraîchère*
- *Le Loup Galant*
- *Le Fourneau*
- *Viva M'Boma*
- Q. des Sablons *La Clef des Champs*
- Q. Palais de Justice *JB*
- Q. Louise *Notos* **N**
- Anderlecht *La Brouette* **N**
- Ixelles
- Q. Boondael *Le Doux Wazoo*
- Q. Louise *De la Vigne ... à l'Assiette*
- Jette *French Kiss* **N**
- St-Josse-ten-Noode Q. Botanique *Les Dames Tartine*
- Uccle *Villa d'Este*
- Uccle Q. St-Job *Le Pré en Bulle*
- Watermael-Boitsfort *Le Grill*
- Woluwe-St-Pierre *Les Deux Maisons*
- *Medicis*
- Env. à Hoeilaart *Aloyse Kloos*
- Env. à Sterrebeek *Chasse des Princes*
Chapelle-lez-Herlaimont *Pouic-Pouic* **N**
Ciney *Le Comptoir du Goût* **N**
Damme *De Lieve* **N**
Dinant *Le Jardin de Fiorine*
- *La Broche*
- à Falmignoul *Alain Stiers et l'auberge des Crêtes*
Durbuy *Le Fou du Roy*
Gent
- Q. du Centre *Pakhuis*
- Q. du Centre *Le Grand Bleu*
- Q. Ancien *De 3 Biggetjes*
Genval *L'Amandier*
's Gravenvoeren *De Kommel*
De Haan
- à Klemskerke *De Kruidenmolen*
- à Vlissegem *Vijfwege* **N**
Habay-la-Neuve *Les Plats Canailles de la Bleue Maison* **N**
Houffalize *La Fleur de Thym*
Jalhay *Le Vinâve*

N *Nouveau* → *Nieuw* → *Neu* → *New*

Knokke-Heist à Knokke	*La Croisette*	
-	*'t Kantientje*	
- à Heist	*Old Fisher*	
Kortrijk	*Kwizien Céline*	
Kruibeke	*De Ceder*	**N**
Lasne à Plancenoit	*Le Vert d'Eau*	
Liège		
-	*Il était une fois ...*	
- Env. à Barchon	*La Pignata*	
- Env. à Vaux-sous-Chévremont	*Ma Cuisine*	
Lier	*Numerus Clausus*	
Ligny	*Le Coupe-Choux*	
Marenne	*Les Pieds dans le Plat*	
Middelkerkte	*Host. Renty*	**N**
Mirwart	*Aub. du Grandgousier*	
Mons	*La 5e saison*	
Mouscron	*Madame*	
-	*Au Petit Château*	**N**
Namur à Jambes	*La Plage d'Amée*	
- à Wierde	*Le D'Arville*	
Oostduinkerke-Bad	*Eglantier*	
Oostende	*Au Vieux Port*	**N**
- à Leffinge	*Het Molenhuis*	**N**
Oudenaarde à Mater	*De Zwadderkotmolen*	
De Panne	*Le Flore*	
Rendeux	*Au Comte d'Harscamp*	
Robertville	*Du Barrage*	
Rochefort à Éprave	*Auberge de Vieux Moulin*	
St-Sauveur	*Les Marronniers*	**N**
Sint-Martens-Latem		
- à Deurle	*Auberge du Pêcheur*	**N**
Sint-Niklaas	*Bistro De Eetkamer*	
Spa	*La Tonnellerie*	
Stoumont	*Zabonprés*	
Trois-Ponts à Wanne	*La Métairie*	
Verviers		
à Heusy	*La Croustade*	
à Petit-Rechain	*La Chapellerie*	
Vielsalm à Hébronval	*Le Val d'Hébron*	
Virton à Torgny	*L'Empreinte du Temps*	
Wachtebeke	*L'Olivette*	
Waregem à Sint-Eloois-Vijve	*De Houtsnip*	
Watou	*Gasthof't Hommelhof*	
Wellin	*La Papillote*	
Wenduine	*Rita*	**N**

GRAND-DUCHÉ DE LUXEMBOURG

Frisange à Hellange	*Lëtzebuerger Kaschthaus*	
Huncherange	*De Pefferkär*	**N**
Luxembourg-Grund	*Kamakura*	

N *Nouveau* → *Nieuw* → *Neu* → *New*

Bib Hôtel

Bonnes nuits à petits prix
Goed overnachten voor schappelijke prijzen
Hier übernachten Sie gut und preiswert
Good accommodation at moderate prices

BELGIQUE/BELGIË

Aalter	*Memling*	
Antwerpen		
- Q. Ancien	*Antigone*	
- Q. Sud	*Industrie*	
Balâtre	*L'Escapade*	
Bastogne	*Melba*	
-	*Léo at home*	
Batsheers	*Karrehof*	
Blankenberge	*Manitoba*	
-	*Alfa Inn*	
-	*Malecot*	**N**
-	*Avenue*	**N**
Bouillon	*Cosy*	
Brugge		
- Q. Centre	*Malleberg*	
- Périph. à Dudzele	*Het Bloemenhof*	
Bruxelles		
- Q. Grand'Place	*Matignon*	
- Q. Ste-Catherine	*Noga*	
-Env. à Tervuren	*Rastelli*	**N**
Burg-Reuland	*Paquet*	
Burg-Reuland à Ouren	*Rittersprung*	
Bütgenbach	*Seeblick*	
-	*Vier Jahreszeiten*	
Damme	*De Speye*	
- à Hoeke	*Welkom*	
- à Sijsele	*Vredehof*	
Diksmuide à Stuivekenskerke	*Kasteel hoeve Viconia*	
Dinant à Falmignoul	*Alain Stiers et l'auberge des Crêtes*	
Durbuy à Grandhan	*La Passerelle*	
Gent		
- Env. à Lochristi	*Arriate*	**N**
's Gravenvoeren	*De Kommel*	
De Haan	*Arcato*	
-	*Rubens*	**N**

N *Nouveau* → *Nieuw* → *Neu* → *New*

Hastière-Lavaux à Hastière-par-Delà	*Le Val des Colverts*	
Herentals	*De Zalm*	
Hotton	*La Besace*	
Jalhay	*La Crémaillère*	
Knokke-Heist à Albertstrand	*Atlanta*	
-	*Albert Plage*	
Koksijde à Koksijde-Bad	*Astoria*	
Kortrijk	*Center*	
Lembeke	*Hostellerie Ter Heide*	
Lokeren	*La Barakka*	
Lommel	*Carré*	
Mechelen	*Carolus*	
Middelkerke	*Host. Renty*	
Mirwart	*Beau Site*	
Nadrin	*Hostellerie du Panorama*	
Namur à Bouge	*La Ferme du Quartier*	
Oignies-en-Thiérache	*Au Sanglier des Ardennes*	
Oostduinkerke-bad	*Argos*	**N**
Oostende		
- à Mariakerke	*Glenn*	
Oudenaarde	*César*	
De Panne	*Ambassador*	
Poperinge	*Belfort*	
La Roche-en-Ardenne	*Moulin de la Strument*	
-	*Les Genêts*	
Rochefort	*Le Vieux Logis*	
- à Belvaux	*Auberge des Pérées*	
- à Han-sur-Lesse	*Auberge de Faule*	
Sankt-Vith	*Am Steineweiher*	
Sougné-Remouchamps	*Royal H.-Bonhomme*	
Spa à Sart	*Du Wayai*	
Trois-Ponts à Wanne	*La Métairie*	
Vencimont	*Le Barbouillon*	
Veurne à Beauvoorde	*Driekoningen*	
Vielsalm	*Les Myrtilles*	
- à Bovigny	*Saint-Martin*	
Vresse-sur-Semois à Laforêt	*Aub. Moulin Simonis*	
Waimes	*Aub. de la Warchenne*	
Wenduine	*Hostellerie Astrid*	
Westende-bad	*Roi Soleil*	**N**
Zelzate	*Royal*	

GRAND-DUCHÉ DE LUXEMBOURG

Bascharage	*Beierhaascht*	
Beaufort	*Aub. Rustique*	
Bour	*Gwendy*	
Echternach à Lauterborn	*Au Vieux Moulin*	
Echternach à Steinheim	*Gruber*	
Luxembourg Env. à Strassen	*Mon Plaisir*	
Mondorf-les-Bains	*Grand Chef*	**N**
Scheidgen	*De la Station*	
Vianden	*Heintz*	

N *Nouveau* → *Nieuw* → *Neu* → *New*

Hôtels agréables

Aangename hotels
Angenehme Hotels
Particularly pleasant hotels

BELGIQUE/BELGIË

Bruxelles
- **Q. Grand'Place** *Amigo*
- **Q. Léopold** *Stanhope*

Knokke-Heist
à Het Zoute *Manoir du Dragon*

BELGIQUE/BELGIË

Antwerpen Q. Ancien *De Witte Lelie*
Brugge Q. Centre *De Tuilerieën*
- *Die Swaene*
- *Pandhotel*

Bruxelles
- **Anderlecht** *Be Manos*
- **St Gilles Q. Louise** *Manos Premier*
- **Woluwe-St-Pierre** *Montgomery*

Comblain-la-Tour *Host. St-Roch*
De Haan *Manoir Carpe Diem*
Habay-la-Neuve à l'Est *Les Ardillières*
Herbeumont *Hostellerie du Prieuré de Conques*
Noirefontaine *Aub. du Moulin Hideux*
Poperinge *Manoir Ogygia*
Spa à Creppe *Manoir de Lébioles*

GRAND-DUCHÉ DE LUXEMBOURG

Gaichel *La Gaichel*
Lipperscheid *Leweck*

BELGIQUE/BELGIË

Antwerpen Q. Sud *Firean*
Arlon à Toernich *Château du Bois d'Arlon*
Brugge Q. Centre *Prinsenhof*
Crupet *Le Moulin des Ramiers*
Gent Q. Ancien *Harmony*
De Haan *Duinhof*
Herentals *'t Hemelrijck*
Kluisbergen sur le Kluisberg *La Sablière*
Poperinge *Recour*

GRAND-DUCHÉ DE LUXEMBOURG

Luxembourg
- **Centre** *Parc Beaux Arts*
- **Périph. à Belair** *Albert Premier*

BELGIQUE/BELGIË

Antwerpern Q. Sud *Charles Rogier XI*
- *Time Out*

Boortmeerbeek *Classics*
Brugge Q. Centre *De Brugsche Suites*
- *Bonifacius*
- *Huyze Hertsberge - Côté Canal*
- *Number 11*
- *Huyze Die Maene*
- *Maison le Dragon*

Daverdisse
à Porcheresse *Le Grand Cerf*
Gent Q. Centre *Verhaegen*
- *Chambreplus*

De Haan *Het Zonnehuis*
Hamont-Achel *Villa Christina*
Leuven à Korbeek-Dijle *Villis Dyliae*
- **à Oud-Heverlee** *2B*

Nieuwpoort *Villa Sans Soucis*
Rance à Sautin *Le Domaine de la Carrauterie*
Schore *Landgoed de Kastanjeboom*
Spa *L'Étape Fagnarde*
Stavelot *Dufays*
Tongeren *De Open Poort*

Restaurants agréables

Aangename restaurants
Angenehme Restaurants
Particularly pleasant restaurants

XXXXX

BELGIQUE/BELGIË

Tongeren à Vliermaal	*Clos St. Denis*

XXXX

BELGIQUE/BELGIË

Antwerpen Env. à Brasschaat	*Kasteel Withof*
Brugge	*De Karmeliet*
Bruxelles	
- Q. Palais de Justice	*Maison du Bœuf*
- Q. Bois de la Cambre	*Villa Lorraine*
- Env. à Overijse	*Barbizon*
Ellezelles	*Château du Mylord*
Hasselt	*Figaro*
Houthalen	*Hostellerie De Barrier*
Namur à Lives-sur-Meuse	*La Bergerie*
Reninge	*'t Convent*
Waregem	*'t Oud Konijntje*

GRAND-DUCHÉ DE LUXEMBOURG

Luxembourg	
- Grund	*Mosconi*

XXX

BELGIQUE/BELGIË

Berlare aux étangs de Donkmeer	*Lijsterbes*
Bornem	*Eyckerhof*
Brugge	
- Périphérie à Sint-Andries	*Herborist*
- Env. à Varsenare	*Manoir Stuivenberg*
Bruxelles	*Comme Chez Soi*
- Woluwe-St-Pierre	*Des 3 Couleurs*
Elewijt	*Kasteel Diependael*

Hasselt à Lummen	*Hoeve St. Paul*
Keerbergen	*The Paddock*
Kortrijk	*St-Christophe*
- au Sud	*Gastronomisch Dorp*
Kruishoutem	*Hof van Cleve*
Menen à Rekkem	*La Cravache*
Namur à Temploux	*L'Essentiel*
Opglabbeek	*Slagmolen*
De Panne	*Host. Le Fox*
Pepinster	*Host. Lafarque*
Profondeville à Arbre	*L'Eau Vive*
Ronse	*Host. Shamrock*
Stavelot	*Le Val d'Amblève*
Verviers	*Château Peltzer*
Virton à Torgny	*Aub. de la Grappe d'Or*

BELGIQUE/BELGIË

Bazel	*Hofke van Bazel*
Bouillon	*Le Ferronnière*
Crupet	*Les Ramiers*
Diest	*De Proosdij*
Dilsen	*Host. Vivendum*
Dilsen à Lanklaar	*Host. La Feuille d'Or*
Geel	*De Cuylhoeve*
Marenne	*Les Pieds dans le Plat*
Mechelen	*Folliez*
Nassogne	*La Gourmandine*
Sankt-Vith	*Zur Post*
Tielt	*De Meersbloem*
Zeebrugge	*'t Molentje*

GRAND-DUCHÉ DE LUXEMBOURG

Luxembourg Périph. à Clausen	*Les Jardins du President*
Schouweiler	*La Table des Guilloux*

BELGIQUE/BELGIË

Antwerpen Q. Ancien	*Het Gebaar*
Damme	*De Zuidkant*
Habay-la-Neuve à l'Est	*Les Plats Canailles de la Bleue Maison*
Heure	*Le Fou est belge*
Rendeux	*Au Comte d'Harscamp*
Stoumont	*Zabonprés*

Wellness Centre

Bel espace de bien-être et de relaxation
Mooie ruimte van welzijn en ontspanning
Wellnessbereich
Extensive facility for relaxation and well-being

BELGIQUE/BELGIË

Arlon à Toernich	*Château du Bois d'Arlon*
Blankenberge	*Beach Palace*
Borgloon	*Pracha*
Brugge Q. Centre	*Acacia*
Bruxelles Q. Louise	*Conrad*
Bruxelles - Anderlecht	*Be Manos*
Dilsen	*De Maretak*
Florenville à Izel	*Le Nid d'Izel*
Ham	*The Fox*
Koksijde à Koksijde-Bad	*Apostroff*
Koksijde à Sint-Idesbald	*Soll Cress*
Lanaken à Neerharen	*Hostellerie La Butte aux Bois*
Liège - Env. à Herstal	*Post*
Limelette	*Château de Limelette*
Marche-en-Famenne	*Quartier Latin*
Oostende	*Andromeda*
Oudenburg	*Abdijhoeve*
De Panne	*Donny*
De Panne	*Villa Select*
Poperinge	*Manoir Ogygia*
Rance à Sautin	*Le Domaine de la Carrauterie*
Robertville	*Domaine des Hautes Fagnes*
Spa	*Radisson SAS Palace*
Spa à Balmoral	*Dorint*

GRAND-DUCHÉ DE LUXEMBOURG

Clervaux	*Internaional*
Clervaux	*Koener*
Clervaux	*Des Nations*
Echternach	*Eden au Lac*
Lipperscheid	*Leweck*
Luxembourg - Centre	*Le Royal*
Luxembourg - Périphérie à Dommeldange	*Hilton*
Mondorf-les-Bains	*Parc*
Remich	*Domaine la Forêt*

→ *Het beste restaurant ontdekken ?*
→ *Het dichtsbijgelegen hotel vinden ?*
→ *De weg vinden met onze plattegronden en kaarten ?*
→ *De symbolen in deze gids begrijpen...*

Volg de rode Bib!

Adviezen over restaurants van de **Bib Chef-kok.**

Tips en adviezen van de **Bib Knipoog** voor het gebruik van deze gids en voor onderweg.

Adviezen over hotels van de **Bib Groom**.

Pour en savoir plus

Voor meer informatie
Gut zu wissen
Further information

Les langues parlées au Belux

Située au cœur de l'Europe, la Belgique est divisée en trois régions : la Flandre, Bruxelles et la Wallonie. Chaque région a sa personnalité bien marquée. Trois langues y sont utilisées : le néerlandais en Flandre, le français en Wallonie et l'allemand dans les cantons de l'Est. La Région de Bruxelles-Capitale est bilingue avec une majorité francophone. La frontière linguistique correspond à peu près aux limites des provinces. Ce « multilinguisme » a des conséquences importantes sur l'organisation politique et administrative du pays, devenu État Fédéral depuis 1993.
Au Grand-Duché, outre le « Lëtzebuergesch », dialecte germanique, la langue officielle est le français. L'allemand est utilisé comme langue culturelle.

De talen in de Belux

In het hartje van Europa ligt België, verdeeld in Vlaanderen, Brussel en Wallonië. Elke regio heeft zijn eigen karakter. Er worden drie talen gesproken : Nederlands in Vlaanderen, Frans in Wallonië en Duits in de Oostkantons. Het Brussels Hoofdstedelijk Gewest is tweetalig met een meerderheid aan Franstaligen. De taalgrens komt ongeveer overeen met de grenzen van de provincies. Het feit dat België een meertalig land is, heeft belangrijke gevolgen voor de politieke en bestuurlijke organisatie. Dit leidde tot de vorming van een Federale Staat in 1993.
In het Groot-Hertogdom wordt het « Lëtzebuergesch », een Duits dialect gesproken. De officiële taal is het Frans. Het Duits is de algemene cultuurtaal.

Die Sprachen im Belux

Belgien, ein Land im Herzen von Europa, gliedert sich in drei Regionen : Flandern, Brüssel und Wallonien. Jede dieser Regionen hat ihre eigene Persönlichkeit. Man spricht hier drei Sprachen : Niederländisch in Flandern, Französisch in Wallonien und Deutsch in den östlichen Kantonen. Die Gegend um die Haupstadt Brüssel ist zweisprachig, wobei die Mehrheit Französisch spricht. Die Sprachengrenze entspricht in etwa den Provinzgrenzen. Diese Vielsprachigkeit hat starke Auswirkungen auf die politische und verwaltungstechnische Struktur des Landes, das seit 1993 Bundesstaat ist.
Im Grossherzogtum wird ausser dem « Lëtzebuergesch », einem deutschen Dialekt als offizielle Sprache französisch gesprochen. Die deutsche Sprache findet als Sprache der Kultur Verwendung.

Spoken languages in Belux

Situated at the heart of Europe, Belgium is divided into three regions : Flanders, Brussels and Wallonia. Each region has its own individual personality. Three different languages are spoken : Dutch in Flanders, French in Wallonia and German in the eastern cantons. The Brussels-Capital region is bilingual, with the majority of its population speaking French. The linguistic frontiers correspond more or less to those of the provinces. The fact that the country, which has been a Federal State since 1993, is multilingual, has important consequences on its political and administrative structures.
In the Grand Duchy, apart from « Lëtzebuergesch », a German dialect, the official language is French. German is used as a cultural language.

Yvan Duhamel/Michelin

La bière en Belgique

«BELGIUM : BEER PARADISE»

La Belgique est le pays de la bière par excellence. On y brasse environ 400 bières sous plus de 800 marques. Une partie est consommée au tonneau, c'est-à-dire tirée à la pression ; l'autre partie, en bouteilles. Le belge moyen en a absorbé 80 litres en 2005 (contre 200 litres au début du 20e s.) et le pays compte encore plus de 100 brasseries. Les principaux brasseurs industriels sont Stella Artois, Jupiler (groupe InBev) et Alken-Maes.
Mais le brassin n'est pas l'apanage des brasseries : les abbayes en perpétuent la tradition médiévale, et leurs produits suscitent un regain d'intérêt depuis la fin du 20e s.

DE LA FABRICATION DE LA BIÈRE

Le **malt** est, avec l'eau, la matière première de la bière. Il s'obtient à partir de **grains d'orge** trempés pour produire la germination. Ces grains sont alors séchés et moulus. Le procédé de séchage détermine le type de malt et la couleur de la bière. Le **brassage** se passe traditionnellement dans des cuves en cuivre où le malt moulu se transforme en **moût** (jus sucré) par trempage dans l'eau chaude. La durée d'infusion et les paliers thermiques déterminent la variété de bière. L'ajout de **houblon** – très cultivé autour d'Alost et Poperinge – lors de l'ébullition donne sa saveur et son amertume au breuvage. Une fois le moût refroidi, la **fermentation** débute sous l'effet de la levure dont on ensemence les cuves. Cette étape dure quelques jours, pendant lesquels le moût se change en alcool et gaz carbonique. Selon la température, le type et la durée de fermentation, on obtient 3 genres de bières.

SAINT ARNOULD, LE PATRON DES BRASSEURS

Né à Tiegem au 11e s, ce fils de brasseur est la figure emblématique de la corporation brassicole. Très jeune il s'initia aux secrets du brassin avant de rejoindre la chevalerie et plus tard entrer dans les ordres. Il devint abbé puis évêque à Soissons, avant de regagner sa Flandre où il fonda à Oudenburg une abbaye dont on dit qu'il assura la prospérité en fabriquant de la bière. Par son talent de diplomate, il réconcilia les noblesses brabançonne et flamande. Alors que la peste sévissait en Flandre, la transformation d'eau contaminée en bière compte parmi les miracles qui lui sont attribués.

➜ Abbaye de Rochefort : une cuve de brassage
➜ Abbaye de Rochefort : Maischbottich
➜ De Abdij van Rochefort : een brouwketel
➜ Abbaye de Rochefort: beer brewing

FERMENTATION BASSE : FRAÎCHEUR ET LÉGÈRETÉ

Cette méthode – la plus récente – représente 70% de la production belge. Son origine remonte à 1842, dans la ville de Pilsen (Rép. Tchèque). La fermentation et la maturation se font à basse température, notamment à 0°C et 9°C. Le procédé donne des bières blondes du type **pils** : un produit léger, doré et limpide ; très désaltérant si consommé bien frais, et doté d'une amertume houblonnée. Stella Artois, Jupiler et Maes sont les trois géants belges de cette catégorie de bières.

FERMENTATION HAUTE : DES BIÈRES CONTRASTÉES

Cette méthode plus ancienne produit une infinité de bières. La fermentation s'opère entre 24°C et 28°C et une maturation à 13-16°C (refermentation en tonneau ou bouteille) lui succède souvent. La plupart des bières belges dites **«spéciales»** appartiennent à cette catégorie. Il s'agit de bières de dégustation, par opposition à la pils ordinaire. La **blanche**, non filtrée, donc trouble, fait appel à une fermentation haute mais s'apparente, par ses qualités rafraîchissantes, aux bières de soif, comme les **saisons,** pétillantes et fruitées, qui sont une délicatesse wallonne. Les **blondes** fortes, limpides, aromatiques et mousseuses connaissent aussi de nombreux adeptes, au même titre que les **ambrées**, **rousses** et **brunes**.

Parmi les nombreuses bières d'abbaye (Leffe, Maredsous, Val Dieu, Aulne, Grimbergen, Affligem, etc.), les **trappistes** ont un statut privilégié réservé aux seules bières brassées in situ sous le contrôle de moines cisterciens. Il en existe 7 au monde, dont 6 en Belgique : **Orval**, **Chimay** et **Rochefort** en Wallonie ; **Achel**, **Westmalle** et **Westvleteren** en Flandre. L'offre trappiste est variée (blondes, brunes, ambrées, double ou triple fermentation) ; chaque abbaye perpétue ses recettes et peut en créer de nouvelles.

GAMBRINUS, LE ROI DES BUVEURS DE BIÈRE

Autre personnage de légende hérité du Moyen-Âge (13e s.), Gambrinus est l'emblème des consommateurs de bière en Belgique. Héritier des duchés de Brabant et de Lorraine, il favorisa l'essor de l'industrie brassicole brabançonne en donnant aux échevins bruxellois la prérogative d'accorder des licences pour brasser et vendre le fameux breuvage. Au cours de longues agapes, raconte-t-on, ce grand amateur de cervoise fut proclamé «roi de la bière». La légende veut qu'à l'issue d'une victoire, festoyant avec son peuple, il escalada un tas de fûts, s'assit à califourchon dessus et brandit sa chope pour trinquer avec les siens : attitude symbolique relayée par l'imagerie populaire.

FERMENTATION SPONTANÉE : ACIDITÉ, DOUCEUR OU FRUIT

La fermentation s'opère ici par l'action spontanée de levures présentes naturellement dans l'air du Pajottenland et de la vallée de la Senne, où cette technique unique au monde existe depuis le Moyen-Âge. Après 2 à 3 ans de conservation en tonneaux, le liquide, plat et aigrelet, s'appelle **lambic**. La **gueuze**, bière acide et pétillante, résulte de la fermentation naturelle d'un mélange de jeune et de vieux lambic en partie fermenté. Le **faro** est un lambic acide enrichi de sucre. Les **bières fruitées** proviennent d'un mélange de fruits et de lambic. La fameuse **kriek** utilise la cerise ; framboise et pêche aromatisent aussi des bières réputées.

À CHACUN SA BIÈRE

Amères, aigres, fruitées, suaves ou épicées, les bières belges et se marient souvent avec bonheur à la gastronomie locale. Elles entrent aussi dans de nombreuses spécialités culinaires traditionnelles. À chaque variété de bière, enfin, correspond un verre adapté et une température idéale de service, qui doit se conformer à un rituel précis. Maxime à méditer avant de lever le coude : «une bière brassée avec savoir se déguste avec sagesse».

Belgisch bier

BIERPARADIJS BELGIË

België is een echt bierland. Er worden zo'n 400 biersoorten gebrouwen, die onder meer dan 800 merknamen worden verkocht. Een deel wordt uit het fust geschonken, dat wil zeggen getapt, en de rest gebotteld. In 2005 dronk de gemiddelde Belg 80 liter bier (tegenover 200 liter in het begin van de 20ste eeuw) en het land telt nog ruim 100 brouwerijen. De voornaamste industriële brouwerijen zijn Stella Artois, Jupiler (InBev-groep) en Alken-Maes. Bier is echter niet het alleenrecht van de brouwerijen, want de abdijen zetten de middeleeuwse traditie voort en hun producten mogen zich sinds het einde van de 20ste eeuw in een hernieuwde belangstelling verheugen.

DE VERVAARDIGING VAN BIER

Samen met water is mout de grondstof van bier. **Mout** wordt verkregen door **gerstekorrels** te weken zodat ze gaan ontkiemen, waarna de korrels worden gedroogd en gemalen. Het drogingsprocédé bepaalt het type mout en de kleur van het bier. Het **brouwen** geschiedt van oudsher in koperen ketels, waarin het gemalen mout in **wort** (suikerhoudend extract) verandert, doordat het in heet water wordt gedompeld. Door de duur van de infusie en het aanhouden van rustpauzes op bepaalde temperaturen wordt de variëteit van het bier bepaald. Door tijdens het koken **hop** toe te voegen – wat veel wordt verbouwd in de omgeving van Aalst en Poperinge – krijgt het brouwsel zijn smaak en bitterheid. Als de wort is afgekoeld, begint de **vergisting** door biergist in de ketels af te zetten. Deze fase duurt enkele dagen, waarin de wort in alcohol en koolzuurgas wordt omgezet. Afhankelijk van de temperatuur, het type gisting en de duur daarvan worden er drie categorieën bier verkregen.

DE H. ARNOLDUS, SCHUTSPATROON VAN DE BIERBROUWERS

Deze zoon van een bierbrouwer werd in de 11de eeuw in Tiegem geboren en is het symbool van het bierbrouwersgilde. Op zeer jonge leeftijd werd hij al ingewijd in de geheimen van het brouwsel, alvorens tot ridder te worden geslagen en daarna in het klooster in te treden. Hij werd abt en vervolgens bisschop van Soissons. Later keerde hij terug naar zijn geboortestreek Vlaanderen, waar hij in Oudenburg een abdij stichtte, waarvan de welvaart aan de productie van bier te danken zou zijn. Dankzij zijn diplomatieke gave slaagde hij erin de Brabantse en Vlaamse adel met elkaar te verzoenen. Toen de pest Vlaanderen teisterde, zou hij voor een wonder hebben gezorgd door besmet water in bier te veranderen.

LAGE GISTING: FRIS EN LICHT

Deze methode, de meest recente, vertegenwoordigt 70% van de Belgische productie en werd in 1842 in het Tsjechische Pilsen uitgevonden. De gisting en rijping geschieden op lage temperatuur, tussen de 0 en 9°C. Dit procédé geeft blond bier van het type **pils:** een licht, lichtgeel en helder biertje met een bittere hopsmaak, dat goed is tegen de dorst als het koud wordt gedronken. Stella Artois, Jupiler en Maes zijn de drie Belgische giganten van deze categorie bier.

HOGE GISTING: STERK VERSCHILLENDE SMAKEN

Deze methode, die ouder is, levert een oneindige variatie op. De gisting vindt plaats tussen de 24 en 28°C, vaak gevolgd door een rijping op 13 tot 16°C (nagisting op vat of in de fles). De meeste van de zogeheten **"speciale"** Belgische biersoorten vallen onder deze categorie. Dit is echt proefbier, in tegenstelling tot gewone pils. Ongefilterd dus troebel **witbier** is het resultaat van een hoge gisting, maar lijkt door zijn verfrissende kwaliteiten op dorstlessend bier, zoals bruisend en fruitig **seizoenbier,** een echte Waalse traktatie. **Sterk blond bier,** dat helder, aromatisch en mousserend is, heeft ook veel fans, net als **amberbier**, **roodbier** en **bruinbier**.

Onder de talloze **abdijbieren** (Leffe, Maredsous, Val Dieu, Aulne, Grimbergen, Affligem, enz.) geniet het **trappistenbier** een bevoorrechte status die is voorbehouden aan bier dat binnen de kloostermuren wordt gebrouwen onder toezicht van de cisterciënzers. Er bestaan er slechts zeven ter wereld, waarvan zes in België: **Orval**, **Chimay** en **Rochefort** in Wallonië en **Achel**, **Westmalle** en **Westvleteren** in Vlaanderen. Het trappistenaanbod is gevarieerd (blond, bruin, amber, dubbel of tripple), want elke abdij heeft zijn eigen eeuwenoude recepten en kan daarnaast ook nieuwe bedenken.

SPONTANE GISTING: ZURIG, ZACHT OF FRUITIG

De gisting geschiedt hier door de spontane werking van natuurlijke gisten in de lucht van het Pajottenland en het Zennedal, waar deze unieke techniek al vanaf de Middeleeuwen wordt toegepast. Na twee tot drie jaar op vat te zijn bewaard, heet het rinse vocht zonder koolzuur **lambiek**. Het zurige en bruisende **geuzenbier** ontstaat door de natuurlijke gisting van een mengsel van jonge en oude lambiek die deels heeft gefermenteerd. **Faro** is een met suiker verrijkte zure lambiek. **Fruitbier** bestaat uit een mix van vruchten en lambiek. De beroemde **kriek** is op basis van kersen, maar er zijn ook bekende bieren met frambozen- of perziksmaak.

GAMBRINUS, KONING VAN HET BIER

Een andere legendarische figuur uit de Middeleeuwen (13de eeuw) is Gambrinus, het symbool van de bierdrinkers in België. Deze erfgenaam van de hertogdommen Brabant en Lotharingen bevorderde de bloei van de Brabantse bierindustrie door de Brusselse schepenen het voorrecht te geven om licenties te verlenen voor het brouwen en verkopen van de beroemde drank. Tijdens enorme braspartijen zou deze grote liefhebber van het gerstenat tot "koning van het bier" zijn uitgeroepen. Het verhaal gaat dat hij na een overwinning met zijn volk feestvierde en toen een stel fusten op elkaar stapelde, waarop hij schrijlings ging zitten met een pul in de hand om met zijn onderdanen te proosten. Sindsdien wordt hij op volksprenten steevast in deze houding afgebeeld.

VOOR ELK WAT WILS

Bitter, zuur, fruitig, zacht of kruidig, Belgisch bier past uitstekend bij de gastronomie van het land en wordt gebruikt voor de bereiding van talloze traditionele specialiteiten. Elke biersoort vraagt wel om zijn eigen glas en heeft een ideale temperatuur om te worden geschonken, een ritueel dat nauwlettend moet worden gevolgd. Tot besluit een spreuk om even bij stil te staan alvorens het glas te heffen: "bier dat met kennis is gebrouwen, wordt met verstand gedronken".

Das Bier in Belgien

„BELGIEN, DAS BIERPARADIES“

In Belgien, dem Bierland par excellence, werden etwa 400 Biersorten unter mehr als 800 Markennamen gebraut. In dem Land existieren noch über 100 Brauereien, von denen die größten industriellen Brauereien Stella Artois, Jupiler (InBev-Gruppe) und Alken-Maes sind. Doch der Braukessel ist keineswegs den Brauereien vorbehalten, denn die **Abteien** setzen die mittelalterliche Tradition fort, und ihre Produkte stoßen seit Ende des 20. Jh.s wieder vermehrt auf Interesse. Im Jahr 2005 konsumierte der durchschnittliche Belgier 80 Liter Bier (gegenüber 200 Litern zu Beginn des 20. Jh.s), von denen ein Teil als Fassbier und der Rest aus Flaschen getrunken wurde.

DIE BIERHERSTELLUNG

Gemeinsam mit dem Wasser ist **Malz** der Rohstoff für Bier. Es wird aus **Gerstenkörnern** gewonnen, die in Wasser eingeweicht und zur Keimung gebracht werden. Anschließend werden die Körner getrocknet und geschrotet. Das Trocknungsverfahren ist ausschlaggebend für den Malztyp und die Farbe des Bieres. Das **Brauen** erfolgt traditionell in Kupferkesseln, in denen sich das geschrotete Malz durch Mischen mit heißem Wasser in **Maische** (zuckerhaltiger Stoff) verwandelt. Die Infusionsdauer und die so genannten Rast-Temperaturen bestimmen die Biersorte. Durch Zusatz von **Hopfen** beim Kochen erhält das Gebräu seinen Geschmack und sein bitteres Aroma. Wenn die Maische abgekühlt ist, beginnt die **Gärung** durch die Hefe, die in den Kesseln zugesetzt wird. Dieser Prozess dauert einige Tage, in denen die Maische in Alkohol und Kohlensäure vergoren wird. Je nach Temperatur, Art und Dauer der Gärung erhält man eine der 3 Bierarten.

DER HL. ARNOLD, DER SCHUTZHEILIGE DER BIERBRAUER

Der im 11. Jh. in Tiegem geborene Sohn eines Bierbrauers machte sich sehr früh mit den Geheimnissen des Brauens vertraut, bevor er dem Ritterstand beitrat und später ins Kloster ging. Er wurde zunächst Abt, dann Bischof von Soissons und kehrte anschließend nach Flandern zurück. Dort gründete er in Oudenburg eine Abtei, der er durch das Brauen von Bier zum Wohlstand verhalf. Dank seines diplomatischen Geschicks konnten die brabantischen und die flämischen Adeligen versöhnt werden. Die Umwandlung von verseuchtem Wasser in Bier in der Zeit, als in Flandern die Pest wütete, ist eines der ihm zugeschriebenen Wunder.

UNTERGÄRIGE BIERE: FRISCHE UND LEICHTIGKEIT

Dieses Brauverfahren wurde in Pilsen (Tschechien) entwickelt und ist das jüngste Verfahren (1842). 70 % der belgischen Bierproduktion werden nach dieser Methode hergestellt und von den drei Riesen Stella Artois, Jupiler und Maes gebraut. Dabei erfolgen Gärung und Reifung bei niedrigen Temperaturen (zwischen 0° C und 9° C). Man erhält ein helles Bier nach Art des **Pils**, ein goldenes, leichtes und sehr durstlöschendes Getränk mit leicht bitterem Hopfengeschmack.

OBERGÄRIGE BIERE: KONTRASTREICHE SORTEN

Bei dieser älteren Methode vollzieht sich die Gärung bei 24° C bis 28° C, und häufig folgt eine Reifung bei 13° C bis 16° C. Eine riesige Zahl Biersorten wird nach diesem Verfahren hergestellt, darunter die meisten der belgischen so genannten **Spezialbiere,** die im Gegensatz zum durstlöschenden normalen Pils eher zum Genuss getrunken werden. Das **„weiße Bier"** (blanche) ist ungefiltert, also trüb, und wird mit obergäriger Hefe hergestellt, ist jedoch durch seine erfrischenden Eigenschaften eher den durstlöschenden Bieren zuzurechnen, wie auch die feinen wallonischen **Saisonbiere** *(saisons)*, die spritzig und fruchtig schmecken. Die klaren, aromatischen und schäumenden **hellen Starkbiere** *(blondes fortes)* haben ebenfalls zahlreiche Liebhaber, ebenso wie die **bernsteinfarbenen**, **rotbraunen** und **dunklen Biere** *(ambrées, rousses, brunes)*.
Weiterhin gibt es zahlreiche **Abteibiere** (Leffe, Maredsous, Val Dieu, Aulne, Grimbergen, Affligem usw.). Dabei verwendet jede Abtei ihre eigenen Rezepte und kreiert bisweilen auch neue.
Unter den Abteibieren genießen die Trappistenbiere, die es in vielen verschiedenen Sorten gibt, einen Sonderstatus, da sie die einzigen Biere sind, die innerhalb der Abtei unter der Aufsicht von Zisterziensermönchen gebraut werden. Weltweit existieren sieben Trappistenbiere, davon sechs in Belgien: **Orval**, **Chimay** und **Rochefort** in Wallonien sowie **Achel**, **Westmalle** und **Westvleteren** in Flandern.

SPONTANGÄRIGE BIERE: SÄURE, MILDE ODER FRUCHTIGKEIT

Bei diesem weltweit einzigartigen Verfahren, das im Mittelalter entwickelt wurde, vollzieht sich die Gärung durch die spontane Wirkung der Hefesporen, die in der Luft des Pajottenlandes und des Sennetals natürlich vorkommen. Nach zwei- bis dreijähriger Lagerung im Fass wird das nicht schäumende, leicht säuerliche Getränk **Lambic** genannt. Das **Gueuze,** ein saures, spritziges Bier, entsteht durch die natürliche Gärung einer Mischung aus jungen und älteren, teils vergorenen Lambic-Bieren, wohingegen das **Faro** ein saures, mit Zucker angereichertes Lambic ist. Nicht vergessen werden dürfen die **Fruchtbiere,** die aus einer Mischung von Früchten (Himbeeren, Pfirsiche usw.) und Lambic entstehen. Bei dem berühmten **Kriek** werden dazu Kirschen verwendet.

GAMBRINUS, DER KÖNIG DER BIERTRINKER

Gambrinus, eine weitere legendäre Gestalt aus der Zeit des Mittelalters (13. Jh.), ist das Sinnbild der Biertrinker in Belgien. Er erbte die Herzogtümer Brabant und Lothringen und verhalf der Brabanter Brauindustrie zum Aufschwung, indem er den Brüsseler Beigeordneten das Vorrecht gab, Lizenzen zum Brauen und Verkaufen des berühmten Getränks zu gewähren. Es wird erzählt, dass dieser große Bierliebhaber im Verlauf langer Festmähler zum „König des Biers" ausgerufen wurde. Der Sage nach feierte er im Anschluss an einen Sieg mit seinem Volk, erklomm einen Haufen Fässer, setzte sich rittlings darauf und erhob sein Glas, um mit den Seinen anzustoßen. Diese emblematische Haltung wurde in den Bilderbögen wieder aufgenommen.

EIN BIER FÜR JEDEN GESCHMACK

Ob bitter, säuerlich, fruchtig, mild oder würzig, die belgischen Biere harmonieren ausgezeichnet mit der lokalen Küche und werden auch für zahlreiche traditionelle kulinarische Spezialitäten verwendet. Für jede Biersorte gibt es ein geeignetes Glas und eine ideale Trinktemperatur, wobei man immer nach einem präzisen Ritual vorgeht. Und bevor man das Glas hebt, sollte man daran denken: „Ein mit Können gebrautes Bier genießt man mit Mäßigung."

Beer in Belgium

BELGIUM: A PARADISE FOR BEER LOVERS

Belgium is famous for its beer and produces around 400 beers under more than 800 brand names. There remain over 100 breweries in Belgium, the main industrial brewers being Stella Artois, Jupiler (InBev Group) and Alken-Maes. However, beer production is not limited to the breweries: the abbeys carry on their medieval tradition and in the last ten years there has been a revival in the popularity of these beers. The average Belgian drank 80 litres of the drink in 2005 (compared to 200 litres at the beginning of the 20th century), partly draught beer (from the barrel) and partly bottled beer.

THE BEER PRODUCTION PROCESS

Together with water, **malt** is the main ingredient of beer. Grains of **barley** are used to make the malt. The grains are soaked to bring about germination and then dried and crushed. The drying process determines the type of malt and the colour of the beer. **Brewing** traditionally takes place in copper vats where the ground malt is soaked in hot water, turning it into a sweet solution called **wort**. The duration of infusion and the temperature determine the beer variety. **Hops** are added during the boiling process, contributing flavour and bitterness to the brew. Once the wort has cooled, yeast is added to the vats and **fermentation** starts. This stage lasts several days, during which time the wort breaks down into alcohol and carbon dioxide. Depending on the temperature, type and duration of fermentation, three different styles of beers result.

ST ARNOLDUS, THE PATRON SAINT OF BREWERS

The son of a brewer, St Arnoldus was born in Tiegem in the 11th century. He was taught the secrets of beer brewing at a very young age before he became a knight and then later entered the orders. He became an abbot and then bishop at Soissons, before returning to Flanders where he founded an abbey in Oudenburg. It is said that he ensured the prosperity of the abbey by producing beer. Using his talents as a diplomat, St Arnoldus reconciled the Brabant and Flemish nobilities. When the plague was rife in Flanders, St Arnoldus was credited with transforming contaminated water into beer, among other miracles.

FRESH AND LIGHT BOTTOM-FERMENTED BEERS

Bottom fermentation was developed in Pilsen in the Czech Republic in 1842 and is the most recently developed method of fermentation. 70% of Belgian beer production – including that of the big three beer manufacturers, Stella Artois, Jupiler and Maes – is made in this way. Fermentation takes place at low temperatures (between 0°C and 9°C) to produce a **Pils**-type pale lager – a light and thirst-quenching golden beer, with a bitter hops flavour.

CONTRASTING TOP-FERMENTED BEERS

Top-fermentation is an older method whereby primary fermentation takes place at between 24°C and 28°C, often followed by secondary fermentation at 13°C to 16°C. A wide variety of beers are produced in this way, including most of the Belgian beers known as **"spéciales"**, in other words 'tasting' beers, as opposed to ordinary Pils. Unfiltered and therefore cloudy **white beers** are top fermented but, because of their refreshing qualities, are similar in taste to 'drinking' beers, like the delicate, sparkling and fruity **saison** beers from Wallonia. The clear, aromatic and frothy **blonde** beers also have their devotees, as do the **amber**, **red** and **brown** beers.

There are numerous **abbey beers** (Leffe, Maredsous, Val Dieu, Aulne, Grimbergen, Affligem, etc) whose producers continue to use abbey recipes and are able to create new ones.

Among these, the wide-ranging **Trappist beers** have special status reserved for those beers brewed in situ under the control of the Cistercian monks themselves. There are 7 Trappist abbey breweries, 6 of them in Belgium: **Orval**, **Chimay** and **Rochefort** in Wallonia, and **Achel**, **Westmalle** and **Westvleteren** in Flanders.

ACIDIC, SWEET OR FRUITY SPONTANEOUS-FERMENTED BEERS

Spontaneous fermentation was developed in the Middle Ages and is unique to Belgium. Fermentation takes place due to the spontaneous action of yeasts which are naturally present in the air around Pajottenland and the Senne valley. The liquid is kept for 2 to 3 years in barrels and the resultant still and sour brew is called **lambic**. The acidic and sparkling **gueuze** is the result of the natural fermentation of a mix of partly-fermented young and old lambic, while **faro** is an acidic lambic which has been sweetened. Then there are **fruit beers**, where lambic is mixed with fruit (for example, strawberry or peach), such as the famous **kriek**, which is flavoured using cherries.

GAMBRINUS, KING OF BEER DRINKERS

The 13th century king Gambrinus is another legendary medieval figure and a symbol for beer drinkers in Belgium. He was Duke of Brabant and Lorraine and encouraged the development of the Brabant brewing industry by giving Brussels aldermen the right to grant licences for the brewing and sale of the famous beverage. Legend has it that, to celebrate a victory, he quaffed beer with his subjects and during long banquets, the great beer lover was proclaimed "king of beer". The image of Gambrinus retained in the popular imagination is of him astride a beer keg, on a pile of barrels, brandishing his tankard aloft.

A BEER FOR EVERYONE

Whether bitter, sour, fruity, sweet or spicy, Belgian beers are a perfect partner to the local cuisine. They are also used in many traditional culinary specialities. Each variety of beer should be served in the appropriate glass and at the ideal temperature, and then enjoyed according to the maxim, "beer brewed carefully, to be consumed with care".

Le vin au Luxembourg

LA MOSELLE : TERROIR DU VIN LUXEMBOURGEOIS

Avec seulement 1.300 ha de parcelles et une production vineuse annuelle de 135.000 hl (2005), en constante évolution qualitative, le Luxembourg reste, comme le commentait déjà le Général de Gaulle, «le petit pays des grands vins». L'essentiel de l'activité viticole se concentre dans une trentaine de localités de la vallée de la Moselle, dont la tradition vigneronne remonte à l'Antiquité. Frontière naturelle avec l'Allemagne, cette rivière aux allures de fleuve déroule ses flots paisibles sur 42 km en territoire grand-ducal, entre Schengen et Wasserbillig. La majorité des exploitations (460) sont groupées en 6 coopératives gérées par le groupe Vinsmoselle (840 ha) qui assure 62 % de la production nationale. 52 vignerons indépendants fournissent 21,5 % de la production nationale ; les 16,5 % restants étant assurés par 6 producteurs-négociants.

L'UN DES VIGNOBLES EUROPÉENS LES PLUS SEPTENTRIONAUX

«Eldorado viticole du Nord», les coteaux de la rive gauche de la Moselle bénéficient de conditions particulièrement propices à la culture de la vigne : sous-sol de qualité, pentes régulières dont la déclivité peut atteindre 60%, exposition favorable, micro-climat doux et tempéré, conjuguant influences continentales et maritimes, pluviosité se distribuant idéalement sur les 12 mois de l'année et action thermorégulatrice de la rivière, dont la surface de l'eau reflète la lumière et favorise la maturation du raisin.

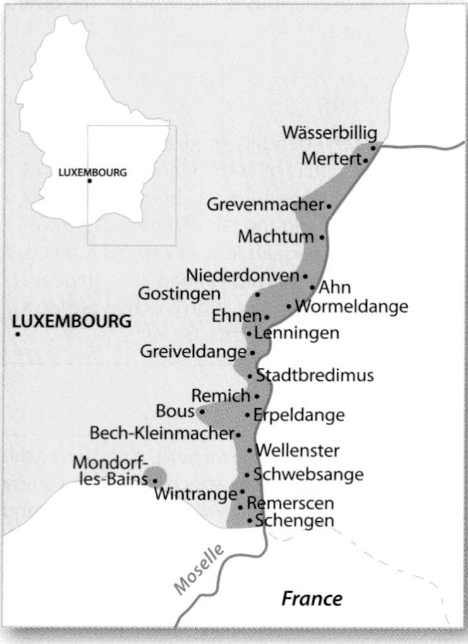

NEUF GRANDS CÉPAGES

Vins blancs, mousseux et crémants se partagent la majeure partie de la production, où entrent aujourd'hui 9 principaux cépages : Rivaner (le plus répandu), Auxerrois, Pinot Gris, Riesling, Elbling, Pinot Blanc, Gewürztraminer et, plus récemment, Chardonnay et Pinot Noir. Les conditions climatiques permettent même parfois l'élaboration de vins rares : vendanges tardives, vins de paille et vins de glace. À la différence de la France, le

Des cépages pour tous les goûts

- **Auxerrois :** faible acidité, bouquet moelleux et fruité (note de banane au stade jeune). Pour toutes les occasions, en particulier pour l'apéritif et au cours des réceptions.
- **Chardonnay :** un cépage introduit avec succès en 1986. Plaît pour sa finesse et son côté à la fois sec et fruité. S'accorde bien aux poissons, fruits de mer et crustacés.
- **Elbling :** un vin «de tous les jours», cultivé depuis l'époque gallo-romaine et très prisé des Luxembourgeois. Sec, faiblement alcoolisé et plutôt neutre, avec tout de même une pointe d'acidité lui conférant fraîcheur et légèreté.
- **Gewürztraminer :** voluptueux et raffiné, doté d'un bouquet d'épices, de fruit (litchi) et de fleur (rose). Pour les desserts et les fromages.
- **Pinot blanc :** cépage d'origine bourguignonne. Fruité, fraîcheur, vivacité et finesse pour valoriser les recettes de poissons et les coquillages.
- **Pinot gris :** cépage alsacien offrant un vin souple et onctueux, au nez de fruits secs, bois et épices, et à la longueur en bouche parfaits pour l'apéritif et le dessert.
- **Pinot noir :** autre cépage bourguignon, se prêtant à une vinification en rosé et en rouge, voire en blanc. Bouquet tout en fraîcheur, caractère élégant et fruité en font également un partenaire assez polyvalent.
- **Riesling :** «roi des vins luxembourgeois», venu d'Allemagne. Fraîcheur, bouquet fruité, élégance, nervosité et race, longueur en bouche: le complice idéal d'une grande diversité de mets raffinés.
- **Rivaner :** parmi les cépages les plus cultivés, né d'un croisement entre le Riesling et le Sylvaner. Produit un vin convivial et fruité, au parfum typé et aux accents musqués. Agréable à l'apéritif... et après.

Luxembourg ne possède pas de tradition d'assemblage, sauf pour l'élaboration des mousseux et des crémants ; aussi, les vins tranquilles (non pétillants) sont-ils toujours vendus sous le nom de leur cépage. On distingue deux principaux terroirs, qui sont les plus réputés : les sols calcaires du Nord de la vallée (canton de Grevenmacher) donnent des vins élégants et racés, à notes minérales, tandis que les gypses et marnes argileuses de la partie Sud (canton de Remich) procurent des vins alliant rondeur et souplesse.

COMMENT CHOISIR LE BON VIN ?

Les vins de qualité issus de ces régions bénéficient de l'appellation d'origine contrôlée, repérable grâce à une petite contre-étiquette rectangulaire apposée au dos de la bouteille, côté bas. Les mentions «Moselle luxembourgeoise-Appellation contrôlée», «Marque nationale» et «Sous le contrôle de l'État» figurent obligatoirement sur ce label, en même temps que le millésime et le niveau qualitatif, exprimé comme suit (par ordre de qualité décroissant) : mentions «grand premier cru», «premier cru», «vin classé» et absence de mention. Producteurs indépendants ou coopérateurs, mais aussi tavernes, bistrots et bon nombre de restaurants retenus dans la sélection du Guide vous feront partager la passion du vin et découvrir la cuvée ou le cépage approprié à chaque mets et à chaque situation de dégustation.

Luxemburgse wijn

DE MOEZEL, BAKERMAT VAN DE LUXEMBURGSE WIJN

Luxemburg telt slechts 1300 ha wijngaarden en produceert jaarlijks 13,5 miljoen liter wijn, waarvan de kwaliteit nog voortdurend wordt verbeterd. Hiermee blijft Luxemburg, zoals Charles De Gaulle verwoordde, 'het kleine land met de grote wijnen'. De wijnbouw concentreert zich met name op een dertigtal locaties in de Moezelvallei, waar de wijntraditie teruggaat tot de Oudheid. De Moezel vormt een natuurlijke grens met Duitsland en volgt op het grondgebied van het groothertogdom een traject van 42 km, tussen Schengen en Wasserbillig. De meeste wijnbouwers (460) hebben zich verenigd in zes coöperaties, beheerd door de groep Vinsmoselle (840 ha). Zij nemen 62% van de nationale productie voor hun rekening. Verder zijn er 52 onafhankelijke wijnbouwers, die 21,5% van de nationale productie leveren. De resterende 16,5 % wordt verbouwd door zes producenten-handelaren..

EEN VAN DE MEEST NOORDELIJK GELEGEN WIJNGEBIEDEN VAN EUROPA

De hellingen langs de linkeroever van de Moezel behoren tot het 'wijneldorado van het Noorden'. De omstandigheden zijn er uitermate geschikt voor de wijnbouw: uitstekende bodem, gelijkmatige hellingen van soms 60%, gunstige ligging op de zon, een zacht en gematigd microklimaat met continentale en maritieme invloeden, een neerslag die ideaal verspreid is over de 12 maanden, en de warmte regelende werking van de rivier, die het licht weerkaatst en zo de rijping van de druiven stimuleert.

NEGEN BELANGRIJKE DRUIVENRASSEN VOOR EEN MOOI ASSORTIMENT WIJNEN

Witte, mousserende en licht mousserende wijnen vormen het grootste deel van de productie, waarvoor negen druivensoorten worden verbouwd: Rivaner (de meest verbreide), Auxerrois, Pinot Gris, Riesling, Elbling, Pinot Blanc, Gewürztraminer en, van recentere datum, Chardonnay en Pinot Noir. Dankzij de klimatologische omstandigheden kunnen soms zelfs zeldzame wijnen worden geproduceerd: late oogst, strowijn en ijswijn. In Luxemburg wordt traditioneel geen wijn versneden, behalve voor de productie van mousserende en licht mousserende wijnen. De niet-mousserende wijnen worden dan ook altijd verkocht onder de naam van de druivenvariëteit. Er zijn twee belangrijke wijnbouwgebieden te onderscheiden, die de meeste bekendheid genieten: de kalkgronden aan de noordkant van het dal (kanton Grevenmacher) geven elegante raswijnen met een minerale ondertoon, terwijl de zuidelijke mergelstreek (kanton Remich) ronde, soepele wijnen oplevert.

DE JUISTE WIJN KIEZEN

De kwaliteitswijnen uit genoemde streken dragen het label 'appellation d'origine contrôlée', te herkennen aan een klein, rechthoekig etiketje onderaan op de achterkant van de fles. Op dit label zijn ook de verplichte vermeldingen 'Moselle luxembourgeoise-Appellation contrôlée', 'Marque nationale' en 'Sous le contrôle de l'État', evenals het jaartal en het kwaliteitsniveau (in volgorde van afnemende

Voor elke smaak wat wils

- De **Auxerrois** heeft een geringe zuurtegraad en een vol, zacht en fruitig bouquet (in de nog jonge wijn is vaak een noot van banaan te proeven). De wijn is geschikt voor elke gelegenheid, met name als aperitief en voor recepties.
- De **Chardonnay,** een druivensoort die in 1986 met succes is geïntroduceerd, heeft finesse en is droog en fruitig tegelijk. De wijn smaakt heerlijk bij vis, fruits de mer en schaaldieren.
- De **Elbling** wordt al sinds de Gallo-Romeinse tijd verbouwd en geeft een wijn 'voor alle dag'. De wijn is droog, heeft een laag alcoholpercentage, is vrij neutraal van smaak en bij de Luxemburgers bijzonder in trek. De zuurtegraad zorgt voor een licht en fris karakter.
- De **Gewürztraminer** geeft een volle, subtiele wijn met een kruidig, fruitig (lichee) en bloemig (roos) bouquet dat neus en tong verleidt. Bij desserts en kaas komt de aromatische complexiteit van deze wijn goed tot uitdrukking.
- Een fruitig, fris, rond en subtiel karakter onderscheidt de **Pinot blanc,** een druivensoort uit de Bourgogne. De wijn past bijzonder goed bij visgerechten en schelpdieren.
- De **Pinot gris,** een druivenras uit de Elzas, geeft een soepele, zachte wijn met een neus van droog fruit, hout en kruiden en een lange afdronk. Een prima keus voor het aperitief, maar ook betrouwbaar gezelschap bij het dessert.
- Ook uit de Bourgogne komt de **Pinot noir,** die geschikt is voor de productie van rosé, rode en zelfs witte wijn. De soort onderscheidt zich door een fris bouquet en een elegant, fruitig karakter en is hiermee breed inzetbaar.
- De **Riesling,** afkomstig uit Duitsland, wordt beschouwd als de 'koning van de Luxemburgse wijnen'. De wijn heeft een fris en krachtig raskarakter, een fruitig en elegant bouquet en een lange afdronk. De soort kan aroma's ontwikkelen die doen denken aan mineralen, vruchten (citrusfruit, perzik, mango, ananas), bloemen en honing. Riesling is de ideale bondgenoot voor vele verfijnde gerechten.
- De **Rivaner** is een kruising van de Riesling en de Sylvaner en een van de meest verbouwde variëteiten. De wijn is harmonieus en fruitig en heeft een karakteristiek parfum met een muskaatachtig accent. Een aangename wijn als aperitief, die ook verder tijdens de maaltijd kan worden gedronken.

kwaliteit) 'grand premier cru', 'premier cru', 'vin classé' of geen kwaliteitsaanduiding. Onafhankelijke producenten en coöperatieve wijnboeren, maar ook tavernes, bistrots en tal van restaurants die in deze gids zijn opgenomen, zullen hun passie voor de wijn met u delen en u adviseren welke wijn het beste past bij welk gerecht en bij welke gelegenheid.

Der Wein in Luxemburg

DAS MOSELTAL – LAND DES LUXEMBURGISCHEN WEINS

Mit nur 1 300 ha Weinbergen und einer jährlichen Weinproduktion von 135 000 hl (2005), die an Qualität ständig zunimmt, bleibt Luxemburg „das kleine Land der großen Weine", wie schon Charles de Gaulle meinte. Der Weinbau konzentriert sich im Wesentlichen auf etwa 30 Gemeinden im Moseltal, dessen Weinbautradition bis in die Antike zurückreicht. Dieser Fluss mit der Anmutung eines Stromes, der die natürliche Grenze zu Deutschland bildet, fließt ruhig auf einer Länge von 42 km zwischen Schengen und Wasserbillig durch das Staatsgebiet des Großherzogtums dahin. Die meisten der Weinbaubetriebe (460) sind in 6 Genossenschaften zusammengefasst. Diese Genossenschaften werden von der Vinsmoselle-Gruppe geleitet (840 ha), die 62 % der Produktion des Landes erzeugt. 52 unabhängige Winzer stellen 21,5 % der Landesproduktion her, und die übrigen 16,5 % stammen von 6 Selbstabfüllern.

EINES DER NÖRDLICHSTEN WEINBAUGEBIETE EUROPAS

An den auch als „Wein-Eldorado des Nordens" bezeichneten Anhöhen am linken Moselufer herrschen Bedingungen, die für den Rebenanbau besonders günstig sind: ein ausgezeichneter Boden, gleichmäßige Hänge, deren Neigung bis zu 60 % betragen kann, eine günstige Ausrichtung, ein mildes und gemäßigtes Mikroklima, das die Einflüsse von See- und Kontinentalklima in sich vereint, ideal auf alle 12 Monate des Jahres verteilte Niederschläge und temperaturausgleichende Einflüsse des Flusses, dessen Wasseroberfläche das Licht reflektiert und die Reifung der Trauben begünstigt.

NEUN REBSORTEN FÜR EIN SCHÖNES WEINSORTIMENT

Weißweine, Schaumweine und Crémants machen den größten Teil der Produktion aus, für die heute im Wesentlichen die neun Rebsorten Rivaner (Müller-Thurgau, am weitesten verbreitet), Auxerrois, Pinot Gris (Grauburgunder), Riesling, Elbling, Pinot Blanc (Weißer Burgunder), Gewürztraminer sowie seit kurzem Chardonnay und Pinot Noir (Spätburgunder) verwendet werden. Dank der klimatischen Bedingungen können manchmal sogar Spitzenweine wie Spätlese (vendange tardive), Strohwein (vin de paille) und Eiswein (vin de glace) erzeugt werden. Im Unterschied zu Frankreich werden in Luxemburg die Rebsorten traditionell nicht verschnitten, außer für die Herstellung der Schaumweine und Crémants. Daher werden die nicht perlenden Weine immer unter dem Namen der Rebsorte verkauft. Man unterscheidet zwei Hauptweinbaugebiete, die höchstes Ansehen genießen: Die Kalkböden im Norden des Moseltals (Kanton Grevenmacher) bringen elegante und rassige Weine mit mineralischer Note hervor, während auf den Gipsböden und Mergeltonen im südlichen Teil (Kanton Remich) geschmeidige, runde Weine erzeugt werden.

DIE WAHL DES RICHTIGEN WEINES

Die in diesen Regionen erzeugten Qualitätsweine tragen die kontrollierte Herkunftsbezeichnung, die an einem kleinen rechteckigen Zusatzetikett im unteren Bereich auf der Rückseite der Flasche zu erkennen ist. Auf diesem Gütesiegel müssen zwingend die Angaben „Moselle luxembourgeoise-Appellation contrôlée", „Marque

Weine für jeden Geschmack

- Die Weine der Rebsorte **Auxerrois**, die wegen ihrer geringen Säure und ihres weichen und fruchtigen Buketts (häufig ist bei jungen Weinen eine bananenartige Note wahrnehmbar) geschätzt werden, passen für alle Gelegenheiten und werden insbesondere als Aperitif und bei Empfängen getrunken.
- Der auf der 1986 mit Erfolg eingeführten **Chardonnay-Rebe** basierende Wein gefällt durch seine Feinheit und seine zugleich trockene und fruchtige Note. Er wird zu Fisch, Meeresfrüchten und Krustentieren gereicht.
- Der **Elbling**, der seit der gallorömischen Epoche angebaut wird, ergibt einen Wein „für jeden Tag". Er ist trocken, mit niedrigem Alkoholgehalt und eher neutral, doch ist er bei den Luxemburgern sehr beliebt. Gleichwohl zeichnet er sich durch eine gewisse Säure aus, die ihm Frische und Leichtigkeit verleiht.
- Aus der **Gewürztraminer-Traube** wird ein voller und eleganter Wein mit einem Bukett nach Gewürzen, Früchten (Litschi) und Blumen (Rose) gewonnen, der Nase und Gaumen gleichermaßen schmeichelt. Zum Dessert und beim Käse entfaltet er sein komplexes Aroma am besten.
- Fruchtigkeit, Frische, Fülle und Feinheit zeichnen den **Pinot blanc** (Weißer Burgunder) aus. Die Weine dieser ursprünglich aus Burgund stammenden Rebsorte harmonieren besonders gut mit Fisch- und Muschelgerichten.
- Der **Pinot gris** (Grauburgunder), eine elsässische Rebsorte, ergibt einen geschmeidigen, vollmundigen Wein. Durch seinen Duft (Trockenfrüchte, Holz, Gewürze) und seinen langen Abgang ist er ein hervorragender Begleiter zum Aperitif wie auch zum Dessert.
- Der **Pinot noir** (Spätburgunder) ist eine weitere burgundische Rebsorte. Aus ihm werden Rot- und Roséweine und sogar Weißweine hergestellt. Mit seinem frischen Bukett und seinem eleganten und fruchtigen Charakter ist er zu vielen Gelegenheiten zu genießen.
- Der aus Deutschland stammende **Riesling** gilt als der „König der luxemburgischen Weine". Er überzeugt durch seine Frische, sein fruchtiges, elegantes, nervöses und rassiges Bukett und seinen langen Abgang. Er kann mineralische Aromen entwickeln oder nach Früchten (Zitrusfrüchte, Pfirsich, Mango, Ananas), Blumen oder Honig schmecken und ist der ideale Begleiter zu einer großen Vielzahl an raffinierten Gerichten.
- Der **Rivaner** (Müller-Thurgau) gehört zu den am meisten angebauten Trauben. Er entstand aus einer Kreuzung von Riesling und Sylvaner und ergibt einen angenehmen, fruchtigen Wein mit einem typischen Bukett und Muskatnote. Er passt zum Aperitif, kann aber ebenso eine ganze Mahlzeit begleiten.

nationale" und „Sous le contrôle de l'État" („Luxemburger Moseltal-kontrollierte Herkunftsbezeichnung", „Landesmarke" und „Unter staatlicher Kontrolle") aufgeführt sein, außerdem der Jahrgang und das Qualitätsniveau, das folgendermaßen ausgedrückt wird (mit abnehmender Qualität): „Grand premier cru", „Premier cru", „Vin classé" und ohne Qualitätsangabe. Privatwinzer, in Genossenschaften zusammengeschlossene Weinbauern, aber auch Tavernen, Bistros und zahlreiche Restaurants, die in der Auswahl dieses Führers aufgeführt sind, möchten Sie an der Weinleidenschaft teilhaben lassen und werden zu jedem Gericht und jeder Gelegenheit den passenden Wein und Jahrgang für Sie finden.

Luxembourg Wine

THE MOSELLE: THE WINE-GROWING REGION OF THE GRAND DUCHY

Luxembourg has only 1 300 ha of vineyards which produced 135 000 hl of wine in 2005, but its constantly-improving quality truly makes it "a small country of great wines". The main viticulture activity is concentrated around thirty towns and villages in the Moselle valley, where wine-making dates back to Antiquity. The Moselle river forms a natural frontier with Germany and moves slowly through 42km of the Grand Duchy, from Schengen to Wasserbillig. Most of the vineyards (460) are grouped into 6 co-operatives managed by the Vinsmoselle Group (840 ha), accounting for 62% of Luxembourg's wine production; 52 independent vineyards supply 21.5% of national production and the remaining 16.5% comes from 6 producer-traders.

ONE OF THE MOST NORTHERLY WINE PRODUCERS IN EUROPE

The left bank of the Moselle river benefits from conditions which are particularly favourable to wine growing. It has quality subsoil and regular, well-orientated slopes with inclines of up to 60%. The area enjoys a mild and temperate micro-climate which benefits from both continental and maritime influences and rainfall which is ideally distributed over the 12 months of the year. The river, which has a temperature-regulating effect, reflects the light, encouraging the grapes to ripen.

NINE MAIN GRAPE VARIETIES PRODUCING A WIDE SELECTION OF WINES

Most of the wines produced in Luxembourg are white, *mousseux* and *crémants* (sparkling) which are today made from nine principal types of grape: Rivaner (the most widespread), Auxerrois, Pinot Gris, Riesling, Elbling, Pinot Blanc, Gewürztraminer and two more recent additions, Chardonnay and Pinot Noir. The climate sometimes even allows for the production of rare wines – *vendanges tardives, vin de paille* and *vin de glace*. There is no tradition of blending in Luxembourg, except during the production of *mousseux* and *crémants*. Still (unsparkling) wines are sold under the name of the grape variety. The reputation of two main wine-growing areas stands out: the northern end of the valley (Grevenmacher) whose limestone subsoil produces distinguished, elegant wines with mineral notes, and the area to the south (Remich) which has clay and marl soil, producing soft, well-rounded wines.

CHOOSING A GOOD WINE

Quality wines from these regions are awarded the *appellation contrôlée* designation – look out for a small rectangular label fixed to the rear of the bottle. The words "Moselle luxembourgeoise-Appellation contrôlée", "Marque nationale" and "Sous le contrôle de l'État" must feature on the label, in addition to the year and status of the

Grape varieties for all tastes

- Wine from the **Auxerrois** grape is appreciated for its low acidity and sweet, fruity bouquet (hints of banana are often discernable in young wines). It is suitable for all occasions, particularly as an aperitif wine and when receiving guests.
- The **Chardonnay** grape variety was successfully introduced in Luxembourg in 1986. Wine from this grape is known for its delicacy and dry, fruity side. It goes well with fish and seafood.
- The **Elbling** grape has been grown since Roman times and produces an everyday wine which is dry and somewhat neutral, with a low alcohol content. The high acidity levels bring out its fresh and light qualities. Very popular locally.
- The **Gewürztraminer** grape produces a refined, full-bodied wine, with a bouquet of spices, fruit (lychee) and flowers (rose), pleasing the nose as well as the palate. Desserts and cheeses perfectly enhance the aromatic complexity of this wine.
- Delicate, fruity, lively and fresh all describe wine from the **Pinot blanc** grape, which originates from Burgundy and particularly complements fish and shellfish dishes.
- **Pinot gris**, an Alsatian grape, produces a smooth and supple wine. Its bouquet of dried fruit, wood and spices and long finish make it a delicious aperitif wine. It is also an ideal partner for dessert.
- Another Burgundy grape, **Pinot noir**, lends itself to the production of red, rosé and even white wines. Its fresh bouquet and elegant, fruity character make it suitable to drink with most dishes.
- **Riesling**, originally from Germany, is considered the king of Luxembourg wines. It is appreciated for its freshness, its elegant, fruity and distinguished bouquet, and its long finish. This wine is an ideal partner for a wide variety of refined dishes, as it brings out mineral, fruit (citrus, peach, mango and pineapple), flower and honey flavours.
- **Rivaner** is one of the most intensively-produced grapes in the Grand Duchy. A cross between the Riesling and Sylvaner varieties, it produces a pleasant, fruity wine and has a characteristic bouquet with a hint of muskiness. A good aperitif wine which may also be enjoyed throughout a meal.

wine ("grand premier cru", "premier cru", "vin classé" or no grading, in descending order of quality). Independent producers and cooperatives, as well as inns, bistros and many of the restaurants included in the Guide will share their passion for wine with you and will be able to suggest the grape and year most appropriate to the dish and situation.

Belgique

België

Belgien

Belgium

AALBEKE *West-Vlaanderen* **533** E 18 *et* **716** C 3 – *voir à Kortrijk.*

AALST (ALOST) *9300 Oost-Vlaanderen* **533** J 17 *et* **716** F 3 – *77 360 h.* 17 **C2**

Voir *Transept et chevet★, tabernacle★ de la collégiale St-Martin (Sint-Martinuskerk)* **BY A** – *Schepenhuis★* **Y B.**

Grote Markt 3 ☎ 0 53 73 22 70, toerisme@aalst.be, Fax 0 53 73 22 73.

Bruxelles 29 ④ – Gent 33 ⑦ – Antwerpen 52 ①.

AALST

Street	Grid	No.
Albrechtlaan	AZ	2
Alfred Nichelsstr.	BZ	3
Bert van Hoorickstraat	BY	4
Brusselsesteenweg	AZ	6
Burgemeesterspl.	BZ	5
Dendermondsesteenweg	AZ	8
De Gheeststr.	BZ	17
Dirk Martensstr.	BY	9
Esplanadepl.	BY	10
Esplanadestr.	BY	12
Frits de Wolfkaai	BY	13
Gentsesteenweg	AZ	15
Geraardsbergsestr.	AZ	16
Graanmarkt	BY	19
Grote Markt	BY	20
Heilig Hartlaan	AZ	21
Houtmarkt	BZ	23
Josse Ringoikaai	BY	24
Kattestr.	BY	
Korte Zoutstr.	BZ	26
Lange Zoutstr.	BY	29
Leopoldlaan	AZ	30
Molendries	BY	31
Molenstr.	BY	32
Moorselbaan	AZ	33
Moutstr.	BY	34
Nieuwstr.	BY	
Priester Daenspl.	BY	35
Vaartstr.	BY	38
Van Langenhovestr.	BZ	28
Varkensmarkt	BY	39
Vlaanderenstr.	BY	41
Vredepl.	BY	42
Vrijheidstr.	BY	43
Zwarte Zustersstraat	BY	44
1 Meistr.	BY	45

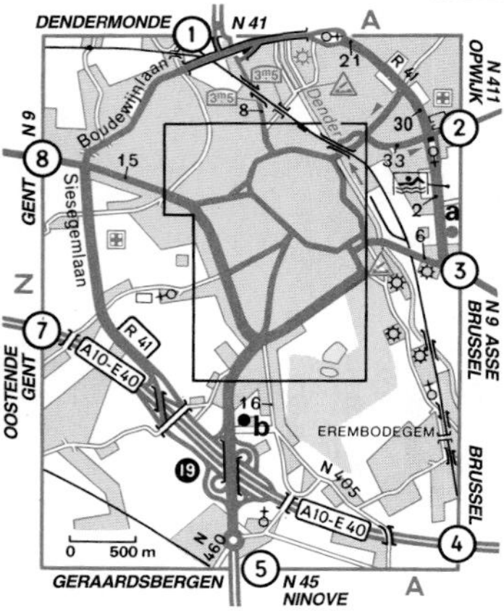

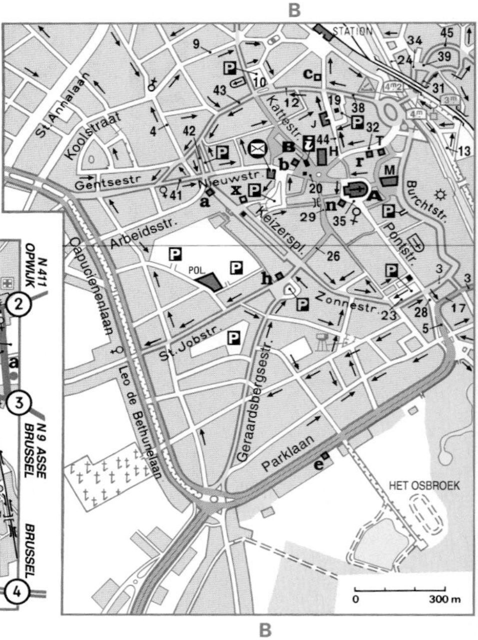

Keizershof, Korte Nieuwstraat 15, ☎ 0 53 77 44 11, *info@keizershof-hotel.com, Fax 0 53 78 00 97,* – AE VISA. **BY x**

Rest *Lunch 45* – carte 42/54 – **70 ch** ★105/385 – ★★125/385 – 1 suite – ½ P 150/430.

◆ Dit laat 20e-eeuwse hotel is gebouwd rond een glazen atrium. Diverse soorten kamers, bar, fitness, sauna, goed geëquipeerde vergaderzalen en parkeergelegenheid. Restaurant in de stijl van een eigentijdse brasserie; internationale kaart.

◆ Hôtel de la fin du 20e s. ordonné autour d'un hall-atrium à verrières. Divers types de chambres, bar, fitness sauna, salles de réunions bien équipées et facilités de parking. Restaurant au décor de brasserie contemporaine ; carte internationale.

Station sans rest, A. Liénartstraat 14, ☎ 0 53 77 58 20, *info@stationhotel-aalst.com, Fax 0 53 78 14 69,* – AE VISA **BY c**

15 ch ★69 – ★★88.

◆ Dit oude patriciërshuis met stadstuin, tussen het station en het centrum, is bij de tijd: wifi en satelliettv op de kamers. Klassiek ingerichte gemeenschappelijke ruimten.

◆ Entre gare et centre, maison de maître ancienne mais vivant avec son temps : WIFI et TV satellite dans les chambres. Communs amalgamant les styles classiques. Jardin de ville.

Ibis, Villalaan 20, ✆ 0 53 71 18 19, *info@ibisaalst.be* – . AE ⓓ MC VISA. rest A b
Rest *(fermé vendredi, samedi et dimanche)* (dîner seult) carte 29/38 – **78 ch** ☐ ✝78/85 – ✝✝78/85.
◆ Dit hotel staat aan de zuidkant van de stad, vlak bij de snelweg. De kamers zijn functioneel en voldoen aan de normen van de Ibisketen. Ook het restaurant is precies wat u in een Ibishotel kunt verwachten.
◆ Établissement de chaîne hôtelière implanté au Sud de la ville, dans le voisinage de l'autoroute. Chambres fonctionnelles conformes aux standards de l'enseigne. Formule de restauration suivant scrupuleusement les préceptes Ibis.

XXX
't Overhamme (Patrick Bogaert), Brusselsesteenweg 163 (par ③ : 3 km sur N 9), ✆ 0 53 77 85 99, *overhamme@skynet.be, Fax 0 53 78 70 94,* – . AE ⓓ MC VISA.
fermé 1 semaine Pâques, 15 juillet-15 août, samedi midi, dimanche soir et lundi – **Rest** *Lunch 38* – 54/90 bc, carte 56/78.
Spéc. Blanc de poulet fermier farci, croquette des cuisses aux truffes. Filet de dorade royale cuit sur peau, vinaigrette aux herbes et mousse d'ail. Soupe de cerises au vin rouge, pain perdu et glace vanille.
◆ Verfijnde, eigentijdse keuken in een mooie villa met tuin en waterpartij. 's Zomers kunt u heerlijk rustig eten op het terras. Kosmopolitische wijnkelder.
◆ Fine cuisine au goût du jour servie dans une villa à fière allure agrémentée d'un jardin avec pièce d'eau. L'été, profitez du cadre reposant de la terrasse. Cave cosmopolite.

XXX
Kelderman, Parklaan 4, ✆ 0 53 77 61 25, *info@visrestaurant-kelderman.be, Fax 0 53 78 68 05,* , Produits de la mer – . AE ⓓ MC VISA. BZ e
fermé 30 juillet-30 août, mercredi, jeudi et samedi midi – **Rest** *Lunch 40* – 65/100 bc, carte 71/107.
◆ Dit restaurant heeft heel wat te bieden: moderne en comfortabele eetzaal, heerlijke visgerechten, salon, serre en mooi terras met uitzicht op de tuin.
◆ Table ne manquant pas d'atouts pour séduire : appétissantes recettes littorales, cadre moderne d'un bon confort, salon, véranda et belle terrasse tournées vers le jardin.

XXX
La Tourbière, Albrechtlaan 15, ✆ 0 53 76 96 10, *info@latourbiere.be, Fax 0 53 77 25 44,* – . AE ⓓ MC VISA A a
fermé 1 semaine carnaval, 2 dernières semaines août, mercredi, samedi midi et dimanche soir – **Rest** (menu unique) *Lunch 39* – 77/105 bc.
◆ Stijlvolle villa om te tafelen in een van de klassieke zalen of op het terras in de tuin. Het aanbod is beperkt tot een lekker menu dégustation. Uitgelezen wijnen.
◆ Demeure élégante régalant ses convives dans plusieurs salles classiques ou sur la terrasse du jardin. Offre limitée à un beau degustatiemenu selon le marché. Vins choisis.

XX
Borse van Amsterdam, Grote Markt 26, ✆ 0 53 21 15 81, *borsevanamsterdam@skynet.be, Fax 0 53 21 24 80,* , Taverne-rest – . AE ⓓ MC VISA BY b
fermé 1er au 14 février, 7 au 28 août, mercredi soir, jeudi et dimanche soir – **Rest** *Lunch 11* – 30, carte 30/55.
◆ Traditioneel eethuis in een typisch Vlaams pand uit de 17e eeuw, waar vroeger de rederijkerskamer bijeenkwam. 's Zomers terras onder de arcaden.
◆ Taverne-restaurant de tradition établie dans un fier édifice (17e s.) typiquement flamand où se réunissait la chambre de rhétorique. Terrasse d'été à l'ombre des arcades.

XX
't Soethout, Priester Daensplein 7, ✆ 0 53 77 88 33, *Fax 0 53 77 88 33,* – ⓓ MC VISA. BY n
fermé août sauf samedi, dimanche et lundi, vacances carnaval, mardi, mercredi et samedi midi – **Rest** *Lunch 30 bc* – 53/81 bc, carte 79/125.
◆ Dit restaurant met een statige voorgevel bij de kapittelkerk beschikt over twee eigentijdse eetzalen en een patio. Moderne keuken van een geïnspireerde chef-kok.
◆ À l'ombre de la collégiale, derrière une façade altière, deux pièces en enfilade où la cuisine moderne d'un chef inspiré s'apprécie dans un cadre contemporain. Cour-terrasse.

XX
So, Keizersplein 1, ✆ 0 53 70 05 55, *Fax 0 53 70 04 55,* , Ouvert jusqu'à 23 h – AE MC VISA BY a
fermé carnaval et samedi midi – **Rest** *Lunch 17* – 50/80 bc, carte 40/57.
◆ Eigentijdse gerechten worden geserveerd in een origineel designdecor of op de driehoekige binnenplaats met cactussen en strandhokjes. Lounge en terras met maritieme ambiance.
◆ Cuisine actuelle servie dans un décor design original ou sur la jolie cour en triangle ornée de cactus et de cabines de plage. Lounge et terrasse évoquant le pont d'un yacht.

X
Tang's Palace, Korte Zoutstraat 51, ✆ 0 53 78 77 77, *Fax 0 53 71 09 70,* Cuisine chinoise, ouvert jusqu'à 23 h – . AE ⓓ MC VISA. BZ h
fermé jeudi – **Rest** *Lunch 10* – 25/50, carte 19/64.
◆ Dit Chinese restaurant is al 20 jaar bekend. Tik-Pan specialiteit (aan tafel bereid in gietijzeren schalen). Gemoderniseerd interieur met foto's van Aziatische steden.
◆ Restaurant chinois connu en ville depuis plus de 20 ans. Spécialité de "Tik pan" (cuisson à table sur des plats en fonte). Cadre modernisé ; photos de villes d'Asie aux murs.

BELGIQUE

Grill Chipka, Molenstraat 45, ✆ 0 53 77 69 79, *Fax 0 53 77 69 79*, Grillades – . AE MC VISA BY r
fermé dernière semaine août-première semaine septembre, dimanche soir et lundi midi – **Rest** carte 34/54.
• In deze 19e-eeuwse weverij met een rustieke ambiance worden royale porties in de open haard geroosterd. 's Zomers is het smullen geblazen op de mooie binnenplaats.
• De généreuses grillades crépitent à la braise de la cheminée dans cet ancien atelier de tissage (19e s.) à l'ambiance rustique. L'été, on ripaille aussi dans la jolie cour.

à Erondegem *par ⑧ : 6 km* C *Erpe-Mere 18 978 h.* – ✉ *9420 Erondegem :*

Bovendael, Kuilstraat 1, ✆ 0 53 80 53 66, *info@bovendael.com*, *Fax 0 53 80 54 26*, – , rest, P – . MC VISA. rest
Rest *(fermé semaine carnaval, 2 semaines en juillet, vendredi et dimanche soir)* (dîner seult sauf dimanche) 37, carte 30/49 – **20 ch** ★68/88 – ★★85/105 – ½ P 70/120.
• Hotel bij de kerk. De kamers op de bovenverdieping zijn gerenoveerd, maar minder ruim en rustig dan die in de nieuwe dependance aan de tuinzijde. Traditioneel restaurant waar wielervedetten klant aan huis zijn tijdens de voorjaarsklassiekers.
• Hôtel familial voisinant avec l'église. Deux types de chambres : rajeunies à l'étage, mais un peu moins amples et calmes que celles de la nouvelle annexe côté jardin. Table traditionnelle où défilent les vedettes du cyclisme lors des classiques du printemps.

Grand luxe ou sans prétention ?
Le nombre de X et notent le confort.

BELGIQUE

AALTER *9880 Oost-Vlaanderen* **533** F 16 *et* **716** D 2 – *18 841 h.* 16 **A2**
Bruxelles 73 – Gent 24 – Brugge 28.

Orchidee, Aard 1, ✆ 0 9 216 81 60, *info@hotelorchidee.be*, *Fax 0 9 216 82 60* – – . AE MC VISA. rest
Rest *(fermé mi-juillet-mi-août, samedi midi, dimanche et lundi midi)* Lunch 12 – 25/48 bc, carte 26/43 – **27 ch** ★135 – ★★135 – 3 suites – ½ P 83/100.
• Dit moderne hotel aan de rand van de stad tegenover een grote openbare parking (gratis) werd in 2006 geopend. Kamers op drie verdiepingen, lobby met bar en sauna in de kelder. Restaurant met een fris en eigentijds interieur, met veel licht door de glaspuien.
• Hôtel moderne inauguré en 2006 à l'entrée de la ville, en face d'un grand parking public gratuit. Chambres réparties sur trois étages, lobby-bar, centre sauna au sous-sol. Restaurant au cadre actuel clair et frais, éclairé le jour par de grandes baies vitrées.

Memling sans rest, Markt 11, ✆ 0 9 216 81 60, *info@memling.be*, *Fax 0 9 216 82 60*, – . AE MC VISA
17 ch ★60 – ★★80.
• Bakstenen gebouw aan de Grote Markt van Aalter. De helft van de kamers bevindt zich in de uitbouw aan de achterkant; sommige zijn voorzien van een kitchenette. Café-restaurant met een traditionele kaart en suggesties.
• Bâtisse en briques veillant sur la grand place d'Aalter. La moitié des chambres se trouve dans une extension située à l'arrière ; quelques-unes disposent d'une kitchenette.

XX **Bacchus,** Aalterweg 10 (Nord : 5,5 km sur N 44), ✆ 0 9 375 04 85, – P
fermé deux semaines fin août et mercredi – **Rest** Lunch 30 – 33/73 bc, carte 40/65, .
• Villa in regionale stijl met een groot gazon ervoor. Ruime, lichte, moderne eetzaal, eigentijdse keuken en redelijk geprijsde wereldwijnen. Mooi terras.
• Villa de style régional devancée par une grande pelouse. Salle au cadre actuel clair et ample, cuisine du moment, cave mondialiste raisonnablement tarifée et belle terrasse.

AARLEN *Luxembourg belge* – *voir Arlon.*

AARSCHOT *3200 Vlaams-Brabant* **533** O 17 *et* **716** H 3 – *27 864 h.* 4 **C1**
18 *au Sud : 10 km à Sint-Joris-Winge, Leuvensesteenweg 252* ✆ *0 16 63 40 53, Fax 0 16 63 21 40.*
Bruxelles 47 – Leuven 19 – Antwerpen 42 – Hasselt 41.

XX **De Gouden Muts,** Jan Van Ophemstraat 14, ✆ 0 16 56 26 08, *degoudenmuts@telenet.be*, *Fax 0 16 57 14 14*, – – . AE MC VISA
fermé 9 au 26 juillet, mardi, mercredi et samedi midi – **Rest** Lunch 29 – 40/90 bc, carte 46/83.
• Dit oude herenhuis bij de kapittelkerk is vanbinnen gemoderniseerd. Ruime eetzaal, eigentijdse kaart, goede ontvangst door de bazin en terras op de binnenplaats.
• Près de la collégiale, maison ancienne modernisée au-dedans. Salle spacieuse dotée de sièges en fibre tressée, terrasse sur cour, carte actuelle et bon accueil de la patronne.

XX **De Gelofte,** Begijnhof 19, ☎ 0 16 57 36 75, *info@degelofte.be* – ⊞ ⇔. MC VISA. ✂
fermé 23 au 31 mars, 24 au 31 août, mercredi, samedi midi et dimanche – **Rest** *Lunch 29* – 43/70 bc, carte 52/75, ♀.
◆ Restaurant in een fraai verbouwde begijnenwoning (17de eeuw): licht parket, trendy grijze muren, Lloyd Loom-stoelen, stores, wandlampen en oude lusters. Slechts 6 tafels.
◆ Logis de béguines (17e s.) relooké avec harmonie : parquet blond, murs gris tendance, fauteuils Lloyd Loom, stores bateau, appliques et lustres néo-rétro. Seulement 6 tables.

à Langdorp *Nord-Est : 3,5 km* C *Aarschot* – ✉ *3201 Langdorp :*

⌂ **De Meren** ⌘ sans rest, Merenstraat 40, ☎ 0 16 56 99 82, *info@demeren.com, Fax 0 16 56 99 82,* ⚲ – ⇹ P. AE MC VISA. ✂
5 ch ☕ ★60 – ★★80.
◆ Dit B&B in de bossen biedt rust en kalmte in een modern interieur. Twee kamers aan de achterkant hebben een terras met uitzicht op de natuur. Aangename lounge.
◆ Ce bed and breakfast à dénicher parmi les bois offre calme et repos dans un cadre moderne. À l'arrière, deux chambres ont une terrasse tournée vers la nature. Salon agréable.

XX **Green,** Diepvenstraat 2 (Gasthof Ter Venne), ☎ 0 16 56 43 95, *info@tervenne.be, Fax 0 16 56 79 53,* ☂ – ⊞ ♿ P ⇔. AE ⓓ MC VISA. ✂
fermé mardi, mercredi et dimanche soir – **Rest** *Lunch 30* – 37/75 bc, carte 52/61.
◆ Dit restaurant met gemoderniseerd interieur is gehuisvest in een oude graanschuur met rieten dak in een bosrijke omgeving. Eigentijdse keuken. Aparte ruimte voor groepen.
◆ Table aux abords boisés occupant une ancienne grange à toit de chaume rajeunie intérieurement dans l'esprit design. Cuisine d'aujourd'hui. Espaces pour banquets et séminaires.

BELGIQUE

Bezienswaardigheden die interessant zijn (★), een omweg (★★) of een reis waard zijn (★★★) en die zich in een geselecteerde plaats of in de omgeving daarvan bevinden, staan in cursieve letters aangegeven. Kijk onder de rubrieken Voir en Env.

AARTSELAAR *Antwerpen* **533** L 16 *et* **716** G 2 – *voir à Antwerpen, environs.*

AAT *Hainaut* – *voir Ath.*

ACHEL *Limburg* **533** R 15 *et* **716** J 2 – *voir à Hamont-Achel.*

ACHOUFFE *Luxembourg belge* **534** T 22 – *voir à Houffalize.*

AFSNEE *Oost-Vlaanderen* **533** H 16 – *voir à Gent, périphérie.*

ALBERTSTRAND *West-Vlaanderen* **533** E 14 *et* **716** C 1 – *voir à Knokke-Heist.* 19 **C1**

ALLE *5550 Namur* C *Vresse-sur-Semois 2 842 h.* **534** O 23 *et* **716** H 6. 15 **C3**
Bruxelles 163 – Namur 104 – Bouillon 25.

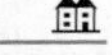

Hostellerie Le Charme de la Semois, r. Liboichant 12, ☎ 0 61 50 80 70, *contact@charmedelasemois.be, Fax 0 61 50 80 75,* ≤, ☂, ⛱, ⚲ – ⇹ P – 🏛. AE MC VISA
fermé 30 juin-4 juillet, 25 au 29 août et mardi et mercredi sauf en juillet-août – **Rest** *Lunch 28* – 38, carte 24/64 – **22 ch** ☕ ★70/250 – ★★90/515 – ½ P 145/195.
◆ Affaire familiale comptant parmi les meilleurs lieux de séjour sur les berges de la Semois. Chambres et junior suites personnalisées. Restaurant chaleureux et "cosy", avec quelques tables tournées vers la rivière. Salon douillet, taverne et terrasse riveraine.
◆ Dit hotel, een familiebedrijf aan de Semois, behoort tot de beste van de streek. Kamers en junior suites met persoonlijk karakter. Gastvrij, gezellig restaurant, waar enkele tafeltjes uitkijken op de rivier. Gezellige lounge, taverne, terras aan het water.

Auberge d'Alle, r. Liboichant 46, ☎ 0 61 50 03 57, *contact@aubergedalle.be, Fax 0 61 50 00 66,* ☕, 🌳, 🚲 - P - 🏋. MC VISA. ⚔
ouvert juillet-septembre, vacances scolaires, week-end et jours fériés – **Rest** Lunch 24 – 30/60, 🍷 – **14 ch** ☕ ★65/77 – ★★85/109 – ½ P 78/90.

• Sur les hauteurs d'Alle, auberge en pierres du pays vous logeant dans des chambres de trois formats différents, rénovées par étapes. Bar boisé et grand jardin. Repas classique actualisé servi sous les poutres d'une salle pourvue d'une cheminée, ou en terrasse.

• Herberg van steen uit de streek, boven Alle. De kamers verschillen van grootte en worden geleidelijk gerenoveerd. Bar met hout en grote tuin. Klassieke maaltijd met een vleugje modern, geserveerd in de eetzaal met schouw en hanenbalken of op het terras.

Hostellerie Fief de Liboichant, r. Liboichant 44, ☎ 0 61 50 80 30, *mail.to@lefiefde liboichant.be, Fax 0 61 50 14 87,* ☕, 🌳 - |‡| ⚔ P - 🏋. AE ⓓ MC VISA
fermé janvier et février-mi-mars sauf week-end – **Rest** *(fermé après 20 h 30)* Lunch 25 – 36/99 bc, carte 30/45 – **25 ch** ☕ ★62/65 – ★★92/100 – ½ P 79.

• Entre coteau boisé et Semois, auberge ancienne dont la façade s'égaye d'une verrière moderne. Plusieurs générations de chambres, salon-véranda et jeux d'enfant au jardin. Salle à manger classique, à l'image de la cuisine du chef. Terrasses devant et derrière.

• Oude herberg met een moderne glaswand aan de voorkant, tussen een beboste helling en de Semois. Oude en gerenoveerde kamers, serre en tuin met speeltoestellen. Klassieke eetzaal, net als de kookstijl van de chef. Terrassen voor en achter.

Les bonnes adresses à bon prix ?
Suivez les Bibs : Bib Gourmand rouge 😋 **pour les tables**
et Bib Hôtel bleu 🛏 **pour les chambres.**

BELGIQUE

ALOST *Oost-Vlaanderen – voir Aalst.*

AMBLÈVE (Vallée de l') ★★ *Liège* 533 U 20, 534 U 20 *et* 716 K 4 *G. Belgique-Luxembourg.*

AMEL (AMBLÈVE) *4770 Liège* 533 W 20, 534 W 20 *et* 716 L 4 – *5 282 h.* 9 D2

Bruxelles 174 – Liège 78 – Malmédy 21 – Luxembourg 96.

Kreusch, Auf den Kamp 179, ☎ 0 80 34 80 50, *hotel.kreusch@swing.be, Fax 0 80 34 03 69,* 🌳 - P - 🏋. MC VISA. ⚔
fermé 30 juin-16 juillet, 1re quinzaine décembre sauf week-end, dimanche soir sauf en juillet-août et lundis non fériés – **Rest** Lunch 30 – 25/35, carte 36/54 – ☕ 10 – **12 ch** ★44 – ★★70 – ½ P 61/76.

• Au milieu du village, près du clocher, hôtellerie typique fondée en 1854 par les aïeux des exploitants actuels. Petites chambres nettes ; ambiance régionale au café. Restaurant égayé par une collection de bois de cervidés. Carte classico-traditionnelle.

• Dit traditionele hotel bij de klokkentoren, hartje Amel, werd in 1854 geopend door de voorouders van de huidige exploitanten. Kleine, keurige kamers. Café met dorpse sfeer. Restaurant met geweien aan de muren. Traditioneel-klassieke kaart.

ANDERLECHT *Région de Bruxelles-Capitale* 533 K 17 *et* 716 F 3 – *voir à Bruxelles.* 5 A2

ANDRIMONT *Liège* 533 U 19, 534 U 19 *et* 716 K 4 – *voir à Verviers.*

ANGLEUR *Liège* 533 S 19 *et* 534 S 19 – *voir à Liège, périphérie.*

ANHÉE *5537 Namur* 533 O 21, 534 O 21 *et* 716 H 5 – *6 934 h.* 15 C2

Env. *à l'Ouest : Vallée de la Molignée*★.

Bruxelles 85 – Namur 24 – Charleroi 51 – Dinant 7.

Les Jardins de la Molignée, rte de la Molignée 1, ☎ 0 82 61 33 75, *reception@jar dins.molignee.com, Fax 0 82 61 13 72,* ☕, 🏊, 🏋, 🌳, 🎾, 🚲, 🎯 - |‡| ⚔, ▤ ch, P - 🏋. AE ⓓ MC VISA
Rest (avec grillades) 28 – ☕ 10 – **50 ch** ★65 – ★★75 – 2 suites – ½ P 70.

• Hôtel au confort moderne adossé à une forge du 17e s. bâtie en pierres du pays. Six salles de séminaires. L'ensemble borde un parc où s'écoule la Molignée. Ample salle à manger actuelle garnie d'un mobilier en rotin ; plats traditionnels et grillades.

• Modern comforthotel dat aanleunt tegen een smidse uit de 17e eeuw, in steen van de streek. Zes seminariezalen. Het geheel ligt naast een park waar de Molignée vloeit. Groot, modern restaurant met rotanmeubelen. Traditionele gerechten en grillspecialiteiten.

XX **Le Minotier,** rte de la Molignée 10, ✆ 0 82 66 75 44, Produits de la mer – ▤ P ⇔. AE ⓓ MC VISA. ✂
fermé 14 au 25 janvier, 15 au 26 septembre, lundi, mardi et mercredi – **Rest** 33/42, carte 40/57.
◆ Cuisine de la mer servie dans une salle moderne en hémicycle agrémentée de viviers où l'on choisit son crustacé favori. Vue sur une pièce d'eau par les grandes baies vitrées.
◆ Visrestaurant met een moderne, halfronde eetzaal, waar de gasten in de aquaria zelf hun krab of kreeft kunnen uitzoeken. Grote glaspuien met uitzicht op een waterpartij.

à Bioul *Nord-Ouest : 6 km* C *Anhee* – ✉ *5537 Bioul :*

X **l'O à la Bouche,** r. Fraire 24 (sur N 932), ✆ 0 71 30 79 04, ☂ – P. AE MC VISA

fermé samedi midi, dimanche soir, lundi, mardi et mercredi soir – Rest 30/45, carte env. 40.
◆ Une ancienne chapelle tient lieu de porche d'entrée à cette table installée aux portes du village. Menu mensuel à choix multiple, cadre moderne bien cosy et nouvelle terrasse.
◆ Een voormalige kapel vormt de entree van dit restaurant aan de rand van het dorp. Maandmenu met veel keuze. Sfeervol modern interieur en nieuw terras.

ANS *Liège* **533** S 19, **534** S 19 *et* **716** J 4 – *voir à Liège, environs.*

ANSEREMME *Namur* **533** O21, **534** O21 *et* **716** H5 – *voir à Dinant.*

BELGIQUE

ANTWERPEN – ANVERS

2000 🅿 **533** L 15 *et* **716** G 2 – *461 496 h.* 1 **B2**

Bruxelles 48 ⑩ – Amsterdam 159 ④ – Luxembourg 261 ⑨ – Rotterdam 103 ④.

BELGIQUE

OFFICES DE TOURISME

Grote Markt 13 ✆ 0 3 232 01 03, visit@antwerpen.be, Fax 0 3 231 19 37 – Fédération provinciale de tourisme, Koningin Elisabethlei 16 ✉ 2018 ✆ 0 3 240 63 73, info@tpa.be, Fax 0 3 240 63 83.

RENSEIGNEMENTS PRATIQUES

18 9 *par ② : 15,5 km à Kapellen, Torenlei 1a ✆ 0 3 666 84 56, Fax 0 3 666 44 37*

18 *par ⑩ : 10 km à Aartselaar, Kasteel Cleydael, Groenenhoek 7 ✆ 0 3 887 00 79, Fax 0 3 887 00 15*

18 9 *par ⑥ : 10 km à Wommelgem, Uilenbaan 15 ✆ 0 3 355 14 30, Fax 0 3 355 14 35*

18 9 *par ⑥ : 13 km par N 116 à Broechem, Kasteel Bossenstein, Moor 16 ✆ 0 3 485 64 46, Fax 0 3 425 78 41*

18 *par ② et ③ : 11 km à Brasschaat, Miksebaan 248 ✆ 0 3 653 10 84, Fax 0 3 651 37 20*

9 *par ⑨ : 9 km à Edegem, Drie Eikenstraat 510 ✆ 0 3 228 51 10, Fax 03 288 51 07*

18 9 *par ⑤ : 13 km à 's Gravenwezel, St-Jobsteenweg 120 ✆ 0 3 380 12 80, Fax 0 3 384 29 33*

TRANSPORTS

Aéroport :

Bruxelles-aéroport national à Zaventem, ✆ 0 2 753 77 53, info@brusselsairport.be
Deurne-aéroport Antwerpen, ✆ 0 3 285 65 01.

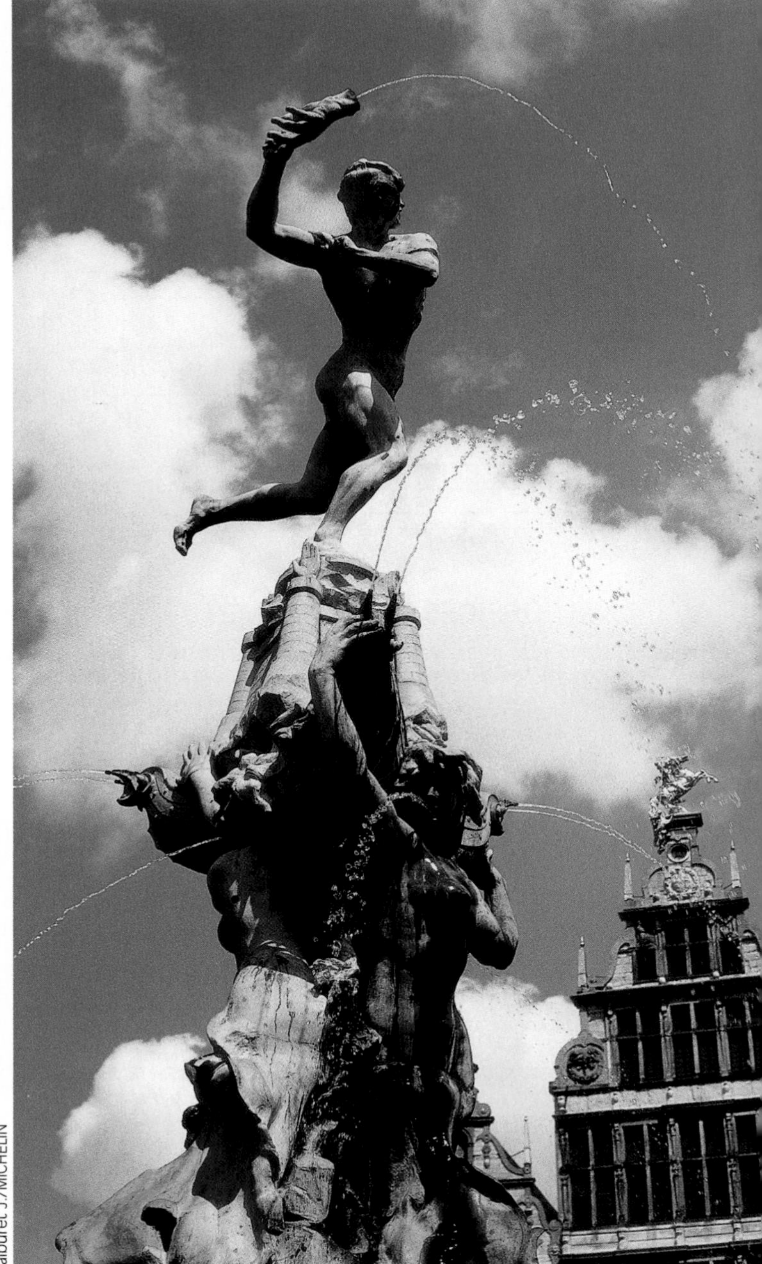
Malburet J./MICHELIN

Statue Brabo

CURIOSITÉS

Voir *Autour de la Grand-Place et de la cathédrale★★★ : Grand-Place★ (Grote Markt)* FY, *Vlaaikensgang★* FY, *Cathédrale★★★ et sa tour★★★* FY, *Maison des Bouchers★ (Vleeshuis) : instruments de musique★* FY **D** – *Maison de Rubens★★ (Rubenshuis)* GZ – *Intérieur★ de l'église St-Jacques (St-Jacobskerk)* GY – *Place Hendrik Conscience★* GY – *Église St-Charles-Borromée★ (St-Carolus Borromeuskerk)* GY – *Intérieur★★ de l'église St-Paul★ (St-Pauluskerk)* FY – *Jardin zoologique★★ (Dierentuin)* DEU – *Quartier Zurenborg★★* EV.

Musées : *de la Marine « Steen »★ (Nationaal Scheepvaartmuseum)* FY – *d'Etnographie★★ (Etnografissh museum)* FY **M**[1] – *Plantin-Moretus★★★* FZ – *Mayer van den Bergh★★ : Margot l'enragée★★ (De Dulle Griet)* GZ – *Maison Rockox★ (Rockoxhuis)* GY **M**[4] – *Royal des Beaux-Arts★★★ (Koninklijk Museum voor Schone Kunsten)* CV **M**[5] – *de la Photographie★ (Museum voor Fotografie)* CV **M**[6] – *de Sculpture en plein air Middelheim★ (Openluchtmuseum voor Beeldhouwkunst)* BS – *Provinciaal Museum Sterckshof-Zilvercentrum★* BR **M**[10] – *de la Mode★★ (Modemuseum)* FZ – *du Diamant★ (Diamantmuseum)* DEU **M**[8].

BELGIQUE

ANTWERPEN

Street	Grid	No.
Antwerpsesteenweg	AS	
Antwerpsestr.	BS	7
Aug. van de Wielelei	BR	9
Autolei	BR	10
Beatrijslaan	BR	
Berkenlaan	BS	13
Bisschoppenhoflaan	BR	
Blancefloerlaan	AR	
Boomsesteenweg	BS	
Borsbeeksesteenweg	BS	
Bosuilbaan	BQ	18
Bredabaan	BQ	
Calesbergdreef	BQ	30
Charles de Costerlaan	ABR	
Churchilllaan	BQ	34
Delbekelaan	BQ	40
Deurnestr.	BS	42
de Bruynlaan	BS	28
de Robianostr.	BS	169
Doornstr.	BS	
Drakenhoflaan	BS	45
Edegemsestr.	BS	46
Eethuisstr.	BQ	48
Elisabethlaan	BS	49
Frans Beirenslaan	BRS	
Gallifortlei	BR	61
Gitschotellei	BS	
Groenenborgerlaan	BS	73
Groenendaallaan	BQ	75
Groot Hagelkruis	BQ	76
Grotesteenweg	BS	
Guido Gezellelaan	BS	78
Herentalsebaan	BR	
Horstebaan	BQ	
Hovestr.	BS	85
Ijzerlaan	BQ	87
Ing. Menneslaan	BQ	88
Jan van Rijswijcklaan	BS	93
Jeurissensstr.	BQ	94
Juul Moretuslei	BS	
Kapelsesteenweg	BQ	99
Kapelstr.	AS	100
Koningin Astridlaan	AR	108
Krijgsbaan	AR	
Lakborslei	BR	115
Langestr.	AS	
Liersesteenweg	BS	
Luitenant Lippenslaan	BR	126
Mechelsesteenweg (MORTSEL)	BS	
Merksemsebaan	BQR	132
Mussenhœvelaan	BS	
Noorderlaan	BQ	
Oosterveldlaan	BS	139
Oude Barreellei	BQ	144
Oude Godstr.	BS	145
Pastoor Coplaan	AR	150
Prins Boudewijnlaan	BS	
Provinciesteenweg	BS	160
Scheldelaan	AQ	
Schotensteenweg	BR	177
Sint-Bernardsesteenweg	ABS	
Statielei	BS	190
Statiestr. (ZWIJNDRECHT)	AR	192
Stenenbrug	BR	195
Turnhoutsebaan (DEURNE)	BR	198
Veltwijcklaan	BQ	
Vordensteinstr.	BQ	210
Vredebaan	BS	211

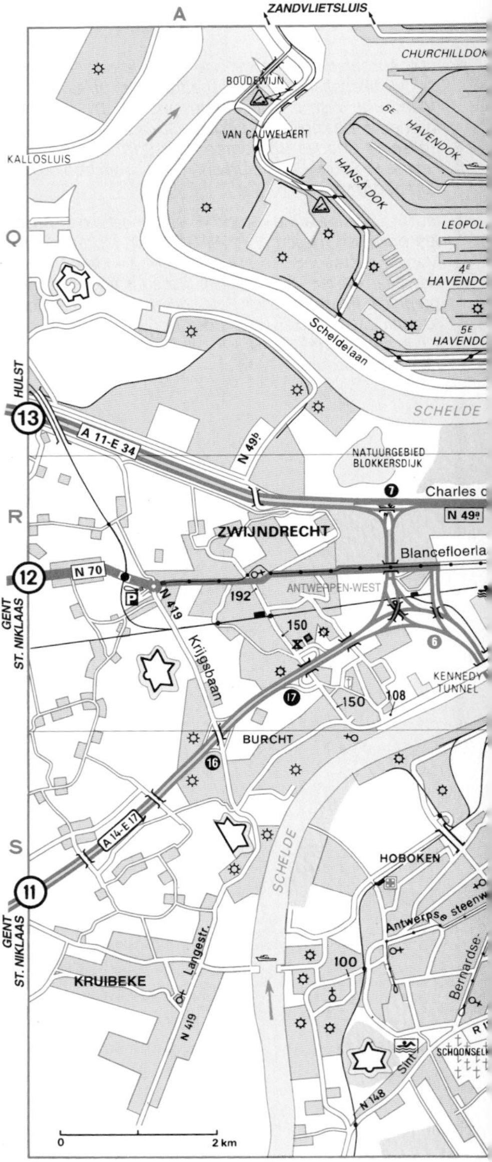

Rouge = Agréable. Repérez les symboles ✗ et 🏠 passés en rouge.

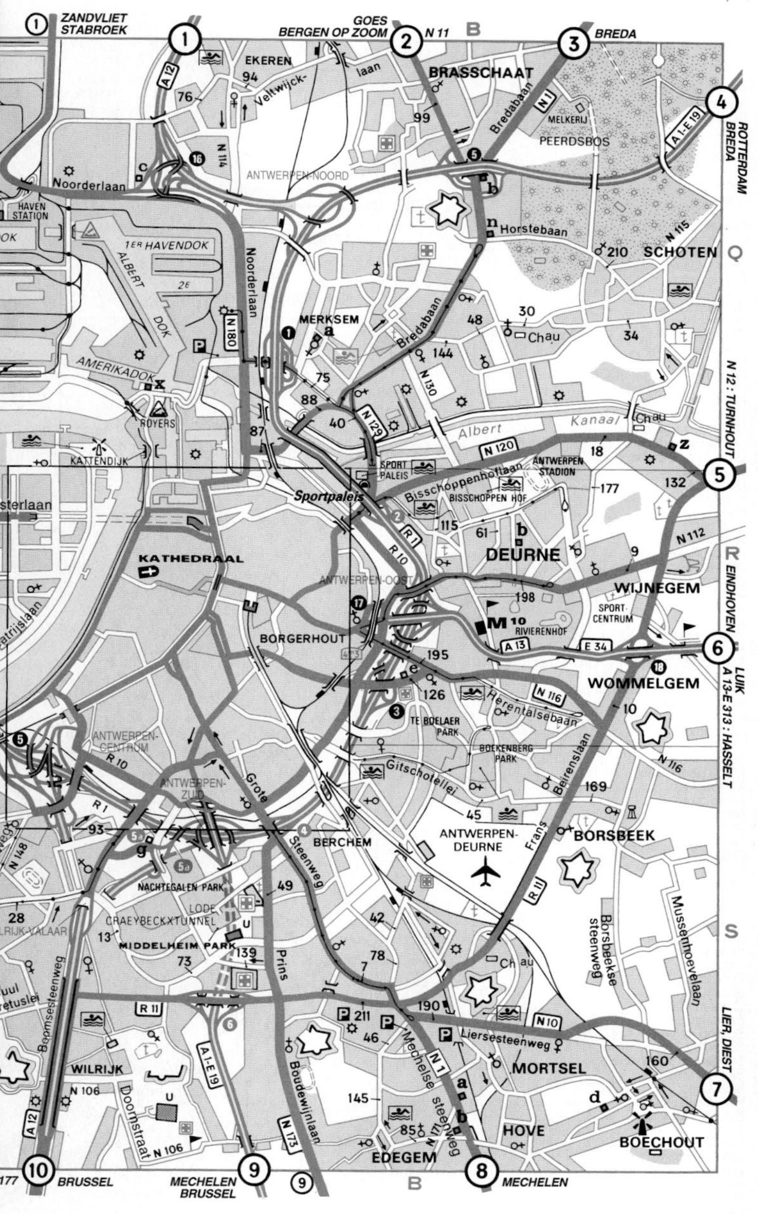

Bedrijven die een rood symbool kregen, verdienen extra aandacht!

ANTWERPEN

Street	Grid	No.
Amsterdamstr.	DT	4
Ankerrui	DT	6
Ballaerst.	DV	12
Borsbeekbrug	EX	16
Brialmontlei	DV	21
Britselei	DV	22
Broederminstr.	CV	24
Brouwersvliet	DT	25
Brusselstr.	CV	27
Carnotstr.	EU	
Cassiersstr.	DT	31
Charlottalei	DV	33
Cockerillkaai	CV	36
Cogels-Osylei	EV	37
Cuperusstr.	EV	38
Dambruggestr.	ETU	39
de Gerlachekaai	CV	67
de Keyserlei	DU	103
Diksmuidelaan	EX	43
Emiel Banningstr.	CV	51
Emiel Vloorsstr.	CX	52
Erwtenstr.	ET	55
Falconpl.	DT	58
Franklin Rooseveltpl.	DU	60
Gemeentestr.	DU	63
Gen. Armstrongweg	CX	64
Gen. van Merlenstr.	EV	65
Gerard Le Grellelaan	DX	66
Gillisplaats	CV	69
Gitschotellei	EX	70
Graaf van Egmontstr.	CV	72
Haantjeslei	CDV	79
Halenstr.	ET	81
Hessenpl.	DT	84
Jan de Voslei	CX	90
Jan van Gentstr.	CV	91
Jezusstr.	DU	96
Justitiestr.	DV	97
Kasteelpleinstr.	DV	102
Kloosterstr.	CU	105
Kol. Silvertopstr.	CX	106
Koningin Astridpl.	DEU	109
Koningin Elisabethlei	DX	110
Korte Winkelstr.	DTU	114
Lambermontplaats	CV	116
Lange Winkelstr.	DT	118
Leopold de Waelpl.	CV	120
Leopold de Waelstr.	CV	121
Leysstr.	DU	123
Londenstr.	DT	124
Maria Henriettalei	DV	125
Marnixplaats	CV	129
Mercatorstr.	DEV	130
Namenstr.	CV	133
Offerandestr.	EU	136
Ommeganckstr.	EU	138
Orteliuskaai	DT	141
Osystr.	DU	142
Oude Leeuwenrui	DT	148
Pelikaanstr.	DU	151
Plantinkaai	CU	153
Ploegstr.	EU	154
Posthofbrug	EX	157
Prins Albertlei	DX	159
Provinciestr.	EUV	162
Pyckestr.	CX	163
Quellinstr.	DU	165
Quinten Matsijslei	DUV	166
Rolwagenstr.	EV	171
Schijnpoortweg	ET	174
Simonsstr.	DEV	178
Sint-Bernardsesteenweg	CX	180
Sint-Gummarusstr.	DT	181
Sint-Janspl.	DT	183
Sint-Jozefsstr.	DV	186
Sint-Michielskaai	CU	187
Turnhoutsebaan (BORGERHOUT)	EU	
van Aerdtstr.	DT	3
van Breestr.	DV	19
van den Nestlei	EV	135
van Schoonhovestr.	DEU	175
Viaduct Dam	ET	202
Viséstr.	ET	204
Volksstr.	CV	207
Vondelstr.	DT	208
Waterloostr.	EV	218

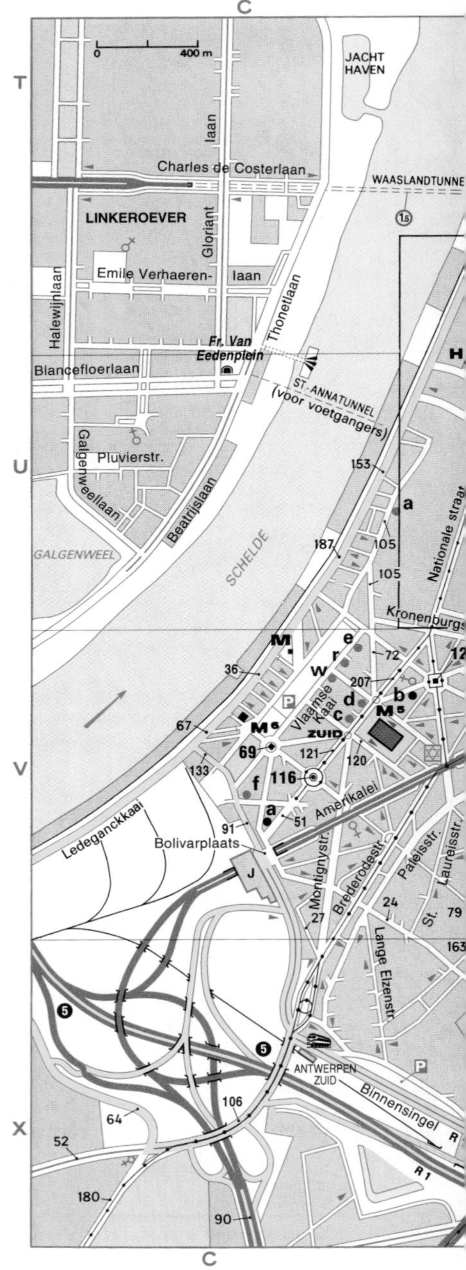

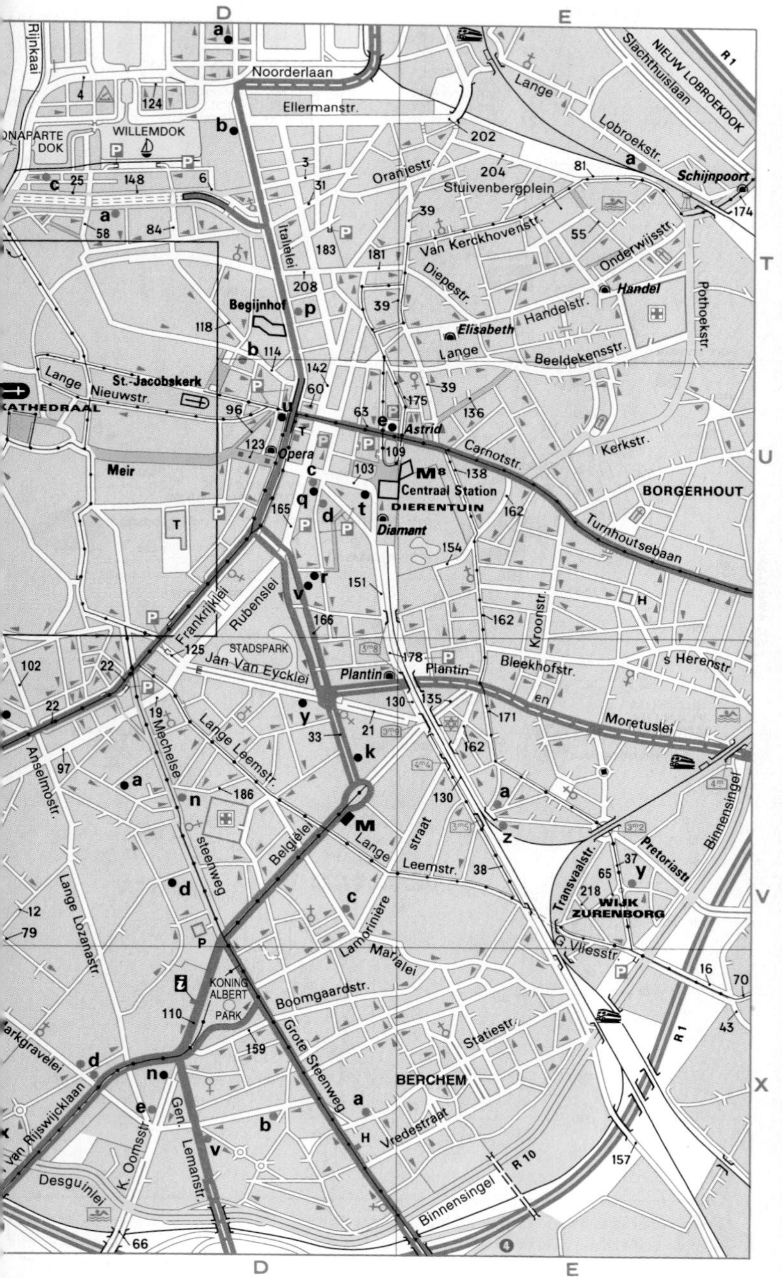
D
E
T
U
V
X
Rijnkaai
Noorderlaan
Ellermanstr.
WILLEMDOK
BONAPARTE DOK
Slachthuislaan
NIEUW LOBROEKDOK
R1
Lange
Lobroekstr.
Schijnpoort
Oranjestr.
Stuivenbergplein
Italielei
Van Kerckhovenstr.
Onderwijsstr.
Diepestr.
Handel
Handelstr.
Pothoekstr.
Begijnhof
Elisabeth
Lange
Beeldekensstr.
St.-Jacobskerk
Lange Nieuwstr.
KATHEDRAAL
Astrid
Opera
Meir
Carnotstr.
Kerkstr.
Centraal Station
DIERENTUIN
BORGERHOUT
Diamant
Turnhoutsebaan
Frankrijklei
Rubenslei
Kroonstr.
STADSPARK
Jan Van Eycklei
Plantin
Bleekhofstr.
s Herenstr.
Moretuslei
Anselmostr.
Mechelse steenweg
Lange Leemstr.
Belgiëlei
Lange Leemstr.
straat
Transvaalstr.
Pretoriastr.
Binnensingel
WIJK ZURENBORG
Lange Lozanastr.
Lamorinière
Marialei
G. Vliesstr.
KONING ALBERT PARK
Boomgaardstr.
Grote Steenweg
Statiestr.
Markgravelei
Van Rijswijcklaan
BERCHEM
Gen. Lemanstr.
K. Oomsstr.
Vredestraat
R 10
Desguinlei
Binnensingel
R 1

ANTWERPEN

Street	Grid	No.
Gildekamerstr.	FY	68
Groenplaats	FZ	
Handschoenmarkt	FY	82
Klapdorp	GY	
Korte Gasthuisstr.	GZ	112
Maria Pijpelinckxstr.	GZ	127
Meir	GZ	
Nationalestr.	FZ	
Oude Koornmarkt	FYZ	147
Paardenmarkt	GY	
Repenstr.	FY	168
Schoenmarkt	FZ	
Sint-Jansvliet	FZ	184
Sint-Rochusstr.	FZ	189
Steenhouwersvest	FZ	193
Twaalf Maandenstr.	GZ	199
Veemarkt	FY	201
Vlasmarkt	FYZ	205
Vleeshouwersstr.	FY	206
Vrijdagmarkt	FZ	213
Wisselstr.	FY	214
Zirkstr.	FY	216
Zwartzusterstr.	FY	217

En cas d'arrivée tardive à l'hôtel (après 18 h), veillez à en avertir la réception pour garantir la réservation de votre chambre.

LISTE ALPHABÉTIQUE DES HÔTELS ET RESTAURANTS
ALFABETISCHE LIJST VAN HOTELS EN RESTAURANTS
ALPHABETISCHES HOTEL- UND RESTAURANTVERZEICHNIS
ALPHABETICAL LIST OF HOTELS AND RESTAURANTS

G

H

I – J

K

BELGIQUE

BELGIQUE

Quartier ancien - *plan p. 8 sauf indication spéciale :*

Hilton, Groenplaats, ☎ 0 3 204 12 12, *sales-antwerp@hilton.com, Fax 0 3 204 12 13,* – . AE ① MC VISA FZ m
Rest ***Terrace-Café*** *Lunch 30* – 45, carte 29/41, ♀ – ☕ 25 – **199 ch** ✝149/369 – ✝✝149/369 – 12 suites – ½ P 110/220.
• Luxehotel in de voormalige Grand Bazar, een prachtig gebouw uit de vroege 20e eeuw. Schitterende balzaal, suites aan de stadskant en kamers aan de binnenplaats. Uitzicht op de kathedraal en de gezellige Groenplaats vanuit de serre van het Terrace Café.
• Hôtel de luxe aménagé en 1994 dans l'ex-Grand Bazar : un superbe édifice du début du 20e s. Fastueuse salle de bal Belle Époque, suites côté ville et chambres côté cour. De la véranda du Terrace Café, vue sur la cathédrale et la trépidante Groenplaats.

De Witte Lelie sans rest, Keizerstraat 16, ☎ 0 3 226 19 66, *hotel@dewittelelie.be, Fax 0 3 234 00 19,* – . AE MC VISA GY z
7 ch ☕ ✝205/425 – ✝✝280/520 – 3 suites.
• Dit kleine "grand hotel" is rustig en sfeervol en beslaat een aantal huizen uit de 17e eeuw. De kamers zijn behaaglijk en fraai gedecoreerd. De patio nodigt uit tot luieren.
• Paisible et plein de charme, ce petit "grand hôtel" occupe un ensemble de maisons du 17e s. Chambres douillettes, décorées avec raffinement. Le patio invite à la détente.

't Sandt sans rest, Het Zand 17, ☎ 0 3 232 93 90, *reservations@hotel-sandt.be, Fax 0 3 232 56 13* – – . AE ① MC VISA. FZ w
27 ch ☕ ✝145/275 – ✝✝165/295 – 2 suites.
• Oud pand met neorococogevel vlak bij de kaden langs de Schelde. Kamers met een persoonlijke touch, prachtig dakterras en attente service.
• Demeure ancienne à façade néo-rococo proche des quais de l'Escaut. Chambres bien personnalisées, ravissante terrasse perchée sur le toit, accueil et service aux petits soins.

Theater, Arenbergstraat 30, ☎ 0 3 203 54 10, *info@theater-hotel.be, Fax 0 3 233 88 58* – – . AE ① MC VISA. rest GZ t
Rest *(fermé 18 juillet-17 août, 19 décembre-1er janvier, samedi, dimanche et jours fériés) Lunch 16 bc* – carte 33/45 – ☕ 20 – **122 ch** ✝110/220 – ✝✝130/240 – 5 suites – ½ P 157/267.
• Comfortabel en modern hotel vlak bij het Bourlatheater en het Rubenshuis. Ruime kamers in twee stijlen: eigentijds of Brits. Sfeervolle lounge. Chic restaurant met fusion en traditionele gerechten.
• Hôtel confortable et moderne situé à deux pas du théâtre Bourla et de la maison Rubens. Deux types de chambres spacieuses : style contemporain ou "british". Lounge chaleureux. Au restaurant, ambiance formelle et carte mi-fusion, mi-traditionnelle.

Rubens sans rest, Oude Beurs 29, ☎ 0 3 222 48 48, *hotel.rubens@glo.be, Fax 0 3 225 19 40* – . AE ① MC VISA. FY y
35 ch ☕ ✝145/255 – ✝✝150/255 – 1 suite.
• Rustige en gezellige gerenoveerde patriciërswoning dicht bij de Grote Markt en de kathedraal. De beste kamers kijken uit op een binnenplaats die 's zomers vol bloemen staat.
• Tranquille et accueillante maison patricienne rénovée, toute proche de la Grand-Place et de la cathédrale. Les meilleures chambres donnent sur une cour fleurie en été.

Julien sans rest, Korte Nieuwstraat 24, ☎ 0 3 229 06 00, *info@hotel-julien.com, Fax 0 3 233 35 70* – . AE MC VISA. GY a
fermé dernière semaine juillet-première semaine août – **11 ch** ☕ ✝165/260 – ✝✝165/260.
• Sfeervol hotel, waarvan de koetspoort uitkomt op een kleine straat met trambaan. Het gezellige interieur is een mix van klassiek, rustiek en design. Mooie moderne kamers.
• Hôtel intime dont la porte cochère s'ouvre sur une petite rue à tramway. Décor intérieur cosy mariant des éléments classiques, rustiques et design. Belles chambres modernes.

Matelote sans rest, Haarstraat 11a, ☎ 0 3 201 88 00, *info@matelote.be, Fax 0 3 201 88 08* – . AE MC VISA. FY g
☕ 10 – **9 ch** ✝115/225 – ✝✝115/225.
• Dit hotel is aan te raden vanwege de goede service en het ultramoderne interieur, dat fraai contrasteert met de 16de-eeuwse muren. Ontbijt in het restaurant ernaast.
• Choisissez cet hôtel pour la qualité de l'accueil et du service autant que pour son design très léché, en contraste avec ses murs du 16e s. Breakfast au restaurant d'à côté.

Prinse sans rest, Keizerstraat 63, ☎ 0 3 226 40 50, *hotel-prinse@skynet.be, Fax 0 3 225 11 48* – – . AE ① MC VISA. GY b
fermé 23 au 26 décembre – **34 ch** ☕ ✝105/115 – ✝✝125/150.
• Dit 16e-eeuwse patriciërshuis biedt ruime kamers met een eigentijds interieur. Moderne ontbijtruimte, designlounge en binnenplaatsen met kunstig gesnoeide buxus.
• Hôtel particulier du 16e s. vous logeant au calme dans des chambres actuelles bien calibrées. Cours agrémentées de buis taillés, espace breakfast moderne et salon design.

Villa Mozart sans rest, Handschoenmarkt 3, ☎ 0 3 231 30 31, *info@villamozart.be, Fax 0 3 231 56 85*, ≤ – ♿. AE ⓓ ⓜⓒ VISA FY e
13 – **25 ch** ✝89/139 – ✝✝99/350.
• Klassiek ingericht hotelletje, gunstig gelegen in het gezellige centrum, tussen de Grote Markt en de kathedraal, die vanuit driekwart van de kamers te zien is.
• Petit hôtel commode car avantageusement situé dans le centre animé, entre la Grand-Place et la cathédrale, visible depuis trois quart des chambres, classiquement aménagées.

Antigone sans rest, Jordaenskaai 11, ☎ 0 3 231 66 77, *info@antigonehotel.be, Fax 0 3 231 37 74* – P. AE ⓓ ⓜⓒ VISA FY a
21 ch ✝75/95 – ✝✝80/140.
• Oud hoekpand met vrolijke blauwe luifels aan de Schelde, vlak bij het Scheepvaartmuseum. Praktische en moderne kamers voor een zacht prijsje.
• En bord d'Escaut, près du musée Steen, maison d'angle ancienne dont la pimpante façade modernisée s'égaye d'auvents bleus. Chambres pratiques et actuelles, cédées à bon prix.

Le Patio sans rest, Pelgrimsstraat 8, ☎ 0 3 232 76 71, *info@lepatio.be* – . FY d
fermé 3 au 31 août et 31 décembre – **3 ch** ✝95 – ✝✝95.
• Oud pand in een voetgangersstraat in het centrum, waar een Franse dame u met veel egards ontvangt. Sfeervolle kamers met uitzicht op de patio, waar 's zomers wordt ontbeten.
• Dans une rue piétonne du centre animé, maison ancienne où une dame française vous reçoit avec égards. Chambres charmantes tournées vers un patio utilisé au petit-déj' en été.

De Granaetappel sans rest, Hoogstraat 30, ☎ 0 473 31 29 98, *info@degranaetappel.be, Fax 0 3 666 23 87* – . AE ⓓ ⓜⓒ VISA FZ a
13 – **3 ch** ✝165/195 – ✝✝195.
• Gerenoveerd herenhuis met aangename junior suites in eigentijds rustieke stijl, elk met douche en bubbelbad. Twee kamers met terras.
• Maison de maître rénovée pour accueillir de plaisantes junior suites de style rustico-contemporain. Chacune a sa douche et son bain-bulles ; terrasse pour deux d'entre elles.

't Fornuis (Johan Segers), Reyndersstraat 24, ☎ 0 3 233 62 70, *fornuis@skynet.be, Fax 0 3 233 99 03* – . AE ⓓ ⓜⓒ VISA. FZ c
fermé 21 juillet-15 août, Noël-nouvel an, samedi et dimanche – **Rest** (prévenir) carte 65/95.
Spéc. Carpaccio de langue de veau, sauce à la cervelle. Anguille fumée et son jus aux haricots blancs. 'Cube roll cut' de bœuf wagyu persillé.
• Oud pand met fijne klassieke keuken en goede wijnen. Verzameling miniformuisjes beneden en rustieke zalen boven. Geen kaart of menu, de chef-kok vertelt gewoon wat hij maakt.
• Fine cuisine classique et bon choix de vins dans cette demeure ancienne. Expo de mini-fourneaux en bas. Salles rustiques en haut. Ni carte, ni menu : chef déclamant son offre.

Huis De Colvenier, Sint-Antoniusstraat 8, ☎ 0 3 226 65 73, *info@colvenier.be, Fax 0 3 227 13 14*, – P. AE ⓓ ⓜⓒ VISA FZ k
fermé semaine carnaval, août, samedi midi, dimanche et lundi – **Rest** (menu unique) *Lunch 50* – 60/100 bc, .
• Herenhuis (1879) met een chic klassiek interieur en moderne serre. Verfijnd menu dat de chef-kok mondeling doorgeeft en mooie wijnkaart.
• Hôtel particulier (1879) où l'on se régale dans un cadre classique chic ou sous une verrière moderne. Menu élaboré, que le chef vous annonce de vive voix. Beau livre de cave.

Neuze Neuze, Wijngaardstraat 19, ☎ 0 3 232 27 97, *neuzeneuze@telenet.be, Fax 0 3 225 27 38* – . AE ⓓ ⓜⓒ VISA FY s
fermé 1 semaine en février, 2 semaines en août, mercredi midi, samedi midi, dimanche et jours fériés – **Rest** *Lunch 25* – 53/83 bc, carte 48/90, .
• Vijf 16e-eeuwse huisjes vormen dit restaurant dat ideaal is voor een zakendiner of een romantisch etentje. Klassieke keuken met een snufje modern. Intieme ambiance.
• Cinq maisonnettes du 16e s. composent ce restaurant idéal pour un repas d'affaires ou les yeux dans les yeux. Cuisine classique actualisée ; ambiance intime et bon accueil.

De Gulden Beer, Grote Markt 14, ☎ 0 3 226 08 41, *Fax 0 3 232 52 09*, ≤, , Cuisine italienne – . AE ⓓ ⓜⓒ VISA. FY v
fermé mercredi – **Rest** *Lunch 25* – 40/90 bc, carte 37/72.
• Dit oude huis met trapgevel staat te pronken op de Grote Markt. Authentieke Italiaanse keuken. Mooi uitzicht vanaf het terras en de glaspuien op de bovenverdieping.
• Cette vieille maison arborant un beau pignon à redans se dresse sur la Grand-Place. Authentique cuisine italienne. Jolie vue en terrasse et à l'étage, près des baies vitrées.

XX **Het Nieuwe Palinghuis,** Sint-Jansvliet 14, ☎ 0 3 231 74 45, *hetnieuwepalinghuis@skynet.be, Fax 0 3 231 50 53,* Produits de la mer – ▤. AE MC VISA FZ e
fermé 1er au 20 janvier, juin, lundi et mardi – **Rest** 37/110 bc, carte 42/87.
• Paling is koning in dit visrestaurant vlak bij de voetgangerstunnel onder de Schelde. Serre aan de voorkant en eetzaal met nostalgische foto's van de zeevaart.
• L'anguille est chez elle à cette table valorisant la marée du jour. Véranda à l'avant ; clichés maritimes nostalgiques en salle. Voisinage du tunnel piétonnier sous l'Escaut.

XX **Hofstraat 24,** Hofstraat 24, ☎ 0 3 225 05 45, *hofstraat24@skynet.be, Fax 0 3 225 05 45* – ⇔. AE MC VISA FY m
fermé 2 semaines Pâques, mi-juillet-mi-août, fin décembre-début janvier, mercredi et dimanche – **Rest** (dîner seult) carte 43/59.
• Achter de grote witte gevel gaan drie eetzalen schuil: een binnenplaats met glazen overkapping en twee modern-rustieke vertrekken, waarvan één met boekenkast.
• Grande façade blanche dissimulant trois salles à manger : une cour coiffée d'un toit en verre et deux pièces au cadre rustique-moderne, dont l'une contient une bibliothèque.

XX **Bernardin,** Sint-Jacobsstraat 17, ☎ 0 3 213 07 00, *bernardin@scarlet.be, Fax 0 3 232 49 96,* 🏖 – 🚗 le soir uniquement. MC VISA. ✂ GY d
fermé 1 semaine Pâques, 2 semaines fin août, 24 décembre-1er janvier, samedi midi, dimanche et lundi – **Rest** *Lunch 28* – 33, carte 39/59.
• Vanbuiten en vanbinnen gerenoveerd 17e-eeuws pand. Sobere, moderne eetzaal in de tinten wit, lichtgrijs en zwart. Mooie patio in de schaduw van de St.-Jakobskerk.
• Maison ancienne (17e s.) rajeunie dehors comme dedans. Salle moderne sobre, déclinant des tons blanc, gris clair et noir. Jolie terrasse-patio à l'ombre de l'église St-Jacob.

X **Dock's Café,** Jordaenskaai 7, ☎ 0 3 226 63 30, *info@docks.be, Fax 0 3 226 65 72,* 🏖, Brasserie-écailler, ouvert jusqu'à 23 h – ▤ 🚗 ⇔. AE MC VISA. ✂ FY h
fermé dimanche – **Rest** *Lunch 15* – 24/40, carte 22/91, ♀.
• Deze brasserie annex oesterbar heeft een futuristisch decor in de stijl van een passagiersschip. Eetzaal met tussenverdieping en neobaroktrap. Reserveren aanbevolen.
• Une vraie invitation au voyage que cette brasserie-écailler au décor futuriste d'esprit "paquebot". Salle à manger avec mezzanine et escalier néo-baroque. Réservation utile.

X **De Kleine Zavel,** Stoofstraat 2, ☎ 0 3 231 96 91, *info@kleinezavel.be, Fax 0 3 231 79 01,* Bistrot – AE MC VISA FZ w
fermé samedi midi – **Rest** *Lunch 29* – 43/82 bc, carte 45/62, ♀.
• Het aanbod? Klassiek of bistro, met eigentijdse suggesties en een voordelige lunch. De inrichting? Houten vloer, houten tafels en oude toog. De ambiance? Gezellig.
• L'offre ? Classique ou bistrotière, assortie de suggestions au goût du jour et d'un lunch à bon compte. La déco ? Plancher, tables nues, vieux comptoir. L'ambiance ? Cordiale.

X **Le Petit Zinc** (Philippe Grootaert), Veemarkt 9, ☎ 0 3 213 19 08, *philippe.grootaert@pandora.be, Fax 0 3 288 80 45,* 🏖, Bistrot – ⇔. AE MC VISA FY b
fermé 1 semaine Pâques, 16 au 31 août, samedi et dimanche – **Rest** *Lunch 20* – 34/68, carte 64/109, ♀.
Spéc. Huîtres tièdes, vinaigrette aux lardons et lentilles. Darne de turbot en croûte de gros sel. Confit d'épaule d'agneau, jardinière de légumes.
• Gezellige buurtbistro met de tafeltjes dicht op elkaar. De gerechten staan op grote borden geschreven. Smakelijke traditionele maaltijd en plezierige bediening.
• Bistrot de quartier très convivial, avec ses petites tables serrées, ses grands écriteaux en guise de carte et son service avenant à l'anversoise. Repas traditionnel goûteux.

X **Le Zoute Zoen,** Zirkstraat 17, ☎ 0 3 226 92 20, *lezoutezoen@telenet.be, Fax 0 3 231 01 30* – ⇔. AE MC VISA. ✂ FY c
fermé lundi et samedi midi – **Rest** *Lunch 18* – 27/65 bc, carte 30/48.
• Deze gezellige "gastronomische bistro" biedt een prijs-kwaliteitverhouding die vrij uniek is in Antwerpen. Overvloedige eigentijdse gerechten en goede bediening.
• La carte de ce "bistrot-gastro" intime et cosy offre un rapport qualité-prix assez unique à Anvers. Copieuse cuisine au goût du jour ; service décontracté, suivi et souriant.

X **De Reddende Engel,** Torfbrug 3, ☎ 0 3 233 66 30, *de.reddende.engel@telenet.be, Fax 0 3 233 73 79,* 🏖 – ⇔. AE D MC VISA FY p
fermé mi-août-mi-septembre, mardi, mercredi et samedi midi – **Rest** 26/49 bc, carte 30/52.
• Voor wie trek heeft, is dit rustieke 17e-eeuwse pand bij de kathedraal met recht de reddende engel, want u kunt er heerlijk eten! Bouillabaisse en cassoulet op de kaart.
• Enseigne rédemptrice ! Succombez donc sans crainte au péché de gourmandise dans cette rustique maison du 17e s. côtoyant la cathédrale. Bouillabaisse et cassoulet à la carte.

BELGIQUE

De Manie, H. Conscienceplein 3, ☎ 0 3 232 64 38, *demanie@euphonynet.be, Fax 0 3 232 64 38,* – . AE VISA GY u
fermé 13 août-1er septembre, mercredi, dimanche midi vacances scolaires et dimanche soir – **Rest** 28/78 bc, carte 47/61.
• Rustig restaurant met zomerterras op het pittoreske pleintje voor de St.-Carolus-Borromeuskerk. Op de mezzanine staan ook een paar tafeltjes.
• Paisible restaurant établi sur une place pittoresque où l'on dresse le couvert en été, face au parvis d'une église baroque (St-Charles-Borromée). Quelques tables en mezzanine.

Chez Raoul, Vlasmarkt 21, ☎ 0 3 213 09 77, – VISA. FYZ x
fermé 2e quinzaine juillet et mercredi – **Rest** *Lunch 25* – carte 42/80.
• Verfijnd eten in deze gezellige bistro met rode bakstenen, donkerrode bankjes en stoelen, tafeltjes dicht op elkaar, toog, wijnrek en suggesties op een leitje.
• Repas raffiné dans un cadre bistrotier chaleureux : brique rouge, chaises et banquettes bordeaux, tables rapprochées, plancher, comptoir, étagère à vins, ardoises suggestives.

Gin-Fish (Didier Garnich), Haarstraat 9, ☎ 0 3 231 32 07, *Fax 0 3 231 08 13*, Produits de la mer – . AE VISA. FY j
fermé 1er au 15 janvier, juin, dimanche et lundi – **Rest** (dîner seult, menu unique, nombre de couverts limité - prévenir) 60/75 bc.
Spéc. Préparations où entre la pêche du jour. Glace tournée minute.
• Goed visrestaurant met open keuken achter de bar waaraan de gasten ook eten. De chef-kok beperkt de keuze tot een menu. Vriendelijke bediening.
• Bonne cuisine littorale faite sous vos yeux, derrière le comptoir où l'on mange. Le chef, qui œuvre donc sans filet, limite son offre à un menu. Équipe pleine de gentillesse.

BELGIQUE

Het Gebaar, Leopoldstraat 24, ☎ 0 3 232 37 10, *hetgebaar@pandora.be, Fax 0 3 293 72 32,* – VISA GZ x
fermé dimanche et lundi – **Rest** (déjeuner seult) carte env. 40.
• Leuk restaurant bij de botanische tuin, in een oud pand in cottagestijl. Inventieve, moleculaire keuken en verzorgde desserts.
• Table accueillante installée au bord du parc botanique, dans une maison ancienne rappelant le style cottage. Cuisine inventive, d'orientation "moléculaire" ; desserts soignés.

Maritime, Suikerrui 4, ☎ 0 3 233 07 58, *restaurant.maritime@pandora.be,* – . AE VISA. FY f
fermé mercredi et jeudi – **Rest** carte 35/60.
• Lekkere visschotels, waaronder mosselen en paling in het seizoen, op knalrode tafelkleedjes. Goede selectie bourgognes. Attente bediening door de baas en zijn zoon.
• Cuisine de la mer à apprécier sur des nappes rouge vif. Moules et anguilles à gogo en saison. Beau choix de bourgognes. Service prévenant assuré par le patron et son fils.

Hecker, Kloosterstraat 13, ☎ 0 3 234 38 34, *info@hecker.be, Fax 0 2 343 48 61,* – . AE VISA plan p. 6 CU a
fermé 21 juillet-9 août, 22 décembre-8 janvier, lundi midi et mercredi – **Rest** *Lunch 17* – 48, carte 38/52, ♀.
• Trendy bistro naast een antiekwinkel, de specialiteit van de wijk. Kleine, eigentijdse kaart en sfeer van een wijnbar, met flessen uit diverse werelddelen.
• Bistrot "trendy" jouxtant un commerce d'antiquités : la spécialité du quartier. Petite carte actuelle et ambiance wine-bar confortée par un bon assortiment de vins du monde.

Nez Rouge, Nationalestraat 114a (Neusplein), ☎ 0 3 237 55 97, *info@nezrouge.be, Fax 0 3 237 64 57,* – . AE VISA FZ b
fermé Noël, nouvel an, lundi et mardi – **Rest** *Lunch 19* – 45, carte 31/63, ♀.
• Dit nieuwe restaurant met zijn grappige naam geeft wat fantasie aan het Neusplein. Trendy interieur en eigentijdse kaart met wereldinvloeden en selectie wijnen per glas.
• Nouvelle enseigne clownesque apportant un peu de fantaisie à la Neusplein (place du Nez) ! Décor mode, carte actuelle aux influences mondiales et sélection de vins au verre.

Quartiers du centre et de la gare - *plans p. 6 et 7 sauf indication spéciale :*

Park Plaza Astrid, Koningin Astridplein 7, ✉ 2018, ☎ 0 3 203 12 34, *appres@pphe.com, Fax 0 3 203 12 51,* ≤, , , – – . AE VISA. DEU e
Rest 30 carte 28/48, ♀ – 20 – **225 ch** ★129/179 – ★★149/199 – 3 suites.
• Modern luxehotel met een gedurfde architectuur aan een druk plein bij het station. Het hotel is volledig gerenoveerd en biedt grote en sfeervolle kamers. Eigentijdse gerechten, geserveerd in een lichte, trendy eetzaal met parket en uitzicht op de stad.
• Palace moderne à l'architecture originale, sur une place animée desservant la gare. Communs rénovés et belles grandes chambres cosy, toutes rajeunies. Recettes de notre temps servies dans une lumineuse salle parquetée, de style "cantine trendy". Vue urbaine.

Radisson SAS Park Lane, Van Eycklei 34, ✉ 2018, ☎ 0 3 285 85 85, *guest.antwerp@radissonsas.com, Fax 0 3 285 85 86,* – AE MC VISA. rest DV y
Rest *Lunch 24* – 35, carte 42/70 – ☕ 24 – **160 ch** ★138/210 – ★★138/210 – 14 suites.
◆ Luxehotel aan een grote verkeersader, tegenover een park. Twee typen kamers met alle comfort, suites, goede congresvoorzieningen en complete service. Zakelijke clientèle. Het restaurant met glaskoepel doet aan een wintertuin denken. Bar ernaast.
◆ Hôtel de luxe situé sur un grand axe, devant un parc public. Deux types de chambres tout confort, suites, bon outil congressiste et services complets. Clientèle "business". Restaurant agencé à la façon d'un jardin d'hiver, sous une verrière. Bar sur le côté.

Hyllit sans rest, De Keyserlei 28 (accès par Appelmansstraat), ✉ 2018, ☎ 0 3 202 68 00, *info@hyllithotel.be, Fax 0 3 202 68 90,* – AE MC VISA. DU q
☕ 17 – **123 ch** ★100/205 – ★★125/230 – 4 suites.
◆ Modern hotel met intieme loungebar, grote kamers en suites in eigentijdse stijl. Mooi "Romeins" zwembad en uitzicht op de daken van de stad bij het ontbijt.
◆ Lounge-bar intime, grandes chambres et suites contemporaines, belle piscine au décor "romain" et vue sur les toits de la ville au petit-déj', dans cet hôtel d'aspect moderne.

De Keyser, De Keyserlei 66, ✉ 2018, ☎ 0 3 206 74 60, –
Rest *Lunch 30* – carte 18/30 – **120 ch** ☕ ★90/195 – ★★110/215 – 3 suites – ½ P 120. DU t
◆ Centraal gelegen hotel bij het station en de tram. Moderne lobby. Drie categorieën kamers (standaard, junior suites en suites), waarvan sommige gerenoveerd. Café-restaurant met traditionele keuken.
◆ Bon emplacement central pour cet hôtel voisinant avec la gare et le tram. Lobby moderne. Deux générations et trois catégories de chambres (standard, junior suites et suites). Taverne-restaurant proposant de la cuisine traditionnelle.

Plaza sans rest, Charlottalei 49, ✉ 2018, ☎ 0 3 287 28 70, *book@plaza.be, Fax 0 3 287 28 71* – AE MC VISA DV k
81 ch ☕ ★116/260 – ★★116/315.
◆ Comfortabel hotel met een Britse look. Lounge met lambrisering en chesterfields, Victoriaanse bar, grote kamers, cosy suites en aangename ontbijtruimte.
◆ Nuits douillettes en cet hôtel adoptant un look "british". Lambris et sièges Chesterfields au salon, bar victorien, grandes chambres, suites cosy et espace breakfast agréable.

Carlton, Quinten Matsijslei 25, ✉ 2018, ☎ 0 3 231 15 15, *info@carltonhotel-antwerp.com, Fax 0 3 225 30 90* – AE MC VISA. rest DU v
Rest *(fermé août et dimanche)* (dîner seult) carte 20/47 – **138 ch** ☕ ★129/189 – ★★145/214 – 1 suite.
◆ Comfortabel hotel uit de jaren 1980 bij de diamantwijk en een park. Verschillende soorten kamers en studio's voor langer verblijf. Praktisch restaurant voor hotelgasten die geen zin hebben om de deur uit te gaan.
◆ Près du centre diamantaire, face à un parc, confortable hôtel des années 1980 vous logeant dans plusieurs types de chambres. Studios pour longs séjours également disponibles. Restaurant pratique pour la clientèle résidente ne souhaitant pas s'aventurer dehors.

Astoria sans rest, Korte Herentalsestraat 5, ✉ 2018, ☎ 0 3 227 31 30, *info@carltonhotel-antwerp.com, Fax 0 3 227 31 34,* – AE MC VISA DU r
66 ch ☕ ★95/140 – ★★108/165.
◆ Hotel in een flatgebouw uit 1990 in een rustige woonstraat, niet ver van de diamantwijk. Functionele kamers met standaardinrichting.
◆ Immeuble hôtelier des années 1990 donnant sur une petite rue résidentielle calme. Chambres fonctionnelles décorées et équipées à l'identique. Proximité du secteur diamantaire.

Colombus sans rest, Frankrijklei 4, ☎ 0 3 233 03 90, *colombushotel@skynet.be, Fax 0 3 226 09 46,* – AE MC VISA. DU u
32 ch ☕ ★97 – ★★117.
◆ Zeer centraal gelegen hotel bij de Meir, te herkennen aan de mooie neoclassicistische gevel. Lounge en ontbijtzaal in art-nouveaustijl, vrolijke kamers en klein zwembad.
◆ Près du Meir, hôtel familial ultra-central, reconnaissable à sa jolie façade néoclassique. Salon et salle de breakfast Art nouveau, chambres fringantes, jolie petite piscine.

Express by Holiday Inn sans rest, Italiëlei 2a, ☎ 0 3 221 49 49, *hotel@expresshiantwerpen.com, Fax 0 3 221 49 44* – AE MC VISA DT b
140 ch ☕ ★95/130 – ★★95/130.
◆ Deze Holiday Inn werd in 2003 als designhotel gebouwd in de wijk de Dokken, het volledig gerenoveerde havengebied. Frisse, moderne kamers en gemeenschappelijke ruimten.
◆ Hôtel de chaîne d'aspect design bâti en 2003 à l'approche d'une zone portuaire reconvertie (quartier Dokken). Chambres fraîches et actuelles ; parties communes de même.

BELGIQUE

Camesina sans rest, Mozartstraat 19, ✉ 2018, ✆ 0 3 257 20 38, *info@camesina.be*, – . DV d
3 ch ☕ 🚹90 – 🚹🚹120.
◆ Pand uit 1900 in het centrum, met gerenoveerde kamers die er allemaal anders uitzien; de mooiste heeft een overdekt terrasje en uitzicht op het park.
◆ En centre-ville, maison 1900' où l'on s'endort dans des chambres rénovées et personnalisées. La meilleure possède une miniterrasse couverte tournée vers un parc public.

Molenaars Droom sans rest, Molenstraat 35, ✉ 2018, ✆ 0 3 259 15 90, *greta.stevens@telenet.be* – . DV a
fermé fin décembre – **3 ch** ☕ 🚹60/80 – 🚹🚹65/105.
◆ B&B in een herenhuis in een rustige woonwijk bij het Paleis van Justitie. Elke kamer heeft een eigen kitchenette voor het ontbijt.
◆ Ce bed and breakfast tire parti d'une maison de maître en secteur résidentiel proche du palais de Justice. Chambres personnalisées. Chacune a sa cuisinette pour le petit-déj'.

Dôme (Julien Burlat), Grote Hondstraat 2, ✉ 2018, ✆ 0 3 239 90 03, *info@domeweb.be*, *Fax 0 3 239 93 90* – . AE VISA EV z
fermé 2 semaines en août, 25 décembre-6 janvier, samedi midi, dimanche et lundi – **Rest** *Lunch 35* – 65, carte 57/77, ♀.
Spéc. Terrine de foie gras aux artichauts, rhubarbe et orange amère. Pigeon, pommes de terre rattes au lard, légumes de saison. Tarte au chocolat.
◆ Ronde eetzaal met neobarokke glaskoepel (19e eeuw). Verfijnde en ambitieuze kookstijl. Het verrassingsmenu is zeer in trek. Betrouwbare sommelier.
◆ Délicate et ambitieuse cuisine moderne à apprécier dans une salle ronde, sous une coupole néo-baroque (19e s.). Menu carte blanche (surprise) très demandé. Sommelier fiable.

La Luna, Italiëlei 177, ✆ 0 3 232 23 44, *info@laluna.be*, *Fax 0 3 232 24 41* – . AE VISA DT p
fermé 28 juillet-14 août, Noël-nouvel an, samedi midi, dimanche et lundi – **Rest** carte 40/67, ♀.
◆ Sober designinterieur van Jean de Meulder (1996), mooie wijnkaart en uitstekende kosmopolitische keuken met Franse, Italiaanse en Japanse invloeden.
◆ Cadre épuré au design lunaire signé Jean De Meulder (1996), savoureuse cuisine aux influences cosmopolites (France, Italie et Japon) et belle sélection de vins.

Harmony, Mechelsesteenweg 169, ✉ 2018, ✆ 0 3 239 70 05, *info@diningroomharmony.com*, *Fax 0 2 343 48 61*, – . AE VISA. DV n
fermé 21 juillet-9 août, 22 décembre-8 janvier, mercredi et samedi midi – **Rest** *Lunch 23* – 50, carte 42/69, ♀.
◆ Restaurant met retro-interieur in een nieuw jasje (parket, gecanneleerde art-decopilaren, Lloyd Loom-stoelen en moderne verlichting). Eigentijdse kaart en valet parking.
◆ Restaurant envoyant de la cuisine d'aujourd'hui dans un cadre rétro actualisé (parquet, pilastres Art déco cannelés, sièges Lloyd Loom, éclairage moderne étudié). Voiturier.

Gran Duca 6e étage, De Keyserlei 28, ✉ 2018, ✆ 0 3 202 68 87, *Fax 0 3 225 51 99*, , Cuisine italienne – . AE VISA DU c
fermé samedi midi et dimanche – **Rest** *Lunch 25* – 47, carte 32/70.
◆ Italiaans restaurant boven een hotel. Rotanstoelen, licht parket, witgemaakte houten panelen en glaskoepel in de eetzaal. Mooi uitzicht op de dakterrassen.
◆ Table italienne perchée au-dessus d'un hôtel. Sièges en rotin, parquet blond, panneaux de bois blanchis et coupole de verre en salle. Belles vues sur les toits en terrasses.

O'Kontreir, Isabellalei 145, ✉ 2018, ✆ 0 3 281 39 76, *info@okontreir.com*, *Fax 0 3 237 92 06* – . AE VISA DV c
fermé 27 juillet-14 août, 24 décembre-2 janvier, samedi midi, dimanche midi, lundi et mardi – **Rest** *Lunch 25* – 45, carte 35/62, ♀.
◆ Restaurant in de joodse wijk met een eigentijdse keuken en een designinterieur in loungestijl en trendy zwart-wit. Eetzaal met mezzanine.
◆ Cette table du quartier juif présente une carte actuelle dans un cadre design façon lounge, très "fashion", jouant sur le contraste du noir et du blanc. Salle avec mezzanine.

Dôme Sur Mer, Arendstraat 1, ✉ 2018, ✆ 0 3 281 74 33, *info@domeweb.be*, *Fax 0 3 239 93 90*, , Produits de la mer, ouvert jusqu'à minuit – VISA. EV a
fermé 2 premières semaines septembre, 24 décembre-5 janvier, samedi midi, dimanche et lundi – **Rest** carte 28/75.
◆ Dit herenhuis is verbouwd tot een trendy brasserie met spierwitte muren, waartegen de knalblauwe aquariums met hun felrode vissen prachtig afsteken. Veel visspecialiteiten.
◆ Maison de maître réaménagée en tendancissime brasserie de la mer au cadre design d'un blanc éclatant égayé par une rangée d'aquariums bleutés où évoluent des poissons rouges.

BELGIQUE

Pazzo, Oude Leeuwenrui 12, ✆ 0 3 232 86 82, *pazzo@skynet.be, Fax 0 3 232 79 34,* Ouvert jusqu'à 23 h – AE VISA DT a
fermé mi-juillet-mi-août, Noël, nouvel an, samedi, dimanche et jours fériés – **Rest** *Lunch 20* – carte 33/51.
• Eigentijdse en levendige brasserie in een oud pakhuis bij de haven. Menu met Mediterrane en Aziatische invloeden. De eigenaar heeft veel verstand van wijn.
• Près des docks, ex-entrepôt transformé en brasserie contemporaine à l'atmosphère animée. Cuisine d'inspiration méditerranéenne et asiatique ; patron-sommelier de bon conseil.

Lamalo, Appelmansstraat 21, ✉ 2018, ✆ 0 3 213 22 00, *ikaz@telenet.be, Fax 0 3 234 22 26,* Cuisine kascher – DU d
fermé 1er au 18 août, vendredi et samedi – **Rest** *Lunch 20* – carte 37/54.
• De joodse gemeenschap van Antwerpen komt graag in dit restaurant in de diamantwijk. Mediterraan interieur en smakelijke koosjere keuken uit de Middellandse Zeelanden.
• La communauté juive anversoise a ses habitudes à cette enseigne du quartier diamantaire. Décor rappelant le Sud ; goûteuse cuisine kascher explorant le pourtour méditerranéen.

't Peerd, Paardenmarkt 53, ✆ 0 3 231 98 25, *resto_t_peerd@yahoo.com, Fax 0 3 231 59 40,* – AE VISA plan p. 8 GY e
fermé 2 semaines Pâques, 2 semaines en septembre, mardi et mercredi – **Rest** 39, carte 49/75.
• Lekker restaurantje uit 1970 met een rustiek-bourgeois interieur, waarin het paard de hoofdrol speelt. Antwerpse sfeer en traditionele kaart met ook paardenvlees.
• Bonne petite table au décor rustico-bourgeois sur le thème équin. Ambiance anversoise, patron en place depuis 1970, choix traditionnel où subsiste une proposition chevaline.

Yamayu Santatsu, Ossenmarkt 19, ✆ 0 3 234 09 49, *Fax 0 3 234 09 49,* Cuisine japonaise avec sushi-bar – AE VISA DTU b
fermé dimanche midi et lundi – **Rest** *Lunch 15* – 47/53, carte 25/54.
• Levendig en authentiek Japans restaurant, waar alle producten met grote zorg worden uitgekozen. Kaart met vier menu's voor 2 personen. Sushibar.
• Adresse nippone vivante et authentique, où n'entrent que des produits triés sur le volet. Carte assortie de quatre menus pour deux couverts. Sushis façonnés à vue au comptoir.

Rimbaud, Hessenbrug 5, ✆ 0 3 226 79 70, *info@rimbaud.be* – AE VISA. plan p. 8 GY c
fermé août, samedi, dimanche et jours fériés – **Rest** (menu unique, prévenir) 38.
• Authentiek en gezellig bistrootje, waar de eigenaar zelf achter het fornuis staat. Er wordt alleen een menu van de markt geserveerd, natuurlijk met dagverse producten.
• Petit bistrot authentique et sympa, dont le chef-patron limite son offre à un menu selon le marché, histoire de varier les plaisirs et de n'utiliser que des produits frais.

P'tit Paris, Lange Lobroekstraat 41, ✉ 2060, ✆ 0 3 272 52 72, *reservatie@petitparis.be, Fax 0 3 236 22 56,* Produits de la mer – AE VISA ET a
fermé 2 premières semaines août, samedi midi et dimanche – **Rest** *Lunch 45 bc* – 70bc, carte 35/59.
• Deze slagerij bij de abattoirs is nu een visrestaurant met witte tegels, open keuken en schoolbordjes aan de rails langs het plafond waar vroeger de karkassen hingen.
• Près des abattoirs, atelier de boucherie devenu resto de la mer. Carrelage blanc, cuisine ouverte et ardoises baladées sur les rails du plafond qui convoyaient les carcasses.

Quartier nord (Docks) - *plans p. 4 et 5 sauf indication spéciale :*

Novotel, Luithagen-haven 6 (Haven 200), ✉ 2030, ✆ 0 3 542 03 20, *H0465@accor.com, Fax 0 3 541 70 93,* – ch, – AE VISA. rest BQ c
Rest carte 32/43 – 15 – **120 ch** 159 – 159.
• Dit in 2007 gerenoveerde ketenhotel staat aan een belangrijke as rechtstreeks naar het centrum. Ook de haven en de snelweg zijn vlakbij. Dit restaurant kijkt achter uit op de tuin met zwembad. Modern-klassieke kaart.
• Cet hôtel de chaîne rénové en 2007 borde un axe important le reliant directement au centre-ville. Il bénéficie en outre de la proximité de la zone portuaire et de l'autoroute. Restaurant donnant à l'arrière sur la piscine du jardin. Carte classico-actuelle.

Docklands sans rest, Kempisch Dok - Westkaai 84, ✆ 0 3 231 07 26, *info@docklandshotel.be, Fax 0 3 231 57 49* – – plan p. 7 DT a
38 ch 60/110 – 70/140.
• Modern hotel waarvan de gevel aan een schip doet denken, wat goed past bij de omgeving. Design van Starck in de kamers.
• Bâtisse hôtelière moderne dont la façade, qui évoque vaguement les lignes d'un navire, "colle" bien à la vocation du quartier. Éléments design signés Starck dans les chambres.

BELGIQUE

XX **Het Pomphuis,** Siberiastraat, ✉ 2030, ✆ 0 3 770 86 25, *info@hetpomphuis.be, Fax 0 3 770 86 10,* ←, – ▤ P ⇔. AE ⊙ MC VISA. ✂ BQ x
Rest *Lunch 25* – carte 43/67.
• Grote brasserie met een luxe uitstraling in een reusachtig havengebouw van rode baksteen uit de vroege 20e eeuw. In de eetzaal staan nog drie indrukwekkende droogdokpompen.
• Grande brasserie de luxe aménagée dans un énorme bâtiment portuaire en brique rouge (début 20e s.). Trois impressionnantes pompes de cale sèche subsistent en salle.

X **Lux,** Adriaan Brouwerstraat 13, ✆ 0 3 233 30 30, *info@luxantwerp.com, Fax 0 3 233 30 31,* , Ouvert jusqu'à 23 h – ▤ ⇔. AE MC VISA plan p. 7 DT c
fermé dimanche midi de juin à septembre et samedi midi – **Rest** *Lunch 20* – 32, carte 35/61, ♀.
• Grote moderne brasserie met retroaccenten in een voormalige rederij bij het Bonapartedok. Italiaans-Belgische kaart, lekkere wijnen per glas en loungebar.
• Grande brasserie moderne aux accents rétro installée dans une ancienne maison d'armateur, au bord du dock Bonaparte. Carte italo-belge, bon choix de vins au verre, lounge-bar.

Quartier sud - *plans p. 6 et 7 sauf indication spéciale :*

Crowne Plaza, G. Legrellelaan 10, ✉ 2020, ✆ 0 3 259 75 00, – ▤ ♿ rest, P – . AE ⊙ MC VISA. ✂ rest plan p. 5 BS g
Rest (en juillet-août dîner seult) *Lunch 20* – carte 33/62, ♀ – ☕ 21 – **256 ch** ★124/235 – ★★124/235 – 6 suites.
• Hotel en congrescentrum bij de ring en een toegangsweg naar het centrum. De gemoderniseerde kamers verdienen de voorkeur. Fitness, sauna en overdekt zwembad. Nieuwe restaurantformule in de maak.
• Hôtel-centre de congrès proche du ring et d'une artère de pénétration vers le centre-ville. Réservez de préférence une chambre modernisée. Fitness, sauna et piscine couverte. Nouvelle formule de restauration à l'étude.

Firean , Karel Oomsstraat 6, ✉ 2018, ✆ 0 3 237 02 60, *info@hotelfirean.com, Fax 0 3 238 11 68* – ▤ . AE ⊙ MC VISA DX n
fermé 29 juillet-20 août et 23 décembre-8 janvier – **Rest** voir rest ***Minerva*** ci-après – **12 ch** ☕ ★143/180 – ★★167/235.
• Sfeervol hotel in een mooi art-decopand uit 1929. Binnenplaats met terras, kamers en gemeenschappelijke ruimten met antiek. Gedistingeerde service.
• Hébergement de caractère dans une belle maison Art déco (1929). Cour-terrasse, communs d'époque, chambres personnalisées par du mobilier ancien, accueil et service distingués.

Industrie sans rest, Emiel Banningstraat 52, ✆ 0 3 238 66 00, *sleep@hotelindustrie.be* – . AE ⊙ MC VISA. ✂ CV a
13 ch ☕ ★55/67 – ★★67/80.
• Dit hotelletje met onberispelijke kamers is ondergebracht in twee herenhuizen in de buurt van twee interessante musea en het opvallende nieuwe Paleis van Justitie.
• Ce petit établissement aux chambres sans reproche occupe deux maisons de maître situées à proximité de deux musées intéressants et du nouveau et original palais de Justice.

Charles Rogier XI sans rest, Karel Rogierstraat 11, ✆ 0 475 29 99 89, *charles.rogierxi@skynet.be* – ▤. MC VISA. ✂ CV b
fermé nouvel an – **3 ch** ☕ ★200 – ★★200.
• Geraffineerd ingerichte gastenkamers in een chic, oud pand in een rustige woonstraat, niet ver van het Museum voor Schone Kunsten.
• Savourez le raffinement décoratif des chambres de cette maison d'hôte au cachet ancien et select située dans une rue résidentielle calme, pas loin du musée des Beaux-Arts.

Time-Out sans rest, Tolstraat 49, ✆ 0 498 12 37 73, *monique@timeout-antwerpen.be,* – P. MC VISA. ✂ DV x
3 ch ☕ ★150/200 – ★★150/200.
• Sfeervol adres met gastenkamers in een rustige buurt, waar u een vriendelijk en spontaan onthaal wacht. Door de felle kleuren en de moderne kunst is elke kamer weer anders.
• Dans un quartier exempt de chahut, maison d'hôte de charme vous réservant un accueil aimable et spontané. Chambres personnalisées par des tons vifs et de l'art contemporain.

XXX **Minerva** - H. Firean, Karel Oomsstraat 36, ✉ 2018, ✆ 0 3 216 00 55, *restaurantminerva@skynet.be, Fax 0 3 216 00 55* – ▤. AE ⊙ MC VISA DX e
fermé 29 juillet-20 août, 23 décembre-8 janvier, dimanche et lundi – **Rest** *Lunch 35* – carte 51/92.
• Dit chique restaurant, genoemd naar een vooroorlogs Belgisch automerk, is gevestigd in een oude garage waarvan de werkkuil nog intact is (met glas overdekt). Klassieke keuken.
• Cette table chic nommée d'après une marque d'automobile belge d'avant-guerre met à profit un garage dont la fosse, couverte d'une vitre, reste intacte. Recettes classiques.

BELGIQUE

XXX **Kommilfoo,** Vlaamse Kaai 17, ☎ 0 3 237 30 00, *kommilfoo@resto.be, Fax 0 3 237 30 00* – ▤. AE ⓓ ⓜⓒ VISA. ✈ CV x
fermé 1er au 15 juillet, samedi midi, dimanche et lundi – **Rest** *Lunch 33* – 48/80 bc, carte 45/77.
◆ Dit oude pakhuis heeft een complete make-over gehad en is nu een restaurant "comme il faut" met een inventieve chef-kok. Moderne eetzaal met Lloyd Loom-stoelen.
◆ Enseigne-vérité : cet ex-entrepôt s'est effectivement métamorphosé en restaurant bien "kommilfoo" (comme il faut). Salle moderne dotée de sièges en Lloyd Loom. Chef inventif.

XXX **Loncin,** Markgravelei 127, ✉ 2018, ☎ 0 3 248 29 89, *info@loncinrestaurant.be, Fax 0 3 248 38 66,* 🏠 – ▤ P ⇔. AE ⓓ ⓜⓒ VISA DX d
fermé 2 semaines en février, 2 semaines en juillet, samedi midi et dimanche – **Rest** *Lunch 38* – 50/105 bc, carte 47/108, 🍇.
◆ Restaurant in een pand uit 1900 met een stijlvol interieur. Keuken met topproducten en een overvloed aan wild in het seizoen. Mooie wijnkelder met veel halve flessen.
◆ Maison 1900 où un patron-chasseur vous régale dans un cadre élégant. Cuisine orientée produits nobles, gibier à foison en saison de vénerie, belle cave riche en demi-bouteilles.

XX **Liang's Garden,** Markgravelei 141, ✉ 2018, ☎ 0 3 237 22 22, *liangsgarden@skynet.be, Fax 0 3 248 38 34,* Cuisine chinoise – ▤ ⇔. AE ⓓ ⓜⓒ VISA DX d
fermé 7 juillet-3 août et dimanche – **Rest** *Lunch 25* – 45/70, carte 31/78.
◆ Een Chinees gastronomisch begrip! Ruim en verzorgd interieur, specialiteiten uit Kanton (dim sum), Peking (gelakte eend) en Sichuan (fondue). Lekker menu "van grootmoeder".
◆ Une institution gastronomique chinoise ! Cadre ample et soigné, spécialités cantonaises (dim sum), pékinoises (canards laqués) et sichuanaises (fondue). Bon menu "Grand-mère".

XX **Radis Noir,** Desguinlei 186, ✉ 2018, ☎ 0 3 238 37 70, *radisnoir@skynet.be, Fax 0 3 238 39 07* – ▤ ⇔. AE ⓓ ⓜⓒ VISA. ✈ DX x
fermé 24 mars-2 avril, 21 juillet-13 août, mercredi soir, samedi midi, dimanche et jours fériés – **Rest** *Lunch 30* – 50/84 bc, carte 49/93.
◆ Achter de oude gevel van baksteen, gemoderniseerd door gezandstraalde panelen, gaat een mooie eetzaal schuil met minimalistisch design. Kleine, maar vaak wisselende kaart.
◆ Cette façade ancienne en briques rouges, modernisée par des panneaux en verre sablé, cache une jolie salle au design contemporain minimaliste. Petit choix souvent recomposé.

XX **Het Gerecht,** Amerikalei 20, ☎ 0 3 248 79 28, *restaurant@hetgerecht.be, Fax 0 3 248 79 28,* 🏠 – ⇔. ⓜⓒ VISA. ✈ DV e
fermé 20 juillet-4 août, samedi midi, dimanche et lundi – **Rest** *Lunch 22* – 40/67 bc, carte 46/58.
◆ Eigentijdse gerechten bereid door de baas en opgediend door zijn vrouw in een modern, sfeervol en goed verzorgd interieur of op het plankier van de patio met bakstenen muren.
◆ Cuisine au goût du jour faite par le patron et servie par madame dans un cadre actuel "cosy" et bien soigné, ou sur les planches de la cour-terrasse close de murs en briques.

X **Hippodroom,** Leopold de Waelplaats 10, ☎ 0 3 248 52 52, *resto@hippodroom.be, Fax 0 3 238 71 67,* 🏠, Ouvert jusqu'à 23 h – ⇔. ⓜⓒ VISA CV d
fermé samedi midi et dimanche – **Rest** *Lunch 20* – carte 36/59.
◆ Moderne brasserie in een herenhuis naast het Museum voor Schone Kunsten. Wereldkeuken, artistieke clientèle en terrassen voor en achter.
◆ Brasserie moderne installée dans une maison de maître jouxtant le musée des Beaux-Arts. Carte un peu globe-trotter, clientèle du monde artistique, terrasses avant et arrière.

X **Bizzie-Lizzie,** Vlaamse Kaai 16, ☎ 0 3 238 61 97, *info@bizzielizzie.com, Fax 0 3 248 30 64,* 🏠 – ▤ ♿ ⇔. AE ⓓ ⓜⓒ VISA CV r
fermé samedi midi et dimanche – **Rest** *Lunch 22* – carte 33/47, 🍷🍇.
◆ Eigentijdse brasserie met rustieke accenten. Eetzalen op verschillende niveaus, kleine kaart met exotische invloeden, internationale wijnkelder en een goede sommelier.
◆ Maison flamande reconvertie en brasserie contemporaine à touches rustiques. Salles étagées, petit choix parsemé de pointes d'exotisme, cave internationale et sommelier avisé.

X **Ferrier 30,** Leopold de Waelplaats 30, ☎ 0 3 216 50 62, *Fax 0 3 216 99 94,* 🏠, Cuisine italienne, ouvert jusqu'à 23 h – ▤ ⇔. AE ⓜⓒ VISA. ✈ CV c
fermé mercredi – **Rest** carte 32/49.
◆ Overvloedige Italiaanse gerechten in een trendy zwart-wit interieur met een terras naast het Museum voor Schone Kunsten. Intiemer zaaltje in de kelder en attente bediening.
◆ Cuisine italienne généreuse, déco "mode" en noir et blanc, service proactif et terrasse côté musée des Beaux-Arts. Au sous-sol, salle plus intime utilisée en cas d'affluence.

River Kwai, Vlaamse Kaai 14, ✆ 0 3 237 46 51, *kwai@telenet.be*, Cuisine thaïlandaise – ▤ ⇔. AE MC VISA. ✈ CV e
fermé 2 dernières semaines juin, mercredi, samedi midi et dimanche midi – **Rest** Lunch 15 – 45, carte 28/46, ♀.
• Thais restaurant in een pand uit 1906 in neokoloniale stijl. Eetzalen op verschillende verdiepingen en omheind teakhouten stadsterrasje.
• Immeuble de 1906 abritant une table thaïlandaise au dépaysant décor de style néo-colonial. Salles superposées et petite terrasse urbaine cloisonnée, en bois exotique.

Invincible, Pacificatiestraat 3, ✆ 0 3 294 48 78, *info@restaurantinvincible.be*, *Fax 0 3 294 55 95* – ⇔. AE MC VISA CV f
fermé dernière semaine juillet-première semaine août, fin décembre, samedi midi, dimanche et lundi – **Rest** carte 36/55, ♀.
• Kleine trendy bistro met een creatieve eigentijdse keuken en harmonieuze spijs-wijncombinaties, want de eigenaar is tevens sommelier.
• Ce petit restaurant agencé à la façon d'un bistrot branché propose de la cuisine actuelle volontiers créative et d'harmonieux accords entre mets et vins (patron-sommelier).

Périphérie - *plans p. 4 et 5 sauf indication spéciale :*

à Berchem C *Antwerpen* – ✉ *2600 Berchem :*

Euterpia, Generaal Capiaumontstraat 2, ✆ 0 3 235 02 02, *euterpia@skynet.be, Fax 0 3 235 58 64*, ⛱ – ⇔. MC VISA plan p. 7 EV y
fermé Pâques, dernière semaine juillet-première quinzaine août, Noël, lundi et mardi – **Rest** (dîner seult jusqu'à 23 h) carte 48/67.
• Gevel in verschillende stijlen en art-nouveautoren met een beeld van de muze Euterpe. Artistieke ambiance, retro-interieur, glaskoepel, klassieke kaart en dagsuggesties.
• Façade éclectique et tour Art nouveau veillées par une statue de la muse Euterpe. Ambiance artistique, déco rétro, verrière, carte classique et ardoise suggestive actualisée.

De Troubadour, Driekoningenstraat 72, ✆ 0 3 239 39 16, *info@detroubadour.be, Fax 0 3 230 82 71* – ▤ P ⇔. AE D MC VISA plan p. 7 DX a
fermé 3 premières semaines août, dimanche et lundi – **Rest** Lunch 25 – 33, carte 33/44, ♀.
• Moderne eetzaal, waar de spraakzame patron voor een gezellige sfeer zorgt. Creatieve klassieke keuken en mondeling doorgegeven menu's. Parkeren : informeren bij het reserveren.
• Salle moderne-cosy où un patron volubile entretient une atmosphère cordiale. Carte classico-créative et bons menus-choix annoncés oralement. Parking : s'informer en réservant.

Margaux, Terlinckstraat 2, ✆ 0 3 230 55 99, *info@restaurant-margaux.be, Fax 0 3 230 40 71*, ⛱ – ▤ ⇔. AE D MC VISA. ✈ plan p. 7 DX b
fermé samedi midi et dimanche – **Rest** 31, carte 33/51, ♀.
• Oud pand in een woonwijk dat vanbinnen is gemoderniseerd in de stijl van een luxe bistro. De patio met teakhouten meubelen en lage hagen is 's zomers in trek.
• En secteur résidentiel, maison ancienne rajeunie au-dedans à la façon d'un bistrot cossu. L'été, profitez de la cour-terrasse meublée en teck et quadrillée de buis taillés.

Willy, Generaal Lemanstraat 54, ✆ 0 3 218 88 07 – ▤. AE D MC VISA. ✈ plan p. 7 DX v
fermé 9 au 19 octobre, samedi et dimanche – **Rest** Lunch 11 – 13/25, carte 26/46.
• Betrouwbaar adresje voor een traditionele maaltijd zonder gepeperde rekening. Ribstuk of de dagsuggesties zijn een aanrader. De baas staat al sinds 1978 achter het fornuis!
• Petite adresse familiale digne de confiance pour faire un bon repas traditionnel à prix doux. Testez la côte à l'os ou une suggestion du jour. Patron au piano depuis 1978 !

à Berendrecht *par ① : 23 km au Nord* C *Antwerpen* – ✉ *2040 Berendrecht :*

Reigershof, Reigersbosdreef 2, ✆ 0 3 568 96 91, *reigershof@scarlet.be, Fax 0 3 568 71 63* – ⇔. AE D MC VISA
fermé 3 premières semaines juillet, 26 décembre-8 janvier, samedi midi, dimanche soir, lundi et mardi – **Rest** Lunch 30 – 34/73 bc, carte 47/67, ♀.
• Restaurant met een verzorgde inrichting in een oude smederij annex bierhuis, in een polderdorp bij een bos waar een reigerkolonie nestelt. Aantrekkelijke eigentijdse kaart.
• Table au cadre soigné tirant parti d'une ancienne forge-estaminet située dans un village des polders, près d'un bois où niche une colonie de hérons. Carte actuelle alléchante.

BELGIQUE

à Borgerhout C Antwerpen – ✉ *2140 Borgerhout :*

Scandic, Luitenant Lippenslaan 66, ☎ 0 3 235 91 91, *info-antwerp@scandic-hotels.com, Fax 0 3 235 08 96*, – ch, P – . AE VISA. rest **BR e**
Rest *Lunch 33* – carte 30/46 – **200 ch** ★88/182 – ★★106/200 – 4 suites.
◆ Ketenhotel bij de Ring, het station, het Zilvercentrum (museum) en een golfterrein. Goed geëquipeerde kamers, vergaderzalen, zwembad, sauna en fitness. Vrij deftige brasserie met groot teakhouten terras.
◆ Hôtel de chaîne situé en bord de rocade, près d'une gare, du Zilvercentrum (musée) et d'un golf. Chambres bien équipées, salles de réunions, piscine, sauna et fitness. Brasserie d'un genre assez formel, complétée par une grande terrasse en teck.

à Deurne C Antwerpen – ✉ *2100 Deurne :*

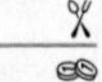

Harvest, Ter Rivierenlaan 100, ☎ 0 3 325 66 99, *Fax 0 3 326 69 82*, Cuisine asiatique – .
AE VISA **BR b**
fermé juillet et lundi – **Rest** (dîner seulement sauf vendredi et dimanche jusqu'à 23 h) *Lunch 10* – 20/44 bc, carte 16/40.
◆ Groot assortiment Aziatische specialiteiten uit Japan, China, Thailand en Maleisië in een Japans aandoend interieur.
◆ Vaste assortiment de spécialités asiatiques (nipponnes et chinoises, mais aussi thaïlandaises et même malaises) à découvrir dans un décor japonisant.

à Ekeren C Antwerpen – ✉ *2180 Ekeren :*

De Mangerie, Kapelsesteenweg 471 (par ②), ☎ 0 3 605 26 26, – P. AE VISA
fermé samedi midi – **Rest** *Lunch 30* – carte 29/62, ♀. **BQ**
◆ Huis met Louisianagevel die past bij het warme interieur in de stijl van een "Acadische bistro". Eetzaal met mezzanine, teakhouten terras, traditionele kaart en populair menu.
◆ Maison dont la façade "Louisiane" s'harmonise au chaleureux intérieur d'esprit "bistrot acadien". Salle avec mezzanine, terrasse en teck, carte traditionnelle, menu populaire.

à Merksem C Antwerpen – ✉ *2170 Merksem :*

Culinaria, Ryenlanddreef 18, ☎ 0 3 645 77 72, *culinaria@telenet.be, Fax 0 3 290 01 25*, – P. AE VISA. **BQ a**
fermé 1 semaine carnaval, 1 semaine Pâques, 2 dernières semaines juillet, mercredi et samedi midi – **Rest** 25/65 bc, carte 37/56.
◆ Restaurant tussen de flats in een woonwijk. Licht interieur en sfeervol terras. Klassieke kaart met suggesties op een leitje.
◆ Dans un environnement résidentiel, parmi les immeubles, restaurant misant sur une carte classique enrichie de suggestions à l'ardoise. Salle au cadre clair et terrasse intime.

Environs

à Aartselaar *par ⑩ : 10 km – 14 375 h. –* ✉ *2630 Aartselaar :*

Kasteel Solhof sans rest, Baron Van Ertbornstraat 116, ☎ 0 3 877 30 00, *info@solhof.be, Fax 0 3 877 31 31*, – P – . AE VISA.
fermé Noël-nouvel an – 20 – **24 ch** ★145/195 – ★★165/285.
◆ Imposante patriciërswoning omringd door een slotgracht en een park met veel bomen. Ideaal voor zakelijke besprekingen.
◆ Défendue par des douves et agrémentée d'un parc bien boisé, cette demeure imposante et cossue offre à la clientèle d'affaires un cadre idéal pour la tenue de réunions.

De Cocotte, Kleistraat 175, ☎ 0 3 887 56 85, *info@decocotte.be, Fax 0 3 887 22 56*, – P. AE VISA.
fermé samedi midi – **Rest** *Lunch 25* – 48, carte 38/52, ♀.
◆ Mooie villa in een rustige woonwijk. Bistrosfeer, keuken op basis van het aanbod op de markt, terras met veel groen en designatelier voor kooklessen.
◆ Jolie villa bâtie dans un quartier résidentiel. Ambiance bistrotière sympathique, cuisine du marché, délicieuse terrasse au vert et atelier design pour cordons bleus en herbe.

Hana, Antwerpsesteenweg 116, ☎ 0 3 877 08 95, Cuisine japonaise avec Teppan-Yaki – . AE VISA.
fermé 2 semaines en juillet, 2 semaines en août, mardi soir, samedi midi et dimanche midi – **Rest** *Lunch 15* – 20/50, carte 39/80.
◆ Achter een onopvallende gevel langs de A12 schuilt dit sobere, traditionele Japanse restaurantje, waar de gasten rondom drie Teppan-Yaki kookplaten zitten.
◆ Une façade discrète au bord de l'autoroute A12 abrite ce sobre petit établissement traditionnel japonais équipé de trois Teppan-Yaki (tables de cuisson).

BELGIQUE

à Boechout - *plan p. 5 – 12 090 h. – ✉ 2530 Boechout :*

XXX **De Schone van Boskoop** (Wouter Keersmaekers), Appelkantstraat 10, ☎ 0 3 454 19 31, *deschonevanboskoop@skynet.be, Fax 0 3 454 02 10,* – . AE ◑ MC VISA BS d
fermé août, Noël-nouvel an, dimanche et lundi – **Rest** *Lunch 40* – 85/200 bc, carte 81/147, ♀.
Spéc. Trois préparations de crabe royal. Saucisse de veau à la truffe, stoemp. Turbot, sauce à l'huile d'argan et moutarde.
• Goed restaurant met eigentijds, uitgesproken artistiek interieur. Modern-klassieke kaart met mondeling doorgegeven suggesties; kwaliteitswijnen. Terras met waterpartij en standbeelden.
• Bonne table au cadre contemporain franchement artistique. Carte classique actualisée et suggestions faites de vive voix. Pièce d'eau et statues en terrasse. Cave de qualité.

à Brasschaat - *plan p. 5 – 37 282 h. – ✉ 2930 Brasschaat :*

Afspanning De Kroon, Bredabaan 409 (par ③ : 1,5 km), ☎ 0 3 652 09 88, *info@dekroon.be, Fax 0 3 653 25 92,* – , rest, . AE MC VISA.
fermé 24, 25 et 31 décembre-1er janvier – **Rest** carte 33/56 – **20 ch** 115/140 – 140/230.
• Hotelletje in het centrum van Brasschaat, in een 18e-eeuws poststation dat doet denken aan een Engelse herberg. In de nieuwe vleugel zijn verschillende categorieën kamers ondergebracht. Traditionele maaltijd in een oude schuur met mezzanine.
• Au centre du bourg, petit hôtel aménagé dans un relais du 18e s. au "look" d'auberge anglaise. Une aile récente abrite diverses catégories de chambres assez charmantes. Repas traditionnel dans une ancienne grange avec mezzanine. Cuisine du marché.

't Klokkenhof, Bredabaan 950, ☎ 0 3 663 09 27, *info@klokkenhof.com, Fax 0 3 663 09 28,* , , – ch, – . AE ◑ MC VISA.
Rest *Lunch 30* – carte 32/60 – **15 ch** 105/125 – 125/205 – ½ P 135.
• Grote villa in een chique woonwijk. Verzorgd onthaal, kamers met een persoonlijke touch, waterpartij, jeu-de-boulesbaan en speeltoestellen in de tuin. Traditionele maaltijd in de gezellige eetzaal met veel hout of op het mooie terras in het groen.
• Grande villa située dans un quartier résidentiel chic. Accueil soigné, chambres personnalisées, pièce d'eau, boulodrome et jeux d'enfants au jardin. Restaurant envoyant des repas traditionnels dans un décor chaleureux et boisé ou sur la belle terrasse au vert.

XXXX **Kasteel Withof** avec ch, Bredabaan 906 (Nord : 3 km, Maria ter Heide), ☎ 0 3 670 02 20, *info@kasteelwithof.be, Fax 0 3 670 02 22,* , , – , rest, rest, . AE MC VISA.
fermé 3 semaines en août, dernière semaine décembre, dimanche et lundi – **Rest** *Lunch 38* – 90, carte 75/125, – **6 ch** 325 – 325.
Spéc. Cannelloni au lait de coco, homard et huile de crustacés. Chipolata à la truffe noire, pot-au-feu de légumes. Riz au lait et citron vert.
• In dit prachtige kasteel met park wordt u in stijl ontvangen in de elegante modern-klassieke eetzaal of op het terras. Verfijnde keuken en prestigieuze wijnen. Sfeervolle eigentijdse kamers met uitzicht op de vijver of kruidentuin, sommige met terras.
• Ce fastueux château entouré d'un parc vous reçoit avec style dans une élégante salle classique-moderne ou en terrasse. Mets raffinés et vins prestigieux. Chambres côté étang ou jardin d'aromates, personnalisées dans un style actuel cosy, avec ou sans terrasse.

X **Lucius,** Bredabaan 570 (par ② : 3 km), ☎ 0 3 653 27 27, *info@lucullus.be, Fax 0 3 653 27 72,* – . AE MC VISA
fermé 17 juillet-3 août, samedi, dimanche et lundi – **Rest** *Lunch 26* – 33/75 bc, carte 48/64, ♀.
• Dit restaurant in een statig herenhuis met rode gevel is in trek vanwege de eigentijdse menu's, het moderne interieur in verschillende kleuren en de verwarmde patio.
• Derrière la fière façade rouge d'une maison de maître, table qui séduit par ses menus au goût du jour, son cadre moderne d'une vive polychromie et sa terrasse-patio chauffée.

à Burcht - *plan p. 4* C *Zwijndrecht 18 231 h – ✉ 2070 Burcht :*

X **Chef's Table,** Koningin Astridlaan 1, ☎ 0 3 296 65 69, *chefstable@telenet.be,* – . AE MC VISA AR x
fermé 2 premières semaines mars, dernière semaine septembre-première semaine octobre, mardi et mercredi – **Rest** 35/55 bc, carte 41/54, ♀.
• Restaurantje aan de linkeroever van de Schelde, met een leuk, modern interieur: rode leren stoelen, bar met koeienhuidmotieven en scherm om de keukenactiviteiten te volgen.
• Sur la rive gauche de l'Escaut, petite table au décor moderne bien "sympa" : sièges en cuir rouge, zinc à motifs "peau de vache" et activité des cuisines rediffusée à l'écran.

à Edegem - *plan p. 5 – 21 668 h. – ✉ 2650 Edegem :*

X **Cabanelf,** Mechelsesteenweg 11, ☎ 0 3 454 58 98, *info@cabanelf.com, Fax 0 3 455 34 26* – ▤ ⇔. AE ⓓ ⓜⓒ VISA. ✗ BS a
fermé 1 semaine Pâques, fin juillet-début août, Noël-nouvel an, samedi midi, dimanche et lundi – **Rest** *Lunch 25* – carte env. 50, ♀.
◆ Modern restaurant aan de grote weg. Kleine keuze van proeverijen voor een vaste prijs om nog meer te kunnen genieten. Leuke wijnbar.
◆ Restaurant "dernière tendance" situé en bord de grand-route. Petit choix de recettes à prix fixe (portions dégustation) pour multiplier les plaisirs gourmands. Wine-bar sympa.

X **La Rosa,** Mechelsesteenweg 398, ☎ 0 3 454 37 25, *Fax 0 3 454 37 26,* 🏕 – ⇔. AE ⓜⓒ VISA. ✗ BS b
fermé 1er au 7 janvier, 8 au 24 juillet, samedi midi et dimanche.
Rest *Lunch 23* – 40, carte 37/58, ♀.
◆ Moderne brasserie in een art-decohuis. Rood is de kleur die overheerst in het design-interieur, waar als thema van grote foto's de roos is gekozen. Actuele kaart die om de twee maanden wordt vernieuwd.
◆ Brasserie moderne installée dans une maison Art déco. Intérieur design presque tout en rouge, grandes photos sur le thème de la rose, carte actuelle revue tous les deux mois.

à 's Gravenwezel *par ⑤ : 13 km* 🅒 *Schilde 19 575 h. – ✉ 2970 's Gravenwezel :*

X **De Vogelenzang,** Wijnegemsteenweg 193, ☎ 0 3 353 62 40, *devogelenzang@pandora.be, Fax 0 3 353 33 83,* 🏕, Taverne-rest – ▤ 🅿 ⇔. AE ⓓ ⓜⓒ VISA
fermé mercredi – **Rest** carte 28/61.
◆ Bosrijke omgeving, eenvoudige, maar lekkere schotels, Aziatische gerechten als "guest star", rustiek retro-interieur, terras en ook nog vogelzang!
◆ Environnement boisé, plats simples et bons, saveurs d'Asie en "guest star", déco rustico-rétro, estaminet, cinéma pour enfants, terrasse et, en prime, le chant des oiseaux !

X **Bistro Terkempen,** Wijnegemsteenweg 39, ☎ 0 3 293 67 56, *johnskitchen@pandora.be,* 🏕 – ▤ ⇔. ⓜⓒ VISA
fermé 2 semaines carnaval, dimanche et lundi.
Rest *Lunch 15* – 30, carte 30/49, ♀.
◆ Dit familiebedrijf valt in de smaak vanwege de verzorgde eigentijdse keuken. Stoelen uit de jaren 1950 en doeken van Corneille. Serre, terras en waterpartij aan de tuinzijde.
◆ Une adresse familiale qui plaît pour sa cuisine actuelle soignée. Sièges fifties et toiles de Corneille (groupe Cobra) en salles. Véranda, terrasse et pièce d'eau côté jardin.

BELGIQUE

Bedrijven die een rood symbool kregen, verdienen extra aandacht!

à Schilde *par ⑤ : 13 km – 19 575 h. – ✉ 2970 Schilde :*

XX **Euryanthe,** Turnhoutsebaan 177, ☎ 0 3 383 30 30, *info@euryanthe.be, Fax 0 3 383 30 30,* 🏕 – 🅿 ⇔. AE ⓜⓒ VISA
fermé 2 premières semaines août, samedi midi, dimanche et lundi.
Rest *Lunch 30* – 45, carte 38/56.
◆ Karakteristiek gebouw in het centrum van Schilde. Sfeervol wit interieur en grote patio met bloemen naast een oude schuur. Modern-klassieke kaart en suggesties.
◆ Bâtisse de caractère située au centre de Schilde. Cadre cosy tout en blanc et vaste cour-terrasse fleurie côtoyant une ancienne remise. Carte classico-actuelle et suggestions.

à Schoten - *plan p. 5 – 33 160 h. – ✉ 2900 Schoten :*

XXX **Kleine Barreel,** Bredabaan 1147, ☎ 0 3 645 85 84, *info@kleine-barreel.be, Fax 0 3 645 85 03* – ▤ 🅿 ⇔. AE ⓓ ⓜⓒ VISA. ✗ BQ n
Rest *Lunch 34* – 40/70 bc, carte 45/84, ♀.
◆ Gevel met luifels, moderne eetzaal met chesterfields, traditionele kaart, seizoengebonden specialiteiten, gastronomische menu's en pianist in het weekend (behalve juli-aug.).
◆ Façade à auvents, salle moderne meublée en Chesterfield, carte traditionnelle, spécialités de saison, menus "gastro" et pianiste le soir en fin de semaine (sauf juillet-août).

XX **Villa Doria,** Bredabaan 1293, ☎ 0 3 644 40 10, *info@villadoria.be,* Avec cuisine italienne – ▤ 🚗 🅿 ⇔. AE ⓓ ⓜⓒ VISA. ✗ BQ b
fermé 3 semaines en juillet, Noël, nouvel an et mercredi.
Rest *Lunch 32 bc* – carte 40/64, ♀.
◆ Licht interieur met moderne foto's, Italiaanse recepten met eersteklas producten en levendige ambiance met een selecte clientèle. Valet parking.
◆ Salle claire où s'exposent des photos modernes, recettes transalpines à base de produits choisis et ambiance vivante entretenue par une clientèle select. Service voiturier.

XX **De Linde,** Alice Nahonlei 92 (Est : 3 km, angle N 113), ☎ 0 3 658 47 43, *de.linde.bvba@skynet.be, Fax 0 3 658 11 84,* – P. AE MC VISA
fermé 2 semaines en février, 3 semaines en juillet, mardi et mercredi – **Rest** *Lunch 26* – 48, carte 41/73.
◆ Karakteristiek pand uit het eind van de jaren 1930 in een boomrijke woonwijk. Ruime, eigentijdse eetzaal en terras. Traditioneel-klassieke keuken met een snufje modern.
◆ Construction typique de la fin des années1930 dans un quartier résidentiel boisé. Ample salle relookée à la mode d'aujourd'hui, terrasse, choix classico-traditionnel revisité.

à Stabroek *par ① : 21 km – 17 589 h – ✉ 2940 Stabroek :*

XX **De Koopvaardij** (Tim Meuleneire et Wouter Van Tichelen), Hoogeind 96 (sur N 111), ☎ 0 3 297 60 25, *restaurant@dekoopvaardij.be,* – P. AE MC VISA
fermé 27 décembre-4 janvier, 16 au 21 mars, 17 août-2 septembre, mercredi et samedi midi – **Rest** *Lunch 30* – 50/95 bc, carte 70/107, ♀.
Spéc. Langoustines et tuiles au sésame, carottes à la cardamome. Médaillons de raie, garniture berbère. Banane confite au piment d'Espelette, sorbet au chocolat blanc.
◆ Restaurant bij de grens, tussen de haven en een woonwijk. Designinterieur, uitnodigend terras, vriendelijk personeel en creatieve keuken van een jong en innovatief duo.
◆ Près de la frontière, entre docks et secteur résidentiel. Jolie salle design, terrasse invitante, personnel charmant et cuisine créative faite par un jeune tandem novateur.

à Wijnegem *par ⑤ : 2 km – 8 816 h. – ✉ 2110 Wijnegem :*

XXX **Ter Vennen,** Merksemsebaan 278, ☎ 0 3 326 20 60, *tervennen@skynet.be, Fax 0 3 326 38 47,* – P. AE MC VISA BQ z
Rest *Lunch 46 bc* – 40/72 bc, carte 55/84.
◆ Klassiek restaurant in een boerderijtje met grote bomen eromheen. Uitgebalanceerd keuzemenu en een mooi teakhouten terras. Op verzoek kan de wijnkelder worden bekeken.
◆ Table classique aménagée dans une fermette blottie sous de grands arbres. Menu multichoix très bien balancé, cave à vue visitable sur demande et jolie terrasse en teck.

BELGIQUE

Un hôtel charmant pour un séjour très agréable ?
Réservez dans un hôtel avec pavillon rouge : ... .

ARBRE *Namur* **533** N 20, **534** N 20 *et* **716** H 4 – *voir à Profondeville.* 14 **B2**

ARLON (AARLEN) *6700* P *Luxembourg belge* **534** T 24 *et* **716** K 6 – *26 367 h.* 13 **C3**
Musée : *Luxembourgeois★ : section lapidaire gallo-romaine★★* Y.
ℹ *r. Faubourgs 2 ☎ 0 63 21 63 60, info@ot-arlon.be, Fax 0 63 21 63 60.*
Bruxelles 187 ① – Namur 126 ① – Ettelbrück 34 ② – Luxembourg 31 ③.

Plan page ci-contre

 **Hostellerie du Peiffeschof** , Chemin du Peiffeschof 111 (par ② : 800 m, puis à gauche), ☎ 0 63 41 00 50, *info@peiffeschof.be, Fax 0 63 22 44 05,* – P – . AE MC VISA.
fermé 9 et 10 février, 22 mars-2 avril, 3 au 17 août, 1er au 5 novembre, mercredi et dimanche – **Rest *Zinc*** voir ci-après – **9 ch** ★85/120 – ★★107/160 – ½ P 82/120.
◆ Hostellerie de tradition (19e s.) harmonieusement rénovée en 2001. Communs pimpants, chambres personnalisées et terrasse en bois exotique tournée vers un jardin bichonné.
◆ Dit landelijke hotel (19e eeuw) is in 2001 fraai gerenoveerd. Keurige gemeenschappelijke ruimten, kamers met een persoonlijke noot en houten terras aan de verzorgde tuin.

Arlux, r. Lorraine (par E 411 - E 25, sortie ㉛ , puis 1re rue à droite), ☎ 0 63 23 22 11, *hotel.arlux@autogrill.be, Fax 0 63 23 22 48,* – P – . AE MC VISA. rest
Rest *(fermé lundi midi et samedi midi)* 26/33 bc, carte 24/33 – **78 ch** ★66/99 – ★★72/108 – ½ P 83/117.
◆ Pas loin de l'autoroute, bâtisse hôtelière déployant plusieurs ailes de chambres plus ou moins récentes, généralement assez spacieuses, pratiques et bien insonorisées. Grande brasserie bien installée ; carte classico-traditionnelle.
◆ Hotel in de buurt van de snelweg, bestaande uit meerdere vleugels met vrij moderne, overwegend ruime kamers die praktisch zijn ingericht en geluiddicht zijn. Gunstig gelegen, grote brasserie met een klassiek-traditionele kaart.

ARLON

Bastion (R. du) . . . . Y 2
Capucins (R. des) . . . . Y 3
Carmes (R. des) . . . . Z 4
Chasseurs-Ardennais
(Pl. des) . . . . Y 6
Didier (Pl.) . . . . Y 8
Diekrich (R. de) . . . . Y
Dr Hollenfeltz (Pl.) . . . . Y 9
Etienne-Lenoir (R.) . . . . Z 10
Faubourgs (R. des) . . . . Y 12
Frassem (R. de) . . . . Y 13
Grand'Place . . . . YZ 15
Grand'Rue . . . . Z 16
Léopold (Pl.) . . . . Z 19
Marché aux Légumes . . . . YZ 22
Marché au Beurre
(R. du) . . . . Z 20
Marquisat (R. du) . . . . Y 23
Michel-Hamelius
(R.) . . . . Z 25
Palais de Justice . . . . Z 26
Paul-Reuter (R.) . . . . Z 27
Porte Neuve (R. de la) . . . . Y 29
Remparts (R. des) . . . . Y 30
Saint-Jean (R.) . . . . YZ 32
Seymerich (R. de) . . . . Y 34
Synagogue (R. de la) . . . . Z 35
25-Août (R. du) . . . . Z 40

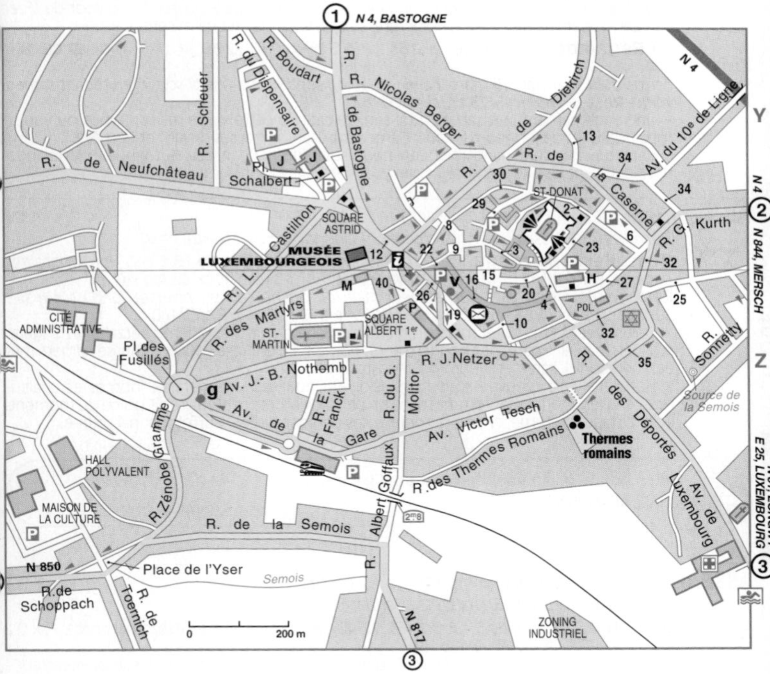

XX **L'Arlequin** 1er étage, pl. Léopold 6, ☎ 0 63 22 28 30, *Fax 0 63 22 28 30* – AE MC VISA
fermé première semaine janvier, semaine après Pâques, première semaine septembre, lundi et jeudi soir – **Rest** *Lunch 55 bc* – 60 carte 52/73, ♀. Z v
◆ Restaurant vous accueillant cordialement au 1er étage d'une maison de ville. Choix classique actualisé ; menu vins compris prisé par la clientèle d'habitués. Vue urbaine.
◆ In dit restaurant op de eerste verdieping van een stadshuis wordt u hartelijk ontvangen. Klassieke keuken met een vleugje modern en menu inclusief wijn. Uitzicht op de stad.

XX **Or Saison,** av. de la Gare 85, ☎ 0 63 22 98 00, *orsaison@skynet.be* – MC VISA. Z g
fermé 1er au 8 janvier, 25 mars-1er avril, 1er au 15 juillet, 30 septembre-7 octobre, samedi midi, dimanche, lundi et jours fériés – **Rest** *Lunch 25* – 50, carte 49/70.
◆ Cuisine du moment servie dans une salle sobre aux tons à la mode, pourvue de tables rondes dressées avec soin. Patron aux fourneaux et son aimable épouse en salle.
◆ Eigentijdse gerechten, geserveerd in een sobere eetzaal met modieuze kleuren en fraai gedekte ronde tafels. De baas staat in de keuken en zijn vrouw in de bediening.

X **Zinc** - Hostellerie du Peiffeschof, Chemin du Peiffeschof 111 (par ② : 800 m, puis à gauche), ☎ 0 63 41 00 50, *info@peiffeschof.be, Fax 0 63 22 44 05,* – P.
fermé 9 et 10 février, 22 mars-2 avril, 3 au 17 août, 1er au 5 novembre, mercredi soir, samedi, dimanche et jours fériés – **Rest** *Lunch 20* – 32, carte 34/51, ♀.
◆ Jolie brasserie moderne dont la carte, classico-régionale, est notée sur un écriteau. Avantageuse formule en deux services avec dessert optionnel. Belle terrasse côté jardin.
◆ Mooie moderne brasserie met een klassiek-regionale kaart op een lei. Voordelig tweegangenmenu, eventueel nog met dessert. Mooi terras aan de tuinzijde.

à Toernich *Sud : 4 km* Arlon – 6700 Toernich :

Château du Bois d'Arlon sans rest, rte de Virton 354 (N 82), 0 63 23 34 41, *chateauarlon@skynet.be, Fax 0 63 23 70 32,* bois, , , – – . AE VISA.
fermé 5 au 15 janvier, dimanche et jours fériés – 15 – **10 ch** 110/180 – 180/350.
• Dans un parc agrémenté d'étangs, noble demeure de la fin du 19e s. convertie en hôtel à l'ambiance châtelaine. Chambres classiques, salons, véranda et beauty-center.
• Dit herenhuis uit de late 19e eeuw in een park met vijvers is nu een hotel waar de sfeer van een kasteel heerst. Klassieke kamers, salons, veranda en beautycenter.

La Régalade, Burewee 26, 0 63 22 65 54, *Fax 0 63 22 65 54,* – . AE VISA.
fermé 2 au 9 janvier, 25 mars-2 avril, 1er au 16 septembre, mardi soir, mercredi et samedi midi – **Rest** *Lunch 17* – 45/75 bc, carte 55/67.
• Un village gardant son cachet rural sert de cadre à cette vieille maison typée où l'on se repaît dans un décor néo-rustique. Carte actualisée ; terrasses devant et derrière.
• Karakteristiek oud pand met een neorustiek interieur in een authentiek plattelandsdorpje. Eigentijdse keuken; terras aan voor- en achterkant.

AS *3665 Limburg* **533** S 16 *et* **716** J 2 – *7 497 h.* 11 **C2**
Bruxelles 99 – Hasselt 25 – Antwerpen 95 – Eindhoven 58 – Maastricht 30.

Hostellerie Mardaga avec ch, Stationsstraat 121, 0 89 65 62 65, *info@hotelmardaga.be, Fax 0 89 65 62 66,* , , , – , rest, . AE VISA.
Rest *(fermé 14 au 25 juillet, samedi midi, dimanche soir en hiver et lundi) Lunch 35* – 40/99 bc, carte 54/88 – **18 ch** 97/127 – 137/177 – ½ P 115/160.
• Gerenoveerd chic hotel met een nieuwe eigenaar. Warme, intieme eetzalen in Engelse stijl. Terras in een park met honderdjarige bomen. Eigentijdse keuken. Knusse kamers met een persoonlijk karakter. Verzorgd ontbijtbuffet.
• Hôtellerie chic rénovée sous l'impulsion du nouveau propriétaire. Intimes et chaleureuses salles à l'anglaise. Terrasse dans un parc aux arbres centenaires. Cuisine du moment. Pour l'étape nocturne, chambres douillettes personnalisées. Buffet matinal soigné.

BELGIQUE

Een goede nacht voor een schappelijke prijs?
Kijk bij de Bib Hotels .

ASSE *1730 Vlaams-Brabant* **533** K 17 *et* **716** F 3 – *29 191 h.* 3 **B2**
Bruxelles 16 – Leuven 46 – Aalst 12 – Dendermonde 17.

De Pauw, Lindendries 3, 0 2 452 72 45, *de_pauw_restaurant@hotmail.com, Fax 0 2 452 72 45,* – . AE VISA
fermé 18 au 28 février, 3 au 21 août, dimanche soir, lundi soir, mardi soir et mercredi – **Rest** *Lunch 32* – 45/80 bc, carte 50/84, .
• Oude villa met verzorgde tuin, waar het 's zomers heerlijk tafelen is. Klassieke kaart en goede wijnkeuze. Het vlees wordt aan tafel gesneden. Kokkin achter het fornuis.
• Villa ancienne dont le jardin soigné accueille un agréable restaurant d'été. Carte classique, découpes réalisées à la vue des convives, bon choix de vins. Cuisinière au piano.

ASSENEDE *9960 Oost-Vlaanderen* **533** H 15 *et* **716** E 2 – *13 552 h.* 16 **B1**
Bruxelles 88 – Gent 22 – Brugge 41 – Sint-Niklaas 38.

Den Hoed, Kloosterstraat 3, 0 9 344 57 03, Fax 0 9 344 57 03, Moules en saison – .
AE VISA
fermé 11 juin-juillet, lundi soir et mardi – **Rest** 30, carte 28/48.
• Mosselen, paling en asperges zijn de specialiteiten van dit oude café, dat al drie generaties door dezelfde familie wordt gerund. Gulle porties en gemoedelijke sfeer.
• Moules, anguilles et asperges : telles sont les 3 spécialités saisonnières de cet ancien estaminet tenu en famille depuis 3 générations. Ambiance populaire ; table généreuse.

ASTENE *Oost-Vlaanderen* **533** G 17 – *voir à Deinze.*

ATH **(AAT)** *7800 Hainaut* **533** H 19, **534** H 19 *et* **716** E 4 – *26 799 h.* 7 **C1**
Voir *Espace gallo-romain : barque monoxyle géante★ et chaland★.*
Env. *au Sud-Ouest : 6 km à Moulbaix : Moulin de la Marquise★ – au Sud-Est : 5 km à Attre★ : Château★ – au Nord : 13 km à Lessines : N.-D.-à la Rose★.*
r. Pintamont 18 0 68 26 51 70, office.de.tourisme@ath.be, Fax 0 68 22 60 89.
Bruxelles 57 – Mons 25 – Tournai 29.

XX **Du Parc** avec ch, r. Esplanade 13, ☎ 0 68 28 54 85, *motel.parc@skynet.be, Fax 0 68 28 57 63* – rest, . AE MC VISA. ch
fermé première semaine janvier et juillet – **Rest** *(fermé dimanche soir, lundi et mardi midi)* *Lunch 30* – 50/80 bc, carte 47/68 – **11 ch** ☐ ★60/80 – ★★80/95.
◆ Les cuisines de cette maison de maître ouverte sur une esplanade envoient des mets traditionnels ou franchement évolutifs dans une salle lumineuse au cadre rajeuni. Chambres fonctionnelles aménagées à l'étage, parfois un rien désuètes mais assez calmes.
◆ Dit herenhuis aan een esplanade heeft een lichte eetzaal die een verjongingshuur heeft ondergaan. De gerechten zijn traditioneel of ronduit vernieuwend. Functionele kamers op de bovenverdieping, soms wat ouderwets, maar vrij rustig.

à **Ghislenghien** (Gellingen) *Nord-Est : 8 km* ☐ *Ath* – ✉ *7822 Ghislenghien* :

XX **Aux Mets Encore,** chaussée de Bruxelles 431 (N 7), ☎ 0 68 55 16 07, *lamemetten@skynet.be, Fax 0 68 55 16 07,* – P. AE MC VISA
fermé 2e quinzaine février, 1re quinzaine août et mercredi – **Rest** (déjeuner seult sauf vendredi et samedi) *Lunch 17* – 24/77 bc, carte 31/48, ♀.
◆ Ancien prieuré où l'on ripaille dans une ambiance de bonne auberge. Salles intimes à touches rustiques, terrasse-pergola, carte valorisant certains produits du terroir local.
◆ Restaurant in een oude priorij, met de sfeer van een goede herberg. Intieme eetzalen met een rustieke toets en terras met pergola. Kaart met enkele streekproducten.

AUBEL *4880 Liège* **533** U 18 *et* **716** K 3 – *4 082 h.* 9 **C1**

Env. au Sud-Est : 6 km à Henri-Chapelle, cimetière américain : de la terrasse ✲★.
18 *(2 parcours) au Sud-Est : 6 km à Henri-Chapelle, r. Vivier 3* ☎ *0 87 88 19 91, Fax 0 87 88 36 55* - 18 *au Nord-Est : 10 km à Gemmenich, r. Terstraeten 254* ☎ *0 87 78 92 80, Fax 0 87 78 75 55.*
Bruxelles 125 – Liège 34 – Verviers 18 – Aachen 20 – Maastricht 27.

La Bushaye, Bushaye 294, ☎ 0 87 68 83 46, *info@bushaye.com, Fax 0 87 68 83 46,* – P. rest
Rest (dîner pour résidents seult) – **5 ch** ☐ ★63/73 – ★★89/99 –½ P 65/70.
◆ Vieille ferme en pierres proche du Val-Dieu. Chambres toutes de plain-pied, avec murs en moellons, plafonds voûtés, plancher et objet anciens. Salon-cheminée au fort cachet.
◆ Oude boerderij bij Val-Dieu. Gelijkvloerse kamers met muren van breukstenen, gewelfde plafonds, houten vloeren en antiek. De zitkamer met schouw heeft veel cachet.

XX **Le Moulin du Val Dieu** 2e étage, r. Val Dieu 298, ☎ 0 87 68 01 70, *info@moulinduvaldieu.be, Fax 0 87 68 01 79,* Avec taverne-rest – P. AE MC VISA
fermé 1er au 18 janvier, dimanche soir, lundi, mardi et mercredi midi – **Rest** 25/55 bc, carte 20/33.
◆ Ensemble rustique côtoyant l'abbaye. En-cas régionaux à la taverne, près de l'ancienne machinerie du moulin à eau, table du terroir sous véranda et repas classique au grenier.
◆ Rustiek complex bij de abdij. Versnaperingen in de taverne, bij de machinerie van de watermolen, streekgerechten in de serre en klassieke maaltijden op de graanzolder.

AUDENARDE *Oost-Vlaanderen – voir Oudenaarde.*

AUDERGHEM (OUDERGEM) *Région de Bruxelles-Capitale* **533** L 18 *et* **716** G 3 – *voir à Bruxelles.* 5 **B2**

AVELGEM *8580 West-Vlaanderen* **533** F 18 *et* **716** D 3 – *9 457 h.* 19 **D3**

Bruxelles 102 – Brugge 73 – Kortrijk 16 – Tournai 23.

XX **Karekietenhof,** Scheldelaan 20 (derrière l'église), ☎ 0 56 64 44 11, *jo.vossaert@busmail.net, Fax 0 56 64 44 11,* ≤, Anguilles – P. MC VISA.
fermé 16 au 31 août et mardis soirs et mercredis non fériés – **Rest** *Lunch 11* – 25/58 bc, carte 36/45.
◆ Comfortabel restaurant met een gerenoveerd interieur en een rustgevend uitzicht op een zijrivier van de Schelde. Klassieke kaart met palingspecialiteiten.
◆ Restaurant de bon confort ménageant une vue apaisante sur un bras de l'Escaut. Décoration intérieure actualisée et carte classique incluant des spécialités d'anguille.

AWENNE *Luxembourg belge* **534** Q 22 *et* **716** I 5 – *voir à St-Hubert.*

BELGIQUE

Kent u het verschil tussen de bestekjes X en de sterren ✿?
De bestekjes geven een categorie van standing aan; de sterren wijzen op de beste keukens in de verschillende categorieën.

AYWAILLE 4920 Liège 533 T 20, 534 T 20 et 716 K 4 – 10 910 h. 8 B2

pl. J. Thiry 9a 04 384 84 84.
Bruxelles 123 – Liège 29 – Spa 16.

XX **Hostellerie La Villa des Roses** avec ch, av. de la Libération 4, 04 384 42 36, *info@lavilladesroses.be, Fax 0 4 384 74 40,* – ch
fermé 6 janvier-7 février, 9 au 12 juin, 22 septembre-16 octobre, jeudi midi et vendredi midi fauf en juillet-août et lundis et mardis non fériés – **Rest** 35/55, carte 38/59 – **8 ch** 75 – 86 – ½ P 80/110.
◆ Vénérable auberge familiale adossée à un coteau boisé et devancée par une terrasse. Menus en semaine ; choix plus complet le week-end. Bonnes chambres côté rue au 1er étage.
◆ Eerbiedwaardige herberg met terras tegen een beboste heuvel. Menu's door de week en uitgebreide kaart in het weekend. Goede kamers op de verdieping, aan de straatkant.

X **Tibolla,** pl. Joseph Thiry 27, 0 4 384 53 45, *Fax 0 4 384 53 45,* – . AE VISA.
fermé vacances carnaval, 1 semaine Pâques, 25 au 30 septembre, mardi, mercredi de septembre à Pâques et jeudi soir en hiver – **Rest** *Lunch 17* – 23/48 bc, carte 24/45.
◆ Table dont le choix, traditionnel à l'ancrage régional, s'adapte à toutes les faims. Carte, duo de menus et suggestions élaborées. Souvenirs de grands chefs français en salle.
◆ Traditionele keuken met regionale invloeden voor de kleine of grote trek. À la carte, twee menu's en verfijnde suggesties. Menukaarten van beroemde Franse koks aan de muur.

BALÂTRE 5190 Namur C Jemeppe-sur-Sambre 17 990 h. 533 M 20 et 534 M 20. 14 B1

Bruxelles 55 – Namur 20 – Charleroi 23 – Mons 57.

L'Escapade, pl. de Balâtre 123, 0 81 55 97 80, *lescapade@skynet.be, Fax 0 81 55 97 81,* – P. AE VISA. rest
fermé 2 semaines carnaval, 16 au 31 août et dimanche – **Rest** *(fermé dimanches soirs et lundis non fériés) Lunch 20* – 27/65 bc, carte 36/55 – **9** ch 60 – 80/88 – ½ P 60/80.
◆ Ancien presbytère rénové situé au cœur du village. Nuitées sans remous dans des chambres actuelles assez amples et bien tenues. Repas au goût du jour dans une salle à manger-véranda moderne aux tables bien espacées ou sur la terrasse tournée vers la campagne.
◆ Gerenoveerde voormalige pastorie in het hart van het dorp. De moderne, ruime en goed onderhouden kamers staan garant voor een rustige nacht. Moderne eetzaal met serre en veel ruimte tussen de tafels. Terras met uitzicht op het platteland. Eigentijdse keuken.

BALEN 2490 Antwerpen 533 Q 15 et 716 I 2 – 20 276 h. 2 D2

Bruxelles 87 – Antwerpen 58 – Hasselt 37 – Turnhout 29.

X **Theater,** Steegstraat 8, 0 14 81 19 06, *stefaan.de.boeck@telenet.be, Fax 0 14 81 19 07,* – . VISA
fermé 25 mars-9 avril, 16 au 29 août, mardi soir et mercredi – **Rest** *Lunch 28* – 43,/55 bc, carte 27/51.
◆ Dit familierestaurant dankt zijn naam aan het thans verdwenen theatertje dat hier vroeger was gevestigd. Traditionele kaart met ruime keuze. Voorkomende bediening.
◆ Ce restaurant exploité en famille doit son nom à la salle de spectacle qu'il abrita naguère, aujourd'hui disparue. Bon choix de préparations traditionnelles. Accueil avenant.

BALMORAL Liège 533 U 19, 534 U 19 et 716 K 4 – *voir à Spa.*

BARCHON Liège 533 T 18, 534 T 18 et 716 K 3 – *voir à Liège, environs.* 8 B1

BARVAUX 6940 Luxembourg belge C Durbuy 10 531 h. 533 R 20, 534 R 20 et 716 J 4. 12 B1

Env. *au Nord : 4,5 km, sur la vallée de l'Ourthe.*
18 9 *rte d'Oppagne 34 0 86 21 44 54, Fax 0 86 21 44 49.*
Parc Julienas 1 0 86 21 11 65, Fax 0 86 21 19 78.
Bruxelles 121 – Arlon 99 – Liège 47 – Marche-en-Famenne 19.

Le Relais de Bohon sans rest, pl. de Bohon 50 (Nord-Ouest : 3 km, lieu-dit Bohon), 0 86 21 30 49, *info@lerelaisdebohon.com, Fax 0 86 21 35 95,* – P. AE VISA
15 ch 75 – 90.
◆ Auberge ardennaise chaleureuse et accueillante officiant dans un hameau paisible, entre Barvaux et Durbuy. Café "sympa" à l'avant ; chambres se partageant trois maisons.
◆ Gezellige Ardense herberg in een rustig dorpje tussen Barvaux en Durbuy. Leuk café aan de voorkant en kamers verdeeld in drie huizen.

Villa Belle Epoque sans rest, rte de Bomal 11, ✆ 0 86 45 57 59, *info@villa-belle-epoque.nl*,
4 ch ☕ ✝85/95 – ✝✝85/105.
• Ancienne maison de garde-chasse juchée sur les hauteurs. Chambres personnalisées par des tissus coordonnés et des objets chinés, jardin en contrebas, propriétaires hollandais.
• Voormalig jachtopzienershuis op een heuvel (Nederlandse eigenaren). De kamers hebben iets persoonlijks door de bijpassende stoffen en antieke spullen. Lager gelegen tuin.

Le Cor de Chasse (Mario Elias) avec ch, r. Petit Barvaux 97 (Nord : 1,5 km), ✆ 0 86 21 14 98, *info@lecordechasse.be, Fax 0 86 21 35 85*, VISA
fermé 2 premières semaines janvier, 2 premières semaines juillet, mercredi et jeudi – **Rest** 30/84 bc, carte 53/63, ♀ – **9 ch** ☕ ✝65 – ✝✝75/90 – ½ P 75/90.
Spéc. Tendron de veau et foie gras. Poularde et structure de petits pois à la française. Déclinaison de chocolat et épices du monde.
• Refuge gourmand délicieusement inventif, isolé dans un virage proche de Barvaux. Accueil et service agréables, salle modernisée avec bonheur et terrasse au-dessus du jardin. Pour l'étape nocturne, charmantes chambres rénovées dans un style actuel bien "cosy".
• Gastronomisch restaurant met een inventieve kookstijl, in een bocht nabij Barvaux. Aangename ontvangst en bediening, fraai gemoderniseerde eetzaal en tuin met terras. Wie wil overnachten kan kiezen uit sfeervolle kamers, in eigentijdse stijl gerenoveerd.

à Bomal-sur-Ourthe *Nord : 3 km* *Durbuy* – ✉ *6941 Bomal-sur-Ourthe :*

Manoir l'Ormille, r. Barvaux 40, ✆ 0 86 43 47 62, *ormille@skynet.be, Fax 0 86 45 67 34*, VISA.
Rest (résidents seult) – **5 ch** ☕ ✝90/100 – ✝✝95/165.
• Fier manoir de 1890 remanié vers 1925 et agrémenté d'un beau parc. Éléments décoratifs intérieurs Art nouveau et Art déco, chambres personnalisées, breakfast dans l'orangerie.
• Statig landhuis uit 1890 dat in 1925 werd verbouwd. Mooi park, binnen elementen in art-nouveau- en art-decostijl, kamers met een persoonlijke toets, ontbijt in de oranjerie.

BELGIQUE

En cas d'arrivée tardive à l'hôtel (après 18 h), veillez à en avertir la réception pour garantir la réservation de votre chambre.

BASTOGNE (BASTENAKEN) *6600 Luxembourg belge* **534** T 22 *et* **716** K 5 – *14 144 h.* 13 **C2**
Voir *Intérieur★ de l'église St-Pierre★ – Bastogne Historical Center★ – à l'Est : 3 km, Le Mardasson★.*
Env. *au Nord : 17 km à Houffalize : Site★.*
pl. Mac Auliffe 24 ✆ 0 61 21 27 11, info@si-bastogne.be, Fax 0 61 21 27 25.
Bruxelles 148 – Arlon 40 – Bouillon 67 – Liège 88 – Namur 87.

Melba, av. Mathieu 49, ✆ 0 61 21 77 78, *info@hotel-melba.com, Fax 0 61 21 55 68*, VISA. rest
fermé 24 décembre-15 janvier – **Rest** (dîner pour résidents seult) – **34 ch** ☕ ✝62/79 – ✝✝85/110.
• Hôtel de chaîne à taille humaine bordant une rue calme qui relie le centre à l'ancienne gare où débute le RAVEL (piste cyclable). Confort moderne dans les chambres.
• Dit hotel met modern comfort behoort tot een keten, maar is niet zo groot. Het staat aan een rustige straat tussen het centrum en het oude station, waar het fietspad begint.

Collin, pl. Mac Auliffe 8, ✆ 0 61 21 48 88, *hotel-collin@hotel-collin.com, Fax 0 61 21 80 83*, VISA
Rest *(fermé 22 mars-4 avril, 7 au 14 novembre, mercredi et jeudi)* (taverne-rest) *Lunch 13* – carte 21/40 – **16 ch** ☕ ✝60 – ✝✝85/140 – ½ P 60/80.
• Bâtisse moderne veillant sur la place centrale, où trône un char américain. Amples chambres convenablement équipées. Terrasse d'été sur le devant. Grillades, plats mijotés, choucroutes et moules en saison proposés dans un décor de brasserie "rétro".
• Modern gebouw aan het centrale plein, waar een Amerikaanse tank staat. Ruime kamers met redelijke voorzieningen. Zomerterras aan de voorkant. Brasserie in retrostijl met grillspecialiteiten, stoofschotels, zuurkool en mosselen in het seizoen.

Léo at home, pl. Mac Auliffe 50, ✆ 0 61 21 14 41, *restaurant@wagon-leo.com, Fax 0 61 46 92 33* – VISA
Rest voir rest ***Wagon Léo*** ci-après – **7 ch** ☕ ✝62/66 – ✝✝75/82.
• Sur la place animée de Bastogne, hôtel où vous logerez dans de spacieuses chambres bien insonorisées, dont deux tiers conviennent aux familles. Avenante salle de breakfast.
• Hotel aan het gezellige plein van Bastenaken. Van de ruime kamers met goede geluidsisolatie is tweederde geschikt voor gezinnen. Prettige ontbijtzaal.

XX **Au Coin Fleuri,** chaussée d'Houffalize 5, ✆ 0 61 21 39 13, *francis.balaine@swing.be, Fax 0 61 21 10 11,* – P. VISA.
fermé 25 février-13 mars, 25 août-2 septembre, lundi et mardi – **Rest** 34/55, carte 35/53.
• Aux portes de la ville, adresse familiale dont le décor intérieur évoque un peu la Provence. Choix traditionnel, bons bourgognes et spécialité de bison élevé à Recogne.
• Familierestaurantje aan de rand van de stad, met een interieur dat Provençaals aandoet. Traditionele kaart met als specialiteit bizonvlees uit Recogne en goede bourgognes.

X **Wagon Léo** - H. Léo at home, r. Vivier 4, ✆ 0 61 21 14 41, *restaurant@wagon-leo.com, Fax 0 61 21 65 10,* , Moules en saison – P. VISA
fermé 20 décembre-22 janvier et lundis non fériés – **Rest** *Lunch 20* – 32/37, carte 25/47, ♀.
• Les secrets d'une bonne cuisine traditionnelle se transmettent en famille depuis 1946 dans ce "wagon-restaurant" né d'une simple friterie. Carte et décor de type brasserie.
• De familiegeheimen van een goede traditionele keuken worden sinds 1946 doorgegeven in dit "wagon-restaurant", voorheen een frietkraam. Typische brasseriekaart, dito interieur.

BATSHEERS *3870 Limburg* C *Heers 6 762 h.* 533 Q 18. 10 B3

Bruxelles 81 – Hasselt 30 – Liège 29 – Maastricht 59.

Karrehof, Batsheersstraat 35, ✆ 0 11 48 51 77, *info@karrehof.be, Fax 0 11 48 17 09,* ch, P. VISA
fermé 24 décembre -5 janvier – (résidents seult) – **10 ch** ★43/48 – ★★66/76 – ½ P 48/58.
• Deze boerderij van rode baksteen (1799) in een landelijk dorp is nu een hotel met een mooi rustiek interieur. Persoonlijke kamers en verkoop van ambachtelijke producten.
• Dans un village agreste, ferme hesbignonne en briques rouges (1799) devenue un hôtel au cadre rustique soigné. Chambres personnalisées. Produits artisanaux en vente sur place.

BATTICE *4651 Liège* C *Herve 16 772 h.* 533 T 19, 534 T 19 *et* 716 K 4. 9 C1

Bruxelles 117 – Liège 27 – Verviers 9 – Aachen 31 – Maastricht 28.

XXX **Aux Étangs de la Vieille Ferme,** Maison du Bois 66 (Sud-Ouest : 7 km, lieu-dit Bruyères), ✉ 4650, ✆ 0 87 67 49 19, *info@auxetangsdelavieilleferme.be, Fax 0 87 67 98 65,* – P.
fermé 1er au 11 janvier, lundi, mardi, mercredi soir, jeudi soir et samedi midi – **Rest** *Lunch 28* – 46/105 bc, carte 49/79.
• Ferme rénovée dans l'esprit néo-rustique et équipée de terrasses donnant sur un parc verdoyant et ses étangs. Cuisine classique actualisée. Bons bordeaux tarifés avec retenue.
• Gerenoveerde boerderij met neorustiek interieur. Terrassen met uitzicht op een park met vijvers. Klassieke kookstijl in een modern jasje. Goede, redelijk geprijsde bordeaux.

XX **Au Vieux Logis,** pl. du Marché 25, ✆ 0 87 67 42 53, *elisabethcrahay@hotmail.com* – AE VISA
fermé première semaine janvier, 2 dernières semaines juillet et lundis soirs, mardis soirs, jeudis soirs et dimanches non fériés – **Rest** *Lunch 30* – 49, carte 38/78.
• Une appétissante carte au goût du jour est présentée dans ce "vieux logis" ayant retrouvé une seconde jeunesse. Tables bien espacées, mise en place soignée et service avenant.
• Dit oude pand, dat in zijn tweede jeugd is, biedt een aantrekkelijke, eigentijdse kaart. Tafeltjes op ruime afstand, verzorgde presentatie en attente service.

à Bolland *Nord-Ouest : 2 km* C *Herve* – ✉ *4653 Bolland :*

XX **Vincent cuisinier de campagne,** Saremont 10, ✆ 0 87 66 06 07, *lesaremont@skynet.be,* – P. VISA.
fermé Noël-nouvel an, 2 semaines en août, dimanche soir, lundi et mercredi soir – **Rest** (menu unique) *Lunch 29 bc* – 34/69 bc, ♀.
• Bâtisse contemporaine dominant la campagne vallonnée. Cuisine actuelle attachée au terroir local, bel assortiment de vins français et terrasse donnant sur un jardin-potager.
• Modern pand dat over het heuvellandschap uitkijkt. Eigentijdse keuken op basis van lokale producten en mooie Franse wijnen. Terras met uitzicht op de moestuin.

à Charneux *Nord : 4 km* C *Herve* – ✉ *4654 Charneux :*

X **Le Wadeleux,** Wadeleux 417, ✆ 0 87 78 59 12, *Fax 0 87 78 58 96,* – P. VISA.
fermé 2 semaines en mars, 2 semaines en septembre, mercredi et jeudi – **Rest** (prévenir) 26, carte 34/42.
• Ancienne ferme perchée au sommet de l'agreste plateau de Herve. Décor de type bistrot et choix traditionnel sans prise de tête, faisant la part belle aux produits du pays.
• Oude boerderij op het hoogste punt van de landelijke vlakte van Herve. Typisch bistro-interieur en traditionele kaart zonder poespas, met het accent op streekproducten.

BAUDOUR *Hainaut* **533** I 20, **534** I 20 *et* **716** E 4 – *voir à Mons.*

BAZEL *9150 Oost-Vlaanderen* Ⓒ *Kruibeke 15 216 h.* **533** K 16 *et* **716** F 2. 17 **D1**
Bruxelles 45 – Gent 49 – Antwerpen 17 – Sint-Niklaas 15.

XX **Hofke van Bazel,** Koningin Astridplein 11, ☎ 0 3 744 11 40, *info@hofkevanbazel.be, Fax 0 3 744 24 00,* – . VISA
fermé lundi et samedi midi – **Rest** *Lunch 35* – 50 carte 52/77.
• Restaurant in een mooi oud huis met uitbouw voor een romantisch etentje. Smakelijke eigentijdse keuken. Intiem terras in de goed verzorgde tuin aan de achterkant.
• Jolie maison ancienne agrandie vous conviant à goûter, dans un décor des plus romantiques, une savoureuse cuisine d'aujourd'hui. Terrasse-jardin intime et soignée à l'arrière.

BEAUMONT *6500 Hainaut* **533** K 21, **534** K 21 *et* **716** F 5 – *6 698 h.* 7 **D2**
Grand'Place 10 ☎ 0 71 58 81 91, officetourismebeaumont@skynet.be, Fax 0 71 58 81 91.
Bruxelles 80 – Mons 32 – Charleroi 26 – Maubeuge 25.

à Grandrieu *Sud-Ouest : 7 km* Ⓒ *Sivry-Rance 4 597 h.* – ✉ *6470 Grandrieu :*

XX **Le Grand Ryeu,** r. Goëtte 1, ☎ 0 60 45 52 10, *alain.boschman@legrand-ryeu.be, Fax 0 60 45 62 25* – P. VISA
fermé 2 au 18 janvier, 16 août-5 septembre, mardis, mercredis et jeudis non fériés et après 20 h 30 – **Rest** *Lunch 30* – 45/75 bc, carte 35/52.
• Ancienne ferme (18e s.) au centre du village frontalier. Salles rustiques soignées, table d'hôte en cuisine, recettes de notre temps, terrasse d'été pour l'apéro et le café.
• 18e-eeuwse boerderij midden in dit grensdorp, met verzorgde eetzalen in rustieke stijl. Table d'hôte en eigentijdse gerechten. 's Zomers terras voor aperitief en koffie.

à Solre-St-Géry *Sud : 4 km* Ⓒ *Beaumont* – ✉ *6500 Solre-St-Géry :*

XXX **Hostellerie Le Prieuré Saint-Géry** (Vincent Gardinal) avec ch, r. Lambot 9, ☎ 0 71 58 97 00, *leprieure@skynet.be, Fax 0 71 58 96 98,* – P. AE VISA
fermé 7 au 21 janvier, 8 au 22 septembre, dimanche soir, lundi et mardi midi sauf jours fériés – **Rest** *Lunch 27* – 45/125 bc, carte 54/95, – **4 ch** 75/115 – 95/115 – 2 suites – ½ P 70.
Spéc. Saumon légèrement fumé, mousseline de brocolis, émulsion au yuzu. Parmentier de joue de bœuf, ris de veau aux chou vert et lentilles. Crumble de banane, glace mascarpone-citron confit, écume de lait d'amande.
• L'ex-prieuré de ce village un peu perdu ravira les amateurs de gastronomie contemporaine. Service prévenant, cadre intime, cour-terrasse, bon choix de vins au verre. Charmantes chambres et suites rénovées. Poutres apparentes et murs en moellons dans certaines.
• Voormalige priorij in een afgelegen dorpje voor een gastronomisch onthaal. Moderne keuken en goede selectie wijnen per glas. Sfeervol interieur en patio. Attente service. Sfeervolle kamers en gerenoveerde suites, sommige met balkenplafond en breukstenen muren.

BEAUVOORDE *West-Vlaanderen* **533** A 16 – *voir à Veurne.* 18 **A2**

BEERNEM *8730 West-Vlaanderen* **533** F 16 *et* **716** D 2 – *14 642 h.* 19 **C2**
Bruxelles 81 – Brugge 20 – Gent 36 – Oostende 37.

XXX **Di Coylde,** St-Jorisstraat 82 (direction Knesselare), ☎ 0 50 78 18 18, *info@dicoylde.be, Fax 0 50 78 17 25,* – P. AE VISA.
fermé 1er au 3 janvier, 5 au 13 février, 21 juillet-14 août, samedi midi, dimanche soir et lundi – **Rest** *Lunch 35* – 45/85 bc, carte env. 57.
• Schitterend landhuis met een weelderig begroeide gevel. Verfijnde eigentijdse keuken. Tentoonstelling van moderne schilderijen. Mooi terras en verzorgde tuinen.
• Ce ravissant manoir à façade couverte de végétation s'agrémente de jardins pomponnés et d'expos picturales modernes. Cuisine au goût du jour recherchée. Belle terrasse.

à Oedelem *Nord : 4 km* Ⓒ *Beernem* – ✉ *8730 Oedelem :*

XX **Alain Meessen,** Bruggestraat 259 (Ouest : 4 km sur N 337), ☎ 0 50 36 37 84, *Fax 0 50 36 01 94,* – P. AE VISA
fermé samedi midi, dimanche, lundi et après 20 h 30 – **Rest** 33/83 bc, carte 55/83.
• Restaurant in een typisch Vlaams boerderijtje met een hedendaags interieur. Eigentijdse maaltijd in de vorm van een aanlokkelijk keuzemenu. Tuin met terras aan de achterzijde.
• Table au cadre contemporain installée dans une fermette flamande typique. Choix actuel présenté sous forme d'un menu-carte affriolant. Terrasse arrière agrémentée d'un jardin.

BELGIQUE

BEERSEL *Vlaams-Brabant* **533** K 18 *et* **716** F 3 – *voir à Bruxelles, environs.*

BELLEGEM *West-Vlaanderen* **533** E 18 *et* **716** C 3 – *voir à Kortrijk.*

BELLEVAUX-LIGNEUVILLE *4960 Liège* 🄲 *Malmédy 11 829 h.* **533** V 20, **534** V 20 *et* **716** L 4. 9 **C2**
Bruxelles 165 – Liège 65 – Malmédy 8,5 – Spa 27.

Du Moulin, Grand'Rue 28 (Ligneuville), ☎ 0 80 57 00 81, *moulin.ligneuville@skynet.be, Fax 0 80 57 07 88,* – P. AE MC VISA
fermé 2 semaines avant Pâques, fin août-début septembre et mercredis et jeudis non fériés – **Rest** 33/115 bc, carte 50/72, – **15 ch** ★61/75 – ★★75/140 – ½ P 70/84.
• Auberge familiale dont la jolie façade ancienne rappelle l'Alsace. Chambres fraîches et nettes, breakfast soigné et salon cosy au coin du feu. Plaisante salle à manger complétée par une terrasse côté jardin. Cuisine actuelle bien faite et bons vins allemands.
• Familieherberg met een mooie oude voorgevel in stijl uit de Elzas. Frisse, nette kamers, verzorgd ontbijt en gezellige lounge met open haard. Prettige eetzaal met terras aan de kant van de tuin. Goede, eigentijdse keuken en lekkere Duitse wijnen.

St-Hubert, Grand'Rue 43 (Ligneuville), ☎ 0 80 57 08 92, *hotel.st.hubert@skynet.be,* – P – . MC VISA. ch
fermé mercredi – **Rest** *Lunch 19* – 33/79, carte 27/42 – **18 ch** ★45/71 – ★★66/71 – ½ P 56/61.
• Sage petit hôtel à l'atmosphère provinciale établi au centre de cette localité de la vallée de l'Amblève. Les plus grandes chambres se partagent l'aile arrière. Restaurant traditionnel régional où la truite (poisson emblématique du village) tient la vedette.
• Net hotelletje met een provinciale sfeer, in het centrum van dit plaatsje in het Amblèvedal. De grootste kamers liggen in de vleugel aan de achterkant. Traditioneel restaurant waar forel, het symbool van het dorp, de hoofdmoot vormt.

Comment choisir entre deux adresses équivalentes ?
Dans chaque catégorie, les établissements sont classés par ordre de préférence : nos coups de cœur d'abord.

BELŒIL *7970 Hainaut* **533** H 19, **534** H 19 *et* **716** E 4 – *13 347 h.*
Voir *Château★★ : collections★★★, parc★★ (Grande Vue★★), bibliothèque★.*
Bruxelles 70 – Mons 22 – Tournai 28.

Hôtels et restaurants voir : Mons *Sud-Est : 22 km*

BELVAUX *Namur* **534** Q 22 *et* **716** I 5 – *voir à Rochefort.* 15 **C2**

BERCHEM *Antwerpen* **533** L 15 *et* **716** G 2 – *voir à Antwerpen, périphérie.* 1 **B2**

BERCHEM-STE-AGATHE **(SINT-AGATHA-BERCHEM)** *Région de Bruxelles-Capitale* **533** K 17 *et* **716** F 3 – *voir à Bruxelles.* 5 **A2**

BERENDRECHT *Antwerpen* **533** K 14 *et* **716** F 1 – *voir à Antwerpen, périphérie.* 1 **A2**

BERGEN 🄿 *Hainaut – voir Mons.*

BERLAAR *2590 Antwerpen* **533** M 16 *et* **716** G 2 – *10 612 h.* 1 **B3**
Bruxelles 51 – Antwerpen 26 – Lier 8 – Mechelen 18.

Het Land, Smidstraat 39, ☎ 0 3 488 22 56, *Fax 0 3 482 37 34,* – P. AE MC VISA.
fermé première semaine janvier, 3 semaines en août, samedi midi, dimanche, lundi et mercredi midi – **Rest** *Lunch 28* – 33/75 bc, carte 48/73.
• Dit restaurant heeft heel wat te bieden: vriendelijke ontvangst, voorkomende bediening, origineel interieur met natuurlijke materialen en mooie tuin om in de zomer te eten.
• Une table qui plaît pour l'allant de l'accueil et du service, l'originalité du décor intérieur privilégiant des matériaux naturels et l'agrément du restaurant d'été au jardin.

BERLARE *9290 Oost-Vlaanderen* **533** J 16 *et* **716** F 2 – *14 092 h.* 17 **C2**
Bruxelles 38 – Gent 26 – Antwerpen 43 – Sint-Niklaas 24.

XXX **'t Laurierblad** avec ch, Dorp 4, ✆ 0 52 42 48 01, *info@laurierblad.com, Fax 0 52 42 59 97*, ⛱, 🚲 – |♦|, ▤ ch, ⇔. MC VISA
fermé 21 janvier-5 février, 11 au 29 août, lundi et mardi – **Rest** *Lunch 59 bc* – 60/130 bc, carte 53/97, ♀ – **5 ch** ☕ ♦85 – ♦♦125.
♦ Karakteristiek huis van rode baksteen met serre en een patio met fontein. Klassieke streekgerechten. Kamers met een persoonlijke toets.
♦ Maison typée dont les murs de briques rouges dissimulent une véranda et sa belle terrasse sur cour-jardin avec pièce d'eau. Repas classico-régional. Chambres personnalisées.

aux étangs de Donkmeer *Nord-Ouest : 3,5 km :.* 17 **C2**

XXX ✿ **Lijsterbes** (Geert Van Der Bruggen), Donklaan 155, ✉ 9290 Uitbergen, ✆ 0 9 367 82 29, *info@lijsterbes.be, Fax 0 9 367 85 50*, ⛱ – P ⇔. AE ⓓ MC VISA. ✂
fermé 2 au 8 janvier, 24 au 30 mars, 28 juillet-17 août, samedi midi, dimanche midi en juillet-août, dimanche soir et lundi – **Rest** *Lunch 39* – 65/120 bc, carte 70/100, ♀.
Spéc. Carpaccio de langoustines au caviar, salade de fenouil aux oranges confites. Bar en croûte de sel. Pêche rôtie à la verveine citronnée (juin-septembre).
♦ Moderne eetzaal in beige en aubergine, met balkenplafond. Eigentijdse keuken en uitgelezen wijnen. 's Zomers wordt op het terras in de Engelse tuin geserveerd.
♦ Recettes au goût du jour et vins choisis à apprécier sous les poutres cérusées d'une salle moderne aux tons sable et aubergine ou sur la terrasse côtoyant un jardin anglais.

X **Elvira,** Donklaan 255, ✉ 9290 Overmere, ✆ 0 9 367 06 82, *elvira_donkmeer@yahoo.com, Fax 0 9 367 06 83*, ≤, ⛱, Taverne-rest, moules et anguilles – P. AE ⓓ MC VISA
fermé 2 dernières semaines février, 2 premières semaines novembre, lundi et mardi – **Rest** *Lunch 15* – carte 32/52.
♦ Café-restaurant in een pand uit de jaren 1920 tegenover een recreatieplas. Uitgebreide en gevarieerde menukaart, aangepast aan vakantiegangers.
♦ Face au plan d'eau récréatif, maison des années 1920 cumulant les fonctions de taverne et de restaurant. Choix traditionnel étendu et varié, adapté à la clientèle en loisirs.

BELGIQUE

BERNEAU *4607 Liège* C *Dalhem 6 486 h.* **533** T 18 *et* **716** K 3. 9 **C1**
Bruxelles 110 – Liège 19 – Verviers 26 – Aachen 46 – Maastricht 14.

XX **Le Vercoquin,** r. Warsage 2, ✆ 0 4 379 33 63, *vercoquin2001@hotmail.com, Fax 0 4 379 75 88*, ⛱ – P. ✂
fermé première semaine janvier, 2 semaines en juillet, première semaine août, dimanche soir et lundi – **Rest** *Lunch 35* – 48, carte 46/65.
♦ Estimable restaurant officiant à un carrefour, dans un village mi-distant de Battice et Maastricht. Choix classique actualisé, avec produits de luxe ; mise de table soignée.
♦ Verdienstelijk restaurant op een kruispunt, in een dorp halfweg Battice en Maastricht. Klassieke gerechten in een modern jasje, bereid met luxeproducten. Verzorgde tafels.

BERTRIX *6880 Luxembourg belge* **534** Q 23 *et* **716** I 6 – *8 195 h.* 12 **B2**
Bruxelles 149 – Arlon 54 – Bouillon 24 – Dinant 73.

XX **Le Péché Mignon,** r. Burhaimont 69a (lieu-dit Burhémont), ✆ 0 61 41 47 17, *Fax 0 61 41 47 17*, ⛱ – P ⇔. AE ⓓ MC VISA
fermé 5 au 16 mars, 25 juin-20 juillet, lundi soir et mercredi – **Rest** *Lunch 21 bc* – 25/69 bc, carte 42/56.
♦ Table traditionnelle aménagée dans une ancienne ferme (1890). Salon-cheminée, salle néo-rustique avec pierres apparentes, espace banquets sous charpente et terrasse au jardin.
♦ Traditioneel restaurant in een oude boerderij (1890). Salon met schouw, neorustieke eetzaal met ongepleisterde stenen muren, feestzaal met balkenzoldering en tuin met terras.

X **Four et Fourchette,** r. Gare 103, ✆ 0 61 41 66 90, *laurent.labare@hotmail.com, Fax 0 61 50 35 53*, ⛱ – ▤ ⇔. MC VISA
fermé 1 semaine en janvier, 15 juillet-15 août, lundi et mardi – **Rest** *Lunch 15* – 34/44, carte 38/52.
♦ Entre gare et centre, affaire familiale qui ravit par son accueil, son attachant décor intérieur, sa bonne cuisine et sa terrasse côté jardin. Mobilier disparate en salle.
♦ Familierestaurant tussen het station en het centrum, met als sterke punten de ontvangst, de mooie inrichting, de lekkere keuken en de tuin met terras. Uiteenlopend meubilair.

BEVEREN (-Leie) *8791 West-Vlaanderen* C *Waregem 35 852 h.* **533** F 17 *et* **716** C 3. 19 **C3**

Bruxelles 89 – Brugge 49 – Gent 44 – Kortrijk 7.

XX **De Grand Cru,** Kortrijkseweg 290, ✆ 0 56 70 11 10, *Fax 0 56 70 60 88* – ▤ P ⇔. AE ⓓ ⓜⓒ VISA

fermé 21 juillet-15 août, dimanche et lundi – **Rest** *Lunch 37 bc* – 65 bc, carte 48/158.

◆ Gerenoveerde moderne eetzaal met grote ramen die uitkijken op een kleine tuin met waterpartijen. Zeer klassieke kaart en geweldige wijnen.

◆ Salle à manger contemporaine rénovée, dont les baies vitrées procurent une vue sur un petit jardin agrémenté de pièces d'eau. Carte très classique et livre de cave fastueux.

BEVEREN (-Waas) *9120 Oost-Vlaanderen* **533** K 15 *et* **716** F 2 – *45 705 h.* 17 **D1**

Bruxelles 52 – Gent 49 – Antwerpen 15 – Sint-Niklaas 11 – Middelburg 86.

XX **Salsifis,** Gentseweg 536 (4 km direction Sint-Niklaas), ✆ 0 3 755 49 37, *salsifis@telenet.be* – ▤ P. AE ⓜⓒ VISA

fermé 1 semaine en février, 1 semaine en mai, fin août-début septembre, fin décembre, lundi, mardi et samedi midi – **Rest** *Lunch 32* – 40/75 bc, carte 41/58.

◆ Dit restaurant met terras aan de voorkant staat even van de N 70 af. De eetzaal in pastelkleuren heeft een lichte houten vloer en biezen stoelen. Attente bediening.

◆ Restaurant un peu caché de la N 70. Salle aux tons doux revêtue d'un plancher en bois blond et dotée chaises en fibre végétale. Accueil et service prévenants. Terrasse devant.

BIÈVRE *5555 Namur* **534** P 23 *et* **716** I 6 – *3 151 h.* 15 **C3**

Bruxelles 134 – Namur 78 – Arlon 80 – Bouillon 20 – Charleville-Mézières 63.

XX **Le Saint-Hubert,** r. Bouillon 45, ✆ 0 61 51 10 11, *Fax 0 61 32 13 18,* – P. ⓜⓒ VISA.

fermé mardi soir et mercredi – **Rest** *Lunch 25* – 32/60 bc, carte 37/52.

◆ Ancienne maison ardennaise rénovée où l'on vient faire de soigneux repas au goût du jour dans un cadre clair et actuel. Terrasse surplombant le jardin et sa pièce d'eau.

◆ Gerestaureerd pand in Ardense stijl, met een licht en modern interieur. Goed verzorgde, eigentijdse keuken. Het terras kijkt uit op de tuin met waterpartij.

BELGIQUE

BILZEN *3740 Limburg* **533** S 17 *et* **716** J 3 – *30 057 h.* 11 **C3**

Bruxelles 97 – Hasselt 17 – Liège 29 – Maastricht 16.

XX **'t Vlierhof,** Hasseltsestraat 57a, ✆ 0 89 41 44 18, *info@vlierhof.be,* – ▤ P ⇔. AE ⓜⓒ VISA.

fermé 3 premières semaines août, lundi soir, mercredi et samedi midi – **Rest** 33/73 bc, carte 46/62, ♀.

◆ Eigentijdse, seizoengebonden gerechten van "vergeten" groenten, kruiden en fruitsoorten, die de chef zelf gaat plukken in zijn weelderige moestuin aan de achterkant.

◆ Cuisine actuelle où entrent, au fil des saisons, fruits, légumes et condiments "oubliés", que le chef va lui-même cueillir dans son potager prolifique situé à l'arrière.

à Mopertingen *Est : 2 km direction Maastricht* C *Bilzen* – ✉ *3740 Mopertingen :*

X **Op den Blanckaert,** Michiel Moorsplein 1, ✆ 0 89 50 35 91, *opdenblanckaert@skynet.be, Fax 0 89 50 35 96* – AE ⓜⓒ VISA.

fermé 16 juin-1er juillet, 20 octobre-4 novembre, lundi, mardi et samedi midi – **Rest** *Lunch 30* – 45, carte 38/55.

◆ Dit restaurant in een landelijk dorp is gevestigd in een mooi oud gebouw van natuursteen, dat is gemoderniseerd met behoud van zijn cachet. Fijn terras aan de tuinzijde.

◆ Dans un village agreste, restaurant mettant à profit une belle bâtisse ancienne en briques, modernisée au-dedans sans lui ôter son cachet. Accueillante terrasse-jardin cachée.

BINCHE *7130 Hainaut* **533** J 20, **534** J 20 *et* **716** F 4 – *32 409 h.* 7 **C2**

Voir *Carnaval*★★★ *(Mardi gras)* – *Remparts*★.

Musée : *International du Carnaval et du Masque*★ : *masques*★★ Z **M**.

Env. *au Nord-Est, 10 km par* ① : *Domaine de Mariemont*★★ : *parc*★, *musée*★★.

ℹ *Grand'Place* ✆ *0 64 23 06 47, tourisme@binche.be.*

Bruxelles 62 ① – *Mons 19* ⑤ – *Charleroi 20* ② – *Maubeuge 24* ④.

Plan page ci-contre

X **China Town,** Grand'Place 12, ✆ 0 64 33 72 22, , Cuisine chinoise, ouvert jusqu'à 23 h 30 – ▤. AE ⓓ ⓜⓒ VISA Z a

fermé 1er au 15 août et mercredi – **Rest** 22/31, carte 16/46.

◆ Cette dépaysante table un peu cachée sur la Grand-Place a les faveurs des binchois amateurs d'exotisme culinaire. Spécialités de l'Empire du Milieu. Cadre asiatique sobre.

◆ Wie van culinair exotisme houdt, komt aan zijn trekken op dit adres, ietwat verscholen aan de Grote Markt. Chinese specialiteiten en sober Aziatisch interieur.

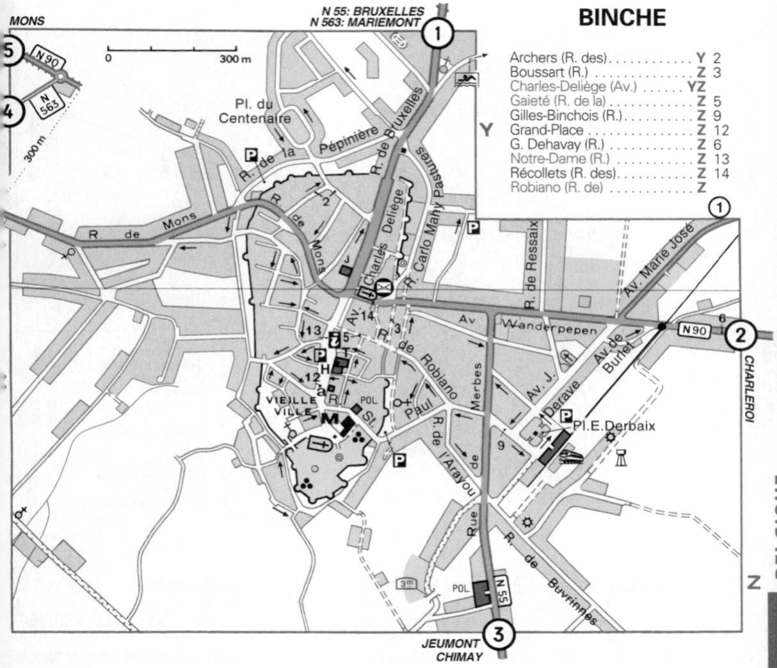

BINCHE

à Bray *Ouest : 4 km* Ⓒ *Binche – ✉ 7130 Bray :*

✗ **Le Bercha,** rte de Mons 763, ☎ 0 64 36 91 07, *Fax 0 64 36 91 07,* – P. AE MC VISA
fermé première semaine janvier, 8 au 18 septembre, dimanche soir et lundi – **Rest** *Lunch 25 bc* – 35/60 bc, carte 29/40.
◆ Une carte traditionnelle avec trois menus-choix s'emploie à combler votre appétit dans ce petit restaurant décontracté tenu en famille. Terrasse côté grand-route et parking.
◆ Traditionele kaart met drie keuzemenu's om de honger te stillen in dit eettentje, dat door een familie wordt gerund. Parkeerterrein en terras aan de kant van de weg.

BIOUL *Namur* **533** N 21, **534** N 21 *et* **716** H 5 – *voir à Anhée.* 14 **B2**

BLANDEN *Vlaams-Brabant* **533** N 18 – *voir à Leuven.*

BLANKENBERGE *8370 West-Vlaanderen* **533** D 15 *et* **716** C 2 – *18 175 h – Station balnéaire★ – Casino Kursaal A , Zeedijk 150, ☎ 0 50 43 20 20, Fax 0 50 41 98 40.* 19 **C1**
Leopold III-plein ☎ 0 50 41 22 27, toerisme@blankenberge.be, Fax 0 50 41 61 39.
Bruxelles 111 ② – Brugge 15 ② – Knokke-Heist 12 ① – Oostende 21 ③.

Plan page suivante

Beach Palace, Zeedijk 77, ☎ 0 50 42 96 64, *info@beach-palace.com, Fax 0 50 42 60 49,* ≤, – AE MC VISA. rest A b
Rest 50/100 bc, carte 67/83 – **97 ch** 75/140 – 114/183 – 3 suites – ½ P 82/117.
◆ Dit hotel aan het strand kijkt aan de andere kant uit op een park en de haven. Twee soorten kamers (achter het modernst), wellness center en ontbijt met zeezicht. Weelderig klassieke eetzaal met traditionele kaart.
◆ Hôtel ouvrant d'un côté sur la plage et de l'autre sur un parc et le port. Deux types de chambres (plus modernes à l'arrière), wellness complet et vue sur mer au petit-déj'. Carte traditionnelle présentée dans une salle à manger de style classique cossu.

BLANKENBERGE

0 — 500 m

Voetgangersgebied in de zomer
Zone piétonne en été

Street	Grid	No.
Consciencestr.	A	2
Generaal Lemanstr.	A	3
Grote Markt	A	4
Jeanne Van de Puttelaan	B	5
Kerkstr.	AB	6
Koning Leopold III Pl.	B	7
Malecotstr.	B	9
Marie-Jose laan	B	10
Onderwijsstr.	B	12
Van Maerlantstraat	A	8
Vissersstr.	A	15

BELGIQUE

Aazaert (annexe - 30 ch), Hoogstraat 31, ☎ 0 50 41 15 99, *info@azaert.be, Fax 0 50 42 91 46*, rest, – **VISA** A t
ouvert février-10 novembre – **Rest** (dîner pour résidents seult) – **50 ch** ☐ ★80/95 – ★★95/150 – ½ P 78/105.

• Moderne kamers in het nieuwe gebouw en meer sobere kamers in de oude dependance. Moderne receptie, loungebar met veel hout en voorzieningen om te relaxen.

• Chambres modernes dans une bâtisse récente et annexe ancienne vous hébergeant plus sobrement. Réception design, riches lambris flamands au lounge-bar, équipements de détente.

Helios, Zeedijk 92, ☎ 0 50 42 90 20, *info@hotelhelios.be, Fax 0 50 42 86 66*, – – **AE** **VISA** A c
ouvert 20 janvier-11 novembre – **Rest** voir rest ***Triton*** ci-après – **33 ch** ☐ ★85/135 – ★★125/175 – 1 suite – ½ P 90/120.

• Hotel in een flatgebouw aan zee, waar 23 kamers op uitkijken. Designinterieur, tentoonstelling van moderne kunst, relaxruimte en zonneterras op het dak.

• Immeuble hôtelier tourné vers la mer, dont la vue profite à 23 chambres. Décor design, expo d'art moderne, espace de relaxation et terrasse-solarium perchée sur le toit.

Saint Sauveur sans rest, Langestraat 50, ☎ 0 50 42 70 00, *hotel@saintsauveur.be, Fax 0 50 42 97 38*, – – **VISA** A q
46 ch ☐ ★60/70 – ★★100/170 – 3 suites.

• Centraal gelegen hotel met moderne gemeenschappelijke ruimten, zwembad en wellness center in de kelder. Kamers van verschillende grootte (die in designstijl zijn de beste).

• Hôtel bénéficiant d'un emplacement central. Communs modernes, piscine et espace de bien-être au sous-sol, chambres de tailles diverses à choisir de préférence en style design.

Riant Séjour, Zeedijk 188, ☎ 0 50 43 27 00, *info@riantsejour.be, Fax 0 50 42 75 54*, plage et mer, – **AE** **VISA** B a
fermé 28 septembre-17 octobre – **Rest** *(fermé mardi, mercredi et jeudi d'octobre à mars et après 20 h)* 18/30 – **29 ch** *(fermé mardi et mercredi d'octobre à mars sauf vacances scolaires)* ☐ ★110/125 – ★★110/130 – 1 suite.

• Alle lichte en ruime kamers van dit hotel aan het strand bieden een onbelemmerd uitzicht op de pier en het ruime sop. Kleine fitnessruimte. Traditionele keuken met een tiental menu's.

• Claires et spacieuses, toutes les chambres de cet hôtel dominant la plage offrent une vue dégagée sur la jetée et le large. Petite installation de remise en forme. Table traditionnelle déclinant une dizaine de menus.

Pantheon Palace, Langestraat 36, 0 50 41 11 09, *info@pantheonpalace.be, Fax 0 50 42 90 15,* ch, AE VISA A n
Rest *(fermé septembre, mardi et mercredi) Lunch 25* – 35/92 bc, carte 29/63 – **28 ch** 65/80 – 100/120 – ½ P 90/110.

• Een modern veelkleurig flatgebouw en een art-decopand vormen dit eigentijdse hotel dat bij een Vlaams cabaret hoort. Fleurige kamers en ontbijtruimte met uitzicht op de patio. Traditioneel eten in een sfeervol interieur in bistrostijl met een theatraal thema.

• Un immeuble moderne polychrome et une maison Art déco forment cet hôtel contemporain associé à un cabaret flamand. Chambres pimpantes et espace breakfast donnant sur un patio. Repas traditionnel dans un cadre actuel façon bistrot intime à thématique théâtrale.

Malecot, Langestraat 91, 0 50 41 12 07, *malecot@vakantiehotels.be, Fax 0 50 42 80 42,* VISA B j
ouvert 22 mars-octobre et semaine carnaval – **Rest** (dîner pour résidents seult) – **30** ch 52/69 – 72/100 – ½ P 56/78.

• Dit familiehotel bij het casino en het strand beschikt over frisse en comfortabele kamers voor een zacht prijsje. Klassieke eetzaal en minifitness.

• Hôtel à l'ambiance familiale proche du casino et du rivage. On s'endort dans des chambres fraîches et confortables, cédées à prix sages. Salle à manger classique, minifitness.

Avenue sans rest, J. de Troozlaan 42, 0 50 41 12 75, *avenue@vakantiehotels.be, Fax 0 50 41 99 92,* VISA B b
ouvert 22 mars-octobre et semaine carnaval – **33** ch 52/75 – 72/110.

• Art-decogevel (1927) met smeedijzeren balkons aan een laan waar de tram doorheen rijdt. Rustige kamers aan de achterkant, fitnessruimte en prettige ontbijtzaal.

• Façade Art déco (1927) rythmée de balconnets en fer forgé donnant sur une avenue où passe le tram. Chambres calmes à l'arrière, coin fitness et plaisante salle de breakfast.

Manitoba sans rest, Manitobaplein 11, 0 50 41 12 20, *info@hotelmanitoba.com, Fax 0 50 42 98 08* – VISA. A u
ouvert 21 mars-septembre – **20** ch 44/90 – 68/90.

• Familiehotel met een exuberante gevel aan een voetgangersplein. Kamers met lichte houten meubelen en een nieuwere, rustige vleugel aan de achterkant. Lekker ontbijt.

• Maison familiale dont l'exubérante façade bourgeoise surveille une place piétonne. Chambres meublées en bois clair, bon breakfast, aile arrière plus récente et paisible.

Richmond Thonnon, Van Maerlantstraat 79, 0 50 42 96 92, *info@hotel-richmond.com, Fax 0 50 42 98 72,* rest, AE VISA. A p
Rest (dîner pour résidents seult) – **38 ch** 92/95 – 117/200 – ½ P 124/127.

• Dit hotel, dat door een familie wordt gerund, staat vlak bij de haven, het strand, de markt, de winkelstraten en het station. Gerenoveerde kamers en klassieke eetzaal.

• Port, plage, place du marché, rues commerçantes et gare se situent à seulement quelques minutes de marche de cet hôtel familial. Chambres rénovées et salle à manger classique.

Alfa Inn sans rest, Kerkstraat 92, 0 50 41 81 72, *info@alfa-inn.com, Fax 0 50 42 93 24,* VISA. AB z
ouvert février-14 novembre – **64** ch 46/56 – 67/112.

• Dit klooster in een voetgangersgebied heeft nu een nieuwe roeping als familiehotel. Studio's, kleine, maar functionele kamers, moderne lounge met bar, speeltuintje en patio.

• Ex-couvent converti en un hôtel apprécié des familles. Studios, petites chambres pratiques, salon-bar moderne, jeux d'enfants et terrasse intérieure. Environnement piétonnier.

Moeder Lambic, J. de Troozlaan 93, 0 50 41 27 54, *hotel@moederlambic.be, Fax 0 50 41 09 44,* AE VISA. ch B u
fermé 1er au 18 janvier, mercredi de septembre à Pâques et jeudi – **Rest** (taverne-rest) 24/32, carte 25/50 – **15 ch** 50/67 – 75/86 – ½ P 70/87.

• Op 200 m van het strand, op de hoek van een straat waar de tram doorheen rijdt, staat dit familiebedrijf met kleine, propere en praktische kamers. Café-restaurant met terras dat bij mooi weer stampvol zit. Overvloedig menu, incl. drank.

• À 200 m de la plage, au coin d'une avenue desservie par le tram, établissement familial doté de petites chambres proprettes et pratiques. Taverne-restaurant dont la terrasse est prise d'assaut dès les premiers beaux jours. Généreux menu boissons incluses.

Claridge, de Smet de Naeyerlaan 81, 0 50 42 66 88, *hotelclaridge@msn.com, Fax 0 50 42 77 04* – VISA. A w
Rest (dîner pour résidents seult) – **17 ch** 55/90 – 65/100 – ½ P 51/58.

• Uitnodigend gebouw op loopafstand van de Grote Markt en een tramhalte. Functionele kamers met stoffering in bijpassende tinten. Gezellige lounge en persoonlijke service.

• À deux pas du Grote Markt et d'un arrêt de tram, bâtisse accueillante vous logeant dans des chambres fonctionnelles aux tissus coordonnés. Salon "cosy" ; service personnalisé.

Du Commerce sans rest, Weststraat 64, ✆ 0 50 42 95 35, *info@hotel-du-commerce.be, Fax 0 50 42 94 40* – AE VISA A v
ouvert février-12 novembre – **32 ch** ☐ ✝45/65 – ✝✝70/155.
• Dit deels opgeknapte hotel is in 1923 door de voorouders van de huidige eigenaars opgericht. Patio en moderne lounge met spelletjes. De gerenoveerde kamers zijn het best.
• Cet hébergement en partie rajeuni a été créé en 1923 par les aïeux des patrons actuels. Patio et lounge contemporain avec jeux pour les petits. Réservez une chambre rénovée.

Escapade J. de Troozlaan 39, ✆ 0 50 41 15 97, *stefaan.timmerman@telenet.be*, – . AE VISA B d
fermé dernière semaine juin-première semaine juillet, dernière semaine septembre-première semaine octobre, mercredi sauf juillet-août et jeudi – **Rest** 32/58 bc.
• Eigentijds en comfortabel restaurant met een aanlokkelijk à la carte menu dat maandelijks verandert. De kookstijl valt in de smaak van nu. Terras aan de achterkant.
• Un appétissant menu-carte repensé chaque mois vous sera soumis à cette table au cadre contemporain bien confortable. Terrasse d'été à l'arrière. Saveurs d'aujourd'hui.

Philippe Nuyens, J. de Troozlaan 78, ✆ 0 50 41 36 32, *Fax 0 50 41 36 32* – VISA
fermé 1 semaine en janvier, 1 semaine en mars, 1 semaine en juin, mi-septembre-début octobre, mardi et mercredi – **Rest** 36/80 bc, carte 66/86, ♀. B c
Spéc. 'Plancha' de langoustines au beurre à l'ail et citron. Carpaccio de bœuf et Saint-Jacques crues au parmesan et pesto. Ris de veau croquant aux champignons, purée de pommes de terre à l'ail.
• Modern-klassieke gerechten, geserveerd in een rustiek aandoend interieur: schouw, donkere balken en lichte muren met lambrisering in zachtgroen, wat goed bij de stoelen past.
• Cuisine classique-actuelle bien faite, servie dans un décor rustique léger : cheminée, poutres en bois foncé et murs clairs égayés de lambris vert pâle assortis aux chaises.

BELGIQUE

Triton - H. Helios, Zeedijk 92, ✆ 0 50 42 90 20, *info@hotelhelios.be, Fax 0 50 42 86 66*, ≤ – . AE VISA. A c
ouvert 20 janvier-11 novembre; fermé mardi d'octobre au 1er mai et mercredi – **Rest** *Lunch 29* – 32/70 bc, carte 44/67, ♀.
• Moderne eetzaal met bistrocomfort en nautisch design, met het strand als achtergrond. De gerechten zijn soms op de avant-garde geïnspireerd. Bijzonder opgemaakte borden.
• Salle moderne, confort bistrot et design nautique, avec la plage pour toile de fond. Préparations quelquefois inspirées par l'avant-garde. Jolie mise en scène dans l'assiette.

La Tempête avec ch, A. Ruzettelaan 37, ✆ 0 50 42 94 28, *hotel.la.tempete@skynet.be, Fax 0 50 42 79 17* – P. VISA. ch B x
fermé 1er au 25 janvier, 30 juin-10 juillet, lundi et mercredi en hiver et mardi – **Rest** *Lunch 30* – 35/67 bc, carte 41/65 – **9 ch** ☐ ✝76/80 – ✝✝76/80 – ½ P 52/55.
• Klassiek-traditioneel hotel-restaurant waar vis de hoofdmoot vormt. Eenvoudige kamers die prima voldoen voor een nachtje.
• Enseigne agitée à forte pour cette table offrant un bel éventail de plats classiques-traditionnels issus de la marée. Nuitées sans remous dans des chambres de mise simple.

Griffioen, Kerkstraat 163, ✆ 0 50 41 34 05, *Fax 0 50 41 34 05*, Produits de la mer – . VISA B k
fermé 1er au 25 janvier, mardi et mercredi – **Rest** *Lunch 18* – 35/65 bc, carte 39/66.
• Originele kaart met veel vis en speels interieur met een schouw van mozaïek à la Gaudi, versierd met kariatiden zonder hoofd. Het herentoilet is zeer bijzonder!
• Amusante carte dialoguant avec la mer et cadre ludique présidé par une cheminée en mosaïques façon Gaudi, ornée de cariatides décapitées. Curiosité dans les toilettes hommes !

't Fregat, Zeedijk 108, ✆ 0 50 41 34 86, *Fax 0 50 42 75 42*, ≤, , Taverne-rest .
fermé 1er au 15 décembre et mardi – **Rest** *Lunch 23* – 35, carte 26/55. A a
• Strandterrassen, bistro beneden en tafels met tafellinnen boven. Klassieke gerechten à la carte of op een schoolbord, voor een etentje met zeezicht.
• Terrasses balnéaires, cadre bistrotier au rez-de-chaussée et tables nappées à l'étage. Choix classique à la carte ou à l'écriteau, pour un repas en tête à tête avec les flots.

La Lampara, Langestraat 69, ✆ 0 50 41 37 27, Cuisine italienne – A k
fermé lundi et mardi – **Rest** (dîner seult) carte 25/36.
• Sober ingericht restaurant in een levendige straat tussen het casino en de St.-Rochuskerk. Eenvoudige, authentieke Italiaanse keuken en dito wijnkaart die best interessant is.
• Dans une rue animée, entre le casino et l'église St-Roch, restaurant italien au cadre sobre, servant une cuisine simple et authentique. Cave transalpine non dénuée d'intérêt.

à Zuienkerke *par ② : 6 km – 2 776 h. – ✉ 8377 Zuienkerke :*

XX **De Gouden Korenhalm,** Blankenbergsesteenweg 8 (N 371, sortie Blankenberge), ☎ 0 50 31 33 93, *info@degoudenkorenhalm.be,* – P. AE VISA
fermé lundi et samedi midi – **Rest** *Lunch 14* – 34/80 bc, carte 34/71.
• Grote villa van rode baksteen met een witte toren. Traditionele maaltijd in een modern-klassiek interieur of in de tuin met moderne fontein. Leuke bar.
• Grande villa en briques rouges égayée d'une tour blanche. Repas traditionnel dans un cadre classico-contemporain ou au jardin, près d'une pièce d'eau moderne. Joli bar.

BLAREGNIES *7040 Hainaut* C *Quévy 7 734 h.* **533** I 20, **534** I 20 *et* **716** E 4. 7 **C2**
Bruxelles 80 – Mons 15 – Bavay 11.

XX **Les Gourmands,** r. Sars 15, ☎ 0 65 56 86 32, *info@lesgourmands.be, Fax 0 65 56 74 40* – P. AE VISA
fermé 1 semaine en février, dimanche soir, lundi, mardi et après 20 h 30 – **Rest** *Lunch 30* – 45/120 bc, carte 63/91.
• Fermette estimée pour sa cuisine classique revisitée et la richesse de sa cave. Poutres, briques, murs roses, chaises rustiques et allusions décoratives au littoral en salles.
• Dit boerderijtje valt in de smaak vanwege de vernieuwende klassieke keuken en goede wijnen. Eetzaal met balken, bakstenen, roze muren, rustieke stoelen en maritieme decoratie.

Première distinction : l'étoile ✿.
Elle couronne les tables pour lesquelles on ferait des kilomètres !

BELGIQUE

BLEGNY *4671 Liège* **533** T 18, **534** T 18 *et* **716** K 3 – *12 799 h.* 9 **C1**
Musée : *au Nord à Blegny-Trembleur : Blegny-Mine★★ (charbonnage).*
Bruxelles 105 – Liège 12 – Verviers 22 – Aachen 33 – Maastricht 26.

Barbothez, r. Entre deux Bois 55 (angle Valeureux Champs), ☎ 0 4 387 52 67, *hotel@barbothez.be, Fax 0 4 387 69 35,* – P – AE VISA.
fermé 23 décembre-10 janvier – **Rest** ***La Source*** *(fermé samedi midi)* 37/67 bc, carte 48/56 – **18 ch** ★90/100 – ★★100/110 – ½ P 105/127.
• Petit hôtel charmant (ancien moulin à eau) embusqué à l'orée d'un bois, au bout d'un chemin, dans une vallée bucolique. Grange rénovée abritant deux catégories de chambres. Carte actuelle et terrasse tournée vers la rivière et les prés au restaurant La Source.
• Sfeervol hotelletje (oude watermolen) aan het einde van een weg, aan de rand van een bos in een idyllisch dal. De gerenoveerde schuur herbergt twee typen kamers. In restaurant La Source eigentijdse keuken en terras met uitzicht op de rivier en de weilanden.

à Housse *Ouest : 3 km* C *Blegny* – ✉ *4671 Housse :*

XX **Le Jardin de Caroline,** r. Saivelette 8, ☎ 0 4 387 42 11, *lejardindecaroline@belgacom.net, Fax 0 4 387 42 11,* – P. AE VISA
fermé mardi, mercredi et samedi midi – **Rest** *Lunch 45 bc* – 29/75 bc, carte 44/74.
• En secteur résidentiel, villa de type fermette où se concocte une cuisine actuelle personnalisée. Véranda et jardin-terrasse avec pièce d'eau. Vins en option dans chaque menu.
• Villa in boerderijstijl gelegen in een woonwijk. Eigentijdse kookstijl met een persoonlijk accent. Serre en tuin met waterpartij. Wijn optioneel bij elk menu.

BOCHOLT *3950 Limburg* **533** S 15 *et* **716** J 2 – *12 355 h.* 11 **C1**
Bruxelles 106 – Hasselt 42 – Antwerpen 91 – Eindhoven 38.

De Watermolen, Monshofstraat 9 (Reppel), ☎ 0 89 48 00 00, *info@de-watermolen.com, Fax 0 89 46 14 58,* – ch, P – AE VISA.
Rest *(fermé après 20 h 30) Lunch 18* – 25/45, carte 20/49 – **65 ch** ★60/80 – ★★90/130 – ½ P 77/150.
• Familiehotel op een domein met tal van recreatieve en sportieve voorzieningen. De watermolen dateert nog uit de 9e eeuw. Ruime, keurige kamers. Restaurant met een traditionele kaart. Zomerterrassen en faciliteiten voor groepen.
• Dans un domaine à vocations récréative et sportive, hôtel très familial intégrant un moulin à eau dont l'origine se perdrait au 9e s. Chambres amples et nettes. Restaurant où l'on présente une carte traditionnelle. Terrasses d'été et facilités pour groupes.

XXX **Kristoffel,** Dorpsstraat 28, ☎ 0 89 47 15 91, *info@restaurantkristoffel.be, Fax 0 89 47 15 92* – ▤ ⇔. AE ⓓ MC VISA. ✻
fermé 1er au 11 janvier, 14 juillet-5 août, lundi et mardi – **Rest** *Lunch 25* – 35/90 bc, carte 53/86, ♀.
◆ Comfortabel restaurant waarvan de eigentijdse keuken in het seizoen een eerbetoon brengt aan de asperge. Modern salon met bar en klassieke eetzaal. Uitgebreide wijnkaart.
◆ Confortable restaurant dont la cuisine, dans le tempo actuel, honore volontiers l'asperge en saison. Salon-bar moderne, salle à manger classique. Grand choix de vins.

BOECHOUT *Antwerpen* **533** L 16 *et* **716** G 2 – *voir à Antwerpen, environs.* 1 **B2**

Comment choisir entre deux adresses équivalentes ?
Dans chaque catégorie, les établissements sont classés par ordre de préférence : nos coups de cœur d'abord.

BOLDERBERG *Limburg* **533** Q 17 *et* **716** I 3 – *voir à Zolder.*

BOLLAND *Liège* **533** T 19 *et* **534** T 19 – *voir à Battice.*

BOMAL-SUR-OURTHE *Luxembourg belge* **534** S 20 *et* **716** J 4 – *voir à Barvaux.*

BONCELLES *Liège* **533** S 19, **534** S 19 *et* **716** J 4 – *voir à Liège, environs.*

BONHEIDEN *Antwerpen* **533** M 16 *et* **716** G 2 – *voir à Mechelen.*

BONLEZ *1325 Brabant Wallon* 🄲 *Chaumont-Gistoux 10 926 h.* **533** N 18, **534** N 18 *et* **716** H 3. 4 **C2**
Bruxelles 38 – Wavre 9 – Namur 43 – Charleroi 51 – Leuven 24 – Tienen 34.

X **32 Chemin de l'herbe,** Chemin de l'herbe 32, ☎ 0 10 68 89 61, *chemindelherbe@skynet.be, Fax 0 10 68 89 61,* 🏞 – 🅿. AE MC VISA
fermé 2 semaines en septembre, dimanche et lundi – **Rest** *Lunch 10* – carte 37/47.
◆ À l'entrée du village, jolie fermette aux volets bleus et aux murs tapissés de lierre. Carte classique incluant des grillades, décor intérieur "campagne" et terrasse agreste.
◆ Aardig boerderijtje met blauwe luiken en muren met klimop aan de rand van het dorp. Rustiek interieur, klassieke kaart met grillspecialiteiten en landelijk terras.

BOOM *2850 Antwerpen* **533** L 16 *et* **716** G 2 – *16 096 h.* 1 **A3**
Bruxelles 30 – Antwerpen 18 – Gent 57 – Mechelen 16.

XX **Cheng's Garden,** Col. Silvertopstraat 5, ☎ 0 3 844 21 84, *Fax 0 3 844 54 46,* Avec cuisine chinoise – ▤ 🅿. AE ⓓ MC VISA. ✻
fermé mercredi, jeudi midi et samedi midi – **Rest** 30/70 bc, carte 25/45.
◆ Groot Aziatisch restaurant met drie modern ingerichte eetzalen. Klassieke continentale gerechten die op Chinese wijze worden bereid, maar ook echt authentieke specialiteiten.
◆ Vaste restaurant asiatique composé de trois salles au décor moderne où l'on goûte des mets classiques continentaux cuisinés à la chinoise et des spécialités plus authentiques.

XX **'t Schoon Verdiep,** Tuyaertsstraat 26, ☎ 0 3 844 31 45, *tschoonverdiep@scarlet.be, Fax 0 3 844 31 45,* 🏞 – ⇔. AE MC VISA. ✻
fermé vacances Pâques, 2 dernières semaines septembre et jeudi – **Rest** *Lunch 25* – 37/74 bc, carte 44/74.
◆ Dit herenhuis heeft heel wat te bieden: vriendelijke ontvangst, mooie klassieke zalen met muurschilderingen en een aangenaam terras met zwembad.
◆ Maison de maître offrant plus d'un atout pour séduire : accueil affable, belles salles classiques ornées de peintures murales galantes et jolie terrasse dotée d'une piscine.

Kaai, Kaai 40, ☎ 0 3 843 33 12, *info@kaai.be, Fax 0 3 843 33 14*, ←, 余, Taverne-rest, ⚓ – ♿ P. AE MC VISA
Rest carte 32/57.
◆ Modern vrijstaand huis in de vorm van een golf en majestueus terras aan een esplanade die door een riviertje wordt begrensd. De cliëntèle is zeer divers, evenals de menukaart.
◆ Sur une esplanade bordée par une rivière, pavillon moderne en forme de vague et terrasse majestueuse où se presse une clientèle très variée, à l'image de la carte.

à Terhagen *Sud-Est : 3 km* C *Rumst 14 628 h –* ✉ *2840 Terhagen :*

Epicurus, Kardinaal Cardijnstraat 46, ☎ 0 3 888 33 11, *epicurus@skynet.be*, 余 – MC VISA.
fermé juillet, lundi, mardi et mercredi – **Rest** Lunch 37 bc – 37/69 bc, carte 40/57.
◆ Deze voormalige slagerij is nu een mooi en uitnodigend restaurant met een eigentijdse keuken. Fraai terras aan de achterkant.
◆ Devant l'église, ancienne boucherie devenue un restaurant servant de la cuisine au goût du jour dans un cadre mignon et accueillant. Jolie terrasse cachée sur l'arrière.

BOORTMEERBEEK *3190 Vlaams-Brabant* **533** M 17 *et* **716** G 3 – *11 546 h.* 4 **C1**
Bruxelles 30 – Leuven 16 – Antwerpen 38 – Mechelen 11.

Classics sans rest, Leuvensesteenweg 240, ☎ 0 15 51 57 09, *info@hotel-classics.be, Fax 0 15 52 00 74*, – P. MC VISA
6 ch ☐ ★100/110 – ★★140/150.
◆ Dit statige pand uit het midden van de 20e eeuw wordt omringd door een rustig park. De grote kamers hebben een persoonlijk karakter, dankzij het mooie klassieke meubilair.
◆ Cette fière demeure bâtie à la fin des années 1940 et agrémentée d'un parc reposant abrite de grandes chambres personnalisées par du beau mobilier de style classique.

BORGERHOUT *Antwerpen* **533** L 15 *et* **716** G 2 – *voir à Antwerpen, périphérie.*

BORGLOON (LOOZ) *3840 Limburg* **533** R 18 *et* **716** J 3 – *10 152 h.* 10 **B3**
Bruxelles 74 – Hasselt 28 – Liège 29 – Maastricht 29.

Kasteel van Rullingen (annexe à 800 m - 8 ch), Rullingen 1 (Ouest : 3 km à Kuttekoven), ☎ 0 12 74 31 46, *info@rullingen.com, Fax 0 12 74 54 86*, 余, – P – AE MC VISA.
Rest ***Noblesse*** *(fermé mardi et mercredi)* Lunch 34 – 50/115 bc, carte 59/74 – ☐ 15 – **16 ch** ★90/235 – ★★100/350 – ½ P 108/190.
◆ Schitterend renaissancekasteeltje (17e eeuw) met recente uitbouw, waarvan de kamers allemaal anders zijn. Het park wordt omringd door greppels en boomgaarden. Het restaurant heeft beslist aristocratische allure en hanteert een modern-klassieke kaart.
◆ Des chambres personnalisées trouvent place dans ce ravissant petit château (17e s.) d'esprit Renaissance mosane et son extension récente. Parc entouré de douves et vergers. Table misant sur une carte classique actualisée dans un décor d'allure aristocratique.

Pracha sans rest, Kogelstraat 3, ☎ 0 12 74 20 74, *info@pracha.be, Fax 0 12 74 57 04*, – P. MC VISA
7 ch ☐ ★55/80 – ★★65/97.
◆ Moderne villa om relaxed te "cocoonen". Wellness, beautycenter (de eigenares is schoonheidsspecialiste), lounge in de serre en rustgevende tuin met waterpartij.
◆ Villa moderne vous conviant à un séjour "cocooning" dans une ambiance relax. Wellness, beauty center (patronne esthéticienne), salon-véranda, jardin de repos avec pièce d'eau.

De Moerbei sans rest, Tongersesteenweg 26, ☎ 0 12 74 72 82, *moerbei@skynet.be*, – . VISA.
6 ch ☐ ★56/81 – ★★69/94.
◆ Hotel in een boerderij uit 1845, met lounge, wintertuin, binnenhof en boomgaard. De kamers met parket zien er tiptop uit en de gasten krijgen nog echt persoonlijke aandacht.
◆ Ancienne ferme (1845) devenue hôtel. Salon, jardin d'hiver, cour intérieure et verger où la vigne a aussi pris racine. Pimpantes chambres parquetées. Accueil personnalisé.

Ambrozijn, Tongersesteenweg 30, ☎ 0 12 74 72 31, *info@restaurantambrozijn.be, Fax 0 12 21 32 03*, 余 – . VISA.
fermé vacances carnaval, 21 juillet-6 août, vacances Toussaint sauf week-end, lundi, mardi et samedi midi – **Rest** Lunch 29 – 30/75 bc, carte 44/60, ♀.
◆ Goddelijk eten - ambrozijn is tenslotte een godenspijs - in een eigentijds interieur dat goed bij de kookstijl past. Mooie wijnkaart.
◆ Savoureuse cuisine au goût du jour - l'Ambroisie (Ambrozijn) n'est elle pas la nourriture des dieux ? - servie dans un intérieur au style actuel. Cave bien montée.

BORGWORM *Liège – voir Waremme.*

BELGIQUE

BORNEM *2880 Antwerpen* **533** K 16 *et* **716** F 2 *– 20 064 h.* 1 **A3**
Bruxelles 36 – Antwerpen 28 – Gent 46 – Mechelen 21.

Secundo, Rijksweg 58, ✆ 0 3 889 03 40, *info@hotelsecundo.be, Fax 0 3 830 12 04*, – – . AE MC VISA.
fermé fin décembre – **Rest** voir rest ***De Notelaer*** ci-après – **17 ch** ☕ ★70/80 – ★★90/125 – ½ P 90/92.
• In dit hotel, dat in 2005 werd gemoderniseerd, wordt u ontvangen in een eigentijds interieur dat indruk maakt. Verzorgde kamers, mooie ontbijtzaal, bar en gezellige lounge.
• Cet hôtel relooké en 2005 vous reçoit désormais dans un cadre moderne produisant son effet. Chambres soignées, jolie salle de breakfast classique, bar et salon chaleureux.

Eyckerhof (Ferdy Debecker), Spuistraat 21 (Eikevliet), ✆ 0 3 889 07 18, *info@eyckerhof.be, Fax 0 3 889 94 05*, – P. AE MC VISA.
fermé 3 au 10 février, 1er au 6 avril, 7 au 27 juillet, samedi midi, dimanche soir, lundi et jours fériés soirs – **Rest** (prévenir) – 37/98 bc, carte 67/95, ♀.
Spéc. Composition de homard et pomme, sorbet de tomate. Filet de bar de ligne, croustillant de ris de veau et gratin de macaronis. Risotto de ris de veau, truffe et parmesan.
• De landelijke omgeving en het gerenoveerde interieur van deze herberg verhogen het genot van een verfijnde en klassieke keuken. Mooi terras tussen het groen.
• Entrez en confiance dans cette auberge dont le site champêtre et le décor intérieur rénové ajoutent aux plaisirs d'une table classique fine et généreuse. Belle terrasse verte.

De Notelaer - H. Secundo, avec ch, Stationsplein 2, ✆ 0 3 889 13 67, *info@denotelaer.be, Fax 0 3 899 13 36*, , – , rest, . AE MC VISA.
fermé 23 au 29 décembre – **Rest** *(fermé mercredi soir et jeudi)* (avec taverne-rest) *Lunch 28* – 45/49, carte 47/60 – **12 ch** ☕ ★80 – ★★95 – ½ P 92.
• Gerenoveerd restaurant bij het station. Poëtische kaart, rode lambrisering, leren fauteuils en orchideeën in de eetzaal; terras met plankier op de binnenplaats.
• Auberge de gare rajeunie dans un souci d'esthétisme et de confort. Carte poétique, lambris rouges, fauteuils en cuir et orchidées au restaurant ; cour-terrasse sur planches.

Den Heerd, Sint-Amandsesteenweg 31, ✆ 0 3 899 21 22, *info@denheerd.com, Fax 0 3 889 59 12*, – P . MC VISA.
fermé 1er au 15 juin, 24 décembre-1er janvier, lundi et mardi – **Rest** (dîner seulement sauf dimanche) carte 34/47.
• In deze herberg wordt de voormalige bakkersoven nu gebruikt voor pizza's. Rustieke eetzaal met een gemoedelijke atmosfeer. Palingspecialiteiten. Zomerterras.
• Cette ancienne auberge abrita un fournil, aujourd'hui recyclé en four à pizza. Rustique salle à manger où flotte une ambiance cordiale. Spécialités d'anguille. Terrasse d'été.

BELGIQUE

BOUGE *Namur* **533** O 20, **534** O 20 *et* **716** H 4 *– voir à Namur.* 15 **C1**

BOUILLON *6830 Luxembourg belge* **534** P 24 *et* **716** I 6 *– 5 455 h.* 12 **B3**
Voir Château★★ Z : Tour d'Autriche ≤★★.
Musée : *Ducal★* Y **M**.
Env. *par ③ : 8 km à Corbion : Chaire à prêcher ≤★.*
au Château fort, Esplanade Godefroy de Bouillon ✆ 0 61 46 62 57, info@bouillon-sedan.com, Fax 0 61 46 42 12 – (en saison) Pavillon, Porte de France ✆ 0 61 46 42 02.
Bruxelles 161 ① – Arlon 64 ② – Dinant 63 ① – Sedan 18 ②.

Plan page ci-contre

Panorama, r. au-dessus de la Ville 25, ✆ 0 61 46 61 38, *info@panoramahotel.be, Fax 0 61 46 81 22*, ≤ vallée et château, – , ch, P. AE MC VISA. rest
fermé janvier, février sauf week-end et carnaval, 25 juin-10 juillet et mercredis et mardis non fériés sauf vacances scolaires – **Rest** *(fermé après 20 h 30)* 30/65 bc, carte env. 45 – **24 ch** ☕ ★70 – ★★85/130 – ½ P 70/85. Y **c**
• Bâtisse dominant la ville, avec le château et la forêt à l'arrière-plan : une vue captivante dont profitent toutes les chambres. Reposant salon avec cheminée. Repas traditionnel dans une salle panoramique au décor classique ou sur la belle terrasse-belvédère.
• Alle kamers van dit hooggelegen hotel bieden een prachtig uitzicht op de stad met de burcht en het bos daarachter. Rustgevende lounge met schouw. Traditionele maaltijd in een klassiek ingerichte panoramazaal of op het mooie terras met belvedère.

La Porte de France, Porte de France 1, ✆ 0 61 46 62 66, *info@laportedefrance.be, Fax 0 61 46 89 15*, ≤, – – . AE MC VISA Z **d**
Rest *Lunch 18* – 28/33, carte 31/52 – **22 ch** ☕ ★60 – ★★73/98 – ½ P 67/83.
• Établissement d'aspect régional posté au pied du rempart, face au pont de France enjambant la Semois. Environ quinze chambres sont tournées vers la rivière. Accueil au café. Salle de restaurant décorée dans le style Art nouveau ; choix classico-traditionnel.
• Etablissement in regionale stijl onder aan de stadsmuur, bij de brug over de Semois, met een vijftiental kamers aan de kant van de rivier. Receptie in het café. De eetzaal is in art-nouveaustijl ingericht. Traditioneel-klassieke kaart.

BOUILLON

Ange Gardien (R. de l') . . . . Y 2
Augustins (R. des). . . . . . Y 3
Brutz (R. du). . . . . Y 4
Collège (R. du) . . . . YZ
Ducale (Pl.). . . . . Y 5
Écoles (R. des) . . . . Y 6
Faubourg de France . . . . Z 7
France (Porte de). . . . . . . Z 9
France (Pt de) . . . . Z 8
Godefroid-de-Bouillon (Espl.) . . . . Y 10
Hautes Voies (R. des) . . . . Y 11
Laitte (R. de) . . . . Z 12
Liège (Pt de) . . . . Y 13
Maladrerie (Q. de la) . . . . Y 14
Maladrerie (R. de la) . . . . Y 15
Moulin (R. du) . . . . Z 16
Nord (R. du). . . . . Y 18
Paroisse (Allée de la). . . . Z 19
Petit (R. du) . . . . Y 20
Poste (R. de la) . . . . Z 22
Poulie (Pt de la) . . . . Y 23
Poulie (R. de la) . . . . Y 24
Prison (R. de la) . . . . Y 26
Rempart (Q. du) . . . . . . YZ
St-Arnould (Pl.) . . . . Y 27
Saulx (Q. des) . . . . Y 28

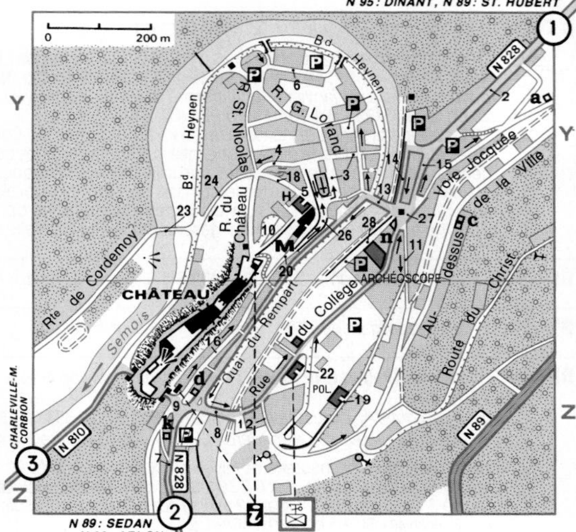

Cosy, r. au-dessus de la Ville 23, ☎ 0 61 46 04 62, *info@hotelcosy.be, Fax 0 61 46 80 74,* ←
ville et château, 🏖 – MC VISA Y c
ouvert mai-14 novembre, vacances scolaires, jours fériés et week-end – **Rest** *(fermé lundi, mardi, mercredi midi et après 20 h)* 23/29, carte 29/45 – **11** ch *(fermé lundi et mardi)* ☕ ✝45/70 – ✝✝62/80 – ½ P 63/68.

◆ Bon point de chute perché au-dessus de Bouillon. Salons "cosy", chambres avenantes et belle vue sur le château, la ville et la vallée. Restaurant-véranda au cadre actuel avec terrasse panoramique. Choix classico-traditionnel ponctué de clins d'œil à Godefroy.

◆ Goed hotel hoog boven Bouillon. Zalen met knusse ambiance, charmante kamers en een mooi uitzicht op het kasteel, de stad en het dal. Modern restaurant met serre en panoramisch terras. Klassiek-traditionele keuken met een knipoog naar Godfried van Bouillon.

Auberge d'Alsace et Hôtel de France, Faubourg de France 1, ☎ 0 61 46 65 88, *Fax 0 61 46 83 21,* ← – 🛗. AE ⓓ MC VISA. ✂ Z k
fermé 3 au 28 janvier, mardi et mercredi – **Rest** 25/50, carte 31/55 – **30 ch** ☕ ✝56/61 – ✝✝72/122 – ½ P 60/82.

◆ Auberge ancienne composée de plusieurs bâtiments communicants. Chambres côté rivière ou butte boisée ; confort simple mais tenue sans reproche. Repas traditionnel servi dans un cadre néo-rustique.

◆ Oude herberg met diverse gebouwen die met elkaar in verbinding staan. Kamers met uitzicht op de rivier of de beboste heuvel. Eenvoudig comfort, maar perfect onderhouden. Restaurant met een neorustiek interieur, waar een traditionele maaltijd wordt geserveerd.

Poste, pl. St-Arnould 1, ☎ 0 61 46 51 51, *info@hotelposte.be, Fax 0 61 46 51 65,* ← – 🛗 ⇝, ▤ rest, 🚗 – 🏋. AE ⓓ MC VISA Y n
Rest *Lunch 35* – 43/115 bc, carte 45/66, ♀ – **60 ch** ☕ ✝54/60 – ✝✝78/170 – ½ P 79/122.

◆ Vieil immeuble à tourelles côtoyant le pont de Liège. Divers types et générations de chambres : rustiques, romantiques ou modernes. Salon douillet. Restaurant ample et feutré, avec vue sur la Semois et le château depuis quelques tables. Repas classico-actuel.

◆ Oud pand met torentjes bij een brug (Pont de Liège). Verschillende soorten kamers: rustiek, romantisch of modern. Behaaglijke lounge. Groot en deftig restaurant, sommige tafels met uitzicht op de Semois en het kasteel. Klassieke keuken met een vleugje modern.

La Ferronnière 🐌 avec ch, Voie Jocquée 44, ☎ 0 61 23 07 50, *info@laferronniere.be, Fax 0 61 46 43 18,* ←, 🏖, 🍽 – ⇝ P ⛭. MC VISA Y a
fermé 6 au 24 janvier, 9 au 20 mars, 29 juin-17 juillet et lundi – **Rest** *(fermé dimanche soir, lundi, mardi midi et après 20 h 30) Lunch 25* – 33/55, carte 40/65 – **7 ch** ☕ ✝75/95 – ✝✝82/115 – ½ P 71/86.

◆ Jolie villa juchée sur les hauts de Bouillon. Table au goût du jour, atmosphère "cottage" en salles, terrasse-jardin surplombant la vallée et calmes chambres personnalisées.

◆ Mooie villa in de heuvels van Bouillon. Eigentijdse keuken, eetzalen in cottage-stijl, beplant terras met uitzicht op het dal en rustige kamers met een persoonlijk karakter.

BELGIQUE

à Corbion *par ③ : 7 km* Ⓒ *Bouillon* – ✉ *6838 Corbion :*

Des Ardennes ⛰, r. Hate 1, ✆ 0 61 25 01 00, *contact@hoteldesardennes.be, Fax 0 61 46 77 30,* ←, 🌳, 🎾, 🚲 – |‡| ⚔, ▤ rest, 🅿 – 🏛. AE ⓪ MC VISA
ouvert 19 mars-1er janvier – Rest *(fermé après 20 h 30)* *Lunch 30* – 33/60, carte 29/56, ⚘ – **29 ch** ⊐ ✦75/95 – ✦✦90/115 – ½ P 77/87.
◆ Hostellerie ardennaise centenaire postée aux portes de Corbion. Chambres personnalisées et jardin ombragé offrant une jolie vue sur les collines boisées. Cuisine traditionnelle généreuse et goûteuse servie dans une salle de style classique. Bonne cave.
◆ Heel oude herberg in Ardense stijl aan de rand van Corbion. De kamers zijn allemaal anders en de schaduwrijke tuin biedt een fraai uitzicht op de beboste heuvels. Overvloedige en smakelijke gerechten, geserveerd in een klassieke eetzaal. Goede wijnkelder.

BOUSSU-EN-FAGNE *Namur* **534** L 22 *et* **716** G 5 – *voir à Couvin.* 14 **B3**

BOVIGNY *Luxembourg belge* **534** U 21 *et* **716** K 5 – *voir à Vielsalm.* 13 **C1**

BRAINE-L'ALLEUD (EIGENBRAKEL) *1420 Brabant Wallon* **533** L 18, **534** L 18 *et* **716** G 3 – *37 197 h.* 3 **B2**

⛳18 *(2 parcours)* ⛳9 *chaussée d'Alsemberg 1021* ✆ *0 2 353 02 46, Fax 0 2 354 68 75.*
Bruxelles 33 – Wavre 35 – Charleroi 37 – Nivelles 15 – Waterloo 4.

XXX ✿ **Jacques Marit,** chaussée de Nivelles 336 (sur N 27, près R0, sortie ㉔), ✆ 0 2 384 15 01, *info@jacquesmarit.com, Fax 0 2 384 10 42,* 🍽 – ▤ 🅿 ⟡. AE ⓪ MC VISA
fermé 2 au 10 janvier, 24 mars-2 avril, 4 août-2 septembre, dimanche soir, lundi et mardi – Rest *Lunch 40* – 50/85 bc, carte 66/94, ♀.
Spéc. Langoustines en panure d'amande, crème de vieux parmesan. Agneau de notre élevage (avril à juillet). Fines feuilles à l'huile de noisette, crème pralin et glace Carambar.
◆ Fermette cossue où deux générations de la même famille se partagent salle et fourneaux. Carte et menus élaborés, tables rondes espacées, terrasse surplombant jardin et verger.
◆ Luxe boerderijtje, waar twee generaties van dezelfde familie in de bediening en in de keuken staan. Kaart met menu's, ronde tafels en terras met uitzicht op tuin en boomgaard.

XX **Philippe Meyers,** r. Doyen Van Belle 6, ✆ 0 2 384 83 18, *philippe.meyers@gmail.com, Fax 0 2 384 83 18* – AE MC VISA
fermé 2 au 7 janvier, 25 au 31 mars, 18 août-4 septembre, samedi midi, dimanche soir, lundi et jours fériés soirs – Rest *Lunch 16* – 32/49.
◆ Table familiale savoureuse et généreuse située dans la ruelle reliant l'église à la place du marché. Appétissants menus et lunch à bon compte. Patronne aimable et dynamique.
◆ Familierestaurant in een steegje tussen de kerk en de markt, om gul en lekker te eten. Aantrekkelijke menu's en voordelige lunchformule. Vriendelijke, energieke bazin.

à Ophain-Bois-Seigneur-Isaac *Sud : 2 km* Ⓒ *Braine-l'Alleud* – ✉ *1421 Ophain-Bois-Seigneur-Isaac*

XX **Le Chabichou,** r. Église 2, ✆ 0 2 385 07 76, *lechabichou@skynet.be, Fax 0 2 387 03 20,* 🍽 – 🅿 ⟡. AE ⓪ MC VISA
fermé 19 juillet-13 août, 24 décembre-2 janvier, mardi soir, mercredi et samedi midi – **Rest** *Lunch 17* – 36/67 bc, carte 43/61.
◆ À l'ombre du clocher, charmante fermette (17e s.) dissimulant une terrasse sur cour-jardin. Salles feutrées dotées de sièges en fibre végétale. Cuisine classique actualisée.
◆ Charmant boerderijtje (17e eeuw) met een intieme sfeer, aan de voet van de klokkentoren. Terras op de binnenplaats met veel groen. Eigentijdse klassieke keuken.

BRASSCHAAT *Antwerpen* **533** L 15 *et* **716** G 2 – *voir à Antwerpen, environs.* 1 **B2**

BRAY *Hainaut* **533** J 20, **534** J 20 *et* **716** F 4 – *voir à Binche.*

BRECHT *2960 Antwerpen* **533** M 14 *et* **716** G 1 – *26 464 h.* 1 **B2**
Bruxelles 73 – Antwerpen 25 – Turnhout 25.

XX **E 10 Hoeve,** Kapelstraat 8a (Sud-Ouest : 2 km sur N 115), ✆ 0 3 313 82 85, *e10@groepvaneyck.be, Fax 0 3 313 73 12,* 🍽, Avec grillades – ♿ 🅿 ⟡. AE ⓪ MC VISA. ✂
Rest *Lunch 25* – 37, carte 28/57.
◆ Grote boerderij bij de snelweg, die rustiek is ingericht en bekendstaat om zijn vlees van de grill. Goed gevulde wijnkelder. Zeer geschikt voor grote groepen.
◆ À proximité de l'autoroute, grande ferme aménagée en restaurant rustique ayant pour spécialité les grillades en salle. Cave fournie. Colossale infrastructure pour séminaires.

BELGIQUE

XX **Cuvee Hoeve,** Boudewijnstraat 20 (Sud : 2,5 km par rte de Westmalle), ☎ 0 3 313 96 60, *Fax 0 3 313 73 96,* , Avec taverne – P. AE VISA
fermé 2 semaines en février, mi-juillet-mi-août, lundi et mardi – **Rest** 28/38 carte 39/58.
◆ Afgelegen boerderij van baksteen langs een kanaal. Neorustiek interieur en klassiek-traditionele keuken met verscheidene menu's. Goed onderhouden tuin. Veel stamgasten.
◆ Ferme en briques isolée au bord d'un petit canal. Intérieur néo-rustique. Cuisine classico-traditionnelle déclinée en plusieurs menus. Jardin soigné. Affluence d'habitués.

XX **Torsk,** Bethovenstraat 61 (près E 19 - sortie ③), ☎ 0 3 313 70 72, *info@torsk.be, Fax 0 3 313 44 80,* – P. AE VISA.
fermé mardi et mercredi – **Rest** (dîner seult sauf dimanche) 37/75 bc, carte 43/66.
◆ Deze villa bij de snelweg heeft een mooie tuin met twee teakhouten terrassen. Ruime en lichte eetzaal met planten. Eigentijdse menukaart.
◆ Un beau jardin pourvu de deux terrasses en teck agrémente cette villa proche d'une sortie d'autoroute. Salle ample et lumineuse, égayée de plantes vertes. Carte actuelle.

BREDENE *8450 West-Vlaanderen* **533** C 15 *et* **716** B 2 – *15 118 h.* 18 **B1**
Kapellestraat 76 ☎ 0 59 56 19 70, toerisme@bredene.be, Fax 0 59 56 19 69.
Bruxelles 112 – Brugge 23 – Oostende 6.

à Bredene-aan-Zee *Nord : 2 km* *Bredene* – ✉ *8450 Bredene :*

De Golf sans rest, Kapellestraat 73, ☎ 0 59 32 18 22, *info@hoteldegolf.be, Fax 0 59 32 48 28* – P. VISA.
fermé vacances Noël – **16 ch** 33/35 – 66/70.
◆ Klein flatgebouw naast een midgetgolf. De kamers zijn ietwat ouderwets, maar functioneel en zeer goed onderhouden. Huiselijke sfeer en theesalon.
◆ Ce petit immeuble hôtelier voisine avec un minigolf et vous héberge dans des chambres fonctionnelles un rien surannées mais très bien tenues. Ambiance familiale. Tea-room.

XX **L'homard et la Moule,** Duinenstraat 325, ☎ 0 59 32 02 28, *info@lhomardetlamoule.be,* , Produits de la mer – AE VISA
fermé 2 semaines en mars, 1 semaine en juin, 1 semaine en novembre, lundi soir et mardi soir sauf en juillet-août, lundi midi et mardi midi – **Rest** *Lunch 20* – 39/75 bc, carte 42/77.
◆ Dit restaurant werd in 1966 geopend in een voetgangersstraat en is de ongekroonde koning van de schaal- en schelpdieren. Eigentijdse kaart, open keuken en stadsterras.
◆ Le roi des crustacés et le plus populaire des coquillages sont chez eux à cette table fondée en 1966 dans cette rue piétonne. Carte actuelle, piano à vue, terrasse urbaine.

BELGIQUE

BREE *3960 Limburg* **533** S 16 *et* **716** J 2 – *14 503 h.* 11 **C1**
Env. *au Sud-Est : 4,5 km à Tongerlo : Musée Léonard de Vinci★.*
Oud Stadhuis 13 ☎ 0 89 84 85 61, toerisme@bree.be, Fax 0 89 47 39 41.
Bruxelles 100 – Hasselt 33 – Antwerpen 86 – Eindhoven 41.

XX **d'Itterpoort,** Opitterstraat 32, ☎ 0 89 46 80 17, *restaurant.itterpoort@skynet.be* – . AE VISA
fermé dernière semaine juillet-première semaine août et mercredi soir – **Rest** *Lunch 30* – 34/65 bc, carte 49/84.
◆ Dit restaurantje aan het begin van een voetgangersstraat was vroeger een slagerij. Klassieke kaart en mondeling aangekondigd menu. Parkeerruimte aan de overkant.
◆ Officiant à l'entrée d'une rue piétonne, ce petit restaurant succède à une ancienne boucherie. Carte classique et menu annoncé oralement. Parking public juste en face.

BROECHEM *Antwerpen* **533** M15 *et* **716** G2 – *voir à Lier.*

Les bonnes adresses à bon prix ?
Suivez les Bibs : Bib Gourmand rouge pour les tables et Bib Hôtel bleu pour les chambres.

Brugge

BRUGGE - BRUGES

8000 **P** *West-Vlaanderen* **533** E 15 *et* **716** C 2 - *117 224 h.* 19 **C1**

Bruxelles 96 ③ - Gent 45 ③ - Lille 72 ④ - Oostende 28 ⑤.

Plans de Brugge

BELGIQUE

OFFICES DE TOURISME

't Zand 34 (concertgebouw) ✆ 0 50 44 46 46, toerisme@brugge.be, Fax 0 50 44 46 45 et dans la gare, Stationsplein - Fédération provinciale de tourisme, Koning Albert I-laan 120, ✆ 0 50 30 55 00, info@westtoer.be, Fax 0 50 30 55 90.

RENSEIGNEMENTS PRATIQUES

18 9 *au Nord-Est : 7 km à Sijsele, Doornstraat 16 ✆ 0 50 35 35 72, Fax 0 50 35 89 25.*

CURIOSITÉS

Voir *La procession du Saint-Sang★★★ (De Heilig Bloedprocessie) - Centre historique et canaux★★★ (Historisch centrum en grachten) : Grand-Place★★ (Markt)* AU, *Beffroi et halles★★★ (Belfort en Hallen) ≤ ★★ du sommet* AU, *Place du Bourg★★ (Burg)* AU, *Basilique du Saint-Sang★ (Basiliek van het Heilig Bloed) : chapelle basse★ ou chapelle St-Basile (beneden-of Basiliuskapel)* AU **B**, *Cheminée du Franc de Bruges★ (schouw van het Brugse Vrije) dans le palais du Franc de Bruges (Paleis van het Brugse Vrije)* AU **S**, *Quai du Rosaire (Rozenhoedkaai) ≤ ★★* AU **63**, *Dijver ≤ ★★* AU, *Pont St-Boniface (Bonifatiusbrug) : cadre poétique★★* AU, *Béguinage★★ (Begijnhof)* AV - *Église Notre-Dame★ (O.-L.-Vrouwekerk) : tour★★, statue de la Vierge et l'Enfant★★, tombeau de Marie de Bourgogne★★* AV **N**.

Musées : *Groeninge★★★ (Stedelijk Museum voor Schone Kunsten)* AU - *Memling★★★ (St-Janshospitaal)* AV - *Gruuthuse★ : buste de Charles Quint★ (borstbeeld van Karel V)* AU **M**[1] - *Arentshuis★* AU **M**[4] - *du Folklore★ (Museum voor Volkskunde)* DY **M**[2].

Env. *par ⑥ : 10,5 km à Zedelgem : fonts baptismaux★ dans l'église St-Laurent (St-Laurentiuskerk) - au Nord-Est : 7 km : Damme★.*

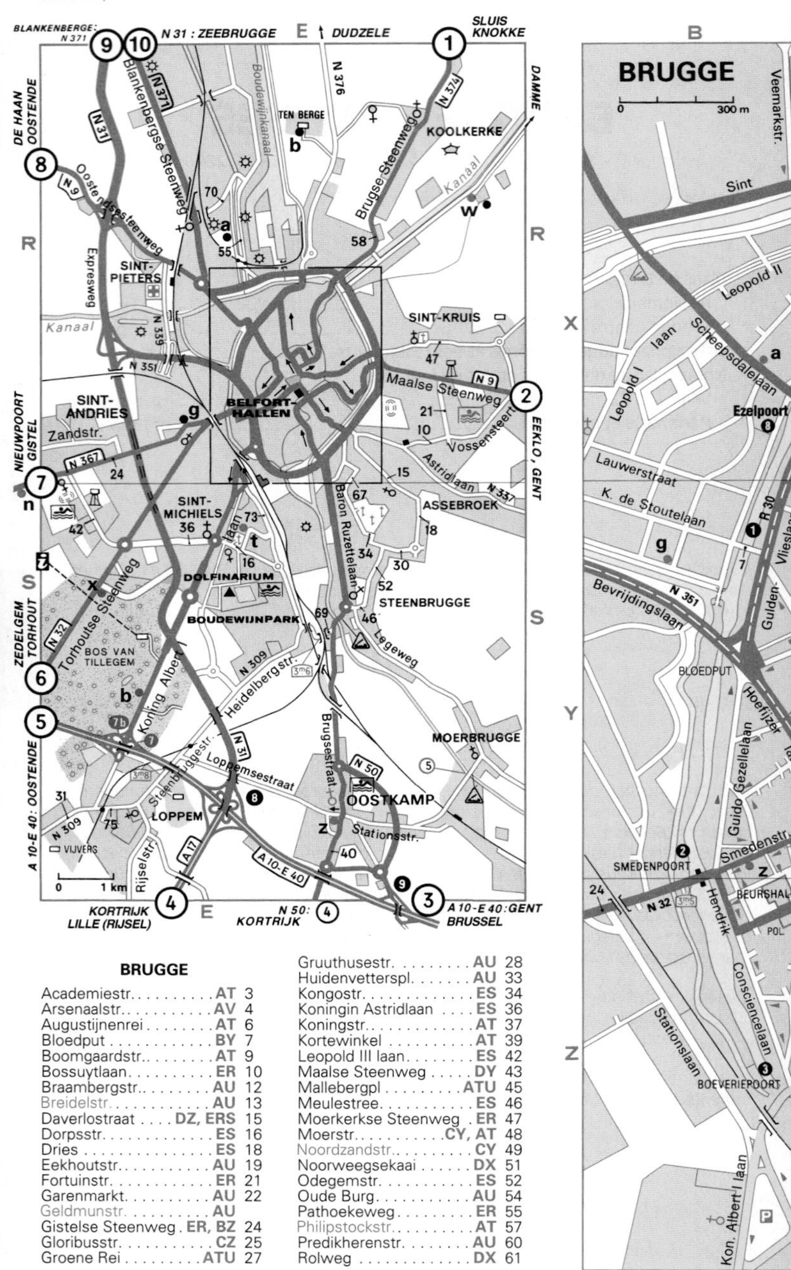

BRUGGE

Academiestr. . . . . AT 3
Arsenaalstr. . . . . AV 4
Augustijnenrei . . . . AT 6
Bloedput . . . . BY 7
Boomgaardstr. . . . . AT 9
Bossuytlaan. . . . . ER 10
Braambergstr. . . . . AU 12
Breidelstr. . . . . AU 13
Daverlostraat . . . . DZ, ERS 15
Dorpsstr. . . . . ES 16
Dries . . . . ES 18
Eekhoutstr. . . . . AU 19
Fortuinstr. . . . . ER 21
Garenmarkt. . . . . AU 22
Geldmunstr. . . . . AU
Gistelse Steenweg . ER, BZ 24
Gloribusstr. . . . . CZ 25
Groene Rei . . . . ATU 27
Gruuthusestr. . . . . AU 28
Huidenvetterspl. . . . . AU 33
Kongostr. . . . . ES 34
Koningin Astridlaan . . . . ES 36
Koningstr. . . . . AT 37
Kortewinkel . . . . AT 39
Leopold III laan. . . . . ES 42
Maalse Steenweg . . . . . DY 43
Mallebergpl . . . . ATU 45
Meulestree. . . . . ES 46
Moerkerkse Steenweg . ER 47
Moerstr. . . . . CY, AT 48
Noordzandstr. . . . . CY 49
Noorweegsekaai . . . . . . DX 51
Odegemstr. . . . . ES 52
Oude Burg. . . . . AU 54
Pathoekeweg. . . . . ER 55
Philipstockstr. . . . . AT 57
Predikherenstr. . . . . AU 60
Rolweg . . . . DX 61

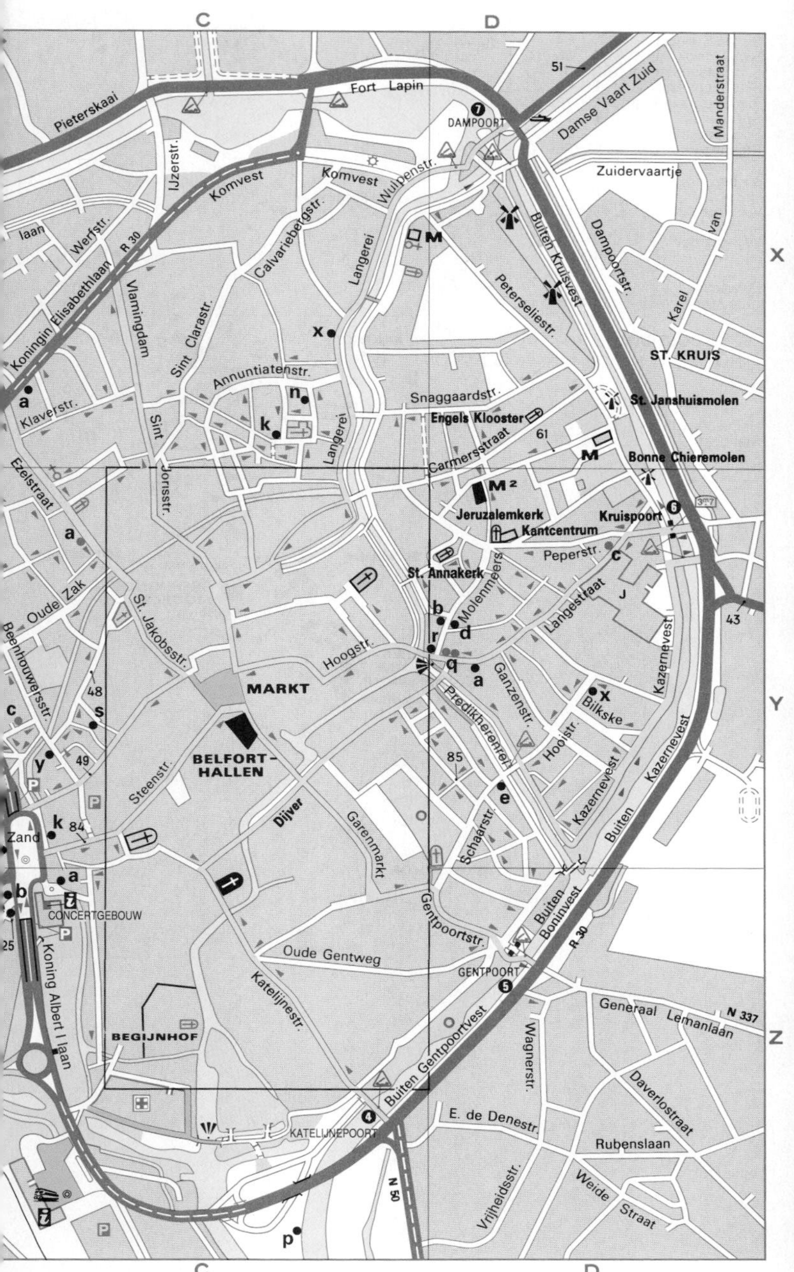
C
D
X
Y
Z
Pieterskaai
Fort Lapin
DAMPOORT
Damse Vaart Zuid
Manderstraat
Zuidervaartje
IJzerstr.
Komvest
Wulpenstr.
Werfstr.
R 30
Koningin Elisabethlaan
Vlamingdam
Calvariebergstr.
Langerei
Buiten Kruisvest
Dampoortstr.
Van
Karel
Peterseliestr.
Sint Clarastr.
Annuntiatenstr.
ST. KRUIS
Snaggaardstr.
St. Janshuismolen
Klaverstr.
Sint
Engels Klooster
Carmersstraat
Bonne Chieremolen
Ezelstraat
Jorisstr.
Jeruzalemkerk
Kruispoort
Kantcentrum
Peperstr.
St. Annakerk
Oude Zak
St. Jakobsstr.
Molenmeers
Langestraat
Kazernevest
Beenhouwersstr.
Hoogstr.
MARKT
Ganzenstr.
Bilkske
BELFORT-HALLEN
Predikherenrei
Hooistr.
Steenstr.
Dijver
Garenmarkt
Kazernevest
Buiten Kazernevest
Zand
CONCERTGEBOUW
Schaarstr.
Buiten Boninvest
Gentpoortstr.
R 30
Koning Albert I laan
Oude Gentweg
GENTPOORT
Katelijnestr.
Generaal Lemanlaan
N 337
BEGIJNHOF
Buiten Gentpoortvest
Wagnerstr.
Daverlostraat
E. de Denestr.
KATELIJNEPOORT
Rubenslaan
N 50
Vrijheidsstr.
Weide Straat
C
D

Rozenhoedkaai ..... AU 63
Simon Stevinpl. ..... AU 64
Sint-Jansstr. .... AT 66
Sint-Katarinastr. .... ERS 67
Sint-Michielstr. .... ES 69
Sint-Pieterskerklaan .. ER 70
Spanjaardstr. .... AT 72
Spoorwegstr. .... ES 73
Steenhouwersdijk ... AU 76
Steenstr. .... AU 78
s Heer Boudewijnsburg ... ES 30
van Praetstr. .... ER 58
Vlamingstr. .... AT 79
Wijngaardstr. .... AV 81
Wollestr. .... AU 82
Zuidzandstr. .... CY 84
Zwarte Leertouwersstr. ... DY 85

OOSTKAMP

Kortrijkstr. .... ES 40

ZEDELGEM

Heidelbergstr. .... ES 31
Stationstr. .... ES 75

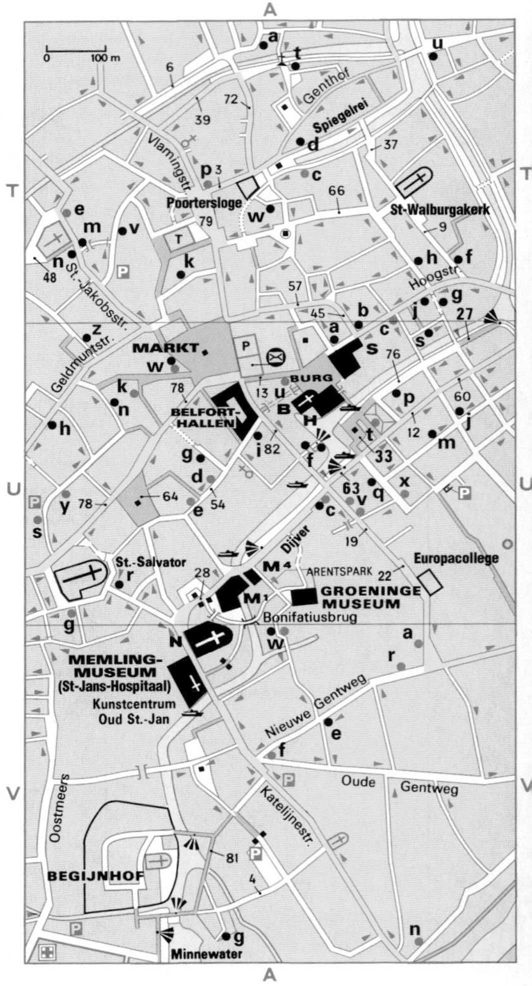

LISTE ALPHABÉTIQUE DES HÔTELS ET RESTAURANTS
ALFABETISCHE LIJST VAN HOTELS EN RESTAURANTS
ALPHABETISCHES HOTEL- UND RESTAURANTVERZEICHNIS
ALPHABETICAL LIST OF HOTELS AND RESTAURANTS

BELGIQUE

O

P

R

S

T

V – W – Z

Quartiers du centre :

Crowne Plaza, Burg 10, 0 50 44 68 44, *hotel@crowne-plaza-brugge.com, Fax 0 50 44 68 68*, ←, rest, - . AU a

Rest ***Het Kapittel*** *(fermé merc. soir, sam. midi et dim.)* Lunch 21 – 35/58 bc, carte env. 60 – 22 – **93 ch** 125/232 – 125/254 – 3 suites.

• Ketenhotel aan een plein in het centrum. De rustige, grote kamers bieden alle comfort. Eigentijdse hal en middeleeuwse overblijfselen in het souterrain. Modern-klassieke keuken en dito interieur in restaurant Het Kapittel.

• Sur une place centrale, hôtel de chaîne où vous logerez au calme dans de grandes chambres tout confort. Hall de style contemporain ; vestiges et objets médiévaux au sous-sol. Repas classique actualisé et décor intérieur de même au restaurant Het Kapittel.

De Tuilerieën sans rest, Dijver 7, 0 50 34 36 91, *info@hoteltuilerieen.com, Fax 0 50 34 04 00*, ←, - . AU c

22 25 – **43 ch** 100/424 – 100/449 – 2 suites.

• Mooie oude gevel aan een schilderachtige gracht. Weelderig klassiek-eigentijds interieur en aantrekkelijke, goed ingerichte kamers (die in de nieuwe vleugel zijn het beste). Fijn zwembad.

• Noble façade ancienne bordant un canal pittoresque. Cadre classique-actuel cossu, pimpantes chambres bien équipées (les meilleures occupent la nouvelle aile) et jolie piscine.

Die Swaene, Steenhouwersdijk 1, 0 50 34 27 98, *info@dieswaene.com, Fax 0 50 33 66 74*, - . AU p

Rest voir rest ***Pergola Kaffee*** ci-après – **29 ch** 170 – 195/295 – 1 suite.

• Romantiek en raffinement in dit rustige hotel en zijn dependance (aan de overkant van het water) met restaurant en 8 kamers die tot de mooiste van Brugge behoren.

• Romantisme et raffinement en ce paisible hôtel et sa dépendance (de l'autre côté du canal) accueillant le restaurant et huit chambres qui sont parmi les plus belles de Bruges.

BELGIQUE

Relais Oud Huis Amsterdam sans rest, Spiegelrei 3, 0 50 34 18 10, *info@oha.be, Fax 0 50 33 88 91*, ←, - - . AT d

20 – **40 ch** 155/235 – 155/235 – 2 suites.

• Hotel met veel oude kunst in een 17e-eeuwse Hollandse handelsbank aan de Spiegelrei, met een prachtig uitzicht vanaf de bovenverdiepingen. Parkeergarage op 400 m.

• Cet hôtel foisonnant d'objets d'art anciens occupe un comptoir commercial hollandais du 17e s. Façade tournée vers le Spiegelrei ; très belle vue aux étages. Garage à 400 m.

De Orangerie sans rest, Kartuizerinnenstraat 10, 0 50 34 16 49, *info@hoteloran gerie.com, Fax 0 50 33 30 16* – . AU e

21 – **19 ch** 200/395 – 230/395 – 1 suite.

• 15e-eeuws klooster aan een mooie gracht die vanuit 4 kamers te zien is. Lounge met glasdak, salon met schouw, eetzaal in Grand Siècle-stijl en terras aan het water.

• Ex-cloître (15e s.) bordé par un beau canal visible depuis 4 chambres. Lounge-orangerie, salon-cheminée, chambres-bonbonnière, salle à manger Grand Siècle et terrasse à quai.

Sofitel, Boeveriestraat 2, 0 50 44 97 11, *H1278@accor.com, Fax 0 50 44 97 99*, - rest, - . rest CZ b

Rest ***Ter Boeverie*** Lunch 20 – 34/63 bc, carte 45/83 – 21 – **147 ch** 185/225 – 185/225 – 2 suites.

• Dit mooie hotel, dat uitkijkt op 't Zand, bevindt zich in een oud klooster rondom een binnenhof met zwembad. Kamers in verschillende stijlen, gezellige lounge en bar met een intieme sfeer. Restaurant met een uitgebreide klassiek-traditionele kaart.

• Ce bel hôtel tourné vers le Zand occupe un ancien monastère ordonné autour d'une cour dissimulant une jolie piscine. Chambres de divers styles, salon et bar feutrés. Restaurant à fière allure dont la carte classique-traditionnelle offre un choix étendu.

Oud Huis de Peellaert sans rest, Hoogstraat 20, 0 50 33 78 89, *info@depeel laert.be, Fax 0 50 33 08 16*, - - . AT j

50 ch 105/200 – 130/350.

• Dit hotel bestaat uit twee stijlvolle herenhuizen (1800 en 1850) met mooie, grote, klassiek ingerichte kamers. Wellness center in de overwelfde kelders.

• Hôtels particuliers (1800 et 1850) élégamment agencés où vous logerez dans de grandes et belles chambres de style classique. Caves voûtées aménagées en centre de bien-être.

Relais Ravestein, Molenmeers 11, 0 50 47 69 47, *info@relaisravestein.be, Fax 0 50 47 69 48*, ←, - - . DY b

Rest *(fermé samedi midi et dimanche midi)* Lunch 21 – 39/83 bc, carte 52/87, – 21 – **14 ch** 276/356 – 276/356 – 2 suites.

• Statig herenhuis (1473), waarvan het designinterieur harmonieert met de oude architectuur. Verzorgde kamers, goede vergaderzalen en tentoonstelling van moderne doeken. Restaurant met een geslaagde eigentijdse inrichting. Moderne kaart en terras aan het water.

• Fière demeure de 1473 dont le nouvel intérieur design rehausse avec harmonie le cachet ancien du lieu. Chambres soignées, beaux espaces de réunions et expo de toiles modernes. Restaurant au cadre contemporain réussi. Carte actuelle ; terrasse au bord de l'eau.

Jan Brito sans rest, Freren Fonteinstraat 1, 0 50 33 06 01, *info@janbrito.eu, Fax 0 50 33 06 52*, – – AE VISA AU j
32 ch 80/225 – 95/245 – 4 suites.
• Gebouw met een karakteristieke architectuur en decoratieve elementen uit de 16e, 17e en 18e eeuw. De kamers variëren qua grootte en standing. Mooie siertuin.
• Ensemble architectural typé où vous logerez dans des chambres variant ampleur et standing. Éléments décoratifs intérieurs des 16e, 17e et 18e s. Jardin d'agrément.

Acacia sans rest, Korte Zilverstraat 3a, 0 50 34 44 11, *info@hotel-acacia.com, Fax 0 50 33 88 17*, – – AE VISA AU n
fermé 6 au 24 janvier – **46 ch** 120/150 – 125/175 – 2 suites.
• Al vanaf de 15e eeuw overnachten reizigers in dit hotel dat in 1987 werd herbouwd. Met zorg ingerichte kamers (split-level) en suites. Spa, zwembad, sauna en patio.
• Les voyageurs font escale depuis le 15e s. dans cet hôtel reconstruit en 1987. Communs, chambres, duplex et suites arrangées avec soin. Spa, piscine, sauna et cour-terrasse.

Pandhotel sans rest, Pandreitje 16, 0 50 34 06 66, *info@pandhotel.com, Fax 0 50 34 05 56*, – AE VISA AU q
19 – **25 ch** 135/385 – 160/415 – 1 suite.
• Romantisch hotel in hartje Brugge, dat in drie karakteristieke huizen is ondergebracht. De kamers en junior suites zijn op esthetisch verantwoorde wijze ingericht.
• Adresse romantique et élégante : trois maisons de caractère nichées au cœur de Bruges. Chambres et junior suites dont l'agencement témoigne d'un sens esthétique très aiguisé.

Heritage sans rest, N. Desparsstraat 11, 0 50 44 44 44, *info@hotel-heritage.com, Fax 0 50 44 44 40*, – AE VISA AT k
17 – **24 ch** 144/241 – 158/428.
• Rustig en sfeervol hotel in een mooi herenhuis (1869) met dienstvaardig personeel. Comfortabele kamers met klassiek interieur en fitnessruimte onder een 14e-eeuws gewelf.
• Belle maison de notable (1869) convertie en un hôtel paisible et serviable. Ambiance feutrée, confortables chambres au décor classique et stretching sous une voûte du 14e s.

BELGIQUE

De Castillion (annexe Het Gheestelic Hof - 11 ch), Heilige Geeststraat 1, 0 50 34 30 01, *info@castillion.be, Fax 0 50 33 94 75* – – AE VISA rest
Rest voir rest ***Le Manoir Quatre Saisons*** ci-après – **19 ch** 90/175 – 125/215 – 1 suite. AU r
• Stijlvol hotel in het vroegere bisschopspaleis (1743). Talrijke trapgevels, kamers met een persoonlijke sfeer, art-decolounge en fraaie binnenplaats. Het bijgebouw aan de overkant is eenvoudiger.
• Ex-palais épiscopal (1743) réaménagé en un hôtel soigné. Enfilade de pignons à redans, chambres personnalisées, salon Art déco et jolie cour. Annexe plus simple en face.

Walburg sans rest, Boomgaardstraat 13, 0 50 34 94 14, *info@hotelwalburg.be, Fax 0 50 33 68 84* – – AE VISA AT f
fermé 3-31 janvier – **18 ch** 130/180 – 150/200 – 1 suite.
• Fier neoclassicistisch bouwwerk, waarvan de oude koetspoort naar een monumentale hal leidt met twee bovengalerijen, gesierd door zuilen en balustrades. King-size kamers.
• Fière architecture néo-classique dont l'entrée cochère dessert un hall monumental où s'étagent deux hautes galeries animées de colonnes et balustrades. Chambres "king size".

Prinsenhof sans rest, Ontvangersstraat 9, 0 50 34 26 90, *info@prinsenhof.com, Fax 0 50 34 23 21* – AE VISA CY s
17 – **19 ch** 155/325 – 155/325.
• Klein hotel in een fraai gerenoveerd herenhuis, waar u prinselijk wordt ontvangen, ver van alle drukte. De sfeervolle kamers zijn allemaal verschillend.
• Petit hôtel accueillant et cossu dans une maison de maître rénovée, à l'écart de l'animation. Les chambres, toutes différentes, se caractérisent par une ambiance très "cosy".

Relais Bourgondisch Cruyce sans rest, Wollestraat 41, 0 50 33 79 26, *info@relaisbourgondischcruyce.be, Fax 0 50 34 19 68*, ≤ canaux et vieilles maisons flamandes – AE VISA AU f
19 – **16 ch** 200/400 – 200/400.
• Fraai grachtenpand in vakwerk. Elegant neoklassiek interieur, stijlvolle kamers en ontbijtruimte annex theesalon met panoramisch uitzicht.
• Jolie devanture à pans de bois tournée vers les canaux bordés de maisons typées. Intérieur néoclassique élégant, chambres raffinées et espace breakfast-tea-room panoramique.

Aragon sans rest, Naaldenstraat 22, ☎ 0 50 33 35 33, *info@aragon.be, Fax 0 50 34 28 05* – AT v
42 ch ★95/125 – ★★125/175.
• In deze gerenoveerde herenhuizen in een rustige straat even buiten het centrum logeren de gasten in modern-klassieke standaardkamers. Knusse lounge annex bar.
• Dans une rue calme peu éloignée du centre, maisons bourgeoises rénovées pour vous héberger dans des chambres au décor classico-actuel standardisé. Lounge-bar douillet.

Navarra sans rest, St-Jakobsstraat 41, ☎ 0 50 34 05 61, *reservations@hotelnavarra.com, Fax 0 50 33 67 90,* – AT n
94 ch ★99/139 – ★★120/165.
• De geest van de consul van Navarra waart nog rond in dit pand dat rond 1720 in Louis XV-stijl werd verbouwd. Leuke jazzbar, mooi zwembad, binnenplaats en tuin.
• Le consul de Navarre habita cette demeure relookée vers 1720 dans le goût Louis XV. Jazz bar plaisant, jolie piscine voûtée, cour et jardin. Plusieurs générations de chambres.

Adornes sans rest, St-Annarei 26, ☎ 0 50 34 13 36, *info@adornes.be, Fax 0 50 34 20 85,* – AT u
fermé janvier-8 février – 20 ch ★95/125 – ★★105/135.
• Verzorgd hotel bestaande uit vier karakteristieke grachtenpanden. Kamers van verschillend formaat, ontbijtzaal met haardvuur in de winter. Gratis gebruik van fietsen.
• Petit hôtel soigné formé de quatre maisons typiques tournées vers un canal. Diverses tailles de chambres, breakfast au coin du feu (sauf l'été), vélos prêtés gratuitement.

Azalea sans rest, Wulfhagestraat 43, ☎ 0 50 33 14 78, *info@azalea.be, Fax 0 50 33 97 00,* – CY y
fermé 22 au 26 décembre – 25 ch ★98 – ★★115/195.
• Hotel in een oude bierbrouwerij. Verschillende soorten kamers, houten trap met siersmeedwerk en mooie tuin met terras aan de grachtkant, waar 's zomers kan worden ontbeten.
• Hôtel tirant parti d'une maison de brasseur. Divers types de chambres, bel escalier en bois et fer forgé et charmante terrasse-jardin côté canal utilisée l'été au petit-déj'.

BELGIQUE

Ter Duinen sans rest, Langerei 52, ☎ 0 50 33 04 37, *info@terduinenhotel.be, Fax 0 50 34 42 16,* – CX x
20 ch ★98/165 – ★★105/169.
• Rustig hotel buiten het centrum, dat wordt weerspiegeld in de Langerei. De kamers kijken uit op het water of de tuin, serre en patio. Vriendelijk onthaal en verzorgd ontbijt.
• Paisible hôtel excentré se mirant dans les eaux du Langerei. Accueil souriant, chambres avec vue dégagée côté canal ou jardin, véranda et patio. Petits-déjeuners soignés.

Flanders sans rest, Langestraat 38, ☎ 0 50 33 88 89, *stay@hotelflanders.com, Fax 0 50 33 93 45,* – DY a
fermé janvier-février – 37 ch ★125/170 – ★★135/180 – 1 suite.
• Dit herenhuis uit de vroege 20e eeuw valt op door zijn groene gevel. De keurige kamers zijn rustig gelegen aan de achterkant. Binnenplaatsje met waterpartij.
• Une façade verte signale cette maison bourgeoise des années 1910. Chambres proprettes réparties à l'arrière pour plus de calme. Courette intérieure égayée d'une pièce d'eau.

Parkhotel sans rest, Vrijdagmarkt 5, ☎ 0 50 33 33 64, *info@parkhotelbrugge.be, Fax 0 50 33 47 63* – CY j
86 ch ★110/125 – ★★125/245.
• Dit hotel met uitzicht op 't Zand is zeer geschikt voor groepen en heeft kamers die plaats bieden aan max. vier personen. Ontbijtzaal met een piramidevormig glazen dak.
• Cet hôtel donnant sur le Zand est adapté pour l'accueil des groupes et dispose de chambres pouvant loger jusqu'à 4 adultes. Espace breakfast coiffé d'une verrière pyramidale.

Martin's sans rest, Oude Burg 5, ☎ 0 50 44 51 11, *brugge@martinshotels.com, Fax 0 50 44 51 00* – AU i
150 ch ★94/135 – ★★109/170.
• Modern flatgebouw aan de voet van het belfort, met kleine eigentijdse kamers die onlangs zijn gerenoveerd en waarvan de meeste uitkijken op een grote binnenplaats.
• À l'ombre du beffroi, immeuble contemporain proposant des petites chambres actuelles récemment rénovées ; elles donnent majoritairement sur une grande cour intérieure.

Portinari sans rest, 't Zand 15, ☎ 0 50 34 10 34, *info@portinari.be, Fax 0 50 34 41 80* – CY k
fermé 2 au 25 janvier – 40 ch ★105/145 – ★★120/200.
• Neoklassiek gebouw aan een groot en levendig plein. Sobere en goed geluiddichte kamers. Terras aan voor- en achterkant.
• Cette bâtisse néoclassique tournée vers une vaste esplanade animée met à votre disposition de sobres chambres correctement isolées du bruit. Terrasses avant et arrière.

Erasmus, Wollestraat 35, ✆ 0 50 33 57 81, *info@hotelerasmus.com, Fax 0 50 33 47 27,* – . AU f
fermé 20 janvier-2 février – **Rest** (cuisine à la bière) 32 – **10 ch** ⊏ ✝90/180 – ✝✝110/200.
◆ Goed comfort in dit gerenoveerde hotel, gunstig gelegen bij een passage die een prachtig uitzicht biedt. Belgische keuken op basis van zelfgebrouwen bier in een bistro-interieur. Piepklein terras met uitzicht aan de achterkant.
◆ Cet hôtel rénové offre un bon niveau de confort et profite d'un emplacement de choix près d'un passage desservant un superbe point de vue. Cuisine belge à la bière artisanale servie dans un décor actuel de type bistrot. Mini-terrasse panoramique à l'arrière.

Ter Brughe sans rest, Oost-Gistelhof 2, ✆ 0 50 34 03 24, *info@hotelterbrughe.com, Fax 0 50 33 88 73* – . AT a
fermé janvier – **46 ch** ⊏ ✝60/130 – ✝✝65/175.
◆ Gebouw in laatgotische stijl met aangrenzende dependance, aan een gracht die vanuit de nieuwe kamers te zien is. Ontbijt in de overwelfde kelderverdieping.
◆ Bâtisse de style gothique tardif et son annexe mitoyenne se reflétant dans un canal visible par les fenêtres des nouvelles chambres. Caves voûtées utilisées au petit-déj'.

Rosenburg sans rest, Coupure 30, ✆ 0 50 34 01 94, *info@rosenburg.be, Fax 0 50 34 35 39* – – . . DY e
25 ch ⊏ ✝80/140 – ✝✝90/160 – 2 suites.
◆ Hotel uit de late 20e eeuw in een wijk buiten het centrum, bij een sluis. Ruime en rustige kamers en ontbijt in de serre.
◆ Dans un quartier un peu excentré, près d'une écluse, hôtel de la fin du 20e s. où vous logerez dans des chambres offrant calme et ampleur. Serre aménagée en espace breakfast.

Anselmus sans rest, Ridderstraat 15, ✆ 0 50 34 13 74, *info@anselmus.be, Fax 0 50 34 19 16* – . . AT h
fermé janvier – **18 ch** ⊏ ✝90/110 – ✝✝100/200.
◆ Oud pand met koetspoort. De oorspronkelijke kamers zijn gerenoveerd en in de uitbouw zijn nieuwe kamers ingericht. Mooie klassieke lounge en ontbijt in de wintertuin.
◆ Vieille maison à entrée cochère. Les chambres initiales sont rénovées et une extension arrière en abrite de nouvelles. Joli salon classique. Petit-déj' dans le jardin d'hiver.

BELGIQUE

Bryghia sans rest, Oosterlingenplein 4, ✆ 0 50 33 80 59, *info@bryghiahotel.be, Fax 0 50 34 14 30* – . . AT t
fermé 16 décembre-14 février – **18 ch** ⊏ ✝67/98 – ✝✝85/160.
◆ Oud pand van rode baksteen aan een rustig plein, vlak bij een bruggetje over de gracht. Gezellige lounge en keurige kamers. Leuke ontbijtruimte in ouderwetse stijl.
◆ Sur une place tranquille, vieille maison en briques rouges côtoyant un canal qu'enjambe un petit pont. Salon "cosy" et chambres nettes. Charmant espace breakfast à l'ancienne.

Biskajer sans rest, Biskajersplein 4, ✆ 0 50 34 15 06, *info@hotelbiskajer.com, Fax 0 50 34 39 11* – . AT w
fermé février – **17 ch** ⊏ ✝60/101 – ✝✝65/118.
◆ Oud wit gebouw aan een pleintje (parking) met een gotische toren, nog geen 5 minuten lopen van de Markt. De kamers met whitewash lambrisering zien er pico bello uit.
◆ À moins de 5 min. du Markt, bâtisse blanche ancienne donnant sur une placette (parking public) dominée par une tour gothique. Pimpantes chambres revêtues de lambris cérusés.

't Putje, 't Zand 31, ✆ 0 50 33 28 47, *info@hotelputje.be, Fax 0 50 34 14 23,* – , ch. CZ a
Rest (taverne-rest, ouvert jusqu'à 23 h) *Lunch 12* – 36, carte 30/60, ♀ – **37 ch** ⊏ ✝65/95 – ✝✝85/120 – ½ P 85/160.
◆ Hotel aan de rand van de stad, bij 't Zand. De in fasen gerenoveerde kamers zijn verdeeld over een neoklassiek pand en twee bijgebouwen achter. Openbare parking ernaast. Rustiek café-restaurant met eigentijdse inrichting en overdekt terras aan het plein.
◆ À l'entrée de la ville, près du Zand, hôtel dont les chambres, rénovées par étapes, se partagent une maison néoclassique et deux annexes sur l'arrière. Parking public à côté. Taverne-restaurant au cadre actuel et terrasse couverte tournée vers la place.

Maraboe sans rest, Hoefijzerlaan 9, ✆ 0 50 33 81 55, *hotel@maraboe.be, Fax 0 50 33 29 28,* , – . CY f
14 ch ⊏ ✝72/95 – ✝✝80/110.
◆ In dit hotel bij 't Zand krijgen de gasten een persoonlijk onthaal. Standaardkamers en ontbijtzaal met glas-in-loodramen en klassieke ornamenten.
◆ Accueil et service personnalisés en cet hôtel proche du Zand. Chambres meublées à l'identique ; vitraux et éléments décoratifs classiques dans la salle de breakfast.

Egmond sans rest, Minnewater 15 (par Katelijnestraat), 0 50 34 14 45, *info@egmond.be, Fax 0 50 34 29 40,* ≤, – . AV g
8 ch 92/97 – 98/139.
• In dit charmante pand bij het Minnewater zetelde vroeger een notaris. De kamers kijken uit op een rustige tuin.
• Un notaire scellait naguère les actes dans cette charmante résidence élevée au voisinage du lac d'Amour. Les chambres donnent sur un jardin reposant.

Albert I sans rest, Koning Albert I-laan 2, 0 50 34 09 30, *albert1@telenet.be, Fax 0 50 33 84 18* – . AE VISA. CZ e
fermé 23 au 26 décembre – **13 ch** 75/95 – 80/115.
• Leuk hotel in de wijk 't Zand, tegenover een theaterzaal. Keurige en gezellige kamers, aan de voorkant met dubbele ramen.
• Hôtel familial d'un genre assez charmant, situé dans le quartier du 't Zand, devant une salle de spectacles. Chambres chaleureuses et proprettes ; doubles fenêtres en façade.

Botaniek sans rest, Waalsestraat 23, 0 50 34 14 24, *info@botaniek.be, Fax 0 50 34 59 39* – . AE VISA AU m
9 ch 85/98 – 89/98.
• Rustig gelegen familiehotel in een herenhuis. Kleine, functionele kamers die identiek zijn ingericht en mooie antieke lounge.
• Hôtel familial aménagé dans une maison bourgeoise située à l'écart de l'animation. Petites chambres fonctionnelles uniformément équipées et joli salon ancien.

Ter Reien sans rest, Langestraat 1, 0 50 34 91 00, *info@hotelterreien.be, Fax 0 50 34 40 48* – . AE VISA DY r
fermé 7 janvier-12 février – **26 ch** 75/100 – 85/140.
• Hotel pal aan het water. Op de bruidssuite na zijn de kamers klein en voorzien van standaardsanitair. Een tiental kamers biedt uitzicht op de gracht.
• Un hôtel "les pieds dans l'eau". Chambres sans ampleur - hormis la suite nuptiale -, souvent avec module sanitaire. Une dizaine d'entre-elles offre la vue sur le canal.

Grand Hotel du Sablon, Noordzandstraat 21, 0 50 33 39 02, *info@hotelsablon.be, Fax 0 50 33 39 08* – – . AE VISA. rest AU h
Rest (résidents seult) – **36 ch** 89/159 – 120/159 – ½ P 79/99.
• Hotel in een oud pand in een drukke winkelstraat. De belle époque-hal is overdekt met een koepel uit 1908. De kamers aan de voorkant zijn klassieker dan die aan de achterkant.
• Un hall Belle Époque coiffé d'une coupole (1908) agrémente cette bâtisse hôtelière vénérable située dans une rue commerçante. Chambres plus classiques devant que derrière.

The Golden Tree sans rest, Hoefijzerlaan 21, 0 50 33 87 31, *info@goldentreehotel.be, Fax 0 50 34 21 09* – . AE VISA. BY x
fermé 7 janvier-10 février et 17 au 27 novembre – **20 ch** 95/125 – 95/125.
• Klassiek herenhuis met een monumentale hal, ontbijtzaal met beschilderd cassetteplafond en gerenoveerde kamers; die in de dependance zijn het rustigst.
• Bel hôtel particulier classique : hall monumental avec colonnades et statues, chambres rénovées (plus de calme côté dépendance) et breakfast sous un plafond à caissons peints.

Malleberg sans rest, Hoogstraat 7, 0 50 34 41 11, *hotel@malleberg.be, Fax 0 50 34 67 69* – AE VISA. ATU b
fermé 25 janvier-9 février – **8 ch** 70/85 – 85/110.
• Dit kleine hotel bij de Burg belooft een rustige overnachting voor een redelijke prijs. Ruime, moderne kamers. Het ontbijt wordt gebruikt in de gewelfde kelderverdieping.
• Nuitées sans remous et tarification raisonnée dans ce petit hôtel voisinant avec le Burg. Chambres spacieuses et actuelles ; cave voûtée convertie en salle de breakfast.

Boterhuis, St-Jakobsstraat 38, 0 50 34 15 11, *boterhuis@pandora.be, Fax 0 50 34 70 89* – . AE VISA AT m
Rest (résidents seult) – **15 ch** 75/100 – 95/130 – ½ P 63/80.
• Twee oude huizen vormen dit familiebedrijf met oude en nieuwe kamers. Koffie en croissants worden genuttigd onder het mooie lage gewelf van de kelderverdieping.
• Deux maisons anciennes forment cet établissement familial doté de deux générations de chambres. Le café et les croissants se prennent sous la belle voûte basse de la cave.

BELGIQUE

Fevery sans rest, Collaert Mansionstraat 3, 0 50 33 12 69, *paul@hotelfevery.be, Fax 0 50 33 17 91* – . . CX n
fermé 9 janvier-3 février, 1 semaine en juin et 1 semaine en novembre – **10 ch** 60/80 – 60/85.
• Dit rustige, goed onderhouden hotel is niet duur en zeer geschikt voor gezinnen. Hoffelijke ontvangst. Moderne kamers met vrijwel nieuw meubilair, beddengoed en sanitair.
• Situation calme, accueil courtois, tenue suivie et prix muselés caractérisent cet hébergement familial. Récentes chambres avec mobilier, literie et sanitaires quasi neufs.

De Barge, Bargeweg 15, 0 50 38 51 50, *debarge@online.be, Fax 0 50 38 21 25,* – . CZ p
fermé janvier-2 février – **Rest** *(fermé dimanche et lundi)* (produits de la mer) *Lunch 17* – 38/45, carte 37/51 – **20 ch** 80/160 – 95/160.
• Deze oude aak, die in het kanaal tussen Brugge en Gent voor anker ligt, is een drijvend hotelletje. De hutten in nautische stijl zien er picobello uit. Lekker eten aan de "captain's table", met een keur van vis en schaal- en schelpdieren.
• Cette ancienne péniche amarrée le long du canal reliant Bruges à Gand est devenue un petit hôtel flottant où vous serez hébergés dans des "cabines" au pimpant décor nautique. Cuisine littorale à la table du capitaine.

Jacobs sans rest, Baliestraat 1, 0 50 33 98 31, *hoteljacobs@online.be, Fax 0 50 33 56 94* – . CX k
fermé janvier – **22 ch** 65/75 – 70/100.
• Vlaams pand van rode baksteen met een fiere trapgevel, aan de voet van de klokkentoren van de St.-Joriskerk. De meeste kamers zijn klein, maar wel rustig en praktisch.
• À l'ombre du clocher de St-Gillis, maison flamande dont l'altière façade en briques rouges arbore un beau pignon à redans. Chambres souvent menues mais quiètes et pratiques.

BELGIQUE

De Brugsche Suites sans rest, Koningin Elisabethlaan 20, 0 50 68 03 10, *info@brugschesuites.be, Fax 0 50 68 03 30* – . . CX a
3 ch 210/250 – 210/275.
• Zeer select logeeradres met junior suites. Alle kunstvoorwerpen en stijlmeubelen in dit prachtige herenhuis zijn te koop.
• Tout peut s'acheter dans cette maison d'hôte sélecte occupant un fastueux hôtel particulier. Intérieur raffiné foisonnant d'objets d'art et mobilier de style. Junior suites.

Maison Le Dragon sans rest, Eekhoutstraat 5, *info@maisonledragon.be* – . AU v
3 ch 150/240 – 160/250.
• Chic verblijf met een prachtig interieur in een historisch pand. Trapgevel, juweeltjes van kamers, rococolambrisering en romantische schilderijen in de lounge.
• Hébergement distingué à choisir pour son cadre historique et sa somptuosité décorative. Façade à redans, chambres-bijoux, lambris rococo et peintures romantiques au salon.

Bonifacius sans rest, Groeninge 4, 0 50 49 00 49, *info@bonifacius.be, Fax 0 50 49 00 46,* – AUV w
3 ch 175/300 – 200/300.
• Dit hotel bestaat uit twee huizen (17e en 19e eeuw), bij drie musea en een gotische kerk. Luxe suites met antiek meubilair. Goed ontbijt met de gracht op de achtergrond.
• Maisons des 17e et 19e s. voisines de trois musées et d'une église gothique. Luxueuses suites pourvues de meubles anciens. Bons petits-déj' avec le canal pour toile de fond.

Huyze Hertsberge-Côté Canal sans rest, Hertsbergsestraat 8, 0 50 33 35 42, *cotecanal@skynet.be,* – . AU b
4 ch 110/135 – 120/145.
• Karakteristiek 18e-eeuws pand met een romantische sfeer. Stijlvolle kamers, verzorgd ontbijt en tuin-terrasje aan de achterkant aan de gracht.
• Maison patricienne (18e s.) au cachet fort dissimulant sur l'arrière une petite terrasse-jardin en bord de canal. Ambiance romantique, chambres élégantes et breakfast soigné.

Number 11 sans rest, Peerdenstraat 11, 0 50 33 06 75, *atnumber11@hotmail.com, Fax 0 50 33 06 90* – . AT g
3 ch 125/215 – 125/215.
• Een kunstschilder ontvangt u in dit rustige 16e-eeuwse huisje dat gunstig ligt in de voetgangerszone. Prettige kamers en suite. Schilderijententoonstelling en ommuurde tuin.
• Un artiste peintre vous accueille en cette paisible petite maison du 16e s. bien située dans le centre piétonnier. Chambres et suite agréables. Expo picturale et jardin clos.

Huyze Die Maene, Markt 17, ✆ 0 50 33 39 59, *huyzediemaene@pandora.be, Fax 0 50 33 44 60,* – ⇅ ✗, ▤ rest. AE ⓓ MC VISA AU w
fermé février – **Rest** (taverne-rest) *Lunch 18* – 16/35, carte 37/60 – **3 ch** ☐ ✝117 – ✝✝136/210.
◆ Gunstig gelegen adres aan de Markt, die vanuit de kamers te zien is. De met zorg ingerichte junior suites zijn luxueus en comfortabel. Restaurant met de sfeer van een oude brasserie. Traditionele gerechten en dagsuggesties.
◆ Cet hébergement plaît autant par sa situation, sur le Markt, visible au saut du lit, que par le soin apporté au décor de ses junior suites, qui offrent luxe et confort. À table, plats traditionnels, suggestions du marché et ambiance de brasserie rétro.

Sint Niklaas sans rest, Sint-Niklaasstraat 18, ✆ 0 50 61 03 08, *stniklaasbandb@hotmail.com* – ✗. AU g
3 ch ☐ ✝120 – ✝✝120.
◆ Een mooi pand uit 1840 in een rustige doodlopende straat wordt geleid door een stel uit Nieuw-Zeeland. De ovale kamer heeft een stijlplafond. Weelderige lounge en patio.
◆ Pimpante maison de 1840 desservie par une impasse tranquille et tenue par un couple néo-zélandais communicatif. Plafond d'époque dans la chambre "ovale". Salon cossu et patio.

De Bleker sans rest, Hooistraat 70, ✆ 0 475 54 82 39, *info@debleker.be,* – ✗ P
3 ch ☐ ✝85 – ✝✝85. DY x
◆ Rustig en sfeervol maison d'hôte, dat vroeger een blekerij was, vandaar de naam. Vrolijke kamers en gemeenschappelijke ruimten. Grote tuin, waar vroeger de was werd gedroogd.
◆ Maison d'hôte paisible et charmante, dont la raison sociale résume le passé (une blanchisserie). Chambres et communs fringants. Grand jardin où l'on étendait jadis le linge.

Absoluut Verhulst sans rest, Verbrand Nieuwland 1, ✆ 0 50 33 45 15, *b-b.verhulst@pandora.be, Fax 0 50 33 45 15,* – ✗. DY d
3 ch ☐ ✝70/80 – ✝✝80/130.
◆ Deze B&B valt op door de 17e-eeuwse bakstenen gevel die knalrood is geverfd. De kamers heten "loft", "klassiek" en "tuin". Ontbijt met uitzicht op de patio met waterpartij.
◆ Maison repérable à sa façade (17e s.) de briques peinte en rouge vif. Chambres nommées "loft", "classique" et "jardin". Vue sur le patio et sa pièce d'eau au petit-déj'.

't Geerwijn sans rest, Geerwijnstraat 14, ✆ 0 50 34 05 44, *chris.deloof@scarlet.be* – ✗. AU z
fermé 10 janvier-1er février – **3 ch** ☐ ✝60/65 – ✝✝65/75.
◆ Karakteristieke huisjes (1790) met prettige, rustige kamers die van alle basiscomfort zijn voorzien. Zitkamer met schouw en oude familieportretten. Vriendelijke ontvangst.
◆ Maisonnettes typiques (1790) vous logeant au calme dans des chambres avenantes offrant toutes les commodités de base. Cheminée et portraits des aïeux au salon. Accueil gentil.

De Karmeliet (Geert Van Hecke), Langestraat 19, ✆ 0 50 33 82 59, *karmeliet@resto.be, Fax 0 50 33 10 11,* – P ⇔. AE ⓓ MC VISA. DY q
fermé 1er au 17 janvier, 22 juin-10 juillet, 5 au 16 octobre, dimanche et lundi – **Rest** *Lunch 60* – 120/225 bc, carte 125/185, ♀.
Spéc. Langoustine royale en croûte de noix de coco et curry, ventrêche de porc laquée, sauce yaourt. Huîtres, œufs de caille pochés, caviar, beurre mousseux au champagne et mousseline de pommes de terre. Ravioles aux pommes à la vanille et sorbet.
◆ Gerenommeerd restaurant met een modern-klassiek interieur en een zeer persoonlijke kookstijl. Salon in de serre, exposities van moderne kunst, mooie wijnkelder en terras.
◆ Maison de renom où l'on goûte des mets personnalisés avec brio dans un cadre classique-moderne raffiné. Salon-véranda, expo d'art contemporain et terrasse cachée. Belle cave.

Manoir Red avec ch, Nieuwe Gentweg 53, ✆ 0 50 61 40 06, *info@manoirred.com, Fax 0 50 33 76 62,* – ⇅ ✗, ▤ ch, P ⇔. AE ⓓ MC VISA AV r
fermé 15 novembre-15 décembre – **Rest** *(fermé lundi et mardi) Lunch 40* – 60/105 bc, carte 44/80, ♀ – **8 ch** ☐ ✝130/310 – ✝✝150/310.
◆ Karakteristiek 18e-eeuws pand dat vanbinnen is gerenoveerd. Designlounge, modern-klassieke eetzaal en dito keuken. Terras met veel schaduw, groen en een fontein. Kamers met stijlmeubelen en moderne suites met Italiaans design.
◆ Demeure de caractère (18e s.) métamorphosée au-dedans. Salon design, salle classico-contemporaine et style culinaire assorti au décor. Ombre, verdure et fontaine en terrasse. Chambres personnalisées par du mobilier de style. Suites modernes au design italien.

XXX **Den Gouden Harynck** (Philippe Serruys), Groeninge 25, ✆ 0 50 33 76 37, *goud.harynck@pandora.be, Fax 0 50 34 42 70* – P ⇔. AE ⓓ MC VISA AUV w
fermé 1 semaine Pâques, 2 dernières semaines juillet-première semaine août, dernière semaine décembre, samedi midi, dimanche et lundi – **Rest** *Lunch 42* – 69/85, carte 80/113.
Spéc. Langoustines en papillote croustillante au basilic. Huîtres sur fondue d'échalotes douces. Bar de ligne rôti entier au gros sel marin et thym.
◆ In dit rustieke pand geniet u van een verfijnde modern-klassieke maaltijd. Eetzaal met schouw, beeldhouwwerk en kunstfoto's. Terras met bloemen en mooie wijnkelder.
◆ Maison d'aspect rustique vous conviant à un repas classique actualisé avec finesse et sobriété. Cheminée, sculptures et photos d'art en salle ; terrasse fleurie et belle cave.

XXX **Patrick Devos,** Zilverstraat 41, ✆ 0 50 33 55 66, *info@patrickdevos.be, Fax 0 50 33 58 67,* – P ⇔. AU y
fermé 21 juillet-10 août, 26 au 30 décembre, samedi midi et dimanche – **Rest** *Lunch 38* – 60/105 bc, carte env. 78, ♀.
◆ Restaurant in een statige patriciërswoning. Louis XVI-salon, eetzaal met art-deco-elementen, charmant zomerterras op de binnenplaats en eigentijdse keuken.
◆ Restaurant aménagé dans une fière demeure patricienne. Salon Louis XVI, éléments décoratifs Art nouveau en salle et charmante terrasse d'été sur cour. Cuisine d'aujourd'hui.

XXX **'t Pandreitje,** Pandreitje 6, ✆ 0 50 33 11 90, *info@pandreitje.be, Fax 0 50 34 00 70* – ⇔.
AE ⓓ MC VISA AU x
fermé 6 au 20 juillet, 26 octobre-7 novembre, mercredi, jeudi et dimanche – **Rest** *Lunch 45* – 65/85, carte 70/100, ♀.
◆ Klassiek-traditionele eetzaal met grote ramen die uitkijken op een stadstuin. De patron staat al sinds 1980 achter het fornuis. Moderne keuken en sfeervolle zitruimte.
◆ Cuisine actuelle servie dans une salle bourgeoise classiquement aménagée, dont les grandes baies donnent sur un jardin de ville. Chef-patron en place depuis 1980. Salon cosy.

XX **'t Stil Ende,** Scheepsdalelaan 12, ✆ 0 50 33 92 03, *stilende@skynet.be, Fax 0 50 33 26 22,* – ▤. MC VISA BX a
fermé samedi midi, dimanche et lundi – **Rest** 35/90 bc, carte 57/72, ♀.
◆ Eigentijds restaurant met parketvloer en wijnrode muren met designverlichting en schilderijen. Open keuken, interessante wijnkaart en terras aan de achterkant.
◆ Table actuelle dont la salle, parquetée, aux murs lie de vin supportant des tableaux-appliques design, s'ouvre sur la cuisine. Livre de cave digne d'intérêt. Terrasse arrière.

XX **Pergola Kaffee** - H. Die Swaene, Meestraat, ✆ 0 50 44 76 50, *info@dieswaene.com,* – ▤ P. AE ⓓ MC VISA AU s
fermé 3 dernières seamines janvier, mardi soir et mercredi – **Rest** 33, carte 44/73.
◆ Behaaglijke en comfortabele bistro in een eeuwenoude kelder met een salon in veranda en een charmant terras aan de waterkant. Aantrekkelijk menu met keuze.
◆ Bistrot cosy aménagé dans des caves séculaires et complété par un salon-véranda ainsi qu'une charmante terrasse où l'on mange au fil de l'eau. Menu attractif à choix multiple.

XX **De Florentijnen,** Academiestraat 1, ✆ 0 50 67 75 33, *info@deflorentijnen.be, Fax 0 50 67 75 33* – ▤ P ⇔. AE MC VISA AT p
fermé 2 au 12 janvier, 16 juillet-3 août, dimanche et lundi – **Rest** *Lunch 36* – 55, carte 56/115, ♀.
◆ Groot restaurant in een voormalige Florentijnse factorij, vandaar de naam. Modern interieur, waarbij de kookstijl goed aansluit.
◆ Spacieux restaurant implanté dans un ancien comptoir commercial florentin, d'où l'enseigne. Cuisine du moment et décoration intérieure d'esprit contemporain.

XX **Kardinaalshof,** St-Salvatorskerkhof 14, ✆ 0 50 34 16 91, *info@kardinaalshof.be* – ⇔.
AE ⓓ MC VISA AUV g
fermé 2 premières semaines juillet, mercredi et jeudi midi – **Rest** *Lunch 35* – 51/86 bc, carte 62/84.
◆ Achter een fraaie barokgevel bij de kathedraal schuilt dit behaaglijke en comfortabele restaurant. De modern-klassieke kaart bevat veel visspecialiteiten.
◆ Tout près de la cathédrale, façade d'esprit baroque abritant une table classique-actuelle au cadre "cosy". Fauteuils et banquettes confortables. Carte assez poissonneuse.

XX **Den Dyver,** Dijver 5, ✆ 0 50 33 60 69, *info@dijver.be, Fax 0 50 34 10 64,* , Cuisine à la bière – AE MC VISA AU c
fermé 2 dernières semaines janvier, 2 premières semaines juillet, mercredi et jeudi midi – **Rest** *Lunch 20* – 43/93 bc, carte 43/59, ♀.
◆ Gezellig restaurant met typisch Vlaams interieur, waar veel met bier wordt gekookt, beslist het proberen waard. Uiteraard wordt bij het eten een schuimend biertje gedronken.
◆ Maison animée attirant les amateurs de cuisine à la bière comme les curieux. Un beau col de mousse adéquat accompagne naturellement chaque préparation. Décor flamand.

Aneth (Paul Hendrickx), Maria van Bourgondiëlaan 1 (derrière le parc Graaf Visart), 0 50 31 11 89, *info@aneth.be, Fax 0 50 32 36 46*, Produits de la mer – . AE VISA BY g
fermé première semaine janvier, 2 premières semaines mars, 3 premières semaines août, samedi midi, dimanche et lundi – **Rest** (prévenir) *Lunch 45* – 60/105 bc, carte 80/96.
Spéc. Langoustines poêlées et langue de porc en saumure à l'ail fumé. Cappuccino de homard, compote de tomate et crème au whisky. Bar rôti sur peau et tartelette de homard au poireau et à la truffe noire.
• Villa uit 1900, buiten de toeristische circuits, bij een gracht en een park. Intiem, modern-klassiek interieur, verzorgde eigentijdse keuken en veel "amuses".
• Villa début 20e s. située hors des circuits touristiques, près d'un canal et d'un parc. Cadre classico-moderne intime, cuisine actuelle soignée, nombreuses mises en bouche.

Spinola, Spinolarei 1, 0 50 34 17 85, *spinola@pandora.be, Fax 0 50 34 13 71*, – . AT c
fermé 3 dernières semaines janvier, 3 dernières semaines juin-première semaine juillet, dimanche, lundi soir sauf en juillet-août et lundi midi – **Rest** 35/75 bc, carte 43/95.
• Leuk en intiem restaurantje met een opvallend smalle trapgevel, naast een klein plein dat aan de schilder Jan van Eyck is gewijd. Open keuken en eigentijdse kaart.
• Façade à redans typique, mais étonnamment étroite, pour cette table intime et charmante jouxtant une placette dédiée au peintre Van Eyck. Cuisine à vue. Repas au goût du jour.

Le Manoir Quatre Saisons - H. De Castillion, Heilige Geeststraat 1, 0 50 34 30 01, *info@castillion.be, Fax 0 50 33 94 75*, – P . AE VISA. AU r
fermé 2 au 18 janvier, 20 juillet-8 août, dimanche, lundi midi et mardi midi – **Rest** *Lunch 35* – 55/105 bc, carte 79/112.
• Comfortabel restaurant van een hotel met een modern interieur in grijze tinten. Luxe, romantische eetzaal, art-decosalon en mooi terras op de binnenplaats. Eigentijdse kaart.
• Confortable restaurant d'hôtel au décor actualisé dans les tons gris. Ambiance romantique et cossue en salle, salon Art déco et jolie terrasse sur cour. Repas au goût du jour.

Saint-Amour, Oude Burg 14, 0 50 33 71 72, *saint-amour@skynet.be, Fax 0 50 34 09 91* – . VISA AU d
fermé fin janvier, fin juillet, lundi et mardi – **Rest** 33/67, carte 47/83.
• Restaurant bij de Belforthallen in een prachtige gewelfde kelder uit de 16e eeuw. Historische omgeving, sfeerverlichting, modern-klassieke keuken en evenwichtige menu's.
• Une superbe cave voûtée (16e s.) accueille cette table située près du beffroi. Cadre historique, éclairage tamisé, registre culinaire classique-actuel et menus bien balancés.

't Zwaantje, Gentpoortvest 70, 0 473 71 25 80, *info@hetzwaantje.be*, – . AE VISA AV n
fermé 11 au 20 juillet, mercredi, jeudi et samedi midi – **Rest** 38, carte 40/73.
• De oude houten meubelen, de schouw en de kroonluchter zorgen voor een romantische uitstraling in deze sfeervolle eetzaal met veranda en terras.
• Vieux mobilier en bois, cheminée et lustre en cristal donnent un cachet romantique à cette salle à manger feutrée prolongée par une véranda ancienne ouverte sur la terrasse.

De Visscherie, Vismarkt 8, 0 50 33 02 12, *info@visscherie.be, Fax 0 50 34 34 38*, Produits de la mer – . AE VISA AU t
fermé 1er au 15 décembre et mardi – **Rest** *Lunch 35* – 50/90 bc, carte 71/106.
• Dit visrestaurant is handig gelegen tegenover de vismarkt. Eetzalen met een eigentijds interieur op verschillende verdiepingen. Tentoonstelling van moderne schilderijen.
• Ce restaurant dont la carte dialogue avec la mer du Nord est opportunément établi en face du marché au poisson. Salles superposées au décor actualisé. Expo de toiles modernes.

Guillaume, Korte Lane 20, 0 50 34 46 05, *info@guillaume2000.be, Fax 0 50 34 46 05*, Ouvert jusqu'à 23 h – AE VISA CY c
fermé 2 semaines en février, 2 semaines en août, 2 semaines en novembre, dimanche et lundi – **Rest** *Lunch 25* – 50/80 bc, carte env. 55.
• Oergezellig tentje om met vrienden te eten, waar de joviale patron en de swingende popmuziek de sfeer er goed inbrengen. De kaart verandert maandelijks.
• Un "p'tit resto d'amis" entièrement rénové, et dont l'ambiance doit beaucoup au caractère jovial du patron, ainsi qu'à la musique pop que l'on y passe. Choix revu chaque mois.

Couvert, Eekhoutstraat 17, 0 50 33 37 87, *couvert@skynet.be* – . AE VISA AU v
fermé mardi et mercredi – **Rest** 35, carte 39/55.
• Muren van rode baksteen, zware houten balken en een Vlaamse schouw bepalen het modern-rustieke interieur van dit restaurant in een hoekpand uit 1637.
• Parements de briques rouges, poutres massives et cheminée flamande composent le cadre rustique actualisé de cette table tirant parti d'une maison d'angle bâtie en 1637.

BELGIQUE

XX **Tanuki,** Oude Gentweg 1, ✆ 0 50 34 75 12, *info@tanuki.be, Fax 0 50 33 82 42,* Cuisine japonaise avec Teppan-Yaki et sushi-bar – ▤ ⇔. AE MC VISA AV f
fermé 1 semaine carnaval, 2 semaines en juillet, 1 semaine Toussaint, lundi et mardi – **Rest** *Lunch 28* – 69/75, carte 46/82.
◆ Een stukje Japan in hartje Brugge. Aziatisch interieur, sushibar en spectaculair bereide teppanyaki. Tegenover het diamantmuseum.
◆ Un petit coin de Japon en plein Bruges : décor intérieur de circonstance, sushi bar et jongleries au Teppan-Yaki (table de cuisson nippone). Musée du diamant en face.

X **Kurt's Pan,** St-Jakobsstraat 58, ✆ 0 50 34 12 24, *kurt.vandaele@scarlet.be, Fax 0 50 49 11 97* – ▤ ⇔. AE MC VISA AT e
fermé fin juin-début juillet, 1 semaine en octobre, lundi et mardi – **Rest** *Lunch 25* – 58 bc carte 45/95, ♀.
◆ Prachtig oud Vlaams pandje met een kleine gemoderniseerde eetzaal. Eigentijdse keuken en all-in menu's.
◆ Cuisine bien de notre temps à apprécier dans une ravissante maisonnette ancienne d'aspect typiquement flamand. Petite salle de restaurant modernisée. Menus "all-in".

X **De Stove,** Kleine Sint-Amandstraat 4, ✆ 0 50 33 78 35, *restaurant.de.stove@telenet.be* – ⚮ AU k
fermé 1 semaine en janvier, 2 dernières semaines de juin, 1 semaine en novembre, mercredi, jeudi et vendredi midi – **Rest** 45, carte 36/53, ♀.
◆ Leuk en karakteristiek restaurant met een verjongd, traditioneel interieur in het voetgangersgebied bij de Markt. Meneer staat in de keuken en mevrouw werkt in de bediening.
◆ Maison sympathique et typée située dans un secteur piétonnier proche du Markt. Cadre traditionnel rajeuni et fonctionnement familial : madame en salle, monsieur au fourneau.

X **Cafedraal,** Zilverstraat 38, ✆ 0 50 34 08 45, *info@cafedraal.be, Fax 0 50 33 52 41,* ☂, Ouvert jusqu'à 23 h – ⇔. AE ⓓ MC VISA AU s
fermé 1 semaine en février et dimanche – **Rest** carte 36/77.
◆ Mooi patriciërshuis met een trendy interieur in middeleeuwse stijl en veel neogotisch houtwerk. 's Zomers kan er op de patio worden gegeten. Originele bar en designtoiletten.
◆ Belle demeure ancienne au cadre "médiéval-branché" présidé par de sombres boiseries de style néogothique. Restaurant d'été dans la cour. Bar original et toilettes design.

X **Rock-Fort,** Langestraat 15, ✆ 0 50 33 41 13, Ouvert jusqu'à 23 h – ⇔. MC VISA DY q
fermé 21 juillet-4 août, fin décembre, samedi et dimanche – **Rest** 35/49, carte 41/70, ♀.
◆ Eigentijdse brasseriekeuken en vernieuwende recepten met diverse invloeden, geserveerd in een modern designinterieur. De lounge-bar past er helemaal bij!
◆ Cuisine de brasserie au goût du jour et recettes innovantes aux influences diverses servies dans un cadre moderne à touche design. "Lounge-bar" jouant les vases communicants.

X ✿ **Sans Cravate** (Henk Van Oudenhove), Langestraat 159, ✆ 0 50 67 83 10, *Fax 0 50 67 77 02* – AE MC VISA DY c
fermé samedi midi, dimanche et lundi – **Rest** (prévenir, menu unique le samedi soir) *Lunch 30* – 48/60, carte 50/82.
Spéc. Terrine de lapin et foie gras d'oie à la truffe d'été (juillet-août). Saint-Jacques rôties et crumble de parmesan à la truffe (novembre-février). Pigeon d'Anjou à la broche (mars-août).
◆ Restaurant met grill en open keuken in de stijl van een moderne bistro. Kleine kaart met smakelijke, eigentijdse gerechten die iets heel eigens hebben.
◆ Une petite carte de préparations actuelles, goûteuses et personnalisées, est présentée à cette table agencée dans l'esprit d'un bistrot moderne. Fourneaux et rôtissoire à vue.

X **Den Amand,** Sint-Amandstraat 4, ✆ 0 50 34 01 22, *Fax 0 50 34 01 22,* ☂, Bistrot – MC VISA. ⚮ AU w
fermé 1er janvier, 9 au 24 janvier, 4 au 26 juin, 5 au 27 novembre, 24 et 25 décembre, mercredi et dimanche soir – **Rest** 30, carte 32/46.
◆ Gezellige bistro op 20 m van de Markt. Open keuken, waar traditionele gerechten zonder franje worden bereid. Pasta's, salades en enkele vegetarische schotels.
◆ Bistrot familial posté à vingt mètres de l'incontournable Markt. Cuisine à vue. Recettes traditionnelles sans chichi. Pâtes, salades et quelques plats végétariens.

X **De Mangerie,** Oude Burg 20, ✆ 0 50 33 93 36, *info@mangerie.com* – ⇔. AE MC VISA AU e
fermé 2 dernières semaines février, 15 juillet-1er août, dimanche et lundi – **Rest** *Lunch 13* – 46, carte 41/51, ♀.
◆ Gerechten met mediterrane invloeden, geserveerd in een "lounge-bistro" ambiance. Zachte verlichting en ethnische achtergrondmuziek; schappelijk geprijsde lunch en uitgebreider menu 's avonds.
◆ Repas à composantes méditerranéennes servi dans une ambiance "lounge-bistrot". Éclairage tamisé et fond musical ethnique ; lunch à prix doux et menu plus élaboré en soirée.

BELGIQUE

Calis, Hoogstraat 10, ✆ 0 50 61 31 81, *calis@skynet.be* – ⇔. MC VISA ATU c
fermé dernière semaine juillet-première semaine août, lundi et mardi – **Rest** (dîner seult sauf dimanche) 35/70 bc, carte 37/60.
• Restaurant in een gebouw uit 1899. Modern interieur, klassieke kaart met zuidelijke, vooral Baskische invloeden en een vriendelijke chef-kok in de open keuken.
• Restaurant mettant à profit une bâtisse de 1899. Décor moderne, choix classique à séquences méridionales (notamment basques) et chef sociable actif à vue.

Bistro Kok au Vin, Ezelstraat 21, ✆ 0 50 33 95 21, *info@kok-au-vin.be, Fax 0 50 34 65 23*, Ouvert jusqu'à 23 h – AE ⓓ MC VISA CY a
fermé 2 dernières semaines juillet, semaine Toussaint, fin décembre, mercredi et jeudi – **Rest** *Lunch 12* – 33, carte 34/52, ♀.
• Moderne bistro met een aanlokkelijke kleine kaart (stoofschotels), lunchformule en goedkoop menu. Het recept van "coq au vin" staat op de muur geschreven.
• Bistrot moderne dont l'appétissante petite carte (avec plats mijotés) se complète d'un lunch et d'un menu à bon prix. Décor "cocorico" ; recette du coq au vin notée au mur.

Bistro Christophe, Garenmarkt 34, ✆ 0 50 34 48 92, *Fax 0 50 34 48 93* – MC VISA AV a
fermé 2 semaines en février, 2 semaines en juillet, mardi et mercredi – **Rest** (dîner seult jusqu'à 1 h du matin) carte 30/59.
• In dit oude pandje huist een klein nachtrestaurant met een gezellige bistrosfeer. Boven de open keuken hangt een schoolbord met de gerechten (geen menu's).
• Maisonnette ancienne abritant un petit bistrot de nuit à l'atmosphère chaleureuse. Au-dessus de la cuisine ouverte, un écriteau tient lieu de carte (aucun menu).

BELGIQUE

Narai Thai, Smedenstraat 43, ✆ 0 50 68 02 56, *info@naraithai.be, Fax 0 50 68 02 62*, Cuisine thaïlandaise, ouvert jusqu'à minuit – ▤ ⇔. AE ⓓ MC VISA BY z
Rest *Lunch 23* – 38/60 bc, carte 27/50.
• Thais restaurant met een modern uitheems interieur: open keuken, replica's van tempelstukken, boeddhabeelden, fonteinen, aquaria en personeel in Thaise kledij.
• Table thaïlandaise au cadre moderne dépaysant : cuisine ouverte, répliques d'éléments de temples, statuaire bouddhiste, fontaines, aquariums et personnel en tenue de là-bas.

Breydel - De Coninc, Breidelstraat 24, ✆ 0 50 33 97 46, *Fax 0 50 34 61 74*, Moules, anguilles et homards – ⇔. AE MC VISA AU u
fermé mercredi – **Rest** carte 37/64.
• Kreeft, mosselen en paling zijn in hun element in dit etablissement, dat centraal is gelegen tussen de Markt en de Burg. Zeer vriendelijke bediening.
• Homards, mais aussi moules et anguilles en saison, sont à l'honneur dans cet établissement idéalement situé entre le Markt et le Burg. Service super gentil.

Périphérie :

au Nord – ✉ *8000 :*

Kasteel ten Berghe ⛭ sans rest, Dudzeelsesteenweg 311 (Koolkerke), ✆ 0 50 67 96 97, *ten.berghe@telenet.be, Fax 0 50 67 00 47*, ⛭ – ⛭ P. MC VISA. ⛭ ER b
8 ch ⊡ ★100/140 – ★★140/180.
• Dit mooie kasteel met een nostalgische sfeer uit 1627 werd in 1880 verbouwd. Groot park, slotgracht, kamers met stijlmeubelen, neogotische ontbijtruimte en portretgalerij.
• Beau château à l'ambiance nostalgique élevé en 1627 et remanié en 1880. Grand parc, douves, chambres au décor d'époque, espace breakfast néo-gothique et galerie de portraits.

au Nord-Ouest – ✉ *8000 :*

Apollo Art ⛭, Handboogstraat 1 (Sint-Pieters), ✆ 0 50 25 25 25, *info.brugge@apollohotelsresorts.com, Fax 0 50 25 25 27*, ⛭, ⛭, ⛭, ⛭ – |⛭| ⛭ ▤ ♿ P – ⛭. AE ⓓ MC VISA. ⛭ ch ER a
Rest 25/45 bc, carte 36/46, ♀ – **120 ch** ⊡ ★72/129 – ★★72/259 – ½ P 95/157.
• Dit moderne complex buiten het centrum ligt in de buurt van een boomrijk park, de haven en een industrieterrein. Kamers en gemeenschappelijke ruimten in de smaak van nu. Grote eetzaal in de stijl van een moderne brasserie. Franse en intercontinentale keuken.
• Cet ensemble hôtelier moderne et excentré avoisine un parc boisé mais aussi le port de Brugge et une zone d'activités industrielles. Chambres et communs contemporains. Ample restaurant au décor de brasserie actuelle. Cuisine française et intercontinentale.

à **Dudzele** *au Nord par N 376 : 9 km* Ⓒ *Brugge –* ✉ *8380 Dudzele :*

Het Bloemenhof, Damsesteenweg 96, ☎ 0 50 59 81 34, *info@hetbloemenhof.be, Fax 0 50 59 84 28*, P.
fermé janvier – **Rest** (dîner pour résidents seult) – **8 ch** ⊐ ★52/55 – ★★72/75 – ½ P 77/84.
◆ Rustig boerderijtje even van de plattelandsweg af. Knusse sfeer, keurige kamers, verzorgd ontbijt en serre met uitzicht op de tuin en het zwembad.
◆ Fermette tranquille établie en retrait d'une route de campagne. Ambiance "bonbonnière", chambres coquettes, breakfast soigné et véranda tournée vers la piscine du jardin.

à **Sint-Andries** Ⓒ *Brugge –* ✉ *8200 Sint-Andries :*

Hostellerie Pannenhuis, Zandstraat 2, ☎ 0 50 31 19 07, *hostellerie@pannenhuis.be, Fax 0 50 31 77 66*, ch, P. AE MC VISA. rest **ER g**
Rest *(fermé 15 janvier-2 février, 1er au 20 juillet, mardi soir et mercredi) Lunch 38* – 51/75 bc, carte 48/66, ♀ – **19 ch** *(fermé 15 janvier-2 février)* ⊐ ★95/125 – ★★105/175 – ½ P 106/126.
◆ Charmant hotel uit 1930 dat in het begin van de 21e eeuw werd gerenoveerd. Vrij rustige kamers van goed formaat. Zomerterras dat uitkijkt over de tuin. Aan tafel worden klassieke gerechten geserveerd, waaronder kreeft en andere visschotels.
◆ Mignonne hostellerie fondée dans les années 1930 et rajeunie à l'aube du 21e s. Chambres assez paisibles et de bonnes dimensions. Terrasse d'été surplombant le jardin. À table, carte très classique incluant quelques spécialités de poisson et de homard.

Herborist (Alex Hanbuckers) avec ch, De Watermolen 15 (par ⑥ : 6 km puis à droite après E 40 - A 10), ☎ 0 50 38 76 00, *Fax 0 50 39 31 06*, rest, P. AE MC VISA.
fermé 24 mars-2 avril, 16 juin-2 juillet, 15 septembre-1er octobre, 22 décembre-3 janvier, dimanche soir, lundi et mardi – **Rest** (menu unique) *Lunch 53* – 58/118 bc – **4 ch** ⊐ ★100 – ★★150.
Spéc. Salade d'écrevisses aux cœurs d'artichaut (juin-juillet). Langue d'agneau au pesto et foie de canard poêlé (printemps). Colvert aux pêches de vigne, sauce poivrade (septembre-octobre).
◆ Afgelegen, smaakvol ingerichte herberg in een landelijke omgeving. Oranjerie, rustieke zalen en terras. Flexibel menu dat mondeling wordt aangekondigd. Ook enkele kamers.
◆ Auberge isolée dans un site champêtre et aménagée avec goût. Orangerie, salles rustiques intimistes et terrasse. Beau menu extensible proposé oralement. Chambres pour l'étape.

BELGIQUE

à **Sint-Kruis** Ⓒ *Brugge –* ✉ *8310 Sint-Kruis :*

Wilgenhof sans rest, Polderstraat 151, ☎ 0 50 36 27 44, *info@hotel-wilgenhof.be, Fax 0 50 36 28 21*, P. AE MC VISA **ER w**
6 ch ⊐ ★75 – ★★100/150.
◆ Lieflijk boerderijtje aan de Damse Vaart, in een typisch polderlandschap. De kamers zijn stil en als het buiten koud is knappert het haardvuur in de lounge.
◆ Au bord du Damse Vaart, dans un paysage de campagne et polders, adorable fermette disposant de chambres silencieuses. Un feu de bûches ronfle au salon quand le froid sévit.

De Jonkman (Filip Claeys), Maalsesteenweg 438 (Est : 2 km), ☎ 0 50 36 07 67, *Fax 0 50 35 76 96*, – P. AE MC VISA
fermé 1 semaine en avril, 2 semaines en juin, 1 semaine en octobre, Noël-nouvel an, dimanche soir, lundi et mardi midi – **Rest** *Lunch 35* – 60/75, carte 70/88, ♀.
Spéc. Maquereau mariné et légumes croquants, vinaigrette épicée. Agneau confit et laqué au citron, jus gingembre-coco. Cannelloni de caramel au riz condé et glace au sucre brun.
◆ Mooie Vlaamse villa aan de rand van Brugge met een inventieve, seizoengebonden keuken. Eigentijds interieur en terrassen met teakhouten meubelen.
◆ À l'approche de Bruges, jolie villa flamande où un chef-patron régale ses hôtes d'une cuisine saisonnière inventive. Intérieur contemporain et terrasses meublées en teck.

't Apertje, Damse Vaart Zuid 223, ☎ 0 50 35 00 12, *leo.callewaert@telenet.be, Fax 0 50 37 58 48*, Bistrot – P. MC VISA **ER w**
fermé dernière semaine juin-première semaine juillet, vacances Noël et lundi – **Rest** carte 29/45.
◆ Een smakelijke bistrokeuken, een eigentijds interieur en een mooi uitzicht op een kanaal in de polders, dat is het recept van deze herberg. De paling is werkelijk boterzacht.
◆ Carte bistrot avec plats d'anguilles, décor intérieur dans l'air du temps et vue sur un canal se perdant dans les polders, telle est la recette du succès de cette auberge.

à Sint-Michiels C *Brugge* – ✉ *8200 Sint-Michiels* :

XXX **Weinebrugge** avec ch, Koning Albert I laan 242, ☎ 0 50 38 44 40, *weine-brugge@scarlet.be, Fax 0 50 39 35 63*, – P. AE MC VISA. ES b
Rest *Lunch 35* – 53, carte 56/100 – **30 ch** ☕ 85/120 – 119/160.
◆ Fiere Vlaamse villa aan de rand van een bos. Modern-klassiek interieur en dito keuken. Aparte salon en bar. Bomentuin en terras. De spiksplinternieuwe kamers zijn in 2007 in gebruik genomen.
◆ Villa flamande à fière allure blottie en lisière d'un bois. Décor classique-actuel en salles ; orientation culinaire de même. Salon et bar séparés ; jardin arboré et terrasse. Chambres flambant neuves inaugurées en 2007.

XX **Casserole** (Établissement d'application hôtelière), Groene-Poortdreef 17, ☎ 0 50 40 30 30, *casserole@tergroenepoorte.be, Fax 0 50 40 30 35*, – P. AE MC VISA
fermé vacances scolaires, samedi et dimanche – **Rest** (déjeuner seult, menu unique) 29/54 bc. ES t
◆ Restaurant van de hotelschool in een boerderijtje tussen het groen. Vrolijke eetzaal in landelijke stijl, regelmatig wisselende menu's en goede wijnen voor een zacht prijsje.
◆ Établissement d'application hôtelière installé dans une fermette entourée de verdure. Fringante salle à manger campagnarde, menu souvent recomposé et bons vins à prix d'ami.

XX **Hertog Jan** (Gert De Mangeleer), Torhoutse Steenweg 479, ☎ 0 50 67 34 46, *info@hertog-jan.com, Fax 0 50 67 34 45*, – P. AE MC VISA ES x
fermé 23 au 30 mars, 20 juillet-11 août, 21 décembre-5 janvier, dimanche et lundi – **Rest** *Lunch 55 bc* – 75/135 bc, carte 95/155, Ⅰ.
Spéc. Sardines marinées au kéfir, pain à l'huile d'olive et crumble d'olives noires (printemps-été). Mousseline de pommes de terre aux petits oignons caramélisés, zestes de citron,truffe noire (hiver). Dessert en trois dégustations du moment.
◆ Gastronomisch restaurant met een creatieve keuken, internationale wijnkelder en veel wijnen per glas. Open keuken, veranda en begroeid terras.
◆ "Atelier gastronomique" apprécié pour ses mets créatifs et sa carte des vins planétaire proposant de nombreuses références au verre. Cuisine à vue, véranda et terrasse verte.

BELGIQUE

Environs

à Hertsberge *au Sud par N 50 : 12,5 km* C *Oostkamp 21 796 h.* – ✉ *8020 Hertsberge* :

XXX **Manderley**, Kruisstraat 13, ☎ 0 50 27 80 51, *info@manderley.be, Fax 0 50 27 80 55*, – P. AE MC VISA
fermé janvier, fin septembre-début octobre, mardi soir sauf en été, dimanche soir et lundi – **Rest** *Lunch 37* – 53/90 bc, carte 55/80, Ⅰ.
◆ Oude boerderij met een fijn terras en waterpartij in de tuin. Klassieke keuken met een vleugje modern, fraai gedekte tafels en 's winters een behaaglijk vuur in de eetzaal.
◆ Ancienne ferme agrémentée d'une belle terrasse et d'une pièce d'eau au jardin. Carte classique actualisée, mise de table soignée et, l'hiver, flambées réconfortantes en salle.

à Oostkamp – *21 796 h.* – ✉ *8020 Oostkamp* :

XX **Laurel & Hardy**, Majoor Woodstraat 3, ☎ 0 50 82 34 34, *mail@laurel-hardy.be*, – . AE MC VISA ES z
fermé mercredi soir et jeudi – **Rest** *Lunch 22* – 40, carte 42/50.
◆ Restaurant in het centrum van Oostkamp, met twee lichte, moderne eetzalen. Bij mooi weer worden de tafels op de groene binnenplaats opgedekt. Innovatieve keuken.
◆ Cuisine actuelle évolutive à apprécier au centre d'Oostkamp, dans deux salles claires et modernes ou sur la terrasse verte dressée dans la cour dès les premiers beaux jours.

à Varsenare C *Jabbeke 13 572 h.* – ✉ *8490 Varsenare* :

XXX **Manoir Stuivenberg** (Eddy et Johan Scherrens) avec ch, Gistelsteenweg 27, ☎ 0 50 38 15 02, *info@manoirstuivenberg.be, Fax 0 50 38 28 92*, , , – , rest, P. AE MC VISA. ERS n
fermé 1er au 24 janvier, 15 au 31 juillet, samedi midi, dimanche soir, lundi et mardi – **Rest** *Lunch 40* – 67/112 bc, carte 86/122 – **8 ch** ☕ 124/149 – 138/162 – 1 suite – ½ P 164/192.
Spéc. Cabillaud poêlé aux pignons de pin, vinaigrette au citron. Poitrine de pigeon grillé en crapaudine. Gibier en saison.
◆ Dit chique landhuis is weelderig en met oog voor detail ingericht. Heerlijke, modern-klassieke gerechten, bereid door twee broers. Terras met teakhouten meubelen. Kamers met een persoonlijke noot en mooie suite met balkenplafond en mezzanine.
◆ Une belle carte classico-actuelle comblera votre gourmandise dans ce manoir chic décoré avec opulence et souci du détail. Deux frères aux casseroles. Terrasse meublée en teck. Chambres personnalisées et jolie suite avec charpente apparente et mezzanine.

à Zedelgem *par ⑥ : 10,5 km – 21 835 h. – ✉ 8210 Zedelgem :*

Zuidwege, Torhoutsesteenweg 126, ✆ 0 50 20 13 39, *info@zuidwege.be, Fax 0 50 20 17 39,* ☂, ⚲ – ⇆, ▤ ch, P – 🏋. AE ① MC VISA. ✗ ch
Rest *(fermé première quinzaine juillet, vacances de Noël, samedi et dimanche midi)* (taverne-rest) *Lunch 10* – 25, carte 20/47 – **20 ch** *(fermé vacances de Noël)* ☕ ✝60/65 – ✝✝80/90 – ½ P 55/60.

◆ Dit hotel bij een kruispunt wordt door een familie gerund. De kleine functionele kamers hebben allemaal dubbele beglazing en liggen aan de achterkant, waar het rustiger is. Café-restaurant voor een traditionele maaltijd in een ontspannen sfeer.

◆ Les petites chambres fonctionnelles de cet hôtel familial voisinant avec un carrefour sont toutes munies du double vitrage et réparties à l'arrière pour plus de quiétude. Taverne-restaurant servant de la cuisine traditionnelle dans une ambiance détendue.

XXX **Ter Leepe,** Torhoutsesteenweg 168, ✆ 0 50 20 01 97, *info@terleepe.be, Fax 0 50 20 88 54* – ▤ P ⇔. ✗
fermé 15 au 26 janvier, 15 au 26 avril, 15 au 31 juillet, dimanche soir, lundi et mercredi soir – **Rest** *Lunch 35* – 52/80 bc, carte 55/80.

◆ Gerenoveerde witte villa met een moderne aanbouw voor groepen. Innovatieve keuken. Engelse tuin met terras aan de achterkant.

◆ Cette villa blanche rénovée au-dedans et ses extensions modernes réservées aux banquets dissimulent une terrasse-jardin paysagère. Préparations influencées par l'avant-garde..

BELGIQUE

Grand'place Hôtel de ville

BRUXELLES – BRUSSEL

1000 P *Région de Bruxelles-Capitale – Brussels Hoofdstedelijk Gewest* **533** L 17
et **716** G 3 – *1 018 804 h.* 5 **B2**

Paris 308 ⑥ – Amsterdam 204 ⑪ – Düsseldorf 222 ② – Lille 116 ⑨ – Luxembourg 219 ④.

OFFICES DE TOURISME

TIB Hôtel de Ville, Grand'Place ✉ 1000, ☎ 0 2 513 89 40, tourism@brusselsinternational.be, Fax 0 2 514 45 38.
Office de Promotion du Tourisme (OPT), r. Marché-aux-Herbes 63, ✉ 1000, ☎ 0 2 504 03 90, info@opt.le, Fax 0 2 513 04 75.
TIB, Gare du Midi, ✉ 1000.
Toerisme Vlaanderen, Grasmarkt 63, ✉ 1000, ☎ 0 2 504 03 90, info@toerismevlaanderen.be, Fax 0 2 504 02 70.

Pour approfondir votre visite touristique, consultez le Guide Vert Bruxelles et le Plan de Bruxelles n° 44.

RENSEIGNEMENTS PRATIQUES

BUREAUX DE CHANGE

– *Principales banques : ferment à 16 h 30, sam. et dim.*
– *Près des centres touristiques il y a des guichets de change non-officiels.*

CASINO

R. Dusquesnoy 12, ☎ 0 2 289 68 68.

TRANSPORTS

Aéroport :
Aéroport national à Zaventem, ☎ 0 2 753 77 53, info@brusselsairport.be

Principales compagnies de taxis :
Taxis Verts ☎ 0 2 349 49 49, Fax 0 2 349 49 00
Taxis Oranges ☎ 0 2 349 46 46, Fax 0 2 349 49 00
En outre, il existe les Taxis Tours faisant des visites guidées au tarif du taximètre. Se renseigner directement auprès des compagnies.

Métro :
STIB ☎ 0 2 515 31 35 pour toute information.
Le métro dessert principalement le centre-ville, ainsi que certains quartiers de l'agglomération (Heysel, Anderlecht, Auderghem, Woluwé-St-Pierre). Aucune ligne de métro ne desservant l'aéroport, empruntez le train (SNCB) qui fait halte aux gares du Nord, Central et du Midi.
SNCB ☎ 0 2 555 25 55.

Trams et Bus :
En plus des nombreux réseaux quadrillant toute la ville, le tram 94 propose un intéressant trajet visite guidée avec baladeur (3 h). Pour tout renseignement et réservation, s'adresser au TIB (voir plus haut).

CAPITALE VERTE

Parcs : de Bruxelles, Wolvendael, Woluwé, Laeken, Cinquantenaire, Duden. Bois de la Cambre. La Forêt de Soignes.

QUELQUES GOLFS

18 9 *par Tervurenlaan* (DN) *: 14 km à Tervuren, Château de Ravenstein ☎ 0 2 767 58 01, Fax 0 2 767 28 41 –* 18 *au Nord-Est : 14 km à Melsbroek, Steenwagenstraat 11 ☎ 0 2 751 82 05, Fax 0 2 751 84 25 –* 18 *à Anderlecht, Zone Sportive de la Pede* (AN)*, r. Scholle 1 ☎ 0 2 521 16 87, Fax 0 2 521 51 56 –* 9 *à Watermael-Boitsfort* (CN)*, chaussée de la Hulpe 53a ☎ 0 2 672 22 22, Fax 0 2 675 34 81 –* 9 *par ④ : 16 km à Overijse, Gemslaan 55 ☎ 0 2 687 50 30, Fax 0 2 687 37 68 –* 9 *par ⑧ : 8 km à Itterbeek, J.M. Van Lierdelaan 24 ☎ 0 2 569 69 81, Fax 0 2 569 69 81 –* 18 *au Nord-Est : 20 km à Kampenhout, Wildersedreef 56 ☎ 0 16 65 12 16, Fax 0 16 65 16 80 –* 9 *à l'Est : 18 km à Duisburg, Hertswegenstraat 59 ☎ 0 2 769 45 82, Fax 0 2 767 97 52.*

CURIOSITÉS

BRUXELLES VU D'EN HAUT

Atomium★ BK *– Basilique du Sacré Cœur★* ABL.

PERSPECTIVES CÉLÈBRES DE BRUXELLES

Palais de Justice ES **J** *– Cité administrative* KY *– Place Royale★* KZ.

QUELQUES SITES ET MONUMENTS HISTORIQUES

Grand-Place★★★ JY *– Théâtre de la Monnaie★* JY *– Galeries St-Hubert★★* JKY *– Manneken Pis★★* JZ *– Parc de Bruxelles★* KYZ *– Place de Brouckère★* JY *– Le Botanique★* FQ *– Place des Martyrs★* JY *– Place Royale★* KZ *– Porte de Hal (St-Gilles)★* ES *– Maison d'Erasme (Anderlecht)★★* AM *– Château et parc de Gaasbeek (Gaasbeek)★★ (Sud-Ouest : 12 km par N 282* AN*) – Serres royales (Laeken)★★* BK **R**.

ARCHITECTURE RELIGIEUSE

Cathédrale des Sts-Michel-et-Gudule★★ KY – *Église N.-D. de la Chapelle*★ JZ – *Église N.-D. du Sablon*★ KZ – *Abbaye de la Cambre (Ixelles)*★★ FGV – *Collégiale des Sts-Pierre-et-Guidon (Anderlecht)*★ AM **D** – *Basilique du Sacré-Cœur (Koekelberg)*★ W – *Église St-Denis (Forest)*★ BN.

QUELQUES MUSÉES

Musée d'Art ancien★★★ KZ – *Musée du Cinquantenaire*★★★ HS **M**[11] – *Musée d'Art moderne*★★ KZ **M**[2] – *Centre Belge de la BD*★★ KY **M**[8] – *Autoworld*★★ HS **M**[3] – *Muséum des Sciences Naturelles*★★ GS **M**[29] – *Musée des instruments de Musique*★★★ KZ **M**[21] – *Musée royal de l'Armée et d'Histoire militaire (salle d'armes et d'armures*★ *et collection Titeca Ribaucourt*★*)* HS **M**[25] – *Maison d'Erasme (Anderlecht)*★★ AM – *Musée de la Gueuze – Brasserie Cantillon (Anderlecht)*★ ES – *Serres royales (Laeken)*★★ BK **R** – *Musée Constantin Meunier (Ixelles)*★ FV **M**[13] – *Musée communal d'Ixelles (Ixelles)*★★ GT **M**[12] – *Musée Charlier*★ FR **M**[9] – *Bibliotheca Wittockiana (Woluwé-St-Pierre)*★ CM **C** – *Musée royal de l'Afrique centrale (Tervuren)*★★ *(par ③)* – *Musée Horta (St-Gilles)*★★ EFU **M**[20] – *Musée Van Buuren (Uccle)*★ EFV **M**[6] – *Musées Bellevue*★ KZ **M**[28].

ARCHITECTURE MODERNE

Atomium★ BK – *Centre Berlaymont* GR – *Parlement européen* GS – *Palais des Beaux Arts (intérieur)* KZ **Q**[1] – *La Cité administrative* KY – *Les cités-jardins Le Logis et Floréal (Watermael-Boitsfort)* DN – *Les Cités-jardins Kapelleveld (Woluwe-St-Lambert)* DM – *Palais Stoclet (Woluwe)*★ CM **Q**[4] – *Quartier du World Trade Center* FQ – *Vitrine P. Hankar*★ KY **W** – *Maison Communale d'Ixelles* FS **K**[2] – *Hôtel Van Eetvelde*★ GR *187* – *Maison Cauchie (Etterbeek)*★ HS **K**[1] – *Old England*★ KZ **N**.

QUARTIERS PITTORESQUES

La Grand-Place★★★ JY – *Le Grand et le Petit Sablon*★★ JZ – *Les Galeries St-Hubert*★★ JKY – *La place du Musée* KZ – *La place Ste-Catherine* JY – *Le vieux centre (Halles St-Géry – voûtement de la Senne – Église des Riches Claires)* ER – *Rue des Bouchers et Petite rue des Bouchers*★ JY – *Les Marolles* JZ – *La Galerie Bortier* JK **Z**[23] – *Bois de la Cambre (Ixelles)*★ CN – *Promenade des étangs (Ixelles)*★ CN.

ACHATS

Grands Magasins : *Rue Neuve* JKY.

Commerces de luxe : *Avenue Louise* BMN, *Avenue de la Toison d'Or* KZ, *Boulevard de Waterloo* KZ, *rue de Namur* KZ, *Galerie Saint-Hubert* KY.

Antiquités : *Le Sablon et alentours* JKZ.

Marché aux puces : *Place du Jeu de Balles* ES.

Bouquinistes : *Galerie Bortier* JK **Z**[23].

Boutique à bière : *Rue du Marché-aux-Herbes* JY.

Stylistes belges branchés : *Rue A. Dansaert* ER.

Les 19 communes bruxelloises

Bruxelles, capitale de la Belgique, est composée de 19 communes dont l'une, la plus importante, porte précisément le nom de "Bruxelles".

La carte ci-dessous vous indiquera la situation géographique de chacune de ces communes.

1 ANDERLECHT
2 AUDERGHEM
3 BERCHEM-SAINTE-AGATHE
4 BRUXELLES
5 ETTERBEEK
6 EVERE
7 FOREST
8 GANSHOREN
9 IXELLES
10 JETTE
11 KOEKELBERG
12 MOLENBEEK-SAINT-JEAN
13 SAINT-GILLES
14 SAINT-JOSSE-TEN-NOODE
15 SCHAERBEEK
16 UCCLE
17 WATERMAEL-BOITSFORT
18 WOLUWE-SAINT-LAMBERT
19 WOLUWE-SAINT-PIERRE

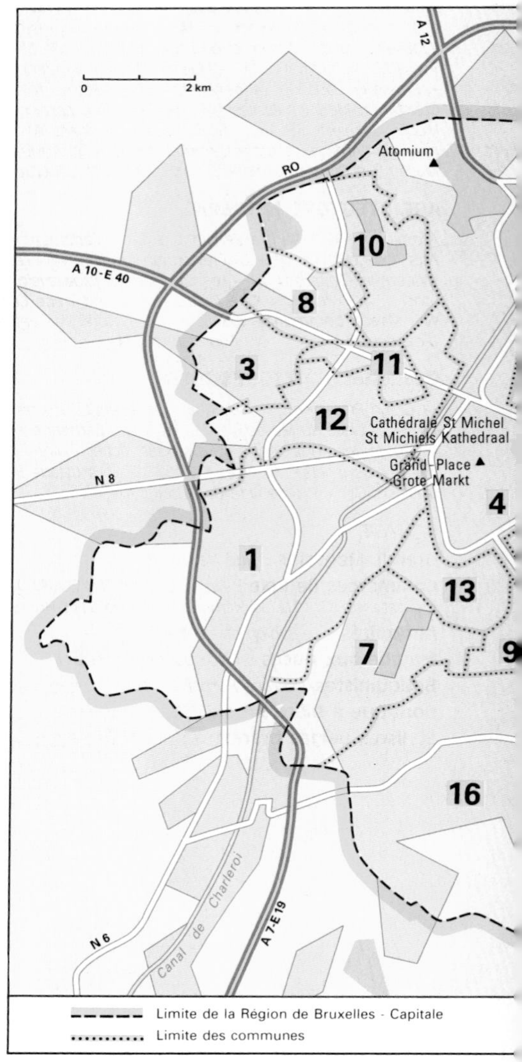

BRUXELLES p. 5

De 19 Brusselse gemeenten

Brussel, hoofdstad van België, bestaat uit 19 gemeenten, waarvan de meest belangrijke de naam "Brussel" draagt.

Onderstaande kaart geeft U een overzicht van de geografische ligging van elk van deze gemeenten.

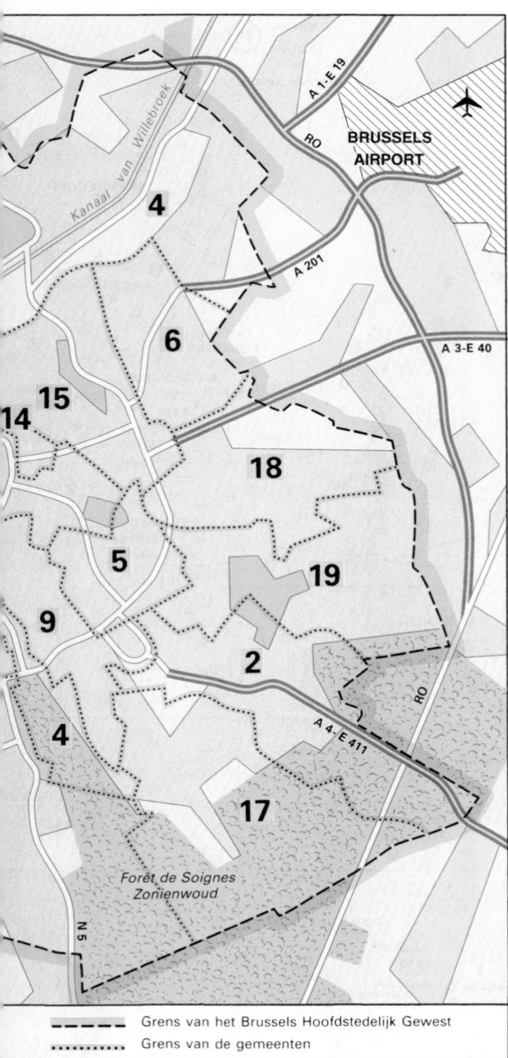

ANDERLECHT	1
OUDERGEM	2
SINT-AGATHA-BERCHEM	3
BRUSSEL	4
ETTERBEEK	5
EVERE	6
VORST	7
GANSHOREN	8
ELSENE	9
JETTE	10
KOEKELBERG	11
SINT-JANS-MOLENBEEK	12
SINT-GILLIS	13
SINT-JOOST-TEN-NODE	14
SCHAARBEEK	15
UKKEL	16
WATERMAAL-BOSVOORDE	17
SINT-LAMBRECHTS-WOLUWE	18
SINT-PIETERS-WOLUWE	19

ASSE

Pontbeeklaan . . . . **AK** 197
Zuiderlaan . . . . **AL** 264

BRUXELLES/BRUSSEL

Broqueville (Av. de) . . . . **CM** 30
Charleroi (Chaussée de). **BM** 34
Croix du Feu (Av. des) . **BCK** 54
Démosthène Poplimont (Av.) . . . . **BL** 58
Edmond Parmentier (Av.)**DM** 69
Émile Bockstael (Bd) . . . . **BL** 75
Émile Bossaert (Av.) . . . **ABL** 76
Émile Vandervelde (Av.). **DM** 82
France (R. de) . . . . **BM** 100
Houba de Strooper (Av.) . **BK** 121
Jacques Sermon (Av.) . . . **BL** 130
Jean Sobieski (Av.) . . . . **BKL** 136
Jules van Praet (Av.) . . . **BKL** 144
Madrid (Av. de) . . . . **BK** 166
Meysse (Av. de) . . . . **BK** 175
Port (Av. du). . . . . **BL** 198
Prince de Liège (Bd) . . . **AM** 202
Robiniers (Av. des) . . . . . **BL** 211
Stockel (Chaussée de) . . **DM** 232

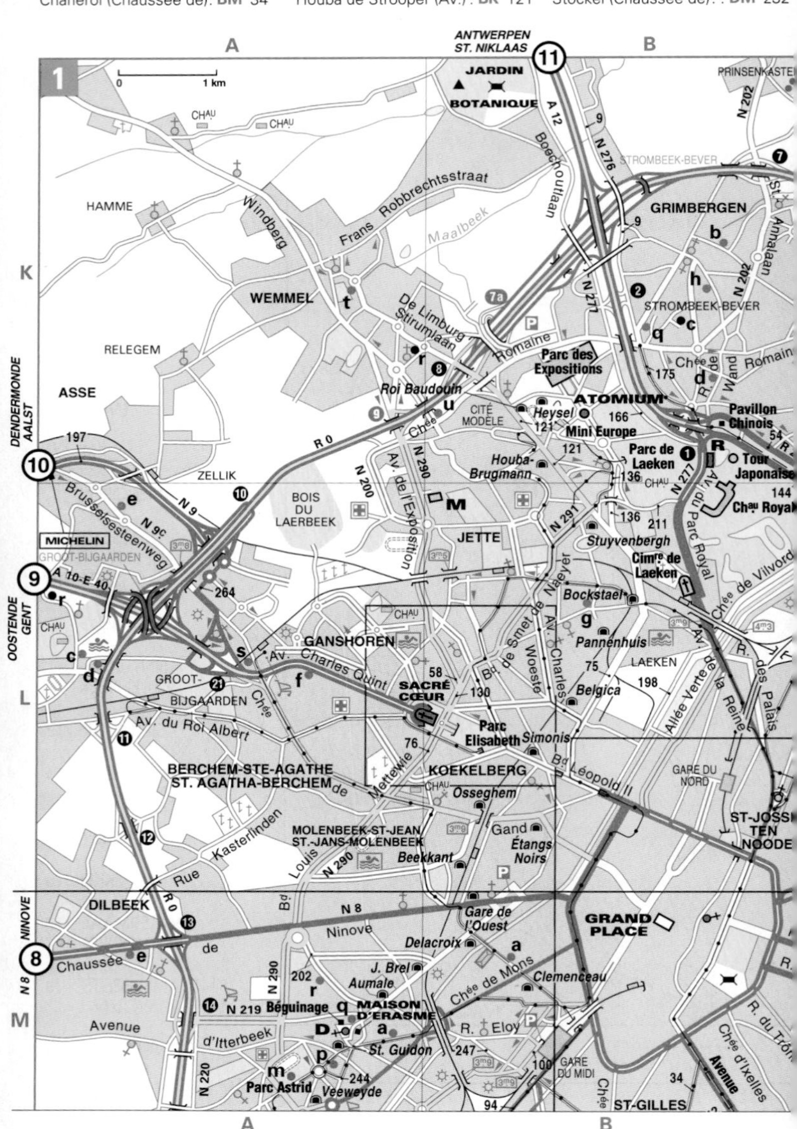

Veeweyde (R. de) . . . . . **AM** 244
Vétérinaires
(R. des) . . . . **BM** 247

GRIMBERGEN

Antwerpselaan . . . . **BK** 9

KRAAINEM

Wezembeeklaan . . . . . . **DM** 259

VILVOORDE

Parkstraat . . . . **DK** 192

Stationlei . . . . **CDK** 231
Vuurkruisenlaan . . . . **CK** 252

ZAVENTEM

Hector
Henneaulaan . . . . **DL** 115

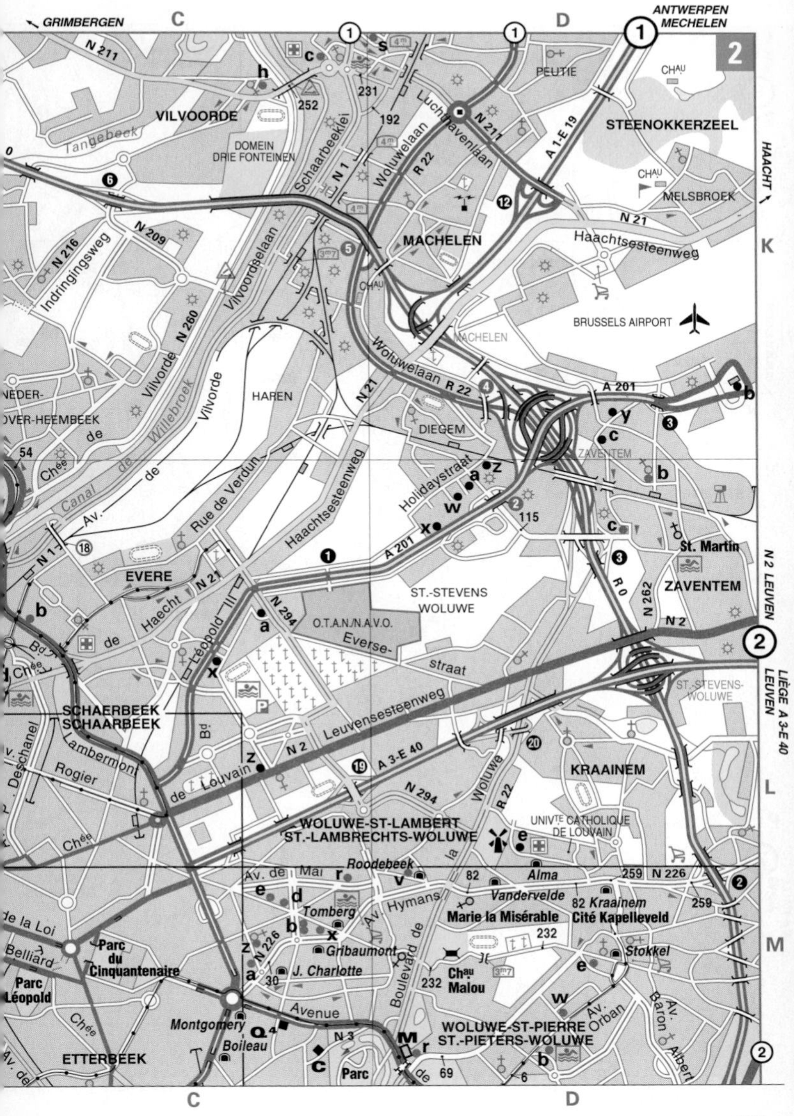

BEERSEL

Lotsestraat . . . . **AP** 159
Schoolstraat . . . . **AP** 229
Zennestraat. . . . . **AP** 262

BRUXELLES/BRUSSEL

Alfred Madoux (Av.). . . . . **DMN** 6
Altitude Cent (Pl. de l') . . . . . **BN** 7
Broqueville (Av. de) . . . . **CM** 30
Charleroi (Chaussée de) . . . **BM** 34
Charroi (R. du) . . . . **ABN** 36
Delleur (Av.) . . . . **CN** 57
Échevinage (Av. de l'). . . . . . **BN** 67
Édith Cavell (R.) . . . . **BN** 68
Edmond Parmentier (Av.) . . **DM** 69
Émile Vandervelde (Av.) . . . **DM** 82
Eugène Flagey (Pl.) . . . . **BN** 88
Fonsny (Av.) . . . . **BMN** 94
Foresterie (Av. de la) . . . . . . **CN** 96
France (R. de) . . . . **BM** 100
Frans van Kalken (Av.) . . . . . **AN** 103
Général Jacques (Bd). . . . . . **CN** 109
Houzeau (Av.). . . . . **BN** 123
Louis Schmidt (Bd). . . . . **CN** 161
Mérode (R. de) . . . . **BN** 174
Paepsem (Bd) . . . . **AN** 186
Parc (Av. du) . . . . **BN** 190
Plaine (Bd de la) . . . . **CN** 196

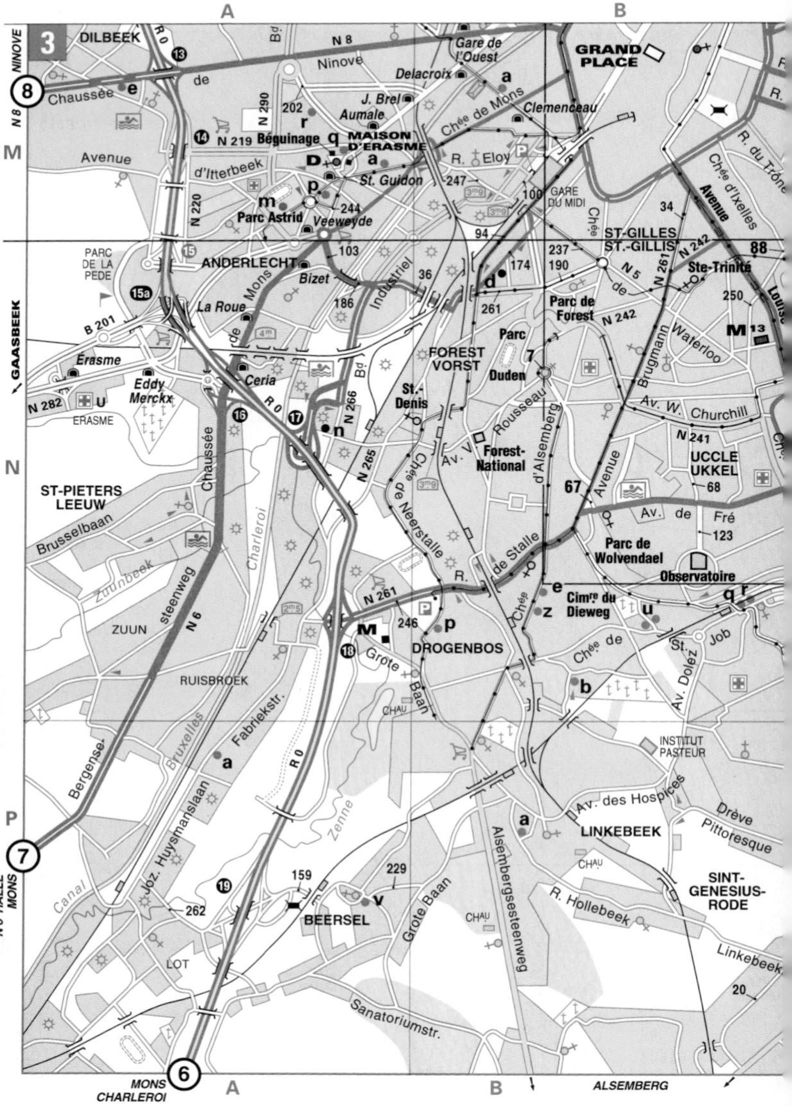

Prince de Liège (Bd) . . . . . . **AM** 202
Stockel (Chaussée de) . . . . **DM** 232
Tervuren (Chaussée de) . . . **DN** 235
Théodore Verhaegen (R.). . . **BN** 237
Triomphe (Bd du) . . . . **CN** 240
Veeweyde (R. de) . . . . **AM** 244
Vétérinaires (R. des) . . . . . . **BM** 247
Vleurgat (Chaussée de) . . . . **BN** 250
Wielemans-Ceuppens (Av.) . . . . **BN** 261
2ème Régiment de Lanciers (Av. du) . . . . **CN** 265

DROGENBOS

Verlengde Stallestraat. . . . **ABN** 246

KRAAINEM

Wezembeeklaan . . . . **DM** 259

SINT-GENESIUS-RODE

Bevrijdingslaan . . . . **BP** 20
Zonienwoudlaan . . . . **CP** 263

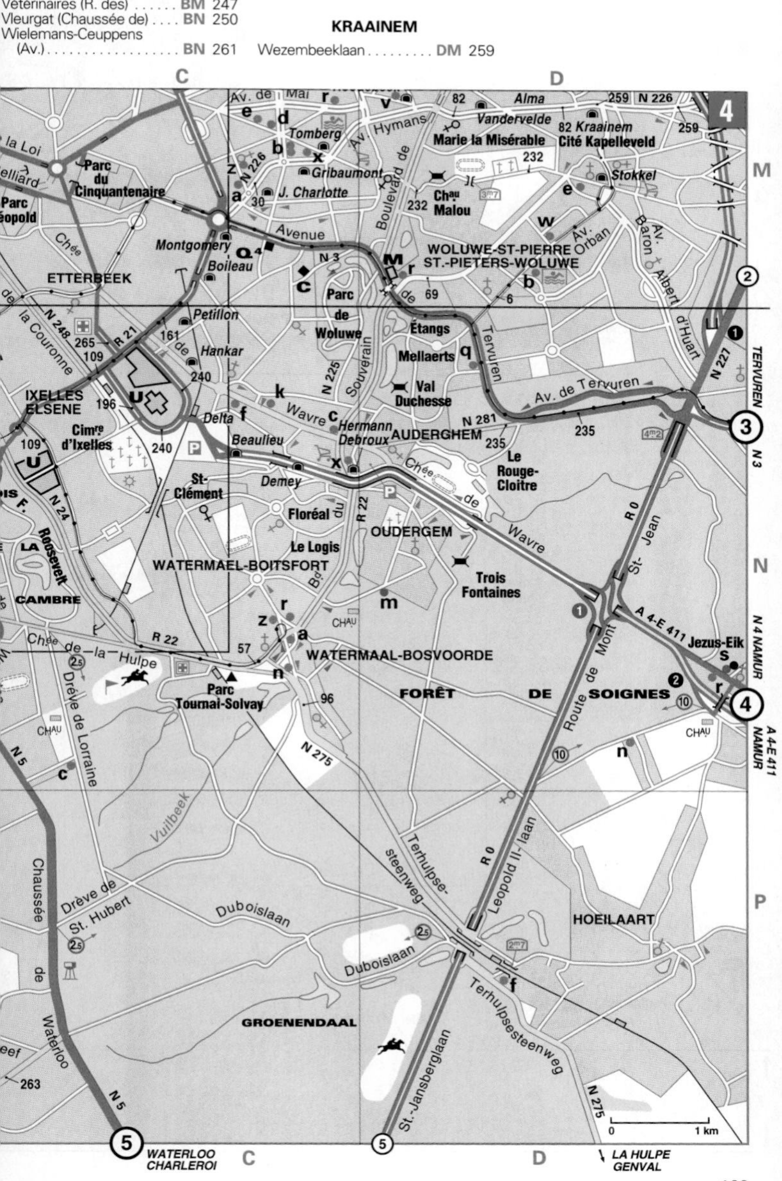

BRUXELLES/ BRUSSEL

Baudouin (Bd) . . . . EQ 16
Bienfaiteurs (Pl. des) . . . . GQ 21
Brabançonne (Av. de la) . . . . . . GR 28
Édouard de Thibault (Av.) . . . . . . HS 72
Europe (Esplanade de l') . . . . . . ES 89
Frans Courtens (Av.) . . . . HQ 102
Frère Orban (Square) . . . . FR 104
Froissart (R.) . . . . GS 106
Général Eisenhower (Av.) . . . . . GQ 108
Hal (Porte de) . . . . ES 114
Henri Jaspar (Av.) . . . . ES 117
Herbert Hoover (Av.) . . . . HR 118
Industrie (Quai de l') . . . . ER 126
Jan Stobbaerts (Av.) . . . . GQ 133
Jardin Botanique (Bd du) . . . . . FQ 134
Jean Jacobs (Pl.) . . . . ES 135
Jean Volders (Av.) . . . . EST 138

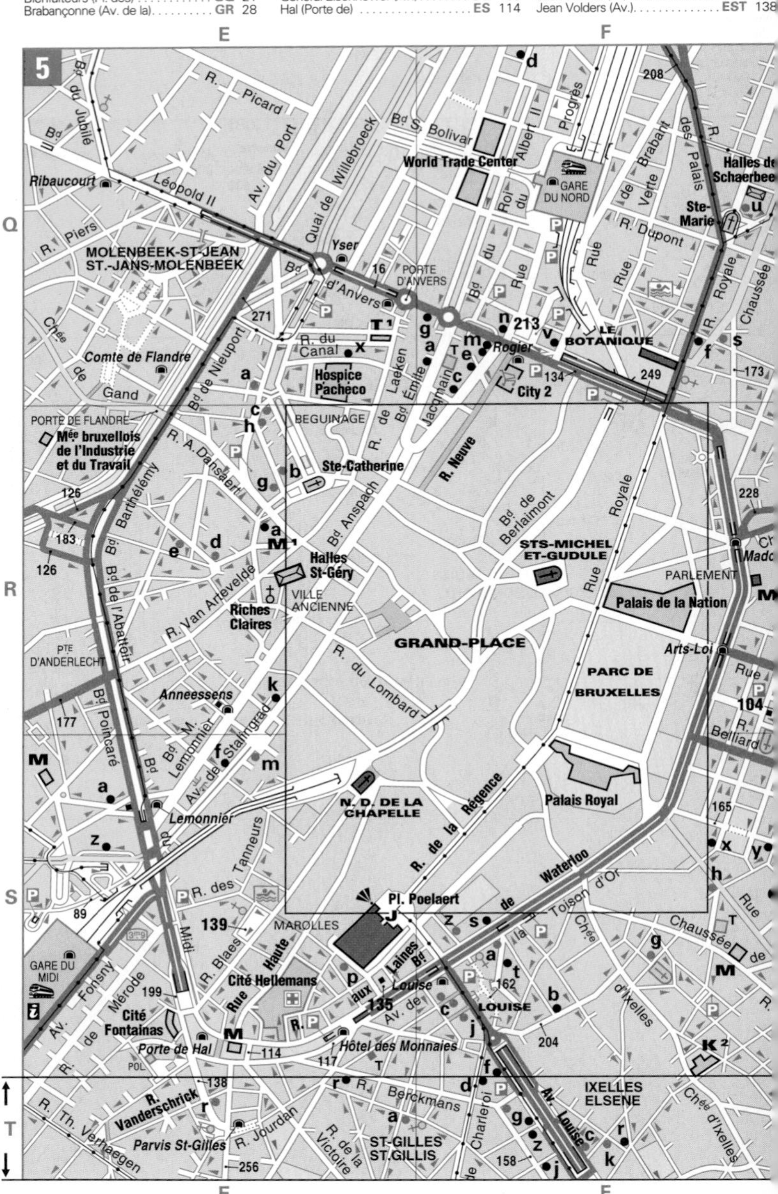

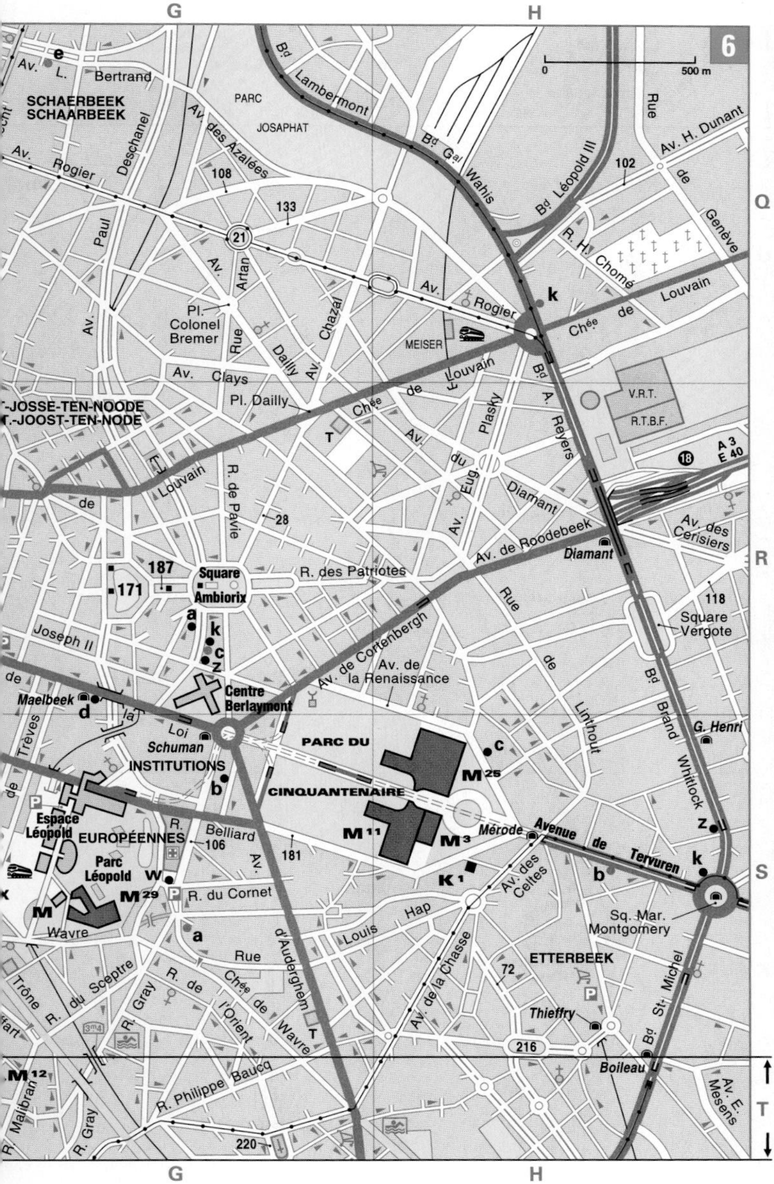

G
H
6
0
500 m
Q
R
S
T
SCHAERBEEK
SCHAARBEEK
Av. L. Bertrand
PARC
JOSAPHAT
Bd Lambermont
Bd Gal Wahis
Bd Léopold III
Rue
Av. H. Dunant
de Genève
102
108
133
21
Av. Rogier
Deschanel
Paul
Av. des Azalées
Av.
Artan
Pl. Colonel Bremer
Rue
Chazal
Av. Dailly
Av. Clays
MEISER
R. H. Chomé
Chée de Louvain
k
Bd A. Reyers
V.R.T.
R.T.B.F.
A 3
E 40
18
St-JOSSE-TEN-NOODE
St-JOOST-TEN-NODE
Pl. Dailly
Chée de Louvain
T
Av. du Diamant
Av. Eug. Plasky
Av. de Roodebeek
Diamant
Av. des Cerisiers
118
Square Vergote
R. de Pavie
28
de
Louvain
187
171
Square Ambiorix
R. des Patriotes
a
k
c
z
Joseph II
Av. de Cortenbergh
Av. de la Renaissance
Rue de Linthout
Bd Brand Whitlock
Maelbeek
d
Centre Berlaymont
Loi
Schuman
INSTITUTIONS
EUROPÉENNES
PARC DU CINQUANTENAIRE
c
M 25
G. Henri
Trèves
b
Espace Léopold
Parc Léopold
M 11
M 3
Mérode
Avenue de Tervuren
z
k
R. Belliard
106
Av.
181
K 1
Av. des Celtes
b
Sq. Mar. Montgomery
W
M 29
R. du Cornet
M
Wavre
a
Louis Hap
d'Auderghem
Av. de la Chasse
ETTERBEEK
72
Rue
Trône
R. du Sceptre
R. Gray
R. de
Chée de Wavre
l'Orient
T
Thieffry
216
Bd St-Michel
Boileau
M 12
R. Malibran
R. Gray
R. Philippe Baucq
220
Av. E. Mesens

BRUXELLES/ BRUSSEL

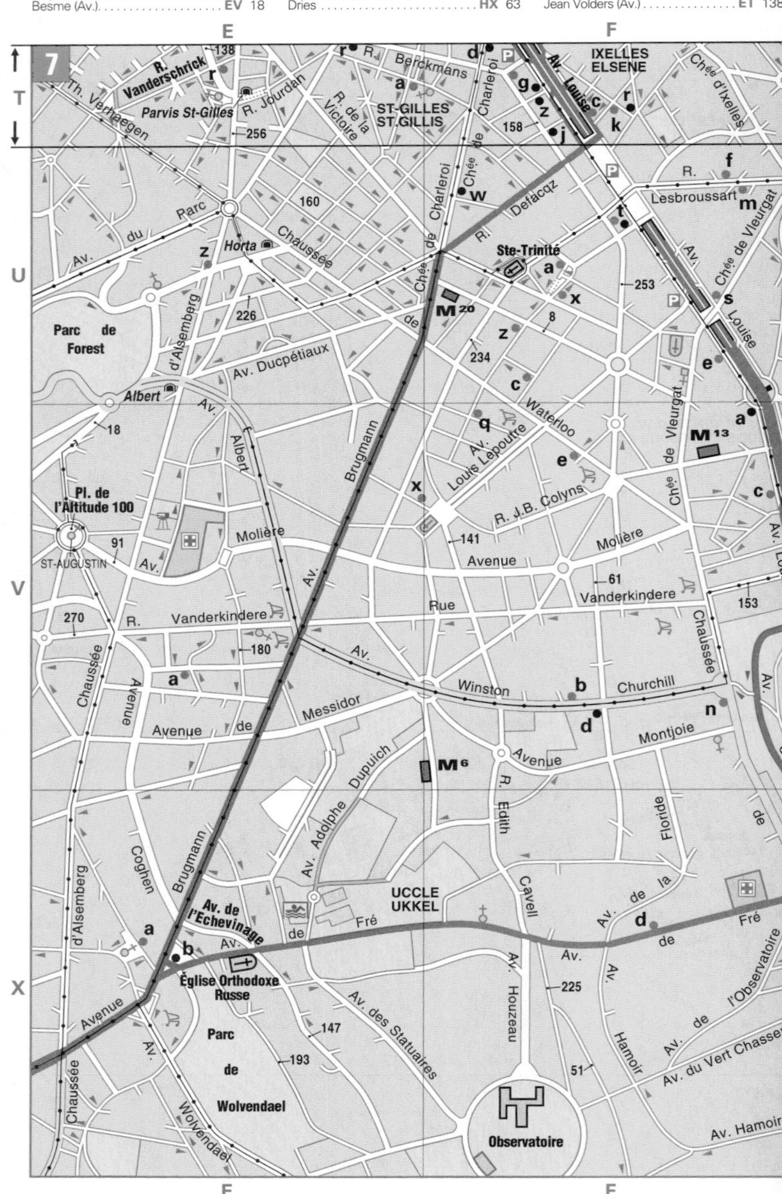

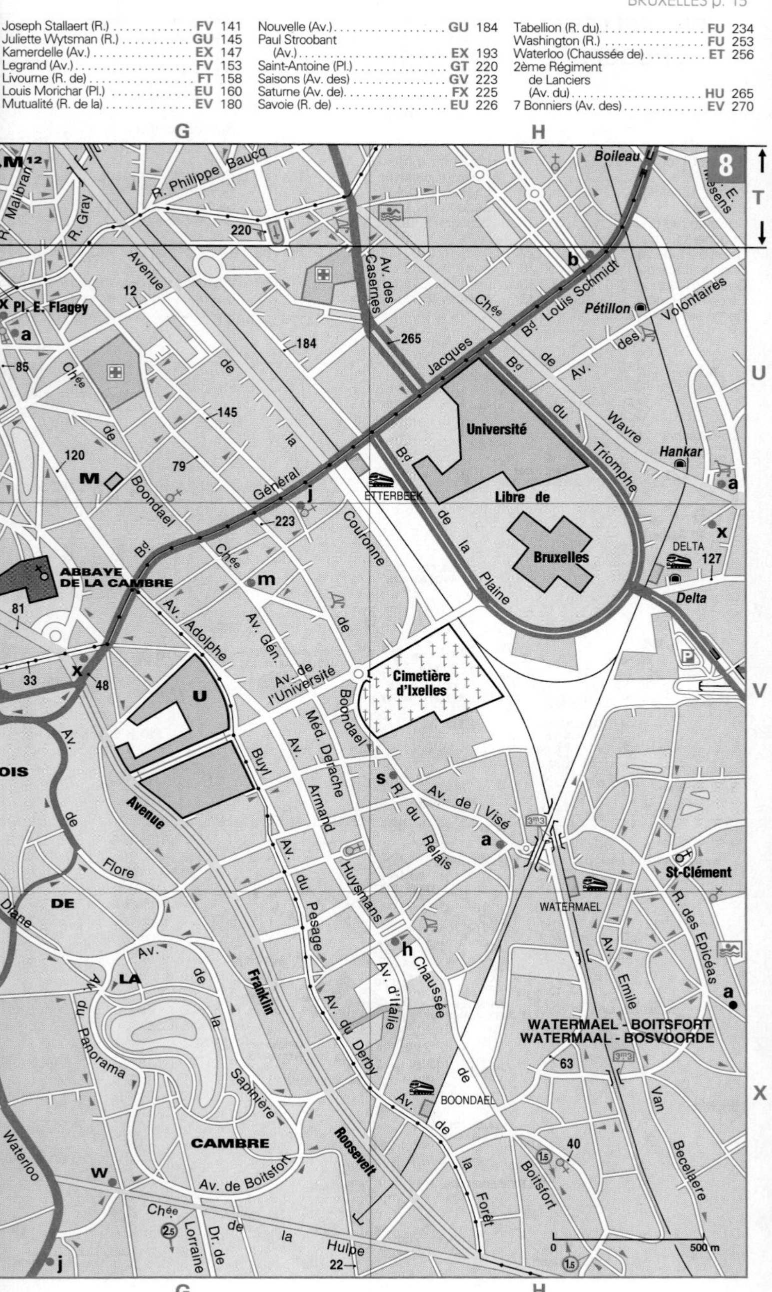

G
H
T
U
V
X
8
R. Philippe Baucq
R. Malibran
R. Gray
Pl. E. Flagey
Avenue de la Couronne
Av. des Casernes
Bd Général Jacques
Chée de Wavre
Bd Louis Schmidt
Pétillon
Av. des Volontaires
Bd de la Plaine
Bd du Triomphe
Université
Libre de
Bruxelles
Hankar
ETTERBEEK
DELTA
Delta
Chée de Boondael
ABBAYE DE LA CAMBRE
Av. Adolphe Buyl
Av. Gén.
Av. de l'Université
Cimetière d'Ixelles
Boondael
Av. Méd. Derache
Av. Armand Huysmans
R. du Relais
Av. de Visé
St-Clément
WATERMAEL
R. des Epicéas
Av. Emile Van Becelaere
WATERMAEL - BOITSFORT
WATERMAAL - BOSVOORDE
Av. du Pesage
Av. du Derby
Av. d'Italie
Chaussée de Boondael
BOONDAEL
Av. de la Forêt
Boitsfort
Avenue Franklin Roosevelt
Av. de Flore
Av. de Diane
Av. de la Sapinière
Av. du Panorama
Av. de Boitsfort
CAMBRE
Waterloo
Chée de la Hulpe
Lorraine
Dr. de
BOIS DE LA CAMBRE
Boileau
E. Massens
M12
M
U
0
500 m

BRUXELLES/ BRUSSEL

Adolphe Max (Bd) . . . . JY 3
Albertine (Pl. de l') . . . . KZ 4
Anspach (Bd) . . . . JY
Assaut (R. d') . . . . KY 10
Baudet (R. du) . . . . KZ 15
Beurre (R. au) . . . . JY 19
Bortier (Galerie) . . . . JYZ 23
Bouchers
(Petite rue des) . . . . JY 24
Bouchers (R. des) . . . . JY 25
Bourse (Pl. de la) . . . . JY 27
Briques (Quai aux) . . . . JY 29
Chêne (R. du) . . . . JZ 39
Colonies (R. des) . . . . KY 43
Comédiens (R. des) . . . . . . KY 45
Commerce (R. du) . . . . KZ 46
Croix de Fer (R. de la) . . . . . KY 52
Duquesnoy (R.) . . . . JZ 66
Ernest Allard (R.) . . . . JZ 86
Étuve (R. de l') . . . . JZ 87
Europe (Carr. de l') . . . . KY 90
Fossé aux Loups (R. du) . JKY 99
Fripiers (R. des) . . . . JY 105
Grand Sablon (Pl. du) . . . . . KZ 112
Impératrice (Bd de l') . . . . . KY 124
Ixelles (Chaussée d') . . . . . . KZ 129
Laeken (R. de) . . . . JY 151
Lebeau (R.) . . . . JZ 152
Louvain (R. de) . . . . KY 163
Marché aux Herbes
(R. du) . . . . JY 168
Marché aux Poulets
(R. du) . . . . JY 169
Mercier (R. du Cardinal) . . . KY 172
Midi (R. du) . . . . JYZ
Montagne (R. de la) . . . . . . KY 178
Musée (Pl. du) . . . . KZ 179
Neuve (R.) . . . . JKZ
Nord (Passage du) . . . . JY 182
Petit Sablon (Pl. du) . . . . KZ 195
Presse (R. de la) . . . . KY 201
Princes (Galeries des) . . . JKY 205
Ravenstein (R.) . . . . KZ 207
Reine (Galerie de la) . . . . . . JY 210
Roi (Galerie du) . . . . KY 214
Rollebeek (R. de) . . . . JZ 217
Ruysbroeck (R. de) . . . . KZ 219
Sainte-Catherine (Pl.) . . . . . JY 221
Sainte-Gudule (Pl.) . . . . KY 222
Toison d'Or (Av. de la) . . . . . KZ 238
Trône (R. du) . . . . KZ 241
Ursulines (R. des) . . . . JZ 243
Waterloo (Bd de) . . . . KZ 255
6 Jeunes Hommes
(R. des) . . . . KZ 268

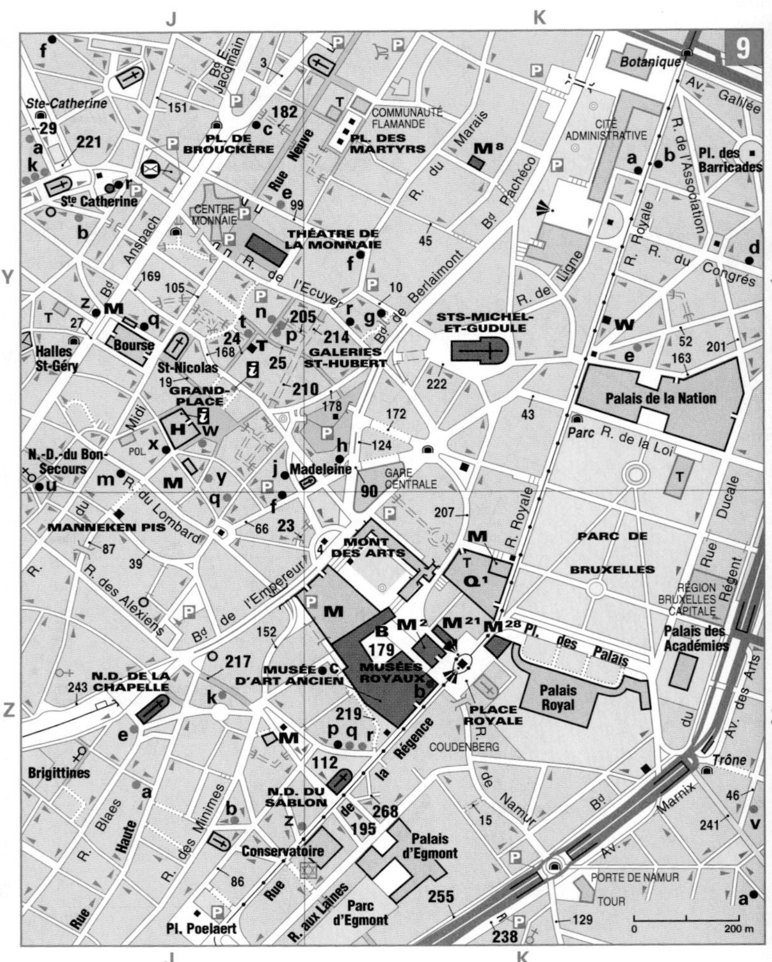

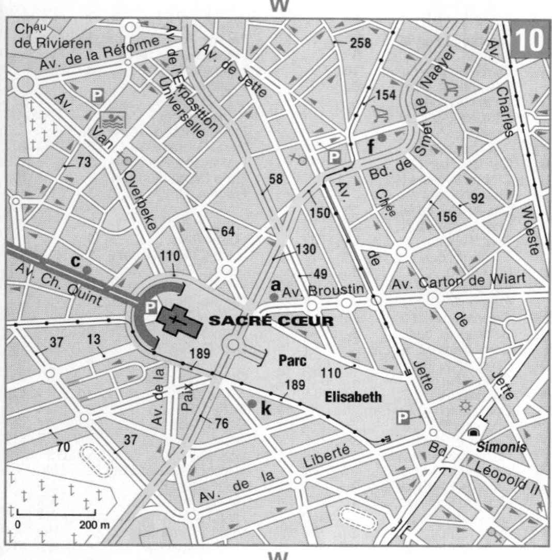

GANSHOREN JETTE KOEKELBERG

Basilique (Av. de la) . . **W** 13
Château (Av. du). . . . . **W** 37
Constitution (Av. de la). . . . . **W** 49
Démosthène Poplimont (Av.) . . . . **W** 58
Duc Jean (Av. du) . . . . **W** 64
Édouard Bènes (Av.) . . . . **W** 70
Église Saint-Martin (R. de l') . . . . **W** 73
Émile Bossaert (Av.) . . . . **W** 76
Firmin Lecharlier (Av.) . . . . **W** 92
Gloires Nationales (Av. des) . . . . **W** 110
Jacques Sermon (Av.) . . . . **W** 130
Laeken (Av. de). . . . . . **W** 150
Léon Théodor (R.) . . . **W** 154
Levis Mirepoix (Av. de) . . . . **W** 156
Panthéon (Av. du). . . . **W** 189
Wemmel (Chausée de). . . . . . **W** 258

RÉPERTOIRE DES RUES DE BRUXELLES/BRUSSEL

ASSE

Brusselse Steenweg 1 AL
Pontbeeklaan 1 AK 197
Zuiderlaan 1 AL 264

BEERSEL

Alsembergsesteenweg 3 BP
Grote Baan 3 ABP
Jozef Huysmanslaan 3 AP
Lotsestraat 3 AP 159
Sanatorium 3 AP
Schoolstraat 3 AP 229
Zennestraat 3 AP 262

BRUXELLES/BRUSSEL

Abattoir (Bd de l') 5 ER
Adolphe Buyl (Av.) 8 GV
Adolphe Dupuich (Av.) 7 EVX
Adolphe Max (Bd) 9 JY 3
Albertine (Pl. de l') 9 KZ 4
Albert (Av.) 7 EUV
Alexiens (R. des) 9 JZ
Alfred Madoux (Av.) 4 DMN 6
Alsemberg (Chaussée d') 3 BNP
Altitude Cent (Pl. de l') 3 BN 7
Ambiorix (Square) 6 GR
Américaine (R.) 7 FU 8
Anspach (Bd) 9 JY
Antoine Dansaert (R.) 5 ER
Anvers (Bd d') 5 EQ
Armand Huysmans (Av.) 8 GV
Artan (R.) 6 GQ
Artevelde (R. van) 5 ER
Arts (Av. des) 9 KZ
Assaut (R. d') 9 KY 10
Association (R. de l') 9 KY
Auderghem (Av. d') 6 GS
Auguste Reyers (Bd) 6 HQR
Auguste Rodin (Av.) 8 GU 12
Azalées (Av. des) 6 GQ
Baron Albert d'Huart (Av.) 4 DMN
Barricades (Pl. des) 9 KY
Barthélémy (Bd) 5 ER
Basilique (Av. de la) 10 W 13
Baudet (R. du) 9 KZ 15
Baudouin (Bd) 5 EQ 16
Belliard (R.) 6 GS
Berckmans (R.) 5 EFT
Berlaimont (Bd de) 9 KY
Besme (Av.) 7 EV 18
Beurre (R. au) 9 JY 19
Bienfaiteurs (Pl. des) 6 GQ 21
Blaes (R.) 5 ES
Boitsfort (Av. de) 8 GX
Boitsfort (Chaussée de) 8 HX
Bolivar (Bd Simon) 5 EFQ
Boondael (Chaussée de) 8 GUV
Boondael (Drève de) 8 GX 22
Bortier (Galerie) 9 JKZ 23
Bouchers (Petite rue des) 9 JY 24
Bouchers (R. des) 9 JY 25
Bourse (Pl. de la) 9 JY 27
Brabançonne (Av. de la) 6 GR 28
Brabant (R. de) 5 FQ
Brand Whitlock (Bd) 6 HRS
Briques (Quai aux) 9 JY 29
Broqueville (Av. de) 2 CM 30
Brouckère (Pl. de) 9 JY
Broustin (Av.) 10 W
Brugmann (Av) 7 EVX
Cambre (Bd de la) 8 GV 33
Canal (R. du) 5 EQ
Carton de Wiart (Av.) 10 W
Casernes (Av. des) 8 GHU
Celtes (Av. des) 6 HS
Cerisiers (Av. des) 6 HR
Charleroi (Chaussée de) 7 EFU
Charles Quint (Av.) 1 AL
Charles Woeste (Av.) 1 BL
Charroi (R. du) 3 ABN 36
Chasse (Av. de la) 6 HS
Château (Av. du) 10 W 37
Chazal (Av.) 6 GQ
Chêne (R. du) 9 JZ 39
Clays (Av.) 6 GQ
Coccinelles (Av. des) 8 HX 40
Coghen (Av.) 7 EVX
Colonel Bremer (Pl.) 6 GQ
Colonies (R. des) 9 KY 43
Comédiens (R. des) 9 KY 45
Commerce (R. du) 9 KZ 46
Congo (Av. du) 8 GV 48
Congrès (R. du) 9 KY
Constitution (Av. de la) 10 W 49
Copernic (R.) 7 FX 51
Cornet (R. du) 6 GS
Cortenbergh (Av. de) 6 GHR
Couronne (Av. de la) 8 GUHV
Croix de Fer (R. de la) 9 KY 52
Croix du Feu (Av. des) 1 BCK 54
Dailly (Av.) 6 GQ
Dailly (Pl.) 6 GR
Defacqz (R.) 7 FU
Delleur (Av.) 4 CN 57
Démosthène Poplimont (Av.) 10 W 58
Derby (Av. du) 8 GX
Diamant (Av. du) 6 HR
Diane (Av. de) 8 FGX
Dodonée (R.) 7 FV 61
Dolez (Av.) 3 BN
Dries 8 HX 63
Ducale (R.) 9 KYZ
Ducpétiaux (Av.) 7 EU
Duc Jean (Av. du) 10 W 64
Duquesnoy (R.) 9 JZ 66
Échevinage (Av. de l') 7 EX
Écuyer (R. de l') 9 JKY
Édith Cavell (R.) 7 FX
Edmond Mesens (Av.) 6 HT
Edmond Parmentier (Av.) 2 DM 69
Édouard Bènes (Av.) 10 W 70
Édouard de Thibault (Av.) 6 HS 72
Église Saint-Martin (R. de l') 10 W 73
Eloy (R.) 1 BM
Émile Bockstael (Bd) 1 BL 75
Émile Bossaert (Av.) 10 W 76
Émile de Beco (Av.) 8 GU 79
Émile De Mot (Av.) 8 GV 81
Émile Jacqmain (Bd) 9 JY
Émile Vandervelde (Av.) 2 DM 82
Émile van Becelaere (Av.) 8 HX
Empereur (Bd de l') 9 JZ
Éperons d'Or (Av. des) 8 GU 85
Épicéas (R. des) 8 HX
Ernest Allard (R.) 9 JZ 86
Étuve (R. de l') 9 JZ 87
Eugène Flagey (Pl.) 3 BN 88
Eugène Plasky (Av.) 6 HR
Europe (Carr. de l') 9 KY 90
Europe (Esplanade de l') 5 ES 89
Everard (Av.) 7 EV 91
Exposition Universelle (Av. de l') 10 W
Exposition (Av. de l') 1 AKL
Firmin Lecharlier (Av.) 10 W 92
Flore (Av. de) 8 GV
Floride (Av. de la) 7 FX
Fonsny (Av.) 3 BMN 94
Foresterie (Av. de la) 4 CN 96
Forêt (Av. de la) 8 HX
Fossé aux Loups (R. du) 9 JKY 99
France (R. de) 1 BM 100
Franklin Roosevelt (Av.) 8 GVX
Frans Courtens (Av.) 6 HQ 102
Frans van Kalken (Av.) 3 AN 103
Frère Orban (Square) 5 FR 104
Fré (Av. de) 7 EFX
Fripiers (R. des) 9 JY 105
Froissart (R.) 6 GS 106
Galilée (Av.) 9 KY
Gand (Chaussée de) 1 ABL
Général Eisenhower (Av.) 6 GQ 108
Général Jacques (Bd) 8 GVHU
Général Médecin Derache (Av.) 8 GV
Général Wahis (Bd) 6 HQ
Genève (R. de) 6 HQ
Gloires Nationales (Av. des) 10 W 110
Goffart (R.) 6 FGS
Grand-Place 9 JY
Grand Sablon (Pl. du) 9 KZ 112
Gray (R.) 6 GST
Haecht (Chaussée de) 2 CLDK
Hal (Porte de) 5 ES 114
Hamoir (Av.) 7 FX
Haute (R.) 5 ES
Henri Chomé (R.) 6 HQ
Henri Jaspar (Av.) 5 ES 117
Henry Dunant (Av.) 6 HQ
Herbert Hoover (Av.) 6 HR 118
Hippodrome (Av. de l') 8 GU 120
Hospices (Av. des) 3 BP
Houba de Strooper (Av.) 1 BK 121
Houzeau (Av.) 7 FX
Hulpe (Chaussée de la) 4 CN
Impératrice (Bd de l') 9 KY 124
Industriel (Bd) 3 AN
Industrie (Quai de l') 5 ER 126
Invalides (Bd des) 8 HV 127
Italie (Av. d') 8 GHX
Itterbeek (Av. d') 1 AM
Ixelles (Chaussée d') 5 FST
Jacques Sermon (Av.) 10 W 130
Jan Stobbaerts (Av.) 6 GQ 133
Jardin Botanique (Bd du) 5 FQ 134
Jean Baptiste Colyns (R.) 7 FV
Jean Jacobs (Pl.) 5 ES 135
Jean Sobieski (Av.) 1 BKL 136
Jean Volders (Av.) 5 EST 138
Jette (Av. de) 10 W
Jette (Chaussée de) 10 W
Jeu de Balle (Pl. du) 5 ES 139
Joseph II (R.) 6 FGR
Joseph Stallaert (R.) 7 FV 141
Jourdan (R.) 5 ET
Jubilé (Bd du) 5 EQ
Jules van Praet (Av.) 1 BKL 144
Juliette Wytsman (R.) 8 GU 145
Kamerdelle (Av.) 7 EX 147
Kasterlinden (R.) 1 AL
Laeken (Av. de) 10 W 150
Laeken (R. de) 5 EQR
Laines (R. aux) 9 JKZ
Lambermont (Bd) 2 CL
Lebeau (R.) 9 JZ 152
Legrand (Av.) 7 FV 153
Léon Théodor (R.) 10 W 154
Léopold III (Bd) 2 CL
Léopold II (Bd) 5 EQ
Lesbroussart (R.) 7 FU
Levis Mirepoix (Av. de) 10 W 156
Liberté (Av. de la) 10 W
Ligne (R. de) 9 KY
Linthout (R. de) 6 HRS
Livourne (R. de) 5 FT 158

Loi (R. de la) 6 FRGS
Lombard (R. du) 9 JYZ
Lorraine (Drève de) 4 CN
Louise (Av.) 3 BMN
Louise (Galerie) 5 FS 162
Louis Bertrand (Av.) 6 GQ
Louis Hap (R.) 6 GHS
Louis Lepoutre (Av.) 7 FV
Louis Mettewie (Bd) 1 ALM
Louis Morichar (Pl.) 7 EU 160
Louis Schmidt (Bd) 8 HU
Louvain (Chaussée de) 6 GRHQ
Louvain (R. de) 9 KY 163
Luxembourg (R. du) 5 FS 165
Madrid (Av. de) 1 BK 166
Mai (Av. de) 2 CM
Malibran (R.) 6 GT
Marais (R. du) 9 KY
Marché aux Herbes (R. du) 9 JY 168
Marché aux Poulets (R. du) 9 JY 169
Marie-Louise (Square) 6 GR 171
Marnix (Av.) 9 KZ
Martyrs (Pl. des) 9 KY
Maurice Lemonnier (Bd) 5 ERS
Mercier (R. du Cardinal) 9 KY 172
Méridien (R. du) 5 FQ 173
Mérode (R. de) 3 BN 174
Messidor (Av. de) 7 EV
Meysse (Av. de) 1 BK 175
Midi (Bd du) 5 ES
Midi (R. du) 9 JYZ
Minimes (R. des) 9 JZ
Molière (Av.) 7 EFV
Mons (Chaussée de) 3 ANBM
Montagne (R. de la) 9 KY 178
Montgomery (Square Maréchal) 6 HS
Montjoie (Av.) 7 FV
Mont Saint-Jean (Route de) 4 DN
Musée (Pl. du) 9 KZ 179
Mutualité (R. de la) 7 EV 180
Namur (R. de) 9 KZ
Neerstalle (Chaussée de) 3 ABN
Nerviens (Av. des) 6 GS 181
Neuve (R.) 9 JKY
Nieuport (Bd de) 5 EQ
Ninove (Chaussée de) 1 AM
Nord (Passage du) 9 JY 182
Nouvelle (Av.) 8 GU 184
Observatoire (Av. de l') 7 FX
Orban (Av.) 2 DM
Orient (R. de l') 6 GS
Overbeke (Av.van) 10 W
Pachéco (Bd) 9 KY
Paepsem (Bd) 3 AN 186
Paix (Av de la) 10 W
Palais (Pl. des) 9 KZ
Palais (R. des) 5 FQ
Palmerston (Av.) 6 GR 187
Panorama (Av. du) GX
Panthéon (Av. du) 10 W 189
Parc Royal (Av. du) 1 BL
Parc (Av. du) 7 EU
Patriotes (R. des) 6 GHR
Paul Deschanel (Av.) 6 GQ
Paul Hymans (Av.) 2 CDM
Paul Stroobant (Av.) 7 EX 193
Pavie (R. de) 6 GR
Pesage (Av. du) 8 GVX
Petit Sablon (Pl. du) 9 KZ 195
Philippe Baucq (R.) 6 GT
Picard (R.) 5 EQ
Piers (R.) 5 EQ
Pittoresque (Drève) 3 BP
Plaine (Bd de la) 8 HUVV
Poelaert (Pl.) 9 JZ
Poincaré (Bd) 5 ERS
Porte de Hal (Av. de la) 5 ES 199
Port (Av. du) 5 EQ

Presse (R. de la) 9 KY 201
Princes (Galeries des) 9 JKY 205
Prince de Liège (Bd) 1 AM 202
Prince Royal (R. du) 5 FS 204
Progrès (R. du) 5 FQ
Ravenstein (R.) 9 KZ 207
Réforme (Av. de la) 10 W
Régence (R. de la) 9 JKZ
Régent (Bd du) 9 KZ
Reine (Av. de la) 1 BL
Reine (Galerie de la) 9 JY 210
Relais (R. du) 8 HV
Renaissance (Av. de la) 6 GHR
Robiniers (Av. des) 1 BL 211
Rogier (Av.) 6 GHQ
Rogier (Pl. Charles) 5 FQ 213
Roi Albert II (Bd du) 5 FQ
Roi Albert (Av. du) 1 AL
Roi Vainqueur (Pl. du) 6 HS 216
Roi (Galerie du) 9 KY 214
Rollebeek (R. de) 9 JZ 217
Romaine (Chaussée) 1 BK
Roodebeek (Av. de) 6 HR
Royale (Pl.) 9 KZ
Royale (R.) 9 KYZ
Ruysbroeck (R. de) 9 KZ 219
Sainte-Catherine (Pl.) 9 JY 221
Sainte-Gudule (Pl.) 9 KY 222
Saint-Antoine (Pl.) 6 GT 220
Saint-Hubert (Drève de) 4 CP
Saint-Hubert (Galeries) 9 JKY
Saint-Job (Chaussée de) 3 BN
Saint-Michel (Bd) 6 HS
Saisons (Av. des) 8 GV 223
Sapinière (Av. de la) 8 GX
Saturne (Av. de) 7 FX 225
Savoie (R. de) 7 EU 226
Scailquin (R.) 5 FR 228
Sceptre (R. du) 6 GS
Smet de Naeyer (Bd de) 1 BL
Souverain (Bd du) 4 CDN
Stalingrad (Av. de) 5 ERS
Stalle (R. de) 3 BN
Statuaires (Av. des) 7 EFX
Stockel (Chaussée de) 2 DM 232
Tabellion (R. du) 7 FU 234
Tanneurs (R. des) 5 ES
Tervueren (Av. de) 4 CMDN
Tervuren (Chaussée de) 4 DN 235
Théodore Verhaegen (R.) 5 ET
Toison d'Or (Av. de la) 9 KZ 238
Trèves (R. de) 6 GS
Triomphe (Bd du) 8 HU
Trône (R. du) 6 FGS
Université (Av. de l') 8 GV
Ursulines (R. des) 9 JZ 243
Vanderkindere (R.) 7 EFV
Vanderschrick (R.) 5 ET
Veeweyde (R. de) 1 AM 244
Verdun (R. de) 2 CL
Vergote (Square) 6 HR
Verte (Allée) 1 BL
Verte (R.) 5 FQ
Vert Chasseur (Av. du) 7 FX
Vétérinaires (R. des) 1 BM 247
Victoire (R. de la) 5 ET
Victoria Régina (Av.) 5 FQ 249
Victor Rousseau (Av.) 3 BN
Vilvorde (Av. de) 2 CKL
Vilvorde (Chaussée de) 2 BLCK
Visé (Av. de) 8 HV
Vleurgat (Chaussée de) 7 FUV
Volontaires (Av. des) 8 HU
Wand (R. de) 1 BK
Washington (R.) 7 FU 253
Waterloo (Bd de) 5 FS
Waterloo (Chaussée de) 4 BNCP
Wavre (Chaussée de) 4 CMDN
Wemmel (Chausée de) 10 W 258

Wielemans-Ceuppens (Av.) 3 BN 261
Willebroek (Quai de) 5 EQ
Winston Churchill (Av.) 7 EFV
Woluwe (Bd de la) 2 DLM
Wolvendael (Av.) 7 EX
2ème Régiment de Lanciers (Av. du) 8 HU 265
6 Jeunes Hommes (R. des) 9 KZ 268
7 Bonniers (Av. des) 7 EV 270
9ème de Ligne (Bd du) 5 EQ 271

DROGENBOS

Grote Baan 3 ABN
Verlengde Stallestraat 3 ABN 246

GRIMBERGEN

Antwerpselaan 1 BKK 9
Boechoutlaan 1 BK
Sint-Annalaan 1 BK

HOEILAART

Alexander Duboislaan 4 DP
Leopold II laan 4 DP
Sint-Jansberglaan 4 DP
Terhulpsesteenweg 4 DP

KRAAINEM

Wezembeeklaan 2 DM 259

LINKEBEEK

Alsembergsesteenweg 3 BP
Hollebeekstraat 3 BP

MACHELEN

Haachtsesteenweg 2 CL
Holidaystraat 2 DL
Luchthavenlaan 2 DK
Woluwelaan 2 DK

SINT-GENESIUS-RODE

Bevrijdingslaan 3 BP 20
Duboislaan 4 CP
Linkebeeksedreef 3 BCP
Zonienwoudlaan 4 CP 263

SINT-PIETERS-LEEUW

Bergensesteenweg 3 ANP
Brusselbaan 3 AN
Fabriekstraat 3 AN
Hemelstraat 3 AP

STEENOKKERZEEL

Haachtsesteenweg 2 DK

VILVOORDE

Indringingsweg 2 CK
Parkstraat 2 CDK 192
Schaarbeeklei 2 CK
Stationlei 2 CDK 231
Vuurkruisenlaan 2 CK 252

WEMMEL

De Limburg Stirumlaan 1 ABK
Frans Robbrechtsstraat 1 ABK
Windberg 1 AK

ZAVENTEM

Eversestraat 2 CDL
Hector Henneaulaan 2 DL 115
Leuvensesteenweg 2 CDL

LISTE ALPHABÉTIQUE DES HÔTELS ET RESTAURANTS
ALFABETISCHE LIJST VAN HOTELS EN RESTAURANTS
ALPHABETISCHES HOTEL- UND RESTAURANTVERZEICHNIS
ALPHABETICAL LIST OF HOTELS AND RESTAURANTS

A

B

C

G

H

I – J

K

L

S Page

T Page

V

W – Y

LES ÉTABLISSEMENTS À ÉTOILES
STERRENBEDRIJVEN
DIE STERN-RESTAURANTS
STARRED ESTABLISHMENTS

LA CUISINE QUE VOUS RECHERCHEZ…
HET SOORT KEUKEN DAT U ZOEKT
WELCHE KÜCHE, WELCHER NATION SUCHEN SIE
THAT SPECIAL CUISINE

Chinoise

Espagnole

Espagnole

			Page
La Cueva de Castilla *Schaerbeek*	X		53
La Hacienda *Env. à Vilvoorde*	XXX		65

Grecque

Indienne

Italienne

Japonaise

Libanaise

Marocaine

Portugaise

Régionale française

Thaïlandaise

Vietnamienne

RESTAURANTS OUVERTS LE SAMEDI ET LE DIMANCHE
RESTAURANTS GEOPEND OP ZATERDAG EN ZONDAG
RESTAURANTS AM SAMSTAG UND SONNTAG GEÖFFNET
RESTAURANTS OPEN ON SATURDAY AND SUNDAY

Restaurant			
Al Piccolo Mondo	X		51
Angelus	XX		66
Armes de Bruxelles (Aux)	XX	☺	35
Atomium	XX		43
Barbizon	XXXX		63
Belle Maraîchère (La)	XX	☺	36
Bocconi	XX		35
Brasseries Georges	X		54
Bruneau	XXXX	✿✿	46
Chasse des Princes	X	☺	64
Châtelaine du Liban	X		48
Coimbra	X		50
Coq en Pâte (Le)	X		57
Dragon (Le)	X		56
Drie Fonteinen	X		59
French Kiss	X	☺	50
Huîtrière (L')	X		36
Istas	X		63
I Trulli	XX		51
Le Jaspe	X		45
Khaïma (La)	X		44
Koen Van Loven	XX		62
Lola	X		38
Lychee	XX		42
Marée (La)	X		37
Museumbrasserie	XX	☺	33
New Asia	X		44
Pagode d'Or (La)	X		47
Petit Pont (Le)	X		55
Pré en Bulle (Le)	XX	☺	55
Quincaillerie (La)	X		48
René	X		44
Roue d'Or (La)	X		35
Terborght	XXX	✿	61
Varietes (Le)	X		47
Ventre Saint Gris	XX		55
Villance (Le)	X		44

RESTAURANTS SERVANT APRÈS 23 H
KEUKEN GEOPEND NA 23.00 U.
KÜCHE NACH 23.00 UHR GEÖFFNET
RESTAURANTS SERVING AFTER 11 P.M.

BRUXELLES (BRUSSEL) - *plan p. 14 sauf indication spéciale :*

Radisson SAS Royal, r. Fossé-aux-Loups 47, ✉ 1000, ✆ 0 2 219 28 28, *info.brussels@radissonsas.com, Fax 0 2 219 62 62,* Fб, ≘ - |\$| ⇔ ▤ ♿ ⊏ ⇔ - 🔑. AE ⊙ MC VISA KY f

Rest voir rest ***Sea Grill*** ci-après – ***Atrium*** *Lunch 22* – 41 bc, carte 38/56 – ⊐ 25 – **271 ch** ☆115/475 – ☆☆115/475 – 10 suites.

◆ Palace moderne dont la cour, sous verrière, contient des restes de fortifications urbaines du 12e s. Quatre genres de chambres. Bar bédéphile. Repas classico-traditionnel et vue sur l'enceinte romane dans l'Atrium. Spécialité de saumon mariné à la scandinave.

◆ Modern luxehotel met overblijfselen van 12e-eeuwse vestingwerken op de binnenplaats met glazen dak. Vier soorten kamers. Bar voor liefhebbers van strips. Traditionele keuken met gemarineerde zalm als specialiteit en uitzicht op de Romeinse muur in het atrium.

Le Plaza, bd A. Max 118, ✉ 1000, ✆ 0 2 278 01 00, *reservations@leplaza-brussels.be, Fax 0 2 278 01 01* – |\$| ▤ ⊏ ⇔ – 🔑. AE ⊙ MC VISA plan p. 10 FQ e

Rest *(fermé samedi midi et dimanche)* 30/50 bc, carte 43/74 – ⊐ 27 – **185 ch** ☆99/450 – ☆☆99/450 – 6 suites.

◆ Bâtisse de 1930 plagiant l'hôtel George V à Paris. Grandes chambres feutrées, superbe salon-théâtre baroque et espaces communs de style classique. Ambiance intime et cossue sous la belle coupole, ornée d'une fresque aérienne, qui enveloppe le bar-restaurant.

◆ Luxehotel met grote, smaakvol gedecoreerde kamers in een pand uit 1930, een imitatie van het George V in Parijs. Lounge in klassieke stijl en schitterende baroksalon met podium. Weelderige bar-restaurant, waarvan de koepel is versierd met een sterrenhemel.

Métropole, pl. de Brouckère 31, ✉ 1000, ✆ 0 2 217 23 00, *info@metropolehotel.be, Fax 0 2 218 02 20,* Fб – |\$| ⇔ ▤ ♿ ⊏ ⇔ – 🔑. AE ⊙ MC VISA JY c

Rest voir rest ***L'Alban Chambon*** ci-après – **284 ch** ⊐ ☆130/419 – ☆☆130/449 – 14 suites – ½ P 169/514.

◆ Palace du 19e s. s'étirant sur la place de Brouckère, si bien chantée par Brel. Superbe hall, fastueux salons d'époque et délicates fresques Art nouveau découvertes en 2004.

◆ Chic 19e-eeuws hotel aan het door Brel bezongen Brouckèreplein. Imposante hal en lounges met stijlmeubelen en schitterende art-nouveauschilderingen, die in 2004 zijn ontdekt.

Marriott, r. A. Orts 7 (face à la bourse), ✉ 1000, ✆ 0 2 516 90 90 et 516 91 00 (rest), *Fax 0 2 516 90 99,* Fб, ≘ – |\$| ⇔ ▤ ♿ ch, ⊏ ⇔ P – 🔑. AE ⊙ MC VISA. ✂ JY z

Rest *(fermé samedi midi et dimanche) Lunch 13* – carte 36/75, ♀ – ⊐ 20 – **214 ch** ☆129/299 – ☆☆129/299 – 4 suites.

◆ Hôtel tout confort établi devant la Bourse. L'imposante façade 1900, les chambres et communs ont retrouvé l'éclat du neuf en 2002. Brasserie moderne servant des préparations classiques actualisées. Cuisine et rôtissoire ouvertes sur la salle.

◆ Comfortabel hotel bij de Beurs. De imposante gevel uit 1900, de kamers en de gemeenschappelijke ruimten zien er na een renovatie weer als nieuw uit. Moderne brasserie met open keuken, waar licht klassieke gerechten worden geserveerd en vlees wordt geroosterd.

Bedford, r. Midi 135, ✉ 1000, ✆ 0 2 507 00 00, *info@hotelbedford.be, Fax 0 2 507 00 10,* Fб – |\$| ⇔, ▤ rest, ♿ rest, ⇔ – 🔑. AE ⊙ MC VISA. ✂ plan p. 10 ER k

Rest (15 juillet-15 août dîner seult) 36/56 bc, carte 37/51 – **318 ch** ⊐ ☆260/340 – ☆☆300/380 – 8 suites.

◆ À deux pas du Manneken Pis et 500 m de la Grand-Place, établissement renfermant une importante installation congressiste et des chambres correctement équipées. Cuisine franco-belge servie dans une grande salle de restaurant au décor d'esprit britannique.

◆ Hotel op een steenworp afstand van Manneken Pis en de Grote Markt, met goed geëquipeerde kamers en congresvoorzieningen. Groot restaurant met een Frans-Belgische keuken en een Engels aandoend interieur.

Chaque localité principale citée au Guide se complète d'une liste de quelques villes importantes, qui précise la distance (km) entre chacune de ces villes et la localité en question.

Royal Centre sans rest, r. Royale 160, ✉ 1000, ☎ 0 2 219 00 65, *hotel@royalcentre.be, Fax 0 2 218 09 10* – AE VISA. KY a
73 ch ☕ ★340/450 – ★★360/450.
◆ Hall-réception en marbre, salon confortable et chambres actuelles de diverses tailles réparties sur huit étages d'un immeuble de ville bâti dans un quartier institutionnel.
◆ Marmeren hal, comfortabele lounge en moderne kamers van verschillend formaat op acht verdiepingen van een flat in een wijk waar veel Europese instellingen zijn gevestigd.

NH Grand Place Arenberg, r. Assaut 15, ✉ 1000, ☎ 0 2 501 16 16, *nhgrand place@nh-hotels.com, Fax 0 2 501 18 18* – AE VISA. rest KY g
Rest *(fermé samedi et dimanche)* 25, carte 27/36 – ☕ 19 – **155 ch** ★75/250 – ★★75/250 – ½ P 50/108.
◆ Établissement bien situé pour partir à la découverte de l'Îlot sacré et du "ventre" de la ville. Chambres d'un style contemporain sobre et chaleureux, typique de la chaîne NH. Restaurant au cadre actuel servant de la cuisine internationale au goût du jour.
◆ Gunstig gelegen hotel om de wijk Îlot Sacré en de "buik van Brussel" te verkennen. De kamers zijn kenmerkend voor de NH-keten: modern en sober, maar wel gezellig. Eigentijds restaurant met dito keuken in internationale stijl.

Scandic Grand'Place, r. Arenberg 18, ✉ 1000, ☎ 0 2 548 18 11, *Fax 0 2 548 18 20*, ch, – AE VISA. rest KY r
Rest *(fermé samedi midi et dimanche midi)* Lunch 10 – carte 23/33 – **100 ch** ☕ ★112/299 – ★★132/319.
◆ Récent hôtel proche de la Grand-Place, accessible par de luxueuses galeries. Espaces communs boisés et chambres modernes à touches scandinaves, desservies par un atrium. Brasserie décontractée au cadre actuel, sobre et lumineux.
◆ Recent hotel bij de Grote Markt, te bereiken via mooie galerijen. Gemeenschappelijke ruimten met veel hout en moderne, Scandinavisch aandoende kamers die uitkomen op een atrium. Brasserie met een ongedwongen sfeer in een modern, sober en licht interieur.

Floris Avenue sans rest, av. de Stalingrad 25, ✉ 1000, ☎ 0 2 548 98 38, *reserva tions@florishotels.com, Fax 0 2 513 48 22* – AE VISA. plan p. 10 ER f
47 ch ☕ ★95/165 – ★★105/175.
◆ Maison de maître modernisée au-dedans : hall "trendy" éclairé par de larges baies vitrées, chambres amples et actuelles, lumineux bar contemporain et espace breakfast assorti.
◆ Gemoderniseerd herenhuis: trendy hal met grote glaspuien, ruime en moderne kamers, eigentijdse bar met veel licht en bijpassende ontbijthoek.

Agenda Midi sans rest, bd Jamar 11, ✉ 1060, ☎ 0 2 520 00 10, *midi@hotel-agenda.com, Fax 0 2 520 00 20* – AE VISA plan p. 10 ES z
35 ch ☕ ★78/99 – ★★78/114.
◆ Cet immeuble de ville situé à deux pas de la gare du Midi (TGV) fournit un hébergement fiable à prix souriant . Petit-déj' sous forme de buffet dans une salle aux tons chauds.
◆ Dit flatgebouw bij het station Brussel-Zuid (HST) biedt een betrouwbaar logies tegen een lage prijs. Ontbijtbuffet in een eetzaal met zonnige kleuren.

Du Congrès sans rest, r. Congrès 42, ✉ 1000, ☎ 0 2 217 18 90, *info@hotelducon gres.be, Fax 0 2 217 18 97* – AE VISA KY d
67 ch ☕ ★70/150 – ★★85/170.
◆ Quatre maisons bourgeoises du 19ᵉ s. forment cet hôtel voisin de la colonne du Congrès Éléments décoratifs d'époque dans certaines chambres et parties communes.
◆ Dit hotel is gevestigd in vier 19e-eeuwse herenhuizen bij de Congreszuil. Sommige kamers en gemeenschappelijke ruimten zijn voorzien van antieke decoratieve elementen.

Queen Anne sans rest, bd E. Jacqmain 110, ✉ 1000, ☎ 0 2 217 16 00, *réserva tion@queen-anne.be, Fax 0 2 217 18 38* – VISA. plan p. 10 EFQ a
60 ch ☕ ★60/250 – ★★65/250.
◆ Immeuble à façade de verre bordant une artère passante. Sobriété, fraîcheur et notes design discrètes dans les petites chambres rénovées ; réservez l'une de celles-là.
◆ Flat met glasgevel aan een grote verkeersader. Reserveer een van de gerenoveerde kamers, die klein en sober zijn, maar er fris uitzien en bescheiden designelementen hebben.

Downtown-BXL sans rest, r. Marché-au-Charbon 118, ✉ 1000, ☎ 0 475 29 07 21 *reservation@downtowntotel.com* – VISA. JY u
3 ch ☕ ★55/70 – ★★65/90.
◆ Dans un quartier animé, ancienne maison de maître où trois belles grandes chambres d'hôtes ont été récemment aménagées. Décoration intérieure actuelle mélangeant les genres.
◆ Oud herenhuis in een levendige wijk, met drie mooie grote kamers die pas gerenoveerd zijn. Modern interieur in verschillende stijlen.

XXXX ✿✿ **Sea Grill** - H. Radisson SAS Royal, r. Fossé-aux-Loups 47, ✉ 1000, ☎ 0 2 217 92 25, *marc.meremans@radissonsas.com, Fax 0 2 227 31 27,* Produits de la mer – AE VISA. KY f
fermé 2 au 10 février, 29 mars-6 avril, 1er au 4 mai, 19 juillet-17 août, 25 octobre-2 novembre, samedi, dimanche et jours fériés – **Rest** *Lunch 55* – 100/220 bc, carte 91/125.
Spéc. Crabe royal cuit au gros sel d'algue et épices. Turbot rôti, béarnaise d'huîtres. Thon rouge et foie gras, jus des sucs au belota.
• Ambiance scandinave aux tonalités saumon, ambitieuse carte à dominante marine et très belle cave. Salon avec comptoir à cigares. Accueil et service irréprochables.
• Zalmkleurig restaurant met Scandinavische inrichting. Ambitieuze kaart met veel vis en heerlijke wijnen. Rooksalon met aanbod van topsigaren. Onberispelijke bediening.

XXXX **L'Alban Chambon** - H. Métropole, pl. de Brouckère 31, ✉ 1000, ☎ 0 2 217 23 00, *info@metropolehotel.be, Fax 0 2 218 02 20* – AE VISA. JY c
fermé 19 juillet-18 août, samedi, dimanche et jours fériés – **Rest** 39/120 bc, carte 76/98.
• L'enseigne du restaurant du Métropole honore l'architecte des lieux. Cuisine classique légère servie dans une ancienne salle de bal garnie d'un mobilier de style.
• Dit restaurant van het Métropole is genoemd naar de architect van het hotel. Klassieke, lichte gerechten die worden opgediend in een oude balzaal met stijlmeubilair.

XXX ✿✿ **Comme Chez Soi,** pl. Rouppe 23, ✉ 1000, ☎ 0 2 512 29 21, *info@commechezsoi.be, Fax 0 2 511 80 52* – AE VISA. plan p. 10 ES m
fermé 5 février, 25 mars, 6 juillet-4 août, 19 août, 28 octobre, 21 décembre-5 janvier, dimanche, lundi et mercredi midi – **Rest** (prévenir) 68/175, carte 79/286.
Spéc. Filet de bar poêlé et couteau de mer aux graines de fenouil et au vinaigre de vin. Noisettes d'agneau à la sauge, pâtes farcies à l'enbeurrée de tomates confites, petits sautés de langue et ris. Croquant d'agrumes farci aux fraises des bois, glace à la verveine.
• Institution bruxelloise née en 1926. Atmosphère Belle Époque dans un décor à la Horta. Mets classiques "maison" et évolutifs. Réservez vos repas d'affaires près des fourneaux.
• Sinds 1926 een begrip in Brussel! Horta-interieur met belle-époquesfeer. Ambachtelijk bereide klassieke en innovatieve gerechten. Reserveer uw zakenmaaltijd bij de fornuizen.

XX **Museumbrasserie,** pl. Royale 3, ✉ 1000, ☎ 0 2 508 35 80, *info@museumfood.be, Fax 0 2 508 34 85,* Ouvert jusqu'à minuit – AE VISA. KZ b
Rest *Lunch 25* – 35, carte 40/64.
• Brasserie "hype" intégrée aux Musées royaux des Beaux-Arts. Offre culinaire reflétant la belgitude du chef-conseil Peter Goossens (Hof van Cleve). Design signé Antoine Pinto.
• Trendy brasserie in de Koninklijke Musea voor Schone Kunsten. Het culinaire aanbod weerspiegelt de belgitude van chef-kok Peter Goosens (Hof van Cleve). Design van A. Pinto.

X **La Manufacture,** r. Notre-Dame du Sommeil 12, ✉ 1000, ☎ 0 2 502 25 25, *info@manufacture.be, Fax 0 2 502 27 15,* Brasserie, ouvert jusqu'à 23 h – AE VISA plan p. 10 ER e
fermé samedi midi et dimanche – **Rest** *Lunch 14* – 32/70 bc, carte 32/48.
• Métaux, bois, cuir et granit président au décor "loft" de cette brasserie animée occupant l'ancien atelier d'une prestigieuse maroquinerie belge. Cuisine au goût du jour.
• Metaal, hout, leer en graniet hebben de overhand in deze hippe brasserie, die als een loft is ingericht in een voormalig lederwarenfabriekje. Trendy menukaart.

X **Samourai,** r. Fossé-aux-Loups 28, ✉ 1000, ☎ 0 2 217 56 39, *Fax 0 2 771 97 61,* Cuisine japonaise – AE VISA. JY e
fermé 15 juillet-15 août, mardi, dimanche midi et jours fériés – **Rest** *Lunch 22* – 60/85, carte 43/100.
• Restaurant nippon établi depuis plus de 30 ans à proximité du théâtre de la Monnaie. Choix authentique et varié ; salles japonisantes réparties sur plusieurs niveaux.
• Dit Japanse restaurant is al ruim 30 jaar gevestigd bij de Muntschouwburg. Authentieke en gevarieerde kaart; eetzalen in Japanse stijl op verschillende niveaus.

X **Le Poulbot de Bruxelles,** r. Croix de Fer 29, ✉ 1000, ☎ 0 2 513 38 61, *simon@lepoulbot.be, Fax 0 2 513 38 61* – AE VISA. KY e
fermé 1er au 15 août, samedi midi et dimanche midi – **Rest** *Lunch 25* – 30/65 bc, carte env. 50.
• Petit restaurant vous conviant à goûter une cuisine actuelle dans un cadre moderne : harmonie de blanc, noir, gris et rouge en salle ; mise en place dépouillée sur les tables.
• Restaurantje met een eigentijdse keuken. Modern interieur met sober gedekte tafels en een harmonieuze kleurstelling van wit, zwart, grijs en rood.

X **In 't Spinnekopke,** pl. du Jardin aux Fleurs 1, ✉ 1000, ☎ 0 2 511 86 95, *info@spinnekopke.be, Fax 0 2 513 24 97,* Bistrot avec cuisine régionale et à la bière, ouvert jusqu'à 23 h – AE VISA plan p. 10 ER d
fermé samedi midi et dimanche – **Rest** *Lunch 14 bc* – 42 bc/60 bc, carte 29/55.
• Charmant estaminet typiquement bruxellois apprécié pour sa bonne ambiance bistrotière et sa cuisine régionale rendant honneur à la tradition brassicole belge.
• Echt Brussels eettentje dat in de smaak valt vanwege de gezellige bistrosfeer. De regionale keuken brengt een eerbetoon aan de Belgische bierbrouwerijtraditie.

Al Barmaki, r. Éperonniers 67, ✉ 1000, ☎ 0 2 513 08 34, *kalach@skynet.be, Fax 0 2 513 08 34*, Cuisine libanaise – ⇔. DC MC VISA JZ q
fermé dimanche – **Rest** (dîner seult jusqu'à minuit) 49, carte 24/33.
◆ Authentique cuisine libanaise à découvrir dans une ambiance chaleureuse et quelquefois animée. Éclairage tamisé assuré par des lanternes orientales ; accueillante patronne.
◆ Restaurant dat authentieke Libanese gerechten serveert in een gezellige, soms bijzonder levendige sfeer. De oosterse lantarens zorgen voor gedempt licht en de eigenaresse ontvangt u vriendelijk.

Quartier Grand'Place (Îlot Sacré) - *plan p. 14 :*

Amigo, r. Amigo 1, ✉ 1000, ☎ 0 2 547 47 47, *enquiries.amigo@roccofortehotels.com, Fax 0 2 513 52 77*, – AE DC MC VISA. JY x
Rest voir rest ***Bocconi*** ci-après – 30 – **156 ch** ✝250/750 – ✝✝280/800 – 18 suites.
◆ Belle bâtisse aux accents "Renaissance espagnole" ayant longtemps servi de prison ! Collection d'œuvres d'art, chambres au chic contemporain et voisinage de la Grand'Place.
◆ Mooi hotel met Spaanse renaissance-elementen en veel kunst, en dat in een oude gevangenis! Kamers met een eigentijdse chic in de buurt van de Grote Markt.

Royal Windsor, r. Duquesnoy 5, ✉ 1000, ☎ 0 2 505 55 55, *resa.royalwindsor@warwickhotels.com, Fax 0 2 505 55 00*, ch, – AE DC MC VISA. rest JYZ f
Rest *Lunch 14* – carte 31/41, ♀ – 26 – **249 ch** ✝355 – ✝✝355 – 17 suites.
◆ Luxe, confort et raffinement caractérisent cet hôtel du centre historique. À noter : quelques chambres taillées sur mesure pour les "belgian fashion victims". Service royal. Bar-restaurant actuel sensé entretenir une ambiance coloniale. Cuisine d'aujourd'hui.
◆ Luxe, comfort en verfijning kenmerken dit schitterende hotel in het historische centrum. Enkele kamers lijken op maat gemaakt voor "Belgian fashion victims". Vorstelijke service. Bar-restaurant met een koloniale ambiance en eigentijdse keuken.

Le Méridien, Carrefour de l'Europe 3, ✉ 1000, ☎ 0 2 548 42 11, *info.brussels@lemeridien.com, Fax 0 2 548 40 80*, ch, – AE DC MC VISA. KY h
Rest ***L'Épicerie*** *(fermé mi-juillet-fin-août, samedi midi et dimanche soir)* 40, carte 51/73 – 25 – **216 ch** ✝180/525 – ✝✝210/550 – 8 suites.
◆ Majestueuse façade néo-classique postée juste en face de la gare centrale. Décor intérieur rutilant et cossu. Coquettes chambres dotées d'équipements dernier cri. Restaurant proposant une carte actuelle tournée vers le Nouveau Monde et ses épices.
◆ Majestueus neoclassicistisch gebouw met een luisterrijk interieur, tegenover het Centraal Station. Prima kamers met ultramoderne voorzieningen. Het restaurant biedt een eigentijdse menukaart, gericht op de Nieuwe Wereld en zijn specerijen.

Le Dixseptième sans rest, r. Madeleine 25, ✉ 1000, ☎ 0 2 517 17 17, *info@ledixseptieme.be, Fax 0 2 502 64 24* – – AE DC MC VISA. JY j
18 ch ✝140/300 – ✝✝160/400 – 6 suites.
◆ Ancien hôtel particulier du 17e s. où l'ambassadeur d'Espagne eut ses quartiers. Salons cossus, jolie cour intérieure et vastes chambres pourvues de meubles de divers styles.
◆ Dit 17e-eeuwse herenhuis was vroeger de ambtswoning van de Spaanse ambassadeur. Weelderige lounge, mooie patio en ruime kamers met meubelen uit verschillende stijlperioden.

Carrefour de l'Europe sans rest, r. Marché-aux-Herbes 110, ✉ 1000, ☎ 0 2 504 94 00, *info@carrefourhotel.be, Fax 0 2 504 95 00* – – AE DC MC VISA JKY n
59 ch ✝99/290 – ✝✝99/310 – 4 suites.
◆ Adossée à la place d'Espagne où trône Don Quichotte, construction récente en harmonie avec l'architecture de l'Îlot sacré. Chambres un peu ternes mais d'un bon calibre.
◆ Nieuw gebouw op een steenworp afstand van de Grote Markt. Centraal gelegen aan het Spanjeplein, waar Don Quichot zijn standbeeld heeft. Ruime, tikje saaie kamers.

Matignon sans rest, r. Bourse 10, ✉ 1000, ☎ 0 2 511 08 88, *hotelmatignon@skynet.be, Fax 0 2 513 69 27* – AE DC MC VISA JY q
37 ch ✝85/105 – ✝✝105/150.
◆ Juste à côté de la Bourse, établissement mettant à votre disposition des chambres bien tenues, dont une dizaine de junior suites. Clientèle essentiellement touristique.
◆ Dit hotel naast de Beurs beschikt over goed onderhouden kamers, waaronder een tiental junior suites. De cliëntèle bestaat overwegend uit toeristen.

La Légende sans rest, r. Lombard 35, ✉ 1000, ☎ 0 2 512 82 90, *info@hotellalegende.com, Fax 0 2 512 34 93* – AE DC MC VISA JY m
26 ch ✝70/260 – ✝✝75/500.
◆ Cet hôtel, tenu par la même famille depuis 1957, propose des chambres sobres et nettes réparties dans deux ailes accessibles par une cour intérieure. Jolie salle de breakfast.
◆ Dit hotel, dat al sinds 1957 in handen van dezelfde familie is, biedt sobere maar keurige kamers in twee vleugels die toegankelijk zijn via de binnenplaats. Leuke ontbijtzaal.

La Maison du Cygne, r. Charles Buls 2, 1000, 0 2 511 82 44, *info@lamaisonducygne.be, Fax 0 2 514 31 48* – AE VISA. JY w
fermé 3 semaines en août, samedi midi et dimanche – **Rest** *Lunch 40* – 85, carte 65/164.
• La corporation des Bouchers siégea dans cette prestigieuse maison élevée au 17e s. sur la Grand-Place. Choix classique assorti à l'opulent décor. Clientèle internationale.
• In dit prestigieuze 17e-eeuwse pand aan de Grote Markt was vroeger de Slagersgilde gevestigd. De klassieke kaart past bij het weelderige interieur. Internationale clientèle.

Aux Armes de Bruxelles, r. Bouchers 13, 1000, 0 2 511 55 98, *arbrux@beon.be, Fax 0 2 514 33 81*, Ouvert jusqu'à 23 h – AE VISA JY t
fermé juillet et lundi – **Rest** *Lunch 23 bc* – 32/46, carte 30/40.
• Vénérable institution bruxelloise en plein Îlot sacré, cette table exploitée en famille depuis 1921 honore les traditions culinaires du Plat Pays. Salles de styles contrastés.
• Een begrip in Brussel, midden in het oude centrum. Eetzalen in verschillende stijlen, waar sinds 1921 nog steeds dezelfde familie de culinaire traditie van België hoog houdt.

Bocconi - H. Amigo, r. Amigo 1, 1000, 0 2 547 47 15, *bocconirestaurant@roccofortehotels.com, Fax 0 2 513 52 77*, Cuisine italienne, ouvert jusqu'à 23 h – AE VISA. JY x
Rest *Lunch 34* – 50, carte 47/58.
• Cet estimable restaurant italien est installé dans un hôtel de luxe voisin de la Grand-Place. Aménagement intérieur façon brasserie moderne. Carte transalpine alléchante.
• Deze verdienstelijke Italiaan is gevestigd in een luxehotel bij de Grote Markt. De inrichting doet denken aan een moderne brasserie. Aantrekkelijke Italiaanse kaart.

De l'Ogenblik, Galerie des Princes 1, 1000, 0 2 511 61 51, *ogenblik@scarlet.be, Fax 0 2 513 41 58*, Ouvert jusqu'à minuit – AE VISA JY p
fermé dimanche et midis fériés – **Rest** 51/70 bc, carte env. 65.
• La clientèle d'affaires bruxelloise fréquente assidûment cette table animée mettant à profit un ancien café. Mets classiques et plats de bistrot. Chef en place depuis 1975.
• Dit restaurant in een voormalig café wordt druk bezocht door Brusselse zakenmensen. De chef-kok zet hier al sinds 1975 klassieke gerechten en bistroschotels op tafel.

La Roue d'Or, r. Chapeliers 26, 1000, 0 2 514 25 54, *roue.dor@hotmail.com, Fax 0 2 512 30 81*, Brasserie – JY y
fermé 10 juillet-10 août – **Rest** *Lunch 13* – carte 40/60.
• Cet ancien café typique et convivial mitonne de bons petits plats traditionnels et quelques spécialités belges. Peintures murales façon Magritte et superbe montre en salle.
• Typisch Brussels café-restaurant met traditionele gerechten en Belgische specialiteiten. Muurschilderingen in de stijl van Magritte en een prachtig pronkstuk in de eetzaal.

Scheltema, r. Dominicains 7, 1000, 0 2 512 20 84, *scheltema@skynet.be, Fax 0 2 512 44 82*, Avec produits de la mer, ouvert jusqu'à 23 h 30 – AE VISA JY p
fermé dimanche – **Rest** *Lunch 18* – 35/43, carte 38/77.
• Jolie brasserie ancienne de l'Îlot sacré spécialisée dans les produits de la mer. Choix classique, suggestions actualisées, ambiance animée et décor boisé agréablement rétro.
• Mooie oude brasserie in het Îlot Sacré, gespecialiseerd in zeeproducten. Klassieke kaart, eigentijdse suggesties, geanimeerde sfeer en leuk retro-interieur met veel hout.

Quartier Ste-Catherine (Marché-aux-Poissons) - *plan p. 14 sauf indication spéciale :*

Novotel Centre - Tour Noire, r. Vierge Noire 32, 1000, 0 2 505 50 50, *H2122@accor.com, Fax 0 2 505 50 00*, – – AE VISA JY r
Rest 30 bc, carte 26/38 – 15 – **217 ch** 220/250 – 220/250.
• Hôtel de chaîne moderne intégrant des vestiges de la première enceinte urbaine, dont une tour restaurée. Grandes chambres, salles de réunions, aqua-center, fitness et sauna. Restaurant de type brasserie contemporaine.
• Modern ketenhotel met overblijfsels van de eerste stadsmuur, zoals een gerestaureerde toren. Grote kamers, vergaderzalen, aquacenter, fitness en sauna. Restaurant in eigentijdse brasseriestijl.

Atlas sans rest, r. Vieux Marché-aux-Grains 30, 1000, 0 2 502 60 06, *info@atlas.be, Fax 0 2 502 69 35* – – AE VISA.
88 ch 75/195 – 85/225. plan p. 10 ER a
• Cet hôtel particulier (18e s.) modernisé intérieurement se situe dans un quartier festif réputé pour ses boutiques de mode belge. La majorité des chambres donne sur la cour.
• Hotel in een 18e-eeuws herenhuis dat vanbinnen is gemoderniseerd, in een bruisende wijk met veel Belgische modeontwerpers. De meeste kamers kijken uit op de binnenplaats.

Noga sans rest, r. Béguinage 38, ✉ 1000, ☎ 0 2 218 67 63, *info@nogahotel.com, Fax 0 2 218 16 03* – AE VISA JY f
19 ch ☕ ★70/95 – ★★85/110.
• Accueillante maison de maître située dans un quartier calme. Salon agréable, bar au décor nautique, jolies chambres et cage d'escalier ornée de portraits de la dynastie belge.
• Leuk hotelletje in een herenhuis in een rustige wijk. Aangename lounge, bar in zeemansstijl, mooie kamers en trappenhuis met portretten van het Belgische koningshuis.

Hooy kaye lodge sans rest, quai aux Pierres de Taille 22, ✉ 1000, ☎ 0 2 218 44 40, *info@hooykayelodge.com, Fax 0 2 218 44 41*, – . plan p. 10 EQ x
3 ch ☕ ★85/115 – ★★95/125.
• Maison de marchand (17e s.) transformée en "bed and breakfast" de charme. Vieil escalier en bois sculpté, chambres épurées, éléments décoratifs anciens, design et asiatiques.
• Dit 17e-eeuwse koopmanshuis is nu een sfeervol Bed & Breakfast. Fraai bewerkte houten trap, sobere kamers met antieke, moderne en Aziatische ornamenten.

François, quai aux Briques 2, ✉ 1000, ☎ 0 2 511 60 89, *Fax 0 2 502 61 80*, , Écailler, produits de la mer – . AE VISA JY k
fermé dimanche, lundi et le lendemain des jours fériés – **Rest** *Lunch 25* – 35/39, carte 36/119, ♀.
• Maison de tradition agrégée à une poissonnerie et tenue par la même famille depuis les années 1930. Cuisine littorale à apprécier dans un cadre marin égayé de clichés "rétro".
• Traditioneel restaurant dat bij een viswinkel hoort en al sinds 1930 door dezelfde familie wordt gerund. Heerlijke visgerechten in een maritiem interieur met oude foto's.

La Belle Maraîchère, pl. Ste-Catherine 11, ✉ 1000, ☎ 0 2 512 97 59, *Fax 0 2 513 76 91*, Produits de la mer – . AE VISA JY k
fermé 3 semaines en février, mercredi et jeudi – **Rest** 33/52, carte 35/88.
• Cette table conviviale au charme un rien suranné est incontestablement l'une des valeurs sûres du quartier. Goûteuse cuisine classique où s'illustrent les produits de la mer.
• Gezellig ouderwets restaurant, een van de beste adresjes van de wijk. Smakelijke klassieke keuken waarin vis de hoofdmoot vormt.

Le Loup-Galant, quai aux Barques 4, ✉ 1000, ☎ 0 2 219 99 98, *loupgalant@swing.be, Fax 0 2 219 99 98* – . AE VISA plan p. 10 EQ a
fermé fin décembre, dimanche et lundi – **Rest** *Lunch 15* – 30/55 bc, carte env. 40.
• Vieille maison du Vismet repérable à ses murs jaunes et à la statue dorée de saint Michel ornant la façade voisine. Cadre néo-rustique (poutres et cheminée) ; repas classique.
• Dit oude huis aan de Vismet is te herkennen aan de gele muren en het vergulde beeld van St. Michaël aan de gevel ernaast. Neorustiek interieur met schouw en klassieke keuken.

L'Huîtrière, quai aux Briques 20, ✉ 1000, ☎ 0 2 512 08 66, *huitrière@skynet.be, Fax 0 2 512 12 81*, , Produits de la mer – . AE VISA JY a
Rest *Lunch 15* – 25/44, carte 40/68.
• Cuisine de la mer servie dans un cadre de boiseries, vitraux et fresques bruegeliennes, évocateur des charmes du vieux Bruxelles. Il y flotte une ambiance quelquefois agitée !
• Visrestaurant dat door de lambrisering, glas-in-loodramen en Breugeliaanse fresco's het oude Brussel in al haar charme oproept. Er hangt hier soms een woelig afmosfeertje.

La Marée, r. Flandre 99, ✉ 1000, ☎ 0 2 511 00 40, *Fax 0 2 511 86 19*, Produits de la mer – . VISA plan p. 10 ER h
fermé 1er au 21 juillet, 21 décembre-2 janvier, dimanche et lundi – **Rest** carte 22/61.
• L'adresse plaît pour sa convivialité, autant que pour sa simplicité décorative et culinaire. Fourneaux à vue ; cuisinière connaissant par cœur l'horaire des marées !
• Dit adresje is in trek vanwege de gemoedelijke sfeer, de eenvoudige inrichting en het lekkere eten. Open keuken en veel vis, want het heet niet voor niets La Marée (het tij).

Switch, r. Flandre 6, ✉ 1000, ☎ 0 2 503 14 80, *info@restofood.be, Fax 0 2 502 58 75* – AE VISA. plan p. 10 ER g
fermé 5 au 21 août, dimanche et lundi – **Rest** *Lunch 13* – 28/55 bc, carte 29/43, ♀.
• Bistrot moderne dont l'originalité consiste à vous laisser choisir, pour chaque produit de base figurant à la carte, son mode de cuisson, son condiment et sa garniture.
• Moderne bistro met een originele formule: u kiest voor elk basisproduct op de kaart uw favoriete bereidingswijze, saus en garnituur.

Le Fourneau, pl. Ste-Catherine 8, ✉ 1000, ☎ 0 2 513 10 02 – . AE VISA JY k
fermé 1er au 21 juillet, 24, 25 et 31 décembre, 1er janvier, dimanche et lundi – **Rest** carte 24/47, ♀.
• Bonne cuisine "Sud" servie autour d'un comptoir circulaire ouvert sur les fourneaux. Choix flexible : portions "tapas" en entrées ; plats tarifés au poids. Pas de réservation.
• Lekker mediterraan eten aan de ronde bar met zicht op de keuken. Flexibele keuze: tapasporties als voorgerecht en hoofdgerechten met prijs naar gewicht. Geen reserveringen.

Viva M'Boma, r. Flandre 17, ✉ 1000, ☎ 0 2 512 15 93, *Fax 0 2 469 42 84*, Cuisine régionale – . VISA. plan p. 10 ER b
fermé 1er au 7 janvier, 31 juillet-18 août, dimanche, lundi soir, mardi soir et mercredi – **Rest** carte 23/32.
◆ Une boutique-traiteur dessert cette "néo-cantine" aux tables serrées et aux murs couverts de carreaux de boucherie. Mets belgo-bruxellois, tripes à gogo, miniterrasse cachée.
◆ Delicatessenwinkel annex eethuisje met tafeltjes dicht op elkaar en muren met slagerijtegels. Belgische specialiteiten (pens) en verscholen miniterrasje.

Little Asia, r. Ste-Catherine 8, ✉ 1000, ☎ 0 2 502 88 36, *littleasia@skynet.be*, *Fax 0 2 511 96 06*, Cuisine vietnamienne – . AE VISA. JY b
fermé dimanche et jours fériés – **Rest** ouvert jusqu'à 23 h *Lunch 18* – 35/75 bc, carte 25/58.
◆ Dans une rue commerçante, table asiatique estimée pour son cadre moderne sans surcharge, ses spécialités vietnamiennes sans surprise et son service féminin sans anicroche.
◆ Dit Aziatische restaurant in een winkelstraat valt in de smaak vanwege het sobere, moderne interieur, de Vietnamese specialiteiten en de soepele, vrouwelijke bediening.

Strofilia, r. Marché-aux-Porcs 11, ✉ 1000, ☎ 0 2 512 32 93, *strofilia@scarlet.be*, *Fax 0 2 512 09 94*, Cuisine grecque – . AE VISA. plan p. 10 ER c
fermé 1er au 20 août et dimanche – **Rest** (dîner seult jusqu'à 23 h 30) 25/40 bc, carte 21/39.
◆ "Ouzerie" améliorée dont l'enseigne se réfère à une presse à raisin. Grandes salles façon "loft" à touches byzantines. Préparations cent pour cent hellènes et cave assortie.
◆ Verbeterde ouzo-bar waarvan het uithangbord een druivenpers voorstelt. Loft-stijl zalen met een Byzantijnse noot. De keuken en de wijnkelder zijn honderd procent Grieks.

L'Achepot, pl. Ste-Catherine 1, ✉ 1000, ☎ 0 2 511 62 21, *Fax 0 2 511 62 21*, Bistrot – AE VISA. JY k
fermé première semaine Pâques, 12 au 26 juillet, dimanche et jours fériés – **Rest** *Lunch 12* – carte 28/49, ♀.
◆ Vieux bistro cordial dont l'offre s'étale sur des écriteaux, dans un registre mi-local, mi-méridional. Salles superposées. Terrasse-trottoir restituant l'ambiance du quartier.
◆ Gezellige oude bistro met eetzalen boven en beneden. Lokale en mediterrane gerechten op leitjes. Op het terras op de stoep is het genieten van de levendige sfeer in de wijk.

Quartier des Sablons - *plan p. 14* :

Jolly du Grand Sablon, r. Bodenbroek 2, ✉ 1000, ☎ 0 2 518 11 00, *jollyhotelsablon@jollyhotels.be*, *Fax 0 2 512 67 66* – – . AE VISA. rest KZ p
Rest *(fermé août et dimanche)* (cuisine italienne) carte 26/42 – **187 ch** ★275/337 – ★★305/367 – 6 suites.
◆ La tradition hôtelière italienne à deux pas des prestigieux musées royaux. Communs spacieux, équipement complet dans les chambres, salles de réunions bien installées. Restaurant transalpin proposant des formules buffets et un "brunch" dominical en musique.
◆ Dit hotel bij de prestigieuze Koninklijke Musea voor Schone Kunsten is in Italiaanse handen. Ruime gemeenschappelijke gedeelten, comfortabele kamers en goede vergaderfaciliteiten. Italiaans restaurant met buffetten en een zondagse brunch met live muziek.

Hesperia Sablon sans rest, r. Paille 2, ✉ 1000, ☎ 0 2 513 60 40, *hotel@hesperia-sablon.com*, *Fax 0 2 511 81 41*, – AE VISA. KZ c
27 ch ★80/300 – ★★85/350 – 5 suites.
◆ Cet hôtel de chaîne offrant un bon niveau de confort est aménagé dans une bâtisse d'angle ancienne mais entièrement modernisée. Chambres actuelles aux chaudes tonalités.
◆ Dit comfortabele hotel maakt deel uit van een keten. Het is gevestigd in een oud hoekpand dat volledig is gemoderniseerd. Moderne kamers in warme kleuren.

L'Écailler du Palais Royal (Richard Hahn), r. Bodenbroek 18, ✉ 1000, ☎ 0 2 512 87 51, *lecaillerdupalaisroyal@skynet.be*, *Fax 0 2 511 99 50*, Produits de la mer – . AE VISA. KZ r
fermé août, Noël-nouvel an, dimanche et jours fériés – **Rest** carte 63/129.
Spéc. Demi homard rôti, confit d'aubergine et mangue, émulsion à l'absinthe. Barbue à la moutarde. Éventail de bar et croustillant de pommes de terre, vinaigrette au jus de truffe.
◆ Écailler feutré et cossu où se croisent les clientèles diplomatico-parlementaire et politico-patronale. Confort banquette, chaise ou comptoir en bas ; tables rondes à l'étage.
◆ Luxe visrestaurant annex oesterbar, waar diplomaten, parlementariërs en werkgevers elkaar ontmoeten. Beneden staan bankjes, stoelen en barkrukken en boven ronde tafels.

Castello Banfi, r. Bodenbroek 12, ✉ 1000, ☎ 0 2 512 87 94, *Fax 0 2 512 87 94*, Avec cuisine italienne – . AE VISA KZ q
fermé semaine Pâques, 3 dernières semaines août, Noël-début janvier, dimanche et lundi – **Rest** *Lunch 29* – 55, carte 39/84.
◆ Derrière une façade de 1729, "ristorante" dont l'enseigne se réfère à un grand domaine viticole toscan et dont l'assiette et la cave se partagent entre la Botte et l'Hexagone.
◆ Ristorante in een pand uit 1729, waarvan de naam verwijst naar een groot Toscaans wijndomein. Frans-Italiaanse keuken en dito wijnen.

Lola, pl. du Grand Sablon 33, ✉ 1000, ☎ 0 2 514 24 60, *restaurant.lola@skynet.be, Fax 0 2 514 26 53*, Brasserie, ouvert jusqu'à 23 h 30 – AE MC VISA JZ z
fermé 24 au soir, 25 et 31 décembre au soir-1er janvier – **Rest** carte 38/64.
◆ Brasserie conviviale au décor contemporain proposant une cuisine tournée vers les saveurs du moment. Alternative chaises ou banquettes. On mange également au comptoir.
◆ Gezellige brasserie met een hedendaagse inrichting en een keuken die ook aan de smaak van tegenwoordig voldoet. Er kan op een stoel, een bankje of een barkruk worden gegeten.

Les Brigittines Aux Marches de la Chapelle, pl. de la Chapelle 5, ✉ 1000, ☎ 0 2 512 68 91, *info@lesbrigittines.com, Fax 0 2 512 41 30* – AE MC VISA JZ e
fermé mi-juillet-mi-août, samedi midi et dimanche – **Rest** *Lunch 20* – 40/60 bc, carte 34/53.
◆ Devant le parvis de l'église de la Chapelle, brasserie appréciée pour son chaleureux décor intérieur de style Art nouveau, vous plongeant dans une atmosphère "Belle Époque".
◆ Deze brasserie bij de Église de la Chapelle valt in de smaak vanwege zijn sfeervolle art-nouveau-interieur waarin u zich in de tijd van de Belle Époque waant.

La Clef des Champs, r. Rollebeek 23, ✉ 1000, ☎ 0 2 512 11 93, *info@clefsdeschamps.be, Fax 0 2 502 42 32*, – AE MC VISA JZ k
fermé dimanche soir et lundi – **Rest** *Lunch 19* – 32/58 bc, carte 41/50.
◆ Affaire familiale sympathique, totalement relookée en 2006 : grands miroirs, lustres en cristal, lambris cérusés, chaises de style à dossier ajouré. Table régionale française.
◆ Dit leuke familierestaurant heeft sinds 2006 een nieuwe look: grote spiegels, kristallen kroonluchters en stoelen met ajour rugleuning. Franse streekgerechten.

Orphyse Chaussette, r. Charles Hanssens 5, ✉ 100, ☎ 0 2 502 75 81, *orphyse.chaussette@skynet.be, Fax 0 2 513 52 04*, Bistrot avec cuisine du Sud-Ouest – AE MC VISA JZ b
fermé deuxième semaine Pâques, 24 juillet-16 août, 23 décembre-1er janvier, dimanche et lundi – **Rest** *Lunch 15* – 45, carte 32/51.
◆ Recommandable petit "bistrot-gastro" dont la cuisine vous promène dans le Sud-Ouest de la France, au même titre que la cave. Confort assez sommaire mais atmosphère vivante.
◆ Een goed adresje deze kleine bistro, waar zowel Zuid-Franse gerechten als wijnen worden geserveerd. Vrij eenvoudig comfort, maar een gezellige sfeer.

Quartier Palais de Justice - *plan p. 10 sauf indication spéciale :*

Hilton, bd de Waterloo 38, ✉ 1000, ☎ 0 2 504 11 11 et 0 2 504 13 33 (rest), *Fax 0 2 504 21 11*, ville, – rest, – AE MC VISA. rest FS s
Rest voir rest ***Maison du Bœuf*** ci-après – ***Café d'Egmont*** *Lunch 35* – carte 35/59, – 32 – **416 ch** 109/505 – 109/505 – 15 suites –½ P 180/600.
◆ La clientèle d'affaires internationale sera choyée dans cette imposante tour à l'enseigne prestigieuse, érigée à la charnière de deux mondes : ville haute et ville basse. Cuisine intercontinentale proposée sous une verrière Art déco au Café d'Egmont.
◆ De internationale zakenwereld wordt in de watten gelegd in deze wolkenkrabber van het beroemde Hilton-hotel, op de scheidslijn tussen de boven- en de benedenstad. Buffetten en culinaire themaweken onder de art-decokoepel van Café d'Egmont.

Maison du Bœuf - H. Hilton, 1er étage, bd de Waterloo 38, ✉ 1000, ☎ 0 2 504 11 11, *Fax 0 2 504 21 11*, – AE MC VISA. FS s
fermé 2 au 8 janvier, 24 au 30 mars, 1er au 15 août, samedi midi et dimanche – **Rest** *Lunch 39* – 58/68, carte 71/116.
◆ Cadre classique chic, appétissante carte, découpes (dont la côte de bœuf, qui a fait la réputation de la maison) réalisées en salle. Réservez une table tournée vers le parc.
◆ Chic klassiek interieur, appetijtelijke kaart en vlees dat aan tafel wordt gesneden, waaronder de befaamde runderrib. Reserveer een tafel met uitzicht op het park.

JB, r. Grand Cerf 24, ✉ 1000, ☎ 0 2 512 04 84, *restaurantjb@tele2.be, Fax 0 2 511 79 30*, – AE MC VISA FS z
fermé samedi midi et dimanche – **Rest** 32 bc,/42 bc, carte 45/69.
◆ Table sympathique tenue en famille, où un chef-patron expert en sauces vous régale sur le mode classique. Mobilier moderne, lustre vénitien et patines murales jaunes en salle.
◆ Sympathiek familiebedrijf, waar de chef-kok, die gespecialiseerd is in sauzen, klassieke tongstrelende spijzen bereidt. Modern meubilair met Venetiaanse kroonluchter.

L'Idiot du village, r. Notre Seigneur 19, ✉ 1000, ☎ 0 2 502 55 82, Ouvert jusqu'à 23 h – AE MC VISA plan p. 14 JZ a
fermé 20 juillet-20 août, 23 décembre-3 janvier, samedi et dimanche – **Rest** *Lunch 15* – carte 37/57.
◆ Accueil tout sourire, décor composite agréablement kitsch, ambiance intimiste et cuisine bistrotière remise au goût du jour ; bref : une table qu'il serait "idiot" de bouder !
◆ Vriendelijk onthaal, leuke kitscherige inrichting, intieme sfeer en eigentijdse bistrokeuken. Kortom, het zou "idioot" zijn om hier niet te gaan eten!

Les Larmes du Tigre, r. Wynants 21, ✉ 1000, ✆ 0 2 512 18 77, *larmesdutigre@skynet.be, Fax 0 2 502 10 03,* , Cuisine thaïlandaise – . AE VISA ES p
fermé samedi midi – **Rest** *Lunch 11* – 35, carte 26/36.
◆ Restaurant thaïlandais connu depuis 20 ans dans cette maison de maître située derrière le palais de justice. Plafond couvert d'ombrelles. Buffet dominical (midi et soir).
◆ Dit Thaise restaurant zit al ruim 20 jaar in een herenhuis achter het Paleis van Justitie. Het plafond is met parasols versierd. Buffet op zondag ('s middags en 's avonds).

Quartier Léopold *(voir aussi Ixelles) - plans p. 10 et 14 :*

Stanhope, square de Meeûs 4, ✉ 1000, ✆ 0 2 506 90 12, *brighton@stanhope.be, Fax 0 2 512 17 08,* – . AE VISA. FS x
Rest voir rest ***Brighton*** ci-après – 25 – **99 ch** 95/250 – 120/250 – 9 suites – ½ P 170/300.
◆ Revivez les fastes de l'époque victorienne dans cet hôtel particulier "very british", mettant diverses catégories de chambres à votre disposition. Superbes suites et duplex.
◆ Ervaar de luister van de Victoriaanse tijd in dit patriciërshuis dat "very british" is. Kamers in verschillende categorieën, waaronder prachtige suites en split-level.

Brighton - H. Stanhope, r. Commerce 9, ✉ 1000, ✆ 0 2 506 90 35, *brighton@stanhope.be, Fax 0 2 512 17 08,* – . AE VISA. KZ v
fermé 1er au 9 janvier, 7 au 13 avril, 14 juillet-août, samedi et dimanche – **Rest** *Lunch 40* – 55, carte 58/87.
◆ Dans un hôtel élégant, salle à manger au décor anglais raffiné, inspiré du Pavillon royal de Brighton. Agréable patio accueillant une terrasse dès les premiers beaux jours.
◆ Restaurant in een elegant hotel met een stijlvolle Engelse inrichting, geïnspireerd op het Koninklijk Paviljoen in Brighton. Prettige patio om bij mooi weer buiten te eten.

Quartier Louise *(voir aussi Ixelles et St-Gilles) - plans p. 10 et 12 :*

Conrad, av. Louise 71, ✉ 1050, ✆ 0 2 542 42 42, *brusselsinfo@conradhotels.com, Fax 0 2 542 42 00,* – . AE VISA FS f
Rest *Café Wiltcher's* *Lunch 40* – carte 53/93, ♀ – 35 – **254 ch** 199/595 – 224/620 – 15 suites.
◆ Palace moderne agrégé à un hôtel de maître (1918). Belles chambres dotées de meubles de styles ; bons équipements de loisirs et bien-être (spa). Grande capacité conférencière. Café apprécié pour son lunch-buffet.
◆ Modern luxehotel in een herenhuis uit 1918. Grote kamers met stijlmeubelen. Grote conferentiecapaciteit en goede voorzieningen voor sport en ontspanning (spa). Het café is populair door het lunchbuffet.

Bristol Stephanie, av. Louise 91, ✉ 1050, ✆ 0 2 543 33 11, *hotel_bristol@bristol.be, Fax 0 2 538 03 07,* – rest, – . AE VISA. rest FT g
Rest *(fermé 12 juillet-31 août, 20 décembre-6 janvier, samedi et dimanche)* (avec buffets) *Lunch 19* – 40/66 bc, carte 44/63 – 27 – **139 ch** 360/395 – 360/395 – 3 suites.
◆ Établissement de luxe dont les chambres, agréables à vivre, se répartissent dans deux immeubles communicants. Trois superbes suites au typique mobilier norvégien. Cuisine au goût du jour à savourer dans un cadre scandinave. Formule buffets.
◆ Luxehotel met zeer aangename kamers, verdeeld over twee panden die met elkaar in verbinding staan. Drie prachtige suites met typisch Noors meubilair. Eigentijdse keuken in een Scandinavisch interieur. Buffetformule.

Le Châtelain , r. Châtelain 17, ✉ 1000, ✆ 0 2 646 00 55, *info@le-chatelain.net, Fax 0 2 646 00 88,* – . AE VISA. rest FU t
Rest *(fermé samedi et dimanche midi)* carte 36/46, ♀ – **108 ch** 100/630 – 100/630 – 2 suites.
◆ Hôtel récent renfermant de grandes chambres actuelles dotées d'un équipement très complet. Hall-réception cossu, salle de fitness bien installée et petit jardin de ville. Une carte continentale enrichie de préparations asiatiques est présentée au restaurant.
◆ Dit nieuwe hotel beschikt over grote, eigentijdse kamers die van alle comfort zijn voorzien. Mooie hal met receptie, goede fitnessruimte en kleine stadstuin. In het restaurant wordt een continentale kaart met een paar Aziatische gerechten gepresenteerd.

Warwick Barsey, av. Louise 381, ✉ 1050, ✆ 0 2 641 51 11, *res.warwickbarsey@warwickhotels.com, Fax 0 2 640 17 64,* – rest, – . AE VISA FV a
Rest *(fermé dimanche)* carte env. 40 – 24 – **94 ch** 280 – 280 – 5 suites.
◆ Près du bois de la Cambre, hôtel de caractère adroitement relooké dans l'esprit Second Empire. Communs très soignés. Chambres cossues où rien ne manque. Service personnalisé. "Restaurant-lounge" au décor néo-classique raffiné, signé Jacques Garcia.
◆ Sfeervol hotel in second-empirestijl bij het Ter Kamerenbos. Fraaie gemeenschappelijke ruimten. Weelderige kamers waar werkelijk niets ontbreekt. Persoonlijke service. Lounge-restaurant met een geraffineerd neoklassiek interieur van Jacques Garcia.

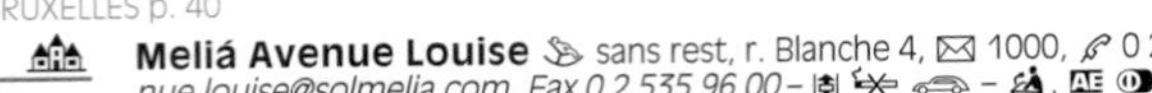

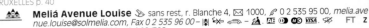

Meliá Avenue Louise sans rest, r. Blanche 4, ✉ 1000, ✆ 0 2 535 95 00, *melia.avenue.louise@solmelia.com, Fax 0 2 535 96 00* – AE ⓓ ⓜ VISA. FT z
22 – **80 ch** ★90/300 – ★★90/320.
◆ Adoptez cet hôtel pour son atmosphère feutrée et pour l'élégance britannique de ses chambres ainsi que de ses parties communes. Salon "cosy" agrémenté de boiseries.
◆ Dit hotel is een goede keuze vanwege de gedempte sfeer en de Britse chic van de kamers en gemeenschappelijke ruimten. "Cosy" lounge met lambrisering.

Agenda Louise sans rest, r. Florence 6, ✉ 1000, ✆ 0 2 539 00 31, *louise@hotel-agenda.com, Fax 0 2 539 00 63* – AE ⓓ ⓜ VISA. FT j
37 ch ★138/170 – ★★144/170.
◆ Hôtel récent où vous logerez dans des chambres aux dimensions correctes, souvent dotées d'un mobilier de série couleur acajou et décorées de tissus coordonnés aux tons chauds.
◆ Recent gebouwd hotel met kamers van goed formaat, veelal voorzien van mahoniekleurig meubilair en stoffering in warme tinten.

Basil & Co, av. Louise 156, ✉ 1050, ✆ 0 2 642 22 22, *louise@basil-co.be, Fax 0 2 642 22 25* – AE ⓓ ⓜ VISA. FT c
fermé première semaine Pâques, 3 premières semaines août, 1 semaine après Noël et dimanche – **Rest** *Lunch 35* – carte 38/67.
◆ Changement d'exploitation pour ce bel hôtel particulier vous conviant à un repas au goût du jour dans un nouveau décor branché. Carte diversifiée, lunch-menu et vins au verre.
◆ Dit restaurant in een trendy ingericht herenhuis heeft een nieuwe eigenaar. Eigentijdse keuken, afwisselende kaart, lunchmenu en wijnen per glas.

Tagawa, av. Louise 279, ✉ 1050, ✆ 0 2 640 50 95, *o.tagawa@scarlet.be, Fax 0 2 648 41 36*, Cuisine japonaise – AE ⓓ ⓜ VISA. FU e
fermé 26 décembre-3 janvier, 13 au 19 août, samedi midi et dimanche – **Rest** *Lunch 12* – 38/90, carte 29/66.
◆ Ce sobre établissement caché au fond d'une galerie commerçante vous emmène au pays des samouraïs. Salle à manger "zen", salon privé avec tatamis, serveuses en kimono, parking.
◆ Dit sobere etablissement achter in een winkelgalerij voert u naar het land van de samoerai. "Zen" eetzaal, privésalon met tatami en serveersters in kimono. Parkeerterrein.

La Porte des Indes, av. Louise 455, ✉ 1050, ✆ 0 2 647 86 51, *brussels@laportedesindes.com, Fax 0 2 375 44 68*, Cuisine indienne – AE ⓓ ⓜ VISA FV c
fermé dimanche midi – **Rest** *Lunch 17* – 43/58, carte 31/60.
◆ Envie de vous dépayser les papilles ? Franchissez donc la Porte des Indes, où vous attend une cuisine aussi chamarrée que parfumée. Intérieur décoré d'antiquités du pays.
◆ Wie door de Poort van India naar binnen gaat, betreedt een wereld die met zijn exotische smaken, geuren en kleuren alle zintuigen prikkelt.

L'Atelier de la Truffe Noire, av. Louise 300, ✉ 1050, ✆ 0 2 640 54 55, *luigi.ciciriello@truffenoire.com, Fax 0 2 648 11 44*, Avec cuisine italienne, ouvert jusqu'à 23 h –. AE ⓓ ⓜ VISA. FU s
fermé première semaine janvier, 1 semaine Pâques, 1re quinzaine août, dimanche et lundi soir – **Rest** carte 30/108.
◆ Bistrot moderne dont l'originalité et le succès tiennent à la rapidité de sa prestation culinaire, où pavane la truffe. Cartes italianisantes variées. Petite terrasse urbaine.
◆ Deze moderne bistro heeft een snelle gastronomische formule waarin de truffel centraal staat. Italiaans getinte kaart. Klein terras op het trottoir.

Notos, r. Livourne 154, ✉ 1000, ✆ 0 2 513 29 59, *info@notos.be*, Cuisine grecque, ouvert jusqu'à 23 h – AE ⓜ VISA FU t
fermé 3 semaines en août, samedi midi, dimanche et lundi – **Rest** *Lunch 18* – 35/50, carte 36/52.
◆ Restaurant grec "nouvelle génération" mettant à profit un garage. Cadre contemporain épuré, authentiques saveurs hellènes revues de façon moderne, bons vins du pays d'Épicure.
◆ Trendy Grieks restaurant in een oude garage. Sober modern interieur, authentieke Helleense smaken in een eigentijds sausje en goede wijnen uit het land van Epicurus.

Quartier Bois de la Cambre - *plan p. 13 :*

Villa Lorraine, av. du Vivier d'Oie 75, ✉ 1000, ✆ 0 2 374 31 63, *info@villalorraine.be, Fax 0 2 372 01 95*, – AE ⓓ ⓜ VISA. GX w
fermé 7 au 28 juillet et dimanche – **Rest** *Lunch 45* – 85/150 bc, carte 66/165.
◆ Beau restaurant œuvrant depuis 1953 à l'orée du bois de la Cambre. Cadre classique du meilleur effet, ravissante terrasse ombragée par un marronnier et superbe livre de cave.
◆ Mooi restaurant dat al sinds 1953 bestaat, aan de rand van het Ter Kamerenbos. Zeer geslaagde klassieke inrichting, mooi terras met kastanjeboom en geweldige wijnkaart.

XXX **La Truffe Noire,** bd de la Cambre 12, ✉ 1000, ☎ 0 2 640 44 22, *luigi.ciciriello@truffenoire.com, Fax 0 2 647 97 04* – AE VISA GV x
fermé première semaine janvier, 1 semaine Pâques, 1re quinzaine août, samedi midi et dimanche – **Rest** 50/190 bc, carte 76/127, ♀.

◆ Table où le fameux tubercule Tuber melanosporum - le "diamant de la cuisine" (Brillat-Savarin)- entre rituellement en scène dans un décor élégant. Terrasse-patio ; bonne cave.

◆ De naam van dit elegante restaurant zegt het al: in de keuken staat de beroemde Tuber melanosporum of truffel centraal. Terras-patio; mooie wijnkelder.

Quartier de l'Europe - *plan p. 11 :*

Crowne Plaza Europa, r. Loi 107, ✉ 1040, ☎ 0 2 230 13 33, *info@europahotelbrussels.com, Fax 0 2 230 36 82*, – AE VISA GR d
Rest *The Gallery* *(fermé samedi midi et dimanche midi)* (avec buffet) *Lunch 19* – carte 26/56, ♀ – ☕ 25 – **238 ch** ★260/380 – ★★260/380 – 2 suites.

◆ Immeuble d'une douzaine d'étages bâti au cœur du quartier institutionnel européen. Chambres confortables, "lobby" moderne, salles de conférences et business center. Un choix classique-actuel et des formules buffets sont proposés au restaurant The Gallery.

◆ Flatgebouw van 12 verdiepingen in het hart van de Europese wijk. Comfortabele kamers, moderne lobby, congreszalen en business center. Restaurant The Gallery biedt een modern-klassieke kaart en buffetformules.

Silken Berlaymont, bd Charlemagne 11, ✉ 1000, ☎ 0 2 231 09 09, *hotel.berlaymont@hoteles-silken.com, Fax 0 2 230 33 71*, – AE VISA GR c
Rest *L'Objectif* *Lunch 20* – carte 33/53 – ☕ 25 – **212 ch** ★89/325 – ★★89/325 – 2 suites.

◆ Hôtel aux chambres actuelles fraîches et nettes réparties dans deux immeubles modernes communicants. Décor intérieur sur le thème de la photographie contemporaine. Carte variée et cadre bien dans l'air du temps à l'Objectif ; assiettes d'attente originales.

◆ Hotel met frisse, eigentijdse, keurige kamers, verdeeld over twee moderne gebouwen die met elkaar zijn verbonden. Inrichting met als thema de hedendaagse fotografie. L'Objectif voert een gevarieerde kaart in een hedendaagse setting; originele onderborden!

Martin's Central Park, bd Charlemagne 80, ✉ 1000, ☎ 0 2 230 85 55, *mcp@martinshotels.com, Fax 0 2 230 56 35*, – AE VISA GR a
Rest *(fermé samedi midi, dimanche midi et jours fériés) Lunch 16* – 29, carte 38/45, ♀ – ☕ 20 – **97 ch** ★210/330 – ★★240/360 – 3 suites.

◆ Trois formats de chambres et bonnes installations pour réunions et affaires dans cet hôtel moderne proche du Berlaymont. Communs design ornés de photos "d'icônes" du show-biz. Brasserie contemporaine complétée par un lounge-bar et une cour-terrasse.

◆ Dit moderne hotel bij het Berlaymont biedt kamers in drie maten en goede voorzieningen voor vergaderingen en zaken. Designlounge met foto's van iconen uit de showbizz. Eigentijdse brasserie met loungebar en patio.

Holiday Inn Schuman, r. Breydel 20, ✉ 1040, ☎ 0 2 280 40 00, *hotel@holiday-inn-brussels-schuman.com, Fax 0 2 282 10 70*, – AE VISA GS b
Rest (résidents seult) – ☕ 21 – **57 ch** ★50/450 – ★★60/460 – 2 suites.

◆ Schuman, le précurseur de la CEE, aurait probablement apprécié de séjourner dans cet hôtel dont les chambres se conforment parfaitement aux attentes des euro-fonctionnaires.

◆ Schuman, de "vader van Europa", zou maar wat graag in dit hotel hebben gelogeerd, want de kamers voldoen perfect aan de verwachtingen van de Eurofunctionarissen.

New Hotel Charlemagne, bd Charlemagne 25, ✉ 1000, ☎ 0 2 230 21 35, *brusselscharlemagne@new-hotel.be, Fax 0 2 230 25 10*, – AE VISA. rest GR k
Rest (résidents seult) – ☕ 19 – **68 ch** ★59/260 – ★★59/360 – ½ P 85/286.

◆ Entre le square Ambiorix et le centre Berlaymont, pratique petit hôtel où loge surtout la clientèle "UE". Réception, bar-salon et salle des petits-déjeuners en enfilade.

◆ Praktisch hotel tussen het Ambiorixsquare en het Europees Centrum Berlaymont, dat het vooral moet hebben van de "EU-klandizie". Receptie, bar-lounge en ontbijtzaal en suite.

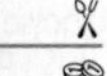

Take Sushi, bd Charlemagne 21, ✉ 1000, ☎ 0 2 230 56 27, *Fax 0 2 231 10 44*, Cuisine japonaise avec sushi-bar – AE VISA GR z
fermé samedi et dimanche midi – **Rest** *Lunch 15* – 23/56, carte 30/50.

◆ Table nippone installée depuis plus de 20 ans au centre des institutions européennes. Décor, fond musical et jardinet assortis. Sushi-bar en salle ; formules plateaux-menus.

◆ Al meer dan 20 jaar een stukje Japan in het hart van Europa! Japanse inrichting, achtergrondmuziek en tuintje. Sushibar en plate-service.

Quartier Botanique, Gare du Nord *(voir aussi St-Josse-ten-Noode) - plan p. 10 :*

Husa President, bd du Roi Albert II 44, ✉ 1000, ☎ 0 2 203 20 20, *info.president@husa.es, Fax 0 2 203 24 40,* – ch, – . AE VISA FQ d
Rest *(fermé dimanche) Lunch 21* – carte 31/50 – 20 – **281 ch** 75/120 – 80/150 – 16 suites –½ P 95/180.
◆ Immeuble s'élevant à l'extrémité du "Manhattan" bruxellois, non loin de la gare du Nord et du World Trade Center. Communs de belle ampleur et bon confort dans les chambres. Table décontractée proposant un choix traditionnel ; plat du jour et menu du marché.
◆ Breed gebouw met comfortabele kamers aan de rand van het "Manhattan" van de Belgische hoofdstad, niet ver van Brussel-Noord en het World Trade Center. In het restaurant kunt u in een ontspannen sfeer traditionele gerechten proeven; dagschotel en dagmenu.

Le Dome (annexe Le Dome II), bd du Jardin Botanique 12, ✉ 1000, ☎ 0 2 218 06 80, *dome@skypro.be, Fax 0 2 218 41 12,* – , ch – . AE VISA. ch FQ m
Rest *Lunch 16* – carte 24/52 – **125 ch** 84/218 – 98/350 –½ P 152/350.
◆ Façade 1900 dont le dôme domine l'effervescente place Rogier. Réminiscences décoratives Art nouveau dans les chambres et parties communes. Brasserie moderne surmontée d'une mezzanine ; carte traditionnelle à composantes belges, incluant des salades et snacks.
◆ Gevel uit 1900, waarvan de koepel hoog boven het bruisende Rogierplein uitsteekt. Kamers en gemeenschappelijke ruimten met art-deco-elementen. Moderne brasserie met mezzanine voor een traditionele Belgische maaltijd, salade of snack.

Vendôme-Marivaux, bd A. Max 98, ✉ 1000, ☎ 0 2 227 03 00, *info@vendome-marivaux.be, Fax 0 2 218 06 83* – – . AE VISA. FQ c
fermé fin décembre – **Rest** *(fermé samedi midi, dimanche et jours fériés) Lunch 16* – carte 21/41 – **135 ch** 75/405 – 95/430 –½ P 100/430.
◆ Trois maisons mitoyennes forment cet hôtel implanté sur un axe passant reliant les places Rogier et De Brouckère. Chambres à géométrie variable, rénovées par étapes. Brasserie aux tons chauds dotée de chaises et de banquettes en velours. Carte traditionnelle.
◆ Hotel bestaande uit drie huizen aan een doorgaande weg tussen het Rogierplein en het Brouckereplein. Kamers van verschillende afmetingen, die een voor een worden gerenoveerd. Brasserie in warme kleuren, met fluwelen stoelen en bankjes. Traditionele kaart.

Maison du Dragon, bd A. Max 146, ✉ 1000, ☎ 0 2 250 10 20, *hotel.maisondudragon.bru@skynet.be, Fax 0 2 218 18 25,* – ch, – . AE VISA FQ m
Rest (cuisine chinoise, ouvert jusqu'à 23 h 30) *Lunch 11* – 22/46 bc, carte 16/57 – 10 – **98 ch** 110/250 – 125/375 –½ P 130/270.
◆ Depuis 2005, presque toutes les chambres de cet établissement à management chinois ont été rénovées ; les meilleures occupent l'extension récente. Grande salle de restaurant au décor asiatique contemporain, couronnée d'une mezzanine. Cuisine sino-continentale.
◆ In dit hotel met Aziatisch management zijn bijna alle kamers in 2005 gerenoveerd; de beste bevinden zich in de nieuwbouw. Groot restaurant met mezzanine en een eigentijdse Aziatische inrichting. Chinees-continentale keuken.

Belmont sans rest, bd d'Anvers 10, ✉ 1000, ☎ 0 2 227 15 40, *info@belmont.be, Fax 0 2 227 15 41* – – . AE VISA FQ g
31 ch 79/225 – 99/250.
◆ Au bord d'un axe passant, face au Ministère de la Communauté flamande, hôtel rénové offrant un niveau de confort très valable pour la clientèle touristique et d'affaires.
◆ Volledig gerenoveerd hotel aan een drukke weg, tegenover het ministerie van de Vlaamse Gemeenschap. Heel redelijk comfort voor toeristen en zakenlieden.

Quartier Atomium (Centenaire - Trade Mart - Laeken - Neder-over-Heembeek) *- plan p. 6 :*

Lychee, r. De Wand 118, ✉ 1020, ☎ 0 2 268 19 14, *Fax 0 2 268 19 14,* Cuisine chinoise, ouvert jusqu'à 23 h – . AE VISA BK d
fermé lundi – **Rest** *Lunch 9* – 25/35, carte 18/40.
◆ Table asiatique connue depuis plus de 25 ans entre le pavillon chinois et la chaussée romaine. Carte à dominante cantonaise, batterie de menus et lunch très démocratique.
◆ Aziatisch restaurant dat al 25 jaar bestaat, tussen het Chinese paviljoen en de Romeinse steenweg. Kaart met Kantonese specialiteiten, veel menu's en een goedkope lunch.

XX **Atomium,** Square de l'Atomium, ✉ 1020, ☎ 0 2 479 58 50, *restaurant@belgiumtaste.com, Fax 0 2 479 68 78,* ville, Ouvert jusqu'à 23 h – P. AE MC VISA. BK

fermé 22 juillet-7 août – **Rest** (au déjeuner buffet seult) *Lunch 20* – 30/100 bc, carte 41/82, ♀.

◆ Table squattant le monument-symbole de l'expo universelle de 1958, rénové en 2006. Buffets à midi et repas à la carte le soir. Produits belges. Réservez près des fenêtres !

◆ Belgisch eten in het symbool van de Wereldtentoonstelling van 1958 (gerenoveerd in 2006). Lunchbuffetten en 's avonds à la carte. Reserveer een tafel bij het raam!

ANDERLECHT - *plans p. 6 et 8 sauf indication spéciale :*

Be Manos, Square de l'Aviation 23, ✉ 1070, ☎ 0 2 520 65 65, *stay@bemanos.com, Fax 0 2 520 67 67,* – le midi uniquement – AE MC VISA. plan p. 10 ES a

Rest *Be Lella (fermé week-end)* (déjeuner seult) 17, carte 29/51 – **59 ch** ☐ 275/370 – 315/410 – 1 suite.

◆ Design-hôtel inauguré en 2007 dans un quartier branché d'Anderlecht. "Body-guard" à l'entrée, communs et chambres "ultra-fashion", en noir et blanc, spa et terrasses perchées. Restaurant "trendyssime" envoyant un assortiment de préparations belgo-bruxelloises.

◆ Designhotel uit 2007 in een hippe wijk in Anderlecht. "Bodyguard" bij de ingang, ultramoderne lounge en kamers in zwart-wit. Spa en dakterrassen. Supertrendy restaurant met Belgische en Brusselse gerechten.

XXX **Saint Guidon** au 1er étage du stade de football du R.S.C. d'Anderlecht, av. Théo Verbeeck 2, ✉ 1070, ☎ 0 2 520 55 36, *saint-guidon@skynet.be, Fax 0 2 523 38 27* – P. MC VISA. AM m

fermé 20 juin-21 juillet, 22 décembre-2 janvier, samedi, dimanche et jours de match à domicile du club – **Rest** (déjeuner seult) *Lunch 32* – 57 bc, carte 53/95.

◆ Restaurant "smart" attenant aux tribunes du R.S.C. Anderlecht. Choix classique raffiné, brigade de salle structurée assurant un service dans les règles, belle fréquentation.

◆ "Smart" restaurant bij de tribunes van R.S.C. Anderlecht. Verfijnde klassieke keuken, uitstekende bediening en goed gezelschap.

XX **Alain Cornelis,** av. Paul Janson 82, ✉ 1070, ☎ 0 2 523 20 83, *alaincornelis@skynet.be, Fax 0 2 523 20 83,* – AE MC VISA AM p

fermé 1 semaine Pâques, 2 premières semaines août, fin décembre, mercredi soir, samedi midi, dimanche et jours fériés – **Rest** 30/65 bc, carte 30/44.

◆ Adresse d'esprit classico-bourgeois, tant par sa cuisine et son cadre que par son ambiance et son service. Terrasse côté jardin, près d'une pièce d'eau. Formule menu-carte.

◆ Bourgeois-klassiek adres, zowel qua keuken en interieur als qua ambiance en bediening. Terras aan de tuinzijde, bij een waterpartij. À la carte menu.

XX **La Brouette,** bd Prince de Liège 61, ✉ 1070, ☎ 0 2 522 51 69, *info@labrouette.be, Fax 0 2 522 51 69* – . AE MC VISA AM r

fermé 1 semaine carnaval, 21 juillet-15 août, samedi midi, dimanche soir et lundi – **Rest** *Lunch 25* – 35/65 bc, carte env. 45, .

◆ Restaurant rajeuni intérieurement dans les tons gris et bordeaux et orné de photos d'art réalisées par un patron sommelier omniprésent en salle. Recommandable menu "Brouette".

◆ Verjongde zaak herschilderd in grijs en bordeaux en versierd met kunstfoto's van de patron, die tevens sommelier is. Het menu "Brouette" is een aanrader.

XX **Le Croûton,** r. Aumale 22 (près pl. de la Vaillance), ✉ 1070, ☎ 0 2 520 79 36, – AE MC VISA AM q

fermé dernière semaine janvier-première semaine février, dernière semaine août-première semaine septembre, dimanche et lundi – **Rest** *Lunch 25* – 30/80 bc, carte 36/54.

◆ Petite table intime connue de longue date aux abords de la maison d'Érasme et du clocher de St-Guidon. Carte traditionnelle actualisée, menu-choix à prix sage, cour-terrasse.

◆ Dit sfeervolle restaurant bij het Erasmushuis en de St.-Guido-toren is sinds jaar en dag bekend. Traditionele kaart met een vleugje modern, schappelijke keuzemenu's en patio.

X **La Paix,** r. Ropsy-Chaudron 49 (face abattoirs), ✉ 1070, ☎ 0 2 523 09 58, *restaurantlapaix@skynet.be, Fax 0 2 520 10 39,* Taverne-rest – . AE MC VISA BM a

fermé 3 dernières semaines juillet, samedi et dimanche – **Rest** (déjeuner seult sauf vendredi) carte 35/60.

◆ Ancien café de chevillards où un chef français explore et réinvente la gastronomie bistrotière dans une ambiance bien bruxelloise. Cuisine à vue, lambris et hauts plafonds.

◆ Voormalig trefpunt van slagers, waar een Franse chef-kok de bistrokeuken exploreert en vernieuwt in een typisch Brusselse ambiance. Open keuken, lambrisering en hoge plafonds.

X **René,** pl. de la Résistance 14, ✉ 1070, ☎ 0 2 523 28 76, Moules en saison. AM a

fermé mi-juin-mi-juillet – **Rest** carte 25/47.

• Ancienne friterie populaire judicieusement transformée en restaurant pour le plus grand plaisir des bonnes fourchettes. Clientèle de quartier et de bureaux. Terrasse d'été.

• Deze oude "frituur" is omgetoverd tot een restaurantje voor smulpapen. Er komen veel buurtbewoners en zakenmensen. Terras in de zomer.

AUDERGHEM (OUDERGEM) - *plan p. 9 sauf indication spéciale :*

XX **La Caudalie,** r. Jacques Bassem 111, ✉ 1160, ☎ 0 2 675 20 20, *th.baudry@resto-lacaudalie.be, Fax 0 2 675 20 80,* – P. AE ① MO VISA CN x

fermé samedi midi et dimanche – **Rest** *Lunch 18* – 35/70 bc, carte 40/62, ♀.

• Table actuelle engageante vous invitant à découvrir de jolis accords mets-vins. Salle à manger au décor moderne très léché et restaurant de plein air caché sur l'arrière.

• In dit eigentijdse restaurant staan u spannende wijn-spijscombinaties te wachten. Moderne eetzaal en terras aan de achterkant, waar 's zomers buiten kan worden gegeten.

X **La Khaïma,** chaussée de Wavre 1390, ✉ 1160, ☎ 0 2 675 00 04, *Fax 0 2 675 12 25,* Cuisine marocaine, ouvert jusqu'à 23 h – AE MO VISA. CN k

Rest *Lunch 10* – 30, carte 26/37.

• Les gourmets épris d'orientalisme apprécieront cette jolie tente berbère (khaïma) reconstituée. Tout y est : lanternes, tapis, poufs, tables basses et cuivres martelés.

• In dit Noord-Afrikaanse restaurant eet u in een echte Berbertent (khaïma), compleet met lantaarns, tapijten, poefs en koperen tafeltjes.

X **La Citronnelle,** chaussée de Wavre 1377, ✉ 1160, ☎ 0 2 672 98 43, *Fax 0 2 672 98 43,* Cuisine vietnamienne – AE ① MO VISA CN f

fermé lundi et samedi midi – **Rest** *Lunch 11* – 29, carte 25/35.

• Au bord d'un axe passant, vénérable restaurant vietnamien au décor intérieur sobre agrémenté de lithographies asiatiques. Terrasse arrière surélevée. Carte bien présentée.

• Vietnamees restaurant aan een drukke weg, met een sober interieur dat door Aziatische etsen wordt opgevrolijkt. Goed gepresenteerde kaart en terras aan de achterkant.

X **New Asia,** chaussée de Wavre 1240, ✉ 1160, ☎ 0 2 660 62 06, *Fax 02 675 67 28,* Cuisine chinoise – AE ① MO VISA. plan p. 13 HU a

fermé 3 dernières semaines juillet et lundi – **Rest** *Lunch 9* – 14/25, carte 15/36.

• Cuisine chinoise déclinée en abondants menus et cadre typique d'un restaurant asiatique de quartier. Clientèle d'habitués fidélisée depuis plus de 25 ans.

• Chinees met diverse menu's en de typische inrichting van een Aziatisch buurtrestaurant. De vaste klanten weten al ruim 25 jaar de weg hiernaartoe te vinden.

X **Le Villance,** bd du Souverain 274, ✉ 1160, ☎ 0 2 660 11 11, *Fax 0 2 672 92 72,* Taverne-rest, ouvert jusqu'à 23 h – AE MO VISA CN c

Rest *Lunch 16* – carte 24/47, ♀.

• Brasserie rajeunie misant sur une carte traditionnelle sobrement actualisée. Service non-stop de 10 h à 23 h, 7 jours sur 7. Choix simplifié en dehors du déjeuner et du dîner.

• Verjongde brasserie met een traditionele kaart en een vleugje modern. Doorlopende bediening van 10 tot 23 uur, 7 dagen per week. Kleine kaart buiten de lunch en het diner.

X **Villa Singha,** r. Trois Ponts 22, ✉ 1160, ☎ 0 2 675 67 34, *info@singha.be, Fax 0 2 675 38 94,* Cuisine thaïlandaise, ouvert jusqu'à 23 h – AE MO VISA

fermé 3 au 31 août, 21 décembre-4 janvier, samedi midi, dimanche et jours fériés midis – **Rest** *Lunch 9* – 17/27, carte 20/34. plan p. 13 HV x

• Ex-maison d'habitation abritant une petite table thaïlandaise à recommander tant pour l'authenticité de la cuisine que pour la gentillesse de l'accueil et du service.

• Dit woonhuis is verbouwd tot een Thais restaurantje, dat in de smaak valt door de authentieke keuken, maar ook door de vriendelijke bediening en service.

BERCHEM-STE-AGATHE (SINT-AGATHA-BERCHEM) - *plan p. 6 :*

X **La Brasserie de la Gare,** chaussée de Gand 1430, ✉ 1082, ☎ 0 2 469 10 09, *Fax 0 2 469 10 09* – P. AE ① MO VISA AL s

fermé samedi midi et dimanche – **Rest** *Lunch 12* – 29, carte 28/48.

• Brasserie conviviale et animée établie devant un passage à niveau. Peintures naïves sympathiques en salle ; cuisine traditionnelle généreuse. Réservation utile au déjeuner.

• Gezellige brasserie bij een spoorwegovergang. Grappige naïeve schilderijen in de eetzaal. Overvloedige, traditionele gerechten. Reserveren voor de lunch aanbevolen.

ETTERBEEK - *plan p. 11 :*

Sofitel Brussels Europe, pl. Jourdan 1, ✉ 1040, ✆ 0 2 235 51 00, *H5282@accor.com, Fax 0 2 235 51 01,* – . AE VISA GS w
Rest – ***Spud's*** *(fermé 3 semaines en août, samedi midi et dimanche)* Lunch 35, – carte 46/73, ₹ – 25 – **137 ch** ★160/450 – ★★160/450 – 12 suites.
• Palace moderne ouvrant sur une place animée, en plein centre institutionnel européen. Hall-atrium à verrières, espaces détente, chambres, junior suites et suites tout confort. Restaurant chic au cadre contemporain. Carte élaborée par un chef-conseil parisien.
• Modern luxehotel aan een druk plein, midden in de Europese wijk. Glazen atrium en ruimten om te relaxen. Comfortabele kamers, junior suites en suites. Chic restaurant met een eigentijds interieur. Kaart samengesteld op advies van een Parijse chef-kok.

Stirwen, chaussée St-Pierre 15, ✉ 1040, ✆ 0 2 640 85 41, *alaintroubat@hotmail.com, Fax 0 2 648 43 08* – . AE VISA. GS a
fermé 2 semaines en août, 2 semaines fin décembre, samedi et dimanche – **Rest** Lunch 28 – carte 47/66.
• Table au cadre bien feutré, rehaussé de jolies boiseries façon Belle Époque. Recettes traditionnelles "oubliées" et spécialités des régions de France. Clientèle diplomatique.
• Sfeervol restaurant met mooie lambrisering in belle-époquestijl, waar veel diplomaten komen. Haast vergeten traditionele recepten en Franse streekgerechten.

Quartier Cinquantenaire (Montgomery) - *plan p. 11 sauf indication spéciale :*

Park sans rest, av. de l'Yser 21, ✉ 1040, ✆ 0 2 735 74 00, *info@parkhotelbrussels.be, Fax 0 2 735 19 67,* – – . AE VISA HS c
53 ch ★95/300 – ★★105/400.
• Hôtel intime et douillet formé de deux maisons de notable (1909) tournées vers le parc du Cinquantenaire. Salle de breakfast classique donnant sur un beau jardin de ville.
• Knus hotel bestaande uit twee herenhuizen (1909) tegenover het Jubelpark. De klassieke ontbijtzaal kijkt uit op een mooie stadstuin.

La Mandragola, av. de Tervuren 59, ✉ 1040, ✆ 0 2 736 17 01, *lamandragola@skynet.be, Fax 0 2 736 67 85,* , Avec cuisine italienne . AE VISA HS b
fermé 31 juillet-22 août, samedi midi et dimanche – **Rest** Lunch 19 – 36/49, carte env. 45.
• Maison de maître bordée par un axe passant. Cuisine italo-méditerranéenne aux saveurs authentiques, à apprécier dans un cadre actuel ou sur la terrasse avant close de grilles.
• Herenhuis met een eigentijds interieur aan een drukke verkeersader. Italiaans-mediterrane keuken met authentieke smaken. Terras aan de voorkant, met hekwerk eromheen.

Le Jaspe, bd Louis Schmidt 30, ✉ 1040, ✆ 0 2 734 22 30, *jiaxing0806@hotmail.com,* Cuisine chinoise – . AE VISA plan p. 13 HU b
fermé 15 juillet-15 août et lundi – **Rest** Lunch 9 – 14/28, carte 20/35.
• La façade de ce restaurant chinois au sobre décor extrême-oriental "en impose". Pour conventionnels qu'ils soient, les plats n'en sont pas moins goûteux.
• De façade van dit Chinese restaurant met zijn sobere, typisch Aziatische decor boezemt ontzag in. Het eten is weliswaar conventioneel, maar daarom niet minder smakelijk.

EVERE - *plan p. 7 :*

Courtyard by Marriott, av. des Olympiades 6, ✉ 1140, ✆ 0 2 337 08 08 et 377 08 36 (rest), *marc.leveau@marriott.com, Fax 0 2 337 08 01,* – – . AE VISA. CL x
Rest *Zinc* Lunch 22 – 29/64 bc, carte 28/47, ₹ – **188 ch** ★89/459 – ★★89/459 – 3 suites – ½ P 111/481.
• Hôtel de chaîne inauguré en 2004 à mi-chemin de l'aéroport et du centre. Communs lumineux et modernes, salon agréable, bon outil conférencier et chambres classiques-actuelles. Repas traditionnel dans une ambiance de brasserie ; "business lunch" à bon prix.
• Dit ketenhotel uit 2004 ligt halverwege de luchthaven en het centrum. Lichte, moderne gemeenschappelijke ruimtes, aangename lounge, goede congresvoorzieningen en klassiek-moderne kamers. Traditioneel eten in een brasseriesfeer; democratische 'business lunch'.

Mercure, av. Jules Bordet 74, ✉ 1140, ✆ 0 2 726 73 35, *H0958@accor.com, Fax 0 2 726 82 95,* – – . AE VISA CL a
Rest *(fermé vendredi soir, samedi, dimanche midi et jours fériés)* Lunch 13 – carte 34/49, ₹ – 17 – **113 ch** ★85/225 – ★★85/225 – 7 suites.
• À deux pas de l'OTAN et 5 mn de l'aéroport, hôtel de chaîne dont toutes les chambres, sobres et résolument contemporaines, ont été décorées sur le thème du chocolat. Lounge-restaurant chaleureux et cosy, où le vin occupe une place de choix.
• Dit ketenhotel ligt vlak bij de NAVO en op 5 minuten rijden van de luchthaven. De sobere, hypermoderne kamers hebben allemaal chocolade als thema. In het gezellige lounge-restaurant speelt wijn een belangrijke rol.

Belson sans rest, chaussée de Louvain 805, ✉ 1140, ☎ 0 2 708 31 00, *resa@greshambelsonhotel.com, Fax 0 2 708 31 66*, – |‡| ⇔ ▤ – 🅿. AE ⓓ ⓜ VISA. CL z
☐ 22 – **132 ch** ✱105/350 – ✱✱105/350 – 3 suites.
• Vous aurez aussi aisément accès au centre-ville qu'à l'aéroport (navette gratuite) depuis cet hôtel affilié à une chaîne irlandaise. Chambres au cachet décoratif anglo-saxon.
• Vanuit dit hotel van een Ierse keten is zowel het centrum als de luchthaven (gratis pendeldienst) heel gemakkelijk te bereiken. De kamers hebben een Engels cachet.

FOREST (VORST) - *plan p. 8 sauf indication spéciale :*

De Fierlant sans rest, r. De Fierlant 67, ✉ 1190, ☎ 0 2 538 60 70, *info@hoteldefierlant.be, Fax 0 2 538 91 99* – |‡| ⇔ – 🅿. AE ⓜ VISA BN d
40 ch ☐ ✱65/160 – ✱✱69/170.
• Cet hôtel ayant retrouvé l'éclat du neuf en 2004 se situe entre la gare du Midi et la salle de concerts Forest-National. Chambres sobres et nettes ; parties communes de même.
• Dit hotel, dat in 2004 werd gerenoveerd, staat tussen het station Brussel-Zuid en de concertzaal Vorst-Nationaal. Sobere maar keurige kamers en gemeenschappelijke ruimten.

GANSHOREN - *plan p. 15 sauf indication spéciale :*

Bruneau (Jean-Pierre Bruneau), av. Broustin 75, ✉ 1083, ☎ 0 2 421 70 70, *restaurant_bruneau@skynet.be, Fax 0 2 425 97 26*, – ▤ le soir uniquement ⇔. AE ⓓ ⓜ VISA W a
fermé 31 janvier-8 février, août, mardi, mercredi et jeudis fériés – **Rest** Lunch 35 – 95/150, carte 80/191, ♀.
Spéc. Fond d'artichaut au moelleux de crabe royal, sorbet épicé à la tomate (avril-janvier). Croustillant de langoustines et foie d'oie, parmentier aux lentilles du Puy. Blanc de coucou de Malines à la Kieff façon demi-deuil.
• Une table de renom, qui atteint l'équilibre parfait entre classicisme et créativité, tout en valorisant les produits régionaux. Cave prestigieuse. L'été, on mange en terrasse.
• Gerenommeerd restaurant met een volmaakt evenwicht tussen classicisme en creativiteit, met het accent op regionale producten. Prestigieuze wijnkelder. Terras in de zomer.

XXX ✿

San Daniele (Franco Spinelli), av. Charles-Quint 6, ✉ 1083, ☎ 0 2 426 79 23, *Fax 0 2 426 92 14*, Avec cuisine italienne – ▤ ⇔. AE ⓓ ⓜ VISA W c
fermé 2 semaines Pâques, mi-juillet-15 août, dimanche et lundi – **Rest** 65, carte 49/90.
Spéc. Ravioli à l'encre de seiche, homard et courgettes, jus de crustacés. Rouget rôti au four, émulsion de palourdes. Semifreddo aux noisettes, crème façon cappuccino.
• L'accueil familial et gentil, autant que l'ampleur de la carte italianisante, escortée d'une affriolante sélection de crus transalpins, attire ici une clientèle assidue.
• De vriendelijke ontvangst, de ruime keuze van de Italiaans georiënteerde kaart en de aanlokkelijke selectie Italiaanse wijnen trekken hier veel vaste klanten.

XX

Cambrils 1er étage, av. Charles-Quint 365, ✉ 1083, ☎ 0 2 465 50 70, *restaurant.cambrils@skynet.be, Fax 0 2 465 76 63*, – ▤ ⇔. AE ⓜ VISA plan p. 6 AL f
fermé 2 dernières semaines juillet, dimanche et lundi – **Rest** Lunch 23 – 32/55 bc, carte 33/56.
• Table classique bordant un axe passant aisément accessible depuis le ring. Bar au rez-de-chaussée, cuisines ouvertes sur la salle à l'étage et terrasse-pergola à l'arrière.
• Restaurant aan een doorgaande weg die vanaf de Ring gemakkelijk bereikbaar is. Bar beneden, eetzaal met open keuken boven en terras met pergola achter. Klassiek register.

IXELLES (ELSENE) - *plan p. 12 sauf indication spéciale :*

X

Saint Boniface, r. St-Boniface 9, ✉ 1050, ☎ 0 2 511 53 66, *Fax 0 2 511 53 66*, Cuisine du Sud-Ouest et basque – AE ⓜ VISA plan p. 12 FS g
fermé samedi et dimanche – **Rest** 34, carte 30/45.
• Carte se référant au Pays Basque et à diverses régions de France (surtout Sud-Ouest), spécialités de tripes, décor d'affiches et de vieilles boîtes en métal, terrasse arrière.
• Kaart geïnspireerd op het Baskenland en streken van Frankrijk (vooral het zuidwesten), met pens als specialiteit. Verzameling affiches en oude blikken. Terras aan de achterzijde.

X

Le Yen, r. Lesbroussart 49, ✉ 1050, ☎ 0 2 649 95 89, *nxhanh05@yahoo.fr*, Cuisine vietnamienne – ⇔. AE ⓓ ⓜ VISA. FU f
fermé samedi midi et dimanche – **Rest** Lunch 9 – 20/31 bc, carte 23/34.
• Rien à voir avec la devise nippone ! "L'Hirondelle" (Yen) vous reçoit dans un cadre asiatique aussi moderne que dépouillé. Préparations vietnamiennes aux noms poétiques.
• Deze Yen heeft niets te maken met de Japanse munt, maar betekent zwaluw. In een even modern als sober interieur wordt u onthaald op Vietnamese schotels met poëtische namen.

X **Chez Oki,** r. Lebroussart 62, ✉ 1050, ☎ 0 2 644 45 76, *chez-oki@skynet.be, Fax 0 2 644 45 76* – ▤. AE MC VISA. ⛔ **FU m**
fermé mi-juillet-mi-août, samedi midi, dimanche et lundi midi – **Rest** (prévenir) *Lunch 9* – 30/50, carte 44/61.
◆ Table inventive où le chef Oki panache sous vos yeux la tradition culinaire française et celle de son japon natal. Cadre moderne dépouillé, tendance "zen" ; mini-patio nippon.
◆ Inventieve keuken, waar chef-kok Oki voor uw ogen de Franse culinaire traditie met die van Japan verbindt. Minimalistisch modern decor en mini-patio in Japanse stijl.

Quartier Boondael (Université) - *plan p. 13 :*

XX **L'Auberge de Boendael,** square du Vieux Tilleul 12, ✉ 1050, ☎ 0 2 672 70 55, *auberge-de-boendael@resto.be, Fax 0 2 660 75 82,* terrasse, Grillades – P ⇔. AE MC VISA **HX h**
fermé 28 juillet-18 août, 22 décembre-3 janvier, dimanche soir, lundi midi et mercredi – **Rest** *Lunch 18* – 37, carte 45/65.
◆ Restaurant à l'ambiance chaleureuse installé dans une ancienne auberge du 17e s. Décor rustique, feu de bois en salle et carte actuelle incluant une dizaine de grillades.
◆ Sfeervol restaurant in een 17e-eeuwse herberg met een rustiek interieur, knapperend houtvuur en eigentijdse kaart met grillspecialiteiten.

X **Les Foudres,** r. Eugène Cattoir 14, ✉ 1050, ☎ 0 2 647 36 36, *lesfoudres@skynet.be, Fax 0 2 649 09 86,* terrasse – P ⇔. AE D MC VISA **GUV j**
fermé samedi midi, dimanche et jours fériés – **Rest** *Lunch 15* – 30, carte 37/47.
◆ Repas classico-traditionnel servi dans un cadre original : celui d'un ancien chai voûté, dont les énormes "foudres" en chêne ont élevé des flots de vin. Parking privé gratuit.
◆ Oude gewelfde wijnkelder met reusachtige eikenhouten vaten, waarin de wijn nog ligt na te rijpen. Klassiek-traditionele keuken. Gratis parkeren.

X **La Pagode d'Or,** chaussée de Boondael 332, ✉ 1050, ☎ 0 2 649 06 56, *info@lapagode.be, Fax 0 2 649 09 00,* terrasse, Cuisine vietnamienne, ouvert jusqu'à 23 h – ⇔. AE D MC VISA. ⛔ **GV m**
fermé lundi midi – **Rest** *Lunch 9* – 20, carte 23/35.
◆ Un honorable petit ambassadeur du Vietnam à Ixelles : carte explicite et consistante, annonçant plusieurs menus multi-choix ; salle intime aux discrètes touches exotiques.
◆ Dit eettentje is een waardige ambassadeur van Vietnam in Elsene. Expliciete en consistente kaart met verscheidene keuzemenu's. Intieme eetzaal met een licht exotische toets.

X ✿ **Marie,** r. Alphonse De Witte 40, ✉ 1050, ☎ 0 2 644 30 31, *Fax 0 2 644 27 37,* Bistrot – ▤. AE MC VISA. ⛔ **GU a**
fermé 20 juillet-19 août, 21 décembre-6 janvier, samedi midi, dimanche et lundi – **Rest** *Lunch 17* – 58, carte 47/58, ♀.
Spéc. Brandade de morue à l'huile d'olive, concassée de tomates et coulis de poivrons. Filet de turbot poêlé, crème émulsionnée aux moules de bouchot et crevettes grises (juin-septembre). Filet de biche rôti, sauce poivrade et cannelloni aux champignons des bois (octobre-février).
◆ Ce sympathique bistrot gourmand pratique un style culinaire classique-traditionnel et propose un riche choix de vins où de nombreuses références sont disponibles au verre.
◆ Deze leuke bistro is echt iets voor lekkerbekken. Klassiek-traditionele keuken en uitgebreide wijnkaart, met een groot aantal wijnen per glas.

X **Le Doux Wazoo,** r. Relais 21, ✉ 1050, ☎ 0 2 649 58 52, *Fax 0 2 649 58 52,* Bistrot, ouvert jusqu'à 23 h – ⇔. AE D MC VISA **HV s**
fermé 20 juillet-18 août, samedi midi, dimanche et lundi soir – **Rest** *Lunch 16* – 28, carte 25/50, ♀.
◆ Une carte traditionnelle comportant des spécialités bistrotières et des plats "canaille" est présentée dans cet ancien café à l'atmosphère conviviale et au joli cadre rétro.
◆ Gezellig eettentje in een voormalig café met een leuke ouderwetse inrichting. Traditionele kaart met bistroschotels, maar ook een paar spannende gerechten.

X **Le Varietes,** pl. Sainte Croix 4, ✉ 1050, ☎ 0 2 647 04 36, *lali@levarietes.be, Fax 0 2 647 04 56,* Taverne-rest, ouvert jusqu'à minuit – AE MC VISA **GU x**
fermé 24, 25 et 31 décembre et 1er janvier – **Rest** *Lunch 16* – carte 27/50.
◆ Décor entre-deux-guerres en zebrano (bois exotique) plaqué pour cette rôtisserie embarquée dans le "paquebot" Flagey, dont elle suit le tempo culturel. Cuisine et grill à vue.
◆ Rôtisserie aan "boord" van het Flagey, om voor of na een voorstelling culinair te genieten. Inrichting uit het interbellum, met veel exotisch hout. Open keuken en grill.

Quartier Bascule, Châtelain, Ma Campagne - *plan p. 12 :*

XX **Aux Beaumes de Venise,** r. Darwin 62, ✉ 1050, ℘ 0 2 343 82 93, *Fax 0 2 346 08 96,* 🏡 – ▤. AE MC VISA EFV x
fermé 3 semaines en août, Noël-nouvel an, dimanche et lundi – **Rest** *Lunch 25* – 40, carte 37/53.
• Salles claires et avenantes relookées dans la note classique, véranda et courette aménagée en restaurant d'été. Accueil affable, service bien rodé et carte souvent repensée.
• Mooie, lichte eetzalen in klassieke stijl. Serre en binnenplaatsje om 's zomers buiten te eten. Vriendelijke ontvangst, professionele bediening en regelmatig wisselende kaart.

X **La Quincaillerie,** r. Page 45, ✉ 1050, ℘ 0 2 533 98 33, *info@quincaillerie.be, Fax 0 2 539 40 95,* 🏡, Brasserie avec écailler, ouvert jusqu'à minuit – ▤ P ⇔. AE ◑ MC VISA FU z
fermé jours fériés midis – **Rest** *Lunch 13* – 26/30, carte 33/73, ♀.
• Superbe quincaillerie Art nouveau (1903) convertie en brasserie-écailler. Salles étagées où subsistent des centaines de tiroirs et étagères d'époque. Lunch à prix muselé.
• Deze prachtige art nouveau ijzerwinkel (1903) is nu een brasserie met oesterbar. Op de verdiepingen zijn nog authentieke ladenkasten en wandrekken te zien. Goed geprijsde lunch.

X ✿ **Bistrot du Mail,** r. Mail 81, ✉ 1050, ℘ 0 2 539 06 97, *contact@bistrodumail.be,* 🏡 – ▤. AE ◑ MC VISA FU c
fermé 15 juillet-15 août, samedi midi, dimanche et lundi – **Rest** *Lunch 15* – 38/50, carte 48/64.
Spéc. Langoustines rôties au gingembre, melon et pois frais. Pigeon rôti à la sauge, laitue braisée aux petits légumes. Sablé breton et pommes caramélisées, glace au sirop d'érable.
• Adresse très "fooding", par sa cuisine personnalisée et sa déco épurée. Plancher, grandes baies, murs gris et aubergine, toiles modernes. Accueil et service amènes. Voiturier.
• Goed adres vanwege de persoonlijke kookstijl en verfijnde aankleding. Houten vloer, grote ramen, grijze en zwartpaarse muren, moderne doeken en aardig personeel. Valetparking.

X **La Canne en Ville,** r. Réforme 22, ✉ 1050, ℘ 0 2 347 29 26, *info@canneenville.be,* 🏡 – ⇔. AE ◑ MC VISA. ✗ FV q
fermé 22 décembre-14 janvier, Pâques, 15 août, samedi soir en juillet-août, samedi midi et dimanche – **Rest** *Lunch 13* – carte 35/49.
• Bistrot convivial aménagé dans une ancienne boucherie, comme l'attestent des pans de carrelage préservés. Cuisine classique à composantes du terroir. Service féminin charmant.
• Deze gezellige bistro was vroeger een slagerij, zoals enkele bewaard gebleven tegels bewijzen. Klassieke keuken op basis van streekproducten. Charmante vrouwelijke bediening.

X **Le Fellini,** pl. du Châtelain 32, ✉ 1050, ℘ 0 2 534 47 49, *hoylaests@skynet.be,* 🏡, Avec cuisine italienne et écailler, ouvert jusqu'à 23 h – ▤. AE ◑ MC VISA. ✗ FU x
fermé mercredi et samedi midi – **Rest** – 35, carte 31/55.
• Préparations majoritairement tournées vers l'Italie, servies dans une salle à manger d'esprit Art nouveau. L'été, agréable terrasse sur la place. En résumé : "La Dolce Vita".
• Een kaart met overwegend Italiaanse gerechten, een fraai interieur in art-nouveaustijl en 's zomers een prettig terras aan het plein. Kortom "La Dolce Vita"!

X **Châtelaine du Liban,** pl. du Châtelain 7, ✉ 1050, ℘ 0 2 534 92 02, *chatelaineduliban@brutele.be, Fax 0 2 534 59 57,* Cuisine libanaise, ouvert jusqu'à 23 h – ▤ ⇔. AE MC VISA. ✗ FU a
fermé fin décembre – **Rest** *Lunch 15* – 26/45 bc, carte 28/36.
• Ce restaurant libanais tourné vers une place effervescente plaît autant pour le choix et l'authenticité de sa carte que pour la sobriété, la clarté et l'ampleur de ses salles.
• Dit Libanese restaurant aan een levendig plein is niet alleen in trek vanwege de ruime keuze aan authentieke gerechten, maar ook vanwege de sobere, lichte en ruime eetzalen.

Quartier Léopold *(voir aussi Bruxelles) - plan p. 10 :*

🏨 **Renaissance,** r. Parnasse 19, ✉ 1050, ℘ 0 2 505 29 29, *renaissance.brussels@renaissancehotels.com, Fax 0 2 505 25 55,* Fá, ≘s, 🏊, 🚲 – |‡| ⇔ ▤ & 🚗 – 🏛. AE ◑ MC VISA. ✗ FS e
Rest *(fermé samedi midi, dimanche midi et jours fériés midis) Lunch 21* – carte 29/50, ♀ – ☕ 20 – **256 ch** ★79/389 – ★★79/389 – 6 suites.
• Hôtel jouxtant le quartier institutionnel européen. Chambres bien équipées et bonnes installations pour affaires, conférences et délassement. Service complet. Un choix traditionnel et une formule lunch étalée sur trois services sont proposés à la brasserie.
• Hotel dat grenst aan de wijk van de Europese instellingen. Goed geëquipeerde kamers en veel faciliteiten voor zaken, congressen en ontspanning. Uitstekende service. Brasserie met een traditionele kaart en driegangen-lunchmenu.

Radisson SAS EU, r. Idalie 35, ✉ 1050, ☎ 0 2 626 81 11, *info.brusseleu@radisson sas.com, Fax 0 2 626 81 12* – ch, – . AE VISA.
Rest *(fermé samedi midi et dimanche midi)* carte 36/56, ♀ – ☕ 25 – **145 ch** ★95/800 – ★★95/800 – 4 suites – ½ P 125/830. plan p. 11 **GS x**
◆ Nouveau palace de style ultra-contemporain vous logeant dans trois types de chambres, appelés "Fresh", "Chic" et "Fashion". Clientèle d'affaires et d'euro-fonctionnaires. Repas classique-actuel dans un décor branché, à table ou sur le grand comptoir design.
◆ Ultramodern luxehotel met drie soorten kamers: "Fresh", "Chic" en "Fashion". Veel zakenmensen en eurofunctionarissen. Klassieke keuken met een snufje modern in een trendy interieur met grote bar.

Leopold, r. Luxembourg 35, ✉ 1050, ☎ 0 2 511 18 28, *reservations@hotel-leopold.be, Fax 0 2 514 19 39,* – rest, – . AE VISA **FS y**
Rest *Salon Les Anges* *(fermé samedi midi et dimanche)* (en juillet-août dîner seult) 35, carte 52/61 – **111 ch** ☕ ★150/230 – ★★170/420.
◆ Établissement qui ne cesse de grandir en s'améliorant. Communs fignolés, chambres avenantes et grand jardin d'hiver où l'on petit-déjeune. Repas classique dans un cadre romantique et feutré au Salon Les Anges. Brasserie décontractée servant des plats variés.
◆ Dit bedrijf wordt steeds groter en beter: comfortabele kamers, mooie lounges en grote wintertuin, waar ook wordt ontbeten. Klassieke maaltijd in een romantische, deftige sfeer in de Salon Les Anges. Gemoedelijke brasserie met gevarieerde schotels.

Chambres en ville sans rest, r. Londres 19, ✉ 1050, ☎ 0 2 512 92 90, *philippe.guil min@skynet.be* – plan p. 14 **KZ a**
fermé 22 décembre-6 janvier – **4 ch** ☕ ★75/85 – ★★90/100.
◆ Discrète maison d'hôte aux jolies chambres de style néo-rétro, tendance "vintage". Chacune illustre un thème décoratif : gustavien, levantin, africain, etc. Mobilier patiné.
◆ Dit vrij onopvallende huis biedt mooie vintage gastenkamers in neoretrostijl, elk met een eigen thema: Zweeds, oosters, Afrikaans, enz. Gepatineerd meubilair.

L'Ancienne Poissonnerie, r. Trône 65, ✉ 1050, ☎ 0 2 502 75 05, Cuisine italienne – . AE VISA. **FS h**
fermé août, samedi midi et dimanche – **Rest** carte 35/48.
◆ Ancienne poissonnerie Art nouveau transformée en table italienne au goût du jour. Accueil et service charmants, ambiance sympathique et mise en place simple sur les tables.
◆ In deze vroegere viswinkel in art-nouveaustijl huist nu een eigentijds Italiaans restaurant. Charmant onthaal, vlotte bediening, sympathieke sfeer en eenvoudig gedekte tafels.

Quartier Louise *(voir aussi Bruxelles et St-Gilles) - plans p. 10 et 12 :*

Beau-Site sans rest, r. Longue Haie 76, ✉ 1050, ☎ 0 2 640 88 89, *info@beausitebrus sels.com, Fax 0 2 640 16 11* – . AE VISA **FT r**
38 ch ☕ ★70/219 – ★★75/239.
◆ Installé dans un petit immeuble d'angle, à 100 m d'une avenue très sélecte, cet hôtel sobre et fonctionnel vous réserve un accueil familial. Chambres assez amples.
◆ In dit praktische en sobere hotel in een hoekpand op slechts 100 m van de meest chique avenue van Brussel, wacht u een gastvrij onthaal. Ruime kamers.

Beverly Hills sans rest, r. Prince Royal 71, ✉ 1050, ☎ 0 2 513 22 22, *bever lyhills@infonie.be, Fax 0 2 513 87 77,* – – . AE VISA **FS b**
28 ch ☕ ★49/99 – ★★69/139.
◆ Hôtel situé dans une rue calme proche des avenues Louise et de la Toison d'Or. Ses petites chambres nettes et pratiques se distribuent entre trois bâtiments. Fitness et sauna.
◆ Hotel in een rustige straat in de buurt van de Louizalaan en de Gulden Vlieslaan. Kleine, nette en praktische kamers verdeeld over drie gebouwen. Fitnessruimte en sauna.

Argus sans rest, r. Capitaine Crespel 6, ✉ 1050, ☎ 0 2 514 07 70, *reception@boisel-ar gus.be, Fax 0 2 514 12 22* – . AE VISA **FS t**
42 ch ☕ ★60/165 – ★★70/165.
◆ Cette façade de la ville haute abrite de sobres chambres standard insonorisées. Breakfast illuminé d'une verrière d'esprit Art déco. L'affaire reste bien côtée à l'Argus !
◆ Adres in de bovenstad met sobere kamers die goed tegen geluid zijn geïsoleerd. Ontbijt bij een raam in art-decostijl.

Cospaia, r. Capitaine Crespel 1, ✉ 1050, ☎ 0 2 513 03 03, *info@cospaia.be, Fax 0 2 513 45 72,* – le midi uniquement . AE VISA **FS a**
fermé dimanche midi – **Rest** *Lunch 20* – carte 45/57.
◆ À l'angle d'un centre commercial huppé, table "dernière tendance", qui séduit par sa cuisine soignée et son cadre contemporain original et raffiné, signé Marcel Wolterinck.
◆ Trendy restaurant op de hoek van een chic winkelcentrum. Verzorgde keuken en originele, smaakvolle inrichting van Marcel Wolterinck.

X **De la Vigne... à l'Assiette,** r. Longue Haie 51, ✉ 1000, ☎ 0 2 647 68 03, *Fax 0 2 647 68 03*, Bistrot – AE MC VISA FT k
fermé 24 décembre-3 janvier, samedi midi, dimanche et lundi – **Rest** *Lunch 14* – 21/35, carte 37/49.
• "Bistrot-gastro" vous conviant aux plaisirs d'un généreux repas sortant de l'ordinaire et d'un choix de vins planétaire tarifé avec sagesse et commenté avec professionnalisme.
• In deze gastronomische bistro kunt u genieten van een overvloedige maaltijd die beslist niet alledaags is. Redelijk geprijsde wereldwijnen en een professioneel wijnadvies.

JETTE - *plan p. 15 sauf indication spéciale :*

XX **Le Vieux Pannenhuis,** r. Léopold Ier 317, ✉ 1090, ☎ 0 2 425 83 73, *levieuxpannenhuis@belgacom.net, Fax 0 2 420 21 20*, Avec grillades – AE MC VISA plan p. 6 BL g
fermé juillet, samedi midi et dimanche – **Rest** *Lunch 24* – 32/66 bc, carte 29/55.
• Ancien relais de poste du 17e s. préservant son cachet rustique. Choix classique-traditionnel étendu, rôtissoire en salle, grande carte des vins et sommelier compétent.
• Dit 17e-eeuwse poststation heeft zijn rustieke charme behouden. Uitgebreide klassiek-traditionele kaart, grill in de zaal. Rijke wijnkelder en vakkundige sommelier.

X **French Kiss,** r. Léopold Ier 470, ✉ 1090, ☎ 0 2 425 22 93, Avec grillades – AE MC VISA W f
fermé 21 juillet-15 août et lundi – **Rest** *Lunch 19* – 29, carte 29/56.
• Restaurant sympathique estimé pour ses belles grillades et sa sélection de vins bien vue. Salle au plafond bas, dont les murs de briques s'égayent de toiles multicolores.
• Sympathiek grillrestaurant met een goede selectie wijnen. De eetzaal heeft een laag plafond en bakstenen muren met veelkleurige schilderijen.

KOEKELBERG - *plan p. 15 :*

X **Le Liseron d'eau,** av. Seghers 105, ✉ 1081, ☎ 0 2 414 68 61, *Fax 0 2 414 68 61*, Cuisine vietnamienne – AE MC VISA W k
fermé août, mercredi, samedi midi et dimanche soir – **Rest** *Lunch 13* – 20/37, carte 19/38.
• Restaurant vietnamien jouxtant la basilique du Sacré-Cœur. Intérieur contemporain d'un exotisme mesuré et ambiance musicale en rapport. Choix aussi explicite qu'étoffé.
• Vietnamees restaurant naast de Basiliek van het H. Hart. Hedendaags interieur met een licht exotisch accent en bijpassende achtergrondmuziek. Ruime keuze.

MOLENBEEK-ST-JEAN (SINT-JANS-MOLENBEEK) - *plan p. 6 :*

ST-GILLES (SINT-GILLIS) - *plans p. 10 et 12 :*

Cascade sans rest, r. Berckmans 128, ✉ 1060, ☎ 0 2 538 88 30, *info@cascadehotel.be, Fax 0 2 538 92 79* – AE MC VISA EST r
82 ch 85/315 – 85/495.
• Cette bâtisse moderne entièrement rafraîchie dissimule une grande cour intérieure et abrite deux types de chambres ainsi que des studios et appartements pour longs séjours.
• Gerenoveerd hotel in een modern gebouw rondom een grote binnenplaats. Twee soorten kamers plus studio's en appartementen voor een langer verblijf.

X **Inada,** r. Source 73, ✉ 1060, ☎ 0 2 538 01 13, *inada@skynet.be, Fax 0 2 538 01 13* – MC VISA ET a
fermé 15 décembre-15 janvier, samedi midi, dimanche et lundi – **Rest** *Lunch 22* – 45, carte 46/77.
• Repas au goût du jour à savourer dans deux petites salles sobres et actuelles, aux tons gris et bordeaux. Présentations dépouillées dans les assiettes ; cuisines à vue.
• In twee sobere, moderne eetzalen in grijs en bordeaux, met open keuken, kunt u van een eigentijdse maaltijd genieten. De opmaak van de borden is zonder overbodige franje.

X **Coimbra,** av. Jean Volders 54, ✉ 1060, ☎ 0 2 538 65 35, *info@restaurant-coimbra.be, Fax 0 2 538 65 35*, Avec cuisine portugaise – MC VISA ET r
fermé 22 juillet-22 août, mardi soir et mercredi – **Rest** 29/38, carte 27/45.
• Les standards de la cuisine portugaise, révélés dans un cadre typé : murs garnis d'azulejos, plafond en tuiles et clin d'œil "saudade" à Amalia Rodrigez (chanteuse de Fado).
• Hier kunt u kennismaken met de toppers van de Portugese keuken in een karakteristiek interieur met azulejo's en een "saudade" knipoog naar de Fadozangeres Amalia Rodriguez.

Café des Spores, chaussée d'Alsemberg 103 et 108, ✉ 1060, ✆ 0 2 534 13 03, Cuisine aux champignons, bar à vin, ouvert jusqu'à 23 h 30 — EU z
fermé première semaine janvier, samedi midi, dimanche, lundi midi et mardi midi – **Rest** (ouvert dîner seult les mercredis, jeudis et vendredis du 15 juillet au 1er septembre) carte 29/46.
• L'enseigne le laisse deviner : on se régale ici de champignons ! Déco rétro (poutres en métal rivetées), choix à l'ardoise, ambiance bistrot à vins. Cartes de crédit refusées.
• Zoals de naam al doet vermoeden, wordt hier gesmuld van paddenstoelen. Retro-interieur, keuze op een schoolbord, ambiance van een wijnbistro. Geen creditcards.

Quartier Louise *(voir aussi Bruxelles et Ixelles) - plans p. 10 et 12 :*

Manos Premier, chaussée de Charleroi 102, ✉ 1060, ✆ 0 2 537 96 82, *manos@manoshotel.com, Fax 0 2 539 36 55,* le soir uniquement – AE VISA — FU w
Rest *Kolya* *(fermé Noël-nouvel an, samedi midi et dimanche)* (ouvert jusqu'à 23 h) *Lunch 15* – 35/60 bc – **45 ch** ☕ ★110/295 – ★★120/320 – 5 suites.
• La grâce d'un hôtel particulier du 19e s. au riche mobilier Louis XV et Louis XVI. Réservez si possible une chambre côté jardin. Authentique hammam oriental au sous-sol. Beau restaurant-véranda complété d'un "lounge-bar" chic et feutré et d'un adorable patio.
• Elegant hotel in een 19e-eeuws herenhuis, weelderig ingericht met Louis XV- en Louis XVI-meubilair. Reserveer bij voorkeur een kamer aan de tuinkant. Authentieke oosterse hamam in de kelder. Mooi restaurant met serre, chique lounge met bar en prachtige patio.

Manos Stéphanie sans rest, chaussée de Charleroi 28, ✉ 1060, ✆ 0 2 539 02 50, *manos@manoshotel.com, Fax 0 2 537 57 29* – P. AE VISA — FT d
50 ch ☕ ★100/245 – ★★110/270 – 5 suites.
• Hôtel particulier où vous logerez dans des chambres chaleureuses de style classique actualisé, dotées d'un mobilier en bois cérusé. Salle de breakfast coiffée d'une coupole.
• Dit herenhuis biedt sfeervolle kamers in klassiek-moderne stijl met meubelen van geceruseerd hout. De ontbijtzaal heeft een glaskoepel.

I Trulli, r. Jourdan 18, ✉ 1060, ✆ 0 2 537 79 30, *Fax 0 2 538 98 20,* Cuisine italienne – — FS c
Rest *Lunch 18* – carte 32/79.
• Recettes italiennes dont les saveurs "pugliese" trouvent un écho dans les peintures murales montrant des trulli, habitat typique des Pouilles. Buffet d'antipasti ; belle cave.
• Keuken met Zuid-Italiaanse invloeden die ook terug te vinden zijn in de muurschilderingen van "trulli", de voor Apulië zo kenmerkende huizen. Antipastibuffet en mooie wijnen.

La Faribole, r. Bonté 6, ✉ 1060, ✆ 0 2 537 82 23, *Fax 0 2 537 82 23* – AE VISA — FT g
fermé 21 juillet-20 août, samedi et dimanche – **Rest** *Lunch 13* – 28, carte 27/42.
• Cuisine classique-actuelle servie dans une attachante salle égayée de cuivres, de vieilles cafetières en porcelaine et de boîtes à sel. Menu selon le marché, noté à l'ardoise.
• Modern-klassieke spijzen geserveerd in een eetzaal met veel koper, oude porseleinen koffiekannen en zoutkistjes. Het menu op een lei is gebaseerd op het marktaanbod.

Mamy Louise, r. Jean Stas 12, ✉ 1060, ✆ 0 2 534 25 02, Taverne-rest – AE VISA — FS j
fermé dimanche – **Rest** (déjeuner seult) carte 29/41.
• Dans une rue piétonne, taverne-restaurant avenante présentant une carte touche-à-tout : mets traditionnels, plats de bistrot, salades, tartines et suggestions au goût du jour.
• Gezellig café-restaurant in een voetgangersstraat met een kaart die voor elk wat wils biedt: traditionele schotels, bistrogerechten, salades, sandwiches en suggesties.

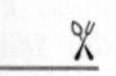

Al Piccolo Mondo, r. Jourdan 19, ✉ 1060, ✆ 0 2 538 87 94, *Fax 0 2 538 40 20,* Avec cuisine italienne – AE VISA — FS c
fermé août – **Rest** *Lunch 17* – 58 bc, carte 35/82.
• Une vaste carte franco-transalpine entend de combler votre appétit à cette table familiale connue de longue date dans ce secteur piétonnier. Ambiance conviviale à l'italienne.
• Dit gemoedelijke familierestaurant in het voetgangersgebied staat al jarenlang bekend om zijn uitgebreide Frans-Italiaanse kaart. Typisch Italiaanse ambiance.

ST-JOSSE-TEN-NOODE (SINT-JOOST-TEN-NODE) - *plan p. 10 :*

Quartier Botanique *(voir aussi Bruxelles) : - plan p. 10 :*

Villa Royale sans rest, r. Royale 195, ✉ 1210, ☎ 0 2 226 04 60, *Fax 0 2 226 04 80*, – . AE ① MC VISA. FQ f
47 ch ☐ ✝65/125 – ✝✝75/140.
◆ Cet immeuble récent, élevé au bord d'une artère passante, vous héberge dans des chambres actuelles pimpantes ; celles dotées d'une baignoire sont aussi les mieux insonorisées.
◆ Dit nieuwe en hoge gebouw langs een doorgaande weg beschikt over moderne kamers die er tiptop uitzien; de kamers met bad hebben tevens de beste geluidsisolatie.

Les Dames Tartine, chaussée de Haecht 58, ✉ 1210, ☎ 0 2 218 45 49, *Fax 0 2 218 45 49* – . AE ① MC VISA FQ s
fermé 3 premières semaines août, samedi midi, dimanche et lundi – **Rest** *Lunch 19* – 33/45, carte 38/48, ♀.
◆ Deux "Dames Tartine" sont aux commandes de cette intime petite maison fidèle à son passé. On s'attable sur des socles de machines à coudre, parmi les portraits des aïeux.
◆ Twee "Dames Tartine" zwaaien de scepter in dit eettentje, dat het verleden koestert. Er wordt gegeten aan oude naaimachinetafels, onder het wakend oog van de voorvaderen.

Quartier Rogier *(voir aussi Schaerbeek) - plan p. 10 :*

Sheraton, pl. Rogier 3, ✉ 1210, ☎ 0 2 224 31 11, *reservations.brussels@sheraton.com*, *Fax 0 2 224 34 56*, – . AE ① MC VISA. rest FQ n
Rest (avec buffets) *Lunch 31* – 30/55 bc, carte 40/66, ♀ – ☐ 25 – **489 ch** ✝115/375 – ✝✝115/375 – 22 suites.
◆ Imposante tour super-équipée, dévolue à la clientèle d'affaires internationale et de congrès. Vastes chambres standard ou "club" et nombreuses suites. Beau bar contemporain. Repas classico-traditionnel dans une salle tournée vers la place Rogier. Lunch-buffet.
◆ Uitstekend geëquipeerd hotel in een torenflat, dat op de internationale congres en zakenwereld mikt. Ruime standaard- of clubkamers en veel suites. Mooie eigentijdse bar. Restaurant met uitzicht op het Rogierplein; klassiek-traditionele keuken. Lunchbuffet.

Crowne Plaza "Le Palace", r. Gineste 3, ✉ 1210, ☎ 0 2 203 62 00, *info@cpbxl.be*, *Fax 0 2 203 55 55*, – . AE ① MC VISA FQ v
Rest *(fermé samedi midi et dimanche midi) Lunch 18* – 35, carte env. 45, ♀ – ☐ 26 – **353 ch** ✝125/350 – ✝✝125/350 – 1 suite.
◆ Ce palace Belle Époque a retrouvé sa splendeur et fête son centenaire en 2008. Communs fringants et cossus, bar flambant neuf, chambres de style néo-rétro et nouvelles suites. Cuisine d'inspiration cosmopolite proposée dans un nouveau décor chic et branché.
◆ Dit luxe belle-époquehotel, dat in 2008 100 jaar bestaat, heeft zijn oude luister terug. Weelderige ruimten, spiksplinternieuwe bar, kamers in neoretrostijl en nieuwe suites. Kosmopolitische keuken in een chic en trendy interieur.

SCHAERBEEK (SCHAARBEEK) - *plans p. 10 et 11 sauf indication spéciale :*

Senza Nome (Giovani Bruno), r. Royale Ste-Marie 22, ✉ 1030, ☎ 0 2 223 16 17, *senza nome@skynet.be*, *Fax 0 2 223 16 17*, Cuisine italienne – . MC VISA. FQ u
fermé 21 juillet-mi-août, Noël-nouvel an, samedi midi et dimanche – **Rest** 55, carte 44/62, ♀.
Spéc. Spaghetti à l'huile aromatisée à l'ail pimenté, coulis de tomates et encre de seiche. Carpaccio de bœuf et duo de mostarda, coulis de roquette. Tagliata de thon, émulsion d'huile d'olive, vinaigre balsamique, copeaux de parmesan.
◆ Carte italienne célébrant la Sicile, ardoise suggestive élaborée, bel assortiment de vins de là-bas et patron de bon conseil. Clientèles "pipole" et politico-institutionnelle.
◆ Italiaanse kaart met een ode aan Sicilië en suggesties op een lei. Mooie Italiaanse wijnen en goed advies van de eigenaar. Er komen bekende mensen uit de politiek en showbizz.

La Buca di Bacco, av. Louis Bertrand 65, ✉ 1030, ☎ 0 2 242 42 30, *bucadibacco@sky net.be*, , Cuisine italienne avec buffet, ouvert jusqu'à 23 h – . AE ① MC VISA. GQ e
fermé 24, 25 et 31 décembre-2 janvier, lundi et samedi midi – **Rest** 35/70 bc, carte 28/53, ♀.
◆ Cette "enoteca" à façade Art nouveau réjouit par son buffet d'antipasti, sa carte italienne de saison et sa sélection de vins du pays servis au verre. Zinc parisien de 1870.
◆ Deze "vinotheek" met art-nouveaugevel is populair vanwege het antipastibuffet, de seizoengebonden Italiaanse kaart en in Italië gerijpte wijnen per glas. Parijse toog uit 1870.

Moby Dick, bd Lambermont 166, ✉ 1030, ☎ 0 2 241 89 62, *Fax 0 2 274 74 47*, Avec grillades, ouvert jusqu'à 23 h – . AE MC VISA plan p. 7 CL b
fermé samedi midi et dimanche – **Rest** 30/32, carte 27/49, ♀.
• Cuisine de brasserie faisant la part belle aux produits de la pêche et décor marin qui aurait pu plaire à Melville, le père de la fameuse Baleine blanche. Grillades en salle.
• Brasserie met een maritiem interieur als hommage aan Melville, de geestesvader van de beroemde Witte Walvis. Natuurlijk veel vis op de kaart, maar ook vlees van de grill.

La Cueva de CAstilla, pl. Colignon 14, ✉ 1030, ☎ 0 2 241 81 80, Cuisine espagnole – plan p. 7 CL d
fermé Noël-nouvel an, 2 semaines Pâques, août, mardi soir, mercredi et samedi midi – **Rest** 38/51 bc, carte 37/51.
• Près de la maison communale, table espagnole vous accueillant dans un cadre rustique-moderne, sans castagnettes ni Serrano suspendu. Menu "muy típico" et tableau suggestif.
• Spaans restaurant bij het gemeentehuis met een modern-rustiek interieur, maar zonder castagnetten en Serranohammen. Menu "muy tipico" en suggesties op een lei.

Quartier Meiser *(voir aussi St-Josse-ten-Noode) - plan p. 11 sauf indication spéciale :*

Amici miei, bd Général Wahis 248, ✉ 1030, ☎ 0 2 705 49 80, *Fax 0 2 705 29 65*, Cuisine italienne – . AE MC VISA HQ k
fermé samedi midi et dimanche – **Rest** carte 23/47, ♀.
• L'Amici miei (mes Amis), c'est aussi l'ami des vedettes du "showbiz" et du sport, à en juger par le décor. Et comme les amis de "mes Amis" sont nos amis... Cuisine italienne.
• Amici miei is ook de vriend van sterren en sportcoryfeeën, getuige de fotocollectie van deze Italiaan. En aangezien de vrienden van mijn vrienden onze vrienden zijn...

UCCLE (UKKEL) *- plans p. 12 et 13 sauf indication spéciale :*

County House, square des Héros 2, ✉ 1180, ☎ 0 2 375 44 20, *Fax 0 2 375 31 22* – , rest, ♿ ch, – . AE MC VISA. EX b
Rest *Lunch 23* – 35, carte 38/49 – **86 ch** ☕ ☆110/175 – ☆☆125/195 – 16 suites.
• Deux immeubles communicants tournés vers le parc Wolvendael composent cet hôtel excentré, mais d'accès aisé. Chambres rafraîchies par étapes, toutes dotées d'un balcon. Confortable salle de restaurant actuelle aux tables rondes bien espacées. Repas classique.
• Dit hotel, dat uit twee gebouwen bestaat, ligt buiten het centrum, bij het Wolvendaelpark. De kamers worden stuk voor stuk opgeknapt en hebben alle een balkon. Comfortabel restaurant met ronde tafels in een ruim en eigentijds interieur. Klassieke keuken.

Les Tourelles sans rest, av. Winston Churchill 135, ✉ 1180, ☎ 0 2 344 95 73, *info@lestourelles.be, Fax 0 2 346 42 70* – – . AE MC VISA FV d
fermé 21 juillet-21 août – **18 ch** ☕ ☆85/95 – ☆☆95/120.
• Deux tourelles gardent l'entrée de cet ex-pensionnat de jeunes filles devenu un hôtel de style bourgeois. Chambres et communs classiquement aménagés ; breakfast servi à table.
• Twee torentjes bewaken de ingang van dit voormalige meisjesinternaat dat nu een hotel in bourgeoisstijl is. Klassieke inrichting; aan tafel geserveerd ontbijt.

Le Chalet de la Forêt (Pascal Devalkeneer), Drêve de Lorraine 43, ✉ 1180, ☎ 0 2 374 54 16, *chaletdelaforet@skynet.be, Fax 0 2 374 35 71*, – P . AE MC VISA plan p. 9 CN c
fermé 31 décembre-7 janvier, samedi et dimanche – **Rest** *Lunch 34* – 64/105 bc, carte 66/108, ♀.
Spéc. Carpaccio de poulpe et filet de lisette grillé. Côte de veau aux bettes, nervures gratinées au parmesan. Brochette d'abricots et crème battue à la rhubarbe.
• Repas classico-créatif goûteux, servi avec égards dans un intérieur contemporain raffiné ou dehors, en lisière de forêt. Lustres en bois de cerfs. Salon-véranda avec cheminée.
• Smakelijke creatief-klassieke maaltijd in een stijlvol eigentijds interieur of buiten, aan de bosrand. Lusters van hertengeweien en lounge-serre met open haard.

Villa d'Este, r. Etoile 142, ✉ 1180, ☎ 0 2 376 48 48, *jacky@villa-deste.net, Fax 0 2 376 48 48*, – P . AE MC VISA plan p. 8 BN p
fermé juillet, fin décembre, mercredi soir de septembre à mai, dimanche soir et lundi – **Rest** 33/50, carte 50/85.
• Deux beaux menus multi-choix ("tradition" ou "prestige") et deux cartes des vins - la vigne ne pousse-t-elle pas en terrasse ? - s'offrent à vous dans cette villa bourgeoise.
• Twee mooie keuzemenu's ("traditie" of "prestige") en twee verschillende wijnkaarten - de druiven zijn immers zo te plukken op het terras - bieden zich aan in deze villa.

XXX **Les Frères Romano,** av. de Fré 182, ✉ 1180, ℘ 0 2 374 70 98, *pascalromano57@hotmail.com, Fax 0 2 374 04 18* – P ⇔. AE ⓓ ⓜⓒ VISA FX d
fermé dimanche – **Rest** *Lunch 22* – 40/70, carte 37/57.
• Deux frères président au destin de cette fière villa 1900 interprétant sans fausse note un répertoire culinaire classique. Terrasse face au jardin. Service aux petits soins.
• Twee broers dirigeren dit restaurant in een villa uit 1900, waar zonder enige wanklank een klassiek culinair repertoire wordt vertolkt. Tuin met terras en attente bediening.

XX ✿ **Le Pain et le Vin** (Olivier Morland), chaussée d'Alsemberg 812a, ✉ 1180, ℘ 0 2 332 37 74, *info@painvin.be, Fax 0 2 332 17 40,* ☂ – ⇔. AE ⓜⓒ VISA. ✂ plan p. 8 BN z
fermé 1 semaine Pâques, dernière semaine août, 2 semaines Noël-nouvel an, samedi midi, dimanche et lundi – **Rest** *Lunch 24* – 52/120 bc, carte 61/77, ♀.
Spéc. Tranches de thon rouge, copeaux de foie gras, artichauts et tomates confits. Filet de saint-pierre de ligne en croûte d'herbes, risotto aux légumes verts et crevettes grises. Moelleux au chocolat amer, gelée au thé et parfait banane-citron vert.
• Gastronomie en phase avec l'époque, dans un cadre moderne épuré, avec "piano" à vue, ou sur la terrasse verte meublée en inox. Côté vins, sélection étendue et conseils avisés.
• Eigentijdse gastronomie in een sobere, moderne eetzaal met open keuken of op het groene terras met roestvrij stalen meubelen. Ruime wijnkeuze en goede adviezen.

XX ✿ **Bon-Bon** (Christophe Hardiquest), r. Carmélites 93, ✉ 1180, ℘ 0 2 346 66 15 – ▤ ⇔. AE ⓓ ⓜⓒ VISA. ✂ EV a
fermé 1er au 7 janvier, 21 juillet-15 août, samedi midi, dimanche et lundi – **Rest** (prévenir) *Lunch 40* – 65/85, carte 52/90.
Spéc. Tomate farcie au foie gras grillé, poudre d'agrume. Canard grillé à la gastrique noire, pommes sarladaises. Paupiette d'aile de raie aux moules de bouchot et concombre.
• Lambris, parquet, miroirs et velours gris pour le décor ; et pour l'assiette, recettes actuelles où n'entrent que des ingrédients d'origines certifiées, quelquefois méconnues.
• Lambrisering, parketvloer, spiegels en grijs fluweel kenmerken het interieur. Eigentijdse keuken op basis van soms wat miskende producten van betrouwbare herkomst.

X **Blue Elephant,** chaussée de Waterloo 1120, ✉ 1180, ℘ 0 2 374 49 62, *brussels@blueelephant.com, Fax 0 2 375 44 68,* Cuisine thaïlandaise – ▤ P ⇔. AE ⓓ ⓜⓒ VISA GX j
fermé samedi midi – **Rest** *Lunch 17* – 45/50, carte 31/59, ♀.
• Antiquités du pays, confort "rotin", compositions florales et mise en place très "couleur locale" entretiennent l'ambiance exotique de cette table thaïlandaise.
• Authentiek Thais restaurant met veel Aziatisch antiek, comfortabele rotanmeubelen, prachtige bloemstukken en een exotische ambiance. Een aanrader!

X **Loggia dei Cavalieri,** av. Winston Churchill 146, ✉ 1180, ℘ 0 2 347 51 71, *Fax 0 2 347 51 71,* ☂, Cuisine italienne – ▤. AE ⓜⓒ VISA FV b
fermé 1 semaine Pâques, 15 au 22 août, 1 semaine fin décembre, lundi et samedi midi – **Rest** *Lunch 16* – 40/75 bc, carte 30/62.
• Restaurant italien situé au bord d'un axe passant. Demandez une table dans l'arrière-salle jaune paille et ocre-rouge donnant sur une cour où l'on dresse le couvert en été.
• Italiaans restaurant aan een doorgaande weg. Vraag een tafel in de strogele en okerrode achterzaal met uitzicht op de binnenplaats, waar 's zomers de tafels worden gedekt.

X **Brasseries Georges,** av. Winston Churchill 259, ✉ 1180, ℘ 0 2 347 21 00, *info@brasseriesgeorges.be, Fax 0 2 344 02 45,* ☂, Ecailler, ouvert jusqu'à minuit – ▤ ⇨. AE ⓓ ⓜⓒ VISA FV n
Rest carte 27/81, ♀.
• L'une des plus grandes brasseries-écailler bruxelloises aménagées à la mode parisienne. Petit "menu zinc" au déjeuner. Ambiance et service aimables. Voiturier bien pratique.
• Deze grootste brasserie en oesterbar van Brussel ademt een typisch Parijse sfeer. Het "menu zinc" is ideaal als snelle lunch. Vriendelijke bediening en valetparking.

X **Les Deux Frères,** av. Vanderaey 2 (hauteur 810 de la chaussée d'Alsemberg), ✉ 1180, ℘ 0 2 376 76 06, *info@les2freres.be, Fax 0 2 332 38 78,* ☂, Ouvert jusqu'à 23 h – ⇔. ✂ plan p. 8 BN e
fermé 1er au 15 août, 24 décembre-1er janvier, samedi midi et dimanche – **Rest** *Lunch 15* – 30/50, carte 30/57, ♀.
• Refuge gourmand où flotte une atmosphère romantique évoquant les années d'entre-deux-guerres. Choix classique-traditionnel actualisé, plats de brasserie et lunch démocratique.
• Lekker restaurant met een romantische sfeer die een beetje aan de jaren dertig doet denken. Klassiek-traditionele keuken, brasserieschotels en een goedkoop lunchmenu.

Le Petit Pont, r. Doyenné 114, ✉ 1180, ☎ 0 2 346 49 49, *lepetitpont@tiscalinet.be, Fax 0 2 346 44 38*, Moules en saison, ouvert jusqu'à minuit – AE MC VISA. EX a
fermé mercredi – **Rest** *Lunch 12* – 24, carte 27/45.
• Un petit pont donne accès à cette table bistrotière au cadre nostalgique distrayant : plaques publicitaires en émail, vieux postes de radio et mezzanine supportant un vélo !
• Een bruggetje geeft toegang tot deze bistro die een en al nostalgie uitstraalt: vergeelde foto's, oude reclameborden, antieke radio's en een opafiets op de tussenverdieping!

La Branche d'Olivier, r. Engeland 172, ✉ 1180, ☎ 0 2 374 47 05, *labranchedolivier@skynet.be, Fax 0 2 375 76 90*, Bistrot, ouvert jusqu'à 23 h – AE MC VISA plan p. 8 BN b
fermé samedi midi et dimanche – **Rest** *Lunch 14* – 23, carte 29/67.
• Bistrot ancien et typé (vieux carrelage, poutres, boiseries patinées) ressuscité en 2004 dans un quartier résidentiel. Ambiance cordiale, cuisine du marché, terrasse-trottoir.
• Deze oude bistro (tegelvloer, balken en gepatineerd houtwerk) in een woonwijk werd in 2004 opgeknapt. Leuke sfeer, keuken op basis van het marktaanbod. Terras op de stoep.

Quartier St-Job - *plan p. 8 :*

Ventre Saint Gris, r. Basse 10, ✉ 1180, ☎ 0 2 375 27 55, *ventresaintgris@skynet.be, Fax 0 2 375 29 13*, –. AE MC VISA BN u
fermé 24 décembre-3 janvier et lundi – **Rest** *Lunch 13* – 25/40, carte 35/53, ♀.
• Un curieux juron attribué à Henry IV sert d'enseigne à cette table classique-actuelle aménagée dans deux maisonnettes d'aspect rural. Cadre sobre et lumineux. Terrasse cachée.
• Klassiek-modern restaurant in twee boerenhuisjes met een sober, licht interieur en een afgeschermd terras. 'Ventre Saint Gris' is een gekke vloek die aan Hendrik IV wordt toegeschreven.

Les Menus Plaisirs, r. Basse 7, ✉ 1180, ☎ 0 2 374 69 36, *lesmenusplaisirs@belgacom.net, Fax 0 2 331 38 13*, –. AE MC VISA BN u
fermé 1 semaine carnaval, première semaine Pâques, dernière semaine août, Noël, nouvel an, samedi midi, dimanche et lundi soir – **Rest** *Lunch 14* – 33/51, carte 48/59.
• Adresse appréciée pour sa cuisine actuelle créative et l'atmosphère méridionale de sa petite salle à manger aux murs couverts de lattes en bois clair. Service prévenant.
• Dit adres is populair vanwege de eigentijdse, creatieve gerechten en de kleine eetzaal met mediterrane sfeer en lichte schrootjesmuren. Voorkomende bediening.

Le Passage (Rocky Renaud), av. J. et P. Carsoel 13, ✉ 1180, ☎ 0 2 374 66 94, *restaurant@lepassage.be, Fax 0 2 374 69 26*, – P. AE MC VISA BN q
fermé 1er au 9 janvier, 8 au 31 juillet, samedi midi, dimanche, lundi soir et jours fériés – **Rest** *Lunch 25* – 45/65, carte 52/76.
Spéc. Blanc de turbotin aux lait épicé et mousseline aux crevettes grises. Ris de veau croustillant aux morilles. Thon rouge juste saisi aux épices cajun, miel, tomates et cidre.
• Restaurant vous conviant à déguster sa fine cuisine contemporaine dans une salle aux tons gris "mode", qui plaît à la fois par sa sobriété décorative et son ambiance tamisée.
• Trendy restaurantje met een moderne, sober ingerichte eetzaal in grijstinten en een gedempte sfeer. De eigentijdse keuken is beslist verfijnd.

Le Pré en Bulle, av. J. et P. Carsoel 5, ✉ 1180, ☎ 0 2 374 08 80, *louis.toussaint@telenet.be, Fax 0 2 372 93 67*, – P BN r
fermé dernière semaine août-2 premières semaines septembre, 25 et 26 décembre, lundi et mardi – **Rest** *Lunch 14* – 33, carte 26/50, ♀.
• Maison du 17e s. à façade rouge violacé : teinte réutilisée au-dedans, en contraste avec du beige. Cadre moderne "cosy", terrasse abritée côté jardin, bon menu "découverte".
• 17e-eeuws huis met paarsrode gevel, een kleur die binnen terugkomt en fraai contrasteert met het beige. Modern en sfeervol interieur, tuin met terras en goed "découverte" menu.

WATERMAEL-BOITSFORT (WATERMAAL-BOSVOORDE) - *plan p. 9 sauf indication spéciale :*

Au Repos des Chasseurs, av. Charle Albert 11, ✉ 1170, ☎ 0 2 660 46 72, *info@aureposdeschasseurs.be, Fax 0 2 674 26 76*, – – . AE MC VISA DN m
Rest (avec cuisine italienne, ouvert jusqu'à 23 h) *Lunch 23* – 40, carte 21/64 – **11 ch** ★65/200 – ★★95/340.
• Les "chasseurs de repos" n'hésiteront pas à poser leurs besaces dans cette ancienne laiterie postée à l'orée du bois. Chambres confortablement aménagées. À table, choix de recettes classiques franco-italiennes et plats de gibier en saison. Vaste terrasse.
• In deze oude herberg aan de rand van het bos kunnen jagers zich te ruste leggen in een van de comfortabel ingerichte kamers. Klassieke Frans-Italiaanse keuken en wildspecialiteiten. Op zomerse dagen is het grote terras favoriet.

Côté Jardin sans rest, av. Léopold Wiener 70, ✉ 1170, ☎ 0 2 673 36 40, *cote.jardin@swing.be, Fax 0 2 672 80 94*, . plan p. 13 HX a
3 ch ☕ ✝70/80 – ✝✝85/100.
◆ Cette belle villa moderne profitant d'un environnement résidentiel verdoyant vous loge dans trois chambres actuelles arrangées avec goût. Jardin rafraîchi par une pièce d'eau.
◆ Deze mooie moderne villa in een rustige woonwijk met veel groen biedt drie eigentijdse kamers die met smaak zijn ingericht. Tuin met waterpartij.

Le Grill, r. Trois Tilleuls 1, ✉ 1170, ☎ 0 2 672 95 13, . AE ⓓ ⓜⓒ VISA CN r
fermé samedi midi et dimanche – **Rest** (prévenir) 29, carte 33/57, ♀.
◆ Déco "néo-rétro" charmante et très nature, spécialités "canaille" (ris et rognons de veau, museau, andouillette, boudin, etc.) et plats traditionnels savoureusement revisités.
◆ Sfeervol neoretro-interieur met natuurlijke materialen. "Canaille" gerechten zoals zwezerik, niertjes, hoofdkaas, bloedworst en andouillette, maar ook traditionele schotels.

Mamy Louise, pl. Andrée Payfa-Fosseprez 9, ✉ 1170, ☎ 0 2 660 22 94, *Fax 02 672 23 32*, – . AE ⓓ ⓜⓒ VISA. CN z
fermé samedi midi et dimanche – **Rest** carte 29/41.
◆ Mets traditionnels oubliés, salades, pâtes et tartines originales, livrés dans décor de bistrot actuel. Clichés de "Big Apple" aux murs. Terrasse arrière à l'abri des regards.
◆ Traditionele, haast vergeten gerechten, salades, pasta en originele sandwiches in de sfeer van een eigentijdse bistro met foto's van New York. Terras aan de achterkant.

Le Coriandre, r. Middelbourg 21, ✉ 1170, ☎ 0 2 672 45 65, *lecoriandre@coditel.net, Fax 0 2 672 47 68* – AE ⓜⓒ VISA. CN n
Fermé 1 semaine Pâques, 26 juillet-21 août, fin décembre, samedi midi, dimanche et lundi – **Rest** *Lunch 22* – 38/82 bc, carte 43/62.
◆ Table familiale discrète où l'on vient faire des repas au goût du jour dans un cadre actuel feutré, d'esprit bourgeois. Petits pains "maison" et glaces turbinées à la minute.
◆ Bescheiden familierestaurant met een eigentijds interieur en een wat deftige sfeer. Lekkere zelfgebakken broodjes en eigengemaakt ijs.

l'Alchimiste, av. de Visé 30, ✉ 1170, ☎ 0 2 673 30 26, *info@lalchimiste.be, Fax 0 2 735 08 61* – . AE ⓓ ⓜⓒ VISA plan p. 13 HV a
fermé première semaine janvier, 21 juillet-15 août, samedi midi et dimanche – **Rest** *Lunch 15* – 29/39, carte 41/51.
◆ Restaurant dont l'alchimie secrète consiste à associer une cuisine actuelle sortant du lot, un décor contemporain minimaliste et une atmosphère animée, façon bistrot "trendy".
◆ In dit restaurant bestaat de alchimie uit een geheim elixer van een originele, eigentijdse keuken, een modern, minimalistisch decor en een levendige, trendy bistrosfeer.

Le Dragon, pl. Léopold Wiener 11, ✉ 1170, ☎ 0 2 675 80 89, Cuisine chinoise – . AE ⓓ ⓜⓒ VISA CN a
fermé 3 premières semaines juillet et lundi – **Rest** *Lunch 9* – 15/24, carte 15/33.
◆ Par la gentillesse de son accueil et la sagesse de sa carte, ce petit "cantonnais" de quartier a tôt fait de s'imposer sur la place, fidélisant une clientèle surtout locale.
◆ Dankzij de vriendelijke ontvangst en de aanlokkelijke kaart heeft deze Chinees snel een plaats in de buurt veroverd. Zeer populair bij de lokale bevolking.

WOLUWE-ST-LAMBERT (SINT-LAMBRECHTS-WOLUWE) - *plans p. 7 et 9 sauf indication spéciale :*

Sodehotel La Woluwe , av. E. Mounier 5, ✉ 1200, ☎ 0 2 775 21 11 et 0 2 775 25 43 (rest), *sodehotel@sodehotel.eu et info@sodehotel.eu, Fax 0 2 770 47 80*, – rest, – . AE ⓓ ⓜⓒ VISA DL e
Rest *Leonard* *(fermé samedi) Lunch 25* – carte 23/49 – ☕ 16 – **120 ch** ✝60/335 – ✝✝85/470 – 6 suites – ½ P 100/375.
◆ Hôtel excentré, mais d'accès assez aisé, situé en face d'un vieux moulin. Chambres de bon confort, spacieuses et tranquilles. Patio lumineux ; centre d'affaires et de congrès. Salle de restaurant contemporaine aux lignes épurées. Cuisine dans le tempo actuel.
◆ Dit hotel bij een oude molen buiten het centrum is goed bereikbaar. De kamers zijn ruim, rustig en comfortabel. Lichte patio. Congreszalen en business center. Restaurant met een modern, gestileerd interieur. Kookstijl die past in de huidige trend.

Monty sans rest, bd Brand Whitlock 101, ✉ 1200, ☎ 0 2 734 56 36, *info@monty-hotel.be, Fax 0 2 734 50 05* – . AE ⓓ ⓜⓒ VISA plan p. 11 HS z
18 ch ☕ ✝65/185 – ✝✝95/215.
◆ Ancien hôtel particulier habilement rénové dans l'esprit contemporain. Le sens de l'accueil et l'aménagement design des parties communes et des chambres sont ses deux atouts.
◆ Dit oude herenhuis is fraai gerestaureerd in moderne stijl. Pluspunten zijn het gastvrije onthaal en het designinterieur van de kamers.

XX **Da Mimmo,** av. du Roi Chevalier 24, ✉ 1200, ☎ 0 2 771 58 60, *mimmo1961@yahoo.it, Fax 02 771 58 60,* Cuisine italienne – AE VISA. CM b
fermé fin décembre-début janvier, dernière semaine juillet, 3e semaine août, samedi midi et dimanche – **Rest** 55/90, carte 65/94.
• Fine cuisine italienne classico-évolutive, bonnes suggestions d'accords mets-vins, ambiance cordiale, service soigné, lumineux décor "fashionable" et belle terrasse de ville.
• Fijne Italiaanse keuken, klassiek met een snufje modern. Goede spijs-wijncombinaties, gemoedelijke sfeer, verzorgde bediening en trendy interieur met mooi licht. Stadsterras.

XX **Terre de Lune,** av. Prekelinden 25, ✉ 1200, ☎ 0 2 732 18 37, *info@terredelune.be, Fax 0 2 732 18 37,* – P. AE VISA. CM a
fermé samedi midi, dimanche et jours fériés – **Rest** *Lunch 18* – 35, carte 33/61, ♀.
• Une table qui plaît pour son cadre actuel sobre, sa terrasse intime dotée de tables en mosaïque, ses mets de saison à l'ancrage méditerranéen et la belle diversité de sa cave.
• Dit restaurant valt in de smaak vanwege het eigentijdse interieur, het leuke terras met mozaïektafels, de seizoengebonden mediterrane keuken en de verscheidenheid aan wijnen.

X **De Maurice à Olivier** dans l'arrière-salle d'un marchand de journaux, chaussée de Roodebeek 246, ✉ 1200, ☎ 0 2 771 33 98 – AE VISA CM r
fermé 7 au 31 juillet, dimanche, lundi soir et jours fériés – **Rest** *Lunch 22* – 35/55, carte 43/51.
• Cette table de confort simple, mais de bonnes bases classiques, étonne par son emplacement, à l'arrière d'un commerce de journaux. Présentations soignées dans les assiettes.
• Dit restaurantje met eenvoudig comfort is merkwaardigerwijs achter in een krantenwinkel gevestigd. Verzorgde presentatie van de op klassieke leest geschoeide gerechten.

X **Le Nénuphar,** chaussée de Roodebeek 76, ✉ 1200, ☎ 0 2 770 08 88, *Fax 0 2 770 08 88,* Cuisine vietnamienne – DM v
fermé 15 août-7 septembre, lundi et samedi midi – **Rest** *Lunch 23* – 24/45 bc, carte 21/38.
• Vietnamien de quartier niché dans une petite rue à sens unique. Choix typique bien présenté, intérieur fleuri et service avenant. L'été venu, attablez-vous au jardin.
• Vietnamees restaurant in een straatje met eenrichtingsverkeer. Authentieke keuken, bloemrijk interieur en attente bediening. Bij mooi weer kan in de tuin worden gegeten.

X **Le Brasero,** av. des Cerisiers 166, ✉ 1200, ☎ 0 2 772 63 94, *Fax 0 2 762 57 17,* Grillades – AE VISA. CM e
fermé 24 décembre-1er janvier, lundi et samedi midi – **Rest** *Lunch 17* – carte 30/45.
• Préparations variées, avec spécialité de grillades au feu de bois, dans cette agréable brasserie au cadre actuel. Plat du jour, lunch trois services et menu dominical.
• Prettig restaurant met een gevarieerde kaart in een hedendaags interieur. Op houtskool geroosterd vlees, dagschotel, lunchmenu met drie gangen en op zondag een speciaal menu.

X **Les Copains d'Abord,** av. Prekelinden 72, ✉ 1200, ☎ 0 2 733 63 64, *copains@skynet.be, Fax 0 2 733 63 64,* Avec cuisine italienne – AE VISA CM z
fermé dernière semaine août, première quinzaine septembre, dimanche et lundi – **Rest** *Lunch 17* – 39, carte 42/51.
• L'Italie s'invite à table dans ce restaurant néo-rustique convivial, avec cuisine à vue et arrière-salle sous verrière, prolongée par une belle terrasse où grimpe la vigne.
• Italië is uw tafeldame in dit gezellige, neorustieke restaurant met open keuken. De serre grenst aan een mooi terras met druivenranken.

X **Mamy Louise,** av. des Cerisiers 212, ✉ 1200, ☎ 0 2 779 00 96, – AE VISA. CM d
fermé samedi midi et dimanche – **Rest** carte 29/41, ♀.
• Retrouvez, dans une atmosphère sympathique, les bon p'tits plats tels que nous les mitonnaient nos aïeux. Décor intérieur à la fois nostalgique et bien dans l'air du temps.
• In een gezellige ambiance vindt u hier de keuken uit grootmoeders tijd terug. De decoratie is nostalgisch, maar past ook wel goed bij de huidige mode.

X **Le Coq en Pâte,** Tomberg 259, ✉ 1200, ☎ 0 2 762 19 71, *info@lecoqenpate.be, Fax 0 2 762 19 71,* – AE VISA CM x
fermé 2 premières semaines septembre et lundi – **Rest** *Lunch 15* – 25, carte 30/45, ♀.
• Cette table familiale connue depuis 1972 retrouvait l'éclat du neuf en 2004. Décor modernisé avec bonheur et recettes italianisantes dans le goût actuel. Terrasse à l'avant.
• Dit familierestaurant uit 1972 kreeg in 2004 een nieuwe "look". Modern interieur met eigentijdse, Italiaans getinte gerechten. Terras aan de voorkant.

WOLUWE-ST-PIERRE (SINT-PIETERS-WOLUWE) - *plans p. 7 et 9 sauf indication spéciale :*

Montgomery, av. de Tervuren 134, ✉ 1150, ✆ 0 2 741 85 11, *reservations@eurostarsmontgomery.com, Fax 0 2 741 85 00,* – . AE ⓓ MC VISA. plan p. 11 HS k
Rest *Lunch 25* – carte 25/46, 🍷 – 20 – **61 ch** 210/360 – 210/360 – 2 suites.
• Hôtel au cadre intimiste et élégant. Chambres à thèmes (asiatique, nautique ou romantique), beaux penthouses, salon-bibliothèque, fitness et sauna. Service aux petits soins. Cuisine classique-actuelle et ambiance "cosy" au restaurant.
• Sfeervol hotel waarvan de kamers in diverse stijlen zijn ingericht (Aziatisch, nautisch of romantisch), mooie penthouses, lounge met bibliotheek, fitnessruimte en sauna. Goede service. Modern-klassiek restaurant met een gezellige ambiance.

Des 3 Couleurs, av. de Tervuren 453, ✉ 1150, ✆ 0 2 770 33 21, *Fax 0 2 770 80 45,* – . AE MC VISA. DN q
fermé vacances Pâques, deuxième quinzaine août, samedi midi, dimanche soir et lundi – **Rest** *Lunch 35* – 52/99 bc, carte 51/78.
• Boiseries cérusées, pierres de Bourgogne et meubles de style donnent fière allure à la salle à manger de cette villa cossue. Table classique. Terrasse arrière couverte.
• De geceruseerde balken, Bourgondische natuursteen en stijlmeubelen geven deze fraaie villa een zeker cachet. Klassieke menukaart. Overdekt terras aan de achterkant.

Le Vignoble de Margot, av. de Tervuren 368, ✉ 1150, ✆ 0 2 779 23 23, *Fax 0 2 779 05 45,* ←, , Avec écailler – P . AE ⓓ MC VISA DM r
fermé Noël-nouvel an, samedi midi, dimanche et jours fériés – **Rest** carte 49/78, 🍷.
• Près d'une passerelle design, dominant parc et étangs, ex-buffet de gare modernisé et pourvu d'un petit vignoble (environ 650 ceps). Cuisine d'aujourd'hui. Écailler en saison.
• Gemoderniseerde oude stationsrestauratie met wijngaard (650 wijnstokken) bij een design-loopbrug naar het park en de vijvers. Eigentijdse keuken en oesterbar.

Les Deux Maisons, Val des Seigneurs 81, ✉ 1150, ✆ 0 2 771 14 47, *lesdeuxmaisons@skynet.be, Fax 0 2 771 14 47,* – . AE ⓓ MC VISA DM e
fermé première semaine Pâques, 3 premières semaines août, fin décembre, dimanche et lundi – **Rest** 33/82 bc, carte 51/81.
• Cuisine classique appliquée et ambiance aussi intime que feutrée dans cette salle au cadre actuel chaleureux et aux grandes tables rondes bien espacées. Terrasse arrière.
• Goede klassieke keuken en intieme ambiance in dit warme, eigentijdse restaurant met grote ronde tafels die ver uit elkaar staan. Terras aan de achterkant.

Medicis, av. de l'Escrime 124, ✉ 1150, ✆ 0 2 779 07 00, *Fax 0 2 779 19 24,* – . AE ⓓ MC VISA. DM w
fermé samedi midi et dimanche – **Rest** *Lunch 17* – 32/56, carte 45/65.
• Une carte classique actualisée et un bon menu multi-choix baptisé "Écriteau" vous flatteront le palais dans cette confortable villa de style anglo-normand. Jolie terrasse.
• De modern-klassieke kaart en het uitstekende keuzemenu "Écriteau" beloven een heerlijke maaltijd in dit restaurant in een comfortabele villa in Anglo-Normandische stijl.

l'Auberg'in, r. au Bois 198, ✉ 1150, ✆ 0 2 770 68 85, *Fax 0 2 770 68 85,* , Grillades – P . AE ⓓ MC VISA DM s
fermé samedi midi, dimanche et jours fériés – **Rest** 34, carte 36/45.
• Fermette brabançonne du 19e s. convertie en restaurant convivial au décor néo-rustique, où grésille un âtre réconfortant. Spécialité de grillades exécutées en salle.
• Brabants boerderijtje dat is verbouwd tot een gezellig restaurant in neorustieke stijl met een knapperend haardvuur. De grillspecialiteiten worden in de eetzaal bereid.

La Tour d'Argent, av. Salomé 1, ✉ 1150, ✆ 0 2 762 99 80, *Fax 0 2 347 50 25,* Cuisine vietnamienne – . DM b
fermé 8 au 25 septembre, mercredi, jeudi midi et samedi midi – **Rest** *Lunch 12* – 19/24, carte 21/37.
• Glorieuse enseigne pour ce modeste établissement vietnamien tenu en famille. Dépaysantes recettes vagabondant entre Hanoï et Ho Chi Minh Ville. Accueil sympathique.
• Vietnamees eettentje dat niets te maken heeft met het beroemde gelijknamige restaurant in Parijs. Uitheemse recepten van Hanoi tot Ho Tsji Minhstad. Sympathieke ontvangst.

ENVIRONS DE BRUXELLES

à Beersel - *plan p. 8 – 23 433 h. – ✉ 1650 Beersel :*

3 Fonteinen, Herman Teirlinckplein 3, ☎ 0 2 331 06 52, *guido.debelder@telenet.be, Fax 0 2 331 07 03*, Taverne-rest avec spécialités à la bière régionale – AE MC VISA AP v
fermé 2 semaines en juillet, fin décembre-début janvier, mardi et mercredi – **Rest** *Lunch 13* – 35 bc, carte 21/33.
• In deze typisch Belgische taverne wordt veel met bier gekookt. De kriek en geuze komen uit de huisbrouwerij, die ook te bezichtigen is.
• Taverne-restaurant dont la carte bourgeoise réjouira les amateurs de plats à la bière. Kriek et gueuze maison sortent de la micro-brasserie familiale, ouverte à la visite.

à Diegem *par A 201, sortie Diegem - plan p. 7 - C Machelen 12 500 h. – ✉ 1831 Diegem :*

Crowne Plaza Airport, Da Vincilaan 4, ☎ 0 2 416 33 33, *cpbrusselsairport@whgev.com, Fax 0 2 416 33 44*, – AE MC VISA DK c
Rest *(fermé vendredi soir, samedi, dimanche midi et jours fériés)* (ouvert jusqu'à 23 h) *Lunch 23* – carte 34/67 – 21 – **311 ch** ★355 – ★★355 – 4 suites.
• Dit hotel in een business park bij de luchthaven behoort tot de Crowne Plaza-keten. Grote kamers met alle comfort, goede congresfaciliteiten en een mooi park. Eigentijdse gerechten en lunchbuffet in het restaurant.
• Cette unité de la chaîne Crowne Plaza s'intègre à un centre d'affaires côtoyant l'aéroport. Atrium central, chambres tout confort, bon outil conférencier et parc soigné. Choix de préparations actuelles et formule "lunch-buffet" au restaurant.

Sofitel Airport, Bessenveldstraat 15, ☎ 0 2 713 66 66, *H0548@accor.com, Fax 0 2 721 43 45*, – AE MC VISA DL x
Rest ***La Pléiade*** *(fermé 7 juillet-24 août, vendredi soir, samedi et dimanche midi)* carte env 50 – 23 – **125 ch** ★120/430 – ★★140/460.
• Dit ketenhotel in een laag gebouw langs de snelweg, op 4 km van luchthaven Zaventem, biedt rustige en uitnodigende kamers, zeven vergaderzalen en enkele faciliteiten voor ontspanning. Gezellige bar en restaurant dat is ingericht als een luxueuze brasserie.
• Des chambres calmes et accueillantes, 7 salles de réunions et quelques distractions vous attendent à 4 km des pistes de Zaventem, dans cette bâtisse basse bordant l'autoroute. Bar chaleureux et restaurant installé comme une brasserie de luxe.

NH Brussels Airport, De Kleetlaan 14, ☎ 0 2 203 92 52, *nhbrusselsairport@nh-hotels.com, Fax 0 2 203 92 53*, – AE MC VISA. rest DKL z
Rest *(fermé 20 juillet-20 août, vendredi soir, samedi et dimanche)* (ouvert jusqu'à 23 h, avec buffets) 15/30, carte 34/54 – **234 ch** ★90/189 – ★★90/189.
• Ultramodern businesshotel in een kantoorwijk bij de luchthaven. De kamers zijn goed geïsoleerd tegen het geluid van de naburige spoorlijn. Eigentijds restaurant en lounge-bar in dezelfde stijl. Internationale kaart en buffetformules.
• "Business-hotel" d'aspect résolument moderne situé dans un quartier de bureaux proche de l'aéroport. Chambres bien isolées des bruits du chemin de fer voisin. Lounge-bar et restaurant de styles contemporains ; carte internationale et formules buffets.

Holiday Inn Airport, Holidaystraat 7, ☎ 0 2 720 58 65, *hibrusselsairport@whgev.com, Fax 0 2 720 41 45*, – AE MC VISA DL w
Rest *(fermé jours fériés) Lunch 22* – carte 28/45 – 21 – **310 ch** ★230 – ★★230.
• Hotel uit 1970 bij de luchthaven. De kamers worden binnenkort gerenoveerd. Veel voorzieningen om werk en plezier te combineren. Restaurant op de bovenverdieping met een internationale keuken; bar op de benedenverdieping voor eenvoudige schotels of snacks.
• Immeuble hôtelier des années 1970 bâti dans les parages de l'aéroport. Chambres en attente d'une rénovation ; équipement complet pour se réunir et se divertir. Cuisine internationale au restaurant installé à l'étage ; plats simples et en-cas au bar du dessous.

Novotel Airport, Da Vincilaan 25, ☎ 0 2 725 30 50, *H0467@accor.com, Fax 0 2 721 39 58*, rest, – AE MC VISA. rest DK y
Rest carte 25/44, – 15 – **209 ch** ★90/225 – ★★96/231.
• Praktisch hotel voor luchtreizigers, dat in alle opzichten voldoet aan de normen van de keten. Identieke kamers, congreszalen en een openluchtzwembad.
• Hôtel pratique lorsqu'on a un avion à prendre, et conforme en tous points aux standards Novotel. Chambres toutes semblables, salles de séminaires et piscine en plein air.

Brussels Airport, Berkenlaan 4, 0 2 721 77 77, *brusselsairport.reservations@thonhotel.be, Fax 0 2 721 55 96,* –, rest, ch, – . DL a
Rest *(fermé 28 juillet-10 août, samedi et dimanche)* *Lunch 25* – 30/50 bc, carte 33/44 – 16 – **100 ch** 80/175 – 80/215 – ½ P 129/216.

• Hotel waar luchtreizigers in alle rust kunnen bijkomen van een eventuele jet lag. De kamers zijn klein, maar zien er tiptop uit. Het restaurant heeft een eigentijds interieur en biedt zijn gasten een eenvoudige, traditionele keuken.

• Fringantes petites chambres d'une tenue irréprochable, dans un établissement où la clientèle d'aéroport compensera tranquillement l'éventuel décalage horaire. Salle à manger au décor actuel. Cuisine à consonance bourgeoise.

à Dilbeek *par ⑧ : 7 km - plans p. 6 et 8 – 39 412 h. – 1700 Dilbeek :*

Hostellerie d'Arconati avec ch, d'Arconatistraat 77, 0 2 569 35 00, *arconati@skynet.be, Fax 0 2 569 35 04,* , – .
fermé février – **Rest** *(fermé dimanche soir, lundi et mardi)* 45, carte 51/61 – **4 ch** 87 – 99.

• Pand in de stijl van het interbellum met een mooie tuin om 's zomers buiten te eten. Eigentijdse eetzalen, verzorgde klassieke gerechten en kamers met bloemetjesstoffen.

• Architecture de l'entre-deux-guerres ouverte sur un jardin bichonné où l'on mange en été. Salles actualisées, mets classiques soignés, chambres aux tissus fleuris coordonnés.

De Kapblok, Ninoofsesteenweg 220, 0 2 569 31 23, *info@dekapblok.be, Fax 0 2 569 67 23* – . AM e
fermé dernière semaine décembre-première semaine janvier, 2 semaines Pâques, 21 juillet-15 août, dimanche, lundi et soirs fériés – **Rest** *Lunch 38* – 52/99 bc, carte 48/76.

• Dit familierestaurantje aan een drukke weg weet zijn klanten aan zich te binden door de zorg die aan het eten wordt besteed. Aan de muur foto's van aankomend keukentalent.

• Au bord d'un axe passant, petit restaurant tenu en famille et fidélisant bien sa clientèle par le soin apporté à la cuisine. Salle ornée de photos de cordons bleus en herbe.

à Drogenbos *- plan p. 8 – 4 876 h. – 1620 Drogenbos :*

Campanile, W.A. Mozartlaan 11, 0 2 331 19 45, *drogenbos@campanile.be, Fax 0 2 331 25 30,* , – , – . AN n
Rest (avec buffets) *Lunch 11* – 25 bc, carte 20/36 – 11 – **78 ch** 73/89 – 73/89 – ½ P 102/112.

• Goedkoop ketenhotel bij de Ring, met parkeergelegenheid. Kleine maar keurige gerenoveerde kamers. Een perfecte kloon van de Campanile-familie. Grillroom met buffetten en caloriearme schotels.

• Un clone parfait de la chaîne Campanile : proximité de la rocade, parking à vue et petites chambres fraîches et nettes à prix muselés. Grill-room proposant des buffets et des plats diététiques.

à Dworp *(Tourneppe) par ⑥ : 16 km - plan p. 8 - C Beersel 23 433 h. – 1653 Dworp :*

Kasteel Gravenhof , Alsembergsesteenweg 676, 0 2 380 44 99, *info@gravenhof.be, Fax 0 2 380 40 60,* , , , – , ch, – .
fermé 24 décembre – **Rest** (taverne-rest) *Lunch 20* – carte 24/48 – 15 – **26 ch** 105/210 – 140/210.

• Ontdek het kasteelleven in dit lustslot uit 1649. De luisterrijke omgeving leent zich bij het uitstek voor een feestmaal. Verschillende soorten kamers en park met vijver. Café-restaurant in de gewelfde kelder. Klassieke kaart met een regionaal accent.

• "Folie" de 1649 où vous goûterez à la vie de château. Cadre fastueux se prêtant bien à l'organisation de grandes agapes, divers types de chambres et parc agrémenté d'un étang. Taverne-restaurant retranchée dans les caves voûtées. Carte classico-régionale.

à Grimbergen *au Nord par N 202* **BK** *: 11 km - plan p. 6 – 33 965 h. – 1850 Grimbergen :*

Abbey, Kerkeblokstraat 5, 0 2 270 08 88, *info@hotelabbey.be, Fax 0 2 270 81 88,* , – , rest, – . ch
fermé juillet – **Rest** ***'t Wit Paard*** *(fermé vendredi soir, samedi et dimanche)* *Lunch 32* – 50, carte 48/57, – **28 ch** 135/170 – 170/250.

• In dit grote bakstenen gebouw, een nabootsing van de Vlaamse stijl, logeert u in ruime, rustige kamers. Moderne lounge-bar, vergaderzalen, fitnessruimte en sauna. In het restaurant worden klassieke gerechten geserveerd, wat goed past bij de inrichting.

• Cette grande bâtisse en briques plagiant un peu le style flamand vous héberge dans des chambres amples et paisibles. Lounge-bar moderne, salles de réunions, fitness et sauna. Table au cadre classique révélateur du genre de prestation culinaire proposée.

à Groot-Bijgaarden - *plan p. 6* - *Dilbeek 39 412 h.* – *1702 Groot-Bijgaarden :*

Waerboom, Jozef Mertensstraat 140, 0 2 463 15 00, *info@waerboom.com, Fax 0 2 463 10 30,* – . rest AL r
fermé mi-juillet-mi-août, vendredi et samedi – **Rest** (résidents seult) – **35 ch** 110/130 – 123/165.

◆ Deze grote Vlaamse boerderij, tussen de snelweg en het platteland, is nu een hotel voor zakenafspraken, congressen en recepties. Klassieke kamers en lounges met goed comfort.

◆ Entre campagne et autoroute, grande ferme flamande réaménagée en hôtel d'affaires, séminaires et réceptions. Chambres et salons classiques offrant un bon niveau de confort.

De Bijgaarden, I. Van Beverenstraat 20, 0 2 466 44 85, *debijgaarden@skynet.be, Fax 0 2 463 08 11,* – . AL c
fermé première semaine Pâques, 3 au 24 août, 24 au 30 décembre, samedi midi, dimanche et jours fériés – **Rest** Lunch 45 – 78/138 bc, carte 94/124.

◆ Mooi herenhuis bij het kasteel van Groot-Bijgaarden. Weelderig interieur met lambrisering, klassieke keuken met een vleugje vernieuwing en wijnkelder met goede bordeaux.

◆ Belle demeure ancienne située juste en face du château de Grand-Bigard. Cadre cossu agrémenté de boiseries, cuisine classique actualisée et cave à dominante bordelaise.

Michel, Gossetlaan 31, 0 2 466 65 91, *restaurant.michel@belgacom.net, Fax 0 2 466 90 07,* – AL d
fermé 25 au 29 mars, 12 au 30 août, 23 au 27 décembre, dimanche et lundi – **Rest** Lunch 35 – 52/91 bc, carte env. 64.

◆ Uitnodigend boerderijtje om te genieten van een lekker keuzemenu uit de klassieke kaart. De eigentijdse eetzaal is onlangs opgeknapt. Mooi terras.

◆ Fermette engageante et typée où se pratique une cuisine classique proposée sous la forme d'un menu-carte. Salle de style contemporain tout récemment rajeunie. Jolie terrasse.

à Hoeilaart - *plan p. 9* – *10 074 h.* – *1560 Hoeilaart :*

Aloyse Kloos, Terhulpsesteenweg 2 (à Groenendaal), 0 2 657 37 37, *verlaecktmarleenzo@hotmail.com,* – . DP f
fermé août, dimanche soir et lundi – **Rest** Lunch 25 – 33/60 bc, .

◆ Deze villa bij het Zoniënwoud heeft klassieke gerechten en uitstekende wijnen te bieden. Huisbereide hammen als specialiteit.

◆ Villa postée en lisière du massif de Soignes. Cuisine classique et carte des vins honorant les vignobles les plus réputés. Fameux jambons du pays mûris dans la maison.

à Huizingen *par ⑥ : 12 km* - *plan p. 8* *Beersel 23 433 h.* – *1654 Huizingen :*

Terborght (Lesley De Vlieger), Oud Dorp 16, 0 2 380 10 10, *terborght@skynet.be, Fax 0 2 380 10 97* – .
fermé dernière semaine mars, 2 premières semaines août, mardi et mercredi – **Rest** Lunch 34 – 44/165 bc, carte 67/114, .

Spéc. Trois préparations de langoustines. Carré d'agneau rôti, rognons confits et épaule braisée, pommes dauphines. Dégustation de petits desserts.

◆ Mooi huis met een trapgevel uit de 17e eeuw. Het interieur is een mengeling van rustiek en modern. Geraffineerde eigentijdse keuken.

◆ Maison du 17e s. dont les façades arborent de fiers pignons à redans et dont l'intérieur marie des éléments décoratifs rustiques et contemporains. Cuisine actuelle raffinée.

à Itterbeek *par ⑧ : 8 km* - *plans p. 6 et 8* *Dilbeek 39 412 h.* – *1701 Itterbeek :*

De Ster, Herdebeekstraat 169 (lieu-dit Sint-Anna-Pede), 0 2 569 78 08, *resto.dester@skynet.be, Fax 0 2 569 37 97,* – .
fermé 1er au 13 janvier, 25 août-10 septembre, lundi, mardi et samedi midi – **Rest** Lunch 16 – 25/70 bc, carte 34/54.

◆ Leuk restaurant bij een door Breugel vereeuwigde kerk. De inrichting is net als de spijzen traditioneel met een snufje modern (oude spiegels, koektrommels en koffiemolens).

◆ Devant une église immortalisée par Bruegel, estaminet à l'attachant décor bourgeois actualisé, à l'image des mets. Vieux miroirs, boites à biscuits et moulins à café en salle.

à Kortenberg *par ② : 15 km - plan p. 7 – 18 299 h. – ✉ 3070 Kortenberg :*

Axis, Leuvensesteenweg 749, ☎ 0 2 759 30 33, *axis.hotel@skynet.be, Fax 0 2 759 30 36,* – P – . AE MC VISA.
Rest (dîner pour résidents seult) – **24 ch** ☐ ★75/125 – ★★95/135 – ½ P 100/150.
• Pas gebouwd klein hotel, handig voor zakenlui die in de buurt van de luchthaven willen logeren. Praktische en moderne kamers die aan de achterkant het rustigst zijn.
• Petit hôtel récent et commode pour la clientèle d'affaires souhaitant loger dans les parages de l'aéroport. Chambres pratiques et actuelles, un peu plus calmes à l'arrière.

à Linkebeek *- plan p. 8 – 4 759 h. – ✉ 1630 Linkebeek :*

Noï, Gemeenteplein 6, ☎ 0 2 380 68 60, *info@noi.be, Fax 0 2 380 86 59,* , Cuisine thaïlandaise – . AE MC VISA **BP a**
fermé Noël-nouvel an, samedi midi, dimanche et lundi midi – **Rest** *Lunch 12* – 26, carte env. 30.
• Thais restaurant bij het grote plein in het centrum. Op donderdag- en vrijdagmiddag staat er een rickshaw met soep (zelfbediening). Exotische terrassen met veel groen.
• Table siamoise cachée aux abords de la place centrale. Les jeudis et vendredis midis, un rickshaw chargé de potages est présenté en libre-service. Terrasses exotiques au vert.

à Meise *par ⑪ : 14 km - plan p. 6 – 18 464 h. – ✉ 1860 Meise :*

Sterckxhof sans rest, Kardinaal Sterckxlaan 17 (Oppem), ☎ 0 2 269 90 36, *sterckxhof@email.com,* – P. AE MC VISA.
6 ch ☐ ★55/65 – ★★80/125.
• Sfeervol logies in een oude boerderij naast een kerkje. Mooie kamers met de originele decoratieve elementen en ontbijtkamer in nostalgische sfeer.
• Maison d'hôte charmante tirant parti d'une ancienne ferme voisine d'une petite église. Jolies chambres dotées d'éléments décoratifs anciens ; salle de breakfast nostalgique.

Hof ter Imde, Beekstraat 32 (Nord-Ouest : 3 km, lieu-dit Imde), ✉ 1861, ☎ 0 52 31 01 01, *info@hofterimde.be, Fax 0 52 31 05 50,* – P . AE MC VISA
fermé 1 semaine carnaval, 22 juillet-10 août, 1 semaine Toussaint, dimanche soir et lundi – **Rest** *Lunch 37* – 47/80 bc, carte 50/80.
• Oud-Brabantse boerderij in een landelijke omgeving met comfortabele eetzaal in hedendaagse stijl. 's Zomers kan op het terras worden gegeten, met uitzicht op de boomgaard.
• Joli corps de ferme brabançon au cadre agreste réaménagé en un restaurant confortable. Salle contemporaine dans les tons beige et gris ; terrasse tournée vers un verger.

Koen Van Loven, Brusselsesteenweg 11, ☎ 0 2 270 05 77, *koen.van.loven@proximedia.be, Fax 0 2 270 05 46* – . AE MC VISA.
fermé lundi et mardi – **Rest** *Lunch 32* – 43/63 bc, carte 40/65.
• In dit herenhuis uit de vroege 20e eeuw is een restaurant ingericht in de stijl van een sfeervolle hedendaagse brasserie. Klassieke keuken. Aparte ruimten voor banqueting.
• Fière maison de notable (début 20e s.) abritant un restaurant au chaleureux décor de brasserie contemporaine. Espaces séparés pour la tenue de banquets. Repas classique.

à Nossegem *par ② : 13 km - plan p. 7 - C Zaventem 28 651 h. – ✉ 1930 Nossegem :*

Orange, Leuvensesteenweg 614, ☎ 0 2 757 05 59, *go@orangerestaurant.be, Fax 0 2 759 50 08,* , Brasserie – P. AE MC VISA
fermé première semaine janvier, première semaine Pâques, deux premières semaines août, samedi midi, dimanche et lundi soir – **Rest** *Lunch 25* – 36/55 bc, carte 34/57, ♀.
• Trendy brasserie met de kleuren lichtoranje en tabak, bankjes van krokodillenleer en designlampen. Goede keuken die aan de huidige smaak voldoet. Aangenaam terras.
• Bonne cuisine de brasserie au goût du jour servie dans un décor branché : tons orange clair et tabac, banquettes en cuir façon "croco" et éclairage design. Terrasse agréable.

à Overijse *par ④ : 16 km - plan p. 9 – 24 067 h. – ✉ 3090 Overijse :*
Justus Lipsiusplein 9, ☎ 0 2 785 33 73, info@overijse.be, Fax 0 2 687 77 22.

Soret, Kapucijnendreef 1 (à Jezus-Eik), ☎ 0 2 657 37 82, *info@hotel-soret.be, Fax 0 2 657 72 66,* , , , – – – . AE MC VISA **DN s**
fermé 4 au 18 août et 22 au 31 décembre – **Rest** voir rest ***Istas*** ci-après – **39 ch** ☐ ★72/88 – ★★115 – 1 suite.
• Nieuw en rustig hotel aan de rand van het Zoniënwoud. Kraakheldere grote kamers, mooi zwembad, sauna, fitnessruimte en handig parkeerterrein.
• Hôtel familial récent et tranquille installé en lisière de la forêt de Soignes. Grandes chambres d'une tenue exemplaire, jolie piscine, sauna, fitness et parking bien commode.

XXXX **Barbizon,** Welriekendedreef 95 (à Jezus-Eik), ✆ 0 2 657 04 62, *info@barbizon.be, Fax 0 2 657 40 66,* – P. AE MC VISA DN n
fermé 8 au 23 janvier, 15 juillet-6 août, mardi et mercredi – **Rest** *Lunch 36* – 52, carte 73/98.
• Charmante villa, waarvan de Normandische bouwstijl harmonieert met de bosrijke omgeving. Klassieke maaltijd met prestigieuze wijnen. Heerlijke tuin met terras.
• À l'orée de la forêt, villa charmante dont le style "normand" s'harmonise au cadre bucolique du lieu. Repas classique accompagné de vins prestigieux. Terrasse-jardin exquise.

XXX **Lipsius,** Brusselsesteenweg 671 (à Jezus-Eik), ✆ 0 2 657 34 32, *lipsius@skynet.be, Fax 0 2 657 31 47* – P. AE MC VISA DN r
fermé 2 semaines Pâques, août, fin décembre-début janvier, samedi midi, dimanche soir et lundi – **Rest** *Lunch 35* – 55/90 bc, carte 54/78.
• Dit restaurant is naar een lokale humanist genoemd. Hanenbalken, stenen gewelven, stoelen met overtrek en bijpassende tafelkleden vormen een mooi interieur. Moderne kookstijl.
• Estimable restaurant au goût du jour nommé d'après un humaniste local. Sièges chasubles, nappages coordonnés, poutres cérusées et voûtes en briques nues forment un joli décor.

X **Istas** - H. Soret, Brusselsesteenweg 652 (à Jezus-Eik), ✆ 0 2 657 05 11, , Taverne-rest – P. MC VISA DN s
fermé 25 au 31 mars, 1er au 28 août, 24 au 31 décembre, mercredi et jeudi – **Rest** carte 18/41.
• Oud karakteristiek café-restaurant dat allerlei soorten mensen trekt. Uitgebreide traditionele kaart met streekgebonden schotels. De bediening is nog van ouderwetse kwaliteit.
• Une clientèle très variée se presse dans cette taverne-restaurant centenaire et typée. Vaste choix traditionnel incluant des en-cas régionaux. Accueil et service à l'ancienne.

à Ruisbroek - *plan p. 8* - C *Sint-Pieters-Leeuw 30 846 h.* – ✉ *1601 Ruisbroek :*

XX **De Mayeur,** Fabriekstraat 339, ✆ 0 2 331 52 61, *Fax 0 2 331 52 63,* – AE MC VISA AP a
fermé 1 semaine en mars, 3 semaines en août, mardi, mercredi et samedi midi – **Rest** *Lunch 21* – carte 31/63.
• Klassiek-traditioneel restaurant in een mooi oud pand, waarvan de voorgevel sterk contrasteert met de ultramoderne aanbouw aan de achterkant, waar ook een terras is.
• Bonne table classique-traditionnelle, dans une jolie maison ancienne dont la façade contraste avec l'extension arrière, résolument moderne, où se déploie la terrasse en teck.

à Sint-Genesius-Rode *(Rhode-St-Genèse) par ⑤ : 13 km - plan p. 9 – 17 927 h.* – ✉ *1640 Sint-Genesius-Rode :*

X **L'Alter Ego,** Parvis Notre-Dame 15, ✆ 0 2 358 29 15, *Fax 0 2 358 29 15,* – . AE D MC VISA
fermé première semaine janvier, août, dimanche et lundi – **Rest** (déjeuner seult sauf vendredi et samedi) *Lunch 12* – 30/40, carte 27/43.
• Eenvoudig buurtrestaurantje, waar u lekker kunt eten in een ontspannen sfeer. Dagelijks wisselende schotels op een leitje. 's Zomers wordt buiten geserveerd.
• Simple restaurant de quartier, mais où l'on vient bien manger, dans un cadre non protocolaire. Les plats se déclinent à l'ardoise au gré du marché. Repas au jardin en été.

X **Tartufo,** r. Termeulen 44, ✆ 0 2 361 34 66, *tartufo@skynet.be, Fax 0 2 361 34 66,* , Avec cuisine italienne – P. AE MC VISA.
fermé dimanche soir, lundi et mardi – **Rest** *Lunch 22* – 36/65 bc, carte 46/68.
• In dit restaurant worden klassieke en eigentijdse Frans-Italiaanse gerechten geserveerd in een intieme, hedendaagse eetzaal met twee verdiepingen. Vriendelijke ontvangst.
• Restaurant servant des mets franco-italiens classiques et au goût du jour dans une salle au décor actuel intime, agencée sur deux niveaux. Accueil souriant de la patronne.

à Sint-Pieters-Leeuw *Sud-Ouest : 13 km - plan p. 8 – 30 846 h.* – ✉ *1600 Sint-Pieters-Leeuw :*

Green Park , V. Nonnemanstraat 15 (par Brusselbaan), ✆ 0 2 331 19 70, *info@greenparkhotel.be, Fax 0 2 331 03 11,* , – P – . AE D MC VISA AN
fermé juillet – **Rest** (résidents seult) – **18 ch** ★84/100 – ★★90/220 – ½ P 74.
• Laag, modern gebouw in een rustige, groene omgeving bij een vijver. Grote eigentijdse kamers met goede voorzieningen. Zakelijke cliëntèle.
• Bâtisse basse de notre temps inscrite dans un site paisible et verdoyant, au bord d'un étang. Grandes chambres actuelles bien équipées. Affluence d'affaires.

XX **De Groene Jager,** Bergensesteenweg 500 (N 6), ✆ 0 2 376 06 08, *dirk@groeneja ger.be, Fax 0 2 331 34 74,* ⛱, Avec grillades – P ⇔. AE ⓓ MC VISA. ✗
fermé 1er au 15 septembre, 24 décembre-2 janvier, samedi midi, dimanche soir et lundi – **Rest** *Lunch 20* – 35/49, carte 41/50.
◆ Twee eigentijdse ruimten met roestvrij stalen wandverlichting en grote ronde lampen. Terras aan de achterkant met wijnpers. Grillschotels en seizoengebonden gerechten.
◆ Deux espaces contemporains éclairés par des appliques en inox et de grands luminaires ronds. Terrasse arrière agrémentée d'une presse de vigneron. Grillades et mets de saison.

à Sterrebeek *par ② : 13 km* - *plan p. 7* C *Zaventem 28 651 h.* – ✉ *1933 Sterrebeek :*

X **Chasse des Princes,** Hypodroomlaan 141, ✆ 0 2 731 19 64, *chefchassedesprin ces@hotmail.com, Fax 0 2 731 19 64,* ⛱ – ⇔. AE MC VISA
fermé première semaine janvier, 3 premières semaines août, lundi et mardi midi – **Rest** *Lunch 15* – 25/45, carte 43/56, ♀.
◆ Goede menu's naar de smaak van vandaag voor een zacht prijsje. Sober en licht interieur in wit en beige tinten, met een gebeitste vloer en houten tafels en stoelen.
◆ Bons menus au goût du jour, sagement tarifés, et cadre alliant clarté et sobriété : salle aux tons beiges et blanc, plancher patiné, tables nues et chaises de style cérusées.

à Strombeek-Bever - *plan p. 6* - C *Grimbergen 33 965 h.* – ✉ *1853 Strombeek-Bever :*

Rijckendael ⛰, J. Van Elewijckstraat 35, ✆ 0 2 267 41 24, *restaurant.rijckendael@vhv-hotels.be, Fax 0 2 267 94 01,* ⛱, ≘s – |‡| ⇔, ▤ ch, ⇐ P – 🏛. AE ⓓ MC VISA BK c
Rest *(fermé 3 dernières semaines juillet-première semaine août et dimanche soir) Lunch 23* – 38/70 bc, carte 36/66 – **49 ch** ☐ ✝95/185 – ✝✝95/185.
◆ Modern hotel in een rustige woonwijk, niet ver van de Heizel en het Atomium. Praktische kamers en eigen parkeergarage. Rustiek restaurant in een oud boerderijtje (1857) met een klassiek-traditionele keuken.
◆ Immeuble hôtelier de notre époque situé dans un quartier résidentiel d'où vous rejoindrez aisément l'Atomium et le Heysel. Chambres pratiques ; parking privé. Restaurant au décor rustique aménagé dans une ancienne fermette (1857). Repas classique-traditionnel.

XX **'t Stoveke,** Jetsestraat 52, ✆ 0 2 267 67 25, *info@tstoveke.be,* ⛱ – ⇔. AE MC VISA. ✗
fermé septembre, 26 décembre-3 janvier, mardi, mercredi et samedi midi – **Rest** *Lunch 30* – 50, carte 40/48. BK q
◆ Vanbuiten en vanbinnen gemoderniseerd pand in een woonwijk bij het Expositiepark Heizel. Terras met blauwsteen en teakhouten meubilair. Modern-klassiek repertoire.
◆ Maison modernisée dedans comme dehors et située en secteur résidentiel, près du Heysel. Terrasse discrète carrelée en pierres bleues et meublée en teck. Choix classico-actuel.

X **Blink,** Sint-Amandsstraat 52, ✆ 0 2 267 37 67, *restaurantblink@skynet.be, Fax 0 2 267 99 68,* ⛱ – AE ⓓ MC VISA. ✗ BK h
fermé dimanche et lundi – **Rest** *Lunch 20* – 39/75 bc, carte 47/56.
◆ Langgerekt, eigentijds restaurant in blauwe tinten. Modern-klassieke gerechten met hier een daar een exotische noot. Terras aan de achterzijde.
◆ Longue salle à manger contemporaine aux tonalités bleutées, où l'on goûte une cuisine classique actualisée, semée de pointes d'exotisme. Terrasse d'été cachée à l'arrière.

X **Restaurant 52,** De Villegas de Clercampstraat 52, ✆ 0 2 261 00 61, *restaurant52@sky net.be,* ⛱ – MC VISA BK b
fermé 15 août-15 septembre, 25 décembre-3 janvier, samedi midi, dimanche soir, lundi et mardi – **Rest** carte 38/48.
◆ Herenhuis met drie kamers en suite die bij de renovatie een aantal oorspronkelijke elementen hebben behouden. Terras met pergola op de binnenplaats. Eigentijdse keuken.
◆ Discrète maison bourgeoise dont les 3 pièces en enfilade ont été actualisées en gardant des éléments anciens. Terrasse sous pergola dans la cour. Table au goût du jour.

à Tervuren *par ③ : 14 km* - *plan p. 9* – *20 636 h.* – ✉ *3080 Tervuren :*

Rastelli sans rest, Hoornzeelstraat 63, ✆ 0 2 766 66 66, *info@hotelrastelli.be, Fax 0 2 766 66 67* – |‡| ⇔ P – 🏛. AE ⓓ MC VISA. ✗
44 ch ☐ ✝85/95 – ✝✝97/147.
◆ In het hart van het Belgische Versailles. Junior suites en kamers met foto's van het oude Tervuren. Sommige kamers hebben een kitchenette en de helft deelt een terras.
◆ Au cœur du Versailles belge, junior suites et chambres avec ou sans cuisinette, toutes en brun et rouge, ornées de photos du vieux Tervuren. Terrasse partagée pour la moitié.

XX **De Linde,** Kerkstraat 8, ✆ 0 2 767 87 42, *Fax 0 2 767 87 42*, 🏞 – ⇔. MC VISA. ⚘
fermé 2 semaines en janvier, 3 semaines en juillet, lundi, mardi et samedi midi – **Rest** *Lunch 13* – 35/74 bc, carte 49/69.
• Oud pandje naast de kerk met een typisch dorpse charme. Klassieke seizoengebonden gerechten, geserveerd onder de hanenbalken van de eetzaal of op het terras aan de voorkant.
• À côté de l'église, menue façade ancienne au charme villageois. Repas classique de saison à savourer sous les poutres de la salle ou sur la terrasse d'été dressée à l'avant.

à Vilvoorde *(Vilvorde) - plans p. 6 et 7 – 37 324 h. – ✉ 1800 Vilvoorde :*

XXX **La Hacienda,** Koningslosteenweg 34, ✆ 0 2 649 26 85, *lahacienda@lahacienda.be, Fax 0 2 647 43 50*, 🏞, Cuisine espagnole – P ⇔. AE MC VISA. ⚘ CK h
fermé première semaine janvier, mi-juillet-mi-août, dimanche et lundi – **Rest** 40/44, carte 39/63.
• Deze haciënda ligt verscholen in een doodlopende straat bij het kanaal. Authentieke Spaanse keuken met tapas- en streekmenu's. Groot assortiment Spaanse wijnen.
• Lumineuse hacienda embusquée dans une impasse proche du canal. On y goûte une vraie cuisine ibérique avec menus tapas et régionaux. Vaste choix de vins espagnols.

XX **Kijk Uit,** Lange Molensstraat 60, ✆ 0 2 251 04 72, *kijkuit@skynet.be, Fax 0 2 751 09 01* – ⇔. ⚘ CK c
fermé 21 juillet-15 août, fin décembre, dimanche et lundi – **Rest** *Lunch 30* – 45/98 bc, carte 43/87, ♀.
• Een 15e-eeuwse wachttoren steekt boven dit eigentijdse, creatieve restaurant uit. De gerenoveerde eetzaal met het hoge plafond heeft zijn oude karakter bewaard.
• Une tour de guet (15e s.) domine ce restaurant servant une cuisine actuelle volontiers créative dans une salle haute sous plafond, rénovée en préservant son caractère ancien.

X **Rouge Glamour,** Fr. Rooseveltlaan 18, ✆ 0 2 253 68 39, *rouge.glamour@advalvas.be, Fax 0 2 253 68 39*, 🏞 – ⇔. AE MC VISA CDK s
fermé semaine Pâques, 2 premières semaines août, semaine Toussaint, samedi midi dimanche et lundi – **Rest** *Lunch 32* – 42/71 bc, carte 45/68.
• Restaurant met een creatieve eigentijdse keuken en de sfeer van een cabaret. Theaterdiner op de 1e zaterdag van de maand. Weelderig terras achter met teakhouten meubelen.
• Table au goût du jour non dénuée de créativité, plagiant le décor d'un cabaret. Repas-spectacle le 1er samedi du mois. Terrasse arrière verdoyante meublée en bois exotique.

à Wemmel *- plan p. 6 – 14 774 h. – ✉ 1780 Wemmel :*

🏨 **La Roseraie,** Limburg Stirumlaan 213, ✆ 0 2 456 99 10, *hotel@laroseraie.be, Fax 0 2 460 83 20*, 🏞, 🌳 – ⇔ ▤ P. AE ⓓ MC VISA AK r
Rest *(fermé samedi midi, dimanche soir et lundi) Lunch 25* – 30/65 bc, carte 43/56 – **8 ch** ☕ ✝107/125 – ✝✝130/180.
• Dit hotelletje is gevestigd in een pand uit 1930 en heeft een huiselijke ambiance. De zeer goed onderhouden kamers zijn in verschillende stijlen gedecoreerd: Afrikaans, Japans, Romeins, enz. Klassieke eetzaal met een wel heel bijzonder homarium!
• Maison des années 1930 vous réservant un accueil familial et vous logeant dans des chambres d'une tenue méticuleuse, aux thèmes décoratifs variés : Afrique, Japon, Rome, etc. Salle à manger classiquement aménagée, où un piano tient lieu de vivier à homards !

XXX **L'Auberge de l'Isard,** Romeinsesteenweg 964, ✆ 0 2 479 85 64, *info-reservation@isard.be, Fax 0 2 479 16 49*, 🏞 – P ⇔. ⚘ BK u
fermé 1 semaine Pâques, fin juillet-mi-août, dimanche soir, lundi et jeudi soir – **Rest** *Lunch 25* – 35/95 bc, carte 51/70.
• Deze herberg bij de Ring en de Heizel staat goed bekend. Harmonieus interieur in beige en grijs, met leren stoelen. 's Zomers worden de tafels op het gazon gedekt.
• Auberge de bonne réputation locale établie à l'approche du ring et du Heysel. Salle feutrée aux tons beige et gris, dotée de sièges en cuir. Restaurant d'été sur la pelouse.

XX **Le Gril aux Herbes d'Evan,** Brusselsesteenweg 21, ✆ 0 2 460 52 39, *evant@skynet.be, Fax 0 2 461 19 12*, 🏞 – P. AE ⓓ MC VISA AK t
fermé 24 décembre-1er janvier, lundi en juillet-août, samedi midi et dimanche – **Rest** *Lunch 35* – 50/90 bc, carte 65/129, 🍇.
• Deze villa op een heuvel heeft een grote tuin met terras. Klassieke keuken en prestigieuze Franse wijnen.
• Cette villa juchée sur une butte s'agrémente d'une terrasse tournée vers un grand jardin. Cuisine de base classique et cave à la hauteur de la renommée du vignoble français.

à Wolvertem *par ⑪ : 15 km - plan p. 6* [C] *Meise 18 464 h. – ✉ 1861 Wolvertem :*

Falko sans rest, Stationsstraat 54a, ✆ 0 2 263 04 50, *info@falkohotel.be, Fax 0 2 263 04 79,* – . AE VISA.
19 ch ☕ ✝115/140 – ✝✝140/165.
◆ Hotel langs de A12 met ruime, hedendaagse kamers. In de moderne bar, ontbijtzaal (serre) en gangen hangen abstracte schilderijen met felle kleuren.
◆ Hôtel avoisinant l'autoroute A12. Le bar moderne, la salle de breakfast (véranda) et les couloirs s'égayent de toiles abstraites aux tons vifs. Chambres amples et actuelles.

à Zaventem *- plan p. 7 – 28 651 h. – ✉ 1930 Zaventem :*

Sheraton Airport, à l'aéroport (Nord-Est par A 201), ✆ 0 2 710 80 00, *reservations.brussels@sheraton.com, Fax 0 2 710 80 80,* – – . AE VISA. rest **DK b**
Rest *Concorde* *(fermé samedi) Lunch 55 bc* – 40, carte 44/64, ♀ – ☕ 25 – **292 ch** ✝115/495 – ✝✝115/495 – 2 suites.
◆ Zakenreizigers zullen het comfort en de goede service waarderen in dit hotel op de luchthaven. Een internationale eigentijdse kaart wordt gepresenteerd in de Concorde, die een groot atrium deelt met een bar, waar buffetten te verkrijgen zijn.
◆ La clientèle d'affaires voyageuse appréciera le confort et les nombreux services offerts par cet hôtel intégré à l'aéroport. Une carte internationale au goût du jour est présentée au Concorde, qui se partage un vaste atrium avec un bar proposant des buffets.

XX **Stockmansmolen** 1er étage, H. Henneaulaan 164, ✆ 0 2 725 34 34, *info@stockmansmolen.be, Fax 0 2 725 75 05,* Avec taverne-rest – . AE VISA **DL c**
fermé 2 dernières semaines juillet-première semaine août, vacances Noël, samedi et dimanche – **Rest** *Lunch 54* – 56/99 bc, carte 62/94.
◆ Deze 13e-eeuwse watermolen herbergt een brasserie en daarboven een restaurant met parket, bakstenen muren, spiegels, kroonluchters en moderne wandlampen. Klassieke kaart.
◆ Moulin à eau (13e s.) où s'étagent une brasserie et un restaurant. Parquet, briques, miroirs, lustres et appliques modernes dans la salle supérieure. Carte de base classique.

X **Da Lino,** Vilvoordelaan 9, ✆ 0 2 720 01 08, *info@dalino.be, Fax 0 2 725 42 66,* Cuisine italienne – . AE VISA **DL b**
fermé lundi et samedi midi – **Rest** carte 27/52.
◆ Authentiek Italiaans restaurant dat door een familie wordt gerund. Mooie eetzaal met een muurschildering van het Siciliaanse geboortedorp van grootvader Lino.
◆ Table italienne tenue en famille et estimée pour l'authenticité de sa carte. Jolie salle honorant l'aïeul Lino par une vue en peinture murale de son village sicilien natal.

à Zellik *par ⑩ : 8 km - plan p. 6 -* [C] *Asse 29 191 h. – ✉ 1731 Zellik :*

XX **Angelus,** Brusselsesteenweg 433, ✆ 0 2 466 97 26, *restoangelus@skynet.be, Fax 0 2 466 83 84,* – . AE VISA **AL e**
fermé lundis et mardis non fériés – **Rest** *Lunch 18* – 30/54 bc, carte 30/54.
◆ Mooie bakstenen villa uit de jaren 1950 aan de rand van het dorp, naast een aantal industrieterreinen. Traditionele keuken. 's Zomers buiten eten.
◆ Engageante villa en briques bâtie dans les années 1950 aux portes d'un village jouxtant aujourd'hui plusieurs zones industrielles. Repas traditionnel. Tables au jardin en été.

S.A. MICHELIN BELUX, Brusselsesteenweg 494, bus 1 **AL** – ✉ 1731 ZELLIK (Asse), ✆ 0 2 274 43 53/55, Fax 0 2 274 45 16

BUKEN *1910 Vlaams-Brabant* [C] *Kampenhout 10 956 h.* **533** M 17 *et* **716** G 3. 4 **C1**
Bruxelles 28 – Leuven 10 – Antwerpen 42 – Liège 68 – Namur 64 – Turnhout 74.

XX **De Notelaar,** Bukenstraat 142, ✆ 0 16 60 52 69, *info@denotelaarbuken.be, Fax 0 16 60 69 09* – . AE VISA
fermé 2 dernières semaines février, 21 juillet-14 août, mardi, mercredi et jeudi – **Rest** *Lunch 25* – 34/66 bc, carte 44/66.
◆ Traditioneel restaurant dat door een familie wordt gerund, bij de N-26 van Leuven naar Mechelen. Klassieke kaart, neorustiek interieur, banqueting binnen en buiten.
◆ Maison d'aspect traditionnel située dans une rue proche de la N 26 reliant Louvain à Malines. Carte classique, cadre néo-rustique, tenue familiale, banquets dedans et dehors.

BÜLLINGEN (BULLANGE) *4760 Liège* **533** W 20, **534** W 20 *et* **716** L 4 – *5 385 h.* 9 **D2**
Bruxelles 169 – Liège 77 – Aachen 57.

Haus Tiefenbach - Grüner Baum, Triererstr. 21, ☎ 0 80 64 73 06, *info@haus-tiefenbach.be, Fax 0 80 64 26 58,* , , – , rest, rest, – . VISA.
fermé vacances Pâques et fin juin-début juillet – **Rest** *(fermé lundi, mardi, mercredi midi et après 20 h)* 15/35 bc, carte 24/43 – **30 ch** 48/63 – 90/122 – ½ P 58/62.
◆ Hôtel familial d'une tenue sans reproche, situé au creux d'un vallon agreste, entre prés, sapinières et étang (pêche). Exotisme montagnard au bar et dans quelques chambres. Carte traditionnelle présentée dans deux grandes salles, dont une est ornée de vitraux.
◆ Goed onderhouden familiehotel beneden in een landelijk dal, tussen weilanden, sparrenbossen en een visvijver. De bar en enkele kamers zijn in Alpenstijl ingericht. Twee grote eetzalen, waarvan één met glas-in-loodramen. Traditionele keuken.

BURCHT *Antwerpen* **533** L 15 – *voir à Antwerpen, environs.*

BURG-REULAND *4790 Liège* **533** V 21, **534** V 21 *et* **716** L 5 – *3 903 h.* 9 **D3**
Voir ≤ *du donjon.*
Bruxelles 184 – Liège 93 – Namur 153 – Clervaux 28.

Paquet , Lascheid 43 (Sud-Ouest : 1 km, lieu-dit Lascheid), ☎ 0 80 32 96 24, *hotel paquet@skynet.be, Fax 0 80 32 98 22* – . VISA.
fermé 23 juin-6 juillet et lundis hors saison – **Rest** (résidents seult) – **19 ch** 50/55 – 82/92 – ½ P 62/67.
◆ Hôtel tenu en famille depuis 25 ans au bord de cette route de campagne, entre prés, bosquets et sapinières. Grandes chambres claires et nettes réparties dans deux bâtiments.
◆ Dit landelijk gelegen hotel te midden van weiden en bossen wordt al 25 jaar door dezelfde familie gerund. Grote, keurige en lichte kamers in twee gebouwen.

Val de l'Our , Bahnhofstr. 150, ☎ 0 80 32 90 09, *val.de.lour@skynet.be, Fax 0 80 32 97 00,* , , , , – , rest, – . VISA.
fermé 31 décembre-15 janvier – **Rest** (dîner seult jusqu'à 20 h) 32, carte 37/58 – **16 ch** 65/90 – 80/100 – ½ P 70/90.
◆ Au creux d'un vallon boisé, auberge familiale distribuant ses chambres à l'étage et dans deux chalets ouvrant sur la pelouse et la piscine. Nombreuses distractions possibles. Vue sur le jardin par les grandes baies du restaurant ; carte et menu classiques.
◆ Dit familiebedrijf in een bebost dal beschikt over kamers op de verdieping en in twee chalets met toegang tot de tuin en het zwembad. Veel activiteiten mogelijk. De reusachtige vensters van het restaurant kijken uit op de tuin. Klassieke kaart en dito menu's.

à Ouren *Sud : 9 km* C *Burg-Reuland* – ✉ *4790 Burg-Reuland :*

Dreiländerblick , Dorfstr. 29, ☎ 0 80 32 90 71, *info@hoteldrielanderblick.be, Fax 0 80 32 93 88,* , , – – . VISA.
fermé 1er au 24 janvier, 23 juin-3 juillet et 22 septembre-2 octobre – **Rest** *(fermé mardi midi et après 20 h)* 19/48, carte 36/46 – **13 ch** *(fermé mardi sauf juillet-août)* 58/67 – 86 – 1 suite – ½ P 61/70.
◆ Accueillante hôtellerie officiant au coeur d'un petit village transfrontalier où se glisse l'Our. Chambres bien tenues, salon-cheminée et grande terrasse ombragée. Repas traditionnel sous les voûtes d'une sobre salle classiquement aménagée.
◆ Vriendelijke herberg in het hart van een grensdorpje in het dal van de Our. Goed onderhouden kamers, lounge met open haard en een groot, schaduwrijk terras. Traditionele maaltijd onder het gewelf van een sobere, klassiek ingerichte eetzaal.

Rittersprung , Dorfstr. 19, ☎ 0 80 32 91 35, *info@rittersprung.be, Fax 0 80 32 93 61,* ≤, , , – – . VISA.
fermé 10 décembre-20 janvier – **Rest** *(fermé lundi et après 20 h 30)* 22/39, carte 28/42 – **16 ch** 50/55 – 78/86 – ½ P 60/64.
◆ Ce double chalet aux abords bucoliques vous héberge dans des chambres tranquilles procurant souvent une jolie vue sur l'Our qui coule en contrebas. Restaurant traditionnel complété par une grande terrasse aux tables braquées vers la rivière.
◆ Dubbel chalet in een zeer landelijke omgeving, met rustige kamers waarvan de meeste uitkijken op de Our, die iets lager door het landschap kabbelt. Traditioneel restaurant met een groot terras dat uitkijkt op de rivier.

Comment choisir entre deux adresses équivalentes ? Dans chaque catégorie, les établissements sont classés par ordre de préférence : nos coups de cœur d'abord.

BÜTGENBACH *4750 Liège* **533** W 20, **534** W 20 *et* **716** L 4 – *5 574 h.* 9 **D2**

Centre Worriken 1 (au lac) 0 80 44 63 58.

Bruxelles 164 – Liège 72 – Aachen 52.

Bütgenbacher Hof, Marktplatz 8, 0 80 44 42 12, *info@hotelbutgenbacherhof.com, Fax 0 80 44 48 77*, , , , – ch, – .
fermé 2 semaines Pâques – **Rest** *(fermé lundis et mardis non fériés et après 20 h 30)* Lunch 15 – 35/85, carte 39/62, – **32 ch** 55/80 – 85/130 – 2 suites – ½ P 75/105.

• Hostellerie repérable à sa façade à colombages. Chambres standard ou de style régional Eifel, espace breakfast "tout bois", salon-véranda et centre de relaxation au sous sol. Table classico-traditionnelle au cadre rustique associant moellons et lambris clairs.

• Herberg met vakwerkgevel. De kamers zijn standaard of in regionale Eifelstijl. Ontbijtruimte met veel hout, lounge met veranda en faciliteiten voor ontspanning. Traditioneel-klassiek restaurant in rustieke stijl, met breukstenen en lichte betimmering.

Lindenhof, Neuerweg 1 (Ouest: 3 km, lieu-dit Weywertz), 0 80 44 50 86, *a.krings@skynet.be, Fax 0 80 44 48 26*, – . rest
fermé 1er au 15 juillet et lundis non fériés – **Rest** *(fermé lundi, mardi, mercredi midi et jeudi midi sauf fériés)* Lunch 20 – 24/57 bc, carte 34/44, – **20 ch** 50/65 – 80/110 – ½ P 60/75.

• Bâtisse en pierres du pays vous logeant au calme dans ses chambres toutes différentes sur le plan décoratif. Ambiance familiale et tenue sans reproche. Restaurant installé dans une villa blanche voisinant avec l'hôtel. Petite carte classique et duo de menus.

• Gebouw van steen uit de streek, ideaal voor een rustige overnachting in kamers die allemaal verschillend zijn ingericht. Huiselijke ambiance en perfect onderhouden. Restaurant in een witte villa naast het hotel. Kleine klassieke kaart en twee menu's.

Le Vieux Moulin sans rest, Mühlenstr. 32 (Ouest : 1,5 km, lieu-dit Weywertz), 0 80 28 20 00, *info@levieuxmoulin.be, Fax 0 80 28 20 01*, – .
fermé 23 au 26 décembre – (dîner pour résidents seult) – **8 ch** 110/130 – 130/150 – 1 suite.

• Hôtel de caractère aménagé dans une ancienne ferme-moulin offrant l'agrément d'un étang privé et d'alentours bucoliques. Chambres charmantes ; ambiance intime et cosy.

• Karakteristiek hotel in een oude molenboerderij, prachtig landelijk gelegen aan een privé-meertje. Mooie kamers en gezellige ambiance.

BELGIQUE

Vier Jahreszeiten, Bermicht 8 (Nord : 3 km, lieu-dit Nidrum), 0 80 44 56 04, *knott@skynet.be, Fax 0 80 44 49 30*, , – .
fermé 1re quinzaine janvier, 1re quinzaine juillet, 24 décembre et mercredi – **Rest** 28/50, carte 31/46, – **15 ch** 50/55 – 80/85 – ½ P 65/80.

• Auberge d'aspect moderne aménagée intérieurement dans le style boisé Eifel. Repas traditionnel, énorme choix de vins et spiritueux, chambres calmes. Cartes de crédit refusées.

• Modern aandoende herberg met een interieur in Eifelstijl. Traditionele keuken met een enorm assortiment wijnen en spiritualiën. Rustige kamers. Geen creditcards.

Seeblick, Zum Konnenbusch 24 (Nord-Est : 3 km, lieu-dit Berg), 0 80 44 53 86, *Fax 0 80 44 80 05*, lac, , – . .
fermé 25 juin-10 juillet – **Rest** (dîner pour résidents seult) – **12 ch** 33/37 – 55/60 – ½ P 41/46.

• Petit hôtel paisible occupant deux bâtiments reliés par une verrière. Chambres nettes avec terrasses privatives tournées vers le lac. Jacuzzi extérieur ; boulodrome au jardin.

• Rustig hotelletje in twee gebouwen die door een glazen dak met elkaar zijn verbonden. Keurige kamers met terras en uitzicht op het meer. Jacuzzi buiten, boulodrome in de tuin.

La Belle Époque, Bahnhofstr. 85 (Ouest : 3 km, lieu-dit Weywertz), 0 80 44 55 43 – .
fermé fin mars-début avril, 2 semaines en septembre et mercredis non fériés – **Rest** Lunch 18 – 32/48, carte 41/61.

• Une carte classique et de bons menus sont présentés à cette table familiale fêtant ses 25 ans en 2007. Enseigne à nuancer : ambiance très peu évocatrice de la "Belle Époque".

• Dit familierestaurant viert in 2007 zijn 25-jarig bestaan. Klassieke keuken met goede menu's. "La Belle Époque" op het uithangbord slaat in elk geval niet op de ambiance.

CASTEAU *Hainaut* **533** J 19, **534** J 19 *et* **716** F 4 – *voir à Soignies.*

Première distinction : l'étoile ✿.
Elle couronne les tables pour lesquelles on ferait des kilomètres !

CELLES *Namur* **533** P 21, **534** P 21 *et* **716** I 5 – *voir à Houyet.* 15 **C2**

CHAPELLE-LEZ-HERLAIMONT *7160 Hainaut* **533** K 20, **534** K 20 *et* **716** F 4 – *14 022 h.* 7 **D2**
Bruxelles 51 – Mons 33 – Leuven 76 – Namur 46 – Wavre 54.

XXX **Pouic-Pouic,** r. Chemin de Fer 57, ☎ 0 64 21 31 33, *info@pouic-pouic.be, Fax 0 64 21 45 20,* – ▤ ♿ P ⇔. AE MC VISA
fermé 4 au 12 février, 18 août-3 septembre, 25 au 31 octobre, 21 décembre-3 janvier, mardis, mercredis et samedis midis non fériés – **Rest** 33/52, carte env. 51, ♀.
◆ Transfert réussi pour cette table au cadre moderne pimpant. Menus-carte revisitant la tradition, revus tous les 21 jours et nommés d'après des films avec de Funès à l'affiche.
◆ Dit moderne restaurant is nu in andere handen. De menu's à la carte, traditioneel met een vleugje eigentijds, veranderen om de 3 weken en zijn genoemd naar films van de Funès..

BELGIQUE

E. Valenne/GEOSTORY PICTURES/MICHELIN

Place Charles II et basilique St-Christophe

CHARLEROI

6000 Hainaut **533** L 20, **534** L 20 *et* **716** G 4 – *201 300 h.* 7 **D2**

Bruxelles 61 ① – Liège 92 ③ – Lille 123 ① – Namur 38 ③.

RENSEIGNEMENTS PRATIQUES

par ⑤ à Marcinelle, Maison communale annexe, av. Mascaux 100 ☏ 0 71 86 61 56, office.tourisme@charleroi.be, Fax 0 71 86 62 41 – Pavillon, Square de la Gare du Sud ☏ 0 71 31 82 18, Fax 0 71 31 82 18.

18 au Nord : 13 km à Frasnes-lez-Gosselies (Les-Bons-Villers), Chemin du Grand Pierpont 1 ☏ 0 71 88 08 30, Fax 0 71 85 15 43.

TRANSPORTS

Aéroport :

Charleroi Sud, ☏ 071 25 12 11.

CURIOSITÉS

Musées : *par ⑤ à Mont-sur-Marchienne : de la Photographie★.*

Env. *par ⑤ : 13 km à l'Abbaye d'Aulne★ : chevet et transept★★ de l'église abbatiale – par ⑤ à Marcinelle : l'Espace du 8 août 1956★★ – Musée du verre★ au Bois du Cazier★.*

BELGIQUE

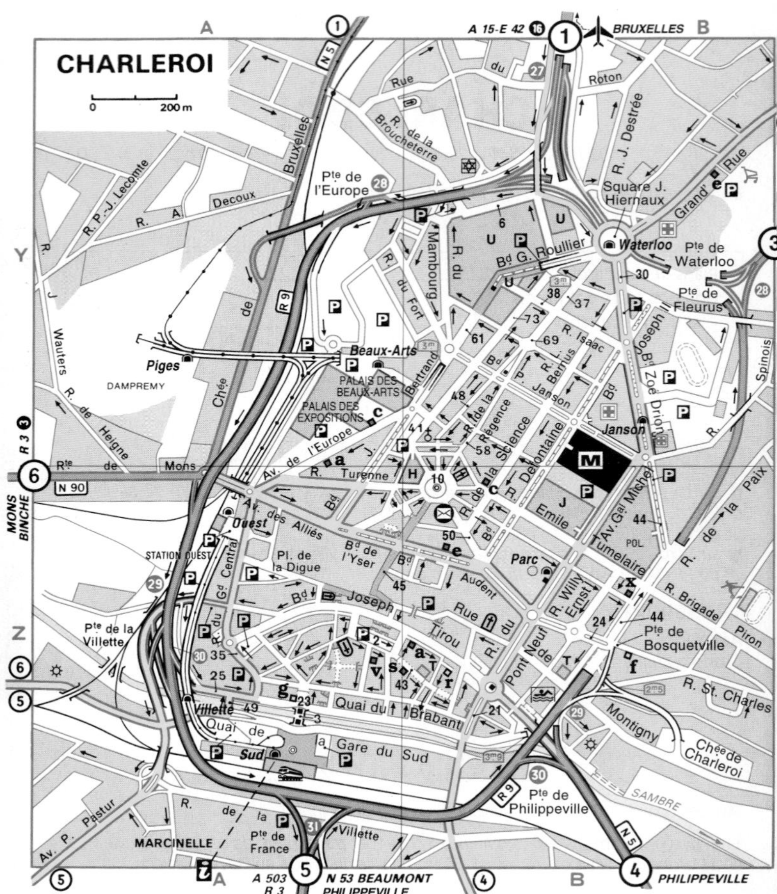

Albert-1er (Pl.) . . . . AZ 2
Alliés (Av. des) . . . . AZ
Arthur-Decoux (R.) . . . . . AY
Audent (Bd) . . . . ABZ
Baudouin (Pont) . . . . AZ 3
Brabant (Quai du) . . . . . ABZ
Brigade-Piron (R.) . . . . . . BZ
Broucheterre (R. de la) . ABY 6
Bruxelles (Chaussée de) . . . . AY
Charleroi (Chaussée de) . . . . BZ
Charles-II (Pl.) . . . . BZ 10
Defontaine (Bd) . . . . . . BYZ
Digue (Pl. de la). . . . . AZ
Écluse (R. de l') . . . . BZ 21
Émile-Buisset (Pl.) . . . . . . AZ 23
Émile-Devreux (Bd) . . . . . BZ 24
Émile-Tumelaire (R.) . . . . BZ
Europe (Av. de l') . . . . . . AYZ
Flandre (Quai de) . . . . . . AZ 25
Fort (R. du) . . . . ABY
Fr.-Dewandre (Bd) . . . . . . BY 30
Gare du Sud (Quai de la) . . . . AZ
Général-Michel (Av.) . . . . BZ
Grand'Rue . . . . BY
Grand Central (R. du) . . . AZ
G.-Roullier (Bd) . . . . BY
Heigne (R. de) . . . . AY
Isaac (R.) . . . . BY
Jacques-Bertrand (Bd) . ABY
Jean-Monnet (R.) . . . . . . AZ 35
Joseph-Hénin (Bd) . . . . . BY 37
Joseph-II (Bd) . . . . BY
Joseph-Tirou (Bd) . . . . . ABZ
Joseph-Wauters (R.) . . . . AY
Jules-Destrée (R.) . . . . . . BY
Lebeau (R.) . . . . BY 38
Léon-Bernus (R.) . . . . BY
Mambourg (R. du) . . . . . . BY
Manège (Pl. du) . . . . BY 41
Marcinelle (R. de) . . . . BZ 43
Mayence (Bd P.) . . . . BZ 44
Mons (Rte de) . . . . AZ
Montagne (R. de la) . . . ABZ 45
Montigny (R. de) . . . . BZ
Neuve (R.) . . . . BY 48
Olof-Palme (Pont) . . . . . . AZ 49
Orléans (R. d') . . . . BZ 50
Paix (R. de la) . . . . BZ
Paul-Janson (Bd) . . . . BY
Paul-Pastur (Av.) . . . . AZ
Pont-Neuf (R. du) . . . . . . BZ
P.-J.-Leconte (R.) . . . . AY
Régence (R. de la) . . . . . BY 58
Roton (R. du) . . . . ABY
Saint-Charles (R.) . . . . . . BZ
Science (R. de la) . . . . . BYZ
Solvay (Bd) . . . . BY 61
Spinois (R.) . . . . BY
Turenne (R.) . . . . AZ
Villette (R. de la) . . . . . . AZ
Waterloo (Av. de) . . . . . . BY 69
Willy-Ernst (R.) . . . . BZ
Yser (Bd de l') . . . . AZ
Zenobe-Gramme (R.) . . . . BY 73
Zoé-Dryon (Bd) . . . . BY

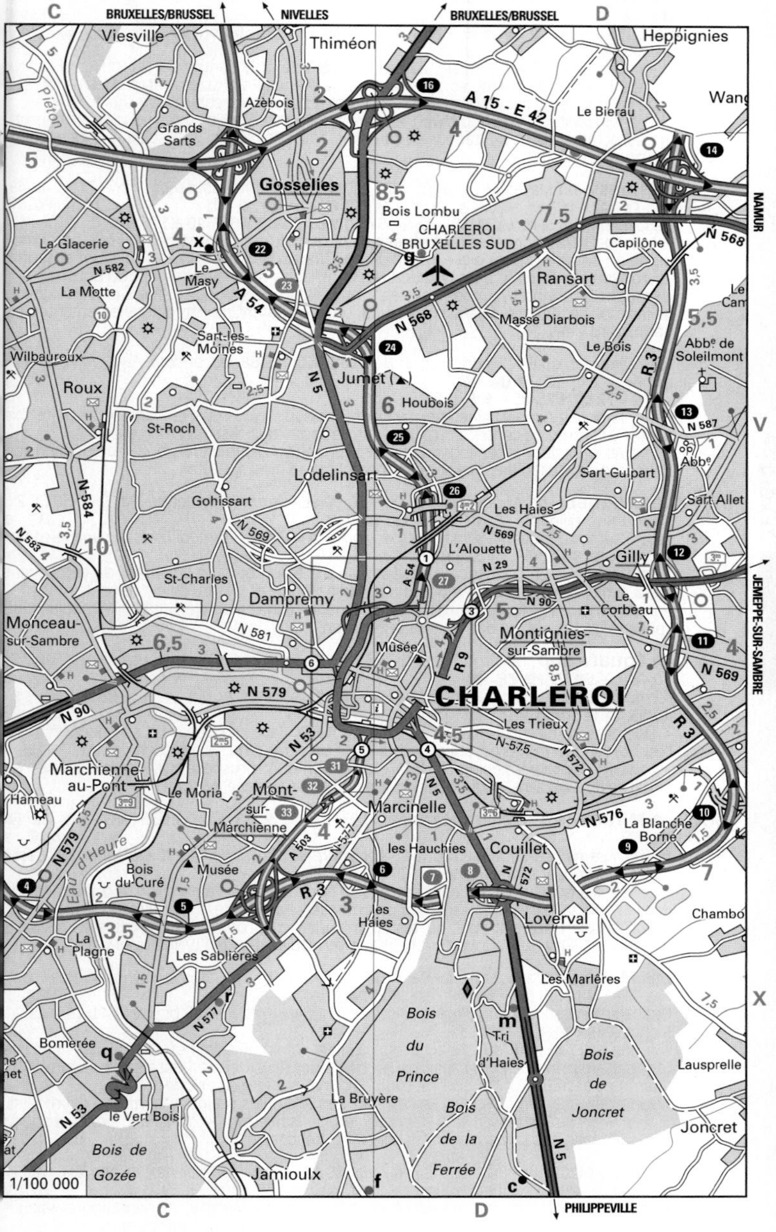
BRUXELLES/BRUSSEL
NIVELLES
BRUXELLES/BRUSSEL
NAMUR
JEMEPPE-SUR-SAMBRE
PHILIPPEVILLE
CHARLEROI
CHARLEROI BRUXELLES SUD
Gosselies
Jumet
Lodelinsart
Dampremy
Montignies-sur-Sambre
Marchienne-au-Pont
Mont-sur-Marchienne
Marcinelle
Couillet
Loverval
Gilly
Ransart
Roux
Monceau-sur-Sambre
Jamioulx
1/100 000

Socatel, bd Tirou 96, ☎ 0 71 31 98 11, *Fax 0 71 30 15 96,* – ch, . AE ① MC VISA BZ r
Rest (taverne-rest) *Lunch 15* – 25, carte 25/38 – ☕ 9 – **68 ch** ★72/117 – ★★87/170 – ½ P 87/137.
◆ Au bord de l'artère principale, bâtisse hôtelière de style contemporain, offrant le choix entre 5 formats de chambres pensées pour la clientèle d'affaires. Pâtes, moules (en saison), fondues bourguignonnes, déco néo-retro et ambiance conviviale à la brasserie.
◆ Eigentijds hotel aan de hoofdweg. Kamers in vijf verschillende maten voor zakenmensen. Brasserie met neoretro-interieur en gezellige ambiance. Pasta, mosselen (in het seizoen) en fondue.

Business, bd Mayence 1a, ☎ 0 71 30 24 24, *info@businesshotel.be, Fax 0 71 30 49 49,* – ch, ch, P – . AE ① MC VISA. ch BZ f
Rest *Lunch 16* – 25, carte 24/35 – ☕ 9 – **57 ch** ★60/90 – ★★65/110 – ½ P 75/110.
◆ Chambres fonctionnelles bien isolées des bruits du trafic, dans ce business-hotel moderne en briques rouges élevé à côté du ring. Rayon détente : fitness, solarium et sauna. Resto sympa proposant plats traditionnels et grillades, dont l'assortiment du boucher.
◆ Modern zakenhotel van rode baksteen aan de Ring. Functionele kamers met een goede geluidsisolatie. Fitness, solarium en sauna. Leuk restaurant met traditionele gerechten en geroosterd vlees.

Ibis sans rest, quai de Flandre 12, ☎ 0 71 20 60 60, *h2088@accor.com, Fax 0 71 70 21 91* – . AE ① MC VISA AZ g
☕ 12 – **72 ch** ★75/85 – ★★75/85.
◆ Les habitués de la chaîne retrouveront aisément leurs repères dans cette unité Ibis postée à l'entrée du centre, entre gare et Ville Basse (quartiers commerçants).
◆ Wie vaker bij deze keten logeert, zal snel vertrouwd zijn in dit Ibis-hotel aan de rand van het centrum, tussen het station en de benedenstad (winkelwijken).

BELGIQUE

Le D'Agnelli, bd Audent 23a, ☎ 0 71 30 90 96, *dagnelli@skynet.be, Fax 0 71 30 08 21,* , Cuisine italienne – . AE ① MC VISA. BZ e
fermé semaine carnaval, semaine Ascension, 5 au 22 août, samedi midi, dimanche soir et lundi – **Rest** 35 bc/59, carte 48/64.
◆ Attablez-vous en confiance sur la terrasse d'été abritée ou à l'intérieur de cet élégant restaurant italien. Fine cuisine transalpine, assez iodée, et vins du pays, "certo" !
◆ Deze verleidelijke Italiaan biedt u een spannend culinair avondje. Smakelijke mediterrane keuken met veel vis, en daarbij Italiaanse wijnen.

Le Square Sud, bd Tirou 70, ☎ 0 71 32 16 06, *squauresud.resto@busmail.net, Fax 0 71 30 44 05* – . AE ① MC VISA BZ a
fermé 1 semaine carnaval, 19 juillet-6 août, samedi midi et dimanche – **Rest** *Lunch 31* – 45/55, carte 34/74, .
◆ Une adresse bien connue en ville, depuis 1970. Caves voûtées (17e s.) relookées dans l'esprit rustique-moderne, appétissante carte classique et riche sélection de vins.
◆ Gewelfde kelderverdieping uit de 17e eeuw in modern-rustieke stijl, klassieke keuken en uitgebreide wijnkaart. Sinds 1970 een heel bekend adresje in de stad!

La Mirabelle 1er étage, r. Marcinelle 7, ☎ 0 71 33 39 88, *Fax 0 71 33 39 88* – . AE ① MC VISA ABZ s
fermé 1 semaine Pâques, 20 août-5 septembre et dimanche – **Rest** *(déjeuner seult sauf lundi, vendredi et samedi) Lunch 30* – 37/62 bc.
◆ Un escalier étroit donne accès à cette table classique-actuelle dans son décor autant que dans sa cuisine. Carte-menu souvent recomposée. Parking de la Ville Basse à deux pas.
◆ Een smalle trap leidt naar dit restaurant, dat zowel qua inrichting als eten klassiek-modern is. De menukaart wordt regelmatig vernieuwd. Parking (Ville Basse) vlakbij.

Le Mayence avec ch, r. Parc 53, ☎ 0 71 20 10 00, *lemayence@gmail.com, Fax 0 71 20 10 09,* – , rest, P . VISA. ch BZ x
Rest *(fermé samedi midi, dimanche soir et lundi) Lunch 20* – 35/68 bc, carte 41/58 – ☕ 9 – **3 ch** ★89 – ★★89 – 3 suites.
◆ Jeune table au goût du jour au design contemporain où domine le rouge, dans une rue résidentielle reliant le parc municipal au boulevard P. Mayence. Petite terrasse surélevée. Chambres et suites fonctionnelles, toutes pourvues d'une cuisinette.
◆ Jong restaurant in de smaak van nu met een eigentijds design waarin rood overheerst, in een woonstraat tussen het stadspark en de boulevard P. Mayence. Klein verhoogd terras. Functionele kamers en suites, alle met kitchenette.

Au Provençal, r. Puissant 10, ☎ 0 71 31 28 37, *jcbarral@skynet.be* – . MC VISA.
fermé 15 juillet-15 août et dimanche – **Rest** *Lunch 25* – 35, carte 36/59, ♀. AZ v
◆ Enseigne vénérable mais un rien cachottière puisque la carte, d'orientation classique-traditionnelle, ne vous transporte pas spécialement au pays des santons et des cigales.
◆ Goed restaurant met een ietwat misleidende naam, want de klassiek-traditionele keuken brengt u nauwelijks in Provençaalse sferen.

X **Côté Terroir,** r. Tumelaire 6, ☎ 0 71 30 57 32, *cote.terroir@skynet.be, Fax 0 71 30 57 32* – ⇔. AE VISA BZ c
fermé mercredi, samedi midi et dimanche – **Rest** *Lunch 20* – 40/65 bc, carte 37/53.
◆ C'est le nom du chef-patron, davantage que son style culinaire, qui a inspiré l'enseigne de cet appréciable petit restaurant. Carte dans le tempo actuel.
◆ Dit leuke restaurantje is genoemd naar de baas die tevens chef-kok is. Spijskaart in een hedendaags tempo.

X **Piccolo Mondo,** Grand'Rue 87, ☎ 0 71 42 00 17, *Fax 0 71 42 00 17*, 余, Trattoria, cuisine italienne – ▤ P. MC VISA BY e
fermé lundi soir, mardi soir, mercredi soir, samedi midi, dimanche et jours fériés – **Rest** carte 24/35.
◆ Près du square Hiernaux, maison de maître vous conviant à (re)découvrir l'authentique "cucina italiana" dans une attachante atmosphère de trattoria ou sur la terrasse arrière.
◆ Herenhuis bij de Square Hiernaux om de authentieke "cucina italiana" te (her)ontdekken in een gezellige trattoriasfeer of op het terras aan de achterkant.

X **L'Amusoir,** av. de l'Europe 7, ☎ 0 71 31 61 64, *y_leroy61@hotmail.com, Fax 0 71 31 61 64* – AE ⓓ MC VISA AY c
fermé mercredi et samedi midi – **Rest** *Lunch 18* – 25, carte 27/46.
◆ Petite adresse au charme suranné jouxtant les palais des Beaux-Arts et des Expositions. Préparations classico-traditionnelles à prix souriants. Souvenirs de "stars" en salle.
◆ Leuk ouderwets adresje naast het Paleis voor Schone Kunsten en het Paleis der Tentoonstellingen. Klassiek-traditionele keuken voor een schappelijke prijs.

X **Les 3 p'tits bouchons,** av. de l'Europe 62, ☎ 0 71 32 55 19, *bouchons@skynet.be, Fax 0 71 32 94 75* – ▤ ⇔. ⋈ AY a
fermé 1 semaine en janvier, 21 juillet-15 août, samedi, dimanche. et jours fériés – **Rest** *Lunch 20* – 35, carte 36/52, ♀.
◆ Carte "néo-bistrotière" élaborée par un chef asiatique et présentée dans un cadre actuel sobre. Clientèle d'affaires. Palais des Expos et musée des Beaux-Arts à deux pas.
◆ "Neobistrokaart" bedacht door een Aziatische chef-kok en geserveerd in een sober, eigentijds interieur. Het Palais des Expos en het Musée des Beaux-Arts zijn op loopafstand.

BELGIQUE

à Gerpinnes *par ④ : Sud Est 13 km – 12 030 h. – ✉ 6280 Gerpinnes :*

XX **Le Délice du Jour,** chaussée de Philippeville 195, ☎ 0 71 21 93 43, *Fax 0 71 21 93 43*, 余 – P ⇔
fermé mardi et mercredi – **Rest** *Lunch 20* – 33/95 bc, carte 44/69, ♀.
◆ Villa abritant une salle moderne dépouillée et dissimulant un jardin avec pièce d'eau, près de laquelle on mange en été. Mise de table et cuisine bien en phase avec l'époque.
◆ Villa met een sobere, moderne eetzaal en achter een tuin met waterpartij, waar 's zomers wordt getafeld. De kookstijl en de presentatie zijn goed bij de tijd.

à Gosselies C *Charleroi – ✉ 6041 Gosselies :*

🏨 **Charleroi Airport,** chaussée de Courcelles 115, ☎ 0 71 25 00 50, *info@hotelcharleroiairport.be, Fax 0 71 25 00 59*, 余 – |♦| ⇆ ♿ P – 🎪. AE ⓓ MC VISA CV x
Rest (ouvert jusqu'à 23 h) 25/32, carte 16/44 – ☕ 9 – **80 ch** ★85/105 – ★★85/140 – ½ P 110/140.
◆ Cet hôtel de la chaîne batave Van der Valk est taillé sur mesure pour la clientèle "airport" transitant par Gosselies. Chambres pratiques et pimpantes. Salles de réunions. Ample restaurant misant sur un choix classico-traditionnel.
◆ Deze Van der Valk is geknipt voor vliegtuigpassagiers die via Gosselies reizen. De praktische kamers zien er fris en vrolijk uit. Vergaderzalen. Groot restaurant met een traditioneel-klassieke kaart.

XX **Le Saint-Exupéry,** chaussée de Fleurus 181 (près Aéropole), ☎ 0 71 35 59 62, *info@lesaint-exupery.be, Fax 0 71 35 59 62*, ≤, 余 – ▤ P ⇔. AE ⓓ MC VISA DV g
fermé première semaine janvier, 2 semaines Pâques, dernière semaine juillet-première semaine août et samedi midi – **Rest** (déjeuner seult sauf samedi) 55 bc/85 bc, carte 50/58, ♀.
◆ Par beau temps, "posez" vous donc sur la terrasse de ce restaurant surveillant les pistes ! Carte actuelle repensée deux fois par saison, histoire de varier les plaisirs.
◆ Bij mooi weer kunt u neerstrijken op het terras van dit restaurant, met uitzicht op het vliegveld. De moderne kaart wordt twee keer per seizoen vernieuwd.

à Loverval C *Gerpinnes 12 030 h. – ✉ 6280 Loverval :*

XX **Le Saint Germain des Prés,** rte de Philippeville 62, ☎ 0 71 43 58 12, *Fax 0 71 43 58 12*, 余 – P. AE ⓓ MC VISA DX m
fermé 1er au 7 janvier, 25 mars-3 avril, 21 au 31 juillet, 22 au 31 décembre, samedi midi, dimanche soir et lundi – **Rest** 55/95, carte 67/90, ♀.
◆ Au bord de la grand-route, maison reprise en 2007 par un tandem déterminé à maintenir le cap gastronomique. Salle feutrée ménageant une vue sur les fourneaux. Produits nobles.
◆ Dit restaurant aan de rand van de grote weg is in 2007 overgenomen door een tandem dat een gastronomische koers wil varen. Eetzaal met intieme sfeer en open keuken.

à Montigny-le-Tilleul *– 10 206 h. – ✉ 6110 Montigny-le-Tilleul :*

XX **L'Éveil des Sens** (Laury Zioui), r. Station 105 (lieu-dit Bomerée), ☎ 0 71 31 96 92, *eveildessens@skynet.be, Fax 0 71 51 96 92* – ▤ P. AE MC VISA CX q
fermé 1 semaine en janvier, 1 semaine en avril, dernière semaine juillet-2 premières semaines août, dimanche et lundi – **Rest** *Lunch 30* – 48/118 bc, carte 68/91.
Spéc. Préparation d'asperges en saison (avril-juin). Tajine de homard, ris de veau caramélisé, infusion de crustacés et huile de vanille. Suprême de pigeon au foie gras, pastilla de ses abats, ses cuisses confites.
• Une maison qui séduit par sa cuisine créative parsemée de touches orientales, son chariot à fromages et sa sélection de vins. Cadre néo-rustique léger, évoquant un peu le Sud.
• Dit restaurant is populair vanwege de creatieve keuken met oosterse invloeden, kaaswagen en selectie wijnen. Licht neorustiek interieur dat zuidelijk aandoet.

XX **De Vous à Nous,** r. Grand Bry 42 (sortie ④ sur R3, par N 579), ☎ 0 71 47 47 03, *Fax 0 71 47 47 73,* – ▤ P. MC VISA.
fermé mardi et samedi midi – **Rest** *Lunch 18* – 35, carte 34/44.
• Belle villa blanche au décor intérieur moderne clair et frais, exploitée en famille au bord de la grand-route. Salle à manger-véranda, terrasse invitante, cuisine du moment.
• Mooie witte villa aan de grote weg, met een licht en fris modern interieur. Eetzaal met serre, uitnodigend terras en eigentijdse keuken. Typisch familiebedrijf.

à Mont-sur-Marchienne C *Charleroi – ✉ 6032 Mont-sur-Marchienne :*

XX **La Dacquoise,** r. Marcinelle 181, ☎ 0 71 43 63 90, *Fax 0 71 47 45 01,* – ▤ P. AE MC VISA CX r
fermé première semaine janvier, 3 dernières semaines juillet, mardi soir, mercredi et dimanche soir – **Rest** *Lunch 34* – 44/90 bc, carte 51/64, ♀.
• Poutres, solives, arcades en briques et pavés à l'ancienne donnent un cachet rustique à cette ample salle de restaurant rafraîchie et modernisée en 2006. Terrasse en teck.
• Hanenbalken, vloerbalken, bakstenen bogen en plaveisel in oude stijl zorgen voor een rustiek cachet in de grote eetzaal die in 2006 werd gemoderniseerd. Teakhouten terras.

BELGIQUE

à Nalinnes C *Ham-sur-Heure-Nalinnes 13 376 h. – ✉ 6120 Nalinnes :*

Laudanel sans rest, r. Vallée 117 (lieu-dit Le Bultia), ☎ 0 71 21 93 40, *laudanel@swing.be, Fax 0 71 21 93 37,* – ▤ P. AE MC VISA. DX c
fermé 13 au 28 janvier et 19 juillet-4 août – 12 – **6 ch** 92/108 – 99/115.
• Villa de notre temps postée à l'orée de la forêt. Chambres actuelles, paisibles et spacieuses. Piscine couverte offrant une vue ressourçante sur le jardin de repos.
• Hedendaagse villa aan de rand van het bos. Rustige, eigentijdse en ruime kamers. Overdekt zwembad met een rustgevend uitzicht op de tuin.

XX **Guy De Wilde,** r. Marcinelle 119, ☎ 0 71 21 68 06, *Fax 0 71 21 68 41* – ▤ P. MC VISA. CX f
fermé 1 semaine en janvier, 1 semaine en mars, 2 semaines en juillet, 1 semaine en octobre, dimanche soir, lundi et jeudi – **Rest** *Lunch 17* – 35/70 bc, carte 35/47.
• Maison d'habitation récente transformée en restaurant. Ample et confortable salle à manger décorée à la mode d'aujourd'hui et appétissante carte classique actualisée.
• Dit woonhuis is onlangs verbouwd tot restaurant. De eetzaal is ruim en comfortabel en naar de laatste mode ingericht. Klassieke kaart in eigentijdse stijl.

CHARNEUX *Liège* **533** T 18, **534** T 18 *et* **716** K 3 – *voir à Battice.*

CHAUDFONTAINE *4050 Liège* **533** S 19, **534** S 19 *et* **716** J 4 – *21 012 h – Casino, Esplanade 1 ☎ 0 4 365 07 41, Fax 0 4 365 37 62.* 8 **B2**
Maison Sauveur, Parc des Sources ☎ 0 4 361 56 30, commune@chaudfontaine.be, Fax 0 4 361 56 40.
Bruxelles 104 – Liège 10 – Verviers 22.

Living, Esplanade 2, ☎ 0 4 239 60 60 et 0 4 239 60 62 (rest), *info@livinghotel.be, Fax 0 4 239 60 63,* – P – AE MC VISA
Rest *Lunch 15* – 34, carte 32/44 – **34 ch** 80 – 100/140 – ½ P 100/155.
• Face au casino, hôtel rénové entretenant une ambiance "trendy" dans ses communs, qui contrastent avec les chambres, sans style précis. Lounge-restaurant design et grande terrasse prisée par les touristes. Offre limitée à un menu extensible de 3 à 5 services.
• Gerenoveerd hotel tegenover het casino. De trendy gemeenschappelijke ruimten contrasteren met de kamers zonder speciale stijl. Design loungerestaurant en groot terras dat populair is bij toeristen. Het aanbod is beperkt tot een menu met drie tot vijf gangen.

CHAUMONT-GISTOUX *1325 Brabant Wallon* **533** N 18, **534** N 18 *et* **716** H 3 – *10 926 h.* 4 **C2**
Bruxelles 37 – Wavre 10 – Namur 32.

à Dion-Valmont *Nord-Ouest : 7 km* Ⓒ *Chaumont-Gistoux* – ✉ *1325 Dion-Valmont :*

XX **L'Or Ange Bleu,** chaussée de Huy 71, ☎ 0 10 68 96 86, *olivier@lorangebleu.com, Fax 0 10 88 09 30,* – P. AE MC VISA
fermé semaine Pâques, 2 dernières semaines août, Noël-nouvel an, lundi et samedi midi – **Rest** 25/85 bc, carte 48/70, ♀.
• Fermette où l'on se repaît plaisamment dans une serre tournée vers une terrasse et un jardin soigné. Intérieur orange, bleu et ivoire, accueil et service avenants, belle cave.
• In dit boerderijtje is het aangenaam eten in de serre met uitzicht op het terras en de verzorgde tuin. Interieur in blauw, oranje en ivoor. Goede service. Mooie wijnkelder.

CHÊNÉE *Liège* **533** S 19 *et* **534** S 19 – *voir à Liège, périphérie.*

CHIMAY *6460 Hainaut* **534** K 22 *et* **716** F 5 – *9 774 h.* 7 **D3**
Env. *au Nord-Est : 3 km, Étang★ de Virelles.*
Bruxelles 116 – Mons 61 – Charleroi 50 – Dinant 61.

X **Le Froissart,** pl. Froissart 8, ☎ 0 60 21 26 19, *Fax 0 60 21 42 45,* – MC VISA
fermé 1 semaine carnaval, 2e quinzaine août, dimanche soir en hiver, mercredi et jeudi – **Rest** *Lunch 20* – 40, carte 35/51.
• Engageante maison en pierres du pays, dont l'enseigne honore la mémoire d'un grand chroniqueur français mort à Chimay vers 1400. Choix traditionnel. Terrasse côté jardin.
• Mooi huis van natuursteen uit de streek, waarvan de naam herinnert aan een Franse kroniekschrijver die in 1400 in Chimay stierf. Traditioneel register. Tuin met terras.

X **Xi Wou,** pl. Froissart 25, ☎ 0 60 21 17 27, Cuisine chinoise, ouvert jusqu'à 23 h – . MC VISA.
fermé mercredi – **Rest** carte env. 45.
• Tenté par un périple culinaire dans l'Empire du Milieu sans quitter le pays des moines trappistes ? Xi Wou est alors une halte toute indiquée. Authentique et goûteux !
• Xi Wou is de ideale gelegenheid voor een culinair uitstapje naar het Chinese Rijk zonder het land van de trappisten te hoeven verlaten. Authentiek en smakelijk!

à Lompret *Nord-Est : 7 km sur N 99* Ⓒ *Chimay* – ✉ *6463 Lompret :*

Franc Bois sans rest, r. courtil aux Martias 18, ☎ 0 60 21 44 75, *info@hotelde francbois.be, Fax 0 60 21 51 40* – P. AE MC VISA.
fermé 13 janvier-4 février – **8 ch** 60/90 – 75/90.
• Près du clocher d'un village tranquille, maison en pierres du pays où l'on s'endort dans des chambres fonctionnelles récemment rajeunies. Buffet matinal dans un cadre soigné.
• Huis van steen uit de streek bij de klokkentoren van een rustig dorp. De functionele kamers zijn onlangs opgeknapt. Ontbijtbuffet in een verzorgde setting.

à Momignies *Ouest : 12 km – 5 125 h.* – ✉ *6590 Momignies :*

Hostellerie du Gahy, r. Gahy 2, ☎ 0 60 51 10 93, *Fax 0 60 51 30 05,* ←, , , – P. AE MC VISA.
fermé samedi, dimanche et jours fériés – **Rest** *(fermé après 20 h 30)* carte env. 36 – **6 ch** 77 – 90.
• Dynamisme et faconde de la patronne, quiétude et cadre bucolique font le charme de cette demeure ancienne. Grandes chambres. Nouvelle piscine et jardin. Salle à manger attachante et terrasse braquées vers les collines de la verte Thiérache. Écriteau suggestif.
• De landelijke omgeving en de rust zijn de charme van dit oude huis met een energieke en praatgrage eigenaresse. Grote kamers. Tuin met nieuw zwembad. Aantrekkelijke eetzaal en terras met uitzicht op de heuvels van de groene Thiérache. Suggesties op een leitje.

à Virelles *Nord-Est : 3 km* Ⓒ *Chimay* – ✉ *6461 Virelles :*

XX **Chez Edgard et Madeleine,** r. Lac 35, ☎ 0 60 21 10 71, *Fax 0 60 21 52 47,* – P. MC VISA
fermé 8 au 30 janvier et lundis non fériés – **Rest** 42/45, carte 39/66.
• Ce restaurant sympathique établi au bord de l'étang perpétue une tradition culinaire ancestrale. Spécialité de truite en escabèche et plats à la bière. Terrasse panoramique.
• Restaurant aan een meertje, waar de culinaire traditie van generatie op generatie wordt doorgegeven. Forel en stoofgerechten met bier zijn de specialiteiten. Panoramaterras.

Tendez vos clés et un voiturier se charge de garer votre véhicule : repérez le symbole pour bénéficier de ce service exclusif, bien pratique dans les grandes villes.

CINEY *5590 Namur* **533** P 21, **534** P 21 *et* **716** I 5 – *14 958 h.* 15 **C2**

Bruxelles 86 – Namur 30 – Dinant 16 – Huy 31.

Surlemont sans rest, r. Surlemont 9, 0 83 23 08 68, *hotel@surlemont.be, Fax 0 83 23 08 69*, ≤, , , – – . AE MC VISA.

10 – **16 ch** 65/85 – 75/125.

• Ancienne ferme seigneuriale jouissant du calme de la campagne. Chambres refaites à neuf, tournées vers les prés ou la cour-pelouse ouverte. Espace de remise en forme.

• Oude herenboerderij, rustig gelegen op het platteland. De kamers zijn gerenoveerd en kijken uit op de weiden of de open tuin met gazon. Fitnessruimte.

Le Comptoir du Goût, r. Commerce 121, 0 83 21 75 95, *info@lecomptoirdu goût.be, Fax 0 83 21 75 95*, – . MC VISA

fermé dimanche et lundi – Rest 28, carte 29/52.

• Salle moderne avec fourneaux à vue d'où sortent une grande diversité de mets traditionnels actualisés, pour tous les appétits. Terrasse arrière meublée en métal anthracite.

• Moderne eetzaal met open keuken. Grote verscheidenheid van modern-klassieke gerechten voor de grote of kleine trek. Terras met metalen meubelen aan de achterkant.

CLERMONT *Liège* **533** U 19, **534** U 19 *et* **716** J 4 – *voir à Thimister.*

COMBLAIN-LA-TOUR *4180 Liège* C *Hamoir 3 592 h.* **533** S 20, **534** S 20 *et* **716** J 4. 8 **B2**

Env. *au Nord à Comblain-au-Pont, grottes★.*

Bruxelles 122 – Liège 32 – Spa 29.

Hostellerie St-Roch, r. Parc 1, 0 4 369 13 33, *info@stroch.be, Fax 0 4 369 31 31*, ≤, , , – – . AE MC VISA

ouvert 21 mars/1er janvier – **Rest** *(fermé lundi et mercredi midi sauf en juillet-août et mardi)* Lunch 32 – 50/80, carte 50/81 – **10 ch** *(fermé lundi et mardi sauf en juillet-août)* 120/150 – 190 – 5 suites – ½ P 140/165.

• Demeure centenaire élevée au bord de l'Ourthe. Jardin fleuri et élégantes chambres garnies de meubles de style. Repas classique sous l'œil protecteur de saint Roch dans une salle cossue tournée vers la rivière ou, l'été, sur la belle terrasse près de l'eau.

• Eeuwenoud pand met bloementuin aan de oever van de Ourthe. Elegante kamers met stijlmeubelen. In de weelderige eetzaal kunt u onder het wakend oog van de H. Rochus van klassieke gerechten genieten, of bij goed weer aan de waterkant.

COO *Liège* **533** U 20, **534** U 20 *et* **716** K 4 – *voir à Stavelot.*

CORBION *Luxembourg belge* **534** P 24 *et* **716** I 6 – *voir à Bouillon.* 12 **A3**

COURTRAI *West-Vlaanderen* – *voir Kortrijk.*

COURT-SAINT-ETIENNE *1490 Brabant Wallon* **533** M 19, **534** M 19 *et* **716** G 4 – *9 408 h.* 4 **C3**

Env. *au Sud : 8 km à Villers-la-Ville★★ : ruines★★ de l'abbaye.*

Bruxelles 46 – Wavre 17 – Charleroi 34 – Leuven 40 – Namur 38.

Les Ailes, av. des Prisonniers de Guerre 3, 0 10 61 61 61, *lesailes@skynet.be, Fax 0 10 61 46 32*, – . AE MC VISA

fermé 12 au 30 mars, 17 août-5 septembre, samedi midi, dimanche soir, lundi, mardi et jeudi soir – **Rest** Lunch 25 – 33/80 bc, carte 47/68.

• Jolie salle à manger rythmée de poutres et éclairée par de grandes baies vitrées. Les menus sont composés avec des produits du terroir : cochon de lait, volaille, truite, etc.

• Mooie eetzaal met balkenzoldering en grote glaspuien. De menu's zijn samengesteld uit streekproducten, waaronder speenvarken, gevogelte en forel.

COUVIN *5660 Namur* **534** L 22 *et* **716** G 5 – *13 476 h.* 14 **B3**

Voir *Grottes de Neptune★.*

Bruxelles 104 – Namur 64 – Charleroi 44 – Dinant 47 – Charleville-Mézières 46.

Nulle Part Ailleurs avec ch, r. Gare 10, 0 60 34 52 84, *info@nulle-part-ailleurs.be, Fax 0 60 34 52 84* . MC VISA

fermé lundi et mardi – **Rest** Lunch 20 – 32/39 carte 42/50, – ***L'Absinthe*** (bistrot) carte 38/52, – 8 – **5 ch** 50 – 60.

• Au restaurant, mets traditionnels actualisés, inspirés par divers terroirs, livre de cave fourni et décor "cottage", agreste et sémillant. Chambres mignonnes. Spécialités bistrotières régionales (testez l'anguille en escabèche) et vins choisis à l'Absinthe.

• Traditionele kaart met een snufje modern, geïnspireerd op diverse streken; rijk gevulde wijnkelder. Vrolijk, landelijk interieur in cottagestijl. Gezellige kamers. Regionale bistrospecialiteiten (gemarineerde koude paling) en uitgelezen wijnen in L'Absinthe.

BELGIQUE

Le Jardin de Jade, r. Gare 53, ℘ 0 60 34 66 32, *Fax 0 60 34 66 32*, Cuisine chinoise, ouvert jusqu'à 23 h – AE VISA
fermé 2 semaines en juillet et mardi – **Rest** *Lunch 9* – 13/40 bc, carte 14/32.
• Dans la rue principale, près de la gare, agréable restaurant asiatique au décor intérieur "made in China". Menus bien ficelés et belle cave pour le genre de la maison.
• Aangenaam Aziatisch restaurant in de hoofdstraat, met een "made in China" interieur. Mooie menu's en voor Chinese begrippen een goede wijnkelder.

à Boussu-en-Fagne *Nord-Ouest : 4,5 km* C *Couvin* – ✉ *5660 Boussu-en-Fagne :*

Manoir de la Motte, r. Motte 21, ℘ 0 60 34 40 13, *informations@manoir-de-la-motte.be, Fax 0 60 34 67 17*, – P. VISA
fermé janvier, 1re quinzaine septembre, Noël, dimanche, lundi et mardi – **Rest** *(fermé dimanche soir, lundi, mardi, mercredi midi et jeudi midi)* 30/48 – **7 ch** ☐ 68/70 – 80/85 – ½ P 70/80.
• Gentilhommière du 14e s. postée à l'écart du village, dans un environnement calme. Chambres personnalisées, équipées simplement mais meublées avec recherche. Agréable salle de restaurant au cadre bourgeois. Choix de mets classico-traditionnels.
• Kasteeltje uit de 14e eeuw, even buiten het dorp, in een rustige omgeving. Eenvoudige kamers met een persoonlijke uitstraling en smaakvolle meubilering. Klassiek-traditionele eetzaal en dito menukaart.

Une bonne table sans se ruiner ?
Repérez les Bibs Gourmands

CREPPE *Liège* **534** U 20 – *voir à Spa.* 9 **C2**

CRUPET *5332 Namur* C *Assesse 6 252 h.* **533** O 20, **534** O 20 *et* **716** H 4. 15 **C2**
Bruxelles 79 – Namur 27 – Dinant 16.

Le Moulin des Ramiers, r. Basse 31, ℘ 0 83 69 90 70, *info@moulins.ramiers.com, Fax 0 83 69 98 68*, – P. AE VISA
fermé 25 février-6 mars, première semaine juillet, 20 décembre-15 janvier et lundis et mardis non fériés – **Rest** voir rest ***Les Ramiers*** ci-après – ☐ 12 – **6 ch** 108/113 – 120/135 – ½ P 100.
• Un beau site verdoyant sert de cadre à cet ancien moulin à eau dont les restes sont visibles dans le hall. Chambres classiques personnalisées. Jardin baigné par le ruisseau.
• Deze oude watermolen, waarvan de overblijfselen te zien zijn in de hal, ligt midden in het groen. Klassieke kamers met een persoonlijke toets. Tuin aan een beekje.

Les Ramiers - H. Le Moulin des Ramiers, r. Basse 32, ℘ 0 83 69 90 70, *info@moulins.ramiers.com, Fax 0 83 69 98 68*, – P. AE VISA
fermé 25 février-6 mars, première semaine juillet, 20 décembre-15 janvier, lundi midi sauf en juillet-août, lundi soir et mardi – **Rest** *Lunch 28* – 40/105 bc, carte 45/80.
• Salle à manger claire et plaisante complétée par une terrasse estivale bucolique au pied de laquelle se glisse le Crupet. Cuisine du moment et cave digne d'intérêt.
• Plezierige, lichte eetzaal met landelijk zomerterras aan de oever van de Crupet. Eigentijdse keuken en interessante wijnkelder.

CUSTINNE *Namur* **533** P 21, **534** P 21 *et* **716** I 5 – *voir à Houyet.* 15 **C2**

DADIZELE *8890 West-Vlaanderen* C *Moorslede 10 618 h.* **533** D 17 *et* **716** C 3. 19 **C3**
Bruxelles 111 – Brugge 41 – Kortrijk 18.

Hostellerie Daiseldaele avec ch, Meensesteenweg 201, ℘ 0 56 50 94 90, *info@daiseldaele.be, Fax 0 56 50 99 36*, – P. AE VISA
Rest *(fermé 3 au 10 janvier, 14 juillet-13 août, lundi soir, mardi et après 20 h)* (taverne-rest) *Lunch 14* – 20/62 bc, carte 29/57, – **12 ch** ☐ 51 – 76 – ½ P 54/67.
• Familierestaurant dat al sinds 1973 in trek is vanwege de traditionele keuken, waarin zelfgefokte geiten een belangrijke rol spelen. Logies in twee bijgebouwen; siertuin.
• Taverne-restaurant familiale appréciée depuis 1973 pour sa cuisine traditionnelle où s'illustre le chevreau, élevé sur place. Hébergement dans deux annexes. Jardin d'agrément.

DAKNAM *Oost-Vlaanderen* **533** I 16 – *voir à Lokeren.*

DALHEM *4608 Liège* **533** T 18 *et* **716** K 3 – *6 486 h.* 9 **C1**

Bruxelles 108 – Liège 17 – Namur 77 – Eijsden 9 – Maastricht 18.

XX **La Chaume,** r. Vicinal 17, ☎ 0 4 376 65 64, *info@lachaume.be, Fax 0 4 376 60 66,* – P. AE MC VISA

fermé lundi – **Rest** (déjeuner seult sauf vendredi et samedi) *Lunch 27* – 35/52, carte 46/68, ♀.

◆ Sur une butte agreste, bâtisse à colombages tenue depuis 1973 par une famille pleine d'allant. Âtre et vieille charpente recyclée en salle ; table valorisant le terroir "bio".

◆ Dit vakwerkgebouw op een heuvel is al sinds 1973 in handen van een voortvarende familie. Eetzaal met haard en gerenoveerd kapgebint. Streekgerechten van bioproducten.

DAMME *8340 West-Vlaanderen* **533** E 15 *et* **716** C 2 – *10 899 h.* 19 **C1**

Voir *Hôtel de Ville★ (Stadhuis) – Tour★ de l'église Notre-Dame (O.L. Vrouwekerk).*

18 9 *au Sud-Est : 7 km à Sijsele, Doornstraat 16 ☎ 0 50 35 35 72, Fax 0 50 35 89 25.*

Jacob van Maerlantstraat 3 ☎ 0 50 28 86 10, toerisme@damme.be, Fax 0 50 37 00 21.

Bruxelles 103 – Brugge 7 – Knokke-Heist 12.

De Speye, Damse Vaart Zuid 5, ☎ 0 50 54 85 42, *info@hoteldespeye.be, Fax 0 50 37 28 09,* – . AE MC VISA. ch

fermé 1 semaine en juin, 3 premières semaines décembre et lundi – **Rest** (taverne-rest) 23, carte 22/36 – **5** ch ★58/70 – ★★68/80 – ½ P 51/57.

◆ In deze traditionele familieherberg aan de Damse Vaart kunt u probleemloos overnachten voor een zacht prijsje. Goed onderhouden, eigentijdse kamers en verzorgd ontbijt. Het café-restaurant doet 's middags dienst als theesalon. Traditionele kaart.

◆ Face au canal de Damme, accueillante auberge familiale d'aspect traditionnel où vous passerez de bonnes nuits à prix sages. Chambres actuelles bien tenues et breakfast soigné. Taverne-restaurant faisant office de tea-room l'après-midi ; carte traditionnelle.

De Nachtegaal sans rest, Oude Damse Weg 3, ☎ 0 50 35 43 88, – P.

3 ch ★60/70 – ★★70/80.

◆ Op de bovenverdieping van dit prachtige boerderijtje in regionale stijl zijn drie rustieke gastenkamers ingericht. Goed verzorgde tuin en rustige ligging op het platteland.

◆ Trois chambres d'hôtes au décor rustique ont été aménagées à l'étage de cette ravissante fermette de style régional profitant du grand calme de la campagne. Jardin bichonné.

XX **De Lieve,** Jacob van Maerlantstraat 10, ☎ 0 50 35 66 30, *de.lieve@pandora.be, Fax 0 50 35 21 69,* – . MC VISA.

fermé 14 au 31 janvier, lundi soir et mardi – **Rest** 30, carte 49/63, ♀.

◆ Dit restaurant staat al sinds 1977 in het hart van dit melancholische stadje aan het kanaal Brugge-Sluis. Rustieke inrichting en sfeer van het "oude Vlaanderen". Leuk menu.

◆ Table généreuse et goûteuse officiant depuis 1977 au centre de cette mélancolique petite ville que borde le canal Bruges-Sluis. Décor rustique et ambiance "vieille Flandre".

X **De Zuidkant,** Jacob van Maerlantstraat 6, ☎ 0 50 37 16 76, *christophe.swennen@telenet.be,* – . VISA

fermé première semaine mars, première semaine juillet, mercredi et jeudi – **Rest** *Lunch 28* – 48, carte 53/73.

◆ Kleine aanlokkelijke kaart en mooi viergangenmenu in een rustiek mediterraan interieur dat warm en sfeervol aandoet. Terrassen voor en achter om 's zomers buiten te eten.

◆ Petite carte attrayante et joli menu en 4 actes proposés dans un cadre rustico-méridional aussi intime que chaleureux ou sur l'une des deux terrasse d'été (avant et arrière).

X **Den Heerd,** Jacob van Maerlantstraat 7, ☎ 0 50 35 44 00, *info@denheerd.be, Fax 0 50 36 25 37,* , Grillades – .

fermé début janvier, 1er au 8 février, 26 mars-3 avril, mercredi et jeudi – **Rest** *Lunch 15* – 40 bc, carte 40/52.

◆ Dit traditionele restaurant heeft twee terrassen (die achteraan verdient de voorkeur) en drie moderne zalen met bistrotafels en rotanstoelen. Geroosterd vlees aan het spit.

◆ Restaurant traditionnel doté de deux terrasses (préférez celle de l'arrière) et de trois pièces modernes pourvues de tables de bistrot et de sièges en rotin. Gril en salle.

à Hoeke *Nord-Est : 6 km par rive du canal C Damme – ✉ 8340 Hoeke :*

Welkom sans rest, Damse Vaart Noord 34 (près N 49), ☎ 0 50 60 24 92, *info@hotelwelkom.be, Fax 0 50 62 30 31,* , – P. AE MC VISA.

10 ch ★45/60 – ★★65/75.

◆ In dit hotel langs het kanaal wordt u van harte "welcom" geheten. De kamers zijn sober maar keurig. In de zomer trekt het etablissement veel wielertoeristen.

◆ "Welcom" : enseigne révélatrice de l'accueil que l'on vous réserve dans cette bâtisse élevée au bord du canal. Chambres sobres et nettes. Abondante clientèle cycliste en été.

à Moerkerke *Est : 5 km* 🄲 *Damme – ✉ 8340 Moerkerke :*

Klevershof sans rest, Kleverstraat 3, ✆ 0 475 51 38 00, *info@klevershof.be, Fax 0 50 50 18 00,* – P
3 ch ★55 – ★★75.
◆ Bed & Breakfast in een kraakheldere, landelijk gelegen paardenboerderij. De kamers, eetzaal en zitkamer zijn sober en eigentijds. Tuin met zwembad.
◆ Hébergement de type "bed and breakfast" aménagé dans une ferme équestre proprette au cadre champêtre. Chambres, salle de repas et salon sobres et actuels. Piscine au jardin.

à Oostkerke *Nord-Est : 5 km par rive du canal* 🄲 *Damme – ✉ 8340 Oostkerke :*

Vierschare avec ch, Processieweg 1, ✆ 0 50 60 60 10, *info@vierschare.be, Fax 0 50 62 15 45,* – rest, P. AE MC VISA
Rest *(fermé mardi et mercredi)* 39, carte 40/75 – **8 ch** ★95/150 – ★★95/150.
◆ Deze met zorg gerestaureerde herberg staat midden in een typisch polderdorp. Eigentijds interieur met een nostalgische toets. Echt Belgisch menu. Mooie neorustieke kamers.
◆ Auberge réaménagée avec soin, blottie au cœur d'un village typique des polders. Décor intérieur actuel à touches nostalgiques, "menu belge" et jolies chambres néo-rustiques.

Siphon, Damse Vaart Oost 1 (Sud : 2 km), ✆ 0 50 62 02 02, *info@siphon.be,*
Anguilles et grillades – P.
fermé 1er au 21 février, 1er au 14 octobre, jeudi et vendredi – **Rest** carte 17/60.
◆ Op het kruispunt van twee kanalen ligt dit drukbezochte restaurant, waar paling en grillspecialiteiten al jarenlang veel succes oogsten. Goede wijnkelder.
◆ On vient ici en nombre se délecter d'anguilles et de grillades, instruments du succès de cette affaire établie de longue date à la croisée de canaux. Bon livre de cave.

De Krinkeldijk, Monnikenredestraat 6, ✆ 0 50 62 51 52, *de.krinkeldijk@tiscali.be, Fax 0 50 61 12 11,* Taverne-rest – P. MC VISA
fermé décembre, mercredi et jeudi – **Rest** (déjeuner seult sauf mardi et samedi) Lunch 25–40, carte 40/51.
◆ Lieflijk Vlaams boerderijtje met klimop, in een landelijke omgeving aan de rand van Oostkerke. De eetzaal met serre kijkt uit op het terras en de tuin met vijver.
◆ Adorable fermette flamande couverte de lierre située dans un site agreste bordant Oostkerke. Salle à manger-véranda donnant sur la terrasse et son jardin agrémenté d'un étang.

à Sijsele *Nord-Est : 6 km* 🄲 *Damme – ✉ 8340 Sijsele :*

Vredehof, Dorpsstraat 1, ✆ 0 50 36 28 02, *hotel@vredehof.com, Fax 0 50 37 58 02,* – P – AE MC VISA.
Rest *(fermé dimanche et lundi)* 21/35, carte 30/50 – **12 ch** – ★★85 – ½ P 64.
◆ Dit omheinde herenhuis biedt kamers met een persoonlijke toets die aan de achterkant het rustigst zijn. Ontbijt in de serre of de tuin. Huiselijke ambiance en retro-interieur. Restaurant met een traditioneel-klassiek interieur en dito kookstijl.
◆ Ex-maison de notable close de grilles. Intérieur rétro, chambres personnalisées à choisir de préférence à l'arrière, ambiance familiale et petit-déj' en véranda ou au jardin. Salle de restaurant au cadre classico-traditionnel, à l'image de la cuisine du chef.

DAVERDISSE *6929 Luxembourg belge* 534 P 22 *et* 716 I 5 – *1 353 h.* 12 B2

Bruxelles 122 – Arlon 72 – Bouillon 37 – Dinant 41 – Marche-en-Famenne 35 – Neufchâteau 36.

Le Moulin, r. Lesse 61, ✆ 0 84 38 81 83, *info@daverdisse.com, Fax 0 84 38 97 20,* – P – MC VISA. rest
fermé janvier, 25 août-5 septembre et mercredi de novembre à Pâques – **Rest** *(fermé après 20 h 30)* Lunch 28 – 35/84 bc, carte 42-55 – **25 ch** ★88 – ★★116/156 – ½ P 83/103.
◆ Ancien moulin se signalant par une belle façade en pierres et s'entourant de bois propices aux balades. Chambres personnalisées ; jardin bordé par la rivière. Repas de notre temps dans une salle moderne tournée vers l'Almache. Tables espacées ; cuisines à vue.
◆ Oude molen met een mooie natuurstenen gevel in een bosrijke omgeving. Kamers met een persoonlijke toets en tuin aan het riviertje. Eigentijdse maaltijd in een ruime, moderne eetzaal met open keuken en uitzicht op de Almache.

Le Trou du Loup, Chemin du Corray 2, ✆ 0 84 38 90 84, *info@trouduloup.be, Fax 0 84 38 90 84,* – P. MC VISA
fermé lundi soir en hiver, mardi, mercredi et après 20 h 30 – **Rest** 25/65 bc, carte 44/52.
◆ Choix classique actualisé et décor neuf en cet accueillant chalet donnant un peu de vie à ce hameau ardennais. Selon la saison, feu de bûches au salon ou terrasse au jardin.
◆ Dit gezellige, nieuw ingerichte chalet brengt wat leven in dit Ardenner gehuchtje. Salon met open haard en terras aan de tuinzijde. Klassieke keuken met een vleugje modern.

BELGIQUE

à Porcheresse *Sud : 6 km* 🄲 *Daverdisse – ✉ 6929 Porcheresse :*

Le Grand Cerf sans rest, r. Moulin 141, ☎ 0 61 46 95 76, *legrandcerf@tiscali.be, Fax 0 61 46 95 76,* – P.
3 ch 60 – 70/130.
• Forêts giboyeuses et rivière peuplée de truites encadrent cette fermette en pierres dont les chambres offrent silence, ampleur et décor personnalisé. Accueil super-gentil.
• Wildrijke bossen en rivieren vol forel omgeven dit natuurstenen boerderijtje met stille, ruime kamers, waarvan er geen een hetzelfde is. Bijzonder vriendelijke ontvangst.

De – *voir au nom propre.*

DEERLIJK *8540 West-Vlaanderen* **533** F 17 *et* **716** D 3 – *11 310 h.* 19 **D3**
Bruxelles 83 – Brugge 49 – Gent 38 – Kortrijk 8 – Lille 39.

Severinus, Hoogstraat 137, ☎ 0 56 70 41 11, *severinus@resto.be, Fax 0 56 72 20 15,* – . AE MC VISA
fermé 24 au 31 mars, 20 juillet-16 août et lundi – **Rest** (déjeuner seult) *Lunch 32* – 33/62 bc, carte 44/54, ♀.
• Kristallen kroonluchters en reproducties van Toulouse-Lautrec kenmerken de weelderige decoratie van dit restaurant. Mooi terras en wintertuin. Aanlokkelijke menu's.
• Lustres en cristal et reproductions d'œuvres de Toulouse-Lautrec président au décor de ce restaurant cossu doté d'une terrasse et d'un jardin d'hiver. Appétissants menus.

Marcus (Gilles Joye), Kleine Klijtstraat 30 (Belgiek), ☎ 0 56 77 37 37, *restaurant.marcus@skynet.be, Fax 0 56 77 37 29,* – P . MC VISA.
fermé 1er au 9 janvier, 16 au 31 mars, 20 juillet-4 août, 21 au 24 septembre, samedi midi, dimanche et lundi soir – **Rest** *Lunch 38* – 60/88 bc, carte 70/80.
Spéc. Turbot poêlé et nage de crustacés. Filet de veau au crumble d'olives et pommade d'artichaut. Moelleux au chocolat et sorbet au yuzu.
• Dit restaurant in een rustige woonwijk is in trek vanwege de inventieve eigentijdse keuken, het mediterrane interieur en het groene terras met grote parasols.
• Dans un quartier résidentiel, table estimée pour sa cuisine contemporaine évolutive, son intérieur d'esprit méridional et sa terrasse verte ombragée par de larges parasols.

BELGIQUE

DEINZE *9800 Oost-Vlaanderen* **533** G 17 *et* **716** D 3 – *28 320 h.* 16 **A2**
Bruxelles 67 – Gent 21 – Brugge 41 – Kortrijk 26.

à Astene *sur N 43 : 2,5 km* 🄲 *Deinze – ✉ 9800 Astene :*

Au Bain Marie, Emiel Clauslaan 141, ☎ 0 9 222 48 65, *aubainmarie@skynet.be, Fax 0 9 220 76 58,* ←, , – P . AE MC VISA
fermé vacances Pâques, fin juillet-début août, mardi soir, mercredi et dimanche soir – **Rest** *Lunch 13* – 38/60 bc, carte 37/78.
• Mooie villa uit de jaren 1930 van de Belgische architect Van de Velde, een combinatie van art nouveau en Bauhaus. Goed all-in menu. Terras met landelijk uitzicht op de rivier.
• Belle villa des années 1930 due à l'architecte belge Van de Velde qui maria les styles Art nouveau et Bauhaus. Vue bucolique sur la rivière, jolie terrasse, bon menu "all in".

Gasthof Halifax, Emiel Clauslaan 143, ☎ 0 9 282 31 02, *gasthof.halifax@pandora.be, Fax 0 9 282 91 35,* ←, , Grillades, ouvert jusqu'à minuit, – P . AE VISA
fermé samedi midi et dimanche – **Rest** 35/45 bc, carte 34/60.
• Traditioneel restaurant in een gebouw waar vroeger de jaagpaarden werden ververst. Het vlees wordt in de eetzaal op houtskool geroosterd. Idyllisch terras aan het water.
• Table traditionnelle aménagée avec soin dans un ancien relais de halage. Plats belges et grillades au feu de bois faites en salle. Terrasse idyllique tournée vers la rivière.

à Sint-Martens-Leerne *Nord-Est : 6,5 km* 🄲 *Deinze – ✉ 9800 Sint-Martens-Leerne :*

D'Hoeve, Leernsesteenweg 218, ☎ 0 9 282 48 89, *info@restaurantdhoeve.be, Fax 0 9 282 24 31,* – P . AE MC VISA
fermé lundi et mardi – **Rest** *Lunch 31* – 46/97 bc, carte 65/100, ♀.
• Dit mooie pand naast de kerk nodigt u uit voor een eigentijdse maaltijd in een weelderig neorustiek interieur. Bij de eerste zonnestralen wordt het terras in de tuin opgedekt.
• Cette jolie maison côtoyant l'église vous convie à un repas au goût du jour dans un cadre néo-rustique cossu ou sur sa terrasse dressée au jardin dès les premiers beaux jours.

Een goede nacht voor een schappelijke prijs?
Kijk bij de Bib Hotels .

DENDERMONDE (TERMONDE) *9200 Oost-Vlaanderen* 533 J 16 *et* 716 F 2 – *43 347 h.* 17 C2

Voir *Œuvres d'art★ dans l'église Notre-Dame★★ (O.L. Vrouwekerk).*

Stadhuis, Grote Markt ☎ 0 52 21 39 56, toerisme@dendermonde.be, Fax 0 52 22 19 40.

Bruxelles 32 – Gent 34 – Antwerpen 41.

City sans rest, Oude Vest 121, ☎ 0 52 20 35 40, *Fax 0 52 20 35 50* – AE VISA.

12 ch ★58/65 – ★★80.

◆ Het City-hotel beschikt over eenvoudige, maar vrij comfortabele kamers met dubbele ramen. Goede nachtrust gegarandeerd, dus allez hop, snel onder het dons!

◆ Le City dispose de chambres simples, mais assez confortables, équipées du double vitrage pour offrir des nuitées plus tranquilles... Et hop, sous la couette !

't Truffeltje (Paul Mariën), Bogaerdstraat 20, ☎ 0 52 22 45 90, *info@truffeltje.be, Fax 0 52 21 93 35,* – . AE VISA.

fermé 1 semaine après Pâques, 22 juillet-19 août, samedi midi, dimanche soir et lundi – **Rest** *Lunch 55 bc* – 50/97 bc, carte 57/87.

Spéc. Escalope de foie de canard, pommes au four aux amandes torréfiées, réduction de bière Rodenbach. Dos de cabillaud au thym et laurier, mousse d'artichauts. Tarte tatin au citron confit, glace au mascarpone et mousse de menthe.

◆ Moderne, ruime eetzaal met open keuken, waar de chef-kok verfijnde modern-klassieke creaties maakt. Goede wereldwijnen en teakhouten terras.

◆ Salle moderne et spacieuse offrant la vue sur les fourneaux où le chef-patron signe de délicates créations classico-contemporaines. Bonne cave mondiale. Terrasse en teck.

Het huis van Cleophas, Sint-Gillislaan 47, ☎ 0 497 57 56 55, *info@cleophas.be,* – P . AE VISA.

fermé lundi – **Rest** *Lunch 25* – 42/68 bc, carte 31/48.

◆ Deze weelderige burgemeesterswoning is nu een trendy brasserie. 's Zomers wordt de veranda opgedekt, die aan de achterkant aan de tuin grenst.

◆ Un bourgmestre vécut dans cette maison cossue convertie en brasserie à l'ambiance "trendy". Véranda arrière tournée vers le jardin où l'on dresse aussi le couvert en été.

BELGIQUE

Ce guide vit avec vous : vos découvertes nous intéressent.
Faites-nous part de vos satisfactions comme de vos déceptions.
Coup de colère ou coup de cœur : écrivez-nous !

DEURLE *Oost-Vlaanderen* 533 G 16 *et* 716 D 2 – *voir à Sint-Martens-Latem.* 16 B2

DEURNE *Antwerpen* 533 L 15 *et* 716 G 2 – *voir à Antwerpen, périphérie.*

DIEGEM *Vlaams-Brabant* 533 L 17 *et* 716 G 3 – *voir à Bruxelles, environs.*

DIEST *3290 Vlaams-Brabant* 533 P 17 *et* 716 I 3 – *22 740 h.* 4 D1

Voir *Œuvres d'art★ dans l'église St-Sulpice (St-Sulpitiuskerk)* AZ – *Béguinage★★ (Begijnhof)* BY.

Musée : *Communal★ (Stedelijk Museum)* AZ **H**.

Env. *par ④ : 8 km, Abbaye d'Averbode★ : église★.*

Stadhuis, Grote Markt 1 ☎ 0 13 35 32 73, toerisme@diest.be, Fax 0 13 32 23 06.

Bruxelles 61 ③ – Leuven 33 ③ – Antwerpen 60 ① – Hasselt 25 ②.

Plan page suivante

De Fransche Croon sans rest, Leuvensestraat 26, ☎ 0 13 31 45 40, *info@defranschecroon.be, Fax 0 13 33 70 84* – – . AE VISA. AZ e

22 ch ★70/80 – ★★85/95.

◆ Al in de 19e eeuw konden vermoeide reizigers terecht in dit etablissement in een winkelstraat bij de Grote Markt. Propere kamers.

◆ Au 19e s., équipages de diligences et voyageurs exténués trouvaient déjà refuge à cette enseigne située dans une rue commerçante proche du Grote Markt. Chambres proprettes.

De Proosdij, Cleynaertstraat 14, ☎ 0 13 31 20 10, *info@proosdij.be, Fax 0 13 31 23 82,* – P . AE VISA AZ c

fermé 2 semaines en juillet, samedi midi, dimanche soir et lundi – **Rest** *Lunch 33* – 45/108 bc, carte 60/98.

◆ Mooi 17e-eeuws pand met een ommuurde tuin bij de St.-Sulpiciuskerk. Traditionele maaltijd met een snufje modern in een elegante klassieke eetzaal of bij goed weer buiten.

◆ Près de l'église St-Sulpice, belle demeure du 17e s. agrémentée d'un jardin clos. Repas traditionnel actualisé servi dans un cadre classique élégant ou, l'été, en plein air.

DIEST

Botermarkt	AZ	2
Delphine Alenuslaan	AZ	3
Ed. Robeynslaan	BZ	4
F. Moonsstr.	AZ	5
Graanmarkt	BZ	6
Grote Markt	AZ	7
Guido Gezellestr.	BZ	8
H. Verstappenpl.	BZ	9
Kattenstr.	BZ	10
Ketelstr.	AZ	12
Koestr.	BZ	13
Koning Albertstr.	BY	
Overstr.	BY	14
Pesthuizenstr.	BY	15
Refugiestr.	AY	16
Schotelstr.	AZ	19
St-Janstr.	BZ	18
St-Jan Berchmansstr.	AZ	17
Vestenstr.	BY	21
Wolvenstr.	ABY	22

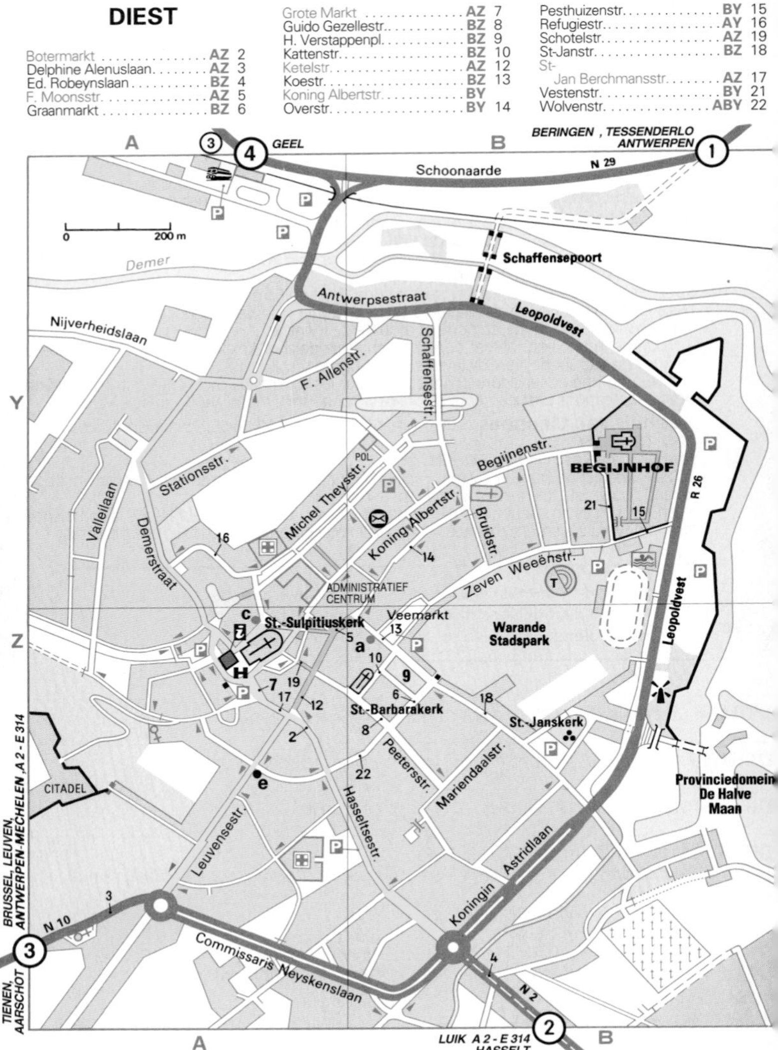

De Groene Munt, Veemarkt 2, ✆ 0 13 66 68 33, *info@degroenemunt.be* – *Fax 0 13 66 63 51*, – . AE VISA. BZ a
fermé deux premières semaines janvier, 2 dernières semaines juillet-première semaine août, mardi, mercredi, samedi midi et dimanche soir – **Rest** *Lunch 37* – 47/75 bc, carte 56/82.

◆ Herenhuis aan het oude veemarktplein. Sfeervol modern-klassiek interieur, leuke patio en verzorgde schotels onder een cloche.

◆ Maison de maître ouvrant sur la place où se tenait le marché aux bestiaux. Cadre classico-moderne bien "cosy", jolie cour-terrasse, assiettes soignées présentées sous cloche.

DIKSMUIDE (DIXMUDE) *8600 West-Vlaanderen* **533** C 16 *et* **716** B 2 – *15 733 h.* 18 **B2**

Voir *Tour de l'Yser (IJzertoren)* ⁎★.

Grote Markt 28 ✆ 0 51 51 91 46, toerisme@stad.diksmuide.be, Fax 0 51 51 91 48.

Bruxelles 118 – Brugge 44 – Gent 72 – Ieper 23 – Oostende 27 – Veurne 19.

Pax sans rest, Heilig Hartplein 2, ✆ 0 51 50 00 34, *pax.hotel@skynet.be, Fax 0 51 50 00 35* – AE MC VISA.

fermé 1er au 21 janvier – **37 ch** ★70/95 – ★★95/125.

◆ Modern hotel in een nieuw flatgebouw. De ruime kamers zijn net als de gemeenschappelijke ruimten sober ingericht in eigentijdse stijl. Mooie bar et beschut terras.

◆ Immeuble récent et moderne abritant des chambres de bon gabarit, sobrement décorées dans un style actuel, à l'image des parties communes. Joli bar et terrasse d'été protégée.

De Vrede, Grote Markt 35, ✆ 0 51 50 00 38, *de.vrede@skynet.be, Fax 0 51 51 06 21,* – rest, – AE MC VISA.

fermé 1er au 20 janvier – **Rest** *(fermé mercredi et après 20 h) Lunch 9* – carte 25/45 – **17 ch** ★50 – ★★75 – ½ P 65.

◆ Vlaams pand met trapgevel aan de Grote Markt (ruime parkeergelegenheid). De kamers zijn proper en vrij ruim; de meeste liggen in de nieuwe vleugel aan de achterkant. In de eetzaal met balken en schouw worden traditionele gerechten geserveerd.

◆ Façade régionale à redans tournée vers le Grote Markt (parking aisé). Une aile plus récente, sur l'arrière, regroupe la majorité des chambres, nettes et assez amples. Repas traditionnel sous les poutres d'une salle bourgeoise agrémentée d'une cheminée.

't Notarishuys, Koning Albertstraat 39, ✆ 0 51 50 03 35, *info@notarishuys.be, Fax 0 51 51 06 25,* – P. MC VISA

fermé 28 décembre-13 janvier, 18 au 21 mars, 2 au 5 septembre, samedi midi, dimanche soir et lundi – **Rest** *Lunch 26* – 32/49, carte 37/65.

◆ Kies gerust voor het "Compromis-menu" in dit voormalige notariskantoor met een luxe modern-klassieke inrichting. Voorkomende bediening. Tuin met een rode beuk van 150 jaar.

◆ Optez en confiance pour le menu "Compromis" en cette ex-étude de notaire au décor classico-contemporain cossu. Hêtre pourpre de 150 ans au jardin. Accueil et service affables.

à Stuivekenskerke *Nord-Ouest : 7 km* C *Diksmuide* – ✉ *8600 Stuivekenskerke :*

Kasteelhoeve Viconia, Kasteelhoevestraat 2, ✆ 0 51 55 52 30, *info@viconia.be, Fax 0 51 55 55 06,* – P – MC VISA.

fermé janvier et 31 août-15 septembre – **Rest** (dîner pour résidents seult) – **23** ch ★50 – ★★60/108 – ½ P 50/63.

◆ Hotel in een oude kasteelboerderij die vroeger aan een kloosterorde toebehoorde, midden in de polders. Frisse, moderne kamers die van alle comfort zijn voorzien.

◆ Ancienne ferme-château norbertine (ordre religieux) posée dans son écrin végétal, en pleine campagne "poldérienne". Chambres fraîches et actuelles, où l'on a ses aises.

DILBEEK *Vlaams-Brabant* **533** K 17 *et* **716** F 3 – *voir à Bruxelles, environs.*

DILSEN *3650 Limburg* C *Dilsen-Stokkem 19 106 h.* **533** T 16 *et* **716** K 2. 11 **C2**

Bruxelles 110 – Hasselt 44 – Maastricht 33 – Roermond 31.

De Maretak, Watermolenstraat 20, ✆ 0 89 75 78 38, *klerckxmareels@scarlet.be, Fax 0 89 75 20 20,* – P. MC VISA.

fermé dimanche – **Rest** (dîner pour résidents seult) – **6 ch** ★65 – ★★88/100 – ½ P 77.

◆ In dit bakstenen huis, op een kruispunt van fietspaden, logeert u in kamers met parket en vrolijke kleuren. Aangename eetkamer, waar u op verzoek een lekkere maaltijd krijgt.

◆ Au croisement de pistes cyclables, maison en briques où vous logerez dans des chambres parquetées bien colorées. Salle à manger agréable ; table d'hôte sur demande.

Hostellerie Vivendum (Alex Clevers) avec ch, Vissersstraat 2, ✆ 0 89 57 28 60, *info@restaurant-vivendum.com,* – P. AE MC VISA.

fermé 30 janvier-7 février, 28 mai-5 juin, 17 au 25 septembre, samedi midi, mercredi et jeudi – **Rest** *Lunch 33* – 60/110 bc, carte 64/92 – **4 ch** ★85/110 – ★★120/150 – ½ P 115/130.

Spéc. Joue et ris de veau, mousseline de topinambours et champignons. Langoustines rôties aux asperges, jus de sereh (mai-mi-juin). Trois préparations de bœuf (juillet-mars).

◆ Fraaie 18e-eeuwse pastorie met een moderne, verfijne en lichte keuken. Het terras kijkt uit op de mooie tuin en een landelijk dorpje. Prettige, hedendaagse kamers om de avond rustig te besluiten.

◆ Cuisine moderne alliant finesse et légèreté, servie dans une jolie maison paroissiale (18e s.) ou en terrasse. Jardin pomponné et hameau au charme agreste pour toile de fond. Chambres aux décors contemporains apaisants, pour prolonger agréablement l'étape.

BELGIQUE

à Lanklaar *Sud : 2 km* Ⓒ *Dilsen-Stokkem – ✉ 3650 Lanklaar :*

Hostellerie La Feuille d'Or avec ch, Hoeveweg 145 (Est : 5,5 km par N 75), ☎ 0 89 65 97 12, *lafeuilledor@skynet.be, Fax 0 89 65 97 22,* – P. AE MC VISA

Rest *(fermé 2 au 11 janvier, 14 au 31 juillet, lundi, mardi et samedi midi)* Lunch 35 – 55/95 bc, carte 57/67, ♀ – **6 ch** ☕ ★80 – ★★100 – ½ P 95/110.

◆ Klassieke kookkunst met een eigentijds accent, in een oude kasteelhoeve in de bossen. Tuin met waterpartij en sculpturen. Moderne kamers met warme ambiance.

◆ Repas classique actualisé, servi dans une ancienne ferme-château isolée parmi les bois. Terrasse, pièce d'eau et sculptures au jardin. Chambres modernes chaleureuses.

DINANT *5500 Namur* **533** O 21, **534** O 21 *et* **716** H 5 – *13 012 h – Casino, bd des Souverains 6* ☎ *0 82 69 84 84, Fax 0 82 69 99 95.* 15 **C2**

Voir *Site★★ – Citadelle★ ≤★★* **M** – *Grotte la Merveilleuse★* **B** – *par ② : Rocher Bayard★ – par ⑤ : 2 km à Bouvignes : Château de Crèvecœur ≤★★ – par ② : 3 km à Anseremme : site★.*

Env. *Cadre★★ du domaine de Freyr (château★, parc★) – par ② : 6 km, Rochers de Freyr★ – par ① : 8,5 km à Foy-Notre-Dame : plafond★ de l'église – par ② : 10 km à Furfooz : ≤★ sur Anseremme, Parc naturel de Furfooz★ – par ② : 12 km à Vêves : château★ – par ② : 10 km à Celles : dalle funéraire★ dans l'église romane St-Hadelin – au Nord : 8 km, Vallée de la Molignée★.*

Exc. *Descente de la Lesse★ en kayak ou en barque : ≤★ et ※★.*

18 *par ② : 18,5 km à Houyet, Tour Léopold-Ardenne 6 ☎ 0 82 66 62 28, Fax 0 82 66 74 53.*

i *av. Cadoux 8, ☎ 0 82 22 90 38, cdtdinant@belgacom.net, Fax 0 82 22 90 38.*

Bruxelles 93 ⑤ – Namur 29 ⑤ – Liège 75 ① – Charleville-Mézières 78 ③.

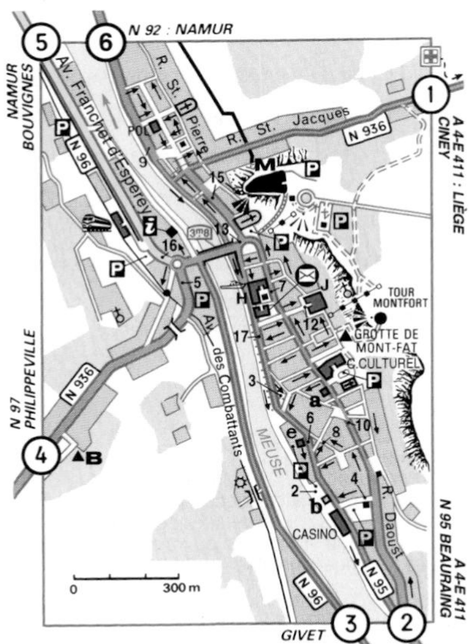

DINANT

Adolphe-Sax (R.)	
Albeau (Pl. d')	2
Albert-1er (Pl.)	3
Armes (Pl. d')	4
Bribosia (R.)	5
Cousot (R.)	6
Grande (R.)	7
Huybrechts (R.)	8
J.-B.-Culot (Quai)	9
Palais (Pl. du)	10
Reine-Astrid (Pl.)	12
Sax (R. A.)	14
Station (R. de la)	16
Winston-Churchill (Av.)	17

Ibis sans rest, Rempart d'Albeau 16, ☎ 0 82 21 15 00, *ibisdinant@skynet.be, Fax 0 82 21 15 79,* ≤, – AE MC VISA **b**

☕ 10 – **59 ch** ★65/75 – ★★65/75.

◆ Retrouvez, en bord de Meuse, aux pieds d'un coteau boisé, l'éventail des prestations hôtelières Ibis. La moitié des chambres domine le fleuve, au même titre que la terrasse.

◆ Typisch Ibishotel aan de oever van de Maas, aan de voet van een beboste heuvel. De helft van de kamers kijkt uit op de rivier, net als het terras overigens.

Le Jardin de Fiorine, r. Cousot 3, ✆ 0 82 22 74 74, *info@jardindefiorine.be, Fax 0 82 22 74 74,* – . AE VISA e
fermé 2 semaines carnaval, 2 premières semaines juillet, mercredi, jeudi d'octobre à mars et dimanche soir – **Rest** *Lunch 25* – 30/58 bc, carte 34/61, ₹.
◆ Salle classique aux tons actuels, véranda moderne et, dès les premiers beaux jours, terrasse au jardin, avec vue sur le fleuve. Soigneuse cuisine au goût du jour ; bonne cave.
◆ Klassieke eetzaal in hedendaagse kleuren, moderne serre en tuin met terras en uitzicht op de rivier. Verzorgde eigentijdse keuken en goede wijnkelder.

La Broche, r. Grande 22, ✆ 0 82 22 82 81, *Fax 0 82 22 82 81* – . VISA a
fermé 1 semaine en janvier, 1 semaine en mars, 1er au 15 juillet, mardi et mercredi midi – **Rest** 24/50 bc, carte 36/49, ₹.
◆ Estimable restaurant implanté dans la grande rue commerçante. Décor intérieur actuel à touches nostalgiques (photos), mise de table soignée, cuisine du moment à prix muselés.
◆ Uitstekend restaurant in de grote winkelstraat. Modern interieur met een beetje nostalgie (foto's), verzorgde tafels, eigentijdse kaart met scherp geprijsde gerechten.

Le Grill, r. Rivages 88 (par ② : près du Rocher Bayard), ✆ 0 82 22 69 35, *info@le-grill-dinant.be, Fax 0 82 22 54 36,* Grillades – . VISA
fermé dernière semaine janvier, dernière semaine juin, dernière semaine septembre, mercredi sauf en juillet-août et mardi – **Rest** *Lunch 25* – 33/50 bc, carte 33/62.
◆ À l'ombre du Rocher Bayard, agréable rôtisserie comprenant plusieurs petites salles où les vrais carnivores aiment à se repaître de plantureuses grillades au feu de bois.
◆ Aangename rotisserie met verscheidene zaaltjes, waar de echte carnivoor nog een hele kluif heeft aan de grote stukken vlees die op houtskool worden geroosterd.

à Anseremme *par ② : 3 km* *Dinant* – ✉ *5500 Anseremme :*

Mercure , Pont a Lesse 31, ✆ 0 82 22 28 44, *H1512@accor.com, Fax 0 82 21 63 03,* – P – . AE VISA. rest
Rest 49/78 bc, carte 27/48 – **91 ch** 105/165 – 135/195.
◆ Cet hôtel de chaîne entièrement rénové met à profit un château (1810) et ses extensions récentes. Quatre catégories de chambres. Ample restaurant occupant un pavillon moderne ; vue sur les terrasses en paliers et le parc par les grandes baies vitrées.
◆ Dit volledig gerenoveerde ketenhotel is gevestigd in een kasteel (1810) met moderne bijgebouwen. Vier categorieën kamers. Ruim restaurant in een modern pand met grote ramen die uitkijken op de trapsgewijze terrassen en het park.

Le Mosan, r. Joseph Dufrenne 2, ✆ 0 82 22 24 50, – P . VISA.
fermé mi-décembre-fin janvier, mardi et mercredi – **Rest** 25, carte 25/42.
◆ Un cul-de-sac dessert cette table mosane où l'on prend place dans une salle à manger-véranda ou, l'été, sur la terrasse dressée au bord du fleuve. Choix classico-traditionnel.
◆ In dit restaurant in een doodlopende steeg kunt u kiezen tussen de eetzaal met serre of bij mooi weer het terras aan de Maas. Traditioneel-klassieke keuken.

à Falmignoul *par ② : 9 km* *Dinant* – ✉ *5500 Falmignoul :*

Alain Stiers et l'auberge des Crêtes avec ch, r. Crétias 99, ✆ 0 82 74 42 11, *Fax 0 82 74 40 56,* – P. VISA.
fermé fin janvier-début février, fin juin-début juillet, fin septembre-début octobre, lundi et mardi – **Rest** 33/84 bc, carte 42/63 – **11 ch** 50 – 70 – ½ P 65.
◆ Vieille ferme en pierres située à l'écart du village. Repas classiques soignés dans une cordiale ambiance familiale. Restaurant d'été donnant sur un jardin paysager bichonné. Chambres proprettes côté rue ou campagne, pour des nuits douces à bon compte.
◆ Oude boerderij van natuursteen, even buiten het dorp. Goed verzorgde klassieke keuken in een gezellige ambiance. Het zomerse terras kijkt uit op een met zorg onderhouden tuin. Nette kamers aan de kant van de straat of het platteland, voor een zacht prijsje.

à Furfooz *par ② : 8 km* *Dinant* – ✉ *5500 Furfooz :*

La Ferme des Belles Gourmandes sans rest, r. Camp Romain 20, ✆ 0 82 22 55 25, *valerie_david@mac.com, Fax 0 82 22 55 25,* – P
4 ch 50 – 55.
◆ Au cœur d'un village en pierres bleues, ancienne ferme vous logeant dans des chambres égayées par des tableaux illustrant divers thèmes : soleil, mer, campagne et exotisme.
◆ Oude boerderij midden in een dorp met huizen van blauwe natuursteen. De schilderijen in de kamers hebben verschillende thema's, zoals zon, zee, platteland en exotische oorden.

BELGIQUE

à Lisogne *par ⑥ : 7 km* ⓒ *Dinant –* ✉ *5501 Lisogne :*

Du Vieux Moulin ⛰, r. Lisonnette 60, ☎ 0 82 22 63 80, *info@soupeauxchoux.be, Fax 0 82 22 21 47*, – P. AE ⓓ ⓜⓒ VISA
fermé 7 janvier-7 février, 1er au 10 septembre et lundis non fériés – Rest ***La Soupe aux choux*** *Lunch 18* – 28/38, carte 29/48 – 10 – **10 ch** ☆70 – ☆☆70 – ½ P 73/83.
◆ Ensemble de caractère en pierres du pays dans un vallon boisé. Parc, tour ronde, chambres colorées et distractions pour les petits. Resto sympa sur le thème de La Soupe aux Choux (film comique) : vieux ustensiles de cuisine, boulangerie et boucherie. Terrasse.
◆ Karakteristiek pand van steen uit de streek in een bebost dal. Park, ronde toren, kleurige kamers en attracties voor de kleintjes. Leuk restaurant op het thema van de komische film La Soupe aux Choux: oud keuken-, bakkers- en slagersgerei. Terras.

à Sorinnes *par ① : 10 km* ⓒ *Dinant –* ✉ *5503 Sorinnes :*

Hostellerie Gilain (Alain Gilain) avec ch, r. Aiguigeois 1 (près E 411 - A 4, sortie ⑳, lieu-dit Liroux), ☎ 0 83 21 57 42, *hostelleriegilain@skynet.be*, ≤, – P ⇔. AE ⓜⓒ VISA
fermé 1er au 3 janvier, 20 février-6 mars, 2 et 3 avril, 23 juillet-7 août, 29 et 30 octobre, lundi et mardi – Rest *Lunch 30* – 46/97 bc, carte 54/78 – 12 – **6 ch** ☆80/110 – ☆☆90/110 – ½ P 85/120.
Spéc. Soupe froide de chou-fleur aux crevettes grises, mousse de persil (juin-août). Escalope de foie d'oie poêlée aux pommes caramélisées, sauce au cidre, toast à l'huile de noisette. Filet de lièvre sur compotée de chicons et sa cuisse à la royale gratinée (15 octobre-30 décembre).
◆ Paysage champêtre, salles intimes dotées de chaises à médaillon, véranda pour les repas en groupe et terrasse fleurie. Cuisine de notre temps, sur de bonnes bases classiques. La clientèle en week-end "gastro" appréciera le soin apporté au décor des chambres.
◆ Landelijke omgeving, intieme eetzalen met medaillonstoelen, serre voor groepen en bloementerras. Eigentijdse keuken op klassieke basis. Wie een gastronomisch weekend heeft geboekt, zal de verzorgde kamers waarderen.

BELGIQUE

DION-VALMONT *Brabant Wallon* **533** M 18, **534** M 18 *et* **716** G 3 – *voir à Chaumont-Gistoux.*

DIXMUDE *West-Vlaanderen – voir Diksmuide.*

DONKMEER *Oost-Vlaanderen* **533** I 16 *et* **716** E 2 – *voir à Berlare.*

DOORNIK *Hainaut – voir Tournai.*

DORINNE *Namur* **533** O 21, **534** O 21 *et* **716** H 5 – *voir à Spontin.* 15 **C2**

DRANOUTER *8957 West-Vlaanderen* ⓒ *Heuvelland 8 217 h.* **533** B 18. 18 **B3**
Bruxelles 136 – Brugge 85 – Ieper 15 – Kortrijk 46 – Arras 72 – Lille 35.

XX ✿ **In de Wulf** (Kobe Desramaults) avec ch, Wulvestraat 1 (Sud : 2 km), ☎ 0 57 44 55 67, *info@indewulf.be, Fax 0 57 44 81 10*, – P. AE ⓓ ⓜⓒ VISA.
fermé 18 juin-4 juillet, 17 décembre-3 janvier, lundi et mardi – Rest (menu unique) *Lunch 40* – 75/130 bc – **8 ch** ☆80/120 – ☆☆80/120.
Spéc. Agneau aux girolles et mousseline de pommes de terre-anchois (avril-mai). Rillettes de cuisses de canard aux cèpes et noix (octobre). Terrine de foie d'oie, sureau frit et gel de pommes et poires (mai).
◆ Karakteristiek boerderijtje met een modern-rustiek interieur en landelijk terras. De keuze is beperkt tot een trendy menu met kleine porties in verschillende gangen. Goede kamers zonder tv zodat de authentieke charme van de plek niet wordt verstoord.
◆ Table au cadre rustique-moderne aménagée dans une fermette typée. Offre limitée à un menu à rallonge (portions légères) influencé par l'avant-garde. Terrasse côté campagne. Bonnes chambres dépourvues de TV pour préserver le charme authentique du lieu.

DROGENBOS *Vlaams-Brabant* **533** K 18 – *voir à Bruxelles, environs.*

DUDZELE *West-Vlaanderen* **533** E 15 *et* **716** C 2 – *voir à Brugge, périphérie.* 19 **C1**

DUINBERGEN *West-Vlaanderen* **533** E 14 *et* **716** C 1 – *voir à Knokke-Heist.*

Voir *Site*★.

à l'Est : 5 km à Barvaux, rte d'Oppagne 34 ☎ 0 86 21 44 54, Fax 0 86 21 44 49.

pl. aux Foires 25 ☎ 0 86 21 24 28, info@durbuyinfo.be, Fax 0 86 21 36 81.

Bruxelles 119 – Arlon 99 – Huy 34 – Liège 51 – Marche-en-Famenne 19.

Jean de Bohême, pl. aux Foires 2, ☎ 0 86 21 28 82, *reservation@jean-de-boheme.be, Fax 0 86 21 11 68,* – ch, – . AE VISA

Rest (avec brasserie) *Lunch 38* – 20/50, carte 29/38 – 12 – **33 ch** 60/116 – 60/140 – ½ P 95/108.

◆ Établissement dont l'enseigne se réfère au personnage grâce auquel Durbuy reçut le statut de ville, en 1331. Spacieuses chambres bien agencées. Grande capacité conférencière. Bar chaleureux et salle de restaurant devancés d'une ample terrasse.

◆ Jan van Bohemen is de man aan wie Durbuy in 1331 zijn status van stad te danken had. Ruime kamers die goed zijn ingedeeld. Grote capaciteit voor congressen. Gezellige bar en restaurant met groot terras.

Au Vieux Durbuy, r. Jean de Bohême 6, ☎ 0 86 21 32 62, *info@sanglier-des-ardennes.be, Fax 0 86 21 24 65* – – . AE VISA

fermé week-end en janvier – **Rest** voir rest ***Le Sanglier des Ardennes*** ci-après – 16 – **12 ch** 110/150 – 110/150 – ½ P 100.

◆ Hôtel de caractère implanté au milieu du vieux Durbuy, dans une jolie maison bourgeoise du 18e s. Chambres pimpantes et douillettes, toutes dotées du confort moderne.

◆ Karakteristiek hotel in een mooi herenhuis uit de 18e eeuw, in het oude centrum van Durbuy. Knusse kamers met modern comfort.

Des Comtes sans rest, Allée Louis de Loncin 6, ☎ 0 86 21 99 00, *info@hoteldes comtes.com, Fax 0 86 21 99 09,* – –

9 ch 75 – 90 – 4 suites.

◆ Cet hôtel de bon confort installé au calme, sur la rive gauche de l'Ourthe, tire parti de l'ancienne maison communale (1860) de Durbuy. Vue sur le clocher et le château.

◆ Comfortabel hotel in het voormalige gemeentehuis (1860) van Durbuy, rustig gelegen aan de linkeroever van de Ourthe. Uitzicht op de kerktoren en het kasteel.

Le Vieux Pont, pl. aux Foires 26, ☎ 0 86 21 28 08, *contact@levieuxpont.be, Fax 0 86 21 82 73,* – . AE VISA. ch

fermé 7 janvier-3 février – **Rest** *(fermé mercredi sauf vacances scolaires)* (taverne-rest) *Lunch 12* – 15/31 bc, carte 28/44 – **13 ch** 60/65 – 70/114 – ½ P 60/77.

◆ À côté du pont, maison en pierres devancée par une terrasse tournée vers la place centrale. Chambres meublées en pin. Taverne-restaurant proposant un grand choix traditionnel avec des plats d'ici et d'ailleurs ; nombreux desserts car on fait aussi tea-room.

◆ Natuurstenen huis naast de brug, met aan de voorkant een terras dat uitkijkt op het plein. Kamers met grenen meubelen. Het café-restaurant biedt een uitgebreide, traditionele kaart met gerechten uit België en elders; dankzij de theesalon ook veel desserts.

Le Temps d'un Rêve, Chemin de la Houblonnière 10, ☎ 0 476 32 01 50, *colette ruchenne@hotmail.com, Fax 0 86 21 46 80* – .

fermé mercredi et jeudi – **Rest** voir rest ***Le Saint Amour*** ci-après – **4 ch** 75/120 – 85/195 – ½ P 95/165.

◆ Ce chalet moderne bâti dans une impasse tranquille met à votre disposition de jolies chambres personnalisées ; trois d'entre elles offrent l'agrément d'une terrasse privative.

◆ Dit moderne chalet in een doodlopende straat biedt mooie kamers met een persoonlijk karakter, waarvan drie over een eigen terras beschikken.

XXX **Le Sanglier des Ardennes** avec ch (et annexe Château Cardinal – , r. Comte Th. d'Ursel 14, ☎ 0 86 21 32 62, *info@sanglier-des-ardennes.be, Fax 0 86 21 24 65,* , – . AE VISA

fermé janvier – **Rest** *Lunch 35* – 55/110 bc, carte 48/63, – 16 – **17 ch** 110/150 – 110/300 – ½ P 100/150.

◆ Accueil et service distingués en cette maison cossue de longue tradition gastronomique. Carte classique, belle cave et choix d'armagnacs. Terrasse braquée vers l'Ourthe. L'annexe châtelaine, entourée d'un parc, abrite des suites offrant quiétude et confort.

◆ Gedistingeerde bediening in dit weelderige restaurant met een lange gastronomische traditie. Klassieke keuken, mooie wijnkelder en keur van armagnacs. Terras aan de Ourthe. In het bijbehorende kasteel met park zijn rustige en comfortabele suites ingericht.

XX **Le Saint Amour** avec ch (et annexe H. Le Temps d'un Rêve), pl. aux Foires 18, ☎ 0 86 21 25 92, *info@saintamour.be, Fax 0 86 21 46 80,* – . AE VISA. ch

fermé mercredi et jeudi en janvier – **Rest** *Lunch 23* – 28/45, carte 24/56 – **6 ch** 110/150 – 110/250 – ½ P 95/165.

◆ Repas classiques dans une riante salle à manger-véranda tournée vers la place centrale. Décor "fashionable" aux coloris rouge, orange et gris. Menus saisonniers. Belles chambres et junior suites modernes à l'étage, personnalisées dans la note romantique.

◆ Klassieke maaltijd in een vrolijke eetzaal met serre, die uitkijkt op het plein. Modieus interieur in rood, oranje en grijs. Seizoengebonden menu's. Mooie kamers en moderne junior suites op de bovenverdieping, met een romantische noot.

BELGIQUE

XX **Clos des Récollets** avec ch, r. Prévôté 9, ✆ 0 86 21 29 69, *info@closdesrecollets.be, Fax 0 86 21 36 85,* – P. VISA
fermé 7 au 24 janvier et 1er au 18 septembre – **Rest** *(fermé mardis et mercredis non fériés)* *Lunch 26* – 49/83 bc, carte 46/56, – **8 ch** 70 – 85 – ½ P 77/104.
• Une ruelle piétonne pavée mène à ces maisonnettes anciennes et pittoresques. Préparations actuelles envoyées dans deux salles rustiques (poutres, cheminée). Crépis blanc, éléments en chêne et sanitaires à jour dans les chambres. Décor attachant au petit-déj'.
• Een voetgangersstraat met kinderkopjes leidt naar deze schilderachtige drie oude huisjes. Eigentijdse gerechten geserveerd in twee rustieke eetzalen (balken, schouw). Witte bepleistering, eikenhouten meubelen en modern sanitair in de kamers. Leuke ontbijtzaal.

X **Victoria** avec ch, r. Récollectines 4, ✆ 0 86 21 28 68 et 0 86 21 23 00 (hôtel), *info@hotel-victoria.be, Fax 0 86 21 27 84,* – P. AE VISA
Rest (grillades) *Lunch 18* – 28/38, carte 32/51 – 10 – **10 ch** 80/100 – 80/100 – ½ P 68/78.
• Vieille maison où l'on se repaît surtout de viandes, grillées en salle à la braise de la cheminée. Décor moderne, âtre au salon et terrasse en teck sur pelouse. Jolies chambres aménagées dans un style rustique-contemporain privilégiant des matériaux naturels.
• Oud pand waar het vlees boven het houtvuur in de eetzaal wordt geroosterd. Moderne inrichting, lounge met haard en teakhouten terras op het gazon. Mooie kamers in modern-rustieke stijl met natuurlijke materialen.

X **Le Fou du Roy,** r. Comte Th. d'Ursel 4, ✆ 0 86 21 08 68, *Fax 0 86 21 08 55,* – . AE VISA
fermé lundi et mardi – **Rest** *Lunch 21* – 28/63 bc.
• Maisonnette proche du pont, au pied du château dont elle était la conciergerie. Bonne cuisine d'aujourd'hui, collection d'objets d'hier en salles et terrasse très charmante.
• Dit restaurant bij de brug was vroeger de portierswoning van het kasteel. Goede eigentijdse keuken, eetzalen met verzameling oude voorwerpen en s' zomers een heerlijk terras.

à Grandhan *Sud-Ouest : 6 km* *Durbuy* – ✉ *6940 Grandhan :*

La Passerelle, r. Chêne à Han 1, ✆ 0 86 21 21 25, *info@la-passerelle.be, Fax 0 86 21 36 86,* , – , ch, P – . VISA. ch
fermé janvier – **Rest** *(fermé lundi sauf jours fériés et vacances scolaires)* 20/26, carte 18/30 – **23 ch** 59 – 78 – ½ P 59/79.
• Au bord de l'Ourthe, bâtisse typée abritant des chambres avenantes dotées d'une bonne literie (4 se partagent l'annexe d'en face). Salon moderne ; petit-déj' dans la véranda. Salle de restaurant arrangée de façon actuelle et terrasse verte près de l'eau.
• Dit karakteristieke gebouw aan de oever van de Ourthe biedt prettige kamers (4 in het bijgebouw ertegenover) met prima beddengoed. Moderne lounge en ontbijt in de serre. Moderne eetzaal en terras met veel groen aan het water.

Hébergerie de Petite Enneille , Petite Enneille 31, ✆ 0 477 67 65 34, *peirlinckx.pierre@skynet.be,* , – P. rest
Rest (dîner pour résidents seult) – **4 ch** 60 – 90 – ½ P 75.
• Dans un petit village de campagne, ancienne ferme aux murs de briques rouges renfermant de calmes chambres soigneusement personnalisées, à la fois classiques et très "cosy".
• Oude boerderij van rode baksteen in een plattelandsdorpje. De rustige kamers hebben een persoonlijk karakter en zijn klassiek, maar ook heel knus.

DWORP (TOURNEPPE) *Vlaams-Brabant* **533** K 18, **534** K 18 *et* **716** F 3 – *voir à Bruxelles, environs.*

ÉCAUSSINNES-LALAING *7191 Hainaut* *Écaussinnes 9 924 h.* **533** K 19, **534** K 19 *et* **716** F 4. 7 **C1**
Voir Chapelle★ du château fort.
Bruxelles 48 – Mons 31 – Namur 59 – Lille 98.

XX **Le Pilori,** r. Pilori 10, ✆ 0 67 44 23 18, *lepilori@gmail.com, Fax 0 67 44 26 03* – . AE VISA
fermé 2 semaines Pâques, 2 semaines début août, 2 semaines Noël, samedi, dimanche, lundi soir, mardi soir et mercredi soir – **Rest** *Lunch 24* – 29/60, carte 45/73, .
• Cette table située au centre du village revisite savoureusement le répertoire traditionnel et propose 3 types d'accords mets-vins en option de ses menus. Cadre ancien rajeuni.
• Dit restaurant in de dorpskern geeft een nieuwe invulling aan het traditionele repertoire en biedt naast de menu's 3 spijs-wijncombinaties. Oud interieur in een nieuw jasje.

EDEGEM *Antwerpen* **533** L 16 *et* **716** G 2 – *voir à Antwerpen, environs.* 1 **B2**

EDINGEN *Hainaut* – *voir Enghien.*

BELGIQUE

EEKLO *9900 Oost-Vlaanderen* **533** G 15 *et* **716** D 2 – *19 535 h.* 16 **B1**

Bruxelles 89 – Gent 21 – Antwerpen 66 – Brugge 29.

Shamon sans rest, Gentsesteenweg 28, ☎ 0 9 378 09 50, *hotel.shamon@scarlet.be, Fax 0 9 378 12 77,* – P – VISA.
8 ch ☕ 69/79 – 89/120.

• Vriendelijk onthaal in deze villa uit 1910, waar veel fietsers komen. Hal met overblijfselen van art-nouveau-ornamenten; knusse kamers.

• Villa 1910 vous réservant un accueil familial. Vestiges d'ornements muraux Art nouveau dans le hall ; petit côté "bonbonnière" dans le décor des chambres. Clientèle cycliste.

XX **Hof ter Vrombaut,** Vrombautstraat 139, ☎ 0 9 377 25 77, *hoftervrombaut@yahoo.be, Fax 0 9 327 07 27,* , Anguilles – P. AE VISA.
fermé 10 au 31 juillet, mercredi, samedi midi et dimanche soir – **Rest** 30/50 bc, carte 34/47.

• Oud pand met torentje in een woonwijk. Een voorvader van de bazin heeft in 1929 de Tour de France gewonnen. Traditionele keuken met paling als specialiteit.

• En secteur résidentiel, maison ancienne arborant une tourelle. Évocation des exploits de l'aïeul de la patronne au Tour de France (1929). Choix traditionnel. Spéc. d'anguille.

EERKEN *Brabant Wallon – voir Archennes.*

Ne confondez pas les couverts X et les étoiles ✿!
Les couverts définissent une catégorie de standing, tandis que l'étoile couronne les meilleures tables, dans chacune de ces catégories.

ÉGHEZÉE *5310 Namur* **533** O 19, **534** O 19 *et* **716** H 4 – *14 347 h.* 15 **C1**

Bruxelles 55 – Namur 16 – Charleroi 55 – Hasselt 62 – Liège 53 – Tienen 30.

à Noville-sur-Mehaigne *Nord-Ouest : 2 km* Ⓒ *Éghezée* – ✉ *5310 Noville-sur-Mehaigne :*

XXX ✿ **L'Air du Temps** (Sang-Hoon Degeimbre), chaussée de Louvain 181 (N 91), ☎ 0 81 81 30 48, *info@airdutemps.be, Fax 0 81 81 28 76* – AE VISA
fermé première semaine janvier, 2 semaines Pâques, 2 semaines en août, fin décembre, mercredi, jeudi et samedi midi – **Rest** *Lunch 38* – 58/113 bc, carte 73/100, ♀.

Spéc. Sushi décomposé de homard, mayonnaise au ras el hanout (juin-octobre). Pigeonneau à l'huile dissociée au gingembre et soja, ses pattes confites en croquettes. Bulles de yaourt à la verveine, soupe de mangue et ananas.

• Cuisine moderne teintée d'influences nippones, bons accords mets-vins et cadre design tendance "zen", dans les tons rouge et gris. Véranda ouverte sur un petit jardin clos.

• Moderne keuken met Japanse invloeden, goede spijs-wijncombinaties en "zen" designinterieur in rood en grijs. De serre kijkt uit op een ommuurd tuintje.

EIGENBRAKEL *Brabant Wallon – voir Braine-l'Alleud.*

EISDEN *Limburg* **533** T 17 *et* **716** K 3 – *voir à Maasmechelen.*

EKEREN *Antwerpen* **533** L 15 *et* **716** G 2 – *voir à Antwerpen, périphérie.* 1 **A2**

ELENE *Oost-Vlaanderen* **533** H 17 – *voir à Zottegem.*

ELEWIJT *1982 Vlaams-Brabant* Ⓒ *Zemst 21 327 h.* **533** M 17 *et* **716** G 3. 3 **B1**

18 *au Sud-Est : 6 km à Kampenhout, Wildersedreef 56 ☎ 0 16 65 12 16, Fax 0 16 65 16 80.*
Bruxelles 23 – Leuven 26 – Antwerpen 32.

XXX ✿ **Kasteel Diependael** (Noël Neckebroeck), Tervuursesteenweg 511, ☎ 0 15 61 17 71, *kasteeldiependael@skynet.be, Fax 0 15 61 68 97,* ≤, – P. AE VISA.
fermé 2 et 3 janvier, carnaval, fin juillet-début août, semaine Toussaint, samedi midi, dimanche soir et lundi – **Rest** *Lunch 40* – 60/98 bc, carte 88/117.

Spéc. Langoustines à la purée de brocoli et vinaigrette au balsamique. Turbot au caviar et mousseline au champagne. Pigeonneau, risotto au parfum de vanille, truffe d'été et bonbon de foie d'oie.

• Mooi landhuis met serre en terras om de schitterende tuin te bewonderen. Verfijning en creativiteit op de borden, modernisme en intimiteit in de inrichting.

• Belle gentilhommière dont les vérandas et la terrasse donnent à admirer un parc-jardin magnifique. Finesse et créativité dans l'assiette. Modernisme et intimité dans le décor.

ELLEZELLES **(ELZELE)** *7890 Hainaut* **533** H 18, **534** H 18 *et* **716** E 3 – *5 676 h.* 6 **B1**

Bruxelles 67 – Mons 64 – Gent 44 – Kortrijk 39.

Au Couvent des Collines, Ruelle des Écoles 25, ✆ 0 68 65 94 94, *hotel.c.collines@skynet.be, Fax 0 68 26 61 81*, – AE VISA.
Rest *(fermé dimanche soir)* (dîner seult sauf dimanche) 42 bc/52 bc, carte 25/52 – 9 –
28 ch 85/116 – 98/135 – 1 suite – ½ P 122.
• Au pays des sorcières, hôtel original et paisible, créé à partir d'un ancien couvent (1830). Chambres à thèmes, salles de banquets et séminaires, distractions pour les petits. Restaurant évoluant dans un registre classico-traditionnel.
• Origineel en rustig hotel in een oud klooster (1830) in het "land van de heksen". Themakamers, zalen voor banketten en seminars en speelvoorzieningen voor de kleintjes. Restaurant met een traditioneel-klassiek repertoire.

XXXX **Château du Mylord** (Jean-Baptiste et Christophe Thomaes), r. St-Mortier 35, ✆ 0 68 54 26 02, *chateaudumylord@scarlet.be, Fax 0 68 54 29 33*, – P. AE VISA
fermé 25 mars-2 avril, 18 août-1er septembre, 22 décembre-7 janvier, lundis midis non fériés, dimanche soir, lundi soir et mercredi soir – **Rest** Lunch 55 – 70/170 bc, carte 76/126.
Spéc. Tronçons de homard bleu à la sauce piquante, jeunes oignons et asperges, polenta au poivron (avril-juin). Selle d'agneau, mousseline de caviar d'aubergine, sauce gremolata (février-septembre). Mousseux au café, sabayon caramélisé au rhum.
• Élégant manoir de style anglo-normand (1861) niché dans son parc bichonné. Salles et terrasse raffinées, au service d'une bonne table classico-innovante. Vins bien conseillés.
• Sierlijk Anglo-Normandisch landhuis (1861) met een fraai park. Smaakvolle eetzalen en terrassen. Goede innovatieve klassieke keuken en adequate wijnadviezen.

BELGIQUE

Goede adressen voor een schappelijke prijs?
De rode Bib Gourmand geeft restaurants aan
en de blauwe Bib Hotel hotelkamers.

ELSENE *Brussels Hoofdstedelijk Gewest – voir Ixelles à Bruxelles.*

ELVERDINGE *West-Vlaanderen* **533** B 17 *et* **716** B 3 – *voir à Ieper.* 18 **B3**

ELZELE *Hainaut – voir Ellezelles.*

EMBOURG *Liège* **533** S 19, **534** S 19 *et* **716** J 4 – *voir à Liège, environs.*

ÉMINES *Namur* **533** O 19, **534** O 19 *et* **716** H 4 – *voir à Namur.*

ENGHIEN **(EDINGEN)** *7850 Hainaut* **533** J 18, **534** J 18 *et* **716** F 3 – *11 980 h.* 7 **C1**

Voir Parc★.

chaussée de Brunehault-Park 4a ✆ 0 2 396 04 17, Fax 0 2 396 04 17.

Bruxelles 38 – Mons 32 – Aalst 30 – Tournai 50.

Auberge du Vieux Cèdre, av. Elisabeth 1, ✆ 0 2 397 13 00, *info@aubergeduvieuxcedre.com, Fax 0 2 397 13 19*, rest, P – AE VISA
Rest *(fermé carnaval, 18 juillet-8 août, 26 décembre-7 janvier, vendredi, samedi midi et dimanche soir)* Lunch 25 – 33/78 bc, carte 37/60 – **31 ch** *(fermé 24 décembre-2 janvier)* 85/110 – 110 – 1 suite – ½ P 80/108.
• Grande villa et son extension neuve pourvue de chambres sémillantes donnant sur un jardin soigné. Pièce d'eau, haies basses et statues modernes visibles par les baies du restaurant. Carte classico-actuelle. Bons menus multi-choix. Parc admirable à proximité.
• De mooie kamers van deze grote villa bevinden zich in de aanbouw en kijken uit op de verzorgde tuin. Restaurant bij de tuin met waterpartij, lage hagen en moderne beelden. Modern-klassieke kaart en lekkere menu's met veel keuze. Fraai park in de buurt.

X **Les Délices du Parc**, pl. P. Delannoy 32, ✆ 0 2 395 47 89, *Fax 0 2 395 47 89*, – AE VISA
fermé mardi et mercredi – **Rest** 30, carte 40/58.
• Table rustique occupant d'anciennes écuries châtelaines (18e s.) aux abords d'un superbe parc. Madame en salle, monsieur aux casseroles, carte traditionnelle, cour-terrasse.
• Rustiek restaurant in de 18e-eeuwse paardenstallen van het kasteel, bij een schitterend park. Meneer kookt, mevrouw bedient. Traditionele kaart. Terras op de binnenplaats.

EPRAVE *Namur* **534** Q 22 *et* **716** I 5 – *voir à Rochefort.* 15 **C2**

EREZÉE *6997 Luxembourg belge* **533** S 21, **534** S 21 *et* **716** J 5 – *2 922 h.* 13 **C1**
Bruxelles 125 – Arlon 91 – Liège 60 – Namur 66.

Auberge des Saveurs sans rest, r. Général Borlon 13, ☎ 0 86 38 02 00, *paquayj@skynet.be, Fax 0 86 38 02 01* – P. VISA
6 ch ⊐ ✝80 – ✝✝90.
• Fermette (1835) rajeunie pour proposer un hébergement confortable et sympa en cette paisible localité rurale. Petit-déj' servi à table dans un cadre rustico-moderne ou dehors.
• Gerenoveerd boerderijtje (1835) om prettig en comfortabel te logeren in dit rustige dorpje. Het ontbijt wordt in de modern-rustieke eetzaal of buiten geserveerd.

XX **L'Affenage** avec ch, r. Croix Henquin 7 (Sud : 1 km, lieu-dit Blier), ☎ 0 86 47 08 80, *info@affenage.be, Fax 0 86 47 08 99* – P. AE VISA
Rest *(fermé 21 janvier-2 février, 26 février-14 mars, 9 au 19 juin, 24 novembre-11 décembre, mardi et mercredi)* *Lunch 35* – 49/110 bc, carte 49/81 – **13 ch** ⊐ ✝80 – ✝✝100/110 – ½ P 85/115.
• Halte gastronomique paisible, mettant à profit une ancienne dépendance de la ferme-château de Blier. Fringante salle à manger contemporaine, cuisine de même. Bonnes chambres.
• Gastronomische pleisterplaats, rustig gelegen in een oud bijgebouw van de kasteelhoeve van Blier. Zwierige, moderne eetzaal en eigentijdse keuken. Goede kamers.

XX **Le Liry** avec ch, r. Combattants 3, ☎ 0 86 47 72 65, *info@leliry.be, Fax 0 86 47 74 41*, – P. VISA
fermé 21 janvier-2 février, 26 février-14 mars, 9 au 19 juin et 24 novembre-11 décembre – **Rest** *(fermé dimanche et lundi)* *Lunch 25* – 35/75 bc, carte 49/63 – **7 ch** ⊐ ✝70 – ✝✝80 – ½ P 75/105.
• Au centre du village, table actuelle tant par ses recettes que par son agencement intérieur alliant intimité et élégance sobre. Terrasses avant et arrière. Chambres avenantes.
• Dit restaurant in de dorpskern is goed bij de tijd, zowel qua keuken als qua interieur, dat intimiteit aan sobere elegantie paart. Terrassen voor en achter. Prettige kamers.

à Fanzel *Nord : 6 km* C *Erezée* – ✉ *6997 Erezée :*

XX **Auberge du Val d'Aisne** avec ch, r. Aisne 15, ☎ 0 86 49 92 08, *Fax 0 86 49 98 73*, ←, , – P. VISA
fermé janvier, 20 juin-20 juillet, mardis, mercredis et jeudis non fériés – **Rest** *Lunch 25* – 35/60 bc carte 37/102 – **8 ch** ⊐ ✝65 – ✝✝85/90 – ½ P 75/85.
• Cette ancienne ferme (17e s.) au cachet fort vous convie à un bon repas traditionnel dans un décor rustique ou sur la belle terrasse au bord de l'Aisne. Chambres mignonnes.
• In deze karakteristieke boerderij uit de 17e eeuw kunt u genieten van een goede, traditionele maaltijd in een rustiek decor of op het terras aan de Aisne. Charmante kamers.

ERONDEGEM *Oost-Vlaanderen* **533** I 17 – *voir à Aalst.*

ERPS-KWERPS *3071 Vlaams-Brabant* C *Kortenberg 18 299 h.* **533** M 17 *et* **716** G 3. 4 **C2**
Bruxelles 19 – Leuven 6 – Mechelen 19.

XX **Rooden Scilt,** Dorpsplein 7, ☎ 0 2 759 94 44, *info@roodenscilt.be, Fax 0 2 759 74 45*, – P. AE VISA
fermé 18 février-7 mars, 11 au 25 août, dimanche soir, lundi et mercredi soir – **Rest** *Lunch 30* – 37/94 bc, carte 40/78.
• Karakteristieke herberg om klassiek te tafelen tegenover de klokkentoren. Twee rustiek ingerichte eetzalen: balken, rode baksteen, natuursteen en ruif. Salon en terras.
• Face au clocher, auberge typée où l'on mange classiquement, dans deux pièces au charme agreste : poutres, briques rouges, pierres du pays, râtelier... Salon et terrasse.

ERTVELDE *9940 Oost-Vlaanderen* C *Evergem 32 244 h.* **533** H 15 *et* **716** E 2. 16 **B1**
Bruxelles 86 – Gent 15 – Brugge 38 – Sint-Niklaas 36.

XX **Paddenhouck,** Holstraat 24, ☎ 0 9 344 55 56, *paddenhouck@telenet.be, Fax 0 9 344 55 56*, – P. AE VISA
fermé 2 dernières semaines août, Noël-nouvel an, dimanche et lundi – **Rest** *Lunch 29* – 35/54 bc, carte 42/58.
• Dit restaurant met creatieve, eigentijdse keuken valt ook in de smaak vanwege de zelfgestookte brandewijnen, het terras en de tuin met speeltoestellen voor kinderen.
• Ce restaurant concoctant une cuisine actuelle personnalisée plaît aussi pour ses eaux-de-vie maison, sa terrasse et son jardin où quelques distractions attendent les enfants.

ESTAIMBOURG *7730 Hainaut* ⓒ *Estaimpuis 9 643 h.* **533** E 18, **534** E 18 *et* **716** D 3. 6 **B1**
Bruxelles 100 – Mons 62 – Kortrijk 20 – Tournai 12 – Lille 34.

XXX **La Ferme du Château,** pl. de Bourgogne 2, ☎ 0 69 55 72 13, *Fax 0 69 55 98 29,* – . VISA.
fermé 2 semaines carnaval, 3 semaines en août, vendredi et samedi – **Rest** (dîner seult sauf mardi et mercredi) *Lunch 20* – 48/58, carte 49/69.
• Accueillante affaire familiale à façade chocolat donnant sur une placette. Intérieur moderne, carte en phase avec l'époque, terrasse au jardin, salons pour festoyer en groupe.
• Uitnodigende familiezaak met een donkerbruine gevel aan een pleintje. Modern interieur, dito kaart, tuin met terras en aparte zaaltjes voor groepen.

ETTERBEEK *Région de Bruxelles-Capitale – voir à Bruxelles.* 5 **B2**

EUPEN *4700 Liège* **533** V 19, **534** V 19 *et* **716** L 4 – *18 248 h.* 9 **C1**
Voir *Carnaval★★ (défilé : veille du Mardi gras) – par ② : 5 km, Barrage de la Vesdre★ (Talsperre).*
Env. *par ③ : Hautes Fagnes★★, Signal de Botrange ≤★, Sentier de découverte nature★ – Les Trois Bornes★ (Drielandenpunt) : de la tour Baudouin ✱★, rte de Vaals (Pays-Bas) ≤★.*
Marktplatz 7 ☎ 0 87 55 34 50, info@eupen-info.be, Fax 0 87 55 66 39.
Bruxelles 131 ⑥ – Liège 40 ⑥ – Verviers 15 ⑤ – Aachen 17 ① – Maastricht 46 ⑥.

Plan page ci-contre

Ambassador Bosten, Haasstr. 81, ☎ 0 87 74 08 00, *ambassador.bosten@skynet.be, Fax 0 87 74 48 41* – – . AE VISA. Z u
Rest voir rest ***Le Gourmet*** ci-après – **28 ch** ★95/135 – ★★115/180 – ½ P 83/160.
• Tenu par la même famille depuis 1896, cet hôtel surplombant la Weser compte parmi les classiques de la région. Bonnes grandes chambres ; buffets bien assortis au petit-déj'.
• Dit hotel boven de Weser behoort tot de klassiekers van de streek en wordt al sinds 1896 door dezelfde familie gerund. Goede, grote kamers en een gevarieerd ontbijtbuffet.

XX **Le Gourmet** - H. Ambassador Bosten, Haasstr. 81, ☎ 0 87 74 08 00, *ambassador.bosten@skynet.be, Fax 0 87 74 48 41* – . AE VISA. Z u
Rest 29/90 bc, carte 40/60, ♀.
• Restaurant d'hôtel dont la cuisine, au goût du jour, a les faveurs de la clientèle d'affaires. Sobre intérieur à réminiscences germaniques ; banquettes formant des niches.
• Hotelrestaurant met een eigentijdse kookstijl, die in trek is bij de zakelijke clientèle. Eenvoudig interieur dat Duits aandoet. Met banken zijn intieme hoekjes gecreëerd.

XX **La Table de Vincent,** Hütte 64 (par ② : 3 km, sortie Park Hütte), ☎ 0 87 56 14 31, *latabledevincent@skynet.be, Fax 0 87 56 14 31,* – P. AE VISA.
fermé 1 semaine carnaval, 2 dernières semaines juillet, lundi et samedi midi – **Rest** *Lunch 26* – 35, carte 40/69, ♀.
• Table actuelle bien installée au fond d'un parc industriel aux abords boisés, dans un ex-atelier de construction métallique. Intérieur façon "loft" ; salon-mezzanine en acier.
• Een voormalige metaalwerkplaats op een industrieterrein in een bosrijke omgeving is de setting voor dit eigentijdse restaurant. Interieur type loft, stalen salon-mezzanine.

XX **Langesthaler Mühle,** Langesthal 58 (par ② : 2 km, puis à gauche vers le barrage), ☎ 0 87 55 32 45, *Fax 0 87 55 32 45,* – P
fermé 2 dernières semaines août, 2 premières semaines octobre, samedi midi, dimanche soir et lundi – **Rest** 35/75 bc, carte 41/66.
• Ce chalet entretenant une ambiance romantique occupe un site verdoyant rafraîchi par la Vesdre. Salle dotée d'un escalier tournant en chêne. Terrasse, étang et cascade à côté.
• Dit chalet op een groen plekje aan de Vesdre heeft een romantische ambiance. Eetzaal met eikenhouten wenteltrap. Terras, vijver en ernaast een waterval.

XX **Delcoeur,** Gospertstr. 22, ☎ 0 87 56 16 66, *delcoeur@skynet.be, Fax 0 87 56 16 96,* , Avec brasserie – P. AE VISA Y a
fermé 3 au 14 janvier, 12 au 22 juin, jeudi et samedi midi – **Rest** *Lunch 24* – 31/74 bc, carte 29/47, ♀.
• Refuge gourmand établi dans une maison ancienne desservie par un porche. Brasserie actuelle et restaurant intime se partagent l'espace intérieur. Jolie terrasse sur cour.
• Goed adresje voor smulpapen in een oud pand met portaal. Keuze uit een hedendaagse brasserie en een intiem restaurant met een mooi terras op de binnenplaats.

X **Arti'Choc,** Haasstr. 38, ☎ 0 87 55 36 04, *info@artichoc-eupen.be,* – VISA Z c
fermé 20 août-10 septembre, mercredi et jeudi – **Rest** 30/35, carte 27/61, ♀.
• Sur une placette de la ville basse, table conviviale où l'on présente, dans un décor de bistrot actuel, un choix de préparations classiques revisitées inscrit à l'ardoise.
• Gezellig restaurant met eigentijds bistrodecor, aan een pleintje in de benedenstad. Klassieke kookstijl in een modern jasje. De kaart wordt op een schoolbord gepresenteerd.

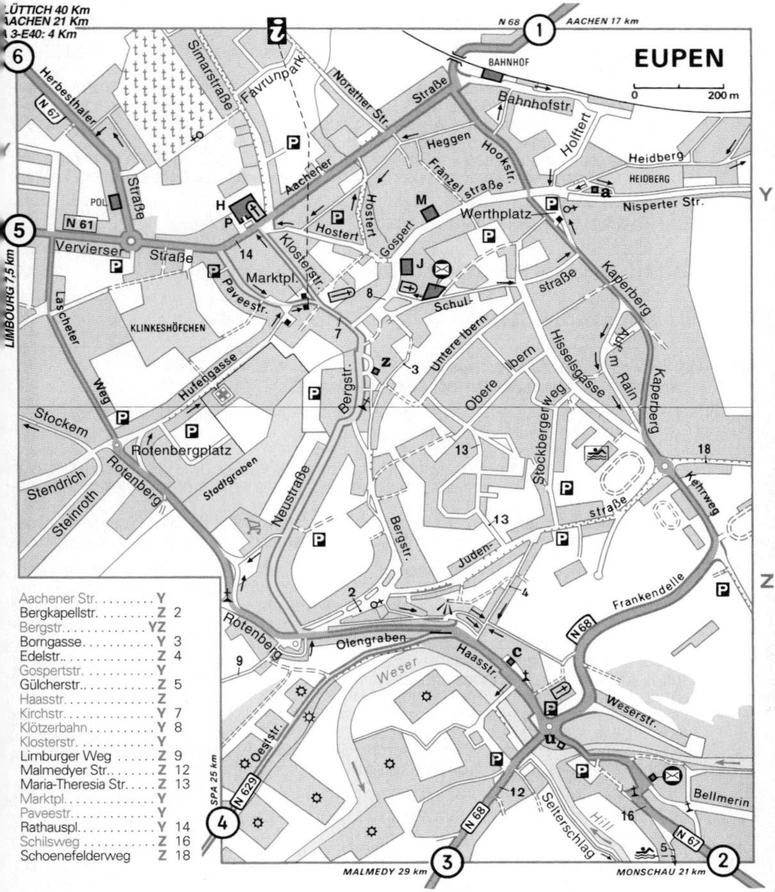

EUPEN

Aachener Str. . . . . Y
Bergkapellstr. . . . . Z 2
Bergstr. . . . . YZ
Borngasse. . . . . Y 3
Edelstr. . . . . Z 4
Gospertstr. . . . . Y
Gülcherstr. . . . . Z 5
Haasstr. . . . . Z
Kirchstr. . . . . Y 7
Klötzerbahn . . . . Y 8
Klosterstr. . . . . Y
Limburger Weg . . . . . . Z 9
Malmedyer Str. . . . . Z 12
Maria-Theresia Str. . . . . Z 13
Marktpl. . . . . Y
Paveestr. . . . . Y
Rathauspl. . . . . Y 14
Schilsweg . . . . Z 16
Schoenefelderweg . . . . Z 18

X **Fiasko**, Bergstr. 28, ☎ 0 87 55 25 50, *restaurantfiasko@skynet.be*, 🏞 – ⚙. AE Ⓜ VISA.
Y z
fermé 2 semaines carnaval, 15 août, lundi et mardi – **Rest** *Lunch 25* – 59/109 bc, carte 33/72, ♀.

• Restaurant moderne dont le nom traduit le penchant non-conformiste du patron, qui ne manque pas de faconde. Décor à la "Gaudí" (mosaïques). Assiettes bleues en guise de carte.

• Modern restaurant waarvan de naam de non-conformistische aard van de praatgrage patron verraadt. Interieur met mozaïeken à la Gaudi; menukaart op blauwe borden.

EVERE *Région de Bruxelles-Capitale* **533** L 17 – *voir à Bruxelles.* 5 **B2**

Pour guider vos choix gastronomiques, le libellé de chaque table à étoile(s) MICHELIN indique systématiquement 3 grandes spécialités "maison".

EYNATTEN *4731 Liège* Ⓒ *Raeren 10 091 h.* **533** V 18 *et* **716** L 3. 9 **D1**
Bruxelles 136 – Liège 45 – Namur 105 – Maastricht 56 – Vaals 12.

XX **Casino,** Aachener Str. 9, ☎ 0 87 86 61 00, *maassen.casino@skynet.be, Fax 0 87 86 61 00* – AE VISA.
fermé 1 semaine carnaval, dernière semaine juillet-première semaine août, mardi et mercredi – **Rest** *Lunch 26* – 36/53, carte 35/57.
• Petit restaurant familial installé dans un ancien hôtel-casino, d'où l'enseigne. Salle à manger actuelle rehaussée de lambris blonds. Cuisine classique de bon aloi.
• Familierestaurantje in een voormalig hotel met casino, zoals de naam in herinnering brengt. Moderne eetzaal met lambrisering van lichtgekleurd hout. Goede klassieke keuken.

FAGNES (Hautes) ★★ *Liège* **533** V 20 *et* **716** L 4 *G. Belgique-Luxembourg.*

FALMIGNOUL *Namur* **533** O 21, **534** O 21 *et* **716** H 5 – *voir à Dinant.* 15 **C2**

FANZEL *Luxembourg belge* **533** S 21, **534** S 21 *et* **716** J 5 – *voir à Erezée.*

FAUVILLERS *6637 Luxembourg belge* **534** S 23 *et* **716** K 6 – *2 004 h.* 13 **C2**
Bruxelles 172 – Arlon 28 – Bastogne 23 – Bouillon 61.

La Gorence sans rest, Wisembach 48 (Est : 4 km, lieu-dit Wisembach), ☎ 0 63 60 13 30, *lagorence@lagorence.be,* –
ouvert avril-décembre – 7 – **4 ch** ★46/53 – ★★46/59.
• Plusieurs chambres d'hôtes aux noms de fleurs ont pris place dans ces anciennes étables reconverties. Ambiance campagne, beau jardin et emplacement propice aux balades-nature.
• Deze oude paardenstallen zijn verbouwd tot gastenkamers die naar bloemen zijn genoemd. Landelijke sfeer, mooie tuin en volop gelegenheid voor wandelingen in de natuur.

XXX **Le Château de Strainchamps** (Frans Vandeputte) avec ch, Strainchamps 12 (Nord : 6 km, lieu-dit Strainchamps), ☎ 0 63 60 08 12, *info@chateaudestrainchamps.com, Fax 0 63 60 12 28,* , , – P. AE VISA
fermé 1er au 18 juillet, 22 décembre-16 janvier, mercredi et jeudi – **Rest** *Lunch 35* – 55/105 bc, carte 46/82, – **10 ch** ★65/105 – ★★80/160 – ½ P 75/115.
Spéc. Langues d'agneau au beurre blanc et petits légumes, écume chaude de pommes de terre. Croustillants de langoustines, sauce froide au curry. Chaud et froid de sabayon aux fruits de la passion, compotée de mirabelles.
• Un village ardennais typé sert de cadre à cette fière demeure ancienne et son parc. Salon confortable, salle à manger classique et carte de même. Plusieurs genres de chambres.
• Een typisch Ardens dorp vormt de setting van dit statige oude pand met park. Gerieflijke salon, klassieke eetzaal en dito kaart. Verschillende soorten kamers.

FAYMONVILLE *Liège* **533** V 20, **534** V 20 *et* **716** L 4 – *voir à Waimes.*

FELUY *7181 Hainaut* Ⓒ *Seneffe 10 743 h.* **533** K 19, **534** K 19 *et* **716** F 4. 7 **D1**
Bruxelles 39 – Mons 28 – Charleroi 31.

Le Manoir du Capitaine sans rest, Chemin Boulouffe 1, ☎ 0 67 87 87 49, *welcome@manoirducapitaine.com, Fax 0 67 87 45 50* – P – . AE VISA.
30 ch ★80/125 – ★★90/125.
• Brasserie au 19e s., naguère haras, cette bâtisse de caractère (1702) s'est agrandie d'une nouvelle aile pour assumer la fonction d'"appart-hôtel". Environnement agreste.
• 19e-eeuwse brasserie in een pand met karakter uit 1702, dat vroeger een stoeterij was. De aangebouwde vleugel doet dienst als appartementenhotel. Landelijke omgeving.

FERRIÈRES *4190 Liège* **531** S 20 *et* **716** J 4 – *4 449 h.* 8 **B2**
Bruxelles 141 – Liège 46 – Namur 75 – Maastricht 78.

A la Ferme , r. Principale 43 (Ouest : 9 km à Sy), ☎ 0 86 38 82 13, *hotel-de-la-ferme@skynet.be, Fax 0 86 38 82 15,* , , , P
fermé 3 semaines en janvier, 1 semaine en juin et mercredi – **Rest** carte 18/37 – **12 ch** ★60/68 – ★★72/82 – ½ P 43/77.
• Ancienne ferme-auberge rénovée à dénicher au bord de la rivière, dans un petit village touristique proche de Ferrières. Chambres douillettes, jardin et jolie petite piscine. Table traditionnelle classiquement aménagée. Véranda et terrasse donnant sur l'Ourthe.
• Gerenoveerde herberg in een oude boerderij aan de rivier, in een toeristendorpje dicht bij Ferrières. Knusse kamers, tuin en mooi klein zwembad. Klassiek ingericht restaurant met een traditionele keuken. Veranda en terras met uitzicht op de Ourthe.

Domaine la Source de Harre sans rest, rte de la Source de Harre 7 (Burnontige), 0 86 43 30 60, *contact@harre.be*, – P.
fermé décembre-janvier – **5 ch** 80/95 – 110/125.
◆ Grande villa ancienne à débusquer dans une vallée forestière bucolique, au bout d'une allée verte. Chambres actuelles, séjour doté d'une cheminée et terrasse dominant le parc.
◆ Grote villa in een prachtig bebost dal, aan het eind van een laan met bomen. Eigentijdse kamers, zitkamer met open haard en terras met uitzicht op het park.

FLEMALLE-HAUTE *Liège* **533** R 19, **534** R 19 *et* **716** J 4 – *voir à Liège, environs.*

FLEURUS *6220 Hainaut* **533** M 20, **534** M 20 *et* **716** G 4 – *22 221 h.* 7 **D2**
Bruxelles 62 – Mons 48 – Charleroi 12 – Namur 26.

Ibis Charleroi Aéroport sans rest, chaussée de Charleroi 590, 0 71 81 01 30, *Fax 0 71 81 23 44* – P – . AE VISA
10 – **64 ch** 60/80 – 60/80.
◆ Hôtel de chaîne établi en secteur aéroportuaire et autoroutier. Petites chambres standard bien isolées des bruits du trafic terrestre et aérien. Bar sympa. Breakfast dès 4h30.
◆ Ketenhotel vlakbij de luchthaven, en de autosnelweg. Kleine standaardkamers, goed geïsoleerd tegen het lawaai van het vlieg- en wegverkeer. Leuke bar en ontbijt vanaf 4.30 u.

Les Tilleuls avec ch, rte du Vieux Campinaire 85 (Sud : 3 km par N 29 puis N 568), 0 71 81 18 10, *Fax 0 71 81 37 52*, – P . AE VISA
Rest *(fermé 15 au 31 juillet, samedi midi, dimanche soir et lundi) Lunch 18* – 30/58 bc, carte env. 40 – 6 – **3 ch** 50 – 50 – ½ P 65.
◆ Petite auberge située en bordure de grand-route, pas très loin de l'aéroport. Repas classico-traditionnel dans une salle bourgeoise ou sur la terrasse-pergola du jardin. Chambres fonctionnelles cédées à bon prix ; cuisinette commune à disposition.
◆ Kleine herberg aan de grote weg, niet ver van de luchthaven. Klassieke gerechten, geserveerd in de traditionele eetzaal of op het terras met pergola in de tuin. Goedkope, functionele. Gemeenschappelijke kitchenette.

Clos Bernardin, r. Emile Vandervelde 9, 0 71 81 46 82, *clos.bernardin@skynet.be, Fax 0 71 81 46 82* – . AE VISA
fermé 1 semaine en janvier, 2 dernières semaines juillet, samedi midi, dimanche soir et lundi – **Rest** *Lunch 18* – 27/69 bc, carte 35/43.
◆ En centre-ville, restaurant dont la carte, traditionnelle, s'accompagne d'infos diététiques. Salle bordeaux, patronne aux casseroles, facilités de stationnement juste en face.
◆ Restaurant in het centrum met een parkeerterrein aan de overkant. De traditionele kaart is doorspekt met dieetinformatie. Bordeauxrode eetzaal en eigenares achter de pannen.

Le Relais du Moulin, chaussée de Charleroi 199, 0 71 81 34 50
fermé 18 août-8 septembre, mardi et mercredi – **Rest** carte 27/47.
◆ Déjà plus de 30 ans de présence pour ce petit restaurant bordant la rue principale de Fleurus. Clientèle fidélisée de longue date par une sage carte classique-traditionnelle.
◆ Dit restaurantje aan de hoofdstraat van Fleurus kan bogen op ruim 30 jaar ervaring en vakmanschap. Klassiek-traditionele keuken.

FLOREFFE *5150 Namur* **533** N 20, **534** N 20 *et* **716** H 4 – *7 405 h.* 14 **B1**
Voir *Stalles★ du chœur de l'église-abbaye.*
Bruxelles 63 – Namur 10 – Charleroi 28 – Dinant 30 – Leuven 59 – Wavre 39.

Le Relais Gourmand, r. Émile Lessire 1 (N 90), 0 81 44 64 34, *lerelaisgourmand@tvcablenet.be, Fax 0 81 44 64 34*, – P . AE VISA.
fermé 2 dernières semaines janvier, deuxième semaine Pâques, dernière semaine août et lundis soirs, mardis soirs et mercredis non fériés – **Rest** *Lunch 22* – 33/60 bc, carte 36/53.
◆ Près du château des grottes, maison traditionnelle accueillante vous régalant dans sa véranda perchée au-dessus de la rivière ou sa salle aux tons vifs. Table très artisanale.
◆ Uitnodigend pand in traditionele stijl bij het kasteel met de grotten. Eetzaal in felle kleuren en serre hoog boven de rivier. Alles wat op tafel komt is zelfgemaakt.

à Floriffoux *Nord : 2,5 km* *Floreffe* – *5150 Floriffoux :*

Le Mas des Cigales, r. Moncia 9, 0 81 44 48 47, *contact@masdescigales.be*, – P . AE VISA.
fermé mercredi – **Rest** (déjeuner seult sauf vendredi et samedi) *Lunch 19* – 40/70 bc, carte 32/40, .
◆ Petite maison de campagne dont l'intérieur vous transporte en Provence. Table actuelle à l'accent méridional. L'été, terrasse au vert et recettes légères gorgées de soleil.
◆ In dit huisje op het platteland waant u zich in de Provence. Moderne kookstijl met een zuidelijke touch. 's Zomers terras in het groen en lichte gerechten vol "zonneschijn".

BELGIQUE

FLORENVILLE *6820 Luxembourg belge* **534** Q 24 *et* **716** I 6 – *5 449 h.* 12 **B3**

Env. *au Nord : 6,5 km et 10 mn à pied, Route de Neufchâteau ≤★ sur le défilé de la Semois – à l'Ouest : 5 km, Route de Bouillon ≤★ sur Chassepierre – au Sud-Est : 8,5 km, Abbaye d'Orval★★.*

Exc. *au Nord : 5 km, parcours de 8 km, descente en barque★ de Chiny à Lacuisine.*

Pavillon, pl. Albert Ier 0 61 31 12 29, siflorenville@skynet.be, Fax 0 61 31 32 12.

Bruxelles 183 – Arlon 39 – Bouillon 25 – Sedan 38.

à Izel *Est : 5 km* Ⓒ *Chiny 5 013 h. – ✉ 6810 Izel :*

Le Nid d'Izel, av. Germain Gilson 97, ✆ 0 61 32 10 24, *info@lenid.be, Fax 0 61 32 09 65,* – rest, P – . VISA.

fermé lundi soir, mardi, mercredi et jeudi sauf vacances scolaires et jours fériés – **Rest** 28/40, carte 38/47 – 10 – **25 ch** ★70/75 – ★★80/90 – ½ P 75/80.

◆ Ancienne auberge rénovée, agrandie et rééquipée dans un souci de bien-être et de confort. Grandes chambres fraîches et nettes, centre de relaxation et beau jardin. Repas classico-traditionnel servi dans plusieurs salles au décor actuel.

◆ Deze oude herberg werd gerenoveerd, uitgebreid en heringericht om het de gasten zo comfortabel mogelijk te maken. Grote, keurige kamers, relaxcentrum en mooie tuin. Verschillende eetzalen met een eigentijds interieur; traditioneel-klassieke maaltijden.

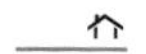

Le Bercail sans rest, r. Harmonie 1, ✆ 0 61 31 26 52, – P

3 ch ★85 – ★★85.

◆ Vieille ferme cumulant depuis près de 25 ans les fonctions de maison d'hôte et de galerie d'art. Deux chambres offrent beaucoup d'espace, et la 3e, l'agrément d'une cheminée.

◆ Deze oude boerderij is al bijna 25 jaar een maison d'hôte annex kunstgalerie. Twee grote kamers; de derde heeft een open haard.

à Lacuisine *Nord : 3 km* Ⓒ *Florenville – ✉ 6821 Lacuisine :*

La Roseraie, rte de Chiny 2, ✆ 0 61 31 10 39, *laroseraie.lc@skynet.be, Fax 0 61 31 49 58,* – ch, P. AE VISA. rest

fermé 2 au 31 janvier, 24 juin-4 juillet, mardi et mercredi – **Rest** 30/104 bc, carte 62/77, – **14 ch** ★91 – ★★104/170 – ½ P 85.

◆ Charmant établissement entouré de grands arbres et agrémenté d'un plaisant jardin bordé par la Semois. Chambres tout confort, pourvues de meubles de style. Restaurant présentant une appétissante carte classique actualisée et une belle sélection de vins.

◆ Charmant etablissement omgeven door grote bomen en opgevrolijkt met een gezellige tuin langs de Semois. Onlangs vernieuwde kamers met stijlmeubilair. Restaurant met een lekkere geactualiseerde klassieke kaart en een mooie selectie wijnen.

Wij streven ernaar de juiste prijzen aan te geven. Maar prijzen veranderen voortdurend. Aarzel niet en vraag bij uw reservering naar de prijzen die op dat moment gelden.

FLORIFFOUX *Namur* **533** N 20, **534** N 20 *et* **716** H 4 – *voir à Floreffe.*

FOREST (VORST) *Région de Bruxelles-Capitale* **533** K 18 – *voir à Bruxelles.* 5 **A2**

FOSSES-LA-VILLE *5070 Namur* **533** N 20, **534** N 20 *et* **716** H 4 – *9 311 h.* 14 **B1**

Env. *au Sud : 15 km à Furnaux : Fonts baptismaux★ dans l'église.*

Bruxelles 78 – Namur 19 – Charleroi 22 – Dinant 30.

XX **Le Castel** avec ch, r. Chapitre 10, ✆ 0 71 71 18 12, *lecastel@lecastel.be, Fax 0 71 71 23 96,* – P. AE VISA

fermé 1 semaine Noël, samedi midi, dimanche soir et lundi – **Rest** Lunch 27 – 45/80 bc, carte 40/62 – **9 ch** ★93/103 – ★★108/220 – ½ P 125/163.

◆ En ville, demeure altière où un chef-patron officie depuis 30 ans. Cuisine actuelle, déco classico-moderne, véranda et terrasses. Bonnes chambres. Jolie piscine au jardin.

◆ In dit statige pand in de stad kookt de eigenaar al 30 jaar zelf. Eigentijdse kaart, modern-klassiek interieur, serre en terrassen. Goede kamers en tuin met zwembad.

FOURON-LE-COMTE *Limburg – voir 's Gravenvoeren.*

FRAHAN *Luxembourg belge* **534** P 23 *et* **716** I 6 – *voir à Poupehan.*

FRAMERIES *Hainaut* **533** I 20, **534** I 20 *et* **716** E 4 – *voir à Mons.*

FRANCORCHAMPS *4970 Liège* [C] *Stavelot 6 671 h.* **533** U 20, **534** U 20 *et* **716** K 4. 9 **C2**
Bruxelles 146 – Liège 47 – Spa 9.

XXX **Hostellerie Le Roannay** avec ch, rte de Spa 155, ☎ 0 87 27 53 11, *info@roannay.com, Fax 0 87 27 55 47,* ☎, ☎, ☎, ☎, ☎ – ☎, ☎ rest, ☎ [P] ☎. AE ☎ ☎ VISA. ☎
fermé 3 semaines en janvier et 2 semaines en décembre – **Rest** *(fermé mardi) Lunch 48* – 72, carte 69/87, ☎ – **20 ch** ☎ ☎97/165 – ☎☎97/217 – ½ P 135/160.
◆ Hostellerie tenue par la même famille depuis sa fondation en 1926. Table classique cossue, belle cave et chambres se partageant l'unité principale et trois annexes voisines.
◆ Traditionele hostellerie die sinds 1926 door dezelfde familie wordt geleid. Klassieke keuken en mooie wijnkelder. De kamers liggen in het hoofdgebouw en in drie dependances.

FROYENNES *Hainaut* **533** F 19, **534** F 19 *et* **716** D 4 – *voir à Tournai.*

FURFOOZ *Namur* **533** O 21, **534** O 21 *et* **716** H 5 – *voir à Dinant.*

FURNES *West-Vlaanderen – voir Veurne.*

GAND *Oost-Vlaanderen – voir Gent.*

GANSHOREN *Région de Bruxelles-Capitale* **533** K 17 *et* **716** F 3 – *voir à Bruxelles.* 5 **A2**

GEEL *2440 Antwerpen* **533** O 15 *et* **716** H 2 – *35 189 h.* 2 **C2**
Voir *Mausolée★ dans l'église Ste-Dymphne (St-Dimfnakerk).*
☎ *Markt 1* ☎ *0 14 57 09 50, toerisme@geel.be, Fax 0 14 59 15 57.*
Bruxelles 66 – Antwerpen 43 – Hasselt 38 – Turnhout 18.

XX **De Cuylhoeve,** Hollandsebaan 7 (Sud : 3 km, lieu-dit Winkelomheide), ☎ 0 14 58 57 35, *cuylhoeve@innet.be, Fax 0 14 58 24 08,* ☎ – [P] ☎. AE ☎ VISA. ☎
fermé 1 semaine Pâques, juillet, Noël-nouvel an, mercredi, samedi midi et dimanche – **Rest** (prévenir) *Lunch 32* – 56/100 bc, carte 69/91.
◆ Dit boerderijtje aan de rand van het bos is in trek vanwege de gemoedelijke ontvangst, klassiek-traditionele eetzaal en tuin met terras. Eigentijdse kaart.
◆ Cette fermette postée à l'orée des bois plaît pour son accueil familial, sa salle classique-bourgeoise tirée à quatre épingles et sa terrasse d'été au jardin. Carte actuelle.

X **Het Keukenorkest,** Dokter Van de Perrestraat 33, ☎ 0 14 58 33 45, *info@keukenorkest.be, Fax 0 14 58 67 58,* ☎ – ☎. AE ☎ ☎ VISA. ☎
fermé 2 semaines en avril, 3 semaines en septembre, samedi midi, dimanche soir, lundi et mardi – **Rest** *Lunch 27* – 36/63 bc, carte 30/56.
◆ Aan de rand van de stad staat dit art-nouveaupand (1913) dat vanbinnen is gemoderniseerd. Overvloedig eten met een vrouwelijke touch, fraai opgemaakte borden en patio.
◆ À l'approche de la ville, maison Art nouveau (1913) relookée intérieurement dans l'esprit contemporain. Cuisine féminine généreuse, assiettes soignées, cour-terrasse arrière.

GELDENAKEN *Brabant Wallon – voir Jodoigne.*

GELLIK *Limburg* **533** S 17 *et* **716** J 3 – *voir à Lanaken.* 11 **C3**

GELLINGEN *Hainaut – voir Ghislenghien à Ath.*

GELUWE *8940 West-Vlaanderen* [C] *Wervik 17 607 h.* **533** D 18 *et* **716** C 3. 19 **C3**
Bruxelles 107 – Brugge 58 – Ieper 20 – Kortrijk 20 – Lille 27.

XX **Oud Stadhuis,** St-Denijsplaats 7, ☎ 0 56 51 66 49, *oudstadhuis@skynet.be, Fax 0 56 51 79 12* – ☎. AE ☎ ☎ VISA
fermé 2 au 4 janvier, 21 au 30 mars, 22 juillet-19 août, mardi soir, mercredi et dimanche soir – **Rest** *Lunch 32 bc* – 45/75 bc, carte 44/63, ☎.
◆ Het uithangbord herinnert aan de voormalige bestemming van dit pand tegenover de kerk. Modern-klassiek interieur en dito culinair register.
◆ L'enseigne, qui signifie Vieille Mairie, révèle la vocation initiale de cette maison ancienne tournée vers l'église. Intérieur classique-actuel ; prestation culinaire de même.

GEMBLOUX *5030 Namur* **533** N 19, **534** N 19 *et* **716** H 4 – *21 964 h.* 14 **B1**

Env. *au Sud : 4 km à Corroy-le-Château : château féodal★.*

au Sud : 8 km à Mazy, Ferme-château de Falnuée, r. Emile Pirson 55 ✆ 0 81 63 30 90, Fax 0 81 63 37 64.

r. Sigebert 1 ✆ 0 81 62 63 60, otgembloux@hotmail.com, Fax 0 81 62 69 64.

Bruxelles 44 – Namur 18 – Charleroi 26 – Tienen 34.

Les 3 Clés, chaussée de Namur 17 (N 4), ✆ 0 81 61 16 17, *hotel@3cles.be, Fax 0 81 61 41 13,* – rest, – . AE VISA

Rest *Lunch 18* – 30/55 bc, carte 41/51 – **45 ch** ★65/90 – ★★96/130.

◆ La même famille tient depuis 3 générations cet ensemble hôtelier rénové par étapes. Chambres majoritairement rafraîchies, dont la moitié de "single". Cuisine au goût du jour et assiettes "en trilogie" (garnies de 3 mets) servies dans un cadre actuel lumineux.

◆ Dezelfde familie runt al drie generaties lang dit hotel, dat in fasen wordt gerenoveerd. De meeste kamers zijn opgeknapt, de helft is eenpersoons. Eigentijdse keuken en 'trilogieborden' met drie gerechten, opgediend in een licht en modern interieur.

Piccoline et Romarin, r. Théo Toussaint 10, ✆ 0 81 61 46 58, *piccoline@skynet.be, Fax 0 81 61 46 58* – . VISA

fermé 1er janvier, 2 semaines Pâques, 2 semaines août, 24 et 31 décembre, dimanche et lundi – **Rest** 39, carte 39/48.

◆ Petite adresse d'esprit bistrot moderne nichée en centre-ville. Salle aux couleurs du Sud, chaloupe transformée en bar et choix actuel parsemé de références à la Provence.

◆ Adresje met moderne bistroambiance, in het centrum. Eetzaal in zuidelijke kleuren, bar in de vorm van een sloep. De eigentijdse kaart staat vol verwijzingen naar de Provence.

GENK *3600 Limburg* **533** S 17 *et* **716** J 3 – *63 787 h.* 11 **C2**

Voir à l'Ouest : 5 km, Domaine provincial de Bokrijk★ : Musée de plein air★★ (Openluchtmuseum), Domaine récréatif★ : arboretum★.

Wiemesmeerstraat 109 ✆ 0 89 35 96 16, Fax 0 89 36 41 84.

Gemeentehuis, Dieplaan 2 ✆ 0 89 65 44 49, toerisme@genk.be, Fax 0 89 65 34 82.

Bruxelles 97 ⑤ – Hasselt 21 ④ – Maastricht 24 ③.

Plan page ci-contre

Résidence Stiemerheide , Wiemesmeerstraat 105 (Spiegelven), ✆ 0 89 35 58 28, *info@stiemerheide.be, Fax 0 89 35 58 03,* – – . AE VISA. rest Z d

Rest voir rest ***De Kristalijn*** ci-après – 15 – **66 ch** ★83/110 – ★★104/135 – 4 suites – ½ P 109.

◆ Dit hotel in cottagestijl uit de jaren 1980 ligt naast een golfbaan, niet ver van de snelweg. Prettige kamers en goede vergaderfaciliteiten.

◆ Pas loin de l'autoroute, à côté d'un golf, bâtisse hôtelière de style "cottage" construite dans les années 1980. Chambres avenantes et bonne infrastructure pour séminaires.

NH Molenvijver, Albert Remansstraat 1, ✆ 0 89 36 41 50, *nhgenk@nh-hotels.com, Fax 0 89 36 41 51,* – , rest, – . AE VISA. rest X e

Rest *(fermé samedi midi et dimanche soir) Lunch 30* – carte env. 45 – 15 – **82 ch** ★60/76 – ★★60/76 – 1 suite – ½ P 99/115.

◆ Dit ketenhotel ligt tussen het winkelcentrum en de Molenvijver, een mooi park met een grote vijver. De gerenoveerde kamers verdienen de voorkeur. Restaurant met zomerterras.

◆ Hôtel de chaîne œuvrant entre le Molenvijver (vaste parc public agrémenté d'un grand étang) et un centre commercial. Des deux générations de chambres, préférez les rénovées. Restaurant agrémenté d'une terrasse d'été.

Atlantis , Fletersdel 1, ✆ 0 89 35 65 51, *info@hotelatlantis.be, Fax 0 89 35 35 29,* – – . AE VISA. Z a

Rest *(fermé samedi midi) Lunch 16* – 30/39 – 15 – **26 ch** ★40/130 – ★★50/180 – ½ P 85/210.

◆ Hotel in een rustige wijk buiten het centrum, met een nieuw "zen" interieur. De kamers hebben verschillende afmetingen en zijn allemaal gelijkvloers. Modern restaurant met Noord-Afrikaanse specialiteiten, waaronder lekkere tajines.

◆ Nouvel intérieur au design "zen" pour cet hôtel implanté dans un quartier calme, à distance respectable du centre. Divers formats de chambres, toutes de plain-pied. Restaurant au cadre moderne. Carte actuelle à séquence maghrébine : bel assortiment de tajines.

Ecu sans rest, Europalaan 46, ✆ 0 89 36 42 44, *mail@hotelecu.com, Fax 0 89 36 42 50,* – – . AE VISA X r

51 ch ★70/120 – ★★120/180.

◆ Dit moderne gebouw staat aan de doorgaande weg van Genk, vlak bij het station. Er zijn drie categorieën kamers, waaronder vijftien junior suites.

◆ Immeuble moderne proche de la gare, dominant l'artère principale de Genk. Communs de style contemporain et trois catégories chambres, dont une quinzaine de junior suites.

GENK

Straat	Plan	Nr
André Dumontlaan	Y	3
Bergbeemdstr.	Y	4
Berglaan	X	6
Camerlo	Z	7
Eerste cyclistenlaan	X	8
Eindgracht	X	9
Emiel van Dorenlaan	Y	10
Europalaan	YZ	12
Evence Coppéelaan	Y	13
Fletersdel	Z	15
Fruitmarkt	X	16
Genkerweg (ZUTENDAAL)	Z	18
Gildelaan	Z	19
Guill. Lambertlaan	Y	21
Hasseltweg	Z	22
Hoevenzavellaan	Y	24
Hoogstr.	Z	25
Jaarbeurslaan	X	28
Kempenseweg (ZUTENDAAL)	Z	30
Klokstr.	X	31
Koerweg	Y	33
Kolderbosstr.	Z	34
Langerloweg	Z	36
Maaseikerbaan	Y	37
Markstr.	X	39
Marktpl.	X	40
Mispadstr.	Y	42
Molenblookstr. (ZUTENDAAL)	Z	43
Mosselerlaan	Y	45
Nieuwstr.	Z	46
Noordlaan	Y	48
Onderwijslaan	Y	49
Pastoor Raeymaekersstr.	X	51
Rozenkranslaan	Z	52
Schietboomstr.	X	54
Sint-Martinuspl.	X	55
Sledderloweg	Z	57
Stalenstr.	Y	58
Stoffelbergstr.	X	60
Swinnenweyerweg	Z	61
Terboekt	Z	63
Vennestr.	YZ	64
Westerring	YZ	66
Wiemesmeerstr.	YZ	67
Winterslagstr.	X, Y	69
Zuiderring	Z	70

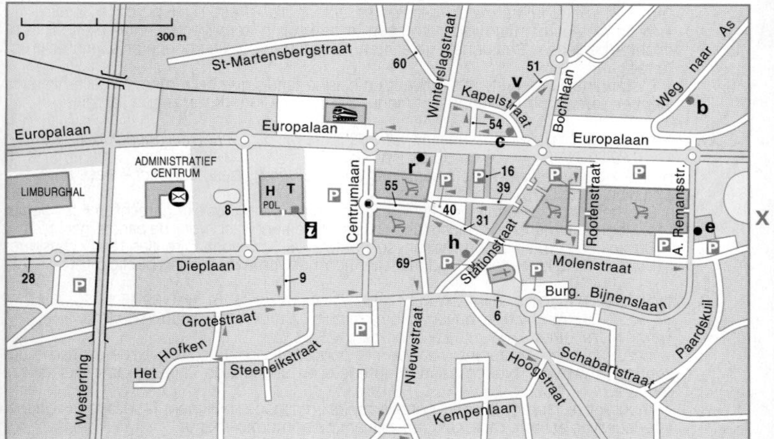

Europa, Sledderloweg 85, ✆ 0 89 35 42 74, *info@europa-horecaservice.be, Fax 0 89 35 75 79* – [P] – 🏋. AE MC VISA. ✂ Z b

Rest *(fermé dimanche)* carte 32/50 – **19 ch** ☕ ✝45/60 – ✝✝80.

◆ Dit opvallende gebouw in jaren '70 stijl met een gevel in rood, geel en blauw staat aan de rand van Genk. De functionele kamers zijn soms een tikkeltje ouderwets.

◆ À l'approche de Genk, bâtisse aux réminiscences "seventies" arborant une façade dans les tons rouge, jaune et bleu. Chambres fonctionnelles quelquefois un peu surannées.

XXX **Da Vinci,** Pastoor Raeymaekersstraat 3, ✆ 0 89 30 60 59, *info@restaurantdavinci.be, Fax 0 89 30 60 56* – ▤ P ⇔. AE ⓓ ⓜ VISA. ✂ X v
fermé carnaval, 21 juillet-4 août, samedi midi, dimanche et lundi – **Rest** 45/77 bc, carte 49/69.
• Zorgvuldig gemoderniseerd restaurant dat in 2005 20 jaar bestond. Vanwege het gebruik van dagverse producten is de keus beperkt tot een menu van het seizoen en een kreeftmenu.
• Table modernisée avec soin pour passer le cap des 20 ans de présence (en 2005). Par souci de fraîcheur, offre culinaire réduite à un menu de saison et à un menu homard.

XX **De Kristalijn** - H. Résidence Stiemersheide, Wiemesmeerstraat 105, ✆ 0 89 35 58 28, *info@stiemerheide.be, Fax 0 89 35 58 03*, ≤, 斎 – P ⇔. AE ⓓ ⓜ VISA. ✂ Z d
Rest *Lunch 29* – 33/102 bc, carte 56/79, ♀.
• De eigentijdse gerechten worden geserveerd in een ruime, weelderig ingerichte eetzaal in neoklassieke stijl, of op het grote terras dat op de golfbaan uitkijkt.
• Préparations au goût du jour à apprécier dans une salle à manger ample et cossue, de style néoclassique, ou sur la grande terrasse tournée vers le golf.

XX **En Chanté,** Weg naar As 28, ✆ 0 89 30 86 40, *elvire.enchante@skynet.be*, 斎 – P. AE ⓓ ⓜ VISA X b
fermé 1er au 8 janvier, 8 au 29 septembre, lundi et samedi midi – **Rest** *Lunch 25* – 33/45, carte 34/70.
• In deze kleine villa uit de jaren 1930, in de heuvels van Genk, wacht u een verzorgd onthaal. Knusse eetzaal met veranda en terras. Klassieke kaart en twee eigentijdse menu's.
• Sur les hauteurs de Genk, petite villa des années 1930 vous réservant un accueil soigné. Salle "cosy", véranda et terrasse verte. Choix classique et duo de menus actualisés.

XX **Mélange,** Hooiweg 51, ✆ 0 89 36 72 02, 斎 – P ⇔. AE ⓓ ⓜ VISA. ✂ Z f
fermé dernière semaine juillet-première semaine août et mercredi et samedi midis non fériés – **Rest** *Lunch 30* – 33/85 bc, carte 48/59, ♀.
• Restaurant met een neorustiek interieur in een rustige woonwijk buiten het centrum. Vrouwelijke chef-kok, zeer populair verrassingsmenu en prettig terras aan de achterkant.
• Restaurant au joli cadre "néo-campagnard" établi dans un quartier résidentiel excentré. Prestation féminine en cuisine, menu-surprise très demandé, terrasse arrière invitante.

BELGIQUE

XX ⊛ **'t Konijntje,** Vennestraat 74 (Winterslag), ✆ 0 89 35 26 45, *t.konijntje@pandora.be, Fax 0 89 30 53 18*, 斎 – P ⇔. AE ⓓ ⓜ VISA. ✂ Y c
fermé 24 juin-15 juillet, mardi, mercredi et samedi midi – **Rest** 17/46 bc, carte 22/38.
• In dit restaurant staan vader en zoon in de keuken, terwijl schoonmama en schoondochter bedienen. Traditionele gerechten en menu's voor een goede prijs. Achter groot terras.
• Restaurant où père et fils s'activent en cuisine tandis que belle-mère et belle-fille évoluent en salle. Choix traditionnel et menus à bon prix. Grandes terrasses à l'arrière.

XX **Sint-Maarten,** Stationsstraat 13, ✆ 0 89 35 26 57, *paul.vanormelingen@proximedia.be, Fax 0 89 30 31 87*, 斎 – P ⇔. AE ⓜ VISA. ✂ X h
fermé 2 semaines en mars, 2 semaines en août, lundi et samedi midi – **Rest** *Lunch 28* – 37/65 bc, carte 56/67.
• Oud herenhuis tegenover de kerk, waar u van modern-klassieke gerechten kunt genieten. Mooi all-in menu op zondag. Gasten krijgen een uitrijkaart voor de parkeergarage.
• Devant l'église, ancienne maison de notable où l'on vient faire des repas classiques actualisés. Beau lunch "all-in" le dimanche. Ticket de sortie du parking public offert.

XX ⊛ **Double Dragons,** Hasseltweg 214 (Ouest : 2 km sur N 75), ✆ 0 89 35 96 90, *Fax 0 89 36 44 28*, Cuisine chinoise, ouvert jusqu'à minuit – ▤ P ⇔. AE ⓓ ⓜ VISA. ✂
fermé mardi – **Rest** *Lunch 15* – 22/74 bc, carte 23/83, ♀.
• Indrukwekkend restaurant, waarvan het portaal met pagodedak naar de exotische bestemming verwijst. Typisch Aziatisch interieur en uitgebreide Chinese kaart met talloze menu's.
• Imposant restaurant dont les portails à toits en pagode soulignent la vocation exotique. Intérieur typé et vaste carte chinoise incluant de nombreux menus.

X **La Botte,** Europalaan 99, ✆ 0 89 36 25 45, *info@labotte.be, Fax 0 89 36 25 45*, 斎, Cuisine italienne – ▤. AE ⓓ ⓜ VISA X c
fermé fin juillet-début août, fin décembre-début janvier, mardi et mercredi – **Rest** *Lunch 38 bc* – 41, carte 32/48, ♀.
• Italiaans restaurant aan de hoofdweg door Genk. Lichte eetzaal, tafeltjes dicht op elkaar en menukaart met foto's van het familiedomein van de eigenaar in de laars van Italië.
• Restaurant italien situé au bord de l'axe principal traversant Genk. Salle lumineuse, tables serrées et carte ornée de photos du domaine familial du patron dans la "Botte".

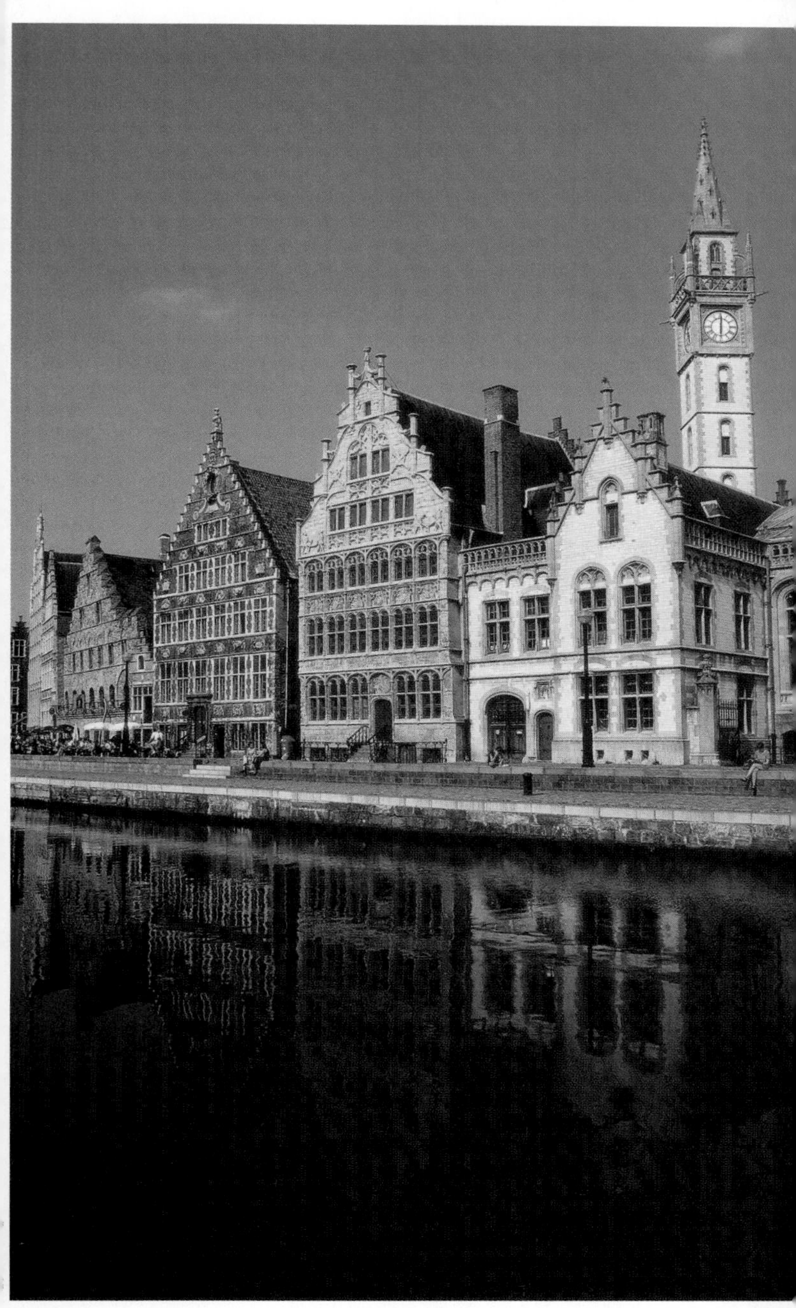

Graslei

GENT – GAND

9000 🅿 *Oost-Vlaanderen* **533** H 16 *et* **716** E 2 – *233 120 h.* 16 **B2**

Bruxelles 55 ③ – Antwerpen 60 ② – Lille 71 ⑤.

BELGIQUE

RENSEIGNEMENTS PRATIQUES

Raadskelder Belfort, Botermarkt 17 a ℘ 0 9 266 56 60, toerisme@gent.be, Fax 0 9 266 56 73 – Fédération provinciale de tourisme, Sint-Niklaasstraat 2 ℘ 0 9 269 26 00, toerisme@oost-vlaanderen.be, Fax 0 9 269 26 09.

18 au Sud-Ouest : 9 km à Sint-Martens-Latem, Latemstraat 120 ℘ 0 9 282 54 11, latem@golf.be, Fax 0 9 282 90 19.

CURIOSITÉS

Voir *Vieille ville★★★ (Oude Stad) – Cathédrale St-Bavon★★ (St-Baafskathedraal)* FZ *: Polyptyque★★★ de l'Adoration de l'Agneau mystique par Van Eyck (Veelluik de Aanbidding van Het Lam Gods), Crypte★ : triptyque du Calvaire★ par Juste de Gand (Calvarietriptiek van Justus van Gent)* FZ *– Beffroi et Halle aux Draps★★★ (Belfort en Lakenhalle)* FY *– Pont St-Michel (St-Michielsbrug) ⩽ ★★★* EY *– Quai aux Herbes★★★ (Graslei)* EY *– Château des Comtes de Flandre★★ (Gravensteen) : ⩽ ★ du sommet du donjon* EY *– St-Niklaaskerk★* EY *– Petit béguinage★ (Klein Begijnhof)* DX *– Réfectoire★ des ruines de l'abbaye St-Bavon (Ruïnes van de St-Baafsabdij)* DV **M5** *– Hôtel de ville★ (Stadhuis)* FY **H**.

Musées : *du Folklore★ (Huis van Alijn) : cour★ intérieure de l'hospice des Enfants Alyn (Alijnsgodshuis)* EY **M1** *– des Beaux-Arts★★ (Museum voor Schone Kunsten)* CX **M2** *– de la Byloke★★ (Oudheidkundig Museum van de Bijloke)* CX **M3** *– Designmuseum★* EY **M4** *– d'Art contemporain★★ (S.M.A.K.) (Stedelijk Museum voor Actuele Kunst)* CX *– d'Archéologie Industrielle et du Textile★ (MIAT) (Museum voor Industriële Archeologie en Textiel)* DV **X**.

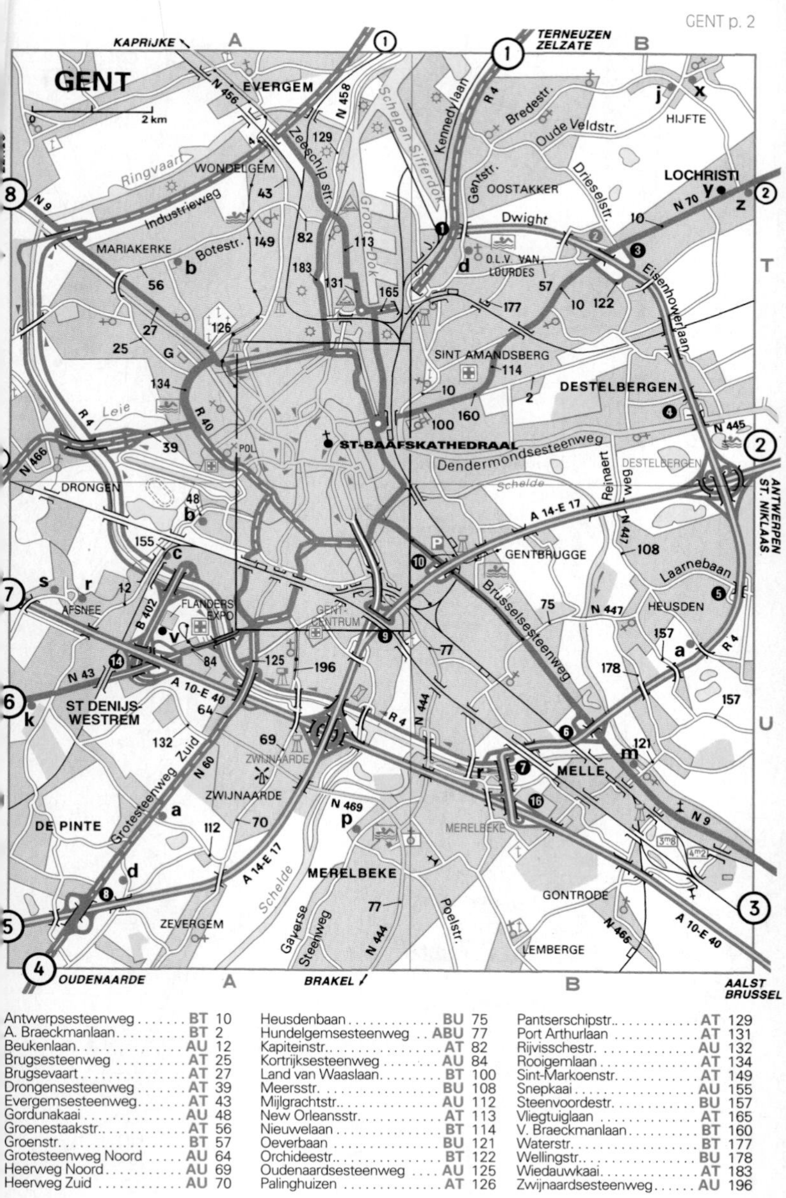
GENT
KAPRIJKE
TERNEUZEN
ZELZATE
EVERGEM
WONDELGEM
MARIAKERKE
OOSTAKKER
LOCHRISTI
HIJFTE
SINT AMANDSBERG
DESTELBERGEN
ST-BAAFSKATHEDRAAL
Dendermondsesteenweg
DRONGEN
GENTBRUGGE
AFSNEE
FLANDERS EXPO
GENT-CENTRUM
HEUSDEN
ST DENIJS-WESTREM
ZWIJNAARDE
MELLE
DE PINTE
MERELBEKE
GONTRODE
ZEVERGEM
LEMBERGE
OUDENAARDE
BRAKEL
AALST
BRUSSEL
ANTWERPEN
ST. NIKLAAS
Brusselsesteenweg
Eisenhowerlaan
Kennedylaan
Industrieweg
Ringvaart
Leie
Schelde
Laarnebaan
Grotesteenweg Zuid
Gaverse Steenweg
Poelstr.
Zeeschip str.
Groot Dok
Schepen Sifferdok
Dwight
O.L.V. VAN LOURDES
Bredestr.
Oude Veldstr.
Driesselstr.
Botestr.
Reinaert weg
A 14-E 17
A 10-E 40
N 9
N 70
N 445
N 447
N 444
N 469
N 43
N 60
N 456
N 458
N 466
N 465
B 402
R 4
R 40
2 km

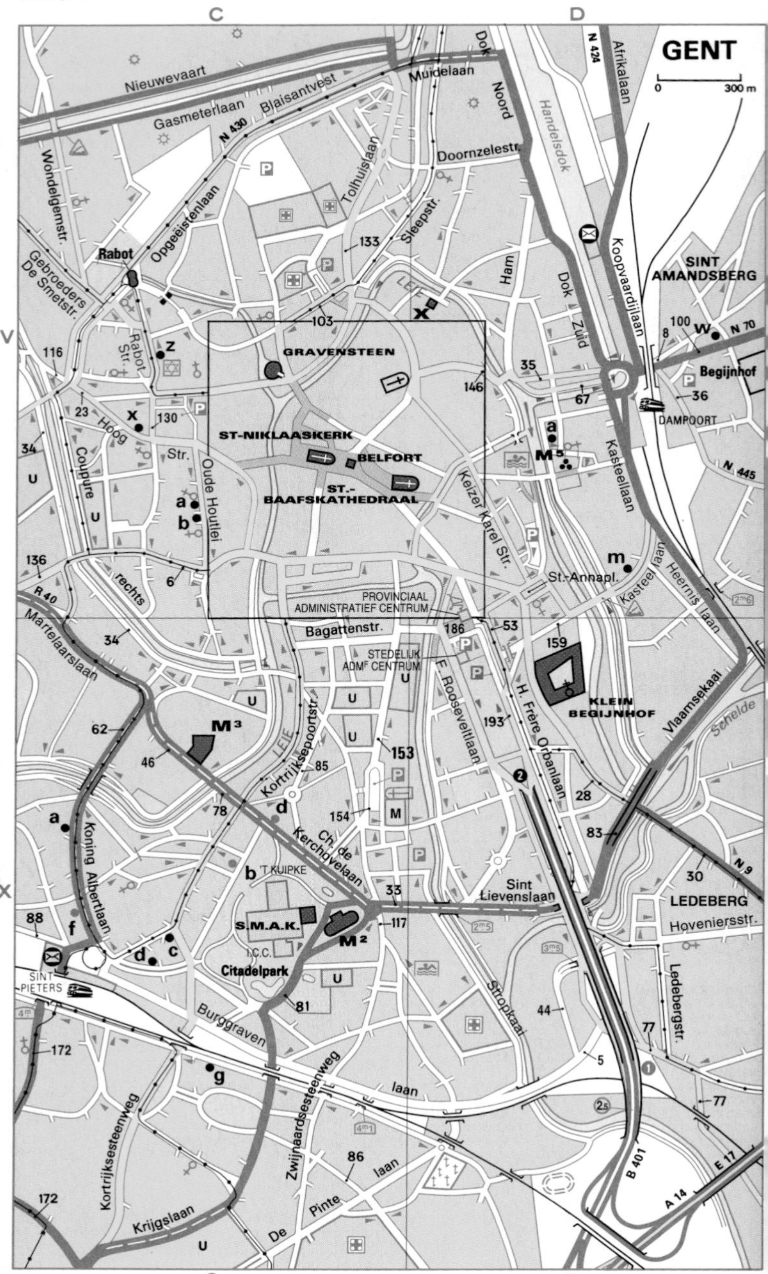

GENT
0
300 m
Nieuwevaart
Gasmeterlaan
Blaisantvest
Muidelaan
Dok
Noord
Handelsdok
Afrikalaan
Doornzelestr.
Wondelgemstr.
Opgeëistenlaan
Tolhuislaan
Sleepstr.
Rabot
Gebroeders De Smetstr.
Ham
Dok Zuid
Koopvaardijlaan
SINT AMANDSBERG
Begijnhof
DAMPOORT
GRAVENSTEEN
ST-NIKLAASKERK
BELFORT
ST.-BAAFSKATHEDRAAL
Hoog Str.
Coupure
Oude Houtlei
Rabot Str.
Keizer Karel Str.
Kasteellaan
St.-Annapl.
Heernislaan
PROVINCIAAL ADMINISTRATIEF CENTRUM
STEDELIJK ADMf CENTRUM
Bagattenstr.
rechts
Martelaarslaan
F. Rooseveltlaan
H. Frère Orbanlaan
KLEIN BEGIJNHOF
Vlaamsekaai
Schelde
Kortrijksepoortstr.
Ch. de Kerchovelaan
Koning Albertlaan
'T KUIPKE
S.M.A.K.
I.C.C.
Citadelpark
Sint Lievenslaan
LEDEBERG
Hovenierstr.
Ledebergstr.
Stropkaai
SINT PIETERS
Burggravenlaan
Kortrijksesteenweg
Zwijnaardsesteenweg
Krijgslaan
De Pintelaan

GENT

Street	Grid	No.
Annonciadenstr.	CV	6
Antwerpenpl.	DV	8
A. Heyndrickxlaan	DX	5
Biezekapelstr.	FY	17
Botermarkt	FY	19
Brugsepoortstr.	CV	23
Brusselsepoortstr.	DX	28
Brusselsesteenweg	DX	30
Cataloniëstr.	EY	32
Citadellaan	CDX	33
Coupure links	CVX	34
Dampoortstr.	DV	35
Dendermondsesteenweg	DV	36
Emile Braunpl.	EFY	41
Gaston Crommenlaan	DX	44
Gebr. Vandeveldestr.	EZ	45
Godshuizenlaan	CX	46
Gouvernementstr.	FZ	51
Graaf van Vlaanderenpl.	DX	53
Grasbrug	EY	54
Groot Brittanniëlaan	CX	62
Hagelandkaai	DV	67
Hoofdbrug	EY	76
Hundelgemse steenweg	DX	77
IJzerlaan	CX	78
Joz. Wauterstr.	CX	81
Keizervest	DX	83
Koekoeklaan	CX	86
Koningin Fabiolalaan	CX	88
Korenmarkt	EY	89
Kortemunt	EY	92
K. van Hulthemstr.	CX	85
Land van Waaslaan	DV	100
Langemunt	EY	
Lange Steenstr.	CV	103
Limburgstr.	FZ	104
Noordstr.	CV	116
Normaalschoolstr.	CX	117
Peperstr.	CV	130
Rodelijvekensstr.	CV	133
Rozemarijnstr.	CV	136
Schouwburgstr.	EZ	137
Sint-Baafspl.	FYZ	140
Sint-Joriskaai	DV	146
Sint-Michielspl. en-str.	EY	151
Sint-Pietersnieuwstr.	CX	153
Sint-Pieterspl.	CX	154
Tweebruggenstr.	DVX	159
Veldstr.	EZ	
Vleeshuisbrug	EY	163
Vogelmarkt	FZ	167
Voskenslaan	CX	172
Woodrow Wilsonpl.	DX	186
Zuidparklaan	DX	193

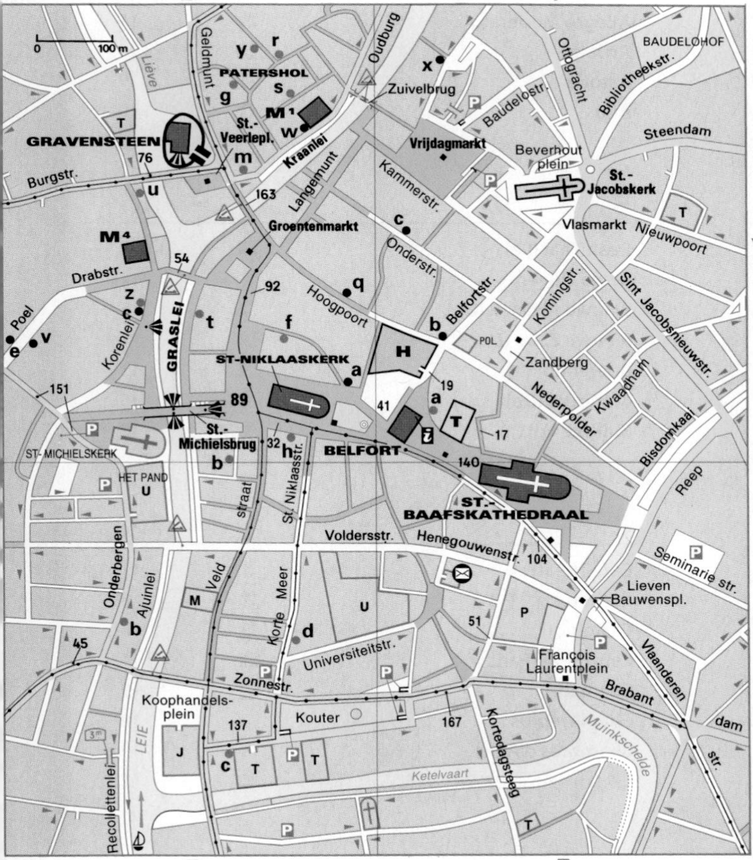

LISTE ALPHABÉTIQUE DES HÔTELS ET RESTAURANTS
ALFABETISCHE LIJST VAN HOTELS EN RESTAURANTS
ALPHABETISCHES HOTEL- UND RESTAURANTVERZEICHNIS
ALPHABETICAL LIST OF HOTELS AND RESTAURANTS

R – S

T

V – W

Quartiers du centre - *plans p. 3 et 4 sauf indication spéciale :*

Marriott, Korenlei 10, ☎ 0 9 233 93 93, *info@marriottghent.be, Fax 0 9 233 93 94,* – – AE VISA. EY c
Rest *(fermé dimanche soir)* (ouvert jusqu'à 23 h) carte 35/56, – 20 – **147 ch** 249 – 249 – 3 suites.
◆ Dit moderne complex (ingang aan de Drabstraat) bestaat uit een designhal van glas aan de voorkant en mooie oude gebouwen achter, aan de zijde van de Korenlei. Restaurant in 16e-eeuwse koopmanshuizen aan de kade. Trendy bar in de kelder.
◆ Une grande verrière design abrite le hall de ce complexe moderne (accès par Drabstraat), tandis que de beaux bâtiments anciens ferment l'arrière, côté Korenlei. Resto aménagé dans les maisons de marchands (16e s.) donnant sur le quai. Bar "hype" au sous-sol.

Sofitel Belfort, Hoogpoort 63, ☎ 0 9 233 33 31, *H1673@accor.com, Fax 0 9 223 11 02,* – – AE VISA FY b
Rest *Lunch 15* – 35, carte 31/61 – 20 – **173 ch** 115/425 – 115/425 – 1 suite – ½ P 95/268.
◆ Centrale ligging, handige parkeergarage en complete voorzieningen voor congressen, banketten (gewelfde kelderverdieping) en zakenlui. Nieuw designdecor in zo'n 50 kamers. Comfortabele brasserie met een internationale kaart. Aantrekkelijke stadsbar.
◆ Emplacement central, parking commode et équipements complets pour séminaires, banquets (caves voûtées) et affaires. Nouveau décor design dans une cinquantaine de chambres. Brasserie confortable présentant une carte internationale. Attrayant bar de ville.

Novotel Centrum, Gouden Leeuwplein 5, ☎ 0 9 224 22 30, *Fax 0 9 224 32 95,* – rest, – AE VISA EY a
Rest *Lunch 14* – 30, carte 34/48, – 16 – **113 ch** 78/185 – 78/185 – 4 suites.
◆ In dit ketenhotel in het centrum liggen de vleugels rondom een weelderige patio met zwembad. Lobby met glazen dak en eigentijdse kamers met goede geluidsisolatie. Modern restaurant met internationale kaart. Banqueting in de mooie 14e-eeuwse overwelfde kelder.
◆ Cet hôtel de chaîne du centre touristique comprend plusieurs ailes encadrant un patio verdoyant doté d'une piscine. Lobby sous verrière ; chambres actuelles bien insonorisées. Table internationale au cadre moderne. Banquets dans la jolie cave voûtée (14e s.).

BELGIQUE

NH sans rest, Koning Albertlaan 121, ☎ 0 9 222 60 65, *nhgent@nh-hotels.com, Fax 0 9 220 16 05* – – AE VISA CX a
17 – **47 ch** 79/140 – 79/140 – 2 suites.
◆ Dit hotel buiten het centrum maar bij het station valt op door zijn neoclassicistische gevel. De kamers zijn heel comfortabel en liggen op drie verdiepingen. Gezellige lounge.
◆ Une façade néoclassique distingue cet établissement proche de la gare mais un peu éloigné du centre. Chambres où l'on a ses aises, réparties sur trois étages. Lounge douillet.

Carlton sans rest, Koningin Astridlaan 138, ☎ 0 9 222 88 36, *info@carlton-gent.be, Fax 0 9 220 49 92* – . AE VISA CX d
20 ch 99/152 – 122/152.
◆ Hotel uit de jaren 1970 bij het Sint-Pietersstation. Eigentijdse kamers van goed formaat, kleine badkamers met mozaïektegels en ontbijtruimte zonder daglicht.
◆ Construction des années 1970 voisinant avec la gare Sint Pieters. Chambres actuelles de bon calibre, petites salles d'eau carrelées en mosaïque, espace breakfast aveugle.

Ghent-River-Hotel sans rest, Waaistraat 5, ☎ 0 9 266 10 10, *info@ghent-river-hotel.be, Fax 0 9 266 10 15,* – – AE VISA. FY x
18 – **76 ch** 125/190 – 145/205 – 1 suite.
◆ Origineel hotel in een voormalige spinnerij aan de Leie. In de kamers zijn soms de oorspronkelijke materialen hergebruikt. Moderne ontbijtzaal in de stijl van een loft.
◆ Hébergement original tirant parti d'une ancienne filature en bord de Lys. Chambres réutilisant parfois des matériaux d'origine et salle de breakfast moderne façon "loft".

Castelnou, Kasteellaan 51, ☎ 0 9 235 04 11, *info@castelnou.be, Fax 0 9 235 04 04,* – rest, – AE VISA DV m
Rest (taverne-rest) *Lunch 10* – 20/39 bc, carte 15/39 – **40 ch** 68/92 – 82/106 – ½ P 51/63.
◆ Flatgebouw uit 1990 met praktische en goed onderhouden appartementen. Hoe langer uw verblijf, hoe goedkoper u uit bent. Populair café-restaurant (open van 7 tot 22 uur) met voor elk wat wils: van snack tot eenvoudige traditionele schotels.
◆ Immeuble des années 1990 où vous logerez dans des appartements pratiques et bien tenus. Tarif dégressif en fonction de la durée du séjour. Taverne populaire ouverte de 7 à 22h. Plats variés pour toutes les faims : en-cas et recettes traditionnelles simples.

De Flandre sans rest, Poel 1, ✆ 0 9 266 06 00, *info@hoteldeflandre.be, Fax 0 9 266 06 09* – |♦| ⇔ ▣ ♿ 🚗. AE ⓂⒸ VISA. ✂ EY v
☕ 18 – **46 ch** ★145/160 – ★★160/175 – 1 suite.
• Herenhuis (1804) met mooie kamers in een mix van klassiek en eigentijds, waarvan 17 gelijkvloers aan de binnenplaats liggen. Aangename ontbijtzaal.
• Hôtel de maître (1804) vous logeant dans de jolies chambres mariant les genres classique et contemporain. 17 ouvrent de plain-pied sur la cour. Agréable salle de breakfast.

Chamade sans rest, Koningin Elisabethlaan 3, ✆ 0 9 220 15 15, *info@chamade.be, Fax 0 9 221 97 66* – |♦| ⇔ 🚗. AE ⓓ ⓂⒸ VISA CX c
fermé 21 décembre-2 janvier – **45 ch** ☕ ★81/119 – ★★114/135.
• Adres om te onthouden voor wie een functionele hotelkamer zoekt in de buurt van het station en het S.M.A.K. Op de bovenste verdieping zijn koffie en croissants te verkrijgen.
• Adresse à retenir pour celles et ceux qui recherchent des chambres fonctionnelles à proximité de la gare ou du S.M.A.K. Le café et les croissants se prennent au dernier étage.

Astoria sans rest, Achilles Musschestraat 39, ✆ 0 9 222 84 13, *info@astoria.be, Fax 0 9 220 47 87*, 🌳 – |♦| ⇔ 🚗 P. AE ⓓ ⓂⒸ VISA CX g
18 ch ☕ ★69/99 – ★★79/129.
• Perfect onderhouden hotel in de buurt van het station. De kamers zijn in 2004 opgeknapt. Tuintje en fraaie ontbijtzaal met serre.
• Pas loin de la gare, hôtel d'une tenue irréprochable abritant de bonnes chambres refaites à neuf en 2004. Jardinet et jolie salle de breakfast complétée d'une véranda.

Erasmus sans rest, Poel 25, ✆ 0 9 224 21 95, *hotel.erasmus@proximedia.be, Fax 0 9 233 42 41*, 🌳 – ⇔. AE ⓂⒸ VISA. ✂ EY e
fermé 24 décembre-10 janvier – **12 ch** ☕ ★60/90 – ★★80/150.
• Hotel in een schitterend 16e-eeuws pand, dicht bij het Museum voor Sierkunst en Vormgeving. De kamers zijn met stijlmeubelen ingericht.
• Ravissante maison du 16e s. où vous serez hébergés dans des chambres garnies de meubles de style. Le Musée des Arts décoratifs et du Design n'est qu'à quelques enjambées.

Poortackere Monasterium sans rest, Oude Houtlei 56, ✆ 0 9 269 22 10, *info@monasterium.be, Fax 0 9 269 22 30*, 🌳 – ⇔ P – 🏛. AE ⓓ ⓂⒸ VISA. ✂ CV a
☕ 13 – **36 ch** ★46/140 – ★★110/185.
• Origineel hotel in een oud klooster. De kamers liggen rondom een binnenplaats en sommige zijn voorzien van een kitchenette. De kerk is tot banquetingzaal verbouwd.
• Hôtel original aménagé dans un ancien couvent. Chambres quelquefois munies d'une kitchenette, distribuées autour d'une cour intérieure. Église convertie en salle de banquets.

Verhaegen sans rest, Oude Houtlei 110, ✆ 0 9 265 07 65, *info@hotelverhaegen.com, Fax 0 9 221 69 69*, 🌳 – ⇔. AE ⓓ ⓂⒸ VISA. ✂ CV b
fermé 25 juillet-3 août et 24 décembre-5 janvier – ☕ 15 – **4 ch** ★195 – ★★195/245.
• Mooi 18e-eeuws herenhuis met een Franse tuin op de binnenplaats. Salons met stijlmeubelen en modern-klassieke kamers voor een romantisch en luxe verblijf.
• Hébergement romantique et cossu dans un bel hôtel particulier (18e s.) agrémenté d'une cour-jardin à la française. Salons d'époque et chambres classico-contemporaines.

The Boatel sans rest, Voorhoutkaai 44, ✆ 0 9 267 10 30, *info@theboatel.com, Fax 0 9 267 10 39*, ≤, ⚓ – ⇔ P. AE ⓂⒸ VISA DV a
fermé fin décembre-début janvier – **7 ch** ☕ ★79/94 – ★★110/135.
• Wie op een originele manier wil overnachten, kan terecht in deze aak met mooie hutten die in eigentijdse stijl zijn ingericht en een persoonlijk karakter hebben.
• Alternative aux hébergements classiques, cette péniche amarrée met à votre disposition de jolies cabines personnalisées dans l'esprit actuel. Dépaysante ambiance plaisancière.

Limited.co, Hoogstraat 58, ✆ 0 9 225 14 95, *info@limited-co.be*, 🍽 – ⇔. AE ⓂⒸ VISA CV x
Rest *(fermé dimanche)* carte env. 35 – **5 ch** ☕ ★50/80 – ★★65/95.
• Piepklein hotel, waarvan de kamers een verbazingwekkende minimalistische "look" hebben: fluorescerende groene kleuren en een gepolijste betonnen vloer. Eigentijdse keuken in een eetzaal in de stijl van een design-lokaal of op het terras op de binnenplaats.
• Tout petit hôtel dont les chambres ont adopté un "look" minimaliste décoiffant : tons verts fluorescents et sol en béton lissé. Cuisine actuelle proposée dans une salle au décor d'esprit "cantine design" ou sur la terrasse de la cour.

Chambreplus sans rest, Hoogpoort 31, 0 9 225 37 75, *chambreplus@telenet.be, Fax 0 9 225 37 75* – . EY **q**
3 ch 60/95 – 80/155.
• Dit huis met gastenkamers ligt verscholen achter een winkel in een voetgangersstraat in het centrum. Leuke kamers met thema. In de tuin duplex met jacuzzi, terras en moderne waterpartij.
• Maison d'hôte cachée dans une rue piétonne centrale, à l'arrière d'une boutique. Charmantes chambres à thèmes. Au jardin, duplex avec jacuzzi, terrasse et pièce d'eau moderne.

Chambres d'Amis sans rest, Schoolstraat 14, 0 9 238 43 47, *chambres@telenet.be* – . DV **w**
3 ch 45/60 – 75/85.
• Dit herenhuis met ommuurde tuin aan de rand van de stad is nu een Bed & Breakfast. De knusse kamers hebben elk een eigen thema (de opera, het belfort van Gent en de Leie).
• En périphérie, maison de maître transformée en "bed and breakfast" aux douillettes chambres à thèmes (l'opéra, le beffroi de Gand, la Lys). Jardin bichonné clos de murs.

Verzameld Werk sans rest, Onderstraat 23a, 0 9 224 27 12, *verzameldwerk@telenet.be* – . VISA. FY **c**
3 ch 85/115 – 95/130.
• Kamers, designappartement met split-level (met kitchenette en voor het ontbijt gevulde ijskast), atelier en kunstgalerie: een leuk concept voor liefhebbers van hedendaagse kunst.
• Chambres et duplex au design dépouillé (avec kitchenette et frigo garni pour le petit-déj'), atelier d'art et galerie : un concept qui ravira les entichés d'art contemporain.

Atlas sans rest, Rabotstraat 40, 0 9 233 49 91, *atlasb.en.b@pandora.be* – CV **z**
fermé 24 décembre-2 janvier – **3 ch** 55/70 – 68/88.
• Herenhuis uit 1865 met drie mooie kamers in verschillende stijlen: Europees (sanitair op de gang), Aziatisch en Afrikaans. Klassieke eetzaal met art-decomeubilair.
• Maison de notable de 1865 où trois jolies chambres à thème sont proposées : Europe (sanitaires sur le palier), Asie et Afrique. Salle à manger d'époque, mais meublée Art déco.

XXX **Jan Van den Bon,** Koning Leopold II laan 43, 0 9 221 90 85, *info@janvandenbon.be, Fax 0 9 245 08 92,* – AE VISA. CX **b**
fermé 1 semaine Pâques, 15 juillet-13 août, fin décembre-début janvier, samedi midi et dimanche – **Rest** *Lunch 45* – 64/78, carte 70/92, ♀.
Spéc. Foie d'oie en salade d'endives, raisin poché au vin rouge, gelée de sauternes et galette d'amandes (janvier-avril). Sandre à l'oseille, gaufrette aux épinards, beurre raifort-roquefort (mai-15 octobre). Écrevisses poêlées à l'estragon, émulsion de carottes et vin de muscat (15 octobre-décembre).
• Herenhuis tegenover het park van het museum voor hedendaagse kunst. De tafels staan gedekt in drie kamers-en-suite met moderne schilderijen. Tuin met terras.
• Face au parc du S.M.A.K. (musée d'Art contemporain), maison bourgeoise où l'on passe à table dans trois pièces en enfilade égayées de toiles modernes. Terrasse au jardin.

XXX **De Gouden Klok,** Koning Albertlaan 31, 0 9 222 99 00, *Fax 0 9 222 10 92,* – P . AE VISA. CX **f**
fermé 1 semaine carnaval, 3 dernières semaines juillet, 1 semaine Toussaint, mercredi et dimanche – **Rest** *Lunch 50* – 60/90 bc, carte 50/69, ♀.
• Hotel in een herenhuis uit de vroege 20e eeuw. Klassiek interieur met lambrisering en tegeltjes. Eend is de specialiteit van het huis en wordt op tal van manieren bereid.
• Boiseries et carreaux de faïence président au décor intérieur classique de cet hôtel particulier (début 20e s.). Le caneton fait l'objet d'une demi-douzaine de propositions.

XX **Patyntje,** Gordunakaai 91, 0 9 222 32 73, *info@patyntje.be, Fax 0 9 244 51 15,* , ,
Brasserie, ouvert jusqu'à 23 h – P . AE VISA plan p. 2 AU **b**
Rest *Lunch 18* – carte 30/52, ♀.
• Villa in koloniale stijl aan de Leie. Tabakskleurige eetzalen met een bronzen olifantskop en terras met pergola. Ambiance en keuken van een moderne brasserie, goede wijnkaart.
• Villa de style colonial bordée par la Lys. Terrasse-pergola, salles au tons tabac où trône une tête d'éléphant en bronze, ambiance et cuisine de brasserie actuelle, bons vins.

XX **Georges,** Donkersteeg 23, 0 9 225 19 18, *Fax 0 9 225 68 71,* Produits de la mer – . AE VISA EY **f**
fermé 21 mai-12 juin, lundi et mardi – **Rest** *Lunch 19* – carte 40/74.
• Zet eens voet aan wal bij Georges! Dit familierestaurant ligt voor anker in een voetgangersstraat, maar de kok kiest het ruime sop met zijn visschotels en zeebanket.
• Faites donc escale chez Georges ! Cette affaire familiale bien arrimée à une rue piétonne met le cap sur le grand large : recettes à base de poissons et fruits de mer.

BELGIQUE

XX **Allegro Moderato,** Korenlei 7, ✆ 0 9 233 23 32, *restaurant.allegro.moderato@skynet.be, Fax 0 9 233 23 32,* ♧ ⇔. AE MC VISA EY z
fermé 1 semaine carnaval, 1er au 15 août, dimanche et lundi – **Rest** *Lunch 19* – 46/70 bc, carte 44/58.
◆ Karakteristiek 17e-eeuws pand aan de Leie, met een warm en eigentijds interieur. Klassieke keuken, mooie salons, terras aan de kade en kaarsverlichting in de eetzaal.
◆ En bord de Lys, maison typée (17e s.) vous conviant à un repas classique dans un décor actualisé avec chaleur. Jolis salons, terrasse sur quai et ambiance bougies en salle.

XX **Central-Au Paris,** Botermarkt 10, ✆ 0 9 223 97 75, *cardon@centralauparis.be,* ♧ – MC VISA. ✂ FY a
fermé 16 au 26 juin, 24 au 31 décembre, mercredi et dimanche soir – **Rest** 31/51, carte 40/59.
◆ Dit restaurantje met bourgeois-interieur houdt de traditie van gastvrijheid en lekker eten al 30 jaar hoog. Twee menu's en een kleine klassieke kaart die vaak verandert.
◆ Petit restaurant cultivant la tradition du bon accueil et du bien manger depuis plus de 30 ans. Cadre bourgeois, duo de menus et carte classique concise mais souvent revue.

X **Belga Queen,** Graslei 10, ✆ 0 9 280 01 00, *info.gent@belgaqueen.be, Fax 0 9 235 25 95,* ♧, Ouvert jusqu'à minuit – ▤ ♿ ⇔. AE ① MC VISA EY t
Rest *Lunch 15* – 30/47 bc, carte 36/77, ♀.
◆ Dit voormalige pakhuis is nu een trendy brasserie met een rustiek designinterieur. Uitgebreide kaart met Belgische specialiteiten. Lounge met jazzy atmosfeer.
◆ Ex-entrepôt originalement réaménagé en brasserie branchée tendance "rustico-design". Grand choix de préparations où entrent des produits belges. Lounge à l'atmosphère "jazzy".

BELGIQUE

X **Pakhuis,** Schuurkenstraat 4, ✆ 0 9 223 55 55, *info@pakhuis.be, Fax 0 9 225 71 05,* Brasserie-écailler, ouvert jusqu'à 23 h 30 – ▤ ⇔. AE ① MC VISA EYZ b
fermé dimanche – **Rest** *Lunch 12* – 24/40, carte 26/63, ♀.
◆ Trendy brasserie met oesterbank in een pakhuis uit de late 19e eeuw, met glaskoepel en stalen mezzanine. Verzorgde menu's, levendige ambiance en aparte lounge-bar.
◆ Une mezzanine en acier et une verrière agrémentent cet entrepôt (fin 19e s.) converti en brasserie-écailler à la mode. Menus soignés, ambiance animée et "lounge-bar" séparé.

X **Café Théâtre,** Schouwburgstraat 5, ✆ 0 9 265 05 50, *info@cafetheatre.be, Fax 0 9 265 05 59,* Brasserie, ouvert jusqu'à 23 h – ▤ ♿ ⇔. AE ① MC VISA EZ c
fermé 12 juillet-16 août et samedi midi – **Rest** *Lunch 15* – 40, carte 31/52, ♀.
◆ Populaire brasserie, waarvan de eetzaal een tussenverdieping heeft met koepel. Zeer uitgebreide kaart. Jonge en knappe serveersters.
◆ Brasserie contemporaine fort courtisée, où l'on s'installe dans une salle à manger avec mezzanine, coiffée d'une coupole. Carte importante. Serveuses jeunes et mignonnes.

X **Grade,** Charles de Kerchovelaan 81, ✆ 0 9 224 43 85, *info@grade.be, Fax 0 9 233 11 29,* ♧ – ⇔. AE ① MC VISA CX d
fermé dimanche et lundi – **Rest** *Lunch 32 bc* – carte 32/47.
◆ Moderne brasserie met veranda en fijn terras. Alle schotels zijn ook in kleinere porties verkrijgbaar. "Table du chef" op zaterdagavond. Kaart met fingerfood in de lounge-bar.
◆ Brasserie moderne avec véranda et terrasse agréable. Chaque plat se décline aussi en portion allégée. Table du chef le samedi soir. Petite carte "finger-food" au "lounge-bar".

X **Domestica,** Onderbergen 27, ✆ 0 9 223 53 00, *restaurant.domestica@skynet.be,* ♧ – ▤ ♿ ⇔. MC VISA EZ b
fermé 1 semaine en janvier, 1 semaine Pâques, 2 semaines en septembre, samedi midi, dimanche et lundi midi – **Rest** 38, carte 37/64.
◆ Dit prachtige gerenoveerde herenhuis (19e eeuw) beschikt over een prettige bar en twee moderne eetzalen met een ommuurd terras.
◆ Cette superbe maison de notable (19e s.) relookée intérieurement abrite un bar plaisant et deux salles à manger dans l'air du temps complétées par une terrasse close de murs.

X **The House Of Eliott,** Jan Breydelstraat 36, ✆ 0 9 225 21 28, *Fax 0 9 225 21 28,* ♧ – AE ① MC VISA. ✂ EY u
fermé 15 février-7 mars, mardi et mercredi – **Rest** carte 38/50.
◆ Oud pand bij het Gravensteen, met een rijk interieur in de stijl van het interbellum. 's Zomers kan op het terras aan het water worden gegeten. Eigentijdse keuken.
◆ Près du Gravensteen, maison ancienne où l'on vient faire des repas au goût du jour dans un foisonnant décor inspiré de l'Entre-deux-guerres ou sur la terrasse près de l'eau.

X **Le Grand Bleu,** Snepkaai 15, ☎ 0 9 220 50 25, *info@legrandbleu.be, Fax 0 9 329 50 25,* ☂, Produits de la mer – ▤ P ⇔. AE ⓓ MC VISA plan p. 2 AU c
fermé samedi midi, dimanche et lundi – **Rest** (prévenir) *Lunch 11* – 25/40, carte 27/67.
• De kreeft die op de voorgevel prijkt, geeft vast een voorproefje van de kaart waarop dit schaaldier een prominente plaats inneemt. Levendige ambiance en bistro-interieur.
• Le homard dessiné sur la façade laisse aisément deviner l'orientation de la carte, où ce noble crustacé tient toujours la vedette. Décor "bistrot" et atmosphère vivante.

X **A Food Affair,** Korte Meer 25, ☎ 0 9 224 18 05, Avec cuisine asiatique – AE MC VISA EZ d
fermé 15 juillet-5 août, samedi midi, dimanche et lundi – **Rest** 30/35, carte 31/46.
• Wokgerechten met diverse invloeden, vooral Thais, Indiaas en Japans. Het interieur is minimalistisch, exotisch en modern tegelijk.
• Préparations au "wok" nourries d'influences diverses (notamment thaïlandaises, indiennes et japonaises) à apprécier dans un cadre à la fois minimaliste, exotique et moderne.

X **C-Jean,** Cataloniëstraat 3, ☎ 0 9 223 30 40, *antel@pandora.be,* ☂ – MC VISA EY h
fermé 25 juillet-20 août, dimanche et lundi – **Rest** *Lunch 30* – 55, carte 41/64.
Spéc. Crostini de sardines et caviar d'aubergines. Ris de veau et canapé au fromage de tête. Beignet au chocolat et glace à l'orange sanguine.
• Leuk pandje met trapgevel, rustiek en trendy tegelijk. De gerechten op het schoolbord zijn geïnspireerd door het marktaanbod. 's Zomers worden de tafels op de stoep gezet.
• Cette petite maison à pignon à redans reçoit les gourmets dans un décor "rustico-trendy" ou sur sa terrasse-trottoir tournée vers l'église. Alléchante ardoise selon le marché.

Quartier ancien (Patershol) - *plan p. 4 :*

Harmony sans rest, Kraanlei 37, ☎ 0 9 324 26 80, *info@hotel-harmony.be, Fax 0 9 324 26 88,* ≤, ⛱, ⚓ – ⧉ ⇆ ▤ ♿ 🚗. AE MC VISA EY w
25 ch ☕ ✝130/155 – ✝✝145/220.
• Oud herenhuis met harmonieus ingerichte kamers en studio's in moderne stijl. Verzorgde ontbijtruimte en bar. Hooggelegen binnenplaats met planten en verbazingwekkend zwembad.
• Ancien hôtel particulier aux chambres et studios harmonieusement décorés dans le goût moderne. Espace breakfast et bar soignés ; cour-jardin "perchée" et piscine surprenante.

XX **Le Baan Thaï,** Corduwaniersstraat 57, ☎ 0 9 233 21 41, *Fax 0 9 233 20 09,* Cuisine thaïlandaise – ▤. AE ⓓ MC VISA. ✗ EY s
fermé dernière semaine juillet, dernière semaine décembre et lundi – **Rest** (dîner seult sauf dimanche) 25/30.
• Dit Thaise restaurant ligt verscholen op de binnenplaats van een groep patriciërshuizen. De uitgebreide kaart is typerend voor dit soort restaurants.
• Restaurant thaïlandais dissimulé dans la cour intérieure d'un ensemble de maisons patriciennes. La carte, typique du genre, est bien détaillée, et offre un choix étendu.

XX **De Blauwe Zalm,** Vrouwebroersstraat 2, ☎ 0 9 224 08 52, *Fax 0 9 234 18 98,* ☂, Produits de la mer – ▤ ⇔. AE ⓓ MC VISA. ✗ EY r
fermé 19 juillet-11 août, 25 décembre-5 janvier, samedi midi, dimanche et lundi midi – **Rest** *Lunch 30* – 41/55, carte 42/58.
• Visrestaurant met een origineel decor en een creatieve kok. De designlamp in de eetzaal heeft de vorm van een kwal. Kleine kaart met een persoonlijke toets. Terras achter.
• Saveurs de la mer déclinées sur un mode créatif, dans un décor non dénué d'originalité. "Lustre-méduse" design en salle. Cour-terrasse à l'arrière. Petite carte personnalisée.

XX **De 3 Biggetjes,** Zeugsteeg 7, ☎ 0 9 224 46 48, *Fax 0 9 224 46 48,* ☂ – ▤. AE ⓓ MC VISA EY g
fermé vacances Pâques, 3 semaines août, Noël-nouvel an, mercredi et samedi midi – **Rest** *Lunch 16* – 28, carte 37/63.
• Dit restaurant in een 16e-eeuws pand geniet een uitstekende reputatie. De eetzaal met serre is een geslaagde combinatie van oud en modern. Zomerterras op de patio.
• Une bonne réputation entoure ce restaurant occupant une maison du 16e s. La salle à manger, avec véranda, marie le moderne et l'ancien. Terrasse d'été sur cour intérieure.

X **'t Buikske Vol,** Kraanlei 17, ☎ 0 9 225 18 80, *info@buikskevol.com,* ☂ – ⇔. AE ⓓ MC VISA. ✗ EY m
fermé 25 juillet-10 août, mercredi, samedi midi et dimanche – **Rest** 34/47, carte 41/50.
• Gezellige brasserie met een modern interieur in een 17e-eeuws herenhuis. Open keuken en een eigentijds culinair repertoire. Terras aan de oever van de Leie.
• Bistrot convivial au cadre moderne installé dans une ancienne maison de notable (17e s.). Cuisine à vue d'où sortent des mets au goût du jour. Terrasse au bord de la Lys.

BELGIQUE

Karel de Stoute, Vrouwebroersstraat 5, ☎ 0 9 224 17 35, *restkareldestoute@skynet.be, Fax 0 9 224 17 65,* – AE MC VISA. EY y
fermé 1er au 18 septembre, dimanche et lundi midi – **Rest** *Lunch 31* – 38/68 bc, carte 51/59, ♀.
• Leuk restaurant met een gemoderniseerd interieur in een patriciërshuis uit 1516. 's Zomers kan op de binnenplaats worden gegeten. Kleine, evenwichtige kaart.
• Maison patricienne de 1516 abritant une table familiale sympathique au décor plaisamment actualisé. L'été, une terrasse agréable est dressée dans la cour. Petit choix élaboré.

Périphérie - *plan p. 2 sauf indication spéciale :*

à Afsnee C *Gent* – ✉ *9051 Afsnee :*

Nenuphar, Afsneedorp 28, ☎ 0 9 222 45 86, *de.waterlelie@pandora.be, Fax 0 9 221 22 32,* ≤, – P ⇔. AE MC VISA. AU r
fermé mercredi, jeudi et dimanche soir – **Rest** *Lunch 25* – 33/75 bc, carte 41/55, ♀.
• Al drie generaties lang staat dezelfde familie aan het roer van dit traditionele restaurant, dat door zijn ligging zo op een ansichtkaart kan. Mooi uitzicht op de Leie.
• La même famille se relaie depuis trois générations à la barre de cette maison de tradition jouissant d'une situation digne d'une carte postale. Joli coup d'œil sur la Leie.

De Fontein Kerse, Broekkantstraat 52, ☎ 0 9 221 53 02, *Fax 0 9 221 53 02,* – P. AE MC VISA. AU s
fermé 2 dernières semaines janvier, 2 dernières semaines juillet, mardi, mercredi et dimanche soir – **Rest** 44/71 bc, carte 42/69, ♀.
• Modern pand met een verfijnde eigentijdse keuken. Grote, lichte eetzaal met waterpartij in het midden; eigentijdse salon met aangrenzend terras en uitzicht op de tuin.
• Bâtisse moderne où se conçoit une cuisine actuelle élaborée. Salle ample et claire ordonnée autour d'une pièce d'eau ; salon contemporain tourné vers la terrasse et le jardin.

à Mariakerke C *Gent* – ✉ *9030 Mariakerke :*

Den Groenen Staek, Groenestaakstraat 70, ☎ 0 9 226 59 44, *dengroenestaek@telenet.be, Fax 0 9 226 59 43,* – P ⇔. AE MC VISA AT b
fermé mi-février, fin septembre, lundi, mardi et samedi midi – **Rest** *Lunch 14* – 34/50 bc, carte 29/52.
• Boerderijtje met een modern interieur in een woonwijk. Kleine klassieke kaart en suggesties op een leitje. Het lunchmenu wordt mondeling doorgegeven. Tuin met terras.
• Fermette au décor intérieur actualisé située dans un secteur résidentiel. Petit choix classique enrichi d'une ardoise suggestive et lunch décrit oralement. Terrasse au jardin.

à Oostakker C *Gent* – ✉ *9041 Oostakker :*

't Boerenhof, Gentstraat 2 (Lourdes), ☎ 0 9 251 03 14, *info@boerenhof.be, Fax 0 9 251 07 72,* – P ⇔. AE MC VISA BT d
fermé 28 février-10 mars, 23 octobre-3 novembre, 27 au 30 décembre, lundi soir, mardi et mercredi – **Rest** *Lunch 22* – 37 bc/62 bc, carte 28/57, ♀.
• Dit restaurant, waar sinds 1945 een familie de scepter zwaait, biedt een mooie keur van menu's met veel producten "made in Normandy". 's Zomers kan er buiten worden gegeten.
• Un joli choix de menus où entrent de nombreux produits "made in Normandy" est proposé à cette table familiale née en 1945. Restaurant d'été et jeux d'enfants dans la pelouse.

à Sint-Denijs-Westrem C *Gent* – ✉ *9051 Sint-Denijs-Westrem :*

Holiday Inn Expo, Maaltekouter 3, ☎ 0 9 220 24 24, *hotel@holiday-inn-gentexpo.com, Fax 0 9 222 66 22,* – P – . AE MC VISA. rest AU v
Rest (buffets) *Lunch 25* – 30/62 bc, carte 36/48 – 20 – **169 ch** 72/186 – 72/236 – ½ P 117/231.
• Modern hotelcomplex bij de snelweg en de hallen van Flanders Expo, met allerlei faciliteiten voor de zakenwereld. Centrale patio en designinterieur. Het restaurant met atrium is ideaal voor een kleine zakenmaaltijd. Menu's gecombineerd met buffetten.
• Cet immeuble hôtelier moderne voisinant avec l'autoroute et le Flanders Expo accueille la clientèle "corporate" en toutes commodités. Patio central ; communs design. Restaurant-atrium propice aux petits repas d'affaires. Menus combinés avec des buffets.

Oranjehof, Kortrijksesteenweg 1177, ☎ 0 9 222 79 07, *oranjehof@skynet.be, Fax 0 9 222 74 06,* – P ⇔. AE MC VISA. AU k
fermé samedi midi et dimanche – **Rest** (déjeuner seult sauf vendredi et samedi) *Lunch 26* – 38/52 bc, carte 36/55.
• Fraai gerestaureerd herenhuis in art-nouveaustijl. Op zonnige dagen worden de tafeltjes in de tuin naast de boomgaard gedekt. Klassiek-traditionele keuken.
• Maison de maître soigneusement réaménagée dans la note Art nouveau. Par beau temps, on dresse le couvert au jardin, à côté d'un verger. Choix classico-traditionnel.

BELGIQUE

à Zwijnaarde C *Gent* – ✉ *9052 Zwijnaarde :*

XX **De Klosse,** Grotesteenweg Zuid 49 (sur N 60), ☎ 0 9 222 21 74, *info@deklosse.be, Fax 0 9 371 49 69,* – P. AE MC VISA. AU a
fermé 2 semaines carnaval, 2 dernières semaines juillet-première semaine août, samedi midi, dimanche et lundi – **Rest** *Lunch 30* – 55, carte 46/66.
• Dit boerderijtje bij een kruispunt heeft een verjongingskuur ondergaan. Eetzaal met lichte lambrisering en zwart-wit foto's rond culinair thema. Klassieke keuken.
• Aux abords d'un carrefour, fermette rajeunie où l'on s'attable dans une salle aux lambris clairs rehaussés de clichés noir et blanc à thématique culinaire. Carte classique.

Environs

à Heusden - *plan p. 2* - C *Destelbergen 17 172 h.* – ✉ *9070 Heusden :*

XX **Rooselaer,** Berenbosdreef 18 (par R4, sortie ⑤), ☎ 0 9 231 55 13, *info@rooselaer.be,* , Avec grillades – P. AE MC VISA BU a
fermé mardis soirs et mercredis non fériés – **Rest** 33/80 bc, carte 41/65, ♀.
• Dit landhuis kreeg in 2007 een nieuwe look ter ere van zijn 30-jarig bestaan als restaurant. Modern interieur met glaskoepel en tuin met terras. Kreeft en grillspecialiteiten.
• Manoir familial relooké en 2007 pour fêter 30 ans de bonne chère. Cadre moderne avec verrière, terrasse au jardin, spécialités de homard et grillades saisies au feu de bois.

à Lochristi - *plan p. 2* – *20 111 h.* – ✉ *9080 Lochristi :*

Arriate sans rest, Antwerpse Steenweg 92, ☎ 0 9 326 83 00, *info@hotelarriate.be, Fax 0 9 367 90 30* – . MC VISA. BT y
8 ch ☕ ✝70 – ✝✝90.
• Gemoderniseerd pand uit het interbellum, waar de bezoekers van dit tuindersdorp comfortabel kunnen logeren. Lekker ontbijtbuffet. Een familie zwaait de scepter.
• Maison de l'entre-deux-guerres modernisée pour accueillir en toutes commodités les visiteurs de cette localité horticole. Appréciable petit-déjeuner-buffet. Tenue familiale.

XXX **Leys,** Dorp West 89 (N 70), ☎ 0 9 355 86 20, *info@restaurantleys.be,* – P. AE MC VISA. BT z
fermé 1 semaine carnaval, 2 premières semaines juillet, dimanche soir, lundi soir, mardi soir, mercredi et après 19 h 30 – **Rest** *Lunch 28* – 50/73 bc, carte 51/62, ♀.
• Grote villa in belle-époquestijl met een comfortabel en gesoigneerd interieur: stijlmeubelen, schilderijen en kroonluchters. Klassiek-traditionele keuken.
• Grande villa au cachet Belle Époque où l'on goûte de la cuisine classique-traditionnelle dans un cadre confortable et soigné : mobilier de style, tableaux, lustres en cristal.

XX **'t Wethuis,** Hijfte-Center 1, ☎ 0 9 355 28 02, *info@twethuis.be,* – P. MC VISA. BT j
fermé 2 semaines en juillet, Noël, nouvel an, samedi midi, dimanche soir, lundi et mardi – **Rest** *Lunch 30* – 44/70 bc, carte 43/65, ♀.
• Dit 16e-eeuwse gebouw deed onder andere dienst als rechtbank en gemeentehuis, voordat het een neorustiek restaurant werd. Zomerterras in de tuin aan de achterkant.
• Cet édifice du 16e s. a occupé diverses fonctions : justice de paix, mairie, etc. avant d'abriter un restaurant d'esprit néo-rustique. Terrasse d'été sur jardin à l'arrière.

XX **D'Oude Pastorie,** Hijfte-Center 40, ☎ 0 9 360 84 38, *info@doudepastorie.com, Fax 0 9 360 84 39,* – . AE MC VISA. BT x
fermé 2 premières semaines septembre, samedi midi, dimanche soir et mercredi – **Rest** *Lunch 30* – 45/73 bc, carte 60/78, ♀.
• Deze oude pastorie in een dorpje bij Lochristi is sober, maar sfeervol gerenoveerd. Vriendelijk onthaal, spontane bediening, landelijk terras, eigentijdse kaart en menu's.
• Ex-presbytère relooké avec chaleur et sobriété, dans un hameau voisin de Lochristi. Accueil souriant, service spontané, cadre champêtre en terrasse, carte actuelle et menus.

à Melle - *plan p. 2* – *10 585 h.* – ✉ *9090 Melle :*

Lepelbed sans rest, Brusselsesteenweg 100 (sur N 9), ☎ 0 9 231 14 10, *info@lepelbed.be, Fax 0 9 231 68 08* – P. AE MC VISA. BU
20 ch ☕ ✝75 – ✝✝90.
• Veel profwielrenners hebben een souvenir achtergelaten in dit hotelletje bij de snelweg, dat door een familie wordt gerund. Knusse lounge en verschillende soorten kamers.
• De nombreux cyclistes pros ont laissé un souvenir de leur passage dans ce petit hôtel familial établi à proximité de l'autoroute. Divers types de chambres et salon douillet.

De Branderij, Wezenstraat 34, ☎ 0 9 252 41 66, *restaurant@restaurantdebranderij.be*, – . AE MC VISA. BU m
fermé 25 mars-3 avril, 19 août-4 septembre, samedi midi, dimanche soir, lundi et après 20 h 30 – **Rest** 30/60 bc, carte env. 50.
• De naam van dit charmante pandje uit 1930 herinnert aan het feit dat hier vroeger een koffiebranderij zat. Eetzaal met terras aan de achterkant, d.w.z. de tuinzijde.
• L'enseigne, qui signifie "brûlerie de café", résume le passé de cette maison en briques datant des années 1930. Salle à manger donnant sur une terrasse arrière, côté jardin.

à Merelbeke - *plan p. 2* – *22 353 h.* – ✉ *9820 Merelbeke :*

De Blauwe Artisjok, Gaversesteenweg 182, ☎ 0 9 231 79 28, *deblauweartisjok@skynet.be*, – P. AE MC VISA. AU p
fermé mardi soir, mercredi et samedi midi – **Rest** *Lunch 28* – 30/61 bc, carte 43/62.
• In de ruime eetzaal van deze grijze villa vindt u een klassieke kaart met ruime keuze en goede menu's; bij mooi weer kan op het terras in de tuin worden gegeten.
• Une carte classique variée et des menus bien vus sont présentés dans l'ample salle à manger de cette villa grise ou, dès les premiers beaux jours, sur la terrasse du jardin.

Torenhove, Fraterstraat 214, ☎ 0 9 231 61 61, *info@torenhove.be, Fax 0 9 231 69 89*, – P. AE MC VISA BU r
fermé mardis, samedis midis et dimanches soirs non fériés – **Rest** *Lunch 30* – 36/57 bc, carte 41/66.
• Dit etablissement is ondergebracht in de bijgebouwen van een kasteeltje, waar aan weerszijden een peperbustoren staat. Het zoutvaatje staat gelukkig op tafel!
• Un petit parc arboré environne cet établissement installé dans les dépendances d'un "castel" flanqué de tours en poivrière... Passez à table, et vous verrez la salière !

à Zevergem - *plan p. 2* C *De Pinte 10 235 h.* – ✉ *9840 Zevergem :*

De kok en zijn vrouw, Grote Steenweg 88, ☎ 0 9 220 39 59, *de-kok-en-zijn-vrouw@telenet.be, Fax 0 9 329 77 29*, – P. AE MC VISA. AU d
fermé 13 au 20 mars, 18 septembre-2 octobre, mardi et mercredi – **Rest** *Lunch 30* – 42/67 bc, carte 41/65.
• Laat u verwennen door "de kok en zijn vrouw" in dit boerderijtje bij de snelweg. Cosy eigentijds interieur, uitnodigend terras, traditionele kaart en goed doordachte menu's.
• Laissez-vous gâter par "de kok en zijn vrouw" dans cette fermette proche de l'autoroute. Cadre actuel cosy, terrasse invitante, mets traditionnels, menus bien balancés.

BELGIQUE

GENVAL *1332 Brabant Wallon* C *Rixensart 21 355 h.* **533** L 18, **534** L 18 *et* **716** G 3. 3 **B2**
Bruxelles 22 – Wavre 10 – Leuven 28 – Namur 47.

Château du Lac, av. du Lac 87, ☎ 0 2 655 71 11, *cdl@martinshotels.com, Fax 0 2 655 74 44*, lac et vallon boisé, – P – . AE MC VISA
Rest ***Genval.les.Bains*** *Lunch 16* – 29/48, carte 35/49, – **121 ch** 260/405 – 270/445 – 1 suite.
• Au creux d'un vallon boisé, magnifique hôtel dont les chambres offrent tout le confort moderne. Perspective imprenable sur le lac. Spécialité "maison" : les séminaires. Brasserie au décor "hype" très réussi, signé Antoine Pinto. Élégantes terrasses en teck.
• Prachtig hotel in een beboste vallei, met een adembenemend uitzicht op het meer. De kamers bieden modern comfort. Deze locatie is zeer geschikt voor congressen. Brasserie met een bijzonder trendy interieur van Antoine Pinto. Elegante teakhouten terrassen.

Le Manoir du Lac sans rest, av. Hoover 8, ☎ 0 2 655 63 11, *mdl@martinshotels.com, Fax 0 2 655 64 55*, – P – . AE MC VISA
13 ch 260/315 – 290/355.
• Sur les coteaux bordant le lac, manoir d'esprit victorien entouré d'un parc verdoyant. Des meubles de divers styles personnalisent les chambres. Quiétude et romantisme.
• Victoriaans pand in een weelderig park, gelegen tegen een heuvel bij het meer. Meubelen uit diverse stijlperioden geven een persoonlijke toets aan de kamers. Rust en romantiek.

L'Amandier, r. Limalsart 9 (près du lac), ☎ 0 2 653 06 71, *amandier.degenval@hotmail.com*, – P. MC VISA
fermé 1 semaine en janvier, 2 dernières semaines août, mercredi, samedi midi et dimanche soir – **Rest** *Lunch 24* – 32/75 bc, carte 50/58.
• Halte gourmande à 200 m du lac, dans une jolie villa bordée d'arbres. Fringant décor intérieur à touche féminine, carte actuelle appétissante et accueil charmant.
• Gastronomische pleisterplaats op 200 m van het meer, in een mooie villa tussen de bomen. Smaakvol interieur, aanlokkelijke eigentijdse menukaart en charmante ontvangst.

à **Rixensart** *Est : 4 km – 21 355 h. – ✉ 1330 Rixensart :*

Le Lido sans rest, r. Limalsart 20 (près du lac de Genval), ☎ 0 2 634 34 34, *lelido@martinshotels.com, Fax 0 2 634 34 50,* ←, – P – . AE ① MC VISA
fermé 2 dernières semaines de juillet – **27 ch** ☕ 70/150 – 70/170.
◆ Lieu de séjour estimé des congressistes, cette accueillante bâtisse à colombages et son étang forment un petit havre de paix à quelques ricochets du lac de Genval.
◆ Dit aantrekkelijke vakwerkhuis met vijver is een oase van rust en ligt op een steenworp afstand van het meer van Genval. Zeer populair bij congresgangers.

GERAARDSBERGEN (GRAMMONT) *9500 Oost-Vlaanderen* **533** I 18 *et* **716** E 3 – *31 380 h.* 17 **C3**

Voir Site★.
Stadhuis, ☎ *0 54 43 72 89, toerisme@geraardsbergen.be, Fax 0 54 43 72 80.*
Bruxelles 43 – Gent 44 – Aalst 29 – Mons 42 – Oudenaarde 25.

't Grof Zout, Gasthuisstraat 20, ☎ 0 54 42 35 46, *info@grofzout.be, Fax 0 54 42 35 47,* – . MC VISA
fermé première semaine mars, 3 semaines en septembre, samedi midi, dimanche soir et lundi – **Rest** *Lunch 32* – 42, carte env. 55.
◆ Eettentje in een oude spiegelfabriek, waar u kunt genieten van een verzorgde maaltijd. De moderne inrichting is vindingrijk: soeplepels als wandlampjes!
◆ Bon p'tit relais de bouche installé dans une ancienne miroiterie. En salle, aménagement contemporain pour le moins astucieux : des cuillers à soupe en guise d'appliques !

GERPINNES *Hainaut* **533** M 20, **534** M 20 *et* **716** G 4 – *voir à Charleroi.*

GESVES *5340 Namur* **533** P 20, **534** P 20 *et* **716** I 4 – *6 321 h.* 15 **C1**

Bruxelles 81 – Namur 29 – Dinant 30 – Liège 53 – Marche-en-Famenne 31.

L'Aubergesves avec ch, Pourrain 4, ☎ 0 83 67 74 17, *aubergesves@skynet.be, Fax 0 83 67 81 57,* – P. AE ① MC VISA
fermé janvier-mars sauf week-end, lundi et mardi – **Rest** *Lunch 24* – 38/75 bc, carte 47/61, ♀ – ☕ 15 – **6 ch** 90/105 – 95/135 – ½ P 98/103.
◆ Environnement agreste, murs de pierres couverts de lierre, salle rustique bien modernisée, terrasse panoramique, mets traditionnels, bon choix de vins et chambres au diapason.
◆ Landelijke omgeving, natuurstenen muren met klimop, gemoderniseerde rustieke eetzaal, panoramaterras, traditionele keuken, goede wijnkelder en prettige kamers.

La Pineraie, r. Pineraie 2, ☎ 0 83 67 73 46, *Fax 0 83 67 73 46,* – P. AE ① MC VISA.
fermé semaine carnaval, dernière semaine août-première semaine septembre, dimanche soir, lundi et mardi – **Rest** *Lunch 20* – 36/65 bc, carte env. 45.
◆ Cette belle bâtisse en pierres était une dépendance du château visible en terrasse. Salon-véranda et intime salle voûtée aux tons clairs adoucis par un éclairage tamisé.
◆ Dit natuurstenen pand hoorde vroeger bij het kasteel dat vanaf het terras te zien is. Serrelounge en een gewelfde eetzaal in lichte tinten en met sfeerverlichting.

GHISLENGHIEN (GELLINGEN) *Hainaut* **533** I 19, **534** I 19 *et* **716** E 4 – *voir à Ath.*

GITS *West-Vlaanderen* **533** D 17 *et* **716** C 3 – *voir à Roeselare.*

GOOIK *1755 Vlaams-Brabant* **533** J 18 *et* **716** F 3 – *8 895 h.* 3 **A2**

Bruxelles 22 – Leuven 60 – Aalst 22 – Mons 45 – Tournai 66.

à **Leerbeek** *Sud : 2 km* Ⓒ *Gooik – ✉ 1755 Leerbeek :*

De Verleiding, Ninoofsesteenweg 181, ☎ 0 2 532 26 24, *info@de-verleiding.be, Fax 0 2 532 26 24,* – P. AE MC VISA.
fermé 26 mars-6 avril, 3 premières semaines août, lundi, mardi et samedi midi – **Rest** *Lunch 25* – 35/70 bc, carte 46/68.
◆ Eigentijdse gerechten, geserveerd in een groot en licht restaurant waar natuurlijke materialen de overhand hebben. Mooi gedekte tafels en terras aan de achterkant.
◆ Repas au goût du jour servis dans une ample et lumineuse salle de restaurant où dominent des matériaux naturels. Mise en place soignée sur les tables. Terrasse à l'arrière.

GOSSELIES *Hainaut* **533** L 20, **534** L 20 *et* **716** G 4 – *voir à Charleroi.*

BELGIQUE

GOUY-LEZ-PIÉTON *6181 Hainaut* ⓒ *Courcelles 29 626 h.* **533** K 20, **534** K 20 *et* **716** F 4. 7 **D2**
Bruxelles 51 – Mons 34 – Namur 43 – Wavre 47.

XX **Le Mont-à-Gourmet,** pl. Communale 12, ☎ 0 71 84 74 15, *le.mont-a-gourmet@skynet.be, Fax 0 71 84 74 15* – P ⇔. MC VISA. ✗
fermé 7 au 25 juillet, dimanche soir, lundi et mardi – **Rest** *Lunch 26* – 32/72 bc, carte 44/64.
◆ Cuisine classique-traditionnelle actualisée et décoration intérieure sur le thème du Septième Art (série de portraits d'acteurs français). Petite terrasse d'été côté jardin.
◆ Klassiek-traditionele keuken die aan de huidige tijd is aangepast en een interieur met foto's van Franse filmacteurs. Tuin met klein terras, waar 's zomers kan worden gegeten.

GRAMMONT *Oost-Vlaanderen – voir Geraardsbergen.*

GRAND-HALLEUX *Luxembourg belge* **533** U 21, **534** U 21 *et* **716** K 5 – *voir à Vielsalm.*

GRANDHAN *Luxembourg belge* **533** R 21, **534** R 21 *et* **716** J 5 – *voir à Durbuy.* 12 **B1**

GRANDRIEU *Hainaut* **534** K 21 *et* **716** F 5 – *voir à Beaumont.*

GRANDVOIR *Luxembourg belge* **534** R 23 *et* **716** J 6 – *voir à Neufchâteau.* 12 **B2**

's GRAVENVOEREN (FOURON-LE-COMTE) *3798 Limburg* ⓒ *Voeren 4 263 h.* **533** T 18 *et* **716** K 3. 11 **C3**
B *Kerkplein 212,* ☎ *0 4 381 07 36, voerstreek@skynet.be, Fax 0 4 381 21 59.*
Bruxelles 119 – Hasselt 59 – Liège 28 – Maastricht 15.

BELGIQUE

De Kommel ⛰, Kerkhofstraat 117d, ☎ 0 4 381 01 85, *info@dekommel.be, Fax 0 4 381 23 30,* ≤, 🏡 – 🛗 ✗, ▤ ch, P – 🏊. AE ⓓ MC VISA. ✗
fermé 1er au 24 janvier – **Rest** (dîner seult) 33/85 bc, carte 33/78, 𝕐 – **16** ch ☕ ✦65/75 – ✦✦75/90 – ½ P 70/80.
◆ Deze villa op een heuvel biedt een fraai uitzicht op het dorp. Er zijn twee soorten kamers, waarvan die in de pas aangebouwde vleugel het modernst zijn. Leuk restaurant met panoramaterras. Kleine, eigentijdse kaart en lekkere menu's.
◆ Villa et son extension juchées sur les hauts de la localité et ménageant une jolie vue sur celle-ci. Deux types de chambres, plus modernes dans l'aile récente. Table au décor coquet ouvrant sur une terrasse-belvédère. Petite carte de notre temps et bons menus.

XX **The Golden Horse,** Hoogstraat 242, ☎ 0 4 381 02 29, *goldenhorse@skynet.be, Fax 0 4 381 20 44,* 🏡 – P ⇔. AE ⓓ MC VISA. ✗
fermé 1er au 21 septembre, lundi midi, jeudi, vendredi midi et samedi midi – **Rest** *Lunch 35* – 44/79 bc, carte 59/70, 🍇.
◆ Plezierig restaurant met een modern-klassieke keuken en dito interieur, dat door een familie wordt gerund. In de keuken staat een oude rot in het vak; goede wijnkelder. Patio.
◆ Cuisine classico-actuelle et décor intérieur assorti pour cette engageante table tenue en famille et dirigée par une vétérane des fourneaux. Cour-terrasse en teck. Bonne cave.

's GRAVENWEZEL *Antwerpen* **533** M 15 *et* **716** G 2 – *voir à Antwerpen, environs.*

GRIMBERGEN *Vlaams-Brabant* **533** L 17 *et* **716** G 3 – *voir à Bruxelles, environs.*

GROBBENDONK *Antwerpen* **533** N 15 *et* **716** H 2 – *voir à Herentals.*

GROOT-BIJGAARDEN *Vlaams-Brabant* **533** K 17 *et* **716** F 3 – *voir à Bruxelles, environs.* 3 **B2**

GULLEGEM *West-Vlaanderen* **533** E 17 *et* **716** C 3 – *voir à Wevelgem.*

Wilt u een partij organiseren of een maaltijd met zakenrelaties?
Kijk dan naar de restaurants met het symbool ⇔.

HAALTERT *9450 Oost-Vlaanderen* 533 J 17 *et* 716 F 3 – *17 255 h.* 17 C3

Bruxelles 29 – Gent 35 – Aalst 6 – Mons 59.

XXX ✿ **Apriori** (Kristof Coppens), Sint-Gorikspleín 19, ✆ 0 53 83 89 54, *info@a-priori.be* – ▤. MC VISA. ✗
fermé 1 semaine carnaval, août, mardi, mercredi et samedi midi – **Rest** *Lunch 35* – 52/82 bc, carte 56/105.
Spéc. Foie gras d'oie, garniture du moment. Ris de veau, risotto au crabe royal. Sucettes glacées.
◆ Aluminium gevel, trendy eetzaal waar een glazen gang naartoe leidt, open keuken en terras achter, bij een park. De creatieve chef-kok laat zich inspireren door de avant-garde.
◆ Façade moderne en alu, salle au décor "tendance" accessible par un couloir vitré, cuisines à vue, terrasse arrière jouxtant un parc et chef créatif inspiré par l'avant-garde.

De HAAN *8420 West-Vlaanderen* 533 D 15 *et* 716 C 2 – *11 925 h – Station balnéaire*★. 18 B1

Koninklijke baan 2 ✆ 0 59 23 32 83, Fax 0 59 23 37 49.
Tramstation ✆ 0 59 24 21 35, toerisme@dehaan.be.
Bruxelles 113 – Brugge 21 – Oostende 12.

Plan page suivante

Manoir Carpe Diem ⛰ sans rest, Prins Karellaan 12, ✆ 0 59 23 32 20, *manoircarpediem@skynet.be, Fax 0 59 23 33 96*, ⛱, ⛱, 🚲 – ✗ P. AE ⓓ MC VISA BY p
ouvert 15 mars-15 novembre, week-end et vacances scolaires; fermé janvier – **10 ch** ☕ ★125/135 – ★★135/170 – 6 suites.
◆ Het bekende gezegde "pluk de dag" is makkelijk in praktijk te brengen in deze mooie villa op een duin bij de Noordzee. Prachtige kamers, lounge en tuin. Stijlvolle ontvangst.
◆ Vous mettrez aisément en pratique la fameuse maxime Carpe diem en cette belle villa "mer du Nord" posée sur une dune. Chambres, salons et jardin ravissants. Accueil distingué.

Duinhof ⛰ sans rest, Leeuwerikkenlaan 23, ✆ 0 59 24 20 20, *info@duinhof.be, Fax 0 59 24 20 39*, ≘s, ⛱, ⛱, 🚲 – ✗ P – 🏊. MC VISA AZ n
11 ch ☕ ★100/130 – ★★125/145 – 1 suite.
◆ Dit hotel is gevestigd in een bakstenen gebouw bij een 18e-eeuwse boerderij in een rustige woonwijk. De kamers hebben een Engelse uitstraling.
◆ De belles chambres personnalisées à l'anglaise ont été aménagées dans cette bâtisse en briques prolongeant une ferme du 18e s. Jardin soigné ; quartier résidentiel paisible.

Arcato ⛰ sans rest, Nieuwe Steenweg 210, ✆ 0 59 23 57 77, *hotelarcato@telenet.be, Fax 0 59 23 88 66*, ✗, 🚲 – |♦| P. MC VISA AZ m
14 ch ☕ ★55/65 – ★★68/80.
◆ Modern en comfortabel hotel met rustige, zonnige kamers die allemaal aan de achterkant liggen en voorzien zijn van een mooi balkon. Vele zijn uitgerust met een kitchenette.
◆ Hôtel moderne bien pensé, adjoignant une kitchenette à la plupart de ses chambres. Calmes et ensoleillées, toutes donnent sur l'arrière et disposent d'un balcon meublé.

Alizee ⛰ sans rest, Tollenslaan 1, ✆ 0 59 23 34 75, *info@hotelalizee.be, Fax 0 59 23 76 34*, ≘s, ⛱, ⛱ – P. MC VISA BY d
10 ch ☕ ★80/100 – ★★110/130.
◆ Mooie oude badvilla, waar men nog gevoel voor gastvrijheid heeft. Kamers in zacht beige en lichtgrijs. Ontbijt in de serre of op het terras. Tuin met zwembad en sauna.
◆ Belle villa balnéaire rétro où l'on a le sens de l'accueil. Chambres aux douces teintes beiges et gris clair. Petit-déj' en véranda ou en terrasse. Piscine et sauna au jardin.

Rubens ⛰ sans rest, Rubenslaan 3, ✆ 0 59 24 22 00, *info@hotel-rubens.be, Fax 0 59 23 72 98*, ⛱, ⛱ – ✗. MC VISA. ✗ BY k
fermé 15 novembre-15 décembre – **11** ch ☕ ★68/85 – ★★87/95.
◆ Familiehotel in een mooie villa in een rustige woonwijk. Goede kamers die langzamerhand worden opgeknapt. Aangename ontbijtzaal, terras en tuin met zwembad.
◆ Hôtel familial mettant à profit une jolie villa en secteur résidentiel. Bonnes chambres rajeunies par étapes, coquette salle de breakfast, terrasse et piscine au jardin.

Belle Epoque, Leopoldlaan 5, ✆ 0 59 23 34 65, *hotel.belle-epoque@skynet.be, Fax 0 59 23 38 14*, ⛱ – |♦| ✗. MC VISA AY f
Rest *(fermé 1er au 26 décembre et lundi)* (taverne-rest) *Lunch 17* – 23/30, carte 21/41 – **16 ch** ☕ ★50 – ★★82 – 3 suites – ½ P 65.
◆ Belle-époquehotel in Noordzeestijl aan een van de hoofdstraten van deze badplaats. Zeer schappelijk geprijsde kamers en gezinssuites. Café-restaurant met serre en terras. Gevarieerde kaart.
◆ Architecture "mer du Nord" évocatrice de la Belle Époque pour cet hôtel bordant l'une des grandes avenues de la station. Chambres et suites familiales cédées à prix souriants. Taverne-restaurant complétée par une véranda et une terrasse. Carte variée.

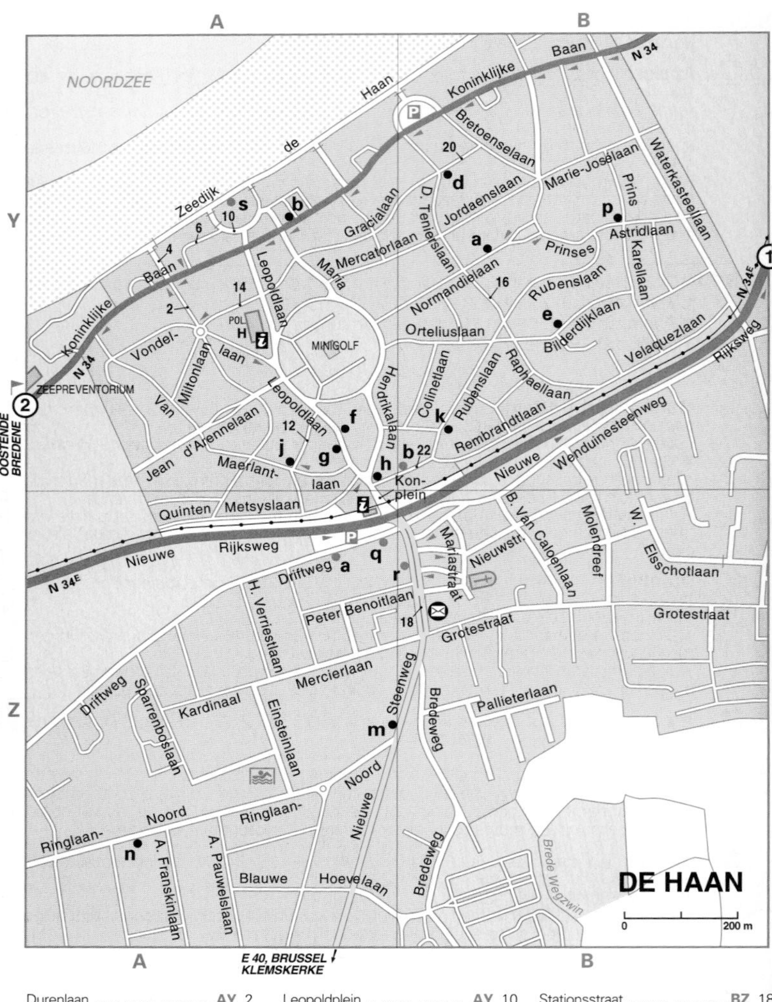

Durenlaan . . . . AY 2	Leopoldplein . . . . AY 10	Stationsstraat . . . . BZ 18
Durerhelling . . . . AY 4	Montaignelaan . . . . AY 12	Tollenslaan. . . . . BY 20
J. Ensorlaan. . . . . AY 6	Murillolaan . . . . AY 14	Van Eycklaan . . . . BY 22
	Schillerlaan . . . . BY 16	

Internos, Leopoldlaan 12, ✆ 0 59 23 35 79, *hotelinternos@skynet.be, Fax 0 59 23 54 43,* 🚲 – ✗, rest, P. AE MC VISA AY **g**

fermé 15 novembre-25 décembre – **Rest** *(fermé mercredi)* 18/33, carte 33/43 – **20 ch** ☕ 49/55 – 79/100 –½ P 55/65.

◆ Grote badvilla aan een drukke weg in het centrum, bij een midgetgolf. De kamers beneden zijn het best. De hele familie werkt mee in het hotel. Moderne brasserie met traditionele kaart en terras aan de achterkant.

◆ Dans le centre, grosse villa de style littoral ouvrant sur une avenue passante et un minigolf. Préférez les chambres du rez-de-chaussée. Fonctionnement familial. Au restaurant, carte traditionnelle, cadre moderne de type brasserie et terrasse arrière.

Grand Hotel Belle Vue, Koninklijk Plein 5, ✆ 0 59 23 34 39, *info@hotelbellevue.be, Fax 0 59 23 75 22,* – . AY h
Rest *(fermé mercredi) Lunch 18* – 40, carte 38/66 – **39 ch** – ✝75/80 – ✝✝95/170 – 1 suite – ½ P 110/115.

◆ Monumentaal hotel in Anglo-Normandische stijl uit 1910. De kamers worden in etappen gerenoveerd; die van de nieuwste lichting verdienen de voorkeur. Eigentijdse gerechten en suggesties, geserveerd in de lichte eetzaal in bistrostijl of op het beschutte terras.

◆ Bâtisse hôtelière monumentale d'esprit anglo-normand inaugurée en 1910. Chambres peu à peu rajeunies ; optez pour celles de la dernière génération. Carte actuelle et suggestions, présentées dans une lumineuse salle du genre bistrot ou sur la terrasse abritée.

Bon Accueil, Montaignelaan 2, ✆ 0 59 23 31 14, *info@bon-acueil.be, Fax 0 59 23 91 15,* , – , rest, . AY j
fermé dimanche – **Rest** *(fermé dimanche et lundi)* (dîner seult) 22/32, carte 33/44 – **16 ch** ✝48/55 – ✝✝66/85 – ½ P 53/60.

◆ In de twee oude huizen van dit hotelletje in een chique woonwijk wacht u inderdaad een "goed onthaal". Enkele kamers voor gezinnen. Ontbijt in de eetzaal of op het terras. Bijbehorende bistro met twee menu's.

◆ Deux maisons anciennes composent ce petit hôtel vous réservant un "bon accueil" dans ce quartier résidentiel. Quelques chambres familiales. Breakfast en salle ou en terrasse. Restaurant d'aspect bistrotier où l'on propose un duo de menus.

Bilderdijk sans rest, Bilderdijklaan 4, ✆ 0 59 23 62 00, *info@hotelbilderdijk.be, Fax 0 59 23 95 37,* , – . BY e
8 ch ✝57/60 – ✝✝66/76.

◆ Dit huis in een woonwijk biedt propere kamers in twee verschillende maten. Huiselijke sfeer, rustige tuin en energieke bazin.

◆ En secteur résidentiel, ex-maison d'habitation où l'on s'endort dans des chambres proprettes (deux tailles). Ambiance familiale, jardin de repos, patronne pleine d'allant.

Het Zonnehuis sans rest, Normandielaan 20, ✆ 0 475 71 98 65, *info@zonnehuis.eu, Fax 0 59 80 17 01,* , , – BY a
3 ch ✝125/140 – ✝✝130/170.

◆ Engels landhuis voor een rustig verblijf in een Britse ambiance, "so cosy". Kamers met een persoonlijke touch, verzorgd ontbijt en kunstig gesnoeide tuin met zwembad.

◆ Tranquillité et ambiance britannique très "cosy" en cette jolie villa plagiant un manoir anglais. Chambres personnalisées, breakfast soigné, piscine et buis taillés au jardin.

De Coqisserie sans rest, Koninklijke Baan 29, ✆ 0 59 43 00 43, *info@decoqisserie.be, Fax 0 59 43 50 90* – . AY b
3 ch ✝70/120 – ✝✝70/165.

◆ Modern huis met een centrale ligging. Grote kamers en volledig uitgeruste studio's (min. 2 nachten). Koffie en luxebroodjes verkrijgbaar in de theesalon eronder.

◆ Emplacement central pour cet hébergement de style contemporain. Grandes chambres et studios équipés (minimum 2 nuits). Viennoiseries et café du matin au tea-room d'en dessous.

Rabelais, Van Eycklaan 2, ✆ 0 59 43 33 99, *rabelais@pandora.be,* .
fermé 2 semaines en avril, 1 semaine fin août, 3 semaines en décembre, mardi soir et dimanche d'octobre à Pâques, lundi et mardi midi – **Rest** *Lunch 29* – 35/100 bc, carte 65/89, ♀. BY b

◆ Badvilla met een creatieve keuken in een neobarok interieur: cherubijntjes, vergulde zuilen, arabeskversieringen, enz. Teakhouten terras aan de voorkant.

◆ Cuisine créative proposée dans une villa balnéaire au décor intérieur néo-baroque : angelots, colonnes dorées à torsades, motifs d'arabesques, etc. Terrasse avant en teck.

Au Bien Venu, Driftweg 14, ✆ 0 59 23 32 54, *au.bien.venu@pandora.be, Fax 0 59 23 32 54* – . AZ a
fermé mardi et mercredi midi – **Rest** *Lunch 23* – 30/50, carte 41/75.

◆ Reserveer een tafel in de serre die uitkijkt op een plein met fonteinen en een schattig tramstationnetje. De eetzaal daarachter is klassieker.

◆ Réservez votre table dans la véranda donnant sur la place égayée de fontaines avec, pour toile de fond, une charmante gare de tram. Arrière-salle plus classiquement installée.

L'Espérance, Driftweg 1, ✆ 0 59 32 69 00, *esperance@telenet.be, Fax 0 59 32 69 01* – . AZ q
fermé 2e quinzaine janvier, dernière semaine juin, 2e quinzaine septembre, mardi et mercredi – **Rest** *Lunch 29* – 37, carte 48/59.

◆ Gebouw met een mooie gevel uit 1903 bij een tramstation uit dezelfde tijd. Moderne eetzaal met parket en Lloyd Loom-stoelen. Open keuken en eigentijdse kookstijl.

◆ Maison dont la belle façade de 1903 est braquée vers une gare de tram de la même époque. Salle moderne parquetée et meublée en Lloyd Loom, cuisine du moment, chef actif à vue.

Casanova, Zeedijk 15, ✆ 0 59 23 45 55, ≤, 㗊 – ⇔. MC VISA AY s
fermé 2 semaines en décembre et jeudi – **Rest** (en hiver déjeuner seult) *Lunch 13* – 38/50, carte 34/68.
◆ Spijzen met een zuidelijke tongval, om bij mooi weer van te genieten op het beschutte terras aan zee. Eigentijdse eetzaal met houten vloer, gevlochten stoelen en open keuken.
◆ Mets aux accents du Sud, à savourer face à la mer, dans un cadre contemporain ou dehors, bien à l'abri du vent. Plancher, sièges en fil tressé et fourneaux visibles en salle.

Cocagne, Stationsstraat 9, ✆ 0 59 23 93 28, *restaurant.cocagne@telenet.be* – MC VISA BZ r
fermé 1 semaine en décembre, mercredi et jeudi – **Rest** *Lunch 16* – 32/75 bc, carte 38/53.
◆ Oud pand in de hoofdstraat, dat vanbinnen is gerenoveerd in moderne bistrostijl. Eigentijdse keuken met de baas achter het fornuis en zijn vrouw in de bediening.
◆ Dans la rue principale, maison ancienne modernisée au-dedans en privilégiant une atmosphère de bistrot moderne. Cuisine d'aujourd'hui ; patron au piano et madame en salle.

à Klemskerke *Sud : 5,5 km* C *De Haan* – ✉ *8420 Klemskerke :*

De Kruidenmolen, Dorpsstraat 1, ✆ 0 59 23 51 78, 㗊 – P
fermé 2 semaines en mars, 2 semaines en novembre, mercredi et jeudi – **Rest** 35, carte 33/45.
◆ Deze oude molenaarswoning is nu een goed bekend restaurant. Licht, neorustiek interieur en uitstekend eten in een ontspannen bistrosfeer. De vervallen molen is gesloopt.
◆ Ex-logis de meunier devenu une table de bonne réputation locale. Cadre néo-rustique clair et ambiance détendue d'un "bistrot-gastro". Le vieux moulin, vétuste, a été détruit.

BELGIQUE

à Vlissegem *Sud-Est : 6,5 km* C *De Haan* – ✉ *8421 Vlissegem :*

Lepelem, Brugsebaan 16 (N 9), ✆ 0 59 23 57 49, 㗊 – P ⇔. AE MC VISA
fermé janvier, 3 semaines en juillet, lundi soir, mercredi et jeudi – **Rest** *Lunch 25* – 35/60, carte 30/79.
◆ Afgelegen herberg in de polders, aan de "palingroute" tussen Brugge en Oostende. Traditioneel-rustiek interieur en terras aan de achterkant. Klassieke, dagverse gerechten.
◆ Auberge isolée dans les polders, au bord de la "route de l'anguille", sur le tronçon Bruges-Ostende. Cadre rustico-traditionnel, terrasse arrière, cuisine classique du marché.

Vijfwege, Brugsebaan 12 (N 9), ✆ 0 59 23 31 96, 㗊, Anguilles – P
fermé 3 au 21 mars, 22 septembre-17 octobre, mardi et mercredi – **Rest** 25/33, carte 27/42.
◆ Smulpapen zijn dol op de paling en het ribstuk van het huis. Voor de lunch is het verstandig te reserveren, want leeg is het hier nooit! Goede bourgognes voor geen geld.
◆ Adresse où l'anguille (puisée au vivier) et la côte à l'os font la joie des gourmets. Pour déjeuner, pensez à réserver, car ça ne désemplit pas ! Jolis bourgognes à bon prix.

HABAY-LA-NEUVE *6720 Luxembourg belge* C *Habay 7 778 h.* **534** S 24 *et* **716** J 6. 13 **C3**

Bruxelles 185 – Arlon 14 – Bastogne 37 – Bouillon 55 – Neufchâteau 22 – Luxembourg 40.

à l'Est : *2 km par N 87, lieu-dit Pont d'Oye :*

Les Ardillières ⛰, r. Pont d'Oye 6, ✆ 0 63 42 22 43, *info@lesforges.be, Fax 0 63 42 28 52,* ≤, Fō, ≘s, 㗊 – P. MC VISA
fermé 31 décembre-24 janvier – **Rest** voir rest ***Les Plats Canailles de la Bleue Maison*** ci-après – **10 ch** ☕ ♦90/115 – ♦♦95/255 – ½ P 81/115.
◆ Charmant hôtel en pierres du pays blotti au creux d'un vallon boisé. La moitié des chambres, douillettes et "full equipment", profitent de l'environnement verdoyant.
◆ Charmant hotel gelegen in een bosrijk dal en opgetrokken uit de lokale steensoort. Behaaglijke kamers met volledige accomodatie en waarvan de helft uitkijkt op het groen.

Les Plats Canailles de la Bleue Maison - H. Les Ardillières, r. Pont d'Oye 7, ✆ 0 63 42 42 70, *info@lesplatscanaillesdelableuemaison.be, Fax 0 63 42 43 17,* ≤, 㗊 – P ⇔. MC VISA
fermé 1er au 24 janvier, 2 au 10 septembre et mardi – **Rest** *Lunch 19* – 33/68 bc, carte 47/64, ♀.
◆ Sémillante maison ancienne proposant de la cuisine "canaille" et au goût du jour dans un joli décor néo-rustique. Cheminée en salle et véranda côté ruisseau. Soirées à thème.
◆ Vrolijk oud pandje met een neorustiek interieur, waar eigentijdse Franse bistrogerechten worden geserveerd. Eetzaal met schouw en veranda met uitzicht op een beekje. Thema-avonden.

HAINE-ST-PAUL *Hainaut* **533** K 20, **534** K 20 *et* **716** F 4 – *voir à La Louvière.*

HALLE (HAL) *1500 Vlaams-Brabant* **533** K 18, **534** K 18 *et* **716** F 3 – *34 882 h.* 3 **B2**

Voir *Basilique★★ (Basiliek)* X.

Historisch Stadhuis, Grote Markt 1 ☎ 0 2 356 42 59, toerisme@halle.be, Fax 0 2 361 33 50.

Bruxelles 18 ① – Leuven 59 ② – Charleroi 47 ② – Mons 41 ④ – Tournai 67 ⑤.

HALLE

Albertstr. .... Z 2
Basiliekstr. .... Y
Beestenmarkt .... X 3
Bergensesteenweg .... Y, Z 4
Brusselsesteenweg .... X, Z 8
Dekenstr. .... X 12
Edingensesteenweg .... Z 13
E. Nerincxstr. .... Z 15
Grote Markt .... X 16
Jean Jacminstr. .... Z 17
Jean Laroystr. .... X 19
Jozef Michelstr. .... X 20
Klinkaert .... X 21
Kluisbos .... Z 23
Leopoldstr. .... Z 24
Louis Theunckensstr. .... Y 27
Louis van Beverenstr. .... X 25
Maandagmarkt .... Y 29
Melkstr. .... X 31
Mgr Senciestr. .... X 32
Nederhem .... X, Z 33
Nijverheidstr. .... Y 34
Oudstrijderspl. .... Y 36
O. de Kerchove d'Exaerdestr. .... Z 35
Possozpl. .... Y 38
Rodenemweg .... Z 40
R. Deboecklaan .... Y 39
St. Rochusstr. .... Y 41
van de Maelestr. .... X 28
Vondel. .... Y 45
Vuurkruisenstr. .... Y 47
V. Baetensstr. .... Y 44
v. d. Peereboomstr. .... Y, Z 37
Zuster Bernardastr. .... X 49

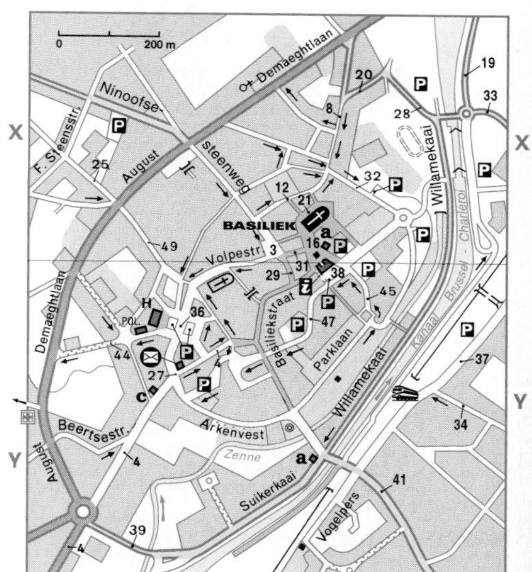

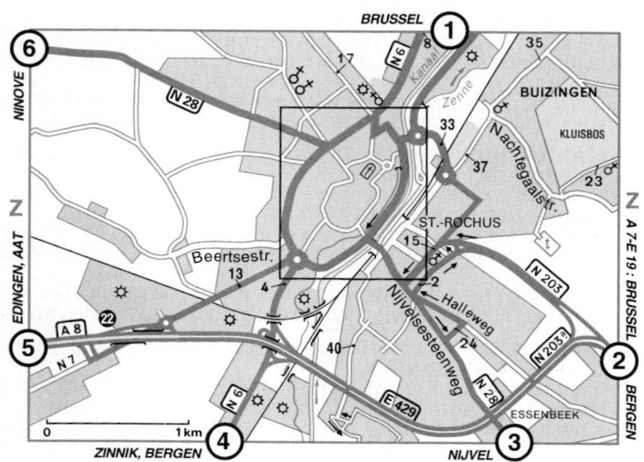

Les Eleveurs avec ch, Basiliekstraat 136, ☎ 0 2 361 13 40, *les.eleveurs@myonline.be, Fax 0 2 361 24 62*, – , rest, rest, . AE MC VISA Y a

Rest *(fermé première semaine janvier, 21 juillet-15 août, samedi midi, dimanche et lundi)* *Lunch 40* – 60/105 bc, carte 39/90, – **15 ch** 95/125 – 115/145 – ½ P 128/145.

◆ Deze herberg was het trefpunt van paardenfokkers, vandaar de naam. Zeer klassieke eetzaal en dito kaart, goed gevulde wijnkelder. De kamers in de dependance zijn het rustigst.

◆ Cette auberge doit son nom aux rendez-vous que s'y fixaient les éleveurs de chevaux. Salle ultraclassique, carte de même et cave bien remplie. Chambres plus calmes à l'annexe.

X **D'oude Drogisterij,** Grote Markt 28, ✆ 0 2 361 28 28, *info-resto@oudedrogisterij.be, Fax 0 2 361 48 02,* – . *fermé 1 semaine en mars, 2 semaines en septembre et lundis non fériés* – **Rest** Lunch 15 – 38/55 bc, carte 37/57. X a

• Brasserie in neoretrostijl in een voormalige drogisterij met een beeld van een olifant. Grote mezzanine en stadsterras. Zuurkool is de specialiteit.

• Brasserie au décor "néo-rétro" façon droguerie: vocation initiale de cette maison ornée d'une statue d'éléphant. Ample mezzanine et terrasse urbaine. Spécialité de choucroute.

X **Peking Garden,** Bergensesteenweg 50, ✆ 0 2 360 31 20, *Fax 0 2 360 31 20,* Cuisine chinoise – . *fermé 3 dernières semaines juillet et mercredi* – **Rest** 28/38, carte 22/58. Y c

• Dit Chinese restaurant in het centrum wordt al 20 jaar door een familie gerund. Grote, vrij sobere eetzaal in eigentijdse Chinese stijl. Keur van Chinese specialiteiten.

• Table asiatique tenue en famille depuis près de 20 ans au centre de Halle. Grande salle de style "sino-contemporain" assez sobre et large assortiment de spécialités chinoises.

HALMA *Luxembourg belge* **534** P 22 *et* **716** I 5 – *voir à Wellin.*

HAM *3945 Limburg* **533** P 16 *et* **716** I 2 – *9 705 h.* 10 **A2**

Bruxelles 78 – Hasselt 25 – Antwerpen 50.

XX **The Fox** avec ch, Genendijkerveld 5 (Sud-Est : 4 km, lieu-dit Genendijk), ✆ 0 13 66 48 50, *welnessfox@gmail.com, Fax 0 13 67 28 33,* – rest, . **Rest** *(fermé juillet et jeudi)* (dîner seult sauf dimanche) 25/38, carte 28/48 – **8 ch** 70 – 97 – ½ P 49/87.

• Dit hotel in een rustige woonwijk met veel groen wordt door een familie gerund. Neo-rustieke eetzaal, veranda, kamers, wellness center en park met sauna-chalets.

• Hostellerie familiale située dans un quartier résidentiel verdoyant. Salle à manger néo-rustique, véranda, chambres, centre de bien-être et parc agrémenté de chalets-saunas.

HAMME *9220 Oost-Vlaanderen* **533** N 18 *et* **716** F 2 – *23 232 h.* 17 **D2**

Bruxelles 38 – Gent 36 – Antwerpen 29.

Het Zoete Water sans rest, Damstraat 64, ✆ 0 52 47 00 92, *info@hetzoetewater.be, Fax 0 52 47 00 93* – . *fermé vacances Noël* – 8 – **8 ch** 75/90 – 90/140.

• Dit hotel in een art-decogebouw is vanbinnen met smaak gerenoveerd. Mooie, goed geëquipeerde kamers, aangename gemeenschappelijke ruimten en persoonlijk getint onthaal.

• Jolie bâtisse Art déco dont l'intérieur a subi une rénovation sans faute de goût. Accueil personnalisé, parties communes agréables à vivre et chambres avenantes bien équipées.

XXX **De Plezanten Hof,** Driegoten 97 (près de l'Escaut-Schelde), ✆ 0 52 47 38 50, *info@plezantenhof.com, Fax 0 52 47 86 56,* – . *fermé 26 août-12 septembre, 23 décembre-9 janvier, mardi de septembre à avril, dimanche soir et lundi* – **Rest** Lunch 58 bc – 60/105 bc, carte 84/116.

• Traditioneel uitziend pand aan de Schelde, met een romantische tuin, waar men 's zomers heerlijk kan tafelen. Vernieuwende en persoonlijke kookstijl; prestigieuze wijnkelder.

• En bord d'Escaut, belle maison d'aspect traditionnel agrémentée d'un jardin romantique servant de restaurant d'été. Cuisine novatrice et personnalisée ; cave prestigieuse.

XX **Ter Schroeven,** Dendermondse Steenweg 15 (Sud : 2 km sur N 470), ✆ 0 52 47 61 31, *Fax 0 52 47 61 31,* – . *fermé lundi, mardi, mercredi et samedi midi* – **Rest** Lunch 32 – 41/74 bc, carte 37/69.

• Grote villa uit de 2e helft van de 20e eeuw in een verzorgde omgeving. Eetzaal met rotanmeubelen, verhoogd terras aan de voorkant, klassieke kaart en creatief maandmenu.

• Grande villa aux abords soignés élevée dans la seconde moitié du 20e s. Salle meublée en rotin, terrasse avant surélevée, carte classique et menu créatif revu chaque mois.

à Moerzeke *Sud-Est : 4 km* C *Hamme* – ✉ *9220 Moerzeke :*

X **'t Jachthuis,** Bootdijkstraat 88, ✆ 0 52 48 02 91, *jachthuis.hamme@skynet.be, Fax 0 52 48 11 91,* – . *fermé 1 semaine carnaval, première semaine juillet, 1 semaine Toussaint, lundi, mardi et mercredi* – **Rest** Lunch 23 – 34/60 bc, carte 36/61.

• Deze oude boerderij aan de rand van het dorp is verbouwd tot een sfeervol restaurant. Op de menukaart staan naast het klassieke repertoire ook enkele eigentijdse gerechten.

• Un peu cachée aux abords du village, ancienne ferme transformée en une table intime et accueillante. Offre classique enrichie de préparations un peu plus contemporaines.

HAMONT-ACHEL *3930 Limburg* **533** S 15 *et* **716** J 2 – *13 770 h.* 11 **C1**

Bruxelles 107 – Hasselt 43 – Eindhoven 28.

Villa Christina sans rest, Stad 4, ☎ 0 11 57 55 84, *info@villachristina.be, Fax 0 11 66 43 01* – AE MC VISA.
10 ch ☕ 65/95 – 80/110.
• Smaakvol gerenoveerd herenhuis uit de 18e eeuw. Nostalgische sfeer, authentieke decoratieve elementen en klassiek Italiaans meubilair in de gemeenschappelijke ruimten en kamers van het hoofdgebouw.
• Ensemble du 18e s. rénové avec goût. Ambiance nostalgique, éléments décoratifs d'époque et mobilier classique italien dans les espaces communs et chambres du corps de logis.

à Achel *Ouest : 4 km* C *Hamont-Achel* – ✉ *3930 Achel :*

Koeckhofs, Michielsplein 4, ☎ 0 11 64 31 81, *info@koeckhofs.be, Fax 0 11 66 24 42*, – AE MC VISA. rest
fermé 1er au 8 janvier et dimanche – **Rest** *(fermé samedi midi, dimanche et lundi) Lunch 35* – 50/85 bc, carte 47/70 – **16 ch** ☕ 73 – 95/130 – ½ P 75.
• Modern gebouw in het centrum van een plaatsje net over de Belgische grens. Gezellige lounge-bar, ruime kamers met zithoek en lichte ontbijtzaal. Restaurant met een grote, klassieke eetzaal en een eigentijdse keuken. Goed all-in menu.
• Bâtisse moderne située au centre d'une localité proche de la frontière hollandaise. "Lounge-bar" cosy, vastes chambres avec coin salon, lumineuse salle de breakfast. Cuisine actuelle à apprécier dans une ample salle de style classique. Beau menu "all-in".

HAM-SUR-HEURE *6120 Hainaut* C *Ham-sur-Heure-Nalinnes 13 396 h.* **533** L 21, **534** L 21 *et* **716** G 5. 7 **D2**

Bruxelles 75 – Mons 49 – Beaumont 17 – Charleroi 16.

Le Pré Vert, r. Folie 24, ☎ 0 71 21 56 09, *Fax 0 71 21 50 15*, – P. MC VISA
fermé fin août-début septembre, dimanche soir, lundi et mardi – **Rest** *Lunch 27* – 30/57 bc, carte 24/45.
• Entrez en confiance dans ce restaurant traditionnel - par son décor champêtre, sa carte et sa clientèle - tenu en famille depuis 1980 aux abords de Ham. Terrasse côté jardin.
• Betrouwbaar restaurant aan de rand van Ham, dat sinds 1980 door een familie wordt gerund. Rustieke inrichting, traditionele kaart en vaste clientèle. Tuin met terras.

HANNUT (HANNUIT) *4280 Liège* **533** P 18, **534** P 18 *et* **716** I 3 – *14 291 h.* 8 **A1**

rte de Grand Hallet 19a ☎ 0 19 51 30 66, Fax 0 19 51 53 43.

Bruxelles 60 – Liège 43 – Hasselt 38 – Namur 32.

Les Comtes de Champagne, chaussée de Huy 23, ☎ 0 19 51 24 28, *lescomtesdechampagne@skynet.be, Fax 0 19 51 31 10*, – P. AE MC VISA
fermé carnaval, dernière semaine juillet-première semaine août, samedi midi, dimanche soir, lundi soir, mercredi et jeudi soir – **Rest** *Lunch 25* – 35/75 bc, carte 45/55.
• Confortable villa de l'entre-deux-guerres où un chef-patron vous convie à goûter sa cuisine du moment. Terrasse d'été dans un grand jardin arboré et clos de grilles.
• In deze comfortabele villa uit het interbellum hanteert de chef-kok een eigentijdse kookstijl. Zomerterras in een grote, afgesloten tuin met bomen.

HANSBEKE *9850 Oost-Vlaanderen* C *Nevele 11 217 h.* **533** G 16 *et* **716** D 2. 16 **A2**

Bruxelles 75 – Gent 18 – Brugge 37.

't Oud Gemeentehuis, Vaartstraat 2, ☎ 0 9 371 47 10, *info@oudgemeentehuis.be*, – P
fermé deuxième semaine Pâques, deux dernières semaines septembre, vacances Noël, samedi midi, dimanche et jours fériés – **Rest** *Lunch 15* – 36, carte 37/64.
• Dit charmante boerderijtje was vroeger het gemeentehuis. Traditioneel klassieke kaart met grillspecialiteiten. 's Zomers zorgen de platanen voor een Zuid-Franse sfeer.
• Charmante fermette rustique au passé de maison communale. Choix classico-traditionnel, grillades à la braise de la cheminée et, l'été, ambiance méridionale sous les platanes.

HAN-SUR-LESSE *Namur* **534** Q 22 *et* **716** I 5 – *voir à Rochefort.* 15 **C2**

In grote steden is het vaak moeilijk om een plaats voor de auto te vinden. Kijk naar de adressen met het symbool want daar kunt u gebruik maken van een valet service.

BELGIQUE

HASSELT 3500 P Limburg **533** Q 17 et **716** I 3 – 70 035 h. 10 **B2**

Musée : *national du genièvre★ (Nationaal Jenevermuseum)* Y **M**[1].

Env. *par ⑦ : Bokrijk★ : Domaine récréatif★ et Openluchtmuseum★ (Musée de plein air).*

Vissenbroekstraat 15 ☎ 0 11 26 34 82, Fax 0 11 26 34 83 - par ⑤ : 9 km à Lummen, Golfweg 1b ☎ 0 13 52 16 64, Fax 0 13 52 17 69 - par ① : 12,5 km à Houthalen, Golfstraat 1 ☎ 0 89 38 35 43, Fax 0 89 84 12 08 - par ⑧ : 19 km à Paal, Donckstraat 30 ☎ 0 13 61 89 50, Fax 0 13 61 89 49.

Stadhuis, Lombaardstraat 3 ☎ 0 11 23 95 40, toerisme@hasselt.be, Fax 0 11 22 50 23 – Fédération provinciale de tourisme, Willekensmolenstraat 140 ☎ 0 11 23 74 50, info@toerismelimburg.be, Fax 0 11 23 74 66.

Bruxelles 82 ⑥ – Antwerpen 77 ⑧ – Liège 42 ④ – Eindhoven 59 ① – Maastricht 33 ④.

Radisson SAS, Torenplein 8, ☎ 0 11 77 00 00, *info.hasselt@radissonsas.com, Fax 0 11 77 00 99,* – ch, – . AE MC VISA Z b

Rest Koper *(fermé samedi midi et dimanche soir)* carte 30/48 – **124 ch** ★95/135 – ★★95/150 – 2 suites.

◆ Tour administrative des années 1970 récemment convertie en hôtel de chaîne ultramoderne. Une reproduction d'une toile inspirée de la peinture de Van Eyck orne chaque chambre. Cuisine au goût du jour servie dans une ambiance chaleureuse et branchée au Koper.

◆ Deze torenflat uit de jaren 1970 is onlangs verbouwd tot een ultamodern ketenhotel. In alle kamers hangt een reproductie van een schilderij van Van Eyck. In Koper worden eigentijdse gerechten geserveerd in een sfeervolle en trendy ambiance.

Holiday Inn, Kattegatstraat 1, ☎ 0 11 24 22 00, *hotel@holiday-inn-hasselt.com, Fax 0 11 22 39 35,* – ch, – . AE MC VISA. rest Y a

Rest *(fermé samedi midi)* (avec buffets) *Lunch 20 bc* – 33/45 bc, carte 30/42 – 18 – **107 ch** ★90/195 – ★★90/195 – ½ P 133/238.

◆ Dit moderne hotel ligt naast het Modemuseum en ook vlak bij het Jenevermuseum. Grote lobby en ruime kamers die in 2004 zijn gerenoveerd. Eetzaal met verschillende verdiepingen. Buffetten en eigentijdse kaart met menu.

◆ Cette bâtisse hôtelière de style contemporain voisine avec le musée de la mode et est également proche du musée du Genièvre. Vaste lobby ; grandes chambres rénovées en 2004. Salle de restaurant agencée sur plusieurs niveaux. Buffets et menu-carte actualisé.

Hassotel, St-Jozefstraat 10, ☎ 0 11 23 06 55, *info@hassotel.be, Fax 0 11 22 94 07,* – ch – . AE MC VISA. Z d

Rest 38/60 bc, carte 29/38 – **40 ch** ★70/93 – ★★90/186 – ½ P 70.

◆ Flatgebouw uit de jaren 1980 bij de Ring die om het centrum van deze hoofdstad van Belgisch Limburg loopt. Ruime, functionele kamers die aan de achterkant wat rustiger zijn. Traditionele kaart met salades en pasta's in het restaurant. Terras op de stoep.

◆ Immeuble des années 1980 posté au bord du ring enserrant le centre de la capitale du Limbourg belge. Chambres spacieuses et fonctionnelles, plus calmes à l'arrière. Une carte traditionnelle avec salades et pâtes est présentée au restaurant. Terrasse urbaine.

Portmans sans rest, Minderbroederstraat 12 (Walputsteeg), ☎ 0 11 26 32 80, *hotel.portmans@walputsteeg.com, Fax 0 11 26 32 81* – . AE MC VISA Y r

14 ch ★70/90 – ★★75/95.

◆ De ingang van dit hotel bevindt zich in een passage (restaurants) tussen de Grote Markt en een winkelstraat. Vanuit het moderne atrium gaat u per glazen lift naar de kamers.

◆ Hôtel dont l'entrée se cache dans un passage (restaurants) qui relie le Grote Markt à une rue commerçante. Atrium moderne avec ascenseur panoramique desservant les chambres.

Express by Holiday Inn sans rest, Thonissenlaan 37, ☎ 0 11 37 93 00, *hotel@express-hihasselt.com, Fax 0 11 37 93 01* – – . AE MC VISA Y d

89 ch ★50/102 – ★★50/102.

◆ Dit ketenhotel bij de ringweg biedt kamers in frisse kleuren die er tiptop uitzien; die aan de achterkant zijn het rustigst.

◆ Cet établissement de chaîne implanté au bord du ring ceinturant la ville renferme de pimpantes chambres aux tons frais. Les plus calmes se distribuent à l'arrière du bâtiment.

Kattegatt, Congostraat 9, ☎ 0 11 21 44 21, *info@kattegatt.be, Fax 0 11 21 44 21,* – . AE MC VISA. Y c

fermé mi-septembre-début octobre – **Rest** *(fermé lundi, mardi et mercredi)* (avec cuisine scandinave, dîner seult sauf vendredi) *Lunch 10* – carte 27/49 – 7 – **4 ch** ★38/43 – ★★65.

◆ Dit leuke guesthouse wordt gerund door een Belgisch-Zweeds stel. Grote functionele kamers met een kleurige, moderne inrichting, alle voorzien van een kitchenette. Bistro met Scandinavische specialiteiten; warm interieur in een mix van uiteenlopende stijlen.

◆ Un couple belgo-suédois tient cette "guesthouse" sympathique. Grandes chambres fonctionnelles au cadre moderne coloré, toutes équipées d'une kitchenette. Bistrot misant sur des spécialités scandinaves dans un chaleureux décor de style très composite.

HASSELT

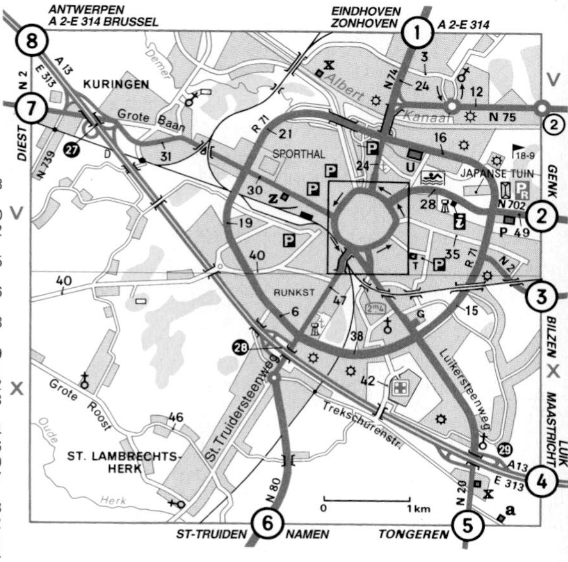

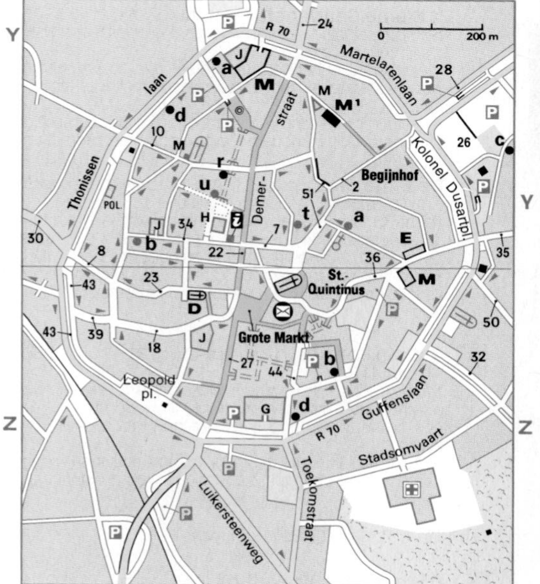

XXXX **Figaro,** Mombeekdreef 38, ☎ 0 11 27 25 56, *figaro@figaro.be, Fax 0 11 27 31 77,* ←, 🏛 – P. ⇔. AE MC VISA X a

fermé 1er au 20 août, lundi et mercredi – **Rest** *Lunch 45* – 60/70, carte 53/82, ♀.

◆ Deze villa is een lust voor het oog: mooie modern-klassieke zalen, verzorgde tuin en charmant terras met waterpartij. De kaart is geïnspireerd op de avant-garde. Goede wijnen.

◆ Villa conçue pour le plaisir des yeux : jardin bichonné, belles salles classico-modernes et charmante terrasse avec pièce d'eau. Mets inspirés par l'avant-garde. Vins choisis.

XXX **'t Claeverblat,** Lombaardstraat 34, ✆ 0 11 22 24 04, *info@claeverblat.be, Fax 0 11 23 33 31* – . AE VISA. Y b
fermé 23 août-19 septembre, jeudi, samedi midi et dimanche – **Rest** 60/99 bc, carte 51/81.
• Dit klassiek ingerichte restaurant wordt sinds 1976 geleid door een vrouwelijke chef-kok. Verzorgd onthaal, mooie menu's (inclusief drank) en een goede selectie Franse wijnen.
• Une cuisinière dirige depuis 1976 les fourneaux de ce restaurant classiquement aménagé. Accueil soigné, jolis menus boissons incluses, bonne sélection de vins de France.

XXX **Jer,** Persoonstraat 16, ✆ 0 11 26 26 47, *info@jer.be, Fax 0 11 26 26 48*, – . AE VISA. Y a
fermé lundi, mardi et samedi midi – **Rest** Lunch 29 – 33/88 bc, carte 49/88.
• JER staat voor "Just Eat Right"! Eigentijdse keuken in een modern-klassiek interieur met open haard en sfeerlicht. Weelderig groen terras aan de achterkant.
• JER pour "Just Eat Right" ! Cuisine actuelle servie dans un cadre classique-moderne à l'éclairage tamisé. Cheminée et ambiance bougies en salle ; terrasse verte à l'arrière.

XX **Aan Tafel bij Luc Bellings,** Luikersteenweg 358, ✆ 0 11 22 84 88, *info@lucbellings.be, Fax 0 11 23 30 90*, – . VISA. X x
fermé 2 au 11 janvier, 1 semaine après Pâques, 13 au 30 juillet, dimanche de mai à septembre, mardi d'octobre à avril, samedi midi et lundi – **Rest** Lunch 32 – 60/125 bc, carte 66/82.
Spéc. Roulade de thon aux langoustines et concombre. Cuisson lente de pigeonneau aux haricots verts et lardons. Fantaisie de fruits régionaux (juin-septembre).
• Modern restaurant in een pand dat door het portaal met balustrade, de kruisvensters en het mansardedak doet denken aan classicistische Franse villa's. Eigentijdse keuken.
• Maison dont le parvis à balustrade, les fenêtres à croisillons et le toit à la Mansart évoquent les villas classiques françaises. Intérieur moderne ; cuisine actuelle soignée.

BELGIQUE

XX **'t Kleine Genoegen,** Raamstraat 3, ✆ 0 11 22 57 03 – . Y t
fermé 2e semaine vacances Pâques, 3 dernières semaines juillet, lundi et mardi – **Rest** Lunch 17 – 39/69 bc, carte 51/68.
• Restaurant in het centrum, in een 17e-eeuws pand dat vroeger een vrouwengasthuis was. Het lichte en moderne interieur met mezzanine geeft het gevoel van een open ruimte.
• Restaurant du centre-ville tirant parti d'un bâtiment du 17e s., jadis hôpital de femmes. L'intérieur, clair et moderne, avec mezzanine, produit un sentiment d'espace ouvert.

X **De Egge,** Walputstraat 23, ✆ 0 11 22 49 51, *de.egge@versateladsl.be, Fax 0 11 22 49 51* – . AE VISA Y u
fermé 30 juin-15 juillet, mercredi et dimanche – **Rest** (dîner seult) 33/52 bc, carte 38/46.
• Seizoengebonden gerechten, geserveerd in een rustieke eetzaal (baksteen, balken, rieten stoelen). Voordelige menu's en huiselijke sfeer. Vlak bij het gemeentehuis.
• Repas de saison dans un cadre rustique (briques, poutres, parquet, chaises en fibre végétale tressée). Menus à bon prix, ambiance familiale, voisinage de la maison communale.

X **'t Klein Fornuis,** Kuringersteenweg 80, ✆ 0 11 87 37 28, *info@hetkleinefornuis.be*, – . VISA V z
fermé mercredi soir, samedi midi et dimanche – **Rest** Lunch 25 – 40/68 bc, carte 46/61.
• Achter de bakstenen gevel van dit oude huis aan een drukke, doorgaande weg gaat een kleine, verzorgde eetzaal schuil met daarachter een terras. Klassiek-traditionele keuken.
• Au bord d'un axe passant, maison ancienne à façade en briques dissimulant une petite salle à manger bien soignée et prolongée par une terrasse. Table classico-traditionnelle.

à Kuringen C *Hasselt* – ✉ *3511 Kuringen* :

XX **Orangerie 't Krekelhof,** Rechterstraat 6, ✆ 0 11 22 28 12, *info@orangerie-krekelhof.be*, – . VISA V x
fermé samedi midi, dimanche midi, lundi, mardi et mercredi – **Rest** Lunch 30 – 35/65 bc, carte 47/65.
• Restaurant op de bovenverdieping van een grote villa aan het Albertkanaal. Ruime, rustige eetzaal in ivoorkleur met moderne schilderijen. Het all-in menu is zeer in trek.
• À l'étage d'une grande villa alanguie au bord du canal Albert, ample et apaisante salle à manger couleur ivoire, rehaussée de toiles modernes. Menu "all in" très demandé.

à Lummen *par ⑧ : 9 km – 13 691 h. – ✉ 3560 Lummen :*

Interhotel, Klaverbladstraat 7 (près de l'échangeur E 314 - A 2 / E 313 - A 13), ✆ 0 13 52 16 16, *info@intermotel.be, Fax 0 13 52 20 78,* – – – . AE MC VISA.
fermé 26 décembre-1er janvier – **Rest** *Lunch 18* – 30, carte 18/39 – **52 ch** ☐ ★55/70 – ★★70/135 – ½ P 88/100.
◆ Het interieur van dit hotel is gerenoveerd in eigentijdse stijl, sober maar smaakvol. Gezellige lobby en prettige ontbijtruimte. Een aantal kamers zijn gerenoveerd. Traditionele maaltijd in een hedendaags interieur. Lekkere brunch op zondagmiddag.
◆ Bâtisse hôtelière modernisée intérieurement dans un style contemporain sobre et avenant. Lobby "sympa" et espace petits-déjeuners agréable. Deux générations de chambres. Repas traditionnel dans un décor actuel. Formule brunch attrayante le dimanche midi.

XXX **Hoeve St. Paul** (Tony Robyns), Rekhovenstraat 20 (sortie ㉖ sur E 314 - A 2 direction Herk-de-Stad ; après rond-point 1re rue à gauche), ✆ 0 13 52 14 15, *info@hoeve-st-paul.be, Fax 0 13 52 14 20,* – P. AE MC VISA
fermé 2e quinzaine juillet, 26 décembre-14 janvier, lundi, mardi, jeudi soir et samedi midi – **Rest** *Lunch 39* – 80/135 bc, carte 70/85.
Spéc. Trio de fruits de mer sur lit de pommes de terre à la truffe, beurre blanc au vinaigre de vin blanc. Filet de porc et Saint-Jacques braisés au chou-navet, jeunes pousses d'épinard, beurre nantais. Ananas confit au beurre, fruits de la passion, sorbet de yuzu, chocolat fondant.
◆ Goed klassiek restaurant in een schitterende vakwerkboerderij (1750). Elegante rustieke eetzalen en mooi terras met rotanmeubelen aan de tuinzijde. Vakkundige sommelier.
◆ Bonne table classique installée dans une ravissante ferme à colombages (1750). Salles rustiques élégantes, mezzanine et jolie terrasse en rotin côté jardin. Sommelier avisé.

à Romershoven *Sud-Est : 10 km* Ⓒ *Hoeselt 9 265 h. – ✉ 3730 Romershoven :*

XXX **Ter Beuke,** Romershovenstraat 148, ✆ 0 89 51 18 81, *terbeuke@skynet.be, Fax 0 89 51 11 06,* ←, – P. AE MC VISA.
fermé mercredi, samedi midi et dimanche soir – **Rest** *Lunch 37* – 48/86 bc, carte 49/71.
◆ Rustiek gebouw in een dorpje. Vanaf het terras in de tuin en door de grote ramen in de eetzaal ontvouwt zich een landelijk uitzicht. Eigentijdse keuken en goede bourgognes.
◆ Bâtisse d'aspect rustique nichée dans un petit village. Carte actuelle, grands bourgognes et vue agreste depuis la jolie terrasse du jardin, comme par les baies de la salle.

à Stevoort *par ⑦ : 5 km jusqu'à Kermt, puis rte à gauche* Ⓒ *Hasselt – ✉ 3512 Stevoort :*

Het Koetshuis sans rest, Sint-Maartenplein 56, ✆ 0 11 74 44 78, *info@koetshuis.be, Fax 0 11 74 44 78,* – P.
fermé janvier – **5 ch** ☐ ★50 – ★★80.
◆ Dit oude koetshuis in een dorp tussen de Kempen en Haspengouw is mooi verbouwd tot gastenverblijf. Moderne studio's met authentiek gebinte. Grote tuin.
◆ Dans un village entre Campine et Hesbaye, ex-remise à chariots promue maison d'hôte au terme d'une rénovation soignée. Studios modernes avec charpente ancienne. Grand jardin.

HASTIÈRE-LAVAUX *5540 Namur* Ⓒ *Hastière 5 230 h.* 533 N 21, 534 N 21 *et* 716 H 5. 14 B2

Bruxelles 100 – Namur 42 – Dinant 10 – Philippeville 25 – Givet 9.

XX **Le Chalet des Grottes** avec ch, r. Anthée 52, ✆ 0 82 64 41 86, *Fax 0 82 64 57 55,* – P. AE MC VISA
fermé mi-janvier-mi-février, lundi soir et mardi – **Rest** 25/100 bc, carte 38/64, – **3 ch** ☐ ★50 – ★★75 – ½ P 83/95.
◆ Chalet aux abords boisés œuvrant depuis 1975 au voisinage des grottes. Décor néo-rustique, table classique actualisée et cave bien fournie. Chambres avec terrasse privative.
◆ Dit chalet in een bosrijke omgeving bij de grotten werd in 1975 geopend. Neorustiek interieur, modern-klassieke keuken en rijk gevulde wijnkelder. Kamers met eigen terras.

à Hastière-par-Delà *Sud : 2 km* Ⓒ *Hastière – ✉ 5541 Hastière-par-Delà :*

Le Val des Colverts, rte de Blaimont 8, ✆ 0 82 64 45 48, *info@levaldescolverts.be, Fax 0 82 64 57 84,* – P. AE MC VISA
fermé mi-janvier-mi-février – **Rest** *(fermé mercredi soir et jeudi sauf vacances scolaires)* (taverne-rest) *Lunch 15* – 25/33, carte 25/37, ♀ – **8 ch** ☐ ★50/62 – ★★67/75 – ½ P 60/70.
◆ Auberge dont la façade blanche animée de marquises rouges capte volontiers le regard. Chambres parées de tissus coordonnés aux tons frais. Typique petit café villageois. Taverne-restaurant toute indiquée pour un repas sans prise de tête.
◆ Deze herberg springt in het oog door de rode markiezen op de witte gevel. Kamers met frisse kleuren en bijpassende stoffen. Typisch dorpscafeetje en een restaurant dat garant staat voor een smakelijke maaltijd zonder poespas.

BELGIQUE

HASTIÈRE-PAR-DELÀ *Namur* **533** O 21, **534** O 21 *et* **716** H 5 – *voir à Hastière-Lavaux.* 14 **B2**

HAVELANGE *5370 Namur* **533** Q 20, **534** Q 20 *et* **716** I 4 – *4 844 h.* 15 **D1**
Bruxelles 98 – Namur 39 – Arlon 123 – Liège 44.

Le Hobereau de Barsy ⑤, r. Barsy 34a (Ouest : 5 km, lieu-dit Barsy), ☎ 0 83 21 82 93, *info@hoberau.be, Fax 0 83 21 82 94,* ≤, ⛱, ⛱, 🚲 – ⇆ P. ✗
Rest (dîner pour résidents seult) – **5 ch** ☐ ✝70/95 – ✝✝98/130.
◆ Près du clocher de Barsy, belle ferme condruzienne (19e s.) convertie en maison d'hôte par un couple hollandais. Chambres personnalisées, salon, terrasse et piscine sur cour.
◆ Deze 19e-eeuwse boerderij bij de kerktoren van Barsy werd door een Nederlands stel tot maison d'hôte verbouwd. Prettige kamers, salon, terras en zwembad op de binnenplaats.

HÉBRONVAL *Luxembourg belge* **533** T 21 *et* **534** T 21 – *voir à Vielsalm.* 13 **C1**

HEIST *West-Vlaanderen* **533** E 14 *et* **716** C 1 – *voir à Knokke-Heist.* 19 **C1**

HEKELGEM *1790 Vlaams-Brabant* C *Affligem 11 956 h.* **533** J 17 *et* **716** F 3. 3 **A2**
Bruxelles 22 – Leuven 54 – Aalst 6 – Charleroi 75 – Mons 79.

XXX **Anobesia,** Brusselbaan 216 (N 9), ☎ 0 53 68 07 69, *anobesia@skynet.be, Fax 0 53 66 59 25,* ⛱ – P ⇔. AE ⓓ ⓜⓒ VISA. ✗
fermé 2 dernières semaines août - première semaine septembre, samedi midi, dimanche soir, lundi soir et mardi – **Rest** 38/90 bc, carte 50/86.
◆ Villa uit de jaren 1930 met een terras aan de tuinzijde en een serre in retrostijl voor het aperitief en groepsmaaltijden. Eigentijdse, seizoengebonden keuken.
◆ Villa des années 1930 agrémentée d'une terrasse côté jardin et d'une véranda d'esprit rétro utilisée pour l'apéritif et les repas en groupe. Cuisine saisonnière contemporaine.

Wilt u kiezen tussen twee gelijkwaardige adressen?
In elke categorie geven wij de adressen op in de volgorde van onze voorkeur met als eerste de bedrijven die wij warm aanbevelen.

HERBEUMONT *6887 Luxembourg belge* **534** Q 24 *et* **716** I 6 – *1 511 h.* 12 **B3**
Voir *Château : du sommet* ≤★★.
Env. *à l'Ouest : 11 km, Roches de Dampire* ≤★.
Bruxelles 170 – Arlon 55 – Bouillon 24 – Dinant 78.

Hostellerie du Prieuré de Conques ⑤, r. Conques 2 (Sud : 2,5 km), ✉ 6820 Sainte-Cécile, ☎ 0 61 41 14 17, *info@conques.be, Fax 0 61 41 27 03,* ≤, ⛱, ⛱, 🚲, – ⇆ P – 🏛. AE ⓓ ⓜⓒ VISA. ✗
ouvert 7 mars-décembre ; fermé 24 août-4 septembre, mardi, mercredi midi et après 20 h 30 – **Rest** Lunch 32 – 39/60, carte 39/58, ♀ – **15 ch** ☐ ✝95/117 – ✝✝114/136 – 3 suites – ½ P 92/112.
◆ Dans un paysage de collines et de forêts, ancien prieuré (1732) et son agréable parc bordé par la Semois, où subsiste un tilleul de 400 ans. Chambres personnalisées en annexe. Repas au goût du jour sous les voûtes d'une salle classique cossue.
◆ Oude priorij (1732) met park temidden van heuvels en bossen, aan de oever van de Semois met een 400 jaar oude linde. Kamers met een persoonlijke toets in de dependance. Eigentijdse keuken onder het gewelf van een weelderig klassieke eetzaal.

HERENTALS *2200 Antwerpen* **533** O 15 *et* **716** H 2 – *26 071 h.* 2 **C2**
Voir *Retable★ de l'église Ste-Waudru (St-Waldetrudiskerk).*
⛳ *au Nord : 8 km à Lille, Haarlebeek 3* ☎ *0 14 55 19 30, Fax 0 14 55 19 31* - ⛳ *au Sud : 5 km à Noorderwijk, Witbos* ☎ *0 14 26 21 71, Fax 0 14 26 60 48.*
ℹ *Grote Markt 41,* ☎ *0 14 21 90 88, toerisme@herentals.be, Fax 0 14 22 28 56.*
Bruxelles 70 – Antwerpen 30 – Hasselt 48 – Turnhout 24.

De Zalm, Grote Markt 21, ☎ 0 14 28 60 00 et 0 14 28 60 20 (rest), *hotel@dezalm.be, Fax 0 14 28 60 10,* ⛱, 🚲 – |‡| ⇆ – 🏛. AE ⓓ ⓜⓒ VISA. ✗
Rest (avec taverne-rest) 26/50, carte 21/42 – **24** ch ☐ ✝70/80 – ✝✝85/95 – ½ P 60/106.
◆ Dit karakteristieke hotel aan de Grote Markt is in hedendaagse stijl gerenoveerd. Moderne kamers, auditoriums, sfeervol traditioneel café en terras op de binnenplaats.
◆ Sur le Grote Markt, bâtisse ancienne et typée rénovée dans l'esprit contemporain. Chambres modernes, auditoriums, taverne traditionnelle au fort cachet et terrasse sur cour.

't Ganzennest, Watervoort 68 (direction Lille : 1 km, puis à droite), ✆ 0 14 21 64 56, *peterdewinter@pandora.be, Fax 0 14 21 82 36,* – P. VISA
fermé lundi et mardi – **Rest** *Lunch 20* – 27/62 bc, carte 26/47, ♀.
◆ Dit ietwat verscholen plattelandsboerderijtje valt in de smaak vanwege de traditionele kaart en het aanlokkelijke maandmenu met veel keus. Neorustiek interieur zonder franje.
◆ Cette fermette un peu cachée dans la campagne est appréciée pour sa carte traditionnelle et son appétissant menu-choix mensuel. Cadre néo-rustique frais et sans prétention.

à Grobbendonk *Ouest : 4 km – 10 747 h. – ✉ 2280 Grobbendonk :*

't Hemelrijck, Floris Primsstraat 50, ✆ 0 14 51 81 18, *info@themelrijck.be, Fax 0 14 51 19 07,* – P. AE VISA.
fermé 1er au 15 janvier, 19 août-2 septembre – **Rest** *(fermé dimanche et lundi) Lunch 26* – 45, carte 42/71, ♀ – **7 ch** ★95/125 – ★★115/145.
◆ Een populierenlaan leidt naar deze bakstenen villa. Gemeenschappelijke ruimten en kamers met een romantische, Engelse sfeer. Verzorgd ontbijtbuffet. Eigentijdse gerechten, geserveerd in een mooie eetzaal die goed past bij de stijl van het huis.
◆ Villa en briques accessible par une allée de peupliers. Espaces communs et chambres aux décors "romantico-british" signés Tilly Cambré. Petit-déj' soigné sous forme de buffet. Cuisine du moment servie dans une jolie salle en osmose avec le style de la maison.

Aldhem, Jagersdreef 1 (près E 313 - A 13, sortie ⑳), ✆ 0 14 50 10 01, *info@aldhem.be, Fax 0 14 50 10 13,* – rest, P –
Rest (cuisine italienne) carte 36/61, ♀ – **68 ch** ★85/119 – ★★99/185 – ½ P 78/117.
◆ Modern gebouw tussen het groen met kamers in twee vleugels, waarvan de helft eenpersoonskamers voor congresgangers en zakenlieden. Uitstekende vergaderfaciliteiten. Italiaans restaurant met een modern-klassiek interieur in pastelkleuren.
◆ Bâtisse moderne cernée de verdure et déployant deux ailes de chambres, dont une moitié d'individuelles pour les clientèles congressiste et d'affaires. Bon outil conférencier. Restaurant italien au décor classique-actuel privilégiant des tons clairs.

HERNE *1540 Vlaams-Brabant* **533** J 18, **534** J 18 *et* **716** F 3 – *6 407 h.* 3 **A2**
Bruxelles 34 – Leuven 71 – Aalst 27 – Mons 31 – Tournai 52.

Kokejane, Van Cauwenberghelaan 3, ✆ 0 2 396 16 28, *restaurant@kokejane.be, Fax 0 2 396 02 40,* – P. AE VISA
fermé 18 août-5 septembre, 26 décembre-11 janvier, dimanches soirs, lundis et mardis non fériés – **Rest** *Lunch 30* – 58/135 bc, carte 54/160.
◆ Villa uit de jaren 1970, tussen het groen. Eetzaal met mezzanine en stijlmeubelen, salon met open haard, tuin met zwembad en een terras eromheen. Klassieke Franse keuken.
◆ Villa "seventies" aux abords verdoyants. Terrasse autour de la piscine du jardin, salon au coin du feu, mezzanine et mobilier de style en salle. Cuisine classique française.

HERSEAUX *Hainaut* **533** E 18 *et* **716** C 3 – *voir à Mouscron.*

HERSTAL *Liège* **533** S 18, **534** S 18 *et* **716** J 3 – *voir à Liège, environs.*

HERTSBERGE *West-Vlaanderen* **533** E 16 *et* **716** C 2 – *voir à Brugge, environs.*

Het – *voir au nom propre.*

HEURE *5377 Namur* C *Somme-Leuze 4 656 h.* **533** Q 21, **534** Q 21 *et* **716** I 5. 15 **D2**
au Nord : 8 km à Méan, Château-Ferme du Grand Scley, ✆ 0 86 32 32 32, Fax 0 86 32 30 11.
Bruxelles 102 – Namur 41 – Dinant 35 – Liège 54.

Le Fou est belge (Daniel Van Lint), rte de Givet 24, ✆ 0 86 32 28 12, *lefouestbelge@belgacom.net, Fax 0 86 32 39 02,* – P. VISA
fermé 1er au 15 janvier, 15 juin-8 juillet, 28 septembre-6 octobre, 14 au 31 décembre, dimanche, lundi et jeudi soir – **Rest** *Lunch 30* – 50, carte 40/71, ♀.
Spéc. Croquettes fondantes aux crevettes grises. Boudin noir au foie gras, pommes caramélisées, petite purée. Jeune rollmops moelleux mariné, petite salade croquante, vinaigrette onctueuse.
◆ Les plaisirs d'un savoureux repas traditionnel actualisé, dans un cadre rustique léger. Patron cuisinant à vue, terrasse au calme, cave bien remplie : plus de 750 références !
◆ Genieten van een smakelijke, traditionele maaltijd met een vleugje modern. Licht rustiek interieur met open keuken, rustig terras en wijnkelder met ruim 750 flessen!

BELGIQUE

HEUSDEN *Limburg* **533** Q 16 *et* **716** I 2 – *voir à Zolder.*

HEUSDEN *Oost-Vlaanderen* **533** H 16 *et* **716** E 2 – *voir à Gent, environs.*

HEUSY *Liège* **533** U 19, **534** U 19 *et* **716** K 4 – *voir à Verviers.* 9 **C2**

HEVERLEE *Vlaams-Brabant* **533** N 17 *et* **716** H 3 – *voir à Leuven.* 4 **C2**

HOEGAARDEN *3320 Vlaams-Brabant* **533** O 18 *et* **716** H 3 – *6 225 h.* 4 **D2**

Bruxelles 49 – Leuven 27 – Antwerpen 83 – Hasselt 44 – Liège 57 – Tienen 7.

Huilewind sans rest, Meerstraat 15 (Meldert), ☎ 0 494 05 48 05, *info@huilewind.be*, – P. VISA.
3 ch ☕ ★60/80 – ★★60/80.
◆ Uitnodigend herenhuis uit 1924, afgelegen op het platteland. Klassieke lounge, tuin, stal, koetsritjes en fietsen te leen. Een trap met oude foto's leidt naar de kamers.
◆ Demeure engageante (1924) isolée dans la campagne. Salon classique, jardin, écurie, tours en calèche et vélos à prêter. Un escalier orné de clichés rétro grimpe aux chambres.

HOEI *Liège – voir Huy.*

HOEILAART *Vlaams-Brabant* **533** L 18 *et* **716** G 3 – *voir à Bruxelles, environs.* 3 **B2**

HOEKE *West-Vlaanderen* **533** F 15 – *voir à Damme.* 19 **C1**

HOESELT *3730 Limburg* **533** R 17 *et* **716** J 3 – *9 265 h.* 11 **C3**

Bruxelles 102 – Hasselt 20 – Maastricht 17.

à Sint-Huibrechts-Hern *Sud : 4 km sur N 730* C *Hoeselt* – ✉ *3730 Sint-Huibrechts-Hern :*

De Tommen, Tommenstraat 17, ☎ 0 12 45 88 37, *meyers.frank@pandora.be, Fax 0 12 45 88 38*, – P – . ch
Rest *(fermé mercredi soir et jeudi soir sauf en juillet-août, lundi, mardi, mercredi midi, jeudi midi et vendredi midi)* (taverne-rest) carte 19/41 – **4 ch** ☕ ★37/42 – ★★64/74 – ½ P 48/56.
◆ Nieuw gebouw met beneden een café-restaurant en boven een maison d'hôte. Frisse, nette kamers in eigentijdse stijl. Traditionele maaltijd in een eetzaal met bakstenen muren en houten meubelen zoals in een café. Groot terras.
◆ Construction récente cumulant les fonctions de taverne-restaurant (en bas) et de maison d'hôte (au-dessus). Chambres fraîches et nettes, de style actuel. Repas traditionnel dans une salle parementée de briques et meublée en bois comme un café. Grande terrasse.

HOLLAIN *Hainaut* **533** F 19, **534** F 19 *et* **716** D 4 – *voir à Tournai.*

HOOGSTRATEN *2320 Antwerpen* **533** N 14 *et* **716** H 1 – *18 582 h.* 2 **C1**

Stadhuis, Vrijheid 149 ☎ *0 3 340 19 55, toerisme@hoogstraten.be, Fax 0 3 340 19 66.*
Bruxelles 88 – Antwerpen 37 – Turnhout 18.

XXX **Noordland**, Lodewijk De Konincklaan 276, ☎ 0 3 314 53 40, *info@noordland.be, Fax 0 3 314 83 32*, – P. AE VISA.
fermé 2 semaines en février, 2 semaines en septembre et mardis et mercredis non fériés – **Rest** 65, carte 41/60.
◆ Karakteristiek pand tussen de bomen, met een fraai beplant terras aan de tuinzijde. Vader en zoon staan achter het fornuis, klassieke kaart, eetzaal met stijlmeubilair.
◆ Bâtisse de caractère entourée d'arbres et agrémentée, côté jardin, d'une jolie terrasse à niches végétales. Père et fils au piano, carte classique, mobilier de style en salle.

XX **Hostellerie De Tram** avec ch, Vrijheid 192, ☎ 0 3 314 65 65, *info@de-tram.be*, – P. AE VISA. . ch
fermé carnaval et 2e quinzaine août – **Rest** *(fermé dimanche midi et lundi midi)* 35, carte 44/59 – **5 ch** ☕ ★98 – ★★105.
◆ Hotel met een lange familietraditie (4 generaties) bij de hoge klokkentoren. Klassieke keuken, gemoderniseerd interieur en mooie rustieke zaal voor partijen. Frisse, nette kamers met bloemetjesstoffen.
◆ Hôtellerie de longue tradition familiale (4e génération en place) située à l'ombre du haut clocher. Repas classique dans un décor actualisé. Belle salle de banquets rustique. Chambres fraîches et nettes, égayées par des tissus coordonnés à motifs floraux.

XX **Begijnhof,** Vrijheid 108, ☎ 0 3 314 66 25, *info@restobegijnhof.be, Fax 0 3 314 84 13* – AE MC VISA
fermé mardi et mercredi – **Rest** *Lunch 25* – 35/70 bc, carte 37/54.
◆ Oud huis met een kraakheldere gevel tegenover het Begijnhof. Gedempte sfeer in de eetzaal, waar een spel van licht en spiegels een hedendaags decor vormen. Klassieke keuken.
◆ Maison ancienne à façade proprette établie devant le béguinage. Atmosphère tamisée dans une salle où jeux de lumières et de miroirs composent un cadre actuel. Choix classique.

à Meer *Nord-Ouest : 4 km* Ⓒ *Hoogstraten* – ✉ *2321 Meer :*

Kasteel Maxburg sans rest, Maxburgdreef 37, ☎ 0 3 315 92 43, *info@maxburg.be, Fax 0 3 315 05 03,* – P. AE MC VISA.
fermé 11 août-1er septembre et 24 décembre-2 janvier – **6 ch** 110 – 140.
◆ Klein 19e-eeuws lustslot in een landelijke omgeving bij de grens. Mooi Victoriaans park met een oranjerie. Grote klassieke kamers met fraai parket.
◆ Dans un site frontalier agreste, petite folie du 19e s. s'agrémentant d'un joli parc victorien doté d'une orangerie. Grandes chambres classiques revêtues de beaux planchers.

HOTTON *6990 Luxembourg belge* **533** R 21, **534** R21 *et* **716** J 5 – *5 074 h.* 12 **B1**

Voir *Grottes★★.*
r. Haute 4 ☎ 0 84 46 61 22, info@si-hotton.be, Fax 0 86 46 76 98.
Bruxelles 115 – Arlon 92 – Liège 71 – Namur 56.

La Besace r. Monts 9 (Est : 4,5 km, lieu-dit Werpin), ☎ 0 84 46 62 35, *info@labesace.be, Fax 0 84 46 70 54,* – P – MC VISA.
Rest (dîner pour résidents seult) – **8 ch** 60/63 – 78 – ½ P 62/82.
◆ Franchissez le pont : vous voici devant une sympathique auberge de poche noyée dans la chlorophylle. Chambres fonctionnelles où l'on peut poser sa besace pour la nuit.
◆ Als u de brug oversteekt, komt u bij deze kleine sympathieke herberg, die tussen het groen ligt verscholen. De kamers zijn functioneel en voldoen prima voor een nachtje.

HOUDENG-AIMERIES *Hainaut* **533** J 20, **534** J 20 *et* **716** F 4 – *voir à La Louvière.*

HOUFFALIZE *6660 Luxembourg belge* **534** T 22 *et* **716** K 5 – *4 749 h.* 13 **C1**

pl. Janvier 45 ☎ 0 61 28 81 16, info@houffalize.be, Fax 0 61 28 95 59.
Bruxelles 164 – Arlon 63 – Liège 71 – Namur 97 – Luxembourg 95.

L'Air du Temps, r. Ville basse 25, ☎ 0 473 36 38 73, *lair-du-temps@versateladsl.be,*
fermé lundi, mardi et mercredi sauf vacances scolaires – **Rest** (vendredi et samedi dîner pour résidents seult) – **6 ch** 50/60 – 65/75 – ½ P 54/59.
◆ Maison de notable (1870) où l'on s'endort dans des chambres personnalisées suivant divers styles. Salons et salle à manger classiques modernisés ; véranda et terrasse.
◆ Herenhuis (1870) met kamers in verschillende stijlen. De klassieke salons en eetzaal zijn gemoderniseerd. Serre en terras.

X **La Fleur de Thym,** rte de Liège 6, ☎ 0 61 28 97 08, *lafleurdethym@hotmail.com,* – AE MC VISA

fermé 2 semaines fin mars, 2 semaines en juin, 2 semaines fin septembre, lundi du 13 juillet au 15 août et mercredi – **Rest** *Lunch 19* – 25/72 bc, carte 36/52.
◆ À l'entrée du centre, près du pont, table au goût du jour lancée en 2004 par un jeune couple plein d'allant. Cadre moderne un peu étriqué ; mets inspirés par la Provence.
◆ Dit eigentijdse restaurantje aan de rand van het centrum, bij de brug, werd in 2004 geopend door een enthousiast jong stel. Modern interieur en Provençaalse gerechten.

à Achouffe *Nord-Ouest : 6 km* Ⓒ *Houffalize* – ✉ *6666 Houffalize :*

L'Espine , Achouffe 19, ☎ 0 61 28 81 82, *info@lespine.be, Fax 0 61 28 90 82,* – P. MC VISA
fermé 28 mars-3 avril et 30 juin-13 juillet – **Rest** (dîner pour résidents seult) – **11 ch** 65/70 – 95/104 – ½ P 69/74.
◆ Une villa qui ne manque pas d'atouts, avec sa verte campagne environnante, le silence ambiant, et ses chambres offrant le coup d'œil sur la vallée de l'Ourthe.
◆ Deze villa heeft heel wat te bieden: landelijke omgeving, weldadige stilte en kamers met uitzicht op het groene dal van de Ourthe.

BELGIQUE

à Wibrin *Nord-Ouest : 9 km* [C] *Houffalize* – ✉ *6666 Wibrin :*

Le Cœur de l'Ardenne ⚘, r. Tilleul 7, ✆ 0 61 28 93 15, *lecœurdelardenne@belga com.net, Fax 0 61 28 93 15* – ⇎ [P]. ✕
Rest (dîner pour résidents seult) – **5 ch** ☕ ✝63/65 – ✝✝85/90 – ½ P 73/75.
◆ Petit hôtel familial mettant à profit l'ex-école d'un village du parc naturel des Deux-Ourthes. Chambres proprettes, salon-cheminée, salle à manger classique, terrasse-jardin.
◆ Familiehotelletje in een oude dorpsschool in het Natuurpark van de Deux-Ourthes. Keurige kamers, salon met open haard, klassieke eetzaal en tuin met terras.

HOUSSE *Liège* **533** T 18 *et* **534** T 18 – *voir à Blegny.*

HOUTAIN-LE-VAL *1476 Brabant Wallon* [C] *Genappe 14 136 h.* **533** L 19, **534** L 19 *et* **716** G 4. 3 **B3**

18 9 *au Nord-Est : 5 km à Ways, r. Emile François 31, ✆ 0 67 77 15 71, Fax 0 67 77 18 33.*
Bruxelles 44 – Wavre 33 – Charleroi 33 – Mons 46 – Nivelles 11.

XX **La Meunerie,** r. Patronage 1a, ✆ 0 67 77 28 16, *info@lameunerie.be*, ⛱ – [P] ⇔. AE ⓓ ⓜ VISA
fermé 22 juillet-10 août, samedi midi, dimanche soir, lundi, mardi et après 20 h 30 – **Rest** *Lunch 23* – 32/62 bc, carte env. 45, ♀.
◆ Dans les murs d'une ex-meunerie, restaurant de campagne proposant de la cuisine actuelle où entrent des produits du terroir. Vieilles meules exposées en salle ; terrasse.
◆ Plattelandsrestaurant in een oude meelfabriek met een eigentijdse streekkeuken. Oude molenstenen in de eetzaal; terras.

HOUTAVE *8377 West-Vlaanderen* [C] *Zuienkerke 2 776 h.* **533** D 15 *et* **716** C 2. 19 **C1**

Bruxelles 109 – Brugge 31 – Oostende 16.

XX **De Roeschaert,** Kerkhofstraat 12, ✆ 0 50 31 95 63, ⛱ – ⇔. AE ⓜ VISA. ✕
fermé 2e quinzaine août-première semaine septembre, vacances Noël, dimanche soir, lundi, mardi et après 20 h 30 – **Rest** *Lunch 25* – 40/75 bc, carte 48/68, ♀.
◆ Restaurant naast de kerk van een polderdorpje. Rustieke eetzaal in frisse lentekleuren, modern-klassieke kaart met goede wijnen en mooi terras tussen het groen.
◆ Table familiale adossée à l'église d'un village des polders. Décor intérieur agreste et printanier, jolie terrasse au vert, mets classiques actualisés et bon choix de vins.

HOUTHALEN *3530 Limburg* [C] *Houthalen-Helchteren 29 945 h.* **533** R 16 *et* **716** J 2. 10 **B2**

18 *Golfstraat 1 ✆ 0 89 38 35 43, Fax 0 89 84 12 08.*
Centrum-Zuid 1111 ✆ 0 11 89 07 00, toerisme@houthalen-helchteren.be, Fax 0 11 89 07 99.
Bruxelles 83 – Hasselt 12 – Diest 28 – Maastricht 40.

The Lodge, Guldensporenlaan 1, ✆ 0 11 60 36 36, *houthalen@lodge-hotels.be, Fax 0 11 60 36 37*, ⛱ – |♦| ⇎, ▤ ch, 🚗. AE ⓓ ⓜ VISA. ✕ ch
Rest (taverne-rest) *Lunch 11* – 18/34, carte 20/43, ♀ – **17 ch** ☕ ✝80 – ✝✝90 – ½ P 100.
◆ Dit etablissement tegenover de kerk biedt praktische en eigentijdse kamers, verdeeld over drie verdiepingen van een modern gebouw en in een aangrenzend huis. Grote brasserie met een traditionele kaart en suggesties.
◆ En face de l'église, établissement où vous logerez dans des chambres pratiques de style actuel réparties sur trois étages d'une bâtisse moderne et dans une maison voisine. Grande brasserie misant sur une carte traditionnelle augmentée de suggestions.

XXXX **Hostellerie De Barrier** avec ch, Grote Baan 9, ✆ 0 11 52 55 25, *info@debarrier.be, Fax 0 11 52 55 45*, ⛱, ♨ – ⇎, ▤ rest, [P] ⇔. AE ⓓ ⓜ VISA
fermé 1er au 7 janvier, 13 au 28 juillet, dimanche midi sauf mars-septembre, dimanche soir et lundi – **Rest** *Lunch 45* – 50/120 bc, carte 73/87 – ☕ 15 – **10 ch** ✝150/200 – ✝✝150/250.
◆ Prestigieus adres, zowel voor privé- en zakelijke etentjes als banketten. Weelderige zalen en salons, moderne kunst, patio met arcaden, terras en mooi park. Uiterst aangename kamers met modern comfort en design badkamers.
◆ Adresse de prestige où l'on soigne vos repas d'affaires en privé autant que vos banquets. Salles et salons cossus, art contemporain, patio à arcades, terrasse et joli parc. Côté hébergement, ambiance cosy, confort moderne et installations sanitaires design.

XX **Ter Laecke,** Daalstraat 19 (Nord : 2 km par N 74 à Laak), ✆ 0 11 52 67 44, *info@ter laecke.be*, ⛱ – ▤ [P] ⇔. AE ⓓ ⓜ VISA. ✕
fermé lundi, mardi et mercredi – **Rest** *Lunch 30* – 40/77 bc, carte 37/78, ♀.
◆ Rustiek huis met een weelderige eetzaal waar de tafels ruim zijn opgesteld. Mooie tuin met omhaagd terras aan de achterkant. Het kreeftmenu staat het hele jaar op de kaart.
◆ Maison rustique dotée d'une salle cossue aux tables bien espacées et d'une terrasse arrière close de haies, donnant sur un jardin bichonné. Menu homard proposé toute l'année.

HOUYET *5560 Namur* **534** P 21 *et* **716** I 5 – *4 485 h.* 15 **C2**

Env. *au Nord : 10 km à Celles : dalle funéraire★ dans l'église romane St-Hadelin.*

Tour Léopold-Ardenne 6 ✆ 0 82 66 62 28, Fax 0 82 66 74 53.

Bruxelles 110 – Namur 54 – Bouillon 66 – Dinant 34 – Rochefort 23.

à Celles *Nord : 10 km* *Houyet – ✉ 5561 Celles :*

Auberge de la Lesse, Gare de Gendron 1 (N 910 : 4 km, lieu-dit Gendron), ✆ 0 82 66 73 02, *aubergelesse@skynet.be, Fax 0 82 66 76 15,* – P. VISA

fermé 7 au 25 janvier – **Rest** *(fermé lundi et mardi)* (taverne-rest) 30/33, carte 21/38 – **14 ch** ★50/55 – ★★65/75 – ½ P 85/88.

• Maison de pays située à proximité de la Lesse, que l'on peut descendre en kayak (location sur place). Extension de type motel avec deux tailles et générations de chambres. Taverne-restaurant de style régional ; préparations traditionnelles sans complication.

• Huis in regionale stijl bij de Lesse, die met een kajak kan worden bevaren (verhuur ter plaatse). Motelachtige aanbouw met twee soorten kamers. Café-restaurant in regionale stijl met een traditionele keuken zonder poespas.

La Clochette avec ch, r. Vêves 1, ✆ 0 82 66 65 35, *laclochette@skynet.be, Fax 0 82 66 77 91,* – P. AE VISA.

fermé 18 février-12 mars et 23 juin-9 juillet – **Rest** *(fermé lundi midi et mercredi)* 25/35, carte 28/48 – **7 ch** *(fermé mercredi sauf en juillet-août)* ★55 – ★★65/75 – ½ P 65.

• Auberge ardennaise où l'on fait des repas classico-traditionnels dans une jolie salle aux lambris blanchis ou en terrasse. Salon chaleureux et feutré ; chambres proprettes.

• In deze Ardense herberg worden klassiek-traditionele maaltijden geserveerd in een mooie eetzaal met lichte lambrisering of op het terras. Sfeervolle salon en keurige kamers.

à Custinne *Nord-Est : 7 km* *Houyet – ✉ 5562 Custinne :*

Hostellerie "Les Grisons" avec ch, rte de Neufchâteau 30 (N 94), ✆ 0 82 66 79 84, *Fax 0 82 66 79 85,* – , rest, P. AE VISA

fermé fin juillet-début août, lundi et mardi – **Rest** 60, carte 57/71 – **6 ch** ★85 – ★★95 – 2 suites – ½ P 90/100.

• Bâtisse en pierres du pays abritant une table classique et dissimulant un mini-vignoble en contrebas du jardin, où des chambres tranquilles ont été aménagées dans un chalet.

• Gebouw van steen uit de streek met een klassiek restaurant. Achter in de tuin bevinden zich een piepkleine wijngaard en een chalet met rustige kamers.

Kent u het verschil tussen deze tekens bij hotels?
Het symbool geeft aan dat er een ruimte is met gymnastiektoestellen.
Het symbool duidt op een mooie ruimte voor lichaamsbehandeling en ontspanning.

HUISE *Oost-Vlaanderen* **533** G 17 *et* **716** D 3 – *voir à Zingem.*

HUIZINGEN *Vlaams-Brabant* **533** K 18 *et* **716** F 3 – *voir à Bruxelles, environs.* 3 **B2**

La HULPE **(TERHULPEN)** *1310 Brabant Wallon* **533** L 18, **534** L 18 *et* **716** G 3 – *7 224 h.* 3 **B2**

Voir *Parc★ du domaine Solvay.*

Bruxelles 25 – Wavre 14 – Charleroi 44 – Leuven 40 – Namur 51.

Dolce , chaussée de Bruxelles 135, ✆ 0 2 290 98 00, *paul.vanwijk@dolce.com, Fax 0 2 290 99 00,* – P – . AE VISA. rest

Rest ***Tree O*** *(fermé samedi midi, dimanche et lundi)* *Lunch 42* – 55/70, carte 57/98, – 22 – **263 ch** ★100/271 – ★★100/271 – 1 suite.

• Un vaste parc sert d'écrin végétal à ce luxueux hôtel propice à la tenue de séminaires et à la détente. Chambres et junior suites modernes meublées en bois exotique plaqué. Restaurant proposant, dans chaque assiette, trois déclinaisons d'un même produit.

• Luxehotel in een groot park voor congressen en ontspanning. Moderne kamers en junior suites met meubelen van exotisch houtfineer. Restaurant met op elk bord drie verschillende bereidingen van één product.

La Salicorne, r. P. Broodcoorens 41, ✆ 0 2 654 01 71, *la.salicorne@yucom.be, Fax 0 2 653 71 23,* – P. AE VISA

fermé 2 semaines carnaval, 3 premières semaines juillet, 2 semaines Toussaint, dimanche et lundi – **Rest** *Lunch 30* – 48/90 bc, carte 54/78.

• À la périphérie de La Hulpe, belle villa où l'on mange avec le même plaisir en salle, de style classique-contemporain, qu'à l'extérieur, près de la pièce d'eau et sa fontaine.

• Mooie villa aan de rand van Terhulpen, waar u kunt kiezen of u in de klassiek-moderne eetzaal of buiten bij de fontein uw maaltijd wilt gebruiken.

HULSHOUT *2235 Antwerpen* **533** N 16 *et* **716** H 2 – *9 167 h.* 2 **C3**

Bruxelles 51 – Antwerpen 40 – Mechelen 27 – Turnhout 37.

XX ✿ **Hof Ter Hulst** (Johan Schroven), Kerkstraat 19, ✆ 0 15 25 34 40, *info@hofterhulst.be, Fax 0 15 25 34 36* – P. VISA

fermé 1er au 15 janvier, fin juillet-début août, mardi et samedi midi – **Rest** Lunch 32 – 41/75 bc, carte 60/89.

Spéc. Cannelloni de champignons aux herbes, minestrone de pied de porc au sereh (hiver). Bar de ligne, étuvé de chou-fleur, jambon, jets de houblon et œuf poché (saison). Filets de sole grillés, laitues et moules en vinaigrette (été-automne).

◆ In deze verbouwde boerderij worden fijnproevers onthaald in een verzorgd interieur: balken, houten meubelen, strogele muren, Lloyd Loom-stoelen, schouw en ronde tafels.

◆ Ancienne ferme réaménagée pour régaler les gourmets dans un cadre soigné : poutres et meubles cérusés, murs jaune paille, sièges Lloyd Loom, cheminée, tables rondes espacées.

HUY (HOEI) *4500 Liège* **533** Q 19, **534** Q 19 *et* **716** I 4 – *20 071 h.* 8 **A2**

Voir *Collégiale Notre-Dame★ : trésor★* **Z** – *Fort★ : ≤★★* **Z**.

Musée : *communal : Le Beau Dieu de Huy★ (christ du 13e s.)* **Z M**.

Env. *par N 617 : 7,5 km à Amay : châsse★ et sarcophage mérovingien★ dans la Collégiale St-Georges et Ste-Ode – par N 617 : 10 km à Jehay-Bodegnée : château★ de Jehay.*

par ④ : 11 km à Andenne, Ferme du Moulin, Stud 52 ✆ 0 85 84 34 04, Fax 0 85 84 34 04.

Quai de Namur 1 ✆ 0 85 21 29 15, tourisme@huy.be, Fax 0 85 23 29 44.

Bruxelles 83 ⑤ – Liège 33 ① – Namur 35 ④.

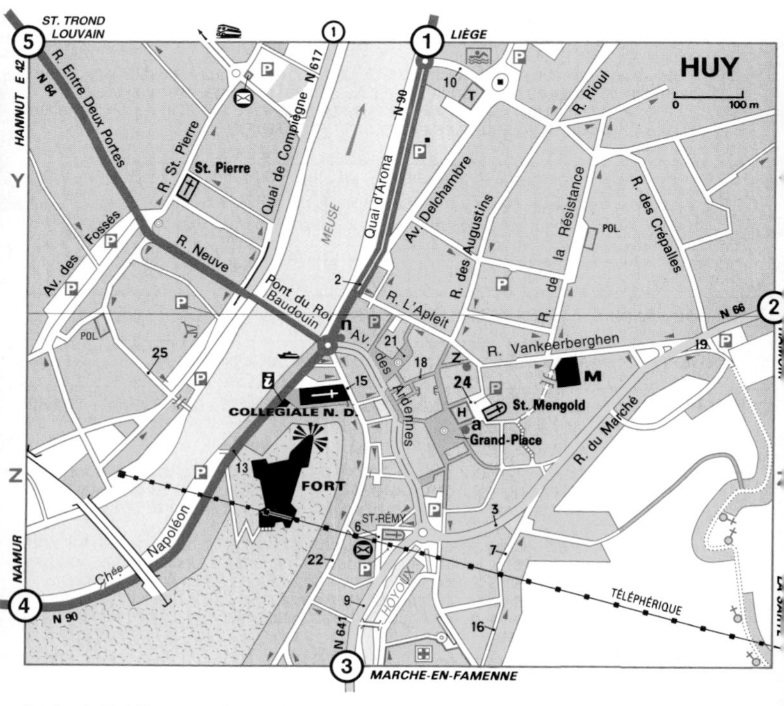

- Autrebande (Quai d') .... Y 2
- Condroz (Av. du) .... Z 3
- Foulons (R. des) .... Z 6
- Haut Chêne (R. du) .... Z 7
- Hoyoux (Av. du) .... Z 9
- Joseph-Lebeau (Av.) .... Y 10
- Namur (Quai de) .... Z 13
- Neuve (R.) .... Y
- Pont (R. du) .... Z 15
- Reine (R. de la) .... Z 16
- Rôtisseurs (R. des) .... Z 18
- St-Denis (Pl.) .... Z 19
- St-Pierre (R.) .... Y
- St-Séverin (Pl.) .... Z 21
- Sous le Château (R.) .... Z 22
- Verte (Pl.) .... Z 24
- Vieux Pont (R. du) .... Z 25

Sirius sans rest, quai de Compiègne 47 (par N 617 : 1,5 km), ✆ 0 85 21 24 00, *info@hotelsirius.be, Fax 0 85 21 24 01* – *fermé fin décembre-début janvier et 6 au 20 juillet* – **24 ch** ☐ ✝75/110 – ✝✝90/120 – 2 suites.
◆ Hôtel de bon confort établi aux portes de la ville. Actuelles et lumineuses, les chambres sont toutes identiques mais celles situées en façade offrent la vue sur la Meuse.
◆ Comfortabel hotel aan de rand van de stad. De moderne, lichte kamers zijn allemaal eender, maar die aan de voorkant kijken uit op de Maas.

Li Cwerneu, Grand'Place 2, ✆ 0 85 25 55 55, *info@licwerneu.be, Fax 0 85 25 55 55,* – AE MC VISA. Z a
fermé 1 semaine en mars, 1 semaine en juin, 2 semaines en août, 1 semaine en décembre et lundi – **Rest** (dîner seult sauf dimanche ; prévenir) 45/95 bc, ♀.
◆ Vénérable petite maison hutoise blottie contre l'hôtel de ville. Salle mignonne et chaleureuse où l'on se repaît d'une cuisine féminine bien montée, volontiers inventive.
◆ Goed restaurant in een karakteristiek oud pand naast het stadhuis. Gezellige eetzaal, waar inventieve gerechten worden opgediend die een vrouwelijke hand verraden.

Le Sorgho Rouge 1er étage, quai Dautrebande 1/01, ✆ 0 85 21 41 88, <, Cuisine chinoise – MC VISA Z n
fermé 1er au 15 juillet et mardi – **Rest** 18/39, carte 16/46.
◆ Cette table asiatique d'excellente réputation locale occupe le 1er étage d'un immeuble d'angle tourné vers le pont Roi-Baudouin. Cadre moderne égayé d'objets d'art chinois.
◆ Aziatisch restaurant met een uitstekende reputatie, op de eerste verdieping van een hoekpand bij de Koning Boudewijnbrug. Modern interieur met Chinese kunstvoorwerpen.

La Tête de Chou, r. Vierset Godin 8, ✆ 0 85 23 59 65, – MC VISA Z z
fermé 3 semaines en septembre, lundi et samedi midi – **Rest** 38, carte env. 35.
◆ En secteur piétonnier, bistrot "sympa" misant sur une petite carte attrayante et un plat du jour noté à l'ardoise. Salle aux tons ocre et bleu ; accueil et service avenants.
◆ Leuke bistro in blauw en okergele kleuren in de voetgangerszone. Kleine aantrekkelijke kaart en dagschotel op een leitje. Voorkomende bediening.

à Wanze *par ⑤ : 4 km – 12 694 h. – ✉ 4520 Wanze :*

Lucana, chaussée de Tirlemont 118, ✆ 0 85 24 08 00, *info@lucana.be, Fax 0 85 24 08 80,* Cuisine italienne – AE MC VISA
fermé première semaine janvier, 3 dernières semaines juillet, mardi, mercredi et samedi midi – **Rest** 35/42, ♀.
◆ Restaurant italien au cadre moderne aménagé dans une villa. Patron à forte personnalité, menu-carte attractif, bons vins de toute la "Botte" (cave à vue) et terrasse arrière.
◆ Modern ingericht Italiaans restaurant in een villa met een nadrukkelijk aanwezige eigenaar. Aanlokkelijk menu à la carte, goede Italiaanse wijnen en terras aan de achterkant.

IEPER (YPRES) *8900 West-Vlaanderen* 533 C 17 et 716 B 3 – *34 897 h.* 18 B3

Voir *Halles aux draps*★ *(Lakenhalle)* ABX.
Musée : *In Flanders Fields Museum*★★ ABX M4.
au Sud-Est : 7 km à Hollebeke, Eekhofstraat 14 ✆ 0 57 20 04 36, Fax 0 57 21 89 58 - Albert Dehemlaan 24 ✆ 0 57 21 66 88, Fax 0 57 21 82 10.
Grote Markt 34 ✆ 0 57 23 92 20, toerisme@ieper.be, Fax 0 57 23 92 75.
Bruxelles 125 ② – Brugge 52 ① – Kortrijk 32 ② – Dunkerque 48 ⑥.

Plan page suivante

Ariane , Slachthuisstraat 58, ✆ 0 57 21 82 18, *info@ariane.be, Fax 0 57 21 87 99,* – AE MC VISA. rest AX e
fermé 23 décembre-3 janvier – **Rest** *(fermé samedi midi)* Lunch 11 – 35/58 bc, carte 36/52 – **51 ch** ☐ ✝90/120 – ✝✝115/170 – ½ P 83/110.
◆ Modern hotelcomplex met een mooie tuin en waterpartij. Goede ontvangst en ruime, eigentijdse kamers in verscheidene vleugels. Modern en comfortabel restaurant met een klassieke keuken; bij goed weer kunt u op terras tussen het groen eten.
◆ Ensemble hôtelier récent agrémenté d'un beau jardin rafraîchi par une pièce d'eau. Accueil de qualité et chambres actuelles spacieuses se partageant plusieurs ailes. Repas classique dans une confortable salle à manger contemporaine ou sur la terrasse au vert.

Novotel Sint-Jacobsstraat 15, ✆ 0 57 42 96 00, *H3172@accor.com, Fax 0 57 42 96 01,* ch, – AE MC VISA. rest BX b
Rest 28, carte 29/43, ♀ – ☐ 15 – **122 ch** ✝87/130 – ✝✝87/130.
◆ Dit hotel, dat tot de Novotelketen behoort, is gebouwd op de plek van een oud klooster, waarvan enkele overblijfselen nog in de gevel te zien zijn. Ruime lobby en kamers. Restaurant in brasseriestijl met een internationale klassiek-traditionele keuken.
◆ Hôtel de chaîne bâti à l'emplacement d'un couvent dont certains éléments ont été préservés, notamment en façade. Hall de réception spacieux ; chambres de même. Salle de restaurant dans le genre brasserie ; cuisine classique-traditionnelle et internationale.

BELGIQUE

IEPER

Adj. Masscheleinlaan . . . . . . BX 2
Arsenaalstr. . . . . AY 4
A. Stoffelstr. . . . . BX 5
A. Vandenpeereboompl. . . . AX 6
Bollingstr. . . . . BX 7
Boterstr. . . . . AX 8
de Montstr. . . . . AY 29
Diksmuidestr. . . . . BX
Grote Markt . . . . BX 9
G. de Stuersstr. . . . . AX
Hoge Wieltjesgracht . . . . . ABX 10
J. Capronstr. . . . . AX 12
J. Coomansstr. . . . . AX 13
J. Picanollaan . . . . BY 14
Kalfvaartstr. . . . . BX 15
Kanonweg . . . . BY 17
Kauwekijnstr. . . . . BX 18
Lange Torhoutstr. . . . . BX 22
Maarschalk Fochlaan . . . . . . AX 23
Maarschalk Frenchlaan . . . . BX 24
Meensestr. . . . . BX 26
Meenseweg . . . . BX 27
Oude Houtmarktstr. . . . . BX 30
Patersstr. . . . . AX 31
Poperingseweg . . . . AX 32
Rijselsestr. . . . . BXY
Rijselseweg . . . . BY 33
Stationsstr. . . . . AXY 35
Surmont de Volsbergestr. . . . . . . ABX 36
Tempelstr. . . . . AX 38
Wateringsstr. . . . . BY 40

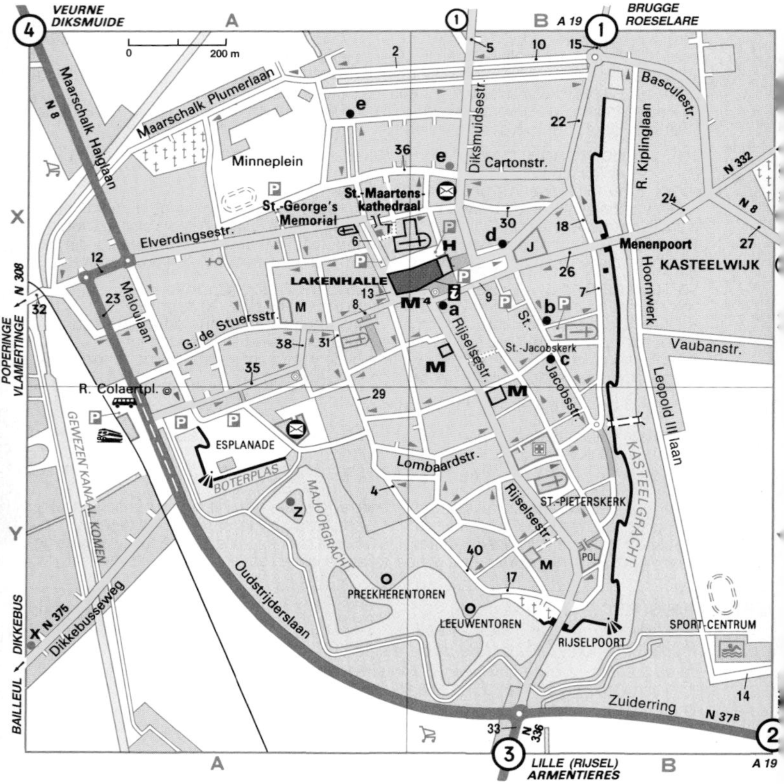

Albion sans rest, Sint-Jacobsstraat 28, ✆ 0 57 20 02 20, *info@albionhotel.be, Fax 0 57 20 02 15* – |‡| ⇌ ♿ [P]. AE MC VISA. ✂ BX c
23 ch ☕ ✝79/86 – ✝✝99/109.
◆ In dit fiere gebouw met trapgevel logeert u in grote, eigentijdse kamers die er spic en span uitzien en te bereiken zijn met de lift of een mooie art-decotrap.
◆ Cette façade altière couronnée d'un pignon à redans abrite de grandes chambres actuelles d'une tenue méticuleuse, desservies par une cage d'escalier Art déco et un ascenseur.

Flanders Lodge ⚐, A. Dehemlaan 19 (par ① : 2,5 km), ✆ 0 57 21 70 00, *bw-ieper@skynet.be, Fax 0 57 21 94 74*, ☂ – |‡| ⇌ ▤ [P] – 🏛. AE ⓓ MC VISA
Rest *(fermé 24 décembre-1er janvier, vendredi soir, samedi midi et dimanche)* Lunch 14 – 30, carte 19/42 – **39 ch** *(fermé 10 au 16 août)* ☕ ✝50/59 – ✝✝79/89 – ½ P 72.
◆ Hotel in een groot gebouw met houten gevel op een industrieterrein. De kamers liggen in een vleugel aan de achterzijde, zodat ze redelijk rustig zijn. Het bijbehorende restaurant mikt op het klassiek-traditionele repertoire.
◆ Dans une zone industrielle, grande bâtisse à façade en bois dissimulant une aile de chambres déployée sur l'arrière pour garantir une certaine quiétude. Un choix classique-traditionnel est présenté au restaurant.

Regina, Grote Markt 45, ☎ 0 57 21 88 88, *info@hotelregina.be, Fax 0 57 21 90 20* – |♦|, rest – . AE VISA BX a
fermé 20 juillet-4 août et 23 au 31 décembre – **Rest** *(fermé dimanche) Lunch 23* – 38/68 bc, carte 33/70, ♀ – **18 ch** ☕ ✝70/100 – ✝✝85/120 – ½ P 93/123.
◆ Dit centraal gelegen hotel bestaat uit twee Vlaamse herenhuizen. Elke kamer brengt een ode aan een beroemde kunstenaar of artiest, zoals Dalí, Piaf, Brel en Tati. Vanuit de moderne eetzaal aan de voorkant ontvouwt zich een fraai uitzicht op de Grote Markt.
◆ Deux fières demeures flamandes composent cet hôtel très central. Le décor de chaque chambre honore une personnalité du monde des arts : Dali, Piaf, Brel, Tati, etc. Bistrot "trendy" tourné vers le Grote Markt ; cuisine actuelle servie avec générosité.

Gasthof 't Zweerd, Grote Markt 2, ☎ 0 57 20 04 75, *zweerd@pandora.be, Fax 0 57 21 78 96* – |♦| – . AE VISA BX d
Rest *(fermé mardi) Lunch 12* – 24/50 bc, carte 33/46 – **17 ch** ☕ ✝65 – ✝✝75 – ½ P 50.
◆ Dit hotel met oude gevel aan de Grote Markt bestaat al ruim 20 jaar. De eigentijdse kamers zijn aan de krappe kant. Brasserie voor een eenvoudig hapje en weelderig klassiek ingericht restaurant met een traditionele kaart en redelijk geprijsde menu's.
◆ Établissement familial connu depuis plus de 20 ans sur le Grote Markt. Façade ancienne, chambres actuelles compactes et brasserie servant de la petite restauration. Carte traditionnelle et menus à bon prix proposés dans une salle à manger classique cossue.

Camalou sans rest, Dikkebusseweg 351 (Sud-Ouest : 5 km), ☎ 0 57 20 43 42, *info@camalou.com*, – P. AE VISA. AY
fermé 6 au 28 janvier – **3 ch** ☕ ✝52/58 – ✝✝66/72.
◆ Charmante kamers, een goed onthaal en leuke toeristische tips staan u te wachten in dit 19e-eeuwse gebouw bij de vijvers van Dikkebus, halverwege Ieper en de Vlaamse Bergen.
◆ Chambres charmantes, bon accueil et conseils touristiques avisés dans cette bâtisse du 19e s. côtoyant les étangs de Dikkebus, à mi-chemin d'Ypres et des monts de Flandre.

De Vier Koningen, Dikkebusseweg 148, ☎ 0 57 44 84 46, *info@devierkoningen.be, Fax 0 57 44 84 47* – P. VISA AY x
fermé 19 février-6 mars, 26 août-4 septembre et jeudi – **Rest** *Lunch 15* – 50 bc/58 bc, carte 38/60, ♀.
◆ Eigentijds restaurant met een "bar-lounge" op de benedenverdieping, die via een aparte ingang toegankelijk is. Het culinaire repertoire houdt de traditie in ere.
◆ Restaurant au cadre contemporain complété d'un "bar-lounge" au rez-de-chaussée, accessible par une entrée séparée. Registre culinaire d'orientation traditionnelle.

Pacific Eiland, Eiland 2, ☎ 0 57 20 05 28, *info@pacificeiland.be, Fax 0 57 42 42 92*, ≤, , Taverne-rest – P. VISA AY z
fermé 2 semaines en mars, 2 semaines en octobre, lundi soir et mardi – **Rest** *Lunch 36* – 50, carte 43/61.
◆ Dit taverne-restaurant ligt op een van de eilandjes die vroeger Ieper verdedigden. Sympathieke huiselijke ambiance, eigentijdse gerechten, roeibootjes en speeltoestellen.
◆ Taverne-restaurant montant la garde sur l'un des anciens îlots qui défendaient Ypres. Ambiance familiale sympathique, cuisine d'aujourd'hui, canotage et jeux pour les enfants.

De Stoove, Surmont de Volsbergestraat 12, ☎ 0 57 21 79 48, *info@destoove.be, Fax 0 57 21 79 48* – AE VISA BX e
fermé 22 juillet-10 août, mardi soir, mercredi et samedi midi – **Rest** *Lunch 22* – 42 bc, carte 32/43, ♀.
◆ In dit gemoderniseerde oude pandje bij de Grote Markt worden klassiek-traditionele gerechten geserveerd. Kleine kaart zonder poespas, driegangenlunch en weekendmenu.
◆ Près du Grote Markt, maisonnette ancienne modernisée où se conçoit une cuisine classique-traditionnelle. Petite carte sans emphase, lunch en trois services et menu week-end.

à Elverdinge *Nord-Ouest : 5 km* C *Ieper* – ✉ *9606 Elverdinge :*

Hostellerie St-Nicolas (Franky Vanderhaeghe), Veurnseweg 532 (sur N 8), ☎ 0 57 20 06 22, *info@hostellerie-stnicolas.com, Fax 0 57 46 98 99*, – P. AE VISA.
fermé 2 au 8 janvier, 24 au 31 mars, 4 au 21 août, samedi midi, dimanche soir, lundi et jours fériés soirs – **Rest** *Lunch 48 bc*, – 45/120 bc, carte 65/125, ♀.
Spéc. Pomme de terre écrasée, crevettes grises, œuf poché, coulis de persil. Turbot grillé, croquette de crabe royal, mousseline aux herbes. Dégustation de langoustines en chaud et froid.
◆ Deze sierlijke, eigentijdse villa heeft een mooi terras aan de tuinzijde en een waterpartij. Verzorgde creatieve keuken en stijlvolle bediening.
◆ Cadre actuel élégant, cuisine créative soignée et service aux petits soins mené avec style. L'été, goûtez à la fraîcheur de la terrasse au jardin, agrémentée d'une pièce d'eau.

BELGIQUE

à Zillebeke *par ③ : 3 km* Ⓒ *Ieper – ✉ 8902 Zillebeke :*

XX **De Steenen Haene,** Komenseweg 21, ✆ 0 57 20 54 86, *info@desteenenhaene.be, Fax 0 57 21 50 42,* , Grillades – P ⇔. AE MO VISA
fermé 2 au 4 janvier, 25 mars-8 avril, 18 août-2 septembre, mardi soir et mercredi. – **Rest** 30/65 bc, carte 34/56.
• In dit boerderijtje kunt u lekker met de hele familie eten in een gezellig, rustiek interieur. Op houtskool geroosterd vlees in de eetzaal. Tuin met terras en speeltoestellen.
• Fermette typique où l'on ripaille agréablement en famille, dans un décor rustique chaleureux. Rôtissoire au feu de bois en salle. Terrasse d'été côté jardin et jeux d'enfants.

ITTERBEEK *Vlaams-Brabant* **533** K 18 – *voir à Bruxelles, environs.*

ITTRE (ITTER) *1460 Brabant Wallon* **533** K 19, **534** K 19 *et* **716** F 4 – *6 064 h.* 3 **B3**
Bruxelles 28 – Wavre 37 – Mons 46 – Nivelles 10 – Soignies 21.

X **Absolutly,** Grand'Place 3, ✆ 0 67 64 63 85, *info@absolutly.be, Fax 0 67 64 89 18,* – ⇔. AE MO VISA
fermé 2 semaines en septembre, lundi et mardi – **Rest** *Lunch 18* – carte 28/50.
• "Resto-lounge-bar" très "fashionable" succédant à un estaminet de la Grand'Place. Tables de bistrot accoudées, déco en rouge, noir et mauve, petite carte bien dans le coup.
• Dit trendy restaurantje annex loungebar in rood, zwart en mauve was vroeger een kroegje aan de Grote Markt. De bistrotafeltjes staan dicht op elkaar. Kleine, moderne kaart.

IVOZ-RAMET *Liège* **533** R 19, **534** R 19 *et* **716** J 4 – *voir à Liège, environs.*

IXELLES (ELSENE) *Région de Bruxelles-Capitale – voir à Bruxelles.* 5 **A2**

IZEGEM *8870 West-Vlaanderen* **533** E 17 *et* **716** C 3 – *26 544 h.* 19 **C3**
Bruxelles 103 – Brugge 36 – Kortrijk 13 – Roeselare 7.

Parkhotel sans rest, Papestraat 3, ✆ 0 51 33 78 20, *info@parkhotel-izegem.be, Fax 0 51 33 78 69* – P. AE MO VISA
– **31 ch** ☕ ✝85/115 – ✝✝100/150.
• Dit flatgebouw werd onlangs opgetrokken in een nieuwbouwwijk aan de rand van de stad. Het heeft een modern interieur en functionele kamers.
• Immeuble-bloc d'aspect design récemment élevé dans un quartier neuf situé aux abords de la ville. Espaces communs de style contemporain, à l'image des chambres fonctionnelles.

XXX **La Durée** (Angelo Rosseel), Leenstraat 28, ✆ 0 51 30 00 31, *resto@laduree.be, Fax 0 51 31 29 97,* – P ⇔. MO VISA.
✿ *fermé 2 dernières semaines août, samedi midi, dimanche soir et lundi* – **Rest** *Lunch 30* – 50/80 bc, carte 56/74, ♀.
Spéc. Filet de sole limande en croûte et seiche en sauce. Pigeon aux petits pois et morilles. Blanc-manger de cerises et glace à la bière brune.
• Gerenoveerde villa waar het heerlijke menu getuigt van hogere kookkunst. Moderne eetzaal in grijs en bruin. Tuin met terras.
• Choisissez en confiance le beau menu-vedette proposé dans cette villa rénovée pour renouer avec la gastronomie. Salle moderne dans les tons gris et brun. Terrasse côté jardin.

XX **Ter Weyngaerd,** Burg. Vandenbogaerdelaan 32, ✆ 0 51 30 95 41, *info@terweyngaerd.be, Fax 0 51 31 96 52,* – ♿ ⇔. AE MO VISA.
fermé 24 mars-3 avril, 28 juillet-18 août, dimanche soir, lundi soir, mardi soir et mercredi – **Rest** *Lunch 18* – 28/62 bc, carte 43/55.
• Dit herenhuis aan de rand van het centrum heeft vanbinnen een up-to-date look. Traditioneel-klassieke keuken met een vleugje modern. Tuin met terras.
• À l'approche du centre, maison de maître ancienne relookée au-dedans pour mieux s'accorder à notre époque. Cuisine classico-traditionnelle actualisée. Terrasse au jardin.

XX **Retro,** Meensestraat 159, ✆ 0 51 30 03 06, *retro.restaurant@skynet.be, Fax 0 51 30 03 06,* – ♿ ⇔. AE MO VISA
fermé 1 semaine en février, dernière semaine juillet-2 premières semaines août, samedi midi, dimanche soir et lundi – **Rest** 30/72 bc, carte 42/60.
• Klassiek restaurant in een villa uit de jaren twintig met een serre voor niet-rokers. 's Zomers kan buiten worden gegeten in de haast verborgen tuin met waterpartij.
• Repas de base classique servi dans une villa "rétro" dotée d'une véranda non-fumeur et d'un jardin caché où l'on dresse le couvert près d'une pièce d'eau sous le soleil d'été.

Villared, Leenstraat 51, 0 51 30 38 58, *info@villared.be, Fax 0 51 30 38 36,* – . AE MC VISA.
fermé fin décembre-début janvier, 3 premières semaines août, mercredi, samedi midi et dimanche soir – **Rest** *Lunch 20* – 36, carte 37/55.
• Eigentijds pand in een woonwijk buiten het centrum. Het is geliefd vanwege zijn uitgesproken trendy interieur en zijn klassiek-moderne kaart.
• Dans un quartier résidentiel un peu excentré, maison récente appréciée pour son décor intérieur résolument "trendy" et sa carte oscillant entre classicisme et goût du jour.

De Smaak, Gentsestraat 27, 0 51 32 14 75, *info@desmaak.be, Fax 0 51 69 85 78* – MC VISA.
fermé semaine carnaval, dernière semaine juillet-première semaine août, mardi soir et mercredi – **Rest** *Lunch 20* – 38, carte 40/51, ♀.
• Dit nieuwe restaurant is gevestigd in een herenhuis in het centrum. Licht en ultramodern interieur. Open keuken met eigentijdse receptuur.
• Un nouveau restaurant ultra-contemporain et lumineux s'est installé dans cette maison de maître du centre-ville. Cuisine ouverte envoyant des préparations bien de notre temps.

IZEL *Luxembourg belge* **534** R 24 – *voir à Florenville.* 12 **B3**

JABBEKE *8490 West-Vlaanderen* **533** D 15 *et* **716** C 2 – *13 572 h.* 19 **C1**
Musée : *Permeke★ (Provinciaal Museum Constant Permeke).*
Bruxelles 102 – Brugge 13 – Kortrijk 57 – Oostende 17.

Haeneveld, Krauwerstraat 1, 0 50 81 27 00, *info@haeneveld.be, Fax 0 50 81 12 77,* , – rest, P – . MC VISA
fermé 18 février-3 mars et 22 septembre-8 octobre – **Rest** *(fermé mardi et mercredi soir)* 25/85 bc, carte 37/53 – **8 ch** ★75 – ★★100/120 – ½ P 80/120.
• Grote villa in een groene omgeving op de plek van een oude boerderij. Huiselijke ontvangst en ruime, goed onderhouden kamers. Een stuk van de tuin is hoenderhof. Restaurant met een klassieke kaart en verscheidene menu's. Terras aan de achterkant.
• Grande villa aux abords verdoyants construite à partir d'une ancienne ferme. Accueil familial et chambres spacieuses bien tenues. La basse-cour colonise un coin de jardin. Une carte classique et plusieurs menus sont proposés au restaurant. Terrasse arrière.

à Stalhille *Nord : 3 km* C *Jabbeke* – ✉ *8490 Stalhille :*

Hove Ter Hille, Expressweg 6 (sur N 377), 0 50 81 11 97, *info@hove-ter-hille.be, Fax 0 50 81 45 17,* , – P. rest
fermé 25 juin-7 juillet – **Rest** (dîner pour résidents seult) – **14 ch** ★35/39 – ★★58/75 – ½ P 52/56.
• Deze boerderij, die nog in bedrijf is, ligt even van de weg af die naar De Haan leidt. Eenvoudige kamers en studio's die per week worden verhuurd. 's Avonds "table d'hôte".
• Ferme en activité établie dans un site agreste, en retrait de la route qui mène au Coq (de Haan). Chambres modestes et studios loués à la semaine. Table d'hôte au dîner.

JALHAY *4845 Liège* **533** U 19, **534** U 19 *et* **716** K 4 – *7 953 h.* 9 **C2**
Bruxelles 130 – Liège 40 – Eupen 12 – Spa 13 – Verviers 8.

La Crémaillère, r. Fagne 17, 0 87 64 73 14, *info@la-cremaillere.be, Fax 0 87 64 70 20,* , – P – . AE MC VISA. rest
fermé 2e quinzaine janvier et 1re quinzaine juillet – **Rest** *(fermé lundi, mardi et après 20 h 30) Lunch 24* – 31/39, carte 28/47 – **8 ch** ★55/80 – ★★80 – ½ P 62/77.
• Ambiance familiale en cette pimpante auberge d'aspect régional et son extension mitoyenne dont les chambres, toutes dotées d'un salon, peuvent loger jusqu'à quatre personnes. Restaurant servant de la cuisine classique-traditionnelle dans un décor campagnard.
• Frisse en vrolijke herberg in regionale stijl met een huiselijke sfeer. De kamers (max. vier personen) bevinden zich in de uitbouw en hebben allemaal een zitkamer. Restaurant met een rustiek interieur, waar een traditioneel-klassieke keuken wordt geserveerd.

Le Vinâve, Solwaster 90 (Sud : 6 km, lieu-dit Solwaster), 0 87 47 48 69, *info@vinave.be, Fax 0 87 47 47 53,* – P. MC VISA
fermé 25 mars-3 avril, décembre-janvier sauf week-end, lundis soirs et mardis non fériés et mercredi en hiver – **Rest** 23/31, carte 23/38.
• Dans un village agreste, ferme ancienne et typée rénovée en 1997 pour repaître les amateurs de plats traditionnels fleurant bon le terroir local. Briques et moellons en salle.
• Deze oude karakteristieke boerderij in een landelijk dorp werd in 1997 gerenoveerd. Lekkere traditionele keuken met veel streekproducten. Eetzaal met bak- en breukstenen.

BELGIQUE

JAMBES *Namur* **533** O 20, **534** O 20 *et* **716** H 4 *– voir à Namur.* 15 **C1**

JETTE *Région de Bruxelles-Capitale* **533** K 17 *– voir à Bruxelles.* 5 **A2**

JODOIGNE (**GELDENAKEN**) *1370 Brabant Wallon* **533** O 18 *et* **716** H 3 *– 12 440 h.* 4 **D2**
Bruxelles 54 – Wavre 31 – Charleroi 52 – Hasselt 50 – Liège 61 – Namur 38 – Tienen 12.

à Mélin (Malen) *Nord-Ouest : 5 km* Ⓒ *Jodoigne –* ✉ *1370 Mélin :*

XXX **La Villa du Hautsart,** r. Hussompont 29, ☎ 0 10 81 40 10, *info@lavilladuhausart.com, Fax 0 10 81 44 34,* – P. AE ⓓ MC VISA
fermé début janvier, dimanche soir, lundi et mardi – **Rest** Lunch 20 – 30/65 bc, carte 50/67.
• Restaurant aménagé dans une ancienne ferme en pierres du pays isolée à la campagne. Repas au goût du jour dans un cadre classique modernisé. Menus particulièrement attrayants.
• Restaurant in een oude boerderij van steen uit de streek, afgelegen op het platteland. Eigentijdse keuken in een gemoderniseerd klassiek interieur. Zeer aantrekkelijke menu's.

JUPILLE *Luxembourg belge* **534** S 21 *– voir à La Roche-en-Ardenne.*

JUPILLE-SUR-MEUSE *Liège* **533** S 19, **534** S 19 *et* **716** J 4 *– voir à Liège, périphérie.*

KALMTHOUT *2920 Antwerpen* **533** L 14 *et* **716** G 1 *– 17 489 h.* 1 **B1**
Bruxelles 76 – Antwerpen 22 – Turnhout 42 – Roosendaal 20.

Villa Odyssee, Den Dijk 35 (Heuvel), ☎ 0 3 666 35 10, *info@villaodyssee.com, Fax 0 3 666 49 91,* – P. rest
fermé 30 décembre-1er janvier – **Rest** (dîner pour résidents seult) – **4 ch** ☐ ★50 – ★★60/80 – ½ P 55/75.
• Uitnodigende villa in een rustige woonwijk. Klassiek ingerichte kamers en gemeenschappelijke ruimten; serre met uitzicht op een grote tuin en tennisbaan.
• Accueillante villa esseulée dans un secteur résidentiel. Espaces communs et chambres classiquement aménagés ; véranda donnant sur un grand jardin doté d'un court de tennis.

XX **Keienhof,** Putsesteenweg 133 (Sud-Ouest : 2 km sur N 111, De Kalmthoutse Heide), ☎ 0 3 666 25 50, *info@keienhof.be, Fax 0 3 666 25 56,* – P. AE ⓓ MC VISA
fermé 1 semaine Pâques, 3 premières semaines août, dimanche et lundi – **Rest** Lunch 28 – 35/85 bc, carte 42/59.
• Zodra het weer het toelaat, worden de terrassen van dit kasteeltje van Ardense steen aan de rand van het bos opgedekt. Eigentijdse seizoengebonden keuken. Vrij afgelegen plek.
• Dès que la météo le permet, les terrasses de cette gentilhommière en pierre ardennaise sont dressées tout contre la forêt. Choix actuel de saison. Emplacement un peu retiré.

KANNE *3770 Limburg* Ⓒ *Riemst 15 963 h.* **533** T 18 *et* **716** K 3. 11 **C3**
Bruxelles 118 – Hasselt 37 – Liège 30 – Maastricht 6.

Limburgia, Op 't Broek 4, ☎ 0 12 45 46 00, *hotellimburgia@pandora.be, Fax 0 12 45 66 28,* – P – . AE MC VISA.
Rest *(fermé mercredi)* (résidents seult) – **19 ch** ☐ ★65/75 – ★★90/100 – ½ P 90.
• Dit hotel uit 1936 bij de grens met Nederland is al 3 generaties van dezelfde familie en werd aan het einde van de 20e eeuw gemoderniseerd. Frisse, nette kamers.
• Près de la frontière belgo-hollandaise, hôtel créé en 1936 et modernisé à la fin du 20e s. Chambres fraîches et nettes ; accueil par la même famille depuis trois générations.

Huize Poswick sans rest, Muizenberg 7, ☎ 0 12 45 71 27, *hotelposwick@hotmail.com, Fax 0 12 45 81 05,* – P. AE ⓓ MC VISA
fermé janvier – ☐ 13 – **6 ch** ★125/145 – ★★125/145.
• Oud kloostergebouw in een mooi dorp aan de grens, met nostalgisch ingerichte kamers. Binnenplaats met terras en verzorgde tuin.
• Dans un joli village frontalier, bâtisse séculaire à vocation autrefois monastique, abritant aujourd'hui des chambres au décor nostalgique. Cour-terrasse et jardin soigné.

KASTERLEE *2460 Antwerpen* **533** O 15 *et* **716** H 2 – *17 908 h.* 2 **C2**

Markt 13 ✆ 0 14 84 85 19, toerisme@kasterlee.be, Fax 0 14 86 89 27.
Bruxelles 77 – Antwerpen 49 – Hasselt 47 – Turnhout 9.

De Watermolen, Houtum 61 (par Geelsebaan), ✆ 0 14 85 23 74, *info@watermolen.be, Fax 0 14 85 23 70*, rest, rest, – . AE VISA.
fermé 2 premières semaines janvier et 2 dernières semaines août – **Rest** voir rest ***De Watermolen*** ci-après – ***Brasserie De Brustele*** *Lunch 20* – 29, carte 28/60, – 14 – **18 ch** 89/99 – 99/164 – ½ P 91.
• Oude watermolen aan een schilderachtig riviertje dat vanuit enkele kamers te zien is. Rustige en luxe ambiance. Geschikt voor kleine congressen. De lichte en moderne brasserie trekt wandelaars, logerende gasten en bezoekers van het recreatiecentrum.
• Ancien moulin qu'alimentait une rivière charmante visible depuis quelques chambres. Ambiance calme et cossue. Petits séminaires. Brasserie moderne lumineuse où se côtoient promeneurs, clientèle logeuse et visiteurs du centre récréatif.

Den en Heuvel, Geelsebaan 72, ✆ 0 14 85 04 97, *info@denenheuvel.be, Fax 0 14 85 04 96*, – – . AE VISA
fermé 1er au 15 janvier et 16 au 31 juillet – **Rest** 45/65, carte 45/83, – 14 – **24 ch** 65/85 – 85/100 – ½ P 85/90.
• Comfortabel gebouw, zowel geschikt voor toeristen als voor zakenmensen, die hier over uitstekende faciliteiten beschikken. Restaurant met een klassieke keuken en een modern interieur. Het culinaire aanbod bevat een "kreeftfestival".
• Établissement de bon confort, convenant aussi bien aux touristes qu'à la clientèle d'affaires en quête d'un cadre approprié à la tenue réunions professionnelles. Repas classique dans une salle moderne. Offre culinaire incluant un "festival de homard".

XXX **De Watermolen**, Houtum 61 (par Geelsebaan), ✆ 0 14 85 23 74, *info@watermolen.be, Fax 0 14 85 23 70*, – . AE VISA.
fermé 2 premières semaines janvier et 2 dernières semaines août – **Rest** *Lunch 38* – 50/89 bc, carte 55/109, .
• Voor een eigentijdse maaltijd in deze oude watermolen moet u de Nete oversteken. Verzorgde modern-klassieke eetzalen, moderne zitkamer met designhaard en 's zomers buiten eten.
• Ex-moulin à eau accessible en traversant la Nèthe (rivière). Salles classico-contemporaines soignées, salon moderne avec cheminée design et restaurant d'été. Cuisine actuelle.

XXX **Kastelhof**, Lichtaartsebaan 33 (Sud-Ouest sur N 123), ✆ 0 14 85 18 43, *kastelhof@skynet.be, Fax 0 14 85 31 25*, – .
fermé 2 au 9 janvier, 12 au 29 juillet, lundi, mardi et samedi midi – **Rest** *Lunch 34* – 49/90 bc, carte 58/98, .
• In deze grote villa met mooie tuin kunt u genieten van een copieuze klassieke maaltijd en goede wijnen uit de Bourgogne en het Rhônedal. Bij mooi weer buiten eten.
• Cette villa corpulente donnant sur un beau jardin vous convie à goûter sa cuisine classique copieuse et ses bons vins de Bourgogne et du Rhône. Restaurant de plein air.

X **Potiron**, Geelsebaan 73, ✆ 0 14 85 04 25, *Fax 0 14 85 04 26*, – . AE VISA.
fermé 21 janvier-8 février, 14 juillet-2 août, mercredi, jeudi et samedi midi – **Rest** 33/57 bc, carte 35/50, .
• Dit restaurantje is in trek vanwege zijn eigentijdse keuken en moderne bistro-inrichting met rustieke accenten. 's Zomers kan op het teakhouten terras worden gegeten.
• Petit restaurant estimé pour ses préparations actuelles et son cadre de bistrot moderne aux accents rustiques. L'été, on mange aussi à l'extérieur, sur la terrasse en teck.

à Lichtaart *Sud-Ouest : 6 km Kasterlee – 2460 Lichtaart :*

De Residentie, Steenfortstraat 5, ✆ 0 14 55 18 34, *info@residentie.be, Fax 0 14 55 18 35*, , , – – . AE VISA. ch
Rest *Lunch 30* – 41/77 bc, carte 40/53 – **36 ch** 92 – 123/228 – ½ P 118/123.
• Groot pand uit de jaren zeventig in een bosrijke omgeving, waardoor het eerder een landhuis is. De kamers beloven een prettig verblijf. Faciliteiten om te vergaderen en te ontspannen. Comfortabel restaurant met klassieke keuken.
• Bâtisse des années 1970 nichée dans un site boisé lui donnant un peu l'allure d'une gentilhommière. Chambres de bon séjour ; installations pour se réunir et se détendre. Restaurant confortable servant de la cuisine classique.

BELGIQUE

XXX **De Pastorie** avec ch, Plaats 2, ☎ 0 14 55 77 86, *info@restaurantdepastorie.be, Fax 0 14 55 77 94*, - P. AE VISA.
fermé première semaine janvier, 2 semaines vacances Pâques et 2 dernières semaines août – **Rest** *(fermé lundi et mardi) Lunch 35* – 60/85 bc, carte 65/80, – 18 – **4 ch** 118 – 118.
◆ Deze 17e-eeuwse pastorie in het hart van Lichtaart heeft een mooie tuin, waar 's zomers kan worden gegeten. Elegante eetzaal in klassieke stijl en hedendaagse keuken. Nieuwe kamers in de dependance aan de overkant.
◆ Au coeur du village, ancien presbytère (17e s.) agrémenté d'un jardin soigné. Restaurant d'été et salle à manger optant pour un style classique raffiné. Cuisine du moment. Nouvelles chambres aménagées dans une dépendance située en face.

XX **Louis,** Herentalsesteenweg 72, ☎ 0 14 55 78 02, *Fax 0 14 55 78 16*, - P.
fermé 3 semaines vacances bâtiment, 23 décembre-2 janvier, dimanche et lundi – **Rest** *Lunch 25* – 40, carte 43/71.
◆ Dit restaurant met bistrocomfort in neoretrostijl grenst aan een hotel in een groene omgeving. Terras aan de achterkant, aan de rand van het bos.
◆ Ce restaurant au parti pris décoratif "néo-rétro" et au confort bistrot partage ses murs avec un hôtel aux abords verdoyants. Terrasse arrière ouvrant sur les bois.

KEERBERGEN *3140 Vlaams-Brabant* 533 M 16 *et* 716 G 2 – *12 444 h.* 4 C1

Vlieghavenlaan 50 ☎ 0 15 22 68 78, Fax 0 15 23 57 37.
Bruxelles 34 – Leuven 20 – Antwerpen 36.

XXX **The Paddock,** R. Lambertslaan 4, ☎ 0 15 51 19 34, *the.paddock@skynet.be, Fax 0 15 52 90 08*, - P. AE VISA
fermé 4 au 27 février, 11 août-3 septembre, mardi et mercredi – **Rest** *Lunch 44* – 79, carte 53/115.
Spéc. Asperges régionales, sauce au champagne (en saison). Côte de porc de Bigorre au romarin. Framboises, coulis et chantilly (en saison).
◆ In deze schitterende villa verscholen tussen het groen wacht u het genot van een klassieke maaltijd, die bij goed weer op het terras kan worden genuttigd.
◆ Les plaisirs d'une table classique et l'agrément d'une villa cossue nichée dans un havre de verdure. Dès les premiers beaux jours, profitez du cadre reposant de la terrasse.

XXX **Hof van Craynbergh,** Mechelsebaan 113, ☎ 0 15 51 65 94, *info@hofvancraynbergh.be, Fax 0 15 51 65 94*, - P. VISA.
fermé 14 juillet-7 août, 26 décembre-4 janvier, samedi midi, dimanche soir, lundi et mercredi midi – **Rest** *Lunch 38* – 52/90 bc, carte 56/73.
◆ Herenhuis met een mooie glooiende tuin op een heuvel. Intieme en verzorgde klassieke eetzaal met een moderne serre en terras met siersmeedwerk. Eigentijdse kaart.
◆ Demeure posée dans un beau jardin ondulant sur une butte. Salle classique intime et soignée, orangerie moderne et terrasse en fer forgé. Carte actuelle sur papier artisanal.

XX **Postelein,** Tremelobaan 136a, ☎ 0 16 53 86 89, *info@postelein.be*, - P. AE VISA
fermé 2e quinzaine mars, 2e quinzaine septembre, lundi et mardi – **Rest** *Lunch 31* – 45/95 bc, carte 35/68.
◆ Vrolijke villa met een tuin vol bomen. De comfortabele salon en eetzaal zien er heel uitnodigend uit. Bij mooi weer wordt het teakhouten terras onder de bomen opgedekt.
◆ Fringante villa ouverte sur un jardin boisé. Salon et salle de restaurant aussi confortables qu'accueillants ; terrasse en teck dressée aux beaux jours à l'ombre des arbres.

KEMMEL *8956 West-Vlaanderen* C *Heuvelland 8 217 h.* 533 B 18 *et* 716 B 3. 18 B3

Reningelststraat 11 ☎ 0 57 45 04 55, toerisme@heuvelland.be, Fax 0 57 44 89 99.
Bruxelles 133 – Brugge 63 – Ieper 11 – Lille 33.

XXX **Hostellerie Kemmelberg** avec ch, Kemmelbergweg 34, ☎ 0 57 45 21 60, *info@kemmelberg.be, Fax 0 57 44 40 89*, ≤ plaine des Flandres, - P. AE VISA
fermé 2 janvier-7 février, 7 au 25 juillet et 10 au 16 septembre – **Rest** *(fermé lundi et mardi) Lunch 40 bc* – 40/90 bc, carte 47/79, – **16 ch** 62/85 – 74/120 – ½ P 74/97.
◆ Weelderig ingericht hotel op de top van de Kemmelberg met een magnifiek uitzicht op het vlakke Vlaanderenland. Acht kamers hebben een balkon. Sfeervol restaurant met een klassieke keuken. Panoramaterras.
◆ Au sommet du mont Kemmel, hôtellerie cossue offrant un panorama superbe sur la plaine flamande. Table classique au cadre feutré, terrasse perchée et huit chambres avec balcon.

In de Zon, Dikkebusstraat 80 (Nord-Ouest : 3 km à Klijte), ✉ 8952 Heuvelland, ☎ 0 57 21 26 26, *restaurantindezon@hotmail.com, Fax 0 57 21 26 26,* – P. VISA.
fermé lundi et mardi – **Rest** *Lunch 15* – 37/47 bc, carte 22/50.
◆ Dit rustieke eettentje, waar vroeger veel wielrenners kwamen, heeft een kleine traditionele kaart met regionale invloeden. Terras met uitzicht op het platteland.
◆ Une petite carte traditionnelle-régionale s'emploie à combler votre faim dans cet estaminet rustique naguère très prisé des cyclistes. Terrasse tournée vers la campagne.

KLEINE-BROGEL *Limburg* 533 R 15 *et* 716 J 2 – *voir à Peer.*

KLEMSKERKE *West-Vlaanderen* 533 D 15 *et* 716 C 2 – *voir à De Haan.* 18 B1

KLUISBERGEN *9690 Oost-Vlaanderen* 533 G 18 *et* 716 D 3 – *6 161 h.* 16 A3

Bruxelles 67 – Gent 39 – Kortrijk 24 – Valenciennes 75.

Te Winde, Parklaan 17 (Berchem), ☎ 0 55 38 92 74, *Fax 0 55 38 62 92,* – P. AE VISA
fermé semaine carnaval, 14 au 31 juillet et lundi – **Rest** *(déjeuner seult sauf vendredi et samedi) Lunch 40* – 62/90 bc, carte 60/78.
◆ Grote villa met een boomrijke tuin en vijver, waar 's zomers de tafels worden gedekt. Gemoderniseerde klassieke eetzalen. Verrassingsmenu's met Belgische component.
◆ Grande villa agrémentée d'un jardin arboré et d'une pièce d'eau près de laquelle on peut s'attabler en été. Salles classiques modernisées ; menus surprises à composante belge.

sur le Kluisberg *(Mont de l'Enclus) Sud : 4 km* C *Kluisbergen* – ✉ *9690 Kluisbergen :*

La Sablière, Bergstraat 40, ☎ 0 55 38 95 64, *info@lasabliere.be, Fax 0 55 38 78 11,* – P – AE VISA. ch
fermé 4 au 8 février, 25 août-5 septembre et décembre – **Rest** *(fermé mardis midis, vendredis et samedis midis non fériés)* 61/95 bc, carte 32/68 – **10 ch** 90/180 – 120/220 – ½ P 95/145.
◆ In dit aardige hotel boven op de Kluisberg wacht u een warm en vriendelijk onthaal. Kamers in verschillende categorieën die met zorg zijn ingericht. Klassiek-traditioneel eten in een sierlijk interieur.
◆ Cette hôtellerie familiale charmante, perchée au sommet du Mont-de-l'Enclus, vous réserve un accueil affable et spontané. Diverses catégories de chambres agencées avec soin. Repas classique-traditionnel dans un cadre cossu.

BELGIQUE

KNESSELARE *9910 Oost-Vlaanderen* 533 F 16 *et* 716 D 2 – *7 885 h.* 16 A2

Bruxelles 83 – Gent 31 – Brugge 17 – Lille 79 – Middelburg 75.

Prélude sans rest, Knokseweg 23 (N 44), ☎ 0 9 374 32 34, *info@hotelprelude.be, Fax 0 9 374 32 38* – P. VISA.
10 ch 75 – 95/115.
◆ Dit hotel ligt even van de drukke weg af tussen Brugge en Gent. De moderne kamers liggen aan de achterkant en zijn dus niet al te lawaaierig. Receptie dicht van 9.30 tot 14 u.
◆ En retrait d'une route passante reliant Bruges et Gand, hôtel aux chambres actuelles pas trop bruyantes car toutes réparties à l'arrière. Réception fermée entre 9h30 et 14h.

KNOKKE-HEIST *8300 West-Vlaanderen* 533 E 14 *et* 716 C 1 – *34 063 h* – *Station balnéaire★★★* – *Casino* AY, *Zeedijk-Albertstrand 509* ☎ *0 50 63 05 00, Fax 0 50 61 20 49.* 19 C1

Voir *le Zwin★ : réserve naturelle (flore et faune)* EZ.

18 *(2 parcours) à Het Zoute, Caddiespad 14* ☎ *0 50 60 12 27, Fax 0 50 62 30 29.*

Zeedijk 660 (Lichttorenplein) à Knokke ☎ *0 50 63 03 80, toerisme@knokke-heist.be, Fax 0 50 63 03 90 – (avril-sept., vacances scolaires et week-end) Knokkestraat 22 à Heist* ☎ *0 50 63 03 80, Fax 0 50 63 03 90.*

Bruxelles 108 ① – Brugge 18 ① – Gent 49 ① – Oostende 33 ③.

Plan page suivante

à Knokke – ✉ *8300 Knokke-Heist :.* 19 C1

Des Nations sans rest, Zeedijk 704, ☎ 0 50 61 99 11, *info@hoteldesnations.be, Fax 0 50 61 99 99,* – – – AE VISA. BY f
fermé 10 au 31 janvier et 20 novembre-15 décembre – **33 ch** 150/250 – 150/250 – 3 suites.
◆ Modern flatgebouw met art-deco-elementen boven de dijk. De meeste kamers hebben zeezicht. Verzorgde ontbijtruimte, beautycenter en panoramische vergaderzaal.
◆ Immeuble moderne dominant la digue. Communs Art déco, chambres majoritairement côté plage, espace breakfast soigné, soins esthétiques et belle salle de réunions panoramique.

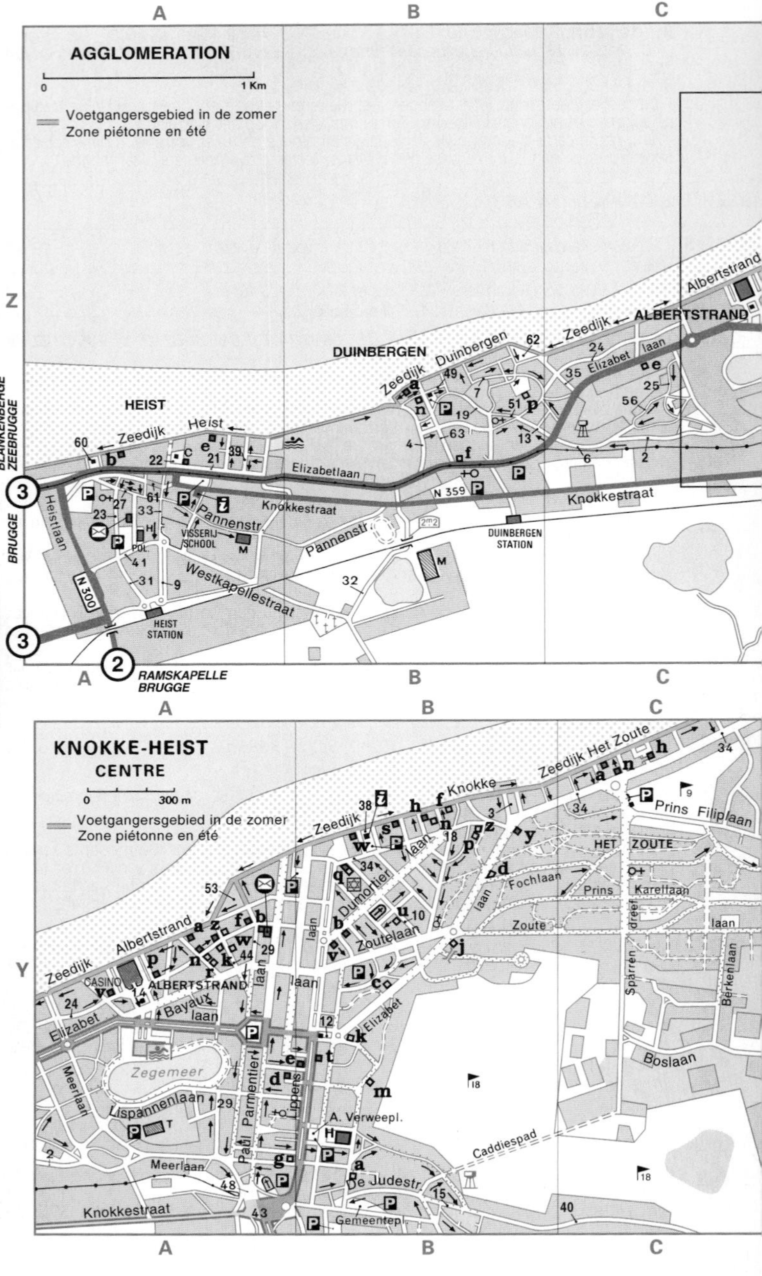
AGGLOMERATION
0
1 Km
Voetgangersgebied in de zomer
Zone piétonne en été
HEIST
DUINBERGEN
ALBERTSTRAND
Zeedijk
Heist
Elizabetlaan
Knokkestraat
Pannenstr.
Westkapellestraat
Heistlaan
N 300
N 359
VISSERIJ SCHOOL
POL.
HEIST STATION
DUINBERGEN STATION
Albertstrand
Zeedijk Duinbergen
Elizabet laan
BLANKENBERGE ZEEBRUGGE
BRUGGE
RAMSKAPELLE BRUGGE
KNOKKE-HEIST
CENTRE
0
300 m
Voetgangersgebied in de zomer
Zone piétonne en été
Zeedijk Albertstrand
CASINO
ALBERTSTRAND
Bayaux laan
Elizabet
Zegemeer
Meerlaan
Lispannenlaan
Paul Parmentier
Lippens
A. Verweepl.
De Judestr.
Knokkestraat
Gemeentepl.
Caddiespad
Zeedijk Knokke
Zeedijk Het Zoute
Prins Filiplaan
HET ZOUTE
Fochlaan
Prins Karellaan
Zoute laan
Zoutelaan
Dumortier laan
Sparren dreef
Berkenlaan
Boslaan
BELGIQUE

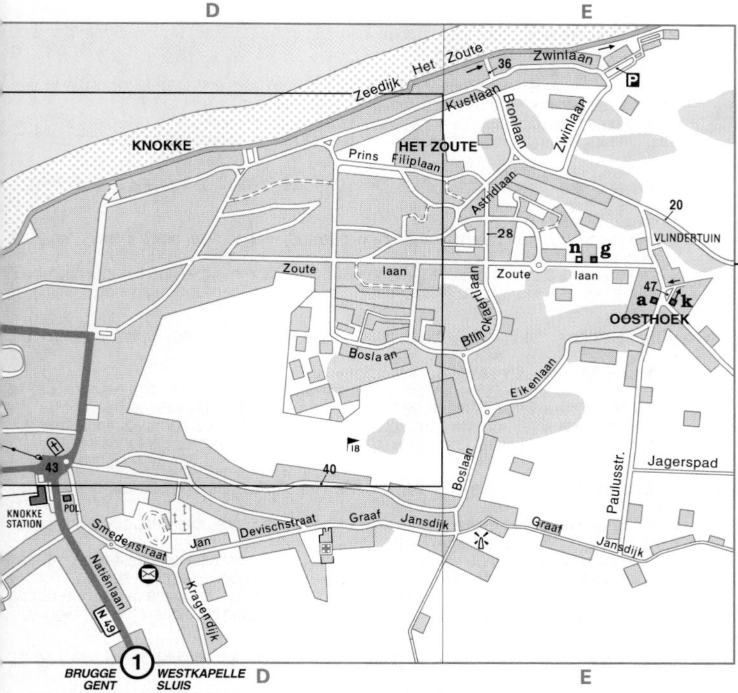

KNOKKE-HEIST

Rue	Carré	N°
Acacialaan	CZ	2
Albertpl.	BY	3
Anemonenlaan	BZ	4
Arkadenlaan	CZ	6
Bergdreef	BZ	7
Bondgenotenlaan	AZ	9
Burgemeester Frans Desmidtpl.	BY	12
Canada Square	AY	14
Charles de Costerlaan	BY	15
De Wandelaar	BZ	62
Driehoekspl.	BY	18
Duinbergenlaan	BZ	19
Dumortierlaan	BY	
Graaf Leon Lippensdreef	EZ	20
Graaf d'Ursellaan	AZ	21
Heldenpl.	AZ	22
Hermans-Lybaertstr.	AZ	23
Jozef Nellenslaan	CZ	24
Kapellaan	CZ	25
Kerkstr.	AZ	27
Konijnendreef	EZ	28
Koningslaan	AY	29
Koudekerkelaan	AZ	31
Krommedijk	BZ	32
Kursaalstr.	AZ	33
Kustlaan	BCY	34
Leeuwerikenlaan	CZ	35
Lekkerbekhelling	EZ	36
Lichttorenpl.	BY	38
Lippenslaan	ABY	
Louis Parentstr.	AZ	39
Magere Schorre	DZ	40
Marktstr.	AZ	41
Maurice Lippenspl.	AY	43
Meerminlaan	AY	44
Oosthoekpl.	EZ	47
Pastoor Opdedrinckpl.	AY	48
Patriottenstr.	BZ	49
Poststr.	BZ	51
Rubenspl.	AY	53
Theresialaan	CZ	56
Van Bunnenlaan	BY	10
Van Cailliedreef	BZ	13
Vissershuldepl.	AZ	60
Vlamingstr.	AZ	61
Zeegrasstr.	BZ	63

Van Bunnen sans rest, Van Bunnenlaan 50, ☎ 0 50 62 93 63, *info@hotelvanbunnen.be, Fax 0 50 62 29 66* – 🛗 ⇔ 🅿. AE MC VISA BY u

18 ch ☕ 🚶82/117 – 🚶🚶100/126.

◆ Gerenoveerd art-decopand, waar een familie de scepter voert. Goede moderne kamers en lichte ontbijtzaal met uitzicht op een terras met veel bloemen. Service op maat.

◆ Maison Art déco rajeunie au-dedans. Bonnes chambres actuelles, lumineuse salle de petit-déj' donnant sur une terrasse fleurie, accueil et service personnalisés, en famille.

Adagio sans rest, Van Bunnenlaan 12, ☎ 0 50 62 48 44, *info@hoteladagio.be, Fax 0 50 62 59 36,* ≘ – 🛗 🚗. MC VISA. ✂ BY q

20 ch ☕ 🚶70/125 – 🚶🚶85/125.

◆ Comfortabel hotel dat door twee vriendelijke en voorkomende zussen wordt gerund. Ruime kamers en ontbijtbuffet in de serre. Solarium, sauna en hamam.

◆ Confortable hôtel familial exploité par deux soeurs souriantes et prévenantes. Amples chambres et buffet matinal dans une salle à manger-véranda. Solarium, sauna et hammam.

Prins Boudewijn sans rest, Lippenslaan 35, ✆ 0 50 60 10 16, *info@hotelprinsboudewijn.com* – ☐ ✕ – ♿. MC VISA ABY g
50 ch ☐ ✝70 – ✝✝85/130.
◆ Functionele kamers met behoorlijke afmetingen en een goede geluidsisolatie in een hotel aan de belangrijkste winkelstraat van Knokke. Het station ligt vlakbij.
◆ Chambres fonctionnelles bien insonorisées et de dimensions correctes, dans un hôtel surplombant la principale artère commerçante de Knokke. La gare est toute proche.

Eden sans rest, Zandstraat 18, ✆ 0 50 61 13 89, *yves@edenhotel.be, Fax 0 50 61 07 62* – ☐ ✕ BY n
19 ch ☐ ✝62/88 – ✝✝83/132.
◆ Klein flatgebouw, praktisch gelegen bij het strand, met sobere, nette kamers, waarvan vijf voor gezinnen.
◆ Emplacement pratique près de la plage pour ce petit immeuble hôtelier aux chambres sobres et nettes. Cinq d'entre elles sont formatées pour héberger des familles.

Villa Hector sans rest, Albertlaan 15, ✆ 0 475 98 20 30, *info@villahector.be, Fax 0 50 67 70 26* – ✕. ✕ BY a
3 ch ☐ ✝125/175 – ✝✝175/225.
◆ Er heerst een serene sfeer in dit mooie pand uit 1892 met een nieuwe look uit de Belgische interieurwinkel Flamant. De ruimten zijn licht en elke kamer is anders.
◆ Une ambiance sereine flotte dans cette jolie maison de 1892 au nouveau look intérieur griffé Flamant (déco belge). Communs très clairs et belles chambres personnalisées.

BELGIQUE

XX **La Croisette,** Van Bunnenplein 24, ✆ 0 50 61 28 39, *Fax 0 50 61 63 47* – ☐ ☐. AE ① MC VISA BY q
fermé fin janvier-début février, fin juin-début juillet, fin septembre-début octobre, mardi et mercredi – **Rest** *Lunch 20* – 33/47, carte 38/45.
◆ Dit restaurant, waarvan de naam doet denken aan zon, glamour en filmsterren, ligt aan een plein tussen de hoofdwinkelstraat en de boulevard. Modern-klassieke keuken.
◆ Cette enseigne aux connotations azuréennes est située sur une place passante reliant la grande avenue commerçante à la "croisette knokkoise". Table classique-actuelle soignée.

XX **De Savoye,** Dumortierlaan 18, ✆ 0 50 62 23 61, *info@desavoye.be, Fax 0 50 62 60 30,* Produits de la mer – ☐ ♿. BY v
fermé 16 au 26 juin, 24 novembre-11 décembre, mercredi soir sauf vacances scolaires et jeudi – **Rest** *Lunch 25* – 45/58, carte 39/96, ♀.
◆ Visrestaurant met een gestileerd, eigentijds interieur: granieten vloer, geceruseerde lambrisering, stoelen van gevlochten vezel, gerieflijke bankjes en moderne verlichting.
◆ Cuisine voguant au gré des marées et cadre contemporain épuré : sol en granit, boiseries cérusées, sièges en fibre tressée, banquettes confortables et éclairage moderne.

XX **Panier d'Or,** Zeedijk 659, ✆ 0 50 60 31 89, *panier-dor@skynet.be, Fax 0 50 60 31 90,* ←, ☐ – ☐ ☐. AE ① MC VISA BY w
fermé mi-novembre-mi-décembre et mardi sauf vacances scolaires – **Rest** *Lunch 28* – 35/40, carte 28/83.
◆ Deze veteraan van de plaatselijke horeca is al ruim 50 jaar op de zeedijk gevestigd. Eetzaal en terras met zeezicht, maritieme ambiance, traditionele kaart.
◆ Un vétéran de la restauration locale, avec plus de 50 ans de présence sur la digue. Salle et terrasse braquées vers la mer, ambiance balnéaire, choix traditionnel.

XX **Le P'tit Bedon,** Zeedijk 672, ✆ 0 50 60 06 64, *pucci@pandora.be, Fax 0 50 60 06 64,* ☐, Avec grillades – ☐. AE ① MC VISA BY s
fermé fin novembre-mi-décembre et mercredis sauf vacances scolaires – **Rest** 27/67 bc, carte 34/65.
◆ In dit familierestaurant aan de boulevard kunt u uw buikje rond eten. Het vlees wordt in de zaal op houtskool geroosterd. Aquaria met schildpadden. Terras aan de voorkant.
◆ Au bord de la promenade, affaire très familiale, toujours prête à entretenir votre "p'tit bedon". Grillades au feu de bois faites à vue. Tortues en aquariums. Terrasse avant.

XX **Le Chardonnay,** Swolfsstraat 7, ✆ 0 50 62 04 39, *restaurant@chardonnay.be, Fax 0 50 62 58 52,* Produits de la mer – ☐. AE ① MC VISA BY h
fermé fin novembre-début décembre, jeudi d'octobre à Pâques et mercredi – **Rest** *Lunch 19* – 29/70 bc, carte 36/79.
◆ Gezellige en verzorgde eetzaal, vriendelijke bediening, smakelijke visgerechten en verrukkelijke chardonnays.
◆ Salle à manger chaleureuse et soignée, accueil et service cordial, choix de recettes honorant la marée et, bien sûr, du chardonnay en veux-tu en voilà pour les accompagner.

Bel-Étage, Guldenvliesstraat 13, ☎ 0 50 62 77 33, *bel-etage@skynet.be* – ▤. AE MC VISA AY d
fermé dernière semaine juin, dernière semaine octobre et mercredi – **Rest** (dîner seult) 39/49, carte 52/70.
◆ Pand uit het interbellum met op de eerste verdieping een intieme eetzaal (15 couverts). De eigenaar kookt en verzorgt tevens de bediening. Eigentijdse keuken. Retro rookzaal.
◆ Maison de l'entre-deux-guerres dont le "bel-étage" accueille une table contemporaine intimiste (15 couverts). Patron cuisinant à vue et assumant aussi le service. Fumoir rétro.

't Kantientje, Lippenslaan 103, ☎ 0 50 60 54 11, *Fax 0 50 61 63 76*, – ▤. MC VISA ABY e
fermé dernière semaine juin-première semaine juillet, 15 novembre-15 décembre, mercredi sauf en juillet-août et mardi – **Rest** 25/32, carte 35/61.
◆ Eenvoudige, maar smakelijke maaltijd in een relaxte sfeer. Vriendelijke en vlotte bediening. Reserveren is niet mogelijk, maar in de salon kunt u op een tafeltje wachten.
◆ Goûteuse cuisine bourgeoise, ambiance décontractée et service aussi aimable que diligent. Réservation impossible, mais salon où patienter en attendant qu'une table se libère.

Ciccio, Dumortierlaan 64, ☎ 0 50 60 96 61, , Avec cuisine italienne – . AE MC VISA
fermé 30 janvier-15 février, 25 juin-10 juillet, mercredi et jeudi – **Rest** (dîner seult) carte 30/48. BY b
◆ Gezellig eettentje in het uitgaanscentrum van Knokke. Mediterrane bistro-inrichting met Italiaans aandoende fresco's. Frans-Italiaanse menukaart.
◆ Dans le centre animé, adresse conviviale servant de la cuisine franco-transalpine dans un décor bistrotier d'esprit méditerranéen. Peintures murales italianisantes en salle.

l'Orchidée, Lippenslaan 130, ☎ 0 50 62 38 84, *orchidee@skynet.be, Fax 0 50 62 51 88,* Cuisine thaïlandaise, ouvert jusqu'à 1 h du matin – ▤. AE ① MC VISA AY t
fermé 2 semaines en mai, mi-novembre-mi-décembre et mercredi – **Rest** (dîner seult sauf dimanche) 38/50 bc, carte 27/67.
◆ Dit is een van de weinige Thaise restaurants in Knokke-Heist. Orchideeën op tafel, bamboe aan de muren, rotanmeubelen en boeddhabeeldjes. Recepten uit de Gouden Driehoek.
◆ L'un des rares restaurants thaïlandais de Knokke-Heist : tables fleuries d'orchidées, décor "bambou", confort "rotin" et statuaire bouddhiste. Saveurs du Triangle d'or.

à Het Zoute – ✉ *8300 Knokke-Heist :*

Manoir du Dragon sans rest, Albertlaan 73, ☎ 0 50 63 05 80, *info@manoirdudragon.be, Fax 0 50 63 05 90,* ≤ golf, , – |♦| ▤ P. AE ① MC VISA. BY m
fermé 15 novembre-15 décembre – **10 ch** ☕ ★220/240 – ★★220/370 – 6 suites.
◆ Chic landhuis met een romantische sfeer tussen het groen, naast een golfterrein. Kamers en suites met veel glamour, vaak met terras. Genereus ontbijtbuffet.
◆ Atmosphère romantique et cadre de verdure pour ce manoir chic contigu à un golf. Chambres et suites très glamour, souvent avec terrasse. Riches buffets au petit-déjeuner.

Lugano sans rest, Villapad 14, ☎ 0 50 63 05 30, *info@hotellugano.be, Fax 0 50 63 05 20,* – |♦| ▤ P – . AE ① MC VISA BY p
fermé 7 janvier-1er février – **27 ch** ☕ ★105/121 – ★★140/190 – 2 suites.
◆ Anglo-Normandische villa op 200 m van het strand. Weelderige salons en kamers maar piepkleine "singles". Rustige tuin en terrassen achteraan.
◆ Construction d'aspect anglo-normand située à 200 m de la plage. Salons cossus et chambres personnalisées ("single" à éviter car un peu exiguës). Terrasses et jardin de repos.

Britannia sans rest, Elizabetlaan 85, ☎ 0 50 62 10 62, *info@hotelbritannia.be, Fax 0 50 62 00 63* – |♦| P – . ① MC VISA BY c
fermé 7 au 31 janvier et 18 novembre-19 décembre – **30 ch** ☕ ★80/90 – ★★130/160.
◆ Anglo-Normandisch gebouw uit 1927. Weelderige gemeenschappelijke ruimten met Britse accenten, mooie lounge, ruime, functionele kamers en retrosfeer.
◆ Bâtisse de 1927 adoptant le style balnéaire anglo-normand. Communs cossus aux accents "british", beau salon, chambres fonctionnelles bien dimensionnées et atmosphère "rétro".

Golf - Duc de Bourgogne , Zoutelaan 175, ☎ 0 50 61 16 14, *golfhotelzoute@skynet.be, Fax 0 50 62 15 90,* , – |♦| P – . AE MC VISA. EZ n
fermé 10 janvier-10 février – **Rest** *(fermé mardi et mercredi)* Lunch 35 – carte 45/87 – **26 ch** ☕ ★80/100 – ★★110/190 – ½ P 73/112.
◆ Grote villa in de polders, tussen de golfbaan en het Zwin. Moderne kamers, waarvan 4 voor gezinnen, die door Flamant zijn ingericht. Terras met uitzicht op een paardenwei. Comfortabele eetzaal en aangenaam terras. Traditionele keuken.
◆ Grande villa ouvrant sur les polders, entre golf et Zwin. Chambres actuelles - dont 4 familiales -, relookées "Flamant" (déco belge). Terrasse tournée vers un pré à chevaux. Confortable salle à manger et agréable restaurant de plein air. Choix traditionnel.

Rose de Chopin sans rest, Elizabetlaan 94, ☎ 0 50 63 05 30, *info@hotellugano.be, Fax 0 50 63 05 20* – P. AE ⓓ MC VISA BY k
9 ch ☕ ✝180 – ✝✝190/260.
◆ Mooie villa aan de rand van het centrum. De knusse kamers hebben elk een andere indeling. Gezellige lounge en serre waar het ontbijtbuffet wordt genuttigd, of buiten.
◆ En centre-ville, à l'entrée du Zoute, belle villa abritant des chambres douillettes diversement agencées. Communs cosy et breakfast-buffet sous véranda ou dehors, côté jardin.

Les Arcades sans rest, Elizabetlaan 50, ☎ 0 50 60 10 73, *hotel.les.arcades@telenet.be, Fax 0 50 60 49 98* – ⧉ ⇔ P. MC VISA BY j
fermé 15 au 25 février et 1er au 15 décembre – **10 ch** ☕ ✝100/150 – ✝✝100/150.
◆ Rustige badvilla die iets weg heeft van een cottage, op 5 min. van de kust en het golfterrein. Comfortabele kamers, grotendeels gerenoveerd, en prettige ontbijtruimte.
◆ Rivage et golf sont à 5 mn de cette villa balnéaire tranquille affichant un petit air de cottage. Confortables chambres majoritairement rénovées. Plaisant espace breakfast.

De Oosthoek (Stefan Billiau), Oosthoekplein 25, ☎ 0 50 62 23 33, *deoosthoek@scarlet.be, Fax 0 50 62 25 13* – AE MC VISA EZ k
fermé 2 semaines en mars, dernière semaine juin-première semaine juillet, mi-novembre-mi-décembre, mardi et mercredi – **Rest** *Lunch 35* – 45/112 bc, carte 73/96.
Spéc. Jets de houblon à l'émulsion de bière blanche, omelette à la truffe et crabe royal (15 février-mars). Saint-pierre et risotto de homard, marmelade de citron et fenouil confit (mai-septembre). Râble de lièvre aux lentilles, pommade de chou vert et polenta (15 octobre-décembre).
◆ Stijlvol modern interieur in een contrasterend spel van rood, zwart en wit, attente bediening, vernieuwende keuken en fraai opgemaakte borden.
◆ Intérieur moderne élégant, jouant sur le contraste du rouge, du blanc et du noir, accueil et service soignés, séduisante cuisine novatrice, assiettes dressées avec esthétisme.

Aquilon, Elizabetlaan 6, ☎ 0 50 60 12 74, *restaurantaquilon@skynet.be, Fax 0 50 62 09 72,* 🍴 – P ⇔. AE MC VISA. ✂ BY y
fermé 7 au 31 janvier, 1er au 18 décembre, mercredi sauf en juillet-aout et mardi – **Rest** *Lunch 27 bc* – 37 bc/77 bc, carte 44/95.
◆ De naam van dit familiebedrijf verwijst naar de beruchte noordenwind, "die de aarde tussen Zeebrugge en Engeland deed scheuren" (J. Brel). Modern-klassieke keuken.
◆ L'enseigne de cette table tenue en famille désigne le fameux vent du Nord, "qui a fait craquer la terre entre Zeebrugge et l'Angleterre" (J. Brel). Choix classique actualisé.

L'Echiquier 1er étage, De Wielingen 8, ☎ 0 50 60 88 82 – ▤ ⇔. AE MC VISA. ✂ CY h
fermé 8 au 25 janvier, lundi soir, mardi, mercredi midi et mercredi soir sauf vacances scolaires – **Rest** 56 bc/72 bc, carte 38/55, ♀.
◆ Een uitstekend adresje om zich te trakteren op een all-in kreeftmenu. Wie daar niet van houdt, kan het andere menu kiezen, waarin ook alles is inbegrepen. Tevens à la carte.
◆ Adresse à conseiller pour s'offrir un menu homard "all in". Une autre formule similaire saura vous satisfaire si vous n'en pincez pas pour ce noble crustacé. Carte accessoire.

Le Bistro de la Mer, Oosthoekplein 2, ☎ 0 50 62 86 98, *Fax 0 50 62 86 99* – ▤ ⇔. AE MC VISA EZ a
ferme 20 juin-5 juillet, 20 novembre-5 décembre, mercredi hors saison et mardi – **Rest** *Lunch 25 bc* – carte 42/65, ♀.
◆ Twee eetzalen met parket en een warme, intieme ambiance. Roze geruite tafelkleedjes met bijpassende stoelen en bankjes. Traditionele keuken met een vleugje modern.
◆ Ambiance intime dans deux chaleureuses salles parquetées. Mise de table en vichy rose ; chaises et banquettes de même. Carte traditionnelle actualisée. Cuisinière au piano.

Si Versailles, Zeedijk 795, ☎ 0 50 60 28 50, *Fax 0 50 62 58 65,* ≤, 🍴, Avec cuisine italienne – ▤. AE ⓓ MC VISA CY a
fermé 12 novembre-15 décembre et mercredi – **Rest** carte 41/89.
◆ Chique moderne brasserie met twee kaarten: traditioneel of Italiaans. Reserveer een tafel met zeezicht. Correcte bediening.
◆ Ce restaurant au décor de brasserie moderne chic offre le choix entre deux cartes : traditionnelle ou italienne. Réservez une table avec vue sur mer. Service dans les règles.

Marie Siska avec ch, Zoutelaan 177, ☎ 0 50 60 17 64, *Fax 0 50 62 32 00,* 🍴, 🌳 – ⇔ P ⇔. AE ⓓ MC VISA EZ g
fermé janvier – **Rest** (taverne-rest) *Lunch 17* – carte 38/54 – **7 ch** ☕ ✝100 – ✝✝110/140.
◆ Dit toeristische adres, waar de kinderen koning zijn, is een heus wafelparadijs. Klassieke keuken, tearoom, terras en speeltuin met midgetgolf. De kamers zien er piekfijn uit.
◆ Un paradis de la gaufre que cette adresse très touristique où les enfants sont rois. Repas classique, tea-room, terrasse, jardin ludique avec minigolf. Chambres coquettes.

Lady Ann, Kustlaan 301, 0 50 60 96 77, Taverne-rest – . AE MC VISA CY n
fermé jeudi sauf vacances scolaires et mercredi – **Rest** 25/40, carte 21/60.
• Kleine taverne met een eenvoudige kaart en twee menu's, waarvan één zo'n succes is dat het sinds de oprichting van de zaak in 1980 nooit is veranderd! 's Middags theesalon.
• Petite taverne misant sur une carte simple et un duo menus dont l'un - succès oblige - reste inchangé depuis la création de l'affaire, en 1980 ! Salon de thé l'après-midi.

à Albertstrand – *8300 Knokke-Heist :*

Binnenhof sans rest, Jozef Nellenslaan 156, 0 50 62 55 51, *info@binnenhof.be, Fax 0 50 62 55 50* – – . AE MC VISA AY n
25 ch 80/155 – 90/165.
• Gunstig gelegen hotel op 150 m van het strand. Kamers met een persoonlijke touch, vaak met balkon. Goed verzorgd ontbijt tot 11 uur.
• Choisissez cet hôtel pour son emplacement résidentiel proche de la plage (150m), ses chambres personnalisées, souvent avec balcon, et son breakfast soigné assuré jusqu'à 11h.

Atlanta, Jozef Nellenslaan 162, 0 50 60 55 00, *info@atlantaknokke.be, Fax 0 50 62 28 66*, – . MC VISA. rest AY k
fermé début janvier-semaine avant carnaval – **Rest** 23, carte 21/38 – **33** ch 75/90 – 85/125 – ½ P 88/108.
• Betrouwbaar adres voor een gezinsvakantie aan het strand. Moderne gemeenschappelijke ruimten, prettige kamers (sommige voor 5 pers.) en ontbijt tot een laat tijdstip. 's Avonds kunnen de hotelgasten genieten van de klassieke keuken.
• Hébergement fiable pour un séjour balnéaire familial. Communs modernes, chambres avenantes (certaines peuvent accueillir 5 personnes) et petit-déj' jusqu'à une heure tardive. Au dîner, choix classique adapté aux attentes de la clientèle résidente.

Parkhotel, Elizabetlaan 204, 8301, 0 50 60 09 01, *parkhotelknokke@skynet.be, Fax 0 50 62 36 08*, – , rest, . AE MC VISA. CZ e
Rest *(ouvert mars-octobre ; fermé mardi, mercredi et jeudi)* 64 bc, carte 37/65 – **14 ch** *(fermé janvier et 22 au 28 septembre)* 90/140 – 90/140 – ½ P 75/100.
• Familiebedrijf aan een doorgaande weg bij de zeedijk. Perfect onderhouden kamers met goede geluidsisolatie, maar die aan de achterzijde verdienen toch de voorkeur. Traditioneel eten in de sfeervolle eetzaal, de serre of op het terras.
• Hôtel familial établi au bord d'un axe passant, tout près de la digue. Tenue et insonorisation sans reproche dans les chambres. Préférez tout de même celles de l'arrière. Carte traditionnelle présentée dans une salle feutrée, sous la véranda ou en terrasse.

Nelson's, Meerminlaan 36, 0 50 60 68 10, *info@nelsonshotel.be, Fax 0 50 61 18 38*, – , rest, – . AE MC VISA. rest AY z
ouvert 22 mars-28 septembre, vacances scolaires et week-end – **Rest** (résidents seult) – **42 ch** 50/70 – 100/125 – 6 suites – ½ P 70/85.
• Hoekpand op twee minuten lopen van zee. De gemeenschappelijke ruimten zijn in maritieme stijl ingericht. Eigentijdse kamers en zes suites voor gezinnen. Attent personeel.
• Immeuble d'angle implanté à deux pas du front de mer. Espaces communs au décor maritime, chambres actuelles et six suites prévues pour les familles. Personnel serviable.

Lido, Zwaluwenlaan 18, 0 50 60 19 25, *info@lido-hotel.be, Fax 0 50 61 04 57*, , – – . MC VISA. rest AY r
Rest (résidents seult) – **38 ch** 55/105 – 94/125 – ½ P 62/78.
• Hotel op 250 m van de eerste zandkastelen. Moderne lounge met schouw, functionele kamers (4 voor gezinnen) en vergaderzalen. Gratis fietsen te leen.
• Hôtel situé à 250 m des premiers châteaux de sable. Salon-cheminée moderne, chambres fonctionnelles (4 familiales) et salle de réunions. Vélos prêtés gratuitement aux logeurs.

Albert Plage sans rest, Meerminlaan 22, 0 50 60 59 64, *info@nelsonshotel.com, Fax 0 50 61 18 38*, – . AE MC VISA AY w
17 ch 60/90 – 80/100.
• Dit praktische hotel voor de liefhebbers van het Albertstrand is in 2004 gerenoveerd. Kleine standaardkamers voor een zacht prijsje en verzorgd ontbijtbuffet.
• Cet établissement bien pratique pour les fans d'Albert-Plage retrouvait l'éclat du neuf en 2004. Bonnes petites chambres standard à prix souriants. Breakfast-buffet soigné.

Jardin Tropical (Christophe Van den Berghe), Zwaluwenlaan 12, 0 50 61 07 98, *info@jardintropical.be, Fax 0 50 61 61 03* – . AE MC VISA AY n
fermé 2 semaines en mars, 30 juin-4 juillet, 2 semaines en octobre, 15 au 19 décembre, mercredi et jeudi – **Rest** *Lunch 39* – 58/125 bc, carte 79/90.
Spéc. Langoustines grillées, beurre aux épices, fenouil confit. Cabillaud cuit à basse température en croûte d'herbes. Merveilles sucrées et glaces maison.
• In dit elegante, smetteloze restaurant kunt u van een inventieve eigentijdse keuken genieten. De tafels zijn mooi gedekt en de presentatie op de borden is vaak origineel.
• Élégante salle immaculée vous invitant à goûter une cuisine actuelle inventive. Mise en place harmonieuse sur les tables et présentations souvent originales dans l'assiette.

BELGIQUE

XXX **Esmeralda,** Jozef Nellenslaan 161, ✆ 0 50 60 33 66, *restaurant.esmeralda@skynet.be, Fax 0 50 60 33 46,* – ▤. AE ⓓ MC VISA AY p
fermé 10 au 31 janvier, 20 au 30 juin, 15 au 30 novembre, lundi et mardi – **Rest** *Lunch 20* – 30/95 bc, carte 62/95.
• Tegenover het casino staat dit chique, maar ongekunstelde restaurant met Lloyd Loom-stoelen, waarin de hele familie meehelpt en de baas fijne klassieke visgerechten bereidt.
• Face au casino, adresse familiale chic mais pas guindée, où le patron signe une fine cuisine classique à l'ancrage littoral. Sièges Lloyd Loom, banquettes et tables espacées.

XX **Lispanne,** Jozef Nellenslaan 201, ✆ 0 50 60 05 93, *Fax 0 50 62 64 92* – ▤. AE ⓓ MC VISA AY z
fermé 14 au 31 janvier, 23 juin-3 juillet, 29 septembre-9 octobre, mardi midi sauf vacances scolaires, mardi soir et mercredi – **Rest** *Lunch 17* – 22/68 bc, carte 30/60, ♀.
• Klassieke kaart en lekkere menu's in dit restaurant, waar alles huisgemaakt is, van de hapjes tot en met de koekjes. Terras achter glas. Voorkomende bediening.
• Une carte classique et de bons menus sont proposés à cette adresse où tout est fait maison, des mises en bouche aux mignardises. Terrasse-véranda. Accueil et service avenants.

XX **Cédric,** Koningslaan 230a, ✆ 0 50 60 77 95, *info@restaurant-cedric.be, Fax 0 50 62 21 47* – ▤. AE ⓓ MC VISA AY b
fermé lundis soirs et mardis non fériés – **Rest** *Lunch 25* – 38/70 bc, carte 43/74.
• Moderne eetzaal met een intieme ambiance en sfeerverlichting (spotjes, mooie kroonluchters en bijpassende wandlampen). Heerlijk lichte serre aan de voorkant.
• Ambiance intime dans une salle moderne à l'éclairage tamisé assuré par des rangées de spots, de jolis lustre en cristal et des applique assorties. Véranda lumineuse à l'avant.

BELGIQUE

XX **Bistro Christof,** Jozef Nellenslaan 229, ✆ 0 50 62 25 61, *bistrochristof@skynet.be, Fax 0 50 62 25 63* – ▤. AE ⓓ MC VISA AY f
fermé jeudi, vendredi midi, vendredi soir sauf vacances scolaires et après 20 h 30 – **Rest** *Lunch 20* – 39, carte 38/71, ♀.
• Restaurant met een gezellige, intieme eigentijdse inrichting, die zo uit de Belgische interieurwinkel Flamant lijkt te komen. Traditionele keuken met een snufje modern.
• Table régalant ses convives sur le mode traditionnel actualisé, dans un cadre contemporain intime et "cosy", qui semble sorti d'une boutique des frères Flamant (déco belge).

XX **Les Flots Bleus,** Zeedijk 538, ✆ 0 50 60 27 10, *restaurant@lesflotsbleus.be, Fax 0 50 60 63 83,* ←, – ⇔. AE ⓓ MC VISA AY a
fermé 3 semaines en mars, 3 semaines en décembre, mardi sauf en juillet-août et mercredi – **Rest** 25/52, carte 33/78.
• Dit restaurant op de zeedijk vernieuwt zijn kaart regelmatig, maar verse kreeft ontbreekt vrijwel nooit. Terras met uitzicht op de "blauwe golven".
• Ce restaurant officiant sur la digue recompose régulièrement sa carte, mais le homard, puisé au vivier, ne manque presque jamais à l'appel. Vue sur les "flots" en terrasse.

XX **Olivier,** Jozef Nellenslaan 159, ✆ 0 50 60 55 70, *Fax 0 50 60 55 70* – AE ⓓ MC VISA AY v
fermé mercredi – **Rest** *Lunch 25* – 34/54 bc, carte 35/56.
• Familiebedrijf uit 1976 tegenover het casino. Het culinaire register schommelt tussen land en zee. Meerkeuzemenu's, eventueel met wijnarrangement. De specialiteit is kwartel.
• Table tenue en famille depuis 1976 devant le casino. Registre culinaire évoluant entre terre et mer, menus multi-choix avec accords mets-vins optionnels, spécialité de caille.

à Duinbergen C *Knokke-Heist* – ✉ *8301 Heist :*

Monterey sans rest, Bocheldreef 4, ✆ 0 50 51 58 65, *info@monterey.be, Fax 0 50 51 01 65,* ←, – ⇔ P. MC VISA. BZ p
fermé janvier et février sauf jeudi, vendredi et week-end et 15 novembre-26 décembre – **9 ch** ☕ ★80/98 – ★★90/140.
• Mooie villa op de top van een heuvel in Duinbergen. Rustige kamers van verschillend formaat. Tuin, serre en panoramaterras voor het ontbijt.
• Belle villa perchée sur une hauteur de Duinbergen. Jardin de repos, calme chambres à géométrie variable, véranda et terrasse panoramiques utilisées pour les petits-déjeuners.

Paul's sans rest, Elizabetlaan 305, ✆ 0 50 51 39 32, *pauls.hotel@skynet.be, Fax 0 50 51 67 40,* – ⇔ P. MC VISA BZ f
14 ch ☕ ★80/85 – ★★90/130.
• Deze villa uit 1950 wordt vanbinnen in fasen opgeknapt in cottagestijl. De rustigste kamers liggen met de rug naar de straat. Een energieke familie runt het bedrijf.
• Villa des années 1950 rafraîchie intérieurement par étapes, dans la note "cottage". Les chambres les plus quiètes tournent le dos à l'avenue. Fonctionnement familial proactif.

Du Soleil, Patriottenstraat 15, ✆ 0 50 51 11 37, *info@hoteldusoleil.be, Fax 0 50 51 69 14,* rest — BZ n
fermé 15 novembre-15 décembre – **Rest** *(fermé après 20 h 30)* 20/45 bc, carte 24/43 – **27 ch** ☕ 60/100 – 70/200 – ½ P 52/90.
• Villa bij het strand, waar zonaanbidders al sinds 1962 bij dezelfde hoteliersfamilie kunnen logeren. De sobere kamers worden langzamerhand gerenoveerd. Traditionele maaltijd in de eetzaal met open keuken of bij mooi weer in de tuin.
• À quelques foulées de la plage, villa où la même lignée d'aubergistes accueille depuis 1962 les adorateurs de l'astre solaire. Sobres chambres peu à peu rénovées. Repas traditionnel avec les cuisines pour toile de fond ou l'été au jardin quand perce le soleil.

Sel Gris, Zeedijk 314, ✆ 0 50 51 49 37, *info@restaurantselgris.be, Fax 0 50 51 49 97,* — BZ a
fermé 2 semaines en janvier, 3 au 13 juillet, jeudi sauf vacances scolaires et mercredi – **Rest** *Lunch 32* – 42/90 bc, carte 55/94.
• Vernieuwend restaurant aan zee, achter een onopvallende grijze gevel. Sober, chic en trendy interieur. Keuken met "table du chef". De wijnkelder is te bezichtigen.
• En bord de mer, refuge gourmand novateur, derrière une discrète façade grise préfigurant un intérieur sobre, chic et "fashion". Table du chef dans la cuisine. Cave visitable.

à Heist Ⓒ *Knokke-Heist* – ✉ *8301 Heist :*

Bartholomeus (Bart Desmidt), Zeedijk 267, ✆ 0 50 51 75 76, *rest.bartholomeus@pandora.be, Fax 0 50 51 75 76,* — AZ e
fermé 2 semaines en juin, 2 semaines en septembre, fin décembre-début janvier, mardi, mercredi et jeudi – **Rest** *Lunch 33* – 55/110, carte 70/154.
Spéc. Homard bleu, tartare de bœuf wagyu, salade d'herbes, caramel au citron, fruit de la passion et soja. Turbotin en cocotte, tomate, aïoli et bouillon de crustacés. Gaufre chaude aux fraises, glace à la verveine citronnée (mars-août).
• Gemoderniseerde eetzaal met grote ramen die uitkijken op de dijk. Vriendelijke ontvangst door de gastvrouw, geheel eigen kookstijl, goede wijnkelder en attente service.
• Salle modernisée où il fait bon s'attabler près des baies donnant sur la digue. Accueil souriant par la patronne, cuisine personnalisée, cave de qualité et service prévenant.

De Waterlijn (annexe Residentie De Laurier - 16 ch), Zeedijk 173, ✆ 0 50 51 35 28, *info@dewaterlijn.be, Fax 0 50 51 15 16,* — AZ b
fermé novembre, mardi et mercredi – **Rest** *Lunch 18* – 32/59 bc, carte env. 40.
• Leuk familiebedrijf uit 1976 op de dijk. Warm interieur, terras met zeezicht, modern-klassieke keuken en diner dansant op maandag. Mooie kamers in het bijgebouw.
• Sympathique affaire familiale née en 1976 sur la digue. Cadre chaleureux, terrasse face à la mer, choix classico-actuel et dîner dansant le lundi. Belles chambres à l'annexe.

Old Fisher, Heldenplein 33, ✆ 0 50 51 11 14, *Fax 0 50 51 71 51,* Produits de la mer – AZ c
fermé fin juin-début juillet, fin septembre-mi-octobre, mardi soir et mercredi – **Rest** *Lunch 20* – 32/68 bc, carte 43/82.
• Deze Oude Visser ontvangt u in een zaal, waar het grote glas-in-loodraam met een afbeelding van een roodbaars verwijst naar de aanlokkelijke kaart en menu's.
• Le Vieux Pêcheur vous reçoit dans une salle ornée d'un grand vitrail représentant un rouget, ce qui n'est pas sans rapport avec le contenu de l'alléchante carte et des menus.

à Westkapelle *par ① : 3 km* Ⓒ *Knokke-Heist* – ✉ *8300 Westkapelle :*

Charl's avec ch, Kalvekeetdijk 137, ✆ 0 50 60 80 23, *info@charls.be, Fax 0 50 61 40 55,*
fermé lundi et mardi – **Rest** *Lunch 14* – 40, carte 36/88 – **3 ch** ☕ 150/300 – 150/300.
• Deze grote villa is nu een populaire brasserie met een trendy interieur. Serre, loungebar, tuin met terras, banquetingzalen en stijlvolle junior suites.
• Grande villa réaménagée en brasserie populaire au décor moderne "trendy". Salles à manger-véranda, lounge-bar, terrasse au jardin, espace banquets et junior suites raffinées.

KOEKELBERG *Brabant – voir à Bruxelles.* 5 **A2**

KOKSIJDE *8670 West-Vlaanderen* **533** A 16 *et* **716** A 2 – *21 269 h.* – *Station balnéaire*★. 18 **A2**
Bruxelles 135 ① – Brugge 50 ① – Oostende 31 ① – Veurne 7 ② – Dunkerque 27 ③.

Plan page suivante

Ten Bogaerde, Ten Bogaerdelaan 10 (par ② : 3 km, en face de l'éroport militaire), ✆ 0 58 62 00 00, *info@tenbogaerde.be,*
fermé dimanche soir d'octobre à mars, lundi et mardi – **Rest** 32/48, carte 53/77.
• Deze vaak verbouwde 12e-eeuwse kloosterboerderij tussen de akkers is nu een eigentijds restaurant in een historische setting. Banqueting in de kapel. Mooi zomerterras.
• Parmi les champs, ferme abbatiale fondée au 12e s., souvent remaniée et convertie en table au cadre historico-contemporain. Banquets dans la chapelle. Belle terrasse d'été.

BELGIQUE

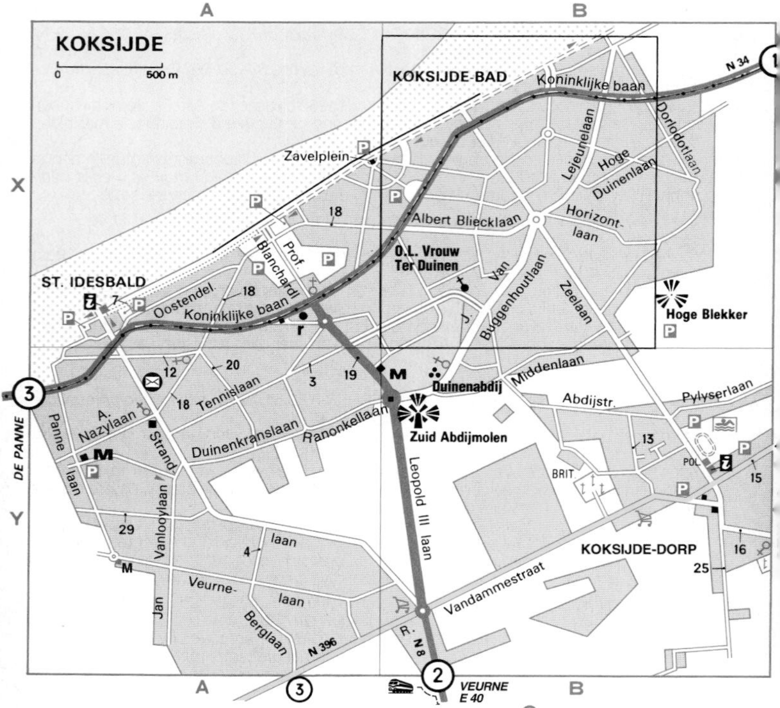

KOKSIJDE
0
500 m
A
B
X
Y
KOKSIJDE-BAD
Koninklijke baan
N 34
Zavelplein
Lejeunelaan
Hoge
Duinenlaan
Dorlodotlaan
Albert Bliecklaan
Horizont-
laan
18
Prof.
Blanchardl
O.L. Vrouw
Ter Duinen
J.
Van
Buggenhoutlaan
Zeelaan
Hoge Blekker
ST. IDESBALD
7
Oostendel.
18
Koninklijke baan
r
12
20
3
19
M
Duinenabdij
Middenlaan
Abdijstr.
Pylyserlaan
3
DE PANNE
A.
Nazylaan
18
Tennislaan
Duinenkranslaan
Ranonkellaan
Zuid Abdijmolen
Panne
laan
M
Strand-
Leopold III laan
13
BRIT
POL.
15
29
Vanlooylaan
4
laan
KOKSIJDE-DORP
16
25
M
Veurne-
laan
Vandammestraat
Jan
Berglaan
R.
N 8
N 396
3
2
VEURNE
E 40
C

KOKSIJDE-BAD
0
300 m
5
Dorlodotlaan
22
32
d
Zeedijk
e
6
Koninklijke
baan
b
laan
c
8
Zeelaan
k
9
CULTUREEL
CENTRUM
CASINO
21
Kursaal
baan
P. Sorel
q
Lejeunelaan
Hoge
9
Duinenlaan
laan
y
Zeewier
Plein
27
Koninklijke
Albert
Bliecklaan
Horizontlaan
23
Bekerteniseenweg
h
C. Schoolmeesterslaan
O.L. Vrouw
Ter Duinen
x
2
Buggenhoutlaan
Zeelaan
Hagedoornstr.
Fazantenparkstr.
laan
Ter
Duinen
Panoramalaan
Marktpl.
Jaak van
Gevaertlaan
z
C

Begonialaan	C	2
Brialmontlaan	AY	3
Dageraadstr.	AY	4
Elisabethpl.	C	5
Eugénie Terlinckplein	C	6
George Grardpl.	AX	7
Guido Gezelleplein	C	8
Gulden Vlieslaan	C	9
Henri Christiaenlaan	AY	12
Hostenstr.	BY	13
Houtsaegerlaan	BY	15
Kerkstr.	BY	16
Koninginnelaan	AXY	18
Koninklijkebaan	ABX	
Koninklijke Prinslaan	AXY	19
Majoor d'Hoogelaan	AY	20
Prins Albertplein	C	21
Rousseaulaan	C	22
Verdedigingslaan	C	23
Veurnestr.	BY	25
Vlaanderenstr.	C	27
W. Elsschotlaan	AY	29
Zeelaan	BXY	
Zouavenplein	C	32

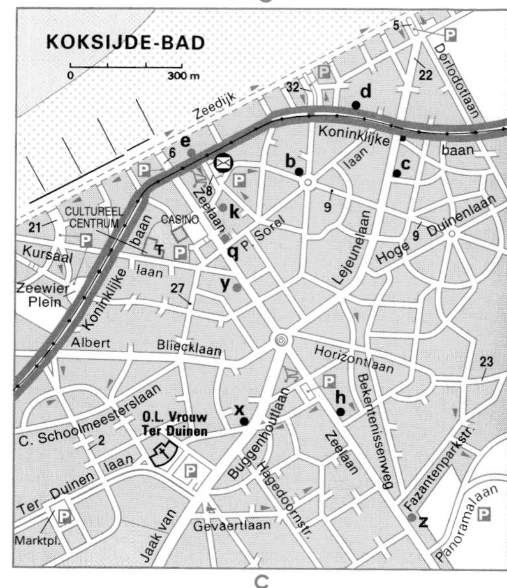

à Koksijde-Bad *Nord : 1 km* Koksijde – ✉ 8670 Koksijde. 18 **A2**

Gemeentehuis, Zeelaan 303, ✆ 0 58 51 29 10, toerisme@koksijde.be, Fax 0 58 51 21 22.

Apostroff sans rest, Lejeunelaan 38, ✆ 0 58 52 06 09, *info@apostroff.be, Fax 0 58 52 07 09,* – , rest, – . AE MC VISA C c
42 ch ☕ ✝72/114 – ✝✝75/134.

◆ Modern pand met glazen uitbouw, waarin zich de lounge met biljart bevindt. Grote kamers, fitness, spa, mooi zwembad met glazen overkapping en tuin. Bistro met kleine kaart.

◆ Bâtisse moderne et son extension vitrée abritant un lounge avec snooker. Grandes chambres, fitness, spa, belle piscine à verrière et jardin. Petite restauration au bistrot.

Carnac, Koninklijke Baan 62, ✆ 0 58 51 27 63, *hotelcarnac@pandora.be, Fax 0 58 52 04 59,* – . AE MC VISA C d
Rest *(fermé dernière semaine janvier, 16 novembre-20 décembre, mardi sauf en été et mercredi)* 39, carte 28/48 – **12 ch** *(fermé dernière semaine de janvier)* ☕ ✝65/80 – ✝✝75/80 – ½ P 60/65.

◆ Ruime en lichte kamers, alle identiek, behalve de 4 junior suites voor gezinnen. Traditioneel-klassiek restaurant met een eigentijds interieur. Goed beschut terras aan de voorkant. Het hele jaar door kreeft uit eigen kwekerij.

◆ Chambres spacieuses et claires, identiquement agencées, à l'exception de quatre junior suites formatées pour les familles. Table classico-traditionnelle au cadre actuel, devancée par une terrasse urbaine protégée. Homards puisés au vivier toute l'année.

Astoria, Zeelaan 136, ✆ 0 58 51 12 06, *info@astoriakoksijde.be, Fax 0 58 52 09 00,* , – . MC VISA. ch C h
fermé 9 janvier-1er février, 15 novembre-15 décembre et jeudi – **Rest** 34/45, carte 29/40 – **9 ch** ☕ ✝63/78 – ✝✝70/85 – ½ P 83/98.

◆ Familiebedrijf uit de jaren 1960, even buiten het centrum, niet ver van de hoogste duin van de Belgische kust. Goed onderhouden kamers, lounge en tuin. De kaart pretendeert niet meer dan de magen te vullen, in de eetzaal of de serre.

◆ Hôtel cent pour cent familial construit dans les années 1960 à l'écart du centre, pas loin de la plus haute dune de la côte belge. Chambres bien tenues, salon et jardin. Carte de préparations prétendant seulement combler votre faim, en salle ou dans la serre.

Rivella, Zouavenlaan 1, ✆ 0 58 51 31 67, *hotel.rivella@hotmail.com, Fax 0 58 52 27 90,* – . VISA. rest C b
ouvert Pâques-fin septembre, week-end et vacances scolaires – **Rest** (dîner pour résidents seult) – **27 ch** ☕ ✝63/68 – ✝✝79/91 – ½ P 66/72.

◆ Hotel met ronde gevel in de vorm van de rotonde. Kamers op twee verdiepingen, lounge met schouw en verzorgde eetzaal. Goed onthaal door de charmante eigenares.

◆ Bon accueil de la charmante patronne en cet hôtel à façade incurvée épousant la forme du rond-point d'en face. Deux étages de chambres, salon-cheminée, salle à manger soignée.

XX **Sea-Horse** avec ch, Zeelaan 254, ✆ 0 58 52 32 80, *info@seahorsekoksijde.be, Fax 0 58 52 32 75* – , rest. AE MC VISA C q
fermé 1 semaine en mars, 1 semaine en juin, 23 novembre-4 décembre, mardi soir en octobre et mercredi – **Rest** *Lunch 25* – 33/50, carte 46/73 – **4 ch** ☕ ✝55/60 – ✝✝70/75 – ½ P 74/84.

◆ Dit restaurant, dat al twee generaties door dezelfde familie wordt geleid, is een mix van klassiek en modern. Doeken van Walter Villain (leerling van Delvaux). Verse kreeft. Kamers met parket en gefineerde meubelen, voor een zacht prijsje.

◆ Cuisine voguant entre classicisme et goût du jour à cette table tenue en famille depuis deux générations. Toiles de Walter Villain (élève de Paul Delvaux). Homards du vivier. Nuitées à prix sages dans des chambres parquetées et meublées en stratifié.

XX **Apropos,** Jaak van Buggenhoutlaan 26, ✆ 0 58 51 52 53, *info@aproproskoksijde.be, Fax 0 58 52 41 82,* – . AE MC VISA C x
fermé fin juin et début décembre, mercredi soir, jeudi et dimanche midi – **Rest** *Lunch 20* – 45/80 bc, carte 46/85.

◆ Villa uit de jaren 1930 om in een sfeervol, trendy interieur in eigentijdse stijl te tafelen, of bij mooi weer buiten (terrasmenu en maaltijdsalades in het zomerseizoen).

◆ Villa des années 1930 où l'on mange sur le mode contemporain dans un cadre "trendy-cosy" ou en plein air par beau temps (menu-terrasse et salades-repas disponibles en saison).

X **De Kelle,** Zeelaan 265, ✆ 0 58 51 18 55, *info@dekelle.be, Fax 0 58 51 18 55,* . AE. MC VISA C y
fermé vacances carnaval, 20 juin-7 juillet, jeudi et dimanche soir – **Rest** *Lunch 25* – 39/75 bc, carte 44/74.

◆ Sober restaurant dat aan de achterkant uitkijkt op een terras met bloemen en wijnranken. Hedendaagse kaart met drie vismenu's en een grote collectie whisky's.

◆ Sobre restaurant ouvrant à l'arrière sur une terrasse d'été à parure végétale (fleurs et vigne). Carte actuelle, trio de menus à composantes marines, collection de whiskies.

BELGIQUE

Bistro Pinot Blanc, Mariastraat 2, ✆ 0 58 51 53 10, *info@pinotblanc.be,* – P. MC VISA. C k
fermé 1 semaine en juin, 24 novembre-10 décembre, mardi et mercredi – **Rest** 35, carte 49/58.
• Mooie cottage uit 1930 in deze badplaats, om ontspannen te tafelen. Rotanstoelen en dagsuggesties op een leitje.'s Zomers wordt onder de pergola gegeten.
• Ambiance décontractée et ardoise selon le marché en ce joli cottage balnéaire de 1930. Confort rotin en salle. L'été, réservez votre table sous la pergola où grimpe une vigne.

Le Coquillage, Zeelaan 118, ✆ 0 58 51 26 25, *coquillage_ludo@hotmail.com,* – ♿. MC VISA C z
fermé 2 semaines en janvier, dernière semaine de juin-début juillet, jeudi soir d'octobre à mars, lundi soir et mardi – **Rest** *Lunch 25* – 28/65 bc, carte 38/60.
• Paul Delvaux heeft een spoor achtergelaten van zijn bezoek aan dit familiebedrijf bij de hoogste duin van België. Keuken en interieur van de Noordzee. De bazin kookt zelf.
• Paul Delvaux a laissé une trace de son passage (1978) à cette table tenue en famille près de la plus haute dune du pays. Cuisine et décor mer du Nord. Patronne aux casseroles.

De Huifkar, Koninklijke Baan 142, ✆ 0 58 51 16 68, *restaurant.dehuifkar@scarlet.be, Fax 0 58 52 45 71* – ▤. AE MC VISA C e
fermé 2 semaines en décembre, première semaine juillet, lundi soir et mardi soir de décembre à février, mercredi soir sauf vacances scolaires et jeudi – **Rest** *Lunch 9* – 23/50 bc, carte 26/52, ♀.
• Visgerechten en ook enkele vleesschotels voor wie even genoeg heeft van de schatten van de zee. Sober, eigentijds interieur en levendige ambiance.
• Spécialités littorales et, pour les palais blasés des trésors de la mer, mets issus du plancher des vaches, à savourer dans un cadre actuel épuré et une ambiance vivante.

à Sint-Idesbald C *Koksijde* – ✉ *8670 Koksijde.*
(Pâques-sept. et vacances scolaires) Zeedijk 26a, ✆ 0 58 51 39 99 :.

Soll Cress, Koninklijke Baan 225, ✆ 0 58 51 23 32, *hotel@sollcress.be, Fax 0 58 51 91 32,* ⚡, Fø, ⌂s, ⊠ – |♦| ⛌, ▤ rest, ♿ rest, P – ⚠. MC VISA. ✗ ch AX r
fermé 8 au 17 janvier, 1er au 22 octobre, 2 au 10 décembre et mardi sauf vacances scolaires – **Rest** *(fermé lundi soir et mardi sauf vacances scolaires et après 20 h)* (taverne-rest) *Lunch 12* – 22/48 bc, carte 29/51 – **41 ch** ☕ †55/65 – ††80/250 – ½ P 60/70.
• Dit pension uit 1929 is al sinds 1969 in handen van dezelfde familie. Diverse typen kamers in twee gebouwen. Zwembad, fitness, sauna en spa ter ontspanning. Restaurant met een traditionele kaart, voordelige menu's en een keur aan whisky's. Themaweekends.
• Pension fondée en 1929 et tenue par la même famille depuis 1969. Divers types de chambres dans deux bâtiments. Côté détente : piscine, fitness, sauna et spa. Au restaurant, carte "tradition", menus à prix muselés et beau choix de whiskies. Week-ends à thème.

KORBEEK-DIJLE *Vlaams-Brabant* 533 M 17 – *voir à Leuven.* 4 C2

KORTENBERG *Vlaams-Brabant* 533 M 17 *et* 716 G 3 – *voir à Bruxelles, environs.*

KORTRIJK (COURTRAI) *8500 West-Vlaanderen* 533 E 18 *et* 716 C 3 – *73 657 h.* 19 C3

Voir *Hôtel de Ville (Stadhuis) : salle des Échevins★ (Schepenzaal), ancienne salle du Conseil★ (Oude Raadzaal)* CZ H – *Église Notre-Dame★ (O.L. Vrouwekerk) : statue de Ste-Catherine★, Élévation de la Croix★* DY – *Béguinage★ (Begijnhof)* DZ.

Musée : *National du Lin et de la Dentelle★ (Nationaal Vlas- , Kant- en Linnenmuseum)* BX M.

Begijnhofpark ✆ 0 56 27 78 40, toerisme@kortrijk.be, Fax 0 56 27 78 49.
Bruxelles 90 ② – Brugge 51 ⑥ – Gent 45 ② – Oostende 70 ⑥ – Lille 28 ⑤.

Plans pages suivantes

Broel, Broelkaai 8, ✆ 0 56 21 83 51, *infobroel@hotelbroel.be, Fax 0 56 20 03 02,* , Fø, ⌂s, ⊠ – |♦| ⛌ ▤ – ⚠. AE ⓓ MC VISA DY e
fermé 21 juillet-10 août – **Rest *Bistro*** *(fermé samedi midi) (ouvert jusqu'à 23 h) Lunch 15* – 45, carte 34/61, ♀ – **70 ch** ☕ †100/145 – ††140/190.
• Luxehotel tegenover de oude torens van Broel, dat zijn cachet dankt aan de Bourgondische natuursteen die van een Frans kasteel afkomstig is. Bistrogerechten geserveerd in de ruime neorustieke zaal of op het terras. Trendy loungebar.
• Face aux vieilles tours du Broel, hôtel de luxe apprécié pour le cachet ancien de ses communs en pierre de Bourgogne, héritée, paraît-il, d'un château français. Carte bistrotière proposée dans une ample salle néo-rustique ou en terrasse. Lounge-bar trendy.

Damier sans rest, Grote Markt 41, ☎ 0 56 22 15 47, *info@hoteldamier.be, Fax 0 56 22 86 31*, – . AE MC VISA. CZ a
48 ch ☐ ★99/230 – ★★119/249 – 1 suite.
◆ Een rococogevel met twee leeuwen markeert dit historische pand uit 1398 aan de Grote Markt. Kamers in verschillende stijlen. Whisky's, goede sigaren en loungesfeer in de bar.
◆ Hôtel cossu et chargé d'histoire (1398), repérable aux lions dorés ornant sa façade rococo (1769). Chambres de divers styles. Whiskies, bons cigares et ambiance lounge au bar.

Parkhotel, Stationsplein 2, ☎ 0 56 22 03 03, *Fax 0 56 22 14 02*, – – . AE MC VISA. rest CZ r
fermé 21 juillet-15 août – **Rest *Bodega*** (taverne-rest) 40 bc/50 bc, carte 36/59 – ☐ 17 – **100 ch** ★80/100 – ★★90/180.
◆ Hotel bij het station met een sober, eigentijds interieur. Ruime kamers met goede voorzieningen; die in het bijgebouw zijn het modernst. Speelzaal voor kinderen. De Bodega is een comfortabel café-restaurant met een klassiek-traditionele keuken.
◆ Devant la gare, hôtel au décor intérieur actuel sobre où vous logerez dans des chambres amples et bien équipées, plus modernes à l'annexe. Salle de jeux pour enfants. Confortable taverne-restaurant appelée Bodega ; choix classique-traditionnel.

Messeyne, Groeningestraat 17, ☎ 0 56 21 21 66, *hotel@messeyne.com, Fax 0 56 45 68 22*, , , – – . AE MC VISA. ch DY t
fermé dernière semaine décembre et première semaine janvier – **Rest** *(fermé samedi midi et dimanche) Lunch 33* – 45/75 bc, carte 45/58 – **28 ch** ☐ ★120/140 – ★★135/180.
◆ Dit sfeervolle hotel is gevestigd in een met zorg gerenoveerde patriciërswoning. Moderne inrichting met authentieke elementen, zoals het fraai bewerkte houtwerk in de lounge. Stijlvol gedecoreerde eetzaal en mooi terras op de binnenplaats. Eigentijdse keuken.
◆ Cet hôtel charmant tire parti d'une fière demeure patricienne rénovée avec soin. Agencement moderne préservant des éléments d'époque, comme les riches boiseries du salon. Salle à manger décorée avec goût et jolie terrasse sur cour intérieure ; carte actuelle.

BELGIQUE

Center, Graanmarkt 6, ☎ 0 56 21 97 21, *info@centerhotel.be, Fax 0 56 20 03 66*, , , – , rest. AE MC VISA CZ a
fermé fin décembre – **Rest *Beluga*** *(fermé vendredi soir et samedi) Lunch 25* – 45, carte 34/50 – ☐ 10 – **26 ch** ★65 – ★★75.
◆ Zeer centraal gelegen hotel dat pas is opgeknapt. Standaardkamers in eigentijdse, rustgevende kleuren. Frans-Belgische kaart met internationale allure. Eigentijds interieur en uitnodigend terras aan de voorkant.
◆ Cet hôtel très central a récemment retrouvé l'éclat du neuf et met à votre disposition des chambres standard aux tons actuels apaisants. Carte franco-belge à séquences internationales présentée dans un cadre contemporain ; accueillante terrasse avant.

Belfort, Grote Markt 52, ☎ 0 56 22 22 20, *info@belforthotel.be, Fax 0 56 20 13 06*, – , ch – . AE MC VISA CZ c
Rest *Lunch 14* – 36, carte 31/60 – **29 ch** ☐ ★91/101 – ★★103/113 – ½ P 67/72.
◆ Hotel in Vlaamse barokstijl in de buurt van het gotische stadhuis en het belfort. De kamers worden geleidelijk gerenoveerd. Ontbijtruimte met muurschilderingen, restaurant met een klassieke keuken en bistro met een terras dat uitkijkt op de Grote Markt.
◆ Bâtisse de style baroque flamand côtoyant l'hôtel de ville gothique et le beffroi. Chambres rénovées par étapes. Espace breakfast orné de peintures murales. Restaurant où l'on mange classiquement et bistrot doté d'une terrasse tournée vers la grand place.

Full House sans rest, Beverlaai 27, ☎ 0 56 21 00 59, *steffi@full-house.be, Fax 0 56 21 79 00* – . MC VISA BV z
fermé 21 juillet-15 août – **3 ch** ☐ ★75/105 – ★★88/118.
◆ Elke kamer van dit pension heeft de naam en de kleur van een Belgische lekkernij: chocotoff, babelutte (babbelaar) en bonbon Napoléon. 's Zomers ontbijt in de tuin.
◆ Chaque chambre de cette maison d'hôte porte le nom et affiche les couleurs d'une friandise belge : chocotoff, babelutte et bonbon Napoléon. Petit-déjeuner au jardin en été.

St.-Christophe, Minister Tacklaan 5, ☎ 0 56 20 03 37, *info@stchristophe.be, Fax 0 56 20 01 95*, – . AE MC VISA. DZ m
fermé 2 semaines en avril, 2 premières semaines août, dimanche soir, lundi et mardi soir – **Rest** *Lunch 42* – 70/145 bc, carte 73/113.
◆ Oud herenhuis dat zowel qua inrichting als keuken klassiek smaakvol aan eigentijds weet te koppelen. Nieuwe chef-kok, prestigieuze wijnkelder en tuin met terras.
◆ Classicisme et bon goût contemporain, tant sur le plan décoratif que culinaire, en cette vénérable maison de maître. Cave de prestige, terrasse-jardin, nouveau chef en place.

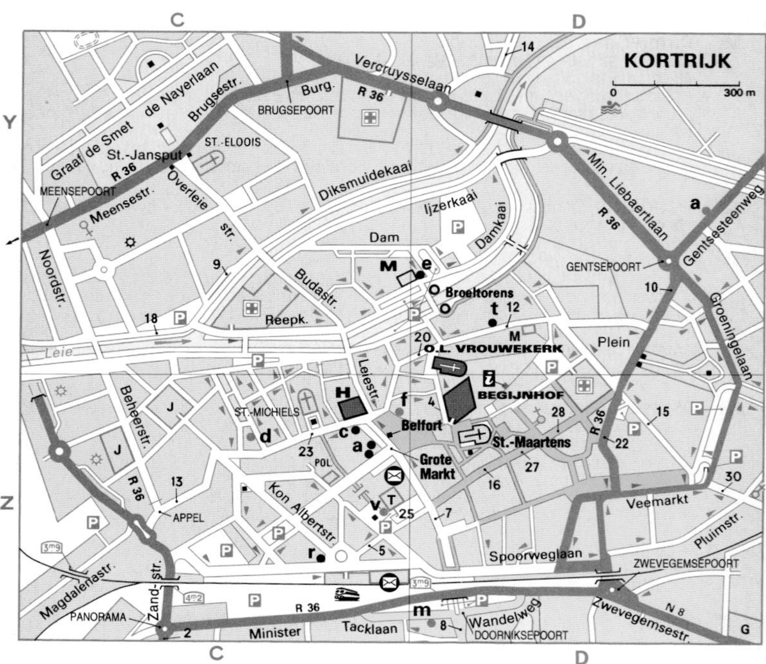

Aalbeeksesteenweg . . . . CZ 2
Begijnhofstr. . . . . DZ 4
Budastr. CY
Burg. Reynaertstr. . . . . CZ 5
Doorniksestr. . . . . DZ 7
Doorniksewijk . . . . DZ 8
Fabriekskaai . . . . CY 9
Gentsestr. . . . . DY 10
Groeningestr. . . . . DY 12
Grote Markt . . . . CDZ
H. Consciencestr. . . . . CZ 13
Koning Leopold III laan . . . . DY 14
Lange Meersstr. . . . . DZ 15
Lange Steenstr. . . . . DZ 16
Leiestr. . . . . CYZ
Nijverheidskaai . . . . CY 18
O. L. Vrouwestr. . . . . CDY 20
Rijselsestr. . . . . CZ 23
Romeinselaan . . . . DZ 22
Schouwburgpl. . . . . CDZ 25
Steenpoort . . . . DZ 27
Voorstr. . . . . DZ 28
Wandelingstr. . . . . DZ 30

XX **Boerenhof,** Walle 184, ☎ 0 56 21 31 72, *vervaeke.freddy@belgacom.net*, *Fax 0 56 22 87 01* – P ⇔. AE MC VISA BX **a**
fermé 2 semaines en février, 13 juillet-19 août, dimanche soir, lundi, mardi, mercredi et jeudi soir – **Rest** *Lunch 40 bc* – 75 bc, carte 51/72.
• Rustiek boerderijtje uit de late 19e eeuw in het zuiden van de stad, makkelijk te bereiken. De kok kookt met verse producten van de markt.
• Au Sud de la ville, près du ring et de l'autoroute, fermette de la fin du 19e s. concoctant des plats du marché dans un cadre rustique.

XX **Langue d'oc,** Meensesteenweg 155, ☎ 0 56 35 44 85, *info@languedoc.be*, *Fax 0 56 37 29 33*, 🍽 – ⇔. AE MC VISA AV **a**
fermé mardi soir, mercredi, jeudi soir et dimanche soir – **Rest** *Lunch 25* – 40/70 bc, carte 46/69, 🍇.
• Zuid-Franse gerechten en lekkere wijn uit de Languedoc, die naar keuze worden geserveerd in de grote eetzaal, het sfeervolle souterrain, de mooie serre of het groene terras.
• Repas méridional et bons vins du Languedoc à goûter, au choix, dans la grande salle, la cave intime, la véranda ou sur la terrasse verte. Jardin clôturé ; enfants bienvenus.

X **Brasserie César,** Grote Markt 2, ☎ 0 56 22 22 60, *resto-invest@telenet.be*, 🍽 – ▤
fermé 21 juillet-15 août, 24 au 31 décembre, mardi et dimanche soir – **Rest** *Lunch 15* – carte 46/65. CZ **f**
• Restaurant met de sfeer van een moderne brasserie, waar u niet voor verrassingen komt te staan. Typische brasseriekaart en suggesties op een lei. Vriendelijk personeel.
• Brasserie moderne où l'on s'attable en toute confiance. Bonne ambiance, carte typique du genre et écriteau à suggestions ; service féminin avenant.

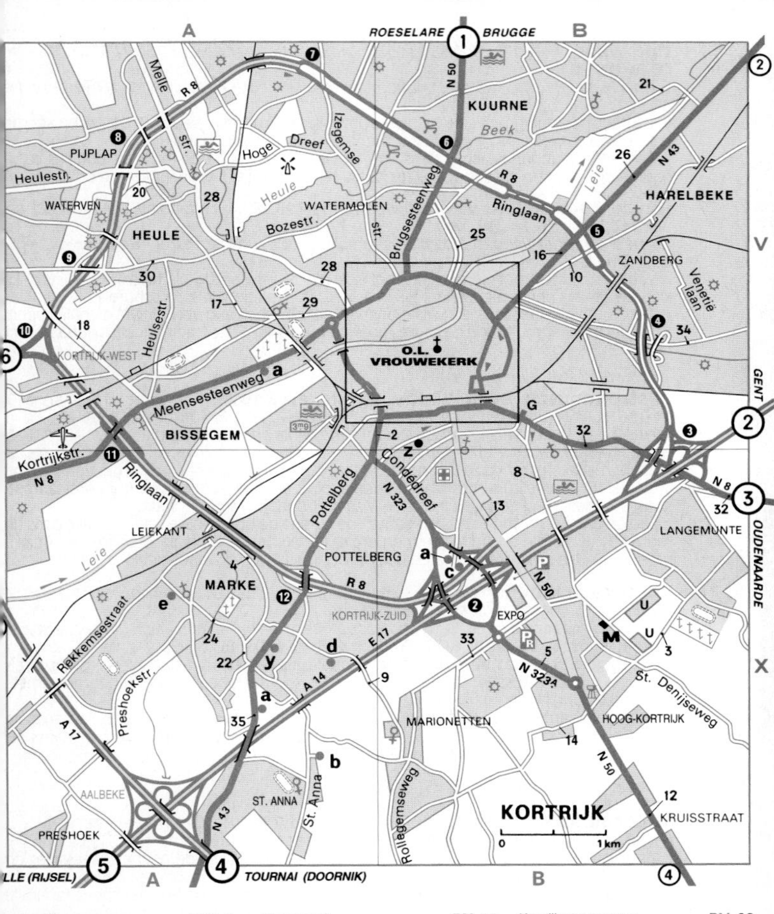

Aalbeeksesteenweg . . . . ABV 2
Ambassadeur Baertlaan . . . . . BX 3
Baliestr. . . . . AX 4
Beneluxlaan . . . . BX 5
Burgemeester Gillonlaan . . . . . BX 8
Cannaertstr. . . . . ABX 9
Deerlijksestr. . . . . BV 10
Doornikserijksweg . . . . BX 12
Doorniksesteenweg . . . . BX 13
Elleboogstr. . . . . BX 14
Gentsesteenweg . . . . BV 16
Guido Gezellelaan . . . . AV 17
Gullegemsesteenweg . . . . AV 18
Gullegemsestr. . . . . AV 20
Harelbeeksestr. . . . . BV 21
Hellestr. . . . . AX 22
Kloosterstr. . . . . AX 24
Koning Leopold III laan . . . . BV 25
Kortrijksesteenweg . . . . BV 26
Kortrijksestr. . . . . AV 28
Moorseelsestr. . . . . AV 29
Oudenaardsesteenweg . . . . BVX 32
Oude Ieperseweg . . . . AV 30
President Kennedylaan . . . . BX 33
Stasegemsesteenweg . . . . . . BV 34
Torkonjestr. . . . . AX 35

Kwizien Céline, Gentsesteenweg 29, ✆ 0 56 20 05 03, *info@kwizienceline.be*, – . MC VISA. DY a
fermé 1 semaine en janvier, mardi et mercredi – **Rest** *Lunch 17* – 32, carte 35/52, ♀.
◆ Jong restaurant in een gerenoveerd herenhuis met een modern interieur aan de rand van de stad, langs een drukke weg. Goed verzorgd menu voor een aantrekkelijk prijsje.
◆ Aux portes de la ville, en bordure d'un axe passant, jeune enseigne prisée pour son menu soigné à prix souriant. Cadre d'une maison de maître rénovée dans l'esprit actuel.

Bistro Botero, Schouwburgplein 12, ✆ 0 56 21 11 24, *info@botero.be*, *Fax 0 56 21 33 67*, – . MC VISA CZ v
fermé 3 au 20 août et dimanche – **Rest** *Lunch 16* – 28/46 bc, carte 30/55, ♀.
◆ Grote bistro met een mooie gevel uit 1900 en meerdere verdiepingen. Eetzalen met art-deco-elementen, muurschilderingen, trompe-l'oeils en reproducties van Botero.
◆ Derrière une façade 1900, grand bistrot dont les salles, superposées, à touches Art déco, s'égayent de peintures murales, de trompe-l'œil et de copies de toiles de Botero.

X **Oud Walle,** Walle 199, ✆ 0 56 22 65 53, *oudwalle@skynet.be, Fax 0 56 22 65 53,* – . AE VISA BX c
fermé 15 au 28 février, 15 au 31 août, mardi et mercredi – **Rest** *Lunch 25* – 49/67 bc, carte 48/59.
• Beeldig boerderijtje in een rustige woonwijk. Neorustieke eetzaal met geceruseerde balken en een weelderig groen terras met uitzicht op het kippenhok.
• Fermette mignonne cachée dans un quartier résidentiel. Repas sous les poutres cérusées d'une salle néo-rustique ou, l'été, sur la terrasse verte dialoguant avec le poulailler.

X **Huyze Decock,** Louis Verweestraat 1, ✆ 0 56 25 28 54, *restaurant@huyzedecock.be, Fax 0 56 25 61 16* – . VISA. CZ d
fermé 2 semaines Pâques, 2 dernières semaines août, lundi et mardi – **Rest** *Lunch 15* – 45, carte 31/61.
• Leuk restaurant met een joviale chef-kok die zowel geestig als filosofisch is. Vrolijke kleuren en veel poëtische schilderijen in de eetzaal. Traditionele stoofschotels.
• Petite table attachante et joviale animée par un chef à la fois clown et philosophe. Couleurs gaies et multitude de cadres poétiques en salle. Plats traditionnels mijotés.

au Sud :

XXX **Gastronomisch Dorp "Eddy Vandekerckhove"** avec ch, St-Anna 9, ✆ 0 56 22 47 56, *info@evdk.be, Fax 0 56 22 71 70,* , – P. AE VISA
fermé 2 dernières semaines août – **Rest** *(fermé dimanche soir et lundi) Lunch 30* – 50/90 bc, carte 64/83 – **7 ch** ★112 – ★★118. AX b
• In dit rustieke pand staat u een goede traditionele maaltijd te wachten in een verfijnd interieur. Exotische tuin met glazen overkapping en zeer aangenaam buitenrestaurant. Knusse kamers rond de tropische serre, waar het ontbijt wordt gebruikt.
• Maison d'aspect rustique où l'on goûte une cuisine de bonne base traditionnelle dans un cadre raffiné. Jardin exotique sous verrière et restaurant de plein air fort agréable. Chambres douillettes réparties autour de la serre tropicale (utilisée au petit-déj').

XXX **Hostellerie Klokhof** avec ch, St-Anna 2, ✆ 0 56 22 97 04, *info@klokhof.be, Fax 0 56 25 73 25,* – P. AE VISA. ch AX a
fermé vacances carnaval et 22 juillet-15 août – **Rest** *(fermé samedi midi, dimanche soir et lundi) Lunch 45 bc* – 65, carte 46/85 – **9 ch** ★93 – ★★103/133.
• Volledig verbouwde hoeve. Moderne eetzaal met Lloyd Loom-stoelen en ronde tafels met veel ruimte ertussen. Banqueting en terras met platanen. Lichte, moderne kamers met parket.
• Ex-métairie entièrement métamorphosée. Salle à manger moderne dotée de sièges en Lloyd Loom et de tables rondes bien espacées, équipements pour banquets, platanes en terrasse. Chambres claires et modernes, revêtues de parquet.

à Aalbeke *par ⑤ : 7 km C Kortrijk – ✉ 8511 Aalbeke :*

X **St-Cornil,** Aalbeke Plaats 15, ✆ 0 56 41 35 23, *Fax 0 56 40 29 09,* Grillades –
fermé août, samedi, dimanche et jours fériés – **Rest** *Lunch 35 bc* – carte env. 31.
• Traditioneel restaurant met een fraaie houten schouw, waar de gegrilde vleesspies en ribstuk uit de eigen slagerij van de familie onveranderlijk tot de favorieten behoren.
• Auberge proposant un bon choix de grillades où les côtes à l'os (de la boucherie familiale) ont leurs fervents. Cadre bourgeois immuable ; cheminée en bois richement décorée.

à Bellegem *par ④ : 5 km C Kortrijk – ✉ 8510 Bellegem :*

Troopeird, Doornikserijksweg 74, ✆ 0 56 22 26 85, *info@troopeird.be, Fax 0 56 22 33 63,* , , , – P. VISA.
fermé 20 juillet-15 août – **Rest** (dîner pour résidents seult) – **14 ch** ★80/100 – ★★100/120 – ½ P 78/105.
• Deze mooie Vlaamse villa past uitstekend in de landelijke omgeving van Bellegem. Grote kamers met goede voorzieningen. Ontspanningsruimte voor het hele gezin in het bijgebouw.
• Cette jolie villa flamande s'accordant au cachet rural de Bellegem renferme de grandes chambres correctement équipées. Espace de relaxation pour toute la famille en annexe.

à Kuurne *par ① : 3,5 km – 12 591 h. – ✉ 8520 Kuurne :*

XX **Bourgondisch Kruis,** Brugsesteenweg 400, ✆ 0 56 70 24 55, *info@het-bourgondisch-kruis.be, Fax 0 56 70 56 65,* – P. AE VISA
fermé 1 semaine Pâques, 18 août-5 septembre, mardi soir, mercredi et dimanche soir – **Rest** *Lunch 30* – 54/75 bc, carte 50/75.
• Eigentijdse keuken in een licht en sober interieur met veel Bourgondische natuursteen. Salon in het souterrain en terras met een haag rondom.
• Cuisine d'aujourd'hui servie dans un cadre sobre et lumineux où règne la pierre de Bourgogne. Cave aménagée en salon et restaurant de plein air entièrement clos de haies.

BELGIQUE

à Marke Ⓒ *Kortrijk* – ✉ *8510 Marke :*

XXX **Marquette** avec ch, Cannaertstraat 45, ✆ 0 56 20 18 16, *marquette@marquette.be, Fax 0 56 20 14 37,* ⛱, ≋ – ⇔, ▤ rest, Ⓟ ⇔. AE ⓓ ⓜ VISA. ✗ AX d
fermé 21 juillet-21 août – **Rest** *(fermé dimanche et lundi)* *Lunch 59 bc* – 66 bc/125 bc, carte 61/135 – ☕ 10 – **10 ch** ✝86 – ✝✝112/162.
◆ Hotel-restaurant in de stijl van een haciënda, geschikt voor partijen. Restaurant met een weelderig klassiek interieur, waar de gasten in de keuken mogen komen. Luxe kamers.
◆ Cette luxueuse hostellerie rappelant un peu une hacienda a pour spécialité les banquets. Restaurant de style classique opulent, cuisines visitables et chambres cossues.

XX **Ten Beukel,** Markekerkstraat 19, ✆ 0 56 21 54 69, *info@tenbeukel.be, Fax 0 56 32 89 65* – ▤ ♿ ⇔. AE ⓓ ⓜ VISA AX e
fermé semaine Pâques, 15 août-5 septembre, samedi midi, dimanche soir, lundi et mercredi soir – **Rest** *Lunch 45 bc* – 48/94 bc, carte 52/65.
◆ Klein familiebedrijf, waar een vrouwelijke chef de leiding heeft over de keukenbrigade. Klassieke gerechten die voorzichtig aan de huidige smaak worden aangepast.
◆ Une "Lady chef" officie aux fourneaux de ce petit restaurant familial où un choix de préparations classiques tout doucettement adaptées au goût du jour vous sera proposé.

X **Het Vliegend Tapijt,** Pottelberg 189, ✆ 0 56 22 27 45, *st.francois@skynet.be,* ⛱ – Ⓟ. ✗ AX y
fermé vacances carnaval, dernière semaine juillet-2 premières semaines août, dimanche et lundi – **Rest** (dîner seult) 38, carte 37/47.
◆ Deze sympathieke en eigentijdse bistro is gevestigd in een villa langs de weg. De eetzaal is van moderne lambrisering voorzien.
◆ Un sympathique bistrot contemporain baptisé Le Tapis Volant (Vliegend Tapijt) s'est posé dans cette villa au bord de la route. Salle à manger habillée de lambris modernes.

KRUIBEKE *9150 Oost-Vlaanderen* **533** K 15 *et* **716** F 2 – *15 216 h.* 17 **D1**

Bruxelles 49 – Gent 53 – Antwerpen 12 – Sint-Niklaas 19.

XXX **De Ceder,** Molenstraat 1, ✆ 0 3 774 30 52, *restaurant.deceder@telenet.be, Fax 0 3 296 45 07,* ⛱ – ▤ Ⓟ ⇔. AE ⓜ VISA. ✗
fermé première semaine mars, 21 juillet-11 août, samedi midi, dimanche soir, lundi et jeudi soir – **Rest** *Lunch 29* – 33/77 bc, carte 41/61.
◆ Eigentijdse keuken met een licht en modern interieur. 's Zomers wordt er geserveerd in de achterste zaal, die als serre is ingericht, of op de geplaveide patio met bloemen.
◆ Restaurant au goût du jour et au cadre clair et moderne. L'été, on s'attable dans l'arrière-salle agencée à la façon d'une véranda et sur la cour-jardin pavée et fleurie.

KRUISHOUTEM *9770 Oost-Vlaanderen* **533** G 17 *et* **716** D 3 – *8 130 h.* 16 **A3**

Bruxelles 73 – Gent 29 – Kortrijk 25 – Oudenaarde 9.

XXX ✿✿✿ **Hof van Cleve** (Peter Goossens), Riemegemstraat 1 (près N 459, autoroute E 17 - A 14, sortie ⑥), ✆ 0 9 383 58 48, *info@hofvancleve.com, Fax 0 9 383 77 25,* <, ⛱ – Ⓟ ⇔. AE ⓓ ⓜ VISA. ✗
fermé 1 semaine Pâques, dernière semaine juillet-2 premières semaines août, fin décembre-début janvier, dimanche et lundi – **Rest** *Lunch 85* – 145/250 bc, carte 120/280, 🍷.
Spéc. Ravioli ouvert de joue de bœuf, champignons, sabayon à l'estragon. Pigeonneau à la truffe et lard croustillant, mousseline de pommes de terre, extrait de banyuls à la sauge. Poudre de chocolat et granité à l'orange et au gingembre.
◆ Dit afgelegen boerderijtje tussen de akkers is een omweg waard voor wie culinair wil genieten: jonge talentvolle brigade, creatieve gerechten en uitstekende wijnen.
◆ Cette fermette isolée dans les champs abrite un exceptionnel atelier gourmand au décor contemporain. Jeune équipe talentueuse, carte créative et vins choisis ; vaut le voyage.

à Wannegem-Lede *Sud-Est : 3 km* Ⓒ *Kruishoutem* – ✉ *9772 Wannegem-Lede :*

XX ✿ **'t Huis van Lede** (Frederick Dhooge), Lededorp 7, ✆ 0 9 383 50 96, *thuisvanlede@skynet.be, Fax 0 9 388 95 43,* ⛱ – ▤ Ⓟ. ⓜ VISA
fermé 24 mars-3 avril, 21 août-4 septembre, 23 décembre-10 janvier, mardi et mercredi – **Rest** *Lunch 25* – 48/58, carte 50/102.
Spéc. Croquette de pied de porc et crabe royal. Vol-au-vent de ris de veau et poularde, mousseline aux crevettes. Glace à la vanille et advocaat aux noisettes.
◆ Verbouwde parochie naast de klokkentoren, waar een geïnspireerde chef-kok klassiek kookt met een eigentijds sausje. Modern interieur, Lloyd Loom-stoelen en terras achter.
◆ À côté du clocher, maison paroissiale recyclée, où un chef bien inspiré remet le répertoire classique à la sauce du jour. Cadre actuel, mobilier Lloyd Loom, terrasse arrière.

KURINGEN *Limburg* **533** Q 17 *et* **716** I 3 – *voir à Hasselt.*

KUURNE *West-Vlaanderen* **533** E 17 *et* **716** C 3 – *voir à Kortrijk.*

La – *voir au nom propre.*

LAARNE *9270 Oost-Vlaanderen* **533** I 16 **716** E 2 – *11 736 h.* 17 **C2**

Voir *Château : collection d'argenterie★.*
Bruxelles 51 – Gent 14 – Aalst 29.

XXX **Dennenhof,** Eekhoekstraat 62, ☎ 0 9 230 09 56, *info@dennenhof.com, Fax 0 9 231 23 96,* – P. AE MC VISA
fermé 10 au 20 mars, 14 juillet-4 août, dimanche soir, lundi et jeudi soir – **Rest** *Lunch 30* – 35/59, carte 35/75, ♀.
• Zowel qua keuken als qua interieur kent dit restaurant vlak bij het kasteel van Laarne zijn klassieken! Comfortabele eetzaal, lekker keuzemenu en kreeftspecialiteiten.
• Table classique dans sa cuisine et son décor, installée à portée de mousquet du château. Salle à manger confortable, joli menu d'appel (multi-choix) et spécialités de homard.

XX **Kasteel van Laarne,** Eekhoekstraat 7 (dans les dépendances du château), ☎ 0 9 230 71 78, *info@kasteelvanlaarne-rest.be, Fax 0 9 230 33 05,* ←, – P. MC VISA
fermé première semaine janvier, 3 dernières semaines juillet, lundi et mardi – **Rest** *Lunch 25* – 45/80 bc, carte 47/77.
• Klassiek restaurant in een bijgebouw van het kasteel, dat goed te zien is vanaf het terras bij de slotgracht. Elegante, modern-rustieke eetzaal met een prachtige schouw.
• Dépendance du château sur lequel une terrasse en bord de douves ménage une jolie vue. Élégante salle rustique actualisée pourvue d'une superbe cheminée. Cuisine classique.

Uw ervaringen interesseren ons. Schrijf ons over de adressen die u goed vond of teleurstellend.
Uw op- of aanmerkingen zijn hartelijk welkom.

LACUISINE *Luxembourg belge* **534** Q 24 *et* **716** I 6 – *voir à Florenville.*

LAETHEM-ST-MARTIN *Oost-Vlaanderen* **533** G 16 *et* **716** D 2 – *voir Sint-Martens-Latem.*

LAFORÊT *Namur* **534** O 23 – *voir à Vresse-sur-Semois.* 15 **C3**

LANAKEN *3620 Limburg* **533** S 17 *et* **716** J 3 – *24 485 h.* 11 **C2**

Koning Albertlaan 110 ☎ 0 89 72 24 67, info@vvvlanaken.be, Fax 0 89 72 25 30.
Bruxelles 108 – Hasselt 29 – Liège 34 – Maastricht 8.

Eurotel, Koning Albertlaan 264 (Nord : 2 km sur N 78), ☎ 0 89 72 28 22, *info@eurotel-lanaken.be, Fax 0 89 72 28 24,* – P – AE MC VISA.
Rest *Lunch 25* – 33/70 bc, carte 42/66, ♀ – 15 – **80 ch** 90/120 – 125/195 – ½ P 130/160.
• Dit hotel aan de rand van Lanaken biedt goed onderhouden kamers in verschillende categorieën. Zwembad, sauna, fietsen en minifitness. Traditioneel-klassiek restaurant, heel comfortabel.
• Cet hôtel implanté aux portes de Lanaken offre le choix entre plusieurs catégories de chambres bien tenues. Au rayon distractions : piscine, sauna, vélos et minifitness. Table classique-traditionnelle confortablement installée.

à Gellik *Sud-Ouest : 3 km* C *Lanaken* – ✉ *3620 Gellik :*

Hoeve Kiewit sans rest, Kewithstraat 61, ☎ 0 89 72 19 94, – P.
fermé vacances carnaval – **13 ch** 50 – 80.
• Rustig plattelandshotel in een oude boerderij waarvan de vier vleugels schuilgaan achter een weelderig begroeide binnenplaats met terras, waar het 's zomers goed toeven is.
• En pleine campagne, paisible hôtel d'esprit rustique aménagé dans une ancienne ferme dont les quatre ailes en carré dissimulent une cour-terrasse verdoyante aux beaux jours.

à Neerharen *Nord : 3 km sur N 78* [C] *Lanaken* – ✉ *3620 Neerharen :*

Hostellerie La Butte aux Bois, Paalsteenlaan 90, ✆ 0 89 73 97 70, *info@labutteauxbois.be, Fax 0 89 72 16 47*, – [P] – AE ⓓ MC VISA. rest

Rest *La Source* *Lunch 30* – 33/98 bc, carte 41/80, – 19 – **40 ch** 110/220 – 135/245 – ½ P 105/185.

• Sierlijk landhuis in het groen met topvoorzieningen om te vergaderen, te sporten of te relaxen. Grote, rustige kamers in Engelse stijl. Eigentijdse maaltijd in een modern-klassiek interieur of op het mooie terras.

• Bonne infrastructure pour se réunir, entretenir sa forme et décompresser dans cet élégant manoir émergeant de la verdure. Grandes et calmes chambres de style anglais. Cuisine du moment servie dans un cadre classique-actuel cossu ou sur la belle terrasse.

à Rekem *Nord : 6 km sur N 78* [C] *Lanaken* – ✉ *3621 Rekem :*

Vogelsanck, Steenweg 282, ✆ 0 89 71 72 50, *Fax 0 89 71 87 69* – [P]. AE MC VISA

fermé première semaine janvier, première semaine juillet, première semaine septembre, lundi, mardi et samedi midi – **Rest** *Lunch 25* – 35, carte 40/48.

• Chalet aan de weg naar Maasmechelen. Eigentijdse eetzaal voor 20 couverts en traditionele keuken. Meneer kookt, mevrouw bedient.

• Villa de type chalet située au bord de la route de Maasmechelen. Salle au cadre actuel limitée à 20 couverts, choix traditionnel, patron aux fourneaux et madame au service.

à Veldwezelt *Sud : 4 km sur N 78* [C] *Lanaken* – ✉ *3620 Veldwezelt :*

Aux Quatre Saisons, 2de Carabinierslaan 154 (à la frontière), ✆ 0 89 71 75 60, – . AE ⓓ MC VISA.

fermé 3 au 8 février, 6 au 18 juillet et mercredi – **Rest** *Lunch 28* – 35/60 bc, carte 35/46.

• Restaurant bij de grens in een vroegere douanepost. Traditionele maaltijd in een klassiek ingerichte eetzaal. Rustige, haast serene uitstraling.

• Restaurant frontalier occupant une maison qui servit autrefois de poste de douane. Repas traditionnel dans une salle classiquement agencée. Atmosphère calme et sereine.

BELGIQUE

LANGDORP *Vlaams-Brabant* **533** O 17 *et* **716** H 3 – *voir à Aarschot.*

LANKLAAR *Limburg* **533** T 16 – *voir à Dilsen.* 11 **C2**

LASNE *1380 Brabant Wallon* **533** L 18, **534** L 18 *et* **716** G 3 – *13 939 h.* 3 **B2**

(2 parcours) *au Nord : 1 km à Ohain, Vieux Chemin de Wavre 50* ✆ *0 2 633 18 50, Fax 0 2 633 28 66.*

Bruxelles 34 – Wavre 35 – Charleroi 41 – Mons 54 – Nivelles 20.

à Plancenoit *Sud-Ouest : 5 km* [C] *Lasne* – ✉ *1380 Plancenoit :*

Le Vert d'Eau, r. Bachée 131, ✆ 0 2 633 54 52, *vertdeau@pi.be, Fax 0 2 633 54 52*, – AE MC VISA

fermé 2 semaines en juillet, fin décembre-début janvier, lundi, mardi et samedi midi – **Rest** *Lunch 16* – 33/58 bc, carte env. 45.

• Petite maison régalant ses hôtes dans une salle parquetée au décor moderne épuré ou sur la terrasse du jardin. Menu-carte, menu "tradition", suggestions et lunch à bon compte.

• In dit restaurantje tafelen de gasten in de sobere, moderne eetzaal met parket of op het terras in de tuin. À la carte menu, menu "tradition", suggesties en voordelige lunch.

LAUWE *8930 West-Vlaanderen* [C] *Menen 32 413 h.* **533** E 18 *et* **716** C 3. 19 **C3**

Bruxelles 102 – Brugge 54 – Kortrijk 10 – Lille 31.

't Hoveke avec ch, Larstraat 206, ✆ 0 56 41 35 84, *restaurant@thoveke.be, Fax 0 56 41 55 11*, – , rest, [P] . AE ⓓ MC VISA

fermé 7 au 17 janvier, 21 juillet-14 août, lundi, mardi et mercredi – **Rest** *Lunch 50 bc* – 58/78 bc, – **4 ch** 86 – 86.

• 18e-eeuwse hoeve met een slotgracht, om met zakenrelaties te tafelen onder de hanenbalken of op het terras aan het water. Klassieke kaart en menu's met een eigentijds sausje. Comfortabele kamers in de dependance naast het hoofdgebouw.

• Repas d'affaires sous les poutres d'une ancienne ferme (18e s.) protégée de douves ou en terrasse, près de l'eau. Spécialité de banquets. Carte classique et menus actualisés. Chambres de bon confort installées dans une dépendance jouxtant le corps de logis.

XXX **Culinair,** Dronckaertstraat 508, ☎ 0 56 42 67 33, *info@restaurantculinair.be, Fax 0 56 42 67 34,* – AE VISA
fermé 25 août-8 septembre, samedi midi, dimanche soir et lundi – **Rest** 31/93 bc, carte 55/80, ♀.
◆ In deze grote villa kunt u in de serre eten met uitzicht op de tuin en het terras omheind met claustra's en lage hagen. Eigentijdse keuken.
◆ Grande villa offrant l'agrément d'une salle à manger-véranda tournée vers le jardin et sa terrasse cloisonnée par des claustras et des haies basses. Cuisine au goût du jour.

XX **De Mangerie,** Wevelgemstraat 37, ☎ 0 56 42 00 75, *info@demangerie.be, Fax 0 56 42 42 62,* – AE VISA
fermé dernière semaine février-première semaine mars, 2 dernières semaines août, samedi midi, dimanche soir et lundi – **Rest** *Lunch 32 bc* – 43/80 bc, carte 45/69, ♀.
◆ Comfortabel restaurant in een oud herenhuis. Mooie art-decozaal met grote open keuken en serre die uitkijkt op een sfeervol terras.
◆ Restaurant confortablement installé dans une ancienne maison de notable. Cuisines grandes ouvertes sur la jolie salle Art déco ; véranda donnant sur une terrasse intime.

LAVAUX-SAINTE-ANNE *5580 Namur* C *Rochefort 12 038 h.* **534** P 22 *et* **716** I 5. 15 **C2**

Bruxelles 112 – Namur 50 – Bouillon 64 – Dinant 34 – Rochefort 16.

XXX ✿ **Lemonnier** (Eric Martin) avec ch, r. Baronne Lemonnier 82, ☎ 0 84 38 88 83, *info@lemonnier.be, Fax 0 84 38 88 95,* – AE VISA
fermé 1er au 23 janvier, 1er au 16 juillet, 23 décembre-22 janvier, mardi et mercredi – **Rest** *Lunch 30* – 48/100 bc, carte 60/88, ♀ – 12 – **9 ch** 95/120 – 95/120 – ½ P 116/129.
Spéc. Foie gras de canard poêlé, confit de fenouil aux radis, fraîcheur de pomme verte. Langoustines, pomme de terre, citron, échalote, laurier. Sandre cuit sur peau, jus au baies de genévrier, petit gris, ail des ours (printemps).
◆ Maison en pierres agrandie par une jolie véranda tournée vers un jardin paysager. Cuisine actuelle et bons accords mets-vins. Chambres douillettes avec grandes salles d'eau.
◆ Natuurstenen huis met een mooie serre en uitzicht op de Engelse tuin. Eigentijdse keuken met goede spijs-wijncombinaties. Knusse kamers met grote badkamers.

Le – *voir au nom propre.*

LÉAU *Vlaams-Brabant – voir Zoutleeuw.*

LEBBEKE *9280 Oost-Vlaanderen* **533** J 16 *et* **716** F 3 – *17 608 h.* 17 **D2**

Bruxelles 27 – Gent 37 – Antwerpen 41.

XX **Rembrandt,** Laurierstraat 6, ☎ 0 52 41 04 09, *restaurantrembrandt@skynet.be, Fax 0 52 41 45 75,* Avec taverne – AE VISA
fermé lundi soir, mardi et samedi midi – **Rest** *Lunch 20* – 48, carte 38/57.
◆ Centraal gelegen neorustiek restaurant. Klassieke keuken met kreeftmenu op vrijdagavond (reserveren) en eenvoudige kaart in de voorste zaal. Terras op de binnenplaats.
◆ Repas classique sous les poutres vernies d'une salle néo-rustique, menu homard le vendredi soir (réserver) et choix simplifié à l'avant. Terrasse sur cour. Situation centrale.

LEERBEEK *Vlaams-Brabant* **533** J 18 *et* **716** F 3 – *voir à Gooik.*

LEFFINGE *West-Vlaanderen* **533** C 15 *et* **716** B 2 – *voir à Oostende.* 18 **B1**

LEMBEKE *9971 Oost-Vlaanderen* C *Kaprijke 6 128 h.* **533** G 15 *et* **716** D 2. 16 **B1**

Bruxelles 75 – Gent 19 – Antwerpen 63 – Brugge 35.

XX **Hostellerie Ter Heide** avec ch, Tragelstraat 2, ☎ 0 9 377 19 23, *info@hostellerieterheide.be, Fax 09 377 51 34,* – AE VISA
Rest *Lunch 37 bc* – 42, carte 45/59, ♀ – 13 – **9 ch** 81 – 87 – ½ P 95.
◆ Knusse zaak in een chique woonwijk, waar u kunt eten in een modern interieur in de stijl van een brasserie of op het terras van de verzorgde tuin. Rustige, comfortabele kamers.
◆ En secteur résidentiel chic, hôtellerie cossue où l'on se repaît dans un décor moderne de type brasserie ou sur la terrasse du jardin pomponné. Calmes chambres de bon confort.

LEUVEN (LOUVAIN) *3000* P *Vlaams-Brabant* **533** N 17 *et* **716** H 3 – *90 706 h.* 4 **C2**

Voir *Hôtel de Ville★★★ (Stadhuis)* BYZ **H** – *Collégiale St-Pierre★ (St-Pieterskerk) : musée d'Art religieux★★, Cène★★, Tabernacle★, Tête de Christ★, Jubé★* BY **A** – *Grand béguinage★★ (Groot Begijnhof)* BZ – *Plafonds★ de l'abbaye du Parc (Abdij van't Park)* DZ **B** – *Façade★ de l'église St-Michel (St-Michielskerk)* BZ **C**.

Musée : *communal Vander Kelen - Mertens★ (Stedelijk Museum)* BY **M**.

Env. *par N 253 : 7 km à Korbeek-Dijle : retable★ de l'église St-Barthélemy (St-Bartholomeüskerk)* DZ.

au Sud-Ouest : 15 km à Duisburg, Hertswegenstraat 59 ☎ 0 2 769 45 82, Fax 0 2 767 97 52 - par ② : 13 km à Sint-Joris-Winge par ② : 13 km, Leuvensesteenweg 252, ☎ 0 16 63 40 53, Fax 0 16 63 21 40.

Stadhuis, Naamsestraat 1 ☎ 0 16 20 30 20, inenuit@leuven.be, Fax 0 16 20 30 03 – Fédération provinciale de tourisme, Provincieplein 1, ✉ 3010 Kessel-Lo, ☎ 0 16 26 76 20, toerisme@vl-brabant.be, Fax 0 16 26 76 76.

Bruxelles 27 ⑥ – Antwerpen 48 ⑨ – Liège 74 ④ – Namur 53 ⑤ – Turnhout 60 ①.

Plans pages suivantes

Klooster sans rest, Predikherenstraat 22 (accès par Minderbroederstraat et par O.-L.-Vrouwstraat), ☎ 0 16 21 31 41, *kh@martinshotels.com, Fax 0 16 22 31 00*, – AE VISA. BY **a**
40 ch ☕ ★150/340 – ★★150/360.
◆ Laat u verleiden door de subtiele harmonie van deze sfeervolle accommodatie met designinterieur in een oud klooster, waarvan sommige gedeelten uit de 17e en 18e eeuw dateren.
◆ Laissez-vous séduire par l'harmonie subtile de cet hébergement intimiste au cadre design "reclus" dans un ancien cloître dont certaines parties datent des 17e et 18e s.

Begijnhof sans rest, Tervuursevest 70, ☎ 0 16 29 10 10, *info@bchotel.be, Fax 0 16 29 10 22*, – AE VISA BZ **g**
65 ch ☕ ★130/230 – ★★150/250 – 5 suites.
◆ Modern gebouw dat past bij de architectuur van het aangrenzende Groot Begijnhof. Rustige omgeving, grote gemeenschappelijke ruimten, mooie kamers en verzorgde tuin.
◆ Construction moderne dont le style s'harmonise à l'architecture du grand béguinage qu'il jouxte. Environnement calme, communs amples, chambres avenantes et jardin soigné.

Binnenhof sans rest, Maria-Theresiastraat 65, ☎ 0 16 20 55 92, *info@hotelbinnenhof.be, Fax 0 16 23 69 26* – – . AE VISA. CY **a**
60 ch ☕ ★80/180 – ★★80/240.
◆ Hotel bij het station, met moderne kamers in twee verschillende formaten, maar voor dezelfde prijs. De badkamers worden langzamerhand opgeknapt. Verzorgd ontbijtbuffet.
◆ À 300 m de la gare, hôtel abritant des chambres modernes disponibles en deux tailles mais cédées au même tarif. Salles d'eau peu à peu rajeunies. Buffet soigné au petit-déj'.

Novotel, Vuurkruisenlaan 4, ☎ 0 16 21 32 00, *H3153@accor.com, Fax 0 16 21 32 01*, – – . AE VISA CY **z**
Rest *Lunch 17* – carte 23/42, 🍷 – ☕ 15 – **139 ch** ★60/190 – ★★60/195.
◆ Ketenhotel naast een brouwerij, waar een van de favoriete dranken van de Belgen vandaan komen. Moderne kamers, vergaderzalen, fitness en ondergrondse parking. Moderne brasserie met een internationale keuken. Designbar.
◆ Hôtel de chaîne voisin d'un site brassicole d'où sort l'une des boissons favorites des Belges. Chambres actuelles, salles de réunions, fitness et parking souterrain commode. Brasserie envoyant de la cuisine internationale dans un cadre moderne. Bar design.

New Damshire sans rest, Pater Damiaanplein-Schapenstraat 1, ☎ 0 16 23 21 15, *reservations@newdamshire.com, Fax 0 16 23 32 08*, – . AE VISA.
fermé 19 décembre-1er janvier – **34 ch** ☕ ★85/140 – ★★85/160 – 1 suite. BZ **m**
◆ Betrouwbaar logies bij het voetgangerscentrum. Persoonlijk onthaal, moderne lobby en bar, chesterfields, onberispelijke kamers en ontbijtbuffet onder de glaskoepel.
◆ Hébergement fiable à proximité du centre piétonnier. Accueil personnalisé, lobby et bar modernes, salon Chesterfields, chambres sans reproche et breakfast-buffet sous coupole.

Theater sans rest, Bondgenotenlaan 20, ☎ 0 16 22 28 19, *reservations@theaterhotel.be, Fax 0 16 28 49 39* – . AE VISA. BY **v**
fermé fin décembre – **21 ch** ☕ ★109/159 – ★★129/179.
◆ Herenhuis aan de hoofdstraat met standaard- en splitlevelkamers over meerdere verdiepingen. In de galerie met moderne Afrikaanse kunst wordt het ontbijt gebruikt.
◆ Sur l'axe principal, chambres standard et duplex réparties aux étages d'une maison de maître tournée vers un théâtre. Galerie d'art moderne zimbabwéen utilisée au petit-déj'.

BELGIQUE

Ibis sans rest, Brusselsestraat 52, 0 16 29 31 11, *H1457@accor.com, Fax 0 16 23 87 92* – AE VISA
BY b

12 – **72 ch** 75/105 – 75/125.

• Typisch Ibishotel uit de jaren 1990 in het centrum. Volledige renovatie in etappen. Handige parking en garage.

• Prestation hôtelière en phase avec les préceptes Ibis dans cette bâtisse des années 1990 située en centre-ville. Rénovation intégrale par étapes. Parking et garage pratiques.

Gasthof De Pastorij sans rest, Sint-Michielsstraat 5, 0 16 82 21 09, *depastorij@yahoo.com, Fax 0 16 20 88 56,* –
BZ d

fermé fin décembre-début janvier – **7 ch** 70/95 – 95/120.

• Voormalige pastorie naast de St.-Michielskerk, waar men zich snel thuis voelt. Sfeervolle kamers en salons, kloostertuin met terras en ambiance van een maison d'hôte.

• Côtoyant l'église St.-Michiels, ex-presbytère où l'on se sent un peu comme chez soi. Chambres et salon charmants, jardin de curé avec terrasse et atmosphère de maison d'hôte.

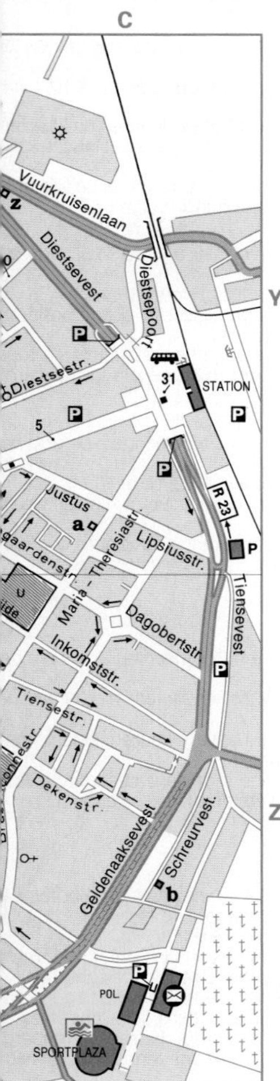

LEUVEN

Street	Grid	No.
Aarschotsesteenweg	BY	2
Bierbeekpleindreef	DZ	3
Bondgenotenlaan	BCY	5
Borstelstr.	DZ	6
Boudewijnlaan	DZ	7
Brusselsestr.	ABY	
Celestijnenlaan	DZ	8
Diestsesteenweg	DZ	9
Dirk Boutslaan	BY	10
Eenmeilaan	DZ	11
Geldenaaksebaan	DZ	15
Grote Markt	BY	16
Grote Molenweg	DZ	18
Holsbeeksesteenweg	DZ	19
Jean Baptiste van Monsstr.	BCY	20
Kapeldreef	DZ	21
Kapucijnenvoer	AZ	22
Kard. Mercierlaan	DZ	23
Karel v. Lotharingenstr.	BY	24
Leopold I-str.	BY	27
Leopold Vanderkelenstr.	BY	28
Maarschalk Fochpl.	BY	29
Margarethapl.	BY	30
Martelarenpl.	CY	31
Mgr Ladeuzepl.	BY	33
Muntstr.	BYZ	34
Naamsesteenweg	DZ	35
Naamsestr.	BZ	
Nieuwe Mechelsesteenweg	DZ	36
Oude Markt	BZ	37
Oud-Heverleestr.	DZ	12
Pakenstr.	DZ	39
Petermannenstr.	AY	40
Redingenstr.	ABZ	41
Rijschoolstr.	BY	42
Smolderspl.	BY	44
Tiensesteenweg	DZ	45
Tiensestr.	BCZ	
Vaartstr.	BY	47
Vismarkt	BY	48
Vital Decosterstr.	BY	50
Waversebaan	DZ	51

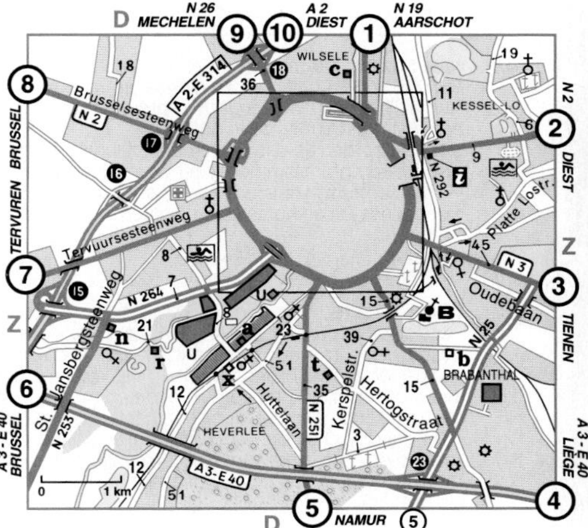

XX **Faculty Club,** Groot Begijnhof 14, ✆ 0 16 32 95 00, *info@facultyclub.be, Fax 0 16 32 95 02,* – P ⇔. AE ① ⓒ VISA. BZ **b**

fermé 3 premières semaines août, samedi et dimanche – **Rest** *Lunch 34* – 44/85 bc, carte env. 45, ♀.

◆ Modern-rustiek restaurant in de voormalige refter van het Groot Begijnhof (17e eeuw). Eigentijds à la carte menu met vaste prijzen, bediening in lange voorschoten, patio.

◆ Ce restaurant au cadre rustique-moderne met à profit le réfectoire du Grand Béguinage (17e s.). Petit menu-carte actuel à prix fixes, service en tablier long, cour-terrasse.

XX **Ramberg Hof,** Naamsestraat 60, ✆ 0 16 29 32 72, *reservatie@ramberghof.be, Fax 0 16 20 10 90,* – ⇔. BZ **k**

fermé 2 semaines fin septembre – **Rest** *Lunch 24* – 38/62 bc, carte 41/50.

◆ Mooi herenhuis waar het even prettig zitten is in de serre met terracottavloer en smeedijzeren stoelen als op het terras met bloemen en teakhouten meubelen.

◆ Belle maison de notable où l'on se repaît aussi agréablement sous la véranda mariant sol en tomettes et sièges en fer forgé que sur la terrasse fleurie meublée en teck.

XX **'t Zwart Schaap,** Boekhandelstraat 1, ✆ 0 16 23 24 16, *Fax 0 16 22 58 56* – ▤ ⇔. AE MC VISA BY e
fermé 1 semaine carnaval, 15 juillet-15 août, dimanche, lundi et jours fériés – **Rest** *Lunch 23 bc* – 50 bc/56 bc, carte 44/61.
• Restaurant met de warme sfeer van een oude bistro naast het stadhuis en de kapittelkerk, die vanaf de bovenverdieping (zaal voor groepen) te zien zijn. Frans-Belgische keuken.
• Ce restaurant familial au chaleureux décor de bistrot ancien avoisine l'hôtel de ville et la collégiale, visibles à l'étage (salle recevant les groupes). Cuisine franco-belge.

X **Trente,** Muntstraat 36, ✆ 0 16 20 30 30, *kwinten@trente.be, Fax 0 16 20 30 30* – ⇔. MC VISA. ✻ BZ a
fermé fin décembre, dimanche et lundi – **Rest** *Lunch 30* – 45/96 bc, carte 55/64, ♀.
• Deze moderne bistro met mooie barokke kroonluchters onderscheidt zich in positieve zin in deze voetgangersstraat waar het wemelt van de eettentjes.
• Table actuelle sortant du lot dans cette rue piétonne gorgée de restaurants en tous genres. Décor moderne épuré, de type bistrot, avec un alignement de jolis lustres baroques.

X **Osteria Pergola,** Mechelsestraat 85, ✆ 0 16 23 30 95, *info@enoteca-pergola.be, Fax 0 16 23 30 95* – ▤ ♿ ⇔. ① MC VISA. ✻ BY d
fermé samedi midi, dimanche, lundi et mardi midi – **Rest** *Lunch 30* – 50, carte 56/64, ✻.
• Een Italiaanse wijnhandel (proeverijen) leidt naar dit gezellige restaurant. Vis- en vleesmenu's met lekkere Italiaanse wijnen. Open keuken.
• Une boutique de vins italiens (dégustations) dessert ce restaurant à l'ambiance cordiale. Menus poisson et menu viande escortés de jolis crus transalpins. Fourneaux à vue.

BELGIQUE

à Blanden *par ⑤ : 9 km* C *Oud-Heverlee 10 863 h.* – ✉ *3052 Blanden :*

XX **Meerdael,** Naamsesteenweg 90 (N 25), ✆ 0 16 40 24 02, *meerdael@pandora.be, Fax 0 16 40 81 37,* ☂ – P. AE MC VISA. ✻
fermé 23 au 31 mars, 3 août-1er septembre, 23 décembre-7 janvier, samedi midi, dimanche et lundi – **Rest** 30/69, carte 43/77.
• Mooi boerderijtje dat tot familierestaurant is verbouwd. Klassieke keuken, eetzaal met rustieke accenten, lommerrijk terras en uitnodigende tuin.
• Jolie fermette transformée en auberge familiale. Cuisine sagement classique, salle à manger égayée de notes rustiques, verdoyante terrasse d'été ombragée et jardin.

à Heverlee C *Leuven* – ✉ *3001 Heverlee :*

🏨 **The Lodge,** Kantineplein 3, ✆ 0 16 50 95 09, *heverlee@lodge-hotels.be, Fax 0 16 50 95 08,* ☂, ≘s, ⚲ – ⇔, ▤ ch, ♿ ⇔ – 🏛. AE MC VISA. ✻ rest DZ x
Rest (taverne-rest) *Lunch 15* – carte 37/46 – **25 ch** ☕ ★95/130 – ★★110/150.
• In de voormalige bijgebouwen van het kasteel van Arenberg bevinden zich grote kamers met een smaakvol interieur van oude en moderne elementen. Eigentijds taverne-restaurant met serre. 's Zomers kan er op het terras met teakhouten meubelen worden gegeten.
• De grandes chambres combinant avec bonheur des éléments décoratifs modernes et anciens ont été aménagées dans ces anciennes dépendances du château d'Arenberg. Taverne-restaurant de style contemporain dont la véranda côtoie une terrasse d'été meublée en teck.

⌂ **Park** sans rest, Abdijstraat 56, ✆ 0 16 40 53 83, *park@skynet.be,* ⛱, ⚘ – ⇔ P. ✻ DZ b
3 ch ☕ ★50 – ★★50/70.
• Maison d'hôte bij de vijvers van de abdij van Park-Heverlee. Moderne kamers die vlak bij die van de eigenaren liggen, Starck- en Miller-meubilair, tuin met zwembad.
• Maison d'hôte proche des étangs de l'abbaye de Park-Heverlee. Chambres modernes aménagées tout près de celle des propriétaires, meubles Starck et Miller, piscine au jardin.

XXX ✿ **Arenberg** (Lieven Demeestere), Kapeldreef 46, ✆ 0 16 22 47 75, *restaurant.arenberg@pandora.be, Fax 0 16 29 40 64,* ≤, ☂ – P ⇔. AE ① MC VISA. ✻ DZ r
fermé 3 au 11 février, 1er au 5 mai, 20 juillet-18 août, 26 octobre-3 novembre, dimanche, lundi et mercredi soir – **Rest** *Lunch 40* – 52/93 bc, carte 50/70, ✻.
Spéc. Gorge de porc braisée au foie d'oie. Variation sur un vitello tonnato. Dégustation de crabe royal.
• Een talentvolle tafel in een vernieuwde hoeve. Oranjerie en aangenaam terras met zicht op de mooie tuin. Rijk gevulde wijnkelder.
• Table actuelle talentueuse installée dans une ancienne ferme réaménagée. Orangerie et restaurant d'été agréables, tournés vers un jardin soigné. Riche choix de vins.

XX **Couvert couvert** (Laurent et Vincent Folmer), St-Jansbergsesteenweg 171, ☎ 0 16 29 69 79, *veerle@couvertcouvert.be, Fax 0 16 29 59 15,* ←, 🍽 – [P] ⇔. AE MC VISA. ✗ DZ n

fermé première semaine janvier, 2 semaines Pâques, 2 premières semaines septembre, dimanche, lundi et jours fériés – **Rest** *Lunch 33* – 55/97 bc, carte 70/111, ♀.

Spéc. Huîtres au concombre et wasabi (octobre-mars). Bar de ligne, riz 'koshi-i-kari', wakamé et sésame au citron. Soufflé au chocolat guanaja, glace à la vanille Bourbon.

• Restaurant met een fijne, eigentijdse keuken en designinterieur. Modern terras met uitzicht op de weilanden, waar 's zomers kan worden gegeten. Goede service.

• Fine cuisine au goût du jour servie dans un cadre design ou, dès les premiers beaux jours, sur la terrasse moderne braquée vers les prés. Bon accueil et service avenant.

XX **Het land aan de Overkant,** L. Scheursvest 85, ☎ 0 16 22 61 81, *info@hetlandaandeoverkant.be, Fax 0 16 22 59 69,* 🍽 – ▤ ⇔. AE MC VISA. ✗ CZ b

fermé 2 dernières semaines juillet, samedi midi, dimanche et lundi midi – **Rest** *Lunch 33* – 47/95 bc, carte 65/74, ♀.

• Hier kunnen fijnproevers terecht in een comfortabele en moderne ronde eetzaal of op het mooie terras aan de tuinzijde. Visschotels, mediterrane smaken en uitgelezen wijnen.

• Ce restaurant soigne les gourmets dans une rotonde moderne bien confortable ou sur sa jolie terrasse côté jardin. Produits de la mer, saveurs méditerranéennes et vins choisis.

XX **Boardroom** avec ch, J. Vandenbemptlaan 6, ☎ 0 16 31 44 55, *info@boardroom.be, Fax 0 16 31 44 54,* 🍽, 🚲 – ⇔ ▤ ⇔. AE ⓓ MC VISA. ✗ ch DZ a

Rest *(fermé 17 août-3 septembre, samedi midi et dimanche)* 31/77 bc, carte 32/46, ♀ – ☕ 11 – **16 ch** ✝90/110 – ✝✝90/110.

• Tweemaandelijkse kaart met 16 kleine gerechten en 5 desserts die afhankelijk van uw eetlust worden gecombineerd in 5 menu's. Modern interieur, mooi terras en designkamers.

• Carte bimensuelle où 16 plats en portions légères et 5 desserts se combinent selon votre appétit en 5 menus (vins en option). Cadre moderne, belle terrasse et chambres design.

XX **Den Bistro,** Hertogstraat 160, ☎ 0 16 40 54 88, *den.bistro@skynet.be, Fax 0 16 40 80 91,* 🍽 – AE ⓓ MC VISA. ✗ DZ t

fermé 24 avril-5 mai, 21 août-12 septembre, 27 décembre-11 janvier, mardi, mercredi et samedi midi – **Rest** 34, carte 41/54.

• Bistro in een rustige woonwijk, met een warm, neorustiek interieur en achter een terras in Provençaalse sfeer. Traditionele kaart met een vleugje modern.

• Dans un quartier résidentiel, salle à manger au chaleureux décor néo-rustique de type bistrot et arrière cour-terrasse à l'ambiance provençale. Choix traditionnel actualisé.

à Korbeek-Dijle *par N 253 : 10 km* C *Bertem 4 729 h.* – ✉ *3060 Korbeek-Dijle :*

⌂ **Vallis Dyliae** ⛰, Nijvelsebaan 258, ☎ 0 16 48 73 73, *info@vallisdyliae.be, Fax 0 16 44 88 09,* 🌳 – ⇔ [P]. AE MC VISA. ✗

Rest (dîner pour résidents seult) – ☕ 12 – **5 ch** ✝95/110 – ✝✝110/125.

• De druivenroute begint vlak bij dit maison d'hôte dat naar de huidige smaak en met oog voor detail is ingericht. Kamers met een persoonlijke touch. Oude druivenkassen in de tuin.

• La route du raisin débute à deux pas de cette maison d'hôte décorée dans le goût actuel, avec le souci du détail. Chambres personnalisées. Vieilles serres viticoles au jardin.

à Oud-Heverlee *par ⑤ : 9 km – 10 863 h.* – ✉ *3050 Oud-Heverlee :*

⌂ **2B** sans rest, Waversebaan 115, ☎ 0 16 40 28 95, *info@bnb2b.be,* 🌳 – ⇔ [P]. AE MC VISA. ✗

fermé 15 au 31 août, 24 décembre-2 janvier, vendredi et dimanche – **3 ch** ☕ ✝80 – ✝✝100.

• Mooi en comfortabel herenhuis (1928) met karakteristieke kamers in neoretrostijl, rustgevend en verzorgd. Lekker ontbijt en tuin om te relaxen.

• Cette belle maison (1928) de notable vous loge en toutes commodités, dans des chambres de caractère, au look "néo-rétro" apaisant et soigné. Bon breakfast. Jardin de repos.

XX **Spaans Dak,** Maurits Noëstraat 2 (Zoet Water), ☎ 0 16 47 33 33, *spaansdak@skynet.be, Fax 0 16 47 38 12,* 🍽 – [P] ⇔. AE MC VISA

fermé 7 au 24 juillet, lundi, mardi et après 20 h 30 – **Rest** 31/65 bc, carte 52/60, ♀.

• De overblijfselen van een 16e-eeuws kasteeltje aan een vijver vormen de setting van dit moderne restaurant, dat warm en behaaglijk aandoet. De keuken is eveneens eigentijds.

• Les vestiges d'un manoir du 16e s. dominant un étang accueillent cette salle de restaurant moderne, douillette et feutrée. L'assiette, elle aussi, vit avec son temps.

à Vaalbeek *par ⑤ : 10 km* 🄲 *Oud-Heverlee 10 863 h. – ✉ 3054 Vaalbeek :*

XXX **De Bibliotheek,** Gemeentestraat 12, ☎ 0 16 40 05 58, *info@debibliotheek.be, Fax 0 16 40 20 69,* – P. AE ⓓ MO VISA
fermé 1 semaine carnaval, 2 dernières semaines juillet, mardi et mercredi – **Rest** Lunch 32 – 47/75 bc, carte 49/70, ♀.
• Restaurant met een warme, intieme inrichting en boekenkasten. Klassieke kaart en meer eigentijdse suggesties. Moderne zaal voor groepen op de bovenverdieping.
• Table au cadre intime et chaleureux, présidé par des bibliothèques remplies de livres. Carte classique et suggestions actualisées. Salle moderne pour les groupes à l'étage.

à Wilsele 🄲 *Leuven – ✉ 3012 Wilsele :*

XX **Luzine,** Kolonel Begaultlaan 15/6, ☎ 0 16 89 08 77, *luzine@restaurantluzine.be* – MO VISA DZ c
fermé 1er au 6 janvier, 13 juillet-3 août, samedi midi, dimanche et lundi – **Rest** Lunch 25 – 40/87 bc, carte 44/77, ♀.
• Dit restaurant in een oude conservenfabriek heeft de intieme sfeer van een "loft-boudoir" met gedempt licht, in grijs, zwart en goud. De chef-kok komt vaak op de Vlaamse tv.
• Table intime occupant étrangement une ex-conserverie industrielle. Ambiance "loft-boudoir", lumière tamisée, harmonie de gris, noir et or. Chef habitué du petit écran flamand.

LEUZE-EN-HAINAUT *7900 Hainaut* **533** G 19, **534** G 19 *et* **716** D 4 – *13 223 h.* 6 **B1**
Bruxelles 76 – Mons 39 – Kortrijk 49 – Gent 56 – Tournai 19.

La Cour Carrée, chaussée de Tournai 5, ☎ 0 69 66 48 25, *info@lacourcarree.be, Fax 0 69 66 18 82,* – P – AE ⓓ MO VISA.
fermé 24 décembre-7 janvier, vendredi soir, samedi midi et dimanche soir – **Rest** Lunch 15 – 25/56 bc, carte 28/40 – **9 ch** ☕ †45/50 – ††60 – ½ P 60/65.
• En bord de grand-route, auberge familiale et sa grange réaménagée pour héberger les voyageurs dans des chambres proprettes à choisir côté cour ou campagne et jardin. Restaurant tenant à l'écart des modes son décor rustique. Carte classico-régionale. Terrasse.
• Herberg aan de grote weg, waarvan de schuur is verbouwd tot propere kamers met uitzicht op de binnenplaats of de tuin en het platteland. Leuk ouderwets restaurant in rustieke stijl. Klassieke, streekgebonden gerechten. Terras.

XX **Le Chalet de la Bourgogne,** chaussée de Tournai 1, ☎ 0 69 66 19 78, *Fax 0 69 66 19 78* – P. MO VISA
fermé 1re quinzaine septembre, lundi soir, mardi soir, mercredi et jeudi soir – **Rest** Lunch 17 – 33/70 bc, carte 48/59.
• À l'entrée de la ville, plaisante table où un chef-patron originaire de l'Hexagone adapte à la sauce du jour le répertoire classique français. Cadre moderne ; service au poil.
• Plezierig restaurant aan de rand van de stad, waar de Franse chef-kok zijn vaderlandse klassieke repertoire in een eigentijds sausje giet. Modern interieur; prima bediening.

LIBRAMONT *6800 Luxembourg belge* 🄲 *Libramont-Chevigny 9 851 h.* **534** R 23 *et* **716** J 6. 12 **B2**
Bruxelles 143 – Arlon 52 – Bouillon 33 – Dinant 68 – La Roche-en-Ardenne 43.

à Recogne *Sud-Ouest : 1 km* 🄲 *Libramont-Chevigny – ✉ 6800 Recogne :*

L'Amandier, av. de Bouillon 70, ☎ 0 61 22 53 73, *info@lamandier.be, Fax 0 61 22 57 10,* – P – AE ⓓ MO VISA. rest
Rest *(fermé dimanche soir et lundi)* (dîner seult sauf dimanche) 24/42 bc – **24 ch** ☕ †72 – ††94 – ½ P 71/96.
• Bâtisse hôtelière des années 1980 vous logeant dans des chambres fonctionnelles. Fitness, sauna, solarium, salles de réunions et vélos à disposition. Brasserie et restaurant au nouveau décor actuel. Formule buffets tout compris le samedi soir et dimanche midi.
• Gebouw uit de jaren 1980 met functionele kamers, fitnessruimte, sauna, solarium en vergaderzalen. Fietsen ter beschikking. Brasserie en restaurant met een eigentijdse inrichting. All-in buffetten op zaterdagavond en zondagmiddag.

LICHTAART *Antwerpen* **533** O 15 *et* **716** H 2 – *voir à Kasterlee.*

LICHTERVELDE *West-Vlaanderen* **533** D 16 *et* **716** C 2 – *voir à Torhout*

BELGIQUE

E. Valenne/GEOSTORY PICTURES/MICHELIN

Le Perron

LIÈGE – LUIK

4000 🅿 **533** S 19, **534** S 19 *et* **716** J 4 – *187 086 h.* 8 **B1**

Bruxelles 97 ⑨ – Amsterdam 242 ① – Antwerpen 119 ⑫ – Köln 122 ② – Luxembourg 159 ⑤ – Maastricht 32 ①.

BELGIQUE

OFFICES DE TOURISME

En Féronstrée 92 ✆ 0 4 221 92 21, office.tourisme@ liege.be, Fax 0 4 221 92 22 et Gare des Guillemins ✆ 0 4 252 44 19 – Fédération provinciale de tourisme, bd de la Sauvenière 77 ✆ 0 4 237 95 26, ftpl@ prov-liege.be, Fax 0 4 237 95 78.

RENSEIGNEMENTS PRATIQUES

⛳9 *r. Bernalmont 2* (BT) *✆ 0 4 227 44 66, Fax 0 4 227 91 92 –* ⛳18 *par ⑥ : 8 km à Angleur, rte du Condroz 541 ✆ 0 4 336 20 21, Fax 0 4 337 20 26 –* ⛳18 *par ⑤ : 18 km à Gomzé-Andoumont, Sur Counachamps, r. Gomzé 30 ✆ 0 4 360 92 07, Fax 0 4 360 92 06.*

TRANSPORTS

Aéroport : *✆ 0 4 234 84 11.*

CURIOSITÉS

Voir *Citadelle ≤ ★★* DW, *Parc de Cointe ≤ ★* CX *– Vieille ville★★ : Palais des Princes-Évêques★ : grande cour★★* EY, *Le perron★* EY **A**, *Cuve baptismale★★★ dans l'église St-Barthélemy* FY, *Trésor★★ de la cathédrale St-Paul : reliquaire de Charles le Téméraire★★* EZ *– Église St-Jacques★★ : voûtes de la nef★★* EZ *– Retable★ dans l'église St-Denis* EY *– Statues★ en bois du calvaire et Sedes Sapientiae★ de l'église St-Jean* EY.

Musées : *d'Art Moderne et d'Art Contemporain★* DX **M**[7] *– de la Vie wallonne★★* EY *– d'Art religieux et d'Art mosan★* FY **M**[5] *– Curtius et musée du Verre★ (Musées d'Archéologie et d'Arts décoratifs) : Évangéliaire de Notger★★★, collection d'objets de verre★* FY **M**[1] *– d'Armes★* FY **M**[3] *– d'Ansembourg★* FY **M**[2].

Env. *par ① : 20 km : Blégny-Trembleur★★ – par ⑥ : 27 km : Fonts baptismaux★ dans l'église★ de St-Séverin – par ① : 17 km à Visé : Châsse de St-Hadelin★ dans l'église collégiale.*

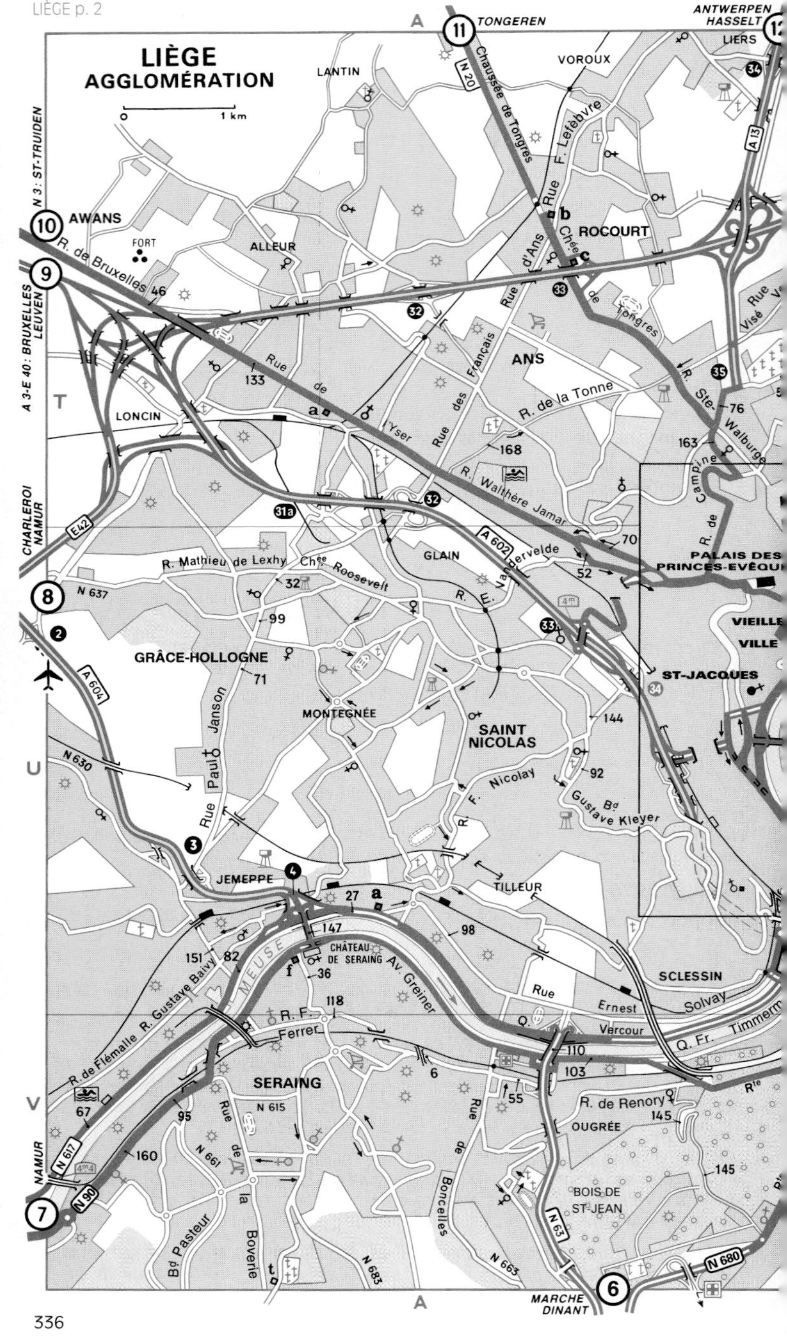
LIÈGE
AGGLOMÉRATION
0
1 km
TONGEREN
ANTWERPEN
HASSELT
LIERS
VOROUX
LANTIN
Chaussée de Tongres
N 20
Rue F. Lefèbvre
A 13
N 3: ST-TRUIDEN
AWANS
FORT
ALLEUR
ROCOURT
R. de Bruxelles
A 3-E 40: BRUXELLES LEUVEN
Rue d'Ans
Chée de Tongres
Rue Visé
ANS
Rue des Français
Rue de l'Yser
R. de la Tonne
R. Ste-Walburge
LONCIN
R. Walthère Jamar
R. de Campine
CHARLEROI NAMUR
E42
A 602
GLAIN
R. E. Vandervelde
PALAIS DES PRINCES-ÉVÊQUES
R. Mathieu de Lexhy
Chée Roosevelt
N 637
VIEILLE VILLE
GRÂCE-HOLLOGNE
A 604
MONTEGNÉE
SAINT NICOLAS
ST-JACQUES
N 630
Rue Paul Janson
R. F. Nicolay
Bd Gustave Kleyer
JEMEPPE
TILLEUR
CHÂTEAU DE SERAING
MEUSE
Av. Greiner
SCLESSIN
R. Gustave Baivy
Rue Ernest Solvay
R. F. Ferrer
Q. Vercour
Q. Fr. Timmermans
R. de Flémalle
SERAING
N 615
R. de Renory
OUGRÉE
Rue de la Boverie
Rue de Boncelles
N 661
BOIS DE ST-JEAN
NAMUR
N 617
N 90
N 63
Bd Pasteur
N 683
N 663
N 680
MARCHE DINANT
A
T
U
V

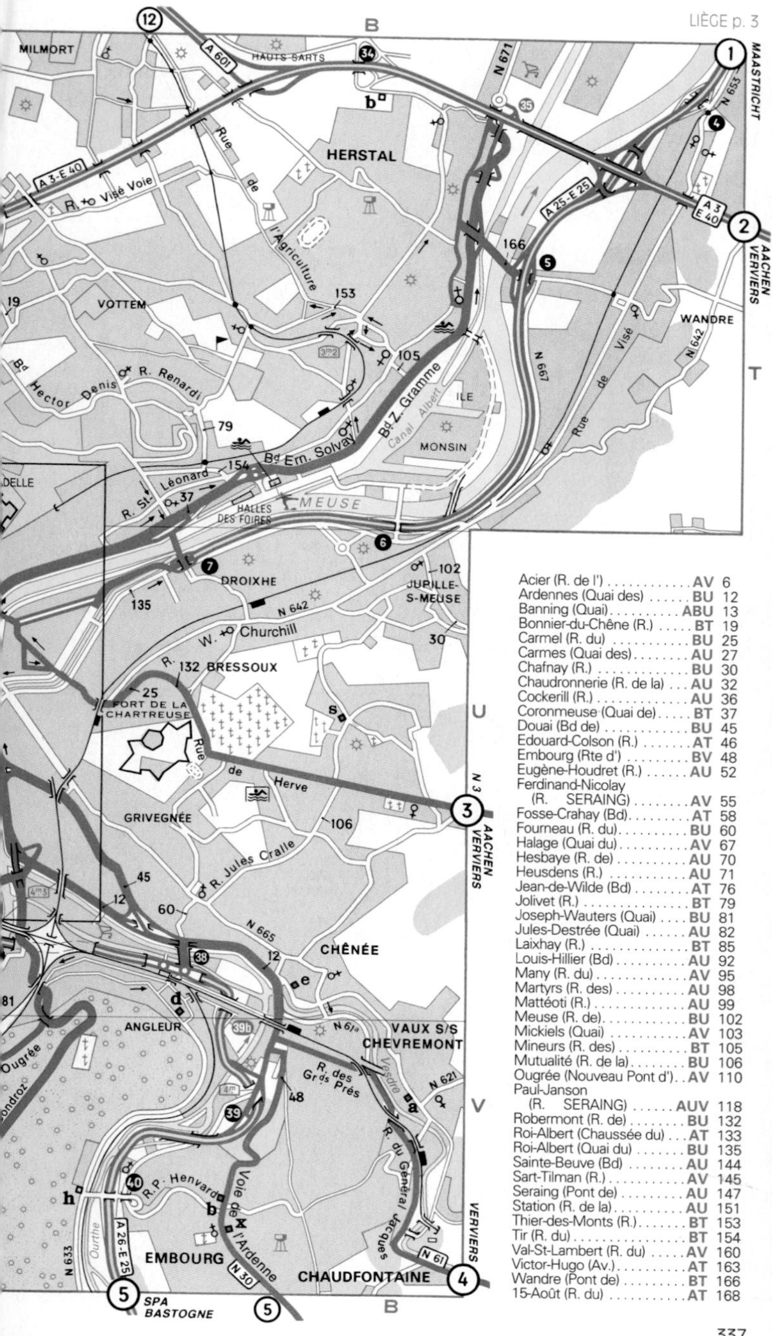

Acier (R. de l')	AV	6
Ardennes (Quai des)	BU	12
Banning (Quai)	ABU	13
Bonnier-du-Chêne (R.)	BT	19
Carmel (R. du)	BU	25
Carmes (Quai des)	AU	27
Chafnay (R.)	BU	30
Chaudronnerie (R. de la)	AU	32
Cockerill (R.)	AU	36
Coronmeuse (Quai de)	BT	37
Douai (Bd de)	BU	45
Edouard-Colson (R.)	AT	46
Embourg (Rte d')	BV	48
Eugène-Houdret (R.)	AU	52
Ferdinand-Nicolay (R. SERAING)	AV	55
Fosse-Crahay (Bd)	AT	58
Fourneau (R. du)	BU	60
Halage (Quai du)	AV	67
Hesbaye (R. de)	AU	70
Heusdens (R.)	AU	71
Jean-de-Wilde (Bd)	AT	76
Jolivet (R.)	BT	79
Joseph-Wauters (Quai)	BU	81
Jules-Destrée (Quai)	AU	82
Laixhay (R.)	BT	85
Louis-Hillier (Bd)	AU	92
Many (R. du)	AV	95
Martyrs (R. des)	AU	98
Mattéoti (R.)	AU	99
Meuse (R. de)	BU	102
Mickiels (Quai)	AV	103
Mineurs (R. des)	BT	105
Mutualité (R. de la)	BU	106
Ougrée (Nouveau Pont d')	AV	110
Paul-Janson (R. SERAING)	AUV	118
Robermont (R. de)	BU	132
Roi-Albert (Chaussée du)	AT	133
Roi-Albert (Quai du)	BU	135
Sainte-Beuve (Bd)	AU	144
Sart-Tilman (R.)	AV	145
Seraing (Pont de)	AU	147
Station (R. de la)	AU	151
Thier-des-Monts (R.)	BT	153
Tir (R. du)	BT	154
Val-St-Lambert (R. du)	AV	160
Victor-Hugo (Av.)	AT	163
Wandre (Pont de)	BT	166
15-Août (R. du)	AT	168

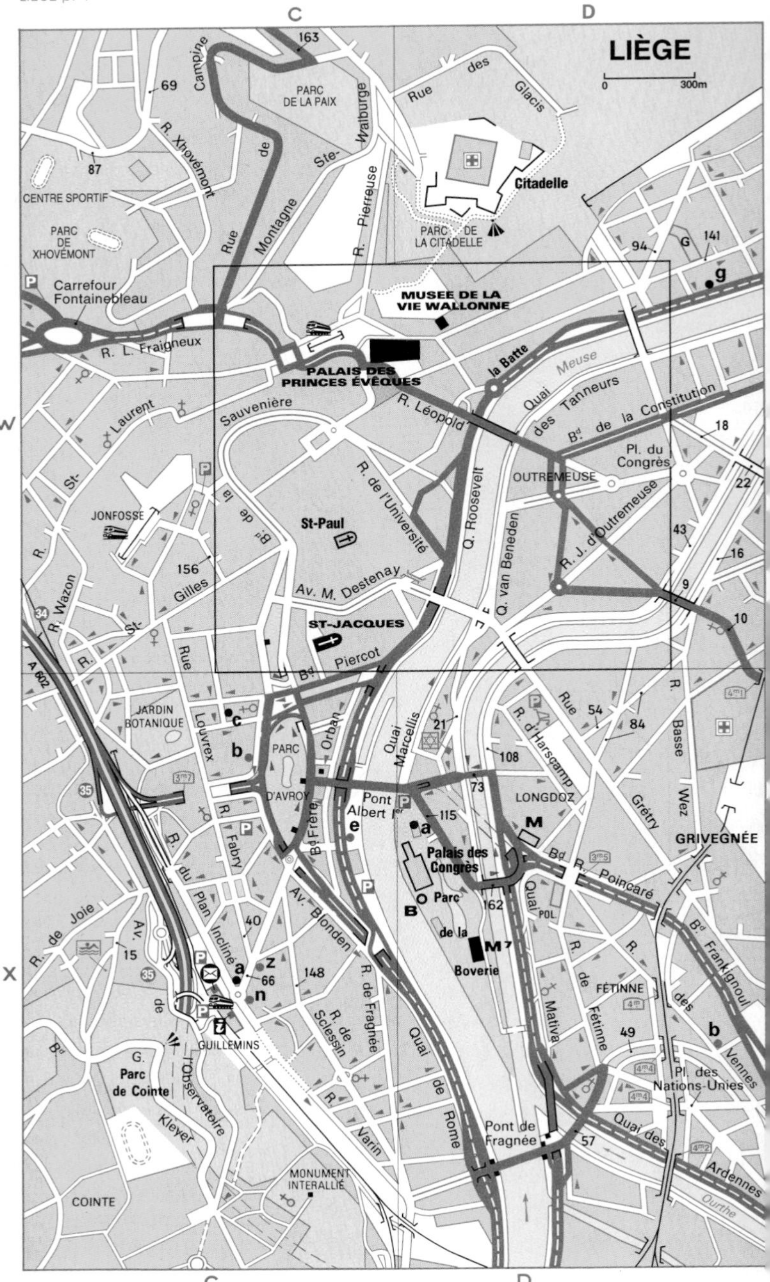
C
D
LIÈGE
0
300m
PARC DE LA PAIX
Rue des Glacis
Citadelle
PARC DE LA CITADELLE
CENTRE SPORTIF
PARC DE XHOVÉMONT
Carrefour Fontainebleau
MUSEE DE LA VIE WALLONNE
PALAIS DES PRINCES ÉVÊQUES
la Batte
Meuse
Quai des Tanneurs
Bd de la Constitution
R. Léopold
Sauvenière
St-Laurent
W
JONFOSSE
St-Paul
R. de l'Université
Q. Roosevelt
Q. van Beneden
OUTREMEUSE
Pl. du Congrès
R. J. d'Outremeuse
Av. M. Destenay
ST-JACQUES
Bd Piercot
St-Gilles
R. Wazon
A 602
JARDIN BOTANIQUE
Rue Louvrex
PARC D'AVROY
Orban
Quai Marcellis
Pont Albert Ier
Palais des Congrès
Parc de la Boverie
LONGDOZ
R. d'Harscamp
Rue Grétry
R. Basse Wez
GRIVEGNÉE
Bd R. Poincaré
Bd Frankignoul
Bd Frère Orban
Av. Blonden
R. Fabry
R. du Plan Incliné
R. de Joie
Av. de l'Observatoire
X
GUILLEMINS
G. Parc de Cointe
Kleyer
COINTE
MONUMENT INTERALLIÉ
R. de Sclessin
R. de Fragnée
R. Varin
Quai de Rome
Pont de Fragnée
Quai Mativa
R. de Fétinne
FÉTINNE
Pl. des Nations-Unies
Quai des Ardennes
Ourthe
Bd des Vennes
POL.

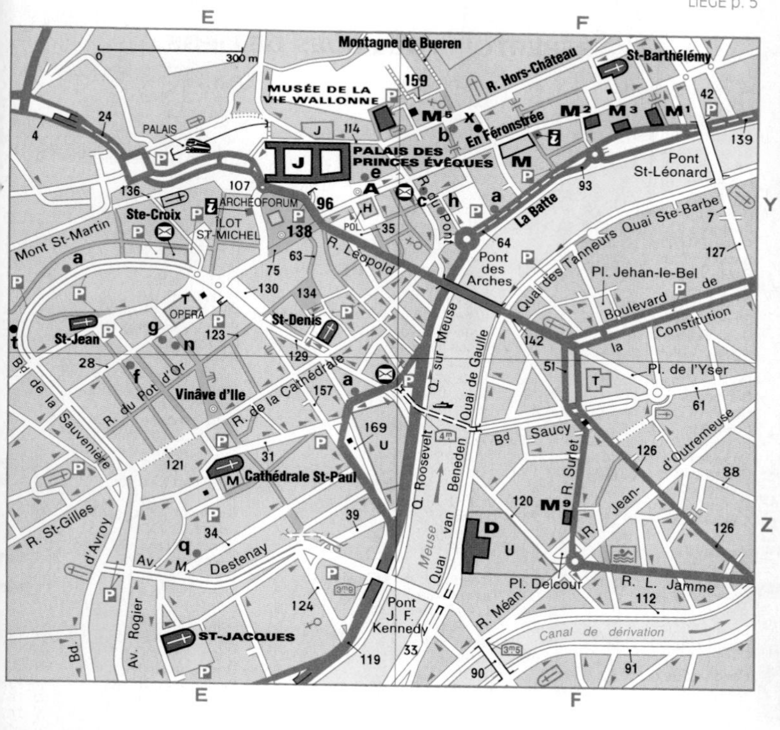
E
F
Montagne de Bueren
0
300 m
MUSÉE DE LA VIE WALLONNE
159
R. Hors-Château
St-Barthélémy
42
24
4
PALAIS
J
114
M5
x
b
En Féronstrée
M2
M3
M1
139
PALAIS DES PRINCES ÉVÊQUES
M
Pont St-Léonard
107
e
A
R. du Pont
c
h
a
93
136
ARCHÉOFORUM
96
La Batte
Y
Ste-Croix
ÎLOT ST-MICHEL
138
H
POL
35
Quai Ste-Barbe
7
Mont St-Martin
a
R. Léopold
64
Pont des Arches
Quai des Tanneurs
127
63
75
Pl. Jehan-le-Bel
130
134
Boulevard de la Constitution
T
OPERA
St-Denis
St-Jean
g
123
n
142
t
129
51
Pl. de l'Yser
28
Bd de la Sauvenière
R. de la Cathédrale
a
Q. sur Meuse
Quai de Gaulle
f
R. du Pot d'Or
Vinâve d'Ile
157
T
61
169
U
Bd Saucy
d'Outremeuse
121
31
Q. Roosevelt
Quai van Beneden
R. Surlet
126
88
Cathédrale St-Paul
M
Meuse
Jean-
R. St-Gilles
d'Avroy
39
120
M9
D
U
Z
126
34
q
Av. M. Destenay
Pl. Delcour
R. L. Jamme
R. Méan
112
124
Pont J. F. Kennedy
Canal de dérivation
Bd.
Av. Rogier
ST-JACQUES
33
119
90
91
E
F

RÉPERTOIRE DES RUES DE LIÈGE

BELGIQUE

LISTE ALPHABÉTIQUE DES HÔTELS ET RESTAURANTS
ALFABETISCHE LIJST VAN HOTELS EN RESTAURANTS
ALPHABETISCHES HOTEL- UND RESTAURANTVERZEICHNIS
ALPHABETICAL LIST OF HOTELS AND RESTAURANTS

BELGIQUE

Quartiers du Centre - *plans p. 4 et 5 :*

Bedford, quai St-Léonard 36, ☎ 0 4 228 81 11, *info@hotelbedford.be, Fax 0 4 227 45 75,* – ch, . AE MC VISA DW g
Rest *Lunch 25* – 40, carte 35/58 – **146 ch** ☐ ☆75/210 – ☆☆80/235 – 2 suites – ½ P 95/110.
◆ Cour-jardin, salles de réunions, fitness et bonnes chambres insonorisées dans cet hôtel au passé de couvent et de filature, établi sur un quai au trafic soutenu. Menu-carte et buffet d'entrées proposés sous de belles voûtes en briques rouges datant du 17e s.
◆ Hotel in een oud klooster en spinnerij aan een drukke kade. Goede geluiddichte kamers, vergaderzalen, fitness en binnentuin. Restaurant met een fraai 17de-eeuwse gewelf. À la carte-menu en hors-d'oeuvrebuffet.

Holiday Inn sans rest, Esplanade de l'Europe 2, ✉ 4020, ☎ 0 4 349 20 00, *hiliege@alliance-hospitality.com, Fax 0 4 349 48 10,* – . AE MC VISA DX a
214 ch ☐ ☆85/210 – ☆☆99/285 – 5 suites.
◆ Hôtel dominant Meuse, palais des congrès et parc de la Boverie (musée d'Art moderne). Deux générations de chambres à choisir côté fleuve. Grand buffet matinal et distractions.
◆ Hotel met uitzicht op de Maas, het Congrescentrum en het Boveriepark (Museum voor Moderne Kunst). Kamers aan de rivierkant, al dan niet gerenoveerd. Groot ontbijtbuffet.

Mercure, bd de la Sauvenière 100, ☎ 0 4 221 77 11, *mercureliege@alliance-hospitality.com, Fax 0 4 221 77 01,* – – . AE MC VISA EY t
Rest *(fermé samedi midi et dimanche midi)* carte 33/47, ♀ – ☐ 15 – **105 ch** ☆69/160 – ☆☆69/250 – ½ P 104/195.
◆ Cette unité Mercure profite d'un emplacement central bien commode, sur un grand boulevard, face au Carré (quartier de sorties). Chambres aux standards de la chaîne. À table, cadre chaleureux et feutré, choix traditionnel et "mercurienne" sélection de vins.
◆ Dit Mercure-hotel met standaardkamers is centraal gelegen aan een grote boulevard bij de uitgaanswijk Carré. Warm en sfeervol restaurant met een traditionele keuken en typische Mercure-wijnkaart.

Le Cygne d'Argent sans rest, r. Beeckman 49, ☎ 0 4 223 70 01, *info@cygnedargent.be, Fax 0 4 222 49 66* – . AE MC VISA CX c
☐ 10 – **20 ch** ☆63/68 – ☆☆75/78.
◆ Maison de maître tenue en famille dans une rue calme, entre parc d'Avroy et jardin botanique. Chambres d'un bon petit confort. Buffet garni (froid) et aquariums au p'tit-déj'.
◆ Dit herenhuis, waar een familie de scepter zwaait, staat in een rustige straat tussen de botanische tuin en het Avroypark. Comfortabele kamers en ontbijtbuffet.

Hors Château sans rest, r. Hors-Château 62, ☎ 0 4 250 60 68, *info@hors-chateau.be, Fax 0 4 250 56 31* – . AE MC VISA. FY x
☐ 12 – **9 ch** ☆78/80 – ☆☆95/146.
◆ Ce bel hôtel moderne du cœur historique de Liège tire parti d'une maison du 18e s. cachée dans une impasse desservie par la rue Hors-Château. Breakfast au bistrot d'en bas.
◆ Dit moderne hotel in het historisch centrum van Luik huist in een 18de-eeuws pand in een steegje dat te bereiken is via de Rue Hors-Château. Ontbijt in de bistro beneden.

Univers sans rest, r. Guillemins 116, ☎ 0 4 254 55 55, *univershotel@skynet.be, Fax 0 4 254 55 00* – . AE MC VISA CX a
51 ch ☐ ☆65/80 – ☆☆70/90.
◆ Anxieux de rater votre TGV ? Cet hôtel ouvre sur la nouvelle gare des Guillemins : dormez donc en paix ! Chambres insonorisées et climatisées. Atmosphère bistrot au breakfast.
◆ U wil de HST niet missen? Dit hotel ligt vlak bij het Guilleminsstation, dus u kunt op beide oren slapen! Geluiddichte kamers met airco. Ontbijt in bistrosfeer.

Héliport (Frédéric Salpetier), bd Frère Orban 37z (bord de Meuse), ☎ 0 4 252 13 21, *info@restaurantheliport.be, Fax 0 4 252 57 50,* – . AE MC VISA CX e
fermé carnaval, 1er au 22 juillet, dimanche, lundi et jours fériés – **Rest** *Lunch 32* – 45/60, carte 60/108, ♀.
Spéc. Langouste à l'émincé de foie de canard sur salade de pomme et céleri. Crabe royal rôti en tempura, vinaigrette thaïe au curry et lait de coco. Bœuf simple face servi saignant, jus corsé au vin rouge.
◆ Table au cadre nautique offrant les plaisirs d'une cuisine moderne raffinée, d'un beau choix de vins et d'une terrasse tournée vers la Meuse. Parking aisé, même en hélico !
◆ Restaurant met maritiem decor. Moderne, geraffineerde kookstijl en een mooie selectie wijnen. Terras met uitzicht op de Maas. Parkeerterrein, ook als u per heli komt.

XXX **Au Vieux Liège,** quai Goffe 41, ☎ 0 4 223 77 48, *Fax 0 4 223 78 60* – ▤ ⇔. AE ⓓ ⓜ VISA FY a

fermé mi-juillet-mi-août, mercredi, dimanche et jours fériés – **Rest** 44/83 bc, carte 57/100.

◆ Cette jolie maison d'angle à pans de bois (16e s.) est l'un des plus vieux restaurants de la Cité Ardente. Cadre rustique, pointes d'exotisme culinaire, collection de rhums.

◆ Dit mooie 16de-eeuwse vakwerkhuis op de hoek is een van de oudste restaurants van Luik. Rustiek interieur, keuken met een exotisch vleugje en verscheidene soorten rum.

XX **Le Jardin des Bégards,** bd de la Sauvenière 70b (r. des Bégards : escaliers), ☎ 0 4 222 92 34, *sprlpichi@skynet.be, Fax 0 4 222 92 44*, 🏠, Cuisine italienne – ⇔. AE ⓜ VISA EY a

fermé 1 semaine en avril, 3 semaines en novembre, lundi soir en hiver, samedi midi, dimanche et lundi midi – **Rest** 55/90 bc, carte 54/62, ♀.

◆ Des escaliers pittoresques grimpent vers cette fine table italienne embusquée sur les coteaux de la Sauvenière, au pied du rempart. Déco moderne, bonne cave et belle terrasse.

◆ Schilderachtige trappen leiden naar dit fijne Italiaanse restaurant op de hellingen van de Sauvenière, bij de stadsmuur. Modern interieur, goede wijnkelder en mooi terras.

XX **La Parmentière,** pl. Cockerill 10, ☎ 0 4 222 43 59, *contact@parmentiere.be, Fax 0 4 222 43 59*, 🏠 – ▤. AE ⓓ ⓜ VISA EZ a

fermé 21 juillet-14 août, dimanche, lundi et jeudi soir – **Rest** 32/40.

◆ Petite devanture en bois contemplant l'université. Cadre actuel chaleureux (lambris en planches brutes et sièges tendus de velours rouge) ; formule menu-carte bien pensée.

◆ Klein restaurant met een houten gevel die uitkijkt op de universiteit. Sfeervol, eigentijds interieur met kale vloerplanken en stoelen van rood fluweel. Aanlokkelijk keuzemenu.

XX **Folies Gourmandes,** r. Clarisses 48, ☎ 0 4 223 16 44, 🏠 – ⓓ VISA. ✂ EZ q

fermé 1 semaine Pâques, mi-août-début septembre, dimanche soir et lundi – **Rest** Lunch 20 – 35, carte env. 40.

◆ Bon petit restaurant exploité en famille depuis 20 ans dans cette maison de maître. Menu-choix attractif, plats minceur, attachant décor néo-rétro et terrasse arrière au vert.

◆ Dit leuke restaurantje in een herenhuis met neoretro-interieur wordt al 20 jaar door dezelfde familie gerund. Aanlokkelijk keuzemenu en caloriearme schotels. Terras achter.

XX **L'Écailler,** r. Dominicains 26, ☎ 0 4 222 17 49, *Fax 0 4 221 10 09*, 🏠, Produits de la mer – ▤ ⇔. AE ⓓ ⓜ VISA EY n

Rest carte 36/54.

◆ Depuis 1983, la marée alimente chaque jour cet écailler à dénicher en secteur piétonnier, entre Opéra et Carré. Ambiance parisienne, grande carte (pas de menu), service pro.

◆ Deze Parijse brasserie in de voetgangerszone tussen de Opera en Carré krijgt dagelijks verse schaal- en schelpdieren aangevoerd. Grote kaart (geen menu) en bekwaam personeel.

XX **Il était une fois ...,** r. Saint-Jean-en-Isle 3, ☎ 0 4 222 18 54, *philippesi@hotmail.com, Fax 0 4 222 18 54*, 🏠 – ▤. AE ⓓ ⓜ VISA EZ f

fermé 1re quinzaine août, lundi, mardi midi, mercredi midi et samedi midi – **Rest** 33/70 bc, carte 37/47, ♀.

◆ À l'entrée du quartier piétonnier festif, cuisine actuelle soignée, accueil et service prévenants, chaudes patines murales en salle, rehaussées de motifs de fleur de lys.

◆ Restaurant aan de rand van de uitgaanswijk (voetgangersgebied). Verzorgde eigentijdse keuken en attente bediening. Eetzaal in warme kleuren, opgefleurd met leliemotieven.

X **Tentation,** bd d'Avroy 180, ☎ 0 4 250 02 20, *tentation.bis@hotmail.com, Fax 0 4 250 09 18* – ⇔. AE ⓜ VISA CX b

fermé 1 semaine Pâques, 1er au 10 juillet, samedi midi, dimanche et lundi – **Rest** Lunch 25 – 40/60, carte env. 45, ♀.

◆ Maison de maître rénovée dans l'esprit trendy, face au parc d'Avroy. Volumes harmonieux, tables en teck, éclairage design et lounge-bar à côté. Carte aux influences mondiales.

◆ Gerenoveerd herenhuis tegenover het park van Avroy. Trendy interieur met harmonieuze afmetingen, teakhouten tafels en designlampen; loungebar ernaast. Kosmopolitische kaart.

BELGIQUE

X **Les Petits Plats Canailles du Beurre Blanc,** r. Pont 5, ✆ 0 4 221 22 65, *beurre.blanc@belgacom.net* – ⇔. AE ⓓ MC VISA FY c
fermé 2e quinzaine août, 24 décembre-5 janvier, mercredi soir et dimanche – **Rest** *Lunch 25* – 32, carte 29/58, ♀.
◆ Deux espaces intimes et contrastés composent ce bon petit restaurant agencé avec ingéniosité. Belle façade à colombages pieusement conservée dans l'arrière-salle.
◆ Dit lekkere restaurantje, dat ingenieus is ingericht, bestaat uit twee intieme ruimten die elk hun eigen sfeer hebben. De achterste zaal heeft nog een vakwerkmuur.

X **Enoteca,** r. Casquette 5, ✆ 0 4 222 24 64, *info@enoteca.be*, Cuisine italienne – ▤. MC VISA EY g
fermé samedi midi et dimanche – **Rest** (menu unique) *Lunch 19* – 21/50 bc.
◆ Bonne adresse pour s'offrir un menu du marché (aucun choix à la carte) à prix doux, concocté en "live" dans un cadre moderne. Cave valorisant l'Italie. Assortiment de grappas.
◆ Goed adres voor een lekker menu tegen een zacht prijsje, geen à la carte. Modern interieur met open keuken. Veel Italiaanse wijnen en grappa.

X **Le Bistrot d'en Face,** r. Goffe 8, ✆ 0 4 223 15 84, *Fax 0 4 223 15 86*, 🏠 – ⇔. AE MC VISA FY h
fermé lundi et samedi midi – **Rest** 25/50 bc, carte 32/46.
◆ Un adorable bouchon lyonnais "made in Liège" se dissimule derrière cette belle devanture en bois postée à l'arrière des anciennes halles aux viandes. Chaleur et convivialité.
◆ Deze karakteristieke bistro met een mooie houten voorgevel bevindt zich achter de oude vleesmarkt. Hier kunt u heerlijk eten in een gezellige ambiance.

X **Le Duc d'Anjou,** r. Guillemins 127, ✆ 0 4 252 28 58, Moules en saison, ouvert jusqu'à 23 h 30 – ▤ ⇔. AE ⓓ MC VISA CX n
Rest 25/37, carte 21/51.
◆ Une carte aussi variée qu'étendue, incluant des plats belges et un intéressant menu-choix, draine ici clients de passage et habitués de longue date. Moules à gogo en saison.
◆ Uitgebreide en gevarieerde kaart met Belgische specialiteiten en een interessant keuzemenu. Volop mosselen in het seizoen. Veel stamgasten.

X **Le Danieli,** r. Hors-Château 46, ✆ 0 4 223 30 91, *Fax 0 4 223 30 91*, 🏠, Cuisine italienne – ⇔. VISA FY b
fermé dimanche et lundi – **Rest** 25.
◆ 20 ans de présence en 2007 et rajeunissement intégral pour cette bonne petite table italienne fidélisant sa clientèle par une formule menu-carte aussi généreuse que flexible.
◆ Dit volledig gerenoveerde Italiaans adresje bestaat al 20 jaar. Het lekkere à la carte-menu, dat even goedkoop als flexibel is, valt zeer in de smaak bij de vaste gasten.

X **As Ouhès,** pl. du Marché 21, ✆ 0 4 223 32 25, *Fax 0 4 237 03 77*, 🏠, Brasserie, ouvert jusqu'à 23 h – ▤. MC VISA EY e
Rest *Lunch 23* – carte env. 30.
◆ Cette brasserie moderne à touche rétro, dont le nom signifie Aux Oiseaux en wallon, est une institution locale voisine du Perron (symbole de Liège). Spécialités d'ici. Oufti !
◆ Deze moderne brasserie met retroaccent, waarvan de naam "De Vogels" betekent, is een begrip naast Le Perron, het symbool van Luik. Lokale specialiteiten. Oufti op zijn Luiks!

X **Frédéric Maquin** r. Guillemins 47 (transfert prévu : r. Guillemins 81), ✆ 0 4 253 41 84, *info@fredericmaquin.be, Fax 0 4 253 41 84* – MC VISA CX z
fermé 3 semaines en janvier, 3 semaines en août, lundi soir, mardi et samedi midi – **Rest** *Lunch 15* – 33/80 bc.
◆ Ce petit restaurant implanté à 200 m de la gare des Guillemins est apprécié pour son menu-carte à prix muselé et son décor intérieur moderne. Cuisine classique-actuelle.
◆ Dit restaurantje op 200 m van het station is in trek vanwege de zeer redelijk geprijsde gerechten van de kaart en het menu. Modern interieur en klassiek-eigentijdse keuken.

Périphérie - *plans p. 2 et 3 :*

à Angleur C *Liège* – ✉ *4031 Angleur :*

🏠 **Le Val d'Ourthe** sans rest, rte de Tilff 412, ✆ 0 4 365 91 71, *Fax 0 4 365 62 89* – ⚹ ▤ 🚗 P. MC VISA BV h
☕ 9 – **12 ch** ★82/95 – ★★82/95.
◆ Accueil familial gentil et chambres de bonnes dimensions dans ce petit hôtel perché à flanc de coteau boisé, au-dessus de la route de Tilff, de l'autoroute et de l'Ourthe.
◆ Vriendelijk onthaal door de familie die dit hotelletje runt op een beboste heuvelflank boven de weg naar Tilff, de autosnelweg en de Ourthe. De kamers zijn goed van formaat.

BELGIQUE

à Chênée Ⓒ *Liège – ✉ 4032 Chênée :*

X **Le Vieux Chênée,** r. Gravier 45, ☎ 0 4 367 00 92, *Fax 0 4 367 59 15* – ⇔. AE ⓓ MC VISA BU e
fermé jeudis non fériés – **Rest** *Lunch 18* – 28/48 bc, carte 32/60.
◆ Carte classico-traditionnelle, vivier à homards, huîtres et moules en saison dans cette vieille maison au cadre bourgeois où se presse la clientèle d'affaires et de quartier.
◆ Oud pand met een bourgeoisinterieur, waar veel zakenmensen en buurtbewoners komen. Traditioneel-klassieke keuken, homarium, oesters en mosselen in het seizoen.

à Jupille-sur-Meuse Ⓒ *Liège – ✉ 4020 Jupille-sur-Meuse :*

XX **Donati,** r. Bois de Breux 264, ☎ 0 4 365 03 49, *Fax 0 4 365 03 49*, Cuisine italienne – ⓓ MC VISA. ✗ BU s
fermé 3 au 26 août, samedi midi, dimanche et lundi – **Rest** carte 28/43, ꕥ.
◆ Sa carte italienne ambitieuse et son large choix de vins transalpins font de cette maison juchée sur les coteaux de Jupille une petite adresse hautement recommandable.
◆ Dankzij de ambitieuze Italiaanse kaart en zijn keur van bijpassende wijnen is dit restaurant op een van de heuvels van Jupille absoluut een aanrader.

à Rocourt Ⓒ *Liège – ✉ 4000 Rocourt :*

XX **l'Éclipse,** chaussée de Tongres 319, ☎ 0 4 247 28 47, *raphaelsabel@skynet.be*, *Fax 0 4 247 59 47* – ▤ ⇔. AE MC VISA. ✗ AT c
fermé 21 juillet-3 août, 22 au 25 décembre, lundi et samedi midi – **Rest** *Lunch 25* – 35/45, carte 44/52.
◆ Nouveau restaurant où un cuisinier adorant manier les épices envoie des recettes classico-modernes dans une ambiance trendy, rendue intime et feutrée, par un éclairage étudié.
◆ Nieuw restaurant met een trendy ambiance, intiem en sfeervol door het gedempte licht. De kok maakt graag gebruik van specerijen voor zijn modern-klassieke gerechten.

X **La Petite Table,** pl. Reine Astrid 3, ☎ 0 4 239 19 00, *lapetitetable@skynet.be*, *Fax 0 4 239 19 77* – MC VISA AT b
fermé fin juin, samedi midi, dimanche, lundi et après 20 h 30 – **Rest** (prévenir) *Lunch 30* – 50, carte 51/77.
◆ Table mignonne et discrète, dont le chef donne devant vous toute la mesure de son savoir-faire culinaire, dans un répertoire actuel. Salle exiguë. Service assuré par patronne.
◆ Leuk restaurantje met een kleine eetzaal, waar de bazin de bediening verzorgt, terwijl de kok in eigentijdse stijl zijn culinaire kunsten voor de ogen van de gasten vertoont.

BELGIQUE

Environs

à Ans - *plan p. 2 – 27 322 h. – ✉ 4430 Ans :*

XX **La Fontaine de Jade,** r. Yser 321, ☎ 0 4 246 49 72, *Fax 0 4 263 69 53*, Cuisine chinoise, ouvert jusqu'à 23 h – ▤ ⇔. AE MC VISA. ✗ AT a
fermé 3 dernières semaines juillet et mardi – **Rest** *Lunch 13* – 18/37, carte 18/50, ꕥ.
◆ Au bord d'un axe passant, restaurant chinois se distinguant par son cadre exotique cossu, son service soigné, l'ampleur de sa carte et la qualité de sa cave. Salon-fumoir.
◆ Dit Chinese restaurant aan een drukke weg onderscheidt zich door zijn weelderige, exotische inrichting, uitgebreide kaart en goede wijnen. Rookkamer.

à Barchon *par ② : 13,5 km* Ⓒ *Blegny 12 799 h. – ✉ 4671 Barchon :*

XX **La Pignata,** rte de Légipont 20 (A 3-E 40, sortie ㊱), ☎ 0 4 362 31 45, *info@lapignata.be*, *Fax 0 4 387 56 79*, ☂, Avec cuisine italienne – P ⇔. AE ⓓ MC VISA
fermé mercredi et jeudi – **Rest** *Lunch 25* – 32/57 bc.
◆ Bon repas en phase avec l'époque, se référant volontiers à l'Italie, servi dans un cadre rustico-moderne sémillant ou sur la belle terrasse tournée vers le jardin et les prés.
◆ In de modern-rustieke eetzaal of op het terras met uitzicht op de tuin en weiden kunt u genieten van een goede maaltijd met Italiaanse invloeden die past bij de smaak van nu.

à Boncelles *par ⑥ : 10 km* Ⓒ *Seraing 60 740 h. – ✉ 4100 Boncelles :*

XX **La Villa,** rte du Condroz 94, ☎ 0 4 336 74 65, *info@lavillaboncelles.be*, ☂ – P ⇔. AE ⓓ MC VISA
fermé mardi – **Rest** *Lunch 16* – 30/60 bc, carte 33/70.
◆ À l'approche du carrefour commerçant de Boncelles, villa relookée dans l'esprit du moment pour offrir une prestation diversifiée : lounge-bar, resto-gastro et brasserie.
◆ Deze villa aan de rand van de winkelwijk van Boncelles is in eigentijdse stijl gerenoveerd en biedt voor elk wat wils: loungebar, gastronomisch restaurant en brasserie.

à Embourg - *plan p. 3* C *Chaudfontaine 21 012 h.* – ✉ *4038 Embourg :*

XX **Robertissimo,** (Ferme des Croisiers), voie de l'Ardenne 58b, ☎ 0 4 365 72 12, *Fax 0 4 365 74 77*, Cuisine italienne – P BV b
Rest carte 27/42.
◆ L'une des valeurs sûres d'Embourg quand il s'agit de passer à table. Fringant intérieur contemporain et cuisine au goût du jour d'inspiration transalpine. "Correctissimo" !
◆ Dit is een zeer betrouwbaar restaurant. Aantrekkelijk eigentijds interieur en Italiaans georiënteerde trendy keuken. Correctissimo!

X **L'Atelier Cuisine,** Voie de l'Ardenne 99, ☎ 0 4 371 31 62, *atelier-cuisine@skynet.be*, *Fax 0 4 371 31 62*, –. MC VISA BV x
fermé première semaine janvier, 4 au 18 août, lundi et samedi midi – **Rest** *Lunch 17* – 35, carte 30/51, ♀.
◆ Installation, ambiance et fonctionnement façon bistrot moderne, aussi chaleureux que sympa, recettes à composantes franco-italiennes et terrasses (préférez celle à l'arrière).
◆ Inrichting en ambiance van een moderne bistro, heel gezellig, met Frans-Italiaanse gerechten. Van de terrassen verdient dat aan de achterkant de voorkeur.

à Flémalle *par ⑦ : 16 km – 25 140 h.* – ✉ *4400 Flémalle :*

XX **Le Gourmet Gourmand,** Grand-Route 411, ☎ 0 4 233 07 56, *info@gourmetgourmand.be*, *Fax 0 4 233 19 21*, – . AE MC VISA
fermé lundi et samedi midi – **Rest** (déjeuner seult sauf vendredi et samedi) *Lunch 35* – 45, carte 52/77.
◆ Restaurant mitonnant une cuisine classico-actuelle saisonnière, où entrent des produits de la Famenne. Eaux-de-vie "maison". Terrasse côté jardin. 30 ans de présence en 2007.
◆ Dit restaurant bestaat al 30 jaar. Seizoensgebonden klassieke keuken met een eigentijds sausje op basis van streekproducten. Huisgestookte brandewijn. Terras aan de tuinzijde.

XX **La Ciboulette,** chaussée du Chokier 96, ☎ 0 4 275 19 65, *laciboulette flemalle@hotmail.com*, *Fax 0 4 275 05 81* – P. AE MC VISA
fermé mardi, samedi midi et dimanche soir – **Rest** *Lunch 35* – 45/55, carte 34/54, ♀.
◆ Un nouveau chef-patron vient perpétuer la renommée gastronomique de cette maison de bouche de tradition. Déco "fashionable", cuisine moderne, belle terrasse et bonne cave.
◆ De nieuwe eigenaar, die tevens kok is, zet de gastronomische traditie van dit gerenommeerde restaurant voort. Trendy interieur, moderne keuken, mooi terras en goede wijnen.

à Herstal - *plan p. 3 – 37 319 h.* – ✉ *4040 Herstal :*

Post, r. Hurbize 160 (par E 40 - A 3 , sortie ㉞), ☎ 0 4 264 64 00, *posthotel@posthotel.be*, *Fax 0 4 248 06 90*, , , , – , , rest – . AE MC VISA BT b
Rest 24/27, carte 33/51 – **98 ch** ☐ ✝83/120 – ✝✝118/161.
◆ Cet immeuble hôtelier proche du parc industriel d'Herstal et de l'autoroute dispose d'un wellness complet et de grandes chambres de bon confort. Restaurant ouvert au passage et apprécié par les logeurs ne souhaitant pas descendre s'attabler en ville.
◆ Dit hotelcomplex bij het industrieterrein van Herstal en de autosnelweg beschikt over een complete wellness en grote kamers met goed comfort. Het restaurant is ideaal voor hotelgasten die geen zin hebben om in de stad te gaan eten.

à Ivoz-Ramet *par ⑦ : 16 km* C *Flémalle 25 140 h.* – ✉ *4400 Ivoz-Ramet :*

X **Chez Cha-Cha,** pl. François Gérard 10, ☎ 0 4 337 18 43, *Fax 0 4 385 07 59*, , Avec grillades – P. AE MC VISA
fermé 15 au 30 janvier, 15 au 30 août, samedi midi, dimanche, lundi soir, mardi soir et jours fériés – **Rest** carte 25/42.
◆ Le tout-Liège et sa région défilent dans cette maison à l'ambiance animée, connue pour ses savoureuses grillades au feu de bois. Jolie terrasse évoquant un lavoir français.
◆ De inwoners van Luik en omstreken komen massaal af op dit gezellige restaurant, dat bekendstaat om zijn op houtskool gebraden vlees. Mooi terras.

à Liers *par ⑫ : 8 km* C *Herstal 37 319 h.* – ✉ *4042 Liers :*

X **La Bartavelle,** r. Provinciale 138, ☎ 0 4 278 51 55, *info@labartavelle.be*, *Fax 0 4 278 51 57*, – P. AE MC VISA
fermé 24 décembre-8 janvier, 14 au 30 juillet et dimanche – **Rest** (déjeuner seult sauf vendredi et samedi) 36/65 bc, carte env. 40.
◆ Ambiance méridionale, savoureuse cuisine féminine inspirée par la Provence, bonne cave ratissant le Sud de l'Hexagone, expo d'art contemporain et belle terrasse au jardin.
◆ Zuidelijke ambiance, vrouwelijke Provençaals geïnspireerde keuken, lekkere Zuid-Franse wijnen, hedendaagse kunst en tuin met leuk terras.

BELGIQUE

à Neuville-en-Condroz *par ⑥ : 18 km* [C] *Neupré 9 798 h. – ✉ 4121 Neuville-en-Condroz :*

XXX **Le Chêne Madame,** av. de la Chevauchée 70 (Sud-Est : 2 km sur N 63, dans le bois de Rognac), ☎ 0 4 371 41 27, *info@lechenemadame.be, Fax 0 4 371 29 43,* – [P] ⇔. AE ⓓ MC VISA
fermé 25 au 27 mars, 4 au 18 août, 26 au 30 décembre, dimanche soir, lundi et jeudi soir – **Rest** *Lunch 35* – 55/110 bc, carte 59/126, ♀.
• Cette villa cossue située dans un quartier résidentiel boisé propose une cuisine de bases classiques ; la belle cave et le service soigné ajoutent au plaisir de l'assiette.
• Dit restaurant in een rijke villa in een woonwijk met veel bos serveert gerechten met een klassieke grondslag. Goede wijnen en een attente bediening verhogen het tafelgenot.

à Seraing - *plan p. 2 – 60 740 h. – ✉ 4100 Seraing :*

XX **Au Moulin à Poivre,** r. Plainevaux 30, ☎ 0 4 336 06 13, *info@aumoulinapoivre.be,* – [P]. AE MC VISA. AV t
fermé 1 semaine en février, 2 semaines fin août, lundi et mardi – **Rest** *Lunch 25* – 35/65 bc, carte 45/77.
• Restaurant des hauts de Seraing vous conviant à un repas classique sobrement actualisé dans un cadre baroque et romantique. Plaisante terrasse abritée jouxtant un parc.
• Restaurant in de heuvels van Seraing met een barok en romantisch interieur. Klassieke keuken met een snufje modern. Plezierig terras aan een park.

XX **La Table d'Hôte,** quai Sadoine 7, ☎ 0 4 337 00 66, *info@tabledhote.be, Fax 0 4 336 98 27,* – AE ⓓ MC VISA AU f
fermé juin, 23 décembre-4 janvier, samedi midi, dimanche soir et lundi – **Rest** *Lunch 29* – 35/85 bc, carte 37/76, ♀.
• Sur un quai au trafic dense, maison de maître 1900 où l'on fait des repas d'un classicisme de bon aloi, à l'image du décor intérieur. Terrasse-jardin où bruisse une fontaine.
• Klassiek ingericht herenhuis uit 1900, aan een drukke kade. Hier kunt u terecht voor een klassieke maaltijd van goede kwaliteit. Tuin met terras en fonteintje.

BELGIQUE

à Tilff *au Sud : 12 km par N 633* [C] *Esneux 13 072 h. – ✉ 4130 Tilff :*

XX **Le Casino,** pl. du Roi Albert 3, ☎ 0 4 388 22 89, *Fax 0 4 388 42 92,* – ⇔. AE MC VISA
fermé 1er au 15 novembre, samedi midi, dimanche soir et lundi – **Rest** 38/65 bc, carte 45/64, ♀.
• Un enfant terrible de la restauration liégeoise règne sur cette belle bâtisse ancienne et sa terrasse braquée vers la place. Joli cadre rustico-moderne et mets classiques.
• Een enfant terrible van de Luikse gastronomie voert de scepter in dit mooie oude gebouw met terras aan het plein. Fraai modern-rustiek interieur en klassieke spijzen.

à Tilleur - *plan p. 2* [C] *St-Nicolas 22 666 h. – ✉ 4420 Tilleur :*

XX **Chez Massimo,** quai du Halage 78, ☎ 0 4 233 69 27, *Fax 0 4 234 00 31,* , Cuisine italienne – ⇔. MC VISA AU a
fermé samedi midi, dimanche et lundi – **Rest** (menu unique) 30/48.
• Le soleil de la Sicile brille depuis 1969 à cette bonne table coincée entre Meuse industrielle et terrils. Cadre moderne chaleureux. Offre limitée à un menu décrit oralement.
• Sinds 1969 schittert hier de Siciliaanse zon tussen slakkenbergen en de industrie aan de Maas. Sfeervol modern interieur. Slechts één menu, dat mondeling wordt gepresenteerd.

à Vaux-sous-Chèvremont - *plan p. 3* [C] *Chaudfontaine 21 012 h. – ✉ 4051 Vaux-sous-Chèvremont :*

X **Ma Cuisine,** r. Vallée 23, ☎ 0 4 367 18 12, *restomacuisine@hotmail.com, Fax 0 4 246 96 72* – AE MC VISA BV a
fermé 3 au 7 janvier, 25 mars-7 avril, 1er au 7 juillet, lundi soir, mardi et mercredi – **Rest** 27/50, carte 30/61.
• Salle de style actuel aux murs égayés de patines jaunes et d'ardoises originales, mise de table soignée, menus goûteux et spécialité de "coussin" (mets préparés en papillote).
• Moderne eetzaal met vrolijke gele muren en originele leistenen; fraai gedekte tafels, smakelijke menu's en "coussin" als specialiteit (gerechten in folie gegaard).

Bezienswaardigheden die interessant zijn (★), een omweg (★★) of een reis waard zijn (★★★) en die zich in een geselecteerde plaats of in de omgeving daarvan bevinden, staan in cursieve letters aangegeven. Kijk onder de rubrieken Voir **en** Env.

LIER (LIERRE) *2500 Antwerpen* **533** M 16 *et* **716** G 2 – *33 272 h.* 1 **B3**

Voir *Église St-Gommaire★★ (St-Gummaruskerk) : jubé★★, verrière★* Z – *Béguinage★ (Begijnhof)* Z – *Horloge astronomique★ de la tour Zimmer (Zimmertoren)* Z **A**.

18 9 *au Nord : 10 km à Broechem, Kasteel Bossenstein, Moor 16 ☎ 0 3 485 64 46, Fax 0 3 425 78 41.*

Stadhuis, Grote Markt 57 ☎ 0 3 800 05 55, toerisme@lier.be, Fax 0 3 488 12 76.
Bruxelles 45 ④ – Antwerpen 22 ⑤ – Mechelen 15 ④.

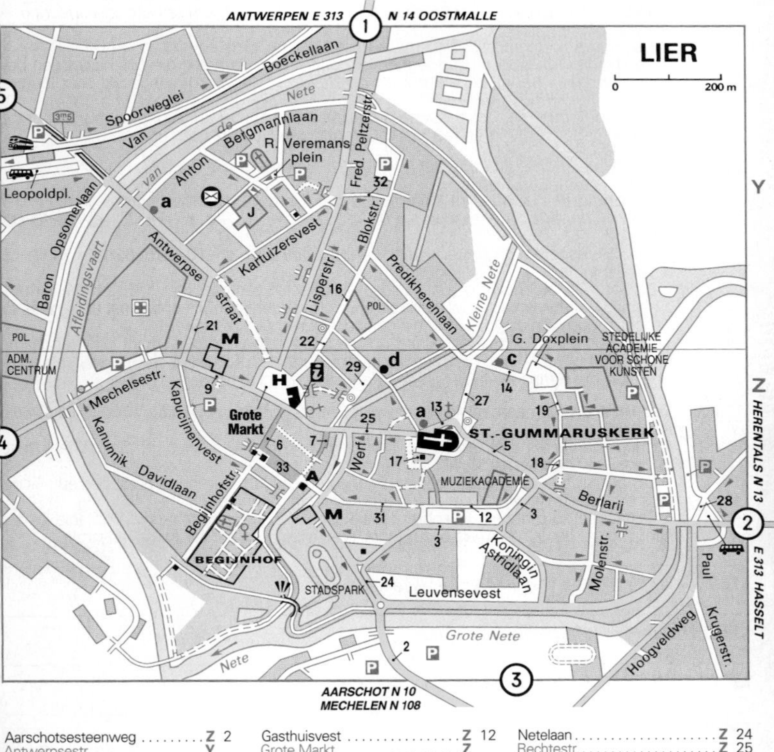

Hof van Aragon sans rest, Aragonstraat 6, ☎ 0 3 491 08 00, *info@hofvanaragon.be, Fax 0 3 491 08 10,* – – . AE MC VISA Z d
20 ch ☐ ★70/100 – ★★86/114.
◆ Gemoderniseerd hotel met rustieke elementen in een aantal oude huizen in een rustig straatje aan een pittoreske gracht. De kamers hebben vier verschillende afmetingen.
◆ Dans une petite rue calme bordée par un canal pittoresque, maisons anciennes modernisées intérieurement en préservant des éléments rustiques. Quatre tailles de chambres.

Numerus Clausus, Keldermansstraat 2, ☎ 0 3 480 51 62, – . AE MC VISA . Z c
fermé 1 semaine en janvier, 2 premières semaines septembre, samedi midi, dimanche et lundi – **Rest** *Lunch 30* – 32, carte 40/61.
◆ Verzorgde keuken in een leuk interieur: hanenbalken in hedendaagse kleuren, meubelen in allerlei stijlen, hanglampen van melkflessen en intiem terras op de binnenplaats.
◆ Table soignée au décor sympathique : poutres repeintes dans des tons actuels, mobilier disparate, lustres composés de petites bouteilles de lait et terrasse intime sur cour.

XX **Cuistot,** Antwerpsestraat 146, ✆ 0 3 488 46 56, *info@restaurantcuistot.be, Fax 0 3 488 46 56,* 余 - ⇔. AE ⓓ ⓜⓒ VISA Y a
fermé lundi, mardi et samedi midi – **Rest** *Lunch 28* – 35/85 bc, carte env. 40, ♀.
• Dit restaurant in een herenhuis is zowel qua inrichting als eten up-to-date. Designmeubelen, Pop-Artdoeken en harmonieuze kleurstelling van grijs-rood-zwart in de eetzaal.
• Cuisine actuelle servie dans le cadre contemporain d'une maison de maître réaménagée. Agencement et mobilier design, toiles "Pop Art" et harmonie gris-rouge-noir en salle.

X **'t Cleyn Paradijs,** Heilige Geeststraat 2, ✆ 0 3 480 78 57, *karel.smekens@pandora.be* – ⓜⓒ VISA Z a
fermé mardi, mercredi et samedi midi – **Rest** 30/50 bc, carte env. 45.
• Bescheiden 17e-eeuws pand tegenover de St.-Gummaruskerk, die ook beslist een bezoekje waard is. De vrij beperkte kaart op klassieke basis wordt aangevuld met lekkere menu's.
• Une courte carte de base classique et d'attrayants menus vous seront soumis dans cette discrète maison du 17ᵉ s. En face, la St.-Gummaruskerk mérite aussi une visite.

à Broechem *Nord : 10 km* Ⓒ *Ranst 17 827 h.* – ✉ *2520 Broechem :*

Bossenstein ⛭, Maas en Moor 16 (au golf, Nord : 2 km, direction Oelegem), ✆ 0 3 485 64 46, *hotel@bossenstein.be, Fax 0 3 485 78 41,* ≤, 余, 🛡, – ⇔ P – 🏛. AE ⓓ ⓜⓒ VISA. ⛔
fermé 23 décembre-17 janvier – **Rest** *(fermé lundi) Lunch 40* – 60, carte 55/74 – **16 ch** ☕ ★120 – ★★135/210.
• Dit hotel ligt tegenover een middeleeuws kasteel in een park met golfbaan. De kamers zijn goed ontworpen en zowel ruim als comfortabel. Vriendelijke ontvangst en service. In het club house van de golf worden eigentijdse gerechten geserveerd.
• Face à un parc avec golf entourant un château médiéval, établissement dont les chambres, bien conçues, sont aussi amples que confortables. Accueil et service avenants. Cuisine de notre temps servie dans le cadre agréable du "club house" du golf.

XX **Ter Euwen,** Gemeenteplein 20, ✆ 0 3 225 58 25, *info@tereuwen.be, Fax 0 3 485 65 66* – ⇔. AE VISA. ⛔
fermé 3 premières semaines août, 22 décembre-2 janvier, samedi et dimanche – **Rest** *Lunch 33* – 49/74 bc, carte 50/80.
• Restaurant met een sober, modern interieur in een oud herenhuis naast de kerk. Bij de eerste zonnestralen wordt het aperitief al in de tuin geserveerd.
• Restaurant au cadre actuel sobre installé dans une ancienne maison de notable avoisinant l'église. Dès les premiers beaux jours, possibilité de prendre l'apéritif au jardin.

BELGIQUE

LIERS *4042 Liège* **533** S 18 *et* **534** S 18 – *voir à Liège, environs.*

LIEZELE *Antwerpen* **533** K 16 – *voir à Puurs.*

LIGNEUVILLE *Liège – voir Bellevaux-Ligneuville.*

LIGNY *5140 Namur* Ⓒ *Sombreffe 7 615 h.* **533** M 19, **534** M 19 *et* **716** G 4. 14 **B1**
Bruxelles 57 – Namur 25 – Charleroi 22 – Mons 51.

X **Le Coupe-Choux,** r. Pont Piraux 23 (centre Général Gérard), ✆ 0 71 88 90 51, *coupe-choux@skynet.be, Fax 0 71 88 90 51,* 余 – P ⇔. AE ⓓ ⓜⓒ VISA
fermé mardi soir, mercredi, jeudi soir, dimanche soir et après 20 h 30 – **Rest** *Lunch 20* – 33/40, carte 35/47.
• Table classique soignée aménagée dans une ancienne grange agrégée au centre Général Gérard. Salle actuelle au plafond tendu de tissu et restaurant de plein air dans la cour.
• Verzorgd klassiek restaurant in een oude schuur die bij het Centre Général Gérard hoort en in eigentijdse stijl is verbouwd. Op de binnenplaats kan buiten worden gegeten.

LILLOIS-WITTERZÉE *1428 Brabant Wallon* Ⓒ *Braine-l'Alleud 37 197 h.* **533** L 19, **534** L 19 *et* **716** G 4. 3 **B3**
Bruxelles 33 – Wavre 36 – Mons 47 – Namur 66.

XX **Georges et Louis Tichoux,** Grand'Route 491, ✆ 0 67 21 65 33, *Fax 0 67 49 08 79,* ≤, 余 – P. ⓓ VISA
fermé 15 juillet-8 août et samedi midi – **Rest** *Lunch 17* – 33/75 bc, carte 34/64.
• Ancienne ferme où l'on ripaille dans un décor intérieur très "nature" (pierres bleues, briques et bois) ou sur la jolie terrasse champêtre du jardin. Repas classique copieux.
• In deze oude boerderij kunt u lekker smikkelen in een heel "natuurlijk" interieur van steen en hout of op het landelijke terras in de tuin. Copieuze klassieke maaltijd.

LIMELETTE *1342 Brabant Wallon* [C] *Ottignies-Louvain-la-Neuve 29 521 h.* **533** M 18, **534** M 18 *et* **716** G 3. 4 **C2**

à l'Est : 1 km à Louvain-la-Neuve, r. A. Hardy 68 ☎ 0 10 45 05 15, Fax 0 10 45 44 17.
Bruxelles 35 – Wavre 6 – Charleroi 41 – Namur 41.

Château de Limelette, r. Ch. Dubois 87, ☎ 0 10 42 19 99, *info@chateau-de-limelette.be, Fax 0 10 41 57 59*, – AE MC VISA.
Rest ***Saint-Jean-des-Bois*** *(fermé 24 décembre soir)* (dîner seult sauf dimanche et 15 juin-15 septembre) *Lunch 25* – 70, carte 50/59 – 19 – **88 ch** 95/194 – 120/315 – ½ P 135/198.
• Élégant manoir anglo-normand ressuscité dans les années 1980. Chambres de bon ton, installations pour séminaires, centre de remise en forme, terrasses, jardins et cascades. Salle de restaurant en rotonde agrandie d'une terrasse couverte. Carte classique.
• Kasteeltje in Anglo-Normandische stijl, dat in de jaren 1980 in zijn oorspronkelijke luister is hersteld. Smaakvolle kamers, faciliteiten voor congressen, fitnessruimte, terrassen, tuinen en watervallen. Ronde eetzaal met een overdekt terras. Klassieke kaart.

LINKEBEEK *Vlaams-Brabant* **533** L 18 *et* **716** G 3 – *voir à Bruxelles, environs.*

LISOGNE *Namur* **533** O 21, **534** O 21 *et* **716** H 5 – *voir à Dinant.* 15 **C2**

LISSEWEGE *8380 West-Vlaanderen* [C] *Brugge 117 224 h.* **533** E 15 *et* **716** C 2. 19 **C1**

Voir *Grange abbatiale★ de l'ancienne abbaye de Ter Doest.*
Bruxelles 107 – Brugge 11 – Knokke-Heist 12.

XXX **De Goedendag**, Lisseweegsvaartje 2, ☎ 0 50 54 53 35, *luc.goedendag@yucom.be, Fax 0 50 54 57 68* – AE MC VISA
fermé vacances carnaval, mardi soir et mercredi – **Rest** *Lunch 27* – 46/69 bc, carte 45/61, ♀.
• Deze fiere herberg in typisch Vlaamse stijl biedt het genoegen van een klassieke maaltijd in een verzorgd rustiek interieur. Intieme sfeer.
• Cette auberge-relais à fière allure, de style typiquement flamand, vous convie aux plaisirs d'un repas classique dans un cadre rustique soigné. Ambiance intime et feutrée.

X **Hof Ter Doest**, Ter Doeststraat 4 (Sud : 2 km, à l'ancienne abbaye), ☎ 0 50 54 40 82, *info@terdoest.be, Fax 0 50 54 40 82*, Grillades – MC VISA
Rest carte 24/60.
• Een 16e-eeuwse kloosterboerderij en een 13e-eeuwse tiendschuur vormen de fraaie setting van dit landelijke grillrestaurant. Sinds 1962 is hier al de 3e generatie aan het werk.
• Une ferme monastique du 16e s. et sa grange dîmière du 13e s. servent d'écrin à cette table au cadre campagnard. Grillades en salle. 3e génération en place depuis 1962.

LIVES-SUR-MEUSE *Namur* **533** O 20 *et* **534** O 20 – *voir à Namur.* 15 **C1**

LO *8647 West-Vlaanderen* [C] *Lo-Reninge 3 306 h.* **533** B 17 *et* **716** B 3. 18 **B2**

Bruxelles 142 – Brugge 66 – Kortrijk 51 – Veurne 13.

X **De Hooipiete**, Fintele 7, ☎ 0 58 28 89 09, *hooipiete@skynet.be, Fax 0 58 28 99 85*, Taverne-rest, anguilles, – VISA
fermé 2 semaines en janvier, 2 semaines en septembre, mardi et mercredi – **Rest** 45, carte 31/49.
• Dit rustieke café-restaurant, dat door een familie wordt gerund, ligt landelijk tussen het kanaal van Lo en de IJzer. Traditionele kaart met palingspecialiteiten.
• Taverne-restaurant rustique œuvrant en famille dans un site agreste, à la jonction de l'Yser et du canal de Lo. Carte traditionnelle où l'anguille tient une place de choix.

LOBBES *6540 Hainaut* **533** K 20, **534** K 20 *et* **716** F 4 – *5 499 h.* 7 **D2**

Env. *au Nord-Ouest : 3 km à Thuin : site★.*
Bruxelles 60 – Mons 29 – Charleroi 22 – Maubeuge 35.

à Mont-Sainte-Geneviève *Nord : 5 km* [C] *Lobbes* – ✉ *6540 Mont-Sainte-Geneviève :*

XXX **l'Etang Bleu**, r. Binche 8, ☎ 0 71 59 34 35, *info@letangbleu.be, Fax 0 71 59 36 76*, – AE MC VISA.
fermé fin juillet-début août, Noël-nouvel an et samedis midis, dimanches soirs et lundis non fériés – **Rest** 35/78 bc, carte 51/69, ♀.
• Ambitions gourmandes affirmées pour cette table aménagée en 2006 dans une maison modernisée intérieurement. Décor design aux réminiscences sixties. Bons vins à prix souriants.
• Dit restaurant uit 2006 in een vanbinnen gemoderniseerd pand is echt iets voor fijnproevers. Designinterieur met jarenzestigelementen. Goede wijnen voor een vriendelijke prijs.

BELGIQUE

LOCHRISTI *Oost-Vlaanderen* 533 I 16 *et* 716 E 2 – *voir à Gent, environs.* 16 B2

LOKEREN *9160 Oost-Vlaanderen* 533 J 16 *et* 716 E 2 – *37 850 h.* 17 C2

Markt 2 ☎ 0 9 340 94 74, toerisme@lokeren.be, Fax 0 9 340 94 77.
Bruxelles 41 – Gent 28 – Aalst 25 – Antwerpen 38.

Biznis, Zelebaan 100 (sortie ⑫ sur E 17 - A 14), ☎ 0 9 326 85 00, *info@biznishotel.be, Fax 0 9 326 85 01,* , – rest, – . AE MC VISA.
fermé 2 semaines en juillet – **Rest *Brouwershof*** *Lunch 30* – 50, carte 26/57 – **30 ch** ☕ ★95/160 – ★★120/185 – 5 suites.

◆ Nieuw en trendy hotel, dat mikt op een "biznis" cliëntèle. Grote kamers, loungebar, vergaderzalen en ultramoderne voorzieningen. Eigentijdse keuken en trendy ambiance. Mooi terras en speelweide.

◆ Ce nouvel hôtel dédié à la clientèle "biznis" a été conçu dans un esprit très contemporain. Grandes chambres, lounge-bar, salles de réunions et équipements high-tech. Table au goût du jour et à l'ambiance "trendy" ; belle terrasse et aire de jeux d'enfants.

La Barakka, Kerkplein 1, ☎ 0 9 340 56 86, *info@labarakka.com, Fax 0 9 340 56 80,* – , rest, rest,. AE MC VISA. ch
Rest *(fermé 2 premières semaines septembre et jeudi)* (taverne-rest) *Lunch 10* – 25/50 bc, carte 23/48 – ☕ 7 – **13 ch** ★63 – ★★76 –½ P 80.

◆ Dit familiebedrijf is sinds lang een vertrouwd beeld bij de klokkentoren op het Kerkplein. Verschillend ingerichte kamers, maar alle van redelijk formaat. Keuze uit brasserie of restaurant; serre met uitzicht op het plein.

◆ Établissement familial connu de longue date à l'ombre du clocher de la Kerkplein. Agencement variable dans les chambres, d'une ampleur toujours suffisante. Alternative brasserie ou restaurant ; véranda tournée vers la place.

't Vier Emmershof, Krommestraat 1 (par Karrestraat : 3 km), ☎ 0 9 348 63 98, *info@vieremmershof.be, Fax 0 9 348 00 02,* – . AE MC VISA
fermé 2 premières semaines septembre, samedi midi, dimanche soir, lundi et mardi – **Rest** (menu unique) 30/85 bc, ♀.

◆ Moderne villa in een woonwijk met veel groen. Fijn terras aan de tuinzijde. Geen kaart, maar dagelijks wisselende suggesties die de patron mondeling doorgeeft.

◆ Villa moderne nichée dans un quartier résidentiel verdoyant et dotée d'une terrasse au jardin. Pas de carte, mais des suggestions du jour que le patron dévoile oralement.

Bistro Vienna, Stationsplein 6, ☎ 0 9 349 03 02, *bistrovienna@telenet.be, Fax 0 9 349 30 28,* – . MC VISA
fermé 1 semaine en mars, 2 semaines en septembre et mardi – **Rest** *Lunch 22* – 40/50, carte 37/50.

◆ Moderne bistro in een herenhuis bij het station. Eetzaal in hedendaagse kleuren met parket en patio. In het weekend worden de desserts ook 's middags geserveerd.

◆ Bistrot moderne installé dans une maison de maître jouxtant la gare. Salle parquetée aux tons à la mode et cour-terrasse. Desserts également servis l'après-midi en week-end.

à Daknam *Nord : 2 km* C *Lokeren* – ✉ *9160 Daknam :*

Tiecelijn, Daknam-dorp 34, ☎ 0 9 348 00 59, *info@tiecelijn.be,* – . AE MC VISA.
fermé 3 au 13 février, 18 août-3 septembre, 22 décembre-1er janvier, mardi, mercredi et samedi midi – **Rest** *Lunch 35* – 45/120 bc, carte 50/73.

◆ Eigentijds restaurant met een hip designinterieur dat sterk contrasteert met de traditionele, landelijke omgeving. Terras onder de linden.

◆ Table au goût du jour dont l'intérieur, design et très "tendance", produit un vif contraste avec l'environnement extérieur, traditionnel et rural. Terrasse sous les tilleuls.

LOMMEL *3920 Limburg* 533 Q 15 *et* 716 I 2 – *31 898 h.* 10 B1

au Sud : 15 km à Leopoldsburg, Seringenstraat 7 ☎ 0 11 39 17 80, Fax 0 11 39 17 80.
Dorp 14 ☎ 0 11 54 02 21, info@toerismelommel.be, Fax 0 11 55 22 66.
Bruxelles 93 – Hasselt 37 – Eindhoven 30.

Corbie sans rest, Hertog Janplein 68, ☎ 0 11 34 90 90, *lommel@corbiehotel.com, Fax 0 11 34 90 91* – – . AE MC VISA.
fermé fin décembre – **33 ch** ☕ ★80 – ★★110.

◆ Spiksplinternieuw hotel in de buurt van het gemeentehuis. Ruime kamers met designmeubelen. Uitzicht op de stad vanaf de bovenste verdiepingen.

◆ Immeuble hôtelier flambant neuf élevé au voisinage de la maison communale. Chambres de bonnes dimensions, dotées d'un mobilier design. Vue sur la ville aux étages supérieurs.

Carré, Dorperheide 31 (Ouest : 3 km sur N 712), ✆ 0 11 54 60 23, *hotel.carre@skynet.be, Fax 0 11 55 42 42*, – rest, – . rest
Rest *(fermé avril) Lunch 25* – 48, carte 28/49 – **10 ch** ✲54 – ✲✲70 – ½ P 69.
◆ Klein hotel dat door een familie wordt gerund, op twee minuten van het centrum. Nette, functionele kamers, waarvan de rustigste aan de achterkant liggen. Restaurant met een traditionele kaart en een menu dat goed bij de tijd is. Terras in de zomer.
◆ À 2 min. du centre-ville, petit hôtel familial renfermant des chambres fonctionnelles fraîches et nettes ; les plus paisibles se distribuent à l'arrière du bâtiment. Restaurant misant sur une carte traditionnelle et un menu au goût du jour. Terrasse d'été.

Lommel Broek, Kanaalstraat 91 (Sud : 9 km, lieu-dit Kerkhoven), ✆ 0 11 39 10 34, *lommelbroek@telenet.be, Fax 0 11 39 10 74*, – .
fermé octobre – **Rest** *(fermé mercredi)* (taverne-rest) carte 25/42 – **7 ch** ✲53 – ✲✲70 – ½ P 53.
◆ Hotel met grote, goed onderhouden kamers in een recent gebouw bij het kanaal van Beverlo en het natuurreservaat het Kattenbos. Café-restaurant met een ongedwongen sfeer, waar fietsers en wandelaars graag even uitblazen. Terras aan voor- en achterkant.
◆ Près du canal de Beverlo et du Kattenbos (réserve naturelle), construction récente vous logeant dans de vastes chambres bien tenues. Taverne-restaurant décontractée où cyclistes et promeneurs se repaissent volontiers. Terrasses avant et arrière.

De Haeghe sans rest, Werkplaatsen 47, ✆ 0 11 55 45 06, *dehaegelommel@scarlet.be*, – .
3 ch ✲35/40 – ✲✲60/70.
◆ In deze villa uit 1904 wordt u vriendelijk ontvangen door een Nederlands stel. Romantische kamers en appartement. Tuin met mooie waterpartij.
◆ Un couple hollandais vous accueille avec gentillesse dans cette villa de 1904 s'agrémentant d'un jardin doté d'une jolie pièce d'eau. Chambres romantiques et appartement.

St Jan, Koning Leopoldlaan 94, ✆ 0 11 54 10 34, *info@restaurant-st-jan.be, Fax 0 11 54 62 22*, – .
fermé deuxième quinzaine juillet et dimanches et lundis non fériés – **Rest** *Lunch 30* – 35/74 bc, carte 41/62, ♀.
◆ Comfortabele eetzaal in art-nouveaustijl, waar klassieke Franse gerechten worden geserveerd. Fraai gedekte tafels, wijnkelder met veel margaux en groot terras.
◆ Recettes du répertoire classique français servies dans une confortable salle à manger d'esprit Art nouveau. Mise de table soignée, cave riche en margaux et grande terrasse.

Le Soleil, Luikersteenweg 443 (Kolonie), ✆ 0 11 64 87 83, *lesoleil@skynet.be*, – .
fermé 2 premières semaines septembre, mercredi et jeudi – **Rest** (dîner seult) 35/120 bc, carte 48/81, ♀.
◆ Mooie villa, waar een familie de scepter zwaait. Hartelijke ontvangst, eigentijdse kaart, vitrine met oud keukengerei en schilderijententoonstelling. Terras en Franse tuin.
◆ Petite villa bichonnée en famille, avec sa terrasse et son jardin à la française. Accueil cordial, carte actuelle, vitrine d'ustensiles culinaires anciens et expo picturale.

Den Bonten Oss, Dorp 33, ✆ 0 11 54 15 97, *smakelijk@skynet.be*, – .
fermé vacances carnaval, lundi et samedi midi – **Rest** 28/57 bc, carte 34/45.
◆ Dit voormalige poststation voert een kleine, maar lekkere kaart die schommelt tussen klassiek en traditioneel. De menu's zijn zeer in trek. Terras aan de achterzijde.
◆ Un bon petit choix de préparations oscillant entre classicisme et tradition est présenté dans cet ancien relais de la malle-poste. Menus très demandés ; terrasse arrière.

LOMPRET *Hainaut* **534** L 22 *et* **716** G 5 – *voir à Chimay.*

LONDERZEEL *1840 Vlaams-Brabant* 533 K 16 *et* 716 F 2 – *17 435 h.* 3 B1

Bruxelles 23 – Leuven 46 – Antwerpen 28 – Gent 60 – Mechelen 20.

't Notenhof, Meerstraat 113, ✆ 0 52 31 15 00, *notenhof@pandora.be, Fax 0 52 31 14 44*, – .
fermé mardi, mercredi et samedi midi – **Rest** *Lunch 30* – 35/78 bc, carte 43/64.
◆ Mooi oud pand met tuin en terras. Een van de eetzalen heeft een glas-in-loodraam met een muze. Maandelijks wisselende kaart en menu. Kokkin achter het fornuis.
◆ Belle maison ancienne agrémentée d'un jardin et d'une terrasse. Un vitrail 1900 montrant une muse orne l'une des salles. Carte et menu revus chaque mois. Cuisinière au piano.

BELGIQUE

à Malderen *Nord-Ouest : 6 km* C *Londerzeel – ✉ 1840 Malderen :*

XX **'t Vensterke,** Leopold Van Hoeymissenstraat 29, ✆ 0 52 34 57 67, *info@vensterke.be,* – P. AE ◑ MC VISA.
fermé mercredi, samedi midi et dimanche soir – **Rest** *Lunch 30* – 45/85 bc, carte 58/85.
• Modern restaurant in lichtgrijze tinten, serre en verzorgd terras. De wijnkelder is vanuit de salon te zien. Eigentijdse, seizoengebonden gerechten die de baas zelf bereidt.
• Salle moderne dans les tons gris clair, cave à vins visible près du salon, véranda et terrasse soignée. Cuisine du moment faite par le patron à partir de produits de saison.

LOOZ *Limburg – voir Borgloon.*

LOUVAIN *Vlaams-Brabant – voir Leuven.*

LOUVAIN-LA-NEUVE *Brabant Wallon* **533** M 18, **534** M 18 *et* **716** G 3 – *voir à Ottignies.*

La LOUVIÈRE *7100 Hainaut* **533** K 20, **534** K 20 *et* **716** F 4 – *77 210 h.* 7 **D2**

Voir *Canal du Centre*★.

pl. Mansart 21 ✆ *0 64 26 15 00, maisondutourisme@lalouviere.be, Fax 0 64 31 22 88.*

Bruxelles 52 – Mons 28 – Binche 10 – Charleroi 26.

Tristar, pl. Maugretout 5, ✆ 0 64 23 62 60, *hotel.tristar@skynet.be, Fax 0 64 26 14 23,* – ♿ rest, – . AE ◑ MC VISA.
Rest carte 26/40 – **24 ch** ★78/83 – ★★90 – 2 suites – ½ P 98/120.
• En centre-ville, immeuble moderne à façade rouge abritant des chambres standard bien calibrées. Accueil et service gentils, lobby neuf, bar et fitness. Restaurant pratique pour la clientèle ne souhaitant pas sortir pour passer à table. Choix traditionnel.
• Dit moderne flatgebouw met rode gevel in het centrum biedt standaardkamers van goed formaat. Vriendelijk onthaal, nieuwe lobby, bar en fitness. Praktisch restaurant voor wie graag in het hotel blijft eten. Traditionele kaart.

XXX **Auberge de la Louve,** r. Bouvy 86, ✆ 0 64 22 87 87, *Fax 0 64 28 20 53* – P. AE MC VISA.
fermé 1 semaine en janvier, 1 semaine Pâques, 15 juillet-15 août, 1 semaine en novembre, samedi midi, dimanche soir, lundi et mercredi soir – **Rest** *Lunch 25* – 45/90 bc, carte 52/95.
• Auberge ancienne dont le décor intérieur, chaleureux et cossu, s'accorde pleinement avec le contenu des assiettes, goûteux et sobrement actualisé. Menus plébiscités.
• Oude herberg met een warm en rijk aandoend interieur, dat uitstekend bij de gastronomische maaltijd past. De menu's zijn erg in trek. Redelijk moderne keuken.

à Haine-St-Paul *Sud-Ouest : 2 km* C *La Louvière – ✉ 7100 Haine-St-Paul :*

XXX **La Table d'Or,** chaussée de Jolimont 124, ✆ 0 64 84 80 82, *info@latabledor.com, Fax 0 64 84 80 82,* – . AE ◑ MC VISA
fermé 18 août-2 septembre, samedi midi, dimanche soir, lundi, mardi et après 20 h 30 – **Rest** *Lunch 20* – 28/140 bc, carte 52/80.
• Maison de maître située sur la traversée du bourg. Plafond peint, tableaux , bibelots et chaises à médaillon en salles. Offre classique renouvelée avec mesure ; service pro.
• Herenhuis aan de hoofdweg van het dorp. Eetzalen met plafondschilderingen, doeken, snuisterijen en medaillonstoelen. Licht vernieuwd klassiek repertoire en bekwaam personeel.

à Houdeng-Aimeries *Ouest : 3 km* C *La Louvière – ✉ 7110 Houdeng-Aimeries :*

XX **Le Damier,** r. Hospice 59, ✆ 0 64 22 28 70, *ledamier@skynet.be, Fax 0 64 22 28 70,* – P. AE ◑ MC VISA
fermé dimanche soir, lundi et mercredi soir – **Rest** 29/100 bc, carte 53/84.
• Pas loin des ascenseurs à bateaux, maison 1900 en briques rouges où un chef-patron revisite ses classiques tout en douceur. Salles rajeunies, véranda et terrasse côté jardin.
• Pand uit 1900 van rode baksteen, niet ver van de scheepsliften. Klassieke keuken met een vleugje modern. Gerenoveerde eetzalen, serre en tuin met terras.

LOVERVAL *Hainaut* **533** L 20, **534** L 20 *et* **716** G 4 – *voir à Charleroi.* 7 **D2**

LUIK *Liège – voir Liège.*

LUMMEN *Limburg* **533** Q 17 *et* **716** I 3 – *voir à Hasselt.* 10 **B2**

MAARKE-KERKEM *Oost-Vlaanderen* **533** G 18 – *voir à Oudenaarde.*

BELGIQUE

MAASEIK 3680 Limburg 533 T 16 et 716 K 2 – 23 631 h. 11 D1

Stadhuis, Markt 1 ✆ 0 89 81 92 90, toerisme.maaseik@maaseik.be, Fax 0 89 81 92 99.
Bruxelles 118 – Hasselt 41 – Maastricht 33 – Roermond 20.

Van Eyck, Markt 48, ✆ 0 89 86 37 00, *info@hotel-vaneyck.be, Fax 0 89 86 37 01,* – AE VISA.
Rest *(fermé mercredi) Lunch 28* – 35/75 bc, carte 37/69 – **25 ch** 115 – 150 – 2 suites – ½ P 150.
• Design receptie, moderne hal met glaskoepel waaronder ook het geboortehuis van de gebroeders Van Eyck is te zien; trendy kamers en suites met Birmaans kunstwerk. Eigentijds restaurant waar beelden uit de keuken voor u geprojecteerd worden. Terras op de Markt.
• Réception design, hall moderne sous verrière abritant la maison natale des frères Van Eyck, chambres "trendy" et suites ornées d'objets d'art birmans en laque. Restaurant contemporain où l'activité des cuisines est retransmise en images. Terrasse sur la place.

Kasteel Wurfeld, Kapelweg 60 (Wurfeld), ✆ 0 89 56 81 36, *info@kasteelwurfeld.be, Fax 0 89 56 87 89,* ch, – VISA.
Rest *Lunch 35* – 42/56, carte env. 50 – **33 ch** 85/95 – 120/135 – ½ P 95/103.
• Imposant gebouw aan de rand van Maaseik, met een boomrijk park om heerlijk uit te rusten. Sinds de opening van de nieuwe vleugel zijn er twee generaties klassieke kamers. Restaurant met serre, waar u kunt genieten van de eigentijdse kookkunst van de kok.
• Aux portes de Maaseik, imposante demeure ouverte sur un beau parc arboré invitant au repos. Deux générations de chambres classiques, depuis l'inauguration de la nouvelle aile. Restaurant-véranda servant de la cuisine dans le tempo actuel.

Aldeneikerhof, Hamontweg 103 (Est : 2 km, lieu-dit Aldeneik), ✆ 0 89 56 67 77, *info@aldeneikerhof.be, Fax 0 89 56 67 78,* – VISA.
fermé février et dimanche – **Rest** (dîner pour résidents seult) **8 ch** 80 – 105 – ½ P 95/105.
• Vriendelijk onthaal in dit 19e-eeuwse herenhuis naast de romaans-gotische kerk in een dorpje dicht bij Maaseik. De kamers zijn zowel rustig als comfortabel.
• Ancienne maison de notable jouxtant l'église romano-gothique d'un hameau proche de Maaseik. Chambres aussi paisibles que confortables. Accueil familial gentil.

Wilgenhof sans rest, Kapelweg 51 (Wurfeld), ✆ 0 89 56 57 09, *info@hotelwilgenhof.be, Fax 0 89 56 54 72,*
fermé jeudi – **8 ch** 65 – 85.
• Klein hotel in een villa in een rustige woonwijk, met een aangebouwd gedeelte. Eigentijdse kamers en lounge met antiek meubilair.
• Dans un secteur résidentiel, petit hôtel mettant à profit une villa et son extension récente. Chambres actuelles et salon au mobilier ancien.

De Loteling, Willibrordusweg 5 (Est : 2 km, lieu-dit Aldeneik), ✆ 0 89 56 35 89, *deloteling@hotmail.com,*
fermé mardi, mercredi et après 20 h 30 – **Rest** 35/47 carte 53/63.
• Villa in een pittoreske grensplaats, waar de klassieke kookkunst heel voorzichtig in een modern jasje wordt gestoken. Eetzaal met parket en open haard. Terras.
• Dans un site frontalier pittoresque, villa estimée pour sa cuisine classique sobrement actualisée. Parquet et cheminée en salle ; portes vitrées ouvrant sur la terrasse.

Bienvenue, Markt 20, ✆ 0 89 85 28 82, – AE VISA.
fermé mardi, mercredi et samedi midi – **Rest** *Lunch 28* – 34/100 bc, carte 47/64.
• Restaurant in een oud pand aan de Markt, waar men op het terras onder de linden kan eten. Gezellige eetzaal met sfeerlicht. Het menu à la carte past bij de huidige smaak.
• Table occupant une maison ancienne située en face du Markt où l'on dresse une terrasse sous les tilleuls. Chaleureuse salle à l'éclairage tamisé. Menu-carte de notre temps.

Tiffany's, Markt 19, ✆ 0 89 56 40 89,
fermé lundi et samedi midi – **Rest** (menu unique) 32.
• Klassiek-eigentijdse kookstijl. In de charmante eetzaal houdt een elegante en spontane patronne alles nauwlettend in de gaten. Slechts één dagmenu. Terras op het plein.
• Repas classique-actuel servi dans une salle mignonne placée sous l'aimable vigilance d'une patronne élégante et spontanée. Choix limité à un menu. Terrasse d'été sur la place.

MAASMECHELEN 3630 Limburg 533 T 17 et 716 K 3 – 36 255 h. 11 C2

Bruxelles 106 – Hasselt 30 – Aachen 42 – Maastricht 15.

Da Lidia, Rijksweg 215, ✆ 0 89 76 41 34, *info@dalidia.be, Fax 0 89 77 42 10,* Cuisine italienne – AE VISA.
fermé Pâques, 2 dernières semaines juillet-première semaine août, fin décembre, lundi et mardi – **Rest** 35/107 bc, carte 36/62.
• Deze Italiaan geniet sinds 1973 een goede reputatie in Maasmechelen. Moderne eetzaal met een groot, apart café, beplant terras en een zeer gemoedelijke sfeer.
• Enseigne transalpine auréolée d'une certaine reconnaissance locale, depuis 1973. Salle de restaurant actuelle, grand café séparé, terrasse-jardin et bonne ambiance familiale.

BELGIQUE

à Eisden *Nord : 3 km* © *Maasmechelen – ✉ 3630 Eisden :*

Lika sans rest, Pauwengraaf 2, ✆ 0 89 76 01 26, *hotel.lika@skynet.be, Fax 0 89 76 55 72,* – AE MC VISA
fermé 22 décembre-4 janvier – **42 ch** ☕ ✝65/82 – ✝✝92/148.
◆ Modern hotel bij "Maasmechelen Village" (outlet shopping). Praktische kamers en ruim bemeten gemeenschappelijke ruimten.
◆ Près du "Maasmechelen Village" (outlet shopping), bâtisse hôtelière d'aspect moderne où vous logerez dans des chambres fonctionnelles. Communs offrant suffisamment d'ampleur.

Fratelli, Pauwengraaf 39, ✆ 0 89 76 27 02, *info@ristorantefratelli.be, Fax 0 89 76 48 32,* Taverne-rest avec cuisine italienne – P. AE MC VISA.
fermé 1 semaine carnaval, 3 premières semaines septembre et mercredi – **Rest** *Lunch 25* – 39/80 bc, carte 40/56.
◆ Populaire eettent in de hoofdstraat. Pasta's en pizza's aan de voorkant, terwijl in de zaal aan de achterzijde meer verfijnde Italiaanse gerechten worden geserveerd.
◆ Établissement populaire situé dans la rue principale. Pâtes, pizzas et ambiance "estaminet" à l'avant ; arrière-salle où l'on présente une carte italianisante plus élaborée.

à Opgrimbie *Sud : 5 km* © *Maasmechelen – ✉ 3630 Opgrimbie :*

La Strada, Rijksweg 634, ✆ 0 89 76 69 12, *info@restaurantlastrada.be, Fax 0 89 76 69 12,* Cuisine italienne – P. AE MC VISA
fermé 27 décembre-3 janvier, 14 au 31 juillet, samedi midi, dimanche midi et lundi – **Rest** *Lunch 28* – 37/45, carte 35/61.
◆ Dit gerenoveerde Italiaanse restaurant staat al zo'n 20 jaar langs de "strada" tussen Maasmechelen en Lanaken. Open keuken, bar en zithoek bij het haardvuur.
◆ Cette table italienne rénovée officie depuis près d'une vingtaine d'années au bord de la "strada" reliant Maasmechelen à Lanaken. Cuisine ouverte, bar et salon au coin du feu.

Il Fiore, Rijksweg 560, ✆ 0 89 70 45 66, *info@ilfiori.be, Fax 0 89 70 45 99,* Cuisine italienne, ouvert jusqu'à 23 h – P. AE MC VISA
fermé 29 janvier-5 février, 29 juillet-14 août, mardi et samedi midi – **Rest** *Lunch 35* – 43/81 bc, carte 36/68, ♀.
◆ Een groot doek met logo onderscheidt dit Italiaanse restaurant van een gewoon woonhuis. Ultramodern interieur, traditionele kaart en truffelspecialiteiten.
◆ Une grande toile-enseigne tendue en façade différencie ce restaurant italien d'une simple habitation privée. Cadre très contemporain, choix traditionnel et mets à la truffe.

BELGIQUE

MAISSIN *6852 Luxembourg belge* © *Paliseul 5 052 h.* **534** Q 23 *et* **716** I 6. 12 **B2**
Bruxelles 135 – Arlon 65 – Bouillon 26 – Dinant 49 – St-Hubert 19.

Chalet-sur-Lesse, av. Bâtonnier Braun 1, ✆ 0 61 65 53 91, *info@chalet-sur-lesse.be, Fax 0 61 65 56 88,* – P. MC VISA. rest
ouvert avril-15 octobre, week-end et vacances scolaires ; fermé 27 juin-4 juillet – **Rest** (dîner pour résidents seult) – **26 ch** ☕ ✝109/146 – ✝✝109/146 – 1 suite – ½ P 70/109.
◆ Grand chalet converti en hostellerie notamment prisée des golfeurs et des bridgeurs. Chambres avenantes, salon "cosy", pub, salle à manger confortable et terrasse au jardin.
◆ Dit hotel in een groot chalet is vooral populair bij golf- en bridgeliefhebbers. Aantrekkelijke kamers, gezellige lounge, pub. Gerieflijke eetzaal en tuin met terras.

MALDEGEM *9990 Oost-Vlaanderen* **533** F 15 *et* **716** D 2 – *22 289 h.* 16 **A1**
Bruxelles 87 – Gent 29 – Antwerpen 73 – Brugge 17.

Beukenhof, Brugsesteenweg 200, ✆ 0 50 71 55 95, *beukenhof.maldegem@skynet.be, Fax 0 50 71 55 95,* – P. AE MC VISA
fermé 2 semaines carnaval, 2 dernières semaines juillet, mardi soir, mercredi et jeudi – **Rest** 37/68 bc, carte 38/55.
◆ De lokale clientèle komt al een kwart eeuw in dit propere boerderijtje bij Maldegem, dat door een familie wordt gerund. Klassieke keuken. Salon met bar en terras achter.
◆ La clientèle locale défile depuis un quart de siècle dans cette fermette proprette tenue en famille à l'approche de Maldegem. Salon-bar et terrasse arrière ; choix classique.

Elckerlijc, Kraailokerweg 17 (Sud : 4 km par N 44, puis direction Ursel, lieu-dit Kleit), ✆ 0 50 71 52 63, *info@elckerlijc.be, Fax 0 50 71 47 22,* Grillades – P. MC VISA
fermé mardi et mercredi sauf juillet-15 août – **Rest** *Lunch 23* – carte 32/72.
◆ Pijlen wijzen naar dit afgelegen boerderijtje op het platteland, dat zeer in trek is bij liefhebbers van grillades. Gerenoveerd neorustiek interieur, serre en mooi terras.
◆ Suivez bien le fléchage pour dénicher cette fermette perdue dans la campagne et courue des amateurs de grillades. Joli cadre néo-rustique rénové, véranda et belle terrasse.

MALDEREN *Vlaams-Brabant* **533** K 16 *et* **716** F 2 – *voir à Londerzeel.*

MALEN *Brabant Wallon – voir Mélin.*

MALINES *Antwerpen – voir Mechelen.*

MALLE *2390 Antwerpen* **533** N 15 *et* **716** H 2 *– 14 083 h.* 1 **B2**
Bruxelles 75 – Antwerpen 30 – Turnhout 18.

à Oostmalle *Est : 2 km* C *Malle –* ✉ *2390 Oostmalle :*

XXX **De Eiken,** Lierselei 173 (Sud : 2 km sur N 14), ✆ 0 3 311 52 22, *info@de-eiken.be, Fax 0 3 311 69 45,* ≤, 🍽 – P ⇔. AE ⊙ MO VISA. ✄
fermé 2 au 4 janvier, 4 au 10 février, 24 mars-6 avril, 28 juillet-8 août, 27 octobre-2 novembre, lundi, mardi, samedi midi et après 20 h 30 – **Rest** *Lunch 35 bc* – 45/85 bc, carte 83/105, ♀.
◆ Eigentijdse gerechten, geserveerd in twee zalen met moderne stoelen en ronde tafels met veel ruimte ertussen, of op het terras dat uitkijkt op de bomentuin met waterpartij.
◆ Cuisine d'aujourd'hui servie dans deux pièces dotées de sièges modernes et de tables rondes espacées ou sur la terrasse donnant sur le beau jardin arboré et sa pièce d'eau.

XX **Haute Cookure,** Herentalsebaan 30, ✆ 0 3 322 94 20, *info@hautecookure.be, Fax 0 3 322 94 21,* 🍽 – P. MO VISA. ✄
fermé Pâques, 3 dernières semaines août, Noël, nouvel an, mardi, mercredi et samedi midi – **Rest** *Lunch 25* – 45/83 bc, carte 50/84, ♀.
◆ Modern interieur van beige-, tabak-en koffiekleuren in de eetzaal van een oud pand buiten het dorp. Knusse lederen bankstellen en stoelen. Verborgen terras achteraan.
◆ Restaurant moderne établi dans une maison ancienne excentrée. Harmonie de tons beige, café et tabac en salle ; chaises et banquettes en cuir confortables. Terrasse cachée.

MALMÉDY *4960 Liège* **533** V 20, **534** V 20 *et* **716** L 4 *– 11 829 h.* 9 **C2**
Voir *Site*★.
Env. *au Nord : Hautes Fagnes*★★*, Signal de Botrange* ≤★*, Sentier de découverte nature*★ *– au Sud-Ouest : 6 km, Rocher de Falize*★ *– au Nord-Est : 6 km, Château de Reinhardstein*★.
ℹ *pl. du Châtelet 10* ✆ *0 80 79 96 35, Fax 0 80 33 92 22.*
Bruxelles 156 – Liège 57 – Eupen 29 – Clervaux 57.

Hostellerie Trôs Marets 🐦, rte des Trôs Marets 2 (Nod-Est : 6 km sur N 68, Bévercé), ✆ 0 80 33 79 17, *info@trosmarets.be, Fax 0 80 33 79 10,* ≤ vallées, 🍽 – ⇔ P. AE ⊙ MO VISA. ✄ rest
fermé 6 au 27 janvier – **Rest** 50/80, carte 62/105 – **7 ch** ☕ ★102/235 – ★★102/235 – 1 suite – ½ P 100.
◆ Au pied des Hautes Fagnes, en contrebas d'une route sinueuse, charmante hostellerie procurant une vue bucolique sur la vallée. Jardin soigné. Chambres confortables. Restaurant garni de meubles de style. Choix classico-traditionnel et belle terrasse-belvédère.
◆ Aan de voet van de Hoge Venen, onderaan een bochtige weg, bevindt zich dit charmante restaurant-hotel met bucolisch uitzicht op de vallei. Comfortabele kamers. Restaurant met stijlmeubelen en mooi terras met uitzicht. Traditioneel-klassieke kaart.

Le Chambertin, Chemin-rue 46, ✆ 0 80 33 03 14, *chambertin@skynet.be, Fax 0 80 77 03 38* – 🛗 ⇔. MO VISA. ✄ ch
Rest *(fermé lundi) Lunch 12* – carte 25/39 – **9 ch** ☕ ★65/100 – ★★75/180 – ½ P 65.
◆ Au cœur de Malmédy, à l'angle de la principale rue commerçante, petit établissement dont les chambres offrent un confort correct. Salle des repas sobrement décorée. Assortiment de plats traditionnels.
◆ Dit hotelletje staat op de hoek van de belangrijkste winkelstraat van Malmédy. De kamers zijn redelijk comfortabel. In de sober ingerichte eetzaal worden traditionele schotels geserveerd.

Ffaulty Towers 🐦, rte de Hotleux 45 (Est : 2 km, lieu-dit Arimont), ✆ 0 80 77 04 36, *ffaultytowers@belgacom.net,* 🌳 – P
Rest (dîner pour résidents seult) – **5 ch** ☕ ★75 – ★★75 – ½ P 60.
◆ Cette ancienne ferme en pierres du pays agrémentée d'un jardin-verger abrite d'accueillantes chambres à thèmes : Harry Potter, orientale, africaine, Feng-Shui et châtelaine.
◆ Deze oude boerderij van steen uit de streek met een tuin-boomgaard biedt prettige kamers met een thema: Harry Potter, oosters, Afrikaans, Feng Shui en kasteelstijl.

L'Horizon sans rest, rte du Monument 8 (Est : 4 km, lieu-dit Baugnez), ✆ 0 80 33 93 44, *horizon@swing.be,* ≤, 🌳 – ⇔ P. ✄
4 ch ☕ ★30/40 – ★★50/60.
◆ Maison dont les chambres proprettes à prix souriant bénéficient, au même titre que le jardin et la salle des petits-déj', d'une vue dégagée sur le plateau des Hautes Fagnes.
◆ Goede B&B met propere kamers, die net als de tuin en de ontbijtzaal een vrij uitzicht bieden op het plateau van de Hoge Venen.

BELGIQUE

XX **Plein Vent** avec ch, rte de Spa 44 (Ouest : 7 km sur N 62, lieu-dit Burnenville), 0 80 33 05 54, *pleinvent@pleinvent.be, Fax 0 80 33 70 60,* vallées, - rest, P. AE VISA.
fermé fin décembre-début janvier, mercredi de Toussaint à fin mars, lundi soir et mardi – **Rest** *(fermé après 20 h 30)* 34/50, carte 42/78, – **7 ch** 66/76 – 74/84 – ½ P 68/72.
• Près du circuit de vitesse, villa s'entourant de verdure et embrassant la vallée du regard. Accueil et service familial, cuisine traditionnelle et chambres lambrissées en pin.
• Deze villa tussen het groen ligt bij de autoracebaan en kijkt uit op het dal. Vriendelijke ontvangst en service, traditionele keuken en kamers met grenen schrootjeswanden.

XX **Albert Ier** avec ch, pl. Albert Ier 40, 0 80 33 04 52, *info@hotel-albertpremier.be, Fax 0 80 33 06 16,* – , ch. AE VISA.
fermé 1 semaine carnaval et 7 au 18 juillet – **Rest** *(fermé mercredi soir et jeudi)* Lunch 33 – 45/50, carte 48/60, – **6 ch** 60 – 85 – ½ P 76.
• Alléchantes recettes actuelles aux accents transalpins et, pour les accompagner, vins issus de domaines italiens réputés. Patronne aux fourneaux. Chambres simples et nettes.
• Smakelijke eigentijdse gerechten met een Italiaans accent, waarbij wijnen van befaamde Italiaanse producenten worden geschonken. Eenvoudige, maar keurige kamers.

MALONNE *Namur* **533** N 20, **534** N 20 *et* **716** H 4 – *voir à Namur.*

MANAGE *7170 Hainaut* **533** K 19, **534** K 19 *et* **716** F 4 – *22 341 h.* 7 **D2**
Bruxelles 47 – Mons 25 – Charleroi 24.

XX **Le Petit Cellier,** Grand'rue 88, 0 64 55 59 69, *lepetitcellier@skynet.be, Fax 0 64 55 56 07,* – P. AE VISA
fermé 18 juillet-16 août, dimanche soir et lundi – **Rest** Lunch 31 – 39/76 bc, carte 49/72, .
• Cette vénérable enseigne du centre de Manage signale une maison de caractère appréciée pour ses recettes classiques françaises que valorise un bon "petit cellier".
• Karakteristiek pand in het centrum van Manage. Het restaurant valt zeer in de smaak vanwege de klassieke Franse gerechten, waarvoor een goede wijn uit de kast wordt gehaald.

BELGIQUE

MARCHE-EN-FAMENNE *6900 Luxembourg belge* **533** R 21, **534** R 21 *et* **716** J 5 – *16 994 h.* 12 **B1**
r. Brasseurs 7 0 84 31 21 35, info@marche-tourisme.be, Fax 0 84 32 31 39.
Bruxelles 107 – Arlon 80 – Liège 56 – Namur 46.

Quartier Latin, r. Brasseurs 2, 0 84 32 17 13, *contact@quartier-latin.be, Fax 0 84 32 17 12,* , , , , , – , rest, P – . AE VISA
Rest (brasserie) Lunch 15 – 30/50, carte 33/61, – 15 – **75 ch** 110/130 – 120/150 – ½ P 140/155.
• Hôtel bâti à l'emplacement d'un Collège des Jésuites. Chambres tout confort, salles de conférences, spa et lounge-bar "cosy". Église baroque (1731) convertie en grande brasserie-restaurant à touches Art déco. Beau brunch-buffet tout compris le dimanche midi.
• Hotel op de plek van een oud jezuïetencollege. Kamers met alle comfort, goede congresfaciliteiten, spa en gezellige loungebar. De barokkerk (1731) is nu een grote brasserie met art-deco-elementen. Lekker brunchbuffet (alles inbegrepen) op zondagmiddag.

Château d'Hassonville , rte d'Hassonville 105 (Sud-Ouest : 4 km par N 836), 0 84 31 10 25, *info@hassonville.be, Fax 0 84 31 60 27,* , , , , – , rest, P – . AE VISA.
fermé 2 premières semaines janvier, lundi et mardi – **Rest** Lunch 35 – 55/110 bc, carte 75/86, – 15 – **20 ch** 115 – 130/180 – ½ P 120/165.
• Superbe château du 17e s. agrémenté d'un parc doté d'un étang. Chambres romantiques (sans TV) dans le corps de logis et ses dépendances. Repas élaboré servi sous la charpente d'un pavillon moderne dont les tables latérales ménagent une jolie vue. Riche cave.
• Prachtig 17e-eeuws kasteel, omringd door een groot park met een vijver. Romantische kamers zonder tv in het hoofdgebouw en de bijgebouwen. Verfijnde maaltijd in een modern paviljoen, waarvan de tafels aan de zijkant een mooi uitzicht bieden. Rijke wijnkelder.

XX **Les 4 Saisons,** rte de Bastogne 108 (Sud-Est : 2 km, lieu-dit Hollogne), 0 84 32 18 10, *alainbastin@skynet.be, Fax 0 84 32 18 81,* – P. VISA
fermé mardi soir, mercredi et dimanche soir – **Rest** Lunch 27 – 32/64 bc, carte 52/65, .
• Table donnant le choix entre une salle de style actuel chaleureux et une véranda moderne tournée vers la terrasse-jardin et sa pièce d'eau. Cuisine du moment ; vins adaptés.
• Restaurant met een gezellige, eigentijdse eetzaal en een moderne serre die uitkijkt op de tuin met terras en waterpartij. Up-to-date culinair register en bijpassende wijnen.

XX **La Gloriette,** r. Bastogne 18, ☎ 0 84 37 98 22, *info@lagloriette.net, Fax 0 84 37 98 22,* – P. AE MC VISA
fermé 1 semaine fin janvier, 2 semaines en septembre, lundi et mercredi soir – **Rest** *Lunch 22* – 35/75 bc, carte 38/65, ♀.
◆ Maison de maître en briques vous conviant à un repas au goût du jour dans un cadre actuel clair. Un grand jardin à la française agrémenté d'une gloriette se cache à l'arrière.
◆ Dit bakstenen herenhuis nodigt u uit voor een eigentijdse maaltijd in een licht, modern decor. Aan de achterzijde ligt een grote, Franse tuin met prieeltje.

MARCOURT *6987 Luxembourg belge* C *Rendeux 2 285 h.* **533** S 21, **534** S 21 *et* **716** J 5. 13 **C1**
Bruxelles 126 – Arlon 84 – Marche-en-Famenne 19 – La Roche-en-Ardenne 9.

La Grande Cure, Les Planesses 12, ☎ 0 84 47 73 69, *info@lagrandecure.be, Fax 0 84 47 83 13,* – P. MC VISA. rest
fermé janvier – **Rest** (résidents seult) – **9 ch** 60/70 – 83/120 – ½ P 80/103.
◆ Chalet en pierres et bois situé sur les hauts du village, dans un quartier résidentiel, au bout d'une allée de bouleaux. Petites chambres aux tons actuels, jardin et terrasse.
◆ Chalet van steen en hout op een heuvelrug, in een rustige woonwijk aan het eind van een berkenlaan. Kleine kamers in eigentijdse kleuren; tuin en terras.

XX **Le Marcourt** avec ch, Pont de Marcourt 7, ☎ 0 84 47 70 88, *Fax 0 84 47 70 88,* – P. MC VISA.
fermé janvier, dernière semaine juin-première semaine juillet, septembre, mardi soir, mercredi et jeudi – **Rest** *(fermé après 20 h 30)* 33/47, carte 39/52 – **6 ch** 75/80 – 75/80 – ½ P 75/90.
◆ Bonne petite table traditionnelle tenue en couple depuis les années 1970. Salle à manger-véranda rafraîchie et agrémentée de verdure, mini-terrasse avant, jardin à l'arrière. Hébergement un peu accessoire, surtout exploité le week-end en formule demi-pension.
◆ Dit goede traditionele restaurantje wordt sinds 1970 door een echtpaar gerund. Gerenoveerde eetzaal met serre en veel groen, miniterrasje voor en tuin achter. Eenvoudig logies, voornamelijk in het weekend voor gasten met halfpension.

BELGIQUE

MARENNE *6990 Luxembourg belge* C *Hotton 5 074 h.* **533** R 21, **534** R 21 *et* **716** J 5. 12 **B1**
Bruxelles 109 – Arlon 84 – Dinant 44 – Liège 64 – Namur 54 – La Roche-en-Ardenne 22.

XX **Les Pieds dans le Plat,** r. Centre 3, ☎ 0 84 32 17 92, *jm.dienst@belgacom.be, Fax 0 84 32 36 92,* – P
fermé lundi, mardi, mercredi soir et jeudi soir – **Rest** *Lunch 25* – 33/75 bc, carte 37/60, ♀.
◆ Bâtisse en pierres du pays (ex-école du village) agrandie par une véranda moderne. Carte et menus appétissants, chaleureux décor rustique-contemporain, repas au jardin en été.
◆ Oude dorpsschool van steen uit de streek met een moderne serre. Aanlokkelijke kaart en menu's, warm modern-rustiek interieur en tuin om 's zomers buiten te eten.

MARIAKERKE *Oost-Vlaanderen* **533** H 16 – *voir à Gent, périphérie.*

MARIAKERKE *West-Vlaanderen* **533** C 15 *et* **716** B 2 – *voir à Oostende.* 18 **B1**

MARKE *West-Vlaanderen* **533** E 18 *et* **716** C 3 – *voir à Kortrijk.* 19 **C3**

MARTELANGE *6630 Luxembourg belge* **534** T 24 *et* **716** K 6 – *1 567 h.* 13 **C2**
Bruxelles 168 – Arlon 18 – Bastogne 21 – Diekirch 40 – Ettelbrück 36 – Luxembourg 53.

XX **Hostellerie An der Stuff** avec ch, r. Roche Percée 1 (Nord : 2 km sur N 4), ☎ 0 63 60 04 28, *Fax 0 63 60 13 92,* – rest, P. MC VISA
fermé 2 au 10 janvier – **Rest** *(fermé dimanche soir et lundi) Lunch 24* – 32/78 bc, carte 34/69 – **10 ch** 68/76 – 76/84 – ½ P 70/82.
◆ Cuisine actualisée servie dans un cadre ardennais où crépitent de bonnes flambées quand le froid sévit. Coup d'œil sur la nature verdoyante par les baies vitrées. Chambres parquetées, à préférer à l'annexe.
◆ Behaaglijk restaurant met een Ardens interieur, waar het haardvuur knappert als het koud is. Eigentijdse keuken en glaspuien met uitzicht op de weelderige natuur. Kamers met parket; die in het bijgebouw zijn het best.

MASNUY-ST-JEAN *Hainaut* **533** I 19, **534** I 19 *et* **716** E 4 – *voir à Mons.*

MASSEMEN *9230 Oost-Vlaanderen* C *Wetteren 23 209 h.* **533** I 17 *et* **716** E 3. 17 **C2**
Bruxelles 45 – Gent 19 – Antwerpen 65.

XX **Geuzenhof,** Lambroekstraat 90, ☎ 0 9 369 80 34, *info@geuzenhof.be,* – P ⇔.
fermé samedi midi, dimanche soir, lundi et mardi – **Rest** *Lunch 22* – 45/55, carte 40/65, ♀
• Sfeervolle oude boerderij met twee vleugels en een veranda ertussen. Kaart met klassieke en ook meer trendy gerechten. Terras op de binnenplaats..
• À la campagne, ancienne ferme charmante dont les deux ailes communiquent par une véranda. Cadre "cosy", terrasse sur cour et carte à double volet : classique et plus "trendy".

MATER *Oost-Vlaanderen* **533** H 17 – *voir à Oudenaarde.* 16 **B3**

MECHELEN (MALINES) *2800 Antwerpen* **533** L 16 *et* **716** G 2 – *78 268 h.* 1 **B3**
Voir *Tour★★★ de la cathédrale St-Rombaut★★ (St. Romboutskathedraal)* AY – *Grand-Place★ (Grote Markt)* ABY **26** – *Hôtel de Ville★ (Stadhuis)* BY **H** – *Pont du Wollemarkt (Marché aux laines)* ⋞★ AY **F** – *Trois maisons anciennes pittoresques★ sur le quai aux Avoines (Haverwerf)* AY.
Musée : *Manufacture Royale de Tapisseries Gaspard De Wit★ (Koninklijke Manufactuur van Wandtapijten Gaspard De Wit)* AY **M**[1].
Env. *par* ③ *: 3 km à Muizen : Parc zoologique de Planckendael★★.*
Hallestraat 2 ☎ *0 15 29 76 55, inenuit@mechelen.be, Fax 0 15 29 76 53.*
Bruxelles 30 ④ – *Antwerpen 26* ⑥ – *Leuven 24* ③.

MECHELEN

Antwerpsesteenweg . . . . C 2
Battelsesteenweg. . . . . C 4
Brusselsesteenweg . . . . C 12
Colomalaan . . . . C 14
Eikestr. . . . . C 20
Europalaan . . . . C 23
Hanswijkvaart . . . . C 30
Hombeeksesteenweg . . . . C 32
Liersesteenweg . . . . C 47
Postzegellaan . . . . C 57
Steppeke . . . . C 66
Stuivenbergbaan . . . . C 67
Tervuursesteenweg . . . . C 69

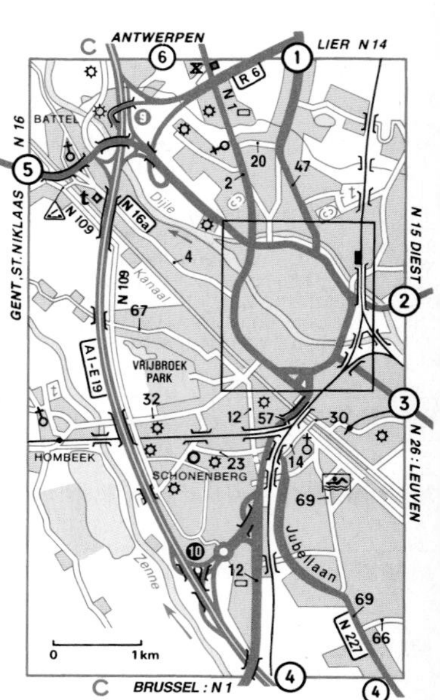

Plan page ci-contre

Vé sans rest, Vismarkt 14, ☎ 0 15 20 07 55, *info@hotelve.com, Fax 0 15 20 07 60* – AE MC VISA. AY **z**
36 ch ☐ ★128/206 – ★★154/232.
• Hotel in een voormalige haringrokerij aan een centraal gelegen plein aan de Dijle. Moderne kamers, artistiek designinterieur, exposities en vaste evenementen.
• Hôtel tirant parti d'une ex-fumerie de hareng sur une place centrale baignée par la Dijle. Chambres modernes, décor artistique tendance design, expos et happenings récurrents.

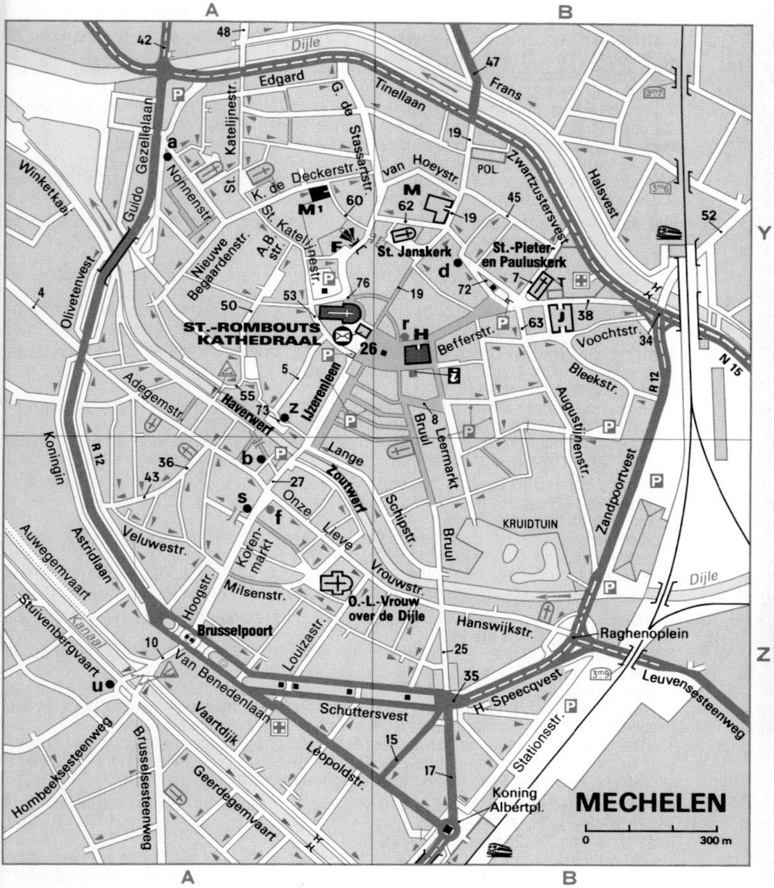

MECHELEN

Straat	Vak	Nr
Battelsesteenweg	AY	4
Begijnenstr.	AY	5
Blokstr.	BY	7
Botermarkt	BY	8
Brusselsepoortstr.	AZ	10
Bruul	BYZ	
Colomastr.	BZ	15
Consciencestr.	BZ	17
Frederik de Merodestr.	BY	19
Grote Markt	ABY	26
Gr. van Egmontstr.	BZ	25
Guldenstr.	AZ	27
Hoogstr.	AZ	
Hoogstratenpl.	BY	34
IJzerenleen	AY	
Kardinaal Mercierpl.	BZ	35
Karmelietenstr.	AZ	36
Keizerstr.	BY	38
Korenmarkt	AZ	
Korte Penningstr.	AZ	43
Lange Heergracht	BY	45
Liersesteenweg	BY	47
Maurits Sabbestr.	AY	48
Melaan	AY	50
Nekkerspoelstr.	BY	52
Onder den Toren	AY	53
O. L. Vrouwstr.	ABZ	
O. Van Kesbeeckstr.	AY	42
Persoonshoek	AY	55
Schoutetstr.	AY	60
St-Janstr.	BY	62
St-Pietersberg	BY	63
Veemarkt	BY	72
Vismarkt	AY	73
Wollemarkt	AY	76

Novotel, Van Beethovenstraat 1, ☎ 0 15 40 49 50, *H3154@accor.com, Fax 0 15 40 49 51,* – AE ⓓ ⓜ VISA AZ **b**

Rest 23, carte 29/41, – 15 – **121 ch** 59/229 – 59/229 – 1 suite.

◆ Een Novotel "nieuwe stijl" in een modern gebouw in het centrum. De kamers en andere ruimten passen geheel in de huidige tijdgeest. Brasserie met een hedendaagse inrichting en een gevarieerde kaart met voor elk wat wils.

◆ Novotel "nouvelle génération" installé dans un immeuble moderne bâti en centre-ville. Espaces communs et chambres dont l'agencement "colle" bien à l'époque. Brasserie au cadre contemporain. Carte diversifiée, apte à satisfaire la plupart des appétits.

Gulden Anker, Brusselsesteenweg 2, ☎ 0 15 42 25 35, *info@guldenanker.be, Fax 0 15 42 34 99,* – AE VISA AZ u
Rest *(fermé juillet, samedi midi et dimanche soir)* Lunch 25 – 37/76 bc, carte 43/60 – **34 ch** 72/128 – 82/150 – ½ P 66/153.
• Dit hotel ligt voor anker bij een gracht aan de rand van de stad. Het beschikt over kamers die volledig zijn gerenoveerd en goed comfort bieden. In de moderne eetzaal worden klassieke gerechten met regionale invloeden geserveerd.
• "Jetée" aux portes de la ville, en face d'un canal, L'Ancre d'Or (Gulden Anker) propose des chambres refaites de neuf offrant un bon niveau de confort. Salle des repas actuelle. Préparations classiques égayées de notes régionales.

NH sans rest, Korenmarkt 24, ☎ 0 15 42 03 03, *nhmechelen@nh-hotels.com, Fax 0 15 42 37 88* – AE VISA AZ s
17 – **43 ch** 67/160 – 67/160.
• Centraal gelegen hotel met een imposante bakstenen gevel en een sfeervolle lounge. De ruime, behaaglijke kamers zijn in Engelse stijl ingericht. De bar glimt je tegemoet.
• Cette imposante façade de brique située en centre-ville abrite des chambres confortables et des espaces communs d'esprit "british", dont un bar rutilant et un salon "cosy".

Malcot sans rest, Leuvensesteenweg 236 (par ③ : 2 km), ☎ 0 15 45 10 00, *info@hotelmalcot.be, Fax 0 15 45 10 01* – AE VISA
10 ch 100/100 – 140/180.
• Tussen deze mooie villa en de weg loopt een laan en is veel groen. Ontbijt in de zitkamer met open haard. Goed ingedeelde, moderne kamers. Attente service.
• Accueil prévenant en cette villa pimpante isolée de la chaussée par une allée et un écran végétal. Salon-cheminée utilisé au petit-déj' ; chambres récentes bien agencées.

Express by Holiday Inn sans rest, Veemarkt 37c, ☎ 0 15 44 84 20, *hotel@express-himechelen.com, Fax 0 15 44 84 21* – AE VISA BY d
69 ch 60/145 – 60/145.
• Dit recent hotel is strategisch gelegen in de binnenstad, aan de Veemarkt. Onberispelijke kamers die identiek zijn ingericht. Eigen parkeergarage.
• Hôtel récent, stratégiquement situé dans le centre-ville, en bordure du Marché aux bestiaux (Veemarkt). Chambres sans reproche, équipées à l'identique. Parking privé.

Carolus, Guido Gezellelaan 49, ☎ 0 15 28 71 41, *hotel@hetanker.be, Fax 0 15 28 71 42,* – AE VISA AY a
Rest *(fermé 15 juillet-15 août et mercredi midi)* carte 27/45 – **22** ch *(fermé 24 au 31 décembre)* 72/76 – 76/95.
• Hotel op een originele plek, bij het begijnhof, in een brouwerij die het beroemde bier van de stad produceert. Grote kamers. De taverne geeft een beeld van de geschiedenis van brouwerij Het Anker. Traditionele schotels en streekgerechten bereid met bier.
• Hôtel original par son emplacement, près du béguinage, dans le site brassicole produisant la boisson emblématique de la ville. Grandes chambres. Taverne évoquant l'histoire de la brasserie Het Anker. Plats traditionnels et spécialités régionales à la bière.

Hobbit, Battelsesteenweg 455 F, ☎ 0 15 27 20 27, *mechelen@hobbithotels.be, Fax 0 15 27 20 28* – AE VISA C t
Rest carte env. 25 – **23 ch** 60 – 70.
• Klein en modern etablissement tussen de Dijle en het kanaal, vlak bij de snelweg. Standaardkamers die in de eerste plaats functioneel zijn en een goede geluidsisolatie hebben.
• Entre la Dijle et le canal, à portée d'autoroute, petit établissement d'allure moderne renfermant des chambres standard insonorisées, avant tout fonctionnelles.

D'Hoogh (Erik D'Hoogh) 1er étage, Grote Markt 19, ☎ 0 15 21 75 53, *dhoogh@telenet.be, Fax 0 15 21 75 53* – AE VISA BY r
fermé 1 semaine Pâques, 3 premières semaines août, samedi midi, dimanche soir et lundi – **Rest** (prévenir) Lunch 55 bc – 50/95 bc, carte 65/102.
Spéc. Préparation d'asperges régionales (avril-juin). Fondant de cuisse de lièvre à la royale (octobre-janvier). Ris de veau croquant sur ragoût de queue de bœuf et truffe.
• Klassiek restaurant in een mooi pand uit 1902 aan de Grote Markt, met een hoog plafond, rijk stukwerk, marmeren schouw en Mechels meubilair.
• Sur la Grand-Place, fière demeure de 1902 où l'on mange classiquement, dans un décor immuable : haut plafond, riches ornements en stuc, cheminée de marbre, mobilier malinois.

Folliez, Korenmarkt 19, ☎ 0 15 42 03 02, *info@folliez.be, Fax 0 15 42 03 08* – AE VISA AZ f
fermé 3 semaines en août, fin décembre, samedi et dimanche – **Rest** 35/105 bc, carte 63/98.
Spéc. Langoustines, sushi de saumon et bar, gelée de vinaigre balsamique. Daurade royale en croûte de sel, sauce vierge. Tapas d'asperges (mars-mai).
• Hier kunt u in een modern interieur met okergele tinten van fijne eigentijdse gerechten genieten. Attente bediening en goede wijnadviezen van de eigenaar.
• Fine cuisine au goût du jour, à savourer dans un décor moderne aux tons ocres. Accueil et service aux petits soins ; beau choix de vins bien conseillés par le patron.

à Bonheiden *par ② : 6 km – 14 510 h. – ✉ 2820 Bonheiden :*

XX **'t Wit Paard,** Rijmenamseweg 85, ✆ 0 15 51 32 20, *m.camps@skynet.be,* – P. *fermé 2 semaines après les vacances de Pâques, 2 semaines en septembre, mardi et mercredi* – **Rest** *Lunch 29* – 52, carte 38/65.
◆ Licht klassiek restaurant dat in de omgeving goed bekendstaat. Charmante eetzaal met rustieke accenten en een mooi terras tussen het groen om 's zomers lekker buiten te eten.
◆ Restaurant d'un genre assez classique, bénéficiant d'une bonne réputation locale. Charmante salle à manger à touches rustiques et belle terrasse d'été entourée de verdure.

X **Marie,** Rijmenamsesteenweg 167, ✆ 0 15 52 96 90, *info@brasseriemarie.be, Fax 0 15 52 96 01,* , Brasserie avec grillades – P. AE MC VISA.
fermé lundi, mardi et samedi midi – **Rest** *Lunch 28* – 38, carte 33/74.
◆ Brasserie in een koloniaal huis met mooie terrassen met planten. 's Avonds wordt het vlees aan het spit in de eetzaal geregen.
◆ Cette brasserie installée dans un pavillon de style colonial est appréciée pour ses généreuses grillades et ses terrasses aux abords verdoyants. Le soir, on rôtit en salle.

X **Zellaer,** Putsesteenweg 229, ✆ 0 15 55 07 55, *zellaer@belgacom.net,* – P. AE MC VISA.
fermé vacances carnaval, fin août-début septembre, mercredi et samedi midi – **Rest** 30/55 bc, carte env. 45.
◆ In dit restaurant met fraai gedekte tafels kunt u genieten van een klassiek-traditionele maaltijd onder de hanenbalken in eigentijdse kleuren of, bij mooi weer, op het terras.
◆ Repas classique-traditionnel servi sous des poutres peintes dans des tons actuels ou, dès les premiers beaux jours, sur la terrasse-jardin de l'arrière. Mise de table soignée.

BELGIQUE

à Rijmenam *par ② : 8 km* C *Bonheiden 14 510 h. – ✉ 2820 Rijmenam :*

Hostellerie In den Bonten Os, Rijmenamseweg 214, ✆ 0 15 52 04 50, *info@bontenos.be, Fax 0 15 52 07 19,* , , – P – . AE MC VISA. rest
Rest *(fermé 31 décembre-8 janvier et dimanche soir)* (dîner seult sauf dimanche) 26/88 bc, carte 48/68 – **24 ch** ☐ 102/124 – 129/229.
◆ Elegant hotel in een weelderig groene omgeving, met mooie kamers en een ontbijtruimte waar veel licht naar binnen valt. Cliëntèle van zakenmensen en congresgangers. De keuken is zowel klassiek als regionaal. Champagnebrunch op de 1e zondag van de maand.
◆ La clientèle d'affaires et de séminaires aura ses aises dans cette maison d'aspect cossu aux abords verdoyants. Chambres fraîches, espace breakfast clair et gestion familiale. Repas classique à composantes régionales. Brunch au champagne le 1er dim. du mois.

à Sint-Katelijne-Waver *– 19 577 h. – ✉ 2860 Sint-Katelijne-Waver :*

X **Pastel,** Antwerpsesteenweg 1, ✆ 0 15 21 80 16 – P. AE MC VISA. C x
fermé vacances bâtiment, samedi midi, dimanche et lundi – **Rest** *Lunch 25* – 31/54 bc.
◆ Modern-klassiek restaurant met een eenvoudig maar leuk interieur van witte baksteen en paarsblauwe stoelen en bankjes. Vriendelijk en spontaan onthaal door de jonge gastvrouw.
◆ Table classique-actuelle au cadre simple et "sympa", combinant brique blanchie, chaises et banquettes bleu-violet. Accueil souriant et spontané par la jeune patronne.

MEER *Antwerpen* **533** N 14 *et* **716** H 1 – *voir à Hoogstraten.* 2 **C1**

MEERHOUT *2450 Antwerpen* **533** P 16 *et* **716** I 2 – *9 361 h.* 2 **D3**
Bruxelles 79 – Antwerpen 47 – Hasselt 39 – Turnhout 28.

XX **Rembrandt,** Meiberg 10, ✆ 0 14 30 81 03, *rest-rembrandt@skynet.be, Fax 0 14 30 81 03,* – P. AE MC VISA
fermé 1 semaine en juillet, 2 semaines en août et lundis, mardis et samedis midis non fériés – **Rest** *Lunch 30* – 37/80 bc, carte 43/79.
◆ Deze oude boerderij is een prettige pleisterplaats met een gemoderniseerde eetzaal en een mooi terras in de tuin. De bazin staat achter het fornuis.
◆ Ancienne ferme-relais où l'on se repaît dans une salle plaisamment modernisée, pourvue de sièges en fibre végétale, ou sur la belle terrasse du jardin. Patronne aux fourneaux.

MEISE *Vlaams-Brabant* **533** K 17 *et* **716** F 3 – *voir à Bruxelles, environs.*

MÉLIN *Brabant Wallon* **533** O 18 *et* **716** H 3 – *voir à Jodoigne.*

MELLE *Oost-Vlaanderen* **533** H 17 *et* **716** E 2 – *voir à Gent, environs.*

MENEN **(MENIN)** *8930 West-Vlaanderen* **533** D 18 *et* **716** C 3 – *32 413 h.* 19 **C3**
Bruxelles 106 – Brugge 58 – Ieper 24 – Kortrijk 13 – Lille 23.

Ambassador sans rest, Wahisstraat 34, 0 56 31 32 72, *ambassador@ambassadorhotel.be, Fax 0 56 31 55 28,* – AE VISA
34 ch 80/160 – 95/180.
◆ Dit hotel wordt gewaardeerd om zijn rust en de ruime, moderne kamers, waarvan de stoffering bij de warme kleuren past. Klein terras op de binnenplaats, leeszaal en bar.
◆ Hôtel dont on apprécie le calme, autant que l'ampleur des chambres, actuelles, égayées de tissus coordonnés aux tons chauds. Petite terrasse sur cour, salon de lecture et bar.

Royale Axkit, Bruggestraat 260, 0 56 53 06 07, ←, – AE VISA
fermé mardi soir et mercredi – **Rest** *Lunch 25 bc* – 39 bc/49 bc, carte 25/52.
◆ Vanuit dit eigentijdse restaurant ziet u de paarden rondrennen in de wei. Klassiek-traditionele keuken. Op zomerse dagen kan er buiten worden gegeten.
◆ Salle à manger actuelle offrant la vue sur une prairie où s'ébattent des chevaux. Cuisine classique-traditionnelle. Repas à l'extérieur dès les premiers beaux jours.

à Rekkem *Est : 4 km C Menen – 8930 Rekkem :*

La Cravache, Gentstraat 215 (Sud-Est : 4 km sur N 43), 0 56 42 67 87, *info@lacravache.be, Fax 0 56 42 67 97,* – AE VISA
fermé 25 mars-3 avril, 18 août-2 septembre, lundi soir, mardi et samedi midi – **Rest** *Lunch 56 bc* – 54/89 bc, carte 58/86.
◆ Mooie villa in een weelderige omgeving met een eigentijdse keuken. 's Zomers is het heerlijk toeven op het teakhouten terras in de tuin. Aantrekkelijk lunchmenu.
◆ Repas au goût du jour servi dans une villa cossue aux abords verdoyants. L'été, laissez-vous séduire par la belle terrasse en teck tournée vers le jardin. Lunch-menu attirant.

MERELBEKE *Oost-Vlaanderen* **533** H 17 *et* **716** E 3 – *voir à Gent, environs.*

MERKSEM *Antwerpen* **533** L 15 *et* **716** G 2 – *voir à Antwerpen, périphérie.*

MEULEBEKE *8760 West-Vlaanderen* **533** E 17 *et* **716** C 3 – *10 980 h.* 19 **C2**
Bruxelles 84 – Brugge 36 – Gent 39 – Kortrijk 15.

't Gisthuis, Baronielaan 28, 0 51 48 76 02, *gisthuis@telenet.be,* – AE VISA
fermé 5 au 13 janvier et lundi – **Rest** 38/65 bc, carte 40/54.
◆ Vlaamse villa met een gemoderniseerd interieur en terras aan de tuinzijde, opgeluisterd met lage hagen en een fonteintje. Gastro- en bistrogerechten.
◆ Villa flamande où l'on goûte de la cuisine classico-actuelle dans un décor rajeuni ou en terrasse, agrémentée de haies basses et d'une fontaine. Propositions gastro et bistro.

MEUSE NAMUROISE (Vallée de la) ★★ *Namur* **533** O 21 - Q 19, **534** O 21 - Q 19 *et* **716** H 5 - K 3 *G. Belgique-Luxembourg.*

MIDDELKERKE *8430 West-Vlaanderen* **533** B 15 *et* **716** B 2 – *17 841 h.* – *Station balnéaire – Casino Kursaal, Zeedijk 0 59 31 95 95, Fax 0 59 30 52 84.* 18 **B1**
Dr J. Casselaan 4 0 59 30 03 68, toerisme@middelkerke.be, Fax 0 59 31 11 95.
Bruxelles 124 – Brugge 37 – Oostende 8 – Dunkerque 43.

Excelsior, A. Degreefplein 9a, 0 59 30 18 31, *info@hotelexcelsior.be, Fax 0 59 31 27 02,* ←, – VISA
Rest *(ouvert juin-septembre ; fermé lundi, mardi et après 20 h)* (taverne-rest) carte env. 30 – **36 ch** 50/68 – 72/110.
◆ Hotel aan de rand van de badplaats, gunstig gelegen tussen de duinen en het strand, die vanuit de ontbijtzaal en de kamers aan de voorkant te zien zijn. Gerenoveerde kamers. Panoramisch-café-restaurant met traditioneel-klassieke keuken.
◆ Position privilégiée entre dunes et plage, visibles au saut du lit (si vous logez à l'avant) et au petit-déj', pour cet hôtel bâti à l'entrée de la station. Chambres rénovées. Taverne-restaurant panoramique envoyant des repas classico-traditionnels.

XX **Were-Di** avec ch, P. de Smet de Naeyerstraat 19, ✆ 0 59 30 11 88, *info@hotelweredi.be, Fax 0 59 31 02 41*, – ♿ ⇔ ⇔. MC VISA. ch
fermé 2 semaines après vacances carnaval et 3 dernières semaines novembre – **Rest** *(fermé lundi sauf en juillet-août et mercredi)* 33/78 bc, carte 41/71 – **15 ch** ☐ ✝65 – ✝✝90/100 – ½ P 68/73.
◆ Comfortabel restaurant in de belangrijkste winkelstraat. Eigentijdse keuken en trendy interieur met zwartgelakte stoelen, barokke kroonluchter en paars lichtpaneel. Boven goed onderhouden, functionele kamers van verschillende grootte. Terras en sauna.
◆ Dans l'artère commerçante, confortable restaurant au goût du jour et au nouveau décor "fashion" : sièges laqués noirs, lustre baroque, panneau lumineux pourpre. Aux étages, chambres fonctionnelles bien tenues, d'ampleur disparate. Terrasse sur cour et sauna.

XX **La Tulipe,** Leopoldlaan 81, ✆ 0 59 30 53 40, *info@latulipe.be, Fax 0 59 30 61 39* – AE ⓓ MC VISA
fermé première semaine janvier, 2 premières semaines octobre, dimanche soir, lundi soir et mardi – **Rest** 23/85 bc, carte 39/71.
◆ Geactualiseerde traditionele kaart en 5 menu's; bouillabaisse is de specialiteit. Licht en intiem modern-klassiek interieur. Mevrouw kookt en meneer bedient.
◆ Carte traditionnelle actualisée, spécialité de bouillabaisse et 5 menus pour se régaler dans un cadre classico-moderne clair et intime. Cuisinière au piano, son mari en salle.

XX **De Vlaschaard,** Leopoldlaan 246, ✆ 0 59 30 18 37, *vlaschaard@telenet.be, Fax 0 59 31 40 40* – ▤ ⇔. AE ⓓ MC VISA
fermé dernière semaine novembre-2 premières semaines décembre et mercredi – **Rest** 30/70 bc, carte 40/83.
◆ Gezellig restaurant, genoemd naar een roman van Stijn Streuvels. Kersenhouten bankjes, koperen wandlampen, houtwerk en spiegels. Klassieke spijzen, vlees aan tafel gesneden.
◆ Mets classiques et découpes au guéridon à cette table cosy nommée d'après un fameux roman de Stijn Streuvels. Banquette en merisier, appliques en cuivre, boiseries et miroirs.

BELGIQUE

XX **Hostellerie Renty** avec ch, L. Logierlaan 51 (près du château d'eau Krokodil), ✆ 0 59 31 20 77, *Fax 0 59 30 07 54*, – ⇔, ▤ ch, P. VISA.
fermé 23 au 27 juin, 29 septembre-3 octobre, 17 décembre-8 janvier et mardi soir et mercredi sauf vacances scolaires – **Rest** *Lunch 21* – 33/40 – **8 ch** ☐ ✝60/65 – ✝✝78/80 – ½ P 61.
◆ Restaurant in een typisch Belgische badvilla bij de watertoren. Huiselijke ambiance, verzorgde visgerechten, wijnkeuze op de tafelkleden geprint. De moderne, aantrekkelijk geprijsde kamers zijn genoemd naar beroemde wijndomeinen. Goed ontbijt.
◆ Villa "mer du Nord" à l'ombre d'un château d'eau. Ambiance familiale, préparations littorales soignées, choix de vins imprimé sur les nappes. De célèbres domaines viticoles donnent leurs noms aux chambres, actuelles, cédées à bon prix. Breakfast de qualité.

MILLEN *Limburg* **533** S 18 *et* **716** J 3 – *voir à Riemst.*

MIRWART *6870 Luxembourg belge* C *St-Hubert 5 718 h.* **534** Q 22 *et* **716** I 5. 12 **B2**
Bruxelles 129 – Arlon 71 – Bouillon 55 – Marche-en-Famenne 26 – Namur 68 – St-Hubert 11.

Beau Site sans rest, pl. Communale 5, ✆ 0 84 36 62 27, *info@lebeau-site.be, Fax 0 84 36 71 18*, ←, – ⇔ P. AE MC VISA
fermé mardi et dimanche sauf 15 juillet-15 août – **9 ch** ☐ ✝71 – ✝✝76.
◆ Auberge rustique dont l'annexe voisine abrite des chambres calmes dotées d'une terrasse ou d'un balcon tourné vers le jardin et la vallée boisée. Accueil au café, très typé.
◆ Rustieke herberg met rustige kamers in de dependance, alle voorzien van terras of balkon met uitzicht op de tuin en het bosrijke dal. Ontvangst in het karakteristieke café.

XX **Auberge du Grandgousier** avec ch, r. Staplisse 6, ✆ 0 84 36 62 93, *grandgousier@skynet.be, Fax 0 84 36 65 77*, – ⇔ P. MC
fermé 2 janvier-13 février, 16 juin-3 juillet, 18 août-4 septembre, mardi et mercredi sauf juillet-août et après 20 h 30 – **Rest** 30/60, carte 45/62 – **9 ch** ☐ ✝57 – ✝✝75 – ½ P 67/97.
◆ Cette auberge familiale en moellons et colombages vous convie à goûter sa cuisine de saison sous les poutres d'une salle rustique. Chambres bien tenues ; planchers sonores.
◆ Herberg met breukstenen en vakwerk. In de rustieke eetzaal met balken worden eigentijdse gerechten geserveerd. Goed onderhouden kamers met krakerige houten vloer.

MODAVE *4577 Liège* **533** Q 20, **534** Q 20 *et* **716** I 4 – *3 722 h.* 8 **B2**

Voir *Château★ : ≤★ de la terrasse de la chambre du Duc de Montmorency.*

Env. *au Sud : 6 km à Bois-et-Borsu, fresques★ dans l'église romane.*

Bruxelles 97 – Liège 38 – Marche-en-Famenne 25 – Namur 46.

X **Le Pavillon du Vieux Château,** Vallée du Houyoux 9 (Sud-Ouest : 2 km, lieu-dit Pont de Vyle), ☎ 0 85 41 13 43, *Fax 0 85 41 13 43,* – P ⇔.
fermé lundis, mardis et jeudis soirs non fériés – **Rest** *Lunch 22* – 32, carte 27/39.
◆ Maison de campagne côtoyant une jolie rivière au bord de laquelle on dresse le couvert en été. Choix traditionnel ; truites et écrevisses à gogo en saison. Ambiance familiale.
◆ Dit buitenhuis ligt bij een mooie rivier waaraan 's zomers de tafeltjes worden gedekt. Huiselijke sfeer en traditionele kookstijl. In het seizoen volop forel en rivierkreeft.

MOERBEKE *9180 Oost-Vlaanderen* **533** I 15 *et* **716** E 2 – *5 844 h.* 17 **C1**

Bruxelles 54 – Gent 26 – Antwerpen 38.

XX **'t Molenhof,** Heirweg 25, ☎ 0 9 346 71 22, *molenhof@proximedia.be, Fax 0 9 346 71 22,* – P. VISA
fermé septembre, fin décembre, vacances de Pâques, samedi midi, dimanche soir, lundi et mardi – **Rest** *Lunch 30* – 50/75 bc, carte 34/70, ♀.
◆ Boerderijtje met een rustieke inrichting, omringd door weilanden. Het terras kijkt uit op de landelijke tuin. Rijke klassieke keuken en winterse stoofschotels (door de week).
◆ Fermette au cadre rustique entourée de prés et dotée d'une terrasse donnant sur un jardin agreste. Choix classique enrichi, l'hiver venu, de plats mijotés (en semaine).

MOERKERKE *West-Vlaanderen* **533** F 15 *et* **716** D 2 – *voir à Damme.* 19 **C1**

MOERZEKE *Oost-Vlaanderen* **533** J 16 *et* **716** F 2 – *voir à Hamme.*

MOESKROEN *Hainaut* – *voir Mouscron.*

MOL *2400 Antwerpen* **533** P 15 *et* **716** I 2 – *32 751 h.* 2 **D2**

Kiezelweg 78 (Rauw) ☎ 0 14 81 62 34, Fax 0 14 81 62 78 - Steenovens 89 (Postel) ☎ 0 14 37 36 61, Fax 0 14 37 36 62.

Markt 1a ☎ 0 14 33 07 85, toerisme@gemeentemol.be, Fax 0 14 33 07 87.

Bruxelles 78 – Antwerpen 54 – Hasselt 42 – Turnhout 23.

XXX ✿✿ **'t Zilte** (Viki Geunes), Martelarenstraat 74, ☎ 0 14 32 24 33, *tzilte@skynet.be, Fax 0 14 32 13 27,* – P ⇔. AE VISA.
fermé 1 semaine Pâques, 2 semaines en août, 1 semaine Toussaint, lundi et mardi – **Rest** *Lunch 50 bc* – 70/120 bc, carte 70/110, ♀.
Spéc. Homard en bouillon de tomate et jambon cru, fenouil en trois façons. Bar en gelée de langoustine, jus au fenugrec. Flan aux fruits de la passion, tartare d'ananas au poivre et vanille glacée
◆ Gerieflijk restaurant in een eigentijdse villa buiten het centrum met een modern-klassiek interieur. Uit de ambitieuze gerechten spreekt de inventiviteit van de chef-kok..
◆ Restaurant confortable occupant une villa moderne excentrée. Intérieur classique-contemporain cossu ; mets ambitieux et élaborés, que le chef personnalise avec inventivité.

XXX **Hippocampus** avec ch, St-Jozeflaan 79 (Est : 9 km à Wezel), ☎ 0 14 81 08 08, *chef@hippocampus.be, Fax 0 14 81 45 90,* – P ⇔. AE VISA.
fermé première semaine janvier et dernière semaine août – **Rest** *(fermé dimanche soir et lundi) Lunch 30* – 45/83 bc, carte 53/84 – 12 – **6 ch** ★76/100 – ★★85/113 – ½ P 98/148
◆ Oud landhuis in een mooi park met vijver. In de eetzaal hangt een rustige sfeer. Het terras biedt een romantisch uitzicht. Goede sigaren en fijne whisky's. Verzorgde kamers..
◆ Demeure ancienne ouverte sur un beau parc agrémenté d'un étang. Ambiance feutrée en salle ; vue romantique en terrasse. Bons cigares et whiskies raffinés. Chambres soignées.

XX **De Partituur,** Corbiestraat 62, ☎ 0 14 31 94 82, *info@partituur.net, Fax 0 14 31 57 07,* – ⇔. VISA.
fermé dernière semaine juillet, samedi midi, dimanche et lundi – **Rest** *Lunch 30* – 43/96 bc, carte 43/62, ♀
◆ In dit vriendelijke, eigentijdse restaurant vertolkt de chef-kok een klassiek-traditioneel repertoire, in harmonie met de wijn. De ambiance heeft een "jazzy" ondertoon..
◆ Au "piano" de cet établissement actuel et engageant, le chef interprète une partition culinaire sur un mode classico-traditionnel. Collection de cuivres ; ambiance "jazzy".

MOLENBEEK-ST-JEAN **(SINT-JANS-MOLENBEEK)** *Région de Bruxelles-Capitale – voir à Bruxelles.*

MOMIGNIES *Hainaut* **534** J 22 *et* **716** F 5 *– voir à Chimay.*

MONS **(BERGEN)** *7000* **P** *Hainaut* **533** I 20, **534** I 20 *et* **716** E 4 *– 91 221 h.* 7 **C2**

Voir *Collégiale Ste-Waudru★★ : statues allégoriques★ dans le chœur* **CY** *– Beffroi★* **CY D**.

Musées : *du Folklore et de la Vie montoise★ (Maison Jean Lescarts)* **DY M**[1] *– Collection de pendules★★ dans le Musée François Duesberg★* **CY M**[5].

Env. *par ④ : 9,5 km à Hornu : Le Grand-Hornu★★.*

18 9 par ① : 6 km à Erbisœul, Chemin de la Verrerie 2 ☎ 0 65 22 02 00, Fax 0 65 22 02 09 - 18 par ⑥ : 6 km à Baudour, r. Mont Garni 3 ☎ 0 65 62 27 19, Fax 0 65 62 34 10.

Grand'Place 22 ☎ 0 65 33 55 80, ot1@ville.mons.be, Fax 0 65 35 63 36 – Fédération provinciale de tourisme, r. Clercs 31 ☎ 0 65 36 04 64, federation.tourisme@hainaut.be, Fax 0 65 33 57 32.

Bruxelles 67 ① – Charleroi 36 ② – Namur 72 ① – Tournai 48 ⑤ – Maubeuge 20 ③.

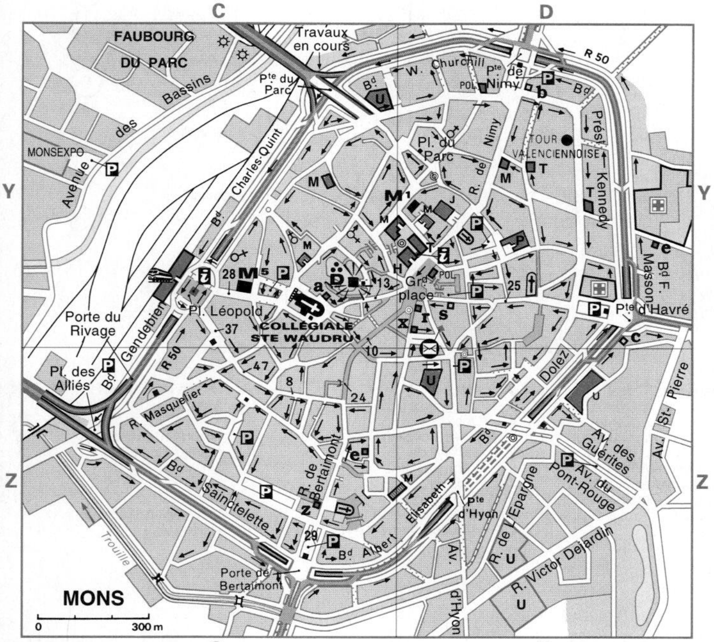

Capucins (R. des) . . . . **CZ** 8
Chaussée (R. de la) . . . . **CY** 10
Clercs (R. des). . . . . **CY** 13
Grand Rue. . . . . **CZ** 24
Havré (R. d') . . . . **DY** 25
Houssière (R. de la) . . . . **CY** 28
Jean-d'Avesnes (Av.) . . . . . . **CZ** 29
Léopold-II (R.) . . . . **CY** 37
Pte Guirlande (R.) . . . . **CZ** 47

Lido sans rest, r. Arbalestriers 112, ☎ 0 65 32 78 00, *info@lido.be, Fax 0 65 84 37 22,* – AE VISA. **DY b**
73 ch ☕ ★86/138 – ★★114/170.

◆ Cet immeuble contemporain jouxtant la Porte de Nimy abrite des chambres standard bénéficiant du confort moderne. Un buffet très varié est dressé au petit-déjeuner.

◆ Hotel in een modern flatgebouw bij de Porte de Nimy. Standaardkamers met modern comfort en een uitgebreid ontbijtbuffet.

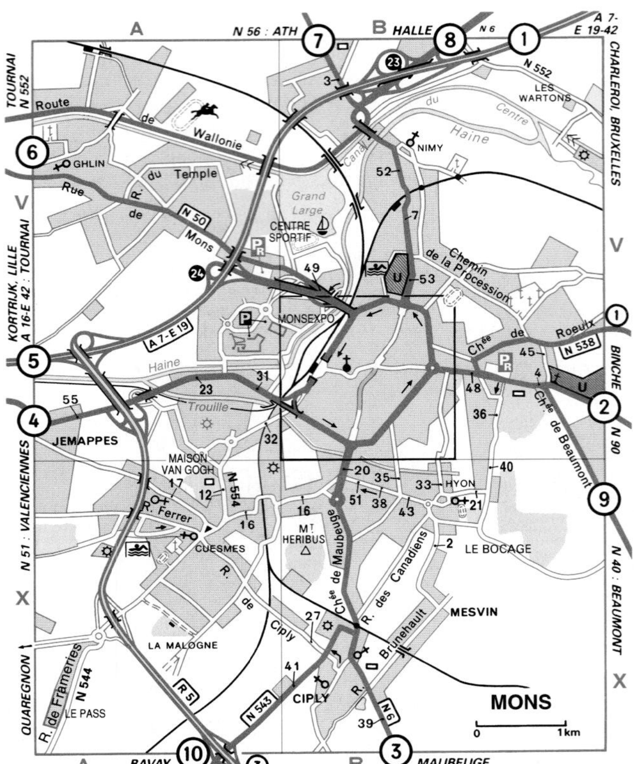

Américains (R. des) . . . . BX 2
Ath (Rte d') . . . . BV 3
Binche (Chaussée de) . . . . . BV 4
Bruxelles (Chaussée de) . . . BV 7
Chemin de fer (R.) . . . . AX 12
Etang-Derbaix (R.) . . . . AX 17
E.-Vandervelde (R.) . . . . . . ABX 16
Gaulle (Av. Gén.-de) . . . . BX 20
Genièvrerie (R.). . . . . BX 21
Grand Route . . . . AV 23
Héribus (R. de l'). . . . . BX 27
Jemappes (Av. de) . . . . AV 31
Joseph-Wauters (Av.). . . . . . AV 32
Jules-Hoyois (R.) . . . . BX 33
Lemiez (Av.) . . . . BX 35
Léon-Savé (R.) . . . . BV 36
Licorne (R. de la). . . . . BX 38
Maubeuge (Chaussée de). . . . . BX 39
Maurice-Flament (R.) . . . . . . BX 40
Monte en Peine (R.). . . . . BX 41
Montreuil-s-Bois (R.) . . . . BX 43
Mourdreux (R. des) . . . . BV 45
Reine-Astrid (Av.) . . . . BV 48
Université (Av. de l') . . . . BV 49
Vallière (Ch. de la) . . . . BX 51
Viaducs (R. des) . . . . BV 52
Victor-Maistriau (Av.). . . . . . . BV 53
Wilson (Av.). . . . . BV 55

St James sans rest, pl. de Flandre 8, ☎ 0 65 72 48 24, *hotelstjames@hotmail.com, Fax 0 65 72 48 11* – AE VISA DY c
8 – **21 ch** 69 – 77.
◆ Ancienne maison de notable dont l'intérieur a été entièrement redessiné dans un esprit design non dénué de cachet. Chambres plus tranquilles à l'arrière et dans l'annexe.
◆ Dit oude herenhuis heeft nu een designinterieur met cachet. De kamers aan de achterkant en in de dependance zijn het rustigst.

Infotel sans rest, r. Havré 32, ☎ 0 65 40 18 30, *info@hotelinfotel.be, Fax 0 65 35 62 24* – AE VISA. DY s
9 – **31 ch** 62/90 – 65/95.
◆ À deux pas de la Grand-Place, maison de maitre (18e s.) rajeunie et son extension moderne disposées autour d'une cour-parking. Deux catégories de chambres.
◆ Gerenoveerd herenhuis (18e eeuw) vlak bij de Grote Markt, met een moderne uitbouw rond de binnenplaats met parkeerruimte. Twee categorieën kamers.

XXX **Devos,** r. Coupe 7, ✆ 0 65 35 13 35, *info@restaurantdevos.be, Fax 0 65 35 37 71,* – ♿ ⇔. AE MC VISA DY r
fermé 4 au 11 février, 21 juillet-20 août, lundi soir et mercredi – **Rest** *Lunch 30* – 48/115 bc, carte 60/76.
• Ex-relais de poste où une nouvelle équipe a débarqué en 2007. Cour intérieure, salles classiques rehaussées de belles boiseries et salons pour banquets. Cuisine contemporaine.
• Oud poststation met binnenplaats, waar in 2007 een nieuw team de teugels in handen nam. Klassieke eetzalen met lambrisering en salons voor groepen. Eigentijdse keuken.

XX **La 5e saison,** r. Coupe 25, ✆ 0 65 72 82 62, *pierre-yves.gosse@skynet.be, Fax 0 65 72 82 61,* – ⇔. AE MC VISA DY x
fermé Pâques, 1re quinzaine août, Toussaint, dimanche et lundi – **Rest** 30/45, carte 32/56, ♀.
• Une vieille impasse mène à cette table au cadre moderne épuré. Recettes d'aujourd'hui où n'entrent que des ingrédients choisis, jolis menus, terrasse cachée, service alerte.
• Sober en modern ingericht restaurant in een doodlopend steegje. Eigentijdse gerechten met eersteklas ingrediënten, mooie menu's, verscholen terras en attente bediening.

XX **Chez John,** av. de l'Hôpital 10, ✆ 0 65 33 51 21, *john.naesens@skynet.be, Fax 0 65 33 76 87* – ⇔. MC VISA DY e
fermé fin août-début septembre, dimanche soir et lundi – **Rest** *Lunch 35* – 59/121 bc, carte 54/93.
• Ce restaurant cossu sort du lot par sa belle carte classico-actuelle axée produits nobles, son livre de cave fastueux et son chef-patron charismatique. Additions en rapport !
• Dit luxe restaurant onderscheidt zich door de mooie modern-klassieke kaart met topproducten, de luisterrijke wijnkelder en de charismatische chef-kok. Rekening navenant!

X **La Table des Matières,** r. Grand Trou Oudart 16, ✆ 0 65 84 17 06, *Fax 0 65 84 91 45,* Cuisine italienne – AE MC VISA. CZ e
fermé 25 juillet-20 août, 25 décembre-4 janvier, mercredi, samedi midi et dimanche soir – **Rest** *Lunch 25* – 30/40, carte 34/58.
• L'Italie s'invite à table dans cette maison au passé de couvent (1790) à débusquer parmi les rues de la ville basse. Décor actuel en salle ; invitante cour-terrasse abritée.
• In dit voormalige klooster (1790) in de benedenstad verschijnt Italië aan tafel. Moderne eetzaal en uitnodigend terras op de binnenplaats.

X **Marchal,** Rampe Ste-Waudru 4, ✆ 0 65 31 24 02, *contact@marchal.be, Fax 0 65 36 24 69,* – ⇔. AE MC VISA CY a
fermé première semaine janvier, première quinzaine août, dimanche soir, lundi, mardi, mercredi soir et jeudi soir – **Rest** 24/78 bc, carte 42/53, ♀.
• Maison de maître blottie entre collégiale et beffroi. Déjeuner simple en semaine. Repas élaboré le week-end. Cheminée décorative, parquet en point de Hongrie, petite terrasse.
• Herenhuis tussen kapittelkerk en belfort. Door de week eenvoudige lunch, in het weekend verfijndere maaltijden. Decoratieve schouw, parket in Hongaarse punt en terrasje.

X **Les enfants gâtés,** r. Bertaimont 40, ✆ 0 65 72 39 73, *Fax 0 65 72 39 73* – MC VISA. CZ z
fermé 2e semaine vacances Pâques, août, samedi midi, dimanche soir, lundi soir et mercredi soir – **Rest** *Lunch 30* – carte 31/49, ♀.
• Petit repaire gourmand du genre estaminet amélioré, où vous serez traités un peu comme des "enfants gâtés". Repas au goût du jour dans une atmosphère bistrotière.
• In deze eenvoudige eetgelegenheid, waar u als een "verwend kind" wordt behandeld, kunt u lekker smikkelen. Eigentijdse gerechten in bistrosfeer.

à Baudour *par ⑥ : 12 km* C *Saint-Ghislain 22 466 h.* – ✉ *7331 Baudour :*

X **Le Faitout,** av. Louis Goblet 161, ✆ 0 65 64 48 57, *administration@fernez.com, Fax 0 65 61 32 29,* Avec grillades – ⇔. AE MC VISA.
Rest carte 25/46.
• Grillades au feu de bois et mets traditionnels servis au choix sur la terrasse avant, près de la rôtissoire ou dans l'arrière-salle moderne (murs fuchsias, sièges Lloyd Loom).
• Geroosterd vlees en traditionele spijzen, naar keuze geserveerd op het terras aan de voorkant, bij de grill, of in de moderne eetzaal met fuchsia-muren en Lloyd Loom-stoelen.

BELGIQUE

à **Frameries** *par ⑩ : 6 km – 20 646 h. – ✉ 7080 Frameries :*

XX **L'Assiette au Beurre,** r. Industrie 278, ☎ 0 65 67 76 73, *jeanlouis.simonet@skynet.be, Fax 0 65 66 43 87,* – P. AE MC VISA
fermé 23 juillet-15 août et lundi – **Rest** (déjeuner seult sauf vendredi et samedi) *Lunch 27* – 49/89 bc, carte 54/62, ♀.
• Un journal satirique né en 1900 prête son nom à cette bonne table hennuyère qui fêtait ses 20 ans de présence en 2005. Repas dans le tempo actuel, élaboré selon le marché.
• Dit goede restaurant, dat in 2005 20 jaar bestond, is genoemd naar een satirische krant uit 1900. De chef-kok is zeer bij de tijd en gebruikt dagverse producten van de markt.

à **Masnuy-St-Jean** *par ⑦ : 6 km* C *Jurbise 9 571 h. – ✉ 7050 Masnuy-St-Jean :*

Château Saint-Jean , r. Masnuy 261, ☎ 0 65 39 64 90, *chateau-saint-jean@skynet.be, Fax 0 65 22 91 73,* – P – . MC VISA.
Rest *(fermé 15 au 31 juillet, dimanche soir, lundi, mardi et mercredi) Lunch 30* – 45/70 bc, carte 33/50 – 8 – **6 ch** 75 – 80 – ½ P 98.
• À l'époque de la Libération, W. Churchill aurait siroté un whisky dans cette propriété agreste close de murs. Belles chambres de divers styles et élégants salons particuliers. Table au décor classique assorti à la cuisine proposée. L'été, repas en plain air.
• Ten tijde van de bevrijding zou Churchill van een whisky hebben genoten op dit ommuurde landgoed. Kamers in verschillende stijlen en elegante zitkamers. Restaurant met een klassieke keuken en dito interieur. 's Zomers kan buiten worden gegeten.

à **Nimy** *par ⑦ : 6 km* C *Mons – ✉ 7020 Nimy :*

Mercure , r. Fusillés 12, ☎ 0 65 72 36 85, *hotel.mercure.mons@skynet.be, Fax 0 65 72 41 44,* , , – , ch, P – . AE MC VISA. rest
Rest *(fermé samedi, dimanche et jours fériés)* 28, carte 28/48, ♀ – 12 – **53 ch** 98 – 98 – ½ P 140.
• Dans un site forestier, immeuble de la fin des années 1960 rénové en 2005. Chambres et communs modernes, salles de réunions, salon-cheminée, bar anglais et piscine extérieure. Restaurant au cadre contemporain clair, dont les grandes baies ouvrent sur les bois.
• Dit flatgebouw uit de jaren 1960 in een bosrijke omgeving is in 2005 gerenoveerd. Moderne kamers, vergaderzalen, lounge met schouw, Engelse bar en openluchtbad. Licht en eigentijds restaurant met grote glaspuien die op het bos uitkijken.

à **St-Symphorien** *par ② : 5 km* C *Mons – ✉ 7030 St-Symphorien :*

X **Le Comptoir,** chaussée du Roi Baudouin 117, ☎ 0 65 84 77 00, *hotelstjames@hotmail.com,* – P. AE MC VISA
fermé samedi midi, dimanche soir et lundi – **Rest** *Lunch 18* – carte 35/64.
• Carte classico-actuelle, écriteau suggestif étoffé et intérieur moderne dépouillé pour ce resto de la périphérie montoise implanté près de la grand-route. Terrasse arrière.
• Restaurant aan de rand van Bergen, vlak bij de grote weg. Modern-klassieke kaart en dagsuggesties op een leitje. Sober, eigentijds interieur en terras aan de achterzijde.

MONTAIGU *Vlaams-Brabant* – *voir Scherpenheuvel.*

MONTIGNIES-ST-CHRISTOPHE *6560 Hainaut* C *Erquelinnes 9 549 h.* **533** K 21, **534** K 21 *et* **716** F 5.
Bruxelles 70 – Mons 25 – Charleroi 30 – Maubeuge 20.

XXX **Lettres Gourmandes,** rte de Mons 52, ☎ 0 71 55 56 22, *lettresgourmandes@euphonynet.be, Fax 0 71 55 62 03* – P. AE MC VISA
fermé 1er au 11 septembre, 19 décembre-10 janvier, mercredi, jeudi et dimanche soir – **Rest** *Lunch 20* – 36/64 bc, carte 45/57, ♀.
• Près d'un pont romain, bonne villa de bouche relookée dans un style trendy sobre et coloré. Cuisine du moment faite par le chef-patron ; patronne en salle. Carte-souvenir.
• Goed restaurant bij de Romeinse brug, met een sober, kleurig en trendy interieur. De patron bereidt eigentijdse gerechten die door zijn vrouw worden opgediend. Souvenirkaart.

MONTIGNY-LE-TILLEUL *Hainaut* **533** L 20, **534** L 20 *et* **716** G 4 – *voir à Charleroi.* 7 **D2**

MONT-SAINTE-GENEVIÈVE *Hainaut* **533** K 20, **534** K 20 *et* **716** F 4 – *voir à Lobbes.*

MONT-SUR-MARCHIENNE *Hainaut* **533** L 20, **534** L 20 *et* **716** G 4 – *voir à Charleroi.*

MOPERTINGEN *Limburg* **533** S 17 *et* **716** J 3 – *voir à Bilzen.*

MOUSCRON **(MOESKROEN)** *7700 Hainaut* **533** E 18, **534** E 18 *et* **716** C 3 – *52 825 h.* 6 **A1**

pl. Gérard Kasiers 15 ☎ 0 56 86 03 70, mouscron.tourisme@mouscron.be, Fax 0 56 86 03 71.

Bruxelles 101 ③ – Mons 71 ⑤ – Kortrijk 13 ④ – Tournai 23 ⑤ – Lille 23 ③.

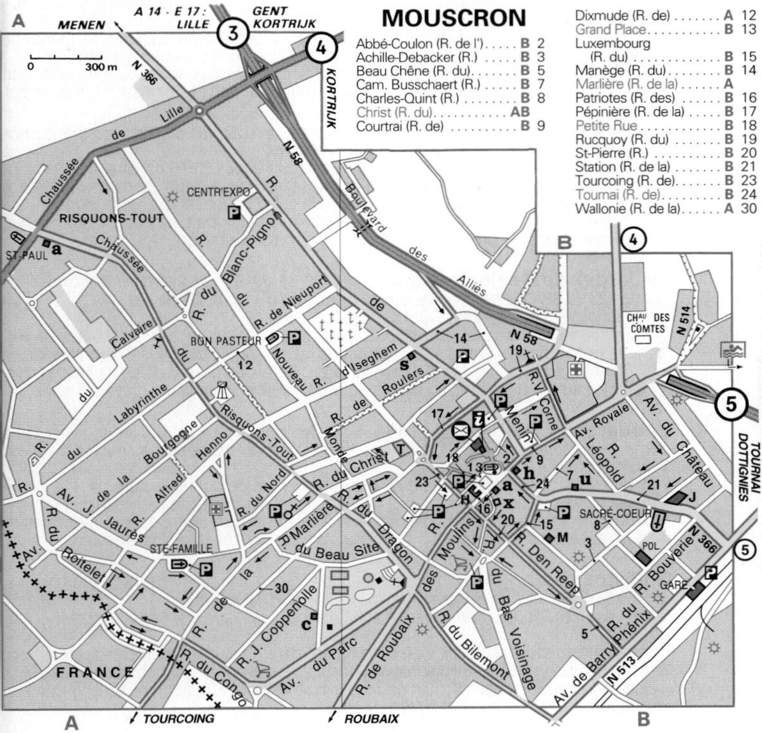

MOUSCRON

Abbé-Coulon (R. de l') . . . . . B 2
Achille-Debacker (R.) . . . . . B 3
Beau Chêne (R. du) . . . . B 5
Cam. Busschaert (R.) . . . . . B 7
Charles-Quint (R.) . . . . B 8
Christ (R. du) . . . . AB
Courtrai (R. de) . . . . B 9
Dixmude (R. de) . . . . A 12
Grand Place . . . . B 13
Luxembourg (R. du) . . . . B 15
Manège (R. du) . . . . B 14
Marlière (R. de la) . . . . . . A
Patriotes (R. des) . . . . . . B 16
Pépinière (R. de la) . . . . . B 17
Petite Rue . . . . B 18
Rucquoy (R. du) . . . . B 19
St-Pierre (R.) . . . . B 20
Station (R. de la) . . . . B 21
Tourcoing (R. de) . . . . B 23
Tournai (R. de) . . . . B 24
Wallonie (R. de la) . . . . . . A 30

Alize sans rest, Passage Saint-Pierre 34, ☎ 0 56 56 15 61, *alize@hotelalize.be, Fax 0 56 56 15 60,* – – . B x

58 ch – 82/125 – 97/180.

◆ Inaugurée en 2006 au voisinage de la Grand Place, cette bâtisse hôtelière moderne met à profit le site d'une ancienne brûlerie de café. Confort fonctionnel dans les chambres.

◆ Dit moderne hotel opende in 2006 zijn deuren en staat op de plek van een oude koffiebranderij in de buurt van de Grote Markt. Kamers met functioneel comfort.

XX

Au Petit Château, bd des Alliés 243 (par ⑤ : 2 km sur N 58), ✉ 7700 Luingne, ☎ 0 56 33 22 07, *aupetitchateau@skynet.be, Fax 0 56 84 02 11* – . .

fermé 2 semaines fin janvier, mi-juillet-début août, dimanche soir, lundi soir, mardi soir et mercredi – **Rest** 27/69 bc, carte 43/68, ♀.

◆ C'est plus une grande villa qu'un "petit château", mais le soin apporté à l'assiette et au décor (plafond-miroir ; tons rose, violet et pourpre) fait pardonner l'exagération !

◆ Het is eerder een grote villa dan een kasteeltje, maar het verzorgde eten en de mooie inrichting (spiegelplafond en warme kleuren) maken deze overdrijving meer dan goed!

XX **Madame,** r. Roi Chevalier 17, ✆ 0 56 34 43 53, *restaurant-madame@skynet.be, Fax 0 56 34 54 30,* – ▤. AE MC VISA A c
fermé 16 juillet-14 août, dimanche soir, lundi et mardi – **Rest** *Lunch 25 bc* – 32/64 bc, carte 32/46, ♀.
◆ Une cuisinière dirige les fourneaux de cette maison tournée vers le parc municipal. Intérieur sobre et frais, choix traditionnel alléchant, généreux menus boissons incluses.
◆ Restaurant bij het stadspark, met een vrouw aan het hoofd van de keukenbrigade. Sober en fris interieur, traditionele kaart en aantrekkelijke menu's incl. drank.

XX **L'Escapade,** Grand'Place 34, ✆ 0 56 84 13 13, *info@moresto.be, Fax 0 56 84 36 46,* – ▤. AE ⓓ MC VISA B a
fermé 2e quinzaine juillet – **Rest** (déjeuner seult sauf jeudi, vendredi et samedi) *Lunch 16* – 35/47 bc, carte 36/56, ♀.
◆ Table au cadre moderne située sur la Grand'Place. Carte classico-traditionnelle, menus de saison et suggestions selon le marché. Cuisine visible à l'entrée. Terrasse arrière.
◆ Modern restaurant aan de Grote Markt. Traditioneel-klassieke kaart, seizoengebonden menu's en suggesties afhankelijk van de markt. Keuken te zien bij de ingang. Terras achter.

XX **Carpe Diem,** chaussée du Risquons-Tout 585, ✆ 0 56 34 65 72, *restaurant-carpediem@tvcable.be, Fax 0 56 34 65 72,* – P ⇔. MC VISA A a
fermé samedi midi, dimanche soir et lundi – **Rest** *Lunch 20 bc* – 25/45 bc, carte 41/49.
◆ Table classico-contemporaine au cadre moderne installée à l'écart du centre, près de la frontière franco-belge. Patron au piano et son aimable épouse en salle. Belle terrasse.
◆ Modern-klassiek restaurant met een eigentijdse inrichting, buiten het centrum, niet ver van de Frans-Belgische grens. De baas kookt en zijn vrouw serveert. Mooi terras.

X **Au Jardin de Pékin,** r. Station 9, ✆ 0 56 33 72 88, *jardindepekin@hotmail.com, Fax 0 56 33 77 88,* Cuisine chinoise, ouvert jusqu'à 23 h – ▤ ⇔. AE MC VISA. ✂ B u
fermé lundis non fériés – **Rest** *Lunch 8* – 16/47 bc, carte 16/32.
◆ Ce restaurant chinois au cadre chic sans surcharge passait en 2007 le cap des 20 ans. Grande carte authentique et bel assortiment de menus. Aquarium peuplé de carpes koï.
◆ Dit Chinese restaurant, dat in 2007 zijn 20-jarig bestaan vierde, is van een ingetogen chic. Uitgebreide authentieke kaart en mooi assortiment menu's. Aquarium met koikarpers.

X **L'Aquarelle,** r. Menin 185, ✆ 0 56 34 55 36 – ▤. MC VISA B s
fermé 2 semaines en mars, 3 semaines en septembre, mardi soir et mercredi – **Rest** 41 bc/45 bc, carte 24/38.
◆ Maison vous conviant à un repas classico-traditionnel de bonne facture dans sa petite salle aux tables rapprochées et à l'éclairage tamisé. Menus plébiscités par les habitués.
◆ Restaurant voor een goede traditioneel-klassieke maaltijd. Kleine eetzaal met tafeltjes dicht op elkaar en sfeerverlichting. De menu's zijn zeer in trek bij de vaste gasten.

X **Le Bistro des Anges,** r. Tombrouck 6 (par ⑤ : 2 km sur N 58), ✉ 7700 Luingne, ✆ 0 56 33 00 55, *bistrodesanges@hotmail.com* – ▤ P. AE MC VISA
fermé vacances Pâques, 2 semaines en août, mercredi soir et jeudi – **Rest** *Lunch 35 bc* – carte 32/53, ♀.
◆ Restaurant au cadre actuel de type bistrot établi dans une villa à l'approche de Mouscron. Registre traditionnel semé de pointes d'exotisme. Nombreuses suggestions au tableau.
◆ Eigentijdse bistro in een villa aan de rand van Moeskroen. Traditionele keuken met een exotische noot. Tal van suggesties op het schoolbord.

X **La Cloche,** r. Tournai 9, ✆ 0 56 85 50 30, *info@moresto.be, Fax 0 56 85 50 33,* Brasserie, ouvert jusqu'à 23 h – ▤ ⇔. AE ⓓ MC VISA B h
fermé 24 décembre soir – **Rest** *Lunch 13* – 19/40 bc, carte 19/49.
◆ On se tape la cloche depuis 1771 dans ce sympathique estaminet flamand prisé des Français. Poutres, lambris patinés et nappage vichy en salles. Table traditionnelle régionale.
◆ In dit gezellige Vlaamse eettentje luidt de klok al sinds 1771. Hanenbalken, lambrisering en geruite tafelkleedjes in de eetzaal. Traditionele streekkeuken.

à Herseaux *par ⑤ : 4 km* C *Mouscron* – ✉ *7712 Herseaux :*

X **La Broche de Fer,** r. Broche de Fer 273 (lieu-dit Les Ballons), ✆ 0 56 33 15 16, *broche-de-fer@skynet.be, Fax 0 56 34 10 54,* Avec bistrot, ouvert jusqu'à 23 h – P ⇔. ✂
fermé 15 juillet-15 août, lundi soir, mardi, mercredi et jeudi soir – **Rest** *Lunch 22* – 30/58 bc, carte 32/51.
◆ Bâtisse d'aspect rustique offrant trois prestations sous le même toit : table traditionnelle, bistrot nommé "gastroquet" et salles de banquets. Cuisine bourgeoise de bon aloi.
◆ Rustiek gebouw met drie formules onder één dak: traditioneel restaurant, bistro met de naam "Gastroquet" en banquetingzalen. Smakelijke burgerkost.

MULLEM *Oost-Vlaanderen* **533** G 17 – *voir à Oudenaarde.*

NADRIN *6660 Luxembourg belge* Ⓒ *Houffalize 4 749 h.* **534** T 22 *et* **716** K 5. 13 **C1**

Voir *Belvédère des Six Ourthe★★, Le Hérou★★.*

Bruxelles 140 – Arlon 68 – Bastogne 29 – Bouillon 82 – La Roche-en-Ardenne 13.

La Gentilhommière ⛰, r. Hérou 51, ✆ 0 84 44 51 85, ≤, ⛱, – ⅊ P. ✻
fermé 17 septembre-7 octobre – **Rest** voir rest ***La Plume d'Oie*** ci-après – **4 ch** ☐ ★71/79 – ★★71/79.

◆ Villa dont les murs de briques rouges se mirent à la surface d'une belle piscine. Chambres calmes et "cosy", avec terrasse ou balcon. Jardin de repos et vue sur la vallée.

◆ De rode bakstenen muren van deze villa worden in het mooie zwembad weerspiegeld. Rustige, knusse kamers met terras of balkon. Rustgevende tuin met uitzicht op het dal.

XX **Hostellerie du Panorama** ⛰ avec ch, r. Hérou 41, ✆ 0 84 44 43 24, *lepanorama@skynet.be, Fax 0 84 44 46 63,* ≤ vallées boisées, – ⅊ P ⇔. AE ⓓ VISA. ✻ ch
ouvert Pâques-14 novembre et week-end; fermé janvier, 1er au 15 juillet et mercredi – **Rest** 30/50 – ☐ 8 – **14** ch ☐ ★50 – ★★70/120 – ½ P 70/80.

◆ Paisible hostellerie surplombant la verte vallée de l'Ourthe, que l'on admire par les baies du restaurant et depuis les terrasses des chambres de l'annexe. Repas traditionnel.

◆ Rustig hotel boven het groene dal van de Ourthe, dat te zien is vanuit het restaurant en vanaf het terras van de kamers in de dependance. Traditionele kookstijl.

XX **La Plume d'Oie** - H. La Gentilhommière, pl. du Centre 3, ✆ 0 84 44 44 36, *plumedoie@skynet.be, Fax 0 84 44 44 36,* ≤, ⛱ – MC VISA
fermé 2 premières semaines juillet, mardi soir et mercredi – **Rest** 28/75 bc, carte 35/66.

◆ Choisissez cette table pour son cadre rustique-contemporain bien soigné et ses menus de bonnes bases classiques, souvent mis à jour. Joli salon-mezzanine ; petite terrasse.

◆ Restaurant met een verzorgd, rustiek-eigentijds decor. De menu's hebben een goede, klassieke basis en worden regelmatig bijgesteld. Salon met mezzanine. Klein terras.

NALINNES *Hainaut* **533** L 21, **534** L 21 *et* **716** G 5 – *voir à Charleroi.* 7 **D2**

Ch. Bastin et J. Evrard/MICHELIN

La citadelle de Namur

NAMUR – NAMEN

5000 [P] **533** O 20, **534** O 20 *et* **716** H 4 – *107 178 h.* 15 **C1**

Bruxelles 64 ① – Charleroi 38 ⑥ – Liège 61 ① – Luxembourg 158 ③.

RENSEIGNEMENTS PRATIQUES

Casino BZ, *av. Baron de Moreau 1 ☎ 0 81 22 30 21, Fax 0 81 24 11 05.*

i *Square Leopold ☎ 0 81 24 64 49, Maison.tourisme.namur@ville.namur.be, Fax 0 81 24 71 28 et (en saison) Chalet, pl. du Grognon ☎ 0 81 24 64 48, Fax 0 81 24 71 28 – Fédération provinciale de tourisme, av. Reine Astrid 22, ☎ 0 81 74 99 00, tourisme@ ftpn.be, Fax 0 81 74 99 29.*

⛳9 *à l'Est : 22 km à Andenne, Ferme du Moulin, Stud 52 ☎ 0 85 84 34 04, Fax 0 85 84 34 04.*

TRANSPORTS

Aéroport : *☎ 0 81 55 93 55, info@publi-air.be.*

CURIOSITÉS

Voir *Citadelle*★ ※★★ BZ – *Trésor*★★ *du prieuré d'Oignies aux sœurs de Notre-Dame* BCZ **K** – *Église St-Loup*★ BZ – *Le Centre*★.

Musées : *Archéologique*★ BZ **M**² – *des Arts Anciens du Namurois*★ BY **M**³ – *Diocésain et trésor de la cathédrale*★ BYZ **M**⁴ – *de Groesbeek de Croix*★ BZ **M**⁵ – *Félicien Rops*★ BZ **M**⁶.

Env. *par ⑤ : 11 km à Floreffe : stalles*★ *de l'église abbatiale.*

BELGIQUE

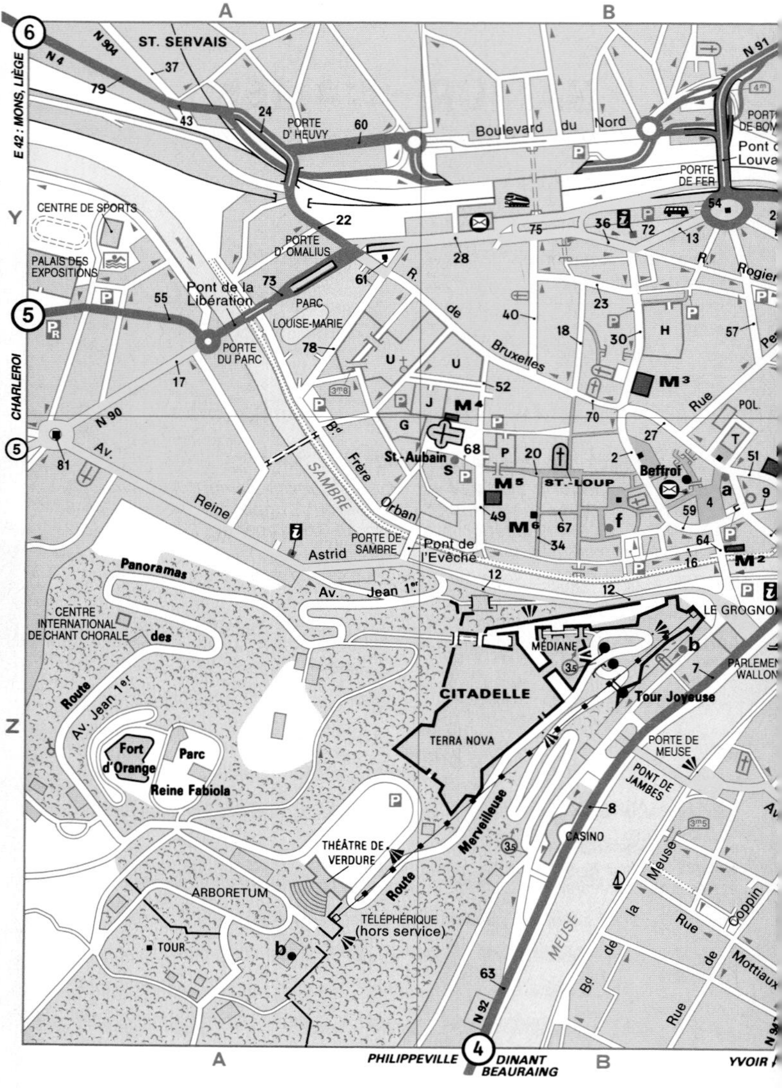

A
B
E 42 : MONS, LIÈGE
6
N 4
N 904
ST. SERVAIS
37
79
43
24
PORTE D' HEUVY
60
Boulevard du Nord
N 91
PORTE DE BOM
Pont de Louvain
PORTE DE FER
54
CENTRE DE SPORTS
Y
22
PORTE D' OMALIUS
28
75
36
72
13
R. Rogier
PALAIS DES EXPOSITIONS
61
73
Pont de la Libération
PARC LOUISE-MARIE
R. de Bruxelles
23
40
55
5
CHARLEROI
PORTE DU PARC
78
18
30
H
57
17
U
U
52
M3
N 90
Bd Frère Orban
J
M4
70
Rue
POL.
G
27
T
5
81
Av. Reine Astrid
SAMBRE
68
St.-Aubain
S
P
20
2
Beffroi
51
ST.-LOUP
M5
a
4
9
49
M6
67
f
59
PORTE DE SAMBRE
Pont de l'Evêché
34
64
16
M2
Panoramas
Av. Jean 1er
12
12
LE GROGNON
CENTRE INTERNATIONAL DE CHANT CHORALE
des
MÉDIANE
b
7
PARLEMENT WALLON
Route
Av. Jean 1er
CITADELLE
Tour Joyeuse
Z
TERRA NOVA
PORTE DE MEUSE
Fort d'Orange
Parc
Reine Fabiola
PONT DE JAMBES
Merveilleuse
8
CASINO
THÉÂTRE DE VERDURE
Route
ARBORETUM
Rue de la Meuse
Rue Coppin
TÉLÉPHÉRIQUE (hors service)
MEUSE
TOUR
b
Rue de Mottiaux
Bd de
63
N 92
Rue
A
PHILIPPEVILLE
4
DINANT BEAURAING
B
YVOIR

Comment choisir entre deux adresses équivalentes ? Dans chaque catégorie, les établissements sont classés par ordre de préférence : nos coups de cœur d'abord.

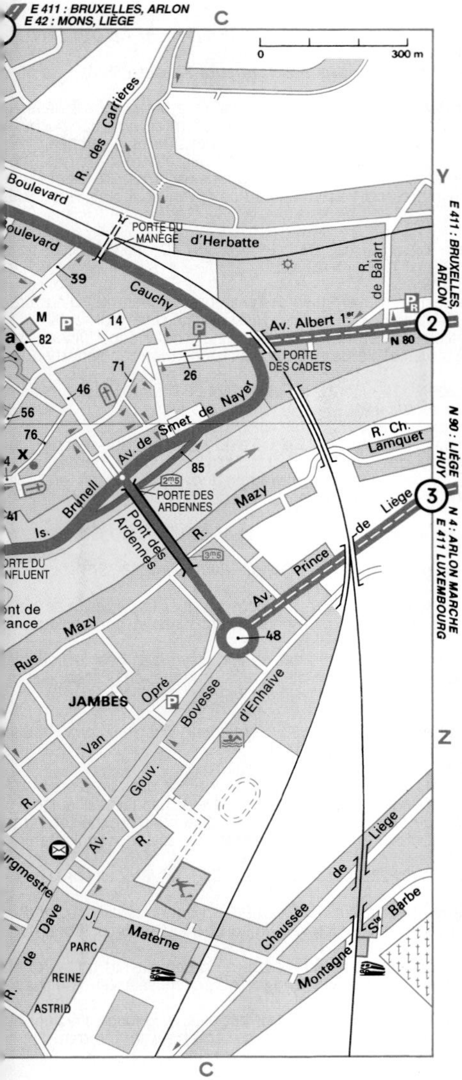

NAMUR

Ange (R. de l')	BZ	2
Armes (Pl. d')	BZ	4
Baron-de-Moreau (Av.)	BZ	8
Baron-L.-Huart (Bd)	BZ	7
Bas de la Place (R.)	BZ	9
Bord de l'Eau (R. du)	BZ	12
Borgnet (R.)	BY	13
Bourgeois (R. des)	CY	14
Brasseurs (R. des)	BZ	16
Cardinal-Mercier (Av.)	AY	17
Carmes (R. des)	BY	18
Célestines (Pl. des)	CY	19
Collège (R. du)	BZ	20
Combattants (Av. des)	AY	22
Croisiers (R. des)	BY	23
Croix du Feu (Av. des)	AY	24
Dewez (R.)	BCY	25
École des Cadets (Pl. de l')	CY	26
Emile-Cuvelier (R.)	BYZ	27
Ernest-Mélot (Bd)	BY	28
Fernand-Golenvaux (Av.)	BZ	31
Fer (R. de)	BY	30
Fumal (R.)	BZ	34
Gare (Av. de la)	BY	36
Gembloux (R. de)	AY	37
Général-Michel (R.)	CY	39
Godefroid (R.)	BY	40
Gravière (R. de)	CZ	41
Hastedon (Pl. d')	AY	43
Ilon (Pl. l')	CZ	44
Joséphine-Charlotte (Pl.)	CZ	48
Joseph-Saintraint (R.)	BZ	49
Julie-Billiard (R.)	BZ	51
J.-B.-Brabant (R.)	CY	46
Lelièvre (R.)	BY	52
Léoplod-II (Av.)	AY	55
Léopold (Pl.)	BY	54
Léopold (Sq.)	BY	72
Lombard (R. du)	CYZ	56
Lucien-Namèche (R.)	BY	57
Marchovelette (R. de)	BZ	59
Merckem (Bd de)	AY	60
Omalius (Pl. d')	AY	61
Plante (Av. de la)	BZ	63
Pont (R. du)	BZ	64
Rupplémont (R.)	BZ	67
St-Aubain (Pl.)	BZ	68
St-Jacques (R.)	BY	70
St-Nicolas (R.)	CY	71
Stassart (Av. de)	AY	73
Station (Pl. de la)	BY	75
Tanneries (R. des)	CYZ	76
Vierge (Rempart de la)	AY	78
Waterloo (Chaussée de)	AY	79
Wiertz (Pl.)	AZ	81
1er-Lanciers (R. du)	CY	82
4-Fils-Aymon (R. des)	CZ	85

Première distinction : l'étoile ✿.
Elle couronne les tables pour lesquelles on ferait des kilomètres !

Quartiers du centre :

Les Tanneurs, r. Tanneries 13, ✆ 0 81 24 00 24, *info@tanneurs.com, Fax 0 81 24 00 25,* – , ch, – . AE VISA CZ x
Rest voir rest ***L'Espièglerie*** ci-après – ***Le Grill des Tanneurs*** 27, carte 35/46 – ☕ 10 – **28 ch** 50/200 – 65/215 – ½ P 120/180.
◆ Chambres de bon confort distribuées dans une vieille tannerie promue hostellerie au terme d'une rénovation complète. Le "Visiteur" Jean Reno y a dormi comme une bûche. À l'étage, restaurant-grill au cadre rustique. Intéressant menu-choix. Terrasse perchée.
◆ Deze oude leerlooierij is na een ingrijpende verbouwing een aantrekkelijk hotel geworden. De comfortabele kamers staan garant voor een goede nachtrust. Rustiek restaurant annex grillroom met een interessant keuzemenu op de bovenverdieping. Hooggelegen terras.

Ibis sans rest, r. Premier Lanciers 10, ✆ 0 81 25 75 40, *h3151@accor.com, Fax 0 81 25 75 50* – . AE VISA CY a
☕ 10 – **92 ch** 69/79 – 69/79.
◆ Les fidèles habitués de l'enseigne trouveront ici des chambres un rien moins austères qu'à l'accoutumée. Bar d'esprit nautique où l'on prend aussi le café et les croissants.
◆ Trouwe gasten van de Ibisketen zullen de kamers hier iets minder sober vinden dan normaal. Bar in nautische stijl, waar ook koffie en croissants kunnen worden genuttigd.

L'Espièglerie - H. Les Tanneurs, r. Tanneries 13, ✆ 0 81 24 00 24, *info@tanneurs.com, Fax 0 81 24 00 25* – . AE VISA CZ x
fermé samedi midi et dimanche soir – **Rest** *Lunch 28* – 45/77 bc, carte 62/84, .
◆ Beau restaurant agrégé à l'hôtel Les Tanneurs. Salles à manger en enfilade séparées par des arcades de pierre. Mets goûtés des fines fourchettes. Excellent choix de bordeaux.
◆ Mooi restaurant in hotel Les Tanneurs. De eetzalen worden door stenen bogen van elkaar afgescheiden. Gastronomische keuken en uitstekende selectie bordeauxwijnen.

La Petite Fugue, pl. Chanoine Descamps 5, ✆ 0 81 23 13 20, *lapetitefugue@yahoo.fr, Fax 0 81 23 13 20,* BZ f
fermé 2 semaines Pâques, 2 semaines Toussaint et lundi – **Rest** *Lunch 25* – 35/67 bc, carte 32/56, .
◆ Sur une placette animée les soirs d'été, table soigneusement rajeunie, estimée pour ses menu-choix contemporains et les bons millésimes (bourgognes et bordeaux) de sa cave.
◆ Dit gerenoveerde restaurant aan een pleintje dat op zomeravonden heel levendig is, staat bekend om de eigentijdse keuzemenu's en de grote bourgognes en bordeaux uit de kelder.

Brasserie Henry, pl. St-Aubain 3, ✆ 0 81 22 02 04, *brasshenry@hotmail.com, Fax 0 81 22 05 66,* , Ouvert jusqu'à minuit – . AE VISA BZ s
fermé 2ᵉ quinzaine juillet – **Rest** *Lunch 19* – 27/43 bc, carte 24/41, .
◆ Immeuble de style Napoléon III restauré avec bonheur pour offrir, dans un cadre historique, une prestation du type brasserie parisienne. Superbe salle de banquets à l'étage.
◆ Fraai gerestaureerd pand uit de tijd van Napoleon III, om in een historische setting te genieten van een typisch Parijse brasseriekeuken. Boven prachtige zaal voor banketten.

Les Embruns, r. La Tour 2, ✆ 0 81 22 74 41, *Fax 0 81 22 73 41,* , Produits de la mer – VISA. BZ a
fermé Pâques, 3 dernières semaines de juillet, 15 décembre-15 janvier, dimanche, lundi et après 20 h 30 – **Rest** (déjeuner seult sauf vendredi et samedi de Pâques à fin octobre) *Lunch 24* – carte 31/48, .
◆ Cette poissonnerie-restaurant ancrée près du théâtre ne désemplit pas à l'heure du déjeuner. Grand choix de produits de la mer et menu-carte à prix muselé. Terrasse chauffée.
◆ Restaurant annex viswinkel (bij de schouwburg), waar het tijdens de lunch altijd vol zit. Natuurlijk veel vis op de kaart en een aantrekkelijk geprijsd menu. Verwarmd terras.

direction citadelle (le Grognon) :

Château de Namur (Établissement d'application hôtelière), av. Ermitage 1, ✆ 0 81 72 99 00, *info@chateaudenamur.com, Fax 0 81 72 99 99,* , , , , – . AE VISA. AZ b
Rest *Lunch 30* – 49, carte 45/66 – ☕ 15 – **29 ch** 100/195 – 125/195 – ½ P 124/140.
◆ École d'hôtellerie occupant une belle demeure ancienne perchée sur les hauteurs boisées de Namur. Chambres avec vue en façade et parc reposant. Table où le futur "gratin" de la gastronomie wallonne fait ses gammes. Cadre actuel et répertoire de base classique.
◆ Deze hotelschool is gevestigd in een mooi oud herenhuis in de beboste heuvels van Namen. Kamers met uitzicht aan de voorkant en rustgevend park. Modern restaurant met een gemoderniseerde klassieke keuken, waar veelbelovende Waalse koks in de leer gaan.

BELGIQUE

XXX **Biétrumé Picar,** Tienne Maquet 16 (par ④ : 3 km sur N 92, La Plante), ✆ 0 81 23 07 39, *charlesjeandrain@proximedia.be, Fax 0 81 23 10 32,* – P. AE ① MC VISA
fermé dimanche et lundi – **Rest** *Lunch 30* – 40.
◆ Salon "cosy" et chaleureuse salle avec lustres en cristal et mobilier de style en cette villa aux abords boisés. Menu multi-choix extensible, mêlant tradition et goût du jour.
◆ Gezellige salon en sfeervolle eetzaal met kroonluchters en stijlmeubelen in deze villa in een bosrijke omgeving. Het meerkeuzemenu is een mix van traditioneel en modern.

X **Cuisinémoi** (Benoit Van den Branden), r. Notre-Dame 44, ✆ 0 81 22 91 81, *resto@cuisinemoi.be, Fax 0 81 22 43 83* – . AE MC VISA BZ b
fermé première semaine janvier, 1 semaine après Pâques, dimanche et lundi – **Rest** (prévenir) *Lunch 27* – 40/80 bc, carte 55/70, ♀.
Spéc. Préparation de langoustines selon l'humeur du chef. Pigeonneau et sa garniture de saison. Moelleux au chocolat coulant.
◆ Bonne adresse offrant les plaisirs d'une cuisine actuelle à touches méditerranéennes dans une salle longue et étroite, au décor attachant (carrelage rétro, lambris modernes).
◆ Goed adresje voor een eigentijdse maaltijd met een mediterraan accent in een lange, smalle eetzaal met een leuke inrichting (oude vloertegels en moderne lambrisering).

à Bouge *par ② : 3 km* C *Namur* – ✉ *5004 Bouge :*

La Ferme du Quartier , pl. Ste Marguerite 4, ✆ 0 81 21 11 05, *Fax 0 81 21 59 18,* , – P – . AE ① MC VISA.
fermé juillet, 22 au 31 décembre et dimanche – **Rest** 27/38, carte 29/42 – **14 ch** 45/55 – 60/70 – ½ P 65/75.
◆ Une ancienne ferme de type mosan, bâtie en pierres vers 1650, procure un cadre plaisant à cette affaire familiale. Petites chambres modernisées à l'annexe. Salle de restaurant claire et spacieuse, agrémentée d'une terrasse. Choix classico-traditionnel varié.
◆ Dit hotel, dat door een familie wordt gerund, is gevestigd in een mooie oude boerderij in Maaslandse stijl uit 1650. Kleine gemoderniseerde kamers in het bijgebouw. Lichte en ruime eetzaal met terras. Gevarieerde kaart met traditioneel-klassieke gerechten.

à Émines *Nord : 6 km* C *La Bruyère 8 263 h.* – ✉ *5080 Émines :*

Château d'Émines sans rest, r. Rhisnes 45, ✆ 0 81 21 30 23, *chateaudemines@skynet.be,* , , – P – .
fermé juillet-août – **3 ch** 60 – 70.
◆ Demeure de 1730 remaniée vers 1900 et restaurée au 20e s. Chambres ouvrant sur le parc avec étangs (pêche, canotage), piscine et tennis. Expo bédéphile et portraits d'aïeux.
◆ Dit pand uit 1730 werd rond 1900 veranderd en in de 20e eeuw gerestaureerd. De kamers kijken uit op het park met vijvers (vissen, kanoën), zwembad en tennisbaan. Stripverhaaltentoonstelling, portretten van voorouders.

à Jambes C *Namur* – ✉ *5100 Jambes :*

XX **La Plage d'Amée,** r. Peupliers 2 (5 km par r. Dave; avant voie ferrée première rue à droite), ✆ 0 81 30 93 39, *plagedamee@scarlet.be, Fax 0 81 30 94 81,* ←, , – P . AE MC VISA
fermé 1 semaine Pâques, fin août-début septembre, fin décembre-début janvier, dimanche et lundi – **Rest** *Lunch 22* – 32/44, ♀.
◆ Ce pavillon en verre et inox brossé tourné vers la Meuse plaît pour son cadre moderne, pour sa belle terrasse riveraine et pour son menu 4 services changeant chaque semaine.
◆ Het succesrecept van dit restaurant in een vrijstaand huis van glas en staal aan de Maas? Modern interieur, mooi terras aan het water en goed vier-gangen menu.

à Lives-sur-Meuse *par ③ : 9 km* C *Namur* – ✉ *5101 Lives-sur-Meuse :*

New Hotel de Lives, chaussée de Liège 1178, ✆ 0 81 58 05 13, *info@newhoteldelives.com, Fax 0 81 58 15 77,* , – , rest, P – . AE ① MC VISA
Rest *Lunch 22* – 26/72 bc, carte 30/50 – **20 ch** 70/130 – 85/140 – ½ P 92/184.
◆ Entre Namur et Andenne, le long de la chaussée de Liège, grande auberge en pierres du pays vous réservant un accueil familial. Pimpantes chambres où l'on a ses aises. Repas traditionnel servi dans une jolie salle affichant un petit côté "bonbonnière".
◆ In deze grote herberg van steen uit de streek tussen Namen en Andenne, aan de weg naar Luik, wacht u een vriendelijke ontvangst. Keurige kamers waar u volop ruimte heeft. In de met zorg ingerichte eetzaal wordt een traditionele maaltijd geserveerd.

XXXX **La Bergerie** (Guy Lefevere), r. Mosanville 100, ✆ 0 81 58 06 13, *marc@bergerielives.be, Fax 0 81 58 19 39* – P . AE ① MC VISA
fermé mi-février-début mars, mi-août-début septembre, lundis soirs et mardis soirs non fériés, dimanche soir, lundi midi et mardi midi – **Rest** *Lunch 45* – 70/125 bc, carte 84/127.
Spéc. Truite du vivier au bleu. Agneau rôti 'Bergerie'. Gâteau de crêpes soufflées.
◆ Un cadre de verdure luxuriant ajoute au charme de cette élégante maison de bouche familiale bordée de pièces d'eau. Cuisine de bonnes bases classiques ; vins de fruits belges.
◆ De weelderig groene omgeving en waterpartijen dragen zeker bij tot de charme van dit stijlvolle familierestaurant. Goede klassieke keuken en Belgische fruitwijnen.

BELGIQUE

à Malonne *par ⑤ : 8 km* 🄲 *Namur – ✉ 5020 Malonne :*

X **Le Pot-au-Feu,** Trieux des Scieurs 22, ☎ 0 81 44 03 32, *alainpeters@scarlet.be, Fax 0 81 44 60 20* – P ⇔. MC VISA
fermé 2 au 14 janvier, 16 au 22 avril, 3 au 17 septembre, 3 au 9 novembre, dimanche soir, lundi soir, mardi et mercredi soir – **Rest** Lunch 16 – 26/59 bc, carte 34/42.
◆ Recettes traditionnelles variant selon le marché et menus cycliques autour de divers thèmes, à apprécier dans la cave d'une villa de la fin du 20e s. Ambiance sympathique.
◆ Leuk restaurantje in de kelderverdieping van een villa uit de late 20e eeuw. Traditionele keuken op basis van dagverse producten en seizoensgebonden themamenu's.

à Temploux *par ⑥ : 7 km* 🄲 *Namur – ✉ 5020 Temploux :*

XXX **l'Essentiel,** r. Roger Clément 32 (2,5 km par Chemin du Moustier), ☎ 0 81 56 86 16, *info@lessentiel.be, Fax 0 81 56 86 36*, 余 – P ⇔. AE ⓓ MC VISA
fermé 1 semaine Pâques, 2 semaines en juillet, fin décembre-début janvier, dimanche et lundi – **Rest** Lunch 32 – 44/110 bc, carte env. 65, ♀.
◆ Bâtisse au cachet fort construite en pierres et briques. Jardin d'apparat, intérieur néo-rustique au subtil parfum d'orient, cuisine moderne soignée et bons accords mets-vins.
◆ Gebouw met een combinatie van natuur- en baksteen, dat veel cachet heeft. Siertuin, neorustiek interieur met een oosters tintje, verzorgde moderne keuken en uitgelezen wijnen.

à Thon *par ③ : 11 km* 🄲 *Andenne 24 407 h. – ✉ 5300 Thon :*

XX **Les Jardins du Luxembourg,** rte de Liège 2 (N 90), ☎ 0 81 58 86 51, *lesjardinsduluxembourg@skynet.be, Fax 0 81 58 07 62*, ≤, 余 – P ⇔. ⓓ MC VISA.
fermé mardi soir, mercredi et dimanche soir – **Rest** Lunch 25 – 35/78 bc, carte 50/65.
◆ Demeure de 1890 dont le grand jardin dévale jusqu'au fleuve. Carte au goût du jour présentée dans un cadre rajeuni par des tonalités jaunes et bleues évocatrices du Midi.
◆ Pand uit 1890 met een grote tuin tot aan de rivier en een gemoderniseerd interieur, waarvan de gele en blauwe kleuren mediterraan aandoen. Eigentijdse keuken.

à Wépion *par ④ : 4,5 km* 🄲 *Namur – ✉ 5100 Wépion :*

Villa Gracia sans rest, chaussée de Dinant 1455, ☎ 0 81 41 43 43, *hotel@villagracia.com, Fax 0 81 41 12 25*, ≤, ⚓ – 🛗 P – 🏋. AE ⓓ MC VISA
8 ch ☕ ★105/154 – ★★123/173.
◆ Jolie gentilhommière mosane (1923) élevée pour un général nommé Gracia. Chambres amples et douillettes, quelquefois avec terrasse-balcon tournée vers le jardin et le rivage.
◆ Dit landhuis werd in 1923 in de stijl van het Maasland gebouwd voor generaal Gracia. Ruime, knusse kamers, sommige met terras of balkon aan de kant van de tuin en de rivier.

XX **Chez Chen,** chaussée de Dinant 873, ☎ 0 81 74 74 41, *Fax 0 81 74 74 43*, ≤ Meuse (Maas), 余, Cuisine chinoise – P ⇔. AE MC VISA.
fermé mardis non fériés – **Rest** Lunch 18 – 27/47, carte 17/49.
◆ Restaurant chinois "new style" établi en bord de Meuse. Salle lumineuse et moderne, au design asiatique épuré, offrant une superbe vue fluviale par ses grandes baies vitrées.
◆ Chinees restaurant in nieuwe stijl aan de Maas. Lichte, moderne eetzaal met een sobere Aziatische inrichting en grote ramen met prachtig uitzicht op de rivier.

XX **La Petite Marmite,** chaussée de Dinant 683, ☎ 0 81 46 09 06, *petitemarmite@scarlet.be, Fax 0 81 46 02 06*, ≤ Meuse (Maas), ⚓ – P. AE ⓓ MC VISA
fermé vacances Pâques, 3 premières semaines octobre, mardi soir et mercredi soir de mi-novembre à fin mars, dimanche soir, lundi et jeudi soir – **Rest** Lunch 35 bc – 36/67 bc, carte 44/52.
◆ Ce pastiche du style architectural anglo-normand vous invite, près des baies de sa rotonde, à un repas de base classique, en tête à tête avec les flots paisibles de la Meuse.
◆ Gebouw in namaak-Anglo-Normandische stijl, waar een klassieke maaltijd wordt geserveerd. De glaspuien kijken uit op de rustig kabbelende Maas.

à Wierde *par ③ : 9 km* 🄲 *Namur – ✉ 5100 Wierde :*

XX **Le Petit Marais** avec ch, r. Lambaitienne 7, ☎ 0 81 40 25 65, *lepetitmarais@skynet.be, Fax 0 81 40 20 72*, ≤, 余 – P. AE MC VISA
fermé 3 premières semaines septembre, mardi et mercredi – **Rest** 34/88 bc, carte 57/75, ♀ – ***L'Orangerie*** Lunch 13 – 20/23, ♀ – ☕ 10 – **4 ch** ★100 – ★★100.
◆ Villa dominant une vallée agreste. Mets personnalisés servis dans un cadre moderne ou sur la belle terrasse au vert. Menu homard. Formule de repas simplifiée sous les verrières de l'Orangerie jouxtant la piscine. Hébergement calme et douillet. Jardin de repos.
◆ Villa boven een landelijk dal. Persoonlijke kookstijl, moderne eetzaal en mooi terras tussen het groen. Kreeftmenu. Eenvoudige maaltijd onder het glasdak van de Oranjerie naast het zwembad. Rustige knusse kamers en tuin om te ontspannen.

BELGIQUE

XX **Le D'Arville,** r. D'Arville 94, ☎ 0 81 46 23 65, *info@ledarville.be, Fax 0 81 56 88 39,* – P. ⇔. MC VISA
fermé 2 au 14 janvier, 15 au 30 septembre, lundi et samedi midi – **Rest** *Lunch 20* – 34/81 bc, carte env. 45, ♀.
◆ Cette table actuelle au décor rustique-moderne tire parti d'une ferme du 19e s. Pièce d'eau, cascade et vue bucolique en terrasse. Attrayant menu mensuel à choix multiple.
◆ 19e-eeuwse boerderij met een modern-rustiek interieur. Waterpartij, waterval en terras met landelijk uitzicht. Eigentijdse keuken en aantrekkelijk maandmenu met veel keuze.

NASSOGNE *6950 Luxembourg belge* 534 R 22 *et* 716 J 5 – *4 977 h.* 12 B1

Bruxelles 121 – Arlon 75 – Bouillon 56 – Dinant 45 – Liège 74 – Namur 63.

Beau Séjour ⑤, r. Masbourg 30, ☎ 0 84 21 06 96, *info@lebeausejour.be, Fax 0 84 21 40 62,* , , , – ♿ ch, P – . MC VISA. ✻ rest
fermé 8 au 17 janvier, 31 mars-3 avril, 24 juin-3 juillet, 2 au 18 septembre, 9 au 18 décembre, mercredi et jeudi – **Rest** ***Le Jardin des Senteurs*** *Lunch 25* – 40/85 bc, carte env. 55 – **23 ch** ☕ ✱75/95 – ✱✱85/105 – ½ P 65/115.
◆ Bâtisse typée où la tradition hôtelière se transmet en famille depuis 1962. Chambres plus confortables dans les annexes côté jardin que dans le corps de logis. Table actuelle soignée, au cadre moderne chaleureux. Salon-cheminée à l'atmosphère feutrée.
◆ Dit hotel in een karakteristiek pand wordt al sinds 1962 door een familie gerund. Gerieflijkere kamers in de bijgebouwen aan de tuin dan in het hoofdgebouw. Verzorgde eigentijdse keuken in een warm, modern interieur. Sfeervolle salon met schouw.

XX **La Gourmandine** avec ch, r. Masbourg 2, ☎ 0 84 21 09 28, *Fax 0 84 21 09 23,* – P. AE. ✻ rest
fermé début janvier, début juillet et dimanches soirs, lundis et mardis non fériés – **Rest** 30/47, carte 47/59 – **6 ch** ☕ ✱82/92 – ✱✱90/100 – ½ P 85/90.
◆ Maison en pierres d'aspect régional où l'on satisfait votre gourmandise dans une salle à manger-véranda tournée vers le jardin et sa terrasse en bois. Cuisine d'aujourd'hui. Chambres chaleureuses offrant toutes les commodités. Bon accueil de la patronne.
◆ In dit huis in regionale stijl kunt u lekker eten in de eetzaal met serre die uitkijkt op de tuin en het houten terras. De recepten zijn geheel van deze tijd. Gezellige en gerieflijke kamers met een goed onthaal door de bazin.

BELGIQUE

NAZARETH *9810 Oost-Vlaanderen* 533 G 17 *et* 716 D 3 – *10 947 h.* 16 B2

Bruxelles 65 – Gent 18 – Kortrijk 34 – Oudenaarde 16.

Nazareth, Autostrade E 17 -A 14, ☎ 0 9 385 60 83, *info@hotelnazareth.be, Fax 0 9 385 70 43,* – ♿ rest, P – . AE MC VISA
Rest (ouvert jusqu'à minuit) *Lunch 19* – 33 bc, carte 35/55 – **84 ch** ☕ ✱80/100 – ✱✱90/175 – ½ P 105/135.
◆ Dit hotel aan de snelweg tussen Gent en Kortrijk is ideaal voor wie op doorreis is. Grote, moderne en comfortabele kamers aan de kant van de weg of van het bos. Restaurant met een uitgebreide kaart, zowel traditioneel als internationaal georiënteerd.
◆ Hôtel bien pratique pour l'étape, situé en bord d'autoroute, entre Gand et Courtrai. Grandes chambres actuelles et confortables, orientées côté bitume ou côté bois. Restaurant présentant une vaste carte à la fois traditionnelle et internationale.

NEDERZWALM *9636 Oost-Vlaanderen* C *Zwalm 7 765 h.* 533 H 17 *et* 716 E 3. 16 B3

Bruxelles 51 – Gent 26 – Oudenaarde 9.

XX **'t Kapelleke,** Neerstraat 39, ☎ 0 55 49 85 29, *Fax 0 55 49 66 97,* – P. ✻
fermé 2 premières semaines janvier, dernière semaine juillet-première semaine août, dimanche soir, lundi et jeudi soir – **Rest** *Lunch 36 bc* – 43 bc/70 bc, carte 42/55.
◆ Een ontwijd kapelletje vormt de entree tot dit restaurant met huiselijke ambiance. Terras in een schitterende tuin met 1999 gesnoeide buxussen. Mooie all-in menu's.
◆ Une chapelle désacralisée tient lieu de sas d'entrée à cette table au cadre "cosy". Terrasse dans un superbe jardin agrémenté de 1999 buis taillés. Beaux menus tout compris.

NEERHAREN *Limburg* 533 T 17 *et* 716 K 3 – *voir à Lanaken.*

NEERPELT *3910 Limburg* 533 R 15 *et* 716 J 2 – *16 117 h.* 10 B1

Bruxelles 108 – Hasselt 40 – Antwerpen 86 – Eindhoven 24.

X **Au Bain Marie,** Heerstraat 34, ☎ 0 11 66 31 17, *bertsmeets@telenet.be, Fax 0 11 80 25 61,* –
fermé samedi midi, dimanche soir et lundi – **Rest** 30/50 bc, carte 38/48.
◆ Dit restaurant met licht rustiek interieur wordt door een echtpaar gerund en bereidt klassiek-traditionele gerechten van marktverse producten. Uitgebreid menu all-in.
◆ Restaurant tenu en couple et misant sur un choix classico-traditionnel selon le marché. Généreux menu boissons incluses. Décor intérieur discrètement évocateur de la campagne.

NEUFCHÂTEAU *6840 Luxembourg belge* **534** R 23 *et* **716** J 6 – *6 539 h.* 12 **B2**
Bruxelles 153 – Arlon 36 – Bouillon 41 – Dinant 71.

XX **Le 13,** r. Lucien Burnotte 13, ☎ 0 61 27 81 32, *info@aucoindufeu.be, Fax 0 61 27 91 71,* – . AE ① MC VISA
fermé 2 premières semaines janvier, fin juin-début juillet, mardi soir et mercredi – **Rest** 23/54 bc, carte 34/57.
• Restaurant entièrement relooké : sol époxy noir, chaises Panton, globes lumineux design et tables modernes en chêne. Cuisine actuelle selon le marché ; carte inscrite au mur.
• Dit restaurant heeft een nieuwe look: zwarte epoxyvloer, pantonstoelen, designlampen en moderne eikenhouten tafels. Dagverse, eigentijdse keuken en kaart aan de muur.

à Grandvoir *Nord-Ouest : 7 km* Ⓒ *Neufchâteau* – ✉ *6840 Grandvoir :*

Cap au Vert Chemin du Moulin de la Roche 24, ☎ 0 61 27 97 67, *geers@capauvert.be, Fax 0 61 27 97 57,* ←, , , – ♿ rest, P – . AE ① MC VISA.
fermé janvier-13 février, 31 août-11 septembre et dimanche et lundis non fériés sauf en juillet-août – **Rest *Les Claytones du Cap*** (dîner seult jusqu'à 20 h 30 sauf vendredi) – 46/125 bc, carte 44/57 – ***L'Eden du Cap*** *(déjeuner seult sauf vendredi)* (brasserie) 25, carte 28/42 – **12 ch** ☕ ★118 – ★★150 – ½ P 121.
• Hôtel tapi au creux d'un vallon, entre étang et sapins. Grandes chambres et breakfast sous verrière tropicale. Au restaurant, jolie mise de table, cuisine féminine et terrasse près de l'eau. Formule brasserie le midi, autour du luxuriant bassin de l'orangerie.
• Hotel onder in een dal met dennenbomen. Grote kamers; ontbijt onder een 'tropische' glaskoepel. Restaurant met fraai gedekte tafels en vrouwelijke kok. Terras bij het water. 's Middags brasserieformule, rond het weelderige bassin in de oranjerie.

BELGIQUE

NEUVILLE-EN-CONDROZ *Liège* **533** R 19, **534** R 19 *et* **716** J 4 – *voir à Liège, environs.*

NIEUWERKERKEN *Limburg* **533** Q 17 *et* **716** I 3 – *voir à Sint-Truiden.*

NIEUWKERKEN-WAAS *Oost-Vlaanderen* **533** K 15 *et* **716** F 2 – *voir à Sint-Niklaas.*

NIEUWPOORT *8620 West-Vlaanderen* **533** B 16 *et* **716** B 2 – *10 855 h. – Station balnéaire.* 18 **B2**
Stadhuis, Marktplein 7 ☎ 0 58 22 44 44, info@nieuwpoort.be, Fax 0 58 22 44 28.
Bruxelles 131 – Brugge 44 – Oostende 19 – Veurne 13 – Dunkerque 31.

Martinique, Brugse Steenweg 7 (à l'écluse), ☎ 0 58 24 04 08, *info@hotelmartinique.be, Fax 0 58 24 04 07,* , , – P. MC VISA.
ouvert 24 mars-10 novembre, week-end et vacances scolaires ; fermé janvier – **Rest** (dîner seult jusqu'à 20 h 30 sauf dimanche) 33/63 bc, carte 40/53 – **6 ch** ☕ ★65 – ★★90/100 – ½ P 70/75.
• Grote villa in cottagestijl bij de sluis. Kamers en duplex met tropische accenten, sommige met jacuzzi. Bar met een keur aan rums, exotische terrassen en tuin met waterpartij. Eigentijdse keuken met Creoolse specialiteiten.
• Grande villa façon "cottage" proche des écluses. Chambres et duplex aux accents tropicaux (parfois avec jacuzzi), bar à rhums, terrasses exotiques et pièce d'eau au jardin. Restaurant au décor classique ; carte au goût du jour panachée de spécialités créoles.

Villa Sans Soucis sans rest, Fl. Gheeraertlaan 13, ☎ 0 58 24 14 09, *villasanssoucis@skynet.be, Fax 0 58 24 20 79,* , – P.
3 ch ☕ ★125 – ★★125.
• Stijlvol logeren in dit nieuwe pand in een chique woonwijk. Interieur in neoretrostijl met een "country" touch. Ontbijt met uitzicht op het zwembad. Kooklessen.
• Hébergement raffiné dans cette maison récente située en secteur résidentiel chic. Déco "néo-rétro" à touches "country". Vue sur la piscine au petit-déj'. Ateliers culinaires.

X **De Vierboete,** Halve Maanstraat 2a (Nord-Est :2 km, au port de plaisance), ☎ 0 58 23 34 33, *devierboete@skynet.be, Fax 0 58 23 81 81,* ←, , Avec taverne-rest, – P . MC VISA.
fermé mardi soir, mercredi et après 20 h – **Rest** 40/75 bc, carte 33/54, ♀.
• Restaurant in een clubgebouw bij de jachthaven, met bijpassend interieur. Het uitzicht op het water verhoogt nog het eet- en drinkplezier.
• Au bord d'un des bassins des yachts, restaurant implanté dans un clubhouse dont la vue nautique, en phase avec le décor intérieur, ajoute au plaisir de l'assiette et du verre.

à Nieuwpoort-Bad : *(Nieuport-les-Bains) N : 1 km* Ⓒ *Nieuwpoort* – ✉ *8620 Nieuwpoort :*

Cosmopolite, Albert I-laan 141, ☎ 0 58 23 33 66, *info@cosmopolite.be*, *Fax 0 58 23 81 35*, – – . VISA
Rest (ouvert jusqu'à 23 h) *Lunch 22* – 35/40 bc, carte 36/62 – **99 ch** ☕ ★73/80 – ★★108/115 – 3 suites – ½ P 77/82.
◆ Dit hotel wordt sinds 1950 door een familie gerund. Designhal, eigentijdse kamers in de nieuwe vleugel en ruimere, gemoderniseerde kamers in het oude gedeelte. Restaurant met een trendy inrichting. Modern-klassieke keuken met Aziatische invloeden.
◆ Hôtel tenu en famille depuis les années 1950. Hall design, chambres contemporaines dans la nouvelle aile et modernisées dans la partie ancienne, qui contient les plus amples. Table au décor "hype" proposant de la cuisine classico-actuelle à nuances asiatiques.

Blanches Voiles sans rest, Albert I-laan 320, ☎ 0 58 62 04 29, *info@blanchesvoiles.be*, – .
3 ch ☕ ★85/115 – ★★100/130.
◆ Rust, zeezicht en designelementen (Panton, Starck, Wanders, enz.) kenmerken dit maison d'hôte met terrassen aan de zeedijk. Strandcabine en ligstoelen ter beschikking.
◆ Calme, vue sur mer et nombreux éléments design (Panton, Starck, Wanders, etc.) en cette maison d'hôte de la digue. Terrasses, cabine de plage et chaises longues à disposition.

De Tuin, Zeedijk 6, ☎ 0 58 23 91 00, *benny-quartier@skynet.be*, – . VISA
fermé dernière semaine janvier-première semaine février, 2 dernières semaines novembre, mardi soir sauf en juillet-août et mercredi – **Rest** *Lunch 12* – 25/39, carte 33/50.
◆ De eigenares van dit restaurant aan de boulevard kookt zelf. Moderne eetzaal met nostalgische foto's van familiediners.
◆ Une patronne-cuisinière tient les casseroles de ce restaurant du front de mer. Salle moderne ornée de photos rétro entretenant la nostalgie des tablées familiales d'antan.

Charlie's dinner, Albert I-laan 326a, ☎ 0 58 24 29 40, *info@charliesdinner.be* – . VISA
fermé 2 semaines en juin, 2 semaines en octobre, lundi et mardi – **Rest** (dîner seult jusqu'à 23 h sauf samedi et dimanche) carte 37/59.
◆ Dit restaurant met een kleine, trendy eetzaal wordt door een familie gerund. De keuken is typerend voor de Belgische kust en biedt dagverse producten. Moderne kunstexpo.
◆ Cuisine typique du littoral belge, valorisant la pêche du jour, à apprécier dans une petite salle moderne et "trendy". Expo d'art contemporain ; fonctionnement familial.

NIJVEL *Brabant Wallon – voir Nivelles.*

NIMY *Hainaut* **533** I 20, **534** I 20 *et* **716** E 4 – *voir à Mons.*

NINOVE *9400 Oost-Vlaanderen* **533** J 17 *et* **716** F 3 – *35 651 h.* 17 **C3**
Voir *Boiseries★ dans l'église abbatiale.*
Centrumlaan 100, ☎ *0 54 31 32 85, toerisme@ninove.be, Fax 0 54 32 38 49.*
Bruxelles 24 – Gent 46 – Aalst 15 – Mons 47 – Tournai 58.

De Croone, Geraardsbergsestraat 49, ☎ 0 54 33 30 03, *decroone@biz.tiscali.be*, *Fax 0 54 32 55 88*, – , rest – . VISA .
Rest *(fermé mi-juillet-mi-août, lundi midi et samedi midi) Lunch 10* – 33, carte 25/53 – **22 ch** ☕ ★60/65 – ★★75/100 – ½ P 72/77.
◆ Centraal gelegen hotel met kleine, praktische, pas opgeknapte kamers (die aan de binnenplaats hebben de voorkeur) en een gezinskamer met kitchenette. Openbare parking vlakbij. Nieuwe bistro met terras op de stoep. Klassiek-traditionele gerechten.
◆ Hôtel de centre-ville doté de petites chambres pratiques rajeunies (qu'il vaut mieux choisir côté cour) et d'une chambre familiale avec cuisinette. Parking public à proximité. Nouveau bistrot pourvu d'une terrasse-trottoir et restaurant classico-traditionnel.

Hof ter Eycken (Philippe Vanheule), Aalstersesteenweg 298 (Nord-Est : 2 km par N 405, 2e feu à droite), ☎ 0 54 33 70 81, *hofftereycken@skynet.be*, *Fax 0 54 32 81 74*, – . VISA .
fermé semaine carnaval, 2 dernières semaines juillet-première semaine août, mardi, mercredi et samedi midi – **Rest** *Lunch 40* – 63/96 bc, carte 72/99.
Spéc. Salade de homard et foie d'oie, vinaigrette au basilic et jus de truffes. Pigeonneau au naturel et jus de truffe. Gibier en saison.
◆ Elegant en sfeervol plattelandsrestaurant in een voormalige stoeterij tussen de akkers. Eigentijdse kaart met harmonieuze wijn-spijscombinaties. Mooi terras aan de tuinzijde.
◆ Ce restaurant de campagne élégant et feutré met à profit l'ex-écurie d'un haras entouré de champs. Carte actuelle, accords mets-vins harmonieux, belle terrasse côté jardin.

De Lavendel, Lavendelstraat 11, ✆ 0 54 33 32 03, *info@delavendel.be, Fax 0 54 33 32 03,* –
fermé fin août-1re quinzaine septembre, dimanche soir et lundi – **Rest** Lunch 25 – 39, carte env. 45.
• Dit restaurantje in een winkelstraat wordt plaatselijk gewaardeerd om zijn bistrosfeer en gevarieerde traditioneel-klassieke kaart met pasta's en vegetarische schotels.
• Dans une rue commerçante, petit restaurant localement estimé pour son ambiance bistrot et la variété de sa carte classique-traditionnelle incluant pâtes et plats végétariens.

NISMES *5670 Namur Viroinval 5 680 h.* 534 M 22 *et* 716 G 5. 14 B3

Bruxelles 103 – Namur 86 – Charleroi 51 – Couvin 6 – Dinant 42 – Charleville-Mézières 55.

Le Melrose, r. Albert Grégoire 33, ✆ 0 60 31 23 39, *boukoalain@hotmail.com, Fax 0 60 31 10 13,* , – P – . AE VISA
fermé vacances carnaval – **Rest** *(fermé dimanche soir, lundi, mardi soir et après 20 h 30)* 24/42 bc, carte env. 35 – **8 ch** ☐ 42 – 54 – ½ P 52/65.
• Cette maison de maître classiquement aménagée s'agrémente d'un grand jardin où une annexe moderne regroupe des chambres actuelles et pratiques, cédées à bon prix. Repas traditionnel dans une salle à manger au décor bourgeois un rien désuet.
• Dit klassiek ingerichte patriciërshuis staat in een grote tuin met een moderne dependance, waar u voor een zacht prijsje in een van de eigentijdse, functionele kamers logeert. Traditionele maaltijd in een eetzaal met bourgeoisinterieur, tikje ouderwets.

BELGIQUE

NIVELLES (NIJVEL) *1400 Brabant Wallon* 533 L 19, 534 L 19 *et* 716 G 4 – *24 290 h.* 3 B3

Voir *Collégiale Ste-Gertrude★★ : Vierge de l'Annonciation★.*
Env. *à l'Ouest : 9 km, Plan incliné de Ronquières★.*
18 (2 parcours) Chemin de Baudemont 21 ✆ 0 67 89 42 66, Fax 0 67 21 95 17 - 18 à l'Est : 14 km à Sart-Dames-Avelines, r. Jumerée 1 ✆ 0 71 87 72 67, Fax 0 71 87 43 38 - 18 9 au Nord-Est : 10 km à Vieux-Genappe, Bruyère d'Hulencourt 15 ✆ 0 67 79 40 40, Fax 0 67 79 40 48- 18 à l'Est : 17 km à Villers-la-Ville : r. Châtelet 62 ✆ 0 71 87 77 65, Fax 0 71 87 77 83.
r. Saintes 48 ✆ 0 67 21 54 13, Fax 0 67 21 57 13.
Bruxelles 36 – Wavre 34 – Charleroi 28 – Mons 35 – Namur 56.

Nivelles-Sud, chaussée de Mons 22 (E 19 - A 7, sortie ⑲), ✆ 0 67 21 87 21, *nivellessud@valk.com, Fax 0 67 22 10 88,* , – rest, P – . AE VISA
Rest 23/32 bc, carte 20/50 – ☐ 9 – **115 ch** 66/81 – 82/127 – ½ P 103/130.
• Aux portes de Nivelles, près de l'autoroute, hôtel de chaîne abritant cinq catégories de chambres bien tenues, tournées vers la piscine ou une parcelle de vigne. Une carte internationale est présentée au restaurant, lequel se complète de plusieurs terrasses.
• Dit motel aan de rand van Nijvel ligt bij de snelweg en maakt deel uit van een keten. Goed onderhouden kamers in vijf categorieën, met uitzicht op het zwembad of de wijngaard. Restaurant met verscheidene terrassen en een internationale spijskaart.

La Ferme des Églantines, Chemin de Fontaine-l'Évêque 8, ✆ 0 67 84 10 10, *fermedeseglantines@hotmail.com, Fax 0 67 84 10 10,* , – P.
Rest (dîner pour résidents seult) – **5 ch** ☐ 59/75 – 67/100.
• Ancienne ferme où vous logerez dans des chambres confortables ouvrant sur la campagne ou sur la cour. Jardin agréable et animaux domestiques. Table d'hôte sur réservation.
• In deze oude boerderij logeert u in comfortabele kamers met uitzicht op het platteland of de binnenplaats. Aangename tuin en huisdieren. "Table d'hôte" op reservering.

Le Champenois, r. Brasseurs 14, ✆ 0 67 21 35 00, *Fax 0 67 21 35 00* – . VISA
fermé 19 mars-2 avril, 13 août-3 septembre, mercredi, samedi midi et dimanche soir – **Rest** Lunch 20 – 30/53 bc, carte 39/48.
• Une carte bien en phase avec l'époque vous sera soumise dans cette maison d'angle proche de la Grand-Place. Décoration intérieure traditionnelle ; arrière-salle plus intime.
• Dit restaurant in een hoekpand bij de Grote Markt is qua kookstijl goed bij de tijd. Traditioneel interieur en achterzaal met een intiemere sfeer.

Comment choisir entre deux adresses équivalentes ? Dans chaque catégorie, les établissements sont classés par ordre de préférence : nos coups de cœur d'abord.

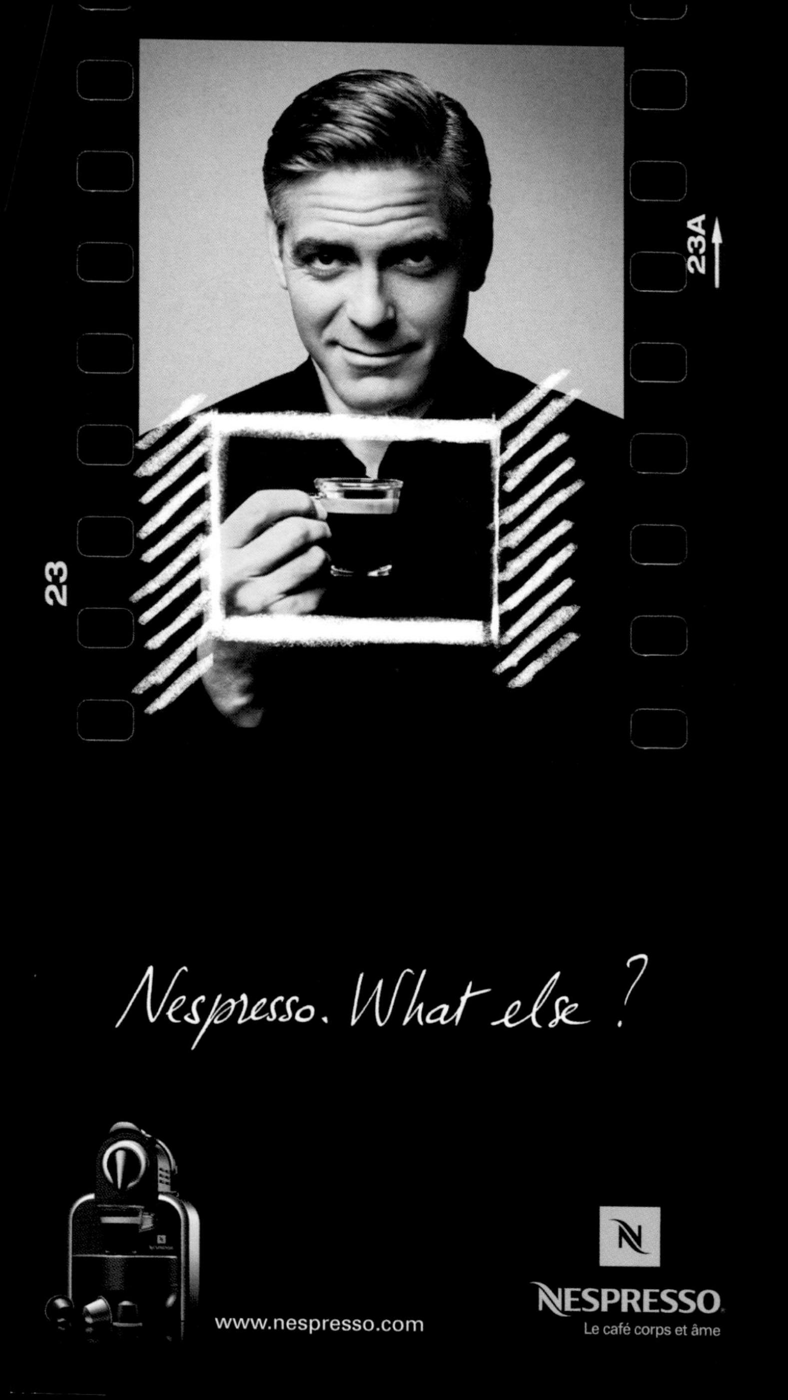

NOIREFONTAINE *6831 Luxembourg belge* Ⓒ *Bouillon 5 455 h.* **534** P 24 *et* **716** I 6. 12 **B2**

Env. à l'Ouest : 7 km, Belvédère de Botassart ≤★★ *– à l'Est : 5 km,* ≤ *sur la Semois.*

Bruxelles 154 – Arlon 67 – Bouillon 8 – Dinant 59.

Auberge du Moulin Hideux (Julien Lahire) ⛭, rte du Moulin Hideux 1 (Sud-Est : 2,5 km par N 865), ☎ 0 61 46 70 15, *info@moulinhideux.be, Fax 0 61 46 72 81*, ≤, , , , , – . AE MC VISA. rest

ouvert 16 mars-novembre; fermé mercredi – **Rest** *(fermé mercredi et jeudi matin)* 65/90, carte 65/110, – **10 ch** ☐ ★210 – ★★230/250 – 2 suites – ½ P 165.

Spéc. Mosaïque de saumon d'Écosse mi-cuit enrobé de sésame torréfié, espuma d'anguille fumée et caviar. Filet de truite fario et queues d'écrevisses, mousseline de petits pois, sauce vierge. Gibiers en saison.

• Le nom de cet ex-moulin réaménagé vient du wallon "l'y deux molins" (les deux moulins). Cadre bucolique, chambres personnalisées, belle terrasse, hammam et sauna à la piscine. Repas élaboré, à savourer dans un cadre plaisant : sièges Régence, éclairage tamisé.

• De naam van deze verbouwde molen komt van het Waalse "l'y deux molins" (de 2 molens). Landelijke omgeving, kamers met een persoonlijke touch, terras, hamam, sauna en zwembad. Verfijnd eten in een aangenaam interieur met régencestoelen en sfeerlicht.

NOSSEGEM *Brabant* **533** M 17 *et* **716** G 3 *– voir à Bruxelles, environs.*

NOVILLE-SUR-MEHAIGNE *Namur* **533** O 19 *et* **534** O 19 *– voir à Éghezée.* 15 **C1**

OCQUIER *4560 Liège* Ⓒ *Clavier 4 172 h.* **533** R 20, **534** R 20 *et* **716** J 4. 8 **B2**

Bruxelles 107 – Liège 41 – Dinant 40 – Marche-en-Famenne 21.

Le Castel du Val d'Or, Grand'Rue 62, ☎ 0 86 34 41 03, *castel@castel-valdor.be, Fax 0 86 34 49 56*, , , – – – . AE ⓓ MC VISA. rest

fermé 2 semaines en janvier – **Rest** *(fermé lundi midi et mardi midi) Lunch 35* – 40/85 bc, carte 50/95, ♀ – ☐ 14 – **14 ch** *(fermé lundi et mardi)* ★59/86 – ★★81/106 – 1 suite – ½ P 79/100.

• Cet ancien relais de poste (17e s) conservant son charme délicieusement rustique est établi dans l'un des "plus beaux villages du Condroz". Chambres de bon séjour. Mets classico-créatifs dont on se régale dans une salle à manger pleine de cachet.

• Dit 17e-eeuwse relais heeft zijn rustieke charme bewaard en is gevestigd in een van de "mooiste dorpen van de Condroz". De kamers staan garant voor een prettig verblijf. Klassieke keuken die van creativiteit getuigt en een eetzaal met cachet.

OEDELEM *West-Vlaanderen* **533** F 15 *et* **716** D 2 *– voir à Beernem.* 19 **C1**

OHAIN *1380 Brabant Wallon* Ⓒ *Lasne 13 939 h.* **533** L 18, **534** L 18 *et* **716** G 3. 3 **B2**

18 (2 parcours) 9 Vieux Chemin de Wavre 50 ☎ 0 2 633 18 50, Fax 0 2 633 28 66.

Bruxelles 32 – Wavre 33 – Charleroi 39 – Namur 70 – Nivelles 17.

XX **Le Dernier Tri,** r. Try Bara 33, ☎ 0 2 633 34 20, *dernier.tri@skynet.be, Fax 0 2 633 57 41*, – . AE ⓓ MC VISA

fermé 1er au 15 octobre et dimanches soirs et lundis non fériés – **Rest** *Lunch 12* – 37, carte 36/52.

• Repas classique actualisé servi dans une ancienne ferme-laiterie dont la façade en briques blanchies s'égaye de boiseries bordeaux. Restaurant d'été tourné vers le jardin.

• Voormalige boerderij met melkstallen, waarvan de witte gevel wordt opgevrolijkt door donkerrode kozijnen. De klassieke gerechten worden 's zomers op het terras geserveerd.

X **Auberge de la Roseraie,** rte de la Marache 4, ☎ 0 2 633 13 74, *aubergedelaroseraie@skynet.be, Fax 0 2 633 54 67*, – ♿ . AE ⓓ MC VISA

fermé 15 août-5 septembre, Noël-nouvel an, dimanche et lundi – **Rest** *Lunch 15* – 36/46, carte env. 40.

• Ce restaurant aménagé dans une ancienne fermette (19e s.) plaît pour ses menus, son décor actuel teinté de rusticité et sa terrasse verte blottie à l'ombre du clocher.

• Dit restaurant in een 19e-eeuws boerderijtje valt in de smaak vanwege de menu's, het eigentijdse interieur met rustieke accenten en het groene terras bij de kerktoren.

OIGNIES-EN-THIÉRACHE *5670 Namur* Ⓒ *Viroinval 5 680 h.* **534** M 22 *et* **716** G 5. 14 **B3**

Bruxelles 120 – Namur 81 – Chimay 30 – Dinant 42 – Charleville-Mézières 40.

XX **Au Sanglier des Ardennes** avec ch, r. J.-B. Périquet 4, ☎ 0 60 39 90 89, *Fax 0 60 39 02 83* – , rest. MC VISA

fermé mi-février-mi-mars, 2 semaines début septembre, dimanche soir, lundi et mardi – **Rest** 35 bc/90 bc, carte 38/64, ♀ – ☐ 13 – **7 ch** ★48/54 – ★★54/71 – ½ P 90.

• Petite auberge très couleur locale, nichée au cœur d'un village typiquement ardennais. Menus à thèmes et gibier en saison de vénerie. Ambiance "chasse". Chambres avenantes.

• Kleine herberg met veel "couleur locale" en jachttrofeeën aan de muren, in het hart van een typisch Ardens dorp. Themamenu's en groot wild in het jachtseizoen. Prettige kamers.

BELGIQUE

OISQUERCQ *Brabant Wallon* **533** K 18 *et* **534** K 18 – *voir à Tubize.*

OLEN *2250 Antwerpen* **533** O 16 *et* **716** H 2 – *11 314 h.* 2 **C2**

à l'Ouest : 1,5 km à Noorderwijk, Witbos ✆ 0 14 26 21 71, Fax 0 14 26 60 48.
Bruxelles 67 – Antwerpen 33 – Hasselt 46 – Turnhout 27.

XX **Het komfoor,** Hezewijk 86 (sortie ㉒ sur E 313 - A 12), ✆ 0 14 30 73 60, *het.komfoor@telenet.be,* – . AE MC VISA.
fermé mercredi, jeudi et samedi midi – **Rest** *Lunch 30* – 37/69 bc, carte 51/65.
• De naam van dit restaurant in een mooi boerderijtje verwijst naar de oude geëmailleerde kachel die in de eetzaal met serre staat. Terras in de schaduw van een mooie notenboom.
• Le nom de cette table installée dans une jolie fermette se réfère à la marque du vieux poêle émaillé qui trône dans le salon-véranda. Terrasse d'été à l'ombre d'un beau noyer.

XX **De Blauwe Regen,** Kanaalstraat 2 (Nord-Est : 4 km, près N 13), ✆ 0 14 21 55 34, *blauweregen@telenet.be,* – . AE MC VISA.
fermé Pâques, 2 semaines en juillet, lundi, mardi, mercredi soir, jeudi soir et samedi midi – **Rest** *Lunch 30* – 39/67 bc, carte 44/52.
• Dit boerderijtje is te herkennen aan zijn gevel met blauweregen. De eetzaal heeft een licht romantische uitstraling. Verzorgde mise en place. Mooie tuin aan de achterkant.
• Une façade couverte de plantes grimpantes signale cette fermette. Salle à manger affichant un petit air romantique. Mise en place soignée. Joli jardin aménagé sur l'arrière.

XX **Pot au Feu,** Dorp 34, ✆ 0 14 27 70 56, *info@brasseriepotaufeu.be,* – .
fermé vacances Noël et 2 dernières semaines juillet – **Rest** *Lunch 24* – 35, carte 34/50.
• Deze villa met art-decoaccenten is nu een eigentijdse brasserie. Gezellige eetzalen voor 's winters en veranda en tuin met terras voor 's zomers. Centrale bar met glaskoepel.
• Villa aux accents Art déco transformée en brasserie de style actuel. Salles chaleureuses utilisées en hiver ; véranda et terrasse-jardin pour l'été. Bar central sous verrière.

X **'t Gerecht,** Geelseweg 42 (Nord-Est : 5 km sur N 13), ✆ 0 14 22 35 28, *t.gerecht@telenet.be, Fax 0 14 23 29 12,* – . AE VISA
fermé lundi – **Rest** *Lunch 28* – 40, carte 31/54.
• Prachtig gerestaureerd vakwerkhuis (1716) met een leuk rustiek interieur en een tuin met een mooi teakhouten terras. Gevarieerde kaart met onder meer tapas.
• Cette ravissante maison à colombages (1716) reconstituée vous reçoit dans un décor campagnard "sympa" ou sur sa jolie terrasse-jardin en teck. Choix varié, incluant des tapas.

OLSENE *9870 Oost-Vlaanderen* C *Zulte 14 611 h.* **533** F 17 *et* **716** D 3. 16 **A3**

Bruxelles 73 – Gent 30 – Kortrijk 18.

XXX **Eikenhof,** Kasteelstraat 20, ✆ 0 9 388 95 46, *restaurant.eikenhof.olsene@skynet.be, Fax 0 9 388 40 33,* – . AE MC VISA.
fermé dernière semaine janvier-première semaine février, 21 juillet-début août, mardi soir, mercredi et dimanche soir – **Rest** 26/65.
• Massieve Vlaamse villa met tuin en een modern, licht interieur. Klassieke kaart met veel vis, goede bordeaux voor een zacht prijsje en lekkere menu's inclusief wijn.
• Villa flamande massive ouverte sur un jardin. Cadre actuel clair, grands crus bordelais à prix souriants, mets classiques où entre surtout la marée et bons menus vins compris.

OOSTAKKER *Oost-Vlaanderen* **533** H 16 *et* **716** E 2 – *voir à Gent, périphérie.*

OOSTDUINKERKE *8670 West-Vlaanderen* C *Koksijde 21 269 h.* **533** B 16 *et* **716** B 2 – *Station balnéaire★.* 18 **A2**

Bruxelles 133 – Brugge 48 – Oostende 24 – Veurne 8 – Dunkerque 34.

à Oostduinkerke-Bad *Nord : 1 km* C *Koksijde* – ✉ *8670 Oostduinkerke.* 18 **A2**

(Pâques-sept. et vacances scolaires) Albert I-laan 78a, ✆ 0 58 51 13 89 :.

Hof ter Duinen, Albert I-laan 141, ✆ 0 58 51 32 41, *info@hofterduinen.be, Fax 0 58 52 04 21,* – . AE MC VISA
fermé 7 janvier-7 février – **Rest** voir rest ***Eglantier*** ci-après – **21 ch** ★90/140 – ★★90/140.
• Gezellig familiehotel langs de weg tussen de badplaatsen. Mooie gerenoveerde kamers (2 maten), relaxruimte, ontbijt met uitzicht op de tuin en gastronomische weekends.
• Hotel familial cosy au bord de la route qui relie les localités balnéaires. Belles chambres rénovées (2 formats), espace relaxation, breakfast côté jardin, week-ends "gastro".

Argos , Rozenlaan 20, ☎ 0 58 52 11 00, *Fax 0 58 52 12 00*, , , – . .
Rest *(fermé mercredi et jeudi)* (dîner seult sauf dimanche, menu unique) 38 – **6 ch** 50/81 – 85/135 – ½ P 55/68.
• Sfeervol hotel in cottagestijl van een vriendelijk echtpaar. De moderne kamers doen warm aan en zien er tiptop uit. Moderne eetzaal (gasfornuis, gevlochten stoelen) en tuin met terras. Keuzemenu bij wijze van kaart.
• En secteur résidentiel calme, "cottage hotel" avenant tenu par un couple aimable. Chambres actuelles aussi chaleureuses que coquettes. Salle à manger moderne (foyer au gaz, chaises en fibre végétale tressée) et terrasse au jardin. Menu-choix en guise de carte.

Albert I sans rest, Astridplein 11, ☎ 0 58 52 08 69, *Fax 0 58 52 09 04* – .
22 ch 45/80 – 55/98.
• Tweederde van de kamers van dit flatgebouw aan de boulevard kijken op zee uit. Grote foto's van margrieten en levendige kleuren in de ontbijtzaal.
• Deux tiers des chambres de cet immeuble du front de mer ont leurs fenêtres braquées vers le rivage. Grandes photos de marguerites et déco en blanc et vert fluo au petit-déj'.

Eglantier - H. Hof ter Duinen, Albert I-laan 141, ☎ 0 58 51 32 41, *info@restaurante glantier.be, Fax 0 58 52 04 21*, – .
fermé 7 janvier-7 février, 29 septembre-16 octobre, lundi et mardi sauf vacances scolaires et après 20 h 30 – **Rest** 34/70 bc, carte 43/66, ♀.
• Verzorgd restaurant dat bij een hotel hoort. De lekkere menu's worden in een soort moderne wintertuin met Lloyd Loom-stoelen geserveerd of bij goed weer buiten.
• Table soignée incorporée à un hôtel bien accueillant. Bons menus servis dans une salle moderne façon "jardin d'hiver", pourvue de chaises en Lloyd Loom, ou l'été en plein air.

La Péniche avec ch Albert I-laan 4, ☎ 0 58 51 10 92, *info@peniche.be, Fax 0 58 51 64 82*, – .
fermé novembre – **Rest** *(fermé mardi et mercredi sauf vacances scolaires)* Lunch 20 – 33, carte 41/54, ♀ – **10 ch** 65/70 – 85/95 – ½ P 90/100.
• Dit gebouw, dat iets van een schip heeft, kijkt aan de achterkant uit op beboste duinen. Traditionele kaart, eigentijdse menu's, maritiem decor en mooi terras. De helft van de kamers heeft een panoramabalkon. Zeevaartsfeer in de ontbijtzaal.
• Architecture vaguement navale pour cette bâtisse ouvrant à l'arrière sur des dunes boisées. Carte traditionnelle, menus actualisés, décor marin et jolie terrasse. La moitié des chambres possède un balcon panoramique. Ambiance "vieux loup de mer" au petit-déj'.

BELGIQUE

OOSTEEKLO 9968 *Oost-Vlaanderen* C *Assenede 13 552 h.* **533** H 15 *et* **716** E 2. 16 **B1**

Bruxelles 86 – Gent 21 – Middelburg 56 – Lille 107.

Torenhuyze, Rijkestraat 10, ☎ 0 9 373 43 63, *info@torenhuyze.be, Fax 0 9 373 43 63*, – .
fermé lundi et mardi – **Rest** Lunch 30 – 45/75 bc, carte 47/64.
• Restaurant met verschillende eetzalen in een pand met een achthoekig torentje. De serre kijkt uit op het terras en de tuin. Traditioneel-klassieke keuken.
• Cette bâtisse à tourelle coiffée d'une flèche octogonale vous reçoit dans plusieurs salles dont une véranda tournée vers la terrasse et le jardin. Choix classico-traditionnel.

OOSTENDE (OSTENDE) *8400 West-Vlaanderen* **533** C 15 *et* **716** B 2 – *68 931 h – Station balnéaire★★ – Casino Kursaal* **CYZ** , *Oosthelling* ☎ *0 59 70 51 11.* 18 **B1**

par ① : 9 km à De Haan, Koninklijke baan 2 ☎ 0 59 23 32 83, Fax 0 59 23 37 49.
Liaison maritime Oostende-Ramsgate : Transeuropa Ferries, Slijkensesteenweg 2, ☎ 0 59 34 02 60, Fax 0 59 34 02 61.
Monacoplein 2 ☎ 0 59 70 11 99, info@toerisme-oostende.be, Fax 0 59 70 34 77.
Bruxelles 115 ③ – Brugge 27 ③ – Gent 64 ③ – Dunkerque 55 ⑤ – Lille 81 ④.

Andromeda, Kursaal Westhelling 5, ☎ 0 59 80 66 11, *reservation@andromedahotel.be, Fax 0 59 80 66 29*, <, , , , , , – rest, – .
CZ t
Rest ***Gloria*** *(fermé mercredi et jeudi sauf en juillet-août)* Lunch 38 – 70, carte 45/92, ♀ – ***Brasserie de Renommee*** carte 34/48, ♀ – 15 – **91 ch** 100/180 – 125/240 – 1 suite.
• Gebouw dat uittorent boven het strand en het casino. Bijna de helft van de grote kamers kijkt op zee uit. Tentoonstelling van kunstwerken, wellness en balneotherapie. Klassieke kaart in het restaurant. Eenvoudige keuken en terras aan zee in de brasserie.
• Immeuble dominant plage et casino. Expo d'œuvres d'art, grandes chambres, dont près de la moitié ont vue sur mer, wellness et balnéothérapie. Carte classique attrayante au restaurant Gloria. Choix simplifié et terrasse côté mer à la brasserie de Renommée.

OOSTENDE

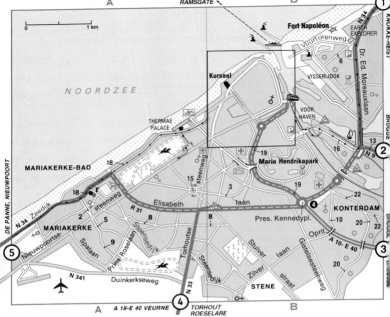

Thermae Palace ♨, Koningin Astridlaan 7, ✆ 0 59 80 66 44, *info@thermaepalace.be*, A
Fax 0 59 80 52 74, ←, ⛱, 🏋, ≘s – 🛗 ⇆ ♿ ch, 🅿 – 🎤. AE ⓓ MC VISA. ⚘ rest
fermé 7 au 11 janvier
Rest ***Périgord*** *(fermé lundi)* *Lunch 25* – 40/55 bc, carte 32/49 –
Bistro Paddock (taverne-rest) *Lunch 16* – 38, carte 26/48 – ☕ 16 – **159 ch** †170/280 – ††170/350 – ½ P 124/204.

• Luxehotel met grote kamers aan de boulevard, vlak bij de renbaan. Reserveer een kamer met uitzicht op zee. Congrescentrum. Traditioneel-klassieke keuken en art-decostijl in restaurant Périgord. Ruime, moderne bistro met een relaxte sfeer.

• Palace du front de mer voisinant avec l'hippodrome. Grandes chambres à choisir de préférence face aux brises lames. Centre de congrès. Choix classico-traditionnel et cadre Art déco au restaurant Périgord. Bistrot ample et actuel, à l'ambiance décontractée.

Europe (annexe 🏠 - 50 ch), Kapucijnenstraat 52, ✆ 0 59 70 10 12, *info@europehotel.be* CY
Fax 0 59 80 99 79, 🏋, ≘s, 🏊, 🚲 – 🛗 ⇆, ▤ ch, ♿ 🚗 🅿 – 🎤. AE ⓓ MC VISA. ⚘
fermé 2 janvier-9 février – **Rest** (dîner pour résidents seult) – **90 ch** ☕ †70/180 – ††85/220.

• Hotel in het centrum, op 400 m van het strand. Comfortabele junior suites en kamers in een spiksplinternieuwe vleugel. De kamers in het oude gedeelte zijn eenvoudiger.

• En centre-ville, mais à 400m de la plage. Junior suites et chambres tout confort dans une aile moderne flambant neuve. Hébergement plus simple dans la partie ancienne.

Golden Tulip Bero sans rest, Hofstraat 1a, ✆ 0 59 70 23 35, *hotel.bero@oostende.net* CY
Fax 0 59 70 25 91, 🏋, ≘s, 🏊 – 🛗 ⇆ ▤ ♿ 🚗 – 🎤. AE ⓓ MC VISA
70 ch ☕ †79/170 – ††85/180 – 3 suites.

• Gunstig gelegen hotel met vier soorten kamers (executive, junior suite, superior en standaard). Whiskybar, zwembad, squashbaan, fitness en sauna om te ontspannen.

• Quatre types de chambres (executives, junior suites, superior et standard) dans cet hôtel proche de tout. Côté distractions : bar à whiskies, piscine, squash, fitness, sauna.

OOSTENDE

Acces, Van Iseghemlaan 21, ☎ 0 59 80 40 82, *info@hotelacces.be, Fax 0 59 80 88 39,* ♿, 🚗, 🚲 – |♦|, ✈, ▤ ch, 🚘. AE ⓓ MC VISA. ✂ rest — CY a

Rest (dîner pour résidents seult)

63 ch ☕ ♀77/88 – ♀♀99/122 – ½ P 99/110.

◆ Flatgebouw op 200 m van het strand, met identieke, eigentijdse kamers. Sauna, solarium, fitness en bar in zebraprint. Ontbijt onder de glaskoepel.

◆ Immeuble hôtelier situé à seulement 200m de l'estran. Chambres actuelles à l'identique, breakfast sous coupole, sauna, solarium, fitness et bar égayé par des tissus zébrés.

Die Prince sans rest, Albert I Promenade 41, ✆ 0 59 70 65 07, *info@hotel-dieprince.be, Fax 0 59 80 78 51*, ≤ – |‡| P – 🏋. AE ① MC VISA. ✂ CY n
60 ch ☐ ✝55/72 – ✝✝67/118.
◆ De kamers in dit flatgebouw aan de promenade kijken merendeels uit op zee, maar die op de hoek bieden meer ruimte. Moderne lounge.
◆ Immeuble situé face à la promenade : la plupart des chambres bénéficient ainsi d'une vue sur mer. Celles réparties à l'angle du bâtiment offrent plus d'ampleur. Salon moderne.

Pacific, Hofstraat 11, ✆ 0 59 70 15 07, *info@pacifichotel.com, Fax 0 59 80 35 66*, Ⅎ₆, ≘s, ⚲ – |‡| ⚡, ▤, ▤ ch, ⇔ P. AE ① MC VISA CY r
Rest (dîner pour résidents seult) – **53 ch** ☐ ✝60/90 – ✝✝75/150 –½ P 65/90.
◆ Familiebedrijf in het gezellige centrum. De kamers worden in etappen gerenoveerd en hebben goed beddengoed. Ontbijtbuffet in een zaal met lichte lambrisering.
◆ Cet établissement familial du centre animé vous loge dans des chambres rénovées par étapes et dotées d'une bonne literie. Buffet matinal dans une salle aux boiseries blondes.

Glenmore, Hofstraat 25, ✆ 0 59 70 20 22, *info@hotelglenmore.be, Fax 0 59 70 47 08*, Ⅎ₆, ≘s – |‡| ⚡, ▤ rest, ⇔ – 🏋. MC VISA. ✂ rest CY x
fermé 2 janvier-20 février – **Rest** (dîner pour résidents seult) – **42 ch** ☐ ✝55/70 – ✝✝90/140.
◆ Hotel bij de boulevard en de haven. Comfortabele kamers en een health center op de zesde verdieping, waar ook het panoramaterras te vinden is.
◆ Hôtel familial situé à quelques enjambées de la digue et du port. Chambres confortables et espace de bien-être et de relaxation au 6ᵉ étage, donnant sur une terrasse perchée.

Prado sans rest, Leopold II-laan 22, ✆ 0 59 70 53 06, *info@hotelprado.be, Fax 0 59 80 87 35*, ⚲ – |‡| ⚡ ⇔. AE MC VISA CZ x
fermé 6 au 31 janvier – **28 ch** ☐ ✝65/155 – ✝✝75/165.
◆ Functionele standaardkamers in dit gunstig gelegen hotel met alles bij de hand: strand, winkels, uitgaanswijk, taxistandplaats, tram- en bushalten.
◆ Chambres fonctionnelles uniformément agencées dans cet hôtel bien commode car proche de tout : plage, casino, commerces, quartiers de sorties, arrêts de tram, bus et taxi.

De Hofkamers sans rest, IJzerstraat 5, ✆ 0 59 70 63 49, *info@dehofkamers.be, Fax 0 59 24 23 90*, Ⅎ₆ – |‡| ⚡ ⇔. AE MC VISA CZ u
25 ch ☐ ✝50/65 – ✝✝77/135.
◆ Gezellig familiebedrijf in een rustige straat bij het centrum en de dijk. Knusse kamers, relaxcentrum en panoramaterras op de 7e verdieping.
◆ Hôtel familial douillet installé dans une rue calme, à proximité d'un parc, du centre animé et de la digue. Chambres "cosy", relax-center et terrasse panoramique au 7ᵉ étage.

Strand, Visserskaai 1, ✆ 0 59 70 33 83, *strandhoteloostende@skynet.be, Fax 0 59 80 36 78*, ≤, 🏠 – |‡| ⚡, ▤ rest. MC VISA. ✂ ch CZ r
Rest *Grand Café du Bassin* *(fermé fin janvier-début février, dimanche soir et jours fériés)* (taverne-rest) *Lunch 14* – 32, carte 26/43, ♀ – **21 ch** *(fermé 2 semaines en janvier)* ☐ ✝58/78 – ✝✝77/130 –½ P 80/100.
◆ Hotel tegenover de vaargeul en de Amandine, het laatste Vlaamse vissersschip dat de Noordelijke IJszee bevoer. De kamers aan de voorkant kijken uit op de ferry's. Modern café-restaurant met terrassen aan de levendige Visserskaai.
◆ Hôtel faisant face au chenal du port et à l'Amandine (dernier navire flamand ayant pêché en mer d'Islande). Les chambres de l'avant assistent aussi au ballet des ferries. Taverne-restaurant moderne et sa terrasse ouvertes sur l'animation du Visserskaai.

Burlington sans rest, Kapellestraat 90, ✆ 0 59 55 00 30, *info@hotelburlington.be, Fax 0 59 70 81 93*, Ⅎ₆, ≘s, ⚲ – |‡| ⚡ – 🏋. AE ① MC VISA. ✂ CZ c
42 ch ☐ ✝53/75 – ✝✝73/110 – 2 suites.
◆ Flatgebouw boven een rede met het opleidingsschip Mercator. Kamers aan de kant van de haven, winkels en woonflats. Terras op de 10e verdieping met een mooi uitzicht.
◆ Hôtel surplombant un bassin où stationne le navire-école Mercator. Chambres côté port, commerces ou buildings résidentiels. Terrasse ménageant une jolie vue au 10ᵉ étage.

Impérial sans rest, Van Iseghemlaan 76, ✆ 0 59 80 67 67, *info@hotel-imperial.be, Fax 0 59 80 78 38* – |‡| ⚡ ⇔. AE ① MC VISA CZ a
61 ch ☐ ✝70/110 – ✝✝80/150.
◆ Dit hotel tegenover het casino is al sinds 1954 van dezelfde familie. Engelse lounge-library, diverse typen kamers, al dan niet gerenoveerd, en plezierige ontbijtruimte.
◆ Face au casino, hôtel tenu par la même famille depuis sa fondation en 1954. Lounge-library à l'anglaise, divers types et générations de chambres, espace breakfast plaisant.

Du Parc sans rest, Marie-Joséplein 3, ✆ 0 59 70 16 80, *hotel@duparcoostende.com, Fax 0 59 80 08 79*, ≘s – |‡|. AE MC VISA CZ v
fermé 7 au 22 janvier – **53 ch** ☐ ✝54/57 – ✝✝65/87.
◆ Hotelgebouw in de stijl van de jaren 1930 aan een zeer centraal gelegen plantsoen. Gerenoveerde functionele kamers en mooie art-decotaverne (andere eigenaar).
◆ Bâtisse hôtelière typique des années 1930, contiguë à un petit square très central. Chambres fonctionnelles rajeunies et belle taverne Art déco (exploitation séparée).

Melinda, Mercatorlaan 21, ☎ 0 59 80 72 72, *info@melinda.be, Fax 0 59 80 74 25* – AE VISA CZ e
Rest 25, carte 27/44 – **45 ch** ☕ ✝60/85 – ✝✝65/95 – ½ P 49/64.
• Vraag om een gerenoveerde kamer in dit hotel bij een drukke rotonde en de rede met de scheepvaartschool Mercator. Gemeenschappelijke ruimten in eigentijdse stijl. Brasserie met een modern interieur en een traditionele keuken.
• Demandez une chambre rénovée dans cet hôtel jouxtant un grand rond-point passant et un bassin où le navire-école Mercator a définitivement jeté l'ancre. Communs contemporains. Brasserie envoyant de la cuisine traditionnelle dans un cadre moderne.

Cardiff, St-Sebastiaanstraat 4, ☎ 0 59 70 28 98, *Fax 0 59 51 46 27* – AE VISA. CY c
fermé mi-novembre-mi-décembre et mardi hors saison – **Rest** 23/34, carte 28/38 – **16 ch** ☕ ✝30/45 – ✝✝47/74 – ½ P 49/64.
• Door een familie gerund hotel bij het Wapenplein. De eenvoudigste kamers hebben alleen een wastafel als sanitair. Kinderen welkom vanaf 7 jaar. In het restaurant worden eenvoudige klassieke gerechten op tafel gezet.
• Hôtel tenu en famille dans les parages de la Wapenplein. L'équipement sanitaire des chambres les plus simples se réduit à un lavabo. Enfants bienvenus à partir de 7 ans. Restaurant mitonnant une cuisine classique-bourgeoise sans façon.

Louisa sans rest, Louisastraat 8b, ☎ 0 59 50 96 77, *info@hotellouisa.be, Fax 0 59 51 37 55* – AE VISA. CY b
fermé 7 janvier-12 février – **15 ch** ☕ ✝50 – ✝✝90.
• De schilder James Ensor woonde vlak bij dit pand uit 1900. Goede, grote kamers, waarvan de meest charmante in Flamant-stijl zijn ingericht. Eetzaal in art deco.
• Le peintre J. Ensor vécut près de cette maison 1900 abritant de bonnes grandes chambres dont certaines, plus charmantes, adoptent le style "Flamant". Salle à manger Art déco.

Villa Maritza, Albert I Promenade 76, ☎ 0 59 50 88 08, *villa-maritza@freegates.be, Fax 0 59 70 08 40*, ≤ – . AE VISA CZ s
fermé dimanche soir et lundi – **Rest** 40/80 bc, carte 52/81, ♀.
• Dit elegante herenhuis uit 1885 onderhoudt zorgvuldig zijn interieur van toen (glas-in-loodramen, lambrisering en schouw). Modern-klassieke keuken en vlees aan tafel gesneden.
• Cette élégante maison de maître bâtie en 1885 face à la plage entretient pieusement son décor d'époque (vitraux, lambris, cheminée). Choix classique actualisé. Découpes à vue.

Auteuil, Albert I Promenade 54, ☎ 0 59 70 00 41, *resto.auteuil@euphouynet.be*, ≤ – . AE VISA CY p
fermé mercredi et jeudi – **Rest** *Lunch 29* – 49/84 bc, carte 56/67, ♀.
• Seizoengebonden gerechten met een zuidelijk vleugje, intiem en sfeervol interieur, tentoonstelling van moderne kunst en zeezicht. De bazin staat al 25 jaar achter het fornuis.
• Mets de saison aux parfums du Sud, cadre intime et feutré, sièges de style à médaillon, expo d'art moderne et vue littorale. Patronne aux casseroles depuis un quart de siècle.

Marina, Albert I Promenade 9, ☎ 0 59 70 35 56, *restomarina@skynet.be, Fax 0 59 51 85 92*, ≤, Cuisine italienne – le soir uniquement AE VISA CY f
fermé 24 décembre – **Rest** *Lunch 22* – 39/90 bc, carte 37/188.
• Italiaans restaurant met een verzorgd interieur, tegen de achtergrond van de pier en de haven. Fraai gedekte tafels en tentoonstelling van moderne schilderijen.
• Maison de bouche transalpine où l'on prend place dans un cadre soigné, avec l'estacade et l'entrée du port pour toile de fond. Belle mise de table. Expo de peintures modernes.

Ostend Queen, Monacoplein (au-dessus du Kursaal), ☎ 0 59 29 50 55, *ostend.queen@kursaaloostende.be, Fax 0 59 50 71 64*, ≤ plage et mer, , Produits de la mer, écailler – . AE VISA CY k
Rest *Lunch 25* – 40, carte 53/175.
• Visrestaurant met een uitgesproken trendy interieur, hoog boven de Kursaal. Wijnbar, schaal- en schelpdierenbar, "lounge", terrassen en een magnifiek uitzicht op zee.
• Table littorale perchée au-dessus du Kursaal et agencée dans un esprit résolument "trendy". Bar à vins, banc d'écailler, "lounge", terrasses et vue balnéaire magnifique.

Au Vieux Port Visserskaai 32, ☎ 0 59 70 31 28, *info@auvieuxport.be, Fax 0 59 80 12 57* – . AE VISA CY z
fermé 1 semaine en juin, 2e quinzaine novembre et lundi – **Rest** 25/75 bc, carte 45/74.
• Lekker restaurantje bij de vissershaven met een modern interieur en een maritieme toets (foto's, zeilbootmaquette en glas-in-loodraam). Kaart typerend voor de Belgische kust.
• Face au port de pêche, petit repaire gourmand au cadre actuel ponctué d'évocations balnéaires (clichés rétro, maquette de voilier, vitrail). Carte typique de la côte belge.

BELGIQUE

XX **Le Grillon,** Visserskaai 31, ℘ 0 59 70 60 63, *Fax 0 59 51 52 51* – ▤. AE ⓓ ⓜⓒ VISA CY s
fermé octobre, mercredi soir sauf vacances scolaires et jeudi – **Rest** 29/40, carte 25/96.
• Gezellige huiselijke sfeer, rijke traditionele maaltijd en joviale baas die voor een dynamische en voorkomende bediening zorgt. Vaste clientèle.
• Ambiance familiale sympathique, généreux repas traditionnels à la bonne franquette et patron cordial dirigeant un service dynamique et prévenant. Clientèle de vieux habitués.

XX **Petit Nice,** Albert I Promenade 62b, ℘ 0 59 80 39 28, *info@petitnice.be, Fax 0 59 80 96 44,* ≤, ☂ – ▤. AE ⓜⓒ VISA CZ h
fermé mardi soir et mercredi – **Rest** *Lunch 25* – 35/56, carte 50/114.
• Modern-klassieke gerechten onder de bogen van de gemoderniseerde eetzaal of in de serre. Reserveer een tafel bij het raam voor het uitzicht op zee.
• Recettes classico-évolutives proposées sous les arcades d'une salle au cadre modernisé ou en véranda. Réservez votre table près des baies vitrées pour voir la mer.

X **Bistro Mathilda,** Leopold II-laan 1, ℘ 0 59 51 06 70, *info@bistromathilda.be, Fax 0 59 51 06 70* – AE ⓓ ⓜⓒ VISA. ✈ CZ g
fermé 11 au 22 février, 16 au 27 juin, 21 octobre-4 novembre, lundi soir et mardi – **Rest** *Lunch 16* – carte 33/57, ♀.
• Moderne taverne-bistro die vooral 's middags zeer in trek is (reserveren). Drieledige kaart: klassieke gerechten (steak tartaar), eigentijdse recepten en maaltijdsalades.
• Taverne-bistrot moderne plébiscitée à midi (réserver). Carte à trois volets : classiques maison (spécialité de steak tartare), petites folies au goût du jour et salades-repas.

à Leffinge *par ④ : 7,5 km* C *Middelkerke 17 841 h.* – ✉ *8432 Leffinge :*

X **Het Molenhuis,** Torhoutsesteenweg 3, ℘ 0 59 27 78 03, *kurtwoestijn@yahoo.com, Fax 0 59 27 78 03,* ☂, Grillades – ▤ P ⇔. ⓜⓒ VISA
fermé 23 février-8 mars, 24 août-7 septembre, lundi et mardi midi – **Rest** 30, carte 33/47.
• Deze oude molenaarswoning is knap verbouwd tot restaurant. De eetzaal doet rustiek aan met zijn hanenbalken en grote bakstenen schouw. Het vlees wordt op houtskool geroosterd.
• Ancienne maison de meunier habilement mise à profit. Salle à manger rustique garnie de poutres apparentes et d'une grande cheminée en briques. Grillades au feu de bois.

à Mariakerke C *Oostende* – ✉ *8400 Oostende :*

Glenn, Aartshertogstraat 78, ℘ 0 59 70 26 72, *info@hotelglenn.be, Fax 0 59 70 50 26,* ☂, ⚲ – ✈. ⓜⓒ VISA A r
ouvert vacances scolaires et week-end; fermé janvier et 11 novembre-22 décembre en semaine. – **Rest** (résidents seult) – **20 ch** ☕ ✝41 – ✝✝82 – ½ P 67/80.
• Mooie gevel, knusse gemeenschappelijke ruimten, kamers in retrostijl en weelderige patio. Wie de hondjes uitlaat, krijgt een aperitief van het huis!
• Façade pimpante, communs "bonbonnière", chambres au charme rétro et joli patio verdoyant. Apéro offert en échange d'une sortie avec les petits chiens-vedettes de la maison !

XX **Au Grenache,** Aartshertogstraat 80, ℘ 0 59 70 76 85, *au.grenache@skynet.be* – AE ⓓ ⓜⓒ VISA A r
fermé 6 au 9 octobre et lundi – **Rest** 65/85, carte 61/88.
• Gastronomen komen sinds 1986 aan hun trekken in dit sfeervolle art-decopand, dat naar een druivensoort is genoemd. Een plaatselijke schilder heeft het wijnboek geïllustreerd.
• Les gastronomes sont choyés depuis 1986 dans cette intime et discrète maison Art déco nommée d'après un cépage méridional. Un grand peintre local a illustré le livre de cave.

OOSTERZELE *9860 Oost-Vlaanderen* **533** H 17 *et* **716** E 3 – *13 172 h.* 16 **B2**
Bruxelles 57 – Gent 19 – Aalst 28.

XX **De Bareel,** Geraardsbergsesteenweg 54, ℘ 0 9 362 82 28, *Fax 0 9 363 01 95,* ☂ – P. ⓜⓒ VISA
fermé Pâques, 3 dernières semaines août, mardi soir, mercredi, samedi midi et dimanche soir – **Rest** *Lunch 20* – 30/59 bc, carte 41/57.
• Eigentijds restaurant in een oud tolhuis tussen Gent en Geraardsbergen. 's Zomers mooi terras aan de tuinzijde; 's winters behaaglijk haardvuur. Sfeervol interieur.
• Restaurant au goût du jour occupant un ancien poste de péage entre Gand et Grammont. L'été, belle terrasse côté jardin ; l'hiver, bonnes flambées en salle. Cadre intime.

OOSTKAMP *West-Vlaanderen* **533** E 16 *et* **716** C 2 – *voir à Brugge, environs.*

OOSTKERKE *West-Vlaanderen* **533** E 15 *et* **716** C 2 – *voir à Damme.*

OOSTMALLE *Antwerpen* **533** N 15 *et* **716** H 2 – *voir à Malle.*

BELGIQUE

OPGLABBEEK 3660 Limburg 533 S 16 et 716 J 2 – 9 607 h. 11 C2

Bruxelles 94 – Hasselt 25 – Antwerpen 79 – Eindhoven 53 – Maastricht 36.

XXX **Slagmolen** (Bert Meewis), Molenweg 177 (Nord-Est : 3 km, direction Opoeteren, puis 2e rue à droite), ☎ 0 89 85 48 88, *info@slagmolen.be, Fax 0 89 81 27 82*, – P. VISA

fermé 1er au 10 janvier, première semaine avril, 17 août-4 septembre, mardi, mercredi et samedi midi – **Rest** Lunch 38 – 75/150 bc, carte 75/120, ♀.

Spéc. Salade de homard aux pommes. Râble de lièvre 'Arlequin' (15 octobre-15 décembre). Dame blanche.

◆ Mooie molen waarvan het schoepenrad door de Bosbeek wordt aangedreven. Smakelijke klassieke gerechten, modern-rustieke eetzaal en leuke terrassen in het groen.

◆ Beau moulin dont la roue à aubes est entraînée par le Bosbeek. Mets classiques goûteux, salle rustique-moderne laissant entrevoir la machinerie, charmantes terrasses au vert.

OPGRIMBIE Limburg 533 T 17 et 716 K 3 – *voir à Maasmechelen.*

OPHAIN-BOIS-SEIGNEUR-ISAAC Brabant Wallon 533 L 19 et 716 G 3 – *voir à Braine-l'Alleud.*

OPWIJK 1745 Vlaams-Brabant 533 K 17 et 716 F 3 – 12 239 h. 3 A1

Bruxelles 24 – Leuven 49 – Aalst 19 – Antwerpen 44 – Gent 54.

XX **Le Saisonnier,** Klei 85 (N 211, lieu-dit Droeshout), ☎ 0 52 37 52 38, *lmignon@lesaisonnier.be, Fax 0 52 37 52 38*, – P. AE VISA

fermé 1 semaine Pâques, 30 juin-25 juillet et mardis, mercredis et samedis midis non fériés – **Rest** Lunch 30 – 50/82, carte 57/85.

◆ Boerderijtje waar fijnproevers voor een klassieke maaltijd drie entourages krijgen aangeboden: verzorgde rustieke eetzaal, moderne serre en weelderig groene tuin.

◆ Fermette offrant aux gourmets le choix entre trois ambiances : décor rustique soigné en salle, agencement moderne sous la véranda, cadre végétal au jardin. Repas classique.

OPZULLIK Hainaut – *voir Silly.*

ORVAL (Abbaye d') ★★ Luxembourg belge 534 R 25 et 716 J 7 *G. Belgique-Luxembourg.*

OTTIGNIES 1340 Brabant Wallon C Ottignies-Louvain-la-Neuve 29 521 h. 533 M 18, 534 M 18 et 716 G 3. 4 C2

Env. *à l'Est : 8 km à Louvain-la-Neuve★, dans le musée: legs Charles Delsemme★.*

18 *à l'Est : 8 km à Louvain-la-Neuve, r. A. Hardy 68 ☎ 0 10 45 05 15, Fax 0 10 45 44 17.*

Bruxelles 37 – Wavre 8 – Charleroi 36 – Leuven 50 – Namur 40.

XX **Le Chavignol,** r. Invasion 99, ☎ 0 10 45 10 40, *ciuro@lechavignol.com*, – . AE VISA

fermé mardi, mercredi et dimanche soir – **Rest** 28/38, carte 41/58.

◆ Meubles en rotin, plafond luisant et marbre portugais composent un décor de bon goût, en parfaite osmose avec le contenu des assiettes. Petite carte actuelle ; duo de menus.

◆ Rotan meubelen, een glanzend plafond en Portugees marmer kenmerken het smaakvolle interieur, dat in volmaakte harmonie met het eten is. Kleine actuele kaart en twee menu's.

à Louvain-la-Neuve *Est : 8 km C Ottignies-Louvain-la-Neuve – ✉ 1348 Louvain-la-Neuve :*

Mercure, bd de Lauzelle 61, ☎ 0 10 45 07 51, *H2200@accor.com, Fax 0 10 45 09 11*, – P – . AE VISA. rest

Rest (taverne-rest) Lunch 12 – 24, carte 21/38, ♀ – 12 – **77 ch** ★60/130 – ★★60/130.

◆ Hôtel et centre de séminaires tout à la fois, cet établissement de chaîne hôtelière établi dans un parc comprend quatre étages de chambres fonctionnelles dotées d'un balcon.

◆ Dit Mercurehotel met congrescentrum staat in een park en telt vier verdiepingen met functionele kamers, alle voorzien van een balkon.

X **Il Doge,** Agora 22, ☎ 0 10 45 30 63, *info@ildoge-vea.be, Fax 0 10 45 30 86*, Avec cuisine italienne – . AE VISA

fermé 24 décembre soir, 25 décembre, 1er janvier et lundi – **Rest** 25/50 bc, carte 18/44, ♀.

◆ Salles à manger cloisonnées agrémentées d'un grand aquarium et de masques évoquant la Cité des Doges. Carte franco-transalpine incluant des pizzas ; cave italienne à vue.

◆ De in compartimenten verdeelde eetzalen worden opgeluisterd met een aquarium en Venetiaanse maskers. Frans-Italiaanse kaart met pizza's en een open Italiaanse wijnkelder.

BELGIQUE

OUDENAARDE (AUDENARDE) *9700 Oost-Vlaanderen* **533** G 17 *et* **716** D 3 – *28 517 h.* 16 **B3**

Voir Hôtel de Ville★★★ (Stadhuis) Z – Église N.-D. de Pamele★ (O.L. Vrouwekerk van Pamele) Z.

par ④ : 5 km à Wortegem-Petegem, Kortrijkstraat 52 ✆ 0 55 31 41 61, Fax 0 55 31 98 49.

Stadhuis, Markt 1 ✆ 0 55 31 72 51, toerisme@oudenaarde.be, Fax 0 55 30 92 48.

Bruxelles 61 ② – Gent 29 ⑥ – Kortrijk 28 ④ – Valenciennes 61 ③.

Plan page ci-contre

Hostellerie La Pomme d'Or, Markt 62, ✆ 0 55 31 19 00, *info@pommedor.be, Fax 0 55 46 04 46,* – rest, rest, – . AE MC VISA. rest Z c
Rest (taverne-rest) *Lunch 12* – 33/48 bc, carte 26/53 – **10 ch** ★80/100 – ★★95/130.
◆ Een tweede jeugd voor dit historische poststation, een van de oudste van België (1484), zicht op de Markt en het mooie stadhuis. Prettige kamers. Chique bistro in neoretrostijl (lambrisering, glas-in-lood, parket, stijlmeubelen). Patio en weekendrestaurant.
◆ Seconde jeunesse pour ce relais historique - l'un des plus vieux du pays (1484) - tourné vers le Markt et son bel hôtel de ville. Chambres avenantes. Bistrot néo-rétro chic (boiseries, vitraux, parquet, sièges de style), cour-terrasse, restaurant de week-end.

De Rantere (annexe - 9 ch), Jan Zonder Vreeslaan 8, ✆ 0 55 31 89 88, *info@derantere.be, Fax 0 55 33 01 11,* – . AE MC VISA Z e
Rest *(fermé 14 juillet-3 août et dimanche) Lunch 25* – 34/85 bc, carte 43/91, ♀ – **19 ch** ★83 – ★★120.
◆ Hotel tussen de kaden en het begijnhof, met gerieflijke kamers op drie verdiepingen in het hoofdgebouw en mooie grote moderne studio's in het bijgebouw. Eigentijdse eetzaal met bronzen luipaarden uit Benin en Dogon-ladders in de salon.
◆ Entre quais et béguinage, chambres de bon confort réparties sur trois étages du bâtiment principal et beaux grands studios modernes à l'annexe. Salle à manger contemporaine abritant une collection de léopards en bronze du Bénin. Expo d'échelles dogon au salon.

De Zalm, Hoogstraat 4, ✆ 0 55 31 13 14, *info@hoteldezalm.be, Fax 0 55 31 84 40,* – rest, – . AE MC VISA. Z a
fermé 26 janvier-6 février et 15 juillet-6 août – **Rest** *(fermé dimanche soir et lundi) Lunch 13* – 30/50 bc, carte 27/37 – **7 ch** ★70 – ★★90 – ½ P 87.
◆ Imposante gevel naast het schitterende stadhuis in laatgotische stijl uit 1530. De kamers zijn fris en netjes. Balken, lambrisering, luchters met kaarsen en een open haard zorgen voor een warme sfeer in de restaurantzaal. Burgerkeuken.
◆ Façade imposante voisinant avec le superbe hôtel de ville élevé en 1530 dans le style flamboyant (1530). Chambres fraîches et nettes. Poutres, lambris, lustres à bougies et cheminée réchauffent l'atmosphère de la salle à manger. Cuisine bourgeoise.

César, Markt 6, ✆ 0 55 30 13 81, *info@hotel-cesar.be, Fax 0 55 33 02 36,* – . MC VISA. ch Z b
Rest (taverne-rest) *Lunch 11* – 31, carte 28/44 – **9** ch ★75 – ★★95 – 1 suite – ½ P 95/100.
◆ De sierlijke gevel van dit oude herenhuis aan de Grote Markt is een echte blikvanger. U logeert er in grote kamers met goede voorzieningen. In de taverne worden salades, eenvoudige schotels en pasta's geserveerd.
◆ Sur la place du marché, ancienne maison de notable dont l'élégante façade capte volontiers le regard. Vous y serez hébergés dans de grandes chambres bien équipées. Taverne-restaurant servant des salades, des plats de brasserie et des pâtes.

Da Vinci sans rest, Gentstraat 58 (par ⑥), ✆ 0 55 31 13 05, *hotel.davinci@skynet.be, Fax 0 55 31 15 03* – . AE MC VISA.
fermé fin décembre – **5 ch** ★80 – ★★100 – 1 suite.
◆ In dit karakteristieke pand achter het station wacht u een persoonlijk onthaal. De kamers hebben een nieuwe look gekregen van een designer. Patio met veel bloemen.
◆ Derrière la gare, demeure de caractère vous réservant un accueil personnalisé. Chambres récemment relookées par un designer ; terrasse sur cour fleurie en été.

Wijnendael sans rest, Berchemweg 5 (par ②, sur N 8), ✆ 0 55 30 49 90, *info@wijnendael.com, Fax 0 55 31 84 95,* – P. AE MC VISA
fermé 1 semaine en février – **8 ch** ★69 – ★★79/87.
◆ Dit hotelletje aan een kruispunt vlak voor Oudenaarde wordt door een familie gerund. Alle kamers zijn gelijkvloers en liggen aan de achterkant van de villa.
◆ Ce petit établissement tenu en famille officie à l'approche d'Audenarde, près d'un carrefour. Chambres toutes situées en rez-de-chaussée, à l'arrière de la villa.

OUDENAARDE

Aalststr.	Z	
Achterburg	Z	2
Achter de Wacht	Y	3
Baarstr.	Z	
Bekstr.	Y	
Bergstr.	Z	
Beverestr.	Y	4
Bourgondiëstr.	Z	7
Broodstr.	Z	9
Burg	Z	10
Burgschelde	Z	14
Dijkstr.	Y	
Doornikstr.	Z	
Eindrieskaai	Y	
Einestr.	YZ	
Fortstr.	Y	
Gevaertsdreef	Y	
Grote Markt	Z	
Hoogstr.	YZ	17
Jezuïetenpl.	Z	18
Kasteelstr.	Z	21
Kattestr.	Y	
Krekelput	Z	23
Louise-Mariekaai	Z	26
Margaretha van Parmastr.	Z	32
Marlboroughlaan	YZ	
Matthijs Casteleinstr.	Z	
Meerspoortplein	Z	33
Minderbroedersstr.	Z	34
Nederstr.	YZ	35
Parkstr.	Y	
Prins Leopoldstr.	Y	
Remparden	Z	
Simon de Paepestr.	Y	37
Stationsstr.	Y	
Tacambaropl.	Y	38
Tussenbruggen	Z	40
Tussenmuren	Z	
Voorburg	Z	42
Wijngaardstr.	Y	46
Woeker	Y	

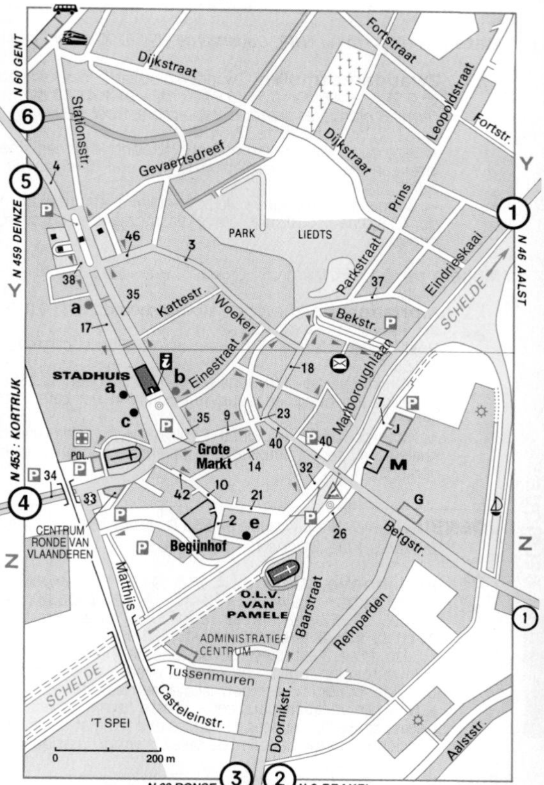

Wine & Dine Café, Hoogstraat 34, ✆ 0 55 23 96 97, *info@wine-dine.be, Fax 0 55 45 79 92* – AE VISA Y a
fermé semaine carnaval, dernière semaine juillet-2 premières semaines août, dimanche et lundi – **Rest** carte 35/46, ♀.
◆ Dit herenhuis in het centrum is verbouwd tot designbistro. Eetzalen beneden en boven in grijze en donkerbruine tinten. Traditionele kaart op papieren placemats.
◆ Maison de notable du centre-ville convertie en bistrot design. Tons gris et chocolat en salles, de plain-pied et à l'étage. Choix traditionnel présenté sur des sets en papier.

à Maarke-Kerkem *Sud-Est : 4 km sur N 60, puis N 457* C *Maarkedal 6 468 h.* – ✉ *9680 Maarke-Kerkem :*

Het Genot op den Berg, Bovenstraat 4 (Kerkem), ✆ 0 55 30 35 56, *info@genotopdenberg.be, Fax 0 55 30 40 24,* ≤, – P. AE VISA
fermé 15 février-15 mars, 8 au 31 octobre, lundi, mardi et mercredi – **Rest** *Lunch 25* – 33/57 bc, carte 40/68.
◆ Deze oude vakwerkboerderij met een mooi dak van riet en pannen staat afgelegen op een heuvel midden op het platteland. Rustieke eetzaal en panoramaterras. Uitgelezen wijnen.
◆ Esseulée sur une butte en pleine campagne, cette ancienne ferme à colombages se coiffe d'un toit de chaume et de tuiles. Salle rustique et terrasse panoramique. Vins choisis.

à Mater *par ② : 4 km sur N 8 © Oudenaarde – ✉ 9700 Mater :*

XX **Zwadderkotmolen,** Zwadderkotstraat 2 (par Kerkgatestraat : 1 km, puis à gauche), ℘ 0 55 49 84 95, *Fax 0 55 49 84 95*, – P. AE MC
fermé 3 premières semaines septembre, Noël, nouvel an, mardi et mercredi – **Rest** *Lunch 40 bc* – 45 bc/60 bc, carte 38/54, ♀.
◆ Deze oude watermolen op het platteland is nu een sfeervol restaurant. In het rustieke interieur met tussenverdieping is nog een deel van de oorspronkelijke machinerie te zien.
◆ En pleine campagne, vieux moulin à eau transformé en restaurant de charme dont l'intérieur rustique, étagé en mezzanine, conserve une partie de la machinerie originale.

à Mullem *par ⑥ : 7,5 km sur N 60 © Oudenaarde – ✉ 9700 Mullem :*

XX **Moriaanshoofd** avec ch, Moriaanshoofd 27, ℘ 0 9 384 37 87, *Fax 0 9 384 67 25*, – P. MC VISA.
Rest (ouvert jusqu'à 23 h) *Lunch 25* – 20/55 bc, carte 42/72 – **12 ch** ☕ ✝50 – ✝✝80 – ½ P 53/63.
◆ Karakteristieke familieherberg. Traditioneel restaurant met een bonte, maar gezellige inrichting; eenvoudige maaltijd in het café. Kamers aan de tuin; ontbijt in de serre.
◆ Auberge typée exploitée familialement. Table traditionnelle au décor hétéroclite chaleureux, repas simplifié à la taverne, chambres en rez-de-jardin et breakfast sous véranda.

BELGIQUE

OUDENBURG *8460 West-Vlaanderen* **533** D 15 *et* **716** C 2 – *8 929 h.* 18 **B1**

Bruxelles 109 – Brugge 19 – Oostende 8.

Abdijhoeve, Marktstraat 1, ℘ 0 59 26 51 67, *info@abdijhoeve.com, Fax 0 59 26 53 10*, – P – . AE MC VISA. ch
fermé 7 au 25 janvier – **Rest** *(fermé lundi)* (taverne-rest) *Lunch 13* – 25/48 bc, carte 30/55 – **24 ch** ☕ ✝75/80 – ✝✝110/140 – ½ P 80/90.
◆ Deze grote 17e-eeuwse kloosterboerderij in een prachtig polderlandschap heeft nu een nieuwe roeping: praktische kamers, overdekt zwembad, fitnessruimte en vergaderzalen. De oude schuur is in een eetzaal met een klassiek interieur omgetoverd.
◆ Nouvelle vocation pour cette grosse ferme abbatiale du 17e s. : chambres pratiques, piscine couverte, espaces de remise en forme et de réunions. Environnement de polders. L'ancienne grange tient lieu de salle à manger, classiquement agencée.

à Roksem *Sud-Est : 4 km © Oudenburg – ✉ 8460 Roksem :*

De Stokerij , Hoge dijken 2, ℘ 0 59 26 83 80, *hotel@hoteldestokerij.be, Fax 0 59 26 78 23*, – P. AE MC VISA
fermé 1 semaine en février et 2 dernières semaines novembre – **Rest** voir rest ***Jan Breydel*** ci-après – **10 ch** ☕ ✝91 – ✝✝104/160 – ½ P 80.
◆ Recente plattelandsherberg van baksteen, met kamers in chaletstijl, waarvan vijf een jacuzzi hebben. Distilleertoestellen en architectonische ornamenten bij de receptie.
◆ Récente auberge rurale en briques dont les chambres adoptent un "look" chalet ; 5 sont équipées d'un jacuzzi. Cuves d'alambic et ornements architecturaux anciens à l'accueil.

X **Jan Breydel** - H. De Stokerij, Brugsesteenweg 108, ℘ 0 59 26 82 97, *restaurant@janbreydel.be, Fax 0 59 26 89 35*, , Produits de la mer – P. AE MC VISA
fermé 1 semaine en février, 2 dernières semaines novembre, mardi et mercredi – **Rest** *Lunch 13* – 28/53 bc, carte 29/56.
◆ Dit restaurant druipt van de nostalgie: antieke po's, oude telefoontoestellen en andere voorwerpen uit grootmoeders tijd. De menukaart is echt iets voor visliefhebbers.
◆ Le décor, très "nostalgie", fait son effet : collections de vieux pots de chambre, de téléphones d'antan et autres objets hétéroclites chers à nos aïeux. Produits de la mer.

OUDERGEM *Brussels Hoofdstedelijk Gewest – voir Auderghem à Bruxelles.*

OUD-HEVERLEE *Vlaams-Brabant* **533** N 17 *et* **716** H 3 – *voir à Leuven.*

OUD-TURNHOUT *Antwerpen* **533** O 15 *et* **716** H 2 – *voir à Turnhout.*

OUFFET *4590 Liège* **533** R 20, **534** R 20 *et* **716** J 4 – *2 529 h.* 8 **B2**
Bruxelles 104 – Liège 33 – Huy 22 – Namur 58 – Maastricht 65.

Carpe Diem, Grand'Place 2, ☎ 0 86 36 74 45, *info@lecarpediem.be, Fax 0 86 36 74 47,* – ch, – . AE MC VISA.
fermé 18 août-3 septembre – **Rest** *(fermé lundi, mardi et samedi midi)* Lunch 25 – 33/70 bc, carte env. 45 – **14 ch** ☐ ✝60/70 – ✝✝75/120 – ½ P 72/95.
• Cette maison de la place centrale dissimule des chambres sobres et actuelles située au jardin, dans une extension récente. Une passerelle métallique dessert celles de l'étage. Salle à manger dans l'air du temps ; intéressante formule menu-carte "du marché".
• Dit pand aan de Grote Markt beschikt over sobere, moderne kamers in een nieuw bijgebouw in de tuin. Een metalen loopbrug leidt naar de kamers op de bovenverdieping. Eigentijdse eetzaal en interessant formule-menu "van de markt".

OUREN *Liège* **533** V 22, **534** V 22 *et* **716** L 5 – *voir à Burg-Reuland.* 9 **D3**

OUWEGEM *Oost-Vlaanderen* **533** G 17 *et* **716** D 3 – *voir à Zingem.*

OVERIJSE *Vlaams-Brabant* **533** M 18 *et* **716** G 3 – *voir à Bruxelles, environs.* 4 **C2**

PAAL *3583 Limburg* © *Beringen 41 072 h.* **533** Q 16 *et* **716** I 2. 10 **A2**
Bruxelles 76 – Hasselt 21 – Eindhoven 61 – 's-Hertogenbosch 102 – Maastricht 48.

De Witte Merel sans rest, Holststraat 25, ☎ 0 11 43 68 76, *info@dewittemerel.com,* MC VISA.
4 ch ☐ ✝84/104 – ✝✝98/160.
• Gerenoveerde boerderij waarvan de eigentijdse en smaakvol ingerichte kamers garant staan voor een rustige nacht. Tuin met terras aan de kant van de golfbaan. Gastvrij onthaal.
• Ancienne ferme réaménagée où vous dormirez au calme dans des chambres actuelles personnalisées avec goût. Terrasse-jardin tournée vers le golf. Bon accueil de la patronne.

BELGIQUE

PALISEUL *6850 Luxembourg belge* **534** P 23 *et* **716** I 6 – *5 052 h.* 12 **B2**
Bruxelles 146 – Arlon 65 – Bouillon 18 – Dinant 55.

XXX **Au Gastronome** (Michel Libotte) avec ch, r. Bouillon 2 (Paliseul-Gare), ☎ 0 61 53 30 64, *info@augastronome.be, Fax 0 61 53 38 91,* MC VISA
fermé 24 juin-4 juillet, 23 décembre-7 février, dimanche soir, lundi et mardi – **Rest** Lunch 52 bc – 65/115, carte 63/115 – **8 ch** ☐ ✝95/175 – ✝✝95/175 – ½ P 95/135.
Spéc. Millefeuille de homard rôti aux graines de sésame, sauce Caesar. Thon rouge cuit à la ficelle au vin épicé, vinaigrette à la coriandre. Cochon de lait en quatre préparations.
• Hôtellerie régionale typique appréciée pour sa carte classique revisitée et son cadre cossu. Fauteuils Régence en salle ; collection de Guides Michelin dans le salon colonial. Chambres douillettes parquetées, pourvues d'une bonne literie. Piscine au jardin.
• Typisch streekhotel met een luxueus interieur en een vernieuwde klassieke keuken. Eetzaal met régencestoelen en koloniale lounge met collectie Michelingidsen. Behaaglijke kamers met parket en uitstekend beddengoed. Tuin en zwembad.

XX **Auberge La Hutte Lurette** avec ch, r. Station 64, ☎ 0 61 53 33 09, *info@lahutte lurette.be, Fax 0 61 53 52 79,* AE MC VISA
fermé 18 février-20 mars – **Rest** *(fermé mardi soir, mercredi et après 20 h 30)* Lunch 17 – 25/60 bc, carte 28/42 – **7 ch** *(fermé mercredis non fériés)* ☐ ✝50/54 – ✝✝64/70 – ½ P 52/58.
• Cuisine classico-traditionnelle féminine, servie dans une salle rajeunie par des tons gris et bordeaux ou sur la terrasse côté jardin. Chambres de mise simple mais proprettes.
• Klassiek-traditionele gerechten, geserveerd in de gerenoveerde eetzaal met grijze en donkerrode kleuren of op het terras aan de kant van de tuin. Simpele, maar propere kamers.

Tendez vos clés et un voiturier se charge de garer votre véhicule : repérez le symbole pour bénéficier de ce service exclusif, bien pratique dans les grandes villes.

De PANNE (La PANNE) *8660 West-Vlaanderen* **533** A 16 *et* **716** A 2 – *10 060-h – Station balnéaire★.* 18 **A2**

Voir *Plage★.*

Gemeentehuis, Zeelaan 21, 0 58 42 18 18, toerisme@depanne.be, Fax 0 58 42 16 17.
Bruxelles 143 ① – Brugge 55 ① – Oostende 31 ① – Veurne 6 ② – Dunkerque 20 ③.

Plan page ci-contre

Donny, Donnylaan 17, 0 58 42 10 00, *info@hoteldonny.com, Fax 0 58 42 09 78*, – rest A d
fermé janvier – **Rest** *(fermé dimanche et après 20 h 30)* *Lunch 13* – 25/30 – **43 ch** ★70/85 – ★★80/125 – 2 suites – ½ P 65/118.

• Hotel op een privéduin bij het strand, met gerieflijke kamers op drie verdiepingen. Voorzieningen voor vergaderingen, persoonlijke verzorging en ontspanning. Pretentieloos restaurant met uitnodigend terras zodra de zon doorbreekt.

• Près de la plage, dans un site de dunes privées, chambres de bon séjour réparties sur trois étages. Équipements complets pour se réunir, se distraire et prendre soin de soi. Restaurant sans prétention ; terrasse invitante quand perce le soleil.

Iris sans rest, Duinkerkelaan 41, 0 58 41 51 41, *info@hotel-iris.be, Fax 0 58 42 11 77*, A n
21 ch ★66/81 – ★★88/125 – 2 suites.

• Dit hotel bestaat uit twee delen, waarvan de eigentijdse vleugel de nieuwste kamers bevat (met bubbelbad). Weelderige lounge en tuin om uit te rusten.

• Deux générations de chambres dans cet hôtel formé de deux unités dont un bloc de style contemporain abritant les plus récentes, avec bain-bulles. Salon cossu. Jardin de repos.

Villa Select sans rest, Walckierstraat 6, 0 58 42 10 00, *info@hoteldonny.com, Fax 0 58 42 09 78*, A c
fermé janvier – **12 ch** ★60/80 – ★★95/150.

• Deze fraaie villa aan de zeedijk dateert uit 1920, maar is vanbinnen harmonieus gemoderniseerd. Prettige kamers met zeezicht. Receptie in Hotel Donny (pendeldienst).

• Belle demeure sur digue bâtie en 1920 mais dont l'intérieur a été harmonieusement modernisé. Plaisantes chambres avec vue sur mer. Accueil à l'hôtel Donny (service navette).

Ambassador, Duinkerkelaan 43, 0 58 41 16 12, *info@hotel-ambassador.be, Fax 0 58 42 18 84*, A q
ouvert 5 février-14 novembre – **Rest** (résidents seult) – **28** ch ★55/60 – ★★75/110 – ½ P 59/66.

• Persoonlijk onthaal, huiselijke sfeer, kinderhoek en lekker ontbijt in dit hotel bij het strand dat in fasen wordt gerenoveerd. De kamers achter zijn rustiger dan voor (tram).

• Voisinage de la plage, accueil personnalisé, ambiance familiale, coin "kids" et bon petit-déj' en cet hôtel rénové par étapes. Chambres plus calmes derrière que devant (tram).

Cajou, Nieuwpoortlaan 42, 0 58 41 13 03, *info@cajou.be, Fax 0 58 42 01 23*, rest, B e
fermé 7 janvier-7 février et 1 au 11 décembre – **Rest** *(fermé dimanche soir et lundi)* *Lunch 14* – 27/75 bc, carte 38/62 – **32 ch** ★55/70 – ★★75/95 – ½ P 74/95.

• Dit hotel, dat door een familie wordt gerund, ligt vlak bij zee, aan een drukke weg waar de tram doorheen rijdt. Functionele kamers; die aan de voorkant zijn opgeknapt. Restaurant met een traditionele kaart en een menu dat bij de smaak van nu past.

• Hôtel exploité en famille à une encablure du rivage, au bord d'un axe passant desservi par le tram. Chambres fonctionnelles à choisir si possible en façade car remises à neuf. Restaurant présentant une carte traditionnelle et un menu au goût du jour.

Lotus, Duinkerkelaan 83, 0 58 42 06 44, *info@lotusdepanne.be, Fax 0 58 42 07 09*, ch A x
fermé 18 février-6 mars et 17 novembre-15 décembre – **Rest** *(fermé dimanche soir d'octobre à mai sauf vacances scolaires et lundi)* *Lunch 30* – 40/65 bc, carte 46/62 – **8 ch** ★55/60 – ★★75/80 – ½ P 65.

• Vriendelijk familiebedrijf op 250 m van het strand. De kamers zijn goed van formaat en onlangs opgeknapt. Lichte en gerieflijke eetzaal annex serre met terras. De baas staat in de keuken, waar vis de hoofdmoot vormt.

• Petit établissement aimablement tenu en famille à 250m des premiers châteaux de sable. Les chambres, d'un bon calibre, ont été rafraîchies. Repas à dominante poissonneuse servi dans une salle à manger-véranda claire et confortable. Patron au piano. Terrasse.

Onder de Pannen sans rest, Toeristenlaan 13, 0 486 15 05 00, *info@onderdepannen.be*, B a
3 ch ★50/85 – ★★60/95.

• Mooie badvilla in retrostijl met ouderwetse serre. De kamers hebben een persoonlijke touch, de grootste met de klaproos als decoratief thema.

• En secteur résidentiel, belle villa de style littoral "rétro", abritant des chambres personnalisées. Joli décor sur le thème du coquelicot dans la plus grande. Serre ancienne.

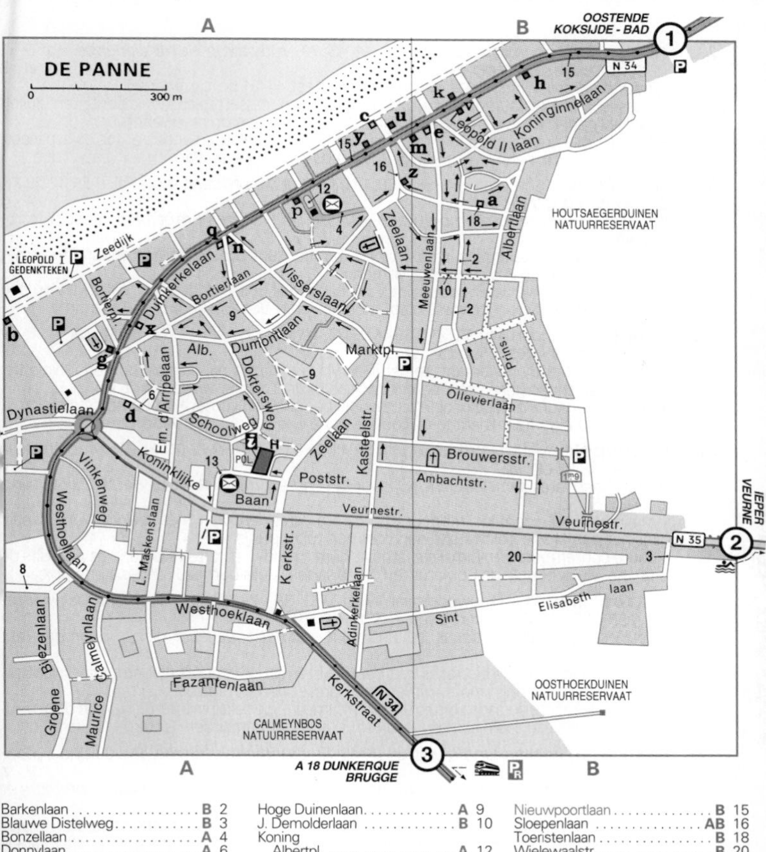

Barkenlaan . . . . B 2
Blauwe Distelweg . . . . B 3
Bonzellaan . . . . A 4
Donnylaan . . . . A 6
Egelantierlaan . . . . A 8
Hoge Duinenlaan . . . . A 9
J. Demolderlaan . . . . B 10
Koning Albertpl. . . . . A 12
Lindelaan . . . . A 13
Nieuwpoortlaan . . . . B 15
Sloepenlaan . . . . AB 16
Toeristenlaan . . . . B 18
Wielewaalstr. . . . . B 20
Zeelaan . . . . A

XXX ✿✿ **Hostellerie Le Fox** (Stéphane Buyens) avec ch, Walckierstraat 2, ✆ 0 58 41 28 55, *info@hotelfox.be, Fax 0 58 41 58 79* – AE ⓓ MC VISA. ch — A u
fermé 13 au 24 janvier, 7 au 17 avril, 1er au 3 juillet, 5 au 16 octobre, 7 au 11 décembre, mardi soir de novembre à mai, lundi et mardi midi – **Rest** Lunch 48 bc – 60/125 bc, carte 70/115, – ☕ 14 – **11 ch** ✝80/95 – ✝✝95/125 – ½ P 126/140.
Spéc. Fondue de langoustines et crabe royal, fromage vieux Bruges, jus de carapaces. Savarin de bintjes aux crevettes grises, crème mousseuse de xérès. Suprême de turbot en croûte, beurre nantais.
◆ Dit intieme restaurant is in trek vanwege de heerlijke modern-klassieke keuken met streekgerechten en prestigieuze wijnen. De kamers hebben een nieuwe look.
◆ Une table intime qui séduit par son délicieux répertoire classico-actuel assorti de mets régionaux et par sa prestigieuse sélection de vins bien commentée. Chambres relookées.

XX **Le Flore,** Duinkerkelaan 19b, ✆ 0 58 41 22 48, *info@leflore.be, Fax 0 58 41 53 36,* – P. AE MC VISA — A p
fermé 2 semaines en janvier, fin novembre-début décembre, mercredi sauf en juillet-août et mardi – **Rest** 34/85 bc, carte 51/74, .
◆ Art-decozaal, modern-klassieke keuken, drie lekkere menu's, goede wijnadviezen en attente bediening.
◆ Salle à manger façon Art déco, registre culinaire actuel, trio de menus appétissants et bons conseils pour le meilleur accord mets-vins. Accueil et service aux petits soins.

XX **Trio's,** Nieuwpoortlaan 75, ☎ 0 58 41 13 78, *rudy.tommelein@telenet.be, Fax 0 58 42 04 16* – ▤ P. AE ⓓ MC VISA B k
fermé mardi soir, mercredi et dimanche soir – **Rest** 40/61 bc, carte 48/66.
• Klassiek Frans restaurant met Lloyd Loom-stoelen, cassetteplafond, kroonlijsten, zuilen en stijlvol gedekte tafels met veel ruimte ertussen. Parking op reservering.
• Sièges Lloyd Loom, plafond à caissons, corniches murales, colonnes et tables espacées, de mise élégante, président au décor. Choix classique français. Parking sur réservation.

XX **@ De Braise,** Bortierplein 1, ☎ 0 58 42 23 09, *debraise@telenet.be, Fax 0 58 42 29 86,* 🏖 – ⇔. AE ⓓ MC VISA A g
fermé 17 novembre-5 décembre, mardi sauf 15 juin-15 septembre et lundi – **Rest** 35, carte env. 45.
• Vakantiegasten eten graag in deze villa buiten het centrum. Modern interieur, terras met teakhouten meubelen en smakelijk vismenu.
• La clientèle en villégiature balnéaire a ses habitudes gourmandes dans cette villa un peu excentrée. Cadre actuel, terrasse d'été meublée en teck, savoureux menu maritime.

XX **Venue,** Nieuwpoortlaan 56, ☎ 0 58 41 13 70, *venue@skynet.be* – AE ⓓ MC VISA B v
fermé mercredi – **Rest** 35, carte 39/55.
• Opvallend, trendy restaurant, te bereiken via een glazen hal met olijfbomen. Belgische, Italiaanse en Thaise gerechten, bereid door de bazin. Lounge-wijnbar in de kelder.
• Curieux restaurant "fashionable" accessible par une miniverrière moderne peuplée d'oliviers. Choix belgo-italo-thaïlandais. Lounge-bar à vins au sous-sol. Patronne en cuisine.

XX **La Coupole,** Nieuwpoortlaan 9, ☎ 0 58 41 54 54, *Fax 0 58 42 05 49,* 🏖, Produits de la mer – ▤ ⇔. AE MC VISA A y
fermé 3 dernières semaines janvier, jeudi et vendredi midi – **Rest** Lunch 15 – 25/58, carte 22/59.
• Minimalistisch eigentijds interieur, trendy atmosfeer en kaart met veel vis. Verse kreeft gans het jaar. Mooie bordeauxwijnen voor een zacht prijsje.
• Cadre contemporain minimaliste, atmosphère "trendy" et carte valorisant les produits de la pêche. Vivier peuplé de homards (en toute saison). Jolis bordeaux cédés à bon prix.

X **Bistrot Merlot,** Nieuwpoortlaan 70, ☎ 0 58 41 40 61, *vdsmerlot@skynet.be, Fax 0 58 41 51 92,* 🏖, Ouvert jusqu'à 23 h – MC VISA B h
fermé 2 semaines avant Pâques, jeudi soir sauf en juillet-août, jeudi midi et vendredi – **Rest** 31/44 bc, carte 33/60.
• Herenhuis in gezellige bistrostijl met overdekt terras. De specialiteit is stoofvlees: lamsragout, kalfsragout, konijn met pruimen en Vlaamse stoofkarbonade.
• Maison de maître au cadre bistrotier bien "sympa". Spécialité mijotées : navarin d'agneau, blanquette de veau, lapin aux pruneaux et carbonades flamandes. Terrasse couverte.

X **Baan Thai,** Sloepenlaan 22, ☎ 0 58 41 49 76, *baanthai@yucom.be,* 🏖, Cuisine thaïlandaise, ouvert jusqu'à 23 h – ⇔ AB z
ouvert 31 décembre-septembre ; fermé lundi midi, mardi et mercredi sauf septembre et vacances scolaires – **Rest** Lunch 14 – 25/60 bc, carte 29/56, 🍷.
• In het exotische interieur of op het verwarmde terras aan de achterkant kunnen Thaise smaken worden (her) ontdekt. Bijzondere wijnkaart voor dit type restaurant. Een aanrader!
• Saveurs thaïlandaises à (re)découvrir dans un intérieur exotique avenant ou sur la terrasse arrière chauffée. Choix de vins inhabituel à ce genre de maison. Une valeur sûre !

X **Maroon,** Nieuwpoortlaan 32, ☎ 0 58 62 09 20, *maroon@telenet.be* – ▤ ⇔. AE ⓓ MC VISA AB m
fermé janvier, dernière semaine juin, octobre, lundi sauf Pâques-Toussaint et mardi – **Rest** (dîner seult jusqu'à 1 h du matin) 30, carte 38/48.
• Trendy bistro in wit en kastanjebruin. Dagsuggesties en "globetrotterkaart": tapas, salades, pasta, vis, fusiongerechten en geroosterd rundvlees.
• Bistrot branché tout de marron et blanc vêtu. Suggestions du jour et carte "globetrotter": tapas, salades, pâtes, produits de la mer, recettes "fusion" et grillades de bœuf.

X **Imperial,** Leopold I Esplanade 9, ☎ 0 58 41 42 28, *imperial@skynet.be, Fax 0 58 41 33 61,* ←, 🏖, Taverne-rest – ⇔. AE ⓓ MC VISA. ✻ A b
fermé 2 semaines en janvier et mercredi – **Rest** 37, carte 37/61.
• Café-restaurant aan de zeedijk. De specialiteiten zijn kreeft en tijdens de vakanties vleesfondue. Expositie van moderne kunst. Terras onder aan de duinen.
• Taverne-restaurant postée en bord de digue, face à la mer. Spécialité de homard et, pendant les vacances, de fondue bourguignonne. Expo d'art moderne. Terrasse près des dunes.

Une bonne table sans se ruiner ?
Repérez les Bibs Gourmands 😋

BELGIQUE

PARIKE *9661 Oost-Vlaanderen* C *Brakel 13 726 h.* **533** H 18 *et* **716** E 3. 16 **B3**
Bruxelles 48 – Gent 47 – Mons 55 – Tournai 42.

Molenwiek, Molenstraat 1, 0 55 42 26 15, *info@molenwiek.be*, – VISA.
fermé 22 décembre-10 janvier – **Rest** *(fermé dimanche soir)* 25/50, carte 29/47 – **9 ch** 56 – 80 – ½ P 60.
• Statige villa in een landelijke omgeving, met klassiek ingerichte kamers. Traditionele maaltijd met biologische groenten en streekproducten, zoals een zeldzaam kippenras dat door de baas wordt gefokt. Rustieke eetzaal en salon met haardvuur.
• Cette fière villa nichée dans un site agreste met à votre disposition des chambres classiquement agencées. Repas traditionnel où entrent légumes "bio" et produits du cru, dont une race de poule rare élevée par le patron. Salle rustique et salon au coin du feu.

PEER *3990 Limburg* **533** R 16 *et* **716** J 2 – *15 810 h.* 10 **B1**
Bruxelles 99 – Hasselt 30 – Antwerpen 78 – Eindhoven 33.

Sogni D'Oro-L'Uno Coll'Altro, Bomerstraat 22, 0 11 63 71 18, *info@lunocollaltro.be, Fax 0 11 63 71 76*, ch, VISA
fermé 1er au 3 janvier et 25 août-11 septembre – **Rest** *(fermé lundi, mardi, mercredi et samedi midi)* (cuisine italienne) 26/70 bc, carte 19/55 – **5 ch** 100 – 100/150.
• Neobarok maison d'hôte met rustige, romantische kamers die elk hun eigen sfeer hebben. Serre en terras om te ontbijten; siertuin. Ernaast bevindt zich een typisch Italiaans restaurant, zowel qua keuken als inrichting.
• Maison d'hôte néo-baroque où vous passerez des nuitées calmes dans des chambres romantiques personnalisées. Véranda et terrasse utilisées au petit-déj' ; jardin d'apparat. Cuisine transalpine servie à côté, dans une grande salle italianisante.

Fleurie, Baan naar Bree 27, 0 11 63 26 33, *info@fleurie.be, Fax 0 11 66 26 33*, – VISA.
fermé 1 semaine en juillet, mardi soir, mercredi et samedi midi – **Rest** 33/90 bc, carte 45/65.
• Aangenaam restaurant aan de rand van Peer. Modern-klassiek interieur, beschut terras, verzorgde bediening door de bazin en eigentijdse keuken.
• Plaisante table située à l'entrée de Peer. Accueil et service soignés par la patronne, salle classico-actuelle, belle terrasse moderne à l'abri des regards, cuisine du moment.

à Kleine-Brogel *Nord : 3 km* C *Peer* – *3990 Kleine-Brogel :*

Casa Ciolina, Zavelstraat 17, 0 11 74 30 34, *info@casaciolina.be, Fax 0 11 74 30 36*, – VISA.
fermé 1re quinzaine janvier – **Rest** (résidents seult) – **6 ch** 95/120 – 125/155.
• Deze boerderij werd met succes verbouwd tot een sfeervol gastenverblijf. Goede ontvangst, kamers met een persoonlijke toets, binnenplaats en tuin. Militair vliegveld vlakbij.
• Ancienne ferme réaménagée avec bonheur en maison d'hôte d'un genre assez charmant. Bon accueil, chambres personnalisées, jolie cour et jardin. Aéroport militaire à proximité.

PEPINSTER *4860 Liège* **533** T 19, **534** T 19 *et* **716** K 4 – *9 560 h.* 9 **C2**
Env. *au Sud-Ouest : Tancrémont, statue★ du Christ dans la chapelle.*
Bruxelles 126 – Liège 26 – Verviers 6.

Hostellerie Lafarque avec ch, Chemin des Douys 20 (Ouest : 4 km par N 61, lieu-dit Goffontaine), 0 87 46 06 51, *lafarque@relaischateaux.com, Fax 0 87 46 97 28*, <, – AE VISA. ch
fermé mardi et mercredi – **Rest** 75/85, carte 72/83 – 15 – **8 ch** 135 – 135/235 – ½ P 150/190.
Spéc. Cassolette de légumes du jardin (juillet-septembre). Bar de ligne au vin jaune. Gibier en saison.
• Sur les hauteurs, dans un parc arboré, élégante construction à colombages rappelant les manoirs normands. Fine cuisine classique actualisée ; accueil et service distingués. Hébergement calme dans des chambres cosy personnalisées par une couleur dominante.
• Sierlijk vakwerkhuis in Normandische stijl met een boomrijk park op een heuvel. Fijne klassieke keuken met een vleugje modern en gedistingeerde bediening. Rustig logies in knusse kamers die allemaal een andere hoofdkleur hebben.

BELGIQUE

X **Au Pot de Beurre** avec ch, r. Neuve 116, ☎ 0 87 46 06 43, *Fax 0 87 46 06 43* – ▤ ⇔. AE ⓓ MC VISA
Rest *(fermé 2 au 9 janvier, mardi soir et mercredi) Lunch 17* – 28/85 bc, carte 35/49 – **4 ch** ☕ ✝45/60 – ✝✝65/75 – ½ P 85/95.
◆ Pepins et Pepines fréquentent assidûment cette adresse familiale du centre de la localité. Accueil et service attentionnés ; cadre bourgeois néo-rustique. Pimpantes chambres revêtues de parquet, aménagées sous le toit en bâtière percé de velux.
◆ De plaatselijke bevolking komt graag in dit familiebedrijf in het centrum van Pepinster. Attent onthaal en dito bediening. Neorustiek interieur. Mooie kamers met parket onder het zadeldak met veluxraam.

à Wegnez *Nord : 2 km* C *Pepinster* – ✉ *4860 Wegnez* :

XXX ✿ **Hostellerie du Postay** (Anthony Delhasse) avec ch, r. Laurent Mairlot 22, ☎ 0 87 46 14 77, *hostellerie.postay@skynet.be, Fax 0 87 46 00 80*, ≤, – P. AE ⓓ MC VISA. rest
fermé 2 premières semaines janvier, 3 premières semaines août et 24 au 30 décembre – **Rest** *(fermé samedi midi, dimanche soir, lundi et mardi) Lunch 35* – 62/99, carte env. 65, – **6 ch** ☕ ✝65 – ✝✝85.
Spéc. Foie gras poché et poêlé (août-décembre). Fricadelles d'asperges panées aux herbes, mousseline d'asperges (mars-juin).
◆ Ancienne ferme devenue une table inventive ouverte aux nouvelles techniques culinaires. Cadre rustico-moderne ; vue sur le verger et les toits de Verviers. Beau choix de vins. Chambres à géométrie variable, dont une suite pouvant héberger une famille.
◆ Deze oude boerderij is nu een inventief restaurant dat voor nieuwe culinaire technieken openstaat. Modern-rustiek decor, uitzicht op de boomgaard en Verviers. Mooie wijnen. Kamers van verschillend formaat, waaronder één gezinssuite.

BELGIQUE

PERWEZ (PERWIJS) *1360 Brabant Wallon* **533** N 19, **534** N 19 *et* **716** H 4 – *7 487 h.* 4 C3

Bruxelles 51 – Wavre 22 – Charleroi 42 – Leuven 38 – Namur 29 – Tienen 27.

XX ✿ **La Frairie** (Laurent Martin), av. de la Roseraie 9, ☎ 0 81 65 87 30, *frairie@swing.be, Fax 0 81 65 87 30*, – ♿ P ⇔. AE ⓓ MC VISA
fermé Pâques, fin juillet-début août, fin décembre-début janvier, dimanche soir, lundi et mardi – **Rest** 35/65, carte 63/78.
Spéc. Compressé de sardines au piment piquillo, crème de fenouil, jus réduit de bouillabaisse (juin-août). Canard sauvage, haricots à l'aigre-doux, jus au pamplemousse et à l'huile de menthe (septembre-octobre). Soupe de tomates et abricot poché, sorbet litchi (mai-septembre).
◆ L'enseigne n'évoque-t-elle pas une joyeuse partie de plaisir et de bonne chère ? Agréable moment de table en perspective, donc. Mets au goût du jour et menus alléchants.
◆ La Frairie, dat in dialect "het dorpsfeest" betekent, staat garant voor een genoeglijk avondje uit. Kaart met eigentijdse gerechten en verleidelijke menu's.

PETIT-RECHAIN *Liège* **533** U 19, **534** U 19 *et* **716** K 4 – *voir à Verviers.* 9 C2

PHILIPPEVILLE *5600 Namur* **534** M 21 *et* **716** G 5 – *8 320 h.* 14 B2

au Nord-Est : 10 km à Florennes, Base J. Offenberg ☎ 0 71 68 88 48, Fax 0 71 68 88 48.
r. Religieuses 2 ☎ 0 71 66 89 85, tourisme.philippeville@swing.be, Fax 0 71 66 89 85.
Bruxelles 88 – Namur 44 – Charleroi 26 – Dinant 29.

XXX **La Côte d'Or** avec ch, r. Gendarmerie 1, ☎ 0 71 66 81 45, *info@lacotedor.com, Fax 0 71 66 67 97*, – P ⇔. AE ⓓ MC VISA
Rest *(fermé dimanche soir, lundi et mercredi soir) Lunch 28* – 39/61, carte 41/61, ♀ – **8 ch** ☕ ✝50/75 – ✝✝60/85 – ½ P 75/100.
◆ Villa au cadre classique-actuel dotée d'un grand jardin avec pièces d'eau et cascades. Organisation de banquets, beau choix de vins, chambres plus récentes au rez-de-chaussée.
◆ Villa met een modern-klassieke inrichting. Banqueting, goede wijnkelder en grote tuin met waterpartijen. De kamers op de benedenverdieping zijn het nieuwst.

X **Auberge des 4 Bras**, r. France 49, ☎ 0 71 66 72 38, *collardfab@swing.be, Fax 0 71 66 93 59*, – P. AE MC VISA
fermé 18 février-4 mars, 1er au 16 septembre, 24 soir au 31 décembre midi, dimanche soir sauf en juillet-août et lundi – **Rest** *Lunch 12* – 22/43 bc, carte 30/47.
◆ La même famille vous accueille depuis 20 ans dans cette auberge voisinant avec un carrefour et un centre commercial. Repas et décor traditionnels ; terrasses avant et arrière.
◆ Deze herberg bij een kruising en een winkelcentrum wordt al 20 jaar door dezelfde familie gerund. Traditionele keuken en inrichting. Terras voor en achter.

PLANCENOIT *Brabant Wallon* **533** L 19, **534** L 19 *et* **716** G 4 – *voir à Lasne.* 3 **B3**

POLLEUR *4910 Liège* C *Theux 11 571 h.* **533** U 19, **534** U 19 *et* **716** K 4. 9 **C2**

Bruxelles 129 – Liège 38 – Namur 98 – Maastricht 52 – Vaals 38.

Hostellerie le Val de Hoëgne, av. Félix Deblon 1, ☎ 0 87 22 44 26, *val_de_hoegne@skynet.be, Fax 0 87 22 55 91,* , , – P – . AE ⓓ ⓜ VISA.
fermé 2 janvier-1er février – **Rest** *(fermé mardi, mercredi, samedi midi et après 20 h 30)* 30/53 bc – **15 ch** ☐ ✶53 – ✶✶73/98 – ½ P 50/63.
◆ Petite hostellerie d'aspect traditionnel établie en bord de Hoëgne, à l'entrée du village. Chambres fraîches et nettes, breakfast sous véranda, jeux d'enfants au jardin. Menus de bases classiques servis dans une salle actualisée, dans la serre ou en plein air.
◆ Klein traditioneel hotel-restaurant aan de oevers van de Hoëgne, aan de rand van het dorp. Frisse, nette kamers, ontbijt in de serre, tuin met speeltoestellen. Menu's op klassieke basis, geserveerd in de gemoderniseerde eetzaal, de serre of op het terras.

POPERINGE *8970 West-Vlaanderen* **533** B 17 *et* **716** B 3 – *19 623 h.* 18 **A3**

Grote Markt 1 ☎ 0 57 34 66 76, toerisme@poperinge.be, Fax 0 57 33 57 03.
Bruxelles 134 – Brugge 64 – Kortrijk 41 – Oostende 54 – Lille 45.

Manoir Ogygia, Veurnestraat 108, ☎ 0 57 33 88 38, *info@ogygia.be, Fax 0 57 33 88 77,* , , , – & P. AE ⓓ ⓜ VISA. ch
fermé 2 au 16 janvier – **Rest** voir rest ***Amfora*** ci-après – **9 ch** ☐ ✶130/150 – ✶✶130/150 – ½ P 85/95.
◆ Charmant hotel in een kasteeltje met een 19e-eeuws park. Stijlvolle gemeenschappelijke ruimten en mooie kamers met een persoonlijk tintje. Wellnesscenter met beautysalon.
◆ Charmant hôtel mettant à profit une gentilhommière alanguie dans un parc centenaire. Communs élégant, belles chambres personnalisées et wellness center avec soins esthétiques.

Recour, Guido Gezellestraat 7, ☎ 0 57 33 57 25, *info@pegasusrecour.be, Fax 0 57 33 54 25,* – | – . AE ⓓ ⓜ VISA. ch
Rest voir rest ***Pegasus*** ci-après – ☐ 14 – **8 ch** ✶75/250 – ✶✶75/325 – ½ P 117/230.
◆ Dit 18e-eeuwse herenhuis is nu een sfeervol hotel met een geslaagde mix van klassiek en modern. Alle vertrekken staan vol snuisterijen en antieke voorwerpen.
◆ Maison de notable du 18e s. transformée en hôtel cosy alliant classicisme et bon goût contemporain. Chambres et communs soignés, parsemés de bibelots et d'objets anciens.

Belfort, Grote Markt 29, ☎ 0 57 33 88 88, *hotelbelfort@pandora.be, Fax 0 57 33 74 75,* – , ch, & rest, P – . ⓜ VISA
fermé 12 novembre-8 décembre – **Rest** *(fermé dimanche en hiver et lundi)* (taverne-rest) *Lunch 10* – 16/30 – **9 ch** ☐ ✶60/70 – ✶✶80/90 – ½ P 85/95.
◆ Dit hotelletje aan de Grote Markt, in het hart van Poperinge, beschikt over functionele kamers die pas zijn gerenoveerd. Alleraardigste ontvangst. In de klassiek ingerichte taverne worden traditionele gerechten geserveerd.
◆ Ce petit hôtel familial installé sur la grande place du cœur de Poperinge abrite des chambres fonctionnelles rénovées et vous réserve un accueil affable et souriant. Une carte traditionnelle est présentée dans la taverne-restaurant classiquement aménagée.

XXX **Pegasus** - H. Recour, Guido Gezellestraat 7, ☎ 0 57 33 57 25, *info@pegasusrecour.be, Fax 0 57 33 54 25,* – & . AE ⓓ ⓜ VISA
fermé première semaine janvier, première semaine après Pâques, deux premières semaines septembre, 21 au 31 décembre, dimanche midi en juillet-août, dimanche soir et lundi – **Rest** *Lunch 35* – 53/90 bc, carte 62/85.
◆ Dit restaurant aan de achterkant van een 18e-eeuws herenhuis is werkelijk een plaatje. De eetzalen zijn versierd met rijk bewerkte lichtgroene lambrisering en de stadstuin heeft een prettig terras.
◆ Table tirée à quatre épingles officiant à l'arrière d'un hôtel particulier du 18e s. Riches lambris anciens vert pâle en salles ; jardin de ville doté d'une belle terrasse.

XXX **D'Hommelkeete,** Hoge Noenweg 3 (Sud : 3 km par Zuidlaan), ☎ 0 57 33 43 65, *hommelkeete@yahoo.com, Fax 0 57 33 65 74,* ≤, – P .
fermé 15 juillet-15 août, 20 décembre-5 janvier, dimanche soir, lundi, mardi et mercredi – **Rest** 47/84 bc, carte 49/103.
◆ Mooi boerderijtje met een schitterende tuin en waterpartij. Eetzaal met rustieke accenten. Hopscheuten zijn in het voorjaar de specialiteit van het huis.
◆ Jolie fermette agrémentée d'un jardin exquis, avec pièce d'eau. Salle à manger aux accents rustiques. Les jets de houblon sont, en saison, la grande spécialité de la maison.

XX **Amfora** - H. Manoir Ogygia, avec ch, Grote Markt 36, ☎ 0 57 33 88 66, *info@amfora.be, Fax 0 57 33 88 77,* ☂ - ⇌ ⇔. AE ⓓ ⓜ VISA
fermé 2 au 20 janvier – **Rest** *(fermé mercredi)* 34/59 bc, carte 37/57 – **7 ch** ☕ ♦70 – ♦♦90 –½ P 75.
◆ Oud pand met een typisch Vlaamse trapgevel aan de Grote Markt. Weelderig ingerichte eetzaal, serre en terras. Vraag zo mogelijk om een van de gerenoveerde kamers.
◆ Sur la Grand-Place, demeure ancienne dont la façade typique s'anime de pignons à redans. Salle à manger cossue, véranda et terrasse. Réservez si possible une chambre rénovée.

XX **Gasthof De Kring** avec ch, Burg. Bertenplein 7, ☎ 0 57 33 38 61, *info@dekring.be, Fax 0 57 33 92 20,* ☂ - ♿ rest, ⇔. AE ⓓ ⓜ VISA. ✂ ch
fermé 4 au 26 février et 21 juillet-12 août – **Rest** *(fermé dimanche soir, lundi et jeudi soir)* *Lunch 10* – 33/56 bc, carte 33/51, ♀ – **7 ch** ☕ ♦60/62 – ♦♦80/84 –½ P 62.
◆ Aardig hotel-restaurant bij de St-Bertinuskerk, zeer geschikt voor feesten en partijen. Klassieke eetzaal; hopscheuten in het seizoen. Praktische kamers.
◆ À l'ombre de St-Bertin, aimable hostellerie où l'on se plie en quatre pour vos banquets et séminaires. Salle à manger classique. Jets de houblon en saison. Chambres pratiques.

XX **Quadrille,** Ieperstraat 21, ☎ 0 57 33 77 41, *quadrille@telenet.be, Fax 0 57 33 77 49* – ♿ ⇔. ⓜ VISA. ✂
fermé 15 août-1er septembre, samedi midi, dimanche soir et lundi – **Rest** *Lunch 21* – 33/65 bc, carte 44/54.
◆ Restaurant met mooie art-decogevel. Sober, maar prettig interieur met parketvloer, strogele muren, planten, stoelen met geruite stof en de tafels wijd uit elkaar.
◆ Belle devanture Art déco abritant une salle à manger sobre et avenante : parquet, murs jaune paille, touches végétales, chaises tendues de tartan et tables bien espacées.

BELGIQUE

PORCHERESSE *Luxembourg belge* **534** P 23 *et* **716** I 6 – *voir à Daverdisse.* 12 **B2**

POUPEHAN *6830 Luxembourg belge* Ⓒ *Bouillon 5 455 h.* **534** P 24 *et* **716** I 6. 12 **A2**

Bruxelles 165 – Arlon 82 – Bouillon 12 – Dinant 69 – Sedan 23.

à Frahan *Nord : 5 km* Ⓒ *Bouillon* – ✉ *6830 Poupehan :*

🏠 **Aux Roches Fleuries** 🌿, r. Crêtes 32, ☎ 0 61 46 65 14, *info@auxrochesfleuries.be, Fax 0 61 46 72 09,* ≤, ☂, 🚲 – |♦| ⇌ P. ⓜ VISA
fermé janvier et vacances carnaval – **Rest** *(fermé après 20 h 30)* *Lunch 30* – 45/87 bc, carte 43/65 – **14 ch** ☕ ♦80/95 – ♦♦80/105 –½ P 70/80.
◆ Tranquille hostellerie familiale nichée depuis 1933 dans un vallon boisé où sinue la Semois. Divers types de chambres, parfois avec terrasse donnant sur le jardin bichonné. Vue bucolique par les baies du confortable restaurant ; carte classique actualisée.
◆ Rustig familiehotel dat al sinds 1933 bestaat, in een bebost dal waar de Semois doorheen kronkelt. Verschillende soorten kamers, sommige met terras aan de tuinkant. Comfortabel restaurant met een landelijk uitzicht. Klassieke kaart met een vleugje modern.

PROFONDEVILLE *5170 Namur* **533** O 20, **534** O 20 *et* **716** H 4 – *11 367 h.* 15 **C1**

Voir *Site★.*

Env. *au Sud-Ouest : 5 km à Annevoie-Rouillon : Parc★★ du Domaine – à l'Est : 5 km à Lustin : Rocher de Frênes★, ≤★.*

⛳18 *Chemin du Beau Vallon 45 ☎ 0 81 41 14 18, Fax 0 81 41 21 42.*

Bruxelles 74 – Namur 14 – Dinant 17.

XX **La Sauvenière,** chaussée de Namur 57, ☎ 0 81 41 33 03, *benoit.urbain@lasauveniere.be, Fax 0 81 57 02 43,* ☂ – P ⇔. AE ⓜ VISA
fermé fin août-début septembre, lundi et mardi – **Rest** *Lunch 17* – 23/77 bc, carte 35/65, ♀ 🍇.
◆ Table mosane ne manquant pas d'atouts pour séduire : accueil gentil, salle moderne chaleureuse, terrasse arrière invitante et bonne sélection de vins. Repas au goût du jour.
◆ Dit restaurant in de Maasstreek valt in de smaak vanwege de vriendelijke ontvangst, de moderne eetzaal, de eigentijdse keuken, de goede wijnkaart en het uitnodigende terras.

X **La Gousse d'Ail,** chaussée de Namur 55, ☎ 0 81 23 13 15, *benoit.urbain@lasauveniere.be, Fax 0 81 57 02 43,* ☂, Grillades – P. AE ⓜ VISA
fermé mercredi – **Rest** *Lunch 14* – carte 24/52.
◆ Bistrot où l'on prend place sur du mobilier en fer forgé, dans un cadre actuel égayé par de grandes tresses d'ail. Choix traditionnel, grillades et plateaux de fruits de mer.
◆ Modern ingerichte bistro met smeedijzeren meubelen en grote knoflookstrengen aan de muur. Traditionele kaart, gegrild vlees en plateaus met fruits de mer.

à Arbre *Sud-Ouest : 5 km par N 928* Ⓒ *Profondeville* – ✉ *5170 Arbre :*

XXX ✿ **L'Eau Vive** (Pierre Résimont) avec ch prévues en annexe, rte de Floreffe 37, ☎ 0 81 41 11 51, *resto@eau-vive.be, Fax 0 81 41 40 16,* ←, – P ⇔. AE ⓓ ⓜ VISA
fermé 2 semaines Pâques, fin juin, fin août-début septembre, Noël, nouvel an, mardi et mercredi – **Rest** *Lunch 30* – 48/100 bc, carte 60/97, ♀.
Spéc. Truite au bleu, légumes croquants, beurre blanc. Foie gras de canard poêlé à la rhubarbe, réduction de pinot noir, tuile aux épices (en saison). Ris de veau braisé, parmentière liquide, petits pois et jus à la truffe (printemps).
• Ex-chaudronnerie blottie au creux d'un vallon boisé où se faufile un ruisseau. Intérieur moderne avec véranda, terrasse près de l'eau, table actuelle soignée et vins choisis. Ouverture prévue d'une maison d'hôte à Bois-de-Villers (3 km).
• Oude koperslagerij onder in een bebost dal met een beekje. Modern interieur met serre en terras aan het water. Verzorgde, eigentijdse keuken en goede selectie wijnen. De opening van een maison d'hôte in Bois-de-Villers (3 km) ligt in de planning.

PUURS *2870 Antwerpen* **533** K 16 *et* **716** F 2 – *16 029 h.* 1 **A3**
Bruxelles 32 – Antwerpen 29 – Gent 50 – Mechelen 18.

à Liezele *Sud : 1,5 km* Ⓒ *Puurs* – ✉ *2870 Liezele :*

Hof ten Broeck, Liezeledorp 3, ☎ 0 3 899 28 00, *hof.ten.broeck@pandora.be, Fax 0 3 899 38 10,* ←, – ▤ P ⇔.
fermé 16 août-7 septembre, lundis et mardis non fériés et dimanche soir – **Rest** *Lunch 32* – 42/75 bc, carte env. 55.
• Weelderig oud pand met een slotgracht en een prachtige tuin, die wordt opgeluisterd met beeldhouwwerken en een waterpartij. De klassiek-traditionele kookstijl is overtuigend.
• Demeure ancienne et cossue, avec sa ceinture de douves et son jardin somptueux où dialoguent sculptures et pièce d'eau. L'assiette, classique-traditionnelle, est convaincante.

BELGIQUE

Ce guide vit avec vous : vos découvertes nous intéressent.
Faites-nous part de vos satisfactions comme de vos déceptions.
Coup de colère ou coup de cœur : écrivez-nous !

QUAREGNON *7390 Hainaut* **533** I 20, **534** I 20 *et* **716** E 4 – *18 744 h.* 7 **C2**
Bruxelles 77 – Mons 11 – Tournai 37 – Valenciennes 30.

Dimitri, pl. du Sud 27 (Lourdes), ☎ 0 65 66 69 69, *dimitrios.sakkas@skynet.be, Fax 0 65 66 69 69* – ▤ ⇔. AE ⓓ ⓜ VISA
fermé première semaine janvier, 3 semaines en août, dimanche soir, lundi et mardi soir – **Rest** *Lunch 30* – 50/120 bc, carte 67/80, ♀.
Spéc. Tartare de veau et langoustines à l'huile d'olive, copeaux de parmesan. Ragoût de homard et Saint-Jacques aux chanterelles, croûtons et lardons, jus au rivesaltes. Lomo de pata negra rôti à la persillade, croustillant de légumes, réduction au vinaigre balsamique.
• Belle carte classique élaborée, vins choisis, cadre chic (marbre, lambris blonds, sièges Louis XVI, statue à l'antique) et service pro dirigé par le patron grec. Depuis 1973 !
• Verfijnde klassieke kaart, uitgelezen wijnen, chic interieur (marmer, lambrisering, Louis XVI-stoelen, antiek beeld) en goede bediening o.l.v. de Griekse baas. Sinds 1973!

RANCE *6470 Hainaut* Ⓒ *Sivry-Rance 4 597 h.* **534** K 22 *et* **716** F 5. 7 **D3**
Bruxelles 92 – Mons 44 – Charleroi 39 – Chimay 12.

à Sautin *Nord-Ouest : 4 km* Ⓒ *Sivry-Rance* – ✉ *6470 Sautin :*

Le Domaine de la Carrauterie , r. Station 11b, ☎ 0 60 45 53 52, *info@carrauterie.be, Fax 0 60 45 66 96,* , , , – P. ⓜ VISA.
fermé 7 au 13 janvier et dimanche – **Rest** (déjeuner pour résidents seult) – ☕ 10 – **5 ch** ★70/80 – ★★70/90.
• Chaleureuse maison de pays où vous serez hébergés dans de tranquilles chambres coquettement personnalisées, façon "cottage". Espace beauté-relaxation. Accueil avenant. Table d'hôte sur réservation.
• Gezellig landelijk huisje buiten het dorp. De rustige en gepersonaliseerde kamers zijn ingericht in " cottage " stijl. Vriendelijk onthaal. Table d'hôte op reservering.

REBECQ *1430 Brabant Wallon* **533** J 18, **534** J 18 *et* **716** F 4 – *10 241 h..* 3 **A3**

Bruxelles 31 – Wavre 48 – Charleroi 51 – Mons 33 – Namur 77.

Hostellerie du Petit Spinois, Chemin Ardoisière 60, ✆ 0 67 84 38 51, *info@hostelleriedupetitspinois.com, Fax 0 67 84 38 52,* – rest, P. AE MC VISA. ch
Rest ***La Passion en Bout de Table*** *(fermé dimanche soir, lundi et mardi)* Lunch 22 – 38/64 bc, carte 35/55 – **14 ch** ☐ ★95/120 – ★★105/150 – ½ P 70/130.

• À la campagne, ancienne ferme (18e s.) au charme brabançon où vous logerez dans des chambres personnalisées, fraîches et cossues, souvent dotées de meubles cérusés. Repas classique actualisé et décor néo-rustique au restaurant La Passion en Bout de Table.

• 18e-eeuwse boerderij met een typisch Brabantse charme. De weelderige kamers zijn allemaal verschillend, vaak met meubelen van geceruseerd hout. In La Passion en Bout de Table kunt u genieten van een modern-klassieke maaltijd in een neorustiek interieur.

Nouveau Relais d'Arenberg, pl. de Wisbecq 30 (par E 429 - A 8, sortie ㉔, lieu-dit Wisbecq), ✆ 0 67 63 60 82, *duboisroute@skynet.be, Fax 0 67 63 60 82,* – P. AE MC VISA.
fermé carnaval, 2e quinzaine août, dimanche soir, lundi et jeudi soir – **Rest** Lunch 16 – 30/60 bc, carte 39/52.

• Restaurant traditionnel établi sur la place centrale. Deux salles agrestes (côté village ou jardin) et une terrasse au vert. Joli menu multi-choix. Accord mets-vins en option.

• Traditioneel restaurant aan het dorpsplein met twee rustieke eetzalen en een groen terras. Menu met veel keuze en spijs-wijncombinaties tegen meerprijs.

RECOGNE *Luxembourg belge* **534** R 23 *et* **716** J 6 – *voir à Libramont.*

BELGIQUE

REET *2840 Antwerpen* C *Rumst 14 628 h.* **533** L 16 *et* **716** G 2. 1 **A3**

Bruxelles 32 – Antwerpen 17 – Gent 56 – Mechelen 11.

Pastorale (Bart De Pooter), Laarstraat 22, ✆ 0 3 844 65 26, *pastorale@belgacom.net, Fax 0 3 844 73 47,* – P. AE MC VISA
fermé 4 au 12 février, 14 juillet-7 août, samedi midi et dimanche – **Rest** Lunch 40 – 50/150 bc, carte 92/110.
Spéc. Anguille, artichaut, olives et vinaigrette aux herbes (avril-septembre). Structures de légumes. Lièvre et praline de betterave rouge et boudin boir (octobre-décembre).

• Deze 19e-eeuwse pastorie met een mooie tuin kijkt uit op een openbaar park. Moderne eetzaal met witleren stoelen. Creatieve keuken en prachtige wereldwijnen.

• Presbytère du 19e s. veillant sur un parc public. Beau jardin, salle moderne élégante dotée de sièges en cuir blanc, mets franchement inventifs et cave planétaire somptueuse.

La REID *Liège* **533** T 20, **534** T 20 *et* **716** K 4 – *voir à Spa.*

REKEM *Limburg* **533** T 17 *et* **716** K 3 – *voir à Lanaken.*

REKKEM *West-Vlaanderen* **533** D 18 *et* **716** C 3 – *voir à Menen.* 19 **C3**

REMOUCHAMPS *Liège – voir Sougné-Remouchamps.*

RENAIX *Oost-Vlaanderen – voir Ronse.*

RENDEUX *6987 Luxembourg belge* **533** S 21, **534** S 21 *et* **716** J 5 – *2 285 h.* 12 **B1**

Bruxelles 119 – Arlon 83 – Marche-en-Famenne 15 – La Roche-en-Ardenne 11.

Hostellerie Château de Rendeux, r. Château 8 (lieu-dit Rendeux-Haut), ✆ 0 84 37 00 00, *chateau.rendeux@skynet.be, Fax 0 84 37 00 01,* – P – MC VISA
Rest ***Les Caves du Château*** *(fermé mercredi)* Lunch 20 – 29/61 bc, carte 43/67 – **15 ch** ☐ ★65 – ★★95 – 1 suite – ½ P 76/89.

• Vous séjournerez au calme dans cette noble demeure en pierres du pays entourée de dépendances et d'un parc. Salon avec cheminée. Parquet en chêne dans toutes les chambres. Une taverne donne accès au restaurant occupant les caves du château. Table actuelle.

• Dit adelshuis van steen uit de streek met bijgebouwen en park is bij uitstek geschikt voor een rustig verblijf. Lounge met schouw en eikenhouten parket in de kamers. Een taverne geeft toegang tot het restaurant in de kelder van het kasteel. Eigentijdse keuken.

Le Clos de la Fontaine, r. Fontaine 2 (lieu-dit Chéoux), 0 84 47 77 01, *leclosdelafontaine@swing.be*, – .
1 semaine en septembre – **Rest** (résidents seult le samedi soir) – **5 ch** 40 – 70.
◆ Hébergement rustique soigné dans une ancienne ferme en pierres et colombages donnant sur un beau jardin. Poneys au pré et lapins dans la cour. Produits "maison" au petit-déj'.
◆ Rustiek en verzorgd logies in een oude boerderij met vakwerk en een mooie tuin. Pony's in de wei en konijnen op de binnenplaats. Ontbijt met zelfverbouwde producten.

Au Moulin de Hamoul, r. Hotton 86 (lieu-dit Rendeux-Bas), 0 84 47 81 81, *moulin.de.hamoul@proximedia.be, Fax 0 84 47 81 85*, <, – . AE VISA
fermé fin août, dimanche soir, lundi et après 20 h 30 – **Rest** *Lunch 25* – 33/66 bc, carte 46/62.
◆ Au bord de l'Ourthe, ancien moulin à eau réaménagé où l'on goûte de sages menus oscillant entre tradition et goût du jour. Salles spacieuses et actuelles ; terrasse agréable.
◆ In deze oude watermolen aan de Ourthe kunt u kiezen uit een aantal mooie menu's, die half traditioneel en half modern zijn. Ruime, eigentijdse eetzalen en aangenaam terras.

Au Comte d'Harscamp, rte de Marche 5 (lieu-dit Rendeux-Haut), 0 84 45 74 54, *jurgen.schreurs@hotmail.com*, – . VISA
fermé 22 au 31 mars, mercredi et jeudi – **Rest** 32/34.
◆ Un juge rendait ses verdicts dans cette dépendance du château. Cadre rustique, cave où l'on choisit son vin, terrasse près de l'eau et formule menu-carte pleine de générosité.
◆ In dit bijgebouw van het kasteel zetelde vroeger een rechtbank. Rustiek interieur, kelder waar men zelf zijn wijn kan uitzoeken, terras bij het water en goed à la carte menu.

Ne confondez pas les couverts et les étoiles !
Les couverts définissent une catégorie de standing, tandis que l'étoile couronne les meilleures tables, dans chacune de ces catégories.

BELGIQUE

RENINGE *8647 West-Vlaanderen Lo-Reninge 3 306 h.* **533** B 17 *et* **716** B 3. 18 **B2**
Bruxelles 131 – Brugge 54 – Ieper 22 – Oostende 53 – Veurne 21.

't Convent (Rudi De Volder) avec ch, Halve Reningestraat 1 (Ouest : 3 km, direction Oostvleteren), 0 57 40 07 71, *info@tconvent.be, Fax 0 57 40 11 27*, <, , , , , , – , ch, . AE VISA
fermé 19 février-5 mars et 26 août-3 septembre – **Rest** *(fermé mardi et mercredi) Lunch 75 bc* – 55/132 bc, carte 86/130, – 20 – **10 ch** 150/270 – 150/270 – 4 suites – ½ P 220/340.
Spéc. Carpaccio de homard à la truffe. Truffe en sauce au champagne, beurre de truffe et toast au gros sel. Crêpe 'Comédie', glace à la truffe.
◆ Herberg met karakter. Buiten een truffelveld, wijngaard, tuin en polderlandschap; binnen een rustiek interieur, waar u volop kunt genieten van truffels en een goed glas wijn. Grote kamers en suites om de gastronomische avond waardig te besluiten.
◆ Hostellerie pleine de caractère : au dehors, truffière, vigne, jardin et les polders pour toile de fond ; au-dedans, cadre rustique feutré et cultes de la truffe et du vin. Grandes chambres et suites tout confort pour prolonger dignement l'étape gastronomique.

RETIE *2470 Antwerpen* **533** P 15 *et* **716** I 2 – *10 321 h.* 2 **D2**
Bruxelles 89 – Antwerpen 51 – Turnhout 12 – Eindhoven 38.

Pas-Vite, Passtraat 11, 0 14 37 80 35, *pas-vite@pandora.be, Fax 0 14 37 33 36*, – .
fermé lundi et mardi – **Rest** *Lunch 32* – 40/52, carte 26/78, .
◆ Brasserieschotels, tapas en verfijnde gerechten in twee eetzalen: de ene in hedendaagse bistrostijl en de andere klassiek. Mooi terras en tuin met trampoline voor de kids.
◆ Plats de brasserie, tapas et mets élaborés, servis dans deux salles : l'une façon bistrot actuel et l'autre plus classique. Belle terrasse ; trampoline pour enfants au jardin.

RHODE-ST-GENÈSE *Région de Bruxelles-Capitale – voir Sint-Genesius-Rode à Bruxelles, environs.*

RIEMST 3770 Limburg 533 S 18 et 716 J 3 – 15 963 h. 11 C3

Bruxelles 111 – Hasselt 30 – Liège 24 – Maastricht 9.

à Millen *Sud : 3 km* Ⓒ *Riemst – ✉ 3770 Millen :*

De Zwarte Stok ⛔, Langstraat 26, ☎ 0 12 26 35 40, *de.zwarte.stok@pandora.be, Fax 0 12 26 35 40*, ⛱, – ⛔ 🅿. ✗ rest
fermé 22 décembre-4 janvier – **Rest** (dîner pour résidents seult) – **7 ch** ☕ †43/48 – ††66/76 –½ P 51.
• Deze verbouwde boerderij met vierkant grondplan (1620) heeft nog een rustiek karakter. De kamers aan de achterkant bieden een landelijk uitzicht. Prachtige suite.
• Ancienne ferme de plan carré (1620) réaménagée en préservant son cachet rustique. Les chambres situées à l'arrière offrent une belle vue champêtre. Suite très charmante.

XX **Hoeve Dewalleff,** Tikkelsteeg 13, ☎ 0 12 23 70 89, *info@hoeve-dewalleff.be, Fax 0 12 26 25 30*, ⛱ – 🅿 ⇔. AE ⓓ ⓜ VISA
fermé 15 au 25 août, mardi, mercredi et dimanche soir – **Rest** *Lunch 30* – 45/75 bc.
• Limburgse hoeve uit de 17e eeuw met een binnenplaats vol bloemen. In de vleugels zijn een sfeervol restaurant en een aantal feestzalen ondergebracht.
• Ferme limbourgeoise du 17e s. dissimulant une cour intérieure fleurie. Un restaurant assez charmant et plusieurs salles de banquets se partagent les ailes du bâtiment.

Goede adressen voor een schappelijke prijs?
De rode Bib Gourmand geeft restaurants aan
en de blauwe Bib Hotel hotelkamers.

BELGIQUE

RIJKEVORSEL 2310 Antwerpen 533 N 14 et 716 H 1 – 10 674 h. 2 C2

Bruxelles 80 – Antwerpen 34 – Turnhout 16 – Breda 41.

XX **Waterschoot,** Bochtenstraat 11, ☎ 0 3 314 78 78, *info@restaurant-waterschoot.be*, ⛱ – 🅿 ⇔. AE ⓜ VISA. ✗
fermé 17 au 25 février, 17 août-8 septembre, samedi midi, dimanche et lundi – **Rest** *Lunch 33* – 32/78 bc, carte 46/63, ♀.
• Herenhuis midden in het dorp, waar bij mooi weer in het ommuurde tuintje wordt gegeten. Het interieur is een mix van oud en modern. Eigentijdse seizoengebonden keuken.
• Au cœur du village, maison de maître agrémentée d'un petit jardin clos où l'on s'attable en été. Décor intérieur mêlant le moderne et l'ancien ; carte actuelle de saison.

RIJMENAM Antwerpen 533 M 16 et 716 G 2 – *voir à Mechelen.*

RIXENSART Brabant Wallon 533 M 18, 534 M 18 et 716 G 3 – *voir à Genval.*

ROBERTVILLE 4950 Liège Ⓒ Waimes 6 728 h. 533 V 20, 534 V 20 et 716 L 4. 9 D2

Voir Lac★, ≤★.
ℹ *r. Centrale 53 ☎ 0 80 44 64 75, Fax 0 80 44 66 64.*
Bruxelles 154 – Liège 58 – Malmédy 14 – Aachen 40.

Domaine des Hautes Fagnes ⛔, r. Charmilles 67 (lieu-dit Ovifat), ☎ 0 80 44 69 87, *info@hotel2.be, Fax 0 80 44 69 19*, ⛱, ⓥ, ≋, ⊡, ⛱, ✗, ⚲, – |⚭| ♿ rest, 🅿 – ⛱. AE ⓓ ⓜ VISA. ✗ rest
Rest *Lunch 29* – 49/74 bc – **70 ch** ☕ †153/370 – ††210/548 – 1 suite –½ P 144/388.
• Pas loin du Signal de Botrange, hôtel d'aspect moderne à vocation conférencière estimé pour ses distractions très variées. Parc privé, centre "thalasso", pistes de ski à 300m. À table, répertoire culinaire de base classique, actualisé à petits pas.
• Modern hotel met talloze faciliteiten, bij uitstek geschikt voor congressen, niet ver van het Signaal van Botrange. Privé-park, thalassocentrum en skipistes op 300 m. Klassieke kaart met eigentijdse toets.

Des Bains, r. Haelen 2 (Sud : 1,5 km, au lac), ☎ 0 80 67 95 71, *info@hoteldesbains.be, Fax 0 80 67 81 43*, ≤, ⛱, ≋, ⊡, ⛱ – |⚭| ⛔ 🅿 – ⛱. ⓓ ⓜ VISA. ✗ rest
fermé janvier – **Rest** *(fermé mercredi)* (dîner seult) 37/59 – **14 ch** ☕ †87/156 – ††94/210 –½ P 84/130.
• Un jardin descendant jusqu'au lac agrémente cette bâtisse en pierres vous logeant en toutes commodités dans ses chambres personnalisées et souvent tournées vers le plan d'eau. Vue lacustre par les baies du restaurant et en terrasse. Cuisine au goût du jour.
• Dit natuurstenen gebouw heeft een tuin die tot aan het meer loopt. Van de gerieflijke kamers met een persoonlijke toets kijken de meeste uit op het water. Het restaurant met grote ramen en het terras kijken uit op het water. De keuken is goed bij de tijd.

La Chaumière du Lac, r. Barrage 23 (lieu-dit Ovifat), ✆ 0 80 44 63 39, *info@chaumieredulac.be, Fax 0 80 44 46 01,* – P. VISA. rest
fermé fin juin-début juillet et lundis et mardis non fériés sauf vacances scolaires – **Rest** *(fermé après 20 h 30)* 28/40, carte 28/49 – **10 ch** ★45/57 – ★★70/84 – ½ P 60/75.
◆ Grande villa typée dont le toit de chaume bien peigné encapuchonne des chambres fraîches et nettes, tant pratiques que plaisantes. Jardin de repos. Restaurant au cadre clair et épuré vous réservant un accueil chaleureux. Carte classico-régionale saisonnière.
◆ Deze grote karakteristieke villa met rieten dak beschikt over nette kamers die functioneel en aangenaam zijn. De tuin nodigt uit tot relaxen. Hartelijke ontvangst in het restaurant met een licht en sober interieur. Klassiek-regionale, seizoensgebonden kaart.

Hostellerie du Chêneux , Chemin du Chêneux 32 (lieu-dit Ovifat), ✆ 0 80 44 04 00, *info@cheneux.be, Fax 0 80 44 04 10,* – P. VISA. rest
Rest (dîner pour résidents seult) – **8 ch** ★80/110 – ★★109/169 – ½ P 85/110.
◆ Affaire familiale récente et paisible, un peu cachée dans ce petit village des Hautes Fagnes. Chambres de plain-pied et à l'étage ; jardin pentu avec pièces d'eau.
◆ Recent en rustig familiehotel, ietwat verscholen in een dorpje in de Hoge Venen. De kamers zijn gelijkvloers en op de bovenverdieping. Tuin met waterpartij op een helling.

La Romance du Lac sans rest, r. Barrage 19 (lieu-dit Ovifat), ✆ 0 80 44 41 63, *romancedulac@skynet.be, Fax 0 80 44 54 83,* <, – P.
5 ch ★30/40 – ★★50/70.
◆ Pavillon en bois, verre et métal bâti par un menuisier pour son accueillante épouse. Chambres en rez-de-jardin, véranda, terrasse, sauna, étang et pelouses au bord du lac.
◆ Dit vrijstaande huis van hout, glas en metaal is door een timmerman gebouwd voor zijn gastvrije echtgenote. Gelijkvloerse kamers, veranda, terras, sauna, vijver en gazons aan het meer.

Du Barrage, r. Barrage 46 (lieu-dit Ovifat), ✆ 0 80 44 62 61, *Fax 0 80 44 88 47,* < lac, – P. VISA
fermé 1 semaine en mars, 1 semaine en août, 2 semaines en novembre, lundi soir et mardi – **Rest** 28/34, carte 30/48.
◆ Cette table tenue en famille fêtait en 2006 ses 30 ans de présence face au barrage. Terrasse panoramique à l'ombre des arbres. Choix traditionnel étendu et ambiance cordiale.
◆ Dit restaurant, dat in handen van een familie is, bestond in 2006 dertig jaar. Het schaduwrijke panoramaterras kijkt uit op de stuwdam. Grote traditionele kaart en leuke sfeer.

La ROCHE-EN-ARDENNE *6980 Luxembourg belge* **534** S 21 *et* **716** J 5 – *4 267 h.* 13 **C1**

Voir *Site*★★ – *Chapelle Ste-Marguerite* ★★ A **B**.
Env. *par* ② *: 14,5 km, Belvédère des Six Ourthe*★★, *le Hérou*★★ – *Point de vue des Crestelles*★.
pl. du Marché 15 ✆ 0 84 36 77 36, info@la-roche-tourisme.com, Fax 0 84 36 78 36 – Fédération provinciale de tourisme, Quai de l'Ourthe 9 ✆ 0 84 41 10 11,info@ftlb.be Fax 0 84 41 24 39.
Bruxelles 127 ⑤ – *Arlon 75* ④ – *Bouillon 69* ④ – *Liège 77* ① – *Namur 66* ⑤.

Plan page suivante

Hostellerie Linchet , rte de Houffalize 11, ✆ 0 84 41 13 27, *info@hostellerie-linchet.be, Fax 0 84 41 24 10,* < – . AE VISA **A w**
fermé 2 au 26 janvier, 25 février-15 mars, 23 juin-12 juillet, mardi et mercredi – **Rest** *(fermé lundi soir, mardi, mercredi, jeudi soir et après 20 h 30)* 35/80 bc, carte 37/50 – **11 ch** ★87/104 – ★★87/124 – ½ P 75/98.
◆ Grande villa bâtie au pied d'un coteau verdoyant et dotée de chambres d'où l'on peut admirer la vallée. Restaurant aux larges baies vitrées braquées vers l'Ourthe. Cuisine classique-actualisée ; menus dont chaque plat peut aussi être choisi "à la carte".
◆ Grote villa aan de voet van een groene heuvel. De kamers kijken uit op het dal. De grote vensters van dit restaurant kijken uit op de Ourthe. Modern-klassieke keuken en menu's waarvan elk gerecht uit de kaart kan worden gekozen.

Moulin de la Strument , Petite Strument 62, ✆ 0 84 41 15 07, *info@strument.com, Fax 0 84 41 10 80,* <, – P. VISA. **A b**
fermé janvier – **Rest** *(fermé lundis, mardis et mercredis non fériés sauf en juillet-août)* *Lunch 25* – 32/45, carte 34/45 – **8 ch** ★69/74 – ★★77/88 – ½ P 68/95.
◆ Hôtel tranquille aménagé dans les dépendances d'un moulin à eau auquel se consacre un petit musée. Fringantes chambres habillées de tissus coordonnés. Restaurant au "look" rustique-contemporain, devancé d'une brasserie. Répertoire culinaire traditionnel.
◆ Rustig hotel in de bijgebouwen van een watermolen, waaraan een klein museum is gewijd. De kamers zien er met hun bijpassende stoffen tiptop uit. De modern-rustieke eetzaal ligt achter een brasserie. Traditioneel culinair repertoire.

LA ROCHE-EN-ARDENNE

Bastogne (Rte de) . . . . A 2
Beausaint (R. de) . . . . B 3
Beausaint (Vlle Rte de) . . . . A 4
Bon-Dieu-de-Maka (R.) . . . . B 7
Châlet (R. du) . . . . B 8
Chamont (R.) . . . . B 10
Champlon (Rte de) . . . . . A 12
Chanteraine (Pl.) . . . . B 13
Chanteraine (R. de) . . . . . B 14
Chats (R. des) . . . . B 15
Cielle (Rte de) . . . . A 16
Église (R. de l') . . . . B 17
Faubourg (Pont du) . . . . . . B 18
Gare (R. de la) . . . . B 20
Gravier (Pt du) . . . . B 21
Gravier (Q. du) . . . . B 22
Hospice (R. de l') . . . . B 24
Hotton (Rte de) . . . . A 25
Marché (Pl. du) . . . . B 27
Moulin (R. du) . . . . B 28
Nulay (R.) . . . . B 30
Ourthe (Q. de l') . . . . B 32
Pafy (Ch. du) . . . . A 33
Presbytère (R. du) . . . . B 35
Purnalet (R. du) . . . . B 36
Rompré (R.) . . . . B 37
Val-du-Pierreux . . . . A 39

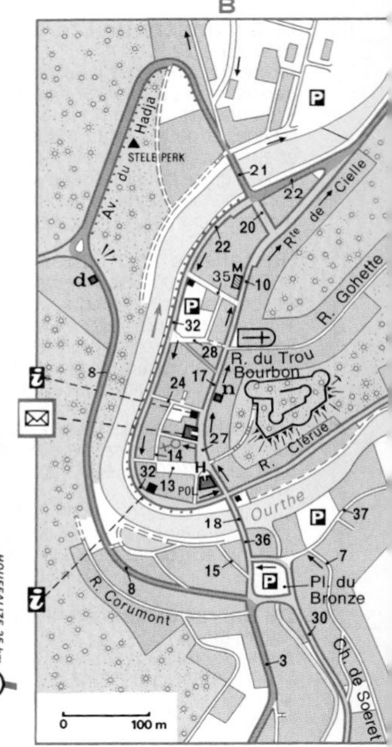

Les Genêts , Corniche de Deister 2, ☎ 0 84 41 18 77, *info@lesgenetshotel.com, Fax 0 84 41 18 93*, ← vallée de l'Ourthe et ville, – VISA. A f

fermé janvier, 1re quinzaine juillet, 1 semaine en septembre et jeudi sauf vacances scolaires – **Rest** (dîner pour résidents seult) – **8 ch** 67 – 79 – ½ P 136/140.

◆ Maison de pays dominant ville et vallée : un ravissant panorama, dont profitent la plupart des chambres, au même titre que la salle de restaurant, la terrasse et le jardin. Au dîner, repas traditionnel concocté par le patron, en place depuis plus de 30 ans.

◆ Streekwoning boven stad en dal, met een prachtig panorama vanuit de meeste kamers, het restaurant, het terras en de tuin. Al ruim 30 jaar zet de patron 's avonds een traditionele maaltijd op tafel.

Le Chalet, r. Chalet 61, ☎ 0 84 41 24 13, *lechalet@skynet.be, Fax 0 84 41 13 38*, ← – P. AE VISA. B d

fermé janvier-12 février, 1er au 8 juillet, 1er au 22 décembre, lundi et mardi – **Rest** (dîner seult jusqu'à 20 h 30) 24/47, carte 40/58 – **17 ch** 62/67 – 82/89 – ½ P 139/149.

◆ Cette bâtisse hôtelière tenue par la même famille depuis 1933 procure une vue sur le château, la ville et la rivière. Chambres classiquement arrangées, toutes différentes. Repas traditionnel dans un décor bourgeois agrémenté de toiles de petits maîtres.

◆ Dit hotel, dat al sinds 1933 door dezelfde familie wordt gerund, biedt uitzicht op het kasteel, de stad en de rivier. De klassiek ingerichte kamers zijn allemaal verschillend. Traditionele maaltijd in een bourgeoisinterieur met doeken van kleine meesters.

La Huchette, r. Église 6, ☎ 0 84 41 13 33, *stephane.trembloy@proximedia.be, Fax 0 84 41 13 33*, – . B n

fermé 2 semaines en janvier, première semaine juillet, lundis soirs, mardis soirs et mercredis non fériés et après 20 h 30 – **Rest** 25/45, carte 44/53.

◆ À l'intérieur règnent le bois et la brique, tandis qu'à l'extérieur la terrasse d'été vit au rythme d'une rue commerçante. Cuisine classique. Gibier en saison de chasse.

◆ Rustgevend interieur met hout en steen en een rumoerig terras in de drukke winkelstraat. Klassieke keuken en wildgerechten in het seizoen, maar de rekening is niet gepeperd!

à Jupille *par ⑤ : 6 km* ◻ *Rendeux 2 285 h. – ✉ 6987 Hodister :*

Hostellerie Relais de l'Ourthe, r. Moulin 3, ✆ 0 84 47 76 88, *info@relais-ourthe.be, Fax 0 84 47 70 85,* ≤, ⛱, 🌳, ℙ – ✻, ▤ ch, ℙ. MC VISA. ✻
Rest *(fermé mardi, mercredi et après 20 h 30)* (dîner seult sauf samedi et dimanche) *Lunch 25* – 42/86 bc, carte 54/69, ♀ – **8 ch** *(fermé mercredi)* ☕ ✶75/120 – ✶✶75/150.
◆ Ancienne ferme typiquement ardennaise dissimulant, à l'arrière, une belle piscine dans un grand jardin avec pelouses en terrasses. Chambres actualisées. Table au décor rural soigné et restaurant de plein air. Recettes composées à partir de produits du terroir.
◆ Typisch Ardense oude boerderij met gemoderniseerde kamers. Grote tuin aan de achterkant met gazons en een mooi zwembad. Restaurant met een verzorgd rustiek interieur, waar 's zomers buiten kan worden gegeten. Gerechten op basis van streekproducten.

ROCHEFORT *5580 Namur* **534** Q 22 *et* **716** I 5 – *12 038 h.* 15 **D2**

Voir *Grotte*★.
Env. *au Sud-Ouest : 6 km à Han-sur-Lesse, Grotte*★★★ *- Réserve d'animaux sauvages*★ *– Fragment de diplôme*★ *(d'un vétéran romain) dans le Musée du Monde souterrain - au Nord-Ouest : 11 km à Chevetogne, Domaine provincial Valéry Cousin*★.
i *r. Behogne 5 ✆ 0 84 21 25 37, rochefort.tourisme@skynet.be, Fax 0 84 22 13 74.*
Bruxelles 117 – Namur 58 – Bouillon 52 – Dinant 32 – Liège 71.

La Malle Poste, r. Behogne 46, ✆ 0 84 21 09 86, *info@malleposte.be, Fax 0 84 22 11 13,* ƒ₆, ≘s, ⛱, 🌳 – ✻ ℙ – 🚣. AE ⓞ MC VISA. ✻ rest
fermé 14 au 24 janvier, 30 juin-10 juillet et 25 août-11 septembre – **Rest *La Calèche*** *(fermé mercredi soir et jeudi) Lunch 25* – 35/80 bc, carte 46/85, ♀ – **24 ch** ☕ ✶65/160 – ✶✶100/200 – ½ P 80/180.
◆ Sur la traversée de la ville, ancien relais de poste (1653) et ses extensions où l'on s'endort dans diverses catégories de chambres mariant les genres classique et moderne. Salles à manger d'époque élégamment remises au goût du moment ; cuisine actuelle.
◆ Voormalig poststation (1653) aan de hoofdweg van het dorp. In de aanbouw bevinden zich verschillende soorten kamers met een mix van klassiek en modern. De eetzalen in oude stijl zijn smaakvol aan de huidige tijd aangepast. Eigentijdse keuken.

Le Vieux Logis sans rest, r. Jacquet 71, ✆ 0 84 21 10 24, *levieuxlogis@skynet.be, Fax 0 84 22 12 30,* 🌳 – ✻ 🚗. MC VISA
fermé 15 au 30 septembre et dimanche – **10 ch** ☕ ✶68 – ✶✶76.
◆ Ce logis en pierres vieux de 300 ans conserve de beaux vestiges du passé : portes, poutres, planchers. Chambres mignonnes ; terrasse-jardin donnant accès à un bosquet.
◆ Hotel in een 300-jarig, natuurstenen pand, waarvan de deuren, balken en vloeren nog origineel zijn. Charmante kamers. Tuin met terras en directe toegang tot een bos.

Le Vieux Carmel sans rest, r. Jacquet 61, ✆ 0 84 44 53 41, *carogoethals@hotmail.com, Fax 0 84 44 53 41,* 🌳 – ✻ ℙ. ✻
5 ch ☕ ✶65/85 – ✶✶65/85.
◆ Ancien cloître carmélite repérable à sa tour. Hall en marbre, salon-bibliothèque au coin du feu, salle à manger classique, chambres personnalisées et jardin clos de grilles.
◆ Voormalig karmelietenklooster met een toren, marmeren hal, zit/leeshoek met open haard, klassieke eetzaal, kamers met een persoonlijke toets en omheinde tuin.

Le Limbourg avec ch, pl. Albert Ier 21, ✆ 0 84 21 10 36, *info@hotellimbourg.com, Fax 0 84 21 44 23* – ⇔. AE ⓞ MC VISA
fermé 10 au 30 janvier – **Rest** *(fermé mardi soir sauf 17 juillet-25 août et mercredi)* (avec brasserie) 38, carte 29/47 – **6 ch** ☕ ✶55 – ✶✶65 – ½ P 60/67.
◆ Au centre-ville, maison repérable à sa véranda en façade, où voisinent une taverne et une brasserie. Repas traditionnel dans une salle latérale au cadre actualisé et éclairci. Hébergement assez sobre mais très convenable pour l'étape rochefortoise.
◆ Dit gebouw in het centrum valt op door de glaspui met daarachter een taverne en een brasserie. Traditionele maaltijd in de lichte eetzaal aan de zijkant. Vrij sober logies, dat voor een nachtje echter prima voldoet.

Couleur Basilic Square Crépin 4, ✆ 0 84 46 85 36 ⇔. VISA. ✻
fermé 1 semaine en janvier, 1 semaine en avril, 2 semaines en septembre, mardi et mercredi – **Rest** (prévenir) *Lunch 18* – 30/57 bc, carte env. 50.
◆ Maisonnette ouvrière transformée en un aimable petit restaurant proposant de la cuisine actuelle imprégnée d'exotisme. Décor intérieur moderne et coloré, de type bistrot.
◆ Dit arbeidershuisje is nu een leuk restaurantje met een eigentijdse keuken die exotische invloeden verraadt. Modern, kleurrijk interieur in bistrostijl.

BELGIQUE

à Belvaux *Sud-Ouest : 9 km* Rochefort – *5580 Belvaux :*

XX **Auberge des Pérées** avec ch, r. Pairées 37, 0 84 36 62 77, *aubergeperees@skynet.be, Fax 0 84 36 72 05,* – P. VISA.
fermé dernière semaine janvier-première semaine février, dernière semaine septembre-première semaine octobre, mardi soir et mercredi sauf en juillet-août et mardi midi – **Rest** *(fermé après 20 h 30)* 26/62 bc, carte env. 40 – **6** ch ★65 – ★★65 – ½ P 66.
◆ Sympathique auberge en pierres vous réservant un bon accueil. Selon la saison, feu de bûches en salle ou repas sur la terrasse fleurie, face au jardin. Chambres paisibles.
◆ In deze sympathieke natuurstenen herberg wordt u goed onthaald. Maaltijd bij het haardvuur in de eetzaal of op het bloementerras aan de tuinzijde. Rustige kamers.

à Eprave *Sud-Ouest : 7 km* Rochefort – *5580 Eprave :*

Auberge du Vieux Moulin, r. Aujoule 51, 0 84 37 73 18, *auberge@eprave.com, Fax 0 84 37 84 60,* – P – . AE VISA.
fermé 8 au 31 janvier, dimanche soir et lundi sauf vacances scolaires et jours fériés – **Rest** *Lunch 15* – 27/62 bc, carte 37/55 – 10 – **18 ch** ★90 – ★★125/175 – ½ P 98/130.
◆ Jolie bâtisse ancienne modernisée avec bonheur en combinant des éléments classiques, design et asiatiques. Bons menus au goût du jour, terrasse charmante et bonnes chambres.
◆ Dit fraai gerestaureerde oude gebouw heeft een mix van klassiek, design en Aziatisch. Lekkere eigentijdse menu's, charmant terras en goede kamers.

à Han-sur-Lesse *Sud-Ouest : 6 km* Rochefort – *5580 Han-sur-Lesse :*

Auberge de Faule sans rest, r. Grottes 4, 0 84 21 98 98, *Fax 0 84 45 65 44,* – P. AE VISA
14 ch ★69 – ★★80.
◆ Hôtel familial aux chambres plus récentes dans l'unité principale qu'à l'annexe donnant sur la pelouse et avoisinant le parking. Boutique d'artisanat (poterie et céramique).
◆ Familiebedrijf met modernere kamers in het hoofdgebouw dan in de dependance die uitkijkt op de tuin en aan het parkeerterrein grenst. Winkel met ambachtswerk (keramiek).

BELGIQUE

ROCHEHAUT *6830 Luxembourg belge* Bouillon *5 455 h.* **534** P 23 *et* **716** I 6. 12 **A2**
Voir ★★.
r. Palis 5a 0 61 46 40 51.
Bruxelles 159 – Arlon 76 – Bouillon 20 – Dinant 63 – Sedan 26.

L'Auberge de la Fermette, pl. Marie Howet 3, 0 61 46 10 05, *contact@aubergedelaferme.be, Fax 0 61 46 10 01,* – P – . AE VISA. rest
Rest *(fermé mercredi d'octobre à avril sauf vacances scolaires)* (taverne-rest) 25, carte 26/42 – **20 ch** *(fermé 7 au 24 janvier)* ★70/84 – ★★100/270 – ½ P 80/165.
◆ Cette accueillante maison en pierre installée au cœur du village vous loge dans diverses catégories de chambres. Taverne proposant une table régionale où entrent des produits de la ferme familiale (ouverte à la visite), que l'on peut acheter sur place.
◆ In dit vriendelijk ogende natuurstenen huis in het hart van het dorp kunt u kiezen uit verschillende categorieën kamers. Taverne met streekgerechten op basis van producten van de eigen boerderij (te bezichtigen), die ook te koop zijn.

XX **L'Auberge de la Ferme** avec ch et annexes, r. Cense 12, 0 61 46 10 00, *contact@aubergedelaferme.be, Fax 0 61 46 10 01,* – P. AE VISA. rest
fermé 8 au 25 janvier – **Rest** *(fermé dimanche soir et lundi midi sauf vacances scolaires et après 20 h 30) Lunch 30* – 35/110 bc, carte 46/66, – **49 ch** ★50/135 – ★★100/270 – 1 suite – ½ P 80/165.
◆ Maison de pays vous conviant à un repas classique connoté "terroir". Caveau où bonifient quelque 50 000 bouteilles. Chambres douillettes réparties aux quatre coins du village.
◆ Hier kunt u genieten van een klassieke maaltijd met een regionaal accent. De wijnkelder telt zo'n 50 000 flessen. De behaaglijke kamers liggen verspreid over het dorp.

XX **L'An 1600** avec ch, r. Palis 7, 0 61 46 40 60, *info@an1600hotel.be, Fax 0 61 46 83 82,* – P. AE VISA. rest
fermé 2 au 31 janvier, 15 juin-6 juillet, dimanche soir et lundi midi – **Rest** *(fermé après 20 h 30) Lunch 22* – 25/53, carte 33/48 – **9 ch** ★90/115 – ★★105/115 – ½ P 79/83.
◆ Bon accueil familial depuis 1974 en cette ancienne ferme. Cadre rustique, carte "tradition" (fumaisons artisanales), cave-salon, amples chambres et chalets modernes au jardin.
◆ Familiehotelletje in een oude boerderij. Rustiek interieur, traditionele kaart (eigengerookte producten), lounge in de kelder, ruime kamers en moderne chalets in de tuin.

ROCOURT *Liège* **533** S 18, **534** S 18 *et* **716** J 3 – *voir à Liège, périphérie.*

ROESELARE (ROULERS) *8800 West-Vlaanderen* **533** D 17 *et* **716** C 3 – *55 775 h.* 19 **C2**

Ooststraat 35 ✆ 0 51 26 96 00, infocentrum@roeselare.be, Fax 0 51 26 96 08.
Bruxelles 111 ③ – Brugge 34 ① – Kortrijk 20 ③ – Lille 45 ③.

Botermarkt	AZ	2	Kokelaarstr.	AY	13	Poststr.	BZ	21
Cichoreistr.	ABY	3	Koning Albert I-laan	BZ	14	St-Hubrechtsstr.	BY	22
Grote Markt	AZ	6	Manestr.	AZ	15	St-Michielsstr.	AZ	24
Hendrik Consciencestr.	ABY	8	Mariastr.	BY	16	Vlamingstr.	BY	25
Hippoliet Spilleboutdreef	AZ	9	Nonnenstr.	AZ	17	Vrouwenstr.	AZ	26
Jan Mahieustr.	AYBZ	10	Noordstr.	AYZ		Zuidstr.	AZ	28
Jules Lagaelaan	BZ	12	Ooststr.	ABZ	20			

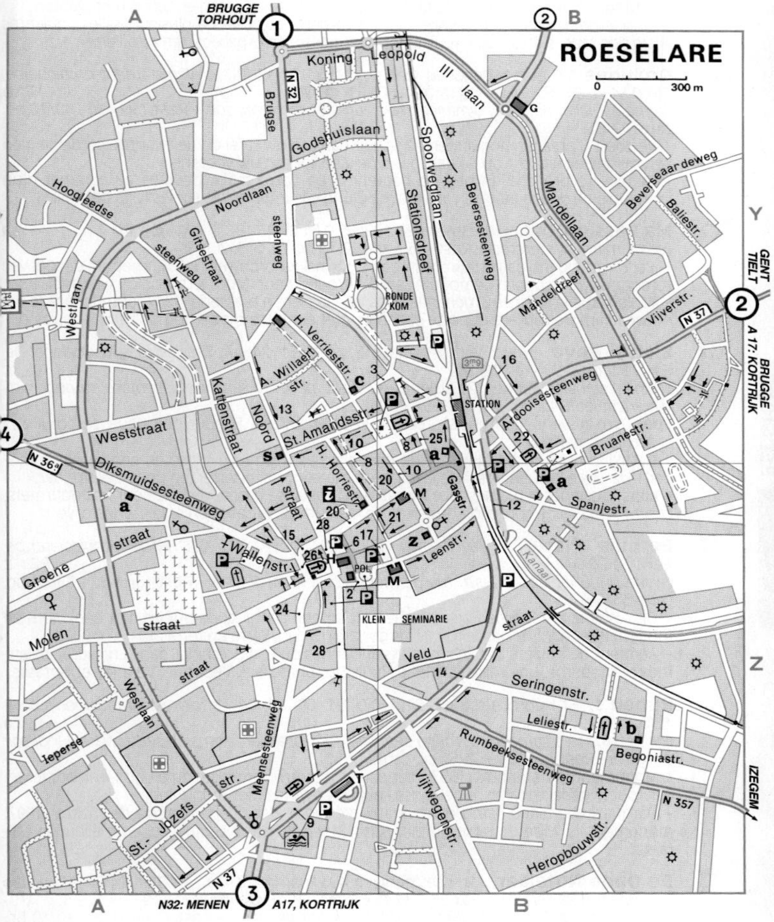

Parkhotel (annexe Flanders Inn - 19 ch), sans rest, Stationsplein 7, ✆ 0 51 26 31 31, *info@parkhotel-roeselare.be, Fax 0 51 26 31 13,* – – – . AE VISA **BY a**
42 ch – †75/95 – ††85/125 – 6 suites.
◆ De kamers van dit hotel krijgen geleidelijk een eigentijdse stijl. In het hoofdgebouw aan de voetgangersstraat is het rustiger dan in het bijgebouw naast het station.
◆ Hôtel familial "éclaté", dont les chambres adoptent par étapes un style contemporain. L'unité principale (rue piétonne) est un peu plus calme que l'annexe jouxtant la gare.

XXX **De Ooievaar,** Noordstraat 91, ✆ 0 51 20 54 86, *info@restaurantdeooievaar.be, Fax 0 51 24 46 76,* – ▤ ♿ P ⇔. AE ① MC VISA AY s
fermé fin juin-début août, lundi et samedi midi – **Rest** *Lunch 33* – 43/90 bc, carte 46/74.
◆ Restaurant met verscheidene zalen, een tikje overdadig ingericht, met glaskoepels in Tiffanystijl. Intieme salon, ronde tafels met veel ruimte ertussen en terras met planten.
◆ Cuisine de base classique servie sous les verrières colorées de plusieurs salles opulentes et un rien tape-à-l'œil. Salon feutré, tables rondes bien espacées, terrasse verte.

XXX **Orchidee** 12e étage, Begoniastraat 9, ✆ 0 51 21 17 23, *info@restaurant-orchidee.be, Fax 0 51 26 85 28,* ≤ ville – ▤ P ⇔. AE ① MC VISA BZ b
fermé 21 juillet-11 août, dimanche soir, lundi et mercredi soir – **Rest** *Lunch 30* – 40/70 bc, carte 42/63.
◆ Vertoeft u graag in hoger sferen? Schuif dan aan uw tafel op de twaalfde verdieping en een magnifiek uitzicht op de daken van de stad ligt aan uw voeten!
◆ Besoin de prendre un peu de hauteur ? De votre table, perchée au sommet d'un immeuble de douze étages, vous jouirez d'une vue imprenable sur les toits de la ville !

XXX **Ma Passion,** Diksmuidsesteenweg 159, ✆ 0 51 69 83 18, – ⇔. MC VISA AZ a
fermé mardi et mercredi – **Rest** *Lunch 28* – 39/79 bc, carte 51/69, ♀.
◆ Verzorgd eigentijds restaurant in een voormalige brouwerij (1937) met art-decogevel, torentje en koetspoort. Gemoderniseerd retro-interieur. Mooi terras op de binnenplaats.
◆ Table actuelle soignée aménagée dans une ancienne brasserie (1937) dont la façade Art nouveau arbore tourelle et porte cochère. Intérieur rétro modernisé. Jolie cour-terrasse.

XX ✿ **Bistro Novo,** Hugo Verriestraat 12, ✆ 0 51 24 14 77, *bistro.novo@telenet.be, Fax 0 51 20 09 90* – ▤. MC VISA AY c
fermé 1 semaine Pâques, 21 juillet-début août, dernière semaine décembre, samedi midi, dimanche et lundi – **Rest** carte 35/60, ♀.
Spéc. Vol-au-vent 'bourgeois'. Tête de veau en tortue. Ragoût de queue de bœuf aux asperges et cerfeuil.
◆ Gastronomisch restaurant met de uitstraling van een luxe bistro en een verfijnde modern-klassieke keuken. Fraai uitgestalde verzameling spijskaarten en goede wijnkelder.
◆ Mets classiques actualisés avec maestria et ambiance bistrot de luxe pour fins gourmets, confortée par une collection de cartes de restaurants exposée en salle. Bonne cave.

XX **Eethuis Pieter,** Delaerestraat 32, ✆ 0 51 20 00 07, *info@eethuispieter.be, Fax 0 51 20 06 53* – ▤ ⇔. BZ z
fermé fin juillet-début août, mardi, mercredi et samedi midi – **Rest** *Lunch 22* – 35/64 bc, carte 35/64.
◆ Dit restaurant in hartje Roeselare bestaat uit een aantal oude huisjes met een warm en modern interieur. De klassieke kaart is goed bij de tijd. Serre en terras.
◆ Au cœur de Roulers, petites maisons anciennes où l'on présente, dans un cadre chaleureux et moderne, une carte classique remise en phase avec l'époque. Véranda et terrasse.

XX **Ruben's,** St-Hubrechtsstraat 51, ✆ 0 51 69 30 04, *info@restaurantruben's.be* – P ⇔ BZ a
fermé vacances carnaval, dernière semaine août-première semaine septembre, lundi soir et mardi – **Rest** *Lunch 29* – 38/52 bc, carte 47/52.
◆ Monumentaal herenhuis (1897) met parket, schouw, lambrisering en glas-in-loodramen. Eenvoudig gedekte tafels, eigentijdse keuken en terras met mooie linde.
◆ Parquet, cheminée, lambris et vitraux d'époque dans cette maison de maître (1897) monumentale. Mise de table simple, cuisine bien de notre temps, superbe tilleul en terrasse.

XX **De Oude Notelaar,** Meensesteenweg 403 (par ③ : 3 km), ✆ 0 51 24 54 93, *restaurant@deoudenotelaar.be, Fax 0 51 24 15 63,* – P ⇔. MC VISA
fermé 25 mars-5 avril, 22 juillet-9 août, lundi soir et mardi – **Rest** *Lunch 22 bc* – 30/49 bc, carte 34/58.
◆ Karakteristiek huis met puntdak in het zuiden van de stad. Klassieke kaart, populair keuzemenu, tuintje met terras. De eigenaar kookt en zijn vrouw serveert.
◆ Maison de caractère à toit pointu, exploitée en couple (lui aux casseroles, elle en salle) au Sud de la ville. Carte classique, menu-choix courtisé, jardinet avec terrasse.

à Gits *par ① : 5 km sur N 32 C Hooglede 9 831 h. – ✉ 8830 Gits :*

XX **Epsom,** Bruggesteenweg 175, ✆ 0 51 20 25 10, *epsom.dujardin@yucom.be, Fax 0 51 20 52 43,* – P ⇔. AE ① MC VISA
fermé 2 dernières semaines juillet-première semaine août, mercredi soir, samedi midi et dimanche soir – **Rest** *Lunch 32* – 42/75 bc, carte 40/70.
◆ In een mooie, tamelijk deftige omgeving kunt u genieten van de Franse klassieke keuken op basis van topproducten. Grote collectie whisky's single malt.
◆ Cuisine classique française où entrent des produits nobles, dont on se régale dans un cadre un peu protocolaire, mais plutôt avenant. Belle collection de whiskies single malt.

BELGIQUE

à Rumbeke *Sud-Est : 3 km* Ⓒ *Roeselare* – ✉ *8800 Rumbeke :*

Hostellerie Vijfwegen, Hoogstraat 166, ☎ 0 51 24 34 72, *info@hotel-vijfwegen.be, Fax 0 51 24 16 74*, – ch, rest, . rest
Rest ***Bistro Frogs*** *(fermé samedi midi) Lunch 16* – 35/54 bc, carte 29/47 – **20 ch** 64/74 – 85/120 – ½ P 89/120.

◆ Dit hotelletje tegenover het Sterrebos beschikt over frisse, moderne kamers; die in het bijgebouw 200 m verderop zijn wat ruimer. Eigentijdse bistro met schilderijen in felle kleuren. Kaart voor elk wat wils, zowel voor de kleine trek als de stevige honger.

◆ Face au domaine provincial Sterrebos, petit hôtel aux chambres fraîches et actuelles, un peu plus spacieuses dans l'annexe distante de 200 m. Bistrot contemporain égayé de peintures modernes aux couleurs vives. Carte pour tous les goûts et toutes les faims.

Cá d'Oro, Hoogstraat 97, ☎ 0 51 24 71 81, *Fax 0 51 24 56 27*, , Cuisine italienne – .

fermé 4 au 28 mars, 19 août-19 septembre, mardi et mercredi – **Rest** 38/40, carte 38/54.

◆ Klassiek Italiaans eten op het terras of in de eetzaal met fluwelen bankjes, lambrisering en grote spiegels. Huisgemaakte pasta's.

◆ Cuisine italienne classique à apprécier en terrasse ou dans une salle dotée de banquettes en velours et de murs couverts de lambris et de grands miroirs. Pâtes faites maison.

ROKSEM *West-Vlaanderen* **533** D 15 *et* **716** C 2 – *voir à Oudenburg.*

ROMERSHOVEN *Limburg* **533** R 17 – *voir à Hasselt.*

RONSE (RENAIX) *9600 Oost-Vlaanderen* **533** G 18 *et* **716** D 3 – *24 158 h.* 16 **B3**

Voir *Crypte★ de la Collégiale St-Hermès.*

Hoge Mote, De Biesestraat 2, ☎ 0 55 23 28 16, toerisme@ronse.be, Fax 0 55 23 28 19.

Bruxelles 57 – Gent 38 – Kortrijk 34 – Valenciennes 49.

Hostellerie Lou Pahou, Zuidstraat 25, ☎ 0 55 21 91 11, *info@loupahou.be, Fax 0 55 20 91 04*, – .
fermé 15 juillet-5 août – **Rest** *(fermé mardi, mercredi midi et dimanche soir) Lunch 15* – 30 bc/60 bc, carte 29/40 – **6 ch** 60 – 80 – ½ P 80.

◆ Herenhuis uit 1900 tussen de St-Maartenskerk en de Markt, met sobere, gerenoveerde kamers. Lounge in retrostijl en rustgevende tuin. Restaurant met parket, kroonluchter, marmeren schouw en kandelaren.

◆ Entre l'église St-Martin et le Markt, maison de notable des années 1900 où vous dormirez dans de sobres chambres rénovées. Salon "rétro" et jardin reposant. Parquet, cheminée de marbre, lustre en cristal et chandeliers participent au décor du restaurant.

Villa Carpentier sans rest, Doorniksesteenweg 11 (par N 48 : 2,5 km), ☎ 0 55 45 62 56, *info@villacarpentier.com, Fax 0 55 45 66 16*, – – .
fermé 24 décembre-2 janvier – **5 ch** 75/180 – 75/180.

◆ Liefhebbers van art nouveau zullen weg zijn van deze villa met park van Horta. Hal, lounge en kamers met bijpassende inrichting. Wat eenvoudiger logies in de portierswoning.

◆ Les entichés d'Art nouveau adoreront cette villa et son parc signés Horta. Hall, salon et chambres aux décors d'époque. Hébergement un peu plus simple dans la conciergerie.

Hostellerie Shamrock avec ch, Ommegangstraat 148 (Louise-Marie, Nord-Est : 7 km par N 60), ✉ 9681 Maarkedal, ☎ 0 55 21 55 29, *shamrock@relaischateaux.com, Fax 0 55 21 56 83*, , , , – .
fermé 2e quinzaine juillet, lundi, mardi et après 20 h 30 – **Rest** *Lunch 60 bc* – 70/135 bc, carte 82/100, – **4 ch** 190/210 – 200/220 – 1 suite.

◆ Dit Engelse landhuis valt in de smaak vanwege de verzorgde binnen- en buitenkant, de verfijnde keuken en de prestigieuze wijnen. Klassieke eetzaal met parket. Prachtig park. Rustige, gezellige kamers met uitzicht op de tuin van landschapsarchitect J. Wirtz.

◆ Manoir anglais estimé pour le raffinement de son décor intérieur et extérieur, sa cuisine élaborée et sa cave de prestige. Salle classique parquetée et superbe parc. Chambres calmes et cosy, donnant sur un tableau de verdure signé Jacques Wirtz (paysagiste).

Bois Joly, Hogerlucht 7, ☎ 0 55 21 10 17, *bois-joly@skynet.be, Fax 0 55 21 10 17*, – .
fermé 1 semaine vacances carnaval, 2 dernières semaines juillet, mardi soir et mercredi – **Rest** *Lunch 10* – 32, carte 26/45.

◆ Gemoedelijk restaurant met een klassieke keuken. Aanraders zijn de kopieuze fondues en de kreeft, die op wel tien verschillende manieren wordt bereid. Serre en zomerterras.

◆ Restaurant familial dont l'assiette évolue dans un registre classique. À épingler : une dizaine de préparations de homard et de copieuses fondues. Véranda et terrasse d'été.

RONSELE *Oost-Vlaanderen* **533** G 16 – *voir à Zomergem.*

BELGIQUE

ROOSDAAL *1760 Vlaams-Brabant* **533** J 18 *et* **716** F 3 – *10 745 h.* 3 **A2**

Bruxelles 21 – Leuven 58 – Aalst 16 – Namur 100 – Ninove 8 – Lille 106.

Den Artiest, Koning Albertstraat 4a, ✆ 0 54 30 02 84, *info@restaurantdenartiest.be,* – . VISA.
fermé dernière semaine septembre-2 premières semaines octobre, mardi, mercredi, jeudi et samedi midi – **Rest** *Lunch 13* – 50/80 bc, carte 33/64.
◆ Restaurant in moderne brasseriestijl met een eigentijdse keuken. Mooi terras met pergola en teakhouten meubelen, dat uitkijkt op de waterpartij in de tuin.
◆ Restaurant envoyant de la cuisine actuelle dans un cadre moderne de type brasserie ou sur la belle terrasse-pergola meublée en teck et tournée vers la pièce d'eau du jardin.

ROULERS *West-Vlaanderen – voir Roeselare.*

ROUVEROY *7120 Hainaut* C *Estinnes 7 413 h.* **533** J 20, **534** J 20 *et* **716** F 4. 7 **C2**

Bruxelles 74 – Mons 17 – Charleroi 33 – Maubeuge 21.

La Brouette, Barrière d'Aubreux 4 (rte de Mons), ✆ 0 64 77 13 42, – P. AE VISA.
fermé 1er au 10 février, mardi soir, mercredi et après 20 h 30 – **Rest** 25/68 bc, carte 28/51.
◆ Auberge-relais postée au bord de la grand-route. Décor intérieur classico-rustique, mise en place soignée sur les tables, carte traditionnelle et terrasse d'été sur l'arrière.
◆ Dit voormalige poststation staat aan de rand van de grote weg. Klassiek-rustiek interieur, fraai gedekte tafels, traditionele kaart en terras aan de achterkant.

RUETTE *Luxembourg belge* **534** S 25 *et* **716** J 7 *G. voir à Virton.*

RUISBROEK *Vlaams-Brabant* **533** K 18 *et* **716** F 3 – *voir à Bruxelles, environs.*

RUISELEDE *8755 West-Vlaanderen* **533** F 16 *et* **716** D 2 – *5 113 h.* 19 **D2**

Bruxelles 79 – Brugge 31 – Gent 29.

Lindenhof, Tieltstraat 29, ✆ 0 51 68 75 39, *info@lindenhof.be, Fax 0 51 68 62 15,* – P. AE VISA.
fermé 17 juillet-5 août, mardi soir et mercredi – **Rest** *Lunch 25* – 45/70 bc, carte 42/88.
◆ Aangename eetzaal in een serre met Lloyd Loom-stoelen en cottagesfeer. Eigentijds culinair repertoire. Comfortabel terras van tropisch hout tussen het groen.
◆ Cuisine d'aujourd'hui et ambiance "cottage" dans une plaisante salle à manger-véranda meublée en Lloyd Loom. Confortable terrasse en bois exotique entourée de verdure.

RUMBEKE *West-Vlaanderen* **533** D 17 *et* **716** C 3 – *voir à Roeselare.* 19 **C3**

SAINTE-CÉCILE *6820 Luxembourg belge* C *Florenville 5 449 h.* **534** Q 24 *et* **716** I 6. 12 **B3**

Bruxelles 171 – Arlon 46 – Bouillon 18 – Neufchâteau 30.

Hostellerie Sainte-Cécile , r. Neuve 1, ✆ 0 61 31 31 67, *info@hotel-ste-cecile.com, Fax 0 61 31 50 04,* , – P. AE VISA
fermé 3 janvier-1er février, 18 février-7 mars et 1er au 12 septembre – **Rest** *(fermé dimanches soirs et lundis non fériés sauf lundis soirs en juillet-août) Lunch 23* – 31/88 bc carte 46/66 – 10 – **14 ch** 62 – 70/98 – ½ P 154/198.
◆ Vieille maison en pierres du pays dissimulant un beau jardin où se glisse un ruisseau marquant la frontière entre Gaume et Ardennes. Chambres rajeunies par étapes. Repas au goût du jour dans une salle de style classique actualisé ou en plein air.
◆ Oud huis van steen uit de streek. Mooie tuin met een beekje dat de grens vormt tussen de Gaume en de Ardennen. De kamers worden geleidelijk opgeknapt. Eigentijdse maaltijd in een gemoderniseerde klassieke eetzaal of buiten.

ST-GEORGES-SUR-MEUSE *4470 Liège* **533** R 19, **534** R 19 *et* **716** J 4 – *6 613 h.* 8 **B2**

Bruxelles 87 – Liège 20 – Marche-en-Famenne 60 – Namur 43.

Philippe Fauchet, r. Warfée 62, ✆ 0 4 259 59 39, *philippe.fauchet@skynet.be,* – P. VISA.
fermé samedi midi, dimanche soir, lundi et mardi – **Rest** *Lunch 30* – 50/90 bc, carte 53/61.
◆ Ancienne ferme (18e s.) située dans un site champêtre. Salle classico-moderne aux tons or et aux tables distribuées sur deux niveaux ; terrasse au jardin. Cuisine inventive.
◆ Restaurant in een landelijk gelegen 18e-eeuwse boerderij. Modern-klassieke eetzaal met goudtinten en tafels op twee niveaus. Tuin met terras. Inventieve keuken.

ST-GILLES (SINT-GILLIS) *Région de Bruxelles-Capitale – voir à Bruxelles.* 5 **B2**

ST-HUBERT *6870 Luxembourg belge* **534** R 22 *et* **716** J 5 *– 5 718 h.* 12 **B2**

Voir *Intérieur★★ de la basilique St-Hubert★.*

Env. *au Nord : 7 km à Fourneau-St-Michel★★ : Musée du Fer et de la Métallurgie ancienne★ – Musée de la Vie rurale en Wallonie★★.*

r. St-Gilles 12 ☎ 0 61 61 30 10, info@saint-hubert-tourisme.be, Fax 0 61 61 51 44.
Bruxelles 137 – Arlon 60 – Bouillon 44 – La Roche-en-Ardenne 25 – Sedan 59.

Ancien Hôpital sans rest, r. Fontaine 23, ☎ 0 61 41 69 65, *info@ancienhopital.be*, – P. MC VISA
fermé 2 semaines en janvier, mardi et mercredi – **6 ch** ★90/135 – ★★90/135.
• Cette bâtisse en pierre flanquée d'une chapelle fut le point de chute de Léopold 1er lors de ses parties de chasse. Wine bar, chambres de bon confort, breakfast en 3 actes.
• Dit natuurstenen gebouw naast een kapel was de uitvalsbasis van Leopold I tijdens zijn jachtpartijen. Wijnbar, comfortabele kamers en uitgebreid ontbijt (drie gangen).

Le Cor de Chasse avec ch, av. Nestor Martin 3, ☎ 0 61 61 16 44, *ph.arnoldy@skynet.be, Fax 0 61 61 33 15,* – MC VISA
fermé 1re quinzaine mars, 2e quinzaine juin et 2e quinzaine septembre – **Rest** *(fermé mardi et après 20 h 30)* Lunch 14 – 28/41, carte 32/55 – **10 ch** ★57/64 – ★★64/68 – ½ P 51/85.
• Enseigne de circonstance pour cette sympathique adresse au centre d'une bourgade ardennaise placée sous la bannière du patron des chasseurs. Carte classique-traditionnelle. Hébergement à bon prix dans des chambres parfois personnalisées par du mobilier ancien.
• Deze "jachthoorn" is een sympathiek adresje in het hart van het Ardenner dorp, genoemd naar de schutspatroon van de jagers. Traditioneel-klassieke kaart. Goedkoop logies in kamers met soms een persoonlijk accent stijlmeubilair.

Auberge du Prévost, Fourneau St-Michel (Nord : 7 km dans le domaine provincial), ☎ 0 84 21 09 15, *aubergeduprevost@skynet.be, Fax 0 84 22 19 39,* – P. MC VISA
ouvert mars-novembre ; fermé mardi midi sauf en juillet-août, lundi soir et mardi soir – **Rest** 23/56 bc, carte 27/49.
• Table traditionnelle et ambiance rustique dans cette auberge (18e s.) à colombages bâtie au creux d'un vallon boisé aménagé en écomusée consacré à la vie rurale en Wallonie.
• Traditioneel eten en rustieke sfeer in deze 18e-eeuwse herberg in vakwerk, onder in een bebost dal dat deel uitmaakt van het ecomuseum van het plattelandsleven in Wallonië.

à **Awenne** *Nord-Ouest : 9 km* C *St-Hubert* – ✉ *6870 Awenne :*

L'Auberge du Sabotier et Les 7 Fontaines avec ch, Grand'rue 21, ☎ 0 84 36 65 23, *aubergedusabotier@skynet.be, Fax 0 84 36 63 68,* , , – P. AE MC VISA. rest
fermé 4 au 12 février et lundis et mardis non fériés – **Rest** Lunch 27 – 38/110 bc, carte 47/56, – **20 ch** ★65/156 – ★★86/166 – ½ P 78/118.
• Maison en pierres tapissées de lierre. Atmosphère ardennaise, repas au goût du jour axé "terroir", âtre et trophées de chasse au salon, terrasse au vert. Chambres campagnardes parquetées et junior suites. Cadre rural propice au repos et aux balades sylvestres.
• Natuurstenen gebouw met klimop. Typische Ardense sfeer, eigentijdse keuken met een regionaal accent, open haard en jachttrofeeën in de salon. Terras met veel groen. Rustieke kamers met parket en junior suites. Landelijke omgeving voor rust en boswandelingen.

ST-JOSSE-TEN-NOODE (SINT-JOOST-TEN-NODE) *Région de Bruxelles-Capitale – voir à Bruxelles.* 5 **B2**

ST-MAUR *Hainaut* **533** F 19, **534** F 19 *et* **716** D 4 *– voir à Tournai.*

ST-NICOLAS *Oost-Vlaanderen – voir Sint-Niklaas.*

Pour guider vos choix gastronomiques, le libellé de chaque table à étoile(s) MICHELIN indique systématiquement 3 grandes spécialités "maison".

ST-SAUVEUR *7912 Hainaut* © *Frasnes-lez-Anvaing 10 967 h.* **533** G 18, **534** G 18 *et* **716** D 3. 6 **B1**

Bruxelles 78 – Mons 55 – Gent 48 – Kortrijk 40 – Tournai 20 – Lille 52.

XX **Les Marronniers,** r. Vertes Feuilles 7, ☎ 0 69 76 99 58, *info@restaurantlesmarronniers.be, Fax 0 69 76 99 58,* ←, – P. AE ⓓ MC VISA

fermé semaine carnaval, 2 dernières semaines août, lundi, mardi et mercredi – **Rest** 32, carte 39/53.

◆ Maison du mont St-Laurent dominant l'agreste pays des collines. Choix traditionnel actualisé, menu tentateur, salle moderne harmonieusement relookée et belle terrasse au vert.

◆ Restaurant op de Mont St-Laurent met uitzicht op het heuvellandschap. Traditionele keuken met een vleugje eigentijds en een aanlokkelijk menu. Modern interieur en mooi terras.

ST-SYMPHORIEN *Hainaut* **532** J 20 *et* **716** F 4 – *voir à Mons.*

ST-TROND *Limburg – voir Sint-Truiden.*

ST-VITH *Liège – voir Sankt-Vith.*

SANKT-VITH (ST-VITH) *4780 Liège* **533** V 21, **534** V 21 *et* **716** L 5 – *9 169 h.* 9 **D3**

Prümerstr. 42a ☎ 0 80 29 29 70, Fax 0 80 29 29 79.

Hauptstr. 43 ☎ 0 80 28 01 30, touristinfo@st.vith.be, Fax 0 80 28 01 31.

Bruxelles 180 – Liège 78 – La Roche-en-Ardenne 51 – Clervaux 36.

Pip-Margraff, Hauptstr. 7, ☎ 0 80 22 86 63, *info@pip.be, Fax 0 80 22 87 61,* – . AE MC VISA. ch

fermé 24 mars-10 avril et 1er au 10 juillet – **Rest** *(fermé dimanche soir et lundi) Lunch 20* – 35/65, carte 40/64 – **20 ch** ★65/80 – ★★88/100 – 3 suites – ½ P 65/115.

◆ Dans la rue principale, hôtel d'aspect régional aux chambres meublées en bois clair. Piscine, whirlpool, sauna et salon-véranda. Une carte composantes méditerranéennes, assortie de bons menus, est présentée au restaurant. Bar-brasserie fréquenté au lunch.

◆ Hotel in regionale stijl aan de hoofdstraat. Kamers met lichte houten meubelen. Zwembad, whirlpool en sauna. Lounge in de serre. Restaurant met mediterrane gerechten en lekkere menu's. De bar-brasserie is favoriet voor de lunch.

Am Steineweiher, Rodter Str. 32, ☎ 0 80 22 72 70, *info@steineweiher.be, Fax 0 80 22 91 53,* ←, , , – P. MC VISA

fermé 2 semaines en janvier – **Rest** 24/56, carte 33/59 – **14 ch** ★53 – ★★76 – ½ P 54/68.

◆ Une allée privée conduit à cette villa paisible dont le parc invite à paresser au bord d'un étang cerné de sapins. Chambres classiquement aménagées et rénovées par étapes. Table classico-traditionnelle ; plaisante terrasse tournée vers l'eau.

◆ Een privélaan leidt naar deze rustige villa met een park en een vijver die met sparren is omringd. De klassiek ingerichte kamers worden in fasen gerenoveerd. Traditioneel-klassieke keuken en plezierig terras met zicht op het water.

XX **Zur Post** (Eric Pankert) avec ch, Hauptstr. 39, ☎ 0 80 22 80 27, *info@hotelzurpost.be, Fax 0 80 22 93 10,* – , ch, . MC VISA

fermé 1er au 23 janvier, 10 au 24 juin, 1 semaine en septembre, dimanche soir, lundi et mardi midi – **Rest** *Lunch 39* – 65/125 bc, carte 60/90, ♀ – **8 ch** ★79/119 – ★★98/139 – ½ P 83/100.

Spéc. Homard tiède à la vinaigrette de framboise sur légumes fruités. Saint-Jacques grillées au beurre de sésame, orange et betterave à l'infusion d'hibiscus (septembre-mars). Gibier en saison.

◆ Hostellerie où la 3e génération d'une famille en place depuis plus de 60 ans soigne les gastronomes dans un cadre intime et chaleureux ou sur la mignonne cour-terrasse verte. Chambres charmantes pour prolonger la halte gourmande dans de bonnes conditions.

◆ Hotel-restaurant, waar een familie sinds 60 jaar gastronomen onthaalt, nu al in de 3e generatie. Intieme, sfeervolle eetzaal en mooie patio met veel groen. Sfeervolle kamers om de gastronomische avond waardig te besluiten.

XX **Le Luxembourg** arrière-salle, Hauptstr. 71, ☎ 0 80 22 80 22, *Fax 0 80 22 80 99* – . VISA.

fermé première semaine janvier, fin juin-début juillet, lundi soir, mercredi soir et jeudi – **Rest** *Lunch 45* – 65.

◆ Cette accueillante salle à manger habillée de lambris et devancée par un bistrot vous invite à goûter une cuisine actuelle se renouvelant en fonction des arrivages du marché.

◆ Uitnodigende eetzaal met lambrisering, achter een cafeetje, waar eigentijdse gerechten worden bereid op basis van dagverse producten.

à Schönberg (Schoenberg) *Est : 10 km par N 626* C *Sankt-Vith* – ✉ *4782 Schönberg :*

Herberg de Lanterfanter ≫, Wingerscheid 1, ☎ 0 80 39 98 77, *info@lanterfanter.be*, ⇐, ☞ – ✕ P. ✈
fermé 1er au 15 juillet et lundi – **Rest** (résidents seult) – **9 ch** ☐ ✦36/43 – ✦✦56/71 – ½ P 44/57.
• Ce grand chalet aux balcons fleuris en été abrite de jolies chambres - dont deux duplex - décorées dans le style actuel et revêtues de parquet. Salon douillet au coin du feu.
• Dit grote chalet met bloembakken aan de balkons biedt mooie moderne kamers, waarvan 2 met split-level, die alle zijn voorzien van parket. Gezellige lounge met open haard.

SART *Liège* **533** U 19, **534** U 19 *et* **716** K 5 – *voir à Spa.* 9 **C2**

SAUTIN *Hainaut* **534** K 22 *et* **716** F 5 – *voir à Rance.* 7 **D3**

SCHAERBEEK (SCHAARBEEK) *Région de Bruxelles-Capitale* **533** L 17 – *voir à Bruxelles.* 5 **B2**

SCHERPENHEUVEL (MONTAIGU) *3270 Vlaams-Brabant* C *Scherpenheuvel-Zichem 22 064 h.* **533** O 17 *et* **716** H 3. 4 **D1**
Bruxelles 55 – Leuven 29 – Antwerpen 52 – Hasselt 31.

De Zwaan avec ch, Albertusplein 12, ☎ 0 13 77 13 69, *Fax 0 13 78 17 77* – ✕, ▤ rest, ♿ rest, ☞ P. ⇔. AE MC VISA. ✈
fermé vacances carnaval – **Rest** *(fermé samedi de septembre à mars et après 20 h 30) Lunch 26* – 42/72 bc, carte 29/75 – **9 ch** ☐ ✦49/52 – ✦✦83/88 – ½ P 75/78.
• Een plaatselijk begrip, dat al sinds 1958 in handen is van dezelfde familie. Traditionele gerechten bereid op een oud kolenfornuis, ruime keuze en mooi tafelzilver. Praktische kamers, vrij eenvoudig, maar voorzien van ruime badkamers.
• Face à la basilique, institution locale tenue en famille depuis 1958. Mets traditionnels concoctés sur un vieux fourneau au charbon, choix étoffé, belle argenterie à table. Chambres commodes pour l'étape, assez simples mais pourvues de salles d'eau spacieuses.

BELGIQUE

SCHILDE *Antwerpen* **533** M 15 *et* **716** G 2 – *voir à Antwerpen, environs.*

SCHÖNBERG (SCHOENBERG) *Liège* **534** W 21 *et* **716** L 5 – *voir à Sankt-Vith.*

SCHOONAARDE *9200 Oost-Vlaanderen* C *Dendermonde 43 347 h.* **533** J 17 *et* **716** F 2. 17 **C2**
Bruxelles 39 – Gent 26 – Aalst 11 – Dendermonde 7.

Het Palinghuis, Oude Brugstraat 16, ☎ 0 52 42 32 46, *het-palinghuis@skynet.be*, *Fax 0 52 42 32 46*, ≤, Anguilles – ▤ P. AE MC VISA. ✈
fermé mi-décembre-début janvier, jeudi soir, vendredi et samedi midi – **Rest** carte 25/41.
• Tot groot plezier van de vaste clientèle blijft paling hier dé specialiteit; een culinaire traditie die van generatie op generatie wordt doorgegeven. Dat u het maar weet!
• À la grande satisfaction d'une clientèle d'assidus, l'anguille reste ici "la" spécialité d'une tradition culinaire transmise de génération en génération. Avis aux amateurs !

SCHORE *8433 West-Vlaanderen* C *Middelkerke 17 841 h.* **533** C 16. 18 **B2**
Bruxelles 126 – Brugge 40 – Ieper 34 – Kortrijk 67 – Oostende 22 – Lille 77.

Landgoed de Kastanjeboom ≫, Lekestraat 10, ☎ 0 51 55 59 17, *de.kastanjeboom@skynet.be*, *Fax 0 51 50 44 82*, ☖, ☞ – ✕ P. ✈
Rest (dîner pour résidents seult) – **5 ch** ☐ ✦78 – ✦✦88 – ½ P 84.
• Deze boerderij in de polder heeft een kruidentuin en vijf charmante kamers, die volgens een bepaald thema zijn ingericht. Goed verzorgd ontbijt en table d'hôte.
• Cinq charmantes chambres à thèmes ont été aménagées dans cette ferme des polders s'agrémentant d'un jardin d'aromates. Petits-déjeuners très soignés ; table d'hôte de même.

SCHOTEN *Antwerpen* **533** L 15 *et* **716** G 2 – *voir à Antwerpen, environs.*

**Wij streven ernaar de juiste prijzen aan te geven.
Maar prijzen veranderen voortdurend. Aarzel niet
en vraag bij uw reservering naar de prijzen die op dat moment gelden.**

SEMOIS (Vallée de la) ★★ *Luxembourg belge et Namur* **534** P 24 -T 24 **716** J 7 -H 6 *G. Belgique-Luxembourg.*

SENEFFE *7180 Hainaut* **533** K 19, **534** K 19 *et* **716** F 4 – *10 743 h.* 7 **D2**
Voir *Château*★.
Bruxelles 43 – Mons 27 – Charleroi 28 – Maubeuge 54.

L'Aquarelle sans rest, r. Scrawelle 64, ✆ 0 64 23 96 23, *direction@hotelaquarelle.be, Fax 0 64 23 96 20,* – – – . AE VISA.
☕ 10 – **27 ch** ★97/107 – ★★97/107.
◆ Construction récente située en zone résidentielle, à distance respectable de l'autoroute. Chambres modernes parquetées, vue champêtre et bon breakfast sous forme de buffet.
◆ Nieuwbouwhotel in een rustige woonwijk, op voldoende afstand van de snelweg. Moderne kamers met parket, landelijk uitzicht en een goed ontbijtbuffet.

SERAING *Liège* **533** S 19, **534** S 19 *et* **716** J 4 – *voir à Liège, environs.*

SIJSELE *West-Vlaanderen* **533** E 15 *et* **716** C 2 – *voir à Damme.* 19 **C1**

SILLY (OPZULLIK) *7830 Hainaut* **533** I 19, **534** I 19 *et* **716** E 4 – *7 995 h.* 7 **C1**
Bruxelles 49 – Mons 26 – Gent 61 – Tournai 45.

Aux 9 Tilleuls, pl. Communale 24, ✆ 0 68 56 85 27, *info@aux9tilleuls.be, Fax 0 68 56 85 27,* – . AE VISA
fermé 1 semaine en août, lundi soir et mardi – **Rest** *Lunch 9* – 25/100 bc, carte 24/42, ♀.
◆ Ce restaurant familial côtoyant l'église ouvre sa terrasse sur une place plantée de 9 tilleuls. Cadre gentiment rétro, carte archiclassique et suggestions plus originales.
◆ Dit restaurant naast de kerk is van een familie. Het terras kijkt uit op een plein met 9 linden. Leuk retro-interieur, zeer klassieke kaart en originelere suggesties.

SINT-AGATHA-BERCHEM *Brussels Hoofdstedelijk Gewest – voir Berchem-Ste-Agathe à Bruxelles.*

SINT-AMANDS *2890 Antwerpen* **533** K 16 *et* **716** F 2 – *7 781 h.* 1 **A3**
Voir ≤ *sur l'Escaut (Schelde).*
Env. *au Nord : route*★ *longeant le Vieil Escaut (Oude Schelde) de Mariekerke à Weert.*
Bruxelles 40 – Antwerpen 32 – Mechelen 23.

't Ebdiep, Emile Verhaerenstraat 14a, ✆ 0 52 34 14 16, *ebdiep@skynet.be,* ≤ méandre de l'Escaut (Schelde), – . VISA
fermé 2 semaines carnaval, 2 premières semaines juillet, 2 semaines Toussaint, lundi et mardi – **Rest** 38/60 bc, carte 34/62.
◆ De grote, moderne eetzaal en het terras van dit restaurant bij het graf van de dichter E. Verhaeren bieden een uniek uitzicht op de Schelde, met prachtige zonsondergangen.
◆ La terrasse et la salle de ce restaurant ample et moderne, proche de la tombe du poète Verhaeren, offrent une vue unique sur l'Escaut (Schelde). Superbes couchers de soleil.

SINT-ANDRIES *West-Vlaanderen* **533** E 14 *et* **716** C 2 – *voir à Brugge, périphérie.* 19 **C1**

SINT-DENIJS *West-Vlaanderen* **533** F 18 *et* **716** D 3 – *voir à Zwevegem.*

SINT-DENIJS-WESTREM *Oost-Vlaanderen* **533** H 16 *et* **716** D 2 – *voir à Gent, périphérie.*

SINT-ELOOIS-VIJVE *West-Vlaanderen* **533** F 17 *et* **716** D 3 – *voir à Waregem.* 19 **D3**

SINT-GENESIUS-RODE *Vlaams-Brabant* **533** L 18 *et* **716** G 3 – *voir à Bruxelles, environs.*

SINT-GILLIS *Brussels Hoofdstedelijk Gewest – voir St-Gilles à Bruxelles.*

SINT-HUIBRECHTS-HERN *Limburg* **533** R 18 – *voir à Hoeselt.*

SINT-HUIBRECHTS-LILLE *3910 Limburg* [C] *Neerpelt 16 117 h.* **533** R 15 *et* **716** J 2. 11 **C1**
Bruxelles 111 – Hasselt 40 – Antwerpen 84 – Eindhoven 23.

XXX **Sint-Hubertushof,** Broekkant 23, ☎ 0 11 66 27 71, *sinthubertushof@pandora.be, Fax 0 11 66 28 83,* – [P] . AE MC VISA.
fermé 14 janvier-5 février, 1er au 23 septembre, lundi, mardi et samedi midi – **Rest** *Lunch 40* – 60/90 bc, carte 67/92, ♀.
• Landelijk gelegen relais (1907) aan het kanaal, waar vroeger de schippers met hun trekpaarden langstrokken. Salon met schouw en mooi terras met veel groen. Klassieke kaart.
• Dans un site agreste, en bord de canal, ancien relais (1907) où bateliers et chevaux de halage trouvaient refuge. Cheminée au salon et jolie terrasse verte. Carte classique.

SINT-IDESBALD *West-Vlaanderen* **533** A 16 *et* **716** A 2 – *voir à Koksijde-Bad.*

SINT-JAN-IN-EREMO *Oost-Vlaanderen* **533** G 15 *et* **716** D 2 – *voir à Sint-Laureins.*

SINT-JANS-MOLENBEEK *Brussels Hoofdstedelijk Gewest – voir Molenbeek-St-Jean à Bruxelles.*

SINT-JOOST-TEN-NODE *Brussels Hoofdstedelijk Gewest – voir St-Josse-Ten-Noode à Bruxelles.*

SINT-KATELIJNE-WAVER *Antwerpen* **533** M 16 *et* **716** G 2 – *voir à Mechelen.*

SINT-KRUIS *West-Vlaanderen* **533** E 15 *et* **716** C 2 – *voir à Brugge, périphérie.* 19 **C1**

SINT-KWINTENS-LENNIK *1750 Vlaams-Brabant* [C] *Lennik 8 694 h.* **533** J 18 *et* **716** F 3. 3 **A2**
Bruxelles 18 – Halle 13 – Leuven 55 – Namur 97 – Ninove 15 – Wavre 59.

X **Sir Kwinten,** Markt 9a, ☎ 0 2 582 89 92, *info@sirkwinten.be, Fax 0 2 582 89 93,* – . AE MC VISA
fermé lundi et mardi midi – **Rest** *Lunch 20* – 35/58 bc, carte 39/55, ♀.
• In dit herenhuis worden de gasten ontvangen in twee zalen boven elkaar in eigentijdse brasseriestijl of op het plankier van het moderne terras aan het plein.
• Maison de maître recevant les convives dans deux salles superposées, au cadre contemporain façon brasserie, ou sur les planches de sa terrasse moderne braquée vers la place.

SINT-LAMBRECHTS-WOLUWE *Brussels Hoofdstedelijk Gewest – voir Woluwe-St-Lambert à Bruxelles.*

SINT-LAUREINS *9980 Oost-Vlaanderen* **533** G 15 *et* **716** D 2 – *6 582 h.* 16 **A1**
Bruxelles 98 – Gent 30 – Antwerpen 70 – Brugge 31.

XX **Slependamme,** Lege Moerstraat 26 (Sud-Est : 5,5 km sur N 434), ☎ 0 9 377 78 31, *info@slependamme.be, Fax 0 9 377 78 31,* – [P] . AE MC VISA
fermé 18 août-5 septembre, mercredi et jeudi midi – **Rest** *Lunch 30* – 49, carte 34/63.
• Traditioneel restaurant dat al ruim 25 jaar bekendstaat om zijn solide repertoire van klassieke gerechten, die nu voorzichtig worden geactualiseerd. Tuin en zomerterras.
• Maison de tradition où se mitonne, depuis un quart de siècle, un solide répertoire de plats classiques, aujourd'hui sobrement actualisé. Terrasse estivale et jardin.

à Sint-Jan-in-Eremo *Nord-Est : 5,5 km* [C] *Sint-Laureins –* ✉ *9982 Sint-Jan-in-Eremo :*

XXX **De Warande,** Warande 10 (Bentille), ☎ 0 9 379 00 51, *info@dewaranderestaurant.be, Fax 0 9 379 03 77,* ≤, – ♿ [P] . AE MC VISA
fermé 2 semaines fin février, dernière semaine août-première semaine septembre, mardi et mercredi – **Rest** *Lunch 28* – 32/71 bc, carte 43/73.
• Dit ruim opgezette restaurant beschikt over een gerieflijke eetzaal met terras. De grote tuin heeft lage hagen en een vijver. Ruime zithoek in de serre.
• Ample restaurant dont la confortable salle à manger donne sur une terrasse et un grand jardin soigné, agrémenté de haies basses et d'un étang. Spacieux salon-véranda.

BELGIQUE

SINT-MARTENS-LATEM (LAETHEM-ST-MARTIN) *9830 Oost-Vlaanderen* 533 G 16 et 716 D 2 – *8 280 h.* 16 B2

Latemstraat 120 ✆ 0 9 282 54 11, Fax 0 9 282 90 19.
Bruxelles 65 – Gent 13 – Antwerpen 70.

Sabatini, Kortrijksesteenweg 114, ✆ 0 9 282 80 35, *restosabatini@skynet.be, Fax 0 9 282 80 35,* Avec cuisine italienne – AE MC VISA.
fermé 15 juillet-19 août, 24 décembre-1er janvier, mercredi, samedi midi et dimanche soir – **Rest** *Lunch 33 bc* – 36/51, carte 44/69.
• Dit Frans-Italiaanse restaurant is in trek bij de Vlaamse high society, onder wie managers, politici en andere bekende figuren. Moderne eetzaal met veranda.
• Table franco-italienne où défile la haute société flamande : managers, caciques du monde politique et personnalités de tout poil. Salle à manger-véranda au cadre actuel.

d'Oude Schuur, Baarle Frankrijkstraat 1, ✆ 0 9 282 33 65, *info@oudeschuur.be, Fax 0 9 282 89 21,* AE MC VISA.
fermé 14 au 28 mars, 19 au 30 septembre, mercredi et jeudi – **Rest** *Lunch 35 bc* – 35/74 bc, carte 33/77.
• Dit mooie boerderijtje met terras in een chique woonwijk valt al sinds 1980 in de smaak bij fijnproevers. Klassiek-traditionelee kaart en creatieve menu's. Goede bourgognes en bordeaux.
• Fermette typée connue des gourmets depuis 1980 dans ce quartier cossu. Carte classico-traditionnelle et menus plus créatifs ; bourgognes et bordeaux choisis. Terrasse avant.

L'homard Bizarre, Dorp 12, ✆ 0 9 281 29 22, *homardbizarre@skynet.be, Fax 0 9 380 29 30* – VISA.
fermé 2 semaines en mars, 2 semaines en septembre, mardi et mercredi – **Rest** 39, carte 43/52.
• In dit hoekpand aan het dorpsplein wordt een eigentijdse maaltijd geserveerd in een warm, modern interieur. Open keuken, seizoensgebonden kaart en menu's, kreeftspecialiteiten.
• Sur la place du village, maison d'angle où l'on sert des repas au goût du jour dans un cadre moderne chaleureux. Cuisine ouverte, carte et menus de saison, recettes de homard.

De Klokkeput, Dorp 8, ✆ 0 9 282 47 75, *deklokkeput@skynet.be, Fax 0 9 282 47 75,* Avec grillades – AE MC VISA
fermé 2 semaines en octobre – **Rest** *Lunch 12* – 35, carte 36/72.
• In 1914-1918 werden de klokken van de naburige kerk verstopt in een put op de plek van deze herberg, vandaar de naam. 's Zomers kan voor op het terras worden gegeten.
• En 1914-1918, les cloches (klokken) de l'église voisine furent cachées dans un puits (put) situé à l'emplacement de cette auberge, d'où l'enseigne. Restaurant d'été à l'avant.

A Table, Buizenbergstraat 27, ✆ 0 9 282 70 68, *bobvinois@hotmail.com,* Grillades en salle – MC VISA
fermé 3 semaines en juillet, mercredi, jeudi et samedi midi – **Rest** carte 33/72.
• Restaurant in een huis met vrolijke gevel, in een chique woonwijk dicht bij een golfterrein. Klassiek culinair register, grillgerechten en modern-rustiek decor type bistro.
• Maisonnette à façade sémillante située dans un quartier résidentiel huppé, pas loin du golf. Prestation culinaire classique, grillades et décor rustique-moderne façon bistrot.

à Deurle *Est : 2 km* *Sint-Martens-Latem – ✉ 9831 Deurle :*

Auberge du Pêcheur, Pontstraat 41, ✆ 0 9 282 31 44, *info@auberge-du-pecheur.be, Fax 0 9 282 90 58,* rest, AE MC VISA. rest
Rest voir rest ***Orangerie*** ci-après – **Rest** ***The Green*** (brasserie) *Lunch 13* – 34, carte 37/52,
– **31 ch** 110/170 – 140/190 – 1 suite.
• Weelderige neoklassieke villa aan de Leie. Vrij kleine, maar comfortabele kamers. Prachtig terras en schitterende tuin. The Green heeft de sfeer en de kaart van een brasserie, een lekker keuzemenu en versnijdingen aan tafel.
• Villa cossue rafraîchie par la Lys dont les flots paisibles ont séduit bon nombre de peintres. Chambres pas très grandes mais douillettes ; terrasse et jardin délicieux. Au Green, ambiance et carte brasserie, bon menu-choix, mises en œuvre et découpes à vue.

Orangerie - H. Auberge du Pêcheur, Pontstraat 41, ✆ 0 9 282 31 44, *info@auberge-du-pecheur.be, Fax 0 9 282 90 58,* AE MC VISA.
fermé première semaine novembre, mi-décembre-première semaine janvier, samedi midi, dimanche soir et lundi – **Rest** *Lunch 35* – 55/95 bc, carte 58/91.
Spéc. Lingot doré d'huile d'olive, langoustines rôties. Coquilles Saint-Jacques en trilogie. Pain perdu au spéculoos.
• Afhankelijk van het weer kunt u buiten tafelen of onder het eikenhouten gebinte van de glazen overkapping, met uitzicht op de Leie. Kosmopolitische keuken en wijnen per glas.
• Selon la saison et la météo, festoyez dehors ou sous la belle charpente en chêne de cette verrière tournée vers la Lys. Cuisine d'inspiration cosmopolite. Bons vins au verre.

X **Deboeveries,** Lijnstraat 2 (par N 43), ✆ 0 9 282 33 91, *Fax 0 9 282 28 52,* – P. MC VISA
fermé mardi soir, mercredi et samedi midi – **Rest** 35/65 bc, carte 33/61.
◆ Gevarieerde klassieke kaart, populaire lunchformule en menu, eventueel met wijnarrangement, neorustiek bistro-interieur en een dynamisch tweetal in de bediening (familie).
◆ Carte classique diversifiée, lunch et menu très demandés (accords mets-vins optionnels), décor néo-rustique de type bistrot et tandem familial dynamique aux commandes.

X **Brasserie Vinois,** Ph. de Denterghemlaan 31, ✆ 0 9 282 70 18, *info@brasserie-vinois.com, Fax 0 9 282 68 04,* – P. AE MC VISA
fermé 29 octobre-13 novembre, lundi, mardi et samedi midi – **Rest** *Lunch 15* – 40/55 bc, carte 31/52, ♀.
◆ Familiebedrijf in een mooie villa uit de jaren 1930, die men eerder in een badplaats zou verwachten. In de eetzaal staan leren bankjes, bistrostoelen en marmeren tafels.
◆ Affaire familiale aménagée dans une belle villa "balnéaire" des années 1930. Banquettes en cuir, chaises bistrot et tables en marbre garnissent plaisamment la salle à manger.

SINT-MARTENS-LEERNE *Oost-Vlaanderen* 533 G 16 – *voir à Deinze.*

SINT-MICHIELS *West-Vlaanderen* 533 E 14 *et* 716 C 2 – *voir à Brugge, périphérie.*

Pour guider vos choix gastronomiques, le libellé de chaque table à étoile(s) MICHELIN indique systématiquement 3 grandes spécialités "maison".

SINT-NIKLAAS (ST-NICOLAS) *9100 Oost-Vlaanderen* 533 J 15 *et* 716 F 2 – *69 725 h.* 17 C1

Grote Markt 45 ✆ 0 3 760 92 60, toerisme@sint-niklaas.be, Fax 0 3 760 92 61.
Bruxelles 47 ② – Gent 39 ③ – Antwerpen 25 ② – Mechelen 32 ②.

Plan page suivante

Serwir, Koningin Astridlaan 57, ✆ 0 3 778 05 11, *info@serwir.be, Fax 0 3 778 13 73,* – P – AE MC VISA. BZ c
fermé 24 et 25 décembre – **Rest** ***Brasserie Renardeau*** *Lunch 15* – 30, carte 35/54 – **49 ch** ☐ ✝90/125 – ✝✝125/200.
◆ Dit hotel buiten het centrum biedt goed geëquipeerde kamers in eigentijdse stijl en uitstekende voorzieningen voor vergaderingen en congressen. Moderne brasserie met terras. Pianist op vrijdag- en zaterdagavond en zondagmiddag.
◆ Cet immeuble excentré où vous logerez dans des chambres actuelles bien équipées dispose aussi d'une infrastructure importante pour la tenue de réunions et séminaires. Brasserie moderne avec terrasse et pianiste les vendredi et samedi soirs et dimanche midi.

XXX **Den Silveren Harynck,** Grote Baan 51 (par ① : 5 km sur N 70), ✆ 0 3 777 50 62, *Fax 0 3 766 67 61,* – P.
fermé fin décembre, 3 dernières semaines juillet, samedi midi, dimanche soir et lundi – **Rest** *Lunch 30* – 50/96 bc, carte 50/80.
◆ De naam is een aanwijzing voor de culinaire voorkeur van de chef-kok, maar ook zijn vleesgerechten zijn niet te versmaden. Comfortabele moderne eetzaal met serre en terras.
◆ L'enseigne reflète les préférences du chef-patron, qui ne dédaigne toutefois pas les produits "terrestres". Salle à manger-véranda moderne bien confortable et terrasse intime.

XX **Bistro De Eetkamer,** De Meulenaerstraat 2, ✆ 0 3 776 28 73, *info@bistro-eetkamer.be, Fax 0 3 766 24 61,* – P. BZ a
fermé 22 février-4 mars, 7 au 24 juillet, 22 au 31 décembre, lundi et mardi – **Rest** *Lunch 20* – 33/35, carte 35/76.
◆ Villa met tuin in een rustige woonwijk. Lekkere traditionele menu's, geserveerd in een grote eetzaal met houtwerk, in de stijl van een wat chiquere bistro, of buiten.
◆ Villa sur jardin située à l'entrée d'un quartier résidentiel. Bons menus traditionnels actualisés servis dans une grande salle boisée, de type bistrot amélioré, ou dehors.

X **Kokovin,** Heidebaan 46 (par ① : 3 km sur N 70), ✆ 0 3 766 86 61, *info@kokovin.be, Fax 0 3 765 08 94,* – P. AE MC VISA
fermé 16 au 27 juillet, mardi, mercredi et samedi midi – **Rest** *Lunch 28* – 55, carte 39/58, ♀.
◆ Gestileerd designrestaurant met open keuken achter een raam, waar klassieke gerechten met een snufje modern worden bereid. Lounge en omheinde tuin met teakhouten terras.
◆ Restaurant au design épuré, avec cuisines à vue derrière une vitre, où se conçoivent des mets classiques actualisés. Lounge et terrasse en teck au jardin, clos de palissades.

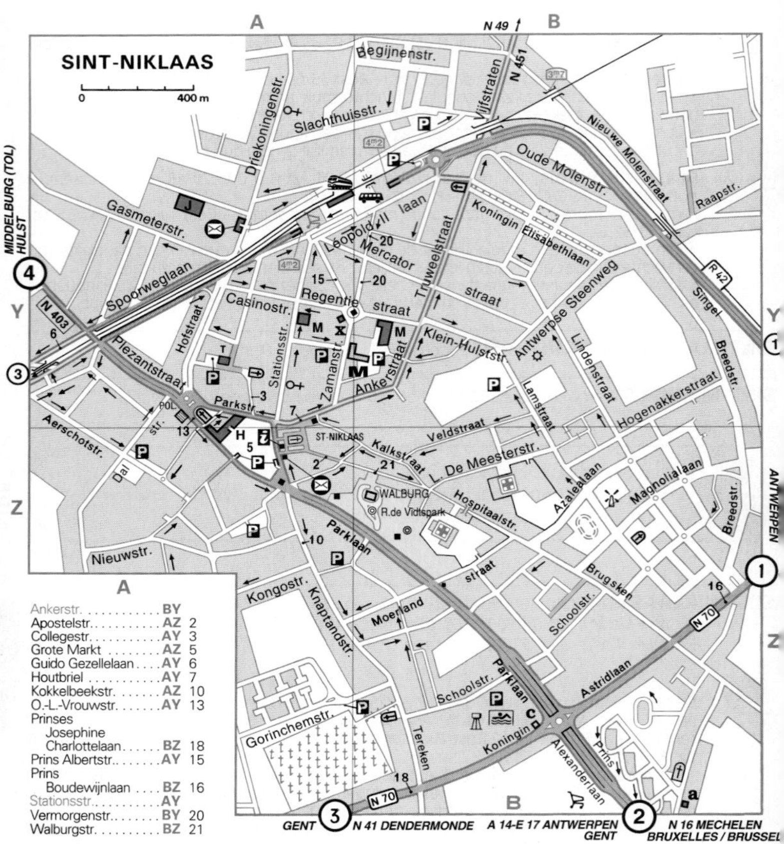

Het Gevoel, Regentieplein 53, ☎ 0 3 296 92 94, *info@hetgevoel.be, Fax 0 3 296 92 96,* – ⇔. MC VISA AY x

fermé vacances Pâques, dernière semaine juillet-première semaine août, dimanche, lundi et jours fériés – **Rest** *Lunch 17* – 47, carte 36/58.

◆ Ontspannen eten in een art-nouveaupand met drie antieke eetzalen die in een eigentijds jasje zijn gestoken. Terras met parasols, pergola en waterpartij.

◆ Trois pièces anciennes relookées dans un style contemporain composent cette table décontractée occupant une maison Art nouveau. Parasols, tonnelle et pièce d'eau en terrasse.

Gasthof Malpertus, Beeldstraat 10 (par ① : 5 km, près du parc récréatif), ☎ 0 3 776 73 44, *malpertus@skynet.be,* – P ⇔. AE MC VISA

fermé 16 février-1er mars, 3 au 15 juillet, lundi soir, mardi et mercredi – **Rest** *Lunch 23* – 35/65 bc, carte 37/57.

◆ Dit restaurant op een bosrijke plek bij een recreatieterrein biedt seizoengebonden gerechten met een mediterraan accent. Gemoderniseerde eetzaal en 's zomers buiten eten.

◆ Ce restaurant établi dans un site boisé, près d'un domaine récréatif, propose une cuisine saisonnière aux accents méditerranéens. Salle actualisée ; l'été, repas en plein air.

à Nieuwkerken-Waas *Nord-Est : 4,5 km par N 451 C Sint-Niklaas – ✉ 9100 Nieuwkerken-Waas :*

XXX **'t Korennaer,** Nieuwkerkenstraat 4, ☎ 0 3 778 08 45, *info@korennaer.be, Fax 0 3 778 08 43,* ☂ – ▤ ⇔. AE MC VISA. ✂
fermé 1 semaine vacances carnaval, 2 semaines vacances bâtiment, 1 semaine vacances Toussaint, mardi et mercredi – **Rest** Lunch 33 – 48/90 bc, carte 44/70, ♀.
• Gerieflijke salon, zwierige eetzalen met een licht contemporain accent, mooi terras en grote tuin. Eigentijdse en zelfs vernieuwende keuken.
• Salon confortable, fringantes salles de restaurant semées de légères touches contemporaines, belle terrasse et grand jardin. Mets actuels ou résolument innovants.

à Sint-Pauwels *par ④ : 7 km C Sint-Gillis-Waas 17 911 h. – ✉ 9170 Sint-Pauwels :*

XX **De Rietgaard,** Zandstraat 221 (sur N 403), ☎ 0 3 779 55 48, *derietgaard@compaq net.be, Fax 0 3 779 55 85,* ☂ – P ⇔. AE MC VISA. ✂
fermé 2e semaine vacances Pâques, 2 dernières semaines août, lundis soirs, mardis et samedis midis non fériés – **Rest** Lunch 31 – 38/65 bc, carte 34/47.
• Mooie villa met rieten dak. Klassiek-moderne kaart met menu's en suggesties, afhankelijk van het seizoen. 's Zomers kan in de tuin worden gegeten.
• Villa bourgeoise encapuchonnée sous un toit de chaume bien peigné. Registre culinaire classique-actuel ; carte avec menus et suggestions de saison. Restaurant d'été au jardin.

SINT-PAUWELS *Oost-Vlaanderen* 533 J 15 *et* 716 F 2 – *voir à Sint-Niklaas.*

SINT-PIETERS-LEEUW *Vlaams-Brabant* 533 K 18 *et* 716 F 3 – *voir à Bruxelles, environs.*

SINT-PIETERS-WOLUWE *Brussels Hoofdstedelijk Gewest – voir Woluwe-St-Pierre à Bruxelles.*

SINT-TRUIDEN (ST-TROND) *3800 Limburg* 533 Q 17 *et* 716 I 3 – *38 247 h.* 10 B3

Stadhuis, Grote Markt ☎ 0 11 70 18 18, info.toerisme@sint-truiden.be, Fax 0 11 70 18 20.
Bruxelles 63 ⑥ – Hasselt 17 ② – Liège 35 ④ – Namur 50 ⑤ – Maastricht 39 ③.

Plan page suivante

Cicindria sans rest, Abdijstraat 6, ☎ 0 11 68 13 44, *hotel.cicindria.nv@pandora.be, Fax 0 11 67 41 38* – |‡| ⇔ ▤ ⇔ P. AE ① MC VISA. ✂ A s
fermé 22 décembre-8 janvier – **25 ch** ☕ ★70/85 – ★★95/105.
• Hotel in een nieuw gebouw bij een winkelcentrum en de voormalige abdij van de H. Trudo. Keurige functionele kamers en goed ontbijtbuffet.
• Bâtisse de conception récente jouxtant un centre commercial et l'ancienne abbaye fondée par saint Trond. Chambres fonctionnelles fraîches et nettes. Beau buffet au petit-déj'.

XXX **De Fakkels,** Hasseltsesteenweg 61 (Nord-Est : 2 km sur N 722, lieu-dit Melveren), ☎ 0 11 68 76 34, *info@defakkels.be, Fax 0 11 68 67 63,* ☂ – ▤ P ⇔. AE ① MC VISA. ✂
fermé 1 semaine vacances Pâques, 2 dernières semaines août-première semaine septembre, dimanche soir, lundi et jeudi soir – **Rest** Lunch 35 – 50/85 bc, carte 56/71, ♀.
• Restaurant in een herenhuis uit 1938 met een modern-klassiek interieur en ronde tafels met veel ruimte ertussen. Eigentijdse keuken en goede wijnkelder. Tuin met mooi terras.
• Maison de notable (1938) offrant les plaisirs d'une cuisine contemporaine et d'une bonne cave. Cadre classique-moderne, tables rondes bien espacées, belle terrasse au jardin.

XXX **Aen de Kerck van Melveren,** St-Godfriedstraat 15 (Nord-Est : 3 km par N 722, lieu-dit Melveren), ☎ 0 11 68 39 65, *info@aendekerck.be,* ←, ☂ – P ⇔. AE ① VISA. ✂
fermé 3 au 12 février, 20 juillet-5 août, 26 octobre-4 novembre, samedi midi, dimanche soir, lundi et mardi soir – **Rest** Lunch 32 – 35/85 bc, carte 52/87.
• Deze klassiek ingerichte pastorie aan een pleintje wijdt zich nu aan het versterken van de inwendige mens. De eetzaal met serre ligt aan de kloostertuin; eigentijdse keuken.
• Sur une placette typée, ancien presbytère converti avec bonheur en table au goût du jour et au cadre classique soigné. Salle à manger-véranda donnant sur l'ex- jardin de curé.

à Nieuwerkerken *Nord : 6 km – 6 606 h – ✉ 3850 Nieuwerkerken :*

Kasteelhoeve de Kerckhem ✂, Grotestraat 209 (Wijer), ☎ 0 11 59 66 20, *info@de kerckhem.com, Fax 0 11 59 66 19,* ☂ – ⇔ P. AE ① MC VISA. ✂
Rest (résidents seult) – **6 ch** ☕ ★100/140 – ★★100/140.
• In de bijgebouwen van deze mooie kasteelhoeve uit 1648 zijn fraaie kamers ingericht in plattelandsstijl. De eigenaresse is dol op bloemen. Table d'hôte.
• Des chambres aux décors campagnards raffinés ont pris place dans les dépendances de cette belle ferme-château (1648). Patronne cultivant la passion des fleurs. Table d'hôte.

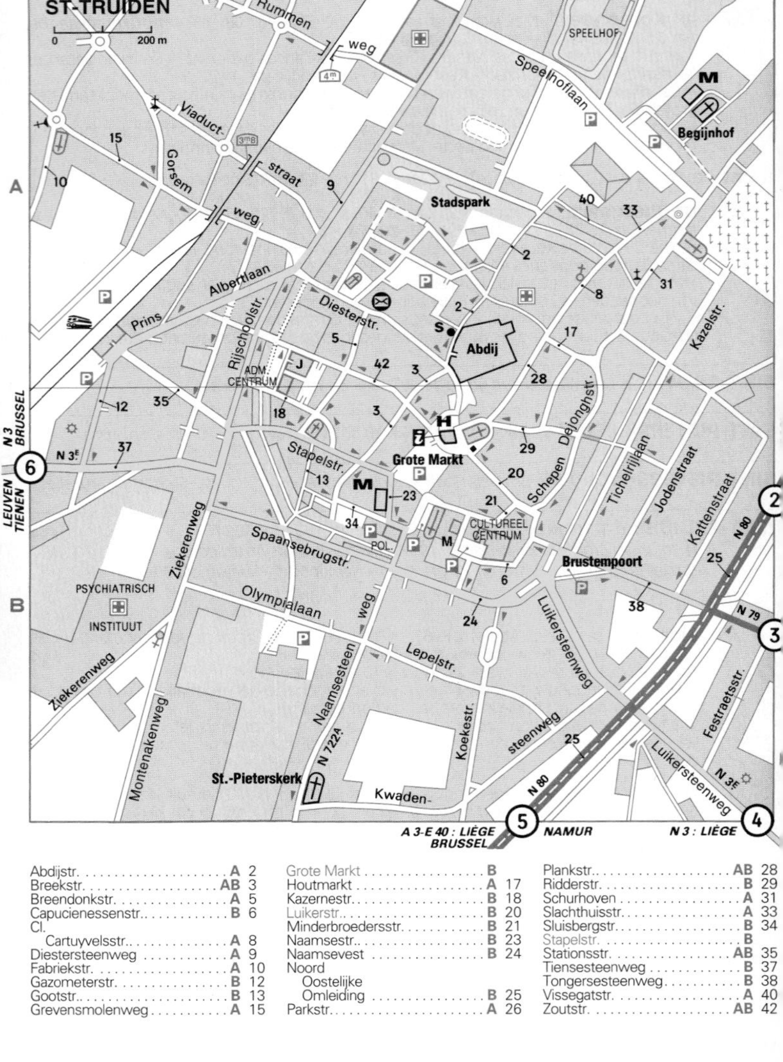

Abdijstr.	A 2	Grote Markt	B		Plankstr.	AB 28
Breekstr.	AB 3	Houtmarkt	A 17		Ridderstr.	B 29
Breendonkstr.	A 5	Kazernestr.	B 18		Schurhoven	A 31
Capucienessenstr.	B 6	Luikerstr.	B 20		Slachthuisstr.	A 33
Cl. Cartuyvelsstr.	A 8	Minderbroedersstr.	B 21		Sluisbergstr.	B 34
Diestersteenweg	A 9	Naamsestr.	B 23		Stapelstr.	B
Fabriekstr.	A 10	Naamsevest	B 24		Stationsstr.	AB 35
Gazometerstr.	B 12	Noord Oostelijke Omleiding	B 25		Tiensesteenweg	B 37
Gootstr.	B 13	Parkstr.	A 26		Tongersesteenweg	B 38
Grevensmolenweg	A 15				Vissegatstr.	A 40
					Zoutstr.	AB 42

XX **Kelsbekerhof,** Kerkstraat 2, ✆ 0 11 69 13 87, *geert.boonen@pandora.be, Fax 0 11 69 13 87*, – P. AE O MC VISA.
fermé 1er au 6 janvier, 2 dernières semaines août, lundi, mardi, mercredi et samedi midi – **Rest** 34/80 bc, carte 70/80.

◆ In deze oude, van top tot teen verbouwde boerderij kunt u de honger stillen met een keur van modern-klassieke gerechten. Mooi terras met een prachtig uitzicht op de tuin.

◆ Un choix de mets classiques actualisés entend combler votre appétit dans cette ancienne ferme totalement remaniée. Belle terrasse avec un magnifique jardin pour toile de fond.

SOHEIT-TINLOT *4557 Liège* © *Tinlot 2 346 h.* **533** R 20, **534** R 20 *et* **716** J 4. 8 **B2**

Bruxelles 96 – Liège 29 – Huy 13.

XX **Le Coq aux Champs** (Christophe Pauly), r. Montys 71, ☎ 0 85 51 20 14, *Fax 0 85 25 20 14*, ☂ – P ⇔. AE ◑ MC VISA

✿ *fermé 1er au 16 janvier, 25 mars-2 avril, 3 au 11 juin, 2 au 10 septembre, 24, 25 et 31 décembre, mardi et mercredi* – **Rest** *Lunch 29* – 43/104 bc, carte 53/85, ♀ ✿.

Spéc. Langoustines royales, tomates marinées, réduction de bouillabaisse (mai-septembre). Cochon gascon aux oignons et cacahuètes, jus gras au xérès. Dessert autour du chocolat.

◆ Dans la campagne condruzienne, auberge en pierres du pays agrémentée d'une terrasse au jardin. Cuisine actuelle soignée, à l'image de la mise de table. Sommelier compétent.

◆ Herberg van steen uit de streek met tuin en terras in het landschap van de Condruze. Verzorgde eigentijdse keuken en fraai gedekte tafels. Competente sommelier.

SOIGNIES (ZINNIK) *7060 Hainaut* **533** J 19, **534** J 19 *et* **716** F 4 – *25 420 h.* 7 **C1**

Voir *Collégiale St-Vincent*★★.

Bruxelles 41 – Mons 21 – Charleroi 40.

Les Greniers du Moulin sans rest, chaussée d'Enghien 224, ☎ 0 67 33 11 88, *info@lemoulin.be, Fax 0 67 34 68 99* – P. MC VISA. ✂

fermé 19 décembre-6 janvier – **14 ch** ☕ ★50/56 – ★★65/72.

◆ Les greniers de cet ancien moulin qu'alimentait la Senne ont fait place à des chambres bien tenues, offrant un niveau de confort tout à fait valable. Petit-déj' servi à table.

◆ De graanschuren van deze oude watermolen aan de Senne bieden nu plaats aan goed onderhouden kamers met heel redelijk comfort. Het ontbijt wordt aan tafel geserveerd.

XX **L'Embellie**, r. Station 115, ☎ 0 67 33 31 48, *Fax 0 67 33 31 48*, ☂ – ⇔. AE ◑ MC VISA. ✂

fermé 2 au 7 janvier, 1 semaine après Pâques, 20 juillet-12-août, samedi midi, dimanche soir, lundi et après 20 h 30 – **Rest** *Lunch 25* – 32/42, carte env. 50.

◆ Cuisine actuelle soignée servie dans une jolie maison bourgeoise classiquement aménagée, située à quelques pas de la gare. Salon, salles à manger en enfilade et terrasse.

◆ Verzorgde eigentijdse keuken in een mooi klassiek ingericht pand bij het station. Salon, verscheidene eetzalen achter elkaar en terras.

XX **La Fontaine St-Vincent**, r. Léon Hachez 7, ☎ 0 67 33 95 95, *fontainesaintvincent@euphonynet.be* – ⇔. MC VISA

fermé 1 semaine carnaval, mi-juillet-mi-août, lundi soir et mardi – **Rest** (dîner seult sauf week-end) *Lunch 22* – 38/62, carte 42/57, ✿.

◆ Au centre-ville, maison du 16e s. appréciée pour ses préparations classiques à base de produits choisis et pour sa cave digne de St-Vincent, le patron des vignerons.

◆ Restaurant in een 16e-eeuws pand in het centrum, met een klassieke keuken. De wijnkelder brengt een eerbetoon aan de H. Vincentius, de schutspatroon van de wijnboeren.

XX **Le Bouchon et l'Assiette**, Chemin du Saussois 5a (par N 6 : 2 km direction Mons, puis 2e rue à gauche), ☎ 0 67 33 18 14, *info@bouchonetlassiette.com, Fax 0 67 33 68 64*, ≤, ☂ – P ⇔. AE ◑ MC VISA

fermé dimanche soir, lundi soir, mardi soir et mercredi – **Rest** *Lunch 25* – 34/48, carte 35/56, ✿.

◆ Salles campagnardes bichonnées, tables espacées, mets traditionnels actualisés, bon assortiment de vins et service prévenant en cette ex-grange en briques. Jardin et terrasse.

◆ Verbouwde graanschuur met mooie rustieke eetzalen, tafels met veel ruimte ertussen, traditionele spijzen in een nieuw sausje, goede wijnkeuze en attente bediening.

à Casteau *Sud : 7 km par N 6* © *Soignies* – ✉ *7061 Casteau :*

Casteau Resort sans rest, chaussée de Bruxelles 38, ☎ 0 65 32 04 00, *info@casteauresort.be, Fax 0 65 72 87 44*, Ⅎ6, ✂ – |‡| ✂ P – 🔔. AE ◑ MC VISA. ✂

89 ch ☕ ★80 – ★★99 – 1 suite.

◆ Hôtel établi en retrait de la N6 reliant Soignies à Maisières. Facilités pour se réunir, chambres actuelles de bon confort et studios à l'annexe. Voisinage du SHAPE (OTAN).

◆ Dit hotel staat even van de N 6 tussen Zinnik en Maisières. Vergaderfaciliteiten, moderne kamers met goed comfort en studio's in het bijgebouw. SHAPE (NAVO) vlakbij.

à Thieusies *Sud : 6 km par N 6* © *Soignies* – ✉ *7061 Thieusies :*

XX **La Saisinne**, r. Saisinne 133, ☎ 0 65 72 86 63, *info@lasaisinne.be, Fax 0 65 73 02 61* – P. AE ◑ MC VISA. ✂

fermé 1 semaine Pâques, juillet, dimanche et lundi – **Rest** (déjeuner seult) 39/69 bc, carte 38/53.

◆ Fermette embusquée au milieu des prés, entre Mons et Soignies. Atmosphère sagement rustique, cuisine de base classique et déjà plus de 30 ans de bons et loyaux services.

◆ Al meer dan 30 jaar weten de gasten de weg te vinden naar dit boerderijtje in de weilanden tussen Bergen en Zinnik. Rustieke ambiance en klassieke keuken.

SOLRE-ST-GÉRY *Hainaut* **534** K 21 *et* **716** F 5 – *voir à Beaumont.* 7 **D2**

SORINNES *Namur* **533** O 21, **534** O 21 *et* **716** H 5 – *voir à Dinant.* 15 **C2**

SOUGNÉ-REMOUCHAMPS *4920 Liège* 🄲 *Aywaille 10 910 h.* **533** T 20, **534** T 20 *et* **716** K 4. 9 **C2**

Voir *Grottes★★*.

🅸 *r. Broux 18 ✆ 0 4 384 52 42.*

Bruxelles 122 – Liège 28 – Spa 13.

XX **Royal H.-Bonhomme** avec ch, r. Reffe 26, ✆ 0 4 384 40 06, *info@hotelbonhomme.be, Fax 0 4 384 37 19,* ⛱, ≘s, ⛵, ✂ – 🅿 ⇔. AE MC VISA. ✂ ch
fermé semaine carnaval, dernière semaine mars, dernière semaine juin, dernière semaine septembre-première semaine octobre, 20 novembre-10 décembre, jeudi hors saison et mercredi – **Rest** *(fermé après 20 h 30)* 33/50, carte 36/54 – **11** ch ☕ ★60/70 – ★★80/90 – ½ P 70/80.

◆ Mistinguett et Fernandel ont apprécié cette auberge tenue en famille depuis 1768. Table au cadre nostalgique, spécialité de truite, chambres romantiques avec mobilier ancien.

◆ Deze herberg is al sinds 1768 eigendom van dezelfde familie. Nostalgisch ingericht restaurant met forel als specialiteit en romantische kamers met antiek meubilair.

SPA *4900 Liège* **533** U 20, **534** U 20 *et* **716** K 4 – *10 543 h – Station thermale★★ – Casino* AY , *r. Royale 4 ✆ 0 87 77 20 52, Fax 0 87 77 02 06.* 9 **C2**

Voir *par ②: Promenade des Artistes★.*

Musée : *de la Ville d'eaux : collection★ de ''jolités''* AY **M.**

Env. *par ③ : 9 km, Circuit autour de Spa★ - Parc à gibier de la Reid★.*

⛳18 *par ① : 2,5 km à Balmoral, av. de l'Hippodrome 1 ✆ 0 87 79 30 30, Fax 0 87 79 30 39.*

🅸 *Pavillon des Petits Jeux, pl. Royale 41 ✆ 0 87 79 53 53, tourisme@spa-info.be, Fax 0 87 79 53 54.*

Bruxelles 139 ③ – Liège 38 ③ – Verviers 16 ③.

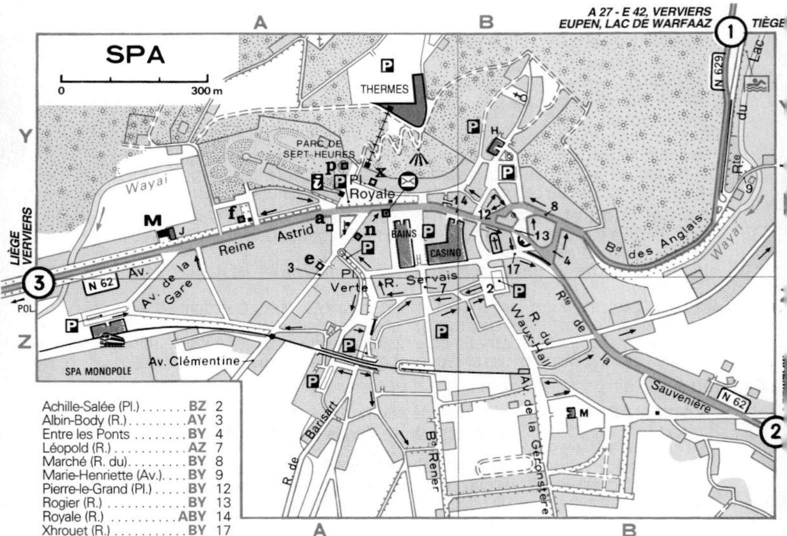

Radisson SAS Palace, pl. Royale 39, ✆ 0 87 27 97 00, *info.spapalace@radissonsas.com, Fax 0 87 27 97 01,* ⛱, ⑦, ⛹, ≘s, ⛲ – |♦| ⇔ ▤ ♿ ⇔ 🅿 – 🏊. AE ⓓ MC VISA. ✂ AY x

Rest (brasserie) carte 32/54 – **119 ch** ☕ ★150/230 – ★★165/230 – 1 suite.

◆ Un funiculaire privé relie ce palace moderne aux nouveaux thermes de Spa perchés au-dessus du rocher. Chambres tout confort. Vestiges de fortifications dans le jardin d'hiver. Brasserie actuelle dont la carte comporte des plats minceur. Terrasse urbaine.

◆ Een privékabelbaantje verbindt dit moderne luxehotel met nieuwe thermaalbaden van Spa, hoog op de rots. Comfortabele kamers. Wintertuin met overblijfselen van de versterkingen. Hedendaagse brasserie met lightgerechten en stadsterras.

Villa des Fleurs sans rest, r. Albin Body 31, ☎ 0 87 79 50 50, *info@villadesfleurs.be, Fax 0 87 79 50 60*, – |‡| ⇔ P. AE ① MC VISA. ✂ AY e
fermé janvier – **12 ch** ☐ ♦85/172 – ♦♦95/172.
◆ Élégante demeure patricienne du 19e s. s'ouvrant, à l'arrière, sur un jardin clos de murs où donnent la plupart des chambres, assez spacieuses. Aménagement cossu.
◆ Sierlijk patriciërshuis uit de 19e eeuw met een ommuurde tuin aan de achterkant. Weelderig interieur. De kamers zijn vrij ruim en kijken vrijwel allemaal op de tuin uit.

La Heid des Pairs ⛰ sans rest, av. Prof. Henrijean 143 (Sud par av. Clémentine), ☎ 0 87 77 43 46, *info@laheid.be, Fax 0 87 77 06 44*, , – ⇔ P. MC VISA. ✂ AZ
8 ch ☐ ♦89/149 – ♦♦89/149.
◆ En secteur résidentiel excentré, confortable villa de 1834 donnant sur un vaste jardin aux arbres centenaires et sa piscine. Bonnes chambres personnalisées. Breakfast soigné.
◆ Gerieflijke villa (1843) in een rustige woonwijk buiten het centrum. Grote tuin met eeuwenoude bomen en zwembad. Goede kamers met een persoonlijke touch. Verzorgd ontbijt.

L'Auberge, pl. du Monument 3, ☎ 0 87 77 44 10, *info@hotel-thermes.be, Fax 0 87 77 48 40* – |‡| ⇔ ▤ . AE ① MC VISA. ✂ AY a
fermé janvier – **Rest** 27/42, carte 32/57 – **18 ch** ☐ ♦65/137 – ♦♦77/137 – 13 suites – ½ P 85/190.
◆ Une engageante table au cadre "rétro" anime le rez-de-chaussée de cet hôtel central repérable à sa jolie devanture à colombages. Suites avec kitchenette à l'annexe. Miroirs, cuivres, banquettes en cuir et lustres président au décor Belle Époque du restaurant.
◆ Centraal gelegen hotel met vakwerkgevel, waar beneden een aantrekkelijk restaurant in retrostijl is ingericht. Suites met kitchenette in de dependance. Spiegels, koperwerk, leren bankjes en kroonluchters sieren het belle-epoquedecor van het restaurant.

L'Étape Fagnarde ⛰, av. Dr P. Gaspar 14 (Sud-Ouest par av. Clémentine), ☎ 0 87 77 56 50, *etape.fagnarde@skynet.be, Fax 0 87 77 56 51*, , – ⇔ P. MC VISA. ✂ AZ
Rest (dîner pour résidents seult) – **5 ch** ☐ ♦80/95 – ♦♦90/105.
◆ Belle villa 1900 vous logeant dans de grandes et calmes chambres personnalisées, toutes dotées de planchers anciens. Breakfast de qualité, terrasse au vert, sauna bien agencé.
◆ Deze mooie villa uit 1900 biedt grote, rustige kamers met oude houten vloeren en een persoonlijke toets. Uitstekend ontbijt. Goed ingerichte sauna en terras in het groen.

La Vigie ⛰ sans rest, av. Prof. Henrijean 129 (Sud par av. Clémentine), ☎ 0 87 77 34 97, *georges.lacroix@skynet.be, Fax 0 87 77 34 97*, – P. ✂ AZ
fermé 1er au 15 juillet – **4 ch** ☐ ♦100/150 – ♦♦100/150.
◆ Villa en moellons et colombages bâtie pour un capitaine de bateau en 1902 et réaménagée avec goût. Chambres soignées, joli salon, espace petit-déj' "cosy" et grand jardin.
◆ Deze smaakvol gerenoveerde villa in breuksteen en vakwerk werd in 1902 gebouwd voor een kapitein. Verzorgde kamers, mooie zitkamer en grote tuin. Knusse ontbijtruimte.

L'Art de Vivre, av. Reine Astrid 53, ☎ 0 87 77 04 44, *info@artdevivre.be, Fax 0 87 77 17 43*, – . AE MC VISA AY f
fermé mercredi et jeudi – **Rest** Lunch 35 – 50/105 bc, carte 51/76, ♀.
◆ Maison de notable cultivant l'art de vivre par un cadre plaisant et une belle carte actuelle relevée d'un zeste de créativité. Menus détaillés oralement ; pâtisseries maison.
◆ In dit herenhuis verstaat men "de kunst van het leven": prettig interieur en eigentijdse, creatieve kookstijl. De menu's worden mondeling toegelicht. Zelfgemaakte desserts.

La Tonnellerie avec ch, Parc de 7 heures 1, ☎ 0 87 77 22 84, *latonnellerie@skynet.be, Fax 0 87 77 22 48*, , – P. AE MC VISA AY p
Rest *(fermé 2 semaines en novembre, mardi et mercredi)* 26, carte 36/51, ♀ – **8 ch** ☐ ♦60/70 – ♦♦70/100 – ½ P 56/76.
◆ Restaurant-bar à vins doté d'une terrasse-pergola tournée vers un beau parc public. Carte pour toutes les faims : pâtes, salades, crostinis et mets élaborés. Sommelier avisé. Chambres sobres et avenantes, côté parc ou bois, nommées d'après huit grands crus.
◆ Restaurant annex wijnbar. Het terras met pergola kijkt uit op een mooi park. Kaart voor elk wat wils: pasta's, salades, crostini en uitgebreide schotels. Vakkundige sommelier. Mooie, sobere kamers aan het park of het bos, genoemd naar acht wijnsoorten.

La Belle Epoque, pl. du Monument 15, ☎ 0 87 77 54 03, *Fax 0 87 77 54 03* – AE ① MC VISA AY n
fermé 2 semaines en juin, 2 semaines en décembre, lundi et mardi – **Rest** Lunch 25 – 35/45, carte 26/48, ♀.
◆ Recettes traditionnelles cent pour cent artisanales et ambiance "brasserie Belle Époque" : murs carrelés, banquettes, chaises bistrot, tables en marbre.
◆ Interieur in de stijl van een brasserie uit de belle époque, met tegelmuren, bankjes, bistrostoelen en marmeren tafels. Traditionele gerechten, puur ambachtelijk.

à Balmoral *par ① : 3 km* Ⓒ *Spa – ✉ 4900 Spa :*

Radisson SAS Balmoral, av. Léopold II 40, ☎ 0 87 79 21 41, *info.spa@radissonsas.com, Fax 0 87 79 21 51,* ≤, Ⓕ, ≘, ⊡, ⚘, ✂ – ⫿ ✂ ▤ ♿ rest, Ⓟ – ⚠. AE ⓓ ⓜ VISA. ✂ rest
Rest ***Entre Terre & Mer*** *(fermé lundi et mardi)* (dîner seult sauf dimanche) (rôtissoire en salle) 42/83 bc, carte 46/70 – **43 ch** ⊐ ✝140/210 – ✝✝160/210 – 46 suites – ½ P 120/150.
◆ Prestations adaptées à la clientèle "corporate" et familiale dans ce palace 1900 d'aspect anglo-normand juché sur les hauteurs boisées. Souvenirs de pilotes de bolides au bar. Table actuelle combinant mets "gastro", recettes à la rôtissoire et plats "light".
◆ Luxehotel uit 1900 in Anglo-Normandische stijl op een beboste heuvel, geschikt voor zakenlieden en gezinnen. Souvenirs van autocoureurs in de bar. Modern restaurant met een mix van gastronomische gerechten, grillspecialiteiten en caloriearme schotels.

Dorint, rte de Balmoral 33, ☎ 0 87 79 32 50, *reservations@dorintspa.be, Fax 0 87 77 41 74,* ≤ vallée boisée et lac de Warfaaz, ≤, ⓦ, Ⓕ, ≘, ⊡, ⚘ – ⫿ ✂ ▤ ♿ Ⓟ – ⚠. AE ⓓ ⓜ VISA. ✂ rest
Rest *Lunch 28* – 34/74 bc, carte 33/55 – **99 ch** ⊐ ✝145/195 – ✝✝160/220 – ½ P 113/228.
◆ Immeuble émergeant de la butte boisée qui domine le lac de Warfaaz. Chambres aussi confortables que pimpantes, toutes munies d'un balcon. "Lounge" feutré et balnéothérapie. Carte internationale présentée dans un cadre moderne ; buffets soignés le samedi soir.
◆ Hoog pand op een beboste heuvel boven het meer van Warfaaz. Comfortabele kamers met balkon die er piekfijn uitzien. Sfeervolle lounge en ruimte voor balneotherapie. Moderne eetzaal met een internationale keuken en een verzorgd buffet op zaterdagavond.

BELGIQUE

à Creppe *Sud : 4,5 km par av. Clémentine - AZ* Ⓒ *Spa – ✉ 4900 Spa :*

Manoir de Lébioles ⛰, Domaine de Lébioles 1, ☎ 0 87 79 19 00, *manoir@manoirdelebioles.com, Fax 0 87 79 19 99,* ≤ jardin et vallée boisée, ≤, ⚘, ⚘ – ✂, ▤ ch, Ⓟ – ⚠. AE ⓓ ⓜ VISA. ✂ rest
fermé 15 au 30 janvier – **Rest** *(fermé mardi et mercredi) Lunch 48* – 75/135 bc, carte 55/79, ♀ – ⊐ 16 – **16 ch** ✝159/179 – ✝✝159/429 – ½ P 140/190.
◆ Manoir fastueux (1910) surnommé le petit Versailles ardennais. Communs d'époque, chambres au design raffiné et parc-jardin à la française ménageant une vue bucolique. Repas au goût du jour dans un cadre contemporain chic ou sur la belle terrasse panoramique.
◆ Dit weelderige kasteeltje (1910) wordt wel het Versailles van de Ardennen genoemd. Salons met stijlmeubelen, stijlvolle kamers en Franse tuin met een landelijk uitzicht. Eigentijdse maaltijd in een chic, modern interieur of op het mooie panoramaterras.

à la Reid *par ③ : 9 km* Ⓒ *Theux 11 571 h. – ✉ 4910 La Reid :*

Le Menobu ⛰, rte du Ménobu 546, ☎ 0 87 37 60 42, *menobu@skynet.be, Fax 0 87 37 69 35,* ≤, ⊡, ⚘ – Ⓟ – ⚠. ⓜ VISA. ✂
fermé 12 au 30 janvier – **Rest** 38/59 bc, carte 31/49 – **10 ch** ⊐ ✝65/85 – ✝✝65/85 – ½ P 55/65.
◆ Affaire familiale située dans un quartier résidentiel à la campagne. Hébergement rafraîchi côté auberge ; flambant neuf à l'annexe. Piscine donnant sur les prés. Salle à manger-véranda et terrasse d'été au jardin. Cuisine traditionnelle faite par la patronne.
◆ Familiezaak in een rustige woonwijk op het platteland. De herberg is pas opgeknapt en de dependance is spiksplinternieuw. Het zwembad kijkt uit op de weilanden. Restaurant met serre en zomers terras in de tuin. De bazin heeft een traditionele kookstijl.

à Sart *par ① : 7 km* Ⓒ *Jalhay 7 953 h. – ✉ 4845 Sart :*

Du Wayai ⛰, rte du Stockay 2, ☎ 0 87 47 53 93, *Fax 0 87 47 53 95,* ≘, ⊡, ⚘, ⚲ – ✂ Ⓟ. AE ⓜ VISA. ✂ rest
Rest (dîner pour résidents seult) – **18 ch** ⊐ ✝70/100 – ✝✝90/100 – ½ P 65/75.
◆ Aux avant-postes du village, dans un vallon agreste, ensemble de maisonnettes disposées en carré autour d'une cour agrémentée de pelouses et d'une piscine. Parc animalier.
◆ Deze auberge aan de rand van het dorp, in een landelijk dal, bestaat uit huisjes die in een vierkant om de met gras begroeide binnenplaats staan. Zwembad en dierenpark.

Le Petit Normand, r. Roquez 47 (Sud-Est : 3 km, direction Francorchamps), ☎ 0 87 47 49 04, *lepetitnormand@hotmail.com, Fax 0 87 47 49 04,* ≤ – Ⓟ. ⓜ VISA
ouvert week-end seult en hors saison; fermé mercredi et jeudi – **Rest** 35/50, carte 43/51.
◆ Maison de notable esseulée dans la vallée forestière de la Hoëgne. Le chef, bardé de distinctions gastronomiques, panache tradition et modernité. Restaurant de plein air.
◆ Afgelegen pand in het beboste dal van de Hoëgne. De chef-kok, die tal van gastronomische prijzen heeft gewonnen, combineert traditioneel met modern. 's Zomers buiten eten.

SPONTIN *5530 Namur* Ⓒ *Yvoir 8 450 h.* **533** P 21, **534** P 21 *et* **716** I 5. 15 **C2**
Voir *Château*★.
Bruxelles 83 – Namur 24 – Dinant 11 – Huy 31.

à Dorinne *Sud-Ouest : 2,5 km* Ⓒ *Yvoir* – ✉ *5530 Dorinne :*

XXX **Le Vivier d'Oies,** r. État 7, ✆ 0 83 69 95 71, *Fax 0 83 69 90 36,* – P. AE MC VISA
fermé 25 février -4 mars, 20 juin-4 juillet, 19 septembre-8 octobre et mercredis et jeudis non fériés – **Rest** *Lunch 31* – 48/98 bc, carte 54/81, ♀.
◆ Une vieille ferme en pierres du pays sert de cadre à cette table classique. Salon, véranda moderne et pièces plus intimes dans la partie ancienne. Terrasse verte.
◆ Klassiek restaurant in een oude boerderij van steen uit de streek. Salon, moderne serre en sfeervolle vertrekken in het oude deel. Terras met veel groen.

SPRIMONT *4140 Liège* **533** T 19, **534** T 19 *et* **716** K 4 – *12 782 h.* 8 **B2**
Bruxelles 112 – Liège 19 – Spa 12.

XXX **La Maison des Saveurs,** r. Grand Bru 27 (sur N 30, direction Liège), ✆ 0 4 382 35 60, *didier.galet@swing.be, Fax 0 4 382 35 63* – P. AE MC VISA
fermé 18 au 31 août, lundi, mardi et après 20 h 30 – **Rest** *Lunch 30* – 43/90 bc, carte 50/65.
◆ Restaurant d'esprit contemporain, confortablement installé dans une villa du hameau de Ognée. Cuisine actuelle pleine de "saveurs". Deux chambres modernes très agréables.
◆ Eigentijds restaurant in een comfortabele villa in het gehucht Ognée. Hedendaagse keuken met veel "smaken", zoals het uithangbord belooft. Twee prettige, moderne kamers.

STABROEK *Antwerpen* **533** L 14 *et* **716** G 2 – *voir à Antwerpen, environs.*

STALHILLE *West-Vlaanderen* **533** D 15 *et* **716** C 2 – *voir à Jabbeke.*

STAVELOT *4970 Liège* **533** U 20, **534** U 20 *et* **716** K 4 – *6 671 h.* 9 **C2**
Voir *Carnaval du Laetare*★★ *(3e dim. avant Pâques) – Châsse de St-Remacle*★★ *dans l'église St-Sébastien.*
Musées : *Ancienne abbaye*★.
Env. *à l'Ouest : Vallée de l'Amblève*★★ *de Stavelot à Comblain-au-Pont – à l'Ouest : 8,5 km : Cascade*★ *de Coo, Montagne de Lancre* ✱★.
ℹ *Musée de l'Ancienne Abbaye, Cour de l'Hôtel de Ville* ✆ *0 80 86 27 06, infotourismestavelot@skynet.be, Fax 0 80 68 56 09.*
Bruxelles 158 – Liège 59 – Bastogne 64 – Malmédy 9 – Spa 18.

d'Orange sans rest, Devant les Capucins 8, ✆ 0 80 86 20 05, *logis@hotel-orange.be, Fax 0 80 86 42 92* – P –. AE MC VISA
7 ch ☕ ★82 – ★★94/109.
◆ Cette auberge occupant un relais de poste au cachet fort (1698) est entre les mains de la même famille depuis 1789. Deux catégories de chambres classiquement aménagées.
◆ Deze herberg in een karakteristiek poststation uit 1698 is al sinds 1789 in handen van dezelfde familie. Twee categorieën klassiek ingerichte kamers.

Dufays sans rest, r. Neuve 115, ✆ 0 80 54 80 08, *dufays@skynet.be, Fax 0 80 39 90 67,* – P. MC VISA
fermé 1er au 10 janvier – **6 ch** ☕ ★95/105 – ★★105/190.
◆ Ancienne maison de notable restaurée où vous serez hébergés dans des chambres à thème : Afrique, Orient, Chine, 18e s. français, 1900, chasse.... Jardin et vue sur la vallée.
◆ De kamers in dit oude, gerestaureerde herenhuis hebben elk een eigen thema: Afrikaans, oosters, Chinees, 18e-eeuws, Frans, 1900, jacht, enz. Tuin met uitzicht op het dal.

XXX **Le Val d'Amblève** avec ch, rte de Malmédy 7, ✆ 0 80 28 14 40, *info@levaldambleve.com, Fax 0 80 28 14 59,* rest, P. AE MC VISA
fermé 22 décembre-23 janvier – **Rest** *(fermé lundis non fériés) Lunch 40* – 43/125 bc, carte 62/77 – **20 ch** ☕ ★80/100 – ★★110/125.
◆ Demeure élégante (années 1930) s'agrémentant d'un beau jardin arboré. Repas classique actualisé à apprécier sous la verrière. Chambres raffinées à l'étage et dans les annexes.
◆ Dit sierlijke pand uit de jaren 1930 heeft een mooie bomentuin. Klassieke keuken met een vleugje vernieuwing. Stijlvolle kamers op de bovenverdieping en in het bijgebouw.

STERREBEEK *Vlaams-Brabant* **533** L 17 *et* **716** G 3 – *voir à Bruxelles, environs.* 3 **B2**

STEVOORT *Limburg* **533** Q 17 *et* **716** I 3 – *voir à Hasselt.*

STOUMONT *4987 Liège* **533** T 20, **534** T 20 *et* **716** K 4 – *3 006 h.* 9 **C2**

Env. *à l'Ouest : Belvédère "Le Congo"* ≤★ – *Site*★ *du Fonds de Quareux.*

Bruxelles 139 – Liège 45 – Malmédy 24.

X **Zabonprés,** Zabonprés 3 (Ouest : 4,5 km sur N 633, puis route à gauche), ✆ 0 80 78 56 72, *zabonpres@skynet.be, Fax 0 80 78 61 41,* – P ⇔. AE ⓓ MC VISA

ouvert 21 mars-21 septembre et week-end; fermé semaine carnaval, 1 semaine Pâques, 1 semaine Toussaint, fin décembre-début janvier, lundi et mardi – **Rest** *Lunch 25* – 30, carte 36/43, ♀.

◆ Jolie fermette à pans de bois rafraîchie par l'Amblève. Collection de vieux poêles, réveils et Guides Michelin en salle. Menus bien conçus et vins choisis. Terrasse riveraine.

◆ Mooi vakwerkboerderijtje met terras in de koelte aan de Amblève. Collectie oude kachels, wekkers en Michelingidsen in de eetzaal. Evenwichtige menu's en goede wijnen.

STROMBEEK-BEVER *Vlaams-Brabant* **533** L 17 *et* **716** G 3 – *voir à Bruxelles, environs.*

STUIVEKENSKERKE *West-Vlaanderen* **533** C 16 – *voir à Diksmuide.* 18 **B2**

TAMISE *Oost-Vlaanderen – voir Temse.*

TELLIN *6927 Luxembourg belge* **534** Q 22 *et* **716** I 5 – *2 346 h.* 12 **B2**

Bruxelles 121 – Arlon 78 – Bastogne 67 – Bouillon 54 – Dinant 44 – Namur 62.

Ma Résidence sans rest, r. Église 124, ✆ 0 475 62 70 11, *dan@maresidence.be,* – P.

4 ch ☕ ★100 – ★★100/140.

◆ Belles grandes chambres modernes aux décors personnalisés dans cette demeure en pierre au cachet fort dominant la place du village. Piscine et arbres vénérables au jardin.

◆ Karakteristiek pand van natuursteen aan het dorpsplein. Mooie, grote, moderne kamers met een persoonlijk toets. Tuin met zwembad en oude bomen.

TEMPLOUX *Namur* **533** N 20, **534** N 20 *et* **716** H 4 – *voir à Namur.* 14 **B1**

TEMSE (TAMISE) *9140 Oost-Vlaanderen* **533** K 16 *et* **716** F 2 – *26 287 h.* 17 **D2**

De Watermolen, Wilfordkaai 23 ✆ 0 3 771 51 31, toerisme@temse.be, Fax 0 3 711 94 34.

Bruxelles 40 – Gent 43 – Antwerpen 25 – Mechelen 25 – Sint-Niklaas 7,5.

XX **La Provence,** Doornstraat 252 (Nord : 2 km, lieu-dit Velle), ✆ 0 3 711 07 63, *info@restaurantlaprovence.be, Fax 0 3 771 69 03,* – P ⇔. AE MC VISA

fermé 20 août-6 septembre, 26 décembre-2 janvier, mardi et mercredi – **Rest** (dîner seult sauf dimanche) 38/74 bc, carte 46/66.

◆ Charmante oude boerderij met een boomrijk terras dat uitkijkt op een mooie tuin. Romantische eetzalen, serviesgoed van gres, eigentijdse keuken en lekkere menu's.

◆ Ancienne ferme charmante et sa terrasse arborée ouvrant sur un beau jardin. Salles romantiques, vaisselle en grès sur les tables, offre culinaire de notre temps, bons menus.

XX **De Sonne,** Markt 10, ✆ 0 3 771 37 73, *desonne@pandora.be,* – ⇔. AE ⓓ MC VISA

fermé 14 juillet-5 août, mercredi, jeudi et samedi midi – **Rest** *Lunch 30* – 40/72 bc, carte 40/70.

◆ Oud herenhuis (1874) bij de kerk aan de Grote Markt. Modern-klassieke eetzalen, eigentijdse keuken, intieme sfeer en piepklein terrasje op de groene binnenplaats.

◆ Au Markt, ex-maison de notable (1874) surveillant le parvis de l'église. Salles classiques actualisées, cuisine d'aujourd'hui, ambiance intime et miniterrasse sur cour verte.

X **Le Cirque,** Gasthuisstraat 110, ✆ 0 3 296 02 02, *info@lecirque.be,* – MC VISA.

fermé mardi, mercredi et samedi midi – **Rest** *Lunch 24* – 36/68 bc, carte 42/73, ♀.

◆ Buiten het centrum gelegen bistro met een licht en trendy interieur. Aanlokkelijke eigentijdse kaart en twee leitjes met menu en wijnsuggesties.

◆ Ce bistrot excentré, au cadre lumineux et "tendance", vous soumet une carte actuelle engageante et annonce, sur deux ardoises, son menu et ses suggestions de vins du moment.

TERHAGEN *Antwerpen* **533** L 16 – *voir à Boom.*

TERHULPEN *Brabant Wallon – voir La Hulpe.*

TERMONDE *Oost-Vlaanderen – voir Dendermonde.*

TERTRE *7333 Hainaut* Ⓒ *St-Ghislain 22 466 h.* **533** H 20, **534** H 20 *et* **716** E 4. 7 **C2**

au Nord-Est : 4 km à Baudour, r. Mont Garni 3 ☎ 0 65 62 27 19, Fax 0 65 62 34 10.
Bruxelles 77 – Mons 12 – Tournai 37 – Valenciennes 30.

XX **Le Vieux Colmar,** rte de Tournai 197 (N 50), ☎ 0 65 62 26 79, *vieux.colmar@skynet.be, Fax 0 65 62 36 14,* – P. VISA
fermé 2 au 19 janvier, 14 juillet-2 août et mardi – **Rest** (déjeuner seult sauf vendredi et samedi) 30/85 bc, carte 49/62.
◆ Auberge-villa à la campagne, servant une cuisine aux références classiques, sensible au cycle des saisons. Par beau temps, on mange au jardin, fleuri tout l'été. Bon accueil.
◆ Plattelandsvilla met een klassieke keuken die gevoelig is voor de seizoenen. Bij mooi weer wordt in de tuin gegeten, die de hele zomer in bloei staat.

TERVUREN *Vlaams-Brabant* **533** M 18 *et* **716** G 3 *– voir à Bruxelles, environs.* 5 **B2**

TESSENDERLO *3980 Limburg* **533** P 16 *et* **716** I 2 *– 16 811 h.* 10 **A2**

Voir *Jubé★ de l'église St-Martin (St-Martinuskerk).*
Gemeentehuis, Markt ☎ 0 13 66 17 15, vvv@tessenderlo.be, Fax 0 13 67 36 93.
Bruxelles 72 – Hasselt 31 – Antwerpen 57 – Liège 70.

De Lindehoeve, Zavelberg 12 (Ouest : 3,5 km,lieu-dit Schoot), ☎ 0 13 66 31 67, *info@lindehoeve.be, Fax 0 13 67 16 95,* – P – . AE VISA. rest
Rest (résidents seult) – **6 ch** ★75/125 – ★★90/125 – ½ P 95/145.
◆ Dit hotel aan de rand van het bos wordt door een familie geleid. Rustige, grote kamers, gerieflijke eetzaal, terras bij het zwembad en oranjerie waar groepen kunnen eten.
◆ Hôtel familial établi à l'orée des bois. Chambres calmes et amples, salle à manger confortable, terrasse au bord de la piscine et orangerie utilisée pour les repas de groupe.

XX **La Forchetta,** Stationsstraat 69, ☎ 0 13 66 40 14,
fermé dernière semaine juillet-2 premières semaines août, samedi midi, dimanche soir et lundi – **Rest** *Lunch 34* – 40/71 bc, carte 45/62.
◆ In de knusse, rustieke eetzaal met doeken van de eigenaar wacht u een gastvrij onthaal. Frans-Italiaanse kaart en suggesties op een lei. Mooi terras en goed verzorgde tuin.
◆ Table au cadre agreste et "cosy" vous réservant un accueil affable. Carte franco-italienne, ardoise suggestive, jolie terrasse et jardin pomponné. Toiles du patron en salle.

TEUVEN *3793 Limburg* Ⓒ *Voeren 4 263 h.* **533** U 18 *et* **716** K 3. 11 **D3**

Bruxelles 134 – Hasselt 73 – Liège 43 – Verviers 26 – Maastricht 24.

XXX **Hof de Draeck** avec ch, Hoofstraat 6, ☎ 0 4 381 10 17, *info@hof-de-draeck.be, Fax 0 4 381 11 88,* – P. AE VISA.
fermé 28 janvier-12 février et 11 au 29 août – **Rest** *(fermé lundi, mardi et samedi midi) Lunch 43 bc* – 42/80 bc, carte 50/58, – **13 ch** ★67 – ★★94/114.
◆ Twee broers zwaaien de scepter in deze imposante kasteelhoeve op het platteland. Goed onderhouden park, weelderige klassieke eetzaal, eigentijdse menu's en grote kamers.
◆ Deux frères tiennent cette ferme-château majestueuse isolée dans un site rural charmant. Parc soigné, salle à manger classique opulente, menus actualisés et grandes chambres.

THEUX *4910 Liège* **533** T 19, **534** T 19 *et* **716** K 4 *– 11 571 h.* 9 **C2**

Bruxelles 131 – Liège 31 – Spa 7 – Verviers 12.

XX **L'Aubergine,** chaussée de Spa 87, ☎ 0 87 53 02 59, *aubergine.theux@belgacom.net, Fax 0 87 53 02 59* – P
fermé 1 semaine en janvier, 1 semaine en juin, dernière semaine septembre, mardi et mercredi – **Rest** (prévenir) *Lunch 27* – 40/70 bc, carte 40/58.
◆ Une carte actuelle appétissante, un lunch et des menus ambitieux sont présentés à cette table familiale située aux avant-postes de Theux. Nombre de couverts limité : réserver.
◆ In deze nieuwe villa even buiten Theux kunt u kiezen uit een mooie kaart met eigentijdse gerechten, een lunchformule en veelbelovende menu's. Beperkt aantal couverts.

THIEUSIES *Hainaut* **533** J 19, **534** J 19 *et* **716** F 4 *– voir à Soignies.*

THIMISTER *4890 Liège* Ⓒ *Thimister-Clermont 5 296 h.* **533** U 19, **534** U 19 *et* **716** K 4. 9 **C1**
Bruxelles 121 – Liège 29 – Verviers 12 – Aachen 22 – Maastricht 34.

à Clermont *Est : 2 km* Ⓒ *Thimister-Clermont* – ✉ *4890 Clermont :*

XXX **Le Charmes-Chambertin,** Crawhez 58, ☎ 0 87 44 50 37, *lecharmeschambertin@skynet.be, Fax 0 87 44 71 61,* – P. AE VISA
fermé fin juillet-début août, mardi, mercredi et dimanche soir – **Rest** *Lunch 30* – 37/95 bc, carte 48/76.
• Sur le plateau bucolique du pays de Herve, ancienne ferme restaurée qui séduit par sa cuisine classique actualisée et sa cave d'épicurien. Décor intérieur néo-rustique.
• Deze gerestaureerde boerderij met een neorustiek interieur is schilderachtig gelegen in het Land van Herve. De klassiek-moderne keuken en wijnkelder zijn beide uitmuntend.

THON *Namur* **533** P 20, **534** P 20 *et* **716** I 4 – *voir à Namur.*

TIELT *8700 West-Vlaanderen* **533** F 17 *et* **716** D 2 – *19 269 h.* 19 **C2**
Bruxelles 85 – Brugge 34 – Gent 32 – Kortrijk 21.

Shamrock, Euromarktlaan 24 (près rte de ceinture), ☎ 0 51 40 15 31, *info@shamrock.be, Fax 0 51 40 40 92,* – , rest, P – . AE VISA. rest
fermé 2 dernières semaines juillet-première semaine août et dimanche – **Rest** *(fermé dimanche et lundi) Lunch 15* – 45/68 bc, carte 39/54, ♀ – **29 ch** ☕ 70/75 – 105/110 – ½ P 85-90.
• Aan de rand van Tielt staat deze grote villa uit 1970 met uitbouw. U logeert er in functionele kamers die kenmerkend voor de jaren '80 zijn, de meeste met uitzicht op de tuin. Gedempte sfeer in de klassiek ingerichte eetzaal.
• Aux portes de Tielt, grande villa des années 1970 et ses extensions où vous logerez dans des chambres fonctionnelles typiques des années 1980, souvent tournées vers le jardin. Salle de restaurant au décor classique et à l'ambiance feutrée.

XX **De Meersbloem,** Polderstraat 3 (Nord-Est : 4,5 km, direction Ruiselede, puis rte à gauche), ☎ 0 51 40 25 01, *info@demeersbloem.be, Fax 0 51 40 77 52,* ≤, – P.
AE VISA
fermé 16 août-3 septembre, 22 décembre-8 janvier, mardi soir, mercredi, samedi midi et dimanche soir – **Rest** *Lunch 30* – 55, carte 48/80.
• Dit lieflijke boerderijtje staat afgelegen op het platteland. Het interieur is modern-rustiek en het eten klassiek. De eetzaal en het terras bieden een landelijk uitzicht.
• Table classique au cadre rustique actualisé installée dans une jolie fermette un peu perdue à la campagne. La salle et la terrasse du jardin profitent d'une vue agreste.

TIENEN (TIRLEMONT) *3300 Vlaams-Brabant* **533** O 18 *et* **716** H 3 – *31 835 h.* 4 **D2**
Voir *Église N.-D.-au Lac★ (O.L. Vrouw-ten-Poelkerk) : portails★* ABY **D.**
Env. *par ② : 3 km à Hakendover, retable★ de l'église St-Sauveur (Kerk van de Goddelijke Zaligmaker) – à l'Est : 15 km à Zoutleeuw, Église St-Léonard★★ (St-Leonarduskerk) : musée★★ d'art religieux, tabernacle★★.*
Grote Markt 4 ☎ 0 16 80 56 86, toerisme.tienen@skynet.be, Fax 0 16 82 27 04.
Bruxelles 51 ④ – Leuven 27 ⑤ – Charleroi 60 ④ – Hasselt 35 ② – Liège 57 ④ – Namur 47 ④.

Plan page ci-contre

XX **Fidalgo,** Outgaardenstraat 23 (Bost), ☎ 0 475 61 21 55, *info@fidalgo.be,* – P. AZ e
AE VISA.
fermé 1 semaine Pâques, 2 dernières semaines août-première semaine septembre, mardi, mercredi et samedi midi – **Rest** *Lunch 30* – 35/100 bc.
• Op een boerderij lijkend huis waar u kunt genieten van een eigentijdse maaltijd in een stijlvol, modern-rustiek interieur. Het mooie terras kijkt uit op de tuin met vijver.
• Maison de type fermette où l'on vient faire des repas au goût du jour dans un cadre rustique-actuel élégant et feutré. Belle terrasse tournée vers le jardin et son étang.

X **Casa Al Parma,** Grote Markt 40, ☎ 0 16 81 68 55, *casa.alparma@skynet.be, Fax 0 16 82 26 56,* , Avec cuisine italienne – . AE VISA. AY r
fermé 1 semaine en mars, 2 semaines en août et mercredi – **Rest** 30/60 bc.
• Italiaanse en Franse specialiteiten in een klassieke eetzaal met Venetiaanse accenten of op het beschutte terras aan het plein. In het seizoen schaaldieren uit de homarium.
• Spécialités italiennes et françaises à savourer dans une salle classique aux accents vénitiens ou sur la terrasse abritée ouvrant sur la place. Vivier à crustacés en saison.

BELGIQUE

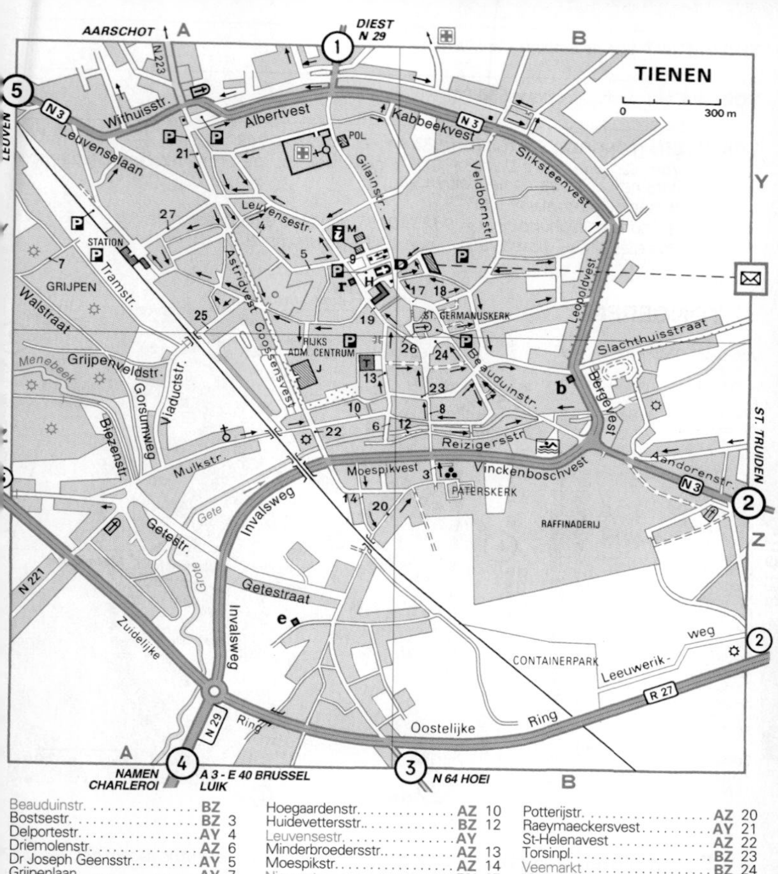

Beauduinstr. .... BZ	Hoegaardenstr. .... AZ 10	Potterijstr. .... AZ 20
Bostsestr. .... BZ 3	Huidevettersstr. .... BZ 12	Raeymaeckersvest .... AY 21
Delportestr. .... AY 4	Leuvensestr. .... AY	St-Helenavest .... AZ 22
Driemolenstr. .... AZ 6	Minderbroedersstr. .... AZ 13	Torsinpl. .... BZ 23
Dr Joseph Geensstr. .... AY 5	Moespikstr. .... AZ 14	Veemarkt .... BZ 24
Grijpenlaan. .... AY 7	Nieuwstr. .... BY 17	Viaductstr. .... AYZ 25
Grote Bergstr. .... BZ 8	O. L. V. Broedersstr. .... BY 18	Vierde Lansierslaan .... AY 27
Grote Markt .... AY 9	Peperstr. .... AY 19	Wolmarkt .... BYZ 26

X **De Refugie,** Kapucijnenstraat 75, ✆ 0 16 82 45 32, *derefugie@skynet.be, Fax 0 16 82 45 32,* 🍴 – ▤ P ⇔. AE ◑ MC VISA BZ b

fermé fin juillet-mi août, première semaine janvier et mardis, mercredis et samedis midis – **Rest** *Lunch 15* – 32/55 bc, carte 43/59, ♀.

◆ Gerenoveerd familiebedrijf in moderne grijze tinten. Eigentijdse, seizoengebonden keuken en aan te raden maandmenu. Rustig miniterrasje op de binnenplaats.

◆ Affaire familiale au décor intérieur rajeuni dans des tons gris à la mode. Préparations actuelles de saison ; menu du mois recommandable. Miniterrasse au calme dans la cour.

TILFF *Liège* **533** S 19, **534** S 19 *et* **716** J 4 – *voir à Liège, environs.*

TILLEUR *Liège – voir à Liège, environs.*

Het is mooi weer, laten we buiten eten! Kies een adres met terras: 🍴

TIRLEMONT *Vlaams-Brabant – voir Tienen.*

TOERNICH *Luxembourg belge* **534** T 25 *– voir à Arlon.* 13 **C3**

TONGEREN (TONGRES) *3700 Limburg* **533** R 18 *et* **716** J 3 *– 29 687 h.* 11 **C3**

Voir *Basilique Notre-Dame*★★ *(O.L. Vrouwebasiliek) : trésor*★★*, retable*★*, statue polychrome*★ *de Notre-Dame, cloître*★ Y.

Musée : *Gallo-romain*★ Y **M**1.

Stadhuis, Stadhuisplein 9 ☎ 0 12 39 02 55, info@toerismetongeren.be, Fax 0 12 39 11 43.

Bruxelles 87 ④ – Hasselt 20 ⑤ – Liège 19 ③ – Maastricht 19 ②.

TONGEREN

Achttiende-Oogstwal	Y	2
Clarissenstr.	Y	4
Corversstr.	YZ	5
de Schiervelstr.	Y	37
Eeuwfeestwal	Y	6
Elisabethwal	Z	9
Grote Markt	Y	
Hasseltsesteenweg	Y	10
Hemelingenstr.	Y	12
Hondsstr.	Y	14
Looierstr.	Z	17
Luikerstr.	Z	15
Maastrichterstr.	Y	18
Minderbroederstr.	Z	19
Moerenstr.	Y	20
Momberstr.	Z	23
Muntstr.	Z	24
Nevenstr.	Y	25
Piepelpoel	Y	27
Plein	Y	28
Pliniuswal	Y	30
Predikherenstr.	Y	31
Regulierenpl.	Z	34
Riddersstr.	Y	35
St-Catharinastr.	Y	38
St-Jansstr.	Z	39
St-Maternuswal	Y	41
St-Truidenstr.	Y	42
Stationslaan	Y	44
Vermeulenstr.	Y	46
11 Novemberwal	Y	47

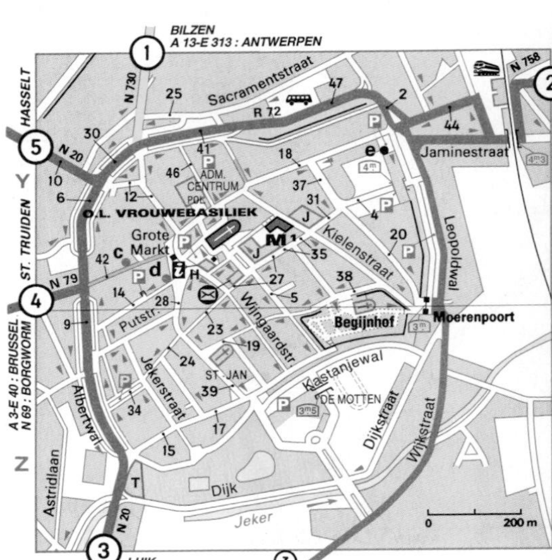

Ambiotel, Veemarkt 2, ☎ 0 12 26 29 50, *ambiotel.tongeren@belgacom.net, Fax 0 12 26 15 42,* – – . AE VISA. Y e

fermé 26 décembre-1er janvier – **Rest** (taverne-rest) *Lunch 13* – carte 21/37 – **22 ch** ★80/85 – ★★100/110 – ½ P 60/75.

◆ De naam van dit etablissement vlak bij het levendige centrum en het station verwijst naar Ambiorix, koning van de Eburones, die een opstand tegen Caesar uitlokte in een deel van Belgisch Gallië. Lounge-brasserie met zomerterras aan de voorkant.

◆ L'enseigne de cet établissement tout proche du centre animé et de la gare se réfère à Ambiorix, chef des Éburons, qui souleva contre César une partie de la Gaule Belgique. Lounge-brasserie devancée par une terrasse estivale.

De Open Poort sans rest, Ketsingerdries 32, ☎ 0 12 23 37 64, *info@deopenpoort.be, Fax 0 12 23 37 64,* , – . AE VISA.

3 ch ★75 – ★★110/124.

◆ Een praatgrage dame ontvangt u met alle egards in deze boerderij even voor Tongeren. Gezellig interieur, kamers met een persoonlijke toets, atelier, binnenplaats en tuin.

◆ Une dame communicative vous reçoit avec égards dans cette ferme de plan carré bâtie à l'approche de Tongres. Cadre cosy, chambres personnalisés, atelier d'art, cour et jardin.

De Mijlpaal, Sint-Truiderstraat 25, ☎ 0 12 26 42 77, *de_mijlpaal@skynet.be, Fax 0 12 26 43 77,* – . VISA. Y c

fermé 1 semaine carnaval, 2 semaines en juillet, 1 semaine Toussaint, mercredi soir, jeudi et samedi midi – **Rest** *Lunch 29* – 38/70 bc, carte 46/60.

◆ Restaurant in een voetgangersstraat in het oude centrum, dat contrasteert met het designinterieur. Aantrekkelijk terras op de ommuurde binnenplaats.

◆ Dans une rue piétonne du centre ancien, table au cadre design en contraste avec l'environnement extérieur. Arrière-cour close de vieux murs accueillant une terrasse invitante.

XX **Magis,** Hemelingenstraat 23, ☎ 0 12 74 34 64, *info@restaurantmagis.be, Fax 0 12 21 04 01,* – VISA. Y a
fermé 27 janvier-4 février, 14 au 28 juillet, 27 octobre-6 novembre, mardi et mercredi – **Rest** *Lunch 25* – 34/79 bc, carte 49/64.
• Restaurant in een historisch pand met een gemoderniseerd interieur. Tuin met terras en waterpartij. Uitzicht op de basiliek. Smakelijke keuken met een mediterrane tongval.
• Restaurant transféré dans une maison historique modernisée intérieurement. Terrasse-jardin avec pièce d'eau, goûteuse cuisine à touches méditerranéennes, vue sur la basilique.

à Vliermaal *par ⑤ : 5 km* C *Kortessem 8 074 h.* – ✉ *3724 Vliermaal :*

XXXXX ✿✿ **Clos St. Denis** (Christian Denis), Grimmertingenstraat 24, ☎ 0 12 23 60 96, *info@closst denis.be, Fax 0 12 26 32 07,* – P. AE VISA.
fermé 24 mars-2 avril, 14 au 30 juillet, 27 octobre-5 novembre, 26 décembre-7 janvier, mardi et mercredi – **Rest** *Lunch 45* – 110/189 bc, carte 109/145, ♀.
Spéc. Croque-monsieur de crabe, tomate, mozzarella et pesto, sorbet à la tomate. Saint-Jacques rôties et croustillant de cochon à l'aigre-doux. Nougatine à l'ananas caramélisé, crème glacée au rhum.
• Deze prachtige kasteelhoeve (17e eeuw) wordt door een familie geleid. Gedistingeerde bediening, creatieve keuken, passie voor wijn, luxe inrichting en terrassen met groen.
• Accueil et service distingués, succulente cuisine créative, passion du vin, aménagements cossus et terrasses au vert en cette superbe ferme-château (17e s.) tenue en famille.

En cas d'arrivée tardive à l'hôtel (après 18 h),
veillez à en avertir la réception pour garantir la réservation de votre chambre.

BELGIQUE

TORGNY *Luxembourg belge* **534** R 25 *et* **716** J 7 – *voir à Virton.* 13 **C3**

TORHOUT *8820 West-Vlaanderen* **533** D 16 *et* **716** C 2 – *19 453 h.* 19 **C2**
Kasteel Ravenhof ☎ 0 50 22 07 70, toerisme@torhout.be, Fax 0 50 22 15 04.
Bruxelles 107 – Brugge 23 – Oostende 25 – Roeselare 13.

't Gravenhof, Oostendestraat 343 (Nord-Ouest : 3 km à Wijnendale), ☎ 0 50 21 23 14, *gravenhof@telenet.be, Fax 0 50 21 69 36,* – P – . AE VISA
Rest *(fermé 4 au 27 février, 27 octobre-5 novembre, mardi et mercredi) Lunch 35* – 41/70 bc, carte 42/55 – **10 ch** 65/70 – 90/100 – ½ P 85/105.
• Deze gerenoveerde herberg, die door een familie wordt gerund, is berekend op groepen. Comfortabele kamers en een verzorgde tuin met een chalet dat als suite is ingericht. Eigentijdse gerechten in een okergele eetzaal met zwartleren stoelen of op het terras.
• Auberge familiale rajeunie dedans comme dehors et bien équipée pour accueillir les groupes. Chambres confortables et jardin soigné où se blottit un chalet aménagé en suite. Repas au goût du jour dans une salle ocre dotée de sièges en cuir noir, ou en terrasse.

XX **Forum,** Rijksweg 42 (Sud-Ouest : 7 km sur N 35 à Sint-Henricus), ☎ 0 51 72 54 85, *info@restaurantforum.be, Fax 0 51 72 63 57* – P. VISA.
fermé 15 au 22 février, 1er au 16 août, dimanche soir, lundi et mercredi soir – **Rest** *Lunch 25* – 30/70 bc, carte 46/62.
• Restaurant in een fraai begroeid wit gebouw. Moderne eetzaal met ronde tafels, grote glaspuien met jaloezieën en een intieme sfeer. Klassieke keuken met een hedendaags accent.
• Dans une bâtisse blanche couverte d'une parure végétale, salle moderne feutrée pourvue de tables rondes et de grandes baies garnies de persiennes. Choix classique actualisé.

X **Dining Villa Maciek,** Aartrijkestraat 265, ☎ 0 50 22 26 96, *Fax 0 50 22 26 96,* – P.
fermé lundi soir et mardi – **Rest** *Lunch 28* – 35/65 bc, carte 41/55.
• Familiebedrijf in een villa met tuin. U kunt tafelen in de plezierige, eenvoudig ingerichte eetzaal of 's zomers op het terras aan de achterkant. Lekker menu van de maand.
• Petite villa sur jardin vous conviant à passer à table dans une salle au décor simple et avenant ou sur la terrasse cachée à l'arrière. Menu du mois. Fonctionnement familial.

à Lichtervelde *Sud : 7 km – 8 400 h. – ✉ 8810 Lichtervelde :*

De Voerman, Koolskampstraat 105 (par E 403 - A 17, sortie ⑨), ☎ 0 51 74 67 67, *info@devoerman.be, Fax 0 51 74 80 80,* – , rest, . – . .
Rest *(fermé samedi)* (taverne-rest) 17/30 bc, carte 19/40 – **10 ch** ☕ ☆57 – ☆☆69.
◆ Dit functionele hotel in de buurt van de snelweg beschikt over frisse kamers met dubbele ramen die, net als in een motel, allemaal gelijkvloers zijn. Taverne-restaurant met een traditionele keuken.
◆ À proximité de l'autoroute, établissement fonctionnel dont les chambres, fraîches et munies du double vitrage, sont toutes de plain-pied, à la façon d'un motel. Taverne-restaurant servant de la cuisine traditionnelle.

De Bietemolen, Hogelaanstraat 3 (direction Ruddervoorde : 3 km à Groenhove), ☎ 0 50 21 38 34, *Fax 0 50 22 07 60,* ←, – . .
fermé 1er au 12 janvier, 3 premières semaines août, dimanche soir, lundi et jeudi soir – **Rest** *Lunch 35* – 64/90 bc, carte 62/77.
◆ Een romantische tuin omringt deze oude boerderij, waar men al sinds 1978 heerlijk kan eten. Klassiek interieur, gedempte sfeer en mooi terras. In het weekend alleen een menu.
◆ Un jardin romantique agrémente cette ancienne ferme où l'on ripaille depuis 1978. Cadre classique, ambiance feutrée et belle terrasse. Offre réduite à un menu le week-end.

TOURNAI (DOORNIK) *7500 Hainaut* 533 F 19, 534 F 19 *et* 716 D 4 – *67 534 h.* 6 B1

Voir *Cathédrale Notre-Dame*★★★ *: trésor*★★ C – *Pont des Trous*★ *:* ←★ AY – *Beffroi*★ C.
Musées : *des Beaux-Arts*★ C M² – *d'histoire et d'archéologie : sarcophage en plomb gallo-romain*★ C M³.
Env. *au Nord : 6 km à Mont-St-Aubert* ✳★ AY.
ℹ *Vieux Marché-aux-Poteries 14 (au pied du Beffroi)* ☎ *0 69 22 20 45, tourisme@tournai.be, Fax 0 69 21 62 21.*
Bruxelles 86 ② – Mons 48 ② – Charleroi 93 ② – Gent 70 ⑥ – Kortrijk 29 ⑥ – Lille 28 ⑥.

Plan page ci-contre

d'Alcantara sans rest, r. Bouchers St-Jacques 2, ☎ 0 69 21 26 48, *hotelalcantara@hotmail.com, Fax 0 69 21 28 24* – . – . . C d
fermé 24 au 31 décembre – **17 ch** ☕ ☆80/100 – ☆☆90/110.
◆ En ville mais au calme, maison de notable du 18e s. vous logeant dans des chambres personnalisées (3 formats). Communs soignés. Cour-terrasse pour les petits-déjeuners d'été.
◆ Dit stadse, maar rustig gelegen 18e-eeuwse herenhuis biedt kamers in drie maten en met een persoonlijke touch. Verzorgde gemeenschappelijke ruimten. Patio om te ontbijten.

Le Carillon, Grand'Place 64, ☎ 0 69 21 18 48, *boumanne.guy@wanadoo.fr, Fax 0 69 21 33 79,* – . . C r
fermé 1 semaine en février, 3 semaines en août, samedi midi, dimanche soir et lundi – **Rest** *Lunch 24* – 35, carte 35/71.
◆ Cette vieille maison de la Grand'Place régale ses hôtes sous le plafond-miroir d'une salle moderne ornée de peintures murales (scènes médiévales locales). Carte actualisée.
◆ Oud pand aan de Grote Markt met een moderne eetzaal met spiegelplafond en fresco's met middeleeuwse Doornikse taferelen. Eigentijdse kaart.

Les tables de Muche-vache, r. Muche-vache 9, ☎ 0 69 77 60 31, *Fax 0 69 77 61 31,* – . AY a
fermé fin mars-début avril, fin août-mi-septembre, mardi soir, mercredi, samedi midi et dimanche soir – **Rest** *Lunch 25* – 36/75 bc, carte 46/56, ♀.
◆ Bâtiment au passé industriel, tour à tour manufacture de porcelaine, filature, chocolaterie et menuiserie. Cuisine moderne proposée dans une ambiance "trendy". Cour-terrasse.
◆ Industrieel gebouw, dat achtereenvolgens een porseleinfabriek, spinnerij, chocoladefabriek en houtfabriek was. Trendy interieur en dito keuken. Terras op de binnenplaats.

Charles-Quint, Grand'Place 3, ☎ 0 69 22 14 41, *Fax 0 69 22 14 41,* – . C a
fermé mardi, mercredi et dimanche soir – **Rest** *Lunch 35* – 48, carte 36/58.
◆ Mets d'inspiration méditerranéenne, bon choix de vins et cadre Art déco en cette typique maison de la Grand'Place. Terrasse urbaine à l'ombre du beffroi. Patronne en cuisine.
◆ Karakteristiek pand aan de Grote Markt met art-deco-interieur en stadsterras aan de voet van het belfort. Mediterrane keuken en uitgebreide wijnkaart. Bazin in de keuken.

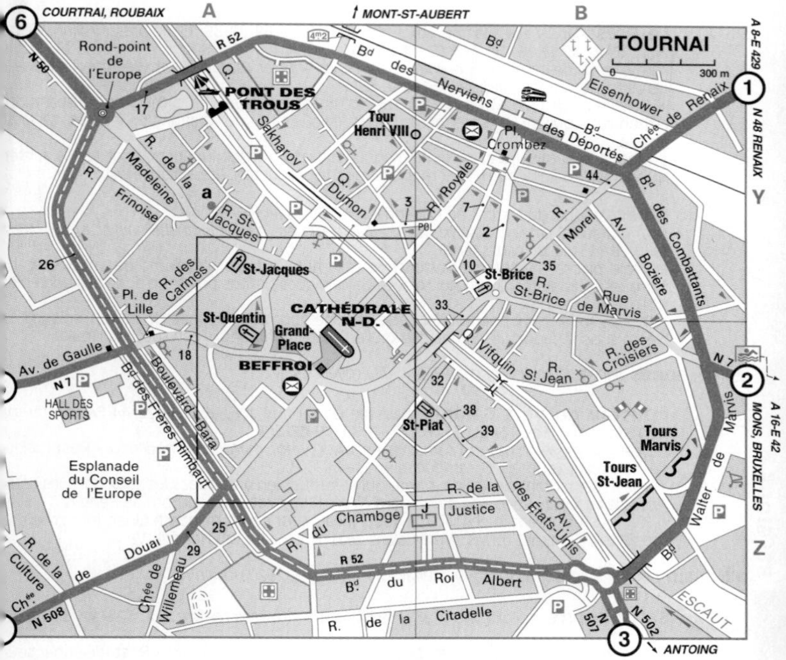

COURTRAI, ROUBAIX A MONT-ST-AUBERT B

TOURNAI

0 300 m

A 8-E 429 N 48 RENAIX

Rond-point de l'Europe
N 50
R 52
Q. Sakharov
PONT DES TROUS
Bd des Nerviens
Bd Eisenhower
Chée de Renaix
Tour Henri VIII
Pl. Crombez
Bd des Déportés
R. de la Madeleine
R. Frinoise
R. St-Jacques
Q. Dumon
R. Royale
R. Morel
Av. Bozière
Bd des Combattants
St-Jacques
R. des Carmes
Pl. de Lille
St-Brice
R. St-Brice
Rue de Marvis
St-Quentin
CATHÉDRALE N.-D.
Grand-Place
BEFFROI
Q. Vifquin
R. St Jean
R. des Croisiers
Av. de Gaulle
N 7
HALL DES SPORTS
Bd des Frères Rimbaut
Boulevard Bara
St-Piat
Tours Marvis
Tours St-Jean
Bd Walter de Marvis
A 16-E 42 MONS, BRUXELLES
Esplanade du Conseil de l'Europe
R. de la Justice
R. du Chambge
Av. des États-Unis
R. de la Culture
Chée de Douai
Chée de Willemeau
N 508
R 52
Bd du Roi Albert
R. de la Citadelle
ESCAUT
N 507
N 502
ANTOING
Y
Z

Athénée (R. de l') . . . . BY 2
Becquerelle (R. du) . . . AY 3
Bourdon-St-
Jacques (R. du) . . . . . C 4
Chapeliers (R. des) . . . . C 6
Childeric (R.) . . . . BY 7
Clairisses (R. des) . . . . . C 8
Clovis (Pl.) . . . . BY 10
Cordonnerie
(R. de la) . . . . C 14
Curé-N.-Dame
(R. du) . . . . C 15
Delwart (Bd) . . . . AY 17
Dorez (R.) . . . . AZ, C 18
Gallait (R.) . . . . C 20
Grand Place C
Hôpital Notre-
Dame (R. de l') . . . . . . C 23
Lalaing (Bd) . . . . AZ 25
Léopold (Bd) . . . . AY 26
Marché au Poisson
(Quai du) . . . . C 27
Montgomery (Av.) . . . . AZ 29
Notre-Dame (Quai) . . . . C 30
Paul-E.-Janson (Pl.) . . . . C 31
Poissonsceaux
(Quai des) . . . . BZ 32
Pont (R. de) . . . . BYZ 33
Puits d'Eau
(R. des) . . . . C 34
Quesnoy (R. du) . . . . . BY 35
Royale (R.) . . . . BY
Sainte-Catherine
(R.) . . . . BZ 39
Saint-Piat (R.) . . . . BZ 38
Tête d'Argent (R.) . . . . . C 42
Volontaires (R. des) . . . BY 44
Wallonie (R. de la) . . . . . C 45

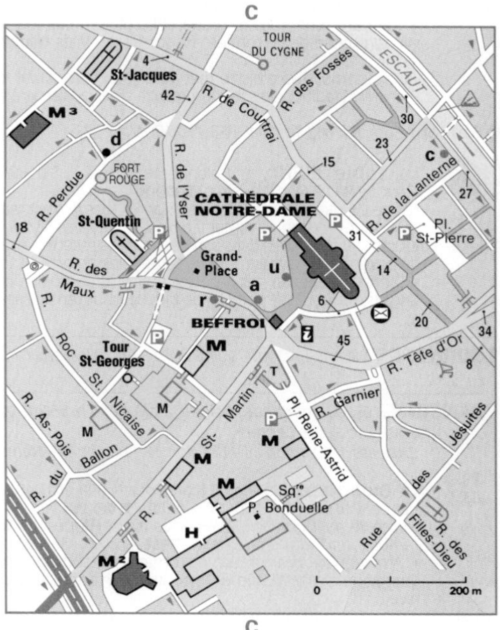

XX **Le Pressoir,** Vieux Marché aux Poteries 2, ☎ 0 69 22 35 13, *le.pressoir@infonie.be, Fax 0 69 22 35 13,* ≤, 🏠 – ⇔. AE ⓓ ⓜⓞ VISA C u
fermé semaine carnaval, 3 dernières semaines août et mardi – **Rest** (déjeuner seult sauf vendredi et samedi) *Lunch 29* – 45, carte 33/63, 🍇.
◆ Belle maison (17e s.) au décor "rusti-cosy" tournée vers la cathédrale. Préparations artisanales souvent à base de produits "bio", cave de grand seigneur et terrasse arrière.
◆ Mooi 17e-eeuws pand bij de kathedraal, gezellig rustiek ingericht, met terras achter. Huisgemaakte gerechten, vaak met biologische producten. Prestigieuze wijnkelder.

XX **Giverny,** quai du Marché au Poisson 6, ☎ 0 69 22 44 64 – ⇔. ✗ C c
fermé 2 au 10 janvier, 2 semaines en juillet, samedi midi, dimanche soir et lundi – **Rest** *Lunch 26* – 33/80 bc, carte 46/60.
◆ Trois pièces au charme rétro dont les murs patinés s'égayent de miroirs et de fresques. Cuisine d'aujourd'hui relevée de quelques petites pointes d'audace. Lunch bien troussé.
◆ Drie vertrekken met een ouderwetse charme door de gepatineerde muren, spiegels en fresco's. Licht gedurfde, eigentijdse keuken. Het lunchmenu is een succesformule.

à Froyennes *par ⑥ : 4 km* 🄲 *Tournai* – ✉ *7503 Froyennes :*

XX **l'Oustau du Vert Galant,** chaussée de Lannoy 106, ☎ 0 69 22 44 84, *oustaumafait@skynet.be, Fax 0 69 23 54 46,* 🏠 – 🅿 ⇔. AE ⓜⓞ VISA
fermé 1 semaine en mars, 3 semaines en juillet, lundi, mardi et samedi midi – **Rest** (déjeuner seult sauf vendredi et samedi) *Lunch 30* – 39/60 bc.
◆ Villa 1900 abritant une table intime qui se prête bien à un repas les yeux dans les yeux. Terrasse au jardin. Spécialité de homard. "Vert-Galant" était un surnom de Henri IV.
◆ Sfeervol restaurant in een villa uit 1900, ideaal voor een romantisch diner, met kreeft als specialiteit. Tuin met terras. "Vert-Galant" was de bijnaam van Hendrik IV.

BELGIQUE

à Hollain *par ③ : 8 km sur N 507* 🄲 *Brunehaut 7 711 h.* – ✉ *7620 Hollain :*

X **Sel et Poivre,** r. Fontaine 3, ☎ 0 69 34 46 67, *info@seletpoivre.net,* 🏠 – ▤. AE ⓓ ⓜⓞ VISA. ✗
fermé dernière semaine janvier, 16 au 31 août, lundi et samedi midi – **Rest** (déjeuner seult sauf vendredi et samedi) *Lunch 14* – 30/60 bc, carte 20/50.
◆ Derrière une façade jaune, bistrot sympathique donnant un peu de vie à ce village proche de la frontière franco-belge. Plats traditionnels, ambiance relax et terrasse avant.
◆ Deze sympathieke bistro met gele gevel brengt wat leven in dit dorp aan de grens met Frankrijk. Traditionele schotels, relaxte sfeer en terras aan de voorkant.

à St-Maur *Sud : 5 km* 🄲 *Tournai* – ✉ *7500 St-Maur :*

XX **La Table d'Éric,** r. Colonel Dettmer 2, ☎ 0 69 22 41 70, *resto@latablederic.be, Fax 0 69 84 22 58,* 🏠 – 🅿 ⇔. AE ⓜⓞ VISA
fermé 25 mars-2 avril, 10 juillet-6 août, mardi, mercredi et samedi midi – **Rest** (déjeuner seult sauf vendredi et samedi) *Lunch 22* – 46, carte 33/55.
◆ Cette table actuelle dans son décor et ses recettes avoisine la plus grande place herbeuse du pays. Petite terrasse abritée et meublée en teck à l'arrière du restaurant.
◆ Dit restaurant aan het grootste met gras begroeide plein van België is zowel qua inrichting als qua kookstijl goed bij de tijd. Beschut terrasje aan de achterzijde.

TOURNEPPE *Vlaams-Brabant* – *voir Dworp à Bruxelles, environs.*

TRANSINNE *6890 Luxembourg belge* 🄲 *Libin 4 619 h.* **534** Q 23 *et* **716** I 6. 12 **B2**
Voir *Euro Space Center*★.
Bruxelles 129 – Arlon 64 – Bouillon 32 – Dinant 44 – Namur 73.

XX **La Bicoque,** r. Colline 58 (carrefour N 899 et N 40), ☎ 0 61 65 68 48, *morris.clip@skynet.be, Fax 0 61 46 93 50,* 🏠 – 🅿. AE ⓓ ⓜⓞ VISA. ✗
fermé 1er au 15 janvier, 2 semaines avant Pâques, 1er au 15 juillet, dernière semaine septembre, lundi et mercredi soir – **Rest** *Lunch 21* – 36/72 bc, carte 44/58.
◆ Atmosphère chaleureuse et romantique sous sa vieille charpente apparente de cette grange métamorphosée en "bicoque". Carte actuelle personnalisée. Bon feu de bûches en hiver.
◆ Warm en romantisch restaurant in een verbouwde graanschuur met oud gebinte. Eigentijdse kaart met een persoonlijke toets. Behaaglijk haardvuur in de winter.

XX **La Barrière** avec ch, r. Barrière 2 (carrefour N 899 et N 40), ☎ 0 61 65 50 37, *labarriere@skynet.be, Fax 0 61 65 55 32,* ⊕, ⊕ – P ⊕. AE ⊕ ⊕ VISA
Rest *(fermé 2 premières semaines janvier, 2 dernières semaines décembre, lundi midi, mardi et samedi midi)* Lunch 22 – 38, carte 37/56, ♀ ⊕ – **9 ch** ⊕ ★66/74 – ★★79/87 – ½ P 104/122.
• Auberge d'aspect régional où l'on se repaît de plats de brasserie et de mets plus élaborés. Cave bien fournie, terrasse, jardin et orchestre le week-end en saison de chasse. Réservez une chambre récemment rénovée si vous comptez prolonger l'étape.
• In deze streekherberg worden brasserieschotels en meer verfijnde gerechten geserveerd. Rijk gevulde wijnkelder, terras en tuin. Orkest in het weekend in het jachtseizoen. Wie wil overnachten, kan het beste om een pas gerenoveerde kamer vragen.

TROIS-PONTS *4980 Liège* **533** U 20, **534** U 20 *et* **716** K 4 – *2 445 h.* 9 **C2**
Exc. *Circuit des panoramas*★.
ℹ *pl. Communale 1 ☎ 0 80 68 40 45, troisponts@skynet.be, Fax 0 80 68 52 68.*
Bruxelles 152 – Liège 54 – Stavelot 6.

Le Beau Site ⊕, r. Villas 45, ☎ 0 80 68 49 44, *info@beausite.be, Fax 0 80 68 49 60,* ≤ vallée et rivières – P. AE ⊕ ⊕ VISA. ⊕ rest
fermé 21 décembre-22 janvier – **Rest** *(fermé mercredi)* (dîner seult sauf samedi et dimanche, jusqu'à 20 h 30) 36, carte env. 45 – **17 ch** ⊕ ★67/81 – ★★92/106 – ½ P 97/114.
• Perché tel un belvédère, ce petit hôtel à l'ambiance familiale procure une jolie vue sur le site de Trois-Ponts où confluent la Salm et l'Amblève. Accès par un chemin privé. Cuisine actuelle à touche régionale servie dans une salle à manger panoramique.
• Een eigen weg leidt naar dit hooggelegen familiehotel, dat een prachtig uitzicht biedt op de samenloop van de Salm en de Amblève. In het panoramarestaurant kunt u genieten van de eigentijdse keuken met een regionaal accent.

à Wanne *Sud-Est : 6 km* C *Trois-Ponts* – ✉ *4980 Wanne :*

X **La Métairie** ⊕ avec ch, Wanne 4, ☎ 0 80 86 40 89, *lametairie@skynet.be, Fax 0 80 88 08 37,* ⊕, Avec taverne-rest – ⊕. AE ⊕ ⊕ VISA. ⊕ ch
fermé 1 semaine en janvier, 1 semaine avant Pâques, fin juin-début juillet et fin septembre-début octobre – **Rest** *(fermé lundi, mardi et après 20 h 30)* 28/40, carte 37/46, ♀ – **6 ch** ⊕ – ★★85/95 – ½ P 75.
• Maison sympathique et typée présentant une double formule : "gastro" le soir et simplifié à midi. Terrasse avant, chambres pimpantes juste à côté et domaine skiable à 500 m.
• Karakteristiek restaurant voor een gastronomisch diner of een wat eenvoudiger lunchmenu. Terras aan de voorkant en mooie kamers vlak ernaast. Skipiste op 500 m afstand.

BELGIQUE

TROOZ *4870 Liège* **533** T 19, **534** T 19 *et* **716** K 4 – *7 641 h.* 8 **B2**
Bruxelles 110 – Liège 16 – Verviers 18.

Château Bleu, r. Rys-de-Mosbeux 52, ☎ 0 4 351 74 57, *chateau.bleu@belgacom.net, Fax 0 4 351 73 43,* ⊕, ⊕ – |⊕| ⊕ P – ⊕. ⊕ VISA. ⊕ rest
fermé 25 juin-20 juillet et jeudis non fériés – **Rest** (dîner seult) 30 bc/60 bc, carte 23/37, ♀ – ⊕ 10 – **12 ch** ★60/70 – ★★80/111 – ½ P 70/86.
• Fière demeure du 19e s. nichée au creux d'une vallée boisée. Mobilier ancien et hauteur sous plafond dans les chambres. Piscine, bains-bulles, sauna et hammam (payants). Restaurant où l'on dîne dans un décor classique. Carte assortie de menus.
• Dit 19e-eeuwse landhuis staat fier onder in een dal met bossen. Kamers met hoge plafonds en antiek meubilair. Zwembad, jacuzzi, sauna en hamam (tegen betaling). Klassiek ingericht restaurant. De kaart wordt aangevuld met menu's.

TUBIZE (TUBEKE) *1480 Brabant Wallon* **533** K 18, **534** K 18 *et* **716** F 3 – *22 335 h.* 3 **B2**
Bruxelles 24 – Wavre 55 – Charleroi 47 – Mons 36 – Namur 77.

XX **Le Pivert,** r. Mons 183, ☎ 0 2 355 29 02, *info@lepivert.com* – ⊕ ⊕. AE ⊕ ⊕ VISA
fermé 1 semaine Pâques, 21 juillet-15 août, mardi soir, mercredi et dimanche soir – **Rest** Lunch 14 – 22/63 bc, carte 36/54.
• Cette table située à l'entrée de la ville séduit par son décor intérieur méridional particulièrement chaleureux et par son offre culinaire classique tarifée avec sagesse.
• Dit restaurant aan de rand van de stad is populair vanwege zijn warme, mediterrane interieur en zijn klassieke culinaire aanbod, dat heel schappelijk is geprijsd.

à Oisquercq *Sud-Est : 4 km* 🄲 *Tubize* – ✉ *1480 Oisquercq :*

XX **La Petite Gayolle,** r. Bon Voisin 79, ✆ 0 67 64 84 44, *info@lapetitegayolle.be, Fax 0 67 64 84 44,* – P. AE MC VISA
fermé 15 août-5 septembre, dimanche soir, lundi et jeudi soir – **Rest** Lunch 20 – 40/65 bc, carte 40/55, ♀.
◆ Fermette mignonne dont le nom désigne une cage à oiseaux en wallon. Choix classique-traditionnel, plats "minceur" et accords mets-vins forfaitaires. Terrasse arrière fleurie.
◆ Lieflijk boerderijtje, waarvan de naam verwijst naar een vogelkooi. Klassiek-traditionele keuken met caloriearme gerechten en vaste spijs-wijncombinaties.

TURNHOUT *2300 Antwerpen* **533** O 15 *et* **716** H 2 – *39 791 h.* 2 **C2**
ℹ *Grote Markt 44* ✆ *0 14 44 33 55, toerisme@turnhout.be, Fax 0 14 44 33 54.*
Bruxelles 84 ⑤ – Antwerpen 45 ⑤ – Liège 99 ④ – Breda 37 ① – Eindhoven 44 ③ – Tilburg 28 ②.

TURNHOUT

Baron Fr. Du Fourstr.	Y	2
Beekstr.	Z	3
Deken Adamsstr.	Z	5
Druivenstr.	Z	6
Gasthuisstr.	Z	7
Guldensporenlei	Y	9
Hannuitstr.	Y	12
Hofpoort	Z	13
Kasteelstr.	Y	14
Koningin Elisabethlei	Y	16
Korte Gasthuisstr.	Z	17
Kwakkelstr.	Z	18
Mermansstr.	Z	19
Otterstr.	Z	21
Oude Vaartstr.	Y	22
Renier Sniedersstr.	Z	23
Sint Antoniusstr.	Z	25
Spoorwegstr.	Z	26
Veldstr.	Z	28
Victoriestr.	Z	29
Wezenstr.	Y	31

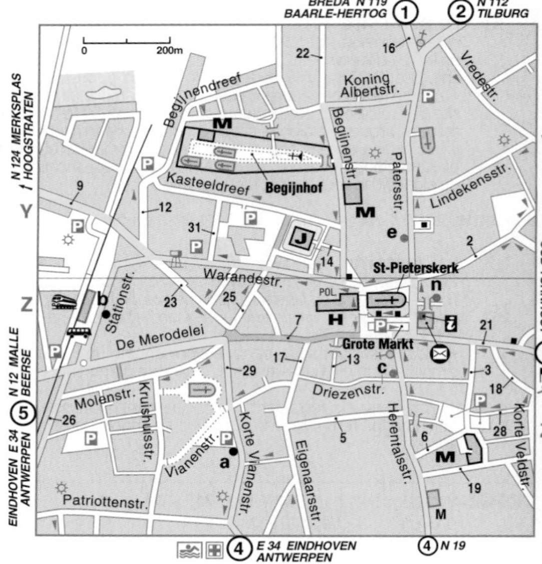

 **Ter Driezen** sans rest, Herentalsstraat 18, ✆ 0 14 41 87 57, *terdriezen@yahoo.com, Fax 0 14 42 03 10,* – . AE MC VISA Z c
fermé 20 décembre-2 janvier – **15 ch** ☕ ✝105/135 – ✝✝145/160.
◆ Charmant en comfortabel hotel met aangename kamers. De sfeervolle lounges, het mooie terras en het goed onderhouden tuintje nodigen uit tot het dolce far niente.
◆ Charmant hôtel dont les chambres et parties communes offrent un bon niveau de confort. Au rayon farniente, salons "cosy" et belle terrasse ouverte sur un jardinet soigné.

 **Corsendonk Viane,** Korte Vianenstraat 2, ✆ 0 14 88 96 00, *info.viane@corsendonk.be, Fax 0 14 88 96 99,* – P – . AE MC VISA. rest Z a
Rest (buffets, dîner seult sauf dimanche) 13 bc/21 bc – **84 ch** ☕ ✝87/106 – ✝✝108/129 – ½ P 100/127.
◆ Recent gebouw met standaardkamers op vier verdiepingen, gelegen tussen het station en de Grote Markt. Goede conferentiefaciliteiten. Het lichte, moderne restaurant biedt buffetformules in combinatie met grillspecialiteiten.
◆ À mi-chemin entre la gare et la Grand-Place, immeuble récent distribuant ses chambres standardisées sur quatre étages. Salles de séminaires correctement équipées. Restaurant au décor clair et actuel ; formules buffets à combiner avec un choix de grillades.

Tegenover sans rest, Stationstraat 46, ☎ 0 14 43 47 05, *info@hoteltegenover.be, Fax 0 14 43 47 75* – ⇔ ♿ P. AE ① MC VISA. ✕ Z b
fermé 20 décembre-6 janvier et dimanche – ☕ 9 – **14 ch** ★47/67 – ★★65/79.
• Dit pakhuis dat tot hotel is verbouwd, biedt vrij ruime, functionele kamers voor een redelijke prijs; reserveer bij voorkeur één die niet op het station uitkijkt.
• Cet entrepôt converti en hôtel propose, à prix raisonnables, des chambres fonctionnelles assez amples. Réservez en priorité celles tournant le dos à la gare. Patronne bavarde.

Savoury, Steenweg op Antwerpen 106 (par ⑤ : 2 km), ☎ 0 14 45 12 45, *savoury@skynet.be, Fax 0 14 45 12 46,* 🏠 – P ⇔. AE MC VISA
fermé 14 au 31 juillet, 28 décembre-5 janvier, lundi soir et mardi – **Rest** *Lunch 35* – 45/80 bc, carte 61/96, ♀.
• Elegante villa in Engelse stijl in een weelderig groene omgeving. Eigentijdse keuken, warm klassiek interieur met lambrisering en mooi beschut terras aan de voorkant.
• Élégante villa de style anglo-normand aux abords verdoyants. Cuisine actuelle, décor intérieur classique chaleureux rehaussé de lambris et belle terrasse abritée en façade.

Cucinamarangon, Patersstraat 9, ☎ 0 14 42 43 81, *info@cucinamarangon.com, Fax 0 14 43 87 00,* 🏠, Cuisine italienne – AE MC VISA Y e
fermé dernière semaine juillet-première semaine août, dernière semaine décembre-début janvier et dimanche – **Rest** (dîner seult) 30/75 bc, carte 63/73, ♀.
• Smakelijke Italiaanse keuken met Venetiaanse invloeden en een interieur dat een ode brengt aan de dogenstad. Bij de ingang bevindt zich een wijnwinkeltje.
• L'enseigne annonce la couleur de l'assiette : goûteuse cuisine transalpine aux accents vénitiens, et décor intérieur évoquant la cité des Doges. Boutique de vins à l'entrée.

Kuisine, Baron Fr. du Fourstraat 4 (Bloemekensgang), ☎ 0 14 43 86 42, *info@kuisine.be, Fax 0 14 43 86 42,* 🏠 – ⇔. AE ① MC VISA Z n
fermé 1 semaine en juillet, 2 semaines en août, samedi midi, dimanche et lundi midi – **Rest** *Lunch 31* – 38/90 bc, carte 42/59.
• Dit restaurant bij de Grote Markt biedt het genoegen van een eigentijdse keuken in een 17e-eeuws pand met een modern interieur.
• Près du Grote Markt, restaurant offrant les plaisirs d'une cuisine au goût du jour dans une bâtisse dont l'architecture extérieure s'inspire du 17e s. Décor intérieur actuel.

à Oud-Turnhout *par ③ : 4 km – 12 653 h. – ✉ 2360 Oud-Turnhout :*

Priorij Corsendonk sans rest, Corsendonk 5 (près E 34 - A 21, sortie ㉕), ☎ 0 14 46 28 00, *info.priorij@corsendonk.be, Fax 0 14 46 28 99,* ≋, 🌳, 🎾, 🚲, – P – 🏛. AE ① MC VISA
78 ch ☕ ★77/131 – ★★123/141.
• Een oude priorij (1395) in een park met een overlevingsparcours is de setting van dit hotel met kamers in vier dependances. Mooie bar in de gewelfde kelderverdieping.
• Un ancien prieuré (1395) entouré d'un parc avec parcours de survie sert de cadre à cet hôtel distribuant ses chambres dans 4 dépendances. Beau bar sous les voûtes de la cave.

Vin Perdu, Steenweg op Mol 114, ☎ 0 14 72 38 10, *info@vinperdu.be, Fax 014 72 38 11,* 🏠 – ▤ P. AE ① MC VISA. ✕
fermé 26 décembre-3 janvier, 9 au 24 juillet, lundi, mardi et samedi midi – **Rest** *Lunch 35* – 42/83 bc, carte 53/104, ♀ 🍇.
• Comfortabele villa met een sobere en lichte, moderne eetzaal, waar eigentijdse gerechten worden geserveerd. Geweldige wijnkelder en designterras dat op de tuin uitkomt.
• Confortable villa où l'on vient faire des repas au goût du jour dans une sobre et lumineuse salle contemporaine. Cave superbe et terrasse design tournée vers le jardin.

UCCLE (UKKEL) *Région de Bruxelles-Capitale* **533** L 18 *et* **716** G 3 – *voir à Bruxelles.* 5 **A2**

VAALBEEK *Vlaams-Brabant* **533** N 18 – *voir à Leuven.*

VARSENARE *West-Vlaanderen* **533** D 15 *et* **716** C 2 – *voir à Brugge, environs.* 19 **C1**

Kent u het verschil tussen deze tekens bij hotels?
Het symbool 🏋 geeft aan dat er een ruimte is met gymnastiektoestellen.
Het symbool ⓦ duidt op een mooie ruimte voor lichaamsbehandeling en ontspanning.

BELGIQUE

VAUX-SOUS-CHÈVREMONT *Liège* **533** S 19 *et* **534** S 19 – *voir à Liège, environs.* 8 **B2**

VELDWEZELT *Limburg* **533** S 17 *et* **716** J 3 – *voir à Lanaken.*

VENCIMONT *5575 Namur* Ⓒ *Gedinne 4 405 h.* **534** O 22 *et* **716** H 5. 15 **C3**
Bruxelles 129 – Namur 75 – Bouillon 38 – Dinant 35.

XX **Le Barbouillon** avec ch, r. Grande 25, ☎ 0 61 58 82 60, *Fax 0 61 58 82 60*, – P. AE VISA
fermé 2 premières semaines janvier, 25 juin-14 juillet, dernière semaine août et mercredi – **Rest** 30/58, carte 30/60 – **7** ch ☕ ✶42/62 – ✶✶50/70 – ½ P 55/70.
• Parti pris décoratif et registre culinaire classico-traditionnels en cette petite auberge d'aspect régional située au centre du village. Salles avenantes. Chambres proprettes.
• Kleine streekherberg midden in het dorp met een traditioneel-klassieke keuken en dito interieur. Charmante eetzalen en propere kamers.

VERVIERS *4800 Liège* **533** U 19, **534** U 19 *et* **716** K 4 – *53 597 h.* 9 **C2**
Musées : *des Beaux-Arts et de la Céramique★* D **M**[1] – *d'Archéologie et de Folklore : dentelles★* D **M**[2].
Env. *par ③ : 14 km, Barrage de la Gileppe★★, ≤★★ – au Nord-Est : 7,5 km : Limbourg★ (village pittoresque).*
18 *par ③ : 16 km à Gomzé-Andoumont, Sur Counachamps, r. Gomzé 30 ☎ 0 4 360 92 07, Fax 0 4 360 92 06.*
r. Chapelle 30 ☎ 0 87 30 79 26, info@paysdevesdre.be, Fax 0 87 31 20 95.
Bruxelles 122 ④ – Liège 32 ④ – Aachen 36 ④.

Plan page ci-contre

XXX **Château Peltzer**, r. Grétry 1, ☎ 0 87 23 09 70, *info@chateau-peltzer.be*, *Fax 0 87 23 08 71*, – P. AE VISA. B d
fermé 2e quinzaine février, 2e quinzaine août, samedi midi, dimanche et lundi – **Rest** *Lunch 30* – 62/120 bc, carte 37/77, ♀.
• Cette belle demeure néo-gothique et son parc soigné offrent un cadre fastueux pour la tenue de banquets. Repas classique actualisé, dans un décor cossu. Riche choix de vins.
• Dit mooie neogotische pand en het verzorgde park vormen een schitterende omgeving voor banketten. Klassieke maaltijd die aan de moderne tijd is aangepast en rijke wijnkelder. Eenvoudige keuken en ontspannen sfeer in de Club des Tisserands.

XX **Chez Paul** avec ch, pl. Albert Ier 5, ☎ 0 87 23 22 21, *chezpaul@skynet.be*, *Fax 0 87 22 76 87*, – P. AE VISA. C b
fermé 1 semaine carnaval, 1 semaine Pâques et 2 semaines en juillet – **Rest** *(fermé samedi midi, dimanche soir et lundi)* (menu unique) *Lunch 18 bc*, – 28/75 bc – **4 ch** ☕ ✶90/115 – ✶✶115/150.
• Élégant manoir néoclassique où se réunissait le cercle littéraire local. Formule bien à la page : 6, 9 ou 13 mets en portions allégées. Terrasse au jardin. Chambres raffinées.
• In dit elegante, neoklassieke landhuis kwam de plaatselijke literaire kring bijeen. Eigentijdse formule met 6, 9 of 13 kleine hapjes. Stijlvolle kamers en tuin met terras.

à Andrimont *Nord : 5 km* Ⓒ *Dison 14 243 h.* – ✉ *4821 Andrimont :*

XX **La Bergerie**, rte de Henri-Chapelle 158, ☎ 0 87 89 18 00, *Fax 0 87 78 57 37*, – P. VISA
fermé carnaval, première semaine septembre, semaine Toussaint, lundi et mardi – **Rest** *Lunch 40 bc* – 27/56 bc, carte 29/47, ♀.
• Cuisine de notre temps servie dans une fermette en pierres modernisée et éclaircie au-dedans ou, l'été, sur la terrasse tournée vers un paysage vallonné. Menus très demandés.
• Dit boerderijtje is vanbinnen gemoderniseerd en lichter gemaakt. Eigentijdse kaart met lekkere menu's. 's Zomers kan op het terras met uitzicht op de heuvels worden gegeten.

à Heusy Ⓒ *Verviers* – ✉ *4802 Heusy :*

XXX **La Croustade**, r. Hodiamont 13 (par N 657), ☎ 0 87 22 68 39, *croustade@belgacom.net*, *Fax 0 87 22 79 21*, – P. AE VISA B
fermé 2e quinzaine août, Noël-nouvel an, samedi midi, dimanche soir, lundi et mardi soir – **Rest** *Lunch 26* – 33/77 bc, carte 46/66.
• Sur les hauteurs, dans un quartier plutôt chic, maison 1900 que signale une façade égayée de colombages. Mets au goût du jour. Terrasse d'été invitante dressée au jardin.
• Dit vakwerkhuis uit 1900 staat hoog in een vrij chique woonwijk. De gerechten passen bij de huidige smaak. Op zomerse dagen wordt het terras in de tuin opgedekt.

BELGIQUE

VERVIERS

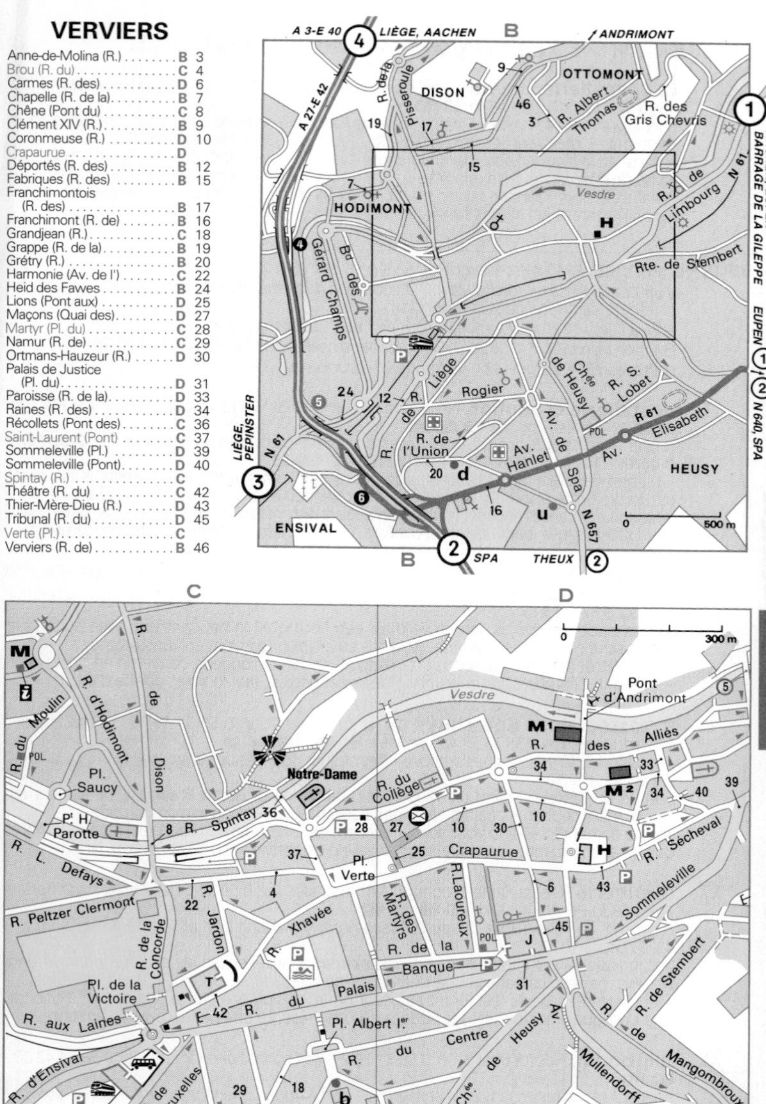

XX **Auberge du Tilleul,** av. Nicolaï 43, ☎ 0 87 22 11 11, *fernand.laschet@euphonynet.be, Fax 0 87 22 11 11,* – P. AE VISA B u

fermé 22 juillet-13 août et dimanches soirs, lundis, mercredis soirs non fériés et après 20 h 30 – **Rest** *Lunch 25* – 33/48, carte 30/47.

◆ Villa bourgeoise où la même famille vous dorlote depuis plus d'un quart de siècle. Choix classique-traditionnel ; décor intérieur de même. Accueillant restaurant de plein air.

◆ Dit restaurant in een mooie villa wordt al ruim 25 jaar door dezelfde familie gerund. Klassiek-traditionele gerechten, die bij goed weer buiten worden geserveerd.

à Petit-Rechain *Nord-Ouest : 2 km* C *Verviers –* ✉ *4800 Petit-Rechain :*

XX **La Chapellerie,** chaussée de la Seigneurie 13, ☎ 0 87 31 57 41, *lachapellerie@skynet.be, Fax 0 87 31 57 41,* – P. AE MC VISA
fermé première semaine janvier, 1 semaine Pâques, 2 semaines en juillet, 1 semaine Toussaint, mardi, mercredi et samedi midi – **Rest** Lunch 25 – 33/80 bc, carte 42/55.
• Carte attrayante et bon menu en phase avec l'époque dans cette maison de maître au passé de chapellerie. Salle relookée en gris en blanc, véranda moderne et cour-terrasse.
• Aantrekkelijke kaart en lekker menu, goed bij de tijd, in deze oude hoedenwinkel. De eetzaal is gerestyled in grijs en wit. Moderne serre en patio.

VEURNE (FURNES) *8630 West-Vlaanderen* **533** B 16 *et* **716** B 2 – *11 843 h.* 18 **A2**
Voir *Grand-Place★★ (Grote Markt) – Procession des Pénitents★★ (Boetprocessie) – Cuirs★ à l'intérieur de l'Hôtel de Ville (Stadhuis).*
Env. *à l'Est : 10 km à Diksmuide, Tour de l'Yser (IJzertoren) ✻★.*
Grote Markt 29 ☎ 0 58 33 05 31, infotoerisme@veurne.be, Fax 0 58 33 05 96.
Bruxelles 134 – Brugge 47 – Oostende 26 – Dunkerque 21.

Hostellerie Croonhof, Noordstraat 9, ☎ 0 58 31 31 28, *info@croonhof.be, Fax 0 58 31 56 81* – . AE MC VISA
fermé 1er au 15 octobre, 23 au 25 décembre, dimanche et lundi – **Rest** voir rest ***Orangerie*** ci-après – **14 ch** ☐ ★75/130 – ★★100/130 – ½ P 90/98.
• Dit gemoedelijke familiehotel is ondergebracht in een gerenoveerd herenhuis vlak bij de pittoreske Grote Markt. De kamers zijn groot genoeg en bieden modern comfort.
• Maison de maître rénovée, toute proche de la pittoresque Grand-Place. Chambres d'ampleur satisfaisante, bénéficiant du confort moderne. Atmosphère d'hostellerie familiale.

De Loft sans rest, Oude Vestingstraat 36, ☎ 0 58 31 59 49, *deloft@pandora.be, Fax 0 58 31 68 12* – . MC VISA
8 ch ☐ ★57 – ★★67.
• Deze oude smederij is omgetoverd tot een "lofthotel" in het centrum, even buiten het toeristische circuit. Basic kamers, maar fris en proper. Tearoom en kunstgalerie.
• Au centre, mais hors du circuit touristique, ancienne fonderie convertie en "loft-hotel" accueillant. Chambres basiques mais fraîches et nettes ; tea-room et galerie d'art.

't Kasteel en 't Koetshuys, Lindendreef 7, ☎ 0 58 31 53 72, *info@kasteelenkoetshuys.be, Fax 0 58 33 57 48,* , – . MC VISA. ch
fermé 2 dernières semaines octobre – **Rest** (dîner pour résidents seult) – **12 ch** ☐ ★70/90 – ★★100 – ½ P 58.
• In dit schitterende pand uit 1900 kunt u terecht voor Bed & Breakfast. De kamers zijn rustig, maar hebben niet altijd een eigen badkamer. Theesalon aan de tuinzijde.
• Belle demeure 1900 où vous serez hébergés dans l'esprit "bed and breakfast". Chambres calmes et charmantes (quelquefois sans salle d'eau privative). Tea-room côté jardin.

XX **Orangerie** H. Hostellerie Croonhof, Noordstraat 9, ☎ 0 58 31 31 28, *info@croonhof.be, Fax 0 58 31 56 81* – . AE MC VISA
fermé 1er au 15 octobre, 23 au 25 décembre, dimanche soir et lundi – **Rest** Lunch 25 – 42/90 bc, carte 47/78, ♀.
• Comfortabel restaurant met een klassiek-traditionele keuken en bijpassende inrichting. Bodega met een Italiaans georiënteerde, kleine kaart.
• Confortable salle de restaurant au décor bourgeois où l'on goûte une cuisine d'orientation classique-traditionnelle, et bodega où l'on présente une petite carte italianisante.

XX **Olijfboom,** Noordstraat 3, ☎ 0 58 31 70 77, *olijfboom@pandora.be, Fax 0 58 31 42 08* – MC VISA
fermé 2 semaines en janvier, 1 semaine en septembre, dimanche et lundi – **Rest** Lunch 21 – 38/49, carte 32/48, ♀.
• Goed adresje bij de Grote Markt. Hedendaags interieur met open keuken, waarin een chef-kok "nieuwe stijl" aan het werk is op klassieke basis. Verse kreeft en lekkere wijn.
• Bonne petite table à débusquer près du Grote Markt. Cadre actuel, chef "new style" œuvrant à vue, choix classique, recettes de homard (puisé au vivier) et beau livre de cave.

X **De Oogappel,** Appelmarkt 3, ☎ 0 58 28 86 46, *Fax 0 58 28 86 46,* – AE MC VISA
fermé dimanche soir et lundi – **Rest** carte 36/56.
• Restaurant in bistrostijl in het centrum van Veurne, in een gerenoveerd pand uit 1760, waarvan de vloeren en kasten nog origineel zijn. Klassieke Franse kaart.
• Restaurant de style bistrot établi au centre de Furnes, dans une maison de 1760 rénovée en préservant revêtements de sol et armoires d'origine. Carte classique française.

à Beauvoorde *Sud-Ouest : 8 km* Ⓒ *Veurne – ✉ 8630 Veurne :*

Driekoningen, Wulveringemstraat 40, ✆ 0 58 29 90 12, *info@driekoningen.be, Fax 0 58 29 80 22,* – rest, – . VISA
fermé 14 janvier-2 février, 15 au 26 septembre, mardi et mercredi – **Rest** *(fermé lundi soir d'octobre à mars, mardi et mercredi)* (avec taverne-rest) 35/75 bc, carte 30/54 – **13** ch ☕ ★55/60 – ★★74/95 – ½ P 69/75.
◆ Deze 18e-eeuwse herberg in een karakteristiek dorp biedt functionele, pas gerenoveerde kamers tegen een redelijke prijs. Taverne en lounges, zalen voor banqueting en groot restaurant met sierlijke kroonluchters.
◆ Un village typé sert de cadre à cette grande auberge dont l'origine se perd au 18e s. Bonnes chambres fonctionnelles récemment réaménagées et raisonnablement tarifées. Taverne, ample restaurant éclairé par de gracieux lustres, salons et espaces pour banquets.

VIELSALM
6690 Luxembourg belge **533** U 21, **534** U 21 *et* **716** K 5 – *7 325 h.* 13 **C1**

av. de la Salm 50 ✆ 0 80 21 50 52, info@vielsalm-gouvy.org, Fax 0 80 21 74 62.
Bruxelles 171 – Arlon 86 – Malmédy 28 – Clervaux 40.

Les Myrtilles sans rest, r. Vieux Marché 1, ✆ 0 80 67 22 85, *info@lesmyrtilles.be, Fax 0 80 67 22 86,* – – . VISA.
19 ch ☕ ★59/82 – ★★69/99.
◆ Cet hôtel familial rénové en 2003 vous héberge dans des chambres claires, sobres et nettes. Sémillante salle de breakfast à touche rustique. Terrasse et jardinet à l'arrière.
◆ Dit familiehotel werd in 2003 gerenoveerd en beschikt over lichte, sobere en keurige kamers. Vrolijke ontbijtzaal met een rustiek karakter. Terras en tuintje achter.

à Bovigny *Sud : 7 km* Ⓒ *Gouvy 4 690 h. – ✉ 6671 Bovigny :*

Saint-Martin, Courtil 5, ✆ 0 80 21 55 42, *hotelsaintmartin@skynet.be, Fax 0 80 21 77 46,* – . VISA. rest
Rest *(fermé dimanche soir et après 20 h 30)* *Lunch 19* – 35/45, carte 34/44 – ☕ 9 – **12** ch ★52 – ★★62 – ½ P 55/68.
◆ Cette maison ardennaise en pierres du pays plaît pour son atmosphère familiale des plus hospitalières et pour ses chambres fonctionnelles bien tenues, cédées à prix souriants. Salle de restaurant au décor assez typé, assorti au tempérament régional du menu.
◆ In dit hotel, dat in typisch Ardense stijl uit natuursteen is opgetrokken, heerst een gastvrije, huiselijke sfeer. Goed onderhouden, functionele kamers voor een zacht prijsje. De karakteristieke eetzaal past uitstekend bij het regionale karakter van het menu.

à Grand-Halleux *Nord : 5 km* Ⓒ *Vielsalm – ✉ 6698 Grand-Halleux :*

L'Ecurie, av. de la Résistance 30, ✆ 0 80 21 59 54, *Fax 0 80 21 76 43,* ←, , Avec cuisine italienne, ouvert jusqu'à 23 h – . AE VISA
fermé lundis et mardis non fériés sauf vacances scolaires – **Rest** 26/34, carte 31/48.
◆ Cuisine franco-transalpine servie dans les anciennes dépendances d'un pensionnat de jeunes filles. La plupart des tables embrassent du regard une vallée bucolique.
◆ In de voormalige bijgebouwen van een meisjesinternaat genieten de gasten van Frans-Italiaanse gerechten. Het merendeel van de tafels kijkt uit op het schilderachtige dal.

à Hébronval *Ouest : 10 km* Ⓒ *Vielsalm – ✉ 6690 Vielsalm :*

Le Val d'Hébron avec ch, Hébronval 10, ✆ 0 80 41 88 73, *Fax 0 80 41 80 73,* , – . AE VISA. rest
fermé 1 semaine en mars et 17 août-4 septembre – **Rest** *(fermé mardi)* (avec taverne) *Lunch 20* – 32/48, carte 27/45 – ☕ 8 – **12 ch** ★35 – ★★55 – ½ P 55.
◆ Auberge familiale où l'on se sent entre de bonnes mains. Généreuse table traditionnelle au cadre moderne. Chambres rénovées au fond du jardin, dans l'annexe côtoyant l'église.
◆ In deze familieherberg bent u in goede handen. Moderne eetzaal met een traditionele keuken. Gerenoveerde kamers in de dependance achter in de tuin, naast de kerk.

VILLERS-LE-BOUILLET
4530 Liège **533** Q 19, **534** Q 19 *et* **716** I 4 – *6 051 h.* 8 **A2**

Bruxelles 86 – Liège 25 – Huy 8 – Namur 37.

Un temps pour Soi, Thier du Moulin 46 (Sud : 4 km par N 684), ✆ 0 85 25 58 55, *untempspoursoi@skynet.be, Fax 0 85 21 31 84,* – . AE VISA
fermé première semaine janvier, 2 premières semaines septembre, samedi midi, dimanche soir et lundi – **Rest** *Lunch 30* – 44/75 bc, carte env. 45.
◆ Table accueillante aménagée dans une belle maison de pays (18e s.). Cadre rustique-contemporain feutré, cuisine actuelle bien faite, bar à vins et jolie terrasse en teck.
◆ Uitnodigend restaurant in een mooi 18e-eeuws pand. Sfeervolle inrichting in modern-rustieke stijl, goede eigentijdse keuken, wijnbar en prettig terras met teakhouten meubelen.

BELGIQUE

VILLERS-SUR-LESSE 5580 Namur Rochefort 12 038 h. 534 P 22 et 716 I 5. 15 C2

Bruxelles 115 – Namur 54 – Bouillon 55 – Dinant 25 – Rochefort 9.

Beau Séjour, r. Platanes 16, 0 84 37 71 15, *contact@beausejour.be, Fax 0 84 37 81 34*, – – . ch
fermé 20 janvier-12 février, 29 juin-9 juillet, mardi sauf en juillet-août et lundi – **Rest *Du Four à la Table*** *(fermé après 20 h 30) Lunch 34* – 40/93 bc, carte 52/65, – 10 – **12 ch** 75/100 – 76/100 – 1 suite – ½ P 50/75.
• Au cœur du village, hostellerie s'ouvrant sur un jardin fleuri dès les premiers beaux jours et doté d'un étang de baignade, avec vue sur le château. Trois types de chambres. Repas dans le tempo actuel, bonne cave, terrasse d'été invitante et service avenant.
• Dit hotel-restaurant in het hart van het dorp heeft een tuin die 's zomers prachtig in bloei staat, met een zwemvijver en uitzicht op het kasteel. Drie typen kamers. Eigentijdse keuken, goede wijnen, mooi zomerterras en hoffelijke bediening.

Château de Vignée, r. Montainpré 27 (Ouest : 3,5 km près E 411 - A 4, sortie 22, lieu-dit Vignée), 0 84 37 84 05, *chateaudevignee@skynet.be, Fax 0 84 37 84 26*, – – .
fermé 10 janvier-10 février – **Rest** *(fermé lundis soirs et mardis non fériés) Lunch 35* – 55, carte 51/64 – 10 – **13 ch** 100/149 – 100/149 – 3 suites – ½ P 145/214.
• Ferme-château du 18e s. s'entourant d'un parc dont les terrasses offrent une vue plongeante sur la Lesse et la campagne. Chambres personnalisées, garnies de meubles anciens. Élégante salle à manger d'esprit Art déco. Mets classiques revisités pas à pas.
• Deze 18e-eeuwse kasteelboerderij heeft een park en terrassen met uitzicht op de Lesse en het platteland. De kamers hebben antieke meubelen en een persoonlijk karakter. Elegante eetzaal in art-decostijl. Klassieke gerechten met een vleugje vernieuwing.

Auberge du Bief de la Lesse, r. Bief 1, 0 84 37 84 21, *info@biefdelalesse.com*, –
fermé lundis et mardis non fériés – **Rest** carte env. 30.
• Vieille ferme (18e s.) au décor nostalgique chaleureux, façon bistrot rustique. Flambées au salon dès les premiers frimas, tonnelle côté jardin, petit choix noté à l'ardoise.
• Oude boerderij (18e eeuw) met een warm, nostalgisch interieur in rustieke bistrostijl. Zitkamer met open haard, tuin met pergola en kleine keuze op een lei.

VILVOORDE (VILVORDE) *Vlaams-Brabant* 533 L 17 et 716 G 3 – *voir à Bruxelles, environs.*

VIRELLES *Hainaut* 534 K 22 et 716 F 5 – *voir à Chimay.*

VIRTON 6760 Luxembourg belge 534 S 25 et 716 J 7 – 11 165 h. 13 C3

Pavillon, r. Grasses Oies 2b 0 63 57 89 04, mtg@soleildegaume.com, Fax 0 63 57 71 14.
Bruxelles 221 – Arlon 29 – Bouillon 53 – Longwy 32 – Montmédy 15.

Le Franc Gourmet, r. Roche 13, 0 63 57 01 36, *lefrancgourmet@skynet.be, Fax 0 63 58 17 19*, – .
fermé 1 semaine carnaval, première semaine juillet, samedi midi, dimanche soir et lundi – **Rest** *Lunch 30* – 25/44, carte 34/55.
• Table au cadre actuel située en face de la Maison du Tourisme de Gaume. Cuisine de base classique servie dans trois pièces en enfilade. Terrasse-jardin à l'arrière.
• Restaurant tegenover het VVV-kantoor van Gaume, met drie kamers-en-suite die eigentijds zijn ingericht. Klassieke keuken en tuin met terras aan de achterzijde.

Au Fil des Saisons, Faubourg d'Arival 40b, 0 63 58 22 02, *Fax 0 63 58 22 02*, – .
fermé lundi – **Rest** *Lunch 24* – 34/66 bc, carte 43/59.
• Au cœur de Virton, ex-bâtisse brassicole en pierre du pays où l'on prend place dans plusieurs salles étagées en mezzanines ou sur la terrasse de la cour. Carte actuelle.
• Deze voormalige bierbrouwerij van steen uit de streek, hartje Virton, heeft meerdere eetzalen op verschillende niveaus en een terras op de binnenplaats. Actuele kaart.

à Ruette *Sud-Est : 7 km Virton – 6760 Ruette :*

La Bajocienne, r. Abbé Dorion 22, 0 63 57 00 63, *Fax 0 63 57 94 67*, – .
Rest (dîner pour résidents seult) – **4 ch** 33/38 – 45/50 – ½ P 53/58.
• Agreste "bed and breakfast" tirant parti d'une belle ferme gaumaise ancienne. Chambres nettes, salon au coin du poêle et table d'hôtes où entrent des produits bio "maison".
• Landelijk gelegen, mooie oude boerderij in de stijl van Gaumeland. Keurige gastenkamers, salon met ouderwetse kachel en table d'hôte met zelfverbouwde biologische producten.

BELGIQUE

à Torgny *Sud-Ouest : 10 km* © *Rouvroy 1 983 h. – ✉ 6767 Torgny :*

L'Empreinte du Temps ⑤, r. Escofiette 12, ☎ 0 63 60 81 80, *lempreinte@skynet.be, Fax 0 63 57 03 44* – MC VISA. ✻ rest
fermé dernière semaine janvier-première semaine février, dernière semaine août-première semaine septembre, dimanche soir, lundi et mardi midi – **Rest** (menu unique) 24 – **11 ch** ☐ ★77/97 – ★★95/220.
◆ Petit hôtel séduisant établi dans l'ancienne école de Torgny. Façade typique en pierres du pays (1803) et agencement intérieur rustique-contemporain très réussi. Bon repas bien de notre temps servi dans une cave au décor harmonisé au style sobre de la maison.
◆ Klein hotel vol charme in de voormalige school van Torgny. De mooie voorgevel (1803) is gemaakt van lokale steen; geslaagd rustiek-modern interieur. Goede, eigentijdse keuken in een souterrain, waarvan de inrichting past bij de sobere stijl van het huis.

XXX **Auberge de la Grappe d'Or** ⑤ avec ch et annexe, r. Ermitage 18, ☎ 0 63 57 70 56, *la.grappe.dor@skynet.be, Fax 0 63 57 03 44,* – P ⇔. AE ① MC VISA. ✻ rest
fermé dernière semaine janvier-première semaine février, dernière semaine août-première semaine septembre, dimanche soir, lundi et mardi midi – **Rest** 54/137 bc, carte 65/88, – **10 ch** ☐ ★94/103 – ★★120/160 – ½ P 117/125.
◆ Un joli village de la Provence belge sert d'écrin à ce relais de bouche charmant. Cuisine évolutive signée par un nouveau chef. Bonne cave, tradition viticole locale oblige ! Chambres en rez-de-jardin et à l'étage, affichant parfois un petit côté bonbonnière.
◆ Dit sfeervolle restaurant staat in een mooi dorpje in de Belgische Provence. Creatieve keuken van een nieuwe chef. Goede wijnkelder, een must in deze wijnstreek! De kamers op de beneden- en bovenverdieping hebben iets snoeperigs.

VLIERMAAL *Limburg* **533** R 17 *et* **716** J 3 – *voir à Tongeren.* 10 **B3**

VLISSEGEM *West-Vlaanderen* **533** D 15 *et* **716** C 2 – *voir à De Haan.* 19 **C1**

VORST *Brussels Hoofdstedelijk Gewest – voir Forest à Bruxelles.*

VRASENE *9120 Oost-Vlaanderen* © *Beveren 45 705 h.* **533** K 15 *et* **716** F 2. 17 **D1**
Bruxelles 55 – Gent 49 – Antwerpen 13 – Sint-Niklaas 8.

XXX **Herbert Robbrecht,** Hogenakker 1 (sur N 451), ☎ 0 3 755 17 75, *info@herbertrobbrecht.be, Fax 0 3 755 17 36,* – P ⇔. AE ① MC VISA. ✻
fermé 1er au 9 janvier, 24 mars-3 avril, 14 juillet-5 août, 29 octobre-4 novembre, mardi soir, jeudi et samedi midi – **Rest** *Lunch 35* – 55/95 bc, carte 58/92, ♀.
Spéc. Anguille au vert. Langue de veau au madère, croquette d'escargots et chou vert (automne-hiver). Pigeon rôti et cuisses confites, garniture de saison.
◆ Moderne villa aan de rand van Vrasene met een tuin, zomerterras en waterpartij. Elegant hedendaags interieur en een culinair register dat goed bij de huidige smaak past.
◆ Aux portes de Vrasene, villa récente s'ouvrant sur un jardin agrémenté d'une terrasse d'été et d'une pièce d'eau. Cadre actuel élégant et registre culinaire au goût du jour.

VRESSE-SUR-SEMOIS *5550 Namur* **534** O 23 *et* **716** H 6 – *2 842 h.* 15 **C3**
Env. *au Nord-Est : Gorges du Petit Fays★ – Route de Membre à Gedinne ≤★★ sur "Jambon de la Semois" (site naturel) : 6,5 km.*
i *r. Albert Raty 83 ☎ 0 61 29 28 27, Fax 0 61 29 28 32.*
Bruxelles 154 – Namur 95 – Bouillon 29 – Charleville-Mézières 30.

Le Relais de Vresse, r. Albert Raty 72, ☎ 0 61 50 00 46, *le.relais.vresse@skynet.be, Fax 0 61 50 02 26,* – ▤ rest, P. AE ① VISA
ouvert 22 mars-1er janvier sauf 14 au 25 avril – **Rest** *(fermé mardi soir, mercredi et jeudi) Lunch 19* – 26, carte 40/51 – **20 ch** ☐ ★43/50 – ★★56/91 – ½ P 47/66.
◆ Devancée d'une terrasse estivale animée, cette auberge accueillante nichée au cœur d'un village touristique propose deux catégories de chambres correctement équipées. Ambiance ardennaise, menus bien vus et prix muselés : trois raisons de s'attabler ici.
◆ Deze vriendelijke herberg in een toeristisch dorp heeft een populair zomerterras aan de voorkant en twee categorieën kamers met prima voorzieningen. Ardense sfeer, aantrekkelijke menu's en schappelijke prijzen: drie goede redenen om hier aan tafel te gaan!

XX **Pont St. Lambert,** r. Ruisseau 8, ☎ 0 61 50 04 49, *pontstlambert@skynet.be, Fax 0 61 50 16 93,* ≤, – AE ① VISA
fermé 25 mars-11 avril, 23 juin-11 juillet, 22 septembre-3 octobre, mardi, mercredi et après 20 h 30 – **Rest** 17/50, carte 32/46.
◆ Un petit choix régional actualisé, proposant plusieurs menus, vous attend à cette enseigne. La terrasse offre la vue sur un vieux pont enjambant la Semois.
◆ Terras met uitzicht op de oude brug over de Semois. De eigentijdse kaart met regionale invloeden is beknopt, maar wordt uitgebreid met een aantal menu's.

à Laforêt *Sud : 2 km* C *Vresse-sur-Semois –* ✉ *5550 Laforêt :*

Auberge Moulin Simonis, rte de Charleville 42 (sur N 935), ☎ 0 61 50 00 81, *courrier@moulinsimonis.com, Fax 0 61 50 17 41,* ⛱, – – . VISA. rest
fermé janvier-carnaval et lundi sauf en juillet-août – **Rest** *(fermé après 20 h 30)* 20/75 bc, carte 36/46, ⅄ – **14** ch ☕ ✝63 – ✝✝70/80 – ½ P 55/60.
◆ Bon accueil familial en cet ancien moulin à eau isolé dans un vallon de verdure et de silence. Chambres refaites par étapes (d'abord l'étage). Côté bouche : classiques régionaux, menus tentateurs, bon choix de vins et additions sages. Terrasse sur pelouse.
◆ In deze oude watermolen, afgelegen in een rustig groen dal, wordt u vriendelijk onthaald. De kamers worden geleidelijk opgeknapt (bovenverdieping eerst). Klassieke regionale keuken, lekkere menu's, goede wijnen en billijke prijzen. Gazon met terras.

VROENHOVEN *3770 Limburg* C *Riemst 15 963 h.* **533** S 18 *et* **716** J 3. 11 **C3**
Bruxelles 106 – Hasselt 37 – Liègelt 26 – Aachen 42 – Maastricht 6.

Mary Wong, Maastrichtersteenweg 242, ☎ 0 12 45 57 57, *info@marywong.be, Fax 0 12 45 72 90,* Cuisine chinoise – AE VISA
fermé 18 février-6 mars et mercredi – **Rest** (dîner seult sauf dimanche) 21/49, carte 27/64, ⅄.
◆ Aardig en verzorgd Aziatisch restaurant bij de grens met Nederland. Moderne okerkleurige eetzaal met decoratie in de stijl van het Hemelse Rijk.
◆ Restaurant chinois aimable et soigné officiant à deux pas de la frontière belgo-hollandaise. Salle moderne aux tons ocre semée de références décoratives à l'Empire du Milieu.

WAASMUNSTER *9250 Oost-Vlaanderen* **533** J 16 *et* **716** F 2 – *10 302 h.* 17 **C2**
Bruxelles 39 – Gent 31 – Antwerpen 29.

La Cucina, Belselestraat 4 (sur E 17 - A 14, sortie ⑬), ☎ 0 52 46 00 29, *info@restaurantlacucina.be, Fax 0 52 46 34 59,* ⛱ – P. AE VISA.
fermé 2 dernières semaines juillet, mardi, mercredi et samedi midi – **Rest** 48/85 bc, carte 51/67.
◆ Dit restaurant in de stijl van een Provençaalse herenboerderij ontvangt u in een serene omgeving met mediterrane kleuren. Eigentijdse keuken met een licht Zuid-Frans accent.
◆ Ce restaurant plagiant le style "mas provençal" vous reçoit dans un cadre serein aux couleurs du Midi. Cuisine actuelle volontiers teintée de nuances méditerranéennes.

Roosenberg, Patotterijstraat 1, ☎ 0 3 722 06 00, *info@roosenberg.be, Fax 0 3 722 03 63,* ⛱, Grillades en salle, ouvert jusqu'à minuit – P. AE VISA.
fermé 24 et 31 décembre – **Rest** *Lunch 24* – carte 37/71, ⅄.
◆ Comfortabel café-restaurant in een grote moderne villa in koloniale stijl aan de rand van Waasmunster. Terras beschut door een galerij. Vergaderzalen.
◆ À l'approche de Waasmunster, taverne-brasserie cossue occupant une grande villa moderne de style vaguement colonial. Terrasse protégée par une galerie. Salles de réunions.

WACHTEBEKE *9185 Oost-Vlaanderen* **533** I 15 *et* **716** E 2 – *6 881 h.* 17 **C1**
Bruxelles 73 – Gent 18 – Middelburg 55 – Sas van Gent 10.

L'Olivette, Meersstraat 33, ☎ 0 9 342 04 17, *mb.171349@scarlet.be, Fax 0 9 342 05 19,* ⛱ –
fermé 2 premières semaines juin, Noël-nouvel an, dimanche midi et lundi midi – **Rest** *Lunch 27* – 29/60 bc, carte 34/51.
◆ Leuk restaurantje aan het oude jaagpad langs het kanaal. Aantrekkelijke kaart met Provençaalse gerechten en suggesties afhankelijk van het seizoen.
◆ Petit restaurant charmant au bord d'un chemin de halage longeant un canal. Attrayante carte inspirée par la Provence et ardoise de suggestions saisonnières.

WAIMES (WEISMES) *4950 Liège* **533** V 20, **534** V 20 *et* **716** L 4 – *6 728 h.* 9 **D2**
Bruxelles 164 – Liège 65 – Malmédy 8 – Spa 27.

Hotleu, r. Hottleux 106 (Ouest : 2 km), ☎ 0 80 67 97 05, *info@hotleu.be, Fax 0 80 67 84 62,* ⛱, , , – P – . AE VISA. rest
fermé 1er au 10 janvier et 22 au 30 juin – **Rest** *(fermé lundi midi, mardi midi, mercredi et après 20 h 30) Lunch 25* – 50, carte 41/51 – **15** ch ☕ ✝55/78 – ✝✝74/120.
◆ Confortable hôtel familial perché sur les hauteurs de Waimes. Intérieur classiquement aménagé, ambiance provinciale et plusieurs possibilités de distraction ou détente. Salle à manger bourgeoise agrémentée d'une terrasse surplombant le jardin.
◆ Dit comfortabele hotel in de heuvels van Waimes biedt talloze mogelijkheden voor ontspanning. Klassiek interieur en gemoedelijke ambiance. Traditioneel ingerichte eetzaal met een terras boven de tuin.

Cyrano, r. Chanteraine 11, ✆ 0 80 67 99 89, *info@cyrano.be, Fax 0 80 67 83 85*, – P – . AE VISA. rest
Rest *Lunch 25* – 33/75 bc, carte 28/68, – **14 ch** ★55/75 – ★★90 – ½ P 70/100.
• Juste "un peu de nez" suffit pour découvrir cet établissement sympathique. Toutefois, le héros de la pièce de Rostand n'aurait pu que s'y plaire, avec la belle Roxane ! Actuelle et inventive, la carte du restaurant trouve sa rime dans le vignoble de Bergerac.
• Wie een fijne neus heeft, vindt moeiteloos de weg naar dit sympathieke etablissement, dat is opgedragen aan de beroemde held uit het stuk van Rostand. De eigentijdse en inventieve keuken komt goed tot zijn recht bij de wijnen uit... Bergerac!

Auberge de la Warchenne avec ch, r. Centre 20, ✆ 0 80 67 93 63, – P. VISA
Rest *(fermé mercredi)* 22/39, carte 27/51 – **7 ch** ★50 – ★★80 – ½ P 53.
• Un bon accueil vous est réservé dans cette petite auberge familiale de type chalet. Restaurant décoré à la tyrolienne, carte traditionnelle et chambres proprettes.
• In deze kleine familieherberg in de stijl van een chalet wordt u goed ontvangen. Restaurant met een Tiroler interieur, traditionele kaart en kraakheldere kamers.

à Faymonville *Est : 2 km* *Waimes* – ✉ *4950 Faymonville* :

Au Vieux Sultan avec ch, r. Wemmel 12, ✆ 0 80 67 91 97, *info@auvieuxsultan.be, Fax 0 80 67 81 28*, , – , rest, rest, P. AE VISA
fermé 2 au 15 janvier, fin juin-début juillet, 2 semaines en décembre et dimanches soirs et lundis non fériés – **Rest** *Lunch 20* – 33/68, carte 45/68 – **10 ch** ★50 – ★★80/100 – ½ P 64/68.
• Au centre d'un village tranquille, hostellerie connue pour ses mets classiques de saison, revisités en douceur. Salle à manger actuelle. Chambres pratiques, assez agréables.
• Deze herberg in een rustig dorp staat bekend om zijn klassieke, seizoengebonden gerechten met een vleugje vernieuwing. Eigentijdse eetzaal. Praktische, vrij aangename kamers.

WALCOURT *5650 Namur* **533** L 21, **534** L 21 *et* **716** G 5 – *17 516 h.* 14 **B2**

Voir *Basilique St-Materne★ : jubé★, trésor★.*
Env. *au Sud : 6 km, Barrage de l'Eau d'Heure★, Barrage de la Plate Taille★.*
Grand'Place 25 ✆ 0 71 61 25 26, Fax 0 71 61 25 26.
Bruxelles 81 – Namur 57 – Charleroi 21 – Dinant 43 – Maubeuge 44.

Hostellerie Dispa avec ch, r. Jardinet 7, ✆ 0 71 61 14 23, *Fax 0 71 61 11 04*, – P. AE VISA.
fermé janvier, 15 février-5 mars, 3 semaines en septembre, mardi, mercredi et dimanche soir – **Rest** *(fermé mardi, mercredi, jeudi hors saison, dimanche soir et après 20 h 30) Lunch 18* – 33/86 bc, carte 40/70 – 10 – **6 ch** ★68 – ★★78 – ½ P 85.
• Deux ambiances contrastées dans cette ancienne maison de notable où il fait bon s'attabler : salle feutrée aux réminiscences Art déco ou véranda. Mets classico-traditionnels. Chambres différentes en format, agencement et décor, mais toutes cédées au même prix.
• Twee verschillende sferen in dit herenhuis, waar u goed kunt tafelen: eetzaal in artdecostijl of serre. Traditioneel-klassieke keuken. De kamers verschillen qua formaat, indeling en inrichting, maar de prijs is gelijk.

WANNE *Liège* **533** U 20, **534** U 20 *et* **716** K 4 – *voir à Trois-Ponts.* 9 **C2**

WANNEGEM-LEDE *Oost-Vlaanderen* **533** G 17 *et* **716** D 3 – *voir à Kruishoutem.*

WANZE *Liège* **533** Q 19, **534** Q 19 *et* **716** I 4 – *voir à Huy.*

WAREGEM *8790 West-Vlaanderen* **533** F 17 *et* **716** D 3 – *35 852 h.* 19 **D3**

Bergstraat 41 ✆ 0 56 60 88 08, Fax 0 56 62 18 23.
Bruxelles 79 – Brugge 47 – Gent 34 – Kortrijk 16.

St-Jan, Anzegemseweg 26 (Sud : 3 km, près E 17 - A 14, sortie ⑤), ✆ 0 56 61 08 88, *info@hotel-st-janshof.com, Fax 0 56 60 34 45* – P – . AE VISA. rest
fermé 20 décembre-1er janvier – **Rest** *(fermé samedi et dimanche soir)* (dîner seult sauf dimanche) 44 bc, carte 21/59 – **21 ch** ★65/95 – ★★85/125 – ½ P 78/90.
• Imposante villa aan een doorgaande weg op een industrieterrein langs de snelweg. De standaardkamers zijn van goed formaat en hebben dubbele ramen. Restaurant met een traditionele kaart en een menu incl. drank.
• À portée d'autoroute, imposante villa érigée au bord d'une chaussée passante traversant une zone industrielle. Chambres standard de bon format, munies du double vitrage. Restaurant présentant une carte traditionnelle assortie d'un menu boissons incluses.

BELGIQUE

De Peracker, Caseelstraat 45 (Ouest : 3 km sur rte de Desselgem, puis rte à gauche), ✆ 0 56 60 03 31, *deperacker@telenet.be, Fax 0 56 60 03 25,* ←, ☂, ☗ – ⇆ ♿ rest, P – ♨. AE MC VISA. ✂
Rest *(fermé vendredi et dimanche soir)* (dîner seult sauf dimanche) 30, carte 28/49 – **14 ch** ☐ ✦69/89 – ✦✦89/109.
• Dit hotel, dat door een familie wordt gerund, ligt even buiten Waregem bij een meertje, waar 's zomers bootjes te huur zijn. Het is gespecialiseerd in congressen en feesten. Functionele kamers. In het restaurant kunt u steengrillen. Terras aan het water.
• Cet hôtel familial excentré voisinant un étang que l'on peut sillonner en barque l'été venu, est spécialisé dans la tenue de banquets et séminaires. Chambres fonctionnelles. Table estimée des promeneurs pour ses grillades sur pierre. Terrasse au bord de l'eau.

't Oud Konijntje (Patricia Desmedt), Bosstraat 53 (Sud : 2 km près E 17 - A 14), ✆ 0 56 60 19 37, *info@oudkonijntje.be, Fax 0 56 60 92 12,* ☂ – ▤ P ⇔. AE ◑ MC VISA
fermé 1 semaine Pâques, fin juillet-début août, Noël-nouvel an, jeudi soir, vendredi et dimanche soir – **Rest** *Lunch 65 bc* – 75/140 bc, carte 90/112, ♀.
Spéc. Rouelles de homard bleu tièdes aux artichauts, caviar et velouté d'amandes amères. Tronçon de turbot braisé, poudre de pistaches, jambon cru séché, suc corsé à la truffe et huile d'olive. Pigeonneau et cannelloni à la mousseline de pois gourmands, cuisses confites en salade d'herbettes.
• Culinair genieten in een modern interieur in chique cottagestijl of buiten. Een zus in de keuken, een zus voor de bediening en een broer als sommelier: een echte familiezaak!
• Institution soignant les gourmets dans un décor moderne façon cottage chic ou dehors. Femme-chef, sa sœur au service, son frère aux flacons : une vraie histoire de famille !

Hobo's, Wortegemseweg 51 (près E 17 - A 14, sortie ⑤), ✆ 0 56 61 69 54, *info@hobos.be, Fax 0 56 60 90 56,* ☂ – P. AE MC VISA
fermé 1er au 11 février, 26 juillet-18 août, dimanche et lundi – **Rest** *Lunch 17* – 47/60 bc, carte 32/62.
• Gezellig restaurant in de stijl van een moderne bistro. Ruime en lichte eetzaal, waarin hout de boventoon voert. Groot terras en enkele Japanse specialiteiten op de kaart.
• Accueillant restaurant style "bistrot bien dans le coup". Ample et lumineuse salle où domine le bois blond, grande terrasse d'été et quelques spécialités nippones à la carte.

BELGIQUE

Berto, Holstraat 32, ✆ 0 56 44 30 15, *info@berto-waregem.be, Fax 0 56 44 30 16* – ▤ P ⇔. VISA. ✂
fermé 2 dernières semaines mars, 3 dernières semaines septembre, dimanche et lundi – **Rest** *Lunch 25* – 50, carte 42/60.
• Gerenoveerd herenhuis met een terras op de binnenplaats. Bar met mozaïek, designlampen, witgemaakte houten planken en modern zwart meubilair. Verfijnde keuken.
• Maison de notable relookée au-dedans et dotée d'une terrasse sur cour. Bar en mosaïque, éclairage design, planchers blanchis et mobilier contemporain noir. Cuisine élaborée.

à Sint-Eloois-Vijve *Nord-Ouest : 3 km* C *Waregem* – ✉ *8793 Sint-Eloois-Vijve :*

De Houtsnip, Posterijstraat 56, ✆ 0 56 61 13 77, *info@houtsnip.be, Fax 0 56 61 28 10,* ☂ – ▤ P ⇔. AE ◑ MC VISA
fermé 1 semaine en février, 28 juillet-15 août, mardi, mercredi et dimanche soir – **Rest** 30/40, carte 39/47, ♀.
• Statig herenhuis, waar u voor een schappelijke prijs de honger kunt stillen met een goed eigentijds menu. Eetzalen met een mix van klassieke en moderne decoratieve elementen.
• Maison de maître à fière allure où un bon menu actuel et raisonnablement tarifé comblera votre appétit. Salles mariant des éléments décoratifs classiques et contemporains.

Bistro Desanto, Gentseweg 558, ✆ 0 56 60 24 13, *info@bistrodesanto.be, Fax 0 56 61 17 84,* ☂, Ouvert jusqu'à 23 h – P ⇔. AE ◑ MC VISA
fermé première semaine vacances Pâques, 2 premières semaines août, 24 au 31 décembre, dimanche, lundi et jours fériés – **Rest** *Lunch 20* – carte 30/51.
• Trendy bistro met eigentijdse gerechten geserveerd in de ultramoderne eetzaal of op het mooie groene terras met een mix van tropisch hout en aluminium.
• Bistrot nouvelle tendance envoyant de la cuisine d'aujourd'hui dans un décor au design "ultra-fashion" ou sur sa belle terrasse verte mariant le bois exotique à l'aluminium.

WAREMME (BORGWORM) *4300 Liège* **533** *Q 18,* **534** *Q 18 et* **716** *I 3 – 14 050 h.* 8 **A1**
Bruxelles 76 – Liège 28 – Namur 47 – Sint-Truiden 19.

Le Petit Axhe, r. Petit-Axhe 12 (Sud-Ouest : 2 km, lieu-dit Petit Axhe), ✆ 0 19 32 37 22, *lepetit-axhe@skynet.be, Fax 0 19 32 88 92,* ☂ – P ⇔. AE ◑ MC VISA
fermé lundi, mardi, mercredi soir et samedi midi – **Rest** *Lunch 32* – 43/78 bc, carte env. 60.
• Maison appréciée pour son répertoire culinaire assez inventif, le confort de ses salles à manger et le soin apporté à la mise en place sur les tables. L'été, repas au jardin.
• Dit restaurant valt in de smaak vanwege zijn vrij inventieve culinaire repertoire, comfortabele eetzalen en fraai gedekte tafels. Bij goed weer kan in de tuin worden gegeten.

WATERLOO *1410 Brabant Wallon* **533** L 18, **534** L 18 *et* **716** G 3 – *29 315 h.* 3 **B2**

(2 parcours) *à l'Est : 5 km à Ohain, Vieux Chemin de Wavre 50 ☎ 0 2 633 18 50, Fax 0 2 633 28 66 - (2 parcours) au Sud-Ouest : 5 km à Braine-l'Alleud, chaussée d'Alsemberg 1021 ☎ 0 2 353 02 46, Fax 0 2 354 68 75.*

chaussée de Bruxelles 218 ☎ 0 2 352 09 10, Fax 0 2 354 22 23 – Fédération provinciale de tourisme, chaussée de Bruxelles 218 ☎ 0 2 352 09 10, info@waterloo-tourisme.be, Fax 0 2 354 22 23.

Bruxelles 18 – Wavre 29 – Charleroi 37 – Namur 61 – Nivelles 15.

Grand Hôtel, chaussée de Tervuren 198, ☎ 0 2 352 18 15, *ghw@martinshotels.com, Fax 0 2 352 18 88,* , – rest, – . AE VISA.
Rest *(fermé jours fériés midis, samedi midi et dimanche midi) Lunch 16* – 39 carte 34/49 – **79 ch** 210/290 – 240/590 – ½ P 260/340.
• Cet hôtel cossu, au passé industriel sucrier (19e s.), renferme de grandes chambres modernes rénovées, au même titre que le bar et la belle terrasse. Vaste brasserie installée sous de vieilles voûtes en briques rouges s'appuyant sur des piliers en pierre.
• Comfortabel hotel in een voormalige suikerfabriek uit de 19e eeuw. De grote, moderne kamers zijn gerenoveerd, net als de bar en het mooie terras. Grote brasserie met een oud gewelf van rode baksteen dat op natuurstenen pilaren rust.

Le Côté Vert, chaussée de Bruxelles 200g, ☎ 0 2 354 01 05, *info@cotevert.be, Fax 0 2 354 08 60* – – . AE VISA
fermé 25 décembre-2 janvier – **Rest** voir rest ***La Cuisine "au Vert"*** ci-après – **29 ch** 131 – 146.
• Emplacement proche du centre, mais plutôt tranquille et bien verdoyant, pour cet hôtel dont les chambres offrent un bon niveau de confort. Extension et réorganisation prévues.
• Dit comfortabele hotel staat vlak bij het centrum in een vrij rustige buurt met veel groen. Er bestaan plannen voor een uitbreiding en reorganisatie.

Le 1815, rte du Lion 367, ☎ 0 2 387 01 60, *Fax 0 2 385 29 31,* – , rest, . VISA
Rest (ouvert jusqu'à 23 h) carte 22/37 – **15 ch** 90 – 100/170.
• Peut-être croiserez-vous l'ex-Diable rouge Enzo Scifo dans cette bâtisse jaune postée à 200 m de la butte du Lion. Chambres inspirées par les protagonistes du 18 juin 1815. Salle de restaurant actuelle ; cuisine de même.
• In dit gele gebouw op 200 m van de Leeuw van Waterloo loopt u misschien Enzo Scifo, ex-voetballer van de Rode Duivels, tegen het lijf. De inrichting van de kamers is geïnspireerd op de slag bij Waterloo van 18 juni 1815. Eigentijdse eetzaal en dito keuken.

Le Joli-Bois sans rest, r. Ste-Anne 59 (Sud : 2 km à Joli-Bois), ☎ 0 2 353 18 18, *info@waterloohotel.be, Fax 0 2 353 05 16,* – . AE VISA
fermé 22 décembre-6 janvier et 21 au 27 juillet – **14 ch** 85/97 – 99/115.
• Établissement à taille humaine situé dans un quartier résidentiel paisible, proche du ring. Chambres confortables. Petit-déjeuner dans la véranda ouvrant sur le jardin.
• Dit hotel in een rustige woonwijk, niet ver van de Ring, heet u graag welkom. De kamers zijn gerieflijk. Het ontbijt wordt gebruikt in de serre, die uitkijkt op de tuin.

XX **La Cuisine "au Vert"** - H. Le Côté Vert, chaussée de Bruxelles 200g, ☎ 0 2 357 34 94, *info@cotevert.be, Fax 0 2 354 08 60,* – . AE VISA
fermé dernière semaine juillet-2 premières semaines août, dernière semaine décembre-première semaine janvier, samedi et dimanche – **Rest** *Lunch 18* – 35, carte env. 40, 𝕐.
• Cuisine classico-actuelle proposée momentanément dans une salle à manger improvisée, en attendant que se terminent les travaux de restructuration du lieu.
• De actueel-klassieke gerechten worden tijdelijk in een geïmproviseerde eetzaal opgediend, in afwachting van de verbouwing.

XX **L'Opéra,** chaussée de Tervuren 178, ☎ 0 2 354 86 43, *lopera@skynet.be, Fax 0 2 354 19 69,* , Cuisine italienne – . AE VISA
fermé août, samedi midi et dimanche – **Rest** *Lunch 30* – 50, carte 42/68, 𝕐.
• Ample "ristorante-wine bar" au design italien très léché. Harmonie gris et pourpre en salle, marbres de Vérone et de Carrare et belle toile montrant un célèbre opéra vénitien.
• Italiaans restaurant met wijnbar en trendy interieur met harmonieuze grijs- en purperkleuren, marmer uit Verona en Carrare, en een schildering van een Venetiaanse opera.

XX **Le Jardin des Délices,** chaussée de Bruxelles 253, ☎ 0 2 354 80 33, *jardindesdelices@skynet.be, Fax 0 2 354 80 33,* – AE VISA
fermé première semaine septembre, dimanche soir, lundi et mardi – **Rest** *Lunch 12* – 35/50 bc, carte 28/52.
• Devanture en bois dissimulant une salle à manger agrémentée de lambris blonds et de sièges et banquettes à motifs zébrés. Petite terrasse arrière entourée de verdure.
• Houten pui met daarachter een eetzaal met lichte lambrisering en stoelen en bankjes in zebraprint. Klein terras aan de achterkant midden in het groen.

BELGIQUE

XX **Rêve Richelle,** Drêve Richelle 96, ☎ 0 2 354 82 24, *reverichelle@hotmail.com, Fax 0 2 354 82 24,* – P. AE MC VISA
fermé 1er au 8 janvier, août, dimanche et lundi – **Rest** *Lunch 19* – 35/69 bc, carte 42/62.
◆ Villa rajeunie vous conviant à un repas classico-actuel dans un cadre sympathique. L'été, une petite terrasse en bois exotique, enrobée de glycine, s'installe côté jardin.
◆ In deze gerenoveerde villa kunt u genieten van een actueel-klassieke maaltijd in een leuk interieur. 's Zomers terrasje met teakhouten meubelen en blauweregen aan de tuinkant.

X **Pierre Romano,** r. Station 29, ☎ 0 2 353 27 90, *Fax 0 2 353 27 90,* – . AE MC VISA
fermé dimanche – **Rest** *Lunch 29* – 45/55, carte 30/55.
◆ Petit restaurant traditionnel œuvrant en famille un peu à l'écart du centre. Accueillante salle dotée de meubles en bois cérusé et de tables espacées. Terrasse côté jardin.
◆ Traditioneel restaurantje buiten het centrum, dat door een familie wordt gerund. Uitnodigende eetzaal met houten meubelen en tafels met veel ruimte ertussen. Tuin met terras.

X **Yves Lemercier,** chaussée de Charleroi 72 (N 5, direction butte du lion), ☎ 0 2 387 17 78, *info@yveslemercier.be, Fax 0 2 387 17 78,* , Rôtissoire à vue – P. AE MC VISA
fermé première semaine juillet, 1 semaine en août, jeudi, dimanche et après 20 h 30 – **Rest** (menu unique) 33/50.
◆ Ce restaurant convivial, proche de la butte du lion, limite son offre à un menu où charcuteries maison (bon boudin noir) et bœuf de Simmenthal ont la cote. Rôtissoire à vue.
◆ Gemoedelijk restaurant met grill in de zaal, bij de Leeuwenheuvel. Er is slechts één menu, met huisgemaakte vleeswaren (lekkere bloedworst) en Simmenthal-rundvlees.

X **Chez Lucien,** chaussée de Bruxelles 178, ☎ 0 2 353 07 24, *lucienmajois@hotmail.com, Fax 0 2 353 07 24,* – . AE MC VISA
fermé 2 au 8 janvier, 1er au 10 octobre, lundi et samedi midi – **Rest** *Lunch 12* – carte 34/53.
◆ Une petite maison bien plaisante à vivre : salles à manger de style néo-rustique intimiste, cuisine traditionnelle généreuse et mini-terrasse arrière à l'ambiance méridionale.
◆ Leuk pandje met sfeervolle neorustieke eetzalen en achter een piepklein terras met een zuidelijke sfeer. Gulle traditionele keuken.

BELGIQUE

WATERMAEL-BOITSFORT (WATERMAAL-BOSVOORDE) *Région de Bruxelles-Capitale*
533 L 18 – *voir à Bruxelles.* 5 **B2**

WATOU *8978 West-Vlaanderen C Poperinge 19 623 h.* **533** A 17 *et* **716** A 3. 18 **A3**
Bruxelles 146 – Brugge 81 – Kortrijk 55 – Lille 49.

X **Gasthof 't Hommelhof,** Watouplein 17, ☎ 0 57 38 80 24, *info@hommelhof.be, Fax 0 57 38 85 90,* , Cuisine à la bière – . AE MC VISA
fermé 1 semaine en janvier, 2 semaines en juin, 1 semaine en novembre et lundi soir, mardi soir, mercredi et jeudi soir sauf en juillet-août – **Rest** 32/47, carte 34/53.
◆ Goed restaurant in het hart van een brouwersdorp bij de Franse grens. De muren van de twee eetzalen zijn met gedroogde hop versierd. Traditionele keuken met biergerechten.
◆ Table blottie au centre d'un village brassicole proche de la frontière française. Bonne cuisine à la bière régionale servie dans deux salles agrestes égayées de houblon séché.

WAVRE (WAVER) *1300* P *Brabant Wallon* **533** M 18, **534** M 18 *et* **716** G 3 – *32 201 h.* 4 **C2**
18 9 chaussée du Château de la Bawette 5 ☎ 0 10 22 33 32, Fax 0 10 22 90 04 - 18 au Nord-Est : 10 km à Grez-Doiceau, Les Gottes 3 ☎ 0 10 84 15 01, Fax 0 10 84 55 95.
Hôtel de Ville, r. Nivelles 1 ☎ 0 10 23 03 52, info@mtab.be, Fax 0 10 23 03 56.
Bruxelles 32 – Charleroi 45 – Leuven 26 – Liège 87 – Namur 40.

Plan page ci-contre

Novotel, r. Wastinne 45, ✉ 1301, ☎ 0 10 41 13 63, *H1645@accor.com, Fax 0 10 41 19 22,* , , – P – . AE MC VISA B a
Rest *Lunch 15* – carte 25/40 – 15 – **102 ch** 75/160 – 75/160.
◆ Retrouvez, aux portes de Wavre, près de l'autoroute et d'un parc d'attractions, l'ensemble des prestations habituelles de la chaîne Novotel. Chambres tournées vers la piscine.
◆ Dit hotel aan de rand van Waver, vlak bij de snelweg en het pretpark, biedt alle voorzieningen die gebruikelijk zijn voor de Novotelketen. Kamers met zicht op het zwembad.

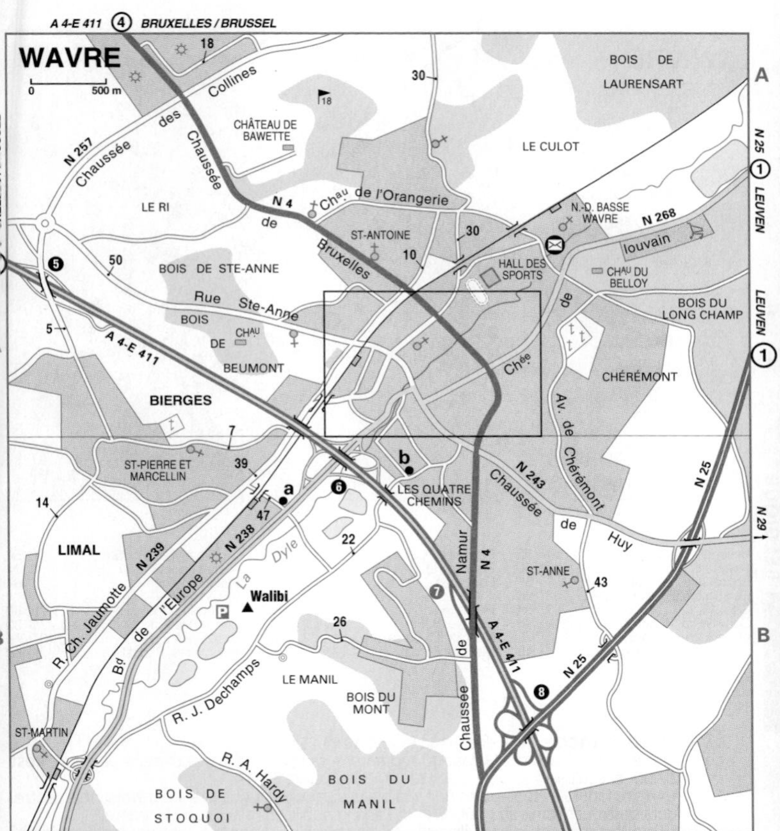

Wavre, r. Manil 91, ✉ 1301, ☎ 0 10 24 33 34, *reservation@wavre-hotel.be et info@wavrehotel.be, Fax 0 10 24 36 80* – ascenseur, ch, P – AE VISA. rest — B b
Rest (dîner seult) 18, carte 23/43 – 10 – **71 ch** 75/225 – 90/245 – ½ P 70/130.
• Bâtisse en brique située dans une zone d'activités commerciales proche de l'autoroute et d'un grand parc d'attractions. Chambres fonctionnelles fraîches et nettes. Restaurant proposant des préparations traditionnelles, dont un choix de grillades.
• Dit hotel is gehuisvest in een bakstenen gebouw op een bedrijventerrein vlak bij de snelweg en een groot pretpark. Propere, frisse en functionele kamers. Restaurant met traditionele schotels, waaronder grillspecialiteiten.

At Home sans rest, pl. Bosch 33, ☎ 0 10 22 83 83, *melinda.bacq@skynet.be, Fax 0 10 81 69 39* – P. AE VISA. — C f
5 – **18 ch** 68/100 – 73/200.
• Hôtel propret officiant au cœur de la capitale du Brabant wallon. Un escalier tournant donne accès aux chambres à touches provençales ou exotiques. Accueil familial spontané.
• Kraakhelder hotel in het centrum van de hoofdstad van Waals-Brabant. Een wenteltrap leidt naar de kamers met een Provençaalse of exotische noot. Gastvrij onthaal.

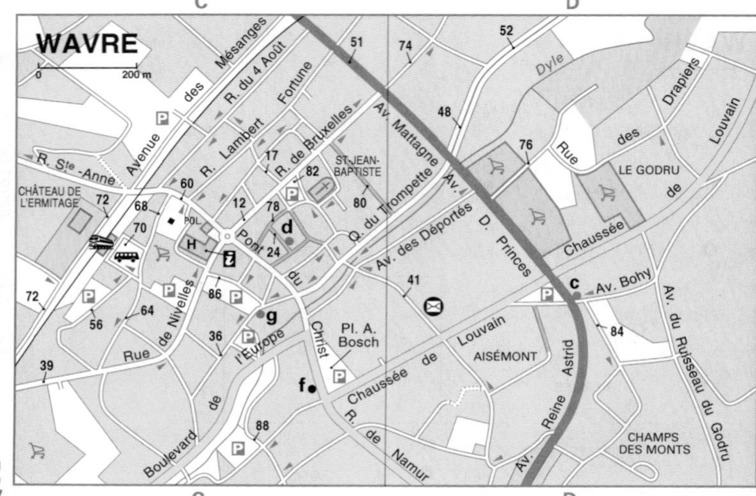

BELGIQUE

Carte Blanche, av. Reine Astrid 8, 0 10 24 23 63, – . D c
fermé 1er au 10 janvier, 18 août-10 septembre, samedi midi, dimanche soir et lundi – **Rest** (déjeuner seult sauf samedi) *Lunch 17* – 30/60 bc, carte 35/49.
◆ Affaire familiale établie dans une villa bordée par une longue avenue traversant le centre. Mets classiques remis au goût du jour. Parking public en face ; salon à l'arrière.
◆ Familierestaurant in een villa aan een lange laan die door het centrum loopt. Modern-klassieke keuken en salon aan de achterzijde. Openbaar parkeerterrein aan de overkant.

Le Bateau Ivre, Ruelle Nuit et Jour 19, 0 10 24 37 64, *mattagnehugues@yahoo.fr, Fax 0 10 24 37 64,* – . AE VISA C d
fermé dimanche et lundi – **Rest** *Lunch 15* – 35, carte 38/50, .
◆ Dans une ruelle piétonne, adresse prisée pour sa cuisine actuelle à composantes méditerranéennes, ses vins choisis et l'atmosphère intime de sa salle. Jolie terrasse sur cour.
◆ Dit restaurant in een voetgangerssteeg is in trek vanwege de eigentijdse keuken met mediterrane invloeden, lekkere wijn en sfeervolle eetzaal. Mooi terras op de binnenplaats.

La Table des Templiers, Chemin du Temple 10 (Nord-Ouest : 3 km), 0 10 88 13 50, *info@latabledestempliers.be* – . VISA C h
fermé samedi et dimanche – **Rest** *Lunch 25* – 40/60, carte 48/75.
◆ Table actuelle à l'ambiance historique en cette belle ferme-château (17e s.) bâtie sur un plan carré. Chapelle gothique, terrasse aux abords verdoyants, banquets le week-end.
◆ Deze mooie kasteelhoeve (17e eeuw) op een vierkant grondplan is nu een eigentijds restaurant met een historische ambiance. Gotische kapel, terras en banqueting in het weekend.

Rotissimus, r. Fontaines 60, 0 10 24 54 54, *rotissimus@restowavre.be*, , Grillades – . AE VISA C g
fermé dernière semaine juillet-première semaine août, samedi et dimanche – **Rest** *Lunch 16* – 30, carte 30/59.
◆ En centre-ville, maison à façade bordeaux et au décor intérieur rustique actualisé. Plats classiques-traditionnels et de brasserie ; rôtissoire en salle et lunch démocratique.
◆ Restaurant in het centrum met een bordeauxrode gevel en een actueel-rustiek interieur. Klassieke keuken met brasserieschotels, grill in de zaal en een goedkoop lunchmenu.

WEGNEZ *Liège* **533** T 19 *et* **534** T 19 – *voir à Pepinster.*

WEISMES *Liège – voir Waimes.*

WELLIN *6920 Luxembourg belge* **534** P 22 *et* **716** I 5 – *2 941 h.* 12 **B2**
Bruxelles 110 – Arlon 83 – Bouillon 44 – Dinant 34 – Namur 54 – Rochefort 14.

La Papillote, r. Station 5, ✆ 0 84 38 88 16, *lapapillote@skynet.be, Fax 0 84 38 70 46* – ⇔. AE MC VISA
fermé 1er au 9 janvier, 15 juillet-7 août, mardi soir, mercredi, samedi midi et dimanche soir – **Rest** 24/73 bc, carte 32/57.
◆ Maison bourgeoise nichée au cœur du village. Généreux menu au goût du jour reprenant des plats de la carte. Homards puisés au vivier et suggestions quotidiennes sur écriteau.
◆ Herenhuis in het hart van het dorp. Genereus eigentijds menu met gerechten van de kaart, maar u kunt ook kiezen voor kreeft uit het homarium of suggesties op een leitje.

à Halma *Sud-Est : 3 km* C *Wellin* – ✉ *6922 Halma :*

Hostellerie Le Père Finet avec ch, r. Libin 75 (lieu-dit Neupont), ✆ 0 84 38 81 35, *perefinet@skynet.be, Fax 0 84 38 82 12,* – P ⇔. AE MC VISA
fermé 25 février-18 mars – **Rest** *(fermé lundi midi en hiver)* Lunch 18 – 22/64 bc, carte 39/49 – **10 ch** *(fermé lundi et mardi en hiver)* ★60/65 – ★★65/72 – ½ P 67/69.
◆ Auberge familiale de tradition, à l'emplacement d'un ex-arrêt de tram vicinal. Carte et menu-chevalet où entrent mer (homard) et terroir. Véranda, terrasse et jardin. Ambiance sympa, chambres aux noms de fleurs, nouvelle piscine et biquettes autour de l'étang.
◆ Traditionele familieherberg bij een voormalige tramhalte. Kaart en menu met vis- en streekproducten, waaronder kreeft. Serre, terras en tuin. Leuke kamers met bloemennamen. Nieuw zwembad en geitjes rond de vijver.

WEMMEL *Vlaams-Brabant* **533** K 17 *et* **716** F 3 – *voir à Bruxelles, environs.*

WENDUINE *8420 West-Vlaanderen* C *De Haan 11 925 h.* **533** D 15 *et* **716** C 2. 19 **C1**
Bruxelles 111 – Brugge 17 – Oostende 16.

Hostellerie Astrid, Astridplein 2, ✆ 0 50 41 21 37, *info@hostellerieastrid.be, Fax 0 50 42 36 26,* – P. MC VISA. rest
Rest (dîner pour résidents seult) – **10 ch** ★60 – ★★75/85 – ½ P 63/73.
◆ In deze villa naast de tennisbaan en 300 m van de kust wacht u een fijn onthaal. Goed onderhouden kamers, verzorgd ontbijt en tuin met terras. Moderne eetzaal en dito kookstijl (reserveren). Lekkere wijnen en niet duur. De bazin is tevens sommelière.
◆ Cette villa vous réservant un bon accueil jouxte des courts de tennis et se situe à 300m du rivage. Chambres bien tenues, breakfast soigné, jardin-terrasse. Repas au goût du jour dans un cadre actuel (prévenir). Bons vins sagement tarifés. Patronne-sommelière.

Georges sans rest, De Smet de Naeyerlaan 19, ✆ 0 50 41 90 17, *hotel.georges@telenet.be, Fax 0 50 41 21 99,* – P. MC VISA
fermé 3 au 27 novembre – **18 ch** ★55/90 – ★★75/90.
◆ Mooi gebouw uit 1900, kenmerkend voor de vroegere luister van deze badplaats, die door de snelle groei verloren is gegaan. Familiebedrijf met eenvoudig comfort.
◆ À deux pas de la digue, belle bâtisse dont l'architecture 1900 reflète le style de la "reine des stations" avant son urbanisation effrénée. Tenue familiale. Confort simple.

Rita, Kerkstraat 34, ✆ 0 50 41 19 09, *frankyarnou@telenet.be, Fax 0 50 41 19 09,* – ♿. VISA
fermé mi-novembre-mi-décembre et lundi – **Rest** 26/40, carte 25/56.
◆ Gemoedelijk restaurant dat al 3 generaties door dezelfde familie wordt gerund. Traditionele kaart met palinggerechten. Modern interieur met zithoek en omheind terrasje.
◆ Table familiale connue depuis 3 générations dans la Kerkstraat. Cordialité, choix traditionnel alléchant, recettes d'anguille, cadre actuel, coin salon et miniterrasse close.

WÉPION *Namur* **533** O 20, **534** O 20 *et* **716** H 4 – *voir à Namur.*

Om u te helpen bij het kiezen van een gastronomische maaltijd, vermelden wij bij ieder MICHELIN sterrenrestaurant de 3 belangrijkste specialiteiten van het huis.

BELGIQUE

WESTENDE *8434 West-Vlaanderen © Middelkerke 17 841 h.* **533** B 16 *et* **716** B 2 – *Station balnéaire.* 18 **B1**

Bruxelles 127 – Brugge 40 – Oostende 11 – Veurne 14 – Dunkerque 40.

à Westende-Bad *Nord : 2 km © Middelkerke – ✉ 8434 Westende :*

Roi Soleil sans rest, Charles de Broquevillelaan 17, ☎ 0 59 30 08 08, *Fax 0 59 31 50 74* – P
6 ch ☐ ★65/75 – ★★80/100.
◆ Als de Zonnekoning straalt, wordt er ontbeten op het terras met teakhouten meubelen aan de voorkant van deze villa. De behaaglijke kamers zijn genoemd naar de maîtresses van Lodewijk XIV. Gerieflijke eetzaal in een originele kleurstelling.
◆ Villa devancée d'une terrasse d'été meublée en teck, où l'on petit-déjeune quand brille le Roi Soleil. Chambres douillettes nommées d'après les courtisanes de Louis XIV.

Hostellerie Melrose, Henri Jasparlaan 127, ☎ 0 59 30 18 67, *hotel@melrose.be, Fax 0 59 31 02 35,* – P – . AE ⓓ MC VISA
Rest *(fermé jeudi sauf 15 juin-15 septembre et après 20 h 30) Lunch 17* – 27/85 bc, carte 36/84 – **10 ch** ☐ ★49/79 – ★★74/88 – ½ P 65/72.
◆ Familiebedrijf in een villa met uitbouw in de buurt van het strand. Comfortabele en ruime kamers; die op de benedenverdieping hebben een eigen terras. Tuin met bonsais. Klassieke kaart met kwaliteitsproducten in het restaurant. Gastronomische weekends.
◆ Hôtel-villa et son extension exploités en famille à proximité de la plage. Chambres confortables et spacieuses ; terrasse individuelle pour celles d'en bas. Bonzaïs au jardin. À table, choix classique où entrent des produits nobles. Week-ends gastronomiques.

St-Laureins, Strandlaan 12 (Ouest : 1 km, Sint-Laureinsstrand), ☎ 0 58 23 39 58, *info@st-laureins.be, Fax 0 58 23 08 99,* ←, – rest. MC VISA
fermé 15 novembre-15 décembre – **Rest** *(fermé mercredi)* 26/43 bc, carte 30/54 – **10 ch** ☐ ★56 – ★★85 – ½ P 70.
◆ Hotelletje in de duinen met mooie doorkijkjes naar zee. De kamers zijn allemaal verschillend. Restaurant met een beschut terras, dat in 1927 als eenvoudig strandtentje begon! De specialiteiten zijn langoestine en scampi.
◆ Plaisantes échappées littorales par les baies de ce petit hôtel niché dans les dunes. Chambres aux décors disparates. Restaurant pourvu d'une terrasse abritée. Spécialités de langoustine et de scampi. Tout a débuté en 1927, par un simple cabanon de plage !

Marquize, Henri Jasparlaan 175, ☎ 0 59 31 11 11, *Fax 0 59 30 65 83,* – AE ⓓ MC VISA
fermé 2 semaines début mars, 2 semaines fin juin, 2 semaines début octobre, mercredi sauf 15 juillet-15 août, mardi et après 20 h 30 – **Rest** *Lunch 22* – 48/58, carte 43/75.
◆ Mooie cottage met cosy retro-interieur, vriendelijk onthaal, klantgerichte bediening en verrukkelijke recepten die bij de huidige smaak passen. Terras naast de trambaan.
◆ Accueil tout sourire, service proche du client et appétissantes recettes au goût du jour en ce joli cottage au cadre rétro-cosy. Terrasse voisinant avec une ligne de tramway.

De Prins, Priorijlaan 24, ☎ 0 59 30 05 93, *Fax 0 59 30 05 93* – . MC VISA
fermé 3 semaines début janvier, dernière semaine novembre-première semaine décembre, mercredi sauf vacances scolaires et jeudi – **Rest** 26/57 bc carte 29/45.
◆ Dit restaurant heeft een open keuken en hier en daar een nautisch accent. Klassiek-traditionele kaart; bouillabaisse is de specialiteit van het huis.
◆ Une carte classico-traditionnelle incluant une spécialité de bouillabaisse vous sera soumise à cette table au décor vaguement nautique. Cuisines à vue ; ambiance au beau fixe.

WESTERLO *2260 Antwerpen* **533** O 16 *et* **716** H 2 – *22 896 h.* 2 **C3**

Env. *au Nord : 2 km à Tongerlo : Musée Leonardo da Vinci★.*

Boerenkrijglaan 25 ☎ 0 14 54 54 28, info@toerismewesterlo.be, Fax 0 14 54 76 56.

Bruxelles 57 – Antwerpen 46 – Diest 20 – Turnhout 30.

Geerts avec ch, Grote Markt 50, ☎ 0 14 54 40 17, *info@hotelgeerts.be, Fax 0 14 54 18 80,* , avec taverne-rest., , – rest, P . AE ⓓ MC VISA.
fermé 31 janvier-14 février et 18 août-12 septembre – **Rest** *(fermé mercredi et dimanche soir) Lunch 30* – 50/90 bc, carte 62/86 – **18 ch** ☐ ★100 – ★★121 – ½ P 75/129.
◆ Dit hotel-restaurant is sinds 1920 van dezelfde familie. Modern-klassieke gerechten en dito inrichting. Café en theesalon aan de kant van de oranjerie. Siertuin met terrassen. Aangename kamers om de avond waardig te besluiten.
◆ Hostellerie tenue par la même famille depuis 1920. Table classico-moderne sur le plan décoratif et culinaire, taverne-tea room côté orangerie, jardin d'apparat avec terrasses. Chambres avenantes pour prolonger l'étape dans de bonnes conditions.

XX **'t Kempisch Pallet,** Bergveld 120 (Ouest : 4 km sur N 152), ☎ 0 14 54 70 97, *info@kempischpallet.be, Fax 0 14 54 70 57,* – P ⇔. AE ⓓ ⓜⓒ VISA.
fermé samedi midi, dimanche soir et lundi – **Rest** 35/73 bc, carte 49/59.
• Dit restaurant, dat al 25 jaar bestaat, is gevestigd in een karakteristiek boerderijtje in 't groen. Hedendaagse keuken, modern interieur en tuin met terras aan de achterkant.
• Restaurant établi depuis 25 ans dans une fermette typique entourée de verdure. Repas au goût du jour, décor intérieur actualisé et terrasse arrière dominant le jardin.

WESTKAPELLE *West-Vlaanderen* **533** E 15 *et* **716** C 2 – *voir à Knokke-Heist.* 19 **C1**

WESTOUTER *8954 West-Vlaanderen* C *Heuvelland 8 217 h.* **533** B 18 *et* **716** B 3. 18 **B3**
Bruxelles 136 – Brugge 66 – Ieper 14 – Lille 39.

Reverie, Rodebergstraat 26, ☎ 0 57 44 48 19, *hotel@reverie.be, Fax 0 57 44 87 40,* <, , – P – . ⓜⓒ VISA.
fermé 25 juin-7 juillet – **Rest** (dîner pour résidents seult) – **8 ch** ★85/100 – ★★95/125 – ½ P 73/80.
• Dit gebouw van baksteen en vakwerk op de top van de Rodeberg beschikt over keurige, gerenoveerde kamers met een mooi uitzicht op het platteland van Vlaanderen.
• Cette bâtisse en briques et colombages juchée sur le Rodeberg (mont Rouge) abrite des chambres fraîches et nettes offrant une belle vue sur la campagne flandrienne.

WEVELGEM *8560 West-Vlaanderen* **533** E 18 *et* **716** C 3 – *31 020 h.* 19 **C3**
Bruxelles 99 – Brugge 54 – Kortrijk 8 – Lille 23.

Cortina, Lauwestraat 59, ☎ 0 56 41 25 22, *info@hotel-cortina.be, Fax 0 56 41 45 67,* – , rest, P – . AE ⓓ ⓜⓒ VISA
Rest ***Pinogri*** *(fermé 18 au 24 février, 28 juillet-3 août et jeudi)* *Lunch 27* – 40/70 bc, carte 33/48, ♀ – **26 ch** *(fermé 21 juillet-15 août, 24 au 26 décembre et 31 décembre)* ★76/110 – ★★92/125.
• Etablissement met infrastructuur voor feestmaaltijden en seminaries. Een reusachtige zaal voor diverse doeleinden grenst aan de receptie, waar een trap naar de kamers leidt. Warm, eigentijds interieur, moderne bistrokeuken en bijpassende sfeer in Pinogri.
• Établissement hôtelier centré sur la tenue de banquets et séminaires. Une très grande salle polyvalente donne accès à la réception où un escalier dessert les chambres. Décor actuel chaleureux, cuisine de bistrot moderne et ambiance assortie au Pinogri.

XX **De Abdijpoort,** Lauwestraat 170 (accès par Kloosterstraat), ☎ 0 56 41 80 75, *info@restaurant-abdijpoort.be,* – P. ⓓ ⓜⓒ VISA.
fermé 16 août-9 septembre, mardi soir et mercredi – **Rest** *Lunch 30* – 40/69 bc, carte 51/60.
• Ietwat verscholen restaurant in de overblijfsels van een oude boerderij tussen de weilanden. Mooi terras dat uitkijkt op een boomgaard die doorloopt tot het riviertje.
• Ce restaurant un peu caché tire agréablement parti des vestiges d'une ancienne ferme entourée de prés. Belle terrasse tournée vers un verger descendant jusqu'à la rivière.

X **Bistro Biggles** 1er étage, Luchthavenstraat 1 (dans l'aérodrome), ☎ 0 56 37 33 00, *bistro.biggles@hotmail.com,* <, – P ⇔.
fermé 18 juillet-15 août, 2 semaines vacances Noël, mardi soir et mercredi – **Rest** *Lunch 16* – 40, carte 36/50.
• Op de 1e verdieping van een luchthavengebouw is deze moderne bistro te vinden, waarvan de halfronde eetzaal uitkijkt op de startbaan. Kleine eigentijdse kaart met veel vis.
• Au 1er étage d'un bâtiment aéroportuaire, bistrot moderne en forme de demi-rotonde offrant une belle vue sur les pistes. Petite carte actuelle à dominante poissonneuse.

à Gullegem *Nord : 5 km* C *Wevelgem* – ✉ *8560 Gullegem :*

XXX **Gouden Kroon,** Koningin Fabiolastraat 41, ☎ 0 56 40 04 76, *info@restaurantgoudenkroon.be, Fax 0 56 42 83 66,* – P ⇔. AE ⓜⓒ VISA
fermé samedi midi, dimanche soir, lundi midi et mercredi soir – **Rest** *Lunch 47 bc* – 59/115 bc, carte 55/74.
• Herenhuis uit 1900 in het centrum van Gullegem, met een goede klassieke keuken. De chef-kok heeft zijn proeve van bekwaamheid afgelegd bij de koninklijke familie in Laken.
• Maison de maître 1900 située au centre de Gullegem. Le chef, qui a fait ses armes auprès de la famille royale à Laeken, propose une cuisine classique de bon aloi.

Uw ervaringen interesseren ons. Schrijf ons over de adressen die u goed vond of teleurstellend.
Uw op- of aanmerkingen zijn hartelijk welkom.

BELGIQUE

WIBRIN *Luxembourg belge* **534** T 22 *et* **716** K 5 – *voir à Houffalize.*

WIERDE *Namur* **533** O 20, **534** O 20 *et* **716** H 4 – *voir à Namur.* 15 **C1**

WIJNEGEM *Antwerpen* **533** M 15 *et* **716** G 2 – *voir à Antwerpen, environs.*

WILLEBROEK *2830 Antwerpen* **533** L 16 *et* **716** G 2 – *23 044 h.* 1 **A3**
Bruxelles 29 – Antwerpen 22 – Mechelen 10 – Sint-Niklaas 22.

XX **Breendonck,** Dendermondsesteenweg 309 (près du fort), ✆ 0 3 886 61 63, *helga@restaurantbreendonk.be, Fax 0 3 886 25 40,* ⛱, Avec taverne-rest – ▤ 🅿 ⇔.
fermé 12 juillet-2 août, 26 au 31 décembre, vendredi soir et samedi – **Rest** *Lunch 13* – 36/67 bc, carte 38/58.
◆ Dit etablissement uit 1972, tegenover het fort (gedenkteken en museum), is zowel een moderne taverne met terras als een restaurant dat in modern-klassieke stijl is opgeknapt.
◆ Un restaurant rajeuni dans le goût classico-actuel et une taverne moderne avec véranda et terrasse se partagent cet établissement fondé en 1972 face au fort (mémorial-musée).

WILSELE *Vlaams-Brabant* **533** N 17 *et* **716** H 3 – *voir à Leuven.*

WOLUWE-ST-LAMBERT **(SINT-LAMBRECHTS-WOLUWE)** *Région de Bruxelles-Capitale* **533** L 17 *et* **716** G 3 – *voir à Bruxelles.* 5 **B2**

WOLUWE-ST-PIERRE **(SINT-PIETERS-WOLUWE)** *Région de Bruxelles-Capitale* **533** L 18 *et* **716** G 3 – *voir à Bruxelles.* 5 **B2**

WOLVERTEM *Vlaams-Brabant* **533** K 17 *et* **716** F 3 – *voir à Bruxelles, environs.*

WORTEGEM-PETEGEM *9790 Oost-Vlaanderen* **533** G 17 *et* **716** D 3 – *5 977 h.* 16 **A3**
⛳18 ⛳9 *Kortrijkstraat 52* ✆ *0 55 33 41 61, Fax 0 55 31 98 49.*
Bruxelles 80 – Gent 32 – Kortrijk 24 – Oudenaarde 8.

XX **Bistronoom,** Waregemseweg 155 (Wortegem), ✆ 0 56 61 11 22, *info@bistronoom.be, Fax 0 56 60 38 11,* ⛱ – 🅿 ⇔.
fermé vacances Pâques, 2 premières semaines septembre, mardi soir, mercredi et samedi midi – **Rest** *Lunch 25* – 45 bc, carte 31/92.
◆ Fiere villa met tuin, waar u 's zomers heerlijk buiten kunt eten. Eetzalen op meerdere verdiepingen, actuele kaart met bistrogerechten. Accurate bediening.
◆ Fière villa donnant sur un jardin où l'on dresse le couvert en été. Salles de restaurant étagées, carte actuelle-bourgeoise un peu bistrotière, accueil et service dynamiques.

YPRES *West-Vlaanderen – voir Ieper.*

YVOIR *5530 Namur* **533** O 21, **534** O 21 *et* **716** H 5 – *8 450 h.* 15 **C2**
Env. *à l'Ouest : Vallée de la Molignée*★.
⛳18 *au Nord : 10 km à Profondeville, Chemin du Beau Vallon 45* ✆ *0 81 41 14 18, Fax 0 81 41 21 42.*
Bruxelles 92 – Namur 22 – Dinant 8.

⌂ **Ferme de l'Airbois** 🐎, Tricointe 55, ✆ 0 82 61 41 43, *mca@airbois.com, Fax 0 82 61 41 43,* ≤, ⛱, 🏊, ⛱, 🌳 – ⇔ 🅿.
Rest (résidents seult) – **11 ch** ☕ ★80/110 – ★★110/130.
◆ Sur les crêtes mosanes, dans un site boisé, ancienne ferme réaménagée et dotée de belles grandes chambres dont les salles d'eau sont habillées de carreaux peints à la main.
◆ Op de bergkam van het Maasbekken, omringd door bossen, staat deze gerenoveerde boerderij. De mooie grote kamers hebben badkamers met handgeschilderde tegeltjes.

ZAVENTEM *Vlaams-Brabant* **533** L 17 *et* **716** G 3 – *voir à Bruxelles, environs.*

ZEDELGEM *West-Vlaanderen* **533** D 16 *et* **716** C 2 – *voir à Brugge, environs.*

ZEEBRUGGE *West-Vlaanderen* © *Brugge 117 224 h.* **533** E 14 *et* **716** C 1 – ✉ *8380 Zeebrugge (Brugge).* 19 **C1**

Liaison maritime Zeebrugge-Hull : P and O North Sea Ferries, Leopold II Dam 13 (Kaaien 106-108) ☎ *0 70 70 77 71.*

Bruxelles 111 ② – *Brugge 15* ② – *Knokke-Heist 8* ① – *Oostende 25* ③.

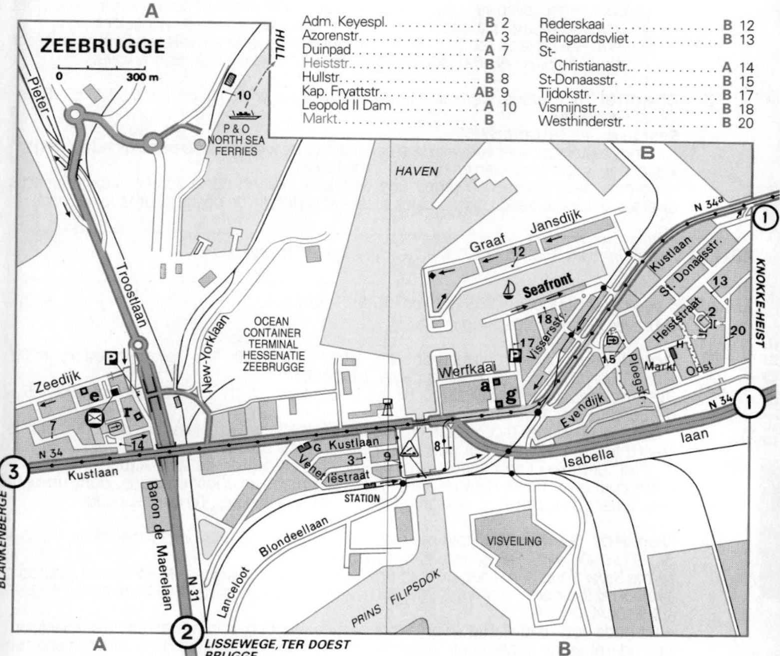

Monaco, Baron de Maerelaan 26, ☎ 0 50 54 44 37, *hotelmonacozeebrugge@skynet.be, Fax 0 50 54 44 85,* – |♦| – . AE ⓓ ⓜⓒ VISA. A r

Rest *(fermé vendredi et dimanche soir)* carte 29/40 – **15 ch** ☕ ✝75 – ✝✝90.

◆ Dit kleine hotel ligt vlak bij de kust en is ideaal voor wie de ferry neemt. Goed comfort in de kamers, die ruim en licht zijn. De spijskaart is eenvoudig, maar bevat veel visspecialiteiten. Uitsluitend à la carte.

◆ Pratique lorsque l'on a un ferry à prendre, ce petit hôtel bénéficie aussi de la proximité de la digue. Bon confort dans les chambres, bien calibrées, claires et actuelles. Repas simple, mais généreusement iodé. Choix uniquement à la carte.

Maritime sans rest, Zeedijk 6, ☎ 0 50 54 40 66, *hotelmaritime@skynet.be, Fax 0 50 54 66 08,* ≤ – |♦| P. AE ⓜⓒ VISA A e

12 ch ☕ ✝75/96 – ✝✝83/96.

◆ Dit hotel in een twee verdiepingen tellend gebouw aan de boulevard beschikt over goede kamers; die aan de voorkant zijn het grootst en bieden een weids uitzicht.

◆ Hôtel occupant deux étages d'un grand immeuble du front de mer. Chambres correctement équipées ; les meilleures (plus amples et panoramiques) se distribuent en façade.

XXX **Maison Vandamme** 1er étage, Kustlaan 170, ☎ 0 50 55 13 51, *maisonvandamme@resto.be, Fax 0 50 55 01 79* – |♦| P. AE ⓓ ⓜⓒ VISA B g

fermé 2 semaines en janvier, 2 semaines en juillet, 2 semaines en octobre, mardi et mercredi – **Rest** *Lunch 35* – 60/125 bc, carte 69/130.

◆ Dit oude pakhuis in een buurt met veel bedrijven is nu een trendy restaurant met kaviaar als specialiteit. In het aquarium zwemt steur. Loungebar.

◆ Dans un secteur semi-industriel, ex-entrepôt métamorphosé en restaurant au cadre "ultra-tendance" avec, pour spécialité, le caviar. Aquarium peuplé d'esturgeons. Loungebar.

XX ✿✿ **'t Molentje** (Danny Horseele), Baron de Maerelaan 211 (par ② : 2 km sur N 31), ☎ 0 50 54 61 64, *molentje@scarlet.be, Fax 0 50 54 79 94,* – P. AE MC VISA.
fermé 1 semaine en mars, 1 semaine en juin, 2 semaines en septembre, mercredi et dimanche – **Rest** (prévenir) *Lunch 65* – 165 bc, carte 85/134.
Spéc. Plancha de gambas aux condiments orientaux, sabayon au lait de coco. Parmentier de pied de cochon à la truffe (décembre-mars). Porcelet en aigre-doux, sauce au foie d'oie.
◆ Leuk boerderijtje, even van de doorgaande weg af. Geraffineerd neorustiek interieur met een zwartgelakt houten plafond. Fijne, eigentijdse keuken en goede wijnkelder.
◆ Jolie fermette tapie en retrait d'un axe passant. Fine cuisine actuelle servie dans un décor néo-rustique du plus bel effet, sous un plafond en bois laqué noir. Bonne cave.

X **Channel 16** 1er étage, Werfkaai 13, ☎ 0 50 60 16 16, *go@ch16.be, Fax 0 50 78 82 18,* –. AE D MC VISA B a
Rest *Lunch 18* – 38, carte 37/55.
◆ Trendy restaurant met een relaxte sfeer. Eigentijdse kaart met diverse invloeden, design-verlichting, grote glaspuien en uitzicht op de haven.
◆ Adresse décontractée où règne une ambiance "hype". Carte actuelle aux influences diverses, éclairage design, larges baies vitrées et la flottille de pêche pour toile de fond.

ZELLIK *Vlaams-Brabant* **533** K 17 *et* **716** F 3 – *voir à Bruxelles, environs.*

ZELZATE *9060 Oost-Vlaanderen* **533** H 15 *et* **716** E 2 – *12 176 h.* 16 **B1**
Bruxelles 76 – Gent 20 – Brugge 44.

Royal, Burg. Jos. Chalmetlaan 21, ☎ 0 9 361 09 15, *royalzelzate@skynet.be, Fax 0 9 361 12 24,* – , rest – . AE MC VISA
Rest *(fermé samedi midi)* 28/40 bc, carte 32/41 – **27** ch ★63/85 – ★★90/105 – ½ P 80/100.
◆ Centraal hotel met recente kamers, de helft met kitchenette. Klassieke kaart met enkele kreeftrecepten en vriendelijk geprijsde menu's. Terras op de binnenplaats.
◆ Hôtel central où l'on s'endort dans de chambres récentes, de style actuel ; une kitchenette équipe la moitié d'entre elles. Table présentant un choix classique, dont un petit assortiment de recettes de homard et des menus à prix justes. Terrasse sur cour.

XX **Den Hof** avec ch, Stationsstraat 22, ☎ 0 9 345 60 48, *info@denhof.be, Fax 0 9 342 93 60,* , – rest, P. AE MC VISA. ch
fermé 3 dernières semaines juillet et fin décembre-début janvier – **Rest** *(fermé jeudi soir, samedi midi, dimanche et après 20 h 30) Lunch 14* – 35/61 bc, carte 35/54 – **16 ch** ★80/95 – ★★100/120.
◆ Dit oude hotel is ideaal voor vergaderingen, banqueting, tuinfeesten en privémaaltijden. Gemoderniseerde eetzalen en terras met pergola aan de tuinkant. Verschillende soorten eigentijdse kamers in het hoofd- en bijgebouw. Plezierige ontbijtzaal.
◆ Cette hôtellerie ancienne soigne vos réunions, banquets, garden parties et repas privés. Salles modernisées et terrasse-pergola braquées vers le jardin. Plusieurs genres de chambres actuelles dans le corps de logis et l'annexe. Plaisante salle de breakfast.

ZEVERGEM *Oost-Vlaanderen* **533** H 17 – *voir à Gent, environs.*

ZILLEBEKE *West-Vlaanderen* **533** C 18 *et* **716** B 3 – *voir à Ieper.*

ZINGEM *9750 Oost-Vlaanderen* **533** G 17 *et* **716** D 3 – *6 793 h.* 16 **B3**
Bruxelles 57 – Gent 23 – Kortrijk 35 – Oudenaarde 9.

à Huise *Ouest : 2,5 km* C *Zingem* – ✉ *9750 Huise :*

Gasthof 't Peerdeke, Gentsesteenweg 45 (N 60), ☎ 0 9 384 55 11, *motel@peerdeke.be, Fax 0 9 384 26 16,* – rest, P – . MC VISA.
Rest *(fermé 2 dernières semaines juillet-1re semaine août, 24, 25 et 31 décembre, 1er janvier et dimanche) Lunch 30* – 28/45 bc, carte 42/58 – **15 ch** ★70 – ★★85/90 – ½ P 85/95.
◆ Klein motel aan de as Gent-Oudenaarde, in een bakstenen gebouw dat aan een boerderij uit de streek doet denken. De functionele kamers zijn toegankelijk via de binnenplaats. De eetzaal is in neorustieke stijl ingericht.
◆ Sur l'axe Gent-Oudenaarde, petit motel installé dans une construction en briques rappelant une ferme régionale. Chambres fonctionnelles desservies par une cour intérieure. Salle des repas décorée dans la note néo-campagnarde.

à Ouwegem *Ouest : 5 km* ☐ *Zingem –* ✉ *9750 Ouwegem :*

XX **Benoit en Bernard Dewitte,** Beertegemstraat 52, ✆ 0 9 384 56 52, *info@benoit dewitte.be,* – P ⇔. VISA. ✗
fermé première semaine janvier, première semaine vacances de Pâques, première semaine août, première semaine novembre, samedi midi, dimanche soir et lundi – **Rest** Lunch 35 – 60, carte 53/75.
◆ Twee jonge broers onthalen u in deze sfeervolle villa achter een haag in een woonwijk op het platteland. Terras en boomgaard. Aanbod beperkt tot één menu. Kwaliteitsproducten.
◆ Deux jeunes frères vous régalent dans cette villa bien cosy, cachée derrière sa haie, en campagne résidentielle. Terrasse et verger. Offre réduite à un menu. Produits choisis.

ZINNIK *Hainaut – voir Soignies.*

ZOLDER *3550 Limburg* ☐ *Heusden-Zolder 30 769 h.* **533** Q 16 *et* **716** I 2. 10 **B2**

au Nord-Est : 10 km à Houthalen, Golfstraat 1 ✆ *0 89 38 35 43, Fax 0 89 84 12 08 -* *à l'Ouest : 14 km à Paal, Donckstraat 30* ✆ *0 13 61 89 50, Fax 0 13 61 89 49.*
Bruxelles 77 – Hasselt 12 – Diest 22 – Maastricht 46.

X **Laurus,** Stationsstraat 67, ✆ 0 11 53 11 14, *resto.laurus@skynet.be, Fax 0 11 53 11 15,* – P ⇔. AE MC VISA. ✗
fermé vacances carnaval, 15 au 31 août, mardi et mercredi – **Rest** Lunch 29 – 32/68 bc, carte 39/64.
◆ Restaurant in een oud bakstenen huis dat is gerenoveerd. Warm en cosy interieur, serre en terras met Amerikaanse barbecue. Lunchmenu met veel keuze. Grillschotels.
◆ Restaurant installé dans une vieille maison en brique rénovée. Cadre chaleureux et cosy, véranda et barbecue américain en terrasse. Lunch multi-choix. Spécialité de grillades.

au Sud-Ouest : *7 km par N 729, sur Omloop (circuit) Terlamen –* ✉ *3550 Zolder :*

XXX **De Schalmei,** Sterrenwacht 153, ✆ 0 11 25 17 50, *info@restaurant-schalmei.be, Fax 0 11 25 38 75,* – P ⇔. AE MC VISA
fermé 1 semaine vacances Pâques, vacances bâtiment, mercredi, samedi midi et dimanche – **Rest** Lunch 30 – 40/70 bc, carte 52/72.
◆ Mooie villa in een doodlopende straat in een woonwijk met veel groen. De racebaan is vanaf het terras te zien. Eigentijdse keuken en modern interieur.
◆ Belle villa blottie dans une impasse du quartier résidentiel verdoyant qui domine le circuit de vitesse, visible de la terrasse. Cuisine actuelle et décor intérieur moderne.

à Bolderberg *Sud-Ouest : 8 km sur N 729* ☐ *Heusden-Zolder –* ✉ *3550 Zolder :*

Soete Wey, Kluisstraat 48, ✆ 0 11 25 20 66, *info@soete-wey.be, Fax 0 11 87 10 59,* , , – – P – . AE MC VISA. ✗ rest
fermé 1er au 13 janvier et 15 juillet-1er août – **Rest** *(fermé dimanche)* (dîner seult) 32/71 bc, carte 46/61 – **20 ch** 60/110 – 83/150 – ½ P 62/82.
◆ Dit hotel ligt verscholen tussen het groen, in een woonwijk die heel landelijk aandoet. Sobere kamers, tuin om heerlijk te relaxen en talloze wandelmogelijkheden. De bakstenen, open haard en hanenbalken geven het restaurant iets rustieks; rustgevend uitzicht.
◆ Hostellerie nichée sous les frondaisons, dans un secteur résidentiel bucolique. Chambres sobres, jardin de repos et nombreuses possibilités de promenades. Briques, cheminée et poutres donnent un air rustique au restaurant ; vue ressourçante par les fenêtres.

XX **Prêt-à-Goûter,** St-Jobstraat 83, ✆ 0 11 20 16 80, *info@pretagouter.be,* – P ⇔. AE MC VISA. ✗
fermé 15 au 30 septembre, jeudi et samedi midi – **Rest** Lunch 45 – 65/115 bc, carte 72/112, ♀.
◆ Mooie oude herberg met witgekalkte muren, waar de hele familie meehelpt. Klassieke kaart met vernieuwende inbreng. Moderne eetzalen met parket en truffelmenu in het seizoen.
◆ Soyez "prêt à goûter" une cuisine classico-évolutive soignée en cette belle auberge familiale ancienne aux murs blanchis. Salles modernes parquetées. Menu "truffes" en saison.

à Heusden *Nord-Ouest : 6 km* ☐ *Heusden-Zolder –* ✉ *3550 Heusden :.*
Heldenplein 1 ✆ *0 11 53 02 30, toerisme@heusden-zolder.be, Fax 0 11 53 02 31.*

XXX **Convivium,** Guido Gezellelaan 140, ✆ 0 11 42 55 58, *info@convivium.be, Fax 0 11 45 55 17,* , Avec cuisine italienne – P ⇔. AE MC VISA. ✗
fermé 2 dernières semaines juillet, lundi, mardi et samedi midi – **Rest** Lunch 29 – 40/90 bc.
◆ Restaurant in eigentijds gebouw aan de rand van Heusden. Grote, eigentijdse eetzaal, dito Frans-Italiaanse keuken en bijpassende wijnen. Gezellige salon.
◆ Édifice contemporain situé à l'approche de Heusden. Salon "cosy", ample salle à manger de notre temps et prestation culinaire actuelle, franco-italienne, à l'image de la cave.

BELGIQUE

XX **De Wijnrank**, Kooidries 10, ✆ 0 11 42 55 57, *de.wijnrank@pandora.be*, – P ⇔. AE ⓓ ⓜⓒ VISA
fermé 3 semaines en septembre, mardi et samedi midi – **Rest** *Lunch 32* – 34/65 bc, carte 37/61.
• Een oude ijskar brengt wat fantasie in de eetzaal van dit restaurant met rieten dak, waar een familie de scepter zwaait. Klassieke keuken en goede, gekalligrafeerde wijnkaart.
• Une vieille charrette de glacier apporte un peu de fantaisie à la salle de ce restaurant familial coiffé d'un toit de chaume. Choix classique. Bon livre de cave calligraphié.

ZOMERGEM *9930 Oost-Vlaanderen* 533 G 16 *et* 716 D 2 – *8 011 h.* 16 B2

Bruxelles 77 – Gent 21 – Brugge 38 – Roeselare 53.

à Ronsele *Nord-Est : 3,5 km* C *Zomergem* – ✉ *9932 Ronsele :*

XX **Landgoed Den Oker**, Stoktevijver 36, ✆ 0 9 372 40 76, – P ⇔. AE ⓜⓒ VISA
fermé 1er au 16 mars, 9 au 18 juillet, 1er au 20 septembre, dimanche soir, lundi et mercredi – **Rest** *Lunch 37* – 64/84 bc, carte 68/131.
• Dit boerderijtje bij het kanaal van Schipdonk heeft tal van gotische elementen in de eetzaal en op het terras met uitzicht op de tuin. Klassieke keuken.
• Près du canal de Schipdonk, fermette offrant les plaisirs d'un repas classique dans un décor composite aux réminiscences gothiques ou sur la terrasse tournée vers le jardin.

ZOTTEGEM *9620 Oost-Vlaanderen* 533 H 17 *et* 716 E 3 – *24 548 h.* 16 B3

Bruxelles 46 – Gent 29 – Aalst 24 – Oudenaarde 18.

X **New Century 2000**, Buke 4, ✆ 0 9 360 99 50, Cuisine chinoise, ouvert jusqu'à 23 h – P ⇔. ⓓ VISA.
fermé jeudi – **Rest** *Lunch 10* – 19/42 bc, carte 16/57.
• Uitgebreide kaart met gerechten die alle Chinese regio's bestrijken, talrijke menu's en dagsuggesties. Liefhebbers van de Aziatische keuken komen hier beslist aan hun trekken!
• Important choix de recettes représentant toutes les régions de Chine, menus nombreux et suggestions : de quoi mettre l'eau à la bouche aux amateurs du genre !

à Elene *Nord : 2 km* C *Zottegem* – ✉ *9620 Elene :*

XX **Bistro Alain**, Leopold III straat 1 (angle Elenestraat), ✆ 0 9 360 12 94, *bistro-alain@skynet.be*, *Fax 0 9 361 08 03*, – P. AE ⓓ ⓜⓒ VISA
fermé 22 janvier-7 février, 8 août-1er septembre, mercredi, jeudi et dimanche soir – **Rest** *Lunch 20* – carte 42/53.
• Deze designbistro in een oude watermolen speelt met het contrast tussen rood en wit. In de achterste zaal kan gastronomisch worden getafeld. Terras met teakhouten meubelen.
• Dans un ancien moulin à eau, bistrot "design" jouant sur le contraste du rouge et du blanc. Arrière-salle plus "gastro" et vivifiante terrasse d'été dotée de meubles en teck.

Het ZOUTE *West-Vlaanderen* C *Knokke-Heist* 533 E 14 *et* 716 C 1 – *voir à Knokke-Heist.* 19 C1

ZOUTLEEUW (LÉAU) *3440 Vlaams-Brabant* 533 P 18 *et* 716 I 3 – *7 947 h.* 4 D2

Bruxelles 59 – Leuven 38 – Sint-Truiden 8 – Tienen 14 – Maastricht 48.

Boyenhov sans rest, Louis Claeslaan 4 (Booienhoven), ✆ 0 11 78 21 31, *boyenhov@skynet.be*, *Fax 0 11 78 31 26*, , , – P.
fermé novembre – **4 ch** ☕ ★50/58 – ★★80/95.
• Mooi huis op het platteland, waar de gasten in goed ingedeelde kamers overnachten. Weelderige lounge, vriendelijke ontbijtzaal en grote tuin met vijver.
• À la campagne, jolie maison où vous serez hébergés dans des chambres bien agencées. Salon cossu, salle des petits-déjeuners accueillante et grand jardin agrémenté d'un étang.

ZUIENKERKE *West-Vlaanderen* 533 D 15 *et* 716 C 2 – *voir à Blankenberge.*

De rood gedrukte aanduiding « Rest » geeft het etablissement aan dat door ons is onderscheiden met een ✿ (ster) of een (Bib Gourmand).

ZUTENDAAL *3690 Limburg* **533** S 17 *et* **716** J 3 – *6 929 h.* 11 **C2**

Oosterzonneplein 1, ☎ 0 89 62 94 51, toerisme@zutendaal.be, Fax 0 89 62 94 30.
Bruxelles 104 – Hasselt 20 – Liège 38 – Maastricht 16.

XX **Bellagio** avec ch, Daalstraat 9, ☎ 0 89 61 11 31, *deklok-zutendaal@skynet.be, Fax 0 89 61 24 70,* , – . AE MC VISA. rest
Rest *(fermé mardi soir, mercredi et samedi midi)* 40, carte env. 64 – **11 ch** ☐ 54 – 95 – ½ P 75.
◆ Trendy restaurant met een hippe inrichting, lounge-ambiance, wereldkeuken en mooi terras aan de voorkant. Redelijk geprijsde kamers voor het aangeboden comfort.
◆ Table au goût du jour appréciée pour son décor intérieur moderne très tendance, son ambiance "lounge", sa jolie terrasse avant et sa carte fusionnant divers styles culinaires. Chambres raisonnablement tarifées pour ne niveau de confort offert.

ZWEVEGEM *8550 West-Vlaanderen* **533** F 18 *et* **716** D 3 – *23 674 h.* 19 **D3**

Bruxelles 91 – Brugge 48 – Gent 46 – Kortrijk 6 – Lille 31.

XX **Molenberg,** Kwadepoelstraat 51, ☎ 0 56 75 93 97, *rest_molenberg@hotmail.com, Fax 0 56 75 93 97,* – P. AE MC VISA
fermé 1 semaine Pâques, 2 semaines en août, samedi midi, dimanche soir, lundi soir et mercredi – **Rest** *Lunch 44* – 63/105 bc, carte 62/112.
◆ In deze oude molenaarswoning op het platteland wacht u een goed verzorgde, klassieke maaltijd in de gezellige neorustieke eetzaal of bij goed weer op het terras.
◆ Cette ancienne maison de meunier, à débusquer en pleine campagne, vous convie à un repas classique soigné dans une salle néo-rustique mignonne ou sur la terrasse d'été.

à Sint-Denijs *Sud : 6 km* C *Zwevegem* – ✉ *8554 Sint-Denijs :*

X **De Muishond,** Zandbeekstraat 15 (par N 50, puis prendre Beerbosstraat), ☎ 0 56 45 51 11, *Fax 0 56 45 51 11,* , Grillades – P. AE.
fermé lundi soir, mardi et samedi midi – **Rest** carte 36/55.
◆ Boerderijtje met een mooi terras in de omgeving van Kortrijk. Traditionele gerechten en op houtskool geroosterd vlees. Hier zwaait dezelfde familie al 30 jaar de scepter.
◆ Fermette typée un peu perdue dans la campagne courtraisienne. Choix traditionnel, gril au feu de bois en salle et jolie terrasse. Exploitation familiale depuis plus de 30 ans.

ZWIJNAARDE *Oost-Vlaanderen* **533** H 17 *et* **716** E 2 – *voir à Gent, périphérie.*

Grand-Duché de Luxembourg

Lëtzebuerg

AHN (OHN) Wormeldange 2 312 h. **717** X 25 et **716** M 7. 21 **C3**
Luxembourg 36 – Ettelbrück 51 – Remich 15 – Trier 27.

XXX **Mathes,** rte du Vin 39, ✉ 5401, ✆ 76 01 06, *mathesah@vo.lu, Fax 76 06 45,* ≤, 🏡, ⚓ – ▤ P ⇔. VISA
fermé 6 au 9 février, 27 décembre-11 janvier, lundi et mardi – **Rest** *Lunch 35* – 58/78, carte 51/70, ♀.
• Restaurant établi de longue date en bord de Moselle vigneronne. Carte au goût du jour, salle panoramique et deux terrasses : face à la rivière et près de l'étang du jardin.
• Seit langem am weinbewachsenen Moselufer etabliertes Restaurant mit zeitgemäßer Küche, Panoramasaal und zwei Terrassen: eine am Ufer, die andere nahe dem Gartenteich.

ALZINGEN (ALZÉNG) **717** V 25 – *voir à Luxembourg, environs.*

BASCHARAGE (NIDDERKÄERJHÉNG) **717** U 25 et **716** K 7 – *6 841 h.* 20 **B3**
Luxembourg 19 – Esch-sur-Alzette 14 – Arlon 21 – Longwy 17.

Gulliver, r. Nicolas Meyers 58 (sur N 31, direction Niederkorn), ✉ 4918, ✆ 504 45 51, *gulliver@pt.lu, Fax 504 45 52,* 🏡 – |♦| ⇆, ▤ rest, ♿ rest, 🚗 P – 🏋. AE ⓓ ⓜ VISA
Rest *(fermé 24 décembre)* (avec cuisine italienne) *Lunch 14 bc* – 22/47 bc, carte 22/61, ♀ –
51 ch ☕ ✝60/120 – ✝✝70/130 – ½ P 75/135.
• Bâtisse d'aspect engageant située dans un secteur résidentiel proche du Pôle Européen de Développement. Accès aisé aux axes routiers transfrontaliers. Chambres uniformes. Table franco-italienne où se retrouve, au déjeuner, la clientèle des bureaux alentours.
• Reizvoller Bau in einem eleganten Viertel, in der Nähe des Europäischen Entwicklungszentrums. Verkehrsgünstig gelegen, mit einheitlichen Zimmern. Büroangestellte aus der Umgebung bevölkern mittags das Restaurant mit französisch-italienischer Küche.

Beierhaascht, av. de Luxembourg 240, ✉ 4940, ✆ 26 50 85 50, *info@beierhaascht.lu, Fax 26 50 85 99,* 🏡 – |♦| ⇆ ♿ ch, 🚗 P. AE ⓜ VISA
Rest 20, carte 18/40, ♀ – **30 ch** ☕ ✝61/73 – ✝✝68/86 – ½ P 71/83.
• Cet hôtel contemporain est curieusement agrégé à une brasserie artisanale et à une boucherie-charcuterie spécialisée dans les salaisons ! Bonnes chambres parquetées. Restaurant agrémenté de grandes cuves de brassage. Choix traditionnel et cochonnailles maison.
• Dem modernen Hotel sind eine Hausbrauerei und eine Fleischerei angeschlossen. Schöne Zimmer mit Parkettboden. Mit zwei großen Sudkesseln ausgestattetes Restaurant. Traditionelle Menüauswahl und nach Art des Hauses zubereitete Gerichte vom Schwein.

XX **Le Pigeonnier,** av. de Luxembourg 211, ✉ 4940, ✆ 50 25 65, *info@lepigeonnier.lu, Fax 50 53 30,* 🏡 – P ⇔. ✂
fermé 15 août-15 septembre, samedi midi, dimanche soir, lundi et mardi – **Rest** *Lunch 35* – 70, carte 55/70.
• Ex-grange vous conviant à festoyer dans un cadre rustique. Tomettes, poutres et pierres apparentes en salle ; espace réservé aux banquets à l'étage. Choix classique actualisé.
• Die ehemalige Scheune lädt zum Verweilen in rustikalem Rahmen ein. Steinmauern und offenliegende Holzbalken in der Gaststätte; Nebenraum für Festivitäten im ersten Stock. Zeitgemäße klassische Küche.

XX **Digne des Gourmets,** r. Continentale 1, ✉ 4917, ✆ 50 72 86, *Fax 50 72 50,* 🏡 – ⇔. AE ⓓ ⓜ VISA
fermé première semaine janvier, 1 semaine Pentecôte, 20 août-10 septembre, lundi et mardi – **Rest** *Lunch 16* – 35/65, carte 50/61, ♀.
• Accueil avenant de la patronne, cuisine évolutive, desserts élaborés, décor clair et frais, terrasse au jardin : cette maison proche de la gare a plus d'un atout pour plaire.
• Freundlicher Empfang durch die Hausherrin, einfallsreiche Küche, raffinierte Desserts, ein helles und frisches Dekor; Gartenterrasse. Dieses in Bahnhofsnähe gelegene Hause bietet viele Anreize.

Passée en rouge, la mention « Rest » repère l'établissement auquel est attribué notre distinction, ✿ (étoile) ou 😋 (Bib Gourmand).

BEAUFORT (BEFORT) **717** W 23 et **716** L 6 – *1 642 h.* 21 **C2**

Voir *Ruines du château★ – au Sud-Est : 4 km et 30 mn AR à pied, Gorges du Hallerbach★.*

Grand-Rue 87, ✉ 6310, ✆ 836 03 01, beaufort@pt.lu, Fax 86 94 14.

Luxembourg 38 – Diekirch 15 – Echternach 15 – Ettelbrück 25.

Meyer ⛔, Grand-Rue 120, ✉ 6310, ✆ 83 62 62, *homeyer@pt.lu*, Fax 86 90 85, rest, rest, P – AE VISA.
ouvert 19 mars-1er janvier – **Rest** *(fermé après 20 h 30)* (dîner seult sauf week-end et jours fériés) 23/41, carte 39/60 – **33 ch** ★67/118 – ★★109/142 – ½ P 77/93.

• Imposante hostellerie postée à l'entrée d'un village connu pour sa liqueur de cassis : le Cassero. Bonnes chambres garnies de meubles en bois cérusé. Ambiance familiale. Cuisine classico-actuelle servie dans une salle confortable ou l'été au jardin.

• Imposantes Anwesen Rand des Dorfs, das für seinen Cassis-Likör bekannt ist: den Cassero. Schöne Zimmer mit Möbeln aus Kirschbaumholz. Familiäres Ambiente. Eine klassisch-zeitgemäße Küche wird im komfortablen Restaurant oder im Garten serviert.

Auberge Rustique, r. Château 55, ✉ 6313, ✆ 83 60 86, *info@aubergerustique.lu*, *Fax 86 92 22*, rest. VISA. rest
fermé 31 décembre-2 janvier – **Rest** 29/34, carte 28/41 – **8 ch** ★48 – ★★72/77.

• On prétend que V. Hugo aurait logé dans cette petite auberge au passé de relais de poste fondée au 18e s. près des ruines du château. Chambres proprettes, café et terrasse. Restaurant misant sur un éventail de préparations régionales sans complication.

• Victor Hugo soll in diesem kleinen Gasthof gewohnt haben, einer ehemaligen Poststation, die im 18. Jh. nahe der Schlossruinen erbaut wurde. Saubere Zimmer, Café und Terrasse. Das Restaurant setzt auf eine Auswahl regionaler, unkomplizierter Speisen.

BELAIR – *voir à Luxembourg, périphérie.* 20 **B3**

BERDORF (BÄERDREF) **717** X 24 et **716** M 6 – *1 355 h.* 21 **C2**

Voir *au Nord-Ouest : Île du Diable★★ – au Nord : Plateau des Sept Gorges★ (Sieweschluff), Kasselt★ – au Sud : 2 km, Werschrumschluff★.*

Env. *au Sud-Ouest : 3 km, Vallée des Meuniers★★★ (Müllerthal ou Vallée de l'Ernz Noire).*

Exc. *à l'Est : 2 km : promenade à pied★★ vers le rocher du Perekop.*

r. Laach 7, ✉ 6550, ✆ 79 06 43, berdorf.tourisme@pt.lu, Fax 79 91 82.

Luxembourg 38 – Diekirch 24 – Echternach 6 – Ettelbrück 31.

Bisdorff ⛔, r. Heisbich 39, ✉ 6551, ✆ 79 02 08, *hotelbisdorff@pt.lu*, Fax 79 06 29, P – AE VISA. rest
ouvert Pâques-14 novembre – **Rest** *(fermé lundi, mardi et après 20 h 30)* (dîner seult sauf week-end) Lunch 30 – 35/100 bc, carte 38/82 – **25 ch** ★60/77 – ★★106/158 – ½ P 70/76.

• Une patronne russophile dirige en tandem avec sa sœur cette hôtellerie nichée au calme, entre bois et jardins. Chambres de confort et d'agencement disparates. Salle à manger classiquement aménagée, choix traditionnel connoté terroir, expo picturale moscovite.

• Die Patronne mit einem Faible für Russland führt zusammen mit ihrer Schwester das ruhig zwischen Wald und Garten gelegene Hotel. Komfortable Zimmer. Klassischer Speiseraum mit traditioneller und regionaler Küche. Ausstellung russischer Gemälde.

Kinnen, rte d'Echternach 2, ✉ 6550, ✆ 79 01 83, *hotelkinnen@pt.lu*, Fax 790 18 35 00, P – VISA.
ouvert mars-11 novembre – **Rest** *(fermé après 20 h 30)* Lunch 20 – 30/38, carte 32/55 – **25 ch** ★55/60 – ★★86/91 – ½ P 57/62.

• Hostellerie familiale à l'atmosphère nostalgique, œuvrant depuis 1852 au centre de ce village de la Petite Suisse luxembourgeoise. Chambres rajeunies en 2003. Repas classico-traditionnels servis dans deux salles au charme rétro ou sur la terrasse abritée.

• Das im Zentrum des Dorfes in der Kleinen Luxemburgischen Schweiz gelegene Familienhotel mit gepflegten Zimmern und nostalgischer Atmosphäre besteht seit 1852. Klassisch-traditionelle Küche in zwei Speisesälen mit Retro-Charme oder auf der geschützten Terrasse.

BOLLENDORF-PONT (BOLLENDORFER BRÉCK) C *Berdorf 1 355 h* **717** X 23 et **716** M 6. 21 **C2**

Luxembourg 40 – Diekirch 21 – Echternach 7 – Ettelbrück 27.

André, rte de Diekirch 23, ✉ 6555, ✆ 72 03 93, *info@hotel-andre.lu*, Fax 72 87 70, P. AE VISA.
fermé décembre-janvier – **Rest** (dîner pour résidents seult) – **20 ch** ★60/65 – ★★90/95 – ½ P 60/70.

• Une route pittoresque conduit à cet établissement alangui au creux d'une verte vallée, en plein cœur de la Petite Suisse luxembourgeoise. Chambres spacieuses.

• Eine malerische Straße führt zu diesem in einem grünen Tal im Herzen der Kleinen Luxemburgischen Schweiz eingebetteten Anwesen. Geräumige Zimmer.

BOUR (BUR) Ⓒ *Tuntange 1 063 h.* **717** V 24 *et* **716** L 6. 20 **B2**

Env. *au Nord-Est : 4 km, Hunnebour : cadre★.*

Luxembourg 16 – Ettelbrück 27 – Mersch 12 – Arlon 18.

Gwendy, rte de Luxembourg 3, ✉ 7412, ☎ 308 88 81, *hotelgwendy@online.lu, Fax 30 79 99,* – rest, P. AE MC VISA

Rest *(fermé 12 au 30 août, samedi, dimanche soir et lundi soir)* Lunch 10 – 14/29, carte 18/44 – **11** ch ☕ ★58/65 – ★★72/82.

◆ Entre station service et forêt, bâtisse où vous logerez dans des chambres de bonnes dimensions et bénéficiant d'une tenue irréprochable. Salle de restaurant sobre et chaleureuse. Préparations traditionnelles et spécialités transalpines.

◆ Das zwischen Tankstelle und Wald gelegene Haus verfügt über tipptopp gepflegte Gästezimmer mit gutem Platzangebot. Im einfachen Restaurant mit warmer Atmosphäre serviert man traditionelle und alpenländische Spezialitäten.

XX **Janin,** r. Arlon 2, ✉ 7412, ☎ 30 03 78, *Fax 30 79 02,* – P. MC VISA

fermé mi-février-mi-mars, mi-août-mi-septembre, mercredi, jeudi et après 20 h 30 – **Rest** 52/59, carte 57/74.

◆ Une patronne-cuisinière revisite le répertoire classico-traditionnel dans cette engageante auberge villageoise. Carte appétissante ; poissons et crustacés à l'honneur.

◆ In dem engagiert geführten Dorfgasthof steht die Patronne selbst am Herd. Zum schmackhaften klassisch-traditionellen Angebot zählen Fischgerichte und Krustentiere.

Passée en rouge, la mention « Rest » repère l'établissement auquel est attribué notre distinction, ✿ (étoile) ou (Bib Gourmand).

LUXEMBOURG

BOURGLINSTER (BUERGLËNSTER) Ⓒ *Junglinster 5 837 h.* **717** W 24 *et* **716** L 6. 21 **C2**

Luxembourg 20 – Echternach 25 – Ettelbrück 29.

XX **La Distillerie,** r. Château 8, ✉ 6162, ☎ 787 87 81, *mail@bourglinster.lu et restaurants@bourglinster.lu, Fax 78 78 78 52,* ←, – . AE ◑ MC VISA. ✗

fermé 1er au 8 janvier, 27 octobre-4 novembre, 21 au 31 décembre, lundi, mardi, mercredi midi, jours fériés et après 20 h 30 – **Rest** Lunch 20 – 58/108 bc, carte 55/80.

◆ Ce château fort dominant la localité réunit deux types de prestation culinaire : table créative et taverne où l'on se repaît simplement mais savoureusement. Expos culturelles.

◆ Das Schloss hoch über dem Ort beherbergt ein Restaurant mit einfallsreicher Küche und eine Taverne, in der man einfach, aber wohlschmeckend isst. Kulturelle Ausstellungen.

BOURSCHEID (BUURSCHENT) **717** V 23 *et* **716** L 6 – *1 200 h.* 20 **B2**

Voir *Route du château* ←★★ – *Ruines★ du château★*, ←★.

Luxembourg 47 – Diekirch 14 – Ettelbrück 18 – Wiltz 22.

à Bourscheid-Moulin *(Buurschenter-millen) Est : 4 km :*

Du Moulin ⛰, Buurschtermillen 1, ✉ 9164, ☎ 99 00 15, *dumoulin@pt.lu, Fax 99 07 40,* ←, , , , – ♿ rest, P. ◑ MC VISA

fermé 4 décembre-5 février – **Rest** *(fermé après 20 h 30)* 25/55 bc, carte 34/44 – **15 ch** ☕ ★75 – ★★95/150 – ½ P 74/94.

◆ Établissement tranquille blotti au creux de la verdoyante vallée de la Sûre, près d'un pont à arcades. Chambres pimpantes, fitness et curieuse piscine à remous couverte. Mets traditionnels proposés dans une salle rustique braquée vers la rivière ou dehors.

◆ Ein ruhiges Haus, das sich in der Nähe einer Arkadenbrücke in die Sohle des grünen Sûretals schmiegt. Adrette Zimmer, Fitnessbereich und Hallenbad mit Whirlpool. Im rustikalen Speisesaal mit Blick auf den Fluss werden traditionelle Gerichte angeboten.

à Bourscheid-Plage *Est : 5 km :*

Theis ⛰, ✉ 9164, ☎ 99 00 20, *theisro@pt.lu, Fax 99 07 34,* ←, , , , , – , rest, P – . ◑ MC VISA. ✗ rest

ouvert 8 mars-11 novembre – **Rest** *(fermé mercredi et jeudi)* 32/45, carte 37/55, ♀ – **19 ch** ☕ ★64/80 – ★★91/115 – ½ P 68/76.

◆ Cet hôtel familial situé entre rivière et coteau forestier vous héberge dans des chambres "nickel". Espace de remise en forme avec roche apparente, tennis et pêche privée. À table, cadre classique, choix traditionnel, fumaisons artisanales et vivier à homards.

◆ In diesem familiären Hotel zwischen Fluss und Wäldern wohnen Sie in sehr gepflegten Zimmern. Fitnessraum, Tennisplatz und privater Angelplatz. Restaurant mit klassischem Ambiente und traditioneller Küche, hausgeräucherten Spezialitäten und Hummerbecken.

Belair , ✉ 9164, ☎ 263 03 51, *hotelbelair@pt.lu, Fax 26 95 94 26*, ≤, – , rest, – . AE VISA. rest
Rest *Lunch 17* – 25/65 bc, carte 27/45, ♀ – **32 ch** ☕ ★71 – ★★90/118 – ½ P 59/83.
◆ La Sûre et sa vallée boisée servent d'écrin à cette bâtisse hôtelière rénovée. Chambres vastes et pratiques réparties en deux catégories ; "wine-bar" et grandes terrasses. Repas classico-traditionnel dans une rotonde lumineuse tournée vers la rivière.
◆ Das renovierte Hotel steht im bewaldeten Tal der Sûre und bietet geräumige, praktisch eingerichtete Zimmer in zwei Komfortkategorien an. "Weinbar" und große Terrassen. Klassisch-traditionelle Gerichte in einem dem Fluss zugekehrten lichtdurchfluteten Rundbau.

BRIDEL (BRIDDEL) 717 V 25 – *voir à Luxembourg, environs.*

CANACH (KANECH) *Lenningen 1 314 h.* 717 W 25 *et* 716 L 7. 21 C3

Scheierhaff, ✉ 5412, ☎ 35 61 35, Fax 35 74 50.
Luxembourg 16 – Mondorf-les-Bains 19 – Saarbrücken 88.

Mercure , Scheierhaff (Sud : 2,5km), ✉ 5412, ☎ 26 35 41, *H2898@accor.com, Fax 26 35 44 44*, ≤, , , , – . AE VISA
Rest carte 36/57 – ☕ 16 – **72 ch** ★139/380 – ★★159/380 – 2 suites – ½ P 124/138.
◆ Hôtel de chaîne à la campagne, niché dans un terrain de golf dont la vue profite à chaque chambre (standard, duplex et suites), toutes assez amples. Wellness et jolie piscine. Brasserie actuelle grand ouverte sur le "green", à la façon d'un "club house".
◆ Auf einem Golfplatz gelegenes Kettenhotel. Recht geräumige Zimmer (Standard, Duplex und Suiten) mit Blick auf den Golfplatz; Wellness-Angebote und hübsches Schwimmbad. Die auf den Golfplatz hinausgehende Brasserie bietet Clubhaus-Atmosphäre.

CLAUSEN (KLAUSEN) – *voir à Luxembourg, périphérie.* 21 C3

CLERVAUX (KLIERF) 717 V 22 *et* 716 L 5 – *1 807 h.* 20 B1

Voir *Site*★★ – *Château*★ : *expositions de maquettes*★ *et de photographies*★ – *au Sud : route de Luxembourg* ≤★★.
au Nord-Ouest : 3 km à Eselborn, Mecherwee, ✉ 9748, ☎ 92 93 95, Fax 92 94 51.
(avril-oct.) Château, ✉ 9712, ☎ 92 00 72, info@tourisme-clervaux.lu, Fax 92 93 12.
Luxembourg 62 – Diekirch 30 – Ettelbrück 34 – Bastogne 28.

International, Grand-rue 10, ✉ 9710, ☎ 92 93 91, *mail@interclervaux.lu, Fax 92 04 92*, , , – , rest, – . AE VISA. rest
Rest ***Les Arcades*** *(fermé 24 et 25 décembre) Lunch 15* – 23/39, carte env. 45, ♀ – **48 ch** ☕ ★57/96 – ★★73/152 – 2 suites – ½ P 62/129.
◆ Cet hôtel établi dans le centre piétonnier offre le choix entre de nombreuses sortes de chambres et propose divers délassements dont un wellness très complet. Belle carte dans le tempo actuel aux Arcades ; cave communicante où s'attablent les pensionnaires.
◆ Das in der Fußgängerzone gelegene Hotel bietet viele verschiedene Zimmerkategorien und diverse Freizeitangebote mit umfangreichem Wellnessprogramm. Gute, zeitgemäße Speisenauswahl im Les Arcades, einem netten Kellerlokal, in dem sich die Hausgäste treffen.

Koener, Grand-rue 14, ✉ 9710, ☎ 92 10 02, *mail@koenerclervaux.lu, Fax 92 08 26*, , , , – – . AE VISA. rest
fermé 13 au 31 janvier et 24 et 25 décembre – **Rest** *(fermé après 20 h 30)* 16/30, carte 23/44 – **48 ch** ☕ ★49/79 – ★★73/135 – ½ P 53/84.
◆ Sur une place pittoresque, établissement tenu par la même famille que l'hôtel International voisin, dont il partage le wellness. Chambres "king size" dans l'extension arrière. Restaurant au cadre classique cossu et feutré ; cuisine traditionnelle.
◆ Der Gasthof an einem malerischen Platz hat die selben Inhaber wie das benachbarte Hotel International, dessen Wellnessbereich mitbenutzt werden kann. King-Size-Zimmer im Anbau. Restaurant mit gemütlichem, klassischem Ambiente und traditioneller Küche.

Du Commerce, r. Marnach 2, ✉ 9709, ☎ 92 10 32, *info@hotelducommerce.lu, Fax 92 91 08*, , , , – – . AE VISA. rest
fermé 1er au 13 mars, décembre, mardi midi et mercredi midi – **Rest** 23/42, carte 29/47 – **50 ch** ☕ ★45/67 – ★★84/140 – ½ P 59/72.
◆ Trois catégories de chambres dans cet hôtel exploité en famille au pied du château. Côté détente, jolie piscine intérieure, espace de remise en forme, toit-terrasse et jardin. Au restaurant, carte traditionnelle enrichie de suggestions selon le marché.
◆ Ein familiengeführtes Hotel am Fuß des Schlosses mit drei Zimmerkategorien. Der Entspannung dienen das Hallenbad, der Fitnessbereich, die Dachterrasse und der Garten. Die traditionelle Speisekarte des Restaurants wird durch saisonale Gerichte abgerundet.

Des Nations, r. Gare 29, ✉ 9707, ☎ 92 10 18, *info@hoteldesnations.lu, Fax 92 91 68,* – rest – . rest
Rest *(fermé lundi d'octobre à avril) Lunch 10* – carte 26/55 – **30 ch** ★47/64 – ★★66/130 – ½ P 65/82.
◆ Bâtisse hôtelière où la tradition de l'hospitalité se cultive en famille depuis 1865 ! Plusieurs types et générations de chambres. Espace bien-être flambant neuf. À table, préparations de notre temps et cadre néo-rustique sobre.
◆ Hotel, in dem die traditionelle Gastfreundlichkeit seit 1865 von derselben Familie gepflegt wird! Verschiedene Zimmertypen und brandneuer Wellnessbereich. Im Restaurant werden zeitgemäße Gerichte in neo-rustikalem Rahmen serviert.

Le Claravallis, r. Gare 3, ✉ 9707, ☎ 92 10 34, *info@claravallis.lu, Fax 92 90 89,* – – . rest
fermé 15 janvier-15 mars et jeudi – **Rest** *Lunch 20* – 28/55 bc, carte 29/41, – **25 ch** ★60/75 – ★★70/140.
◆ Hôtel fondé en 1911 et souvent remanié par quatre générations de la même lignée d'aubergistes. Communs et chambres (en majorité avec balcon) au charme suranné. Forfaits golf. Ample salle à manger où l'on vient faire des repas classiques dans un décor "rétro".
◆ Das zeitgemäße Hotel von 1911 ist bereits seit vier Generationen im Familienbesitz. Gemeinschaftsräume und Zimmer (meist mit Balkon) mit historischem Charme. Golfpauschale. Großer Speisesaal, in dem man klassische Speisen im Retro-Ambiente einnimmt.

LUXEMBOURG

à Reuler (Reiler) *Est : 1 km par N 18* C *Clervaux :*

St-Hubert Maison 3, ✉ 9768, ☎ 92 04 32, *sthubert@pt.lu, Fax 92 93 04,* ←, – .
ouvert mi-mars-mi-décembre; fermé mardi – **Rest** *(fermé après 20 h 30)* carte 24/46 – **21 ch** ★60 – ★★74/115 – ½ P 58.
◆ Des géraniums colorent en été les murs de ce chalet d'esprit rustique situé à l'approche de Clervaux. Certaines chambres se partagent un balcon panoramique. Jardin et tennis. Table traditionnelle au décor nostalgique ; spécialité de gibier en saison de chasse.
◆ Im Sommer schmücken Geranien die Mauern dieses rustikalen Chalets. Einige Zimmer verfügen über einen Balkon mit Panoramablick. Garten und Tennisplatz. Traditionelle Speisen in nostalgischem Ambiente; in der Jagdsaison Wildspezialitäten.

à Roder (Roeder) *Est : 4,5 km* C *Munshausen 849 h :*

XXX **Manoir Kasselslay** (Hans Poppelaars) avec ch, Maison 21, ✉ 9769, ☎ 95 84 71, *contact@kasselslay.lu, Fax 26 95 02 72,* – . .
fermé 27 décembre-4 janvier, 30 janvier-13 février, 26 mars, 14 mai et 27 août-16 septembre – **Rest** *(fermé lundi, mardi et après 20 h 30) Lunch 35* – 40/85 bc, carte 36/76, – **6 ch** ★85/100 – ★★110/140.
Spéc. Minute de tête de veau tiède, garniture de saison. Fricassée de homard et poularde aux herbes. Sandre en croûte de morilles (printemps). **Vins** Pinot gris, pinot noir.
◆ Auberge familiale envoyant de la cuisine classique revisitée avec finesse et générosité, dans un cadre moderne sobre ou en plein air. Chambres aux noms de plantes aromatiques.
◆ Familiengasthof, der seinen Gästen mit Finesse und Großzügigkeit zubereitete, klassische Gerichte bietet, die in einem schlicht modernen Ambiente oder aber auch im Freien genossen werden können. Die Zimmer sind nach Gewürzkräutern benannt.

DIEKIRCH (DIKRECH) 717 V 23 *et* 716 L 6 – *6 252 h.* 21 C2

Env. *au Nord : 8 km et 15 mn AR à pied, Falaise de Grenglay* ←★★.
pl. de la Libération 3, ✉ *9201,* ☎ *80 30 23, tourisme@diekirch.lu, Fax 80 27 86.*
Luxembourg 33 – Clervaux 30 – Echternach 28 – Ettelbrück 5 – Bastogne 46.

Du Parc sans rest, av. de la Gare 28, ✉ 9233, ☎ 803 47 21, *info@hotel-du-parc.lu, Fax 80 98 61* – .
ouvert 16 avril-14 décembre – **40 ch** ★64/69 – ★★86/94.
◆ Dans une petite ville à tradition brassicole, face à un parc, hôtel familial renfermant des chambres proprettes meublées en bois sombre ; la moitié se répartit à l'annexe.
◆ In der kleinen Stadt mit Brauereigeschichte liegt gegenüber dem Park dieses familiäre Hotel mit hübschen, dunkel möblierten Zimmern; etwa die Hälfte davon im Gästehaus.

DOMMELDANGE (DUMMELDÉNG) 717 V 25 – *voir à Luxembourg, périphérie.* 21 C3

DUDELANGE (DIDDELENG) 717 V 26 et 716 L 7 – 17 502 h. 20 B3

Luxembourg 16 – Esch-sur-Alzette 13 – Thionville 17.

XX **Parc Le'h,** r. Parc (par A 3, sortie ③, puis au 1er rond-point prendre à droite), ✉ 3542, ☎ 51 99 90, *info@parcleh.lu, Fax 51 16 90*, – P. AE ① MC VISA
fermé 30 décembre-2 janvier, lundi soir, mardi et samedi midi – **Rest** *Lunch 13* – 33/55, carte 40/59, ♀.

◆ Ancienne maison récréative (1910) et sa terrasse d'été dirigée vers le kiosque à musique du parc. Salles modernes en beige et blanc, avec parquet, lustres design et cheminée.

◆ Das Haus von 1910 beherbergt moderne Speisesäle in Beige und Weiß mit Parkettboden, Design-Leuchtern und Kamin. Zum Musikpavillon des Parks hin gelegene Terrasse.

ECHTERNACH (IECHTERNACH) 717 X 24 et 716 M 6 – 4 498 h. 21 C2

Voir *Place du Marché*★ Y **10** - *Abbaye*★ X – *à l'Ouest : Gorge du Loup*★★ *(Wolfschlucht),* ≤★ *du belvédère de Troosknepchen* Z.

Exc. *Petite Suisse Luxembourgeoise*★★★ : *Vallée des Meuniers*★★★ *(Müllerthal ou Vallée de l'Ernz Noire).*

ℹ *Porte St-Willibrord, Parvis de la Basilique 9,* ✉ *6456,* ☎ *72 02 30, info@echternach-tourist.lu, Fax 72 75 24.*

Luxembourg 36 ② – *Diekirch 28* ③ – *Ettelbrück 30* ③ – *Bitburg 21* ①.

Plan page suivante

Eden au Lac , Oam Nonnesees (au-dessus du lac), ✉ 6474, ☎ 72 82 83, *edenlac@pt.lu, Fax 72 81 44,* ≤ ville et vallée boisée, – P – AE ① MC VISA Z m
ouvert 16 mars-14 novembre – **Rest** ***Le Jardin d'Épices*** *(fermé mercredi et samedi)* (dîner seult sauf dimanche et jours fériés) 79, carte 66/71, – **57 ch** ★100/180 – ★★125/192 – 3 suites – ½ P 88/126.

◆ Salons, superbe spa et 8 catégories de chambres avec balcon dans cet ensemble hôtelier de type chalet. Lac aménagé, vestiges gallo-romains, parc et bois pour environnement. Cadre classique, table actuelle soignée, riche cave et jolie vue au Jardin d'Épices.

◆ Hotelkomplex im Chaletstil mit schönem Spabereich und 8 Zimmerkategorien. In der Umgebung ein künstlicher See, römische Ruinen und ein Wäldchen. Klassisches Ambiente, zeitgemäße Küche, gut sortierter Weinkeller und hübscher Blick auf den Kräutergarten.

Bel Air , rte de Berdorf 1, ✉ 6409, ☎ 72 93 83, *belair@pt.lu, Fax 72 86 94,* ≤, P – AE ① MC VISA Z n
fermé 2 au 9 janvier – **Rest** *Lunch 48* – 72, carte 51/62, ♀ – **31 ch** ★92/154 – ★★114/150 – 8 suites – ½ P 94/118.

◆ Choisissez cet hôtel de 1927 (réaménagé à diverses époques) pour son parc cerné de bois, son wellness et sa belle piscine à l'antique. Chambres plus récentes dans l'extension. Restaurant classique tourné vers les pelouses, parterres et pièce d'eau du jardin.

◆ Ein von Wäldern umgebener Park, der Wellnessbereich und das schöne antike Schwimmbad sprechen für dieses Hotel aus dem Jahre 1927. Neuere Zimmer im Anbau. Traditionelles Restaurant mit Blick auf den Garten und Teich.

Grand Hôtel, rte de Diekirch 27, ✉ 6430, ☎ 72 96 72, *grandhot@pt.lu, Fax 72 90 62,* ≤, P. AE ① MC VISA Z p
ouvert 6 mars-11 novembre – **Rest** *(fermé après 20 h)* 37/45, carte 36/96 – **28 ch** ★80/130 – ★★112/172 – 8 suites – ½ P 82/120.

◆ Hôtel de tradition familiale, entouré de verdure, à l'approche d'Echternach. Chambres "king size" dans l'aile récente, jolie piscine panoramique et espace de remise en forme. Salles à manger et carte classiques ; vue sur la vallée boisée par les baies vitrées.

◆ Nahe Echternach liegt das traditionsreiche Familienhotel im Grünen. King-Size-Zimmer im neuen Flügel, hübsches Schwimmbad mit Panoramablick und Fitnessraum. Klassischer Speisesaal mit ebensolchen Gerichten und Blick auf das bewaldete Tal.

Welcome sans rest, rte de Diekirch 9, ✉ 6430, ☎ 72 03 54, *info@hotelwelcome.lu, Fax 72 85 81,* P. MC VISA Z r
ouvert 23 mars-14 novembre – **26 ch** ★55/78 – ★★65/134.

◆ Près d'un belvédère méritant l'ascension, bâtisses hôtelières communicantes bordées par la grand-route et la Sûre. Plus d'agrément dans les chambres de l'avant, avec balcon.

◆ Mehrere zusammenhängende Gebäude (teils am Ufer der Sûre) bilden das Hotel ganz in der Nähe eines Aussichtspunkts. Die gemütlicheren Zimmer mit Balkon liegen nach vorn hinaus.

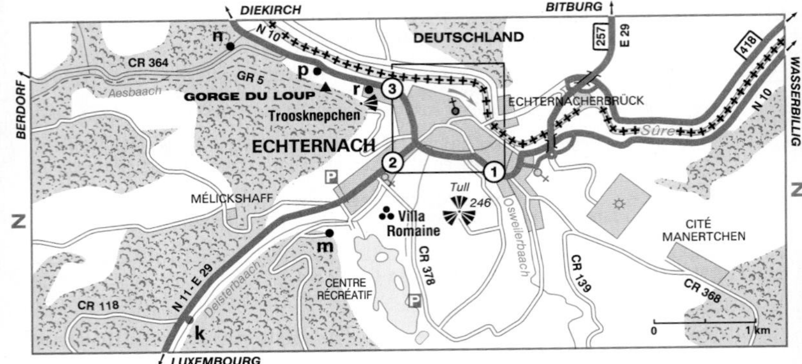

ECHTERNACH

Bénédictins (R. des) . . . . Y 2
Bons Malades (R. des) . . . . . Y 3
Breilekes (R.) . . . . Y
Duchscher (R. André) . . . . . . Y
Ermesinde (R.) . . . . X 5
Gare (R. de la) X
Gibraltar (R.) . . . . Y
Haut Ruisseau (R.) . . . . X 6
Hoovelek . . . . Y
Hôpital (R. de l') . . . . Y
Luxembourg (R. de) . . . . Y 9
Marché (Pl. du) . . . . Y 10
Maximilien (R.) . . . . XY
Merciers (R. des) . . . . X 12
Montagne (R. de la) . . . . Y 13
Pont (R. du) . . . . XY
Remparts (R. des) . . . . Y
Sigefroi (R. Comte) . . . . Y 15
Sûre (R. de la) . . . . Y
Val des Roses X
Wasserbillig (R. de) . . . . Y 17

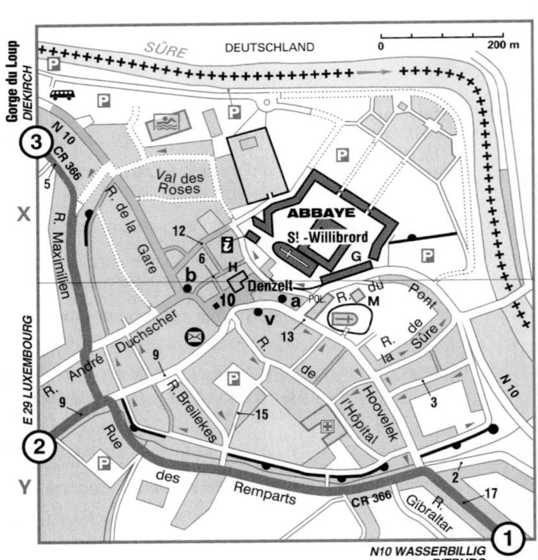

Hostellerie de la Basilique, pl. du Marché 7, ✉ 6460, ☎ 72 94 83, *info@hotel-basilique.lu, Fax 72 88 90,* ☂, ♿, 🚲 - |♦| ⇆, ▤ rest, 🚗. AE MC VISA. ✗ Y a
ouvert 16 mars-11 novembre – **Rest *Parnasse*** (dîner seult sauf week-end et jours fériés) 31/35, carte 31/48 – **14 ch** ☕ ✝74/91 – ✝✝94/110 –½ P 71/76.
◆ Bon accueil familial et amples chambres rajeunies en cette auberge traditionnelle postée sur la place centrale. Brasserie avec terrasse de ville (en bas) ; choucroutes et spécialités régionales servies dans la salle classique parquetée du Parnasse (à l'étage).
◆ Ein herzlicher familiärer Empfang und geräumige, renovierte Zimmer erwarten Sie in diesem traditionellen Gasthof am Hauptplatz. Brasserie mit Stadtterrasse (im EG); im 1. Stock werden im klassischen Speisesaal Sauerkraut und regionale Spezialitäten serviert.

Le Pavillon, r. Gare 2, ✉ 6440, ☎ 72 98 09, *lepavillon@internet.lu, Fax 72 86 23,* ☂ – 🚗 – 🏕. AE MC VISA XY b
Rest *Lunch 11* – 24/47, carte 30/49, 🍷 – **11 ch** ☕ ✝67 – ✝✝79/106 –½ P 63.
◆ En secteur piétonnier commerçant, hébergement simple et commode pour faire étape dans la capitale de la Petite Suisse luxembourgeoise. Chambres proprettes d'aspect rétro. Table classico-traditionnelle par sa cuisine autant que par son décor. Terrasse-trottoir.
◆ Ein schlichtes, gemütliches Quartier im Fußgänger- und Geschäftszentrum der Hauptstadt der Kleinen Luxemburgischen Schweiz. Gepflegte Zimmer im Retro-Stil. Klassisch-traditionelle Küche, ebensolches Dekor. Straßenterrasse.

Le Petit Poète, pl. du Marché 13, ✉ 6460, ☎ 72 00 72, *petitpo@pt.lu, Fax 72 74 83,* – AE ⓓ ⓜ VISA. ch Y V
fermé décembre-mi-janvier – **Rest** *Lunch 10* – carte 27/47 – **12 ch** ☐ ✝45 – ✝✝60 – ½ P 48/55.
◆ Hôtel familial donnant sur la place du marché et son ancien palais de justice (15e s.) flanqué d'échauguettes et rythmé d'arcades et de statues. Chambres fonctionnelles. Estaminet, restaurant au cadre traditionnel et terrasse avant abritée. Menus à prix doux.
◆ Das familiäre Hotel mit praktisch gestalteten Zimmern liegt am Marktplatz mit dem alten Justizpalast (15. Jh.), Arkaden und Statuen. Restaurant in traditionellem Stil mit nach vorn liegender geschützter Terrasse. Preiswerte Menüs.

à Lauterborn *(Lauterbur)* C *Echternach :*

XXX **Au Vieux Moulin** avec ch, Maison 6, ✉ 6562, ☎ 720 06 81, *amoulin@pt.lu, Fax 72 71 25,* – P. ⓜ VISA. Z k
fermé 27 décembre-1er février, lundi et mardi midi – **Rest** *(fermé après 20 h 30)* 55/73, carte 45/62 – **7** ch ☐ ✝72/85 – ✝✝72/82 – 1 suite – ½ P 68/70.
◆ Au creux d'une verte vallée, hostellerie mettant à profit le site d'un moulin (disparu). Carte actuelle, salles fraîches et élégantes, terrasse près d'un étang. Nuitées calmes dans des chambres douillettes, cédées à prix aussi souriants que l'aimable patronne.
◆ Wo einst eine Mühle stand, finden Sie heute dieses Gasthaus inmitten eines grünen Tales mit moderner Küche, freundlichen, eleganten Räumen und Terrasse an einem Teich. Zum Übernachten bietet die liebenswerte Hausherrin behagliche, preisgünstige Zimmer.

à Osweiler *Sud-Est par CR 139 : 5 km* C *Rosport 1 817 h :*

X **Beim Baron,** r. Principale 33, ✉ 6570, ☎ 72 87 57, *prosperi@pt.lu, Fax 72 82 71,* Cuisine italienne – . ⓜ VISA.
fermé 4 au 10 février, 18 août-14 septembre, lundi midi et mardi midi – **Rest** 45/80, carte 37/60.
◆ Saisonnalité, fraîcheur et générosité dans les recettes "borghese" du répertoire romano-toscan qu'exécute le chef de cette trattoria sympa. Suggestions orales : pas de carte.
◆ In der sympathischen Trattoria bereitet der Chef saisonale und frische Borghese"-Gerichte eines römisch-toskanischen Angebots. Mündliche Tagesempfehlungen ersetzen die Karte.

à Steinheim *(Stenem) par ① : 4 km* C *Rosport 1 817 h :*

Gruber, rte d'Echternach 36, ✉ 6585, ☎ 72 04 33, *info@hotelgruber.com, Fax 72 87 56,* – P. ⓓ ⓜ VISA. rest
ouvert avril-mi-décembre – **Rest** *(fermé après 20 h 30)* 30/45, carte 33/50 – ☐ 9 – **18** ch ✝41/53 – ✝✝52/72 – ½ P 55/70.
◆ Auberge familiale estimée pour la tenue exemplaire de ses chambres, la légèreté de ses tarifs et l'accès direct, par son beau jardin, à la Sûre et aux sentiers de promenade. Restaurant confortable où pensionnaires et locaux se repaissent classiquement.
◆ Ein familiengeführtes Haus mit tadellos gepflegten Zimmern zu günstigen Preisen. Durch den Garten erreichen Sie die Sûre sowie Spazierwege. Komfortables Restaurant, in dem Hausgäste und Stammgäste klassisch speisen können.

EHNEN (ÉINEN) C *Wormeldange 2 312 h.* **717** X 25 *et* **716** M 7. 21 **C3**
Voir Vallée de la Moselle Luxembourgeoise★ de Schengen à Wasserbillig.
Luxembourg 31 – Ettelbrück 55 – Remich 10 – Trier 32.

Bamberg's, rte du Vin 131, ✉ 5416, ☎ 76 00 22, *bamberg@pt.lu, Fax 76 00 56,* ← – . AE ⓓ ⓜ VISA.
fermé décembre-15 janvier, lundi et mardi – **Rest** carte env. 50 – **12 ch** ☐ ✝65 – ✝✝90 – ½ P 68.
◆ En bord de Moselle, au pied d'un coteau planté de vigne, hôtel immuable tenu par la même famille depuis 1911. Quatre chambres avec balcon panoramique. Repas classico-traditionnel dans l'ambiance provinciale d'une salle au charme "rétro" tournée vers les flots.
◆ Das seit 1911 von derselben Familie geführte Hotel steht am Ufer der Mosel, am Fuß eines Weinbergs. Vier Zimmer verfügen über einen Balkon mit Panoramablick. Das zum Wasser hin gelegene Restaurant mit Retro-Charme" bietet klassisch-traditionelle Gerichte.

XX **Simmer** avec ch, rte du Vin 117, ✉ 5416, ☎ 76 00 30, *info@hotel-simmer.lu, Fax 76 03 06,* ←, – P. AE ⓓ ⓜ VISA
fermé janvier, 1 semaine carnaval, 1 semaine Toussaint et lundis et mardis non fériés – **Rest** 38/72 bc, carte 45/70 – **15 ch** ☐ ✝45/72 – ✝✝57/80 – ½ P 75/81.
◆ La tradition est bien gardée en cette auberge (1863) mosellane : recettes d'hier (brochet, vacherin), belle salle au décor nostalgique, terrasse riveraine, chambres anciennes.
◆ In dem Mosel-Gasthof von 1863 erwarten Sie traditionelle Gerichte (Hecht, Vacherin), nostalgisches Dekor und eine Terrasse zum Fluss. Gästezimmer im regionstypischen Stil.

EICH (EECH) – *voir à Luxembourg, périphérie.*

ELLANGE (ELLÉNG) **717** W 25 – *voir à Mondorf-les-Bains.*

ERNZ NOIRE (Vallée de l') (MULLERTHAL-MËLLERDALL) ★★★ **717** W 24 *et* **716** L 6
G. Belgique-Luxembourg.

ERPELDANGE (IERPELDÉNG) **717** V 23 *et* **716** L 6 – *voir à Ettelbrück.*

ESCHDORF (ESCHDUERF) C *Heiderscheid 1 182 h.* **717** U 23 *et* **716** K 6. 20 **B2**
Env. *au Sud : 4,5 km à Rindschleiden : Église paroissiale★.*
Luxembourg 46 – Diekirch 22 – Ettelbrück 17 – Bastogne 17.

Braas, an Haesbich 1, ✉ 9150, ☎ 83 92 13, *info@hotel-braas.lu, Fax 83 95 78* – P. MC VISA. rest
fermé janvier et 1er au 14 septembre – **Rest** *(fermé dimanche soir, lundi soir et mardi)* Lunch 10 – 30, carte 24/54 – **15 ch** ☐ ★52 – ★★75 – ½ P 57/72.
◆ À 5 km du lac de Haute-Sûre, hôtel familial resté insensible aux modes depuis sa création. Jolie vue par les fenêtres des chambres situées aux étages supérieurs. Repas traditionnel au restaurant, qui propose une formule déjeuner à prix "plancher".
◆ 5 km vom Haute-Sûre-See entfernt trotz dieses Familienhotel seit seiner Gründung den Moden der Zeit. Hübsche Aussicht von den Zimmern der oberen Etagen. Das Restaurant serviert traditionelle Gerichte sowie ein Mittagsangebot zum günstigen Preis.

ESCH-SUR-ALZETTE (ESCH-UELZECHT) **717** U 26 *et* **716** K 7 – *27 630 h.* 20 **B3**
r. Boltgen 25, , ✉ 4044, ☎ 54 16 37, touristinfo@esch-city.lu, Fax 738 36 78.
Luxembourg 18 ① – Longwy 26 ① – Thionville 32 ③.

Plan page ci-contre

De la Poste sans rest, r. Alzette 107, ✉ 4011, ☎ 265 45 41, *contact@hotel-de-la-poste.lu, Fax 265 45 48 00* – . AE MC VISA BZ d
fermé 21 décembre-1er janvier – **20 ch** ☐ ★80/110 – ★★90/125.
◆ Cet immeuble de ville bâti en 1919 retrouvait l'éclat du neuf à l'aube du 21e s. Façade bourgeoise modernisée, espaces communs à touches Art déco et chambres bien équipées.
◆ Das Stadtgebäude von 1919 wurde völlig renoviert, die stattliche Fassade modernisiert. Im Art-déco-Stil gehaltene Gemeinschaftsbereiche und gut ausgestattete Zimmer.

Mercure, pl. Boltgen 2, ✉ 4044, ☎ 54 19 91, *h2017@accor.com, Fax 54 19 90,* – – . AE MC VISA. rest BZ t
Rest Lunch 15 – carte 32/49, – ☐ 11 – **41 ch** ★55/95 – ★★55/105.
◆ Cet hôtel du centre piétonnier déploie tout l'éventail des prestations habituelles de la chaîne Mercure. Chambres fonctionnelles rénovées et lounge-bar moderne. À table, carte bistrotière actualisée et décor dans le même esprit. Terrasse d'été.
◆ Dieses in der Fußgängerzone gelegene Hotel bietet die üblichen Dienstleistungen der Mercure-Hotelkette. Zweckmäßig ausgestattete, renovierte Zimmer und moderne Lounge-Bar. Die Küche bietet Bistrogerichte in modernem Dekor. Sommerterrasse.

Topaz sans rest, r. Remparts 5, ✉ 4303, ☎ 531 44 11, *topaz@pt.lu, Fax 53 14 54* – . AE MC VISA. rest BZ r
22 ch ☐ ★80 – ★★95.
◆ Accueil spontané en cet hôtel familial œuvrant depuis 1994 dans une rue calme du centre. Deux formats de chambres, mansardées au 4e étage. Petit-déj' en terrasse l'été.
◆ Herzlich empfängt man Sie in dem familiären Hotel in einer ruhigen Straße im Stadtzentrum. Zwei Zimmergrößen, im 4. Stock mit Mansarde. Im Sommer Frühstück auf der Terrasse.

Acacia, r. Libération 10, ✉ 4210, ☎ 54 10 61, *hacacia@pt.lu, Fax 54 35 02* – , rest – . AE MC VISA BZ b
fermé 24 décembre-1er janvier – **Rest** *(fermé dimanche)* Lunch 30 – 40/78 bc, carte 37/65 – **23 ch** ☐ ★60/80 – ★★87/110 – ½ P 77/97.
◆ Hébergement installé à proximité du secteur commerçant piétonnier et de la gare. Réservez si possible une chambre rajeunie : ce sont aussi les plus spacieuses. Bar sympa. Au restaurant, choix traditionnel et cadre actuel égayé de peintures abstraites.
◆ Ideale Lage in der Nähe der Geschäfte und des Bahnhofs. Fragen Sie nach den renovierten Zimmern, diese sind auch geräumiger. Gemütliche Bar. Im modernen Restaurant mit abstrakten Gemälden wird traditionelle Küche serviert.

ESCH-SUR-ALZETTE

Street	Grid	No.
Alzette (R. de l')	ABZ	
Boltgen (Pl.)	BZ	8
Charbons (R. des)	AZ	13
Commerce (R. du)	BZ	12
Dellheicht (R.)	BY	14
Gare (Av. de la)	BZ	15
Grand-Rue	BZ	16
Hôtel-de-Ville (Pl. de l')	BZ	18
Karl-Marx (R.)	AY	20
Léon-Jouhaux (R.)	AY	21
Léon-Weirich (R.)	AYZ	23
Libération (R. de la)	BZ	24
Mathias-Koener (R.)	BY	25
Norbert-Metz (Pl.)	BZ	26
Remparts (Pl. des)	BZ	29
Remparts (R. des)	BZ	30
Résistance (Pl. de la)	AZ	32
Sacrifiés 1940-45 (Pl. des)	AY	33
St-Michel (Pl.)	BZ	34
St-Vincent (R.)	BZ	36
Sidney-Thomas (R.)	AYZ	37
Stalingrad (R. de)	AZ	39
Synagogue (Pl. de la)	BZ	40
Wurth-Paquet (R.)	BY	42
Xavier-Brasseur (R.)	BZ	43
Zénon-Bernard (R.)	ABZ	44
10-Septembre (R. du)	ABZ	45

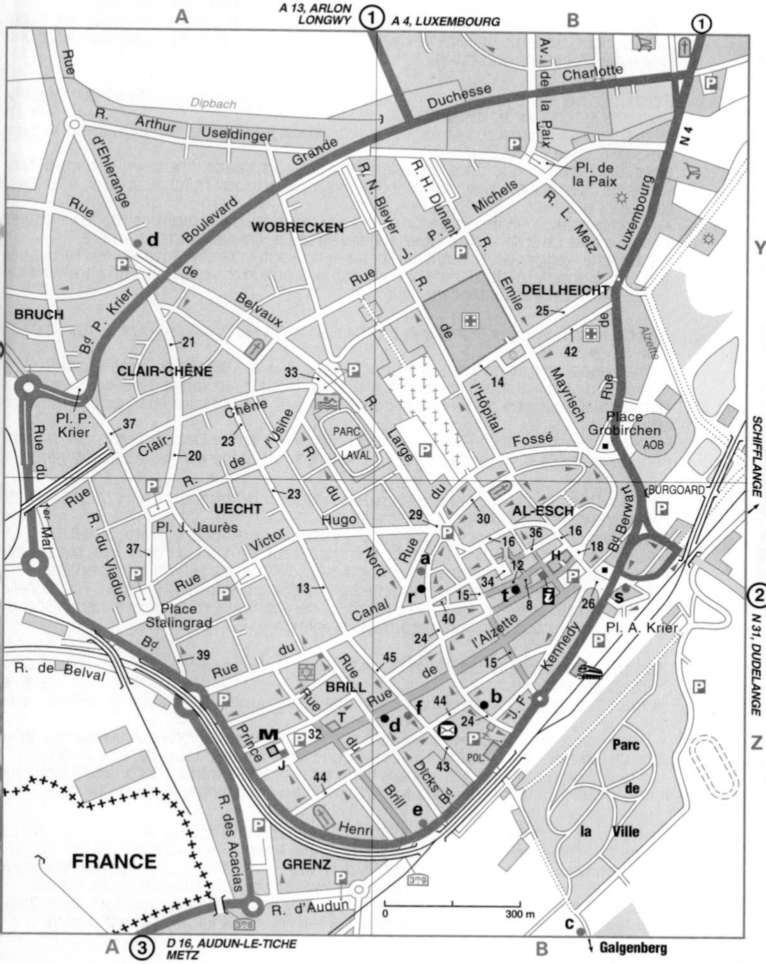

Hôtels et restaurants bougent chaque année.
Chaque année, changez de guide MICHELIN !

XXX **Favaro** (Renato Favaro), r. Remparts 19, ✉ 4303, ☎ 54 27 23, *mail@favaro.lu, Fax 54 27 23 40*, Cuisine italienne – ▤ ⇔. AE MC VISA. ✻ BZ a
fermé carnaval, fin juillet-début août, première semaine septembre, samedi midi, dimanche soir et lundi – **Rest** *Lunch 40* – 70/160 bc, carte 66/104, ♀.
Spéc. Gnocchi de pommes de terre à la truffe blanche (octobre-décembre). Carpaccio de thon rouge, millefeuille d'asperges vertes, crème acidulée à la ciboulette. Lingot 'Favaro' autour du mascarpone. **Vins** Pinot gris, chardonnay.

◆ Repaire gourmand dont la façade ocre rouge capte volontiers le regard. Petites salles actuelles et intimes, carte italianisante au goût du jour et cave franco-transalpine.

◆ Eine Adresse für Feinschmecker, deren in Ocker und Rot gehaltene Fassade alle Blicke auf sich zieht. Moderne und intime kleine Säle, zeitgemäße Karte mit italienischer Note und Weine aus Frankreich und Italien.

XXX **Fridrici**, rte de Belvaux 116, ✉ 4026, ☎ 55 80 94, *restaurantfridrici@internet.lu, Fax 57 33 35*, 斎 – ▤ P. AE ◑ MC VISA AY d
fermé 1 semaine carnaval, 3 semaines en août, mardi, jeudi soir et samedi midi – **Rest** *Lunch 49* – 59/86, carte 68/79, ♀.
Spéc. Galette de langoustines, émulsion à l'ail des ours, salade d'herbes (printemps). Noisettes de chevreuil à la gueuze framboise (hiver). Arlette aux framboises (été). **Vins** Riesling, pinot gris.

◆ Mets classiques revisités et décor contrasté : murs alternant des tons rouge vif et vert acidulé, sièges de style ancien, tables rondes espacées. Nouvelle terrasse arrière.

◆ Klassische, zeitgemäß zubereitete Speisen und kontrastreiche Ausstattung: Farbig gestrichene Wände von lebhaftem Rot bis Hellgrün, Stühle in antikem Dekor und große runde Tische. Neue Terrasse hinter dem Haus.

LUXEMBOURG

XX **Postkutsch**, r. Xavier Brasseur 8, ✉ 4040, ☎ 54 51 69, *postkutsch@pt.lu, Fax 54 82 35* – ▤. AE ◑ MC VISA BZ f
fermé samedi midi, dimanche soir et lundi – **Rest** *Lunch 23* – 38/138 bc, carte 55/80, ♀.

◆ Salle à manger aux réminiscences Art déco, fresque évoquant l'ère des diligences, carte actuelle assortie de menus hebdomadaires et mémorables chariots de fromages affinés.

◆ Speisesaal mit Art-déco-Elementen und Fresken, die an die Zeit der Postkutschen erinnern. Zeitgemäße Karte und wöchentliche Menüs sowie bemerkenswerter Käsewagen.

XX **Le Pavillon**, Parc Galgebierg (au-dessus du stade Emile Mayrisch), ✉ 4142, ☎ 54 02 28, *daniel@pavillon.lu, Fax 54 74 28*, 斎, ⚘ – P ⇔ BZ c
fermé samedi midi, dimanche soir et lundi – **Rest** *Lunch 14* – 40/75 bc, carte 39/58.

◆ Restaurant aménagé dans un grand parc boisé, sur les hauteurs de la ville. Mets traditionnels et actualisés servis dans un décor d'esprit 1900 ou sur la belle terrasse d'été.

◆ Restaurant in einem großen Park, auf einer Anhöhe am Stadtrand gelegen. Traditionelle und zeitgemäße Speisen werden in dem im Stil der Jahrhundertwende gehaltenen Speisesaal oder auf der schönen Sommerterrasse serviert.

XX **Tanzi**, bd J.F. Kennedy 138, ✉ 4171, ☎ 26 54 02 13, *ristanzi@pt.lu, Fax 26 54 02 19*, 斎 – P ⇔. AE MC VISA. ✻ BZ e
fermé 13 au 28 août, samedi midi, dimanche soir et lundi – **Rest** *Lunch 17* – 29/45, carte 42/58.

◆ Maison de maître relookée : murs blancs, toiles modernes colorées, éclairage design et mise de table "trendy". Cuisine aux accents méditerranéo-orientaux. Terrasse arrière.

◆ In einem umgestalteten Herrenhaus befindet sich dieses trendig dekorierte Restaurant mit mediterran und orientalisch beeinflusster Küche. Nach hinten gelegene Terrasse.

X **Bec Fin**, pl. Norbert Metz 15, ✉ 4239, ☎ 54 33 22, *becfin@pt.lu* – ✻ BZ s
fermé 2 semaines en août, dimanche soir et lundi – **Rest** *Lunch 18* – 23/45 bc, carte 24/39.

◆ Petite table sympathique dont le chef-patron fête ses 10 ans de présence aux fourneaux en 2007. Répertoire classico-traditionnel. Réservation conseillée (seulement 20 places).

◆ Hübsches kleines Restaurant, dessen Patron 2007 sein 10-jähriges Jubiläum als Küchenchef feiert. Klassisch-traditionelles Angebot. Reservierung empfohlen (nur 20 Plätze).

à Foetz *(Féitz) par ① : 5 km* C *Mondercange 6 103 h :*

De Foetz sans rest, r. Avenir 1 (dans zoning commercial), ✉ 3895, ☎ 57 25 45, *hfoetz@pt.lu, Fax 57 25 65* – ⇔ P. AE ◑ MC VISA. ✻
fermé 19 décembre-6 janvier – **40 ch** ☕ ✝58/66 – ✝✝82.

◆ Bâtisse hôtelière (fin du 20ᵉ s.) intégrée à un zoning commercial. Chambres fonctionnelles agencées à l'identique. Clientèle d'affaires qu'un confort simple ne rebute pas.

◆ In einem Geschäftsviertel liegendes Hotelgebäude (Ende 20. Jh.) mit funktionellen, einheitlichen Zimmern. Für Geschäftsreisende, die sich mit einfachem Komfort zufrieden geben.

ESCH-SUR-SÛRE (ESCH SAUER) 717 U 23 et 716 K 6 – *303 h.* 20 B2

Voir *Site★ – Tour de Guet* ⩤★.

Env. *à l'Ouest : rte de Kaundorf* ⩤★ – *à l'Ouest : Lac de la Haute-Sûre★,* ⩤★ – *au Sud-Ouest : Haute vallée de la Sûre★★, Hochfels★ – à l'Est : Basse vallée de la Sûre★.*

Maison du Parc Naturel de la Haute-Sûre, rte de Lultzhausen 15, ✉ *9650,* ☏ *899 33 11, info@naturpark-sure.lu, Fax 89 95 20.*

Luxembourg 48 – Diekirch 24 – Ettelbrück 19 – Bastogne 27.

De la Sûre (annexe - 10 ch), r. Pont 1, ✉ 9650, ☏ 83 91 10, *info@hotel-de-la-sure.lu, Fax 89 91 01,* ⩤, – AE MC VISA
fermé 15 décembre-janvier – **Rest** ***Comte Godefroy*** *Lunch 16* – 29/80 bc, carte 33/52, ♀ – **12 ch** ☕ ★37/69 – ★★73/154 – ½ P 60/93.

◆ Bon accueil familial en cette grosse maison de pays (1824) juchée sur les hauts d'un joli village ardennais. Divers types de chambres. Distractions nombreuses. À table, mets traditionnels revisités ; grande carte et menus multi-choix à composantes régionales.

◆ Freundlicher, familiärer Empfang in diesem Landhaus von 1824 oberhalb eines hübschen Ardennendorfs. Unterschiedliche Zimmerkategorien und zahlreiche Freizeitangebote. Traditionelle, zeitgemäß zubereitete Speisen; umfangreiche Speisekarte und variable Menüs.

Le Postillon, r. Eglise 1, ✉ 9650, ☏ 89 90 33, *conrad@lepostillon.lu, Fax 89 90 34,* – MC VISA.
Rest carte 23/50, ♀ – **24 ch** ☕ ★55/57 – ★★78/82 – ½ P 59/79.

◆ Une tour de guet médiévale domine l'escarpement rocheux au pied duquel se dresse cette imposante auberge traditionnelle. La Sûre méandre en contrebas de l'hôtel. Deux possibilités à l'heure du repas : restaurant traditionnel ou brasserie.

◆ Ein mittelalterlicher Wachturm bestimmt den felsigen Steilhang, an dessen Fuß sich das stattliche Gasthaus befindet. Unterhalb des Hotels fließt die Sûre. Die Mahlzeiten können im traditionellen Restaurant oder in der Brasserie eingenommen werden.

LUXEMBOURG

ETTELBRÜCK (ETTELBRÉCK) 717 V 23 et 716 L 6 – *7 282 h.* 20 B2

Env. *à l'Est : Basse vallée de la Sûre★ d'Erpeldange à Wasserbillig – à l'Ouest : Haute vallée de la Sûre★★ d'Erpeldange à Hochfels.*

r. Bastogne 1a, ✉ *9004,* ☏ *81 20 68, site@pt.lu, Fax 81 98 39.*

Luxembourg 28 – Clervaux 34 – Bastogne 41.

Central, r. Bastogne 25, ✉ 9010, ☏ 81 21 16, *info@hotelcentral.lu, Fax 81 21 38* – . AE MC VISA
fermé 3 premières semaines août, dimanche soir et lundi – **Rest** voir rest ***Le Château-briand*** ci-après – **15 ch** ☕ ★55/65 – ★★75/85 – ½ P 77/84.

◆ Cet hôtel familial central fêtait ses 100 ans en 2007. C'est un bon point de chute pour sillonner la vallée de la Sûre. Chambres plus amples aux angles du bâtiment. Brasserie.

◆ Das zentral gelegene Familienhotel feiert 2007 sein hundertjähriges Bestehen. Es ist ein guter Ausgangspunkt für Ausflüge ins Sûre-Tal. Geräumige Eckzimmer. Brasserie.

Le Châteaubriand - H. Central, 1er étage, r. Bastogne 25, ✉ 9010, ☏ 81 21 16, *info@hotelcentral.lu, Fax 81 21 38,* – AE MC VISA
fermé 3 premières semaines août, dimanche soir et lundi – **Rest** 42/69 bc, carte 47/56.

◆ Restaurant de bonne réputation locale aménagé au 1er étage de l'hôtel Central, dans une salle à la fois lumineuse et feutrée. Repas classique actualisé ; service souriant.

◆ Einen guten Ruf hat das Restaurant im 1. Stock des Hotel Central. Im hellen und gediegenen Speiseraum werden klassische Gerichte serviert. Freundlicher Service.

à Erpeldange *(Ierpeldéng) Nord-Est : 2,5 km par N 27 – 2 066 h :.*

Dahm, Porte des Ardennes 57, ✉ 9145, ☏ 816 25 51, *dahm@pt.lu, Fax 816 25 52 10,* – . AE MC VISA.
fermé 4 au 10 février, 23 au 29 juin et 26 décembre-14 janvier – **Rest** *Lunch 11* – 30/61, carte 42/60, ♀ – **25 ch** ☕ ★65/81 – ★★85/100 – ½ P 81/95.

◆ Bâtisse dont la façade d'inspiration régionale arbore arcades et colombages. Deux générations de chambres réparties dans deux ailes. Jardin fleuri en été. Nouveau restaurant au cadre moderne misant sur un choix traditionnel. Spécialités locales à la brasserie.

◆ Gebäude mit regionaltypischer Fachwerkfassade und Arkaden. Zimmer aus zwei Generationen in den beiden Gebäudeflügeln. Blühender Garten im Sommer. Neues modernes Restaurant mit traditionellem Speisenangebot. Lokale Spezialitäten in der Brasserie.

FOETZ (FÉITZ) 717 V 25 – *voir à Esch-sur-Alzette.*

FRISANGE (FRÉISENG) 717 W 25 et 716 L 7 – 2 989 h. 21 C3

Luxembourg 12 – Thionville 20.

XXX **Lea Linster,** rte de Luxembourg 17, ✉ 5752, ☎ 23 66 84 11, *info@léalinster.lu*, *Fax 23 67 64 47*, ←, 🏞 – P ⇔. AE ① MO VISA. ✂
fermé 18 au 26 février, 10 août-3 septembre, 21 décembre-8 janvier, lundi et mardi – **Rest** (dîner seult sauf week-end) 90, carte 78/107.
Spéc. Homard cuit au court-bouillon et présenté en salade, sauce estragon. Cabillaud royal à l'huile d'olive émulsionnée et pistaches (printemps-été). Selle d'agneau 'Bocuse d'Or'.
Vins Auxerrois, pinot gris.
• Maison d'aspect rural où une patronne-cuisinière avisée signe une cuisine actuelle pleine de saveur. Belle salle moderne immaculée et terrasse arrière donnant sur la campagne.
• Ländlich anmutendes Haus, in dem die einfallsreiche Chefin eine aktuelle und aromenreiche Küche zubereitet. Schöner moderner Saal und Terrasse mit Blick auf die Landschaft.

à Hellange (Helléng) *Ouest : 3 km* C *Frisange :*

X **Lëtzebuerger Kaschthaus,** r. Bettembourg 4 (face à l'église), ✉ 3333, ☎ 51 65 73, *Fax 51 65 73*, 🏞 – ⇔. AE MO VISA
fermé 1er au 9 janvier, 16 juillet-16 août, mardi et mercredi midi – **Rest** carte 29/48, ♀.
• Cette auberge plaît pour sa cuisine traditionnelle soignée, son décor campagnard, son ambiance décontractée et sa terrasse dressée dans la cour dès les premiers beaux jours.
• Hübscher Gasthof mit sorgfältig zubereiteter traditioneller Küche, ländlichem Dekor und ungezwungener Atmosphäre. Die Terrasse im Hof wird ab den ersten schönen Frühlingstagen eingedeckt.

LUXEMBOURG

GAICHEL (GÄICHEL) C *Hobscheid 2 609 h.* 717 U 24 et 716 K 6. 20 B2

9 ☎ *39 71 08, Fax 39 00 75.*
Luxembourg 35 – Diekirch 35 – Arlon 5.

La Gaichel ⛐, Maison 5, ✉ 8469 Eischen, ☎ 39 01 29, *gaichel@relaischateaux.com*, *Fax 39 00 37*, ←, 🏞, 🌳, ✂, 🏌 – P – 🏞. AE MO VISA. ✂
fermé 8 janvier-7 février et 19 au 28 août – **Rest** *(fermé dimanche soir, lundi, mardi midi et après 20 h 30)* Lunch 40 – 65/90, carte 69/99 – **12 ch** ☕ †165/225 – ††165/225 – ½ P 225/250.
Spéc. Omble-chevalier sur risotto au parmesan. Ballottine de volaille au foie d'oie et girolles. Millefeuille de chocolat aux framboises.
• Un beau parc et son golf agrémentent cette fastueuse auberge de 1852. Ravissantes chambres aux décors "bonbonnière", avec terrasse-balcon où le breakfast peut vous être livré. Fine cuisine contemporaine à apprécier dans un cadre classique ; bonne cave.
• Ein herrlicher Park sowie ein Golfplatz umgeben das stattliche Gasthaus von 1852. Reizende Zimmer im Bonbonniere'-Dekor, mit Terrasse oder Balkon — hier können Sie auch frühstücken. Gehobene zeitgemäße Küche in klassischem Rahmen; gute Weinauswahl.

Auberge de la Gaichel, Maison 7, ✉ 8469 Eischen, ☎ 39 01 40, *gaichel2@pt.lu*, *Fax 39 71 13*, 🏞, 🌳, 🏌 – P. VISA
Rest *(fermé 15 février-13 mars, 1er au 11 septembre, mardi soir et mercredi)* Lunch 16 – 29/70 bc, carte 24/42 – **17 ch** ☕ †65/115 – ††75/115 – ½ P 94/144.
• Bâtisse ancienne et typée, rénovée intérieurement en accentuant le coté "cosy". Communs douillets et chambres mignonnes, toutes personnalisées. Cuisine traditionnelle simple et généreuse servie dans un décor sympathique ou sur la terrasse arrière, côté parc.
• Die Innenräume des historischen Gebäudes wurden renoviert und sehr gemütlich gestaltet. Behagliche Salons und individuelle Zimmer. Die traditionelle Küche ist einfach und üppig und wird in sympathischem Ambiente oder auf der Terrasse zum Park hin serviert.

GONDERANGE (GONNERÉNG) C *Junglinster 5 837 h.* 717 W 24 et 716 L 6. 21 C2

18 *au Nord : 3 km à Junglinster, Domaine de Behlenhaff,* ✉ *6141,* ☎ *780 06 81, Fax 78 71 28.*
Luxembourg 16 – Echternach 22 – Ettelbrück 30.

Euro, rte de Luxembourg 11, ✉ 6182, ☎ 78 85 51, *eurohotel@vo.lu, Fax 78 85 50*, 🏋, 🚲 – |$|, ▤ rest, P – 🏞. AE ① MO VISA
Rest Lunch 9 – 25/93 bc, carte 21/53 – **50 ch** ☕ †63/75 – ††82/95 – ½ P 80/92.
• Cet hôtel fonctionnel aux communs clairs et amples dispose de chambres actuelles toutes identiques, équipées d'un mobilier de série stratifié et réparties sur deux étages. Une carte traditionnelle est présentée dans la grande salle à manger nappée de rose.
• Das zweckmäßig gestaltete Hotel mit seinen hellen und weitläufigen Gemeinschaftsbereichen verfügt auf zwei Etagen über moderne, einheitlich eingerichtete Zimmer mit Standardeinrichtung. Großer Speisesaal mit traditionellem Angebot.

GORGE DU LOUP (WOLLEFSSCHLUCHT) ★★ 717 X 24 et 716 M 6 *G. Belgique-Luxembourg.*

GREVENMACHER (GRÉIWEMAACHER) 717 X 24 et 716 M 6 – *3 889 h.* 21 **C2**

Luxembourg 28 – Echternach 28 – Remich 22 – Saarbrücken 93.

Simon's Plaza, Potaschberg 7, ✉ 6776, ☎ 26 74 44, *info@simons-plaza.com, Fax 26 74 47 44*, rest
fermé 24 décembre-6 janvier – **Rest** 30, carte 21/46 – **36 ch** 125 – 160/180 – ½ P 146.

◆ Près de l'autoroute, hôtel d'aspect engageant et moderne, à l'image des chambres, pensées pour la clientèle d'affaires. Celles de l'arrière ouvrent sur la nature. Lumineux restaurant de style contemporain, doté de grandes baies vitrées. Carte internationale.

◆ In Autobahnnähe liegt dieses ansprechende, moderne Hotel, mit neuzeitlichen Zimmern für Geschäftsreisende - die nach hinten liegenden bieten einen Blick ins Grüne. Helles, zeitgemäßes Restaurant mit großen Fenstern und internationaler Karte.

GRUNDHOF (GRONDHAFF) C *Beaufort 1 642 h.* 717 W 23 et 716 L 6. 21 **C2**

Env. *au Sud : 3 km, Vallée des Meuniers★★★ (Müllerthal ou Vallée de l'Ernz Noire).*

Luxembourg 37 – Diekirch 18 – Echternach 10 – Ettelbrück 24.

Brimer, rte de Beaufort 1, ✉ 6360, ☎ 268 78 71, *info@hotel-brimer.lu, Fax 26 87 63 13*, rest,
ouvert mars-19 novembre – **Rest** *(fermé après 20 h 30) Lunch 39* – 43, carte 45/60 – **25 ch** 95/110 – 100/135 – ½ P 81/95.

◆ Auberge créée en 1908 par les aïeux des tenanciers actuels dans cette vallée bucolique. Plusieurs types et formats de chambres. Nuitées offertes aux enfants de moins de 6 ans. À table, cadre traditionnel et carte au goût du jour axée sur la marée. Chef breton.

◆ Dieses Landhotel wurde 1908 von den Ahnen der heutigen Inhaber in einem idyllischen Tal errichtet. Mehrere Zimmertypen, Übernachtung für Kinder unter 6 Jahren frei. Der bretonische Chef bietet eine zeitgemäße Küche und Meeresfrüchte in traditionellem Ambiente.

XX **L'Ernz Noire** avec ch, rte de Beaufort 2, ✉ 6360, ☎ 83 60 40, *lernznoire@pt.lu, Fax 86 91 51*, rest
fermé début décembre, 28 décembre-12 janvier et mardi – **Rest** 42/77, carte 29/64 – **11 ch** 77/99 – 77/99 – ½ P 57/79.

◆ Bâtisse aux murs ocres située en bord de grand-route, entre rivière et coteau boisé. Mets classiques revisités en douceur, menus non détaillés et sommelier de métier. Chambres bien tenues distribuées sur deux étages, jardin et orangerie utilisée au petit-déj'.

◆ Nahe der Hauptstraße zwischen Fluss und Hügeln gelegenes Haus mit ockerfarbener Fassade. Man bietet klassische Speisen, Menüs und einen fachkundigen Sommelier. Gepflegte Zimmer auf zwei Etagen, Garten und Orangerie, in der das Frühstück serviert wird.

HELLANGE (HELLÉNG) 717 V 25 – *voir à Frisange.* 21 **C3**

HESPERANGE (HESPER) 717 V 25 et 716 L 7 – *voir à Luxembourg, environs.*

HOBSCHEID (HABSCHT) 717 U 24 et 716 K 6 – *2 609h.* 20 **B3**

Luxembourg 23 – Mamer 13 – Mersch 18 – Redange 13.

Kreizerbuch, rte de Kreuzerbuch 103 (2 km direction Gaichel), ✉ 8370, ☎ 39 99 45, *Fax 39 52 90*,
fermé fin décembre-début janvier, carnaval, 2 semaines en septembre, lundi soir et mardi – **Rest** *Lunch 11* – carte 43/61.

◆ Cet ex-relais de diligences au cadre chaleureux et typé braque sa belle terrasse vers la forêt. Cuisine classique-actuelle pleine de générosité. Carte enrichie de suggestions.

◆ Die ehemalige Poststation mit sympathischem, typischem Flair bietet eine klassisch-aktuelle, reichhaltige Speisenauswahl mit saisonalen Tagesgerichten. Terrasse mit Blick auf den Wald.

HOSTERT (HUESCHERT) 717 W 25 – *voir à Luxembourg, environs.*

HULDANGE (HULDANG) [C] *Troisvierges 2 553 h.* **717** V 22 *et* **716** L 5. 20 **B1**

Luxembourg 74 – Clervaux 20 – Vianden 54 – Wiltz 34.

XX **K,** r. Stavelot 2 (Burrigplatz), ✉ 9964, ☎ 979 05 61, *info@krestaurant.lu, Fax 99 75 16,* – ♿ P. MC VISA.
fermé 1er janvier, 4 au 11 février, 1er au 15 septembre, 24 décembre et lundis non fériés –
Rest *Lunch 30* – 55/65, carte 37/85 – ***Brasserie*** 22, carte 22/41, ♀.

◆ Cette bâtisse relookée en 2006 réunit deux formules sous son toit. Au restaurant, cuisine du moment et décor "fashionable" harmonieusement rehaussé de panneaux en chêne clair. À la brasserie, choix traditionnel et joli cadre moderne façon "brut de décoffrage".

◆ Das 2006 renovierte Gebäude vereint zwei Stile unter einem Dach: Das moderne Dekor des Restaurants wird untermalt von Paneelen aus heller Eiche. Serviert wird zeitgemäße Küche. In der Brasserie: traditionelle Küche und naturbelassene Decken.

HUNCHERANGE (HËNCHERÉNG) [C] *Bettembourg 9 163 h.* **717** V 25. 20 **B3**

Luxembourg 22 – Esch-sur-Alzette 11 – Mamer 29 – Metz 58 – Saarbrücken 94.

XX **De Pefferkär,** rte d'Esch 49, ✉ 3340, ☎ 51 35 75, *pefferlu@pt.lu, Fax 52 33 57* – P. AE MC VISA
fermé dernière semaine août-première semaine septembre, lundis et samedis midis non fériés – **Rest** 32, carte 38/52, ♀.

◆ Maison rouge située sur la traversée du bourg. Cadre classico-actuel en accord avec la carte, recettes grand-mère, bons menus-choix et suggestions. Nouvelle patronne au piano.

◆ Das rote Haus befindet sich an der Haupttraße. Klassisch-zeitgemäße Karte nach Großmutters Rezepten, gute Menü-Auswahl und Tagesangebote. Neue Patronne am Herd.

JUNGLINSTER (JONGLËNSTER) 717 W 24 *et* 716 L 6 – *5 837 h.* 21 **C2**

18 Domaine de Behlenhaff, ✉ 6141, ☎ 780 06 81, Fax 78 71 28.

Luxembourg 17 – Echternach 19 – Ettelbrück 27.

XX **Parmentier** avec ch, r. Gare 7, ✉ 6117, ☎ 78 71 68, *info@parmentier.lu, Fax 78 71 70,* – rest, . MC VISA
Rest *(fermé 2 semaines en février, 3 semaines en août, mardi et mercredi) Lunch 10* – 31/45, carte 34/52 – **10 ch** *(fermé 3 semaines en août)* ☕ ✝40/60 – ✝✝50/95 – ½ P 51/61.

◆ Petite hôtellerie connue depuis 1904 au centre de Junglinster. Salle à manger confortable complétée par un bistrot et un bar à vins flambants neufs. Choix classique actualisé. Pour l'étape nocturne, chambres proprettes cédées à bon prix.

◆ Kleines, seit 1904 bekanntes Hotel im Herzen von Junglinster. Im komfortablen Restaurant bietet man klassische, zeitgemäße Speisen. Ganz neu sind das Bistro und die Weinbar. Zum Übernachten stehen preiswerte, gepflegte Zimmer bereit.

KAUTENBACH (KAUTEBAACH) 717 V 23 *et* 716 L 6 – *247 h.* 20 **B1**

Luxembourg 56 – Clervaux 24 – Ettelbrück 28 – Wiltz 11.

Hatz Duerfstr. 9, ✉ 9663, ☎ 95 85 61, *contact@hotel-hatz.lu, Fax 95 81 31,* – P. MC VISA. rest
ouvert 16 mars-14 décembre – **Rest** *(fermé lundi midi, mardi midi, mercredi et jeudi midi) Lunch 23* – 28/53 bc, carte 34/47, ♀ – **15 ch** ☕ ✝60/64 – ✝✝90/97 – 1 suite – ½ P 61/68.

◆ Au milieu d'un minuscule village ardennais entouré de forêts, bâtisse régionale dont l'imposante façade jaune clair abrite des chambres tranquilles. Salles à manger "rétro", terrasse avant à l'ombre d'un store, choix traditionnel et menus proposés le week-end.

◆ In einem kleinen, von Wäldern umgebenen Ardennen-Dorf gelegenes Haus mit imposanter hellgelber Fassade, das ruhige Zimmer anbietet. Restaurant im Retro-Stil mit traditionellen Gerichten, am Wochenende Menüauswahl. Nach vorne gelegene Terrasse mit Markise.

KIRCHBERG (KIIRCHBIERG) – *voir à Luxembourg, périphérie.*

Wat betekent dit rode symbool ?
Dat het er heerlijk rustig is en dat u er in de vroege ochtend de vogels kunt horen zingen...

KLEINBETTINGEN **(KLENGBETTEN)** Ⓒ *Steinfort 4 233 h.* **717** U 25 *et* **716** K 7. 20 **B3**
Luxembourg 19 – Esch-sur-Alzette 33 – Mamer 10 – Redange-sur-Attert 23.

Jacoby, r. Gare 11, ✉ 8380, ☎ 390 19 81, *info@hoteljacoby.lu, Fax 39 71 77,* – ch, P. VISA. rest
Rest *(fermé mercredi)* carte 30/57, ♀ – **13 ch** ☕ 72 – 95/110.
◆ Cet hôtel familial repérable à sa façade rouge est établi au centre du village et a bénéficié d'un rajeunissement intégral. Pimpantes chambres assez spacieuses. À table, choix traditionnel assorti de spécialités régionales. Chef-patron derrière les fourneaux.
◆ Das Familienhotel mit der auffallenden roten Fassade liegt mitten im Dorf und wurde komplett renoviert. Adrette, recht geräumige Zimmer. Im Restaurant bietet man traditionelle Gerichte und regionale Spezialitäten - der Patron kocht selbst.

KOCKELSCHEUER **(KOCKELSCHEIER)** **717** V 25 – *voir à Luxembourg, périphérie.* 20 **B3**

KOPSTAL **(KOPLESCHT)** **717** V 24 *et* **716** L 7 – *voir à Luxembourg, environs.*

LAROCHETTE **(an der FIELS)** **717** W 24 *et* **716** L 6 – *1 797 h.* 21 **C2**
Voir *à l'Ouest : 5 km, Nommerlayen*★.
Env. *au Sud-Ouest : 11 km, Vallée de l'Eisch*★ *(Vallée des Sept Châteaux).*
r. Medernach 4, ✉ 7619, ☎ 83 70 38, larochette@larochette.lu.
Luxembourg 27 – Diekirch 12 – Echternach 20 – Ettelbrück 17 – Arlon 35.

Auberge Op der Bleech, pl. Bleech 4, ✉ 7610, ☎ 87 80 58, *bleech@vo.lu, Fax 87 97 25,* – VISA. rest
fermé 28 août-16 septembre et 23 décembre-1er janvier – **Rest** *(fermé mardi hors saison et mercredi)* 18, carte 23/37, ♀ – **9 ch** ☕ 60 – 80/85.
◆ Auberge familiale d'aspect typique, vous hébergeant dans des chambres récemment rénovées, à choisir de préférence en façade, pour la vue sur le château. Brasserie et restaurant où l'on propose un choix classico-traditionnel. Grande terrasse avant.
◆ Ein typischer familiärer Gasthof. Sie werden in kürzlich renovierten Zimmern untergebracht — besonders schön sind die vorderen mit Blick auf das Schloss. Brasserie und Restaurant mit klassisch-traditionellem Speisenangebot. Große Terrasse vor dem Haus.

LAUTERBORN **(LAUTERBUR)** **717** X 24 – *voir à Echternach.* 21 **C2**

LIMPERTSBERG **(LAMPERTSBIERG)** – *voir à Luxembourg, périphérie.*

LIPPERSCHEID **(LËPSCHT)** Ⓒ *Bourscheid 1 200 h.* **717** V 23 *et* **716** L 6. 20 **B2**
Voir *à l'Est : 2 km et 15 mn AR à pied, Falaise de Grenglay* ★★.
Luxembourg 45 – Clervaux 24 – Diekirch 10 – Ettelbrück 18.

Leweck, contrebas E 421, ✉ 9378, ☎ 99 00 22, *Fax 99 06 77,* vallée et château de Bourscheid, – P – AE VISA. rest
fermé 16 février-3 mars, 30 juin-14 juillet et 1er au 7 décembre – **Rest** *(fermé lundi midi et mardi midi)* 40/58, carte 37/51 – **49 ch** ☕ 85/110 – 120/150 – 2 suites – ½ P 85/120.
◆ Complexe hôtelier haut de gamme : huit sortes de chambres avenantes, activités sportives, spa complet, salles de réunions, jardin soigné et vue sur la vallée et le château. Repas traditionnel dans une élégante salle d'esprit décoratif alpin. Belle brasserie.
◆ Dieser Hotelkomplex bietet einiges: Sportangebote, kompletter Wellness-Bereich und Konferenzräume sowie einen angenehmen Garten und Blick auf Tal und Schloss. Traditionelle Speisen im eleganten Speisesaal mit alpenländischem Dekor. Schöne Brasserie..

Valenne E./GEOSTORY PICTURES/MICHELIN

Vue de Luxembourg depuis les casemates du Bock

LUXEMBOURG – LËTZEBUERG

717 V 25 *et* **716** L 7 – *78 329 h.* 20 **B3**

Amsterdam 391 ⑧ – Bonn 190 ③ – Bruxelles 219 ⑧.

OFFICES DE TOURISME

Place Guillaume II, 30, ✉ 1648, ☎ 22 28 09, touristinfo@lcto.lu, Fax 46 70 70.
Air Terminus, gare centrale, ✉ 1010, ☎ 42 82 82 21, info@ont.lu. Fax 42 82 82 38.
Aérogare à Findel ☎ 42 07 61 info@ont.lu. Fax 43 38 62.

RENSEIGNEMENTS PRATIQUES

BUREAUX DE CHANGE

La ville de Luxembourg est connue pour la multitude de banques qui y sont représentées, et vous n'aurez donc aucune difficulté à changer de l'argent.

TRANSPORTS

Il est préférable d'emprunter les bus (fréquents) qui desservent quelques parkings périphériques.
Principale compagnie de Taxi : Taxi Colux ☎ 48 22 33, Fax 40 26 80 16.
Transports en commun : Pour toute information ☎ 47 96 29 75, Fax 29 68 08.

COMPAGNIES DE TRANSPORT AÉRIEN

Renseignements départs-arrivées ☎ 47 98 50 50 et 47 98 50 51. Findel par E 44 : 6 km ☎ 42 82 82 21 – Aérogare : pl. de la Gare ☎ 48 11 99.

GOLF

18 *Hoehenhof (Senningerberg) près de l'Aéroport, rte de Trèves 1, ✉ 2633, ☎ 340 09 01, Fax 34 83 91.*

LE SHOPPING

Grand'Rue et rues piétonnières autour de la Place d'Armes F *– Quartier de la Gare* CDZ.

CURIOSITÉS

POINTS DE VUE

Place de la Constitution★★ F *– Plateau St-Esprit★★* G *– Chemin de la Corniche★★* G *– Le Bock★★* G *– Boulevard Victor Thorn★* G 121 *– Les Trois Glands★* DY.

MUSÉE

Musée national d'Histoire et d'Art★ : section gallo-romaine★ et section Vie luxembourgeoise (arts décoratifs, arts et traditions populaires)★★ G **M**[1] *– Musée d'Histoire de la Ville de Luxembourg★* G **M**[3].

AUTRES CURIOSITÉS

Les Casemates du Bock★★ G *– Palais Grand-Ducal★* G *– Cathédrale Notre-Dame★* F *– Pont Grande-Duchesse Charlotte★* DY.

ARCHITECTURE MODERNE

Sur le plateau de Kirchberg : Centre Européen DEY.

LUXEMBOURG

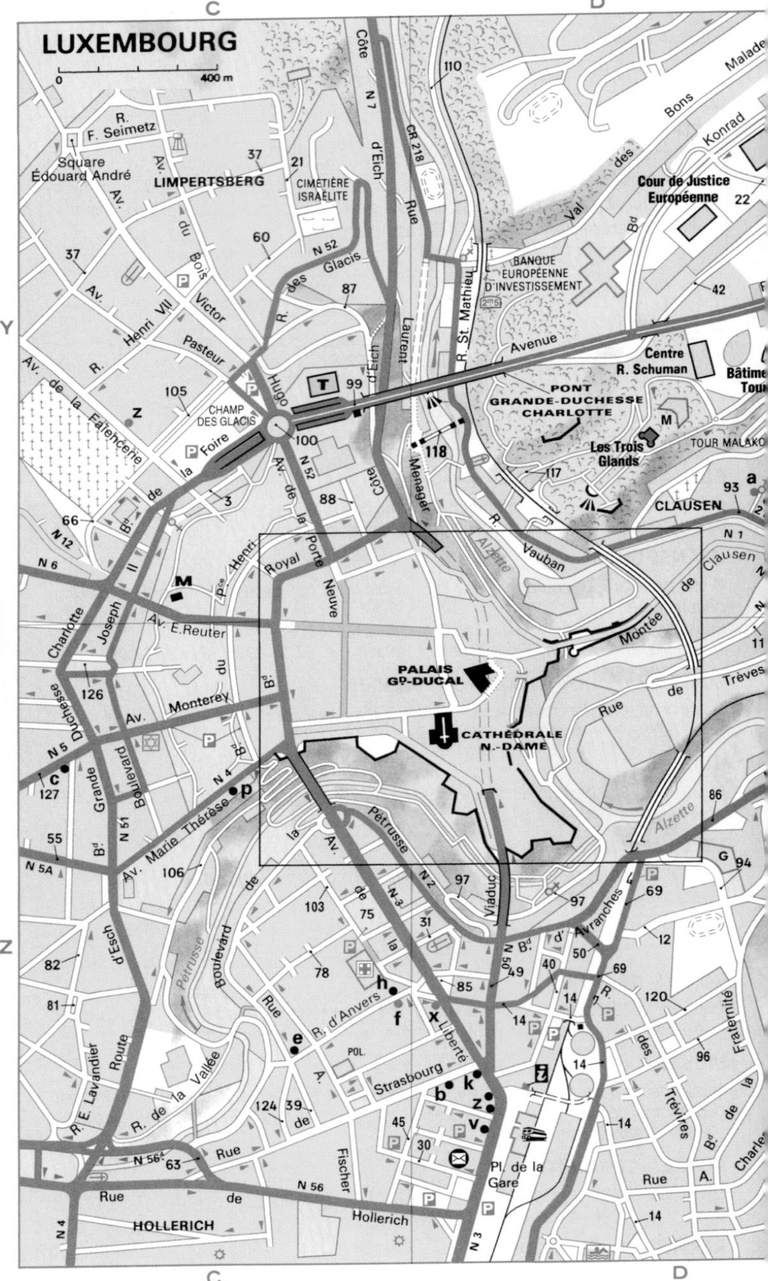
C
D
LUXEMBOURG
0
400 m
Y
Z
LIMPERTSBERG
R. F. Seimetz
Square Édouard André
CIMETIÈRE ISRAÉLITE
Cour de Justice Européenne
BANQUE EUROPÉENNE D'INVESTISSEMENT
Centre R. Schuman
PONT GRANDE-DUCHESSE CHARLOTTE
CHAMP DES GLACIS
Les Trois Glands
TOUR MALAKOFF
CLAUSEN
PALAIS Gd-DUCAL
CATHÉDRALE N.-DAME
HOLLERICH
Pl. de la Gare
Av. Victor Hugo
Av. Pasteur
Av. de la Faïencerie
Av. de la Porte Neuve
Bd Royal
Av. E.Reuter
Av. Monterey
Bd Grande Duchesse Charlotte
Bd Joseph II
Av. Marie Thérèse
Av. de la Liberté
Bd d'Avranches
Rue de Strasbourg
R. d'Anvers
Route d'Esch
Rue de Hollerich
R. de la Vallée
Montée de Clausen
Rue de Trèves
Rue des Trévires
Bd de la Pétrusse
Viaduc
Côte d'Eich
Rue Laurent Menager
R. St. Mathieu
R. Vauban
Val des Bons Malades
R. Konrad
Alzette
Pétrusse
N 1
N 2
N 3
N 4
N 5
N 5A
N 6
N 7
N 12
N 50
N 51
N 52
N 56
CR 218
POL.

Adames (R.) . . . . CY 3
Albert-Wehrer (R.). . . . . . . EY 4
Alcide-de-Gasperi (R.). . . . EY 6
Aldringen (R.) . . . . F 7
Athénée (R. de l'Ancien) . . . F 9
Auguste-Lumière (R.). . . . DZ 12
Bains (R. des). . . . . F 13
Bonnevoie (R. de). . . . . . . DZ 14
Boucherie (R. de la) . . . . . . G 15
Bruxelles (Pl. de) . . . . F 16
Capucins (R. des). . . . . F
Cerisiers (R. des) . . . . CY 21
Charles-Léon-Hammes (R.). . . . . DY 22
Chimay (R.). . . . . F 24
Clairefontaine (Pl.). . . . . . . FG 27
Clausen (R. de) . . . . EY 28
Commerce (R. du). . . . . CDZ 30
Curé (R. du) . . . . F
Dicks (R.) . . . . CDZ 31
Eau (R. de l') . . . . G 33
Ermesinde (R.) . . . . CY 37
Etats-Unis (R. des) . . . . . . CZ 39
Fort Neipperg (R. du) . . . . DZ 40
Fort Niedergrünewald (R. du) . . . . DY 42
Fort Thüngen (R. du) . . . . EY 43
Fort Wedell (R. du). . . . . CDZ 45
Fossé (R. du) . . . . F 46
Franklin-Roosevelt (Bd) . . . . F 48
Gare (Av. de la) . . . . DZ 49
Gaulle (Av. du Gén.-de) . . DZ 50
Grand-Rue . . . . F
Guillaume-Schneider (R.) . CY 60
Guillaume (Av.) . . . . CZ 55
Jean-Baptiste-Merkels (R.)CZ 63
Jean-Ulveling (Bd) . . . . . . FG 64
Jules-Wilhem (R.) . . . . EY 67
J. P.-Probst (R.). . . . . CY 66
Laboratoire (R. du) . . . . . . DZ 69
Léon-Hengen (R.) . . . . EY 70
Liberté (Av. de la). . . . . . CDZ
Marché aux Herbes (R. du) . . . . FG 73
Marché (Pl. du) . . . . G 72
Martyrs (Pl. des) . . . . CZ 75
Michel-Rodange (R.). . . . . CZ 78
Münster (R.) . . . . G 79
Nancy (Pl. de) . . . . CZ 81
Nassau (R. de). . . . . CZ 82
Notre-Dame (R.) . . . . F 84
Paris (Pl. de) . . . . DZ 85
Patton (Bd du Général). . . DZ 86
Paul-Eyschen (R.) . . . . CY 87
Pescatore (Av.) . . . . CY 88
Pfaffenthal (Montée de). . FG 90
Philippe-II (R.) . . . . F 91
Pierre-de-Mansfeld (Allée) DY 93
Pierre-et-Marie-Curie (R.) . DZ 94
Pierre-Hentges (R.). . . . . . DZ 96
Porte Neuve (Av. de la) . . CY
Prague (R. de). . . . . DZ 97
Robert-Schuman (Bd) . . . CY 99
Robert-Schuman (Rond-Point) . . . . CY 100
Sainte-Zithe (R.) . . . . CZ 103
Scheffer (Allée). . . . . CY 105
Semois (R. de la). . . . . CZ 106
Sigefroi (R.) . . . . G 108
Sosthène Weis (R.). . . . . . . G 109
Stavelot (R. de). . . . . DY 110
Strasbourg (R. de) . . . . . CDZ
Théâtre (Pl. du). . . . . F 114
Tour Jacob (Av. de la). . . DEY 115
Trois Glands (R. des) . . . . DY 117
Vauban (Pont). . . . . DY 118
Verger (R. du) . . . . DZ 120
Victor-Thorn (Bd). . . . . G 121
Willy-Georgen (R.) . . . . F 123
Wilson (R.). . . . . CZ 124
Winston-Churchill (Pl.) . . . CZ 126
10-Septembre (Av. du). . . CZ 127

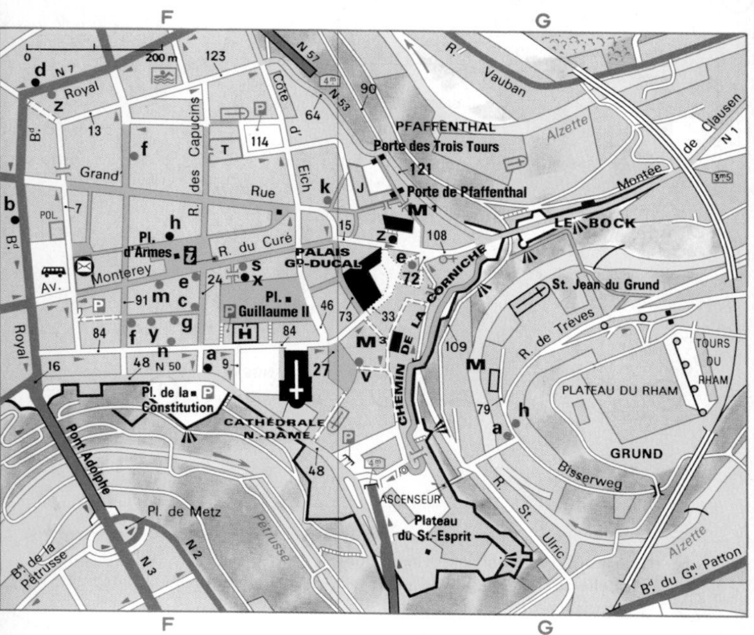

LUXEMBOURG

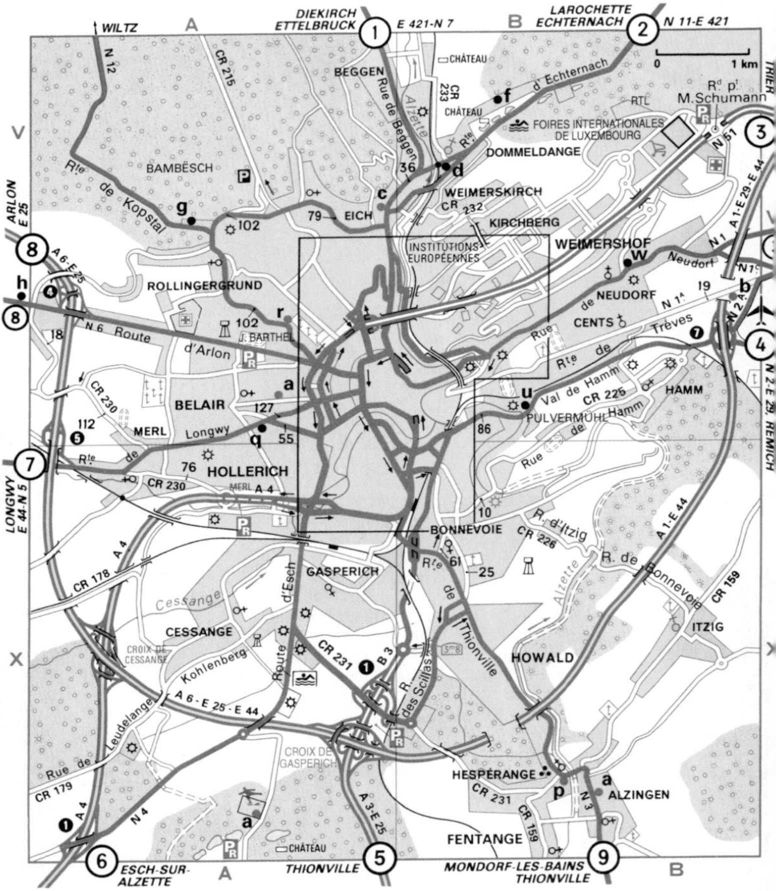

Pour guider vos choix gastronomiques, le libellé de chaque table à étoile(s) MICHELIN indique systématiquement 3 grandes spécialités "maison".

LISTE ALPHABÉTIQUE DES HÔTELS ET RESTAURANTS
ALFABETISCHE LIJST VAN HOTELS EN RESTAURANTS
ALPHABETISCHES HOTEL- UND RESTAURANTVERZEICHNIS
ALPHABETICAL LIST OF HOTELS AND RESTAURANTS

P

R

S

T

W – Y

LUXEMBOURG

Luxembourg-Centre - *plans p. 2 et 3 sauf indication spéciale :*

Le Royal, bd Royal 12, ✉ 2449, ☎ 241 61 61, *reservations@leroyalluxembourg.com, Fax 22 59 48,* – rest, – . AE VISA F d

Rest voir rest ***La Pomme Cannelle*** ci-après – ***Le Jardin*** *(fermé 24 décembre soir) Lunch 29* – 36/39, carte 40/57 – 26 – **190 ch** 370/500 – 370/500 – 20 suites.

◆ Cet immeuble moderne bâti en plein "Wall Street" luxembourgeois abrite de grandes chambres royalement équipées. Service complet et personnalisé à toute heure. Atmosphère et cuisine méditerranéennes au restaurant Le Jardin ; formule lunch-buffet le dimanche.

◆ Luxushotel mitten auf der luxemburgischen "Wall Street" mit großen, modernen und königlich ausgestatteten Zimmern. Zimmerservice zu beliebiger Uhrzeit. Mittelmeeratmosphäre und -küche im Restaurant Le Jardin; sonntags Lunch-Buffet.

Grand Hôtel Cravat, bd Roosevelt 29, ✉ 2450, ☎ 22 19 75, *contact@hotelcravat.lu, Fax 22 67 11* – rest – . AE VISA. ch F a

Rest *Le Normandy* (1er étage) 47, carte 47/62 – ***La Taverne*** (taverne-rest) *Lunch 13* – 39 – **60 ch** 215/375 – 345/357 – 1 suite.

◆ Immeuble ancien bordant une place panoramique (vue sur la vallée de la Pétrusse). Confortables chambres classiquement aménagées, à géométrie variable. Repas gastronomique au Normandy (1er étage). Plats bourgeois et régionaux à La Taverne du rez-de-chaussée.

◆ Altes Gebäude am Rand eines Platzes mit Blick über das Pétrusse-Tal. Komfortable, klassisch eingerichtete und unterschiedlich geschnittene Zimmer. Gourmetmenüs im Normandy (1. Stock). Bürgerliche Küche und regionale Spezialitäten im La Taverne im Erdgeschoss.

Parc Beaux-Arts sans rest, r. Sigefroi 1, ✉ 2536, ☎ 268 67 61, *reception.beauxarts@goeres-group.com, Fax 26 86 76 36* – . AE VISA. G z

10 ch 340/405 – 362/427.

◆ Maisons anciennes bien restaurées, au voisinage du palais grand-ducal et du musée d'Histoire et d'Art. Communs et suites d'un style "néo-rétro" pétri de charme. Bon breakfast.

◆ Alte, sorgsam renovierte Gebäude nahe dem Großherzogspalast und dem Geschichts- und Kunstmuseum. Öffentlicher Bereich und Suiten im charmanten Neo-Retro"-Stil. Gutes Frühstück.

Rix sans rest, bd Royal 20, ✉ 2449, ☎ 47 16 66, *info@hotelrix.lu, Fax 22 75 35,* – . VISA. F b

fermé 1er au 6 janvier et 8 au 24 août – **20 ch** 120/180 – 180/195.

◆ Établissement familial œuvrant sur un axe passant. Sobres chambres diversement agencées et belle salle des petits-déjeuners de style classique. Parking privé devant la porte.

◆ Hübsches familiäres Hotel an einer Durchgangsstraße. Einfache Zimmer, die unterschiedlich geschnitten sind. Klassischer Frühstücksraum. Parkplatz vor der Tür.

Parc-Belle-Vue (annexe Parc Plaza - 89 ch - 185/232), av. Marie-Thérèse 5, ✉ 2132, ☎ 456 14 11, *reception.bellevue@goeres-group.com, Fax 456 14 12 22,* – – . AE VISA. rest CZ p

Rest *(fermé samedi midi, dimanche midi et jours fériés midis)* (buffets) carte 23/42, ♀ – **58 ch** 135/165 – 152/182 – ½ P 73/110.

◆ Enseigne-vérité : cet hôtel offre l'agrément d'un parc et d'un beau panorama. Les chambres de la nouvelle annexe ont un meilleur confort, mais pas de vue remarquable. Le restaurant et la taverne proposent des buffets ; terrasse d'été perchée tel un belvédère.

◆ Der Name verspricht nicht zu viel, das Hotel bietet einen Park und eine schöne Aussicht. Die Zimmer im neuen Nebengebäude sind komfortabler, aber ohne bemerkenswerten Ausblick. Buffets im Restaurant und in der Taverne. Sommerterrasse mit Panoramablick .

Français, pl. d'Armes 14, ✉ 1136, ☎ 47 45 34, *info@hotelfrancais.lu, Fax 46 42 74,* – – . AE VISA F h

Rest (ouvert jusqu'à 23 h) *Lunch 13* – 21/46, carte 29/58, ♀ – **25 ch** 97/110 – 120/140.

◆ Cet hôtel, exploité par la même famille depuis 1970 donne sur la place la plus animée du centre. Espaces communs parsemés d'œuvres d'art et chambres d'une tenue irréprochable. Taverne-restaurant servant de la cuisine classique-traditionnelle.

◆ Das seit 1970 von derselben Familie geführte Hotel steht am belebtesten Platz des Zentrums. Mit Kunstwerken geschmückte Aufenthaltsbereiche, tadellos gepflegte Zimmer. Taverne mit klassisch-traditionellem Speisenangebot.

LUXEMBOURG

Casanova, pl. Guillaume II 10, ✉ 1648, ☎ 22 04 93, *info@hotelcasanova.lu, Fax 22 04 96,* – . ch F x
Rest *(fermé dimanche)* (cuisine italienne) *Lunch 12* – carte 29/53 – **17 ch** ☐ ★85/99 – ★★114/160 – ½ P 115/129.
• Aucune garantie de séjourner en compagnie du légendaire séducteur à cette adresse située en face de l'hôtel de ville. Chambres parquetées, habillées de tissus coordonnés. Table italienne récemment relookée et proposant un buffet d'antipasti.
• Es gibt keine Garantie, hier in Gesellschaft des legendären Verführers zu wohnen. Das Haus gegenüber dem Rathaus bietet Zimmer mit Parkettboden und passend abgestimmten Stoffen. Das vor kurzem renovierte italienische Restaurant bietet ein Antipasti-Büfett an.

XXXX ✿ **Clairefontaine** (Arnaud Magnier), pl. de Clairefontaine 9, ✉ 1341, ☎ 46 22 11, *clairefo@pt.lu, Fax 47 08 21,* – P . G v
fermé première semaine janvier, 1 semaine Pâques, 2 dernières semaines août-première semaine septembre, 25 au 31 décembre, samedi et dimanche – **Rest** *Lunch 51* – 75/95, carte 67/100, ♀.
Spéc. Carpaccio et tartare de Saint-Jacques au céleri et truffe (octobre-mars). Poularde de Bresse cuite en vessie, farce au foie gras et sauce Albufera. Soufflé léger au Grand Marnier. **Vins** Pinot blanc, pinot noir.
• Sur une place cossue vivant au rythme du carillon, belle maison de bouche estimée pour la créativité de sa carte, l'harmonie de ses accords mets-vins et la qualité du service.
• Auf einem belebten Platz, auf dem ein Glockenspiel ertönt, steht das schöne Restaurant mit einfallsreicher Karte, harmonisch abgestimmten Weinen und hochwertigem Service.

XXX ✿ **Le Bouquet Garni** (Thierry Duhr), r. Eau 32, ✉ 1449, ☎ 26 20 06 20, *bouquetgarni@pt.lu, Fax 26 20 09 11* – . G e
fermé fin août-début septembre, fin décembre-début janvier, dimanche et lundi – **Rest** *Lunch 35* – 85, carte 62/88.
Spéc. Homard rôti au beurre salé. Pied de cochon farçi aux morilles et ris de veau (hiver). Forêt noire aux griottines revisitée. **Vins** Pinot blanc, Riesling.
• Cette table classique raffinée, au cadre rustique élégant et au couvert très soigné, occupe une maison du 18e s. dans une rue jouxtant le palais grand-ducal.
• Das Haus a. d. 18. Jh. liegt in einer Nebenstraße zum großherzoglichen Palast. Ein rustikal-elegantes Restaurant mit raffinierter klassischer Küche und schön gedeckten Tischen.

XXX **La Pomme Cannelle** - H. Le Royal, bd Royal 12, ✉ 2449, ☎ 241 61 67 36, *restauration@leroyalluxembourg.com, Fax 22 29 85* – . F d
fermé 1 sem. en janvier, mi-juillet-mi-août, samedi et dimanche – **Rest** *Lunch 39* – 49/68, carte 63/99, ♀.
• Registre culinaire original où produits de nobles origines, vins et épices du Nouveau Monde sont à l'honneur. Intérieur chic et chaleureux évoquant l'Empire des Indes.
• In dem Restaurant stehen die Weine und Gewürze der Neuen Welt im Mittelpunkt. Die elegante und freundliche Ausstattung erinnert an das ferne Indien.

XXX **Yves Radelet,** r. Curé 20 (transfert prévu : av. du X Septembre 44 à Belair), ✉ 1368, ☎ 22 26 18, *info@yvesradelet.lu, Fax 46 24 40,* – . F s
fermé 25 août-6 septembre, dimanche et lundi – **Rest** *Lunch 26* – 45/90 bc, carte 58/72.
• Une appétissante carte "classique-évolutive" vous sera soumise à cette table dont le chef-patron produit lui-même artisanalement ses fromages, charcuteries et fumaisons.
• Hier wird eine wohlschmeckende klassische Küche mit kreativer Note serviert. Der Chef selbst ist für die Zubereitung des Käses sowie der Wurst- und Räucherwaren zuständig.

XX **Speltz,** r. Chimay 8 (angle r. Louvigny), ✉ 1333, ☎ 47 49 50, *info@restaurant-speltz.lu, Fax 47 46 77,* – . F c
fermé 23 au 31 mars, 3 au 18 août, 24 décembre-1er janvier, dimanche et lundi – **Rest** *Lunch 57* – 79, carte 64/78, ♀.
• Brasserie devancée par une terrasse d'été dans la rue piétonne et arrière-salle "gastro" où l'on sert de la cuisine d'aujourd'hui. Sommelier compétent. Tea-room l'après-midi.
• Brasserie mit moderner Küche und kompetentem Sommelier. Vorgelagerte Sommerterrasse in der Fußgängerzone und Teesalon am Nachmittag.

XX **La Lorraine** 1er étage, pl. d'Armes 7, ✉ 1136, ☎ 47 14 36, *lorraine@pt.lu, Fax 47 09 64,* , Avec écailler et produits de la mer – . F e
fermé dimanche – **Rest** 42/73 bc, carte 41/69, ♀ – ***Bistrot de La Lorraine*** (au rez-de-chaussée) – carte 39/60, ♀.
• Deux genres de prestation culinaire cohabitent dans cette belle maison de notable située sur la place d'Armes. Repas au goût du jour et joli cadre Art déco à l'étage. Cuisine du terroir et banc d'écailler (en saison) au bistrot d'en bas. Cave très complète.
• Das schöne Bürgerhaus auf der Place d'Armes bietet zwei kulinarische Alternativen. Karte nach Tagesangebot und hübsche Einrichtung im Art-déco-Stil im 1. Stock. Regionale Küche und Meeresfrüchte (in der Saison) im Bistro. Sehr gut bestückter Weinkeller.

XX **Thai Céladon,** r. Nord 1, ✉ 2229, ☎ 47 49 34, *Fax 26 38 38 27*, Cuisine thaïlandaise – ⇔. AE ⓓ ⓜⓒ VISA. ✂ FG k
fermé samedi midi et dimanche – **Rest** *Lunch 18* – 46/52, carte 37/44.
• Cette table exotique du centre doit son nom à un vernis précieux utilisé par les potiers thaïlandais. Salles étagées, sobres et actuelles. Repas "siamois" ; plats végétariens.
• Das exotische Restaurant im Zentrum ist nach einer wertvollen, von thailändischen Töpfern verwendeten Glasur benannt. Eleganter, sauberer Speisesaal. Thailändische und vegetarische Gerichte.

X **Wengé,** r. Louvigny 15, ✉ 1946, ☎ 26 20 10 58, *wenge@vo.lu*, *Fax 26 20 12 59*, 🏠 – ⇔. AE ⓜⓒ VISA F y
fermé 1er au 7 janvier, 24 au 31 mars, 18 au 30 août et dimanche – **Rest** (déjeuner seult sauf mercredi et vendredi) 39/91 bc, carte 43/82, ♀ 🍇.
• Table au goût du jour aménagée à l'arrière d'une pâtisserie-épicerie fine. Ambiance "zen" dans une salle design dotée de panneaux en wengé et d'une mezzanine. Vins choisis.
• Saisonale Küche im hinteren Teil des Hauses mit Konditorei- und Feinkostabteilung. "Zen"-Atmosphäre in dem mit Wengé-Paneelen ausgestatteten Saal im Designerstil. Gute Weine.

X **Mi & ti,** av. de la Porte-Neuve 8, ✉ 2227, ☎ 26 26 22 50, *mieti@pt.lu*, *Fax 26 26 22 51*, 🏠, Cuisine italienne – ▤ ⇔. ⓜⓒ VISA F f
fermé 1er au 3 janvier, 1 semaine Pâques, 3 dernières semaines août, 24 et 31 décembre, samedi et dimanche – **Rest** *Lunch 20* – 40/71 bc, carte 39/49, ♀.
• Nouvelle table italienne au cadre "trendy" installée au 1er étage d'un bloc moderne. Bons produits reçus en direct de la Botte. Formule simplifiée à la Bottega d'en bas.
• Neues trendig gestaltetes italienisches Restaurant im 1. Stock eines modernen Häuserblocks. Gute Produkte direkt aus Italien. Einfacheres Angebot in der unten gelegenen Bottega.

X **Roma,** r. Louvigny 5, ✉ 1946, ☎ 22 36 92, *Fax 22 04 96*, 🏠, Cuisine italienne – ▤ ⇔. AE ⓓ ⓜⓒ VISA F g
fermé dimanche soir et lundi – **Rest** carte 41/57, 🍇.
• L'un des doyens des "ristoranti" de Luxembourg. Atmosphère décontractée et décor en phase avec l'époque. Carte à deux volets : classique et actuel. Bon choix de vins italiens.
• Eines der ältesten "Ristoranti" Luxemburgs. Ungezwungene Atmosphäre und zwei verschiedene Speisekarten - eine klassische und eine zeitgemäße. Auswahl an italienischen Weinen.

X **La Fourchette à droite,** av. Monterey 5, ✉ 2163, ☎ 22 13 60, *Fax 22 24 95*, 🏠 – ▤ ⇔. AE ⓓ ⓜⓒ VISA F m
fermé dimanche midi – **Rest** *Lunch 19* – 35/81 bc, carte 46/63, ♀.
• Bistrot moderne situé dans un secteur piétonnier regroupant toutes sortes de restaurants où défilent les clientèles locale, touristique et d'affaires. Deux salles superposées.
• Modernes Bistro in einer Fußgängerzone mit vielen verschiedenen Restaurants, in denen sich Ortsansässige, Touristen und Geschäftsreisende einfinden. Zwei übereinander liegende Säle.

X **Yamayu Santatsu,** r. Notre-Dame 26, ✉ 2240, ☎ 46 12 49, *Fax 46 05 71*, Cuisine japonaise avec Sushi-bar – ⇔. AE ⓓ ⓜⓒ VISA. ✂ F n
fermé 3 premières semaines août, Noël-première semaine janvier, dimanche et lundi – **Rest** *Lunch 14* – 28, carte 18/47.
• Table nipponne au cadre minimaliste installée à 200 m de la cathédrale. Choix typique et varié, incluant un menu. Les sushis prennent forme en salle, derrière le comptoir.
• Japanisches Restaurant mit einer Ausstattung im minimalistischen Stil, 200 m von der Kathedrale entfernt. Sushibar und abwechslungsreiche Auswahl typischer Gerichte.

Luxembourg-Grund - *plan p. 3* :

XXXX ✿✿ **Mosconi** (Ilario Mosconi), r. Münster 13, ✉ 2160, ☎ 54 69 94, *mosconi@pt.lu*, *Fax 54 00 43*, 🏠, Cuisine italienne – ⇔. AE ⓓ ⓜⓒ VISA. ✂ G a
fermé 1 semaine Pâques, 12 août-4 septembre, Noël-nouvel an, samedi midi, dimanche et lundi – **Rest** *Lunch 39* – 55/110, carte 66/94, 🍇.
Spéc. Pâté de foies de poulet à la crème de truffes blanches, polenta, sauce au vin rouge. Risotto aux truffes blanches (octobre-décembre). Entrecôte de veau légèrement panée, poireau et patate douce.
• Ancienne maison de notable en bord d'Alzette. Salon et salles romantiques au luxe discret où l'on goûte une fine cuisine italienne, jolie terrasse près de l'eau et belle cave.
• Ehemaliges Bürgerhaus am Ufer der Alzette. Aufenthaltsraum und romantische Säle von diskretem Luxus. Serviert wird eine gehobene italienische Küche. Hübsche Terrasse unweit des Wassers und guter Weinkeller.

Kamakura, r. Münster 4, ✉ 2160, ✆ 47 06 04, *kamakura@pt.lu, Fax 46 73 30,* Cuisine japonaise – AE ⓓ ⓜ VISA. ✻ G h
fermé 2 semaines Pâques, 2 semaines fin août, jours fériés midis, samedi midi et dimanche – **Rest** *Lunch 12* – 29/52 bc, carte 34/50.
• Ambiance "zen" et cadre design pour cette table japonaise sans concession à l'Occident. Bon sushi-bar et menus fidèles aux coutumes nippones. Une valeur sûre.
• "Zen"-Atmosphäre und Designerambiente bietet das japanische Lokal, in dem keine Zugeständnisse an die westliche Küche gemacht werden. Sushi-Bar und original japanische Menüs.Ausgezeichnete Adresse.

Luxembourg-Gare - *plan p. 2 :*

President, pl. de la Gare 32, ✉ 1024, ✆ 486 16 11, *info@president.lu, Fax 48 61 80* – AE ⓓ ⓜ VISA DZ v
Rest voir rest ***Les Jardins du President*** ci-après à Clausen, 3 km par navette – **41 ch** ☕ ★160/190 – ★★190/250 – 1 suite.
• Cet hôtel chic voisin de la gare renferme des chambres confortables aménagées avec goût. Accueil personnalisé, espaces communs de style néoclassique et atmosphère intime. Nouvelle brasserie inaugurée en 2006.
• Elegantes Hotel direkt am Bahnhof. Geschmackvolle komfortable Zimmer und freundlicher Empfang. Gemeinschaftsbereiche in neoklassizistischem Stil mit intimer Atmosphäre. 2006 neu eröffnete Brasserie.

Mercure Grand Hotel Alfa, pl. de la Gare 16, ✉ 1616, ✆ 490 01 11, *H2058@accor.com, Fax 49 00 09* – AE ⓓ ⓜ VISA. ✻ rest DZ z
Rest (brasserie) *Lunch 21* – carte 32/56, ♀ – ☕ 18 – **140 ch** ★180/230 – ★★180/230 – 1 suite.
• Commode pour l'usager du rail, cet hôtel de chaîne abrite, derrière son imposante façade typique des années 1930, des chambres agréables où vous trouverez le sommeil du juste. Une ambiance de brasserie parisienne flotte dans la belle salle à manger Art déco.
• Das für Bahnreisende günstig gelegene Haus gehört zu einer Hotelkette und bietet hinter der typischen Fassade aus den 30er Jahren behagliche Zimmer. Im schönen Art-déco-Restaurant spürt man die Atmosphäre einer Pariser Brasserie.

International, pl. de la Gare 20, ✉ 1616, ✆ 48 59 11, *info@hotelinter.lu, Fax 49 32 27* – AE ⓓ ⓜ VISA DZ z
Rest ***Am Inter*** *(fermé 21 décembre-5 janvier, samedi et dimanche)* 20/50 bc, carte 30/62 – **69 ch** ☕ ★90/250 – ★★110/300 – 1 suite – ½ P 75/170.
• Hôtel rénové par étapes, situé juste devant la gare. Chambres bien tenues ; les meilleures, réparties en façade, sont de nouvelles junior suites. Restaurant installé en angle de rue et éclairé par de grandes baies vitrées. Choix classique-traditionnel étoffé.
• Etappenweise renoviertes Hotel am Bahnhof mit komfortablen Zimmern. Die besten, die neuen Junior-Suiten, liegen auf der Vorderseite. Das helle Restaurant mit großer Fensterfront zu zwei Seiten bietet eine umfangreiche traditionelle Auswahl.

Carlton sans rest, r. Strasbourg 9, ✉ 2561, ✆ 29 96 60, *carlton@pt.lu, Fax 29 96 64* – AE ⓓ ⓜ VISA. ✻ DZ b
50 ch ☕ ★88/95 – ★★100/110.
• Belle bâtisse Art déco (1930) vous hébergeant dans des chambres confortables. Communs évocateurs des années folles, joli salon-séjour rétro, accueil et service prévenants.
• Schönes Art-déco-Gebäude von 1930 mit komfortablen Zimmern und freundlichem Service. Gemeinschaftsräume im Stil der wilden Zwanziger. Hübscher Aufenthaltsraum im Retro-Stil.

Le Châtelet sans rest, bd de la Pétrusse 2, ✉ 2320, ✆ 40 21 01, *contact@chatelet.lu, Fax 40 36 66,* – AE ⓓ ⓜ VISA CZ e
40 ch ☕ ★95/114 – ★★108/132.
• Plusieurs maisons forment cet hôtel surveillant la vallée ; une tourelle garde celle où l'on retire sa clé. Mobilier cérusé et tapis d'Orient dans les plus grandes chambres.
• Das Hotel über dem Pétrusse-Tal umfasst mehrere Häuser; eines davon mit einem kleinen Turm. Tannenholzmöbel und Orientteppiche in den größeren Zimmern.

City sans rest, r. Strasbourg 1, ✉ 2561, ✆ 29 11 22, *mail@cityhotel.lu, Fax 29 11 33,* – AE ⓓ ⓜ VISA DZ k
35 ch ☕ ★90/135 – ★★124/185.
• Cet immeuble de l'entre-deux-guerres, bâti en angle de rue, renferme des chambres d'ampleur convenable et toutes différemment décorées, dans le style des années 1980. Lounge-bar proposant un plat du jour au déjeuner et de la petite restauration à toute heure.
• Das an einer Straßenecke erbaute Haus aus der Zeit zwischen den beiden Weltkriegen bietet recht geräumige, unterschiedlich eingerichtete Zimmer im Stil der 80er Jahre. Lounge-Bar mit einem Tagesteller am Mittag und kleinen Mahlzeiten rund um die Uhr.

Christophe Colomb sans rest, r. Anvers 10, ✉ 1130, ☎ 408 41 41, *mail@christophe-colomb.lu, Fax 40 84 08* – AE VISA CZ h
24 ch ☕ ✶75/165 – ✶✶85/175.
◆ À 500 m de la gare, petit hôtel idéal pour les utilisateurs du rail, n'en déplaise aux "grands navigateurs". Chambres standard assez spacieuses, garnies d'un mobilier actuel.
◆ Kleines Hotel, 500 m vom Bahnhof entfernt, ideal für Zugreisende. Geräumige Standardzimmer mit moderner Einrichtung.

Cordial 1er étage, pl. de Paris 1, ✉ 2314, ☎ 48 85 38, *info@lecordial.lu, Fax 40 77 76* – DZ x
fermé 24 au 30 mars, 12 au 18 mai, 4 au 24 août et samedi – **Rest** (déjeuner seult) 25/90 bc, carte 40/71, ♀.
◆ Grande et confortable salle de restaurant bourgeoisement aménagée, entretenant une atmosphère feutrée. Carte classique assortie de menus et de suggestions faites de vive voix.
◆ Großer und komfortabler Speisesaal, dessen gehobener Einrichtungsstil eine stilvolle Atmosphäre bietet. Klassische Karte mit Menüs und Empfehlungen, die Ihnen mündlich mitgeteilt werden.

Italia avec ch, r. Anvers 15, ✉ 1130, ☎ 486 62 61, *italia@euro.lu, Fax 48 08 07*, Cuisine italienne avec grillades – rest, AE VISA CZ f
Rest carte 35/55 – **20 ch** ☕ ✶70/80 – ✶✶80/90.
◆ Restaurant classiquement aménagé, misant sur une carte de spécialités italiennes assortie de grillades. Terrasse cachée à l'arrière. Les meilleures chambres sont à l'avant.
◆ Klassisch eingerichtetes Restaurant mit italienischen Spezialitäten und Grillgerichten. Auf der Rückseite liegende Terrasse. Die besten Zimmer liegen auf der Vorderseite.

Périphérie - *plan p. 4 sauf indication spéciale :*

à l'Aéroport *par ③ : 8 km :*

NH, rte de Trèves 1, ✉ 2633, ☎ 34 05 71, *nhluxembourg@nh-hotels.com, Fax 34 02 17*, – AE VISA
Rest *(fermé dimanche soir et jours fériés soirs)* (ouvert jusqu'à 23 h) *Lunch 23* – carte 30/52, ♀ – ☕ 22 – **147 ch** ✶89/350 – ✶✶89/350 – 1 suite.
◆ Chambres tout confort dotées d'un triple vitrage, luxe sans tape-à-l'œil, vue aéroportuaire et service "nickel" dans cet immeuble des années 1970 récemment rénové. Brasserie claire et sobre où l'on présente une carte internationale. L'été, repas en terrasse.
◆ Das kürzlich renovierte Haus aus den 70ern bietet sehr komfortable Zimmer mit Dreifachverglasung, diskreten Luxus, Blick auf den Flughafen und untadeligen Service. Internationales Angebot in der hellen und schlichten Brasserie, im Sommer auch auf der Terrasse.

Ibis, rte de Trèves, ✉ 2632, ☎ 43 88 01, *H0974@accor.com, Fax 43 88 02*, – ch, – AE VISA
Rest *(fermé samedi midi, dimanche midi et jours fériés midis)* 25, carte env. 25 – ☕ 12 – **167 ch** ✶65/93 – ✶✶65/93.
◆ Établissement de chaîne aux communs assez avenants pour la catégorie. Les chambres, d'ampleur limitée, offrent le niveau de confort habituel à l'enseigne. Annexe "low-budget". Une rotonde vitrée abrite le restaurant.
◆ Hotel der Ibis-Kette, freundliche Einrichtung für diese Kategorie. Zimmer von begrenzter Größe mit dem bei Ibis üblichen Komfort. "Low-Budget"-Anbau. Das Restaurant befindet sich in einem verglasten Rundbau.

Campanile, rte de Trèves 22, ✉ 2633, ☎ 34 95 95, *luxembourg@campanile.lu, Fax 34 94 95*, – ch, – AE VISA
Rest (avec buffets) 25, carte 25/35 – ☕ 11 – **108 ch** ✶60/80 – ✶✶60/80 – ½ P 96.
◆ Hôtel occupant un immeuble récent. On accède par l'intérieur aux petites chambres avec double vitrage, garnies d'un mobilier assez simple. Accueil à toute heure.
◆ Hotel in einem neuen Gebäude. Kleine Zimmer mit Doppelverglasung und einfacher Einrichtung. Empfang rund um die Uhr.

Le Grimpereau, r. Cents 140, ✉ 1319, ☎ 43 67 87, *bridard@pt.lu, Fax 42 60 26*, – AE VISA BV b
fermé 1 semaine Pâques, 3 premières semaines août, 31 décembre-1er janvier, samedi midi, dimanche soir et lundi – **Rest** *Lunch 30* – 40, carte 65/84, ♀.
◆ Repas au goût du jour dans un cadre néo-rustique intime et cosy (poutres, cheminée en pierre, tables rondes espacées, sièges en Lloyd Loom) ou sur les planches de la terrasse.
◆ Tagesaktuelle Küche in gemütlichem neo-rustikalem Ambiente mit Holzbalken, gemauertem Kamin und Lloyd-Loom-Stühlen oder auf der Terrasse.

à Belair C *Luxembourg :*

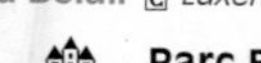

Parc Belair, av. du X Septembre 111, ✉ 2551, ☏ 442 32 31, *reception.belair@goeres-group.com, Fax 456 14 12 20,* ←, ≘s, ⚲ – |‡| ⇔ ⇐ – 🏂. AE ⓓ ⓜ VISA AV q
Rest *(fermé samedi midi, dimanche midi et jours fériés midis)* carte 26/45 – **52 ch** ☕ ✝260/870 – ✝✝282/870 – 1 suite – ½ P 160/395.
◆ Cet immeuble moderne, tourné vers un parc, abrite des chambres actuelles confortables, dont quelques-unes à thème et quelques junior suites. Lounge-bar agréable ; jolie vue.
◆ Das moderne Haus liegt an einem Park. Komfortable, zeitgemäße Zimmer; einige nach Themen dekoriert, andere als Juniorsuiten angelegt. Angenehme Lounge-Bar; hübscher Ausblick.

Albert Premier sans rest, r. Albert Ier 2a, ✉ 1117, ☏ 442 44 21, *info@albert1er.lu, Fax 44 74 41,* ≘s – |‡| ⇔ ⇐. AE ⓓ ⓜ VISA plan p. 2 CZ c
☕ 18 – **14 ch** ✝140/250 – ✝✝140/250.
◆ Cet hôtel, qui met à profit une ancienne maison de notable située aux portes de la ville, plaît surtout pour son décor intérieur cossu, de style anglais. Chambres très "cosy".
◆ Das Hotel in einem ehemaligen Bürgerhaus am Ortseingang besticht vor allem durch seine gediegene Innenausstattung im englischen Stil. Sehr gemütliche Zimmer.

XX **Thailand,** av. Gaston Diderich 72, ✉ 1420, ☏ 44 27 66, *Fax 26 38 38 27,* Cuisine thaïlandaise, ouvert jusqu'à minuit – ⇔. AE ⓓ ⓜ VISA. ⚘ AV a
fermé 15 août-3 septembre, lundi et samedi midi – **Rest** 37/46, carte env. 40.
◆ Au cœur de Belair, table exotique engageante, se distinguant par sa ribambelle de recettes thaïlandaises, son cadre moderne dépouillé et son service jeune et prévenant.
◆ Exotisches Restaurant im Herzen von Belair. Hervorzuheben ist die Vielzahl an thailändischen Gerichten, die moderne Einrichtung und der zuvorkommende, dynamische Service.

à Clausen *(Klausen)* C *Luxembourg :*

XX **Les Jardins du President** ⚘ - H. President, avec ch, pl. Ste-Cunégonde 2, ✉ 1367, ☏ 260 90 71, *jardins@president.lu, Fax 26 09 07 73,* ☂, ⚘ – |‡| ⇔, ▤ ch, P ⇔. AE ⓓ ⓜ VISA plan p. 2 DY a
fermé 23 décembre-6 janvier – **Rest** *(fermé samedi midi et dimanche)* *Lunch 33* – 45/69, carte 54/70, 🍷 – **7 ch** ☕ ✝250 – ✝✝250/350.
◆ Élégant et intime relais gourmand niché dans la verdure. Carte actuelle, sommelier averti et terrasse au jardin rafraîchie par une cascade. Superbes chambres personnalisées.
◆ Das elegante Feinschmecker-Restaurant im Grünen bietet moderne Küche. Sachkundiger Kellermeister. Gartenterrasse mit Blick auf kleinen Wasserfall. Schöne, individuelle Zimmer.

à Dommeldange *(Dummeldéng)* C *Luxembourg :*

Hilton ⚘, r. Jean Engling 12, ✉ 1466, ☏ 4 37 81, *hilton.luxembourg@hilton.com, Fax 43 60 95,* ←, ☂, ⚘, Ⓛ, ≘s, ⊡ – |‡| ⇔ ▤ P – 🏂. AE ⓓ ⓜ VISA BV f
Rest (avec buffets) *Lunch 26* – carte 34/55, 🍷 – ☕ 22 – **298 ch** ✝90/250 – ✝✝90/250 – 39 suites – ½ P 151/275.
◆ À l'orée de la forêt, hôtel de luxe dont les lignes épousent celles de la vallée. Chambres tout confort, service avenant et importante installation conférencière. Restaurant au décor de brasserie moderne.
◆ Ein am Waldrand gelegenes Luxushotel in einem romantischen Tal. Zimmer mit allem Komfort. Freundlicher Service. Großer Konferenzbereich. Restaurant mit moderner Brasserie-Ausstattung.

XXX **Hostellerie du Grünewald** avec ch, rte d'Echternach 10, ✉ 1453, ☏ 43 18 82, *hostgrun@pt.lu, Fax 42 06 46,* ☂, ⚘ – |‡| ⇔, ▤ rest, P ⇔. AE ⓓ ⓜ VISA. ⚘ rest
Rest *(fermé 1er au 17 janvier, 4 au 20 août, samedi midi, dimanche et lundi midi)* *Lunch 53* – 92, carte env. 65, 🍷 – **24 ch** ☕ ✝80/130 – ✝✝90/175 – ½ P 120/140. BV d
◆ Adorable hostellerie à l'atmosphère romantique et feutrée. Pour un agrément maximal, réservez une table dans la salle centrale. Repas classique soigné ; service alerte.
◆ Reizendes Hotel mit romantischer, gediegener Atmosphäre. Reservieren Sie einen Tisch im äußerst geräumigen Hauptsaal. Gepflegte klassische Küche, aufmerksamer Service.

à Eich *(Eech)* C *Luxembourg :*

XX **Sapori,** pl. Dargent 11, ✉ 1413, ☏ 26 43 28 28, *sapori.ristorante@gmail.com, Fax 26 43 28 29,* Cuisine italienne avec buffet, ouvert jusqu'à 23 h – ▤ ⇔. AE ⓜ VISA
fermé lundi et mardi – **Rest** *Lunch 15* – carte 36/57, 🍷. AV c
◆ Restaurant italien dont décor intérieur, sobre et design, s'inspire des brasseries transalpines branchées. Buffet d'antipasti particulièrement appétissant. Service dynamique.
◆ Italienisches Restaurant, dessen schlichter Designerstil sich an angesagten italienischen Bistros orientiert. Besonders appetitliches Vorspeisenbüfett. Engagierte Bedienung.

LUXEMBOURG

à Kirchberg *(Kiirchbierg)* C *Luxembourg :*

Sofitel Europe ⑧, r. Fort Niedergrünewald 6 (Centre Européen), ✉ 2015, ☎ 43 77 61, *H1314@accor.com, Fax 42 50 91* – |♦| ⇔ ▤ ♿ ch, ☎ 🚗 P – 🏃. ◑ VISA. ✂ rest plan p. 3 EY a

Rest voir rest ***Oro e Argento*** ci-après – ***Le Stübli*** *(fermé juillet-2 septembre et samedi midi)* (ouvert jusqu'à 23 h) 25, carte env. 35 – ☕ 22 – **100 ch** ★325/350 – ★★325/350 – 4 suites.

◆ En plein quartier institutionnel européen, hôtel au plan ovale audacieux, avec atrium central. Chambres spacieuses très confortables. Accueil et service en rapport. Table régionale au cadre chaleureux et très typé ; personnel de salle en tenue traditionnelle.

◆ Zwischen den europäischen Institutionen steht das Hotel in gewagter Ovalkonstruktion mit Atrium. Geräumige, sehr komfortable Zimmer. Guter Empfang und Service. Regionale Küche in gemütlichem, sehr typischem Ambiente. Bedienung in traditioneller Kleidung.

Novotel ⑧, r. Fort Niedergrünewald 6 (Centre Européen), ✉ 2226, ☎ 429 84 81, *h1930@accor.com, Fax 43 86 58,* 🏠 – |♦| ⇔ ▤ ♿ P – 🏃. ◑ VISA plan p. 3 EY a

Rest (ouvert jusqu'à minuit) carte 26/52 – ☕ 15 – **260 ch** ★190/210 – ★★190/210.

◆ Voisin de son grand frère, cet établissement géré par le même groupe dispose d'une importante infrastructure pour séminaires et de chambres récemment remises à neuf. Brasserie-restaurant présentant une carte internationale en phase avec les préceptes Novotel.

◆ Das Hotel steht direkt neben seinem Schwesterhaus derselben Gruppe. Es bietet gute Räumlichkeiten für Seminare und kürzlich renovierte Zimmer. Restaurant im Brasseriestil mit internationaler Karte entsprechend den Novotel-Standards.

Oro e Argento - H. Sofitel Europe, r. Fort Niedergrünewald 6 (Centre Européen), ✉ 2015, ☎ 43 77 61, *h1314@accor.com, Fax 42 50 91*, Cuisine italienne – ▤ P. ◑ VISA. ✂ plan p. 3 EY a

fermé samedi – **Rest** carte 54/68.

◆ Belle table transalpine installée dans un hôtel de luxe. Carte italienne au goût du jour, riche décor intérieur à connotations vénitiennes, atmosphère intime et service stylé.

◆ Schönes italienisches Restaurant in einem Luxushotel. Saisonbedingte italienische Küche, elegante Innenausstattung mit venezianischem Touch, intime Atmosphäre und geschulter Service.

à Kockelscheuer *(Kockelscheier)* C *Luxembourg :*

Patin d'Or (Philippe Laffut), rte de Bettembourg 40 (à la patinoire), ✉ 1899, ☎ 22 64 99, *Fax 40 40 11,* 🏠 – ♿ P ⇔. AE ◑ VISA AX a

fermé 12 au 18 mai, 1er au 7 septembre, 22 décembre-6 janvier, samedi et dimanche – **Rest** *Lunch 30* – 48/68, carte 49/76, 🍷.

Spéc. Langoustines poêlées et barigoule d'artichauts. Paupiette de bar à la chair de tourteau. Cornet de glace à la rose et au litchi.

◆ Un jeune chef prometteur vous concocte une cuisine naturelle tout en fraîcheur à cette table ample et confortable agrégée à une patinoire située dans les bois. Belle terrasse.

◆ Das geräumige und komfortable Restaurant liegt an einer Schlittschuhbahn im Wald. Der viel versprechende junge Küchenchef kreiert frische, naturbezogene Gerichte. Schöne Terrasse.

à Limpertsberg *(Lampertsbierg)* C *Luxembourg :*

Lagura, av. de la Faïencerie 18, ✉ 1510, ☎ 26 27 67, *Fax 26 27 02 97,* 🏠 – ▤. AE ◑ ◑ VISA. ✂ plan p. 2 CY z

fermé 24 au 26 décembre, samedi midi, dimanche et jours fériés – **Rest** *Lunch 19* – 25, carte 36/53.

◆ Table "trendy" vous conviant à parcourir une carte inspirée par l'Italie et l'Asie. Ambiance "zen" dans un cadre moderne aux tonalités sombres. Terrasse arrière plaisante.

◆ Das Speisenangebot ist trendy und inspiriert von der Küche des Mittelmeers und Asiens. "Zen"-Ambiente in modernem Rahmen. Schöne Terrasse im hinteren Bereich.

à Neudorf *(Neiduerf)* C *Luxembourg :*

Ponte Vecchio sans rest, r. Neudorf 271, ✉ 2221, ☎ 424 72 01, *vecchio@pt.lu, Fax 424 72 08 88* – |♦| ▤ P. AE ◑ ◑ VISA BV w

46 ch ☕ ★83/93 – ★★99/119.

◆ Ancien site brassicole adroitement réaffecté : fringantes chambres avec ou sans kitchenette - dont 9 duplex - et communs ornés de fresques romantiques italianisantes.

◆ Ehemalige Brauerei, die in ein Hotel umgewandelt wurde: freundliche Zimmer mit oder ohne Kochnische - davon 9 Maisonetten. Gemeinschaftsräume mit italienischen Fresken.

à **Rollingergrund** *(Rolléngergronn)* 🄲 *Luxembourg :*

Sieweburen, r. Septfontaines 36, ✉ 2534, ☎ 44 23 56, *Fax 44 23 53,* ≤, 🍽, – P. MC VISA AV g
fermé 1er au 10 janvier – **Rest** *(fermé mercredi)* (taverne-rest) *Lunch 12* – 41, carte 30/54 – **14 ch** ☕ ★95/125 – ★★115/145.
• Architecture plagiant le style régional à colombages, inscrite dans un site verdoyant. Chambres fonctionnelles au mobilier en bois stratifié ; plus de calme à l'arrière. Taverne-restaurant où l'on sert des spécialités du pays et des plats traditionnels.
• Im Grünen gelegenes Fachwerkhaus. Zweckmäßig eingerichtete Zimmer mit Standardkomfort. Die nach hinten liegenden sind ruhiger. In der Taverne erwarten Sie landestypische Spezialitäten und traditionelle Gerichte.

Théâtre de l'Opéra, r. Rollingergrund 100, ✉ 2440, ☎ 25 10 33, *opera@pt.lu, Fax 25 10 28,* 🍽 – ⇔. AE ⓓ MC VISA AV r
fermé samedi midi et dimanche – **Rest** *Lunch 13* – 23/55, carte 43/56.
• Ancienne maison de notable vous accueillant dans trois salles superposées. Décor mode, éclairage tamisé et carte actuelle à composantes méditerranéennes. Terrasse à l'avant.
• Ehemaliges Bürgerhaus mit drei übereinander liegenden Gaststuben. Moderne Ausstattung, gedämpfte Beleuchtung und zeitgemäße Küche mit mediterranem Einschlag. Terrasse vor dem Haus.

Environs

à **Alzingen** *(Alzéng) - plan p. 4* 🄲 *Hesperange 10 789 h :*

Opium, rte de Thionville 427, ✉ 5887, ☎ 26 36 01 60, *info@opium.lu, Fax 26 36 16 06,* Avec cuisine asiatique, ouvert jusqu'à 23 h – ▤ P ⇔. AE ⓓ MC VISA BX a
fermé samedi midi et dimanche midi – **Rest** *Lunch 24* – carte 46/63, ♀.
• "Lounge-restaurant" dont la carte combine des influences thaïlandaises, vietnamiennes, chinoises et japonaises. Décor exotique chaleureux présidé par un énorme bouddha couché.
• Originelles asiatisches Restaurant. Auf der Karte stehen vietnamesische, chinesische und japanische Spezialitäten. Exotische, gemütliche Ausstattung mit einem liegenden gewaltigen Buddha.

à **Bridel** *(Briddel) par N 12 : 7 km - AV -* 🄲 *Kopstal 2 955 h :*

Brideler Stuff, r. Lucien Wercollier 1, ✉ 8156, ☎ 33 87 34, *info@bridelerstuff.lu, Fax 33 90 64,* 🍽 – ▤ P ⇔. AE ⓓ MC VISA
fermé lundi et jours fériés – **Rest** *Lunch 15* – carte 24/56, ♀.
• Cette auberge fondée au 19e s. doit son affluence à un éventail de copieux plats bourgeois et de spécialités régionales roboratives. Décor de style "stubbe" en salle.
• Das im 19. Jh. gegründete Gasthaus verdankt seine Beliebtheit einem umfangreichen Angebot an bürgerlichen Gerichten in großen Portionen und deftigen regionalen Spezialitäten.

à **Hesperange** *(Hesper) - plan p. 4 – 10 789 h :*

Le Jardin Gourmand, rte de Thionville 432, ✉ 5886, ☎ 36 08 42, *Fax 36 08 43,* 🍽 – ⇔. AE MC VISA BX p
fermé samedi midi, dimanche soir et lundi soir – **Rest** *Lunch 35* – carte 33/64.
• Établissement implanté au centre du bourg. L'été, une terrasse est dressée côté jardin, au bord de l'Alzette ; quant aux gourmandises, elles défilent dans vos assiettes.
• Restaurant im Zentrum des Marktfleckens. Im Sommer wird die Terrasse am Ufer der Alzette benutzt, die dem Garten zugewandt ist. Eine Köstlichkeit nach der anderen wird Ihnen serviert.

à **Hostert** *(Hueschert) par ③ : 12 km* 🄲 *Niederanven 5 412 h :*

Chez Pascal-Le Gastronome, r. Andethana 90, ✉ 6970, ☎ 34 00 39, *pascal@legastronome.lu, Fax 26 34 01 06,* 🍽 – P ⇔. AE MC VISA
fermé 1 semaine carnaval, 3 semaines en août, samedi, dimanche et jours fériés – **Rest** *Lunch 35* – carte 51/67.
• Restaurant perché sur les hauteurs d'un petit village isolé. Salles à manger dont les lambris en chêne supportent des peintures murales susceptibles d'aiguiser votre appétit.
• Restaurant auf einer Anhöhe über einem kleinen einsam liegenden Dorf. Die Wandverkleidung aus Eiche im Speisesaal steht im Kontrast zu den appetitanregenden Wandmalereien.

à Kopstal *(Koplescht) par N 12 : 9 km - AV – 2 955 h :*

XX **Weidendall** avec ch, r. Mersch 5, ✉ 8181, ☎ 30 74 66, *weidenda@pt.lu, Fax 30 74 67* – ▤. AE ⓓ MC VISA
Rest *(fermé 2 semaines en février, 2 semaines en septembre et mardi)* Lunch 14 – 29/39, carte 41/63 – **9 ch** ☐ ✝50 – ✝✝80 – ½ P 60.
◆ Près de l'église, engageante auberge-restaurant tenue en famille. Côté fourneaux et salle à manger, on fait preuve du même classicisme. Chambres sobres et claires, dotées d'un robuste mobilier en chêne massif et de salles de bains à jour.
◆ Ein reizender familiengeführter Gasthof gleich neben der Dorfkirche. Klassischer Speisesaal und ebensolche Küche. Schlichte, helle Zimmer mit robustem Mobiliar aus massiver Eiche und modernem Bad.

à Sandweiler *par ④ : 7 km – 2 758 h :*

XX **Delicious,** r. Principale 21, ✉ 5240, ☎ 35 01 80, *info@delicious.lu, Fax 35 79 36*, 斎 – P ⇔. ✈
fermé 16 août-8 septembre, 27 décembre-10 janvier, dimanche soir, lundi soir et mercredi – **Rest** 45/60, carte 46/85.
◆ Près du clocher, sémillante façade ocre-orange dissimulant une salle à manger spacieuse décorée dans l'esprit contemporain. Cuisine traditionnelle actualisée. Terrasse cachée.
◆ Nahe des Kirchturms befindet sich hinter einer ocker-orangefarbenen Fassade ein geräumiger moderner Speisesaal. Traditionelle, zeitgemäße Küche. Versteckt liegende Terrasse.

à Strassen *(Stroossen) - plan p. 4 – 5 933 h :*

L'Olivier avec appartements, rte d'Arlon 140a, ✉ 8008, ☎ 31 36 66, *contact@hotel-olivier.com, Fax 31 36 27*, F₆ – |⇕| ⇔ ♿ P – 🔬. AE ⓓ MC VISA AV h
Rest voir rest ***La Cime*** ci-après – **46 ch** ☐ ✝109/180 – ✝✝137/211 – 4 suites – ½ P 129/309.
◆ Pas loin de l'autoroute, grande bâtisse contemporaine où vous logerez dans des chambres fraîches et bien tenues. Nombreux duplex avec kitchenette.
◆ Unweit der Autobahn befindet sich dieses große zeitgemäße Gebäude, in dem Sie in frischen, gut gepflegten Zimmern untergebracht werden. Zahlreiche Maisonette-Wohnungen mit Kochnische.

Mon Plaisir sans rest, rte d'Arlon 218 (par ⑧ : 4 km), ✉ 8010, ☎ 31 15 41, *mplaisir@pt.lu, Fax 31 61 44* – |⇕| P. AE ⓓ MC VISA
fermé 24, 25, 26, 30 et 31 décembre et 1er janvier – **27** ch ☐ ✝70/75 – ✝✝80/85.
◆ Hôtel d'un bon petit confort, et dont la façade jaune ne passe pas inaperçue sur cet axe fréquenté rejoignant Luxembourg. Pour plus de calme, réservez une chambre à l'arrière.
◆ Hotel mit gutem Komfort, dessen gelbe Fassade an dieser belebten Verkehrsverbindung nach Luxemburg sofort ins Auge fällt. Die nach hinten hinausgehenden Zimmer sind ruhiger.

XX **La Cime** - H. L'Olivier, rte d'Arlon 140a, ✉ 8008, ☎ 31 36 66, *contact@hotel-olivier.com, Fax 31 36 27*, 斎 – ♿ P ⇔. AE ⓓ MC VISA AV h
fermé samedi et dimanche – **Rest** 34/46, carte 47/67.
◆ Restaurant d'hôtel au cadre moderne très boisé, éclairé par un beau lustre central. Trois alcôves offrent plus de confidentialité. Repas classique actualisé. Terrasse arrière.
◆ Das moderne, mit viel Holz ausgestattete Hotelrestaurant wird von einem schönen Kronleuchter erhellt. Klassische abwechslungsreiche Speisekarte. Terrasse auf der Rückseite.

XX **Two 6 Two,** rte d'Arlon 262 (par ⑧ : 5 km), ✉ 8010, ☎ 26 11 99 97, *julien.262@smets.lu* – ▤ P. AE MC VISA
fermé 2 au 11 février, 10 au 19 mai, 26 juillet-27 août, 1er au 10 novembre, dimanche, lundi et jours fériés – **Rest** carte 49/76, ♀.
◆ Table au décor "fashionable" en noir et blanc, cachée à l'arrière (1er étage) d'un magasin de décoration et vêtements. Salle braquée vers la campagne. Carte selon le marché.
◆ Das etwas versteckt hinter einem Dekorations- und Bekleidungsgeschäft gelegene Restaurant (im 1. Stock) ist modisch in schwarz-weiß dekoriert und bietet marktfrische Küche und einen Blick ins Grüne.

à Walferdange *(Walfer) par ① : 5 km – 6 495 h :*

Moris, pl. des Martyrs 1, ✉ 7201, ☎ 330 10 51, *contact@morishotel.lu, Fax 33 30 70*, 斎 – |⇕|, ▤ rest, P – 🔬. AE ⓓ MC VISA
Rest Lunch 26 – carte 33/51, ♀ – **24 ch** ☐ ✝90 – ✝✝120 – ½ P 120.
◆ Hôtel octogonal se dressant près de l'église, devant un carrefour. Chambres fonctionnelles qu'il faut choisir à l'arrière si vous recherchez la tranquillité. Une carte traditionnelle incluant des plats régionaux est présentée au restaurant. Portions copieuses.
◆ Hotel in achteckiger Form, das neben der Dorfkirche an einer Kreuzung steht. Zweckmäßig eingerichtete Zimmer; die nach hinten hinausgehenden sind ruhiger. Traditionelle Küche, ergänzt durch regionale Spezialitäten. Reichhaltige Portionen.

l'Etiquette, rte de Diekirch 50, ✉ 7220, ☎ 33 51 68, *Fax 33 51 69*, – P ⇔. AE ① MO VISA
fermé 26 août-6 septembre, 27 décembre-6 janvier, dimanche soir, lundi et jours fériés sauf Pâques et Noël – **Rest** *Lunch 20* – 26/47, carte 39/55, ♀.
◆ Registre culinaire classique et exceptionnel choix de vins luxembourgeois, de l'Hexagone et du reste du monde, dans cette maison de bouche qui débuta par une "vinothèque".
◆ Ein klassisches kulinarisches Repertoire und ein außergewöhnliches Angebot an luxemburgischen, französischen und anderen Weinen bietet Ihnen dieses Restaurant, das als Vinothek begann.

MACHTUM (MIECHTEM) C *Wormeldange 2 312 h.* **717** X 25 *et* **716** M 7. 21 **C3**

Voir *Vallée de la Moselle Luxembourgeoise★ de Schengen à Wasserbillig.*
Luxembourg 31 – Ettelbrück 46 – Grevenmacher 4 – Mondorf-les-Bains 29.

XX **Chalet de la Moselle,** rte du Vin 35, ✉ 6841, ☎ 75 91 91, *maryde@pt.lu*, *Fax 26 74 55 91*, ≤ – P ⇔. MO VISA.
fermé mercredis et jeudis non fériés – **Rest** *Lunch 16* – 44/58 bc, carte 49/60, ♀.
◆ Sur la route du Vin, adresse prisée pour sa cuisine classique et sa sélection de crus régionaux. Pour un repas en tête-à-tête avec la Moselle, attablez-vous près des fenêtres.
◆ Die an der Weinstraße gelegene Adresse wird wegen ihrer klassischen Küche und der Winauswahl mit regionalen Top-Lagen geschätzt. Fenstertische mit Blick auf die Mosel.

X **Auberge du Lac,** rte du Vin 77, ✉ 6841, ☎ 75 02 53, ≤, – & P ⇔.
fermé 1er au 17 janvier, 4 au 22 juillet et mardis et mercredis non fériés – **Rest** *Lunch 38* – 40, carte 32/46, ♀.
◆ L'été en plein air, toute l'année par ses baies, cette auberge procure une jolie vue riveraine. Table classico-évolutive, bon assortiment de vins locaux, affluence familiale.
◆ Der gut besuchte Gasthof bietet vom Restaurant und von der Terrasse aus einen schönen Blick auf den Fluss. Einfallsreiches klassisches Angebot, gute Auswahl an lokalen Weinen.

LUXEMBOURG

Chaque localité principale citée au Guide se complète d'une liste de quelques villes importantes, qui précise la distance (km) entre chacune de ces villes et la localité en question.

MERTERT (MÄERTERT) 717 X 24 *et* 716 M 6 – *3 328 h.* 21 **D2**

Voir *Vallée de la Moselle Luxembourgeoise★ de Wasserbillig à Schengen.*
Luxembourg 32 – Ettelbrück 46 – Thionville 56 – Trier 15.

Joël Schaeffer, r. Haute 1, ✉ 6680, ☎ 26 71 40 80, *restjoel@pt.lu*, *Fax 26 71 40 81* – ⇔. AE ① MO VISA
fermé août et lundis et mardis non fériés – **Rest** *Lunch 15* – 53, carte 48/60.
◆ Ce restaurant repérable à sa façade rouge voisine avec le clocher. Cadre actuel cosy, recettes créatives et lunch-menu plébiscité pour son choix multiple et son prix souriant.
◆ Das gemütliche, moderne Restaurant mit roter Fassade liegt gleich neben dem Glockenturm. Beliebter Mittagstisch mit großer Auswahl und günstigen Preisen.

MONDORF-LES-BAINS (MUNNERËF) 717 W 25 *et* 716 L 7 – *3 747 h.* – *Station thermale* – *Casino 2000, r. Flammang, ✉ 5618, ☎ 23 61 11, Fax 23 61 11 29.* 21 **C3**

Voir *Parc★ – Mobilier★ de l'église St-Michel.*
Env. *à l'Est : Vallée de la Moselle Luxembourgeoise★ de Schengen à Wasserbillig.*
ℹ *av. des Bains 26, ✉ 5610, ☎ 23 66 16 17, contact@mondorf.info, Fax 23 66 13 46.*
Luxembourg 19 – Remich 11 – Thionville 22.

Parc ⑤, Domaine thermal, av. Dr E. Feltgen, ✉ 5601, ☎ 23 66 60, *domaine@mondorf.lu*, *Fax 23 66 10 93*, – & P – 🏛. AE ① MO VISA.
Rest ***De Jangeli*** *(fermé samedi midi, dimanche soir et lundi)* *Lunch 23* – 44/45, carte 46/58, ♀ – **104 ch** ★80/115 – ★★100/135 – 30 suites – ½ P 106/141.
◆ Hôtel ressourçant où la famille grand-ducale a ses habitudes. Trois types de chambres dont trente suites, wellness très complet, accès direct au parc thermal. Cadre moderne chic en panneaux de wengé, carte actuelle, belle cave et sommelier avisé au De Jangeli.
◆ In diesem Hotel ist auch die großherzogliche Familie zu Gast. Drei Zimmerkategorien, dreißig Suiten, umfangreiches Wellnessangebot, direkter Zugang zu den Thermen. Modern-elegant: De Jangeli mit zeitgemäßer Küche, gutem Weinkeller und sachkundigem Sommelier.

Grand Chef, av. des Bains 36, ✉ 5610, ☎ 23 66 80 12, *info@grandchef.lu, Fax 23 66 15 10*, – AE VISA. rest
ouvert 15 mars-16 novembre – **Rest** 25/44 – **37** ch ☕ ✝68/78 – ✝✝95/107 – 3 suites – ½ P 70/83.
◆ Cette gentilhommière (1852) ouvrant sur les thermes est tenue par la même famille depuis 1917. Communs cossus, ambiance nostalgique, amples chambres meublées en merisier. Repas classique dans un opulent décor rétro. Grands crus sagement tarifés. Vins au verre.
◆ Dieses auf die Thermen blickende Gut von 1852 wird seit 1917 von derselben Familie geführt. Behagliches Ambiente, nostalgischer Rahmen und geräumige Zimmer. Restaurant mit traditioneller Küche und Retro-Dekor. Weine aus Top-Lagen zu angemessenen Preisen.

Casino 2000, r. Flammang, ✉ 5618, ☎ 26 67 81, *info@casino2000.lu, Fax 26 67 82 29* – AE VISA.
fermé 23 et 24 déc. – **Rest** voir rest ***Les Roses*** ci-après – **28 ch** ☕ ✝119/125 – ✝✝145/155 – 3 suites – ½ P 135/141.
◆ Un casino partage ses murs avec cet hôtel moderne doté de grandes chambres bien équipées et plaisamment agencées. Installations pour banquets, réunions et séminaires.
◆ In diesem Haus befindet sich neben einem Casino auch das moderne Hotel mit großen und gut ausgestatteten Zimmern. Für Familienfeste, Konferenzen und Seminare geeignet.

Beau Séjour, av. Dr Klein 3, ✉ 5630, ☎ 26 67 75, *info@beau-sejour.lu, Fax 23 66 08 89*, – AE VISA.
fermé 15 décembre-15 janvier – **Rest** *Lunch 25* – 41/48, carte 37/58 – **10 ch** ☕ ✝72/75 – ✝✝92/95 – ½ P 72/75.
◆ Petite affaire familiale située à proximité des thermes. Les chambres, assez simples mais de tailles correctes, se partagent deux étages. Cuisine classico-traditionnelle proposée dans une chaleureuse salle pourvue de boiseries et égayée par des tons rouges.
◆ Ein kleiner Familienbetrieb in der Nähe der Thermen. Die auf zwei Stockwerken liegenden Zimmer sind einfach ausgestattet aber ausreichend groß. Klassisch-traditionelle Küche und freundliche Atmosphäre im holzvertäfelten, in Rottönen gehaltenen Restaurant.

LUXEMBOURG

XXX **Les Roses** - H. Casino 2000, r. Flammang, ✉ 5618, ☎ 26 67 81, *info@casino2000.lu, Fax 26 67 82 29* – AE VISA.
fermé 2 au 9 janvier, 14 août-10 septembre, 24 décembre et mardis et mercredis non fériés – **Rest** 42/69, carte 64/99, ♀.
Spéc. Millefeuille de grosses langoustines rôties, dentelles de sésame, légumes étuvés au gingembre. Coussinet de bœuf, tranche de foie gras, raviolis de pommes de terre farcis au parmesan et thym, flambage à table. Canard en vessie au poivre vert, poêlée de petits légumes et pommes fondantes farcies. **Vins** Pinot gris, pinot blanc.
◆ Le thème de la rose inspire l'élégant décor de cette rotonde moderne agrémentée, en son centre, d'une tonnelle circulaire. Cuisine actuelle élaborée. Service aux petits soins.
◆ Das Motiv der Rose inspiriert die elegante Dekoration dieses in einem modernen Rundbau gelegenen Speisesaals. Innovative, ausgefeilte Küche. Aufmerksamer Service.

à Ellange-gare *(Elléng) Nord-Ouest : 2,5 km* C *Mondorf-les-Bains :*

XXX **La Rameaudière**, r. Gare 10, ✉ 5690, ☎ 23 66 10 63, *la_rameaudiere@internet.lu, Fax 23 66 10 64*, – AE VISA
fermé 3 semaines en janvier, dernière semaine juin, dernière semaine août, dernière semaine octobre et lundis et mardis non fériés – **Rest** 46/115 bc, carte 65/87, ♀.
◆ Accueillante maison au passé de gare. Mets classiques actualisés servis dans un intérieur contemporain ou à l'ombre des arbres fruitiers. Cave riche en bordeaux et bourgognes.
◆ In dem einstigen Dorfbahnhof serviert man im modernen Speiseraum oder im Schatten der Obstbäume eine modernisierte klassische Küche. Gute Auswahl an Bordeaux und Burgunder.

MULLERTHAL (MËLLERDALL) C *Waldbillig 1 240 h.* 717 W 24 *et* 716 L 6. 21 C2

Voir *Vallée des Meuniers*** (Vallée de l'Ernz Noire).*
18 9 *au Sud-Ouest : 2 km à Christnach, ✉ 7641, ☎ 87 83 83, Fax 87 95 64.*
Luxembourg 30 – Echternach 14 – Ettelbrück 31.

XXX **Le Cigalon** avec ch, r. Ernz Noire 1, ✉ 6245, ☎ 79 94 95, *lecigalon@internet.lu, Fax 79 93 83*, – VISA. rest
ouvert début mars-fin décembre et week-end du 15 janvier à carnaval – **Rest** *(fermé mardi et après 20 h 30) Lunch 36* – 70/80, carte 51/60, ♀ – **11 ch** ☕ ✝80 – ✝✝102 – 2 suites – ½ P 75/81.
◆ La Provence s'invite à table en cette riante auberge familiale aux murs ocre-jaune. Expo de santons au salon, parc reposant et jolies balades à faire dans la vallée bucolique. Pour l'étape, chambres et suites pastel égayées de tissus méridionaux colorés.
◆ In diesem freundlichen Familiengasthof mit ockergelben Wänden schmeckt man die Provence. Krippen-Ausstellung im Salon, erholsamer Park und schöne Spaziergänge im bäuerlichen Tal. Für die Übernachtung: pastellfarbene Zimmer und Suiten mit südlichem Ambiente.

NEUDORF (NEIDUERF) – *voir à Luxembourg, périphérie.*

NIEDERANVEN (NIDDERANWEN) **717** W 25 *et* **716** L 7 – *5 412 h.* 21 **C3**

Luxembourg 13 – Ettelbrück 36 – Grevenmacher 16 – Remich 19.

XX **Hostellerie de Niederanven,** r. Munsbach 2, ✉ 6941, ☎ 34 00 61, *Fax 34 93 92* – VISA.
fermé 2e quinzaine août et lundi – **Rest** *Lunch 16* – 29/55 bc, carte 44/62, ♀.
◆ Hostellerie tenue par la même famille depuis plus de 30 ans. Carte saisonnière d'orientation traditionnelle, où la marmite dieppoise et le gratin de fruits de mer ont la cote.
◆ Das Hotel ist seit mehr als 30 Jahren in Familienhand. Traditionelle saisonbedingte Küche mit Zutaten aus dem Meer.

OSWEILER **717** X 24 *et* **716** M 6 – *voir à Echternach.*

OUR (Vallée de l') (URDALL) ★★ **717** V 22 *et* **716** L 5 - L 6 *G. Belgique-Luxembourg.*

PÉTANGE (PÉITÉNG) **717** U 25 *et* **716** K 7 – *14 103 h.* 20 **B3**

Luxembourg 22 – Esch-sur-Alzette 15 – Arlon 18 – Longwy 14.

Threeland, r. Pierre Hamer 50, ✉ 4737, ☎ 265 08 00, *threelan@pt.lu, Fax 26 50 28 20,* rest, ch, P. AE VISA
Rest *(fermé samedi midi et dimanche soir) Lunch 25* – 41, carte 27/48, ♀ – **59 ch** ★78 – ★★90/110.
◆ Cet hôtel proche des frontières belge et française est pratique pour la clientèle d'affaires. Communs amples et salles de réunions. Réservez de préférence une chambre rénovée. Repas traditionnel servi dans une rotonde vitrée pourvue de chaises en rotin.
◆ Ein für Geschäftsreisende gut geeignetes Hotel nahe der belgisch-französischen Grenze mit großen Gemeinschafts- und Seminarräumen. Fragen Sie nach den renovierten Zimmern. Traditionelle Gerichte bietet man in einer verglasten Rotonde mit Korbstühlen.

POMMERLOCH (POMMERLACH) C *Winseler 908 h.* **717** U 23 *et* **716** K 6. 20 **B1**

Luxembourg 56 – Diekirch 37 – Ettelbrück 7 – Wiltz 7 – Bastogne 12.

Pommerloch, Wohlber 2, ✉ 9638, ☎ 269 51 51, *hotelpommerloch@gmail.com, Fax 26 95 06 20* – ch, P. AE VISA
Rest *Lunch 13* – 29, carte 27/50, ♀ – **8 ch** ★60 – ★★80.
◆ Hôtel familial à gestion hollandaise inauguré en 2001 devant un rond-point passant. Chambres modernes spacieuses et bien équipées, mais petit-déj' un peu basique. Repas traditionnel dans une salle d'esprit néo-classique ou sous la jolie verrière communicante.
◆ Der Familienbetrieb mit holländischer Führung liegt an einem belebten Kreisverkehr. Moderne, gut ausgestattete und geräumige Zimmer; recht einfaches Frühstück. Traditionelle Gerichte im neo-klassischen Speisesaal oder auf der hübschen, belebten Glasveranda.

Motel Bereler Stuff sans rest, Duerfstr. 2, ✉ 9638, ☎ 95 79 09, *Fax 95 79 08* – P. VISA
17 ch ★33/37 – ★★50/54.
◆ La clientèle automobiliste fait étape depuis 1989 dans ce motel au confort simple voisinant avec un grand carrefour et un zoning commercial. Chambres avant tout pratiques.
◆ Autofahrer schätzen das Motel mit schlichtem Komfort an einer großen Kreuzung am Rande eines Geschäftsgebiets. Zweckmäßig gestaltete Zimmer.

REMICH (RÉIMECH) **717** X 25 *et* **716** M 7 – *2 909 h.* 21 **C3**

Voir *Vallée de la Moselle Luxembourgeoise★ de Schengen à Wasserbillig.*
au Nord-Ouest : 12 km à Canach, Scheierhaff, ✉ 5412, ☎ 35 61 35, Fax 35 74 50.
(mi-juin-mi-sept.) Esplanade (gare routière), ✉ 5533, ☎ 23 69 84 88, Fax 23 69 72 95.
Luxembourg 22 – Mondorf-les-Bains 11 – Saarbrücken 77.

Domaine la Forêt, rte de l'Europe 36, ✉ 5531, ☎ 23 69 99 99, *laforet@pt.lu, Fax 23 69 98 98,* ch, P. AE VISA. rest
fermé 2 au 8 janvier, 4 au 13 février et 22 juillet-6 août – **Rest** *(fermé lundis et mardis midis non fériés)* 37/80 bc, carte 49/64, ♀ – **20 ch** ★85/98 – ★★110/185 – ½ P 80/95.
◆ Bâtisse hôtelière vous conviant à conjuguer relaxation et remise en forme dans ses nouvelles installations. Grandes chambres de style actuel. Restaurant en demi-rotonde tourné vers la vallée transfrontalière. Cadre classique cossu et cave digne d'intérêt.
◆ Das Hotel lädt in neuen Räumlichkeiten zum Entspannen und Fitnesstraining ein. Große moderne Zimmer. Der halbrunde Speisesaal öffnet sich zum Tal im Grenzgebiet. Klassischer, gemütlicher Rahmen und gut sortierter Weinkeller.

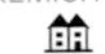

Saint Nicolas, Esplanade 31, ✉ 5533, ☎ 26 66 30, *hotel@saint-nicolas.lu, Fax 26 66 36 66,* ≤, Fб, ≘s, ⚲ – |‡| ⟷, ▤ rest – 🚣. AE ⓓ ⓜⓞ VISA
Rest ***Lohengrin*** *Lunch 28 bc* – 29/83 bc, carte 42/53, ♀ – **40 ch** ☐ ✝85/111 – ✝✝110/150 – ½ P 82/94.
◆ Hostellerie d'aspect traditionnel braquant sa belle façade rouge vers la rivière. Chambres actuelles d'un bon niveau de confort, à choisir côté quais pour la vue. À table, cuisine et décor classiques, avec les flots paisibles de la Moselle pour toile de fond.
◆ Traditionell gestaltetes Gasthaus, dessen hübsche rote Fassade zum Fluss hinaus geht. Einige der modernen, komfortablen Zimmer bieten Blick auf den Kai. Klassische Küche und ebensolches Dekor. Im Hintergrund ziehen die Mosel-Schiffe vorbei.

Des Vignes ⛲, rte de Mondorf 29, ✉ 5552, ☎ 23 69 91 49, *info@hotel-vignes.lu, Fax 23 69 84 63,* ≤ vignobles et vallée de la Moselle – |‡| ⟷, ▤ rest, 🅿 – 🚣. AE ⓜⓞ VISA
fermé 15 décembre-14 janvier – **Rest *Du Pressoir*** *Lunch 16* – 39/66, carte 37/60, ♀ – **24 ch** ☐ ✝82 – ✝✝102 – ½ P 75/106.
◆ En position dominante, hôtel dont les chambres avec terrasse ou balcon ménagent un joli panorama sur la vallée vigneronne. Menu-carte actuel proposé dans une salle-belvédère où trône un vieux pressoir. Terrasse-buvette au bord du vignoble familial (Riesling).
◆ Dieses auf einer Anhöhe gelegene Hotel bietet Zimmer mit großartigem Panoramablick über die Weinberge des Tals. Moderne Speisenauswahl im Belvédère-Saal mit einer alten Traubenpresse. Terrassenausschank gleich neben dem Weinberg der Familie (Riesling).

De l'Esplanade, Esplanade 5, ✉ 5533, ☎ 23 66 91 71, *esplanade@pt.lu et esplanade@internet.lu, Fax 23 69 89 24,* ≤, 🏖 – ⓜⓞ VISA. ✂ rest
fermé 2 janvier-1er février et mardi soir et mercredi de mi-septembre à mi-juin – **Rest** *Lunch 24* – 39, carte 23/48, ♀ – **18 ch** ☐ ✝65/70 – ✝✝80/90 – ½ P 85/90.
◆ Hôtel ancien ouvert sur esplanade riveraine et son embarcadère. Sobres chambres aux tissus à motifs floraux ; 11 d'entre elles, à l'avant, offrent l'agrément d'un balcon. Taverne, restaurant et terrasse abritée donnant une vue sur la berge animée en saison.
◆ Älteres Hotel mit Blick auf Fluss und Landesteg. Schlichte Zimmer mit floralem Dekor, elf davon liegen nach vorne hinaus und bieten einen Balkon. Taverne, Restaurant und beschattete Terrasse, die Blick auf das lebhafte Treiben am Ufer bietet.

REULER (REILER) 717 V 22 – *voir à Clervaux.*

RODER (ROEDER) 717 V 22 – *voir à Clervaux.* 20 B1

ROESER (RÉISER) 717 V 25 – *4 575 h.* 21 C3

Luxembourg 10 – Esch-sur-Alzette 22 – Remich 21 – Metz 59.

Re'ser Stuff, Grand Rue 32, ✉ 3394, ☎ 36 90 67, *reserstf@pt.lu, Fax 36 09 68* – |‡| ⟷, ▤ rest, 🅿. AE ⓓ ⓜⓞ VISA. ✂
fermé 6 août-1er septembre et 24 décembre-15 janvier – **Rest** *(fermé samedi midi, dimanche soir et lundi) Lunch 25* – 45/80, carte 45/79, ♀ – **20 ch** ☐ ✝70 – ✝✝80/150 – ½ P 80.
◆ Rénovation intégrale pour cet hôtel tenu par la même famille depuis les années 1970. Pimpantes chambres offrant un bon niveau de confort. Breakfast dans un cadre soigné. Salle de restaurant cloisonnée, à touches décoratives "Belle Époque". Choix traditionnel.
◆ Nach einer Komplettrenovierung bietet das seit 1970 in Familienbesitz befindliche Hotel schmucke Zimmer mit gutem Komfort und einen gepflegten Frühstücksraum. Separater Speisesaal mit dekorativen 'Belle Epoque' Elementen. Traditionelles Speisenangebot.

ROLLINGERGRUND (ROLLÉNGERGRONN) – *voir à Luxembourg, périphérie.*

ROMBACH-MARTELANGE (ROMBECH-MAARTELÉNG) Ⓒ *Rambrouch 3 442 h.* 717 T 24. 20 A2

Luxembourg 51 – Redange-sur-Attert 19 – Wiltz 41 – Arlon 20.

La Maison Rouge, rte d'Arlon 5, ✉ 8832, ☎ 23 64 00 06, *rougem@pt.lu, Fax 23 64 90 14,* 🏖, Taverne-rest – ▤ 🅿 ⇔. ⓜⓞ VISA. ✂
fermé 20 au 30 août, 24 décembre-9 janvier, mercredi et jeudi. – **Rest** 27/49, carte 37/66.
◆ Maison frontalière où le voyageur pourra gueuletonner avant de poursuivre sa route, non sans avoir fait le plein de carburant, entre autres ! Cadre cosy. Choix traditionnel.
◆ An der Grenze zu Belgien gelegenes Lokal mit gemütlichem Ambiente, in dem Durchreisende vor der Weiterfahrt schlemmen können. Traditionelle Speisenauswahl.

SAEUL (SËLL) **717** U 24 *et* **716** K 6 – *493 h.* 20 **B2**
Luxembourg 21 – Ettelbrück 22 – Mersch 11 – Arlon 14.

XX **Maison Rouge,** r. Principale 10, ✉ 7470, ☎ 23 63 02 21, *Fax 23 63 07 58* – ⇔. MC VISA
fermé 3 semaines en février, 3 semaines en août, dimanches soirs, lundis et mardis non fériés – **Rest** 45/50, carte 39/55.
◆ Cette auberge familiale (6e génération en place) à façade rouge met à profit un relais de poste. Cuisine traditionnelle où entrent les légumes du potager visible à l'arrière.
◆ Das in der 6. Generation familiengeführte Gasthaus mit der roten Fassade war früher eine Poststation. Traditionelle Gerichte mit Gemüse aus dem eigenen Garten.

SANDWEILER **717** W 25 *et* **716** L 7 – *voir à Luxembourg, environs.*

SCHEIDGEN (SCHEEDGEN) C *Consdorf 1 742 h.* **717** X 24 *et* **716** M 6. 21 **C2**
Luxembourg 35 – Echternach 8 – Ettelbrück 36.

De la Station, rte d'Echternach 10, ✉ 6250, ☎ 79 08 91, *info@hoteldelastation.lu, Fax 79 91 64*, ←, – – P – . MC VISA. rest
ouvert 11 mars-14 novembre – **Rest** *(fermé lundi et mardi)* (dîner seult jusqu'à 20 h 30) carte 41/51 – **25** ch – ★40/45 – ★★80/85 – ½ P 57/62.
◆ Hôtel calme tenu par la même famille depuis 1904. Accueil gentil, jardin de repos et chambres avec vue agreste. Une dizaine possèdent un balcon et une quinzaine sont rénovées. Restaurant traditionnel et terrasse au vert. Fumaisons "maison" pour spécialité !
◆ Ein ruhiges Anwesen, seit 1904 von derselben Familie geführt. Freundlicher Empfang, Garten und Zimmer mit Aussicht — 15 wurden renoviert. Traditionelles Restaurant mit Terrasse im Grünen. Hausgeräucherte Spezialitäten.

SCHOUWEILER (SCHULLER) C *Dippach 3 234 h.* **717** U 25 *et* **716** K 7. 20 **B3**
Luxembourg 14 – Mondorf-les-Bains 29 – Arlon 20 – Longwy 18.

XX ✿✿ **La Table des Guilloux** (Pierrick Guillou), r. Résistance 17, ✉ 4996, ☎ 37 00 08, *guilloux@relaischateaux.com*, – ⇔. MC VISA
fermé 12 au 20 mai, 4 au 26 août, 22 décembre-6 janvier, lundi, mardi et samedi midi – **Rest** carte 62/83.
Spéc. Croustillant de pied de porc. Ravioles ouvertes, violets et asperges (avril-juin). Marinière de turbotin, coquillages et jus de crustacés. **Vins** Pinot gris, riesling.
◆ Auberge villageoise ancienne abritant quatre petites pièces intimes garnies de meubles d'hier et d'un superbe lustre Murano. Repas classique haut en goût ; beau choix de vins.
◆ Alter Dorfgasthof mit vier kleinen, intimen Räumen mit etwas altmodischen Möbeln und einem herrlichen Murano-Lüster. Schmackhafte klassische Speisen, gute Weinauswahl.

X ✿ **Toit pour Toi,** r. IX Septembre 2, ✉ 4995, ☎ 26 37 02 32, *Fax 26 37 02 22* – ⇔. MC VISA
fermé 15 août-3 septembre, 25 décembre-7 janvier et jeudi – **Rest** (dîner seult) carte 41/66.
Spéc. Tartare de saumon aux épices douces, crème ciboulette, tapenade d'olives noires. Poulet fermier à la rôtissoire, cornet de pommes frites. Côte à l'os grillée (bleue ou saignante) sur planche, béarnaise, cornet de pommes frites. **Vins** Pinot gris, riesling.
◆ Accueil charmant en cette grange relookée où le répertoire culinaire bistrotier est revisité avec brio. Charpente, éclairage design et cheminée en salle. Mets à la rôtissoire.
◆ In dieser zum Restaurant umgebauten Scheune erwarten Sie ein reizvoller Empfang und ein mit Talent bereichertes Bistro-Repertoire. Originelles Deckengebälk, Designbeleuchtung und offener Kamin im Speisesaal. Bratgerichte.

SOLEUVRE (ZOLWER) C *Sanem 13 505 h.* **717** U 25 *et* **716** K 7. 20 **B3**
Luxembourg 22 – Esch-sur-Alzette 8 – Arlon 27 – Longwy 22.

XX **La Petite Auberge,** r. Aessen 1 (CR 110 - rte de Sanem), ✉ 4411, ☎ 59 44 80, *Fax 59 53 51* – P ⇔. AE MC VISA.
fermé semaine Pentecôte, 2 dernières semaines août, fin décembre-début janvier, dimanche et lundi – **Rest** Lunch 15 – 42/75, carte 51/69, ♀.
◆ Ancienne ferme convertie en confortable auberge. Carte classique, service à l'anglaise, découpes en salle et bonne cave montée par un chef-patron cultivant la passion du vin.
◆ Zu einem behaglichen Gasthaus umgebauter ehemaliger Bauernhof. Klassische Speisen, englischer Service, am Tisch tranchierte Fleischgerichte und ein guter, vom Hausherrn liebevoll gepflegter Weinkeller.

STADTBREDIMUS (STADBRIEDEMES) 717 X 25 et 716 M 7 – 1 277 h. 21 C3

Voir *Vallée de la Moselle Luxembourgeoise★ de Schengen à Wasserbillig.*
Env. *au Nord : rte de Greiveldange ≤★.*
Luxembourg 25 – Mondorf-les-Bains 14 – Saarbrücken 80.

l'Écluse, Waistr. 29, ✉ 5450, ☎ 236 19 11, *info@hotel-ecluse.com, Fax 23 69 76 12*, ≤, 🏞, 🌳 – 🚭 🚗 P. AE MC VISA. 🚫 rest
Rest *(fermé fin juin-début juillet, 2 semaines Noël-nouvel an, mercredi midi et jeudi)* (taverne-rest) carte 24/50, 🍷 – **18 ch** *(fermé 2 semaines Noël-nouvel an)* ☕ ★52 – ★★68 – ½ P 58.
• Entre rivière et vignoble, hôtel à façade colorée, tenu en famille depuis 1963. Chambres proprettes ; balcon tourné vers l'écluse pour 7 d'entre elles, au 2e étage. Taverne-restaurant avec véranda et terrasse. Généreuse assiette mêlant terroir et tradition.
• Das Hotel mit der farbigen Fassade liegt zwischen Fluss und Weinberg und wird seit 1963 von der gleichen Familie geführt; einige Zimmer mit Balkon zur Schleuse. Restaurant-Taverne mit Veranda und Terrasse. Üppige Mahlzeiten mit traditionellen Gerichten.

STEINHEIM (STENEM) 717 X 24 – *voir à Echternach.* 21 D2

STRASSEN (STROOSSEN) 717 V 25 et 716 L 7 – *voir à Luxembourg, environs.* 20 B3

SUISSE LUXEMBOURGEOISE (Petite) ★★★ 717 W 24 - X 24 et 716 L 6 - M 6 *G. Belgique-Luxembourg.*

SÛRE (Vallée de la) (SAUERDALL) ★★ 717 T 23 - Y 24 et 716 K 6 *G. Belgique-Luxembourg.*

TROISVIERGES (ELWEN) 717 U 22 et 716 L 5 – 2 553 h. 20 B1

Luxembourg 75 – Clervaux 19 – Bastogne 28.

XX **Auberge Lamy** avec ch, r. Asselborn 51, ✉ 9907, ☎ 99 80 41, *lamysa@pt.lu, Fax 97 80 72*, ≤, 🏞 – 🛗 ♿ ch, P. AE ① MC VISA
fermé 14 au 31 août, 24 décembre-3 janvier, lundi et mardi – **Rest** *(fermé après 20 h 30)* *Lunch 23* – 34, carte 25/60 – **6 ch** ☕ ★35 – ★★58.
• Ce relais familial cumule les fonctions de resto, pizzeria, pub et hôtel. Terrasse ouvrant sur la vallée. Carte traditionnelle avec truites du vivier et produits de la mer.
• Ein Gasthof, der sowohl als Restaurant, Pizzeria, Pub und Hotel dient. Terrasse mit Blick ins Tal. Traditionelles Speisenangebot mit Forellen und Meeresfrüchten.

VIANDEN (VEIANEN) 717 W 23 et 716 L 6 – 1 464 h. 21 C1

Voir *Site★★, ✱★★ par le télésiège – Château★★ : chemin de ronde ≤★.*
Env. *au Nord-Ouest : 4 km, Bassins supérieurs du Mont St-Nicolas (route ≤★★ et ≤★) – au Nord : 3,5 km à Bivels : site★ – au Nord : Vallée de l'Our★★.*
ℹ *r. Vieux Marché 1a, ✉ 9419, ☎ 834 25 71, viasi@pt.lu, Fax 84 90 81.*
Luxembourg 44 – Clervaux 31 – Diekirch 11 – Ettelbrück 16.

Belvédère, rte de Diekirch 4 (Nord : 1 km), ✉ 9409, ☎ 26 87 42 44, *belveder@pt.lu, Fax 26 87 42 43*, ≤, 🏞, 🏊 – 🛗 ♿ P – 🏛. AE ① MC VISA. 🚫 rest
fermé 7 au 28 janvier et 17 novembre-2 décembre – **Rest** 33/102 bc, carte 41/59, 🍷 – **16 ch** ☕ ★97/125 – ★★95/125 – ½ P 85/123.
• Cet hôtel d'aspect récent (fin du 20e s.) monte la garde aux avant-postes de Vianden. La moitié de ses chambres ménagent une vue frontale sur le château médiéval. Table actuelle au cadre moderne ; vue sur la forteresse par les grandes baies vitrées.
• Das modern anmutende Hotel (Ende 20. Jh.) wacht vor den Toren von Vianden. Die Hälfte der Zimmer blickt direkt auf das mittelalterliche Schloss. Zeitgemäße Küche, serviert in einem modernen Speisesaal; durch die großen Fenster blickt man auf die Festung.

Oranienburg, Grand-Rue 126, ✉ 9411, ☎ 834 15 31, *info@hoteloranienburg.com, Fax 83 43 33*, 🏞, 🌳 – 🛗 – 🏛. AE ① MC VISA
ouvert 16 mars-14 novembre et 16 décembre-2 janvier – **Rest** voir rest ***Le Châtelain*** ci-après – **23 ch** ☕ ★55/68 – ★★84/110 – 3 suites – ½ P 61/74.
• Hôtellerie officiant en famille depuis plus de 100 ans au cœur de ce petit bourg charmant dominé par sa forteresse féodale. Plusieurs genres de chambres. Brasserie sympa.
• Ein seit 100 Jahren familiengeführter Gasthof im Herzen des charmanten Marktfleckens mit seiner Festung aus der Feudalzeit. Verschiedene Zimmerkategorien. Gemütliche Brasserie.

Heintz, Grand-Rue 55, ✉ 9410, ☏ 83 41 55, *hoheintz@pt.lu, Fax 83 45 59,* – P. AE MC VISA
Rest *(ouvert mai-décembre; fermé mercredi sauf en juillet-août)* (dîner seult jusqu'à 20 h 30 sauf samedi, dimanche et en juillet-août) 20/39, carte 30/48 – **30** ch *(ouvert 22 mars-décembre)* ✱50/75 – ✱✱72/120 – ½ P 56/63.
◆ À côté de l'église, couvent trinitaire devenu une auberge tenue par la même famille depuis 1910. Communs au cachet anciens et chambres peu à peu rajeunies. Table traditionnelle par sa carte et son décor. Fondue fromagère pour spécialité. Cour-terrasse au vert.
◆ Das neben der Kirche liegende Dreifaltigkeitskloster wurde in ein Gasthaus umgebaut. Öffentliche Bereiche in ursprünglichem Dekor und nach und nach renovierte Zimmer. Traditionelles Gasthaus. Käsefondue als Spezialität. Hofterrasse im Grünen.

Auberge du Château, Grand-Rue 74, ✉ 9401, ☏ 83 45 74, *chateau@pt.lu, Fax 83 47 20,* – . MC VISA. rest
ouvert 16 mars-décembre; fermé mercredi – **Rest** *Lunch 15* – 25/38, carte 36/50, ♀ – **40 ch** ✱48/58 – ✱✱75/90 – ½ P 52/58.
◆ Quatre maisons en enfilade composent cette auberge familiale ancienne et typée, située dans la rue principale. Les chambres, disponibles en deux formats, ont été rénovées. Restaurant classico-traditionnel complété par une brasserie et sa terrasse-trottoir.
◆ Vier nebeneinanderliegende Häuser bilden diese alte und typische Herberge in der Hauptstraße. Renovierte Zimmer in zwei Kategorien. Klassisch-traditionelles Restaurant mit Brasserie und Terrasse vor dem Haus.

Victor Hugo, r. Victor Hugo 1, ✉ 9414, ☏ 834 16 01, *info@hotelvictorhugo.lu, Fax 84 91 22,* , – . AE MC VISA
fermé 15 février-22 mars et mercredi sauf juillet-15 septembre – **Rest** carte 19/46, ♀ – **20 ch** ✱53/58 – ✱✱70/90 – ½ P 50/58.
◆ V. Hugo, à qui Vianden doit en partie sa popularité, a logé dans cette auberge jouxtant un pont sur l'Our. Chambres pimpantes, espace de remise en forme et estaminet. À table, mets traditionnels et grillades présentées sur des potences. Jolie terrasse arrière.
◆ V. Hugo, dem Vianden einen Teil seiner Bekanntheit verdankt, ist in dieser Unterkunft nahe einer Our-Brücke abgestiegen. Hübsche Zimmer, Fitnessbereich und Schenke. Im Restaurant: traditionelle Speisen und Grillgerichte. Angenehme Terrasse hinter dem Haus.

Le Châtelain - H. Oranienburg, Grand-Rue 126, ✉ 9411, ☏ 834 15 31, *info@hotelora nienburg.com, Fax 83 43 33,* – . AE MC VISA
ouvert 16 mars-14 novembre et 16 décembre-2 janvier; fermé lundis midis et mardis midis non fériés – **Rest** 32/73, carte 46/75.
◆ Restaurant au cadre classique intime et raffiné, incorporé à un hôtel. Carte élaborée, menu dégustation, cave au diapason. Belle mise de table. Accueil et service en famille.
◆ Das klassisch gestaltete Restaurant bietet eine ambitionierte Karte, ein Degustationsmenu und einen umfangreichen Weinkeller. Schön gedeckte Tische, familiärer Empfang und Service.

Auberge Aal Veinen "Beim Hunn" avec ch, Grand-Rue 114, ✉ 9411, ☏ 83 43 68, *ahahn@pt.lu, Fax 83 40 84,* – . MC VISA
fermé fin décembre-fin janvier et mardi sauf 15 juillet-15 septembre – **Rest** (avec grillades) 17/33, carte 23/45 – **8 ch** ✱60 – ✱✱75 – ½ P 57.
◆ Maison de caractère au passé de forge (1683), bâtie en contrebas du château. Salles rustiques superposées, choix traditionnel, plantureuses grillades de bœuf au feu de bois. Quelques chambres aux 2e et 3e étages, progressivement rafraîchies.
◆ Die ehemalige Schmiede (1683) unterhalb des Schlosses bietet heute rustikale Räume auf verschiedenen Ebenen, ein traditionelles Angebot und Rindfleischspezialitäten vom Holzkohlengrill. Einige Zimmer im 2. und 3. Stockwerk, nach und nach renoviert.

WALFERDANGE (WALFER) 717 V 25 *et* 716 L 7 – *voir à Luxembourg, environs.*

WALLENDORF-PONT (WALLENDORFER-BRÉCK) C *Reisdorf 795 h.* 717 W 23. 21 C2
Luxembourg 40 – Diekirch 12 – Vianden 12.

Dimmer, Grenzwee 4, ✉ 9392, ☏ 83 62 20, *info@hoteldimmer.lu, Fax 86 90 77,* , , , , – P. AE MC VISA
fermé 16 décembre-1er février – **Rest** *Lunch 10* – 25/30, carte 19/44, ♀ – **30 ch** ✱50/60 – ✱✱70/94 – ½ P 56/65.
◆ Cette auberge de longue tradition familiale (1871) jouxte un pont sur la Sûre, qui forme la frontière avec l'Allemagne. Deux générations de chambres. Wellness, canoës et VTT. Restaurant se complétant d'un estaminet et d'une terrasse braquée vers la rivière.
◆ Das Haus mit Familientradition seit 1871 liegt an einer Sûre-Brücke, an der Grenze zu Deutschland. Zwei Zimmertypen, Wellnessbereich, Kanufahrten und Mountain-Biking. Restaurant mit Schenke und Terrasse am Fluss.

WASSERBILLIG (WAASSERBËLLEG) C *Mertert 3 328 h.* 717 X 24 *et* 716 M 6. 21 D2

Voir *Vallée de la Moselle Luxembourgeoise★ jusqu'à Schengen.*
Luxembourg 33 – Ettelbrück 48 – Thionville 58 – Trier 18.

XX **Kinnen** avec ch, rte de Luxembourg 32, ✉ 6633, ☎ 74 00 88, *Fax 74 01 08*, – P. AE MC VISA.
fermé 15 au 30 janvier, 1er au 21 juillet, mercredi et jeudi soir – **Rest** 38/58, carte 41/67 – **10 ch** ★43 – ★★60.
◆ Aux abords de ce village mosellan frontalier, ample salle de restaurant complétée par une terrasse et un estaminet où l'on mange le plat du jour à midi. Chambres nettes.
◆ Am Rande des Mosel-Grenzdorfes findet man den großen Gasthof mit Terrasse und Schenke. Mittags Tagesteller. Tadellose Zimmer.

WEILERBACH (WEILERBAACH) C *Berdorf 1 355 h.* 717 X 23 *et* 716 M 6. 21 C2

Luxembourg 39 – Diekirch 24 – Echternach 5 – Ettelbrück 29.

Schumacher, rte de Diekirch 1, ✉ 6590, ☎ 720 13 31, *hotschum@pt.lu, Fax 72 87 13*, – P. MC VISA.
ouvert 16 mars-novembre – **Rest** *(fermé mercredi midi, jeudi midi et après 20 h 30)* 42, carte 41/61 – **25 ch** ★65/70 – ★★85/110 – ½ P 63/85.
◆ Réservez une chambre en façade pour contempler du balcon la rivière-frontière qui se glisse devant cet hôtel familial. Salon-cheminée et toit-terrasse avec vue sur la vallée. Une carte classique-traditionnelle est présentée au restaurant.
◆ Ein familiäres Hotel, dessen an der Vorderseite liegende Zimmer einen Balkon und Flussblick bieten. Kaminzimmer und Dachterrasse mit Aussicht auf das Tal. Restaurant mit klassisch-traditioneller Speisekarte.

WEISWAMPACH (WÄISWAMPECH) 717 V 22 *et* 716 L 5 – *1 160 h.* 20 B1

Luxembourg 69 – Clervaux 16 – Diekirch 36 – Ettelbrück 41.

Keup, rte de Stavelot 143 (sur N 7), ✉ 9991, ☎ 997 59 93 00, *hotel@keup.lu, Fax 997 59 94 40*, rest, ch, P. AE MC VISA. rest
Rest *(fermé mercredi)* (taverne-rest) *Lunch 9* – 15/25, carte 21/36, – **24 ch** ★50 – ★★72 – 1 suite – ½ P 60.
◆ Dans une localité proche des frontières allemande et belge, hôtel pratique pour l'étape, couplé à une station service et à un mini-centre commercial. Deux étages de chambres. Grande salle à manger classiquement aménagée, devancée par une brasserie.
◆ Das Hotel mit angeschlossener Tankstelle und kleinem Einkaufszentrum in der Nähe der deutsch-belgischen Grenze ist ein willkommener Halt für Autoreisende. Zimmer auf zwei Etagen. Klassisch eingerichtetes Restaurant, vor dem sich eine Brasserie befindet.

XX **Hostellerie du Nord,** rte de Stavelot 113, ✉ 9991, ☎ 99 83 19, *Fax 99 74 61*, – P. AE MC VISA
Rest *Lunch 9* – 25/42 bc, carte 27/42.
◆ Auberge ancienne cuisinant des mets traditionnels et au goût du jour. Un café rural précède la salle agreste (poutres, parquet et murs de briques). Jeux d'enfants au jardin.
◆ Traditionsreicher Gasthof, mit traditioneller und zeitgemäßer Küche. Dem urigen Speisesaal (Balken, Parkett, Ziegelmauern) ist ein Café vorgelagert. Kinderspielplatz im Garten.

WILTZ (WOLZ) 717 U 23 *et* 716 K 6 – *4 510 h.* 20 B1

Château, ✉ 9516, ☎ 95 74 44, siwiltz@pt.lu, Fax 95 75 56.
Luxembourg 55 – Clervaux 21 – Ettelbrück 26 – Bastogne 21.

Aux Anciennes Tanneries, r. Jos Simon 42a (Niederwiltz), ✉ 9550, ☎ 95 75 99, *tannerie@pt.lu, Fax 95 75 95*, ch, P. AE MC VISA
Rest 25/48 bc, carte 21/52, – **20 ch** ★72/99 – ★★98/165 – ½ P 73/93.
◆ La raison sociale résume le passé de cette hôtellerie de caractère, et l'activité dont Wiltz tira sa notoriété. Chambres avenantes ; 4 ont un bain à remous. Repas classico-actuel servi sous des voûtes en pierre ou sous des poutres. Terrasse près de la rivière.
◆ Der Name erinnert an die ursprüngliche Funktion des Hauses: Wiltz war früher für seine Gerbereien bekannt. Freundliche Zimmer, vier davon mit Whirlpool. Restaurant mit aktualisierter klassischer Küche und Terrasse am Flussufer.

XXX **Du Vieux Château** avec ch, Grand-Rue 1, ✉ 9530, ☎ 95 80 18, *vchateau@pt.lu, Fax 95 77 55*, P. MC VISA. ch
fermé 2 premières semaines janvier, 3 premières semaines août et lundis et mardis non fériés – **Rest** *Lunch 15* – 31/93 bc, carte 41/68, – **7 ch** ★70 – ★★95 – 1 suite – ½ P 86.
◆ Belle demeure construite dans un quartier pittoresque, non loin du vieux château comtal de Wiltz. Terrasse ombragée. Cuisine actuelle sagement personnalisée. Chambres calmes.
◆ Schönes Anwesen in einem malerischen Viertel, nicht weit entfernt vom alten Grafenschloss Wiltz. Sonnengeschützte Terrasse. Zeitgemäße Gerichte mit persönlicher Note. Ruhige Zimmer.

Hostellerie des Ardennes, Grand-Rue 61, ✉ 9530, ☎ 95 81 52, *Fax 94 94 47*, ≤ – ⇔. ✂
fermé 27 janvier-17 février et 1er au 24 août – **Rest** carte 32/60.
◆ Établie depuis 1929 en centre-ville, cette affaire familiale tient à l'écart des modes ses spécialités et son décor rustiques. Salle à manger précédée par un estaminet typé.
◆ Dieser seit 1929 im Stadtzentrum angesiedelte Familienbetrieb pflegt seine Spezialitäten und sein rustikales Dekor. Dem Speisesaal ist eine typische Schenke vorgelagert.

à Winseler *(Wanseler) Ouest : 3 km – 908 h :.*

X **L'Auberge Campagnarde,** Duerfstrooss 28, ✉ 9696, ☎ 26 95 07 99, *auberge@pt.lu, Fax 26 95 09 01*, 🏠 – ⇔. VISA
fermé semaine carnaval, 20 août-12 septembre, dimanche soir sauf en juillet et lundi – **Rest** *Lunch 31* – 41/70 bc, carte 39/64.
◆ Entrez en confiance dans cette auberge rose donnant un peu de vie à ce patelin paisible. Terrasse avant, salle mignonne, recettes de notre temps, selon la saison et le marché.
◆ Das Haus mit der frischen rosafarbenen Fassade bietet ein hübsches Restaurant, eine nach vorne gelegene Terrasse und zeitgemäße Küche, je nach Saison und Marktangebot.

WILWERDANGE (WILWERDANG) Ⓒ *Troisvierges 2 553 h.* **717** V 22 *et* **716** L 5. 20 **B1**
Luxembourg 71 – Diekirch 41 – Ettelbrück 43 – Bastogne 31.

XX **L'Ecuelle,** r. Principale 15, ✉ 9980, ☎ 99 89 56, *jmoucaud@pt.lu, Fax 97 93 44*, 🏠 – 🅿. AE VISA
fermé semaine carnaval, dernière semaine août-2 premières semaines septembre, lundi soir, mardi soir et mercredi – **Rest** *Lunch 11* – 35/52, carte 41/54.
◆ Relais villageois dont la patronne vous réserve un bon accueil. Cadre campagnard égayé de plantes vertes, carte actualisée, terrasse et jeux au jardin. Accès par le café.
◆ Dörflicher Gasthof, in dem Sie von der Patronne freundlich empfangen werden. Ländliches Ambiente, moderne Küche, Terrasse und Spielplatz im Garten. Zugang über das Café.

WINSELER (WANSELER) **717** U 23 *et* **716** K 6 – *voir à Wiltz.*

Jours fériés en 2008

Feestdagen in 2008
Feiertage in Jahre 2008
Bank Holidays in 2008

BELGIQUE – BELGIË – BELGIEN

1er janvier	Jour de l'An
23 mars	Pâques
24 mars	lundi de Pâques
1er mai	Fête du Travail
2 mai	Ascension
11 mai	Pentecôte
12 mai	lundi de Pentecôte
21 juillet	Fête Nationale
15 août	Assomption
1er novembre	Toussaint
11 novembre	Fête de l'Armistice
25 décembre	Noël

GRAND-DUCHÉ DE LUXEMBOURG

1er janvier	Jour de l'An
4 février	lundi de Carnaval
23 mars	Pâques
24 mars	lundi de Pâques
1er mai	Fête du Travail
1er mai	Ascension
11 mai	Pentecôte
12 mai	lundi de Pentecôte
23 juin	Fête Nationale
15 août	Assomption
1er novembre	Toussaint
25 décembre	Noël
26 décembre	Saint-Étienne

Indicatifs téléphoniques internationaux

de/van/ von/from — vers/naar nach/to	A	B	CH	CZ	D	DK	E	FIN	F	GB	GR
A Austria		0032	0041	00420	0049	0045	0034	00358	0033	0044	0030
B Belgium	0043		0041	00420	0049	0045	0034	00358	0033	0044	0030
CH Switzerland	0043	0032		00420	0049	0045	0034	00358	0033	0044	0030
CZ Czech Republic	0043	0032	0041		0049	0045	0034	00358	0033	0044	0030
D Germany	0043	0032	0041	00420		0045	0034	00358	0033	0044	0030
DK Denmark	0043	0032	0041	00420	0049		0034	00358	0033	0044	0030
E Spain	0043	0032	0041	00420	0049	0045		00358	0033	0044	0030
FIN Finland	0043	0032	0041	00420	0049	0045	0034		0033	0044	0030
F France	0043	0032	0041	00420	0049	0045	0034	00358		0044	0030
GB United Kingdom	0043	0032	0041	00420	0049	0045	0034	00358	0033		0030
GR Greece	0043	0032	0041	00420	0049	0045	0034	00358	0033	0044	
H Hungary	0043	0032	0041	00420	0049	0045	0034	00358	0033	0044	0030
I Italy	0043	0032	0041	00420	0049	0045	0034	00358	0033	0044	0030
IRL Irland	0043	0032	0041	00420	0049	0045	0034	00358	0033	0044	0030
J Japan	00143	00132	00141	001420	00149	00145	00134	001358	00133	00144	00130
L Luxemburg	0043	0032	0041	00420	0049	0045	0034	00358	0033	0044	0030
N Norway	0043	0032	0041	00420	0049	0045	0034	00358	0033	0044	0030
NL Netherlands	0043	0032	0041	00420	0049	0045	0034	00358	0033	0044	0030
PL Poland	0043	0032	0041	00420	0049	0045	0034	00358	0033	0044	0030
P Portugal	0043	0032	0041	00420	0049	0045	0034	00358	0033	0044	0030
RUS Russia	81043	81032	81041	810420	81049	81045	*	810358	81033	81044	*
S Sweden	0043	0032	0041	00420	0049	0045	0034	00358	0033	0044	0030
USA	01143	01132	01141	011420	01149	01145	01134	01358	01133	01144	01130

** Pas de sélection automatique* ** Geen automatische selektie*

Important : pour les communications internationales, le zéro (0) initial de l'indicatif interurbain n'est pas à composer (excepté pour les appels vers l'Italie).
Aux Pays-Bas on n'utilise pas le préfixe dans la zone.
Appel d'urgence : Belgique : 112 ; Luxembourg : 112 ; Pays-Bas : 112

Belangrijk: bij internationale telefoongesprekken moet de eerste nul (0) van het netnummer worden weggelaten (behalve als u naar Italië opbelt). In Nederland moet men binnen eenzelfde zone geen netnummer draaien of intoetsen.
Hulpdiensten : België : 112 ; Luxemburg : 112 ; Nederland : 112..

Internationale landnummers

Internationale Telefon-Vorwahlnummern

International Dialling Codes

H	I	IRL	J	L	N	NL	PL	P	RUS	S	USA	
0036	0039	00353	0081	00352	0047	0031	0048	00351	007	0046	001	**A Austria**
0036	0039	00353	0081	00352	0047	0031	0048	00351	007	0046	001	**B Belgium**
0036	0039	00353	0081	00352	0047	0031	0048	00351	007	0046	001	**CH Switzerland**
0036	0039	00353	0081	00352	0047	0031	0048	00351	007	0046	001	**CZ Czech Republic**
0036	0039	00353	0081	00352	0047	0031	0048	00351	007	0046	001	**D Germany**
0036	0039	00353	0081	00352	0047	0031	0048	00351	007	0046	001	**DK Denmark**
0036	0039	00353	0081	00352	0047	0031	0048	00351	007	0046	001	**E Spain**
0036	0039	00353	0081	00352	0047	0031	0048	00351	007	0046	001	**FIN Finland**
0036	0039	00353	0081	00352	0047	0031	0048	00351	007	0046	001	**F France**
0036	0039	00353	0081	00352	0047	0031	0048	00351	007	0046	001	**GB United Kingdom**
0036	0039	00353	0081	00352	0047	0031	0048	00351	007	0046	001	**GR Greece**
	0039	00353	0081	00352	0047	0031	0048	00351	007	0046	001	**H Hungary**
0036		00353	0081	00352	0047	0031	0048	00351	*	0046	001	**I Italy**
0036	0039		0081	00352	0047	0031	0048	00351	007	0046	001	**IRL Irland**
00136	00139	001353		001352	00147	00131	00148	001351	*	00146	0011	**J Japan**
0036	0039	00353	0081		0047	0031	0048	00351	007	0046	001	**L Luxemburg**
0036	0039	00353	0081	011352		0031	0048	00351	007	0046	001	**N Norway**
0036	0039	00353	0081	00352	0047		0048	00351	007	0046	001	**NL Netherlands**
0036	0039	00353	0081	00352	0047	0031		00351	007	0046	001	**PL Poland**
0036	0039	00353	0081	00352	0047	0031	0048		007	0046	001	**P Portugal**
81036	*	*	*	*	*	81031	81048	*		*	*	**RUS Russia**
0036	0039	00353	0081	00352	0047	0031	0048	00351	007		001	**S Sweden**
01136	01139	011353	01181	011352	01147	01131	01148	011351	*	01146	–	**USA**

** Automatische Vorwahl nicht möglich*

** Direct dialling not possiblee*

Wichtig: bei Auslandsgesprächen darf die Null (0) der Ortsnetzkennzahl nicht gewählt werden (ausser bei Gesprächen nach Italien).
In den Niederlanden benötigt man keine Vorwahl innerhalb einer Zone.
Notruf : Belgien : 112 ; Luxembourg : 112 ; Niederlanden : 112.

Note: when making an international call, do not dial the first "0" of the city codes (except for calls to Italy).
The dialling code is not required for local calls in the Netherlands.
Emergency phone numbers : Belgium : 112 ; Luxembourg : 112 ; Netherlands : 112.

Distances

QUELQUES PRÉCISIONS

Au texte de chaque localité vous trouverez la distance de sa capitale d'état et des villes environnantes. Les distances intervilles du tableau les complètent.
La distance d'une localité à une autre n'est pas toujours répétée en sens inverse : voyez au texte de l'une ou de l'autre.
Utilisez aussi les distances portées en bordure des plans.
Les distances sont comptées à partir du centre-ville et par la route la plus pratique, c'est-à-dire celle qui offre les meilleures conditions de roulage, mais qui n'est pas nécessairement la plus courte.

Afstanden

TOELICHTING

In de tekst bij elke plaats vindt U de afstand tot de hoofdstad en tot de grotere steden in de omgeving. De afstandstabel dient ter aanvulling.
De afstand tussen twee plaatsen staat niet altijd onder beide plaatsen vermeld ; zie dan bij zowel de ene als de andere plaats. Maak ook gebruik van de aangegeven afstanden rondom de plattegronden.
De afstanden zijn berekend vanaf het stadscentrum en via de gunstigste (niet altijd de kortste) route.

Entfernungen

EINIGE ERKLÄRUNGEN

Die Entfernungen zur Landeshauptstadt und zu den nächstgrößeren Städten in der Umgebung finden Sie in jedem Ortstext.
Die Kilometerangaben der Tabelle ergänzen somit die Angaben des Ortstextes.
Da die Entfernung von einer Stadt zu einer anderen nicht immer unter beiden Städten zugleich aufgeführt ist, sehen Sie bitte unter beiden entsprechenden Ortstexten nach. Eine weitere Hilfe sind auch die am Rande der Stadtpläne erwähnten Kilometerangaben.
Die Entfernungen gelten ab Stadmitte unter Berücksichtigung der güngstigsten (nicht immer kürzesten) Streckte.

Distances

COMMENTARY

Each entry indicates how far the town or locality is from the capital and other nearby towns. The distances in the table complete those given under individual town headings for calculating total distances.
To avoid excessive repetition some distances have only been quoted once. You may, therefore, have to look under both town headings. Note also that some distances appear in the margins of the town plans.
Distances are calculated from town centres and along the best roads from a motoring point of view – not necessarily the shortest.

Distances entre principales villes
Afstanden tussen de belangrijkste steden
Entfernungen zwischen den größeren Städten
Distances between major towns

	Aalst	Antwerpen	Arlon	Bastogne	Bouillon	Brugge	Bruxelles/Brussel	Charleroi	Chimay	Echternach	Gent	Hasselt	Knokke-Heist	Kortrijk	Leuven	Liège	Luxembourg	Maaseik	Marche-en-Famenne	Mechelen	Mons	Namur	Nivelles	De Panne	Sank-Vith	Tongeren	Tournai	Turnhout	Verviers	Vianden	Wavre	Zaventem
Antwerpen	66																															
Arlon	225	230																														
Bastogne	187	192	41																													
Bouillon	201	206	78	66																												
Brugge	77	92	295	256	271																											
Bruxelles/Brussel	29	48	188	149	164	98																										
Charleroi	83	105	175	135	151	152	60																									
Chimay	142	163	172	160	102	186	119	58																								
Echternach	274	259	70	112	143	343	245	239	236																							
Gent	33	60	252	212	228	55	56	111	168	303																						
Hasselt	114	79	178	138	203	183	85	137	194	187	138																					
Knokke-Heist	86	92	305	265	281	19	109	164	208	354	54	170																				
Kortrijk	69	99	290	250	266	53	92	132	145	339	48	176	74																			
Leuven	61	66	187	160	163	130	32	76	142	225	89	58	142	126																		
Liège	128	120	126	86	147	198	99	98	155	155	156	46	209	193	76																	
Luxembourg	250	255	29	71	102	319	214	198	195	34	277	219	330	312	211	167																
Maaseik	161	126	198	158	223	230	132	156	213	197	185	59	218	226	113	64	239															
Marche-en-Famenne	144	149	81	45	74	213	108	92	99	155	171	102	224	206	105	58	122	123														
Mechelen	56	26	210	170	186	126	28	80	147	260	79	97	112	121	45	112	234	144	127													
Mons	92	114	208	168	184	130	70	50	60	266	120	148	151	86	96	132	233	190	125	102												
Namur	101	106	130	90	106	171	66	41	99	188	129	110	182	156	63	71	155	130	47	88	75											
Nivelles	60	81	187	147	163	129	37	29	86	245	87	116	140	119	63	110	211	162	104	70	38	55										
De Panne	120	150	338	299	315	58	142	197	203	389	99	226	79	69	174	241	363	273	256	170	146	214	173									
Sank-Vith	201	186	93	53	114	270	172	171	229	78	228	112	278	266	149	80	88	122	77	188	205	138	186	315								
Tongeren	121	106	159	118	184	190	92	117	174	167	148	32	198	185	69	27	199	76	84	108	150	83	120	235	92							
Tournai	101	131	252	213	229	80	89	94	107	310	80	182	101	36	130	176	277	228	170	127	50	120	83	96	251	194						
Turnhout	109	47	270	224	246	140	91	141	207	274	106	90	138	147	106	133	295	103	188	67	159	146	126	196	198	119	178					
Verviers	155	140	124	84	144	224	126	126	183	125	182	66	232	220	103	34	135	76	93	142	159	92	140	269	49	46	203	152				
Vianden	284	270	54	59	122	353	255	255	215	28	312	195	361	349	232	163	49	206	102	271	289	147	270	398	87	175	333	281	134			
Wavre	65	70	164	124	140	134	29	49	130	221	92	98	145	129	26	88	188	144	81	52	82	39	34	179	162	106	117	110	117	181		
Zaventem	40	45	190	150	166	109	13	60	127	240	68	77	120	105	25	92	214	124	107	27	79	65	45	154	165	86	107	85	120	231	29	
Zelzate	54	47	271	231	247	49	77	132	188	308	22	125	47	75	106	174	295	172	188	67	141	147	107	124	233	153	106	92	188	299	110	85

Leuven – Wavre

26 km

Antwerpen	Brugge	Bruxelles/Brussel	Liège	Luxembourg	
1376	1328	1340	1318	1153	***Barcelona***
607	673	566	493	328	***Basel***
726	817	778	690	764	***Berlin***
706	771	664	619	427	***Bern***
519	429	510	610	725	***Birmingham***
929	881	893	955	955	***Bordeaux***
1941	1980	1899	1867	1662	***Brindisi***
1384	1336	1348	1410	1410	***Burgos***
634	580	597	659	734	***Cherbourg***
764	716	728	790	630	***Clermont-Ferrand***
394	485	399	311	232	***FrankfurtamMain***
829	823	787	742	576	***Genève***
979	889	971	1070	1185	***Glasgow***
561	652	603	540	615	***Hamburg***
441	532	493	406	480	***Hannover***
865	956	908	844	919	***København***
126	78	112	204	304	***Lille***
2089	2041	2053	2115	2115	***Lisboa***
318	228	310	409	524	***London***
771	765	729	683	518	***Lyon***
1620	1572	1583	1645	1645	***Madrid***
2156	2108	2120	2182	2154	***Málaga***
1082	1076	1040	995	830	***Marseille***
947	1012	905	859	668	***Milano***
778	869	783	696	580	***München***
722	674	686	747	748	***Nantes***
1725	1790	1683	1638	1472	***Napoli***
1468	1559	1510	1447	1521	***Oslo***
2418	2484	2377	2331	2139	***Palermo***
342	294	306	368	374	***Paris***
1973	1925	1936	1998	1999	***Porto***
911	1002	916	828	749	***Praha***
1536	1601	1494	1449	1257	***Roma***
1160	1112	1124	1186	1186	***SanSebastián***
1515	1606	1558	1494	1569	***Stockholm***
473	538	431	386	220	***Strasbourg***
1018	1064	977	931	766	***Torino***
1018	970	981	1043	995	***Toulouse***
1718	1670	1681	1660	1495	***Valencia***
1210	1272	1168	1124	930	***Venezia***
1103	1194	1108	1020	941	***Wien***
1289	1380	1294	1217	1083	***Zagreb***

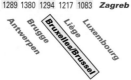

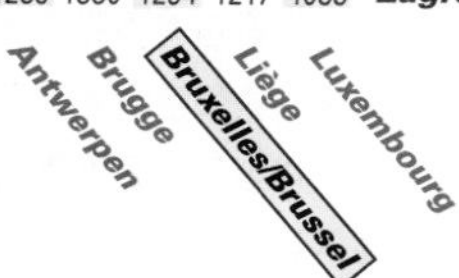

Bruxelles/Brussel-Madrid

1583 km

Lexique

Woordenlijst

Lexicon

Lexikon

A	→	→	→
à louer	te huur	for hire	zu vermieten
addition	rekening	bill, check	Rechnung
aéroport	luchthaven	airport	Flughafen
agence de voyage	reisagentschap	travel bureau	Reisebüro
agencement	inrichting	installation	Einrichtung
agneau	lam	lamb	Lamm
ail	knoflook	garlic	Knoblauch
amandes	amandelen	almonds	Mandeln
ancien, antique	oud, antiek	old, antique	ehemalig, antik
août	augustus	August	August
Art déco	Art deco	Art Deco	Jugendstil
artichaut	artisjoken	artichoke	Artischocke
asperges	asperges	asparagus	Spargel
auberge	herberg	inn	Gasthaus
aujourd'hui	vandaag	today	heute
automne	herfst	autumn	Herbst
avion	vliegtuig	aeroplane	Flugzeug
avril	april	April	April

B	→	→	→
bac	veerpont	ferry	Fähre
bagages	bagage	luggage	Gepäck
bateau	boot	ship	Boot, Schiff
beau	mooi	fine, lovely	schön
beurre	boter	butter	Butter
bien, bon	goed	good, well	gut
bière	bier	beer	Bier
billet d'entrée	toegangsbewijs	admission ticket	Eintrittskarte
blanchisserie	droogkuis	laundry	Wäscherei
bœuf	rund	beef	Siedfleisch
bouillon	bouillon	clear soup	Fleischbrühe
bouteille	fles	bottle	Flasche

C	→	→	→
café	koffie	coffée	Kaffee
café-restaurant	café-restaurant	café-restaurant	Wirtschaft

caille	kwartel	partridge	Wachtel
caisse	kassa	cash desk	Kasse
campagne	platteland	country	Land
canard, caneton	eend	duck	Ente, junge Ente
cannelle	kaneel	cinnamon	Zimt
câpres	kappers	capers	Kapern
carnaval	carnaval	carnival	Fasnacht
carottes	wortelen	carrots	Karotten
carte postale	postkaart	postcard	Postkarte
céleri	selder	celery	Sellerie
cerises	kersen	cherries	Kirschen
cervelle de veau	kalfshersenen	calf's brain	Kalbshirn
chambre	kamer	room	Zimmer
champignons	champignons	mushrooms	Pilze
change	wissel	exchange	Geldwechsel
charcuterie	charcuterie	pork butcher's meat	Aufschnitt
château	kasteel	castle	Burg, Schloss
chevreuil	ree	roe deer (venison)	Reh
chien	hond	dog	Hund
chou	kool	cabbage	Kraut, Kohl
chou de Bruxelles	spruitjes	Brussel sprouts	Rosenkohl
chou rouge	rode kool	red cabbage	Rotkraut
chou-fleur	bloemkool	cauliflower	Blumenkohl
citron	citroen	lemon	Zitrone
clé	sleutel	key	Schlüssel
collection	collectie	collection	Sammlung
combien ?	hoeveel ?	how much ?	wieviel ?
commissariat	commissariaat	police headquarters	Polizeirevier
concombre	komkommer	cucumber	Gurke
confiture	konfituur	jam	Konfitüre
coquille St-Jacques	St Jacobsschelpen	scallops	Jakobsmuschel
corsé	krachtig	full bodied	kräftig
côte de porc	varkenskotelet	pork chop	Schweinekotelett
côte de veau	kalfskotelet	veal chop	Kalbskotelett
courgettes	courgetten	courgette	zucchini
crème	room	cream	Rahm
crèpes	pannenkoeken	pancakes	Pfannkuchen
crevaison	bandenpanne	puncture	Reifenpanne
crevettes	garnalen	shrimps	Krevetten
crudités	rauwkost	raw vegetables	Rohkost
crustacés	schaaldieren	shellfish	Krustentiere

D

D	→	→	→
décembre	december	December	Dezember
demain	morgen	tomorrow	morgen
demander	vragen	to ask for	fragen, bitten
départ	vertrek	departure	Abfahrt
dimanche	zondag	Sunday	Sonntag
docteur	dokter	doctor	Arzt
doux	zacht	sweet, mild	mild

E	→	→	→
eau gazeuse	spuitwater	sparkling water	mit Kohlensäure
eau minérale	mineraalwater	mineral water	Mineralwasser
écrevisse	rivierkreeftjes	crayfish	Flusskrebs
église	kerk	church	Kirche
émincé	dunne plakjes	thin slice	Geschnetzeltes
en daube, en sauce	gesmoord, in saus	stewed, with sauce	geschmort, mit Sauce
en plein air	buitenlucht	outside	im Freien
endive	witloof	chicory	Endivie
entrecôte	tussenribstuk	sirloin steak	Zwischenrip penstück
enveloppes	briefomslag	envelopes	Briefumschläge
épinards	spinazie	spinach	Spinat
escalope panée	gepaneerd kalfslapje	escalope in breadcrumbs	paniertes Schnitzel
escargots	slakken	snails	Schnecken
étage	verdieping	floor	Stock, Etage
été	zomer	summer	Sommer
excursion	uitstap	excursion	Ausflug
exposition	tentoonstelling	exhibition, show	Ausstellung

F	→	→	→
faisan	fazant	pheasant	Fasan
farci	gevuld	stuffed	gefüllt
fenouil	venkel	fennel	Fenchel
ferme	boerderij	farm	Bauernhaus
fermé	gesloten	closed	geschlossen
fêtes, jours fériés	feest, feestdagen	bank holidays	Feiertage
feuilleté	bladerdeeg	puff pastry	Blätterteig
février	februari	February	Februar
filet de bœuf	rundsfilet	fillet of beef	Rinderfilet
filet de porc	varkensfilet	fillet of pork	Schweinefilet
fleuve	rivier	river	Fluss
foie de veau	kalfslever	calf's liver	Kalbsleber
foire	kermis	fair	Messe, Ausstellung
forêt, bois	woud, bos	forest, wood	Wald
fraises	aardbeien	strawberries	Erdbeeren
framboises	frambozen	raspberries	Himbeeren
frit	gefrituurd	fried	frittiert
fromage	kaas	cheese	Käse
fromage blanc	plattekaas	curd cheese	Quark
fruité	fruitig	fruity	fruchtig
fruits de mer	zeevruchten	seafood	Meeresfrüchte
fumé	gerookt	smoked	geräuchert

G	→	→	→
gare	station	station	Bahnhof
gâteau	koek	cake	Kuchen

genièvre	jenever	juniper berry	Wacholder
gibier	wild	game	Wild
gingembre	gember	ginger	Ingwer
grillé	gegrild	grilled	gegrillt
grotte	grot	cave	Höhle

H	→	→	→
habitants	inwoners	residents, inhabitants	Einwohner
hebdomadaire	wekelijks	weekly	wöchentlich
hier	gisteren	yesterday	gestern
hiver	winter	winter	Winter
homard	kreeft	lobster	Hummer
hôpital	ziekenhuis	hospital	Krankenhaus
hôtel de ville, mairie	gemeentehuis	town hall	Rathaus
huile d'olives	olijfolie	olive oil	Olivenöl
huîtres	oesters	oysters	Austern

I-J	→	→	→
interdit	verboden	prohibited	verboten
jambon (cru, cuit)	ham (rauw, gekookt)	ham (raw, cooked)	Schinken (roh, gekocht)
janvier	januari	January	Januar
jardin, parc	tuin, park	garden, park	Garten, Park
jeudi	donderdag	Thursday	Donnerstag
journal	krant	newspaper	Zeitung
jours fériés	vakantiedagen	bank holidays	Feiertage
juillet	juli	July	Juli
juin	juni	June	Juni
jus de fruits	fruitsap	fruit juice	Fruchtsaft

L	→	→	→
lait	melk	milk	Milch
langouste	langoest	spiny lobster	Languste
langoustines	langoestine	Dublin bay prawns	Langustinen
langue	tong	tongue	Zunge
lapin	konijn	rabbit	Kaninchen
léger	licht	light	leicht
légumes	groenten	vegetable	Gemüse
lentilles	linzen	lentils	Linsen
lièvre	haas	hare	Hase
lit	bed	bed	Bett
lit d'enfant	kinderbed	child's bed	Kinderbett
lotte	zeeduivel	monkfish	Seeteufel
loup de mer	zeewolf	seau bass	Seewolf, Wolfsbarsch
lundi	maandag	Monday	Montag

M	→	→	→
mai	mei	May	Mai

maison	huis	house	Haus
manoir	kasteeltje	manor house	Herrensitz
mardi	dinsdag	Tuesday	Dienstag
mariné	gemarineerd	marinated	mariniert
mars	maart	March	März
mercredi	woensdag	Wednesday	Mittwoch
miel	honing	honey	Honig
moelleux	soepel	mellow	weich, gehaltvoll
monument	monument	momument	Denkmal
morilles	morillen	morels	Morcheln
moules	mosselen	mussels	Muscheln
moulin	molen	mill	Mühle
moutarde	mosterd	mustard	Senf

N	→	→	→
navet	knol	turnip	weisse Rübe
neige	sneeuw	snow	Schnee
Noël	Kerstmis	Christmas	Weihnachten
noisettes, noix	nootjes	hazelnuts, nuts	Haselnüsse, Nüsse
nouilles	noedels	noodles	Nudeln
novembre	november	November	November

O	→	→	→
octobre	oktober	October	Oktober
œuf	ei	egg	Ei
office de tourisme	toerismebureau	tourist information office	Verkehrsverein
oignons	uien	onions	Zwiebeln
ombragé	schaduwrijk	shaded	schattig
oseille	zuring	sorrel	Sauerampfer

P	→	→	→
pain	brood	bread	Brot
Pâques	Pasen	Easter	Ostern
pâtisseries	gebak	pastries	Feingebäck, Kuchen
payer	betalen	to pay	bezahlen
pêches	perziken	peaches	Pfirsiche
peintures, tableaux	schilderijen	paintings	Malereien, Gemälde
perdrix, perdreau	patrijs, jonge patrijs	partridge	Rebhuhn
petit déjeuner	ontbijt	breakfast	Frühstück
petits pois	erwtjes	green peas	Erbsen
piétons	voetgangers	pedestrians	Fussgänger
pigeon	duif	pigeon	Taube
pintade	parelhoen	guinea fowl	Perlhuhn
piscine	zwembad	swimming pool	Schwimmbad
plage	strand	beach	Strand
pneu	autoband	tyre	Reifen

poireau	prei	leek	Lauch
poires	peren	pears	Birnen
poisson	vis	fish	Fisch
poivre	peper	pepper	Pfeffer
police	politie	police	Polizei
pommes	appelen	apples	Äpfel
pommes de terre	aardappelen	potatoes	Kartoffeln
pont	brug	bridge	Brücke
poulet	kip	chicken	Hähnchen
pourboire	drinkgeld	tip	Trinkgeld
poussin	kuikentje	young chicken	Küken
printemps	lente	spring	Frühling
promenade	wandeling	walk	Spaziergang
prunes	pruimen	plums	Pflaumen

Q-R → → →

queue de bœuf	ossenstaart	oxtail	Ochsenschwanz
raifort	mierikswortel	horseradish	Meerrettich
raisin	druif	grape	Traube
régime	dieet	diet	Diät
renseignements	inlichtingen	information	Auskünfte
repas	maaltijd	meal	Mahlzeit
réservation	reservering	booking	Tischbestellung
réservation souhaitée	reserveren aanbevolen	booking essential	Tischbestellung ratsam
résidents seulement	enkel hotelgasten	residents only	nur Hotelgäste
ris de veau	kalfszwezeriken	sweetbread	Kalbsbries, Milken
riz	rijst	rice	Reis
rognons	niertjes	kidneys	Nieren
rôti	gebraad	roasted	gebraten
rouget	poon	red mullet	Rotbarbe
rue	straat	street	Strasse
rustique	rustiek	rustic	rustikal, ländlich

S → → →

saignant	kort gebakken	rare	englisch gebraten
St-Pierre	zonnevis	John Dory (fish)	Sankt-Peters Fisch
safran	safraan	saffron	Safran
salle à manger	eetkamer	dining-room	Speisesaal
salle de bain	badkamer	bathroom	Badezimmer
samedi	zaterdag	Saturday	Samstag
sandre	snoekbaars	perch pike	Zander
sanglier	everzwijn	wild boar	Wildschwein
saucisse	verse worst	sausage	Würstchen
saucisson	worst	sausage	Trockenwurst
sauge	salie	sage	Salbei
saumon	zalm	salmon	Lachs
sculptures sur bois	houtsculpturen	wood carvings	Holzschnitzereien
sec	droog	dry	trocken
sel	zout	salt	Salz

semaine	week	week	Woche
septembre	september	September	September
service compris	dienst inbegrepen	service included	Bedienung inbegriffen
site, paysage	landschap	site, landscape	Landschaft
soir	avond	evening	Abend
sole	tong	sole	Seezunge
sucre	suiker	sugar	Zucker
sur demande	op aanvraag	on request	auf Verlangen
sureau	vlier	elderbarry	Holunder

T	→	→	→
tarte	taart	tart	Torte
thé	the	tea	Tee
thon	tonijn	tuna	Thunfisch
train	trein	train	Zug
tripes	pensen	tripe	Kutteln
truffes	truffels	truffles	Trüffeln
truite	forel	trout	Forelle
turbot	tarbot	turbot	Steinbutt

V	→	→	→
vacances, congés	vakantie	holidays	Ferien
vendredi	vrijdag	Friday	Freitag
verre	glas	glass	Glas
viande séchée	gedroogd vlees	dried meats	Trockenfleisch
vignes, vignoble	wijngaard	vines, vineyard	Reben, Weinberg
vin blanc sec	droge witte wijn	dry white wine	herber Weisswein
vin rouge, rosé	rode wijn, rosé	red wine, rosé	Rotwein, Rosé
vinaigre	azijn	vinegar	Essig
voiture	wagen	car	Wagen
volaille	gevogelte	poultry	Geflügel
vue	vergezicht	view	Aussicht

NOORDZEE
MER DU NORD
Rotterdam
Middelburg
Oostende
Brugge
Antwerpen
Dunkerque
WEST-VLAANDEREN
18
19
OOST-VLAANDEREN
16
17
Gent
Kortrijk
BRUXELLES/BRUSSEL
5
HAINAUT
6
7
Lille
Tournai
Mons
Valenciennes
Charleroi
Douai
Arras
FRANCE
Hirson
Reims
Belgique, Luxembourg
en 21 cartes.
België, Luxemburg
in 21 kaarten.
Belgien, Luxemburg
in 21 Karten

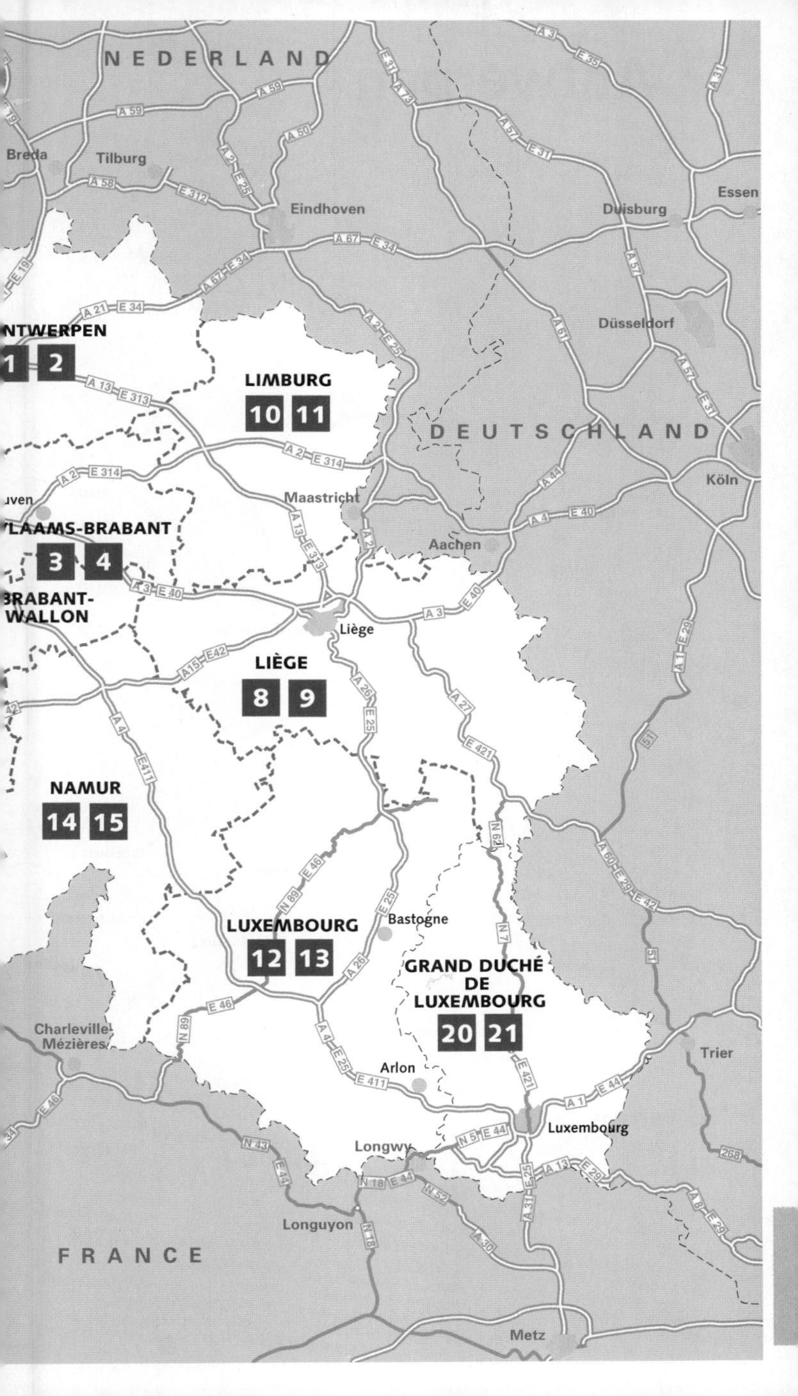
NEDERLAND
Breda
Tilburg
Eindhoven
Essen
Duisburg
Düsseldorf
NTWERPEN
1 2
LIMBURG
10 11
DEUTSCHLAND
Köln
uven
Maastricht
VLAAMS-BRABANT
3 4
Aachen
BRABANT-
WALLON
Liège
LIÈGE
8 9
NAMUR
14 15
LUXEMBOURG
12 13
Bastogne
GRAND DUCHÉ
DE
LUXEMBOURG
20 21
Charleville-
Mézières
Arlon
Trier
Luxembourg
Longwy
Longuyon
FRANCE
Metz

1 Antwerpen

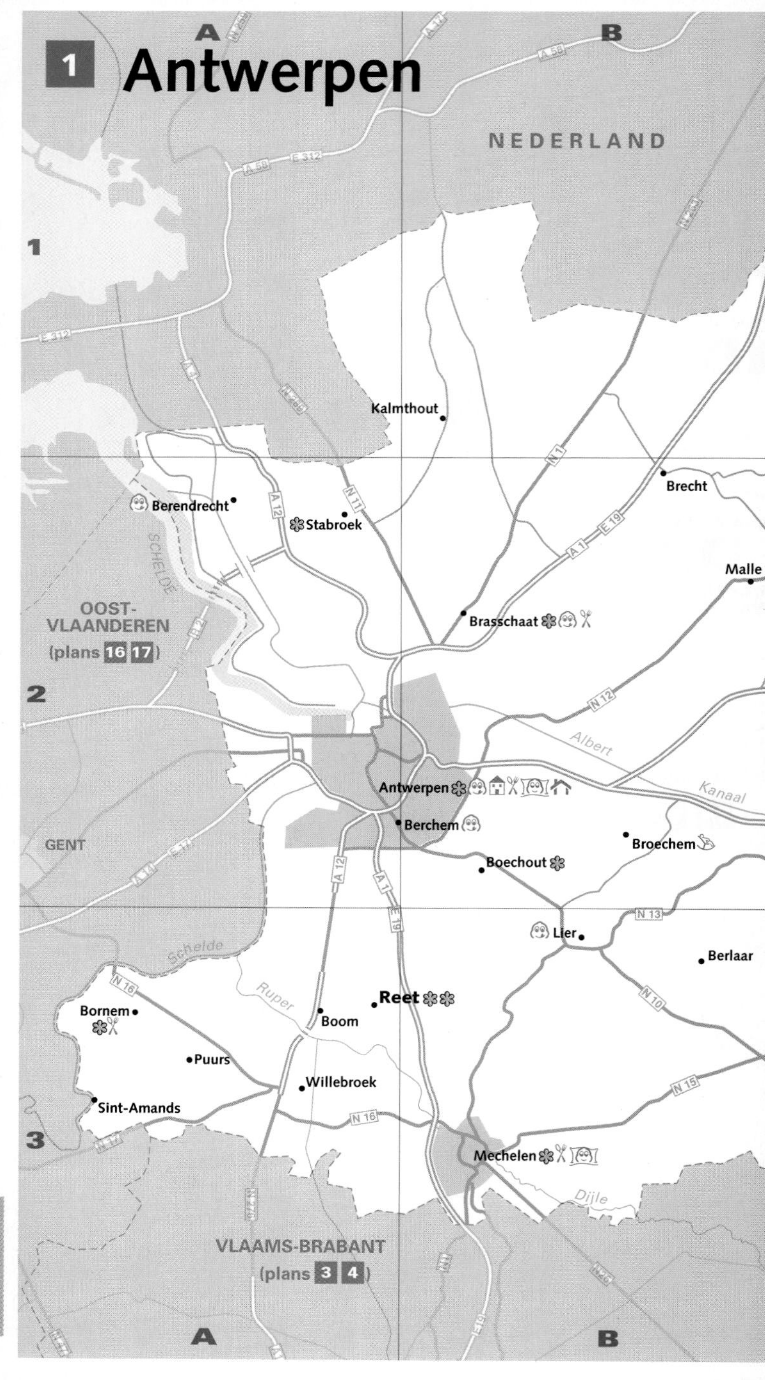
A
B
NEDERLAND
1
2
3
Kalmthout
Brecht
Berendrecht
Stabroek
Malle
Brasschaat
OOST-
VLAANDEREN
(plans 16 17)
SCHELDE
Albert
Kanaal
Antwerpen
Berchem
Broechem
GENT
Boechout
Lier
Berlaar
Scheldе
Ruper
Reet
Bornem
Boom
Puurs
Willebroek
Sint-Amands
Mechelen
Dijle
VLAAMS-BRABANT
(plans 3 4)
A 12
A 1
E 19
E 17
A 14
E 312
A 58
N 11
N 1
N 12
N 13
N 10
N 15
N 16
N 17
A
B

BREDA
C
A 58
E 312
TILBURG
D
2
N 260
N 12
1
Meer
NEDERLAND
Hoogstraten
N 119
Rijkevorsel
Turnhout
N 18
N 12
A 21
E 34
Retie
N 19
Kasterlee
21
E 34
Zuid.
Willemsvaart
2
Mol
Herentals
Geel
N 71
Balen
A 13
E 313
N 18
Olen
Meerhout
A 13
Westerlo
Hulshout
N 19
E 313
N 29
3
LIMBURG
(plans 10 11)
Demer
VLAAMS-BRABANT
Diest
(plans 3 4)
N 2
E 314
C
D

3 Brabant Wallon Vlaams-Brabant

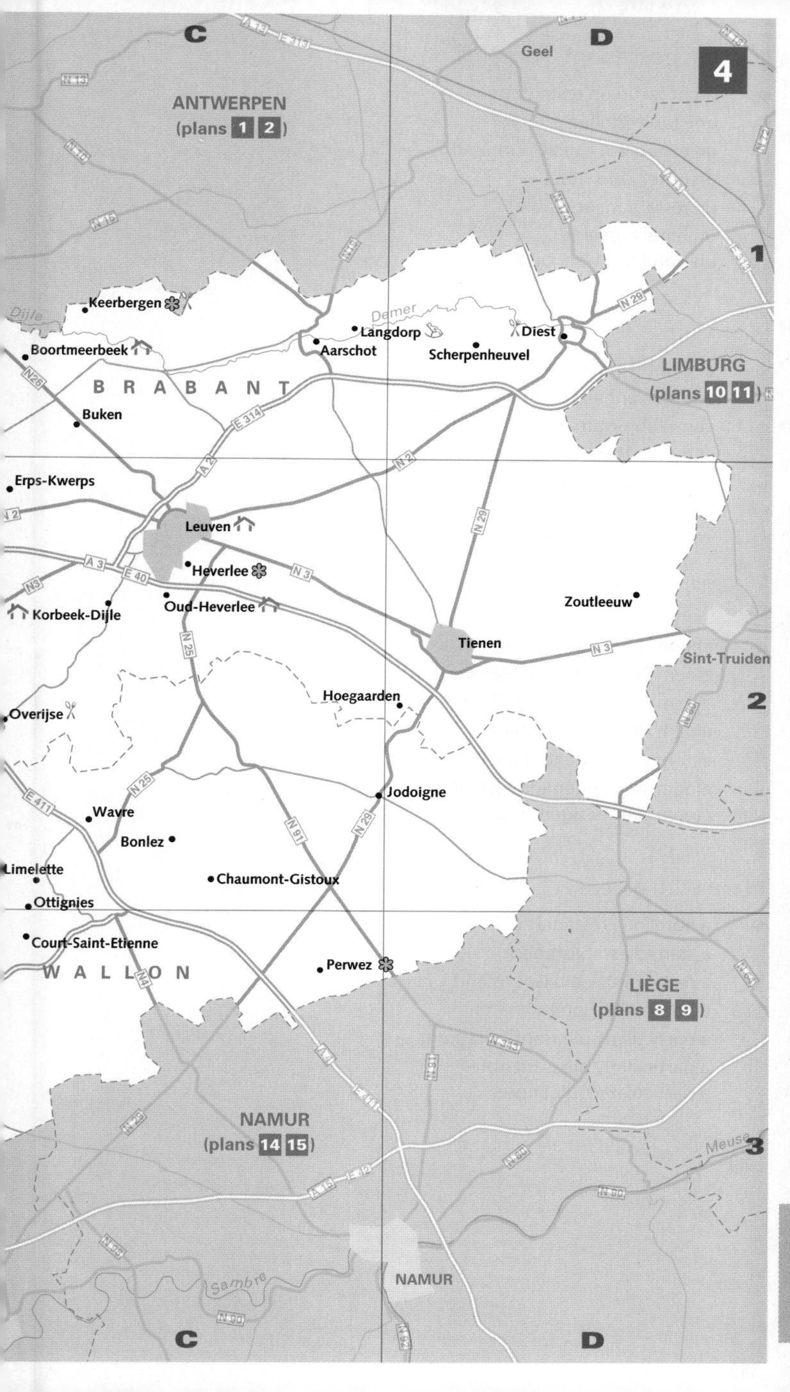
C
D
Geel
4
ANTWERPEN
(plans 1 2)
1
Keerbergen
Dijle
Demer
Langdorp
Diest
Boortmeerbeek
Aarschot
Scherpenheuvel
LIMBURG
(plans 10 11)
BRABANT
Buken
Erps-Kwerps
Leuven
Heverlee
Oud-Heverlee
Korbeek-Dijle
Zoutleeuw
Tienen
Sint-Truiden
Hoegaarden
2
Overijse
Jodoigne
Wavre
Bonlez
Limelette
Chaumont-Gistoux
Ottignies
Court-Saint-Etienne
WALLON
Perwez
LIÈGE
(plans 8 9)
NAMUR
(plans 14 15)
Meuse
3
Sambre
NAMUR
C
D

Localité possédant au moins

- ● un hôtel ou un restaurant
- ✿ une table étoilée
- ☺ un restaurant « Bib Gourmand »
- ☺ un hôtel « Bib Hôtel »
- ✕ un restaurant agréable
- ⌂ un hôtel agréable
- ⚘ un hôtel très tranquille

Plaats met minstens

- ● een hotel of restaurant
- ✿ een sterrenbedrijf
- ☺ een « Bib Gourmand »
- ☺ een « Bib Hotel »
- ✕ een aangenaam restaurant
- ⌂ een aangenaam hotel
- ⚘ een zeer rustig hotel

Ort mit mindestens

- ● einem Hotel oder Restaurant
- ✿ einem Restaurant mit Sterne
- ☺ einem Restaurant « Bib Gourmand »
- ☺ einem Hotel « Bib Hotel »
- ✕ einem sehr angenehmen Restaurant
- ⌂ einem sehr angenehmen Hotel
- ⚘ einem sehr ruhigen Haus

Place with at least

- ● a hotel or a restaurant
- ✿ a starred establishment
- ☺ a restaurant « Bib Gourmand »
- ☺ a hotel « Bib Hotel »
- ✕ a particularly pleasant restaurant
- ⌂ a particularly pleasant hotel
- ⚘ a particularly quiet hotel

Bruxelles-Capitale Brussel Hoofdstad

5

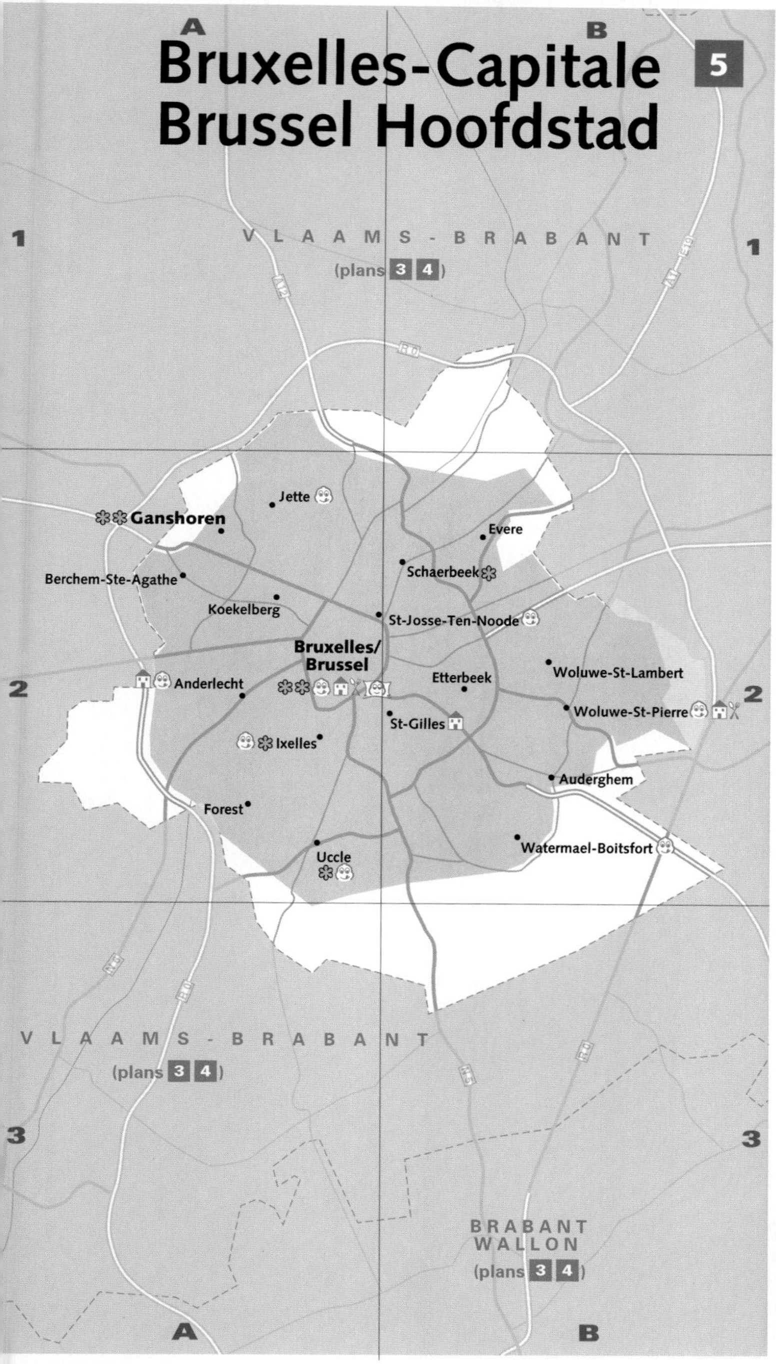

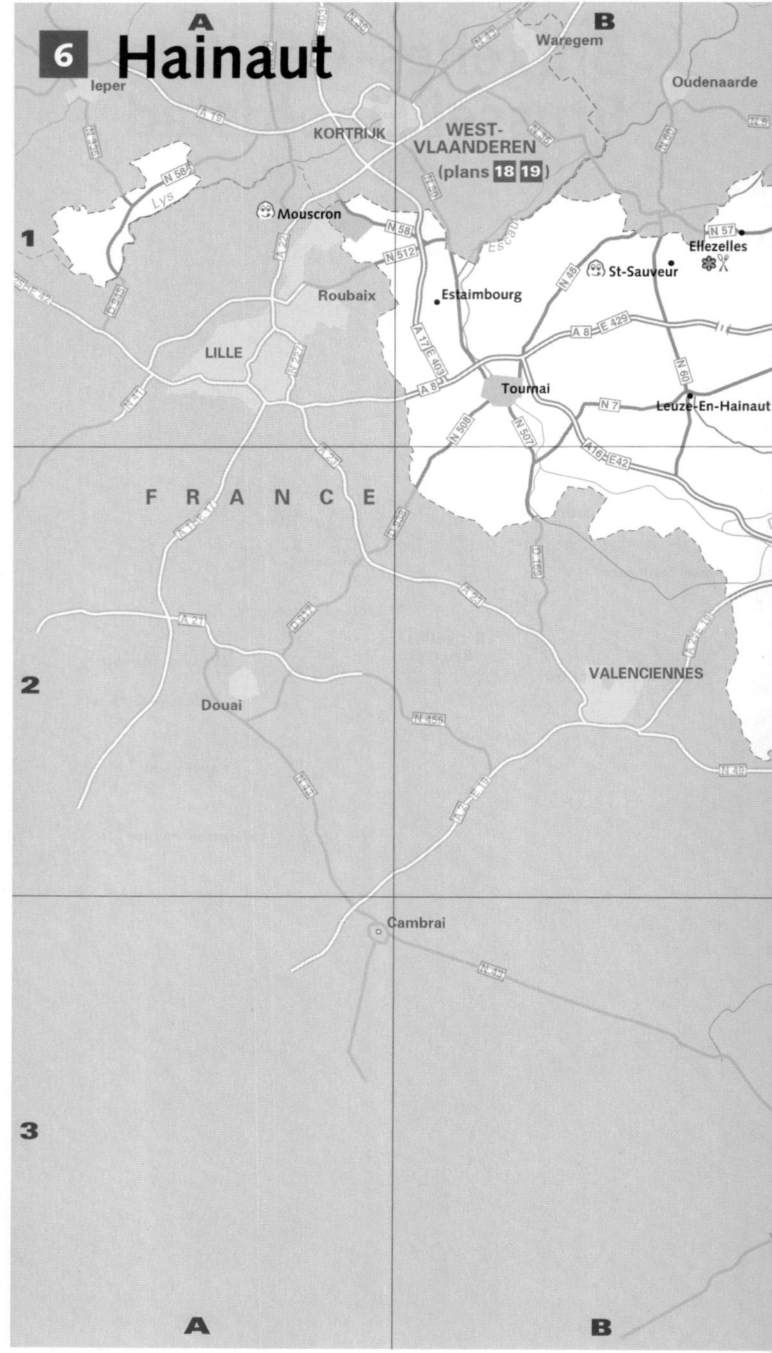
6
Hainaut
A
B
Ieper
Waregem
Oudenaarde
KORTRIJK
WEST-
VLAANDEREN
(plans 18 19)
Lys
Mouscron
Escaut
Ellezelles
St-Sauveur
Estaimbourg
Roubaix
LILLE
Tournai
Leuze-En-Hainaut
FRANCE
VALENCIENNES
Douai
Cambrai
1
2
3
A
B

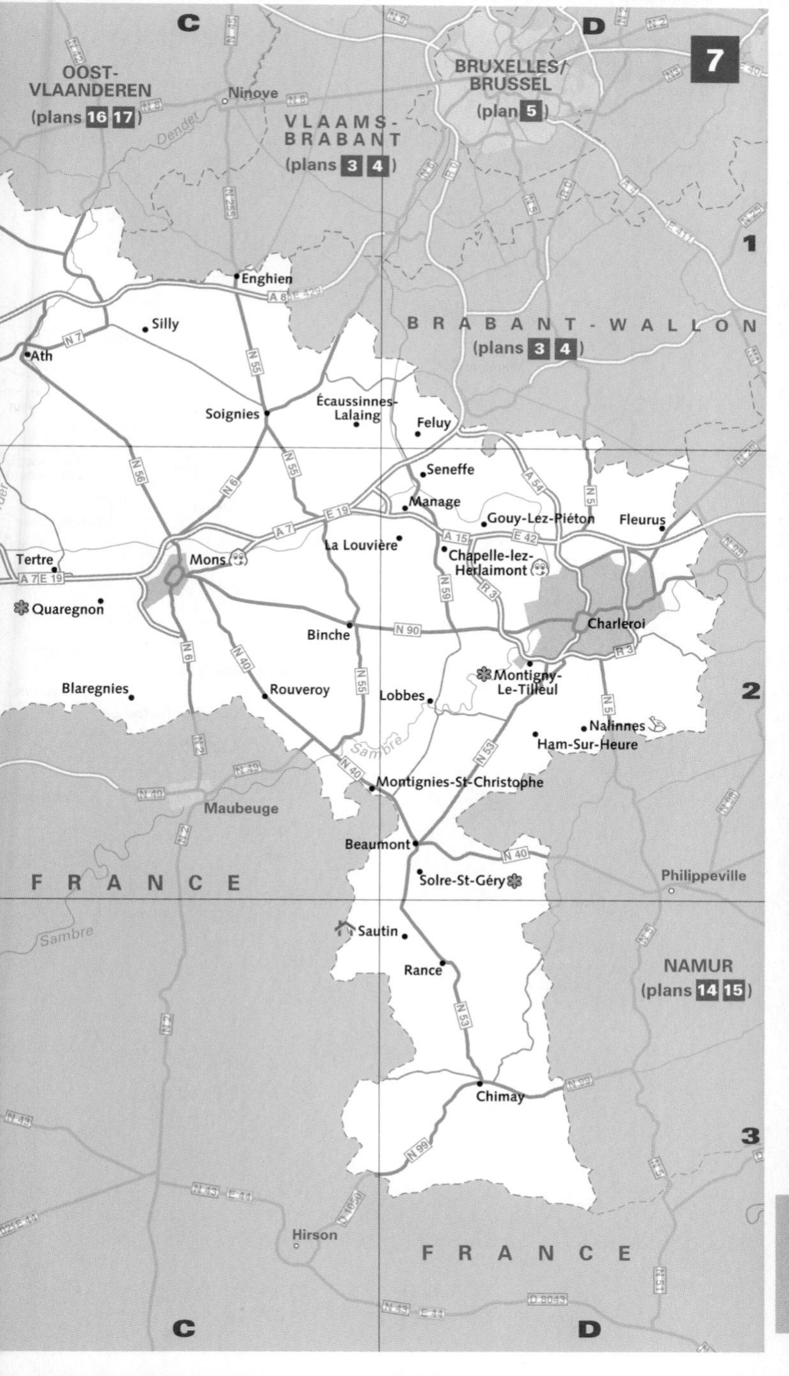
7
C
D
OOST-
VLAANDEREN
(plans 16 17)
Ninove
BRUXELLES/
BRUSSEL
(plan 5)
VLAAMS-
BRABANT
(plans 3 4)
1
Enghien
Silly
Ath
BRABANT-WALLON
(plans 3 4)
Soignies
Écaussinnes-
Lalaing
Feluy
Seneffe
Manage
Gouy-Lez-Piéton
Fleurus
La Louvière
Chapelle-lez-
Herlaimont
Tertre
Mons
Quaregnon
Charleroi
Binche
Montigny-
Le-Tilleul
Blaregnies
Rouveroy
Lobbes
2
Nalinnes
Ham-Sur-Heure
Montignies-St-Christophe
Maubeuge
Beaumont
Solre-St-Géry
Philippeville
FRANCE
Sautin
Rance
NAMUR
(plans 14 15)
Chimay
3
Hirson
FRANCE
C
D

8 Liège

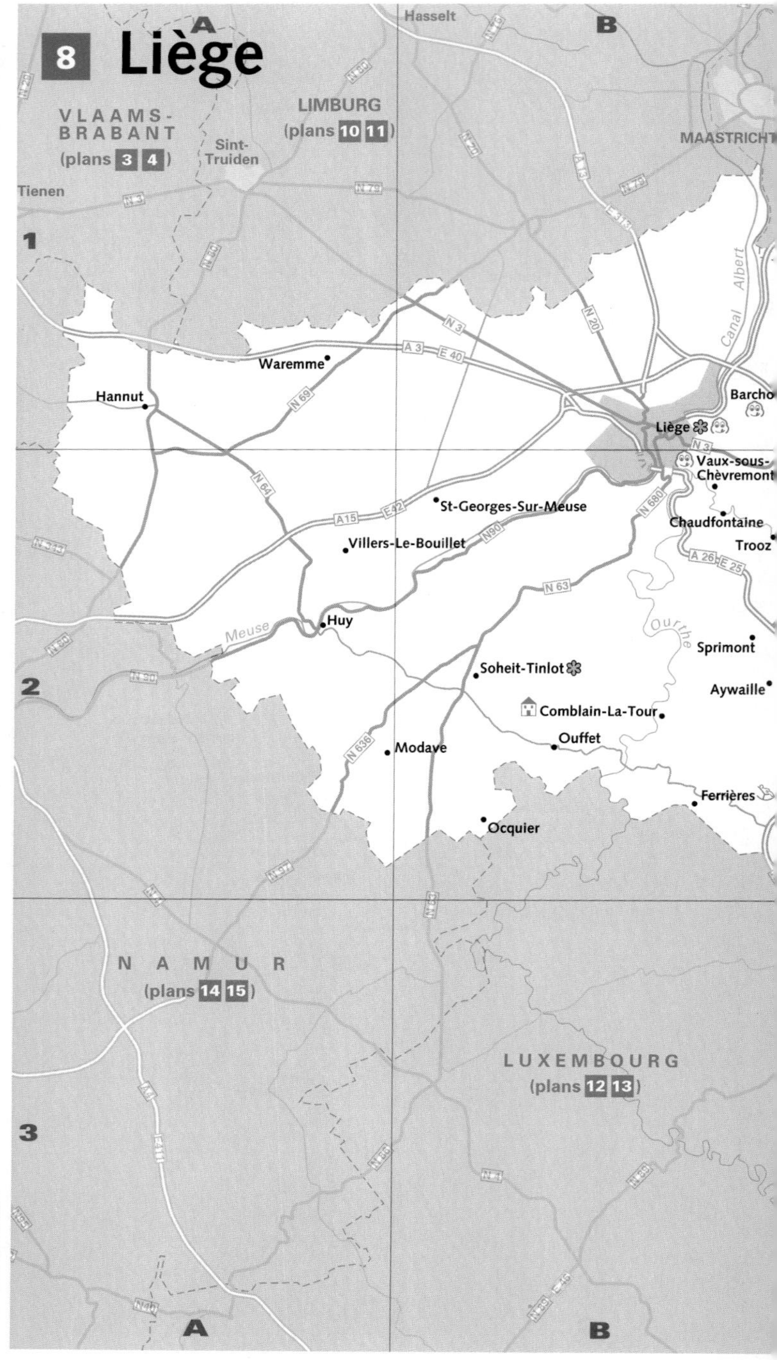
A
B
Hasselt
VLAAMS-
BRABANT
(plans 3 4)
Sint-
Truiden
LIMBURG
(plans 10 11)
MAASTRICHT
Tienen
1
Canal Albert
Waremme
Hannut
Barcho
Liège
Vaux-sous-
Chèvremont
St-Georges-Sur-Meuse
Chaudfontaine
Villers-Le-Bouillet
Trooz
Huy
Meuse
Ourthe
Sprimont
Soheit-Tinlot
2
Aywaille
Comblain-La-Tour
Ouffet
Modave
Ferrières
Ocquier
N A M U R
(plans 14 15)
LUXEMBOURG
(plans 12 13)
3
A
B

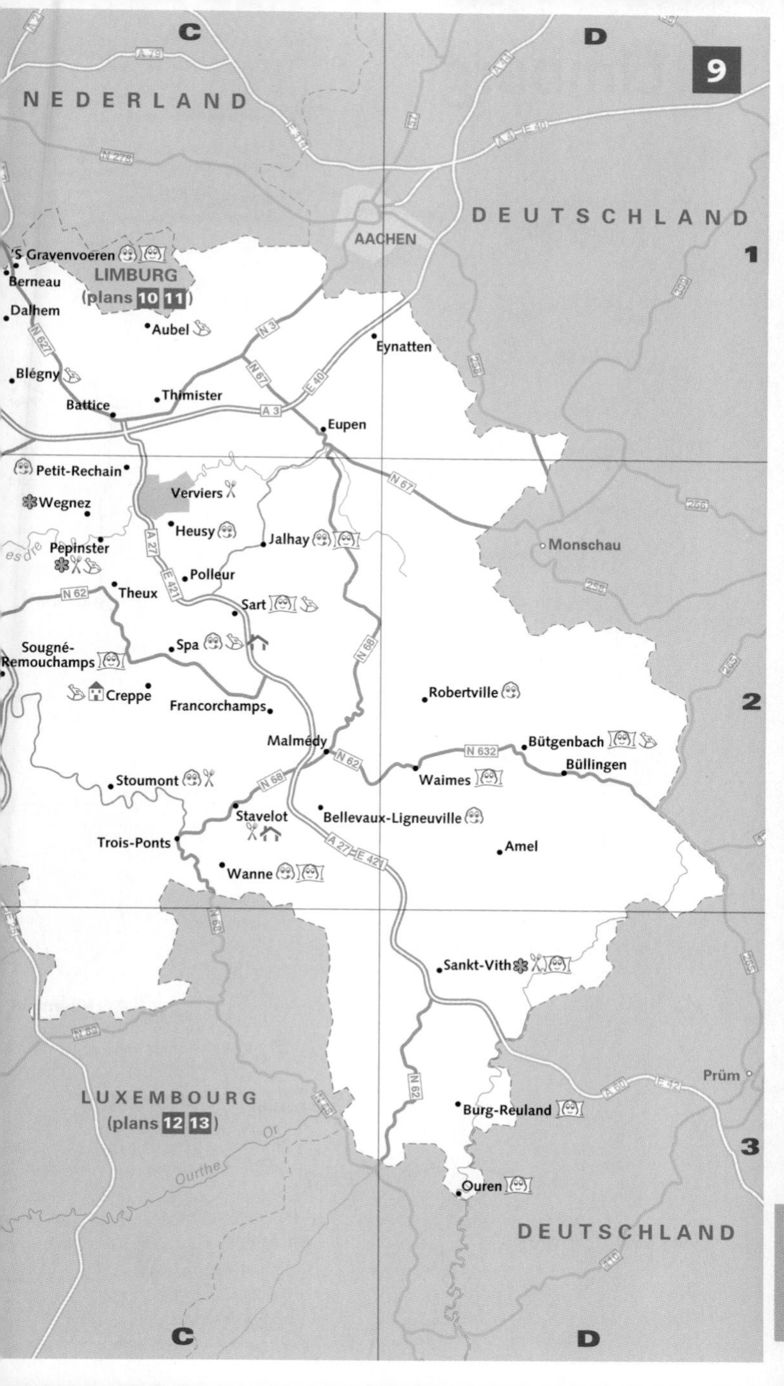

C
D
9
NEDERLAND
DEUTSCHLAND
AACHEN
'S Gravenvoeren
Berneau
LIMBURG
(plans 10 11)
Dalhem
Aubel
Eynatten
Blégny
Thimister
Battice
Eupen
Petit-Rechain
Verviers
Wegnez
Heusy
Jalhay
Monschau
Pepinster
Polleur
Theux
Sart
Spa
Sougné-
Remouchamps
Creppe
Robertville
Francorchamps
Malmédy
Bütgenbach
Büllingen
Waimes
Stoumont
Stavelot
Bellevaux-Ligneuville
Trois-Ponts
Amel
Wanne
Sankt-Vith
Prüm
LUXEMBOURG
(plans 12 13)
Burg-Reuland
Ourthe
Ouren
DEUTSCHLAND
1
2
3
C
D

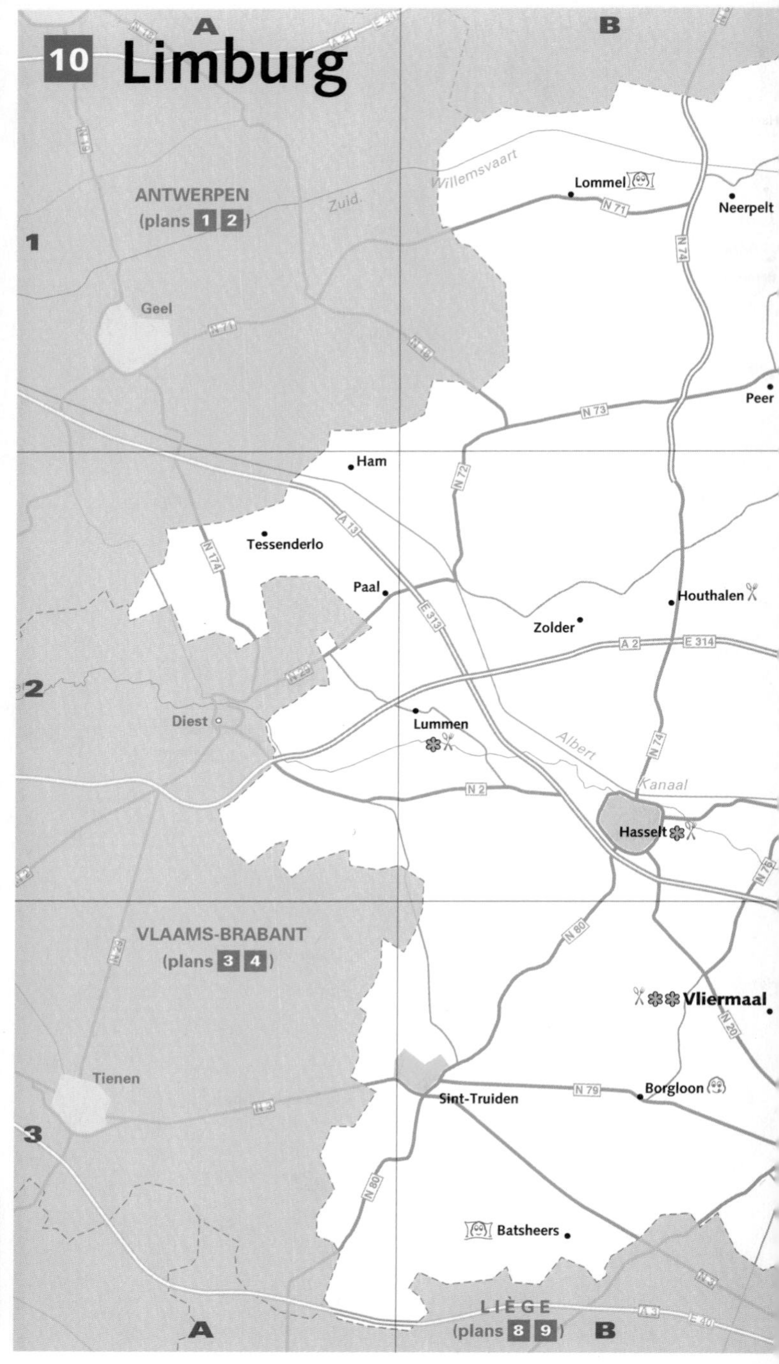
10 Limburg
A
B
1
2
3
ANTWERPEN
(plans 1 2)
VLAAMS-BRABANT
(plans 3 4)
LIÈGE
(plans 8 9)
Willemsvaart
Zuid.
Albert
Kanaal
Lommel
Neerpelt
Peer
Geel
Ham
Tessenderlo
Paal
Houthalen
Zolder
Diest
Lummen
Hasselt
Vliermaal
Tienen
Sint-Truiden
Borgloon
Batsheers
N 71
N 74
N 73
N 72
N 174
A 13
E 313
A 2
E 314
N 2
N 80
N 20
N 79
N 76
A 3
E 40

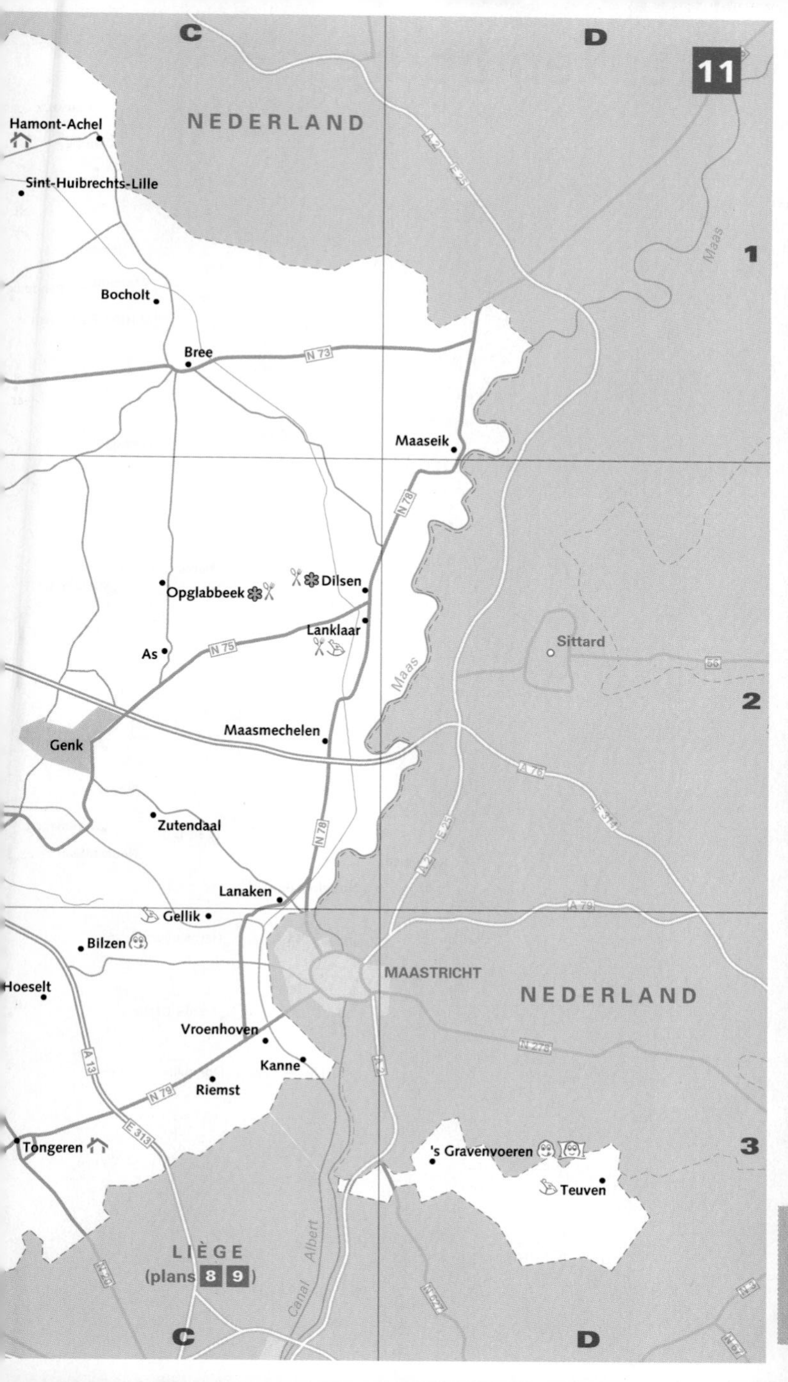

C
D
NEDERLAND
Hamont-Achel
Sint-Huibrechts-Lille
Bocholt
Bree
N 73
Maaseik
Maas
1
N 78
Opglabbeek
Dilsen
Lanklaar
As
N 75
Sittard
56
Maas
2
Genk
Maasmechelen
A 76
E 314
Zutendaal
N 78
E 25
A 2
Lanaken
Gellik
A 79
Bilzen
MAASTRICHT
Hoeselt
NEDERLAND
Vroenhoven
Kanne
N 278
A 13
Riemst
A 2
N 79
E 313
Tongeren
's Gravenvoeren
3
Teuven
LIÈGE
(plans 8 9)
Canal Albert
N 20
N 627
C
D

12 Luxembourg

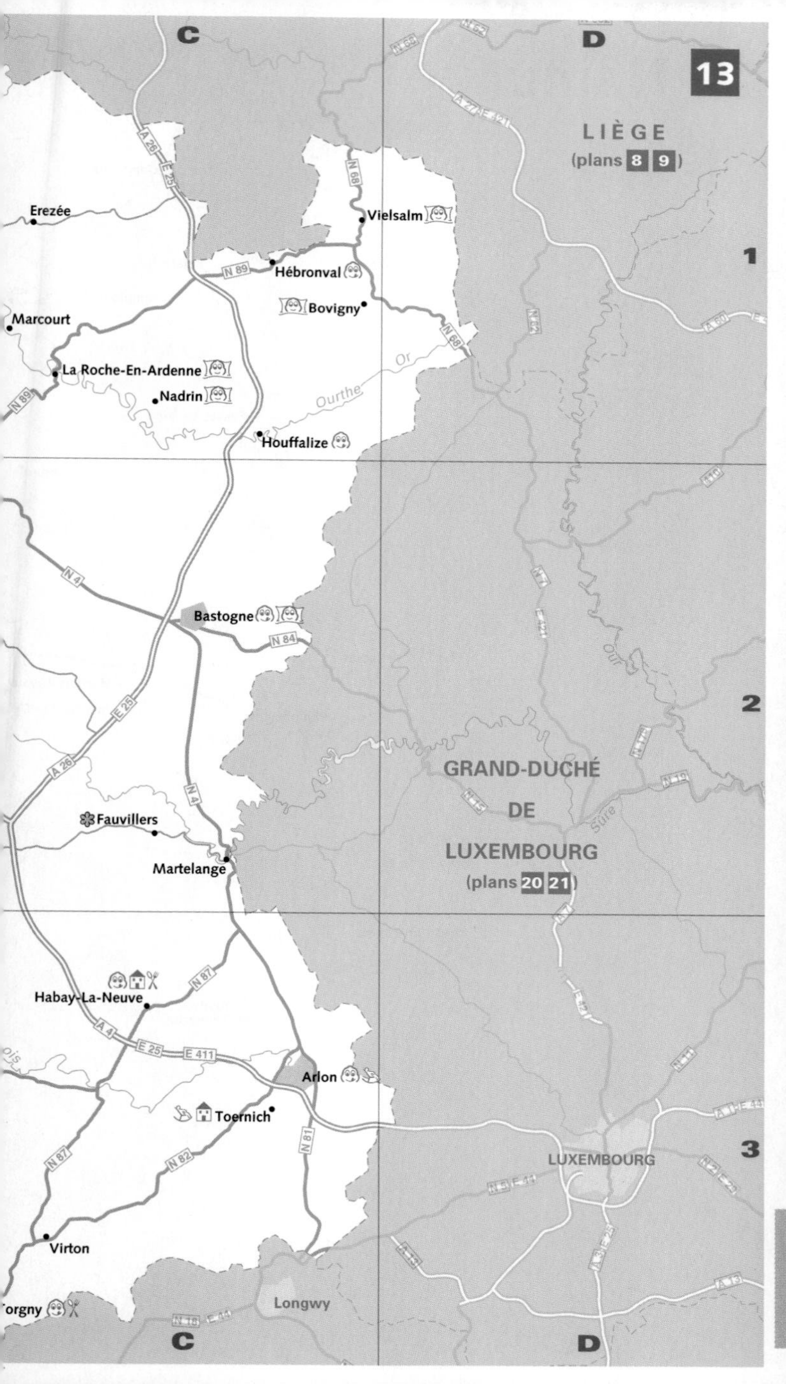

13
C
D
LIÈGE
(plans 8 9)
Erezée
Vielsalm
Hébronval
Bovigny
Marcourt
La Roche-En-Ardenne
Nadrin
Houffalize
Ourthe
Bastogne
GRAND-DUCHÉ
DE
LUXEMBOURG
(plans 20 21)
Fauvillers
Martelange
Habay-La-Neuve
Arlon
Toernich
LUXEMBOURG
Virton
Longwy
Torgny
1
2
3

14 Namur

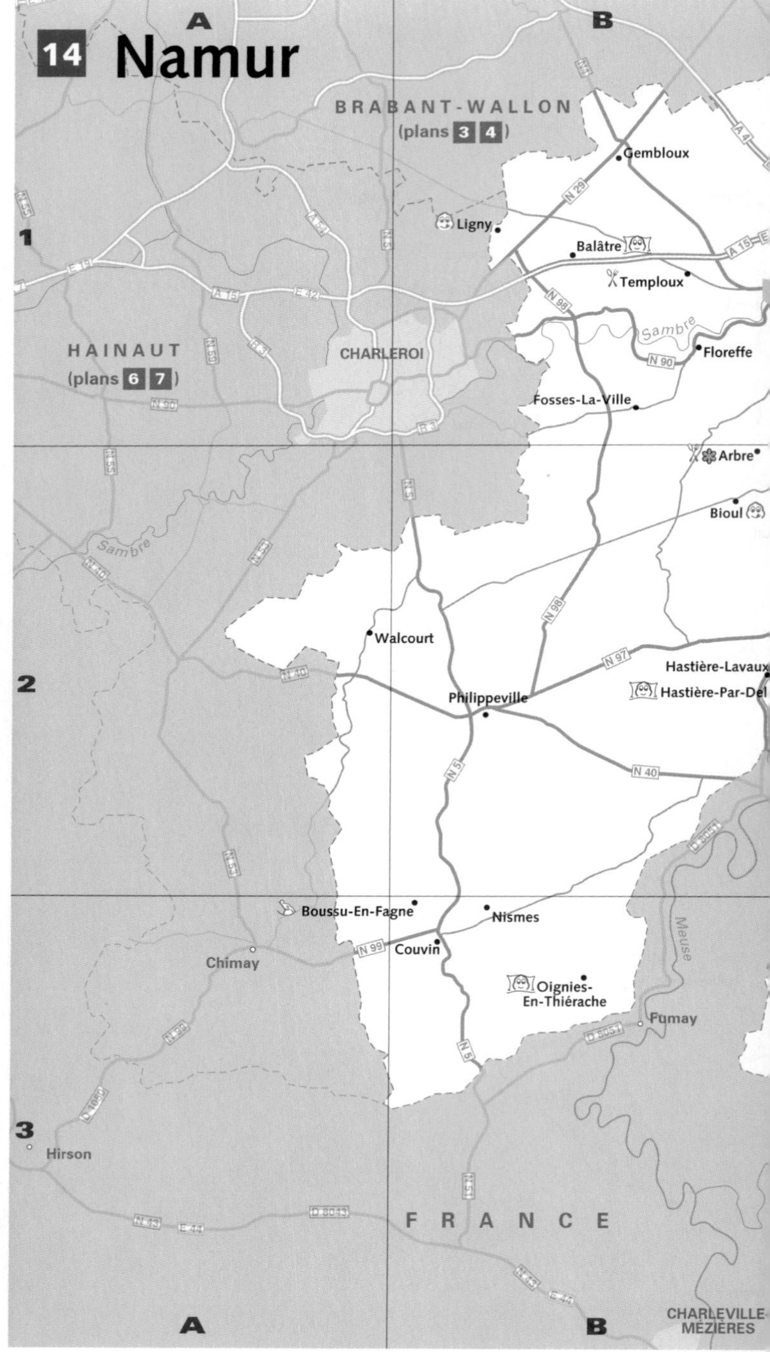

A
B
BRABANT-WALLON
(plans 3 4)
Gembloux
Ligny
Balâtre
Temploux
HAINAUT
(plans 6 7)
CHARLEROI
Sambre
Floreffe
Fosses-La-Ville
Arbre
Bioul
1
Walcourt
Hastière-Lavaux
Hastière-Par-Del
2
Philippeville
Boussu-En-Fagne
Nismes
Couvin
Chimay
Oignies-
En-Thiérache
Fumay
Meuse
3
Hirson
FRANCE
CHARLEVILLE-
MÉZIÈRES
A
B

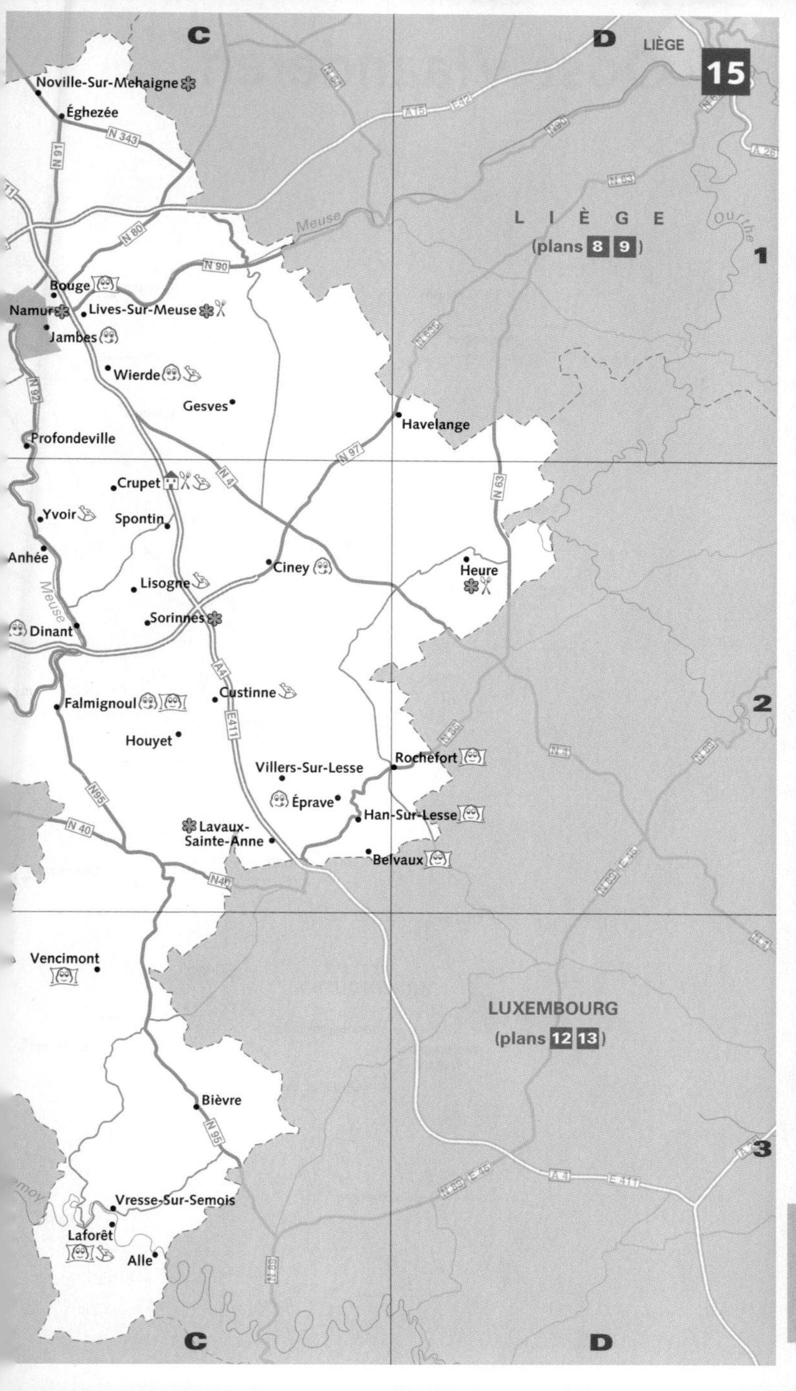

C
D
LIÈGE
15
Noville-Sur-Mehaigne
Éghezée
N 343
N 91
N 80
N 90
Meuse
A15
E42
N 63
N 90
LIÈGE
(plans 8 9)
1
Bouge
Namur
Lives-Sur-Meuse
Jambes
Wierde
Gesves
Havelange
Profondeville
N 92
N 97
N 4
N 63
Crupet
Yvoir
Spontin
Anhée
Ciney
Heure
Lisogne
Sorinnes
Dinant
Meuse
Custinne
A4
E411
Falmignoul
Houyet
2
Villers-Sur-Lesse
Rochefort
Éprave
Han-Sur-Lesse
N95
N 40
Lavaux-Sainte-Anne
Belvaux
N40
N 4
Vencimont
LUXEMBOURG
(plans 12 13)
Bièvre
N 95
3
A 4
E 411
Vresse-Sur-Semois
Laforêt
Alle
C
D

16
Oost-Vlaanderen
A
B
NEDERLAND
1
2
3
BRUGGE
WEST-VLAANDEREN
(plans 18 19)
Tielt
Waregem
KORTRIJK
HAINAUT
(plans 6 7)
Sint-Laureins
Assenede
Maldegem
Lembeke
Oosteeklo
Zelzate
Eeklo
Ertvelde
Knesselare
Zomergem
Lochristi
Aalter
Hansbeke
Gent
Sint-Martens-Latem
Deurle
Deinze
Leie
Schelde
Nazareth
Oosterzele
Olsene
KRUISHOUTEM
Zingem
Nederzwalm
Wannegem-Lede
Zottegem
Wortegem-Petegem
Oudenaarde
Mater
Kluisbergen
Parike
Ronse
N 49
E 34
N 9
N 44
N 448
R 4
A 10
E 40
N 409
N 43
N 35
N 37
A 14
E 17
N 8
N 60
N 57
N 61

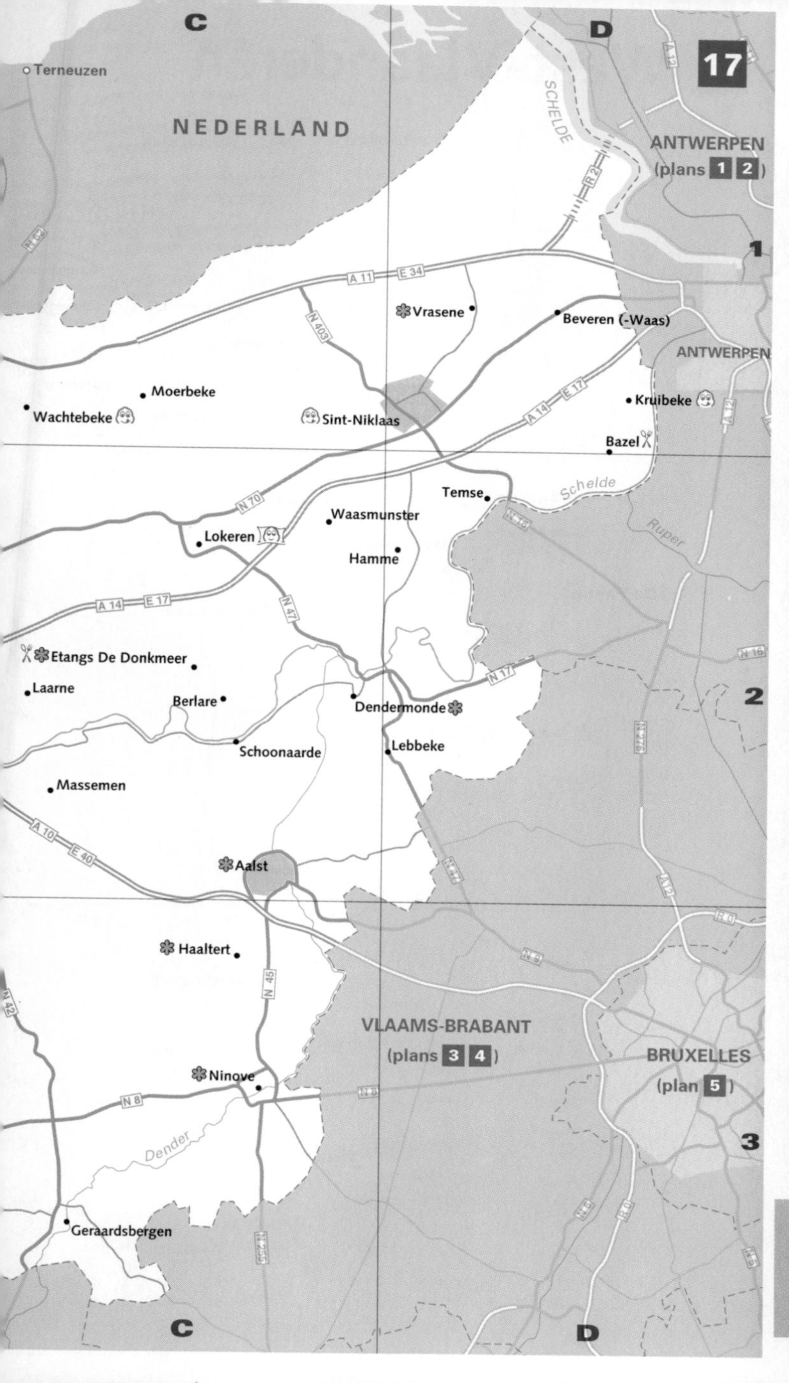
C
D
17
Terneuzen
NEDERLAND
SCHELDE
ANTWERPEN
(plans 1 2)
1
A 11
E 34
Vrasene
Beveren (-Waas)
ANTWERPEN
N 403
Moerbeke
Wachtebeke
Sint-Niklaas
Kruibeke
A 14
E 17
Bazel
Temse
Schelde
N 70
Waasmunster
N 16
Lokeren
Hamme
Ruper
A 14
E 17
N 47
Etangs De Donkmeer
Laarne
Berlare
N 17
Dendermonde
2
Schoonaarde
Lebbeke
N 276
Massemen
A 10
E 40
Aalst
A 12
Haaltert
N 9
N 45
N 42
VLAAMS-BRABANT
(plans 3 4)
BRUXELLES
(plan 5)
Ninove
N 8
N 8
Dender
3
Geraardsbergen
N 255
C
D

18 West-Vlaanderen

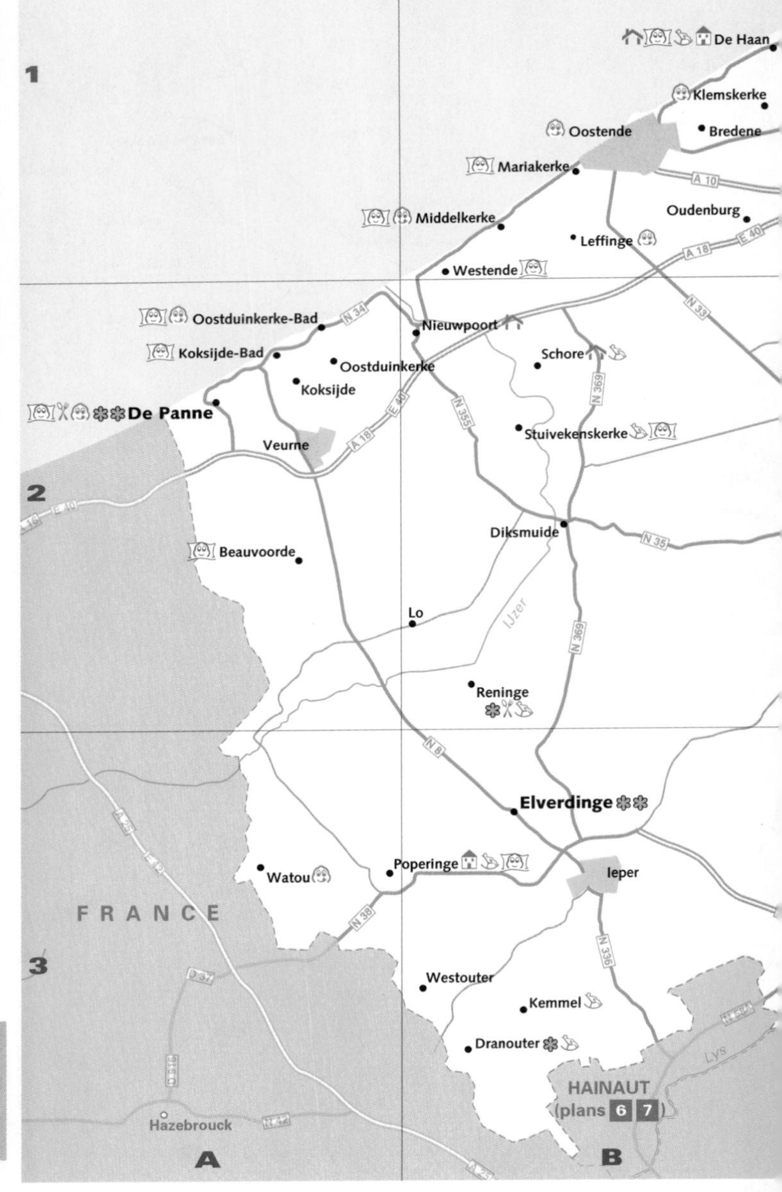

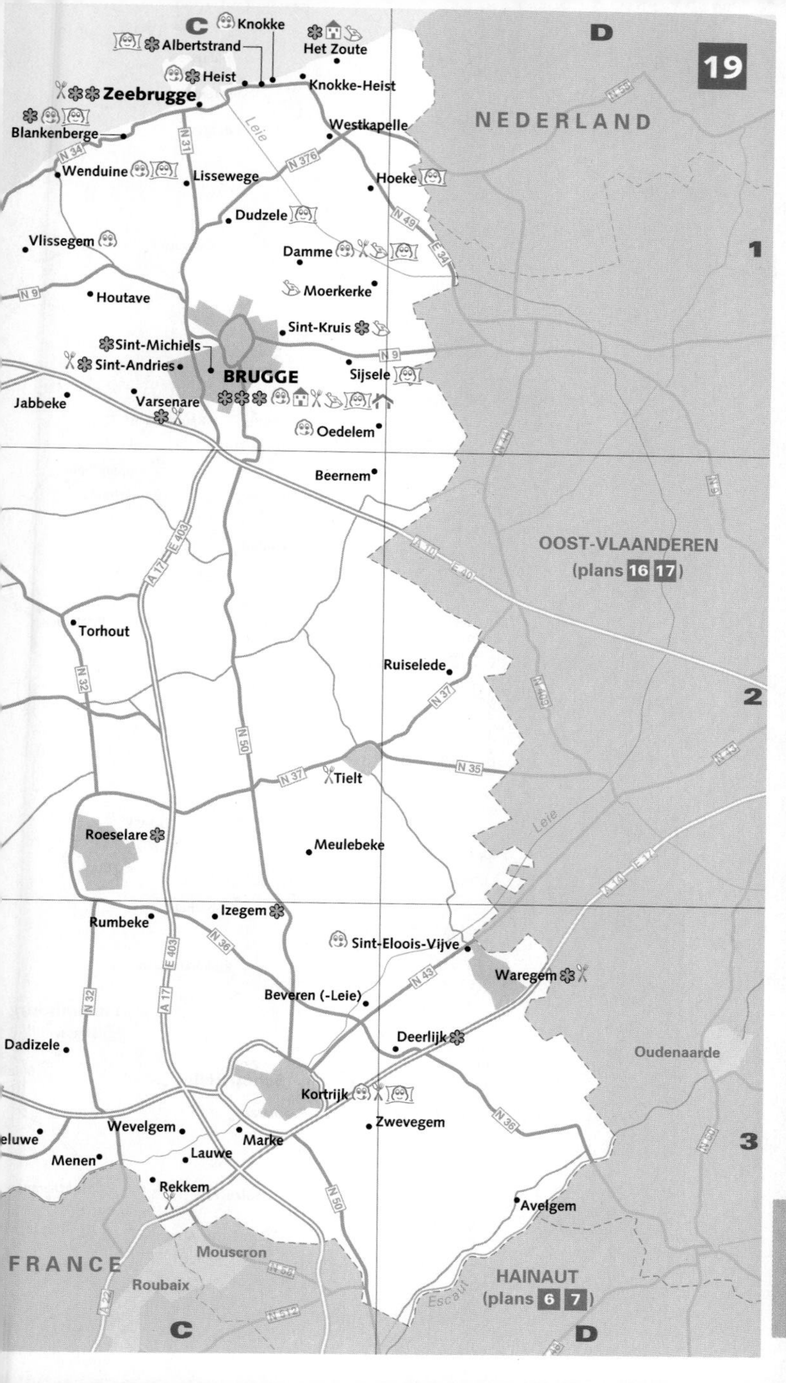
C
D
19
Knokke
Albertstrand
Het Zoute
Heist
Knokke-Heist
Zeebrugge
Blankenberge
Leie
Westkapelle
NEDERLAND
N 34
N 31
N 376
Wenduine
Lissewege
Hoeke
Dudzele
N 49
Vlissegem
Damme
E 34
1
Moerkerke
N 9
Houtave
Sint-Kruis
Sint-Michiels
N 9
Sint-Andries
BRUGGE
Sijsele
Jabbeke
Varsenare
Oedelem
Beernem
N 9
E 403
A 17
A 10
E 40
OOST-VLAANDEREN
(plans 16 17)
Torhout
N 32
Ruiselede
N 37
2
N 50
N 35
N 37
Tielt
Leie
Roeselare
Meulebeke
A 14
E 17
Izegem
Rumbeke
N 36
Sint-Eloois-Vijve
E 403
N 43
Waregem
A 17
N 32
Beveren (-Leie)
Deerlijk
Dadizele
Oudenaarde
Kortrijk
Zwevegem
N 36
Wevelgem
eluwe
Marke
3
Lauwe
Menen
Rekkem
N 50
Avelgem
Mouscron
FRANCE
Roubaix
HAINAUT
(plans 6 7)
A 22
Escaut
C
D

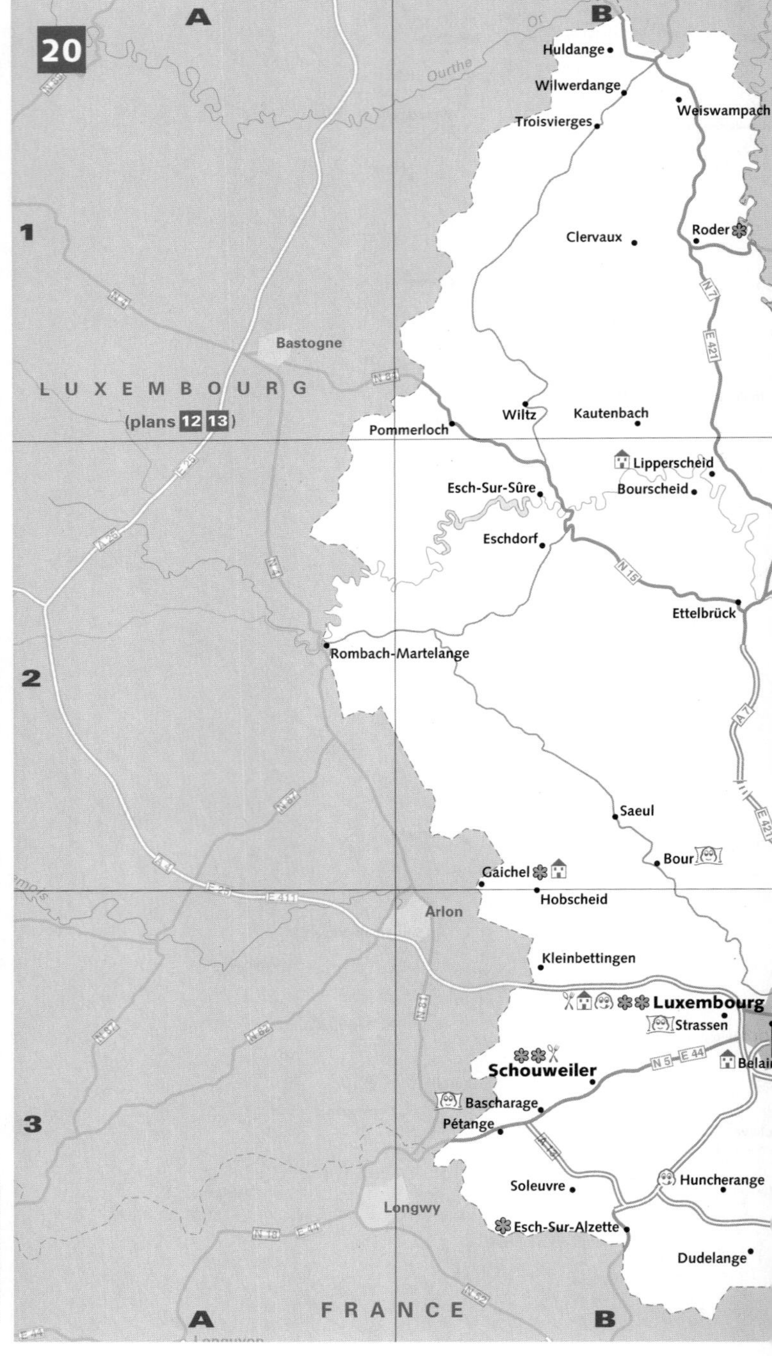
20
A
B
Huldange
Wilwerdange
Troisvierges
Weiswampach
Ourthe
1
Clervaux
Roder
N 7
E 421
Bastogne
LUXEMBOURG
(plans 12 13)
Wiltz
Kautenbach
Pommerloch
Lipperscheid
Bourscheid
Esch-Sur-Sûre
Eschdorf
N 15
Ettelbrück
Rombach-Martelange
2
A 7
Saeul
Bour
Gaichel
Hobscheid
Arlon
E 411
Kleinbettingen
Luxembourg
Strassen
Belair
Schouweiler
N 5
E 44
Bascharage
3
Pétange
Soleuvre
Huncherange
Longwy
Esch-Sur-Alzette
Dudelange
FRANCE
A
B